한글 기본6법전

필요시 한자병기

헌법 | 민법 | 형법 | 상법
어음법 | 수표법 | 형사소송법
민사소송법 | 민사집행법

法學社

2026년판 머리말

법학의 시작과 끝은 조문입니다. 법학은 조문을 체계화해 놓은 것이며, 판례도 조문을 사례에 적용한 산물인 것입니다. 그리고 시험도 조문의 해석과 판례가 만나는 지점에서 출제되는 것입니다. 따라서 법학에 대한 공부는 물론 법적인 생활관계 그리고 실무의 시작과 끝은 조문입니다.

『한글 기본6법전(2026년판)』의 구성 및 특징은 다음과 같습니다.

1. 모든 법 중 가장 기본이 되는 대한민국헌법, 민법, 형법, 상법, 어음법, 수표법, 형사소송법, 민사소송법, 민사집행법을 수록하였습니다.

2. 법조문의 한자를 한글화하였습니다. 그리고 정확한 의미전달에 필요한 경우에는 괄호 안에 한자를 병기(倂記)하였습니다.

3. 최근의 개정사항 특히 2025년 3월 18일, 2025년 4월 8일, 2025년 12월 23일, 2025년 12월 31일 개정 형법, 2025년 7월 22일, 2025년 9월 9일 개정 상법, 2025년 3월 18일, 2025년 12월 23일, 2025년 12월 30일 개정 형사소송법 그리고 2025년 1월 31일의 개정 민사집행법 등의 개정 내용을 꼼꼼히 반영하였습니다.

4. 민법, 상법, 형사소송법, 민사소송법, 민사집행법의 경우는 2016년 이후, 형법의 경우에는 2010년 이후의 개정사항 중 특히 중요한 것에는 박스 및 음영으로 처리하고 밑줄을 그어 중요도를 부각시켰습니다.
   또한 필요하다고 판단되는 곳에는 개정 전의 법과 신·구 조문의 대비가 될 수 있도록 하였습니다.

5. 우측 페이지 상단에 해당 조문들을 표시하여 찾아보기 쉽게 하였습니다.

6. 핸드북 판형으로 제작하여 항상 간편하게 소지할 수 있도록 편의성을 제고하였습니다.

7. 2색 인쇄를 하여 좀 더 시각적으로 편안하게 볼 수 있도록 하였습니다.

조문의 중요성은 아무리 강조해도 지나치지 않습니다. 이 책이 항상 곁에 두고 펼쳐보는 동반자가 되길 바랍니다.

2002년 8월 12일 초판을 낸 이래 많은 성원을 보내주신 독자들께 진심으로 감사드립니다.

2026년 2월 9일

법조문연구회 대표편저자 올림

목 차

▸ 헌 법 ········· 1

▸ 민 법 ········· 19

▸ 형 법 ········· 137

▸ 상 법 ········· 185

▸ 어음법 ········· 359

▸ 수표법 ········· 377

▸ 형사소송법 ········· 391

▸ 민사소송법 ········· 477

▸ 민사집행법 ········· 539

대한민국헌법

[시행 1988. 2. 25.]

[헌법 제10호, 1987. 10. 29., 전부개정]

Constitution

대한민국헌법

[시행 1988. 2. 25.]

[헌법 제10호, 1987. 10. 29., 전부개정]

헌 법

[제정 1948. 7. 17]

일부개정 1952. 7. 7　일부개정 1954.11.29
일부개정 1960. 6.15　일부개정 1960.11.29
전문개정 1962.12.26　일부개정 1969.10.21
전문개정 1972.12.27　전문개정 1980.10.27
전문개정 1987.10.29

제1장 총 강 ……………………제1조~제9조
제2장 국민의 권리와 의무 ··제10조~제39조
제3장 국 회 …………………제40조~제65조
제4장 정 부
제1절 대통령 ………………………제66조~제85조
제2절 행정부
제1관 국무총리와 국무위원
………………………………제86조~제87조
제2관 국무회의 …………………제88조~제93조
제3관 행정각부 …………………제94조~제96조
제4관 감사원 ……………………제97조~제100조
제5장 법 원 ………………제101조~제110조
제6장 헌법재판소 …………제111조~제113조
제7장 선거관리 ……………제114조~제116조
제8장 지방자치 ……………제117조~제118조
제9장 경 제 ………………제119조~제127조
제10장 헌법개정 …………제128조~제130조

전 문(前 文)

유구한 역사와 전통에 빛나는 우리 대한국민은 3.1운동으로 건립된 대한민국임시정부의 법통과 불의에 항거한 4.19민주이념을 계승하고, 조국의 민주개혁과 평화적 통일의 사명에 입각하여 정의·인도와 동포애로써 민족의 단결을 공고히 하고, 모든 사회적 폐습과 불의를 타파하며, 자율과 조화를 바탕으로 자유민주적 기본질서를 더욱 확고히 하여 정치·경제·사회·문화의 모든 영역에 있어서 각인의 기회를 균등히 하고, 능력을 최고도로 발휘하게 하며, 자유와 권리에 따르는 책임과 의무를 완수하게 하여, 안으로는 국민생활의 균등한 향상을 기하고 밖으로는 항구적인 세계평화와 인류공영에 이바지함으로써 우리들과 우리들의 자손의 안전과 자유와 행복을 영원히 확보할 것을 다짐하면서 1948년 7월 12일에 제정되고 8차에 걸쳐 개정된 헌법을 이제 국회의 의결을 거쳐 국민투표에 의하여 개정한다.

1987년 10월 29일

제1장 총 강

제1조【국호(國號), 정체(政體), 주권(主權)】
① 대한민국은 민주공화국이다.
② 대한민국의 주권은 국민에게 있고, 모든 권력은 국민으로부터 나온다.

제2조【국민의 요건, 재외국민의 보호의무】
① 대한민국의 국민이 되는 요건은 법률로 정한다.
② 국가는 법률이 정하는 바에 의하여 재외국민을 보호할 의무를 진다.

제3조 【영 토(領土)】
대한민국의 영토는 한반도와 그 부속도서(附屬島嶼)로 한다.

제4조 【통일정책】
대한민국은 통일을 지향하며, 자유민주적 기본질서에 입각한 평화적 통일정책을 수립하고 이를 추진한다.

제5조 【침략적 전쟁의 부인, 국군의 사명과 정치적 중립성】
① 대한민국은 국제평화의 유지에 노력하고 침략적 전쟁을 부인한다.
② 국군은 국가의 안전보장과 국토방위의 신성한 의무를 수행함을 사명으로 하며, 그 정치적 중립성은 준수된다.

제6조 【조약과 국제법규의 효력, 외국인의 법적 지위】
① 헌법에 의하여 체결·공포된 조약과 일반적으로 승인된 국제법규는 국내법과 같은 효력을 가진다.
② 외국인은 국제법과 조약이 정하는 바에 의하여 그 지위가 보장된다.

제7조 【공무원의 지위·책임·신분·정치적 중립성】
① 공무원은 국민전체에 대한 봉사자이며, 국민에 대하여 책임을 진다.
② 공무원의 신분과 정치적 중립성은 법률이 정하는 바에 의하여 보장된다.

제8조 【정 당】
① 정당의 설립은 자유이며, 복수정당제(複數政黨制)는 보장된다.
② 정당은 그 목적·조직과 활동이 민주적이어야 하며, 국민의 정치적 의사형성에 참여하는데 필요한 조직을 가져야 한다.
③ 정당은 법률이 정하는 바에 의하여 국가의 보호를 받으며, 국가는 법률이 정하는 바에 의하여 정당운영에 필요한 자금을 보조할 수 있다.
④ 정당의 목적이나 활동이 민주적 기본질서에 위배될 때에는 정부는 헌법재판소에 그 해산을 제소할 수 있고, 정당은 헌법재판소의 심판에 의하여 해산된다.

제9조 【전통문화와 민족문화】
국가는 전통문화의 계승·발전과 민족문화의 창달(暢達)에 노력하여야 한다.

제2장 국민의 권리와 의무

제10조 【인간의 존엄성과 기본적 인권의 보장】
모든 국민은 인간으로서의 존엄과 가치를 가지며, 행복을 추구할 권리를 가진다. 국가는 개인이 가지는 불가침의 기본적 인권을 확인하고 이를 보장할 의무를 진다.

제11조 【국민의 평등, 특수계급의 부인, 영전의 효력】
① 모든 국민은 법 앞에 평등하다. 누구든지 성별·종교 또는 사회적 신분에 의하여 정치적·경제적·사회적·문화적 생활의 모든 영역에 있어서 차별을 받지 아니한다.
② 사회적 특수계급의 제도는 인정되지 아니하며, 어떠한 형태로도 이를 창설할 수 없다.
③ 훈장 등의 영전은 이를 받은 자에게만 효력이 있고, 어떠한 특권도 이에 따르지 아니한다.

제12조 【신체의 자유, 자백(自白)의 증거능력】
① 모든 국민은 신체의 자유를 가진다. 누구든지 법률에 의하지 아니하고는 체포(逮捕)·구속(拘束)·압수(押收)·수색(搜索) 또는 심문(審問)을 받지 아니하며, 법률(法律)과 적법(適法)한 절차(節次)에 의하지 아니하고는 처벌(處罰)·보안처분(保安處分) 또는 강제노역(强制勞役)을 받지 아니한다.
② 모든 국민은 고문(拷問)을 받지 아니하며, 형사상 자기에게 불리한 진술(陳述)을 강요당하지 아니한다.

③ 체포·구속·압수 또는 수색을 할 때에는 적법한 절차에 따라 검사의 신청에 의하여 법관이 발부한 영장(令狀)을 제시하여야 한다. 다만, 현행범인인 경우와 장기 3년 이상의 형에 해당하는 죄를 범하고 도피 또는 증거인멸의 염려가 있을 때에는 사후에 영장을 청구할 수 있다.

④ 누구든지 체포 또는 구속을 당한 때에는 즉시 변호인의 조력을 받을 권리를 가진다. 다만, 형사피고인(刑事被告人)이 스스로 변호인을 구할 수 없을 때에는 법률이 정하는 바에 의하여 국가가 변호인을 붙인다.

⑤ 누구든지 체포 또는 구속의 이유와 변호인의 조력을 받을 권리가 있음을 고지받지 아니하고는 체포 또는 구속을 당하지 아니한다. 체포 또는 구속을 당한 자의 가족 등 법률이 정하는 자에게는 그 이유와 일시·장소가 지체없이 통지되어야 한다.

⑥ 누구든지 체포 또는 구속을 당한 때에는 적부의 심사를 법원에 청구할 권리를 가진다.

⑦ 피고인의 자백이 고문·폭행·협박·구속의 부당한 장기화 또는 기망(欺罔) 기타의 방법에 의하여 자의(自意)로 진술된 것이 아니라고 인정될 때 또는 정식재판에 있어서 피고인의 자백이 그에게 불리한 유일한 증거일 때에는 이를 유죄의 증거로 삼거나 이를 이유로 처벌할 수 없다.

제13조【형벌불소급(刑罰不遡及), 일사부재리(一事不再理)의 원칙, 소급입법(遡及立法)의 금지, 연좌제(連坐制)금지】

① 모든 국민은 행위시의 법률에 의하여 범죄를 구성하지 아니하는 행위로 소추되지 아니하며, 동일한 범죄에 대하여 거듭 처벌받지 아니한다.

② 모든 국민은 소급입법에 의하여 참정권의 제한을 받거나 재산권을 박탈당하지 아니한다.

③ 모든 국민은 자기의 행위가 아닌 친족의 행위로 인하여 불이익한 처우를 받지 아니한다.

제14조【거주·이전의 자유】

모든 국민은 거주·이전의 자유를 가진다.

제15조【직업선택의 자유】

모든 국민은 직업선택의 자유를 가진다.

제16조【주거의 자유】

모든 국민은 주거의 자유를 침해받지 아니한다. 주거에 대한 압수나 수색을 할 때에는 검사의 신청에 의하여 법관이 발부한 영장을 제시하여야 한다.

제17조【사생활의 비밀과 자유】

모든 국민은 사생활의 비밀과 자유를 침해받지 아니한다.

제18조【통신의 비밀】

모든 국민은 통신의 비밀을 침해받지 아니한다.

제19조【양심의 자유】

모든 국민은 양심의 자유를 가진다.

제20조【종교의 자유】

① 모든 국민은 종교의 자유를 가진다.

② 국교는 인정되지 아니하며, 종교와 정치는 분리된다.

제21조【언론·출판·집회·결사의 자유, 언론·출판에 의한 피해배상】

① 모든 국민은 언론·출판의 자유와 집회·결사의 자유를 가진다.

② 언론·출판에 대한 허가나 검열과 집회·결사에 대한 허가는 인정되지 아니한다.

③ 통신·방송의 시설기준과 신문의 기능을 보장하기 위하여 필요한 사항은 법률로 정한다

④ 언론·출판은 타인의 명예나 권리 또는 공중도덕이나 사회윤리를 침해하여서는 아니된다. 언론·출판이 타인의 명예나 권리를 침해한 때에는 피해자는 이에 대한 피해의 배상을 청구할 수 있다.

제22조【학문·예술의 자유와 저작권 등의 보호】

① 모든 국민은 학문과 예술의 자유를 가진다.

② 저작자·발명가·과학기술자와 예술가의 권리는 법률로써 보호한다.

제23조 【재산권의 보장과 제한】

① 모든 국민의 재산권은 보장된다. 그 내용과 한계는 법률로 정한다.

② 재산권의 행사는 공공복리에 적합하도록 하여야 한다.

③ 공공필요에 의한 재산권의 수용(收用)·사용(使用) 또는 제한(制限) 및 그에 대한 보상(補償)은 법률로써 하되, 정당(正當)한 보상을 지급하여야 한다.

제24조 【선거권】

모든 국민은 법률이 정하는 바에 의하여 선거권을 가진다.

제25조 【공무담임권】

모든 국민은 법률이 정하는 바에 의하여 공무담임권을 가진다.

제26조 【청원권(請願權)】

① 모든 국민은 법률이 정하는 바에 의하여 국가기관에 문서로 청원할 권리를 가진다.

② 국가는 청원에 대하여 심사할 의무를 진다.

제27조 【재판을 받을 권리, 형사피고인의 무죄추정 등】

① 모든 국민은 헌법과 법률이 정한 법관에 의하여 법률에 의한 재판을 받을 권리를 가진다.

② 군인 또는 군무원이 아닌 국민은 대한민국의 영역 안에서는 중대한 군사상 기밀·초병(哨兵)·초소(哨所)·유독음식물공급·포로·군용물에 관한 죄 중 법률이 정한 경우와 비상계엄(非常戒嚴)이 선포된 경우를 제외하고는 군사법원의 재판을 받지 아니한다.

③ 모든 국민은 신속한 재판을 받을 권리를 가진다. 형사피고인은 상당한 이유가 없는 한 지체없이 공개재판을 받을 권리를 가진다.

④ 형사피고인은 유죄의 판결이 확정될 때까지는 무죄로 추정된다.

⑤ 형사피해자는 법률이 정하는 바에 의하여 당해 사건의 재판절차에서 진술할 수 있다.

제28조 【형사보상(刑事補償)】

형사피의자 또는 형사피고인으로서 구금되었던 자가 법률이 정하는 불기소처분을 받거나 무죄판결을 받은 때에는 법률이 정하는 바에 의하여 국가에 정당한 보상을 청구할 수 있다.

제29조 【공무원의 불법행위와 배상책임】

① 공무원의 직무상 불법행위로 손해를 받은 국민은 법률이 정하는 바에 의하여 국가 또는 공공단체에 정당한 배상을 청구할 수 있다. 이 경우 공무원 자신의 책임은 면제되지 아니한다.

② 군인·군무원·경찰공무원 기타 법률이 정하는 자가 전투·훈련 등 직무집행과 관련하여 받은 손해에 대하여는 법률이 정하는 보상외에 국가 또는 공공단체에 공무원의 직무상 불법행위로 인한 배상은 청구할 수 없다.

제30조 【범죄행위로 인한 피해구조(被害救助)】

타인의 범죄행위로 인하여 생명·신체에 대한 피해를 받은 국민은 법률이 정하는 바에 의하여 국가로부터 구조를 받을 수 있다.

제31조 【교육을 받을 권리와 의무 등】

① 모든 국민은 능력에 따라 균등하게 교육을 받을 권리를 가진다.

② 모든 국민은 그 보호하는 자녀에게 적어도 초등교육과 법률이 정하는 교육을 받게 할 의무를 진다.

③ 의무교육은 무상으로 한다.

④ 교육의 자주성·전문성·정치적 중립성 및 대학의 자율성은 법률이 정하는 바에 의하여 보장된다.

⑤ 국가는 평생교육을 진흥하여야 한다.

⑥ 학교교육 및 평생교육을 포함한 교육제도와 그 운영, 교육재정 및 교원의 지위에 관한 기본적인 사항은 법률로 정한다.

제32조【근로의 권리와 의무 등, 여자와 연소자의 보호, 국가유공자 등에 대한 기회우선】

① 모든 국민은 근로의 권리를 가진다. 국가는 사회적·경제적 방법으로 근로자의 고용의 증진과 적정임금의 보장에 노력하여야 하며, 법률이 정하는 바에 의하여 최저임금제를 시행하여야 한다.

② 모든 국민은 근로의 의무를 진다. 국가는 근로의 의무의 내용과 조건을 민주주의 원칙에 따라 법률로 정한다.

③ 근로조건의 기준은 인간의 존엄성을 보장하도록 법률로 정한다.

④ 여자의 근로는 특별한 보호를 받으며, 고용·임금 및 근로조건에 있어서 부당한 차별을 받지 아니한다.

⑤ 연소자의 근로는 특별한 보호를 받는다.

⑥ 국가유공자·상이군경 및 전몰군경의 유가족은 법률이 정하는 바에 의하여 우선적으로 근로의 기회를 부여받는다.

제33조【근로자의 단결권 등】

① 근로자는 근로조건의 향상을 위하여 자주적인 단결권·단체교섭권 및 단체행동권을 가진다.

② 공무원인 근로자는 법률이 정하는 자에 한하여 단결권·단체교섭권 및 단체행동권을 가진다.

③ 법률이 정하는 주요방위산업체에 종사하는 근로자의 단체행동권은 법률이 정하는 바에 의하여 이를 제한하거나 인정하지 아니할 수 있다.

제34조【인간다운 생활을 할 권리, 사회보장 등】

① 모든 국민은 인간다운 생활을 할 권리를 가진다.

② 국가는 사회보장·사회복지의 증진에 노력할 의무를 진다.

③ 국가는 여자의 복지와 권익의 향상을 위하여 노력하여야 한다.

④ 국가는 노인과 청소년의 복지향상을 위한 정책을 실시할 의무를 진다.

⑤ 신체장애자 및 질병·노령 기타의 사유로 생활능력이 없는 국민은 법률이 정하는 바에 의하여 국가의 보호를 받는다.

⑥ 국가는 재해를 예방하고 그 위험으로부터 국민을 보호하기 위하여 노력하여야 한다.

제35조【환경권 등】

① 모든 국민은 건강하고 쾌적(快適)한 환경에서 생활할 권리를 가지며, 국가와 국민은 환경보전을 위하여 노력하여야 한다.

② 환경권의 내용과 행사에 관하여는 법률로 정한다.

③ 국가는 주택개발정책 등을 통하여 모든 국민이 쾌적한 주거생활을 할 수 있도록 노력하여야 한다.

제36조【혼인과 가족생활, 모성(母性)과 국민보건의 보호】

① 혼인과 가족생활은 개인의 존엄과 양성의 평등을 기초로 성립되고 유지되어야 하며, 국가는 이를 보장한다.

② 국가는 모성의 보호를 위하여 노력하여야 한다.

③ 모든 국민은 보건에 관하여 국가의 보호를 받는다.

제37조【국민의 자유와 권리의 존중·제한】

① 국민의 자유와 권리는 헌법에 열거되지 아니한 이유로 경시되지 아니한다.

② 국민의 모든 자유와 권리는 국가안전보장·질서유지 또는 공공복리를 위하여 필요한 경우에 한하여 법률로써 제한할 수 있으며, 제한하는 경우에도 자유와 권리의 본질적인 내용을 침해할 수 없다.

제38조【납세의 의무】

모든 국민은 법률이 정하는 바에 의하여 납세의 의무를 진다.

제39조【국방의 의무】

① 모든 국민은 법률이 정하는 바에 의하여 국방의 의무를 진다.

② 누구든지 병역의무의 이행으로 인하여 불이익한 처우를 받지 아니한다.

제3장 국 회

제40조 【입법권】
입법권은 국회에 속한다.

제41조 【국회의 구성】
① 국회는 국민의 보통·평등·직접·비밀선거에 의하여 선출된 국회의원으로 구성한다.
② 국회의원의 수는 법률로 정하되, 200인 이상으로 한다.
③ 국회의원의 선거구와 비례대표제(比例代表制) 기타 선거에 관한 사항은 법률로 정한다.

제42조 【의원의 임기】
국회의원의 임기는 4년으로 한다.

제43조 【의원의 겸직제한(兼職制限)】
국회의원은 법률이 정하는 직을 겸할 수 없다.

제44조 【의원의 불체포특권】
① 국회의원은 현행범인인 경우를 제외하고는 회기 중 국회의 동의없이 체포 또는 구금되지 아니한다.
② 국회의원이 회기전에 체포 또는 구금된 때에는 현행범인이 아닌 한 국회의 요구가 있으면 회기중 석방된다.

제45조 【의원의 발언(發言)·표결(表決)의 원외면책(院外免責)】
국회의원은 국회에서 직무상 행한 발언과 표결에 관하여 국회외에서 책임을 지지 아니한다.

제46조 【의원의 의무】
① 국회의원은 청렴(淸廉)의 의무가 있다.
② 국회의원은 국가이익을 우선하여 양심에 따라 직무를 행한다.
③ 국회의원은 그 지위를 남용하여 국가·공공단체 또는 기업체와의 계약이나 그 처분에 의하여 재산상의 권리·이익 또는 직위를 취득하거나 타인을 위하여 그 취득을 알선할 수 없다.

제47조 【정기회·임시회】
① 국회의 정기회는 법률이 정하는 바에 의하여 매년 1회 집회되며, 국회의 임시회는 대통령 또는 국회재적의원 4분의 1 이상의 요구에 의하여 집회된다.
② 정기회의 회기는 100일을, 임시회의 회기는 30일을 초과할 수 없다.
③ 대통령이 임시회의 집회를 요구할 때에는 기간과 집회요구의 이유를 명시하여야 한다.

제48조 【의장·부의장】
국회는 의장 1인과 부의장 2인을 선출한다.

제49조 【의결정족수(議決定足數)와 의결방법】
국회는 헌법 또는 법률에 특별한 규정이 없는 한 재적의원 과반수의 출석과 출석의원 과반수의 찬성으로 의결한다. 가부동수(可否同數)인 때에는 부결(否決)된 것으로 본다.

제50조 【의사공개(議事公開)의 원칙】
① 국회의 회의는 공개한다. 다만, 출석의원 과반수의 찬성이 있거나 의장이 국가의 안전보장을 위하여 필요하다고 인정할 때에는 공개하지 아니할 수 있다.
② 공개하지 아니한 회의내용의 공표(公表)에 관하여는 법률이 정하는 바에 의한다.

제51조 【의안(議案)의 차회기계속(次會期繼續)】
국회에 제출된 법률안 기타의 의안은 회기중에 의결되지 못한 이유로 폐기되지 아니한다. 다만, 국회의원의 임기가 만료된 때에는 그러하지 아니하다.

제52조 【법률안 제출권】
국회의원과 정부는 법률안을 제출할 수 있다.

第53條【법률안의 공포(公布), 대통령의 재의(再議)요구, 법률의 확정(確定)·발효(發效)】

① 국회에서 의결된 법률안은 정부에 이송(移送)되어 15일 이내에 대통령이 공포한다.

② 법률안에 이의가 있을 때에는 대통령은 제1항의 기간내에 이의서(異議書)를 붙여 국회로 환부(還付)하고, 그 재의를 요구할 수 있다. 국회의 폐회중에도 또한 같다.

③ 대통령은 법률안의 일부에 대하여 또는 법률안을 수정하여 재의를 요구할 수 없다.

④ 재의의 요구가 있을 때에는 국회는 재의에 붙이고, 재적의원 과반수의 출석과 출석의원 3분의 2 이상의 찬성으로 전과 같은 의결을 하면 그 법률안은 법률로서 확정된다.

⑤ 대통령이 제1항의 기간내에 공포나 재의의 요구를 하지 아니한 때에도 그 법률안은 법률로서 확정된다.

⑥ 대통령은 제4항과 제5항의 규정에 의하여 확정된 법률을 지체없이 공포하여야 한다. 제5항에 의하여 법률이 확정된 후 또는 제4항에 의한 확정법률이 정부에 이송된 후 5일 이내에 대통령이 공포하지 아니할 때에는 국회의장이 이를 공포한다.

⑦ 법률은 특별한 규정이 없는 한 공포한 날로부터 20일을 경과함으로써 효력을 발생한다.

第54條【예산안의 심의·확정, 준(準)예산】

① 국회는 국가의 예산안을 심의·확정한다.

② 정부는 회계연도(會計年度)마다 예산안을 편성하여 회계연도 개시 90일전까지 국회에 제출하고, 국회는 회계연도 개시 30일전까지 이를 의결하여야 한다.

③ 새로운 회계연도가 개시될 때까지 예산안이 의결되지 못한 때에는 정부는 국회에서 예산안이 의결될 때까지 다음의 목적을 위한 경비는 전년도 예산에 준하여 집행할 수 있다.

1. 헌법이나 법률에 의하여 설치된 기관 또는 시설의 유지·운영
2. 법률상 지출의무의 이행
3. 이미 예산으로 승인된 사업의 계속

第55條【계속비(繼續費)·예비비(豫備費)】

① 한 회계연도를 넘어 계속하여 지출할 필요가 있을 때에는 정부는 연한을 정하여 계속비로서 국회의 의결을 얻어야 한다.

② 예비비는 총액으로 국회의 의결을 얻어야 한다. 예비비의 지출은 차기국회의 승인을 얻어야 한다.

第56條【추가경정예산(追加更正豫算)】

정부는 예산에 변경을 가할 필요가 있을 때에는 추가경정예산안을 편성하여 국회에 제출할 수 있다.

第57條【지출예산 각항(各項)의 증액과 새 비목(費目)의 설치금지】

국회는 정부의 동의없이 정부가 제출한 지출예산 각항의 금액을 증가하거나 새 비목을 설치할 수 없다.

第58條【국채모집(國債募集) 등에 대한 의결권】

국채를 모집하거나 예산외에 국가의 부담이 될 계약을 체결하려 할 때에는 정부는 미리 국회의 의결을 얻어야 한다.

第59條【조세(租稅)의 종목(種目)과 세율(稅率)】

조세의 종목과 세율은 법률로 정한다.

第60條【조약(條約)·선전포고(宣戰布告) 등에 대한 동의】

① 국회는 상호원조 또는 안전보장에 관한 조약, 중요한 국제조직에 관한 조약, 우호통상항해조약, 주권의 제약에 관한 조약, 강화조약, 국가나 국민에게 중대한 재정적 부담을 지우는 조약 또는 입법사항에 관한 조약의 체결(締結)·비준(批准)에 대한 동의권을 가진다.

② 국회는 선전포고, 국군의 외국에의 파견 또는 외국군대의 대한민국 영역 안에서의 주류(駐留)에 대한 동의권을 가진다.

제61조【국정에 관한 감사·조사권】

① 국회는 국정을 감사하거나 특정한 국정사안에 대하여 조사할 수 있으며, 이에 필요한 서류의 제출 또는 증인의 출석과 증언이나 의견의 진술을 요구할 수 있다.

② 국정감사 및 조사에 관한 절차 기타 필요한 사항은 법률로 정한다.

제62조【국무총리 등의 국회출석】

① 국무총리·국무위원 또는 정부위원은 국회나 그 위원회에 출석하여 국정처리상황을 보고하거나 의견을 진술하고 질문에 응답할 수 있다.

② 국회나 그 위원회의 요구가 있을 때에는 국무총리·국무위원 또는 정부위원은 출석·답변하여야 하며, 국무총리 또는 국무위원이 출석요구를 받은 때에는 국무위원 또는 정부위원으로 하여금 출석·답변하게 할 수 있다.

제63조【국무총리·국무위원 해임건의권】

① 국회는 국무총리 또는 국무위원의 해임을 대통령에게 건의할 수 있다.

② 제1항의 해임건의는 국회재적의원 3분의 1 이상의 발의에 의하여 국회재적의원 과반수의 찬성이 있어야 한다.

제64조【국회의 자율권】

① 국회는 법률에 저촉되지 아니하는 범위안에서 의사와 내부규율에 관한 규칙을 제정할 수 있다.

② 국회는 의원의 자격(資格)을 심사(審査)하며, 의원을 징계(懲戒)할 수 있다.

③ 의원을 제명하려면 국회재적의원 3분의 2 이상의 찬성이 있어야 한다.

④ 제2항과 제3항의 처분에 대하여는 법원에 제소할 수 없다.

제65조【탄핵소추의결권(彈劾訴追議決權)과 그 결정의 효력】

① 대통령·국무총리·국무위원·행정각부의 장·헌법재판소 재판관·법관·중앙선거관리위원회 위원·감사원장·감사위원 기타 법률이 정한 공무원이 그 직무집행에 있어서 헌법이나 법률을 위배한 때에는 국회는 탄핵의 소추를 의결할 수 있다.

② 제1항의 탄핵소추는 국회재적의원 3분의 1 이상의 발의가 있어야 하며, 그 의결은 국회재적의원 과반수의 찬성이 있어야 한다. 다만, 대통령에 대한 탄핵소추는 국회재적의원 과반수의 발의와 국회재적의원 3분의 2 이상의 찬성이 있어야 한다.

③ 탄핵소추의 의결을 받은 자는 탄핵심판이 있을 때까지 그 권한행사가 정지된다.

④ 탄핵결정은 공직으로부터 파면함에 그친다. 그러나, 이에 의하여 민사상이나 형사상의 책임이 면제되지는 아니한다.

제4장 정 부

제1절 대통령

제66조【대통령의 지위·책무·행정권】

① 대통령은 국가의 원수(元首)이며, 외국에 대하여 국가를 대표한다.

② 대통령은 국가의 독립·영토의 보전·국가의 계속성과 헌법을 수호할 책무를 진다.

③ 대통령은 조국의 평화적 통일을 위한 성실한 의무를 진다.

④ 행정권은 대통령을 수반(首班)으로 하는 정부에 속한다.

제67조【대통령의 선거·피선거권】

① 대통령은 국민의 보통·평등·직접·비밀선거에 의하여 선출한다.

② 제1항의 선거에 있어서 최고득표자가 2인 이상인 때에는 국회의 재적의원 과반수가 출석한 공개회의에서 다수표를 얻은 자를 당선자로 한다.
③ 대통령후보자가 1인일 때에는 그 득표수가 선거권자 총수의 3분의 1 이상이 아니면 대통령으로 당선될 수 없다.
④ 대통령으로 선거될 수 있는 자는 국회의원의 피선거권이 있고 선거일 현재 40세에 달하여야 한다.
⑤ 대통령의 선거에 관한 사항은 법률로 정한다.

제68조【대통령선거의 시기, 보궐(補闕)선거】
① 대통령의 임기가 만료되는 때에는 임기만료 70일 내지 40일전에 후임자를 선거한다.
② 대통령이 궐위(闕位)된 때 또는 대통령 당선자가 사망하거나 판결 기타의 사유로 그 자격을 상실한 때에는 60일 이내에 후임자를 선거한다.

제69조【대통령의 취임선서】
대통령은 취임에 즈음하여 다음의 선서를 한다.
"나는 헌법을 준수하고 국가를 보위하며 조국의 평화적 통일과 국민의 자유와 복리의 증진 및 민족문화의 창달에 노력하여 대통령으로서의 직책을 성실히 수행할 것을 국민 앞에 엄숙히 선서합니다."

제70조【대통령의 임기】
대통령의 임기는 5년으로 하며, 중임(重任)할 수 없다.

제71조【대통령의 권한대행(權限代行)】
대통령이 궐위되거나 사고로 인하여 직무를 수행할 수 없을 때에는 국무총리, 법률이 정한 국무위원의 순서로 그 권한을 대행한다.

제72조【중요정책의 국민투표】
대통령은 필요하다고 인정할 때에는 외교·국방·통일 기타 국가안위에 관한 중요정책을 국민투표에 붙일 수 있다.

제73조【외교에 관한 대통령의 권한】
대통령은 조약을 체결·비준하고, 외교사절을 신임(信任)·접수 또는 파견하며, 선전포고와 강화(講和)를 한다.

제74조【국군의 통수(統帥)·조직과 편성】
① 대통령은 헌법과 법률이 정하는 바에 의하여 국군을 통수한다.
② 국군의 조직과 편성은 법률로 정한다.

제75조【대통령령(大統領令)】
대통령은 법률에서 구체적으로 범위를 정하여 위임받은 사항과 법률을 집행하기 위하여 필요한 사항에 관하여 대통령령을 발할 수 있다.

제76조【긴급처분·명령권】
① 대통령은 내우·외환·천재·지변 또는 중대한 재정·경제상의 위기에 있어서 국가의 안전보장 또는 공공의 안녕질서를 유지하기 위하여 긴급한 조치가 필요하고 국회의 집회를 기다릴 여유가 없을 때에 한하여 최소한으로 필요한 재정·경제상의 처분을 하거나 이에 관하여 법률의 효력을 가지는 명령을 발할 수 있다.
② 대통령은 국가의 안위에 관계되는 중대한 교전상태에 있어서 국가를 보위하기 위하여 긴급한 조치가 필요하고 국회의 집회가 불가능한 때에 한하여 법률의 효력을 가지는 명령을 발할 수 있다.
③ 대통령은 제1항과 제2항의 처분 또는 명령을 한 때에는 지체없이 국회에 보고하여 그 승인을 얻어야 한다.
④ 제3항의 승인을 얻지 못한 때에는 그 처분 또는 명령은 그때부터 효력을 상실한다. 이 경우 그 명령에 의하여 개정 또는 폐지되었던 법률은 그 명령이 승인을 얻지 못한 때부터 당연히 효력을 회복한다.
⑤ 대통령은 제3항과 제4항의 사유를 지체없이 공포하여야 한다.

제77조【계엄선포(戒嚴宣布) 등】
① 대통령은 전시·사변 또는 이에 준하는 국가 비상사태에 있어서 병력으로써 군사상의 필요에 응하거나 공공의 안녕질서를 유지할 필요가 있을 때에는 법률이 정하는 바에 의하여 계엄을 선포할 수 있다.
② 계엄은 비상계엄과 경비계엄으로 한다.
③ 비상계엄이 선포된 때에는 법률이 정하는 바에 의하여 영장제도, 언론·출판·집회·결사의 자유, 정부나 법원의 권한에 관하여 특별한 조치를 할 수 있다.
④ 계엄을 선포한 때에는 대통령은 지체없이 국회에 통고하여야 한다.
⑤ 국회가 재적의원 과반수의 찬성으로 계엄의 해제를 요구한 때에는 대통령은 이를 해제하여야 한다.

제78조【공무원 임면권】
대통령은 헌법과 법률이 정하는 바에 의하여 공무원을 임면한다.

제79조【사면(赦免)·감형(減刑)·복권(復權)】
① 대통령은 법률이 정하는 바에 의하여 사면·감형 또는 복권을 명할 수 있다.
② 일반사면을 명하려면 국회의 동의를 얻어야 한다.
③ 사면·감형 및 복권에 관한 사항은 법률로 정한다.

제80조【영전수여권】
대통령은 법률이 정하는 바에 의하여 훈장 기타의 영전을 수여한다.

제81조【국회에 대한 의견표시】
대통령은 국회에 출석하여 발언하거나 서한으로 의견을 표시할 수 있다.

제82조【국법상(國法上) 행위의 요건】
대통령의 국법상 행위는 문서로써 하며, 이 문서에는 국무총리와 관계 국무위원이 부서(副署)한다. 군사에 관한 것도 또한 같다.

제83조【겸직금지】
대통령은 국무총리·국무위원·행정각부의 장 기타 법률이 정하는 공사의 직을 겸할 수 없다.

제84조【형사상 특권】
대통령은 내란 또는 외환의 죄를 범한 경우를 제외하고는 재직중 형사상의 소추를 받지 아니한다.

제85조【전직대통령의 신분과 예우】
전직대통령의 신분과 예우에 관하여는 법률로 정한다.

제2절 행정부

제1관 국무총리와 국무위원

제86조【국무총리】
① 국무총리는 국회의 동의를 얻어 대통령이 임명한다.
② 국무총리는 대통령을 보좌하며, 행정에 관하여 대통령의 명을 받아 행정각부를 통할한다.
③ 군인은 현역을 면한 후가 아니면 국무총리로 임명될 수 없다.

제87조【국무위원】
① 국무위원은 국무총리의 제청으로 대통령이 임명한다.
② 국무위원은 국정에 관하여 대통령을 보좌하며, 국무회의의 구성원으로서 국정을 심의한다.
③ 국무총리는 국무위원의 해임을 대통령에게 건의할 수 있다.
④ 군인은 현역을 면한 후가 아니면 국무위원으로 임명될 수 없다.

제2관 국무회의

제88조【권한, 구성】
① 국무회의는 정부의 권한에 속하는 중요한 정책을 심의한다.

② 국무회의는 대통령·국무총리와 15인 이상 30인 이하의 국무위원으로 구성한다.
③ 대통령은 국무회의의 의장이 되고, 국무총리는 부의장이 된다.

제89조 【심의사항】
다음 사항은 국무회의의 심의를 거쳐야 한다.
1. 국정의 기본계획과 정부의 일반정책
2. 선전·강화 기타 중요한 대외정책
3. 헌법개정안·국민투표안·조약안·법률안 및 대통령령안
4. 예산안·결산·국유재산처분의 기본계획·국가의 부담이 될 계약 기타 재정에 관한 중요사항
5. 대통령의 긴급명령·긴급재정경제처분 및 명령 또는 계엄과 그 해제
6. 군사에 관한 중요사항
7. 국회의 임시회 집회의 요구
8. 영전수여
9. 사면·감형과 복권
10. 행정각부간의 권한의 획정
11. 정부안의 권한의 위임 또는 배정에 관한 기본계획
12. 국정처리상황의 평가·분석
13. 행정각부의 중요한 정책의 수립과 조정
14. 정당해산의 제소
15. 정부에 제출 또는 회부된 정부의 정책에 관계되는 청원의 심사
16. 검찰총장·합동참모의장·각군참모총장·국립대학교총장·대사 기타 법률이 정한 공무원과 국영기업체관리자의 임명
17. 기타 대통령·국무총리 또는 국무위원이 제출한 사항

제90조 【국가원로자문회의(國家元老諮問會議)】
① 국정의 중요한 사항에 관한 대통령의 자문에 응하기 위하여 국가원로로 구성되는 국가원로자문회의를 둘 수 있다.
② 국가원로자문회의의 의장은 직전대통령이 된다. 다만, 직전대통령이 없을 때에는 대통령이 지명한다.
③ 국가원로자문회의의 조직·직무범위 기타 필요한 사항은 법률로 정한다.

제91조 【국가안전보장회의(國家安全保障會議)】
① 국가안전보장에 관련되는 대외정책·군사정책과 국내정책의 수립에 관하여 국무회의의 심의에 앞서 대통령의 자문에 응하기 위하여 국가안전보장회의를 둔다.
② 국가안전보장회의는 대통령이 주재한다.
③ 국가안전보장회의의 조직·직무범위 기타 필요한 사항은 법률로 정한다.

제92조 【민주평화통일자문회의(民主平和統一諮問會議)】
① 평화통일정책의 수립에 관한 대통령의 자문에 응하기 위하여 민주평화통일자문회의를 둘 수 있다.
② 민주평화통일자문회의의 조직·직무범위 기타 필요한 사항은 법률로 정한다.

제93조 【국민경제자문회의(國民經濟諮問會議)】
① 국민경제의 발전을 위한 중요정책의 수립에 관하여 대통령의 자문에 응하기 위하여 국민경제자문회의를 둘 수 있다.
② 국민경제자문회의의 조직·직무범위 기타 필요한 사항은 법률로 정한다.

제3관 행정각부

제94조 【행정각부(行政各部)의 장(長)】
행정각부의 장은 국무위원 중에서 국무총리의 제청으로 대통령이 임명한다.

제95조 【총리령(總理令)과 부령(部令)】
국무총리 또는 행정각부의 장은 소관사무에 관하여 법률이나 대통령령의 위임(委任) 또는 직권(職權)으로 총리령 또는 부령을 발할 수 있다.

제96조 【행정각부의 설치·조직과 직무범위】
행정각부의 설치·조직과 직무범위는 법률로 정한다.

제4관 감사원

제97조 【직무와 소속】
국가의 세입·세출의 결산, 국가 및 법률이 정한 단체의 회계검사와 행정기관 및 공무원의 직무에 관한 감찰을 하기 위하여 대통령 소속하에 감사원을 둔다.

제98조 【구 성】
① 감사원은 원장을 포함한 5인 이상 11인 이하의 감사위원으로 구성한다.
② 원장은 국회의 동의를 얻어 대통령이 임명하고, 그 임기는 4년으로 하며, 1차에 한하여 중임할 수 있다.
③ 감사위원은 원장의 제청으로 대통령이 임명하고, 그 임기는 4년으로 하며, 1차에 한하여 중임할 수 있다.

제99조 【결산의 검사와 보고】
감사원은 세입·세출의 결산을 매년 검사하여 대통령과 차년도국회에 그 결과를 보고하여야 한다.

제100조 【감사원의 조직·직무범위 등】
감사원의 조직·직무범위·감사위원의 자격·감사대상공무원의 범위 기타 필요한 사항은 법률로 정한다.

제5장 법 원

제101조 【사법권, 법원의 조직, 법관의 자격】
① 사법권은 법관으로 구성된 법원에 속한다.
② 법원은 최고법원인 대법원과 각급법원으로 조직된다.
③ 법관의 자격은 법률로 정한다.

제102조 【대법원】
① 대법원에 부를 둘 수 있다.
② 대법원에 대법관을 둔다. 다만, 법률이 정하는 바에 의하여 대법관이 아닌 법관을 둘 수 있다.
③ 대법원과 각급법원의 조직은 법률로 정한다.

제103조 【법관의 독립】
법관은 헌법과 법률에 의하여 그 양심에 따라 독립하여 심판한다.

제104조 【대법원장·대법관의 임명】
① 대법원장은 국회의 동의를 얻어 대통령이 임명한다.
② 대법관은 대법원장의 제청으로 국회의 동의를 얻어 대통령이 임명한다.
③ 대법원장과 대법관이 아닌 법관은 대법관회의의 동의를 얻어 대법원장이 임명한다.

제105조 【법관의 임기·연임·정년】
① 대법원장의 임기는 6년으로 하며, 중임할 수 없다.
② 대법관의 임기는 6년으로 하며, 법률이 정하는 바에 의하여 연임할 수 있다.
③ 대법원장과 대법관이 아닌 법관의 임기는 10년으로 하며, 법률이 정하는 바에 의하여 연임할 수 있다.
④ 법관의 정년은 법률로 정한다.

제106조 【법관의 신분보장】
① 법관은 탄핵 또는 금고 이상의 형의 선고에 의하지 아니하고는 파면되지 아니하며, 징계처분에 의하지 아니하고는 정직·감봉 기타 불리한 처분을 받지 아니한다.
② 법관이 중대한 심신상의 장해로 직무를 수행할 수 없을 때에는 법률이 정하는 바에 의하여 퇴직하게 할 수 있다.

제107조 【법률의 위헌제청, 대법원의 명령 등 심사권, 행정심판】
① 법률이 헌법에 위반되는 여부가 재판의 전제가 된 경우에는 법원은 헌법재판소에 제청하여 그 심판에 의하여 재판한다.

② 명령·규칙 또는 처분이 헌법이나 법률에 위반되는 여부가 재판의 전제가 된 경우에는 대법원은 이를 최종적으로 심사할 권한을 가진다.
③ 재판의 전심절차로서 행정심판을 할 수 있다. 행정심판의 절차는 법률로 정하되, 사법절차가 준용되어야 한다.

제108조【대법원의 규칙제정권】
대법원은 법률에서 저촉되지 아니하는 범위안에서 소송에 관한 절차, 법원의 내부규율과 사무처리에 관한 규칙을 제정할 수 있다.

제109조【재판공개의 원칙】
재판의 심리(審理)와 판결(判決)은 공개한다. 다만, 심리는 국가의 안전보장 또는 안녕질서를 방해하거나 선량한 풍속을 해할 염려가 있을 때에는 법원의 결정으로 공개하지 아니할 수 있다.

제110조【군사재판】
① 군사재판을 관할하기 위하여 특별법원으로서 군사법원을 둘 수 있다.
② 군사법원의 상고심은 대법원에서 관할한다.
③ 군사법원의 조직·권한 및 재판관의 자격은 법률로 정한다.
④ 비상계엄하의 군사재판은 군인·군무원의 범죄나 군사에 관한 간첩죄의 경우와 초병·초소·유독음식물공급·포로에 관한 죄 중 법률이 정한 경우에 한하여 단심으로 할 수 있다. 다만, 사형을 선고한 경우에는 그러하지 아니하다.

제6장 헌법재판소

제111조【헌법재판소의 권한·구성】
① 헌법재판소는 다음 사항을 관장한다.
1. 법원의 제청에 의한 법률의 위헌여부 심판
2. 탄핵의 심판
3. 정당의 해산 심판
4. 국가기관 상호간, 국가기관과 지방자치단체간 및 지방자치단체 상호간의 권한쟁의에 관한 심판
5. 법률이 정하는 헌법소원에 관한 심판

② 헌법재판소는 법관의 자격을 가진 9인의 재판관으로 구성하며, 재판관은 대통령이 임명한다.
③ 제2항의 재판관중 3인은 국회에서 선출하는 자를, 3인은 대법원장이 지명하는 자를 임명한다.
④ 헌법재판소의 장은 국회의 동의를 얻어 재판관중에서 대통령이 임명한다.

제112조【재판관의 임기와 정치관여금지·신분보장】
① 헌법재판소 재판관의 임기는 6년으로 하며, 법률이 정하는 바에 의하여 연임할 수 있다.
② 헌법재판소 재판관은 정당에 가입하거나 정치에 관여할 수 없다.
③ 헌법재판소 재판관은 탄핵 또는 금고 이상의 형의 선고에 의하지 아니하고는 파면되지 아니한다.

제113조【결정정족수(決定定足數), 헌법재판소의 조직과 운영】
① 헌법재판소에서 법률의 위헌결정, 탄핵의 결정, 정당해산의 결정 또는 헌법소원에 관한 인용결정을 할 때에는 재판관 6인 이상의 찬성이 있어야 한다.
② 헌법재판소는 법률에 저촉되지 아니하는 범위안에서 심판에 관한 절차, 내부규율과 사무처리에 관한 규칙을 제정할 수 있다.
③ 헌법재판소의 조직과 운영 기타 필요한 사항은 법률로 정한다.

제7장 선거관리

제114조【선거관리위원회】

① 선거와 국민투표의 공정한 관리 및 정당에 관한 사무를 처리하기 위하여 선거관리위원회를 둔다.

② 중앙선거관리위원회는 대통령이 임명하는 3인, 국회에서 선출하는 3인과 대법원장이 지명하는 3인의 위원으로 구성한다. 위원장은 위원중에서 호선(互選)한다.

③ 위원의 임기는 6년으로 한다.

④ 위원은 정당에 가입하거나 정치에 관여할 수 없다.

⑤ 위원은 탄핵 또는 금고 이상의 형의 선고에 의하지 아니하고는 파면되지 아니한다.

⑥ 중앙선거관리위원회는 법령의 범위안에서 선거관리·국민투표관리 또는 정당사무에 관한 규칙을 제정할 수 있으며, 법률에 저촉되지 아니하는 범위안에서 내부규율(內部規律)에 관한 규칙을 제정할 수 있다.

⑦ 각급 선거관리위원회의 조직·직무범위 기타 필요한 사항은 법률로 정한다.

제115조【선거관리위원회의 대행정기관지시권】

① 각급 선거관리위원회는 선거인명부(選擧人名簿)의 작성 등 선거사무와 국민투표사무에 관하여 관계 행정기관에 필요한 지시를 할 수 있다.

② 제1항의 지시를 받은 당해 행정기관은 이에 응하여야 한다.

제116조【선거운동·선거경비】

① 선거운동은 각급 선거관리위원회의 관리하에 법률이 정하는 범위안에서 하되, 균등(均等)한 기회가 보장되어야 한다.

② 선거에 관한 경비는 법률이 정하는 경우를 제외하고는 정당 또는 후보자에게 부담시킬 수 없다.

제8장 지방자치

제117조【지방자치단체의 자치권·종류】

① 지방자치단체는 주민(住民)의 복리(福利)에 관한 사무를 처리하고 재산을 관리하며, 법령의 범위안에서 자치에 관한 규정을 제정할 수 있다.

② 지방자치단체의 종류는 법률로 정한다.

제118조【지방자치단체의 조직·운영】

① 지방자치단체에 의회(議會)를 둔다.

② 지방의회의 조직·권한·의원선거와 지방자치단체의 장의 선임방법 기타 지방자치단체의 조직과 운영에 관한 사항은 법률로 정한다.

제9장 경 제

제119조【경제질서의 기본, 경제의 규제(規制)·조정(調整)】

① 대한민국의 경제질서는 개인과 기업의 경제상의 자유와 창의를 존중함을 기본으로 한다.

② 국가는 균형 있는 국민경제의 성장 및 안정과 적정한 소득의 분배를 유지하고, 시장의 지배와 경제력의 남용을 방지하며, 경제주체간의 조화를 통한 경제의 민주화를 위하여 경제에 관한 규제와 조정을 할 수 있다.

제120조【천연자원의 채취·개발 등의 특허와 보호】

① 광물 기타 중요한 지하자원·수산자원·수력과 경제상 이용할 수 있는 자연력은 법률이 정하는 바에 의하여 일정한 기간 그 채취·개발 또는 이용을 특허할 수 있다.

② 국토와 자원은 국가의 보호를 받으며, 국가는 그 균형 있는 개발과 이용을 위하여 필요한 계획을 수립한다.

제121조【농지의 소작금지(小作禁止), 임대차(賃貸借)·위탁경영(委託經營)】
① 국가는 농지에 관하여 경자유전(耕者有田)의 원칙이 달성될 수 있도록 노력하여야 하며, 농지의 소작제도는 금지된다.
② 농업생산성의 제고와 농지의 합리적인 이용을 위하거나 불가피한 사정으로 발생하는 농지의 임대차와 위탁경영은 법률이 정하는 바에 의하여 인정된다.

제122조【국토의 이용 등을 위한 제한과 의무부과】
국가는 국민 모두의 생산 및 생활의 기반이 되는 국토의 효율적이고 균형 있는 이용·개발과 보전을 위하여 법률이 정하는 바에 의하여 그에 관한 필요한 제한과 의무를 과할 수 있다.

제123조【농·어촌종합개발, 중소기업 보호·육성 등】
① 국가는 농업 및 어업을 보호·육성하기 위하여 농·어촌종합개발과 그 지원 등 필요한 계획을 수립·시행하여야 한다.
② 국가는 지역간의 균형 있는 발전을 위하여 지역경제를 육성할 의무를 진다.
③ 국가는 중소기업을 보호·육성하여야 한다.
④ 국가는 농수산물의 수급균형과 유통구조의 개선에 노력하여 가격안정을 도모함으로써 농·어민의 이익을 보호한다.
⑤ 국가는 농·어민과 중소기업의 자조조직을 육성하여야 하며, 그 자율적 활동과 발전을 보장한다.

제124조【소비자보호운동의 보장】
국가는 건전한 소비행위를 계도하고 생산품의 품질향상을 촉구하기 위한 소비자보호운동을 법률이 정하는 바에 의하여 보장한다.

제125조【대외무역의 육성·규제·조정】
국가는 대외무역을 육성하며, 이를 규제·조정할 수 있다.

제126조【사영기업의 국·공유화 또는 통제 등 금지】
국방상 또는 국민경제상 긴절한 필요로 인하여 법률이 정하는 경우를 제외하고는, 사영기업을 국유 또는 공유로 이전하거나 그 경영을 통제 또는 관리할 수 없다.

제127조【과학기술의 혁신과 정보 및 인력의 개발, 국가표준제도의 확립】
① 국가는 과학기술의 혁신과 정보 및 인력의 개발을 통하여 국민경제의 발전에 노력하여야 한다.
② 국가는 국가표준제도를 확립한다.
③ 대통령은 제1항의 목적을 달성하기 위하여 필요한 자문기구를 둘 수 있다.

제10장 헌법개정

제128조【개정제안권(改正提案權)】
① 헌법개정은 국회재적의원 과반수 또는 대통령의 발의(發議)로 제안된다.
② 대통령의 임기연장 또는 중임변경을 위한 헌법개정은 그 헌법개정 제안 당시의 대통령에 대하여는 효력이 없다.

제129조【헌법개정안의 공고】
제안된 헌법개정안은 대통령이 20일 이상의 기간 이를 공고하여야 한다.

제130조【헌법개정안의 의결·국민투표·공포】
① 국회는 헌법개정안이 공고된 날로부터 60일 이내에 의결하여야 하며, 국회의 의결은 재적의원 3분의 2 이상의 찬성을 얻어야 한다.
② 헌법개정안은 국회가 의결한 후 30일이내에 국민투표에 붙여 국회의원선거권자 과반수의 투표와 투표자 과반수의 찬성을 얻어야 한다.
③ 헌법개정안이 제2항의 찬성을 얻은 때에는 헌법개정은 확정되며, 대통령은 즉시 이를 공포하여야 한다.

부 칙 〈제10호, 1987.10.29〉

제1조 【시행일】
이 헌법은 1988년 2월 25일부터 시행한다. 다만, 이 헌법을 시행하기 위하여 필요한 법률의 제정·개정과 이 헌법에 의한 대통령 및 국회의원의 선거 기타 이 헌법시행에 관한 준비는 이 헌법 시행 전에 할 수 있다.

제2조 【최초의 대통령 선거시기와 임기개시】
① 이 헌법에 의한 최초의 대통령선거는 이 헌법 시행일 40일전까지 실시한다.
② 이 헌법에 의한 최초의 대통령의 임기는 이 헌법 시행일로부터 개시한다.

제3조 【최초의 국회의원 선거시기와 임기개시 및 이 헌법 공포 당시의 국회의원의 임기】
① 이 헌법에 의한 최초의 국회의원선거는 이 헌법공포일로부터 6월이내에 실시하며, 이 헌법에 의하여 선출된 최초의 국회의원의 임기는 국회의원선거후 이 헌법에 의한 국회의 최조의 집회일로부터 개시한다.
② 이 헌법 공포 당시의 국회의원의 임기는 제1항에 의한 국회의 최초의 집회일 전일까지로 한다.

제4조 【이 헌법 시행 당시의 공무원 등의 지위】
① 이 헌법 시행 당시의 공무원과 정부가 임명한 기업체의 임원은 이 헌법에 의하여 임명된 것으로 본다. 다만, 이 헌법에 의하여 선임방법이나 임명권자가 변경된 공무원과 대법원장 및 감사원장은 이 헌법에 의하여 후임자가 선임될 때까지 그 직무를 행하며, 이 경우 전임자인 공무원의 임기는 후임자가 선임되는 전일까지로 한다.
② 이 헌법 시행 당시의 대법원장과 대법원판사가 아닌 법관은 제1항 단서의 규정에 불구하고 이 헌법에 의하여 임명된 것으로 본다.
③ 이 헌법 중 공무원의 임기 또는 중임제한에 관한 규정은 이 헌법에 의하여 그 공무원이 최초로 선출 또는 임명된 때로부터 적용한다.

제5조 【이 헌법 시행 당시의 법령과 조약의 효력】
이 헌법 시행 당시의 법령과 조약은 이 헌법에 위배되지 아니하는 한 그 효력을 지속한다.

제6조 【이 헌법 시행 전 설치된 기관의 지위】
이 헌법 시행 당시에 이 헌법에 의하여 새로 설치될 기관의 권한에 속하는 직무를 행하고 있는 기관은 이 헌법에 의하여 새로운 기관이 설치될 때까지 존속하며 그 직무를 행한다.

Civil Law

민 법

[시행 2025. 1. 31.]

[법률 제20432호, 2024. 9. 20., 일부개정]

Civil Law

민 법

[시행 2025. 1. 31.]

[법률 제20432호, 2024. 9. 20., 일부개정]

민 법

[제정 1958. 2.22 법률 제471호]
일부개정 1962.12.29. 법률 제1237호
일부개정 1962.12.31. 법률 제1250호
-중 략-
일부개정 2016.12.20. 법률 제14409호
일부개정 2017.10.31. 법률 제14965호
일부개정 2020.10.20. 법률 제17503호
일부개정 2021. 1.26. 법률 제17905호
일부개정 2022.12.13. 법률 제19069호
일부개정 2022.12.27. 법률 제19098호
타법개정 2023. 5.16. 법률 제19409호
일부개정 2024. 9.20. 법률 제20432호

제1편 총 칙

제1장 통 칙 ……………………제1조~제2조
제2장 인
제1절 능 력 ……………………제3조~제17조
제2절 주 소 ……………………제18조~제21조
제3절 부재와 실종 ……………제22조~제30조
제3장 법 인
제1절 총 칙 ……………………제31조~제39조
제2절 설 립 ……………………제40조~제56조
제3절 기 관 ……………………제57조~제76조
제4절 해 산 ……………………제77조~제96조
제5절 벌 칙 ……………………제97조
제4장 물 건 ………………제98조~제102조
제5장 법률행위
제1절 총 칙 ……………………제103조~제106조
제2절 의사표시 ………………제107조~제113조
제3절 대 리 ……………………제114조~제136조
제4절 무효와 취소 ……………제137조~제146조
제5절 조건과 기한 ……………제147조~제154조
제6장 기 간 ………………제155조~제161조
제7장 소멸시효 ……………제162조~제184조

제2편 물 권

제1장 총 칙 ………………제185조~제191조
제2장 점유권 ………………제192조~제210조
제3장 소유권
제1절 소유권의 한계 …………제211조~제244조
제2절 소유권의 취득 …………제245조~제261조
제3절 공동소유 ………………제262조~제278조
제4장 지상권 ………………제279조~제290조
제5장 지역권 ………………제291조~제302조
제6장 전세권 ………………제303조~제319조
제7장 유치권 ………………제320조~제328조
제8장 질 권
제1절 동산질권 ………………제329조~제344조
제2절 권리질권 ………………제345조~제355조
제9장 저당권 ………………제356조~제372조

제3편 채 권

제1장 총 칙
제1절 채권의 목적 ……………제373조~제386조
제2절 채권의 효력 ……………제387조~제407조
제3절 수인의 채권자 및 채무자 ……………제408조~제448조
제4절 채권의 양도 ……………제449조~제452조
제5절 채무의 인수 ……………제453조~제459조
제6절 채권의 소멸 ……………제460조~제507조
제7절 지시채권 ………………제508조~제522조
제8절 무기명채권 ……………제523조~제526조

제2장 계 약
제1절 총 칙 ……………………제527조~제553조
제2절 증 여 ……………………제554조~제562조
제3절 매 매 ……………………제563조~제595조
제4절 교 환 ……………………제596조~제597조
제5절 소비대차 ………………제598조~제608조
제6절 사용대차 ………………제609조~제617조
제7절 임대차 …………………제618조~제654조
제8절 고 용 ……………………제655조~제663조
제9절 도 급 ……………………제664조~제674조
제9절의2 여행계약 …제674조의2~제674조의9
제10절 현상광고 ………………제675조~제679조
제11절 위 임 ……………………제680조~제692조
제12절 임 치 ……………………제693조~제702조
제13절 조 합 ……………………제703조~제724조
제14절 종신정기금 ……………제725조~제730조
제15절 화 해 ……………………제731조~제733조
제3장 사무관리 …………제734조~제740조
제4장 부당이득 …………제741조~제749조
제5장 불법행위 …………제750조~제766조

제4편 친 족

제1장 총 칙 ………………제767조~제777조
제2장 가족의 범위와 자의 성과 본
……………………제778조~제799조
제3장 혼 인
제1절 약 혼 ……………………제800조~제806조
제2절 혼인의 성립 …………제807조~제814조
제3절 혼인의 무효와 취소
……………………제815조~제825조
제4절 혼인의 효력 …………제826조~제833조
제5절 이 혼 ……………………제834조~제843조
제4장 부모와 자
제1절 친생자 …………………제844조~제865조
제2절 양 자
제1관 입양의 요건과 효력
…………………제866조~제882조의2
제2관 입양의 무효와 취소
……………………제883조~제897조
제3관 파 양 ………………제898조~제908조
제4관 친양자 ……제908조의2~제908조의8
제3절 친 권 ……………제909조~제927조의2
제5장 후 견
제1절 미성년후견과 성년후견
제1관 후견인 ……………제928조~제940조
제2관 후견감독인
……………제940조의2~제940조의7
제3관 후견인의 임무 ……제941조~제956조
제4관 후견의 종료 ………제957조~제959조
제2절 한정후견과 특정후견
…………제959조의2~제959조의13
제3절 후견계약 …·제959조의14~제959조의20
제6장 삭 제 〈2011. 3. 7〉
〔제4편 제6장 친족회(제960조~제973조) 삭제〕
제7장 부 양 ………………제974조~제979조
제8장 삭 제 〈2005. 3. 31〉
〔제4편 제8장 호주승계(제980조~제996조) 삭제〕

제5편 상 속

제1장 상 속
제1절 총 칙 ……………………제997조~제999조
제2절 상속인 ………………제1000조~제1004조
제3절 상속의 효력 ………제1005조~제1018조
제4절 상속의 승인 및 포기
………………제1019조~제1044조의2
제5절 재산의 분리 ………제1045조~제1052조
제6절 상속인의 부존재 …제1053조~제1059조

제2장 유 언
제1절 총 칙 ....제1060조~제1064조
제2절 유언의 방식 ....제1065조~제1072조
제3절 유언의 효력 ....제1073조~제1090조
제4절 유언의 집행 ....제1091조~제1107조
제5절 유언의 철회 ....제1108조~제1111조
제3장 유류분 ....제1112조~제1118조

제1편 총 칙

제1장 통 칙

제1조【법 원(法源)】
민사에 관하여 법률에 규정이 없으면 관습법에 의하고 관습법이 없으면 조리에 의한다.

제2조【신의성실(信義誠實)】
① 권리의 행사와 의무의 이행은 신의에 좇아 성실히 하여야 한다.
② 권리는 남용(濫用)하지 못한다.

제2장 인(人)

제1절 능 력

제3조【권리능력의 존속기간】
사람은 생존한 동안 권리와 의무의 주체가 된다.

제4조【성 년】
사람은 19세로 성년에 이르게 된다.

[전문개정 2011.3.7]

제5조【미성년자의 능력】
① 미성년자가 법률행위를 함에는 법정대리인의 동의를 얻어야 한다. 그러나 권리만을 얻거나 의무만을 면하는 행위는 그러하지 아니하다.
② 전항의 규정에 위반한 행위는 취소할 수 있다.

제6조【처분을 허락한 재산】
법정대리인이 범위를 정하여 처분을 허락한 재산은 미성년자가 임의로 처분할 수 있다.

제7조【동의와 허락의 취소】
법정대리인은 미성년자가 아직 법률행위를 하기 전에는 전2조의 동의와 허락을 취소할 수 있다.

제8조【영업의 허락】
① 미성년자가 법정대리인으로부터 허락을 얻은 특정한 영업에 관하여는 성년자와 동일한 행위능력이 있다.
② 법정대리인은 전항의 허락을 취소 또는 제한할 수 있다. 그러나 선의의 제3자에게 대항하지 못한다.

제9조【성년후견개시의 심판】
① 가정법원은 질병, 장애, 노령, 그 밖의 사유로 인한 정신적 제약으로 사무를 처리할 능력이 지속적으로 결여된 사람에 대하여 본인, 배우자, 4촌 이내의 친족, 미성년후견인, 미성년후견감독인, 한정후견인, 한정후견감독인, 특정후견인, 특정후견감독인, 검사 또는 지방자치단체의 장의 청구에 의하여 성년후견개시의 심판을 한다.
② 가정법원은 성년후견개시의 심판을 할 때 본인의 의사를 고려하여야 한다.

[전문개정 2011.3.7]

제10조【피성년후견인의 행위와 취소】
① 피성년후견인의 법률행위는 취소할 수 있다.
② 제1항에도 불구하고 가정법원은 취소할 수 없는 피성년후견인의 법률행위의 범위를 정할 수 있다.
③ 가정법원은 본인, 배우자, 4촌 이내의 친족, 성년후견인, 성년후견감독인, 검사 또는 지방자치단체의 장의 청구에 의하여 제2항의 범위를 변경할 수 있다.
④ 제1항에도 불구하고 일용품의 구입 등 일상생활에 필요하고 그 대가가 과도하지 아니한

법률행위는 성년후견인이 취소할 수 없다.

[전문개정 2011.3.7]

제11조【성년후견종료의 심판】
성년후견개시의 원인이 소멸된 경우에는 가정법원은 본인, 배우자, 4촌 이내의 친족, 성년후견인, 성년후견감독인, 검사 또는 지방자치단체의 장의 청구에 의하여 성년후견종료의 심판을 한다.

[전문개정 2011.3.7]

제12조【한정후견개시의 심판】
① 가정법원은 질병, 장애, 노령, 그 밖의 사유로 인한 정신적 제약으로 사무를 처리할 능력이 부족한 사람에 대하여 본인, 배우자, 4촌 이내의 친족, 미성년후견인, 미성년후견감독인, 성년후견인, 성년후견감독인, 특정후견인, 특정후견감독인, 검사 또는 지방자치단체의 장의 청구에 의하여 한정후견개시의 심판을 한다.
② 한정후견개시의 경우에 제9조 제2항을 준용한다.

[전문개정 2011.3.7]

제13조【피한정후견인의 행위와 동의】
① 가정법원은 피한정후견인이 한정후견인의 동의를 받아야 하는 행위의 범위를 정할 수 있다.
② 가정법원은 본인, 배우자, 4촌 이내의 친족, 한정후견인, 한정후견감독인, 검사 또는 지방자치단체의 장의 청구에 의하여 제1항에 따른 한정후견인의 동의를 받아야만 할 수 있는 행위의 범위를 변경할 수 있다.
③ 한정후견인의 동의를 필요로 하는 행위에 대하여 한정후견인이 피한정후견인의 이익이 침해될 염려가 있음에도 그 동의를 하지 아니하는 때에는 가정법원은 피한정후견인의 청구에 의하여 한정후견인의 동의를 갈음하는 허가를 할 수 있다.
④ 한정후견인의 동의가 필요한 법률행위를 피한정후견인이 한정후견인의 동의 없이 하였을 때에는 그 법률행위를 취소할 수 있다. 다만, 일용품의 구입 등 일상생활에 필요하고 그 대가가 과도하지 아니한 법률행위에 대하여는 그러하지 아니하다.

[전문개정 2011.3.7]

제14조【한정후견종료의 심판】
한정후견개시의 원인이 소멸된 경우에는 가정법원은 본인, 배우자, 4촌 이내의 친족, 한정후견인, 한정후견감독인, 검사 또는 지방자치단체의 장의 청구에 의하여 한정후견종료의 심판을 한다.

[전문개정 2011.3.7]

제14조의2【특정후견의 심판】
① 가정법원은 질병, 장애, 노령, 그 밖의 사유로 인한 정신적 제약으로 일시적 후원 또는 특정한 사무에 관한 후원이 필요한 사람에 대하여 본인, 배우자, 4촌 이내의 친족, 미성년후견인, 미성년후견감독인, 검사 또는 지방자치단체의 장의 청구에 의하여 특정후견의 심판을 한다.
② 특정후견은 본인의 의사에 반하여 할 수 없다.
③ 특정후견의 심판을 하는 경우에는 특정후견의 기간 또는 사무의 범위를 정하여야 한다.

[본조신설 2011.3.7]

제14조의3【심판 사이의 관계】
① 가정법원이 피한정후견인 또는 피특정후견인에 대하여 성년후견개시의 심판을 할 때에는 종전의 한정후견 또는 특정후견의 종료 심판을 한다.
② 가정법원이 피성년후견인 또는 피특정후견인에 대하여 한정후견개시의 심판을 할 때에는 종전의 성년후견 또는 특정후견의 종료 심판을 한다.

[본조신설 2011.3.7]

제15조【제한능력자의 상대방의 확답을 촉구할 권리】

① 제한능력자의 상대방은 제한능력자가 능력자가 된 후에 그에게 1개월 이상의 기간을 정하여 그 취소할 수 있는 행위를 추인할 것인지 여부의 확답을 촉구할 수 있다. 능력자로 된 사람이 그 기간 내에 확답을 발송하지 아니하면 그 행위를 추인한 것으로 본다.

② 제한능력자가 아직 능력자가 되지 못한 경우에는 그의 법정대리인에게 제1항의 촉구를 할 수 있고, 법정대리인이 그 정하여진 기간 내에 확답을 발송하지 아니한 경우에는 그 행위를 추인한 것으로 본다.

③ 특별한 절차가 필요한 행위는 그 정하여진 기간 내에 그 절차를 밟은 확답을 발송하지 아니하면 취소한 것으로 본다.

[전문개정 2011.3.7]

제16조【제한능력자의 상대방의 철회권과 거절권】

① 제한능력자가 맺은 계약은 추인이 있을 때까지 상대방이 그 의사표시를 철회할 수 있다. 다만, 상대방이 계약 당시에 제한능력자임을 알았을 경우에는 그러하지 아니하다.

② 제한능력자의 단독행위는 추인이 있을 때까지 상대방이 거절할 수 있다.

③ 제1항의 철회나 제2항의 거절의 의사표시는 제한능력자에게도 할 수 있다.

[전문개정 2011.3.7]

제17조【제한능력자의 속임수】

① 제한능력자가 속임수로써 자기를 능력자로 믿게 한 경우에는 그 행위를 취소할 수 없다.

② 미성년자나 피한정후견인이 속임수로써 법정대리인의 동의가 있는 것으로 믿게 한 경우에도 제1항과 같다.

[전문개정 2011.3.7]

제2절 주 소

제18조【주 소(住所)】

① 생활의 근거되는 곳을 주소로 한다.

② 주소는 동시에 두 곳 이상 있을 수 있다.

제19조【거 소(居所)】

주소를 알 수 없으면 거소를 주소로 본다.

제20조【거 소】

국내에 주소 없는 자에 대하여는 국내에 있는 거소를 주소로 본다.

제21조【가주소(假住所)】

어느 행위에 있어서 가주소를 정한 때에는 그 행위에 관하여는 이를 주소로 본다.

제3절 부재와 실종

제22조【부재자의 재산의 관리】

① 종래의 주소나 거소를 떠난 자가 재산관리인을 정하지 아니한 때에는 법원은 이해관계인이나 검사의 청구에 의하여 재산관리에 관하여 필요한 처분을 명하여야 한다. 본인의 부재중 재산관리인의 권한이 소멸한 때에도 같다.

② 본인이 그 후에 재산관리인을 정한 때에는 법원은 본인, 재산관리인, 이해관계인 또는 검사의 청구에 의하여 전항의 명령을 취소하여야 한다.

제23조【관리인의 개임(改任)】

부재자가 재산관리인을 정한 경우에 부재자의 생사가 분명하지 아니한 때에는 법원은 재산관리인, 이해관계인 또는 검사의 청구에 의하여 재산관리인을 개임할 수 있다.

제24조【관리인의 직무】

① 법원이 선임한 재산관리인은 관리할 재산목록을 작성하여야 한다.

② 법원은 그 선임한 재산관리인에 대하여 부재자의 재산을 보존하기 위하여 필요한 처분을 명할 수 있다.
③ 부재자의 생사가 분명하지 아니한 경우에 이해관계인이나 검사의 청구가 있는 때에는 법원은 부재자가 정한 재산관리인에게 전2항의 처분을 명할 수 있다.
④ 전3항의 경우에 그 비용은 부재자의 재산으로써 지급한다.

第25條【관리인의 권한】
법원이 선임한 재산관리인이 제118조에 규정한 권한을 넘는 행위를 함에는 법원의 허가를 얻어야 한다. 부재자의 생사가 분명하지 아니한 경우에 부재자가 정한 재산관리인이 권한을 넘는 행위를 할 때에도 같다.

第26條【관리인의 담보제공, 보수】
① 법원은 그 선임한 재산관리인으로 하여금 재산의 관리 및 반환에 관하여 상당한 담보를 제공하게 할 수 있다.
② 법원은 그 선임한 재산관리인에 대하여 부재자의 재산으로 상당한 보수를 지급할 수 있다.
③ 전2항의 규정은 부재자의 생사가 분명하지 아니한 경우에 부재자가 정한 재산관리인에 준용한다.

第27條【실종(失踪)의 선고】
① 부재자의 생사가 5년간 분명하지 아니한 때에는 법원은 이해관계인이나 검사의 청구에 의하여 실종선고를 하여야 한다.
② 전지에 임한 자, 침몰한 선박 중에 있던 자, 추락한 항공기 중에 있던 자 기타 사망의 원인이 될 위난(危難)을 당한 자의 생사가 전쟁종지후 또는 선박의 침몰, 항공기의 추락 기타 위난이 종료한 후 1년간 분명하지 아니한 때에도 제1항과 같다. 〈개정 1984.4.10〉

第28條【실종선고의 효과】
실종선고를 받은 자는 전조의 기간이 만료한 때에 사망한 것으로 본다.

第29條【실종선고의 취소】
① 실종자의 생존한 사실 또는 전조의 규정과 상이한 때에 사망한 사실의 증명이 있으면 법원은 본인, 이해관계인 또는 검사의 청구에 의하여 실종선고를 취소하여야 한다. 그러나 실종선고후 그 취소 전에 선의로 한 행위의 효력에 영향을 미치지 아니한다.
② 실종선고의 취소가 있을 때에 실종의 선고를 직접원인으로 하여 재산을 취득한 자가 선의인 경우에는 그 받은 이익이 현존하는 한도에서 반환할 의무가 있고 악의인 경우에는 그 받은 이익에 이자를 붙여서 반환하고 손해가 있으면 이를 배상하여야 한다.

第30條【동시사망(同時死亡)】
2인 이상이 동일한 위난으로 사망한 경우에는 동시에 사망한 것으로 추정(推定)한다.

제3장 법 인

제1절 총 칙

第31條【법인성립의 준칙(準則)】
법인은 법률의 규정에 의함이 아니면 성립하지 못한다.

第32條【비영리법인의 설립과 허가】
학술, 종교, 자선, 기예, 사교 기타 영리 아닌 사업을 목적으로 하는 사단 또는 재단은 주무관청의 허가를 얻어 이를 법인으로 할 수 있다.

第33條【법인설립의 등기】
법인은 그 주된 사무소의 소재지에서 설립등기를 함으로써 성립한다.

민법

제34조【법인의 권리능력】
법인은 법률의 규정에 좇아 정관(定款)으로 정한 목적의 범위 내에서 권리와 의무의 주체가 된다.

제35조【법인의 불법행위능력】
① 법인은 이사 기타 대표자가 그 직무에 관하여 타인에게 가한 손해를 배상할 책임이 있다. 이사 기타 대표자는 이로 인하여 자기의 손해배상책임을 면하지 못한다.
② 법인의 목적범위외의 행위로 인하여 타인에게 손해를 가한 때에는 그 사항의 의결에 찬성하거나 그 의결을 집행한 사원, 이사 및 기타 대표자가 연대하여 배상하여야 한다.

제36조【법인의 주소】
법인의 주소는 그 주된 사무소의 소재지에 있는 것으로 한다.

제37조【법인의 사무의 검사, 감독】
법인의 사무는 주무관청이 검사, 감독한다.

제38조【법인의 설립허가의 취소】
법인이 목적이외의 사업을 하거나 설립허가의 조건에 위반하거나 기타 공익을 해하는 행위를 한 때에는 주무관청은 그 허가를 취소할 수 있다.

제39조【영리법인】
① 영리를 목적으로 하는 사단은 상사회사설립의 조건에 좇아 이를 법인으로 할 수 있다.
② 전항의 사단법인에는 모두 상사회사에 관한 규정을 준용한다.

제2절 설 립

제40조【사단법인(社團法人)의 정관(定款)】
사단법인의 설립자는 다음 각호의 사항을 기재한 정관을 작성하여 기명날인하여야 한다.

1. 목 적
2. 명 칭
3. 사무소의 소재지
4. 자산에 관한 규정
5. 이사의 임면에 관한 규정
6. 사원자격의 득실에 관한 규정
7. 존립시기나 해산사유를 정하는 때에는 그 시기 또는 사유

제41조【이사의 대표권에 대한 제한】
이사의 대표권에 대한 제한은 이를 정관에 기재하지 아니하면 그 효력이 없다.

제42조【사단법인의 정관의 변경】
① 사단법인의 정관은 총사원 3분의 2 이상의 동의가 있는 때에 한하여 이를 변경할 수 있다. 그러나 정수(定數)에 관하여 정관에 다른 규정이 있는 때에는 그 규정에 의한다.
② 정관의 변경은 주무관청의 허가를 얻지 아니하면 그 효력이 없다.

제43조【재단법인(財團法人)의 정관】
재단법인의 설립자는 일정한 재산을 출연(出捐)하고 제40조 제1호 내지 제5호의 사항을 기재한 정관을 작성하여 기명날인하여야 한다.

제44조【재단법인의 정관의 보충】
재단법인의 설립자가 그 명칭, 사무소 소재지 또는 이사임면의 방법을 정하지 아니하고 사망한 때에는 이해관계인 또는 검사의 청구에 의하여 법원이 이를 정한다.

제45조【재단법인의 정관변경】
① 재단법인의 정관은 그 변경방법을 정관에 정한 때에 한하여 변경할 수 있다.
② 재단법인의 목적달성 또는 그 재산의 보전을 위하여 적당한 때에는 전항의 규정에 불구하고 명칭 또는 사무소의 소재지를 변경할 수 있다.
③ 제42조 제2항의 규정은 전2항의 경우에 준용한다.

제46조【재단법인의 목적 기타의 변경】
재단법인의 목적을 달성할 수 없는 때에는 설립자나 이사는 주무관청의 허가를 얻어 설립의 취지를 참작하여 그 목적 기타 정관의 규정을 변경할 수 있다.

제47조【증여, 유증에 관한 규정의 준용】
① 생전처분으로 재단법인을 설립하는 때에는 증여에 관한 규정을 준용한다.

② 유언으로 재단법인을 설립하는 때에는 유증에 관한 규정을 준용한다.

第48條【출연재산의 귀속시기(歸屬時期)】

① 생전처분으로 재단법인을 설립하는 때에는 출연재산은 법인이 성립된 때로부터 법인의 재산이 된다.

② 유언으로 재단법인을 설립하는 때에는 출연재산은 유언의 효력이 발생한 때로부터 법인에 귀속한 것으로 본다.

第49條【법인의 등기사항】

① 법인설립의 허가가 있는 때에는 3주간 내에 주된 사무소 소재지에서 설립등기를 하여야 한다.

② 전항의 등기사항은 다음과 같다.

1. 목 적
2. 명 칭
3. 사무소
4. 설립허가의 연월일
5. 존립시기나 해산사유를 정한 때에는 그 시기 또는 사유
6. 자산의 총액
7. 출자의 방법을 정한 때에는 그 방법
8. 이사의 성명, 주소
9. 이사의 대표권을 제한한 때에는 그 제한

第50條【분사무소(分事務所) 설치의 등기】

법인이 분사무소를 설치한 경우에는 주사무소(主事務所)의 소재지에서 3주일 내에 분사무소 소재지와 설치 연월일을 등기하여야 한다.

[전문개정 2024.9.20.]

第51條【사무소 이전의 등기】

① 법인이 주사무소를 이전한 경우에는 종전 소재지 또는 새 소재지에서 3주일 내에 새 소재지와 이전 연월일을 등기하여야 한다.

② 법인이 분사무소를 이전한 경우에는 주사무소 소재지에서 3주일 내에 새 소재지와 이전 연월일을 등기하여야 한다.

[전문개정 2024.9.20.]

第52條【변경등기】

제49조 제2항의 사항 중에 변경이 있는 때에는 3주간 내에 변경등기를 하여야 한다.

第52條의2【직무집행정지 등 가처분의 등기】

이사의 직무집행을 정지하거나 직무대행자를 선임하는 가처분을 하거나 그 가처분을 변경·취소하는 경우에는 주사무소가 있는 곳의 등기소에서 이를 등기하여야 한다. 〈개정 2024.9.20.〉

[본조신설 2001.12.29.]

第53條【등기기간의 기산(起算)】

전3조의 규정에 의하여 등기할 사항으로 관청의 허가를 요하는 것은 그 허가서가 도착한 날로부터 등기의 기간을 기산한다.

第54條【설립등기이외의 등기의 효력과 등기사항의 공고】

① 설립등기이외의 본절의 등기사항은 그 등기후가 아니면 제3자에게 대항하지 못한다.

② 등기한 사항은 법원이 지체 없이 공고하여야 한다.

第55條【재산목록과 사원명부】

① 법인은 성립한 때 및 매년 3월내에 재산목록을 작성하여 사무소에 비치하여야 한다. 사업연도를 정한 법인은 성립한 때 및 그 연도말에 이를 작성하여야 한다.

② 사단법인은 사원명부를 비치하고 사원의 변경이 있는 때에는 이를 기재하여야 한다.

第56條【사원권의 양도, 상속금지】

사단법인의 사원의 지위는 양도 또는 상속할 수 없다.

민법

제3절 기 관

제57조【이 사】
법인은 이사를 두어야 한다.

제58조【이사의 사무집행】
① 이사는 법인의 사무를 집행한다.
② 이사가 수인인 경우에는 정관에 다른 규정이 없으면 법인의 사무집행은 이사의 과반수로써 결정한다.

제59조【이사의 대표권】
① 이사는 법인의 사무에 관하여 각자 법인을 대표한다. 그러나 정관에 규정한 취지에 위반할 수 없고 특히 사단법인은 총회의 의결에 의하여야 한다.
② 법인의 대표에 관하여는 대리에 관한 규정을 준용한다.

제60조【이사의 대표권에 대한 제한의 대항요건】
이사의 대표권에 대한 제한은 등기하지 아니하면 제3자에게 대항하지 못한다.

제60조의2【직무대행자의 권한】
① 제52조의2의 직무대행자는 가처분명령에 다른 정함이 있는 경우 외에는 법인의 통상사무에 속하지 아니한 행위를 하지 못한다. 다만, 법원의 허가를 얻은 경우에는 그러하지 아니하다.
② 직무대행자가 제1항의 규정에 위반한 행위를 한 경우에도 법인은 선의의 제3자에 대하여 책임을 진다. [본조신설 2001.12.29]

제61조【이사의 주의의무】
이사는 선량한 관리자의 주의로 그 직무를 행하여야 한다.

제62조【이사의 대리인 선임】
이사는 정관 또는 총회의 결의로 금지하지 아니한 사항에 한하여 타인으로 하여금 특정한 행위를 대리하게 할 수 있다.

제63조【임시이사의 선임】
이사가 없거나 결원이 있는 경우에 이로 인하여 손해가 생길 염려가 있는 때에는 법원은 이해관계인이나 검사의 청구에 의하여 임시이사를 선임하여야 한다.

제64조【특별대리인의 선임】
법인과 이사의 이익이 상반하는 사항에 관하여는 이사는 대표권이 없다. 이 경우에는 전조의 규정에 의하여 특별대리인을 선임하여야 한다.

제65조【이사의 임무해태】
이사가 그 임무를 해태한 때에는 그 이사는 법인에 대하여 연대하여 손해배상의 책임이 있다.

제66조【감 사(監事)】
법인은 정관 또는 총회의 결의로 감사를 둘 수 있다.

제67조【감사의 직무】
감사의 직무는 다음과 같다.

1. 법인의 재산상황을 감사하는 일
2. 이사의 업무집행의 상황을 감사하는 일
3. 재산상황 또는 업무집행에 관하여 부정, 불비한 것이 있음을 발견한 때에는 이를 총회 또는 주무관청에 보고하는 일
4. 전호의 보고를 하기 위하여 필요 있는 때에는 총회를 소집하는 일

제68조【총회의 권한】
사단법인의 사무는 정관으로 이사 또는 기타 임원에게 위임한 사항 외에는 총회의 결의에 의하여야 한다.

제69조【통상총회】
사단법인의 이사는 매년 1회 이상 통상총회를 소집하여야 한다.

제70조【임시총회】
① 사단법인의 이사는 필요하다고 인정한 때에는 임시총회를 소집할 수 있다.
② 총사원의 5분의 1 이상으로부터 회의의 목적사항을 제시하여 청구한 때에는 이사는 임시총회를 소집하여야 한다. 이 정수는 정관으로 증감할 수 있다.

③ 전항의 청구 있는 후 2주간 내에 이사가 총회소집의 절차를 밟지 아니한 때에는 청구한 사원은 법원의 허가를 얻어 이를 소집할 수 있다.

제71조 【총회의 소집】
총회의 소집은 1주간 전에 그 회의의 목적사항을 기재한 통지를 발하고 기타 정관에 정한 방법에 의하여야 한다.

제72조 【총회의 결의사항】
총회는 전조의 규정에 의하여 통지한 사항에 관하여서만 결의할 수 있다. 그러나 정관에 다른 규정이 있는 때에는 그 규정에 의한다.

제73조 【사원의 결의권】
① 각 사원의 결의권은 평등으로 한다.
② 사원은 서면이나 대리인으로 결의권을 행사할 수 있다.
③ 전2항의 규정은 정관에 다른 규정이 있는 때에는 적용하지 아니한다.

제74조 【사원이 결의권 없는 경우】
사단법인과 어느 사원과의 관계사항을 의결하는 경우에는 그 사원은 결의권이 없다.

제75조 【총회의 결의방법】
① 총회의 결의는 본법 또는 정관에 다른 규정이 없으면 사원 과반수의 출석과 출석사원의 결의권의 과반수로써 한다.
② 제73조 제2항의 경우에는 당해 사원은 출석한 것으로 한다.

제76조 【총회의 의사록(議事錄)】
① 총회의 의사에 관하여는 의사록을 작성하여야 한다.
② 의사록에는 의사의 경과, 요령 및 결과를 기재하고 의장 및 출석한 이사가 기명날인하여야 한다.
③ 이사는 의사록을 주된 사무소에 비치하여야 한다.

제4절 해 산

제77조 【해산사유】
① 법인은 존립기간의 만료, 법인의 목적의 달성 또는 달성의 불능 기타 정관에 정한 해산사유의 발생, 파산 또는 설립허가의 취소로 해산한다.
② 사단법인은 사원이 없게 되거나 총회의 결의로도 해산한다.

제78조 【사단법인의 해산결의】
사단법인은 총사원의 4분의 3 이상의 동의가 없으면 해산을 결의하지 못한다. 그러나 정관에 다른 규정이 있는 때에는 그 규정에 의한다.

제79조 【파산신청】
법인이 채무를 완제하지 못하게 된 때에는 이사는 지체 없이 파산신청을 하여야 한다.

제80조 【잔여재산(殘餘財産)의 귀속(歸屬)】
① 해산한 법인의 재산은 정관으로 지정한 자에게 귀속한다.
② 정관으로 귀속권리자를 지정하지 아니하거나 이를 지정하는 방법을 정하지 아니한 때에는 이사 또는 청산인은 주무관청의 허가를 얻어 그 법인의 목적에 유사한 목적을 위하여 그 재산을 처분할 수 있다. 그러나 사단법인에 있어서는 총회의 결의가 있어야 한다.
③ 전2항의 규정에 의하여 처분되지 아니한 재산은 국고에 귀속한다.

제81조 【청산법인(清算法人)】
해산한 법인은 청산의 목적범위 내에서만 권리가 있고 의무를 부담한다.

제82조 【청산인】
법인이 해산한 때에는 파산의 경우를 제하고는 이사가 청산인이 된다. 그러나 정관 또는 총회의 결의로 달리 정한 바가 있으면 그에 의한다.

제83조 【법원에 의한 청산인의 선임】
전조의 규정에 의하여 청산인이 될 자가 없거나 청산인의 결원으로 인하여 손해가 생길 염려가 있는 때에는 법원은 직권 또는 이해관계인이나 검사의 청구에 의하여 청산인을 선임할 수 있다.

제84조【법원에 의한 청산인의 해임】

중요한 사유가 있는 때에는 법원은 직권 또는 이해관계인이나 검사의 청구에 의하여 청산인을 해임할 수 있다.

제85조【해산등기】

① 청산인은 법인이 파산으로 해산한 경우가 아니면 취임 후 3주일 내에 다음 각 호의 사항을 주사무소 소재지에서 등기하여야 한다.

1. 해산 사유와 해산 연월일
2. 청산인의 성명과 주소
3. 청산인의 대표권을 제한한 경우에는 그 제한

② 제1항의 등기에 관하여는 제52조를 준용한다.

[전문개정 2024.9.20.]

제86조【해산신고】

① 청산인은 파산의 경우를 제하고는 그 취임후 3주간 내에 전조 제1항의 사항을 주무관청에 신고하여야 한다.

② 청산 중에 취임한 청산인은 그 성명 및 주소를 신고하면 된다.

제87조【청산인의 직무】

① 청산인의 직무는 다음과 같다.

1. 현존사무의 종결
2. 채권의 추심 및 채무의 변제
3. 잔여재산의 인도

② 청산인은 전항의 직무를 행하기 위하여 필요한 모든 행위를 할 수 있다.

제88조【채권신고의 공고】

① 청산인은 취임한 날로부터 2월내에 3회 이상의 공고로 채권자에 대하여 일정한 기간내에 그 채권을 신고할 것을 최고하여야 한다. 그 기간은 2월 이상이어야 한다.

② 전항의 공고에는 채권자가 기간 내에 신고하지 아니하면 청산으로부터 제외될 것을 표시하여야 한다.

③ 제1항의 공고는 법원의 등기사항의 공고와 동일한 방법으로 하여야 한다.

제89조【채권신고의 최고】

청산인은 알고 있는 채권자에게 대하여는 각각 그 채권신고를 최고하여야 한다. 알고 있는 채권자는 청산으로부터 제외하지 못한다.

제90조【채권신고기간내의 변제금지】

청산인은 제88조 제1항의 채권신고기간 내에는 채권자에 대하여 변제하지 못한다. 그러나 법인은 채권자에 대한 지연손해배상의 의무를 면하지 못한다.

제91조【채권변제의 특례】

① 청산중의 법인은 변제기에 이르지 아니한 채권에 대하여도 변제할 수 있다.

② 전항의 경우에는 조건 있는 채권, 존속기간의 불확정한 채권 기타 가액의 불확정한 채권에 관하여는 법원이 선임한 감정인의 평가에 의하여 변제하여야 한다.

제92조【청산으로부터 제외된 채권】

청산으로부터 제외된 채권자는 법인의 채무를 완제한 후 귀속권리자에게 인도하지 아니한 재산에 대하여서만 변제를 청구할 수 있다.

제93조【청산 중의 파산】

① 청산중 법인의 재산이 그 채무를 완제하기에 부족한 것이 분명하게 된 때에는 청산인은 지체없이 파산선고를 신청하고 이를 공고하여야 한다.

② 청산인은 파산관재인에게 그 사무를 인계함으로써 그 임무가 종료한다.

③ 제88조 제3항의 규정은 제1항의 공고에 준용한다.

제94조【청산종결의 등기와 신고】

청산이 종결한 때에는 청산인은 3주간 내에 이를 등기하고 주무관청에 신고하여야 한다.

제95조【해산, 청산의 검사, 감독】

법인의 해산 및 청산은 법원이 검사, 감독한다.

제96조【준용규정】
제58조 제2항, 제59조 내지 제62조, 제64조, 제65조 및 제70조의 규정은 청산인에 이를 준용한다.

제5절 벌 칙

제97조【벌 칙】
법인의 이사, 감사 또는 청산인은 다음 각호의 경우에는 500만원 이하의 과태료에 처한다.
〈개정 2007.12.21〉

1. 본장에 규정한 등기를 해태한 때
2. 제55조의 규정에 위반하거나 재산목록 또는 사원명부에 부정기재를 한 때
3. 제37조, 제95조에 규정한 검사, 감독을 방해한 때
4. 주무관청 또는 총회에 대하여 사실 아닌 신고를 하거나 사실을 은폐한 때
5. 제76조와 제90조의 규정에 위반한 때
6. 제79조, 제93조의 규정에 위반하여 파산선고의 신청을 해태한 때
7. 제88조, 제93조에 정한 공고를 해태하거나 부정한 공고를 한 때

제4장 물 건

제98조【물건의 정의】
본법에서 물건이라 함은 유체물(有體物) 및 전기(電氣) 기타 관리(管理)할 수 있는 자연력(自然力)을 말한다.

제99조【부동산, 동산】
① 토지(土地) 및 그 정착물(定着物)은 부동산이다.
② 부동산 이외의 물건은 동산이다.

제100조【주물(主物), 종물(從物)】
① 물건의 소유자가 그 물건의 상용(常用)에 공(供)하기 위하여 자기소유인 다른 물건을 이에 부속하게 한 때에는 그 부속물은 종물이다.
② 종물은 주물의 처분에 따른다.

제101조【천연과실(天然果實), 법정과실(法定果實)】
① 물건의 용법(用法)에 의하여 수취하는 산출물은 천연과실이다.
② 물건의 사용대가로 받는 금전 기타의 물건은 법정과실로 한다.

제102조【과실의 취득】
① 천연과실은 그 원물(元物)로부터 분리하는 때에 이를 수취할 권리자에게 속한다.
② 법정과실은 수취할 권리의 존속기간일수의 비율로 취득한다.

제5장 법률행위

제1절 총 칙

제103조【반사회질서의 법률행위】
선량(善良)한 풍속(風俗) 기타 사회질서에 위반한 사항을 내용으로 하는 법률행위는 무효로 한다.

제104조【불공정한 법률행위】
당사자의 궁박(窮迫), 경솔(輕率) 또는 무경험(無經驗)으로 인하여 현저하게 공정을 잃은 법률행위는 무효로 한다.

제105조【임의규정】
법률행위의 당사자가 법령 중의 선량(善良)한 풍속 기타 사회질서에 관계 없는 규정과 다른 의사를 표시한 때에는 그 의사에 의한다.

제106조【사실인 관습】
법령 중의 선량한 풍속 기타 사회질서에 관계 없는 규정과 다른 관습이 있는 경우에 당사자의 의사가 명확하지 아니한 때에는 그 관습에 의한다.

제2절 의사표시

제107조【진의 아닌 의사표시】

① 의사표시는 표의자가 진의 아님을 알고한 것이라도 그 효력이 있다. 그러나 상대방이 표의자의 진의 아님을 알았거나 이를 알 수 있었을 경우에는 무효로 한다.

② 전항의 의사표시의 무효는 선의의 제3자에게 대항하지 못한다.

제108조【통정(通情)한 허위의 의사표시】

① 상대방과 통정한 허위의 의사표시는 무효로 한다.

② 전항의 의사표시의 무효는 선의의 제3자에게 대항하지 못한다.

제109조【착오로 인한 의사표시】

① 의사표시는 법률행위의 내용의 중요부분에 착오가 있는 때에는 취소할 수 있다. 그러나 그 착오가 표의자의 중대한 과실로 인한 때에는 취소하지 못한다.

② 전항의 의사표시의 취소는 선의의 제3자에게 대항하지 못한다.

제110조【사기, 강박에 의한 의사표시】

① 사기나 강박에 의한 의사표시는 취소할 수 있다.

② 상대방 있는 의사표시에 관하여 제3자가 사기나 강박을 행한 경우에는 상대방이 그 사실을 알았거나 알 수 있었을 경우에 한하여 그 의사표시를 취소할 수 있다.

③ 전2항의 의사표시의 취소는 선의의 제3자에게 대항하지 못한다.

제111조【의사표시의 효력발생시기】

① 상대방이 있는 의사표시는 상대방에게 도달한 때에 그 효력이 생긴다.

② 의사표시자가 그 통지를 발송한 후 사망하거나 제한능력자가 되어도 의사표시의 효력에 영향을 미치지 아니한다. [전문개정 2011.3.7]

제112조【제한능력자에 대한 의사표시의 효력】

의사표시의 상대방이 의사표시를 받은 때에 제한능력자인 경우에는 의사표시자는 그 의사표시로써 대항할 수 없다. 다만, 그 상대방의 법정대리인이 의사표시가 도달한 사실을 안 후에는 그러하지 아니하다.

[전문개정 2011.3.7]

제113조【의사표시의 공시송달(公示送達)】

표의자가 과실 없이 상대방을 알지 못하거나 상대방의 소재를 알지 못하는 경우에는 의사표시는 민사소송법 공시송달의 규정에 의하여 송달할 수 있다.

제3절 대 리(代理)

제114조【대리행위의 효력】

① 대리인이 그 권한 내에서 본인을 위한 것임을 표시한 의사표시는 직접 본인에게 대하여 효력이 생긴다.

② 전항의 규정은 대리인에게 대한 제3자의 의사표시에 준용한다.

제115조【본인을 위한 것임을 표시하지 아니한 행위】

대리인이 본인을 위한 것임을 표시하지 아니한 때에는 그 의사표시는 자기를 위한 것으로 본다. 그러나 상대방이 대리인으로서 한 것임을 알았거나 알 수 있었을 때에는 전조 제1항의 규정을 준용한다.

제116조【대리행위의 하자(瑕疵)】

① 의사표시의 효력이 의사의 흠결, 사기, 강박 또는 어느 사정을 알았거나 과실로 알지 못한 것으로 인하여 영향을 받을 경우에 그 사실의 유무는 대리인을 표준으로 하여 결정한다.

② 특정한 법률행위를 위임한 경우에 대리인이 본인의 지시에 좇아 그 행위를 한 때에는 본인은 자기가 안 사정 또는 과실로 인하여 알지

못한 사정에 관하여 대리인의 부지를 주장하지 못한다.

제117조【대리인의 행위능력】
대리인은 행위능력자임을 요하지 아니한다.

제118조【대리권의 범위】
권한을 정하지 아니한 대리인은 다음 각호의 행위만을 할 수 있다.

1. 보존행위
2. 대리의 목적인 물건이나 권리의 성질을 변하지 아니하는 범위에서 그 이용 또는 개량하는 행위

제119조【각자대리】
대리인이 수인인 때에는 각자가 본인을 대리한다. 그러나 법률 또는 수권행위에 다른 정한 바가 있는 때에는 그러하지 아니하다.

제120조【임의대리인의 복임권(復任權)】
대리권이 법률행위에 의하여 부여된 경우에는 대리인은 본인의 승낙이 있거나 부득이한 사유 있는 때가 아니면 복대리인을 선임하지 못한다.

제121조【임의대리인의 복대리인선임의 책임】
① 전조의 규정에 의하여 대리인이 복대리인을 선임한 때에는 본인에게 대하여 그 선임감독에 관한 책임이 있다.
② 대리인이 본인의 지명에 의하여 복대리인을 선임한 경우에는 그 부적임 또는 불성실함을 알고 본인에게 대한 통지나 그 해임을 태만한 때가 아니면 책임이 없다.

제122조【법정대리인의 복임권과 그 책임】
법정대리인은 그 책임으로 복대리인을 선임할 수 있다 그러나 부득이한 사유로 인한 때는 전조 제1항에 정한 책임만이 있다.

제123조【복대리인의 권한】
① 복대리인은 그 권한 내에서 본인을 대리한다.
② 복대리인은 본인이나 제3자에 대하여 대리인과 동일한 권리의무가 있다.

제124조【자기계약, 쌍방대리】
대리인은 본인의 허락이 없으면 본인을 위하여 자기와 법률행위를 하거나 동일한 법률행위에 관하여 당사자쌍방을 대리하지 못한다. 그러나 채무의 이행은 할 수 있다.

제125조【대리권수여의 표시에 의한 표현(表見)대리】
제3자에 대하여 타인에게 대리권을 수여함을 표시한 자는 그 대리권의 범위 내에서 행한 그 타인과 그 제3자간의 법률행위에 대하여 책임이 있다. 그러나 제3자가 대리권 없음을 알았거나 알 수 있었을 때에는 그러하지 아니하다.

제126조【권한을 넘은 표현대리】
대리인이 그 권한 외의 법률행위를 한 경우에 제3자가 그 권한이 있다고 믿을 만한 정당한 이유가 있는 때에는 본인은 그 행위에 대하여 책임이 있다.

제127조【대리권의 소멸사유】
대리권은 다음 각 호의 어느 하나에 해당하는 사유가 있으면 소멸된다.

1. 본인의 사망
2. 대리인의 사망, 성년후견의 개시 또는 파산

[전문개정 2011.3.7]

제128조【임의대리의 종료】
법률행위에 의하여 수여된 대리권은 전조의 경우 외에 그 원인된 법률관계의 종료에 의하여 소멸한다. 법률관계의 종료 전에 본인이 수권행위를 철회한 경우에도 같다.

제129조【대리권소멸후의 표현대리】
대리권의 소멸은 선의의 제3자에게 대항하지 못한다. 그러나 제3자가 과실로 인하여 그 사실을 알지 못한 때에는 그러하지 아니하다.

제130조【무권(無權)대리】
대리권 없는 자가 타인의 대리인으로 한 계약은 본인이 이를 추인하지 아니하면 본인에 대하여 효력이 없다.

제131조【상대방의 최고권(催告權)】
대리권 없는 자가 타인의 대리인으로 계약을 한 경우에 상대방은 상당한 기간을 정하여 본인에게 그 추인여부의 확답을 최고할 수 있다. 본인이 그 기간 내에 확답을 발하지 아니한 때에는 추인을 거절한 것으로 본다.

제132조【추인, 거절의 상대방】
추인 또는 거절의 의사표시는 상대방에 대하여 하지 아니하면 그 상대방에 대항하지 못한다. 그러나 상대방이 그 사실을 안 때에는 그러하지 아니하다.

제133조【추인의 효력】
추인은 다른 의사표시가 없을 때에는 계약시에 소급하여 그 효력이 생긴다. 그러나 제3자의 권리를 해하지 못한다.

제134조【상대방의 철회권】
대리권 없는 자가 한 계약은 본인의 추인이 있을 때까지 상대방은 본인이나 그 대리인에 대하여 이를 철회할 수 있다. 그러나 계약당시에 상대방이 대리권 없음을 안 때에는 그러하지 아니하다.

제135조【상대방에 대한 무권대리인의 책임】
① 다른 자의 대리인으로서 계약을 맺은 자가 그 대리권을 증명하지 못하고 또 본인의 추인을 받지 못한 경우에는 그는 상대방의 선택에 따라 계약을 이행할 책임 또는 손해를 배상할 책임이 있다.
② 대리인으로서 계약을 맺은 자에게 대리권이 없다는 사실을 상대방이 알았거나 알 수 있었을 때 또는 대리인으로서 계약을 맺은 사람이 제한능력자일 때에는 제1항을 적용하지 아니한다 [전문개정 2011.3.7]

제136조【단독행위와 무권대리】
단독행위에는 그 행위당시에 상대방이 대리인이라 칭하는 자의 대리권 없는 행위에 동의하거나 그 대리권을 다투지 아니한 때에 한하여 전6조의 규정을 준용한다. 대리권 없는 자에 대하여 그 동의를 얻어 단독행위를 한 때에도 같다.

제4절 무효와 취소

제137조【법률행위의 일부무효】
법률행위의 일부분이 무효인 때에는 그 전부를 무효로 한다. 그러나 그 무효부분이 없더라도 법률행위를 하였을 것이라고 인정될 때에는 나머지 부분은 무효가 되지 아니한다.

제138조【무효행위의 전환】
무효인 법률행위가 다른 법률행위의 요건을 구비하고 당사자가 그 무효를 알았더라면 다른 법률행위를 하는 것을 의욕하였으리라고 인정될 때에는 다른 법률행위로서 효력을 가진다.

제139조【무효행위의 추인(追認)】
무효인 법률행위는 추인하여도 그 효력이 생기지 아니한다. 그러나 당사자가 그 무효임을 알고 추인한 때에는 새로운 법률행위로 본다.

제140조【법률행위의 취소권자】
취소할 수 있는 법률행위는 제한능력자, 착오로 인하거나 사기·강박에 의하여 의사표시를 한 자, 그의 대리인 또는 승계인만이 취소할 수 있다.
[전문개정 2011.3.7]

제141조【취소의 효과】
취소된 법률행위는 처음부터 무효인 것으로 본다. 다만, 제한능력자는 그 행위로 인하여 받은 이익이 현존하는 한도에서 상환(償還)할 책임이 있다. [전문개정 2011.3.7]

제142조【취소의 상대방】
취소할 수 있는 법률행위의 상대방이 확정한 경우에는 그 취소는 그 상대방에 대한 의사표시로 하여야 한다.

제143조【추인의 방법, 효과】
① 취소할 수 있는 법률행위는 제140조에 규정한 자가 추인할 수 있고 추인 후에는 취소하지 못한다.
② 전조의 규정은 전항의 경우에 준용한다.

제144조【추인의 요건】
① 추인은 취소의 원인이 소멸된 후에 하여야만 효력이 있다.
② 제1항은 법정대리인 또는 후견인이 추인하는 경우에는 적용하지 아니한다. [전문개정 2011.3.7]

제145조【법정추인】
취소할 수 있는 법률행위에 관하여 전조의 규정에 의하여 추인할 수 있는 후에 다음 각호의 사유가 있으면 추인한 것으로 본다. 그러나 이의를 보류한 때에는 그러하지 아니하다.

1. 전부나 일부의 이행
2. 이행의 청구
3. 경 개
4. 담보의 제공
5. 취소할 수 있는 행위로 취득한 권리의 전부나 일부의 양도
6. 강제집행

제146조【취소권의 소멸】
취소권은 추인할 수 있는 날로부터 3년 내에 법률행위를 한 날로부터 10년 내에 행사하여야 한다.

제5절 조건과 기한

제147조【조건성취의 효과】
① 정지조건 있는 법률행위는 조건이 성취한 때로부터 그 효력이 생긴다.
② 해제조건 있는 법률행위는 조건이 성취한 때로부터 그 효력을 잃는다.
③ 당사자가 조건성취의 효력을 그 성취전에 소급하게 할 의사를 표시한 때에는 그 의사에 의한다.

제148조【조건부권리의 침해금지】
조건 있는 법률행위의 당사자는 조건의 성부가 미정한 동안에 조건의 성취로 인하여 생길 상대방의 이익을 해하지 못한다.

제149조【조건부권리의 처분 등】
조건의 성취가 미정한 권리의무는 일반규정에 의하여 처분, 상속, 보존 또는 담보로 할 수 있다.

제150조【조건성취, 불성취에 대한 반(反)신의행위】
① 조건의 성취로 인하여 불이익을 받을 당사자가 신의성실에 반하여 조건의 성취를 방해한 때에는 상대방은 그 조건이 성취한 것으로 주장할 수 있다.
② 조건의 성취로 인하여 이익을 받을 당사자가 신의성실에 반하여 조건을 성취시킨 때에는 상대방은 그 조건이 성취하지 아니한 것으로 주장할 수 있다.

제151조【불법조건, 기성조건(旣成條件)】
① 조건이 선량한 풍속 기타 사회질서에 위반한 것인 때에는 그 법률행위는 무효로 한다.
② 조건이 법률행위의 당시 이미 성취한 것인 경우에는 그 조건이 정지조건이면 조건 없는 법률행위로 하고 해제조건이면 그 법률행위는 무효로 한다.
③ 조건이 법률행위의 당시에 이미 성취할 수 없는 것인 경우에는 그 조건이 해제조건이면 조건 없는 법률행위로 하고 정지조건이면 그 법률행위는 무효로 한다.

제152조【기한도래의 효과】
① 시기(始期) 있는 법률행위는 기한이 도래한 때로부터 그 효력이 생긴다.
② 종기(終期) 있는 법률행위는 기한이 도래한 때로부터 그 효력을 잃는다.

제153조【기한의 이익과 그 포기】
① 기한은 채무자의 이익을 위한 것으로 추정한다.
② 기한의 이익은 이를 포기할 수 있다. 그러나 상대방의 이익을 해하지 못한다.

제154조【기한부권리와 준용규정】
제148조와 제149조의 규정은 기한 있는 법률행위에 준용한다.

제6장 기 간

제155조【본장의 적용범위】
기간의 계산은 법령, 재판상의 처분 또는 법률행위에 다른 정한 바가 없으면 본장의 규정에 의한다.

제156조【기간의 기산점】
기간을 시, 분, 초로 정한 때에는 즉시(卽時)로부터 기산한다.

제157조【기간의 기산점】
기간을 일, 주, 월 또는 년으로 정한 때에는 기간의 초일(初日)은 산입하지 아니한다. 그러나 그 기간이 오전 영(零)시로부터 시작하는 때에는 그러하지 아니하다.

2022.12.27 개정

제158조【나이의 계산과 표시】
나이는 출생일을 산입하여 만(滿) 나이로 계산하고, 연수(年數)로 표시한다. 다만, 1세에 이르지 아니한 경우에는 월수(月數)로 표시할 수 있다.
[전문개정 2022.12.27.]

제159조【기간의 만료점】
기간을 일, 주, 월 또는 년으로 정한 때에는 기간말일의 종료로 기간이 만료한다.

제160조【역(曆)에 의한 계산】
① 기간을 주, 월 또는 년으로 정한 때에는 역에 의하여 계산한다.
② 주, 월 또는 년의 처음으로부터 기간을 기산하지 아니한 때에는 최후의 주, 월 또는 년에서 그 기산일(起算日)에 해당한 날의 전일로 기간이 만료한다.
③ 월 또는 년으로 정한 경우에 최종의 월에 해당일이 없는 때에는 그 월의 말일로 기간이 만료한다.

제161조【공휴일 등과 기간의 만료점】
〈제목 개정 2007.12.21.〉
기간의 말일(末日)이 토요일 또는 공휴일에 해당한 때에는 기간은 그 익일(翌日)로 만료한다.
〈개정 2007.12.21〉

제7장 소멸시효

제162조【채권, 재산권의 소멸시효】
① 채권은 10년간 행사하지 아니하면 소멸시효가 완성한다.
② 채권 및 소유권이외의 재산권은 20년간 행사하지 아니하면 소멸시효가 완성한다.

제163조【3년의 단기소멸시효】
다음 각호의 채권은 3년간 행사하지 아니하면 소멸시효가 완성한다. 〈개정 1997.12.13〉

1. 이자, 부양료, 급료, 사용료 기타 1년 이내의 기간으로 정한 금전 또는 물건의 지급을 목적으로 한 채권
2. 의사, 조산사, 간호사 및 약사의 치료, 근로 및 조제에 관한 채권
3. 도급받은 자, 기사 기타 공사의 설계 또는 감독에 종사하는 자의 공사에 관한 채권
4. 변호사, 변리사, 공증인, 공인회계사 및 법무사에 대한 직무상 보관한 서류의 반환을 청구하는 채권
5. 변호사, 변리사, 공증인, 공인회계사 및 법무사의 직무에 관한 채권
6. 생산자 및 상인이 판매한 생산물 및 상품의 대가
7. 수공업자 및 제조자의 업무에 관한 채권

제164조【1년의 단기소멸시효】
다음 각호의 채권은 1년간 행사하지 아니하면 소멸시효가 완성한다.

1. 여관, 음식점, 대석(貸席), 오락장의 숙박료, 음식료, 대석료, 입장료, 소비물의 대가 및 체당금(替當金)의 채권
2. 의복, 침구, 장구 기타 동산의 사용료의 채권
3. 노역인, 연예인의 임금 및 그에 공급한 물건의 대금채권

4. 학생 및 수업자의 교육, 의식(衣食) 및 유숙(留宿)에 관한 교주(校主), 숙주(塾主), 교사의 채권

제165조【판결 등에 의하여 확정된 채권의 소멸시효】

① 판결에 의하여 확정된 채권은 단기의 소멸시효에 해당한 것이라도 그 소멸시효는 10년으로 한다.

② 파산절차에 의하여 확정된 채권 및 재판상의 화해, 조정 기타 판결과 동일한 효력이 있는 것에 의하여 확정된 채권도 전항과 같다.

③ 전2항의 규정은 판결확정당시에 변제기가 도래하지 아니한 채권에 적용하지 아니한다.

제166조【소멸시효의 기산점】

① 소멸시효는 권리를 행사할 수 있는 때로부터 진행한다.

② 부작위를 목적으로 하는 채권의 소멸시효는 위반행위를 한 때로부터 진행한다.

제167조【소멸시효의 소급효】

소멸시효는 그 기산일에 소급하여 효력이 생긴다.

제168조【소멸시효의 중단사유】

소멸시효는 다음 각호의 사유로 인하여 중단된다.

1. 청 구
2. 압류(押留) 또는 가압류(假押留), 가처분(假處分)
3. 승 인

제169조【시효중단의 효력】

시효의 중단은 당사자 및 그 승계인간에만 효력이 있다.

제170조【재판상의 청구와 시효중단】

① 재판상의 청구는 소송의 각하(却下), 기각(棄却) 또는 취하(取下)의 경우에는 시효중단의 효력이 없다.

② 전항의 경우에 6월 내에 재판상의 청구, 파산절차참가, 압류 또는 가압류, 가처분을 한 때에는 시효는 최초의 재판상청구로 인하여 중단된 것으로 본다.

제171조【파산절차참가와 시효중단】

파산절차참가는 채권자가 이를 취소하거나 그 청구가 각하된 때에는 시효중단의 효력이 없다.

제172조【지급명령과 시효중단】

지급명령은 채권자가 법정기간 내에 가집행신청을 하지 아니함으로 인하여 그 효력을 잃은 때에는 시효중단의 효력이 없다.

제173조【화해를 위한 소환, 임의출석과 시효중단】

화해를 위한 소환은 상대방이 출석하지 아니하거나 화해가 성립되지 아니한 때에는 1월내에 소를 제기하지 아니하면 시효중단의 효력이 없다. 임의출석의 경우에 화해가 성립되지 아니한 때에도 그러하다.

제174조【최고와 시효중단】

최고는 6월 내에 재판상의 청구, 파산절차참가, 화해를 위한 소환, 임의출석, 압류 또는 가압류, 가처분을 하지 아니하면 시효중단의 효력이 없다.

제175조【압류, 가압류, 가처분과 시효중단】

압류, 가압류 및 가처분은 권리자의 청구에 의하여 또는 법률의 규정에 따르지 아니함으로 인하여 취소된 때에는 시효중단의 효력이 없다.

제176조【압류, 가압류, 가처분과 시효중단】

압류, 가압류 및 가처분은 시효의 이익을 받은 자에 대하여 하지 아니한 때에는 이를 그에게 통지한 후가 아니면 시효중단의 효력이 없다.

제177조【승인과 시효중단】

시효중단의 효력 있는 승인에는 상대방의 권리에 관한 처분의 능력이나 권한 있음을 요하지 아니한다.

제178조【중단 후의 시효진행】

① 시효가 중단된 때에는 중단까지에 경과한 시효기간은 이를 산입하지 아니하고 중단사유가 종료한 때로부터 새로이 진행한다.

② 재판상의 청구로 인하여 중단한 시효는 전항의 규정에 의하여 재판이 확정된 때로부터 새로이 진행한다.

제179조 [제한능력자의 시효정지]
소멸시효의 기간만료 전 6개월 내에 제한능력자에게 법정대리인이 없는 경우에는 그가 능력자가 되거나 법정대리인이 취임한 때부터 6개월 내에는 시효가 완성되지 아니한다.

[전문개정 2011.3.7]

제180조 【재산관리자에 대한 제한능력자의 권리, 부부 사이의 권리와 시효정지】
① 재산을 관리하는 아버지, 어머니 또는 후견인에 대한 제한능력자의 권리는 그가 능력자가 되거나 후임 법정대리인이 취임한 때부터 6개월 내에는 소멸시효가 완성되지 아니한다.
② 부부 중 한쪽이 다른 쪽에 대하여 가지는 권리는 혼인관계가 종료된 때부터 6개월 내에는 소멸시효가 완성되지 아니한다.

[전문개정 2011.3.7]

제181조 【상속재산에 관한 권리와 시효정지】
상속재산에 속한 권리나 상속재산에 대한 권리는 상속인의 확정, 관리인의 선임 또는 파산선고가 있는 때로부터 6월내에는 소멸시효가 완성하지 아니한다.

제182조 【천재 기타 사변과 시효정지】
천재 기타 사변으로 인하여 소멸시효를 중단할 수 없을 때에는 그 사유가 종료한 때로부터 1월 내에는 시효가 완성하지 아니한다.

제183조 【종속된 권리에 대한 소멸시효의 효력】
주된 권리의 소멸시효가 완성한 때에는 종속된 권리에 그 효력이 미친다.

제184조 【시효의 이익의 포기 기타】
① 소멸시효의 이익은 미리 포기하지 못한다.
② 소멸시효는 법률행위에 의하여 이를 배제, 연장 또는 가중할 수 없으나 이를 단축 또는 경감할 수 있다.

제2편 물 권

제1장 총 칙

제185조 【물권의 종류】
물권은 법률 또는 관습법에 의하는 외에는 임의로 창설하지 못한다.

제186조 【부동산물권변동의 효력】
부동산에 관한 법률행위로 인한 물권의 득실변경은 등기하여야 그 효력이 생긴다.

제187조 【등기를 요하지 아니하는 부동산물권취득】
상속, 공용징수, 판결, 경매 기타 법률의 규정에 의한 부동산에 관한 물권의 취득은 등기를 요하지 아니한다. 그러나 등기를 하지 아니하면 이를 처분하지 못한다.

제188조 【동산물권양도의 효력, 간이인도】
① 동산에 관한 물권의 양도는 그 동산을 인도하여야 효력이 생긴다.
② 양수인이 이미 그 동산을 점유한 때에는 당사자의 의사표시만으로 그 효력이 생긴다.

제189조 【점유개정(占有改定)】
동산에 관한 물권을 양도하는 경우에 당사자의 계약으로 양도인이 그 동산의 점유를 계속하는 때에는 양수인이 인도받은 것으로 본다.

제190조 【목적물반환청구권의 양도】
제3자가 점유하고 있는 동산에 관한 물권을 양도하는 경우에는 양도인이 그 제3자에 대한 반환청구권을 양수인에게 양도함으로써 동산을 인도한 것으로 본다.

제191조 【혼동(混同)으로 인한 물권의 소멸】
① 동일한 물건에 대한 소유권과 다른 물권이 동일한 사람에게 귀속한 때에는 다른 물권은 소멸한다. 그러나 그 물권이 제3자의 권리의 목적이 된 때에는 소멸하지 아니한다.

② 전항의 규정은 소유권이외의 물권과 그를 목적으로 하는 다른 권리가 동일한 사람에게 귀속한 경우에 준용한다.
③ 점유권에 관하여는 전2항의 규정을 적용하지 아니한다.

제2장 점유권

제192조【점유권의 취득과 소멸】
① 물건을 사실상 지배하는 자는 점유권이 있다.
② 점유자가 물건에 대한 사실상의 지배를 상실한 때에는 점유권이 소멸한다. 그러나 제204조의 규정에 의하여 점유를 회수한 때에는 그러하지 아니하다.

제193조【상속으로 인한 점유권의 이전】
점유권은 상속인에 이전한다.

제194조【간접점유】
지상권, 전세권, 질권, 사용대차, 임대차, 임치 기다의 관계로 타인으로 하여금 물건을 점유하게 한 자는 간접으로 점유권이 있다.

제195조【점유보조자】
가사상(家事上), 영업상 기타 유사한 관계에 의하여 타인의 지시를 받아 물건에 대한 사실상의 지배를 하는 때에는 그 타인만을 점유자로 한다.

제196조【점유권의 양도】
① 점유권의 양도는 점유물의 인도로 그 효력이 생긴다.
② 전항의 점유권의 양도에는 제188조 제2항, 제189조, 제190조의 규정을 준용한다.

제197조【점유의 태양(態樣)】
① 점유자는 소유의 의사로 선의(善意), 평온(平穩) 및 공연(公然)하게 점유한 것으로 추정한다.
② 선의의 점유자라도 본권(本權)에 관한 소에 패소한 때에는 그 소가 제기된 때로부터 악의의 점유자로 본다.

제198조【점유계속의 추정】
전후양시(前後兩時)에 점유한 사실이 있는 때에는 그 점유는 계속한 것으로 추정한다.

제199조【점유의 승계의 주장과 그 효과】
① 점유자의 승계인은 자기의 점유만을 주장하거나 자기의 점유와 전(前)점유자의 점유를 아울러 주장할 수 있다.
② 전점유자의 점유를 아울러 주장하는 경우에는 그 하자도 승계한다.

제200조【권리의 적법의 추정】
점유자가 점유물에 대하여 행사하는 권리는 적법하게 보유한 것으로 추정한다.

제201조【점유자와 과실】
① 선의의 점유자는 점유물의 과실을 취득한다.
② 악의의 점유자는 수취한 과실을 반환하여야 하며 소비하였거나 과실로 인하여 훼손 또는 수취하지 못한 경우에는 그 과실의 대가를 보상하여야 한다.
③ 전항의 규정은 폭력 또는 은비(隱秘)에 의한 점유자에 준용한다.

제202조【점유자의 회복자에 대한 책임】
점유물이 점유자의 책임 있는 사유로 인하여 멸실 또는 훼손한 때에는 악의의 점유자는 그 손해의 전부를 배상하여야 하며 선의의 점유자는 이익이 현존하는 한도에서 배상하여야 한다. 소유의 의사가 없는 점유자는 선의인 경우에도 손해의 전부를 배상하여야 한다.

제203조【점유자의 상환청구권】
① 점유자가 점유물을 반환할 때에는 회복자에 대하여 점유물을 보존하기 위하여 지출한 금액 기타 필요비(必要費)의 상환을 청구할 수 있다. 그러나 점유자가 과실을 취득한 경우에는 통상의 필요비는 청구하지 못한다.
② 점유자가 점유물을 개량하기 위하여 지출한 금액 기타 유익비(有益費)에 관하여는 그 가액의 증가가 현존한 경우에 한하여 회복자의

선택에 좇아 그 지출금액이나 증가액의 상환을 청구할 수 있다.

③ 전항의 경우에 법원은 회복자의 청구에 의하여 상당한 상환기간을 허여(許與)할 수 있다.

제204조【점유의 회수】

① 점유자가 점유의 침탈을 당한 때에는 그 물건의 반환 및 손해의 배상을 청구할 수 있다.

② 전항의 청구권은 침탈자의 특별승계인에 대하여는 행사하지 못한다. 그러나 승계인이 악의인 때에는 그러하지 아니하다.

③ 제1항의 청구권은 침탈을 당한 날로부터 1년내에 행사하여야 한다.

제205조【점유의 보유】

① 점유자가 점유의 방해를 받은 때에는 그 방해의 제거 및 손해의 배상을 청구할 수 있다.

② 전항의 청구권은 방해가 종료한 날로부터 1년내에 행사하여야 한다.

③ 공사로 인하여 점유의 방해를 받은 경우에는 공사착수후 1년을 경과하거나 그 공사가 완성한 때에는 방해의 제거를 청구하지 못한다.

제206조【점유의 보전】

① 점유자가 점유의 방해를 받을 염려가 있는 때에는 그 방해의 예방 또는 손해배상의 담보를 청구할 수 있다.

② 공사로 인하여 점유의 방해를 받을 염려가 있는 경우에는 전조 제3항의 규정을 준용한다.

제207조【간접점유의 보호】

① 전3조의 청구권은 제194조의 규정에 의한 간접점유자도 이를 행사할 수 있다.

② 점유자가 점유의 침탈을 당한 경우에 간접점유자는 그 물건을 점유자에게 반환할 것을 청구할 수 있고 점유자가 그 물건의 반환을 받을 수 없거나 이를 원하지 아니하는 때에는 자기에게 반환할 것을 청구할 수 있다.

제208조【점유의 소와 본권의 소와의 관계】

① 점유권에 기인한 소와 본권에 기인한 소는 서로 영향을 미치지 아니한다.

② 점유권에 기인한 소는 본권에 관한 이유로 재판하지 못한다.

제209조【자력구제(自力救濟)】

① 점유자는 그 점유를 부정히 침탈 또는 방해하는 행위에 대하여 자력으로써 이를 방위할 수 있다.

② 점유물이 침탈되었을 경우에 부동산일 때에는 점유자는 침탈후 직시(直時) 가해자를 배제하여 이를 탈환(奪還)할 수 있고 동산일 때에는 점유자는 현장에서 또는 추적하여 가해자로부터 이를 탈환할 수 있다.

제210조【준점유】

본장의 규정은 재산권을 사실상 행사하는 경우에 준용한다.

제3장 소유권

제1절 소유권의 한계

제211조【소유권의 내용】

소유자는 법률의 범위 내에서 그 소유물을 사용, 수익, 처분할 권리가 있다.

제212조【토지소유권의 범위】

토지의 소유권은 정당한 이익 있는 범위 내에서 토지의 상하에 미친다.

제213조【소유물반환청구권】

소유자는 그 소유에 속한 물건을 점유한 자에 대하여 반환을 청구할 수 있다. 그러나 점유자가 그 물건을 점유할 권리가 있는 때에는 반환을 거부할 수 있다.

제214조【소유물방해제거, 방해예방청구권】

소유자는 소유권을 방해하는 자에 대하여 방해의 제거를 청구할 수 있고 소유권을 방해할 염려있는 행위를 하는 자에 대하여 그 예방이나 손해배상의 담보를 청구할 수 있다.

제215조【건물의 구분(區分)소유】
① 수인이 한 채의 건물을 구분하여 각각 그 일부분을 소유한 때에는 건물과 그 부속물중 공용하는 부분은 그의 공유로 추정한다.
② 공용부분의 보존에 관한 비용 기타의 부담은 각자의 소유부분의 가액에 비례하여 분담한다.

제216조【인지(隣地)사용청구권】
① 토지소유자는 경계나 그 근방에서 담 또는 건물을 축조하거나 수선하기 위하여 필요한 범위 내에서 이웃 토지의 사용을 청구할 수 있다. 그러나 이웃 사람의 승낙이 없으면 그 주거에 들어가지 못한다.
② 전항의 경우에 이웃 사람이 손해를 받은 때에는 보상을 청구할 수 있다.

제217조【매연 등에 의한 인지에 대한 방해금지】
① 토지소유자는 매연, 열기체(熱氣體), 액체, 음향, 진동 기타 이와 유사한 것으로 이웃 토지의 사용을 방해하거나 이웃 거주자의 생활에 고통을 주지 아니하도록 적당한 조처를 할 의무가 있다.
② 이웃 거주자는 전항의 사태가 이웃 토지의 통상의 용도에 적당한 것인 때에는 이를 인용할 의무가 있다.

제218조【수도 등 시설권】
① 토지소유자는 타인의 토지를 통과하지 아니하면 필요한 수도, 소수관(疏水管), 가스관, 전선 등을 시설할 수 없거나 과다한 비용을 요하는 경우에는 타인의 토지를 통과하여 이를 시설할 수 있다. 그러나 이로 인한 손해가 가장 적은 장소와 방법을 선택하여 이를 시설할 것이며 타토지의 소유자의 청구에 의하여 손해를 보상하여야 한다.
② 전항에 의한 시설을 한 후 사정의 변경이 있는 때에는 타토지의 소유자는 그 시설의 변경을 청구할 수 있다. 시설변경의 비용은 토지소유자가 부담한다.

제219조【주위토지통행권】
① 어느 토지와 공로(公路)사이에 그 토지의 용도에 필요한 통로가 없는 경우에 그 토지소유자는 주위의 토지를 통행 또는 통로로 하지 아니하면 공로에 출입할 수 없거나 과다한 비용을 요하는 때에는 그 주위의 토지를 통행할 수 있고 필요한 경우에는 통로를 개설할 수 있다. 그러나 이로 인한 손해가 가장 적은 장소와 방법을 선택하여야 한다.
② 전항의 통행권자는 통행지소유자의 손해를 보상하여야 한다.

제220조【분할, 일부양도와 주위통행권】
① 분할로 인하여 공로에 통하지 못하는 토지가 있는 때에는 그 토지소유자는 공로에 출입하기 위하여 다른 분할자의 토지를 통행할 수 있다. 이 경우에는 보상의 의무가 없다.
② 전항의 규정은 토지소유자가 그 토지의 일부를 양도한 경우에 준용한다.

제221조【자연유수의 승수(承水)의무와 권리】
① 토지소유자는 이웃 토지로부터 자연히 흘러오는 물을 막지 못한다.
② 고지소유자는 이웃 저지에 자연히 흘러내리는 이웃 저지(低地)에서 필요한 물을 자기의 정당한 사용범위를 넘어서 이를 막지 못한다.

제222조【소통(疏通)공사권】
흐르는 물이 저지에서 폐색(閉塞)된 때에는 고지소유자는 자비(自費)로 소통에 필요한 공사를 할 수 있다.

제223조【저수(貯水), 배수(排水), 인수(引水)를 위한 공작물에 대한 공사청구권】
토지소유자가 저수, 배수 또는 인수하기 위하여 공작물을 설치한 경우에 공작물의 파손 또는 폐색으로 타인의 토지에 손해를 가하거나 가할 염려가 있는 때에는 타인은 그 공작물의 보수, 폐색의 소통 또는 예방에 필요한 청구를 할 수 있다.

제224조【관습에 의한 비용부담】
전2조의 경우에 비용부담에 관한 관습이 있으면 그 관습에 의한다.

제225조【처마물에 대한 시설의무】
토지소유자는 처마물이 이웃에 직접 낙하하지 않도록 적당한 시설을 하여야 한다.

제226조【여수(餘水)소통권】
① 고지소유자는 침수지를 건조하기 위하여 또는 가용(家用)이나 농, 공업용의 여수를 소통하기 위하여 공로, 공류(公流) 또는 하수도에 달하기까지 저지에 물을 통과하게 할 수 있다.
② 전항의 경우에는 저지의 손해가 가장 적은 장소와 방법을 선택하여야 하며 손해를 보상하여야 한다.

제227조【유수용(流水用)공작물의 사용권】
① 토지소유자는 그 소유지의 물을 소통하기 위하여 이웃 토지소유자의 시설한 공작물을 사용할 수 있다.
② 전항의 공작물을 사용하는 자는 그 이익을 받는 비율로 공작물의 설치와 보존의 비용을 분담하여야 한다.

제228조【여수급여청구권】
토지소유자는 과다한 비용이나 노력을 요하지 아니하고는 가용이나 토지이용에 필요한 물을 얻기 곤란한 때에는 이웃 토지소유자에게 보상하고 여수의 급여를 청구할 수 있다.

제229조【수류(水流)의 변경】
① 구거(溝渠) 기타 수류지의 소유자는 대안(對岸)의 토지가 타인의 소유인 때에는 그 수로나 수류의 폭(幅)을 변경하지 못한다.
② 양안(兩岸)의 토지가 수류지 소유자의 소유인 때에는 소유자는 수로와 수류의 폭을 변경할 수 있다. 그러나 하류는 자연의 수로와 일치하도록 하여야 한다.
③ 전2항의 규정은 다른 관습이 있으면 그 관습에 의한다.

제230조【언(堰)의 설치, 이용권】
① 수류지의 소유자가 언을 설치할 필요가 있는 때에는 그 언을 대안에 접촉하게 할 수 있다. 그러나 이로 인한 손해를 보상하여야 한다.
② 대안의 소유자는 수류지의 일부가 자기소유인 때에는 그 언을 사용할 수 있다. 그러나 이익을 받는 비율로 언의 설치, 보존의 비용을 분담하여야 한다.

제231조【공유하천용수권】
① 공유하천의 연안에서 농, 공업을 경영하는 자는 이에 이용하기 위하여 타인의 용수를 방해하지 아니하는 범위 내에서 필요한 인수를 할 수 있다.
② 전항의 인수를 하기 위하여 필요한 공작물을 설치할 수 있다.

제232조【하류연안의 용수권 보호】
전조의 인수나 공작물로 인하여 하류연안의 용수권을 방해하는 때에는 그 용수권자는 방해의 제거 및 손해의 배상을 청구할 수 있다.

제233조【용수권의 승계】
농, 공업의 경영에 이용하는 수로 기타 공작물의 소유자나 몽리자(蒙利者)의 특별승계인은 그 용수에 관한 전소유자나 몽리자의 권리의무를 승계한다.

제234조【용수권에 관한 다른 관습】
전3조의 규정은 다른 관습이 있으면 그 관습에 의한다.

제235조【공용수(共用水)의 용수권】
상린자(相隣者)는 그 공용에 속하는 원천(源泉)이나 수도를 각 수요의 정도에 응하여 타인의 용수를 방해하지 아니하는 범위 내에서 각각 용수할 권리가 있다.

제236조【용수장해의 공사와 손해배상, 원상회복】
① 필요한 용도나 수익이 있는 원천이나 수도가 타인의 건축 기타 공사로 인하여 단수(斷水), 감수(減水) 기타 용도에 장해가 생긴 때에는 용수권자는 손해배상을 청구할 수 있다.
② 전항의 공사로 인하여 음료수 기타 생활상

필요한 용수에 장해가 있을 때에는 원상회복을 청구할 수 있다.

제237조【경계표, 담의 설치권】

① 인접하여 토지를 소유한 자는 공동비용으로 통상의 경계표나 담을 설치할 수 있다.

② 전항의 비용은 쌍방이 절반하여 부담한다. 그러나 측량비용은 토지의 면적에 비례하여 부담한다.

③ 전2항의 규정은 다른 관습이 있으면 그 관습에 의한다.

제238조【담의 특수시설권】

인지소유자는 자기의 비용으로 담의 재료를 통상보다 양호한 것으로 할 수 있으며 그 높이를 통상보다 높게 할 수 있고 또는 방화벽 기타 특수시설을 할 수 있다.

제239조【경계표 등의 공유추정】

경계에 설치된 경계표, 담, 구거 등은 상린자의 공유로 추정한다. 그러나 경계표, 담, 구거 등이 상린자 일방의 단독비용으로 설치되었거나 담이 건물의 일부인 경우에는 그러하지 아니하다.

제240조【수지(樹枝), 목근(木根)의 제거권】

① 인접지의 수목가지가 경계를 넘는 때에는 그 소유자에 대하여 가지의 제거를 청구할 수 있다.

② 전항의 청구에 응하지 아니한 때에는 청구자가 그 가지를 제거할 수 있다.

③ 인접지의 수목뿌리가 경계를 넘은 때에는 임의로 제거할 수 있다.

제241조【토지의 심굴(深掘)금지】

토지소유자는 인접지의 지반이 붕괴할 정도로 자기의 토지를 심굴하지 못한다. 그러나 충분한 방어공사를 한 때에는 그러하지 아니하다.

제242조【경계선부근의 건축】

① 건물을 축조함에는 특별한 관습이 없으면 경계로부터 반미터 이상의 거리를 두어야 한다.

② 인접지소유자는 전항의 규정에 위반한 자에 대하여 건물의 변경이나 철거를 청구할 수 있다. 그러나 건축에 착수한 후 1년을 경과하거나 건물이 완성된 후에는 손해배상만을 청구할 수 있다.

제243조【차면(遮面)시설의무】

경계로부터 2미터이내의 거리에서 이웃 주택의 내부를 관망할 수 있는 창이나 마루를 설치하는 경우에는 적당한 차면시설을 하여야 한다.

제244조【지하시설 등에 대한 제한】

① 우물을 파거나 용수, 하수 또는 오물 등을 저치(貯置)할 지하시설을 하는 때에는 경계로부터 2미터 이상의 거리를 두어야 하며 저수지, 구거 또는 지하실공사에는 경계로부터 그 깊이의 반 이상의 거리를 두어야 한다.

② 전항의 공사를 함에는 토사가 붕괴하거나 하수 또는 오액(汚液)이 이웃에 흐르지 아니하도록 적당한 조치를 하여야 한다.

제2절 소유권의 취득

제245조【점유로 인한 부동산소유권의 취득기간】

① 20년간 소유의 의사로 평온(平穩), 공연(公然)하게 부동산을 점유하는 자는 등기함으로써 그 소유권을 취득한다.

② 부동산의 소유자로 등기한 자가 10년간 소유의 의사로 평온, 공연하게 선의이며 과실 없이 그 부동산을 점유한 때에는 소유권을 취득한다.

제246조【점유로 인한 동산소유권의 취득기간】

① 10년간 소유의 의사로 평온, 공연하게 동산을 점유한 자는 그 소유권을 취득한다.

② 전항의 점유가 선의이며 과실 없이 개시된 경우에는 5년을 경과함으로써 그 소유권을 취득한다.

제247조【소유권취득의 소급효, 중단사유】

① 전2조의 규정에 의한 소유권취득의 효력은 점유를 개시한 때에 소급한다.

② 소멸시효의 중단에 관한 규정은 전2조의 소유권취득기간에 준용한다.

第248条【소유권 이외의 재산권의 취득시효】
전3조의 규정은 소유권이외의 재산권의 취득에 준용한다.

第249条【선의취득】
평온, 공연하게 동산을 양수한 자가 선의이며 과실 없이 그 동산을 점유한 경우에는 양도인이 정당한 소유자가 아닌 때에도 즉시 그 동산의 소유권을 취득한다.

第250条【도품(盜品), 유실물(遺失物)에 대한 특례】
전조의 경우에 그 동산이 도품이나 유실물인 때에는 피해자 또는 유실자는 도난 또는 유실한 날로부터 2년 내에 그 물건의 반환을 청구할 수 있다. 그러나 도품이나 유실물이 금전인 때에는 그러하지 아니하다.

第251条【도품, 유실물에 대한 특례】
양수인(讓受人)이 도품 또는 유실물을 경매나 공개시장에서 또는 동종류(同種類)의 물건을 판매하는 상인에게서 선의로 매수한 때에는 피해자 또는 유실자는 양수인이 지급한 대가(代價)를 변상(辨償)하고 그 물건의 반환을 청구할 수 있다.

第252条【무주물(無主物)의 귀속(歸屬)】
① 무주의 동산을 소유의 의사로 점유한 자는 그 소유권을 취득한다.
② 무주의 부동산은 국유로 한다.
③ 야생하는 동물은 무주물로 하고 사양(飼養)하는 야생동물도 다시 야생상태(野生狀態)로 돌아가면 무주물로 한다.

第253条【유실물의 소유권취득】
유실물은 법률에 정한 바에 의하여 공고한 후 6개월(▶▶ 개정전 : 1년) 내에 그 소유자가 권리를 주장하지 아니하면 습득자가 그 소유권을 취득한다. 〈개정 2013.4.5〉

第254条【매장물(埋藏物)의 소유권취득】
매장물은 법률에 정한 바에 의하여 공고한 후 1년 내에 그 소유자가 권리를 주장하지 아니하면 발견자가 그 소유권을 취득한다. 그러나 타인의 토지 기타 물건으로부터 발견한 매장물은 그 토지 기타 물건의 소유자와 발견자가 절반(折半)하여 취득한다.

第255条【「국가유산기본법」 제3조에 따른 국가유산의 국유】 〈제목개정 2023.5.16〉
① 학술(學術), 기예(技藝) 또는 고고(考古)의 중요한 재료가 되는 물건에 대하여는 제252조 제1항 및 전2조의 규정에 의하지 아니하고 국유로 한다.
② 전항의 경우에 습득자, 발견자 및 매장물이 발견된 토지 기타 물건의 소유자는 국가에 대하여 적당한 보상을 청구할 수 있다.

第256条【부동산에의 부합(附合)】
부동산의 소유자는 그 부동산에 부합한 물건의 소유권을 취득한다. 그러나 타인의 권원(權原)에 의하여 부속(附屬)된 것은 그러하지 아니하다.

第257条【동산간의 부합】
동산과 동산이 부합하여 훼손하지 아니하면 분리할 수 없거나 그 분리에 과다한 비용을 요할 경우에는 그 합성물(合成物)의 소유권은 주된 동산의 소유자에게 속한다. 부합한 동산의 주종(主從)을 구별할 수 없는 때에는 동산의 소유자는 부합당시의 가액의 비율로 합성물을 공유한다.

第258条【혼 화(混和)】
전조의 규정은 동산과 동산이 혼화하여 식별(識別)할 수 없는 경우에 준용한다.

第259条【가 공(加工)】
① 타인의 동산에 가공한 때에는 그 물건의 소유권은 원재료의 소유자에게 속한다. 그러나 가공으로 인한 가액의 증가가 원재료의 가액보다 현저히 다액인 때에는 가공자의 소유로 한다.
② 가공자가 재료의 일부를 제공하였을 때에는 그 가액은 전항의 증가액에 가산한다.

第260条【첨부(添附)의 효과】
① 전4조의 규정에 의하여 동산의 소유권이 소멸한 때에는 그 동산을 목적으로 한 다른 권리도 소멸한다.
② 동산의 소유자가 합성물, 혼화물 또는 가공

물의 단독소유자가 된 때에는 전항의 권리는 합성물, 혼화물 또는 가공물에 존속하고 그 공유자가 된 때에는 그 지분에 존속한다.

제261조【첨부로 인한 구상권(求償權)】
전5조의 경우에 손해를 받은 자는 부당이득에 관한 규정에 의하여 보상을 청구할 수 있다.

제3절 공동소유

제262조【물건의 공유(共有)】
① 물건이 지분에 의하여 수인의 소유로 된 때에는 공유로 한다.
② 공유자의 지분은 균등한 것으로 추정한다.

제263조【공유지분의 처분과 공유물의 사용, 수익】
공유자는 그 지분을 처분할 수 있고 공유물 전부를 지분의 비율로 사용, 수익할 수 있다.

제264조【공유물의 처분, 변경】
공유자는 다른 공유자의 동의 없이 공유물을 처분하거나 변경하지 못한다.

제265조【공유물의 관리, 보존】
공유물의 관리에 관한 사항은 공유자의 지분의 과반수로써 결정한다. 그러나 보존행위는 각자가 할 수 있다.

제266조【공유물의 부담】
① 공유자는 그 지분의 비율로 공유물의 관리비용 기타 의무를 부담한다.
② 공유자가 1년 이상 전항의 의무이행을 지체한 때에는 다른 공유자는 상당한 가액으로 지분을 매수할 수 있다.

제267조【지분포기 등의 경우의 귀속】
공유자가 그 지분을 포기하거나 상속인 없이 사망한 때에는 그 지분은 다른 공유자에게 각 지분의 비율로 귀속한다.

제268조【공유물의 분할청구(分割請求)】
① 공유자는 공유물의 분할을 청구할 수 있다. 그러나 5년 내의 기간으로 분할하지 아니할 것을 약정할 수 있다.
② 전항의 계약을 갱신(更新)한 때에는 그 기간은 갱신한 날로부터 5년을 넘지 못한다.
③ 전2항의 규정은 제215조, 제239조의 공유물에는 적용하지 아니한다.

제269조【분할의 방법】
① 분할의 방법에 관하여 협의가 성립되지 아니한 때에는 공유자는 법원에 그 분할을 청구할 수 있다.
② 현물로 분할할 수 없거나 분할로 인하여 현저히 그 가액이 감손(減損)될 염려가 있는 때에는 법원은 물건의 경매를 명할 수 있다.

제270조【분할로 인한 담보책임(擔保責任)】
공유자는 다른 공유자가 분할로 인하여 취득한 물건에 대하여 그 지분의 비율로 매도인과 동일한 담보책임이 있다.

제271조【물건의 합유(合有)】
① 법률의 규정 또는 계약에 의하여 수인이 조합체(組合體)로서 물건을 소유하는 때에는 합유로 한다. 합유자의 권리는 합유물 전부에 미친다.
② 합유에 관하여는 전항의 규정 또는 계약에 의하는 외에 다음 3조의 규정에 의한다.

제272조【합유물의 처분, 변경과 보존】
합유물을 처분 또는 변경함에는 합유자 전원의 동의가 있어야 한다. 그러나 보존행위는 각자가 할 수 있다.

제273조【합유지분의 처분과 합유물의 분할금지】
① 합유자는 전원의 동의 없이 합유물에 대한 지분을 처분하지 못한다.
② 합유자는 합유물의 분할을 청구하지 못한다.

제274조【합유의 종료】
① 합유는 조합체의 해산 또는 합유물의 양도로 인하여 종료한다.
② 전항의 경우에 합유물의 분할에 관하여는 공유물의 분할에 관한 규정을 준용한다.

제275조【물건의 총유(總有)】
① 법인이 아닌 사단의 사원이 집합체(集合體)로서 물건을 소유할 때에는 총유로 한다.

② 총유에 관하여는 사단의 정관 기타 규약(規約)에 의하는 외에 다음 2조의 규정에 의한다.

제276조【총유물의 관리, 처분과 사용, 수익】
① 총유물의 관리 및 처분은 사원총회의 결의에 의한다.
② 각 사원은 정관 기타의 규약에 좇아 총유물을 사용, 수익할 수 있다.

제277조【총유물에 관한 권리의무의 득상(得喪)】
총유물에 관한 사원의 권리의무는 사원의 지위를 취득상실(取得喪失)함으로써 취득상실된다.

제278조【준공동소유】
본절의 규정은 소유권이외의 재산권에 준용한다. 그러나 다른 법률에 특별한 규정이 있으면 그에 의한다.

제4장 지상권

제279조【지상권(地上權)의 내용】
지상권자는 타인의 토지에 건물 기타 공작물이나 수목을 소유하기 위하여 그 토지를 사용하는 권리가 있다.

제280조【존속기간을 약정한 지상권】
① 계약으로 지상권의 존속기간을 정하는 경우에는 그 기간은 다음 연한보다 단축하지 못한다.
1. 석조(石造), 석회조(石灰造), 연와조(煉瓦造) 또는 이와 유사한 견고한 건물이나 수목의 소유를 목적으로 하는 때에는 30년
2. 전호 이외의 건물의 소유를 목적으로 하는 때에는 15년
3. 건물 이외의 공작물의 소유를 목적으로 하는 때에는 5년

② 전항의 기간보다 단축한 기간을 정한 때에는 전항의 기간까지 연장한다.

제281조【존속기간을 약정하지 아니한 지상권】
① 계약으로 지상권의 존속기간을 정하지 아니한 때에는 그 기간은 전조의 최단존속기간으로 한다.
② 지상권설정당시에 공작물의 종류와 구조를 정하지 아니한 때에는 지상권은 전조 제2호의 건물의 소유를 목적으로 한 것으로 본다.

제282조【지상권의 양도, 임대】
지상권자는 타인에게 그 권리를 양도하거나 그 권리의 존속기간 내에서 그 토지를 임대할 수 있다.

제283조【지상권자의 갱신청구권, 매수청구권】
① 지상권이 소멸한 경우에 건물 기타 공작물이나 수목이 현존(現存)한 때에는 지상권자는 계약의 갱신을 청구할 수 있다.
② 지상권설정자가 계약의 갱신을 원하지 아니하는 때에는 지상권자는 상당한 가액으로 전항의 공작물이나 수목의 매수를 청구할 수 있다

제284조【갱신과 존속기간】
당사자가 계약을 갱신하는 경우에는 지상권의 존속기간은 갱신한 날로부터 제280조의 최단존속기간보다 단축하지 못한다. 그러나 당사자는 이보다 장기의 기간을 정할 수 있다.

제285조【수거(收去)의무, 매수청구권】
① 지상권이 소멸한 때에는 지상권자는 건물 기타 공작물이나 수목을 수거하여 토지를 원상에 회복하여야 한다.
② 전항의 경우에 지상권설정자가 상당한 가액을 제공하여 그 공작물이나 수목의 매수를 청구한 때에는 지상권자는 정당한 이유 없이 이를 거절하지 못한다.

제286조【지료(地料)증감청구권】
지료가 토지에 관한 조세 기타 부담의 증감이나 지가(地價)의 변동으로 인하여 상당하지 아니하게 된 때에는 당사자는 그 증감을 청구할 수 있다.

제287조【지상권소멸청구권】
지상권자가 2년 이상의 지료를 지급하지 아니한 때에는 지상권설정자는 지상권의 소멸을 청구할 수 있다.

제288조【지상권소멸청구와 저당권자에 대한 통지】
지상권이 저당권의 목적인 때 또는 그 토지에 있는 건물, 수목이 저당권의 목적이 된 때에는 전조의 청구는 저당권자에게 통지한 후 상당한 기간이 경과함으로써 그 효력이 생긴다.

제289조【강행규정】
제280조 내지 제287조의 규정에 위반되는 계약으로 지상권자에게 불리한 것은 그 효력이 없다.

제289조의2【구분(區分)지상권】
① 지하 또는 지상의 공간은 상하의 범위를 정하여 건물 기타 공작물을 소유하기 위한 지상권의 목적으로 할 수 있다. 이 경우 설정행위로써 지상권의 행사를 위하여 토지의 사용을 제한할 수 있다.
② 제1항의 규정에 의한 구분지상권은 제3자가 토지를 사용·수익할 권리를 가진 때에도 그 권리자 및 그 권리를 목적으로 하는 권리를 가진 자 전원의 승낙이 있으면 이를 설정할 수 있다. 이 경우 토지를 사용·수익할 권리를 가진 제3자는 그 지상권의 행사를 방해하여서는 아니된다.

[본조신설 1984.4.10]

제290조【준용규정】
① 제213조, 제214조, 제216조 내지 제244조의 규정은 지상권자간 또는 지상권자와 인지소유자간에 이를 준용한다.
② 제280조 내지 제289조 및 제1항의 규정은 제289조의2의 규정에 의한 구분지상권에 관하여 이를 준용한다. 〈신설 1984.4.10〉

제5장 지역권

제291조【지역권(地役權)의 내용】
지역권자는 일정한 목적을 위하여 타인의 토지를 자기토지의 편익(便益)에 이용하는 권리가 있다.

제292조【부종성(附從性)】
① 지역권은 요역지(要役地)소유권에 부종하여 이전하며 또는 요역지에 대한 소유권 이외의 권리의 목적이 된다. 그러나 다른 약정이 있는 때에는 그 약정에 의한다.
② 지역권은 요역지와 분리하여 양도하거나 다른 권리의 목적으로 하지 못한다.

제293조【공유관계, 일부양도와 불가분성】
① 토지공유자의 1인은 지분에 관하여 그 토지를 위한 지역권 또는 그 토지가 부담한 지역권을 소멸하게 하지 못한다.
② 토지의 분할이나 토지의 일부양도의 경우에는 지역권은 요역지의 각 부분을 위하여 또는 그 승역지(承役地)의 각 부분에 존속한다. 그러나 지역권이 토지의 일부분에만 관한 것인 때에는 다른 부분에 대하여는 그러하지 아니하다.

제294조【지역권취득기간】
지역권은 계속되고 표현된 것에 한하여 제245조의 규정을 준용한다.

제295조【취득과 불가분성(不可分性)】
① 공유자의 1인이 지역권을 취득한 때에는 다른 공유자도 이를 취득한다.
② 점유로 인한 지역권취득기간의 중단은 지역권을 행사하는 모든 공유자에 대한 사유가 아니면 그 효력이 없다.

제296조【소멸시효의 중단, 정지와 불가분성】
요역지가 수인의 공유인 경우에 그 1인에 의한 지역권소멸시효의 중단 또는 정지는 다른 공유자를 위하여 효력이 있다.

제297조【용수(用水)지역권】
① 용수승역지의 수량이 요역지 및 승역지의 수요에 부족한 때에는 그 수요정도에 의하여 먼저 가용(家用)에 공급하고 다른 용도에 공급하여야 한다. 그러나 설정행위에 다른 약정이 있는 때에는 그 약정에 의한다.
② 승역지에 수개의 용수지역권이 설정된 때에는

후순위의 지역권자는 선순위의 지역권자의 용수를 방해하지 못한다.

제298조【승역지소유자의 의무와 승계】
계약에 의하여 승역지소유자가 자기의 비용으로 지역권의 행사를 위하여 공작물의 설치 또는 수선의 의무를 부담한 때에는 승역지소유자의 특별승계인도 그 의무를 부담한다.

제299조【위기(委棄)에 의한 부담면제】
승역지의 소유자는 지역권에 필요한 부분의 토지소유권을 지역권자에게 위기하여 전조의 부담을 면할 수 있다.

제300조【공작물의 공동사용】
① 승역지의 소유자는 지역권의 행사를 방해하지 아니하는 범위 내에서 지역권자가 지역권의 행사를 위하여 승역지에 설치한 공작물을 사용할 수 있다.
② 전항의 경우에 승역지의 소유자는 수익정도의 비율로 공작물의 설치, 보존의 비용을 분담하여야 한다.

제301조【준용규정】
제214조의 규정은 지역권에 준용한다.

제302조【특수지역권】
어느 지역의 주민이 집합체의 관계로 각자가 타인의 토지에서 초목, 야생물 및 토사의 채취, 방목(放牧) 기타의 수익을 하는 권리가 있는 경우에는 관습에 의하는 외에 본장의 규정을 준용한다.

제6장 전세권

제303조【전세권(傳貰權)의 내용】
① 전세권자는 전세금을 지급하고 타인의 부동산을 점유하여 그 부동산의 용도에 좇아 사용·수익하며, 그 부동산 전부에 대하여 후순위권리자 기타 채권자보다 전세금의 우선변제를 받을 권리가 있다. 〈개정 1984.4.10〉
② 농경지는 전세권의 목적으로 하지 못한다.

제304조【건물의 전세권, 지상권, 임차권에 대한 효력】
① 타인의 토지에 있는 건물에 전세권을 설정한 때에는 전세권의 효력은 그 건물의 소유를 목적으로 한 지상권 또는 임차권에 미친다.
② 전항의 경우에 전세권설정자는 전세권자의 동의 없이 지상권 또는 임차권을 소멸하게 하는 행위를 하지 못한다.

제305조【건물의 전세권과 법정지상권】
① 대지(垈地)와 건물이 동일한 소유자에 속한 경우에 건물에 전세권을 설정한 때에는 그 대지소유권의 특별승계인은 전세권설정자에 대하여 지상권을 설정한 것으로 본다. 그러나 지료는 당사자의 청구에 의하여 법원이 이를 정한다.
② 전항의 경우에 대지소유자는 타인에게 그 대지를 임대하거나 이를 목적으로 한 지상권 또는 전세권을 설정하지 못한다.

제306조【전세권의 양도, 임대 등】
전세권자는 전세권을 타인에게 양도 또는 담보로 제공할 수 있고 그 존속기간 내에서 그 목적물을 타인에게 전전세(轉傳貰) 또는 임대할 수 있다. 그러나 설정행위로 이를 금지한 때에는 그러하지 아니하다.

제307조【전세권양도의 효력】
전세권양수인은 전세권설정자에 대하여 전세권양도인과 동일한 권리의무가 있다.

제308조【전전세 등의 경우의 책임】
전세권의 목적물을 전전세 또는 임대한 경우에는 전세권자는 전전세 또는 임대하지 아니하였으면 면(免)할 수 있는 불가항력(不可抗力)으로 인한 손해에 대하여 그 책임을 부담한다.

제309조【전세권자의 유지, 수선의무】
전세권자는 목적물의 현상(現狀)을 유지하고 그 통상(通常)의 관리에 속한 수선을 하여야 한다.

제310조 【전세권자의 상환청구권】

① 전세권자가 목적물을 개량하기 위하여 지출한 금액 기타 유익비(有益費)에 관하여는 그 가액의 증가가 현존한 경우에 한하여 소유자의 선택에 좇아 그 지출액이나 증가액의 상환을 청구할 수 있다.

② 전항의 경우에 법원은 소유자의 청구에 의하여 상당한 상환기간을 허여할 수 있다.

제311조 【전세권의 소멸청구】

① 전세권자가 전세권설정계약 또는 그 목적물의 성질에 의하여 정하여진 용법으로 이를 사용, 수익하지 아니한 경우에는 전세권설정자는 전세권의 소멸을 청구할 수 있다.

② 전항의 경우에 전세권설정자는 전세권자에 대하여 원상회복 또는 손해배상을 청구할 수 있다.

제312조 【전세권의 존속기간】

① 전세권의 존속기간은 10년을 넘지 못한다. 당사자의 약정기간이 10년을 넘는 때에는 이를 10년으로 단축한다.

② 건물에 대한 전세권의 존속기간을 1년 미만으로 정한 때에는 이를 1년으로 한다.

〈신설 1984.4.10〉

③ 전세권의 설정은 이를 갱신(更新)할 수 있다. 그 기간은 갱신한 날로부터 10년을 넘지 못한다.

④ 건물의 전세권설정자가 전세권의 존속기간 만료전 6월부터 1월까지 사이에 전세권자에 대하여 갱신거절의 통지 또는 조건을 변경하지 아니하면 갱신하지 아니한다는 뜻의 통지를 하지 아니한 경우에는 그 기간이 만료된 때에 전(前)전세권과 동일한 조건으로 다시 전세권을 설정한 것으로 본다. 이 경우 전세권의 존속기간은 그 정함이 없는 것으로 본다.

〈신설 1984.4.10〉

제312조의2 【전세금 증감청구권】

전세금이 목적 부동산에 관한 조세·공과금 기타 부담의 증감이나 경제사정의 변동으로 인하여 상당하지 아니하게 된 때에는 당사자는 장래에 대하여 그 증감을 청구할 수 있다. 그러나 증액의 경우에는 대통령령이 정하는 기준에 따른 비율을 초과하지 못한다. [본조신설 1984.4.10]

제313조 【전세권의 소멸통고】

전세권의 존속기간을 약정하지 아니한 때에는 각 당사자는 언제든지 상대방에 대하여 전세권의 소멸을 통고할 수 있고 상대방이 이 통고를 받은 날로부터 6월이 경과하면 전세권은 소멸한다.

제314조 【불가항력으로 인한 멸실】

① 전세권의 목적물의 전부 또는 일부가 불가항력으로 인하여 멸실된 때에는 그 멸실된 부분의 전세권은 소멸한다.

② 전항의 일부멸실의 경우에 전세권자가 그 잔존부분으로 전세권의 목적을 달성할 수 없는 때에는 전세권설정자에 대하여 전세권 전부의 소멸을 통고하고 전세금의 반환을 청구할 수 있다.

제315조 【전세권자의 손해배상책임】

① 전세권의 목적물의 전부 또는 일부가 전세권자에 책임 있는 사유로 인하여 멸실된 때에는 전세권자는 손해를 배상할 책임이 있다.

② 전항의 경우에 전세권설정자는 전세권이 소멸된 후 전세금으로써 손해의 배상에 충당하고 잉여(剩餘)가 있으면 반환하여야 하며 부족이 있으면 다시 청구할 수 있다.

제316조 【원상회복의무, 매수청구권】

① 전세권이 그 존속기간의 만료로 인하여 소멸한 때에는 전세권자는 그 목적물을 원상(原狀)에 회복하여야 하며 그 목적물에 부속시킨 물건은 수거할 수 있다. 그러나 전세권설정자가 그 부속물건의 매수를 청구한 때에는 전세권자는 정당한 이유 없이 거절하지 못한다.

② 전항의 경우에 그 부속물건이 전세권설정자의 동의를 얻어 부속시킨 것인 때에는 전세권자는 전세권설정자에 대하여 그 부속물건의 매수를 청구할 수 있다. 그 부속물건이 전세권설정자로부터 매수한 것인 때에도 같다.

제317조 【전세권의 소멸과 동시이행】
전세권이 소멸한 때에는 전세권설정자는 전세권자로부터 그 목적물의 인도 및 전세권설정등기의 말소등기(抹消登記)에 필요한 서류의 교부를 받는 동시에 전세금을 반환하여야 한다.

제318조 【전세권자의 경매청구권】
전세권설정자가 전세금의 반환을 지체한 때에는 전세권자는 민사집행법의 정한 바에 의하여 전세권의 목적물의 경매를 청구할 수 있다.
〈개정 1997.12.13, 2001.12.29〉

제319조 【준용규정】
제213조, 제214조, 제216조 내지 제244조의 규정은 전세권자간 또는 전세권자와 인지소유자 및 지상권자간에 이를 준용한다.

제7장 유치권

제320조 【유치권(留置權)의 내용】
① 타인의 물건 또는 유가증권(有價證券)을 점유한 자는 그 물건이나 유가증권에 관하여 생긴 채권이 변제기에 있는 경우에는 변제를 받을 때까지 그 물건 또는 유가증권을 유치할 권리가 있다.
② 전항의 규정은 그 점유가 불법행위로 인한 경우에 적용하지 아니한다.

제321조 【유치권의 불가분성】
유치권자는 채권 전부의 변제를 받을 때까지 유치물 전부에 대하여 그 권리를 행사할 수 있다.

제322조 【경매, 간이변제충당(簡易辨濟充當)】
① 유치권자는 채권의 변제를 받기 위하여 유치물을 경매할 수 있다.
② 정당한 이유 있는 때에는 유치권자는 감정인의 평가에 의하여 유치물로 직접 변제에 충당할 것을 법원에 청구할 수 있다. 이 경우에는 유치권자는 미리 채무자에게 통지하여야 한다.

제323조 【과실수취권】
① 유치권자는 유치물의 과실을 수취하여 다른 채권보다 먼저 그 채권의 변제에 충당할 수 있다. 그러나 과실이 금전이 아닌 때에는 경매하여야 한다.
② 과실은 먼저 채권의 이자에 충당하고 그 잉여(剩餘)가 있으면 원본(元本)에 충당한다.

제324조 【유치권자의 선관(善管)의무】
① 유치권자는 선량한 관리자의 주의로 유치물을 점유하여야 한다.
② 유치권자는 채무자의 승낙 없이 유치물의 사용, 대여 또는 담보제공을 하지 못한다. 그러나 유치물의 보존에 필요한 사용은 그러하지 아니하다.
③ 유치권자가 전2항의 규정에 위반한 때에는 채무자는 유치권의 소멸을 청구할 수 있다.

제325조 【유치권자의 상환청구권】
① 유치권자가 유치물에 관하여 필요비를 지출한 때에는 소유자에게 그 상환을 청구할 수 있다.
② 유치권자가 유치물에 관하여 유익비를 지출한 때에는 그 가액의 증가가 현존한 경우에 한하여 소유자의 선택에 좇아 그 지출한 금액이나 증가액의 상환을 청구할 수 있다. 그러나 법원은 소유자의 청구에 의하여 상당한 상환기간을 허여할 수 있다.

제326조 【피담보채권의 소멸시효】
유치권의 행사는 채권의 소멸시효의 진행에 영향을 미치지 아니한다.

제327조 【타(他)담보제공과 유치권소멸】
채무자는 상당한 담보를 제공하고 유치권의 소멸을 청구할 수 있다.

제328조 【점유상실과 유치권소멸】
유치권은 점유의 상실로 인하여 소멸한다.

제8장 질 권

제1절 동산질권

제329조【동산질권(動産質權)의 내용】
동산질권자는 채권의 담보로 채무자 또는 제3자가 제공한 동산을 점유하고 그 동산에 대하여 다른 채권자보다 자기채권의 우선변제를 받을 권리가 있다.

제330조【설정계약의 요물성(要物性)】
질권의 설정은 질권자에게 목적물을 인도함으로써 그 효력이 생긴다.

제331조【질권의 목적물】
질권은 양도할 수 없는 물건을 목적으로 하지 못한다.

제332조【설정자에 의한 대리점유의 금지】
질권자는 설정자로 하여금 질물(質物)의 점유를 하게 하지 못한다.

제333조【동산질권의 순위】
수개의 채권을 담보하기 위하여 동일한 동산에 수개의 질권을 설정한 때에는 그 순위는 설정의 선후에 의한다.

제334조【피담보채권의 범위】
질권은 원본, 이자, 위약금, 질권실행의 비용, 질물보존의 비용 및 채무불이행 또는 질물의 하자로 인한 손해배상의 채권을 담보한다. 그러나 다른 약정이 있는 때에는 그 약정에 의한다.

제335조【유치적 효력】
질권자는 전조의 채권의 변제를 받을 때까지 질물을 유치할 수 있다. 그러나 자기보다 우선권이 있는 채권자에게 대항하지 못한다.

제336조【전(轉)질권】
질권자는 그 권리의 범위내에서 자기의 책임으로 질물을 전질할 수 있다. 이 경우에는 전질을 하지 아니하였으면 면할 수 있는 불가항력으로 인한 손해에 대하여도 책임을 부담한다.

제337조【전질의 대항요건】
① 전조의 경우에 질권자가 채무자에게 전질의 사실을 통지하거나 채무자가 이를 승낙함이 아니면 전질로써 채무자, 보증인, 질권설정자 및 그 승계인에게 대항하지 못한다.
② 채무자가 전항의 통지를 받거나 승낙을 한 때에는 전질권자의 동의 없이 질권자에게 채무를 변제하여도 이로써 전질권자에게 대항하지 못한다.

제338조【경매, 간이변제충당(簡易辨濟充當)】
① 질권자는 채권의 변제를 받기 위하여 질물을 경매할 수 있다.
② 정당한 이유 있는 때에는 질권자는 감정인의 평가에 의하여 질물로 직접 변제에 충당할 것을 법원에 청구할 수 있다. 이 경우에는 질권자는 미리 채무자 및 질권설정자에게 통지하여야 한다.

제339조【유질계약(流質契約)의 금지】
질권설정자는 채무변제기 전의 계약으로 질권자에게 변제에 갈음하여 질물의 소유권을 취득하게 하거나 법률에 정한 방법에 의하지 아니하고 질물을 처분할 것을 약정하지 못한다.

제340조【질물 이외의 재산으로부터의 변제】
① 질권자는 질물에 의하여 변제를 받지 못한 부분의 채권에 한하여 채무자의 다른 재산으로부터 변제를 받을 수 있다.
② 전항의 규정은 질물보다 먼저 다른 재산에 관한 배당을 실시하는 경우에는 적용하지 아니한다. 그러나 다른 채권자는 질권자에게 그 배당금액의 공탁을 청구할 수 있다.

제341조【물상보증인(物上保證人)의 구상권】
타인의 채무를 담보하기 위한 질권설정자가 그 채무를 변제하거나 질권의 실행으로 인하여 질물의 소유권을 잃은 때에는 보증채무에 관한 규정에 의하여 채무자에 대한 구상권이 있다.

제342조【물상대위(物上代位)】
질권은 질물의 멸실, 훼손 또는 공용징수(公用徵收)

로 인하여 질권설정자가 받을 금전 기타 물건에 대하여도 이를 행사할 수 있다. 이 경우에는 그 지급 또는 인도전에 압류하여야 한다.

제343조【준용규정】
제249조 내지 제251조, 제321조 내지 제325조의 규정은 동산질권에 준용한다.

제344조【타법률에 의한 질권】
본절의 규정은 다른 법률의 규정에 의하여 설정된 질권에 준용한다.

제2절 권리질권

제345조【권리질권(權利質權)의 목적】
질권은 재산권을 그 목적으로 할 수 있다. 그러나 부동산의 사용, 수익을 목적으로 하는 권리는 그러하지 아니하다.

제346조【권리질권의 설정방법】
권리질권의 설정은 법률에 다른 규정이 없으면 그 권리의 양도에 관한 방법에 의하여야 한다.

제347조【설정계약의 요물성】
채권을 질권의 목적으로 하는 경우에 채권증서가 있는 때에는 질권의 설정은 그 증서를 질권자에게 교부함으로써 그 효력이 생긴다.

제348조【저당채권에 대한 질권과 부기등기】
저당권으로 담보한 채권을 질권의 목적으로 한 때에는 그 저당권등기에 질권의 부기등기를 하여야 그 효력이 저당권에 미친다.

제349조【지명채권에 대한 질권의 대항요건】
① 지명채권을 목적으로 한 질권의 설정은 설정자가 제450조의 규정에 의하여 제3채무자에게 질권설정의 사실을 통지하거나 제3채무자가 이를 승낙함이 아니면 이로써 제3채무자 기타 제3자에게 대항하지 못한다.
② 제451조의 규정은 전항의 경우에 준용한다.

제350조【지시채권에 대한 질권의 설정방법】
지시채권을 질권의 목적으로 한 질권의 설정은 증서에 배서(背書)하여 질권자에게 교부함으로써 그 효력이 생긴다.

제351조【무기명채권에 대한 질권의 설정방법】
무기명채권을 목적으로 한 질권의 설정은 증서를 채권자에게 교부함으로써 그 효력이 생긴다.

제352조【질권설정자의 권리처분제한】
질권설정자는 질권자의 동의 없이 질권의 목적된 권리를 소멸하게 하거나 질권자의 이익을 해하는 변경을 할 수 없다.

제353조【질권의 목적이 된 채권의 실행방법】
① 질권자는 질권의 목적이 된 채권을 직접 청구할 수 있다.
② 채권의 목적물이 금전인 때에는 질권자는 자기채권의 한도에서 직접 청구할 수 있다.
③ 전항의 채권의 변제기가 질권자의 채권의 변제기보다 먼저 도래한 때에는 질권자는 제3채무자에 대하여 그 변제금액의 공탁을 청구할 수 있다. 이 경우에 질권은 그 공탁금에 존재한다.
④ 채권의 목적물이 금전 이외의 물건인 때에는 질권자는 그 변제를 받은 물건에 대하여 질권을 행사할 수 있다.

제354조【동 전】
질권자는 전조의 규정에 의하는 외에 민사집행법에 정한 집행방법에 의하여 질권을 실행할 수 있다. 〈개정 2001.12.29〉

제355조【준용규정】
권리질권에는 본절의 규정 외에 동산질권에 관한 규정을 준용한다.

제9장 저당권

제356조【저당권(抵當權)의 내용】
저당권자는 채무자 또는 제3자가 점유를 이전하지 아니하고 채무의 담보로 제공한 부동산에 대하여 다른 채권자보다 자기채권의 우선변제를 받을 권리가 있다.

제357조【근(根)저당】

① 저당권은 그 담보할 채무의 최고액만을 정하고 채무의 확정을 장래에 보류(保留)하여 이를 설정할 수 있다. 이 경우에는 그 확정될 때까지의 채무의 소멸 또는 이전은 저당권에 영향을 미치지 아니한다.

② 전항의 경우에는 채무의 이자는 최고액 중에 산입한 것으로 본다.

제358조【저당권의 효력의 범위】

저당권의 효력은 저당부동산에 부합된 물건과 종물에 미친다. 그러나 법률에 특별한 규정 또는 설정행위에 다른 약정이 있으면 그러하지 아니하다.

제359조【과실에 대한 효력】

저당권의 효력은 저당부동산에 대한 압류가 있은 후에 저당권설정자가 그 부동산으로부터 수취한 과실 또는 수취할 수 있는 과실에 미친다. 그러나 저당권자가 그 부동산에 대한 소유권, 지상권 또는 전세권을 취득한 제3자에 대하여는 압류한 사실을 통지한 후가 아니면 이로써 대항하지 못한다.

제360조【피담보채권의 범위】

저당권은 원본, 이자, 위약금, 채무불이행으로 인한 손해배상 및 저당권의 실행비용을 담보한다. 그러나 지연(遲延)배상에 대하여는 원본의 이행기일을 경과한 후의 1년분에 한하여 저당권을 행사할 수 있다.

제361조【저당권의 처분제한】

저당권은 그 담보한 채권과 분리하여 타인에게 양도하거나 다른 채권의 담보로 하지 못한다.

제362조【저당물의 보충】

저당권설정자의 책임 있는 사유로 인하여 저당물의 가액이 현저히 감소된 때에는 저당권자는 저당권설정자에 대하여 그 원상회복 또는 상당한 담보제공을 청구할 수 있다.

제363조【저당권자의 경매청구권, 경매인】

① 저당권자는 그 채권의 변제를 받기 위하여 저당물의 경매를 청구할 수 있다.

② 저당물의 소유권을 취득한 제3자도 경매인이 될 수 있다.

제364조【제3취득자의 변제】

저당부동산에 대하여 소유권, 지상권 또는 전세권을 취득한 제3자는 저당권자에게 그 부동산으로 담보된 채권을 변제하고 저당권의 소멸을 청구할 수 있다.

제365조【저당지상(抵當地上)의 건물에 대한 경매청구권】

토지를 목적으로 저당권을 설정한 후 그 설정자가 그 토지에 건물을 축조(築造)한 때에는 저당권자는 토지와 함께 그 건물에 대하여도 경매를 청구할 수 있다. 그러나 그 건물의 경매대가에 대하여는 우선변제를 받을 권리가 없다.

제366조【법정지상권】

저당물의 경매로 인하여 토지와 그 지상건물이 다른 소유자에 속한 경우에는 토지소유자는 건물소유자에 대하여 지상권을 설정한 것으로 본다. 그러나 지료는 당사자의 청구에 의하여 법원이 이를 정한다.

제367조【제3취득자의 비용상환청구권】

저당물의 제3취득자가 그 부동산의 보존, 개량을 위하여 필요비 또는 유익비를 지출한 때에는 제203조 제1항, 제2항의 규정에 의하여 저당물의 경매대가에서 우선상환을 받을 수 있다.

제368조【공동저당과 대가의 배당, 차순위자의 대위】

① 동일한 채권의 담보로 수개의 부동산에 저당권을 설정한 경우에 그 부동산의 경매대가를 동시에 배당하는 때에는 각 부동산의 경매대가에 비례하여 그 채권의 분담을 정한다.

② 전항의 저당부동산중 일부의 경매대가를 먼저 배당하는 경우에는 그 대가에서 그 채권전부

의 변제를 받을 수 있다. 이 경우에 그 경매한 부동산의 차순위저당권자는 선순위저당권자가 전항의 규정에 의하여 다른 부동산의 경매대가에서 변제를 받을 수 있는 금액의 한도에서 선순위자를 대위(代位)하여 저당권을 행사할 수 있다.

제369조【부종성(附從性)】
저당권으로 담보한 채권이 시효의 완성 기타 사유로 인하여 소멸한 때에는 저당권도 소멸한다.

제370조【준용규정】
제214조, 제321조, 제333조, 제340조, 제341조 및 제342조의 규정은 저당권에 준용한다.

제371조【지상권, 전세권을 목적으로 하는 저당권】
① 본장의 규정은 지상권 또는 전세권을 저당권의 목적으로 한 경우에 준용한다.
② 지상권 또는 전세권을 목적으로 저당권을 설정한 자는 저당권자의 동의 없이 지상권 또는 전세권을 소멸하게 하는 행위를 하지 못한다.

제372조【타법률에 의한 저당권】
본장의 규정은 다른 법률에 의하여 설정된 저당권에 준용한다.

제3편 채 권

제1장 총 칙

제1절 채권의 목적

제373조【채권의 목적】
금전으로 가액(價額)을 산정할 수 없는 것이라도 채권의 목적으로 할 수 있다.

제374조【특정물인도채무자(特定物引渡債務者)의 선관의무(善管義務)】
특정물의 인도가 채권의 목적인 때에는 채무자는 그 물건을 인도하기까지 선량한 관리자의 주의로 보존하여야 한다.

제375조【종류채권(種類債權)】
① 채권의 목적을 종류로만 지정한 경우에 법률행위의 성질이나 당사자의 의사에 의하여 품질을 정할 수 없는 때에는 채무자는 중등품질(中等品質)의 물건으로 이행하여야 한다.
② 전항의 경우에 채무자가 이행에 필요한 행위를 완료하거나 채권자의 동의를 얻어 이행할 물건을 지정한 때에는 그때로부터 그 물건을 채권의 목적물로 한다.

제376조【금전채권】
채권의 목적이 어느 종류의 통화로 지급할 것인 경우에 그 통화가 변제기에 강제통용력(强制通用力)을 잃은 때에는 채무자는 다른 통화로 변제하여야 한다.

제377조【외화(外貨)채권】
① 채권의 목적이 다른 나라 통화로 지급할 것인 경우에는 채무자는 자기가 선택한 그 나라의 각 종류의 통화로 변제할 수 있다.
② 채권의 목적이 어느 종류의 다른 나라 통화로 지급할 것인 경우에 그 통화가 변제기에 강제통용력을 잃은 때에는 그 나라의 다른 통화로 변제하여야 한다.

제378조【동 전】
채권액이 다른 나라 통화로 지정된 때에는 채무자는 지급할 때에 있어서의 이행지의 환금시가(換金市價)에 의하여 우리나라 통화로 변제할 수 있다.

제379조【법정이율】
이자 있는 채권의 이율은 다른 법률의 규정이나 당사자의 약정이 없으면 연(年) 5푼(分)으로 한다.

제380조【선택채권】
채권의 목적이 수개의 행위 중에서 선택에 좇아 확정될 경우에 다른 법률의 규정이나 당사자의 약정이 없으면 선택권은 채무자에게 있다.

제381조【선택권의 이전】
① 선택권행사의 기간이 있는 경우에 선택권자가 그 기간 내에 선택권을 행사하지 아니하는 때에

는 상대방은 상당한 기간을 정하여 그 선택을 최고할 수 있고 선택권자가 그 기간 내에 선택하지 아니하면 선택권은 상대방에게 있다.
② 선택권행사의 기간이 없는 경우에 채권의 기한이 도래한 후 상대방이 상당한 기간을 정하여 그 선택을 최고하여도 선택권자가 그 기간 내에 선택하지 아니할 때에도 전항과 같다.

제382조【당사자의 선택권의 행사】
① 채권자나 채무자가 선택하는 경우에는 그 선택은 상대방에 대한 의사표시로 한다.
② 전항의 의사표시는 상대방의 동의가 없으면 철회하지 못한다.

제383조【제3자의 선택권의 행사】
① 제3자가 선택하는 경우에는 그 선택은 채무자 및 채권자에 대한 의사표시로 한다.
② 전항의 의사표시는 채권자 및 채무자의 동의가 없으면 철회하지 못한다.

제384조【제3자의 선택권의 이전】
① 선택할 제3자가 선택할 수 없는 경우에는 선택권은 채무자에게 있다.
② 제3자가 선택하지 아니하는 경우에는 채권자나 채무자는 상당한 기간을 정하여 그 선택을 최고할 수 있고 제3자가 그 기간 내에 선택하지 아니하면 선택권은 채무자에게 있다.

제385조【불능으로 인한 선택채권의 특정】
① 채권의 목적으로 선택할 수개의 행위 중에 처음부터 불능한 것이나 또는 후에 이행불능하게 된 것이 있으면 채권의 목적은 잔존한 것에 존재한다.
② 선택권 없는 당사자의 과실로 인하여 이행불능이 된 때에는 전항의 규정을 적용하지 아니한다.

제386조【선택의 소급효】
선택의 효력은 그 채권이 발생한 때에 소급한다. 그러나 제3자의 권리를 해하지 못한다.

제2절 채권의 효력

제387조【이행기와 이행지체(履行遲滯)】
① 채무이행의 확정한 기한이 있는 경우에는 채무자는 기한이 도래한 때로부터 지체책임이 있다. 채무이행의 불확정한 기한이 있는 경우에는 채무자는 기한이 도래함을 안 때로부터 지체책임이 있다.
② 채무이행의 기한이 없는 경우에는 채무자는 이행청구를 받은 때로부터 지체책임이 있다.

제388조【기한의 이익의 상실】
채무자는 다음 각호의 경우에는 기한의 이익을 주장하지 못한다.
1. 채무자가 담보를 손상, 감소 또는 멸실하게 한 때
2. 채무자가 담보제공의 의무를 이행하지 아니한 때

제389조【강제이행(强制履行)】
① 채무자가 임의로 채무를 이행하지 아니한 때에는 채권자는 그 강제이행을 법원에 청구할 수 있다. 그러나 채무의 성질이 강제이행을 하지 못할 것인 때에는 그러하지 아니하다.
② 전항의 채무가 법률행위를 목적으로 한 때에는 채무자의 의사표시에 갈음할 재판을 청구할 수 있고 채무자의 일신(一身)에 전속하지 아니한 작위(作爲)를 목적으로 한 때에는 채무자의 비용으로 제3자에게 이를 하게 할 것을 법원에 청구할 수 있다.
③ 그 채무가 부작위(不作爲)를 목적으로 한 경우에 채무자가 이에 위반한 때에는 채무자의 비용으로써 그 위반한 것을 제각(除却)하고 장래에 대한 적당한 처분을 법원에 청구할 수 있다.
④ 전3항의 규정은 손해배상의 청구에 영향을 미치지 아니한다.

제390조【채무불이행과 손해배상】
채무자가 채무의 내용에 좇은 이행을 하지 아니한 때에는 채권자는 손해배상을 청구할 수 있다. 그러나 채무자의 고의나 과실 없이 이행할 수 없게 된 때에는 그러하지 아니하다.

제391조【이행보조자의 고의, 과실】
채무자의 법정대리인이 채무자를 위하여 이행하거나 채무자가 타인을 사용하여 이행하는 경우에는 법정대리인 또는 피용자의 고의나 과실은 채무자의 고의나 과실로 본다.

제392조【이행지체 중의 손해배상】
채무자는 자기에게 과실이 없는 경우에도 그 이행지체 중에 생긴 손해를 배상하여야 한다. 그러나 채무자가 이행기에 이행하여도 손해를 면할 수 없는 경우에는 그러하지 아니하다.

제393조【손해배상의 범위】
① 채무불이행으로 인한 손해배상은 통상(通常)의 손해를 그 한도로 한다.
② 특별한 사정으로 인한 손해는 채무자가 그 사정을 알았거나 알 수 있었을 때에 한하여 배상의 책임이 있다.

제394조【손해배상의 방법】
다른 의사표시가 없으면 손해는 금전으로 배상한다.

제395조【이행지체와 전보배상(塡補賠償)】
채무자가 채무의 이행을 지체한 경우에 채권자가 상당한 기간을 정하여 이행을 최고하여도 그 기간 내에 이행하지 아니하거나 지체후의 이행이 채권자에게 이익이 없는 때에는 채권자는 수령을 거절하고 이행에 갈음한 손해배상을 청구할 수 있다.

제396조【과실상계(過失相計)】
채무불이행에 관하여 채권자에게 과실이 있는 때에는 법원은 손해배상의 책임 및 그 금액을 정함에 이를 참작하여야 한다.

제397조【금전채무불이행에 대한 특칙】
① 금전채무불이행의 손해배상액은 법정이율에 의한다. 그러나 법령의 제한에 위반하지 아니한 약정이율이 있으면 그 이율에 의한다.
② 전항의 손해배상에 관하여는 채권자는 손해의 증명을 요하지 아니하고 채무자는 과실없음을 항변(抗辯)하지 못한다.

제398조【배상액의 예정】
① 당사자는 채무불이행에 관한 손해배상액을 예정할 수 있다.
② 손해배상의 예정액이 부당히 과다한 경우에는 법원은 적당히 감액(減額)할 수 있다.
③ 손해배상액의 예정은 이행의 청구나 계약의 해제에 영향을 미치지 아니한다.
④ 위약금의 약정은 손해배상액의 예정으로 추정한다.
⑤ 당사자가 금전이 아닌 것으로써 손해배상에 충당할 것을 예정한 경우에도 전4항의 규정을 준용한다.

제399조【손해배상자의 대위】
채권자가 그 채권의 목적인 물건 또는 권리의 가액전부를 손해배상으로 받은 때에는 채무자는 그 물건 또는 권리에 관하여 당연히 채권자를 대위한다.

제400조【채권자지체(債權者遲滯)】
채권자가 이행을 받을 수 없거나 받지 아니한 때에는 이행의 제공 있는 때로부터 지체책임이 있다.

제401조【채권자지체와 채무자의 책임】
채권자지체 중에는 채무자는 고의 또는 중대한 과실이 없으면 불이행으로 인한 모든 책임이 없다.

제402조【동 전】
채권자지체 중에는 이자 있는 채권이라도 채무자는 이자를 지급할 의무가 없다.

제403조【채권자지체와 채권자의 책임】
채권자지체로 인하여 그 목적물의 보관 또는 변제의 비용이 증가된 때에는 그 증가액은 채권자의 부담으로 한다.

제404조【채권자대위권】
① 채권자는 자기의 채권을 보전하기 위하여 채무자의 권리를 행사할 수 있다. 그러나 일신에 전속한 권리는 그러하지 아니하다.
② 채권자는 그 채권의 기한이 도래하기 전에는 법원의 허가 없이 전항의 권리를 행사하지 못한다. 그러나 보존행위는 그러하지 아니하다.

제405조【채권자대위권 행사의 통지】
① 채권자가 전조 제1항의 규정에 의하여 보존행위 이외의 권리를 행사한 때에는 채무자에게 통지하여야 한다.
② 채무자가 전항의 통지를 받은 후에는 그 권리를 처분하여도 이로써 채권자에게 대항하지 못한다.

제406조【채권자취소권】
① 채무자가 채권자를 해함을 알고 재산권을 목적으로 한 법률행위를 한 때에는 채권자는 그 취소 및 원상회복을 법원에 청구할 수 있다. 그러나 그 행위로 인하여 이익을 받은 자나 전득(轉得)한 자가 그 행위 또는 전득당시에 채권자를 해함을 알지 못한 경우에는 그러하지 아니하다.
② 전항의 소는 채권자가 취소원인을 안 날로부터 1년, 법률행위 있은 날로부터 5년 내에 제기하여야 한다.

제407조【채권자취소의 효력】
전조의 규정에 의한 취소와 원상회복은 모든 채권자의 이익을 위하여 효력이 있다.

제3절 수인의 채권자 및 채무자

제1관 총 칙

제408조【분할채권관계】
채권자나 채무자가 수인(數人)인 경우에 특별한 의사표시가 없으면 각 채권자 또는 각 채무자는 균등한 비율로 권리가 있고 의무를 부담한다.

제2관 불가분채권과 불가분채무

제409조【불가분채권】
채권의 목적이 그 성질 또는 당사자의 의사표시에 의하여 불가분인 경우에 채권자가 수인인 때에는 각 채권자는 모든 채권자를 위하여 이행을 청구할 수 있고 채무자는 모든 채권자를 위하여 각 채권자에게 이행할 수 있다.

제410조【1인의 채권자에 생긴 사항의 효력】
① 전조의 규정에 의하여 모든 채권자에게 효력이 있는 사항을 제외하고는 불가분채권자중 1인의 행위나 1인에 관한 사항은 다른 채권자에게 효력이 없다.
② 불가분채권자중의 1인과 채무자간에 경개(更改)나 면제 있는 경우에 채무전부의 이행을 받은 다른 채권자는 그 1인이 권리를 잃지 아니하였으면 그에게 분급(分給)할 이익을 채무자에게 상환하여야 한다.

제411조【불가분채무와 준용규정】
수인이 불가분채무를 부담한 경우에는 제413조 내지 제415조, 제422조, 제424조 내지 제427조 및 전조의 규정을 준용한다.

제412조【가분채권, 가분채무에의 변경】
불가분채권이나 불가분채무가 가분채권 또는 가분채무로 변경된 때에는 각 채권자는 자기부분만의 이행을 청구할 권리가 있고 각 채무자는 자기부담부분만을 이행할 의무가 있다.

제3관 연대채무

제413조【연대채무의 내용】
수인의 채무자가 채무 전부를 각자 이행할 의무가 있고 채무자 1인의 이행으로 다른 채무자도 그 의무를 면하게 되는 때에는 그 채무는 연대채무로 한다.

제414조【각 연대채무자에 대한 이행청구】
채권자는 어느 연대채무자에 대하여 또는 동시(同時)나 순차(順次)로 모든 연대채무자에 대하여 채무의 전부나 일부의 이행을 청구할 수 있다.

제415조【채무자에 생긴 무효, 취소】
어느 연대채무자에 대한 법률행위의 무효나 취소의 원인은 다른 연대채무자의 채무에 영향을 미치지 아니한다.

제416조【이행청구의 절대적 효력】
어느 연대채무자에 대한 이행청구는 다른 연대채무자에게도 효력이 있다.

제417조【경개의 절대적 효력】
어느 연대채무자와 채권자간에 채무의 경개가 있는 때에는 채권은 모든 연대채무자의 이익을 위하여 소멸한다.

제418조【상계의 절대적 효력】
① 어느 연대채무자가 채권자에 대하여 채권이 있는 경우에 그 채무자가 상계한 때에는 채권은 모든 연대채무자의 이익을 위하여 소멸한다.
② 상계할 채권이 있는 연대채무자가 상계하지 아니한 때에는 그 채무자의 부담부분에 한하여 다른 연대채무자가 상계할 수 있다.

제419조【면제의 절대적 효력】
어느 연대채무자에 대한 채무면제는 그 채무자의 부담부분에 한하여 다른 연대채무자의 이익을 위하여 효력이 있다.

제420조【혼동의 절대적 효력】
어느 연대채무자와 채권자간에 혼동이 있는 때에는 그 채무자의 부담부분에 한하여 다른 연대채무자도 의무를 면한다.

제421조【소멸시효의 절대적 효력】
어느 연대채무자에 대하여 소멸시효가 완성한 때에는 그 부담부분에 한하여 다른 연대채무자도 의무를 면한다.

제422조【채권자지체의 절대적 효력】
어느 연대채무자에 대한 채권자의 지체는 다른 연대채무자에게도 효력이 있다.

제423조【효력의 상대성의 원칙】
전7조의 사항 외에는 어느 연대채무자에 관한 사항은 다른 연대채무자에게 효력이 없다.

제424조【부담부분의 균등】
연대채무자의 부담부분은 균등한 것으로 추정한다.

제425조【출재(出財)채무자의 구상권】
① 어느 연대채무자가 변제 기타 자기의 출재로 공동면책이 된 때에는 다른 연대채무자의 부담부분에 대하여 구상권을 행사할 수 있다.
② 전항의 구상권은 면책된 날 이후의 법정이자 및 피할 수 없는 비용 기타 손해배상을 포함한다.

제426조【구상요건으로서의 통지】
① 어느 연대채무자가 다른 연대채무자에게 통지하지 아니하고 변제 기타 자기의 출재로 공동면책이 된 경우에 다른 연대채무자가 채권자에게 대항할 수 있는 사유가 있었을 때에는 그 부담부분에 한하여 이 사유로 면책행위를 한 연대채무자에게 대항할 수 있고 그 대항사유가 상계인 때에는 상계로 소멸할 채권은 그 연대채무자에게 이전된다.
② 어느 연대채무자가 변제 기타 자기의 출재로 공동면책되었음을 다른 연대채무자에게 통지하지 아니한 경우에 다른 연대채무자가 선의로 채권자에게 변제 기타 유상(有償)의 면책행위를 한 때에는 그 연대채무자는 자기의 면책행위의 유효를 주장할 수 있다.

제427조【상환무자력자(償還無資力者)의 부담부분】
① 연대채무자 중에 상환할 자력이 없는 자가 있는 때에는 그 채무자의 부담부분은 구상권자 및

다른 자력이 있는 채무자가 그 부담부분에 비례하여 분담한다. 그러나 구상권자에게 과실이 있는 때에는 다른 연대채무자에 대하여 분담을 청구하지 못한다.

② 전항의 경우에 상환할 자력이 없는 채무자의 부담부분을 분담할 다른 채무자가 채권자로부터 연대의 면제를 받은 때에는 그 채무자의 분담할 부분은 채권자의 부담으로 한다.

제4관 보증채무

제428조 【보증채무의 내용】

① 보증인은 주(主)채무자가 이행하지 아니하는 채무를 이행할 의무가 있다.

② 보증은 장래의 채무에 대하여도 할 수 있다.

제428조의2 【보증의 방식】

① 보증은 그 의사가 보증인의 기명날인 또는 서명이 있는 서면으로 표시되어야 효력이 발생한다. 다만, 보증의 의사가 전자적 형태로 표시된 경우에는 효력이 없다.

② 보증채무를 보증인에게 불리하게 변경하는 경우에도 제1항과 같다.

③ 보증인이 보증채무를 이행한 경우에는 그 한도에서 제1항과 제2항에 따른 방식의 하자를 이유로 보증의 무효를 주장할 수 없다.

[본조신설 2015.2.3]

제428조의3 【근보증】

① 보증은 불확정한 다수의 채무에 대해서도 할 수 있다. 이 경우 보증하는 채무의 최고액을 서면으로 특정하여야 한다.

② 제1항의 경우 채무의 최고액을 제428조의2 제1항에 따른 서면으로 특정하지 아니한 보증계약은 효력이 없다.

[본조신설 2015.2.3]

제429조 【보증채무의 범위】

① 보증채무는 주채무의 이자, 위약금, 손해배상 기타 주채무에 종속한 채무를 포함한다.

② 보증인은 그 보증채무에 관한 위약금 기타 손해배상액을 예정할 수 있다.

제430조 【목적, 형태상의 부종성】

보증인의 부담이 주채무의 목적이나 형태보다 중한 때에는 주채무의 한도로 감축한다.

제431조 【보증인의 조건】

① 채무자가 보증인을 세울 의무가 있는 경우에는 그 보증인은 행위능력 및 변제자력이 있는 자로 하여야 한다.

② 보증인이 변제자력이 없게 된 때에는 채권자는 보증인의 변경을 청구할 수 있다.

③ 채권자가 보증인을 지명한 경우에는 전2항의 규정을 적용하지 아니한다.

제432조 【타담보의 제공】

채무자는 다른 상당한 담보를 제공함으로써 보증인을 세울 의무를 면할 수 있다.

제433조 【보증인과 주채무자항변권】

① 보증인은 주채무자의 항변으로 채권자에게 대항할 수 있다.

② 주채무자의 항변포기는 보증인에게 효력이 없다.

제434조 【보증인과 주채무자상계권】

보증인은 주채무자의 채권에 의한 상계로 채권자에게 대항할 수 있다.

제435조 【보증인과 주채무자의 취소권 등】

주채무자가 채권자에 대하여 취소권 또는 해제권이나 해지권이 있는 동안은 보증인은 채권자에 대하여 채무의 이행을 거절할 수 있다.

제436조 삭 제 〈2015.2.3〉

제436조의2 【채권자의 정보제공의무와 통지의무 등】

① 채권자는 보증계약을 체결할 때 보증계약의 체결 여부 또는 그 내용에 영향을 미칠 수 있는 주채무자의 채무 관련 신용정보를 보유하고 있거나 알고 있는 경우에는 보증인에게 그 정보를 알려야 한다. 보증계약을 갱신할 때에도 또한 같다.

② 채권자는 보증계약을 체결한 후에 다음 각 호의 어느 하나에 해당하는 사유가 있는 경우에는 지체 없이 보증인에게 그 사실을 알려야 한다.

1. 주채무자가 원본, 이자, 위약금, 손해배상 또는 그 밖에 주채무에 종속한 채무를 3개월 이상 이행하지 아니하는 경우
2. 주채무자가 이행기에 이행할 수 없음을 미리 안 경우
3. 주채무자의 채무 관련 신용정보에 중대한 변화가 생겼음을 알게 된 경우

③ 채권자는 보증인의 청구가 있으면 주채무의 내용 및 그 이행 여부를 알려야 한다.

④ 채권자가 제1항부터 제3항까지의 규정에 따른 의무를 위반하여 보증인에게 손해를 입힌 경우에는 법원은 그 내용과 정도 등을 고려하여 보증채무를 감경하거나 면제할 수 있다.

[본조신설 2015.2.3.]

第437條【보증인의 최고(催告), 검색(檢索)의 항변】

채권자가 보증인에게 채무의 이행을 청구한 때에는 보증인은 주채무자의 변제자력이 있는 사실 및 그 집행이 용이할 것을 증명하여 먼저 주채무자에게 청구할 것과 그 재산에 대하여 집행할 것을 항변할 수 있다. 그러나 보증인이 주채무자와 연대하여 채무를 부담한 때에는 그러하지 아니하다.

第438條【최고, 검색의 해태의 효과】

전조의 규정에 의한 보증인의 항변에 불구하고 채권자의 해태로 인하여 채무자로부터 전부나 일부의 변제를 받지 못한 경우에는 채권자가 해태하지 아니하였으면 변제받았을 한도에서 보증인은 그 의무를 면한다.

第439條【공동보증의 분별(分別)의 이익】

수인의 보증인이 각자의 행위로 보증채무를 부담한 경우에도 제408조의 규정을 적용한다.

第440條【시효중단의 보증인에 대한 효력】

주채무자에 대한 시효의 중단은 보증인에 대하여 그 효력이 있다.

第441條【수탁(受託)보증인의 구상권】

① 주채무자의 부탁으로 보증인이 된 자가 과실없이 변제 기타의 출재로 주채무를 소멸하게 한 때에는 주채무자에 대하여 구상권이 있다.

② 제425조 제2항의 규정은 전항의 경우에 준용한다.

第442條【수탁보증인의 사전(事前)구상권】

① 주채무자의 부탁으로 보증인이 된 자는 다음 각호의 경우에 주채무자에 대하여 미리 구상권을 행사할 수 있다.

1. 보증인이 과실 없이 채권자에게 변제할 재판을 받은 때
2. 주채무자가 파산선고를 받은 경우에 채권자가 파산재단에 가입하지 아니한 때
3. 채무의 이행기가 확정되지 아니하고 그 최장기도 확정할 수 없는 경우에 보증계약후 5년을 경과한 때
4. 채무의 이행기가 도래한 때

② 전항 제4호의 경우에는 보증계약 후에 채권자가 주채무자에게 허여(許與)한 기한으로 보증인에게 대항하지 못한다.

第443條【주채무자의 면책청구】

전조의 규정에 의하여 주채무자가 보증인에게 배상하는 경우에 주채무자는 자기를 면책하게 하거나 자기에게 담보를 제공할 것을 보증인에게 청구할 수 있고 또는 배상할 금액을 공탁하거나 담보를 제공하거나 보증인을 면책하게 함으로써 그 배상의무를 면할 수 있다.

第444條【부탁 없는 보증인의 구상권】

① 주채무자의 부탁 없이 보증인이 된 자가 변제 기타 자기의 출재로 주채무를 소멸하게 한 때에는 주채무자는 그 당시에 이익을 받은 한도에서 배상하여야 한다.

② 주채무자의 의사에 반하여 보증인이 된 자가 변제 기타 자기의 출재로 주채무를 소멸하게 한 때에는 주채무자는 현존이익의 한도에서 배상하여야 한다.

③ 전항의 경우에 주채무자가 구상한 날 이전에 상계원인이 있음을 주장한 때에는 그 상계로 소멸할 채권은 보증인에게 이전된다.

제445조 【구상요건으로서의 통지】

① 보증인이 주채무자에게 통지하지 아니하고 변제 기타 자기의 출재로 주채무를 소멸하게 한 경우에 주채무자가 채권자에게 대항할 수 있는 사유가 있었을 때에는 이 사유로 보증인에게 대항할 수 있고 그 대항사유가 상계인 때에는 상계로 소멸할 채권은 보증인에게 이전된다.

② 보증인이 변제 기타 자기의 출재로 면책되었음을 주채무자에게 통지하지 아니한 경우에 주채무자가 선의로 채권자에게 변제 기타 유상의 면책행위를 한 때에는 주채무자는 자기의 면책행위의 유효를 주장할 수 있다.

제446조 【주채무자의 보증인에 대한 면책통지의무】

주채무자가 자기의 행위로 면책하였음을 그 부탁으로 보증인이 된 자에게 통지하지 아니한 경우에 보증인이 선의로 채권자에게 변제 기타 유상의 면책행위를 한 때에는 보증인은 자기의 면책행위의 유효를 주장할 수 있다.

제447조 【연대, 불가분채무의 보증인의 구상권】

어느 연대채무자나 어느 불가분채무자를 위하여 보증인이 된 자는 다른 연대채무자나 다른 불가분채무자에 대하여 그 부담부분에 한하여 구상권이 있다.

제448조 【공동보증인간의 구상권】

① 수인의 보증인이 있는 경우에 어느 보증인이 자기의 부담부분을 넘은 변제를 한 때에는 제444조의 규정을 준용한다.

② 주채무가 불가분이거나 각 보증인이 상호연대로 또는 주채무자와 연대로 채무를 부담한 경우에 어느 보증인이 자기의 부담부분을 넘은 변제를 한 때에는 제425조 내지 제427조의 규정을 준용한다.

제4절 채권의 양도

제449조 【채권의 양도성】

① 채권은 양도할 수 있다. 그러나 채권의 성질이 양도를 허용하지 아니하는 때에는 그러하지 아니하다.

② 채권은 당사자가 반대의 의사를 표시한 경우에는 양도하지 못한다. 그러나 그 의사표시로써 선의의 제3자에게 대항하지 못한다.

제450조 【지명채권양도의 대항요건】

① 지명채권의 양도는 양도인이 채무자에게 통지하거나 채무자가 승낙하지 아니하면 채무자 기타 제3자에게 대항하지 못한다.

② 전항의 통지나 승낙은 확정일자 있는 증서에 의하지 아니하면 채무자이외의 제3자에게 대항하지 못한다.

제451조 【승낙, 통지의 효과】

① 채무자가 이의를 보류하지 아니하고 전조의 승낙을 한 때에는 양도인에게 대항할 수 있는 사유로써 양수인에게 대항하지 못한다. 그러나 채무자가 채무를 소멸하게 하기 위하여 양도인에게 급여한 것이 있으면 이를 회수할 수 있고 양도인에 대하여 부담한 채무가 있으면 그 성립되지 아니함을 주장할 수 있다.

② 양도인이 양도통지만을 한 때에는 채무자는 그 통지를 받은 때까지 양도인에 대하여 생긴 사유로써 양수인에게 대항할 수 있다.

제452조【양도통지와 금반언(禁反言)】
① 양도인이 채무자에게 채권양도를 통지한 때에는 아직 양도하지 아니하였거나 그 양도가 무효인 경우에도 선의인 채무자는 양수인에게 대항할 수 있는 사유로 양도인에게 대항할 수 있다.
② 전항의 통지는 양수인의 동의가 없으면 철회하지 못한다.

제5절 채무의 인수

제453조【채권자와의 계약에 의한 채무인수(引受)】
① 제3자는 채권자와의 계약으로 채무를 인수하여 채무자의 채무를 면하게 할 수 있다. 그러나 채무의 성질이 인수를 허용하지 아니하는 때에는 그러하지 아니하다.
② 이해관계 없는 제3자는 채무자의 의사에 반하여 채무를 인수하지 못한다.

제454조【채무자와의 계약에 의한 채무인수】
① 제3자가 채무자와의 계약으로 채무를 인수한 경우에는 채권자의 승낙에 의하여 그 효력이 생긴다.
② 채권자의 승낙 또는 거절의 상대방은 채무자나 제3자이다.

제455조【승낙여부의 최고】
① 전조의 경우에 제3자나 채무자는 상당한 기간을 정하여 승낙여부의 확답을 채권자에게 최고할 수 있다.
② 채권자가 그 기간 내에 확답을 발송하지 아니한 때에는 거절한 것으로 본다.

제456조【채무인수의 철회, 변경】
제3자와 채무자간의 계약에 의한 채무인수는 채권자의 승낙이 있을 때까지 당사자는 이를 철회하거나 변경할 수 있다.

제457조【채무인수의 소급효】
채권자의 채무인수에 대한 승낙은 다른 의사표시가 없으면 채무를 인수한 때에 소급하여 그 효력이 생긴다. 그러나 제3자의 권리를 침해하지 못한다.

제458조【전(前)채무자의 항변사유】
인수인(引受人)은 전채무자의 항변할 수 있는 사유로 채권자에게 대항할 수 있다.

제459조【채무인수와 보증, 담보의 소멸】
전채무자의 채무에 대한 보증이나 제3자가 제공한 담보는 채무인수로 인하여 소멸한다. 그러나 보증인이나 제3자가 채무인수에 동의한 경우에는 그러하지 아니하다.

제6절 채권의 소멸

제1관 변 제

제460조【변제제공(辨濟提供)의 방법】
변제는 채무내용에 좇은 현실제공으로 이를 하여야 한다. 그러나 채권자가 미리 변제받기를 거절하거나 채무의 이행에 채권자의 행위를 요하는 경우에는 변제준비의 완료를 통지하고 그 수령을 최고하면 된다.

제461조【변제제공의 효과】
변제의 제공은 그 때로부터 채무불이행의 책임을 면하게 한다.

제462조【특정물의 현상인도(現狀引渡)】
특정물의 인도가 채권의 목적인 때에는 채무자는 이행기의 현상대로 그 물건을 인도하여야 한다.

제463조【변제로서의 타인의 물건의 인도】
채무의 변제로 타인의 물건을 인도한 채무자는 다시 유효한 변제를 하지 아니하면 그 물건의 반환을 청구하지 못한다.

제464조【양도능력 없는 소유자의 물건인도】
양도할 능력 없는 소유자가 채무의 변제로 물건을 인도한 경우에는 그 변제가 취소된 때에도 다시 유효한 변제를 하지 아니하면 그 물건의 반환을 청구하지 못한다.

제465조【채권자의 선의소비, 양도와 구상권】
① 전2조의 경우에 채권자가 변제로 받은 물건을 선의로 소비하거나 타인에게 양도한 때에는 그 변제는 효력이 있다.
② 전항의 경우에 채권자가 제3자로부터 배상의 청구를 받은 때에는 채무자에 대하여 구상권을 행사할 수 있다.

제466조【대물변제(代物辨濟)】
채무자가 채권자의 승낙을 얻어 본래의 채무이행에 갈음하여 다른 급여를 한 때에는 변제와 같은 효력이 있다.

제467조【변제의 장소】
① 채무의 성질 또는 당사자의 의사표시로 변제장소를 정하지 아니한 때에는 특정물의 인도는 채권성립당시에 그 물건이 있던 장소에서 하여야 한다.
② 전항의 경우에 특정물인도 이외의 채무변제는 채권자의 현주소에서 하여야 한다. 그러나 영업에 관한 채무의 변제는 채권자의 현영업소에서 하여야 한다.

제468조【변제기 전의 변제】
당사자의 특별한 의사표시가 없으면 변제기 전이라도 채무자는 변제할 수 있다. 그러나 상대방의 손해는 배상하여야 한다.

제469조【제3자의 변제】
① 채무의 변제는 제3자도 할 수 있다. 그러나 채무의 성질 또는 당사자의 의사표시로 제3자의 변제를 허용하지 아니하는 때에는 그러하지 아니하다.
② 이해관계 없는 제3자는 채무자의 의사에 반하여 변제하지 못한다.

제470조【채권의 준(準)점유자에 대한 변제】
채권의 준점유자에 대한 변제는 변제자가 선의이며 과실 없는 때에 한하여 효력이 있다.

제471조【영수증소지자에 대한 변제】
영수증을 소지한 자에 대한 변제는 그 소지자가 변제를 받을 권한이 없는 경우에도 효력이 있다. 그러나 변제자가 그 권한 없음을 알았거나 알 수 있었을 경우에는 그러하지 아니하다.

제472조【권한 없는 자에 대한 변제】
전2조의 경우 외에 변제받을 권한 없는 자에 대한 변제는 채권자가 이익을 받은 한도에서 효력이 있다.

제473조【변제비용의 부담】
변제비용은 다른 의사표시가 없으면 채무자의 부담으로 한다. 그러나 채권자의 주소이전 기타의 행위로 인하여 변제비용이 증가된 때에는 그 증가액은 채권자의 부담으로 한다.

제474조【영수증청구권】
변제자는 변제를 받는 자에게 영수증을 청구할 수 있다.

제475조【채권증서반환청구권】
채권증서가 있는 경우에 변제자가 채무전부를 변제한 때에는 채권증서의 반환을 청구할 수 있다. 채권이 변제 이외의 사유로 전부 소멸한 때에도 같다.

제476조【지정변제충당(指定辨濟充當)】
① 채무자가 동일한 채권자에 대하여 같은 종류를 목적으로 한 수개의 채무를 부담한 경우에 변제의 제공이 그 채무전부를 소멸하게 하지 못하는 때에는 변제자는 그 당시 어느 채무를 지정하여 그 변제에 충당할 수 있다.
② 변제자가 전항의 지정을 하지 아니할 때에는 변제받는 자는 그 당시 어느 채무를 지정하여 변제에 충당할 수 있다. 그러나 변제자가 그 충당에 대하여 즉시 이의를 한 때에는 그러하지 아니하다.
③ 전2항의 변제충당은 상대방에 대한 의사표시로써 한다.

제477조【법정변제충당】
당사자가 변제에 충당할 채무를 지정하지 아니한 때에는 다음 각호의 규정에 의한다.

민법

1. 채무 중에 이행기가 도래(到來)한 것과 도래하지 아니한 것이 있으면 이행기가 도래한 채무의 변제에 충당한다.
2. 채무 전부의 이행기가 도래하였거나 도래하지 아니한 때에는 채무자에게 변제이익이 많은 채무의 변제에 충당한다.
3. 채무자에게 변제이익이 같으면 이행기가 먼저 도래한 채무나 먼저 도래할 채무의 변제에 충당한다.
4. 전2호의 사항이 같은 때에는 그 채무액에 비례하여 각 채무의 변제에 충당한다.

제478조【부족(不足)변제의 충당】

1개의 채무에 수개의 급여를 요할 경우에 변제자가 그 채무전부를 소멸하게 하지 못한 급여를 한 때에는 전2조의 규정을 준용한다.

제479조【비용, 이자, 원본에 대한 변제충당의 순서】

① 채무자가 1개 또는 수개의 채무의 비용 및 이자를 지급할 경우에 변제자가 그 전부를 소멸하게 하지 못한 급여를 한 때에는 비용, 이자, 원본의 순서로 변제에 충당하여야 한다.

② 전항의 경우에 제477조의 규정을 준용한다.

제480조【변제자의 임의대위】

① 채무자를 위하여 변제한 자는 변제와 동시에 채권자의 승낙을 얻어 채권자를 대위할 수 있다.

② 전항의 경우에 제450조 내지 제452조의 규정을 준용한다.

제481조【변제자의 법정대위】

변제할 정당한 이익이 있는 자는 변제로 당연히 채권자를 대위한다.

제482조【변제자대위의 효과, 대위자간의 관계】

① 전2조의 규정에 의하여 채권자를 대위한 자는 자기의 권리에 의하여 구상할 수 있는 범위에서 채권 및 그 담보에 관한 권리를 행사할 수 있다.

② 전항의 권리행사는 다음 각호의 규정에 의하여야 한다.

1. 보증인은 미리 전세권이나 저당권의 등기에 그 대위를 부기(附記)하지 아니하면 전세물이나 저당물에 권리를 취득한 제3자에 대하여 채권자를 대위하지 못한다.
2. 제3취득자는 보증인에 대하여 채권자를 대위하지 못한다.
3. 제3취득자 중의 1인은 각 부동산의 가액에 비례하여 다른 제3취득자에 대하여 채권자를 대위한다.
4. 자기의 재산을 타인의 채무의 담보로 제공한 자가 수인인 경우에는 전호의 규정을 준용한다.
5. 자기의 재산을 타인의 채무의 담보로 제공한 자와 보증인간에는 그 인원수에 비례하여 채권자를 대위한다. 그러나 자기의 재산을 타인의 채무의 담보로 제공한 자가 수인인 때에는 보증인의 부담부분을 제외하고 그 잔액에 대하여 각 재산의 가액에 비례하여 대위한다. 이 경우에 그 재산이 부동산인 때에는 제1호의 규정을 준용한다.

제483조【일부의 대위】

① 채권의 일부에 대하여 대위변제가 있는 때에는 대위자는 그 변제한 가액에 비례하여 채권자와 함께 그 권리를 행사한다.

② 전항의 경우에 채무불이행을 원인으로 하는 계약의 해지 또는 해제는 채권자만이 할 수 있고 채권자는 대위자에게 그 변제한 가액과 이자를 상환하여야 한다.

제484조【대위변제와 채권증서, 담보물】

① 채권전부의 대위변제를 받은 채권자는 그 채권에 관한 증서 및 점유한 담보물을 대위자에게 교부하여야 한다.

② 채권의 일부에 대한 대위변제가 있는 때에는 채권자는 채권증서에 그 대위를 기입하고 자기가 점유한 담보물의 보존에 관하여 대위자의 감독을 받아야 한다.

제485조【채권자의 담보상실, 감소행위와 법정대위자의 면책】
제481조의 규정에 의하여 대위할 자가 있는 경우에 채권자의 고의나 과실로 담보가 상실되거나 감소된 때에는 대위할 자는 그 상실 또는 감소로 인하여 상환을 받을 수 없는 한도에서 그 책임을 면한다.

제486조【변제 이외의 방법에 의한 채무소멸과 대위】
제3자가 공탁 기타 자기의 출재로 채무자의 채무를 면하게 한 경우에도 전6조의 규정을 준용한다.

제2관 공 탁

제487조【변제공탁(供託)의 요건, 효과】
채권자가 변제를 받지 아니하거나 받을 수 없는 때에는 변제자는 채권자를 위하여 변제의 목적물을 공탁하여 그 채무를 면할 수 있다. 변제자가 과실 없이 채권자를 알 수 없는 경우에도 같다.

제488조【공탁의 방법】
① 공탁은 채무이행지의 공탁소에 하여야 한다.
② 공탁소에 관하여 법률에 특별한 규정이 없으면 법원은 변제자의 청구에 의하여 공탁소를 지정하고 공탁물보관자를 선임하여야 한다.
③ 공탁자는 지체 없이 채권자에게 공탁통지를 하여야 한다.

제489조【공탁물의 회수】
① 채권자가 공탁을 승인하거나 공탁소에 대하여 공탁물을 받기를 통고하거나 공탁유효의 판결이 확정되기까지는 변제자는 공탁물을 회수할 수 있다. 이 경우에는 공탁하지 아니한 것으로 본다.
② 전항의 규정은 질권 또는 저당권이 공탁으로 인하여 소멸한 때에는 적용하지 아니한다.

제490조【자조매각금(自助賣却金)의 공탁】
변제의 목적물이 공탁에 적당하지 아니하거나 멸실 또는 훼손될 염려가 있거나 공탁에 과다한 비용을 요하는 경우에는 변제자는 법원의 허가를 얻어 그 물건을 경매하거나 시가(市價)로 방매(放賣)하여 대금을 공탁할 수 있다.

제491조【공탁물수령과 상대(相對)의무이행】
채무자가 채권자의 상대의무이행과 동시에 변제할 경우에는 채권자는 그 의무이행을 하지 아니하면 공탁물을 수령하지 못한다.

제3관 상 계

제492조【상계(相計)의 요건】
① 쌍방이 서로 같은 종류를 목적으로 한 채무를 부담한 경우에 그 쌍방의 채무의 이행기가 도래한 때에는 각 채무자는 대등액에 관하여 상계할 수 있다. 그러나 채무의 성질이 상계를 허용하지 아니할 때에는 그러하지 아니하다.
② 전항의 규정은 당사자가 다른 의사를 표시한 경우에는 적용하지 아니한다. 그러나 그 의사표시로써 선의의 제3자에게 대항하지 못한다.

제493조【상계의 방법, 효과】
① 상계는 상대방에 대한 의사표시로 한다. 이 의사표시에는 조건 또는 기한을 붙이지 못한다.
② 상계의 의사표시는 각 채무가 상계할 수 있는 때에 대등액에 관하여 소멸한 것으로 본다.

제494조【이행지를 달리하는 채무의 상계】
각 채무의 이행지가 다른 경우에도 상계할 수 있다. 그러나 상계하는 당사자는 상대방에게 상계로 인한 손해를 배상하여야 한다.

제495조【소멸시효 완성된 채권에 의한 상계】
소멸시효가 완성된 채권이 그 완성 전에 상계할 수 있었던 것이면 그 채권자는 상계할 수 있다.

제496조【불법행위채권을 수동(受動)채권으로 하는 상계의 금지】
채무가 고의의 불법행위로 인한 것인 때에는 그 채무자는 상계로 채권자에게 대항하지 못한다.

제497조【압류금지채권을 수동채권으로 하는 상계의 금지】
채권이 압류하지 못할 것인 때에는 그 채무자는 상계로 채권자에게 대항하지 못한다.

제498조【지급금지채권을 수동채권으로 하는 상계의 금지】
지급을 금지하는 명령을 받은 제3채무자는 그 후에 취득한 채권에 의한 상계로 그 명령을 신청한 채권자에게 대항하지 못한다.

제499조【준용규정】
제476조 내지 제479조의 규정은 상계에 준용한다.

제4관 경 개

제500조【경개(更改)의 요건, 효과】
당사자가 채무의 중요한 부분을 변경하는 계약을 한 때에는 구(舊)채무는 경개로 인하여 소멸한다.

제501조【채무자변경으로 인한 경개】
채무자의 변경으로 인한 경개는 채권자와 신(新)채무자간의 계약으로 이를 할 수 있다. 그러나 구채무자의 의사에 반하여 이를 하지 못한다.

제502조【채권자변경으로 인한 경개】
채권자의 변경으로 인한 경개는 확정일자 있는 증서로 하지 아니하면 이로써 제3자에게 대항하지 못한다.

제503조【채권자변경의 경개와 채무자승낙의 효과】
제451조 제1항의 규정은 채권자의 변경으로 인한 경개에 준용한다.

제504조【구채무불소멸의 경우】
경개로 인한 신채무가 원인의 불법 또는 당사자가 알지 못한 사유로 인하여 성립되지 아니하거나 취소된 때에는 구채무는 소멸되지 아니한다.

제505조【신채무에의 담보이전】
경개의 당사자는 구채무의 담보를 그 목적의 한도에서 신채무의 담보로 할 수 있다. 그러나 제3자가 제공한 담보는 그 승낙을 얻어야 한다.

제5관 면 제

제506조【면제(免除)의 요건, 효과】
채권자가 채무자에게 채무를 면제하는 의사를 표시한 때에는 채권은 소멸한다. 그러나 면제로써 정당한 이익을 가진 제3자에게 대항하지 못한다.

제6관 혼 동

제507조【혼동(混同)의 요건, 효과】
채권과 채무가 동일한 주체에 귀속한 때에는 채권은 소멸한다. 그러나 그 채권이 제3자의 권리의 목적인 때에는 그러하지 아니하다.

제7절 지시채권

제508조【지시채권의 양도방식】
지시채권은 그 증서에 배서(背書)하여 양수인에게 교부하는 방식으로 양도할 수 있다.

제509조【환배서(還背書)】
① 지시채권은 그 채무자에 대하여도 배서하여 양도할 수 있다.
② 배서로 지시채권을 양수한 채무자는 다시 배서하여 이를 양도할 수 있다.

제510조【배서의 방식】
① 배서는 증서 또는 그 보충지에 그 뜻을 기재하고 배서인이 서명 또는 기명날인함으로써 이를 한다.
② 배서는 피(被)배서인을 지정하지 아니하고 할 수 있으며 또 배서인의 서명 또는 기명날인만으로 할 수 있다.

제511조【약식(略式)배서의 처리방식】
배서가 전조 제2항의 약식에 의한 때에는 소지인은 다음 각호의 방식으로 처리할 수 있다.
1. 자기나 타인의 명칭을 피배서인으로 기재할 수 있다.
2. 약식으로 또는 타인을 피배서인으로 표시하여 다시 증서에 배서할 수 있다.
3. 피배서인을 기재하지 아니하고 배서 없이 증서를 제3자에게 교부하여 양도할 수 있다.

제512조【소지인출급배서의 효력】
소지인출급의 배서는 약식배서와 같은 효력이 있다.

제513조【배서의 자격수여력】
① 증서의 점유자가 배서의 연속(連續)으로 그 권리를 증명하는 때에는 적법한 소지인으로 본다. 최후의 배서가 약식인 경우에도 같다.
② 약식배서 다음에 다른 배서가 있으면 그 배서인은 약식배서로 증서를 취득한 것으로 본다.
③ 말소된 배서는 배서의 연속에 관하여 그 기재가 없는 것으로 본다.

제514조【동전-선의취득】
누구든지 증서의 적법한 소지인에 대하여 그 반환을 청구하지 못한다. 그러나 소지인이 취득한 때에 양도인이 권리 없음을 알았거나 중대한 과실로 알지 못한 때에는 그러하지 아니하다.

제515조【이전배서와 인적항변】
지시채권의 채무자는 소지인의 전자에 대한 인적관계의 항변으로 소지인에게 대항하지 못한다. 그러나 소지인이 그 채무자를 해함을 알고 그 지시채권을 취득한 때에는 그러하지 아니하다.

제516조【변제의 장소】
증서에 변제장소를 정하지 아니한 때에는 채무자의 현영업소를 변제장소로 한다. 영업소가 없는 때에는 현주소를 변제장소로 한다.

제517조【증서의 제시와 이행지체】
증서에 변제기한이 있는 경우에도 그 기한이 도래한 후에 소지인이 증서를 제시하여 이행을 청구한 때로부터 채무자는 지체책임이 있다.

제518조【채무자의 조사권리의무】
채무자는 배서의 연속여부를 조사할 의무가 있으며 배서인의 서명(署名) 또는 날인(捺印)의 진위(眞僞)나 소지인의 진위를 조사할 권리는 있으나 의무는 없다. 그러나 채무자가 변제하는 때에 소지인이 권리자 아님을 알았거나 중대한 과실로 알지 못한 때에는 그 변제는 무효로 한다.

제519조【변제와 증서교부】
채무자는 증서와 교환하여서만 변제할 의무가 있다.

제520조【영수의 기입청구권】
① 채무자는 변제하는 때에 소지인에 대하여 증서에 영수를 증명하는 기재를 할 것을 청구할 수 있다.
② 일부변제의 경우에 채무자의 청구가 있으면 채권자는 증서에 그 뜻을 기재하여야 한다.

제521조【공시최고절차에 의한 증서의 실효】
멸실한 증서나 소지인의 점유를 이탈한 증서는 공시최고의 절차에 의하여 무효로 할 수 있다.

제522조【공시최고절차에 의한 공탁, 변제】
공시최고의 신청이 있는 때에는 채무자로 하여금 채무의 목적물을 공탁하게 할 수 있고 소지인이 상당한 담보를 제공하면 변제하게 할 수 있다.

제8절 무기명채권

제523조【무기명채권(無記名債權)의 양도방식】
무기명채권은 양수인에게 그 증서를 교부함으로써 양도의 효력이 있다.

제524조【준용규정】
제514조 내지 제522조의 규정은 무기명채권에 준용한다.

제525조【지명소지인출급채권】
채권자를 지정하고 소지인에게도 변제할 것을 부기한 증서는 무기명채권과 같은 효력이 있다.

제526조【면책증서(免責證書)】
제516조, 제517조 및 제520조의 규정은 채무자가 증서소지인에게 변제하여 그 책임을 면할 목적으로 발행한 증서에 준용한다.

제2장 계 약

제1절 총 칙

제1관 계약의 성립

제527조【계약의 청약의 구속력】
계약의 청약은 이를 철회하지 못한다.

제528조【승낙기간을 정한 계약의 청약】
① 승낙의 기간을 정한 계약의 청약은 청약자가 그 기간 내에 승낙의 통지를 받지 못한 때에는 그 효력을 잃는다.
② 승낙의 통지가 전항의 기간 후에 도달한 경우에 보통 그 기간 내에 도달할 수 있는 발송인 때에는 청약자는 지체 없이 상대방에게 그 연착의 통지를 하여야 한다. 그러나 그 도달 전에 지연의 통지를 발송한 때에는 그러하지 아니하다.
③ 청약자가 전항의 통지를 하지 아니한 때에는 승낙의 통지는 연착되지 아니한 것으로 본다.

제529조【승낙기간을 정하지 아니한 계약의 청약】
승낙의 기간을 정하지 아니한 계약의 청약은 청약자가 상당한 기간 내에 승낙의 통지를 받지 못한 때에는 그 효력을 잃는다.

제530조【연착된 승낙의 효력】
전2조의 경우에 연착된 승낙은 청약자가 이를 새 청약으로 볼 수 있다.

제531조【격지자간(隔地者間)의 계약성립시기】
격지자간의 계약은 승낙의 통지를 발송한 때에 성립한다.

제532조【의사실현에 의한 계약성립】
청약자의 의사표시나 관습에 의하여 승낙의 통지가 필요하지 아니한 경우에는 계약은 승낙의 의사표시로 인정되는 사실이 있는 때에 성립한다.

제533조【교차(交叉)청약】
당사자간에 동일한 내용의 청약이 상호교차된 경우에는 양청약이 상대방에게 도달한 때에 계약이 성립한다.

제534조【변경을 가한 승낙】
승낙자가 청약에 대하여 조건을 붙이거나 변경을 가하여 승낙한 때에는 그 청약의 거절과 동시에 새로 청약한 것으로 본다.

제535조【계약체결상의 과실】
① 목적이 불능한 계약을 체결할 때에 그 불능을 알았거나 알 수 있었을 자는 상대방이 그 계약의 유효를 믿었음으로 인하여 받은 손해를 배상하여야 한다. 그러나 그 배상액은 계약이 유효함으로 인하여 생길 이익액을 넘지 못한다.
② 전항의 규정은 상대방이 그 불능을 알았거나 알 수 있었을 경우에는 적용하지 아니한다.

제2관 계약의 효력

제536조【동시이행의 항변권】
① 쌍무계약의 당사자 일방은 상대방이 그 채무이행을 제공할 때까지 자기의 채무이행을 거절할 수 있다. 그러나 상대방의 채무가 변제기에 있지 아니하는 때에는 그러하지 아니하다.
② 당사자 일방이 상대방에게 먼저 이행하여야 할 경우에 상대방의 이행이 곤란할 현저한 사유가 있는 때에는 전항 본문과 같다.

제537조【채무자위험부담주의】
쌍무계약의 당사자 일방의 채무가 당사자 쌍방의 책임 없는 사유로 이행할 수 없게 된 때에는 채무자는 상대방의 이행을 청구하지 못한다.

제538조【채권자귀책사유로 인한 이행불능】
① 쌍무계약의 당사자 일방의 채무가 채권자의 책임 있는 사유로 이행할 수 없게 된 때에는 채무자는 상대방의 이행을 청구할 수 있다. 채권자의 수령지체 중에 당사자 쌍방의 책임 없는 사유로 이행할 수 없게 된 때에도 같다.
② 전항의 경우에 채무자는 자기의 채무를 면함으로써 이익을 얻은 때에는 이를 채권자에게 상환하여야 한다.

제539조【제3자를 위한 계약】
① 계약에 의하여 당사자 일방이 제3자에게 이행할 것을 약정한 때에는 그 제3자는 채무자에게 직접 그 이행을 청구할 수 있다.
② 전항의 경우에 제3자의 권리는 그 제3자가 채무자에 대하여 계약의 이익을 받을 의사를 표시한 때에 생긴다.

제540조【채무자의 제3자에 대한 최고권】
전조의 경우에 채무자는 상당한 기간을 정하여 계약의 이익의 향수(享受) 여부의 확답을 제3자에게 최고할 수 있다. 채무자가 그 기간 내에 확답을 받지 못한 때에는 제3자가 계약의 이익을 받을 것을 거절한 것으로 본다.

제541조【제3자의 권리의 확정】
제539조의 규정에 의하여 제3자의 권리가 생긴 후에는 당사자는 이를 변경 또는 소멸 시키지 못한다.

제542조【채무자의 항변권】
채무자는 제539조의 계약에 기한 항변으로 그 계약의 이익을 받을 제3자에게 대항할 수 있다.

제3관 계약의 해지, 해제

제543조【해지, 해제권】
① 계약 또는 법률의 규정에 의하여 당사자의 일방이나 쌍방이 해지 또는 해제의 권리가 있는 때에는 그 해지 또는 해제는 상대방에 대한 의사표시로 한다.
② 전항의 의사표시는 철회하지 못한다.

제544조【이행지체와 해제】
당사자 일방이 그 채무를 이행하지 아니하는 때에는 상대방은 상당한 기간을 정하여 그 이행을 최고하고 그 기간 내에 이행하지 아니한 때에는 계약을 해제할 수 있다. 그러나 채무자가 미리 이행하지 아니할 의사를 표시한 경우에는 최고를 요하지 아니한다.

제545조【정기행위(定期行爲)와 해제】
계약의 성질 또는 당사자의 의사표시에 의하여 일정한 시일 또는 일정한 기간 내에 이행하지 아니하면 계약의 목적을 달성할 수 없을 경우에 당사자 일방이 그 시기에 이행하지 아니한 때에는 상대방은 전조의 최고를 하지 아니하고 계약을 해제할 수 있다.

제546조【이행불능과 해제】
채무자의 책임 있는 사유로 이행이 불능하게 된 때에는 채권자는 계약을 해제할 수 있다.

제547조【해지, 해제권의 불가분성】
① 당사자의 일방 또는 쌍방이 수인인 경우에는 계약의 해지나 해제는 그 전원으로부터 또는 전원에 대하여 하여야 한다.
② 전항의 경우에 해지나 해제의 권리가 당사자 1인에 대하여 소멸한 때에는 다른 당사자에 대하여도 소멸한다.

제548조【해제의 효과, 원상회복의무】
① 당사자 일방이 계약을 해제한 때에는 각 당사자는 그 상대방에 대하여 원상회복의 의무가 있다. 그러나 제3자의 권리를 해하지 못한다.

② 전항의 경우에 반환할 금전에는 그 받은 날로부터 이자를 가하여야 한다.

제549조【원상회복의무와 동시이행】
제536조의 규정은 전조의 경우에 준용한다.

제550조【해지의 효과】
당사자 일방이 계약을 해지한 때에는 계약은 장래에 대하여 그 효력을 잃는다.

제551조【해지, 해제와 손해배상】
계약의 해지 또는 해제는 손해배상의 청구에 영향을 미치지 아니한다.

제552조【해제권행사여부의 최고권】
① 해제권의 행사의 기간을 정하지 아니한 때에는 상대방은 상당한 기간을 정하여 해제권행사여부의 확답을 해제권자에게 최고할 수 있다.
② 전항의 기간 내에 해제의 통지를 받지 못한 때에는 해제권은 소멸한다.

제553조【훼손 등으로 인한 해제권의 소멸】
해제권자의 고의나 과실로 인하여 계약의 목적물이 현저히 훼손되거나 이를 반환할 수 없게 된 때 또는 가공이나 개조로 인하여 다른 종류의 물건으로 변경된 때에는 해제권은 소멸한다.

제2절 증 여

제554조【증여의 의의】
증여는 당사자 일방이 무상으로 재산을 상대방에 수여하는 의사를 표시하고 상대방이 이를 승낙함으로써 그 효력이 생긴다.

제555조【서면에 의하지 아니한 증여와 해제】
증여의 의사가 서면으로 표시되지 아니한 경우에는 각 당사자는 이를 해제할 수 있다.

제556조【수증자의 행위와 증여의 해제】
① 수증자가 증여자에 대하여 다음 각호의 사유가 있는 때에는 증여자는 그 증여를 해제할 수 있다.
1. 증여자 또는 그 배우자나 직계혈족에 대한 범죄행위가 있는 때
2. 증여자에 대하여 부양의무 있는 경우에 이를 이행하지 아니하는 때

② 전항의 해제권은 해제원인 있음을 안 날로부터 6월을 경과하거나 증여자가 수증자에 대하여 용서의 의사를 표시한 때에는 소멸한다.

제557조【증여자의 재산상태변경과 증여의 해제】
증여계약 후에 증여자의 재산상태가 현저히 변경되고 그 이행으로 인하여 생계(生計)에 중대한 영향을 미칠 경우에는 증여자는 증여를 해제할 수 있다.

제558조【해제와 이행완료부분】
전3조의 규정에 의한 계약의 해제는 이미 이행한 부분에 대하여는 영향을 미치지 아니한다.

제559조【증여자의 담보책임】
① 증여자는 증여의 목적인 물건 또는 권리의 하자나 흠결에 대하여 책임을 지지 아니한다. 그러나 증여자가 그 하자나 흠결을 알고 수증자에게 고지하지 아니한 때에는 그러하지 아니하다.
② 상대부담 있는 증여에 대하여는 증여자는 그 부담의 한도에서 매도인과 같은 담보의 책임이 있다.

제560조【정기증여와 사망으로 인한 실효】
정기의 급여를 목적으로 한 증여는 증여자 또는 수증자의 사망으로 인하여 그 효력을 잃는다.

제561조【부담부(負擔附)증여】
상대부담 있는 증여에 대하여는 본절의 규정 외에 쌍무계약에 관한 규정을 적용한다.

제562조【사인(死因)증여】
증여자의 사망으로 인하여 효력이 생길 증여에는 유증(遺贈)에 관한 규정을 준용한다.

제3절 매 매

제1관 총 칙

제563조【매매(賣買)의 의의】
매매는 당사자 일방이 재산권을 상대방에게 이전할 것을 약정하고 상대방이 그 대금을 지급할 것을 약정함으로써 그 효력이 생긴다.

제564조【매매의 일방예약(一方豫約)】
① 매매의 일방예약은 상대방이 매매를 완결할 의사를 표시하는 때에 매매의 효력이 생긴다.
② 전항의 의사표시의 기간을 정하지 아니한 때에는 예약자는 상당한 기간을 정하여 매매완결여부의 확답을 상대방에게 최고할 수 있다.
③ 예약자가 전항의 기간 내에 확답을 받지 못한 때에는 예약은 그 효력을 잃는다.

제565조【해약금(解約金)】
① 매매의 당사자 일방이 계약당시에 금전 기타 물건을 계약금, 보증금 등의 명목으로 상대방에게 교부한 때에는 당사자간에 다른 약정이 없는 한 당사자의 일방이 이행에 착수할 때까지 교부자는 이를 포기하고 수령자는 그 배액(倍額)을 상환하여 매매계약을 해제할 수 있다.
② 제551조의 규정은 전항의 경우에 이를 적용하지 아니한다.

제566조【매매계약의 비용의 부담】
매매계약에 관한 비용은 당사자 쌍방이 균분하여 부담한다.

제567조【유상(有償)계약에의 준용】
본절의 규정은 매매 이외의 유상계약에 준용한다. 그러나 그 계약의 성질이 이를 허용하지 아니하는 때에는 그러하지 아니하다.

제2관 매매의 효력

제568조【매매의 효력】
① 매도인은 매수인에 대하여 매매의 목적이 된 권리를 이전하여야 하며 매수인은 매도인에게 그 대금(代金)을 지급하여야 한다.
② 전항의 쌍방의무는 특별한 약정이나 관습이 없으면 동시에 이행하여야 한다.

제569조【타인의 권리의 매매】
매매의 목적이 된 권리가 타인에게 속한 경우에는 매도인은 그 권리를 취득하여 매수인에게 이전하여야 한다.

제570조【동전-매도인의 담보책임(擔保責任)】
전조의 경우에 매도인이 그 권리를 취득하여 매수인에게 이전할 수 없는 때에는 매수인은 계약을 해제할 수 있다. 그러나 매수인이 계약당시 그 권리가 매도인에게 속하지 아니함을 안 때에는 손해배상을 청구하지 못한다.

제571조【동전-선의의 매도인의 담보책임】
① 매도인이 계약당시에 매매의 목적이 된 권리가 자기에게 속하지 아니함을 알지 못한 경우에 그 권리를 취득하여 매수인에게 이전할 수 없는 때에는 매도인은 손해를 배상하고 계약을 해제할 수 있다.
② 전항의 경우에 매수인이 계약당시 그 권리가 매도인에게 속하지 아니함을 안 때에는 매도인은 매수인에 대하여 그 권리를 이전할 수 없음을 통지하고 계약을 해제할 수 있다.

제572조【권리의 일부가 타인에게 속한 경우와 매도인의 담보책임】
① 매매의 목적이 된 권리의 일부가 타인에게 속함으로 인하여 매도인이 그 권리를 취득하여 매수인에게 이전할 수 없는 때에는 매수인은 그 부분의 비율로 대금의 감액을 청구할 수 있다.
② 전항의 경우에 잔존한 부분만이면 매수인이

이를 매수하지 아니하였을 때에는 선의의 매수인은 계약 전부를 해제할 수 있다.

③ 선의의 매수인은 감액청구 또는 계약해제 외에 손해배상을 청구할 수 있다.

제573조【전조의 권리행사의 기간】

전조의 권리는 매수인이 선의인 경우에는 사실을 안 날로부터, 악의인 경우에는 계약한 날로부터 1년 내에 행사하여야 한다.

제574조【수량부족, 일부멸실의 경우와 매도인의 담보책임】

전2조의 규정은 수량을 지정한 매매의 목적물이 부족되는 경우와 매매목적물의 일부가 계약당시에 이미 멸실된 경우에 매수인이 그 부족 또는 멸실을 알지 못한 때에 준용한다.

제575조【제한물권 있는 경우와 매도인의 담보책임】

① 매매의 목적물이 지상권, 지역권, 전세권, 질권 또는 유치권의 목적이 된 경우에 매수인이 이를 알지 못한 때에는 이로 인하여 계약의 목적을 달성할 수 없는 경우에 한하여 매수인은 계약을 해제할 수 있다. 기타의 경우에는 손해배상만을 청구할 수 있다.

② 전항의 규정은 매매의 목적이 된 부동산을 위하여 존재할 지역권이 없거나 그 부동산에 등기된 임대차계약이 있는 경우에 준용한다.

③ 전2항의 권리는 매수인이 그 사실을 안 날로부터 1년 내에 행사하여야 한다.

제576조【저당권, 전세권의 행사와 매도인의 담보책임】

① 매매의 목적이 된 부동산에 설정된 저당권 또는 전세권의 행사로 인하여 매수인이 그 소유권을 취득할 수 없거나 취득한 소유권을 잃은 때에는 매수인은 계약을 해제할 수 있다.

② 전항의 경우에 매수인의 출재로 그 소유권을 보존한 때에는 매도인에 대하여 그 상환을 청구할 수 있다.

③ 전2항의 경우에 매수인이 손해를 받은 때에는 그 배상을 청구할 수 있다.

제577조【저당권의 목적이 된 지상권, 전세권의 매매와 매도인의 담보책임】

전조의 규정은 저당권의 목적이 된 지상권 또는 전세권이 매매의 목적이 된 경우에 준용한다.

제578조【경매와 매도인의 담보책임】

① 경매의 경우에는 경락인(競落人)은 전8조의 규정에 의하여 채무자에게 계약의 해제 또는 대금감액의 청구를 할 수 있다.

② 전항의 경우에 채무자가 자력이 없는 때에는 경락인은 대금의 배당을 받은 채권자에 대하여 그 대금 전부나 일부의 반환을 청구할 수 있다.

③ 전2항의 경우에 채무자가 물건 또는 권리의 흠결을 알고 고지하지 아니하거나 채권자가 이를 알고 경매를 청구한 때에는 경락인은 그 흠결을 안 채무자나 채권자에 대하여 손해배상을 청구할 수 있다.

제579조【채권매매와 매도인의 담보책임】

① 채권의 매도인이 채무자의 자력을 담보한 때에는 매매계약당시의 자력을 담보한 것으로 추정한다.

② 변제기에 도달하지 아니한 채권의 매도인이 채무자의 자력을 담보한 때에는 변제기의 자력을 담보한 것으로 추정한다.

제580조【매도인의 하자담보책임】

① 매매의 목적물에 하자가 있는 때에는 제575조 제1항의 규정을 준용한다. 그러나 매수인이 하자 있는 것을 알았거나 과실로 인하여 이를 알지 못한 때에는 그러하지 아니하다.

② 전항의 규정은 경매의 경우에 적용하지 아니한다.

제581조【종류매매와 매도인의 담보책임】

① 매매의 목적물을 종류로 지정한 경우에도 그 후 특정된 목적물에 하자가 있는 때에는 전조의 규정을 준용한다.

② 전항의 경우에 매수인은 계약의 해제 또는

손해배상의 청구를 하지 아니하고 하자 없는 물건을 청구할 수 있다.

제582조【전2조의 권리행사기간】
전2조에 의한 권리는 매수인이 그 사실을 안 날로부터 6월 내에 행사하여야 한다.

제583조【담보책임과 동시이행】
제536조의 규정은 제572조 내지 제575조, 제580조 및 제581조의 경우에 준용한다.

제584조【담보책임면제의 특약】
매도인은 전15조에 의한 담보책임을 면하는 특약을 한 경우에도 매도인이 알고 고지하지 아니한 사실 및 제3자에게 권리를 설정 또는 양도한 행위에 대하여는 책임을 면하지 못한다.

제585조【동일기한의 추정】
매매의 당사자 일방에 대한 의무이행의 기한이 있는 때에는 상대방의 의무이행에 대하여도 동일한 기한이 있는 것으로 추정한다.

제586조【대금지급장소】
매매의 목적물의 인도와 동시에 대금을 지급할 경우에는 그 인도장소에서 이를 지급하여야 한다.

제587조【과실의 귀속, 대금의 이자】
매매계약 있은 후에도 인도하지 아니한 목적물로부터 생긴 과실은 매도인에게 속한다. 매수인은 목적물의 인도를 받은 날로부터 대금의 이자를 지급하여야 한다. 그러나 대금의 지급에 대하여 기한이 있는 때에는 그러하지 아니하다.

제588조【권리주장자가 있는 경우와 대금지급거절권】
매매의 목적물에 대하여 권리를 주장하는 자가 있는 경우에 매수인이 매수한 권리의 전부나 일부를 잃을 염려가 있는 때에는 매수인은 그 위험의 한도에서 대금의 전부나 일부의 지급을 거절할 수 있다. 그러나 매도인이 상당한 담보를 제공한 때에는 그러하지 아니하다.

제589조【대금공탁청구권】
전조의 경우에 매도인은 매수인에 대하여 대금의 공탁을 청구할 수 있다.

제3관 환 매

제590조【환매(還買)의 의의】
① 매도인이 매매계약과 동시에 환매할 권리를 보류한 때에는 그 영수한 대금 및 매수인이 부담한 매매비용을 반환하고 그 목적물을 환매할 수 있다.
② 전항의 환매대금에 관하여 특별한 약정이 있으면 그 약정에 의한다.
③ 전2항의 경우에 목적물의 과실과 대금의 이자는 특별한 약정이 없으면 이를 상계한 것으로 본다.

제591조【환매기간】
① 환매기간은 부동산은 5년, 동산은 3년을 넘지 못한다. 약정기간이 이를 넘는 때에는 부동산은 5년, 동산은 3년으로 단축한다.
② 환매기간을 정한 때에는 다시 이를 연장하지 못한다.
③ 환매기간을 정하지 아니한 때에는 그 기간은 부동산은 5년, 동산은 3년으로 한다.

제592조【환매등기】
매매의 목적물이 부동산인 경우에 매매등기와 동시에 환매권의 보류를 등기한 때에는 제3자에 대하여 그 효력이 있다.

제593조【환매권의 대위행사와 매수인의 권리】
매도인의 채권자가 매도인을 대위하여 환매하고자 하는 때에는 매수인은 법원이 선정한 감정인의 평가액에서 매도인이 반환할 금액을 공제한 잔액으로 매도인의 채무를 변제하고 잉여액(剩餘額)이 있으면 이를 매도인에게 지급하여 환매권을 소멸시킬 수 있다.

제594조【환매의 실행】
① 매도인은 기간 내에 대금과 매매비용을 매수인에게 제공하지 아니하면 환매할 권리를 잃는다.
② 매수인이나 전득자가 목적물에 대하여 비용을 지출한 때에는 매도인은 제203조의 규정에 의

민법

하여 이를 상환하여야 한다. 그러나 유익비에 대하여는 법원은 매도인의 청구에 의하여 상당한 상환기간을 허여할 수 있다.

第595条【공유지분의 환매】
공유자의 1인이 환매할 권리를 보류하고 그 지분을 매도한 후 그 목적물의 분할이나 경매가 있는 때에는 매도인은 매수인이 받은 또는 받을 부분이나 대금에 대하여 환매권을 행사할 수 있다. 그러나 매도인에게 통지하지 아니한 매수인은 그 분할이나 경매로써 매도인에게 대항하지 못한다.

제4절 교 환

第596条【교환(交換)의 의의】
교환은 당사자 쌍방이 금전 이외의 재산권을 상호이전할 것을 약정함으로써 그 효력이 생긴다.

第597条【금전의 보충지급(補充支給)의 경우】
당사자 일방이 전조의 재산권이전과 금전의 보충지급을 약정한 때에는 그 금전에 대하여는 매매대금에 관한 규정을 준용한다.

제5절 소비대차

第598条【소비대차(消費貸借)의 의의】
소비대차는 당사자 일방이 금전 기타 대체물(代替物)의 소유권을 상대방에게 이전할 것을 약정하고 상대방은 그와 같은 종류, 품질 및 수량으로 반환할 것을 약정함으로써 그 효력이 생긴다.

第599条【파산과 소비대차의 실효】
대주(貸主)가 목적물을 차주(借主)에게 인도하기 전에 당사자 일방이 파산선고를 받은 때에는 소비대차는 그 효력을 잃는다.

第600条【이자계산의 시기】
이자 있는 소비대차는 차주가 목적물의 인도를 받은 때로부터 이자를 계산하여야 하며 차주가 그 책임 있는 사유로 수령을 지체할 때에는 대주가 이행을 제공한 때로부터 이자를 계산하여야 한다.

第601条【무이자소비대차와 해제권】
이자 없는 소비대차의 당사자는 목적물의 인도전에는 언제든지 계약을 해제할 수 있다. 그러나 상대방에게 생긴 손해가 있는 때에는 이를 배상하여야 한다.

第602条【대주의 담보책임】
① 이자 있는 소비대차의 목적물에 하자가 있는 경우에는 제580조 내지 제582조의 규정을 준용한다.
② 이자 없는 소비대차의 경우에는 차주는 하자 있는 물건의 가액으로 반환할 수 있다. 그러나 대주가 그 하자를 알고 차주에게 고지하지 아니한 때에는 전항과 같다.

第603条【반환시기】
① 차주는 약정시기에 차용물과 같은 종류, 품질 및 수량의 물건을 반환하여야 한다.
② 반환시기의 약정이 없는 때에는 대주는 상당한 기간을 정하여 반환을 최고하여야 한다. 그러나 차주는 언제든지 반환할 수 있다.

第604条【반환불능으로 인한 시가(市價)상환】
차주가 차용물과 같은 종류, 품질 및 수량의 물건을 반환할 수 없는 때에는 그 때의 시가로 상환하여야 한다. 그러나 제376조 및 제377조 제2항의 경우에는 그러하지 아니하다.

第605条【준(準)소비대차】
당사자 쌍방이 소비대차에 의하지 아니하고 금전 기타의 대체물을 지급할 의무가 있는 경우에 당사자가 그 목적물을 소비대차의 목적으로 할 것을 약정한 때에는 소비대차의 효력이 생긴다.

第606条【대물대차(代物貸借)】
금전대차의 경우에 차주가 금전에 갈음하여 유가증권 기타 물건의 인도를 받은 때에는 그 인도시의 가액으로써 차용액(借用額)으로 한다.

제607조 【대물반환(代物返還)의 예약】
차용물의 반환에 관하여 차주가 차용물에 갈음하여 다른 재산권을 이전할 것을 예약한 경우에는 그 재산의 예약당시의 가액이 차용액 및 이에 붙인 이자의 합산액을 넘지 못한다.

제608조 【차주에 불이익한 약정의 금지】
전2조의 규정에 위반한 당사자의 약정으로서 차주에 불리한 것은 환매 기타 여하한 명목이라도 그 효력이 없다.

제6절 사용대차

제609조 【사용대차(使用貸借)의 의의】
사용대차는 당사자 일방이 상대방에게 무상(無償)으로 사용, 수익하게 하기 위하여 목적물을 인도할 것을 약정하고 상대방은 이를 사용, 수익한 후 그 물건을 반환할 것을 약정함으로써 그 효력이 생긴다.

제610조 【차주의 사용, 수익권】
① 차주는 계약 또는 그 목적물의 성질에 의하여 정하여진 용법으로 이를 사용, 수익하여야 한다.
② 차주는 대주의 승낙이 없으면 제3자에게 차용물을 사용, 수익하게 하지 못한다.
③ 차주가 전2항의 규정에 위반한 때에는 대주는 계약을 해지할 수 있다.

제611조 【비용의 부담】
① 차주는 차용물의 통상의 필요비를 부담한다.
② 기타의 비용에 대하여는 제594조 제2항의 규정을 준용한다.

제612조 【준용규정】
제559조, 제601조의 규정은 사용대차에 준용한다.

제613조 【차용물의 반환시기】
① 차주는 약정시기에 차용물을 반환하여야 한다.
② 시기의 약정이 없는 경우에는 차주는 계약 또는 목적물의 성질에 의한 사용, 수익이 종료한 때에 반환하여야 한다. 그러나 사용, 수익에 족한 기간이 경과한 때에는 대주는 언제든지 계약을 해지할 수 있다.

제614조 【차주의 사망, 파산과 해지】
차주가 사망하거나 파산선고를 받은 때에는 대주는 계약을 해지할 수 있다.

제615조 【차주의 원상회복의무와 철거권(撤去權)】
차주가 차용물을 반환하는 때에는 이를 원상에 회복하여야 한다. 이에 부속(附屬)시킨 물건은 철거할 수 있다.

제616조 【공동차주의 연대의무】
수인이 공동하여 물건을 차용한 때에는 연대하여 그 의무를 부담한다.

제617조 【손해배상, 비용상환청구의 기간】
계약 또는 목적물의 성질에 위반한 사용, 수익으로 인하여 생긴 손해배상의 청구와 차주가 지출한 비용의 상환청구는 대주가 물건의 반환을 받은 날로부터 6월 내에 하여야 한다.

제7절 임대차

제618조 【임대차(賃貸借)의 의의】
임대차는 당사자 일방이 상대방에게 목적물을 사용, 수익하게 할 것을 약정하고 상대방이 이에 대하여 차임을 지급할 것을 약정함으로써 그 효력이 생긴다.

제619조 【처분능력, 권한 없는 자의 할 수 있는 단기임대차】
처분의 능력 또는 권한 없는 자가 임대차를 하는 경우에는 그 임대차는 다음 각호의 기간을 넘지 못한다.

1. 식목(植木), 채염(採鹽) 또는 석조(石造), 석회조(石灰造), 연와조(煉瓦造) 및 이와 유사한 건축을 목적으로 한 토지의 임대차는 10년

2. 기타 토지의 임대차는 5년
3. 건물 기타 공작물의 임대차는 3년
4. 동산의 임대차는 6월

제620조【단기임대차의 갱신】
전조의 기간은 갱신할 수 있다. 그러나 그 기간만료전 토지에 대하여는 1년, 건물 기타 공작물에 대하여는 3월, 동산에 대하여는 1월 내에 갱신하여야 한다.

제621조【임대차의 등기】
① 부동산임차인은 당사자간에 반대약정이 없으면 임대인에 대하여 그 임대차등기절차에 협력할 것을 청구할 수 있다.
② 부동산임대차를 등기한 때에는 그때부터 제3자에 대하여 효력이 생긴다.

제622조【건물등기 있는 차지권(借地權)의 대항력】
① 건물의 소유를 목적으로 한 토지임대차는 이를 등기하지 아니한 경우에도 임차인이 그 지상건물을 등기한 때에는 제3자에 대하여 임대차의 효력이 생긴다.
② 건물이 임대차기간만료 전에 멸실 또는 후폐(朽廢)한 때에는 전항의 효력을 잃는다.

제623조【임대인의 의무】
임대인은 목적물을 임차인에게 인도하고 계약존속중 그 사용, 수익에 필요한 상태를 유지하게 할 의무를 부담한다.

제624조【임대인의 보존행위, 인용의무】
임대인이 임대물의 보존에 필요한 행위를 하는 때에는 임차인은 이를 거절하지 못한다.

제625조【임차인의 의사에 반하는 보존행위와 해지권】
임대인이 임차인의 의사에 반하여 보존행위를 하는 경우에 임차인이 이로 인하여 임차의 목적을 달성할 수 없는 때에는 계약을 해지할 수 있다.

제626조【임차인의 상환청구권】
① 임차인이 임차물의 보존에 관한 필요비를 지출한 때에는 임대인에 대하여 그 상환을 청구할 수 있다.
② 임차인이 유익비를 지출한 경우에는 임대인은 임대차종료시에 그 가액의 증가가 현존한 때에 한하여 임차인의 지출한 금액이나 그 증가액을 상환하여야 한다. 이 경우에 법원은 임대인의 청구에 의하여 상당한 상환기간을 허여할 수 있다.

제627조【일부멸실 등과 감액청구, 해지권】
① 임차물의 일부가 임차인의 과실 없이 멸실 기타 사유로 인하여 사용, 수익할 수 없는 때에는 임차인은 그 부분의 비율에 의한 차임의 감액을 청구할 수 있다.
② 전항의 경우에 그 잔존부분으로 임차의 목적을 달성할 수 없는 때에는 임차인은 계약을 해지할 수 있다.

제628조【차임증감청구권】
임대물에 대한 공과부담의 증감 기타 경제사정의 변동으로 인하여 약정한 차임이 상당하지 아니하게 된 때에는 당사자는 장래에 대한 차임의 증감을 청구할 수 있다.

제629조【임차권의 양도, 전대(轉貸)의 제한】
① 임차인은 임대인의 동의 없이 그 권리를 양도하거나 임차물을 전대하지 못한다.
② 임차인이 전항의 규정에 위반한 때에는 임대인은 계약을 해지할 수 있다.

제630조【전대의 효과】
① 임차인이 임대인의 동의를 얻어 임차물을 전대한 때에는 전차인은 직접 임대인에 대하여 의무를 부담한다. 이 경우에 전차인은 전대인에 대한 차임의 지급으로써 임대인에게 대항하지 못한다.
② 전항의 규정은 임대인의 임차인에 대한 권리행사에 영향을 미치지 아니한다.

제631조【전차인의 권리의 확정】
임차인이 임대인의 동의를 얻어 임차물을 전대한 경우에는 임대인과 임차인의 합의로 계약을 종료한 때에도 전차인의 권리는 소멸하지 아니한다.

제632조【임차건물의 소부분을 타인에게 사용케 하는 경우】
전3조의 규정은 건물의 임차인이 그 건물의 소부분을 타인에게 사용하게 하는 경우에 적용하지 아니한다.

제633조【차임지급의 시기】
차임은 동산, 건물이나 대지에 대하여는 매월 말에, 기타 토지에 대하여는 매년 말에 지급하여야 한다. 그러나 수확기 있는 것에 대하여는 그 수확후 지체 없이 지급하여야 한다.

제634조【임차인의 통지의무】
임차물이 수리를 요하거나 임차물에 대하여 권리를 주장하는 자가 있는 때에는 임차인은 지체 없이 임대인에게 이를 통지하여야 한다. 그러나 임대인이 이미 이를 안 때에는 그러하지 아니하다.

제635조【기간의 약정 없는 임대차의 해지통고】
① 임대차기간의 약정이 없는 때에는 당사자는 언제든지 계약해지의 통고를 할 수 있다.
② 상대방이 전항의 통고를 받은 날로부터 다음 각호의 기간이 경과하면 해지의 효력이 생긴다.
1. 토지, 건물 기타 공작물에 대하여는 임대인이 해지를 통고한 경우에는 6월, 임차인이 해지를 통고한 경우에는 1월
2. 동산에 대하여는 5일

제636조【기간의 약정 있는 임대차의 해지통고】
임대차기간의 약정이 있는 경우에도 당사자 일방 또는 쌍방이 그 기간 내에 해지할 권리를 보류한 때에는 전조의 규정을 준용한다.

제637조【임차인의 파산과 해지통고】
① 임차인이 파산선고를 받은 경우에는 임대차기간의 약정이 있는 때에도 임대인 또는 파산관재인은 제635조의 규정에 의하여 계약해지의 통고를 할 수 있다.
② 전항의 경우에 각 당사자는 상대방에 대하여 계약해지로 인하여 생긴 손해의 배상을 청구하지 못한다.

제638조【해지통고의 전차인에 대한 통지】
① 임대차계약이 해지의 통고로 인하여 종료된 경우에 그 임대물이 적법하게 전대되었을 때에는 임대인은 전차인에 대하여 그 사유를 통지하지 아니하면 해지로써 전차인에게 대항하지 못한다.
② 전차인이 전항의 통지를 받은 때에는 제635조 제2항의 규정을 준용한다.

제639조【묵시(默示)의 갱신】
① 임대차기간이 만료한 후 임차인이 임차물의 사용, 수익을 계속하는 경우에 임대인이 상당한 기간 내에 이의를 하지 아니한 때에는 전(前)임대차와 동일한 조건으로 다시 임대차한 것으로 본다. 그러나 당사자는 제635조의 규정에 의하여 해지의 통고를 할 수 있다.
② 전항의 경우에 전임대차에 대하여 제3자가 제공한 담보는 기간의 만료로 인하여 소멸한다.

제640조【차임연체와 해지】
건물 기타 공작물의 임대차에는 임차인의 차임연체액이 2기(期)의 차임액에 달하는 때에는 임대인은 계약을 해지할 수 있다.

제641조【동 전】
건물 기타 공작물의 소유 또는 식목, 채염, 목축을 목적으로 한 토지임대차의 경우에도 전조의 규정을 준용한다.

제642조【토지임대차의 해지와 지상건물 등에 대한 담보물권자에의 통지】
전조의 경우에 그 지상에 있는 건물 기타 공작물이 담보물권의 목적이 된 때에는 제288조의 규정을 준용한다.

제643조【임차인의 갱신청구권, 매수청구권】
건물 기타 공작물의 소유 또는 식목, 채염, 목축을 목적으로 한 토지임대차의 기간이 만료한 경우에 건물, 수목 기타 지상시설(地上施設)이 현존한 때에는 제283조의 규정을 준용한다.

제644조【전차인의 임대청구권, 매수청구권】
① 건물 기타 공작물의 소유 또는 식목, 채염, 목축을 목적으로 한 토지임차인이 적법하게 그 토지를 전대한 경우에 임대차 및 전대차의 기간이 동시에 만료되고 건물, 수목 기타 지상시설이 현존한 때에는 전차인은 임대인에 대하여 전전대차와 동일한 조건으로 임대할 것을 청구할 수 있다.
② 전항의 경우에 임대인이 임대할 것을 원하지 아니하는 때에는 제283조 제2항의 규정을 준용한다.

제645조【지상권목적토지의 임차인의 임대청구권, 매수청구권】
전조의 규정은 지상권자가 그 토지를 임대한 경우에 준용한다.

제646조【임차인의 부속물매수청구권】
① 건물 기타 공작물의 임차인이 그 사용의 편익(便益)을 위하여 임대인의 동의를 얻어 이에 부속한 물건이 있는 때에는 임대차의 종료시에 임대인에 대하여 그 부속물의 매수를 청구할 수 있다.
② 임대인으로부터 매수한 부속물에 대하여도 전항과 같다.

제647조【전차인의 부속물매수청구권】
① 건물 기타 공작물의 임차인이 적법하게 전대한 경우에 전차인이 그 사용의 편익을 위하여 임대인의 동의를 얻어 이에 부속한 물건이 있는 때에는 전대차의 종료시에 임대인에 대하여 그 부속물의 매수를 청구할 수 있다.
② 임대인으로부터 매수하였거나 그 동의를 얻어 임차인으로부터 매수한 부속물에 대하여도 전항과 같다.

제648조【임차지의 부속물, 과실 등에 대한 법정질권】
토지임대인이 임대차에 관한 채권에 의하여 임차지에 부속 또는 그 사용의 편익에 공용한 임차인의 소유동산 및 그 토지의 과실을 압류한 때에는 질권과 동일한 효력이 있다.

제649조【임차지상(賃借地上)의 건물에 대한 법정저당권】
토지임대인이 변제기를 경과한 최후 2년의 차임채권에 의하여 그 지상에 있는 임차인소유의 건물을 압류한 때에는 저당권과 동일한 효력이 있다.

제650조【임차건물 등의 부속물에 대한 법정질권】
건물 기타 공작물의 임대인이 임대차에 관한 채권에 의하여 그 건물 기타 공작물에 부속한 임차인소유의 동산을 압류한 때에는 질권과 동일한 효력이 있다.

2016.1.6 개정

제651조 삭 제 〈2016.1.6〉
▶▶ [2013.12.26. 헌법재판소에서 위헌결정(헌재결 2013.12.26. 2011헌바234)된 이 조를 삭제함.]

삭제 前

제651조 [임대차존속기간]
① 석조, 석회조, 연와조 또는 이와 유사한 견고한 건물 기타 공작물의 소유를 목적으로 하는 토지임대차나 식목, 채염을 목적으로 하는 토지임대차의 경우를 제한 외에는 임대차의 존속기간은 20년을 넘지 못한다. 당사자의 약정기간이 20년을 넘는 때에는 이를 20년으로 단축한다.
② 전항의 기간은 이를 갱신할 수 있다. 그 기간은 갱신한 날로부터 10년을 넘지 못한다.

제652조【강행규정】
제627조, 제628조, 제631조, 제635조, 제638조, 제640조, 제641조, 제643조 내지 제647조의 규정에 위반한 약정으로 임차인이나 전차인에게 불리한 것은 그 효력이 없다.

제653조【일시사용을 위한 임대차의 특례】
제628조, 제638조, 제640조, 제646조 내지 제648조, 제650조 및 전조의 규정은 일시사용하기 위한 임대차 또는 전대차인 것이 명백한 경우에는 적용하지 아니한다.

제654조【준용규정】
제610조 제1항, 제615조 내지 제617조의 규정은 임대차에 이를 준용한다.

제8절 고 용

제655조【고용(雇傭)의 의의】
고용은 당사자 일방이 상대방에 대하여 노무(勞務)를 제공할 것을 약정하고 상대방이 이에 대하여 보수를 지급할 것을 약정함으로써 그 효력이 생긴다.

제656조【보수액과 그 지급시기】
① 보수 또는 보수액의 약정이 없는 때에는 관습에 의하여 지급하여야 한다.
② 보수는 약정한 시기에 지급하여야 하며 시기의 약정이 없으면 관습에 의하고 관습이 없으면 약정한 노무를 종료한 후 지체 없이 지급하여야 한다.

제657조【권리의무의 전속성(專屬性)】
① 사용자는 노무자의 동의 없이 그 권리를 제3자에게 양도하지 못한다.
② 노무자는 사용자의 동의 없이 제3자로 하여금 자기에 갈음하여 노무를 제공하게 하지 못한다.
③ 당사자 일방이 전2항의 규정에 위반한 때에는 상대방은 계약을 해지할 수 있다.

제658조【노무의 내용과 해지권】
① 사용자가 노무자에 대하여 약정하지 아니한 노무의 제공을 요구한 때에는 노무자는 계약을 해지할 수 있다.
② 약정한 노무가 특수한 기능을 요하는 경우에 노무자가 그 기능이 없는 때에는 사용자는 계약을 해지할 수 있다.

제659조【3년 이상의 경과와 해지통고권】
① 고용의 약정기간이 3년을 넘거나 당사자의 일방 또는 제3자의 종신(終身)까지로 된 때에는 각 당사자는 3년을 경과한 후 언제든지 계약해지의 통고를 할 수 있다.
② 전항의 경우에는 상대방이 해지의 통고를 받은 날로부터 3월이 경과하면 해지의 효력이 생긴다.

제660조【기간의 약정이 없는 고용의 해지통고】
① 고용기간의 약정이 없는 때에는 당사자는 언제든지 계약해지의 통고를 할 수 있다.
② 전항의 경우에는 상대방이 해지의 통고를 받은 날로부터 1월이 경과하면 해지의 효력이 생긴다.
③ 기간으로 보수를 정한 때에는 상대방이 해지의 통고를 받은 당기후(當期後)의 1기(期)를 경과함으로써 해지의 효력이 생긴다.

제661조【부득이한 사유와 해지권】
고용기간의 약정이 있는 경우에도 부득이한 사유 있는 때에는 각 당사자는 계약을 해지할 수 있다. 그러나 그 사유가 당사자 일방의 과실로 인하여 생긴 때에는 상대방에 대하여 손해를 배상하여야 한다.

제662조【묵시의 갱신】
① 고용기간이 만료한 후 노무자가 계속하여 그 노무를 제공하는 경우에 사용자가 상당한 기간 내에 이의를 하지 아니한 때에는 전(前)고용과 동일한 조건으로 다시 고용한 것으로 본다. 그러나 당사자는 제660조의 규정에 의하여 해지의 통고를 할 수 있다.
② 전항의 경우에는 전고용에 대하여 제3자가 제공한 담보는 기간의 만료로 인하여 소멸한다.

제663조【사용자파산과 해지통고】
① 사용자가 파산선고를 받은 경우에는 고용기간의 약정이 있는 때에도 노무자 또는 파산관재인은 계약을 해지할 수 있다.
② 전항의 경우에는 각 당사자는 계약해지로 인한 손해의 배상을 청구하지 못한다.

제9절 도 급

제664조【도급(都給)의 의의】
도급은 당사자 일방이 어느 일을 완성할 것을 약정하고 상대방이 그 일의 결과에 대하여 보수를 지급할 것을 약정함으로써 그 효력이 생긴다.

제665조【보수의 지급시기】
① 보수는 그 완성된 목적물의 인도와 동시에 지급하여야 한다. 그러나 목적물의 인도를 요하지 아니하는 경우에는 그 일을 완성한 후 지체없이 지급하여야 한다.
② 전항의 보수에 관하여는 제656조 제2항의 규정을 준용한다.

제666조【수급인(受給人)의 목적 부동산에 대한 저당권설정청구권】
부동산공사의 수급인은 전조의 보수에 관한 채권을 담보하기 위하여 그 부동산을 목적으로 한 저당권의 설정을 청구할 수 있다.

제667조【수급인의 담보책임】
① 완성된 목적물 또는 완성전의 성취된 부분에 하자가 있는 때에는 도급인은 수급인에 대하여 상당한 기간을 정하여 그 하자의 보수를 청구할 수 있다. 그러나 하자가 중요하지 아니한 경우에 그 보수에 과다한 비용을 요할 때에는 그러하지 아니하다.
② 도급인은 하자의 보수에 갈음하여 또는 보수와 함께 손해배상을 청구할 수 있다.
③ 전항의 경우에는 제536조의 규정을 준용한다.

제668조【동전-도급인의 해제권】
도급인이 완성된 목적물의 하자로 인하여 계약의 목적을 달성할 수 없는 때에는 계약을 해제할 수 있다. 그러나 건물 기타 토지의 공작물에 대하여는 그러하지 아니하다.

제669조【동전-하자가 도급인의 제공한 재료 또는 지시에 기인한 경우의 면책】
전2조의 규정은 목적물의 하자가 도급인이 제공한 재료의 성질 또는 도급인의 지시에 기인한 때에는 적용하지 아니한다. 그러나 수급인이 그 재료 또는 지시의 부적당함을 알고 도급인에게 고지하지 아니한 때에는 그러하지 아니하다.

제670조【담보책임의 존속기간】
① 전3조의 규정에 의한 하자의 보수, 손해배상의 청구 및 계약의 해제는 목적물의 인도를 받은 날로부터 1년 내에 하여야 한다.
② 목적물의 인도를 요하지 아니하는 경우에는 전항의 기간은 일의 종료한 날로부터 기산한다.

제671조【수급인의 담보책임-토지, 건물 등에 대한 특칙】
① 토지, 건물 기타 공작물의 수급인은 목적물 또는 지반공사(地盤工事)의 하자에 대하여 인도후 5년간 담보의 책임이 있다. 그러나 목적물이 석조, 석회조, 연와조, 금속 기타 이와 유사한 재료로 조성된 것인 때에는 그 기간을 10년으로 한다.
② 전항의 하자로 인하여 목적물이 멸실 또는 훼손된 때에는 도급인은 그 멸실 또는 훼손된 날로부터 1년 내에 제667조의 권리를 행사하여야 한다.

제672조【담보책임면제의 특약】
수급인은 제667조, 제668조의 담보책임이 없음을 약정한 경우에도 알고 고지하지 아니한 사실에 대하여는 그 책임을 면하지 못한다.

제673조【완성 전의 도급인의 해제권】
수급인이 일을 완성하기 전에는 도급인은 손해를 배상하고 계약을 해제할 수 있다.

제674조【도급인의 파산과 해제권】
① 도급인이 파산선고를 받은 때에는 수급인 또는 파산관재인은 계약을 해제할 수 있다. 이 경우에는 수급인은 일의 완성된 부분에 대한 보수 및 보수에 포함되지 아니한 비용에 대하여 파산재단의 배당에 가입할 수 있다.
② 전항의 경우에는 각 당사자는 상대방에 대하여 계약해제로 인한 손해의 배상을 청구하지 못한다.

제9절의2 여행계약 [본절신설 2015.2.3]

제674조의2【여행계약의 의의】
여행계약은 당사자 한쪽이 상대방에게 운송, 숙박, 관광 또는 그 밖의 여행 관련 용역을 결합하여 제공하기로 약정하고 상대방이 그 대금을 지급하기로 약정함으로써 효력이 생긴다.
[본조신설 2015.2.3]

제674조의3【여행 개시 전의 계약 해제】
여행자는 여행을 시작하기 전에는 언제든지 계약을 해제할 수 있다. 다만, 여행자는 상대방에게 발생한 손해를 배상하여야 한다.
[본조신설 2015.2.3]

제674조의4【부득이한 사유로 인한 계약 해지】
① 부득이한 사유가 있는 경우에는 각 당사자는 계약을 해지할 수 있다. 다만, 그 사유가 당사자 한쪽의 과실로 인하여 생긴 경우에는 상대방에게 손해를 배상하여야 한다.
② 제1항에 따라 계약이 해지된 경우에도 계약상 귀환운송(歸還運送) 의무가 있는 여행주최자는 여행자를 귀환운송할 의무가 있다.
③ 제1항의 해지로 인하여 발생하는 추가 비용은 그 해지 사유가 어느 당사자의 사정에 속하는 경우에는 그 당사자가 부담하고, 누구의 사정에도 속하지 아니하는 경우에는 각 당사자가 절반씩 부담한다.
[본조신설 2015.2.3]

제674조의5【대금의 지급시기】
여행자는 약정한 시기에 대금을 지급하여야 하며, 그 시기의 약정이 없으면 관습에 따르고, 관습이 없으면 여행의 종료 후 지체 없이 지급하여야 한다.
[본조신설 2015.2.3]

제674조의6【여행주최자의 담보책임】
① 여행에 하자가 있는 경우에는 여행자는 여행주최자에게 하자의 시정 또는 대금의 감액을 청구할 수 있다. 다만, 그 시정에 지나치게 많은 비용이 들거나 그 밖에 시정을 합리적으로 기대할 수 없는 경우에는 시정을 청구할 수 없다.
② 제1항의 시정 청구는 상당한 기간을 정하여 하여야 한다. 다만, 즉시 시정할 필요가 있는 경우에는 그러하지 아니하다.
③ 여행자는 시정 청구, 감액 청구를 갈음하여 손해배상을 청구하거나 시정 청구, 감액 청구와 함께 손해배상을 청구할 수 있다.
[본조신설 2015.2.3]

제674조의7【여행주최자의 담보책임과 여행자의 해지권】
① 여행자는 여행에 중대한 하자가 있는 경우에 그 시정이 이루어지지 아니하거나 계약의 내용에 따른 이행을 기대할 수 없는 경우에는 계약을 해지할 수 있다.
② 계약이 해지된 경우에는 여행주최자는 대금청구권을 상실한다. 다만, 여행자가 실행된 여행으로 이익을 얻은 경우에는 그 이익을 여행주최자에게 상환하여야 한다.
③ 여행주최자는 계약의 해지로 인하여 필요하게 된 조치를 할 의무를 지며, 계약상 귀환운송 의무가 있으면 여행자를 귀환운송하여야 한다.

이 경우 상당한 이유가 있는 때에는 여행주최자는 여행자에게 그 비용의 일부를 청구할 수 있다.

[본조신설 2015.2.3]

제674조의8【담보책임의 존속기간】

제674조의6과 제674조의7에 따른 권리는 여행기간 중에도 행사할 수 있으며, 계약에서 정한 여행 종료일부터 6개월 내에 행사하여야 한다.

[본조신설 2015.2.3]

제674조의9【강행규정】

제674조의3, 제674조의4 또는 제674조의6부터 제674조의8까지의 규정을 위반하는 약정으로서 여행자에게 불리한 것은 효력이 없다.

[본조신설 2015.2.3]

제10절 현상광고

제675조【현상광고(懸賞廣告)의 의의】

현상광고는 광고자가 어느 행위를 한 자에게 일정한 보수를 지급할 의사를 표시하고 이에 응(應)한 자가 그 광고에 정한 행위를 완료함으로써 그 효력이 생긴다.

제676조【보수수령권자】

① 광고에 정한 행위를 완료한 자가 수인인 경우에는 먼저 그 행위를 완료한 자가 보수를 받을 권리가 있다.

② 수인이 동시에 완료한 경우에는 각각 균등한 비율로 보수를 받을 권리가 있다. 그러나 보수가 그 성질상 분할할 수 없거나 광고에 1인만이 보수를 받을 것으로 정한 때에는 추첨에 의하여 결정한다.

제677조【광고부지(不知)의 행위】

전조의 규정은 광고 있음을 알지 못하고 광고에 정한 행위를 완료한 경우에 준용한다.

제678조【우수(優秀)현상광고】

① 광고에 정한 행위를 완료한 자가 수인인 경우에 그 우수한 자에 한하여 보수를 지급할 것을 정하는 때에는 그 광고에 응모기간을 정한 때에 한하여 그 효력이 생긴다.

② 전항의 경우에 우수의 판정은 광고 중에 정한 자가 한다. 광고 중에 판정자를 정하지 아니한 때에는 광고자가 판정한다.

③ 우수한 자 없다는 판정은 이를 할 수 없다. 그러나 광고 중에 다른 의사표시가 있거나 광고의 성질상 판정의 표준이 정하여져 있는 때에는 그러하지 아니하다.

④ 응모자는 전2항의 판정에 대하여 이의를 하지 못한다.

⑤ 수인의 행위가 동등으로 판정된 때에는 제676조 제2항의 규정을 준용한다.

제679조【현상광고의 철회】

① 광고에 그 지정한 행위의 완료기간을 정한 때에는 그 기간만료 전에 광고를 철회하지 못한다.

② 광고에 행위의 완료기간을 정하지 아니한 때에는 그 행위를 완료한 자 있기 전에는 그 광고와 동일한 방법으로 광고를 철회할 수 있다.

③ 전광고와 동일한 방법으로 철회할 수 없는 때에는 그와 유사한 방법으로 철회할 수 있다. 이 철회는 철회한 것을 안 자에 대하여만 그 효력이 있다.

제11절 위 임

제680조【위임(委任)의 의의】

위임은 당사자 일방이 상대방에 대하여 사무의 처리를 위탁하고 상대방이 이를 승낙함으로써 그 효력이 생긴다.

제681조【수임인의 선관의무】

수임인은 위임의 본지(本旨)에 따라 선량한 관리자의 주의로써 위임사무를 처리하여야 한다.

제682조【복임권(復任權)의 제한】
① 수임인은 위임인의 승낙이나 부득이한 사유 없이 제3자로 하여금 자기에 갈음하여 위임사무를 처리하게 하지 못한다.
② 수임인이 전항의 규정에 의하여 제3자에게 위임사무를 처리하게 한 경우에는 제121조, 제123조의 규정을 준용한다.

제683조【수임인의 보고의무】
수임인은 위임인의 청구가 있는 때에는 위임사무의 처리상황을 보고하고 위임이 종료한 때에는 지체 없이 그 전말(顚末)을 보고하여야 한다.

제684조【수임인의 취득물 등의 인도, 이전의무】
① 수임인은 위임사무의 처리로 인하여 받은 금전 기타의 물건 및 그 수취한 과실을 위임인에게 인도하여야 한다.
② 수임인이 위임인을 위하여 자기의 명의로 취득한 권리는 위임인에게 이전하여야 한다.

제685조【수임인의 금전소비의 책임】
수임인이 위임인에게 인도할 금전 또는 위임인의 이익을 위하여 사용할 금전을 자기를 위하여 소비한 때에는 소비한 날 이후의 이자를 지급하여야 하며 그 외에 손해가 있으면 배상하여야 한다.

제686조【수임인의 보수청구권】
① 수임인은 특별한 약정이 없으면 위임인에 대하여 보수를 청구하지 못한다.
② 수임인이 보수를 받을 경우에는 위임사무를 완료한 후가 아니면 이를 청구하지 못한다. 그러나 기간으로 보수를 정한 때에는 그 기간이 경과한 후에 이를 청구할 수 있다.
③ 수임인이 위임사무를 처리하는 중에 수임인의 책임 없는 사유로 인하여 위임이 종료된 때에는 수임인은 이미 처리한 사무의 비율에 따른 보수를 청구할 수 있다.

제687조【수임인의 비용선급청구권】
위임사무의 처리에 비용을 요하는 때에는 위임인은 수임인의 청구에 의하여 이를 선급하여야 한다.

제688조【수임인의 비용상환청구권 등】
① 수임인이 위임사무의 처리에 관하여 필요비를 지출한 때에는 위임인에 대하여 지출한 날 이후의 이자를 청구할 수 있다.
② 수임인이 위임사무의 처리에 필요한 채무를 부담한 때에는 위임인에게 자기에 갈음하여 이를 변제하게 할 수 있고 그 채무가 변제기에 있지 아니한 때에는 상당한 담보를 제공하게 할 수 있다.
③ 수임인이 위임사무의 처리를 위하여 과실 없이 손해를 받은 때에는 위임인에 대하여 그 배상을 청구할 수 있다.

제689조【위임의 상호해지의 자유】
① 위임계약은 각 당사자가 언제든지 해지할 수 있다.
② 당사자 일방이 부득이한 사유 없이 상대방의 불리한 시기에 계약을 해지한 때에는 그 손해를 배상하여야 한다.

제690조【사망·파산 등과 위임의 종료】
위임은 당사자 한쪽의 사망이나 파산으로 종료된다. 수임인이 성년후견개시의 심판을 받은 경우에도 이와 같다.

[전문개정 2011.3.7]

제691조【위임종료시의 긴급처리】
위임종료의 경우에 급박한 사정이 있는 때에는 수임인, 그 상속인이나 법정대리인은 위임인, 그 상속인이나 법정대리인이 위임사무를 처리할 수 있을 때까지 그 사무의 처리를 계속하여야 한다. 이 경우에는 위임의 존속과 동일한 효력이 있다.

제692조【위임종료의 대항요건】
위임종료의 사유는 이를 상대방에게 통지하거나 상대방이 이를 안 때가 아니면 이로써 상대방에게 대항하지 못한다.

민 법

제12절 임 치

제693조【임치(任置)의 의의】
임치는 당사자 일방이 상대방에 대하여 금전이나 유가증권 기타 물건의 보관을 위탁하고 상대방이 이를 승낙함으로써 효력이 생긴다.

제694조【수치인의 임치물사용금지】
수치인은 임치인의 동의 없이 임치물을 사용하지 못한다.

제695조【무상수치인의 주의의무】
보수 없이 임치를 받은 자는 임치물을 자기재산과 동일한 주의로 보관하여야 한다.

제696조【수치인의 통지의무】
임치물에 대한 권리를 주장하는 제3자가 수치인에 대하여 소를 제기하거나 압류한 때에는 수치인은 지체없이 임치인에게 이를 통지하여야 한다.

제697조【임치물의 성질, 하자로 인한 임치인의 손해배상의무】
임치인은 임치물의 성질 또는 하자로 인하여 생긴 손해를 수치인에게 배상하여야 한다. 그러나 수치인이 그 성질 또는 하자를 안 때에는 그러하지 아니하다.

제698조【기간의 약정 있는 임치의 해지】
임치기간의 약정이 있는 때에는 수치인은 부득이한 사유 없이 그 기간만료 전에 계약을 해지하지 못한다. 그러나 임치인은 언제든지 계약을 해지할 수 있다.

제699조【기간의 약정 없는 임치의 해지】
임치기간의 약정이 없는 때에는 각 당사자는 언제든지 계약을 해지할 수 있다.

제700조【임치물의 반환장소】
임치물은 그 보관한 장소에서 반환하여야 한다. 그러나 수치인이 정당한 사유로 인하여 그 물건을 전치(轉置)한 때에는 현존하는 장소에서 반환할 수 있다.

제701조【준용규정】
제682조, 제684조 내지 제687조 및 제688조 제1항, 제2항의 규정은 임치에 준용한다.

제702조【소비임치(消費任置)】
수치인이 계약에 의하여 임치물을 소비할 수 있는 경우에는 소비대차에 관한 규정을 준용한다. 그러나 반환시기의 약정이 없는 때에는 임치인은 언제든지 그 반환을 청구할 수 있다.

제13절 조 합

제703조【조합(組合)의 의의】
① 조합은 2인 이상이 상호출자하여 공동사업을 경영할 것을 약정함으로써 그 효력이 생긴다.
② 전항의 출자는 금전 기타 재산 또는 노무로 할 수 있다.

제704조【조합재산의 합유】
조합원의 출자 기타 조합재산은 조합원의 합유로 한다.

제705조【금전출자지체의 책임】
금전을 출자의 목적으로 한 조합원이 출자시기를 지체한 때에는 연체이자를 지급하는 외에 손해를 배상하여야 한다.

제706조【사무집행의 방법】
① 조합계약으로 업무집행자를 정하지 아니한 경우에는 조합원의 3분의 2 이상의 찬성으로써 이를 선임한다.
② 조합의 업무집행은 조합원의 과반수로써 결정한다. 업무집행자 수인인 때에는 그 과반수로써 결정한다.
③ 조합의 통상사무는 전항의 규정에 불구하고 각 조합원 또는 각 업무집행자가 전행(專行)할 수 있다. 그러나 그 사무의 완료 전에 다른 조합원 또는 다른 업무집행자의 이의가 있는 때에는 즉시 중지하여야 한다.

제707조【준용규정】
조합업무를 집행하는 조합원에는 제681조 내지 제688조의 규정을 준용한다.

제708조【업무집행자의 사임, 해임】
업무집행자인 조합원은 정당한 사유 없이 사임하지 못하며 다른 조합원의 일치가 아니면 해임하지 못한다.

제709조【업무집행자의 대리권추정】
조합의 업무를 집행하는 조합원은 그 업무집행의 대리권 있는 것으로 추정한다.

제710조【조합원의 업무, 재산상태검사권】
각 조합원은 언제든지 조합의 업무 및 재산상태를 검사할 수 있다.

제711조【손익분배의 비율】
① 당사자가 손익분배의 비율을 정하지 아니한 때에는 각 조합원의 출자가액에 비례하여 이를 정한다.
② 이익 또는 손실에 대하여 분배의 비율을 정한 때에는 그 비율은 이익과 손실에 공통된 것으로 추정한다.

제712조【조합원에 대한 채권자의 권리행사】
조합채권자는 그 채권발생당시에 조합원의 손실부담의 비율을 알지 못한 때에는 각 조합원에게 균분하여 그 권리를 행사할 수 있다.

제713조【무자력조합원의 채무와 타조합원의 변제책임】
조합원 중에 변제할 자력 없는 자가 있는 때에는 그 변제할 수 없는 부분은 다른 조합원이 균분하여 변제할 책임이 있다.

제714조【지분에 대한 압류의 효력】
조합원의 지분에 대한 압류는 그 조합원의 장래의 이익배당 및 지분의 반환을 받을 권리에 대하여 효력이 있다.

제715조【조합채무자의 상계의 금지】
조합의 채무자는 그 채무와 조합원에 대한 채권으로 상계하지 못한다.

제716조【임의탈퇴】
① 조합계약으로 조합의 존속기간을 정하지 아니하거나 조합원의 종신까지 존속할 것을 정한 때에는 각 조합원은 언제든지 탈퇴할 수 있다. 그러나 부득이한 사유 없이 조합의 불리한 시기에 탈퇴하지 못한다.
② 조합의 존속기간을 정한 때에도 조합원은 부득이한 사유가 있으면 탈퇴할 수 있다.

제717조【비임의 탈퇴】
제716조의 경우 외에 조합원은 다음 각 호의 어느 하나에 해당하는 사유가 있으면 탈퇴된다.
1. 사 망
2. 파 산
3. 성년후견의 개시
4. 제 명(除名)

[전문개정 2011.3.7]

제718조【제 명】
① 조합원의 제명은 정당한 사유 있는 때에 한하여 다른 조합원의 일치로써 이를 결정한다.
② 전항의 제명결정은 제명된 조합원에게 통지하지 아니하면 그 조합원에게 대항하지 못한다.

제719조【탈퇴조합원의 지분의 계산】
① 탈퇴한 조합원과 다른 조합원간의 계산은 탈퇴당시의 조합재산상태에 의하여 한다.
② 탈퇴한 조합원의 지분은 그 출자의 종류여하에 불구하고 금전으로 반환할 수 있다.
③ 탈퇴당시에 완결되지 아니한 사항에 대하여는 완결 후에 계산할 수 있다.

제720조【부득이한 사유로 인한 해산청구】
부득이한 사유가 있는 때에는 각 조합원은 조합의 해산을 청구할 수 있다.

제721조【청산인】
① 조합이 해산한 때에는 청산은 총조합원 공동으로 또는 그들이 선임한 자가 그 사무를 집행한다.

② 전항의 청산인의 선임은 조합원의 과반수로써 결정한다.

제722조【청산인의 업무집행방법】
청산인이 수인인 때에는 제706조 제2항 후단의 규정을 준용한다.

제723조【조합원인 청산인의 사임, 해임】
조합원 중에서 청산인을 정한 때에는 제708조의 규정을 준용한다.

제724조【청산인의 직무, 권한과 잔여재산의 분배】
① 청산인의 직무 및 권한에 관하여는 제87조의 규정을 준용한다.
② 잔여재산은 각 조합원의 출자가액에 비례하여 이를 분배한다.

제14절 종신정기금

제725조【종신정기금(終身定期金)계약의 의의】
종신정기금계약은 당사자 일방이 자기, 상대방 또는 제3자의 종신까지 정기로 금전 기타의 물건을 상대방 또는 제3자에게 지급할 것을 약정함으로써 그 효력이 생긴다.

제726조【종신정기금의 계산】
종신정기금은 일수(日數)로 계산한다.

제727조【종신정기금계약의 해제】
① 정기금채무자가 정기금채무의 원본을 받은 경우에 그 정기금채무의 지급을 해태하거나 기타 의무를 이행하지 아니한 때에는 정기금채권자는 원본의 반환을 청구할 수 있다. 그러나 이미 지급을 받은 채무액에서 그 원본의 이자를 공제한 잔액을 정기금채무자에게 반환하여야 한다.
② 전항의 규정은 손해배상의 청구에 영향을 미치지 아니한다.

제728조【해제와 동시이행】
제536조의 규정은 전조의 경우에 준용한다.

제729조【채무자귀책사유로 인한 사망과 채권존속선고】
① 사망이 정기금채무자의 책임 있는 사유로 인한 때에는 법원은 정기금채권자 또는 그 상속인의 청구에 의하여 상당한 기간 채권의 존속을 선고할 수 있다.
② 전항의 경우에도 제727조의 권리를 행사할 수 있다.

제730조【유증에 의한 종신정기금】
본절의 규정은 유증에 의한 종신정기금채권에 준용한다.

제15절 화 해

제731조【화해(和解)의 의의】
화해는 당사자가 상호양보하여 당사자간의 분쟁을 종지할 것을 약정함으로써 그 효력이 생긴다.

제732조【화해의 창설적(創設的) 효력】
화해계약은 당사자 일방이 양보한 권리가 소멸되고 상대방이 화해로 인하여 그 권리를 취득하는 효력이 있다.

제733조【화해의 효력과 착오】
화해계약은 착오를 이유로 하여 취소하지 못한다. 그러나 화해당사자의 자격 또는 화해의 목적인 분쟁이외의 사항에 착오가 있는 때에는 그러하지 아니하다.

제3장 사무관리

제734조【사무관리(事務管理)의 내용】
① 의무 없이 타인을 위하여 사무를 관리하는 자는 그 사무의 성질에 좇아 가장 본인에게 이익되는 방법으로 이를 관리하여야 한다.

② 관리자가 본인의 의사를 알거나 알 수 있는 때에는 그 의사에 적합하도록 관리하여야 한다.
③ 관리자가 전2항의 규정에 위반하여 사무를 관리한 경우에는 과실 없는 때에도 이로 인한 손해를 배상할 책임이 있다. 그러나 그 관리행위가 공공의 이익에 적합한 때에는 중대한 과실이 없으면 배상할 책임이 없다.

제735조 【긴급(緊急)사무관리】
관리자가 타인의 생명, 신체, 명예 또는 재산에 대한 급박한 위해를 면하게 하기 위하여 그 사무를 관리한 때에는 고의나 중대한 과실이 없으면 이로 인한 손해를 배상할 책임이 없다.

제736조 【관리자의 통지의무】
관리자가 관리를 개시한 때에는 지체 없이 본인에게 통지하여야 한다. 그러나 본인이 이미 이를 안 때에는 그러하지 아니하다.

제737조 【관리자의 관리계속의무】
관리자는 본인, 그 상속인이나 법정대리인이 그 사무를 관리하는 때까지 관리를 계속하여야 한다. 그러나 관리의 계속이 본인의 의사에 반하거나 본인에게 불리함이 명백한 때에는 그러하지 아니하다.

제738조 【준용규정】
제683조 내지 제685조의 규정은 사무관리에 준용한다.

제739조 【관리자의 비용상환청구권】
① 관리자가 본인을 위하여 필요비 또는 유익비를 지출한 때에는 본인에 대하여 그 상환을 청구할 수 있다.
② 관리자가 본인을 위하여 필요 또는 유익한 채무를 부담한 때에는 제688조 제2항의 규정을 준용한다.
③ 관리자가 본인의 의사에 반하여 관리한 때에는 본인의 현존이익의 한도에서 전2항의 규정을 준용한다.

제740조 【관리자의 무과실손해보상청구권】
관리자가 사무관리를 함에 있어서 과실 없이 손해를 받은 때에는 본인의 현존이익의 한도에서 그 손해의 보상을 청구할 수 있다.

제4장 부당이득

제741조 【부당이득(不當利得)의 내용】
법률상 원인 없이 타인의 재산 또는 노무로 인하여 이익을 얻고 이로 인하여 타인에게 손해를 가한 자는 그 이익을 반환하여야 한다.

제742조 【비채변제(非債辨濟)】
채무 없음을 알고 이를 변제한 때에는 그 반환을 청구하지 못한다.

제743조 【기한 전의 변제】
변제기에 있지 아니한 채무를 변제한 때에는 그 반환을 청구하지 못한다. 그러나 채무자가 착오로 인하여 변제한 때에는 채권자는 이로 인하여 얻은 이익을 반환하여야 한다.

제744조 【도의관념(道義觀念)에 적합한 비채변제】
채무 없는 자가 착오로 인하여 변제한 경우에 그 변제가 도의관념에 적합한 때에는 그 반환을 청구하지 못한다.

제745조 【타인의 채무의 변제】
① 채무자 아닌 자가 착오로 인하여 타인의 채무를 변제한 경우에 채권자가 선의로 증서를 훼멸(毁滅)하거나 담보를 포기하거나 시효로 인하여 그 채권을 잃은 때에는 변제자는 그 반환을 청구하지 못한다.
② 전항의 경우에 변제자는 채무자에 대하여 구상권을 행사할 수 있다.

제746조 【불법원인급여(不法原因給與)】
불법의 원인으로 인하여 재산을 급여하거나 노무를 제공한 때에는 그 이익의 반환을 청구하지 못한다. 그러나 그 불법원인이 수익자에게만 있는 때에는 그러하지 아니하다.

제747조 【원물반환불능(原物返還不能)한 경우와 가액반환, 전득자(轉得者)의 책임】

① 수익자가 그 받은 목적물을 반환할 수 없는 때에는 그 가액을 반환하여야 한다.

② 수익자가 그 이익을 반환할 수 없는 경우에는 수익자로부터 무상으로 그 이익의 목적물을 양수한 악의의 제3자는 전항의 규정에 의하여 반환할 책임이 있다.

제748조 【수익자의 반환범위】

① 선의의 수익자는 그 받은 이익이 현존한 한도에서 전조의 책임이 있다.

② 악의의 수익자는 그 받은 이익에 이자를 붙여 반환하고 손해가 있으면 이를 배상하여야 한다.

제749조 【수익자의 악의인정】

① 수익자가 이익을 받은 후 법률상 원인 없음을 안 때에는 그때부터 악의의 수익자로서 이익반환의 책임이 있다.

② 선의의 수익자가 패소한 때에는 그 소를 제기한 때부터 악의의 수익자로 본다.

제5장 불법행위

제750조 【불법행위(不法行爲)의 내용】

고의 또는 과실로 인한 위법행위로 타인에게 손해를 가한 자는 그 손해를 배상할 책임이 있다.

제751조 【재산 이외의 손해의 배상】

① 타인의 신체, 자유 또는 명예를 해하거나 기타 정신상 고통을 가한 자는 재산 이외의 손해에 대하여도 배상할 책임이 있다.

② 법원은 전항의 손해배상을 정기금채무로 지급할 것을 명할 수 있고 그 이행을 확보하기 위하여 상당한 담보의 제공을 명할 수 있다.

제752조 【생명침해로 인한 위자료(慰藉料)】

타인의 생명을 해한 자는 피해자의 직계존속, 직계비속 및 배우자에 대하여는 재산상의 손해 없는 경우에도 손해배상의 책임이 있다.

제753조 【미성년자의 책임능력】

미성년자가 타인에게 손해를 가한 경우에 그 행위의 책임을 변식(辨識)할 지능이 없는 때에는 배상의 책임이 없다.

제754조 【심신상실자(心神喪失者)의 책임능력】

심신상실 중에 타인에게 손해를 가한 자는 배상의 책임이 없다. 그러나 고의 또는 과실로 인하여 심신상실을 초래한 때에는 그러하지 아니하다.

제755조 【감독자의 책임】

① 다른 자에게 손해를 가한 사람이 제753조 또는 제754조에 따라 책임이 없는 경우에는 그를 감독할 법정의무가 있는 자가 그 손해를 배상할 책임이 있다. 다만, 감독의무를 게을리하지 아니한 경우에는 그러하지 아니하다.

② 감독의무자를 갈음하여 제753조 또는 제754조에 따라 책임이 없는 사람을 감독하는 자도 제1항의 책임이 있다.

[전문개정 2011.3.7]

제756조 【사용자(使用者)의 배상책임】

① 타인을 사용하여 어느 사무에 종사하게 한 자는 피용자가 그 사무집행에 관하여 제3자에게 가한 손해를 배상할 책임이 있다. 그러나 사용자가 피용자의 선임 및 그 사무감독에 상당한 주의를 한 때 또는 상당한 주의를 하여도 손해가 있을 경우에는 그러하지 아니하다.

② 사용자에 갈음하여 그 사무를 감독하는 자도 전항의 책임이 있다.

③ 전2항의 경우에 사용자 또는 감독자는 피용자에 대하여 구상권을 행사할 수 있다.

제757조 【도급인의 책임】

도급인은 수급인이 그 일에 관하여 제3자에게 가한 손해를 배상할 책임이 없다. 그러나 도급 또는 지시에 관하여 도급인에게 중대한 과실이 있는 때에는 그러하지 아니하다.

제758조【공작물 등의 점유자, 소유자의 책임】

① 공작물의 설치 또는 보존의 하자로 인하여 타인에게 손해를 가한 때에는 공작물점유자가 손해를 배상할 책임이 있다. 그러나 점유자가 손해의 방지에 필요한 주의를 해태하지 아니한 때에는 그 소유자가 손해를 배상할 책임이 있다.

② 전항의 규정은 수목의 재식(栽植) 또는 보존에 하자 있는 경우에 준용한다.

2022.12.13 개정

③ 전2항(▶▶개정전 : 제2항)의 경우 점유자 또는 소유자는 그 손해의 원인에 대한 책임 있는 자에 대하여 구상권을 행사할 수 있다.

〈개정 2022.12.13.〉

제759조【동물의 점유자의 책임】

① 동물의 점유자는 그 동물이 타인에게 가한 손해를 배상할 책임이 있다. 그러나 동물의 종류와 성질에 따라 그 보관에 상당한 주의를 해태하지 아니한 때에는 그러하지 아니하다.

② 점유자에 갈음하여 동물을 보관한 자도 전항의 책임이 있다.

제760조【공동불법행위자의 책임】

① 수인이 공동의 불법행위로 타인에게 손해를 가한 때에는 연대하여 그 손해를 배상할 책임이 있다.

② 공동 아닌 수인의 행위중 어느 자의 행위가 그 손해를 가한 것인지를 알 수 없는 때에도 전항과 같다.

③ 교사자나 방조자는 공동행위자로 본다.

제761조【정당방위, 긴급피난】

① 타인의 불법행위에 대하여 자기 또는 제3자의 이익을 방위하기 위하여 부득이 타인에게 손해를 가한 자는 배상할 책임이 없다. 그러나 피해자는 불법행위에 대하여 손해의 배상을 청구할 수 있다.

② 전항의 규정은 급박한 위난을 피하기 위하여 부득이 타인에게 손해를 가한 경우에 준용한다.

제762조【손해배상청구권에 있어서의 태아(胎兒)의 지위】

태아는 손해배상의 청구권에 관하여는 이미 출생한 것으로 본다.

제763조【준용규정】

제393조, 제394조, 제396조, 제399조의 규정은 불법행위로 인한 손해배상에 준용한다.

제764조【명예훼손의 경우의 특칙】

타인의 명예를 훼손한 자에 대하여는 법원은 피해자의 청구에 의하여 손해배상에 갈음하거나 손해배상과 함께 명예회복에 적당한 처분을 명할 수 있다.

▶▶ [한정위헌, 헌재결 1991.4.1. 89헌마160. 「민법」 제764조의 "명예회복에 적당한 처분"에 사죄광고를 포함시키는 것은 헌법에 위반된다.]

제765조【배상액의 경감청구】

① 본장의 규정에 의한 배상의무자는 그 손해가 고의 또는 중대한 과실에 의한 것이 아니고 그 배상으로 인하여 배상자의 생계에 중대한 영향을 미치게 될 경우에는 법원에 그 배상액의 경감을 청구할 수 있다.

② 법원은 전항의 청구가 있는 때에는 채권자 및 채무자의 경제상태와 손해의 원인 등을 참작하여 배상액을 경감할 수 있다.

제766조【손해배상청구권의 소멸시효】

① 불법행위로 인한 손해배상의 청구권은 피해자나 그 법정대리인이 그 손해 및 가해자를 안 날로부터 3년간 이를 행사하지 아니하면 시효로 인하여 소멸한다.

② 불법행위를 한 날로부터 10년을 경과한 때에도 전항과 같다.

2020.10.20 신설

③ 미성년자가 성폭력, 성추행, 성희롱, 그 밖의 성적(性的) 침해를 당한 경우에 이로 인한 손해배상청구권의 소멸시효는 그가 성년이 될 때까지는 진행되지 아니한다. 〈신설 2020.10.20.〉

제4편 친 족

제1장 총 칙

제767조【친족(親族)의 정의】

배우자(配偶者), 혈족(血族) 및 인척(姻戚)을 친족으로 한다.

제768조【혈족의 정의】

자기의 직계존속(直系尊屬)과 직계비속(直系卑屬)을 직계혈족이라 하고 자기의 형제자매와 형제자매의 직계비속, 직계존속의 형제자매 및 그 형제자매의 직계비속을 방계(傍系)혈족이라 한다. 〈개정 1990.1.13〉

제769조【인척의 계원(系源)】

혈족의 배우자, 배우자의 혈족, 배우자의 혈족의 배우자를 인척으로 한다. 〈개정 1990.1.13〉

제770조【혈족의 촌수(寸數)의 계산】

① 직계혈족은 자기로부터 직계존속에 이르고 자기로부터 직계비속에 이르러 그 세수(世數)를 정한다.

② 방계혈족은 자기로부터 동원(同源)의 직계존속에 이르는 세수와 그 동원의 직계존속으로부터 그 직계비속에 이르는 세수를 통산하여 그 촌수를 정한다.

제771조【인척의 촌수의 계산】

인척은 배우자의 혈족에 대하여는 배우자의 그 혈족에 대한 촌수에 따르고, 혈족의 배우자에 대하여는 그 혈족에 대한 촌수에 따른다.

[전문개정 1990.1.13]

제772조【양자(養子)와의 친계(親系)와 촌수】

① 양자와 양부모 및 그 혈족, 인척사이의 친계와 촌수는 입양한 때로부터 혼인 중의 출생자와 동일한 것으로 본다.

② 양자의 배우자, 직계비속과 그 배우자는 전항의 양자의 친계를 기준으로 하여 촌수를 정한다.

제773조 삭 제 〈1990.1.13〉

제774조 삭 제 〈1990.1.13〉

제775조【인척관계 등의 소멸】

① 인척관계는 혼인의 취소 또는 이혼으로 인하여 종료한다. 〈개정 1990.1.13〉

② 부부의 일방이 사망한 경우 생존배우자가 재혼한 때에도 제1항과 같다. 〈개정 1990.1.13〉

제776조【입양으로 인한 친족관계의 소멸】

입양으로 인한 친족관계는 입양의 취소 또는 파양으로 인하여 종료한다.

제777조【친족의 범위】

친족관계로 인한 법률상 효력은 이 법 또는 다른 법률에 특별한 규정이 없는 한 다음 각호에 해당하는 자에 미친다.

1. 8촌 이내의 혈족
2. 4촌 이내의 인척
3. 배우자

제2장 가족의 범위와 자의 성과 본

〈본장 제목개정 2005.3.31〉

제778조 삭 제 〈2005.3.31〉

제779조【가족의 범위】

① 다음의 자는 가족으로 한다.

1. 배우자, 직계혈족 및 형제자매

2. 직계혈족의 배우자, 배우자의 직계혈족 및 배우자의 형제자매

② 제1항 제2호의 경우에는 생계를 같이 하는 경우에 한한다. [전문개정 2005.3.31]

제780조 삭 제 〈2005.3.31〉

제781조 【자(子)의 성(姓)과 본(本)】

① 자는 부의 성과 본을 따른다. 다만, 부모가 혼인신고시 모의 성과 본을 따르기로 협의한 경우에는 모의 성과 본을 따른다.

② 부가 외국인인 경우에는 자는 모의 성과 본을 따를 수 있다.

③ 부를 알 수 없는 자는 모의 성과 본을 따른다.

④ 부모를 알 수 없는 자는 법원의 허가를 받아 성과 본을 창설한다. 다만, 성과 본을 창설한 후 부 또는 모를 알게 된 때에는 부 또는 모의 성과 본을 따를 수 있다.

⑤ 혼인 외의 출생자가 인지된 경우 자는 부모의 협의에 따라 종전의 성과 본을 계속 사용할 수 있다. 다만, 부모가 협의할 수 없거나 협의가 이루어지지 아니한 경우에는 자는 법원의 허가를 받아 종전의 성과 본을 계속 사용할 수 있다.

⑥ 자의 복리를 위하여 자의 성과 본을 변경할 필요가 있을 때에는 부, 모 또는 자의 청구에 의하여 법원의 허가를 받아 이를 변경할 수 있다. 다만, 자가 미성년자이고 법정대리인이 청구할 수 없는 경우에는 제777조의 규정에 따른 친족 또는 검사가 청구할 수 있다.

[전문개정 2005.3.31]

제782조 ~ 제789조 삭 제 〈2005.3.31〉

제790조 삭 제 〈1990.1.13〉

제791조 삭 제 〈2005.3.31〉

제792조 삭 제 〈1990.1.13〉

제793조 ~ 제796조 삭 제 〈2005.3.31〉

제797조 ~ 제799조 삭 제 〈1990.1.13〉

제3장 혼 인

제1절 약 혼

제800조 【약혼(約婚)의 자유】

성년에 달한 자는 자유로 약혼할 수 있다.

제801조 【약혼 나이】 〈제목개정 2022.12.27.〉

18세가 된 사람은 부모나 미성년후견인의 동의를 받아 약혼할 수 있다. 이 경우 제808조를 준용한다

[전문개정 2011.3.7]

제802조 【성년후견과 약혼】

피성년후견인은 부모나 성년후견인의 동의를 받아 약혼할 수 있다. 이 경우 제808조를 준용한다

[전문개정 2011.3.7]

제803조 【약혼의 강제이행금지】

약혼은 강제이행을 청구하지 못한다.

제804조 【약혼해제의 사유】

당사자 한쪽에 다음 각 호의 어느 하나에 해당하는 사유가 있는 경우에는 상대방은 약혼을 해제할 수 있다.

1. 약혼 후 자격정지 이상의 형을 선고받은 경우
2. 약혼 후 성년후견개시나 한정후견개시의 심판을 받은 경우
3. 성병, 불치의 정신병, 그 밖의 불치의 병질(病疾)이 있는 경우
4. 약혼 후 다른 사람과 약혼이나 혼인을 한 경우
5. 약혼 후 다른 사람과 간음(姦淫)한 경우
6. 약혼 후 1년 이상 생사(生死)가 불명한 경우
7. 정당한 이유 없이 혼인을 거절하거나 그 시기를 늦추는 경우
8. 그 밖에 중대한 사유가 있는 경우

[전문개정 2011.3.7]

민법

제805조【약혼해제의 방법】
약혼의 해제는 상대방에 대한 의사표시로 한다. 그러나 상대방에 대하여 의사표시를 할 수 없는 때에는 그 해제의 원인 있음을 안 때에 해제된 것으로 본다.

제806조【약혼해제와 손해배상청구권】
① 약혼을 해제한 때에는 당사자 일방은 과실 있는 상대방에 대하여 이로 인한 손해의 배상을 청구할 수 있다.
② 전항의 경우에는 재산상 손해 외에 정신상 고통에 대하여도 손해배상의 책임이 있다.
③ 정신상 고통에 대한 배상청구권은 양도 또는 승계하지 못한다. 그러나 당사자간에 이미 그 배상에 관한 계약이 성립되거나 소를 제기한 후에는 그러하지 아니하다.

제2절 혼인의 성립

제807조【혼인적령】
18세가 된 사람은 혼인할 수 있다.
〈개정 2022.12.27.〉 [전문개정 2007.12.21]

제808조【동의가 필요한 혼인】
① 미성년자가 혼인을 하는 경우에는 부모의 동의를 받아야 하며, 부모 중 한쪽이 동의권을 행사할 수 없을 때에는 다른 한쪽의 동의를 받아야 하고, 부모가 모두 동의권을 행사할 수 없을 때에는 미성년후견인의 동의를 받아야 한다.
② 피성년후견인은 부모나 성년후견인의 동의를 받아 혼인할 수 있다.
[전문개정 2011.3.7]

제809조【근친혼(近親婚) 등의 금지】
① 8촌 이내의 혈족(친양자의 입양 전의 혈족을 포함한다) 사이에서는 혼인하지 못한다.
② 6촌 이내의 혈족의 배우자, 배우자의 6촌 이내의 혈족, 배우자의 4촌 이내의 혈족의 배우자인 인척이거나 이러한 인척이었던 자 사이에서는 혼인하지 못한다.
③ 6촌 이내의 양부모계(養父母系)의 혈족이었던 자와 4촌 이내의 양부모계의 인척이었던 자 사이에서는 혼인하지 못한다.
[전문개정 2005.3.31]

제810조【중혼(重婚)의 금지】
배우자 있는 자는 다시 혼인하지 못한다.

제811조 삭 제 〈2005.3.31〉

제812조【혼인의 성립】
① 혼인은 「가족관계의 등록 등에 관한 법률」에 정한 바에 의하여 신고함으로써 그 효력이 생긴다. 〈개정 2007.5.17〉
② 전항의 신고는 당사자 쌍방과 성년자인 증인 2인의 연서(連署)한 서면으로 하여야 한다.

제813조【혼인신고의 심사】
혼인의 신고는 그 혼인이 제807조 내지 제810조 및 제812조 제2항의 규정 기타 법령에 위반함이 없는 때에는 이를 수리하여야 한다. 〈개정 2005.3.31〉

제814조【외국에서의 혼인신고】
① 외국에 있는 본국민사이의 혼인은 그 외국에 주재하는 대사, 공사 또는 영사에게 신고할 수 있다.
② 제1항의 신고를 수리한 대사, 공사 또는 영사는 지체없이 그 신고서류를 본국의 재외국민 가족관계등록사무소에 송부하여야 한다.
〈개정 2005.3.31, 2007.5.17, 2015.2.3〉

제3절 혼인의 무효와 취소

제815조【혼인의 무효】
혼인은 다음 각 호의 어느 하나의 경우에는 무효로 한다. 〈개정 2005.3.31〉
1. 당사자간에 혼인의 합의가 없는 때
2. 혼인이 제809조 제1항의 규정을 위반한 때

3. 당사자간에 직계인척관계(直系姻戚關係)가 있거나 있었던 때
4. 당사자간에 양부모계의 직계혈족관계가 있었던 때

제816조【혼인취소의 사유】
혼인은 다음 각 호의 어느 하나의 경우에는 법원에 그 취소를 청구할 수 있다.
〈개정 1990.1.13, 2005.3.31〉
1. 혼인이 제807조 내지 제809조(제815조의 규정에 의하여 혼인의 무효사유에 해당하는 경우를 제외한다. 이하 제817조 및 제820조에서 같다) 또는 제810조의 규정에 위반한 때
2. 혼인당시 당사자 일방에 부부생활을 계속할 수 없는 악질 기타 중대 사유 있음을 알지 못한 때
3. 사기 또는 강박으로 인하여 혼인의 의사표시를 한 때

제817조【나이위반 혼인 등의 취소청구권자】
〈제목개정 2022.12.27.〉
혼인이 제807조, 제808조의 규정에 위반한 때에는 당사자 또는 그 법정대리인이 그 취소를 청구할 수 있고 제809조의 규정에 위반한 때에는 당사자, 그 직계존속 또는 4촌 이내의 방계혈족이 그 취소를 청구할 수 있다. 〈개정 2005.3.31〉

제818조【중혼의 취소청구권자】
당사자 및 그 배우자, 직계혈족, 4촌 이내의 방계혈족 또는 검사는 제810조를 위반한 혼인의 취소를 청구할 수 있다. [전문개정 2012.2.10]

▶▶ [2010.7.29. 헌법재판소에서 헌법불합치 결정(헌재결 2010.7.29. 2009헌가8)된 이 조를 개정함]

제819조【동의 없는 혼인의 취소청구권의 소멸】
제808조를 위반한 혼인은 그 당사자가 19세가 된 후 또는 성년후견종료의 심판이 있은 후 3개월이 지나거나 혼인 중에 임신한 경우에는 그 취소를 청구하지 못한다.
[전문개정 2011.3.7]

제820조【근친혼 등의 취소청구권의 소멸】
〈제목개정 2005.3.31.〉
제809조의 규정에 위반한 혼인은 그 당사자간에 혼인중 포태한 때에는 그 취소를 청구하지 못한다.
〈개정 2005.3.31〉

제821조 삭 제 〈2005.3.31〉

제822조【악질(惡疾) 등 사유에 의한 혼인취소청구권의 소멸】
제816조 제2호의 규정에 해당하는 사유 있는 혼인은 상대방이 그 사유 있음을 안 날로부터 6월을 경과한 때에는 그 취소를 청구하지 못한다.

제823조【사기, 강박으로 인한 혼인취소청구권의 소멸】
사기 또는 강박으로 인한 혼인은 사기를 안 날 또는 강박을 면한 날로부터 3월을 경과한 때에는 그 취소를 청구하지 못한다.

제824조【혼인취소의 효력】
혼인의 취소의 효력은 기왕에 소급하지 아니한다.

제824조의2【혼인의 취소와 자의 양육 등】
제837조 및 제837조의2의 규정은 혼인의 취소의 경우에 자의 양육책임과 면접교섭권에 관하여 이를 준용한다.
[본조신설 2005.3.31]

제825조【혼인취소와 손해배상청구권】
제806조의 규정은 혼인의 무효 또는 취소의 경우에 준용한다.

제4절 혼인의 효력

제1관 일반적 효력

제826조【부부간의 의무】
① 부부는 동거하며 서로 부양하고 협조하여야 한다. 그러나 정당한 이유로 일시적으로 동거하지 아니하는 경우에는 서로 인용하여야 한다.

② 부부의 동거장소는 부부의 협의에 따라 정한다. 그러나 협의가 이루어지지 아니하는 경우에는 당사자의 청구에 의하여 가정법원이 이를 정한다. 〈개정 1990.1.13〉

③ 삭 제 〈2005.3.31〉

④ 삭 제 〈2005.3.31〉

제826조의2【성년의제(成年擬制)】

미성년자가 혼인을 한 때에는 성년자로 본다.

[본조신설 1977.12.31]

제827조【부부간의 가사대리권(家事代理權)】

① 부부는 일상(日常)의 가사에 관하여 서로 대리권이 있다.

② 전항의 대리권에 가한 제한은 선의의 제3자에게 대항하지 못한다.

제828조 삭 제 〈2012.2.10〉

제2관 재산상 효력

제829조【부부재산의 약정과 그 변경】

① 부부가 혼인성립 전에 그 재산에 관하여 따로 약정을 하지 아니한 때에는 그 재산관계는 본관(本款)중 다음 각조에 정하는 바에 의한다.

② 부부가 혼인성립 전에 그 재산에 관하여 약정한 때에는 혼인중 이를 변경하지 못한다. 그러나 정당한 사유가 있는 때에는 법원의 허가를 얻어 변경할 수 있다.

③ 전항의 약정에 의하여 부부의 일방이 다른 일방의 재산을 관리하는 경우에 부적당한 관리로 인하여 그 재산을 위태하게 한 때에는 다른 일방은 자기가 관리할 것을 법원에 청구할 수 있고 그 재산이 부부의 공유인 때에는 그 분할을 청구할 수 있다.

④ 부부가 그 재산에 관하여 따로 약정을 한 때에는 혼인성립까지에 그 등기를 하지 아니하면 이로써 부부의 승계인 또는 제3자에게 대항하지 못한다.

⑤ 제2항, 제3항의 규정이나 약정에 의하여 관리자를 변경하거나 공유재산을 분할하였을 때에는 그 등기를 하지 아니하면 이로써 부부의 승계인 또는 제3자에게 대항하지 못한다.

제830조【특유재산(特有財産)과 귀속불명재산(歸屬不明財産)】

① 부부의 일방이 혼인 전부터 가진 고유재산과 혼인중 자기의 명의로 취득한 재산은 그 특유재산으로 한다.

② 부부의 누구에게 속한 것인지 분명하지 아니한 재산은 부부의 공유로 추정한다.

〈개정 1977.12.31〉

제831조【특유재산의 관리 등】

부부는 그 특유재산을 각자관리, 사용, 수익한다.

제832조【가사(家事)로 인한 채무의 연대책임】

부부의 일방이 일상(日常)의 가사에 관하여 제3자와 법률행위를 한 때에는 다른 일방은 이로 인한 채무에 대하여 연대책임이 있다. 그러나 이미 제3자에 대하여 다른 일방의 책임 없음을 명시한 때에는 그러하지 아니하다.

제833조【생활비용】

부부의 공동생활에 필요한 비용은 당사자 간에 특별한 약정이 없으면 부부가 공동으로 부담한다.

[전문개정 1990.1.13]

제5절 이 혼

제1관 협의상 이혼

제834조【협의상 이혼】

부부는 협의에 의하여 이혼할 수 있다.

제835조【성년후견과 협의상 이혼】

피성년후견인의 협의상 이혼에 관하여는 제808조 제2항을 준용한다.

[전문개정 2011.3.7]

제836조 【이혼의 성립과 신고방식】

① 협의상 이혼은 가정법원의 확인을 받아 「가족관계의 등록 등에 관한 법률」의 정한 바에 의하여 신고함으로써 그 효력이 생긴다. 〈개정 1977.12.31, 2007.5.17〉

② 전항의 신고는 당사자쌍방과 성년자인 증인 2인의 연서한 서면으로 하여야 한다.

제836조의2 【이혼의 절차】

① 협의상 이혼을 하려는 자는 가정법원이 제공하는 이혼에 관한 안내를 받아야 하고, 가정법원은 필요한 경우 당사자에게 상담에 관하여 전문적인 지식과 경험을 갖춘 전문상담인의 상담을 받을 것을 권고할 수 있다.

② 가정법원에 이혼의사의 확인을 신청한 당사자는 제1항의 안내를 받은 날부터 다음 각 호의 기간이 지난 후에 이혼의사의 확인을 받을 수 있다.

1. 양육하여야 할 자(포태 중인 자를 포함한다. 이하 이 조에서 같다)가 있는 경우에는 3개월
2. 제1호에 해당하지 아니하는 경우에는 1개월

③ 가정법원은 폭력으로 인하여 당사자 일방에게 참을 수 없는 고통이 예상되는 등 이혼을 하여야 할 급박한 사정이 있는 경우에는 제2항의 기간을 단축 또는 면제할 수 있다.

④ 양육하여야 할 자가 있는 경우 당사자는 제837조에 따른 자(子)의 양육과 제909조 제4항에 따른 자(子)의 친권자결정에 관한 협의서 또는 제837조 및 제909조 제4항에 따른 가정법원의 심판정본을 제출하여야 한다.

⑤ 가정법원은 당사자가 협의한 양육비부담에 관한 내용을 확인하는 양육비부담조서를 작성하여야 한다. 이 경우 양육비부담조서의 효력에 대하여는 「가사소송법」 제41조를 준용한다. 〈신설 2009.5.8〉

[본조신설 2007.12.21]

제837조 【이혼과 자의 양육책임】

① 당사자는 그 자의 양육에 관한 사항을 협의에 의하여 정한다. 〈개정 1990.1.13〉

② 제1항의 협의는 다음의 사항을 포함하여야 한다. 〈개정 2007.12.21〉

1. 양육자의 결정
2. 양육비용의 부담
3. 면접교섭권의 행사 여부 및 그 방법

③ 제1항에 따른 협의가 자(子)의 복리에 반하는 경우에는 가정법원은 보정을 명하거나 직권으로 그 자(子)의 의사(意思)·나이와 부모의 재산상황, 그 밖의 사정을 참작하여 양육에 필요한 사항을 정한다. 〈개정 2007.12.21., 2022.12.27.〉

④ 양육에 관한 사항의 협의가 이루어지지 아니하거나 협의할 수 없는 때에는 가정법원은 직권으로 또는 당사자의 청구에 따라 이에 관하여 결정한다. 이 경우 가정법원은 제3항의 사정을 참작하여야 한다. 〈신설 2007.12.21〉

⑤ 가정법원은 자(子)의 복리를 위하여 필요하다고 인정하는 경우에는 부·모·자(子) 및 검사의 청구 또는 직권으로 자(子)의 양육에 관한 사항을 변경하거나 다른 적당한 처분을 할 수 있다. 〈신설 2007.12.21〉

⑥ 제3항부터 제5항까지의 규정은 양육에 관한 사항 외에는 부모의 권리의무에 변경을 가져오지 아니한다. 〈신설 2007.12.21〉

2016.12.2 개정

제837조의2 [면접교섭권]

① 자(子)를 직접 양육하지 아니하는 부모의 일방과 자(子)는 상호 면접교섭할 수 있는 권리를 가진다. 〈개정 2007.12.21.〉

② 자(子)를 직접 양육하지 아니하는 부모 일방의 직계존속은 그 부모 일방이 사망하였거나 질병, 외국거주, 그 밖에 불가피한 사정으로 자(子)를 면접교섭할 수 없는 경우 가정법원에 자(子)와의 면접교섭을 청구할 수 있다. 이 경우

민법

가정법원은 자(子)의 의사(意思), 면접교섭을 청구한 사람과 자(子)의 관계, 청구의 동기, 그 밖의 사정을 참작하여야 한다.

〈신설 2016.12.2.〉

③ 가정법원은 자의 복리를 위하여 필요한 때에는 당사자의 청구 또는 직권에 의하여 면접교섭을 제한·배제·변경할 수 있다.

〈개정 2005.3.31., 2016.12.2.〉

[본조신설 1990.1.13]

개정 前

제837조의2 [면접교섭권]

① 자(子)를 직접 양육하지 아니하는 부모의 일방과 자(子)는 상호 면접교섭할 수 있는 권리를 가진다. 〈개정 2007.12.21〉

② 가정법원은 자의 복리를 위하여 필요한 때에는 당사자의 청구 또는 직권에 의하여 면접교섭을 제한하거나 배제할 수 있다. 〈개정 2005.3.31〉

[본조신설 1990.1.13]

제838조【사기, 강박으로 인한 이혼의 취소청구권】

사기 또는 강박으로 인하여 이혼의 의사표시를 한 자는 그 취소를 가정법원에 청구할 수 있다.

〈개정 1990.1.13〉

제839조【준용규정】

제823조의 규정은 협의상 이혼에 준용한다.

제839조의2【재산분할청구권】

① 협의상 이혼한 자의 일방은 다른 일방에 대하여 재산분할을 청구할 수 있다.

② 제1항의 재산분할에 관하여 협의가 되지 아니하거나 협의할 수 없는 때에는 가정법원은 당사자의 청구에 의하여 당사자 쌍방의 협력으로 이룩한 재산의 액수 기타 사정을 참작하여 분할의 액수와 방법을 정한다.

③ 제1항의 재산분할청구권은 이혼한 날부터 2년을 경과한 때에는 소멸한다.

[본조신설 1990.1.13]

제839조의3【재산분할청구권 보전을 위한 사해행위취소권】

① 부부의 일방이 다른 일방의 재산분할청구권 행사를 해함을 알면서도 재산권을 목적으로 하는 법률행위를 한 때에는 다른 일방은 제406조 제1항을 준용하여 그 취소 및 원상회복을 가정법원에 청구할 수 있다.

② 제1항의 소는 제406조 제2항의 기간 내에 제기하여야 한다.

[본조신설 2007.12.21]

제2관 재판상 이혼

제840조【재판상 이혼원인】

부부의 일방은 다음 각호의 사유가 있는 경우에는 가정법원에 이혼을 청구할 수 있다.

〈개정 1990.1.13〉

1. 배우자에 부정(不貞)한 행위가 있었을 때
2. 배우자가 악의로 다른 일방을 유기한 때
3. 배우자 또는 그 직계존속으로부터 심히 부당한 대우를 받았을 때
4. 자기의 직계존속이 배우자로부터 심히 부당한 대우를 받았을 때
5. 배우자의 생사가 3년 이상 분명하지 아니한 때
6. 기타 혼인을 계속하기 어려운 중대한 사유가 있을 때

제841조【부정으로 인한 이혼청구권의 소멸】

전조 제1호의 사유는 다른 일방이 사전동의나 사후용서를 한 때 또는 이를 안 날로부터 6월, 그 사유 있은 날로부터 2년을 경과한 때에는 이혼을 청구하지 못한다.

제842조【기타 원인으로 인한 이혼청구권의 소멸】

제840조 제6호의 사유는 다른 일방이 이를 안 날로부터 6월, 그 사유 있은 날로부터 2년을 경과하면 이혼을 청구하지 못한다.

제843조 【준용규정】

재판상 이혼에 따른 손해배상책임에 관하여는 제806조를 준용하고, 재판상 이혼에 따른 자녀의 양육책임 등에 관하여는 제837조를 준용하며, 재판상 이혼에 따른 면접교섭권에 관하여는 제837조의2를 준용하고, 재판상 이혼에 따른 재산분할청구권에 관하여는 제839조의2를 준용하며, 재판상 이혼에 따른 재산분할청구권 보전을 위한 사해행위취소권에 관하여는 제839조의3을 준용한다.

[전문개정 2012.2.10]

제4장 부모와 자

제1절 친생자

2017.10.31 개정

제844조 [남편의 친생자의 추정]

① 아내가 혼인 중에 임신한 자녀는 남편의 자녀로 추정한다.

② 혼인이 성립한 날부터 200일 후에 출생한 자녀는 혼인 중에 임신한 것으로 추정한다.

③ 혼인관계가 종료된 날부터 300일 이내에 출생한 자녀는 혼인 중에 임신한 것으로 추정한다.

[전문개정 2017.10.31.]

▶▶ [2017.10.31. 법률 제14965호에 의하여 2015.4.30. 헌법재판소에서 헌법불합치 결정(헌재결 2015.4.30. 2013헌마623)된 이 조를 개정함.]

개정 前

제844조 [부(夫)의 친생자(親生子)의 추정]

① 처가 혼인 중에 포태한 자는 부의 자로 추정한다.

② 혼인성립의 날로부터 2백일 후 또는 혼인관계종료의 날로부터 3백일 내에 출생한 자는 혼인 중에 포태한 것으로 추정한다.

제845조 【법원에 의한 부(父)의 결정】

재혼한 여자가 해산한 경우에 제844조의 규정에 의하여 그 자의 부를 정할 수 없는 때에는 법원이 당사자의 청구에 의하여 이를 정한다.

〈개정 2005.3.31〉

제846조 【자(子)의 친생부인(親生否認)】

부부의 일방은 제844조의 경우에 그 자가 친생자임을 부인하는 소를 제기할 수 있다.

〈개정 2005.3.31〉

제847조 【친생부인의 소】

① 친생부인의 소(訴)는 부(夫) 또는 처(妻)가 다른 일방 또는 자(子)를 상대로 하여 그 사유가 있음을 안 날부터 2년 내에 이를 제기하여야 한다.

② 제1항의 경우에 상대방이 될 자가 모두 사망한 때에는 그 사망을 안 날부터 2년 내에 검사를 상대로 하여 친생부인의 소를 제기할 수 있다.

[전문개정 2005.3.31]

제848조 【성년후견과 친생부인의 소】

① 남편이나 아내가 피성년후견인인 경우에는 그의 성년후견인이 성년후견감독인의 동의를 받아 친생부인의 소를 제기할 수 있다. 성년후견감독인이 없거나 동의할 수 없을 때에는 가정법원에 그 동의를 갈음하는 허가를 청구할 수 있다.

② 제1항의 경우 성년후견인이 친생부인의 소를 제기하지 아니하는 경우에는 피성년후견인은 성년후견종료의 심판이 있은 날부터 2년 내에 친생부인의 소를 제기할 수 있다.

[전문개정 2011.3.7]

제849조 【자(子)사망 후의 친생부인】

자가 사망한 후에도 그 직계비속이 있는 때에는 그 모를 상대로, 모가 없으면 검사를 상대로 하여 부인의 소를 제기할 수 있다.

제850조【유언에 의한 친생부인】
부(夫) 또는 처(妻)가 유언으로 부인의 의사를 표시한 때에는 유언집행자는 친생부인의 소를 제기하여야 한다. 〈개정 2005.3.31.〉

제851조【부(夫)의 자(子) 출생 전 사망 등과 친생부인】
부(夫)가 자(子)의 출생 전에 사망하거나 부(夫) 또는 처(妻)가 제847조 제1항의 기간 내에 사망한 때에는 부(夫) 또는 처(妻)의 직계존속이나 직계비속에 한하여 그 사망을 안 날부터 2년 내에 친생부인의 소를 제기할 수 있다.
[전문개정 2005.3.31]

제852조【친생부인권의 소멸】
자의 출생 후에 친생자(親生子)임을 승인한 자는 다시 친생부인의 소를 제기하지 못한다.
[전문개정 2005.3.31]

제853조 삭 제 〈2005.3.31〉

제854조【사기, 강박으로 인한 승인의 취소】
제852조의 승인이 사기 또는 강박으로 인한 때에는 이를 취소할 수 있다. 〈개정 2005.3.31〉

2017.10.31 신설

제854조의2 [친생부인의 허가 청구]
① 어머니 또는 어머니의 전(前) 남편은 제844조 제3항의 경우에 가정법원에 친생부인의 허가를 청구할 수 있다. 다만, 혼인 중의 자녀로 출생신고가 된 경우에는 그러하지 아니하다.
② 제1항의 청구가 있는 경우에 가정법원은 혈액채취에 의한 혈액형 검사, 유전인자의 검사 등 과학적 방법에 따른 검사결과 또는 장기간의 별거 등 그 밖의 사정을 고려하여 허가 여부를 정한다.
③ 제1항 및 제2항에 따른 허가를 받은 경우에는 제844조 제1항 및 제3항의 추정이 미치지 아니한다.
[본조신설 2017.10.31.]

제855조【인 지(認知)】
① 혼인 외의 출생자는 그 생부(生父)나 생모(生母)가 이를 인지할 수 있다. 부모의 혼인이 무효인 때에는 출생자는 혼인 외의 출생자로 본다.
② 혼인 외의 출생자는 그 부모가 혼인한 때에는 그때로부터 혼인 중의 출생자로 본다.

2017.10.31 신설

제855조의2 [인지의 허가 청구]
① 생부(生父)는 제844조 제3항의 경우에 가정법원에 인지의 허가를 청구할 수 있다. 다만, 혼인 중의 자녀로 출생신고가 된 경우에는 그러하지 아니하다.
② 제1항의 청구가 있는 경우에 가정법원은 혈액채취에 의한 혈액형 검사, 유전인자의 검사 등 과학적 방법에 따른 검사결과 또는 장기간의 별거 등 그 밖의 사정을 고려하여 허가 여부를 정한다.
③ 제1항 및 제2항에 따라 허가를 받은 생부가 「가족관계의 등록 등에 관한 법률」 제57조 제1항에 따른 신고를 하는 경우에는 제844조 제1항 및 제3항의 추정이 미치지 아니한다.
[본조신설 2017.10.31.]

제856조【피성년후견인의 인지】
아버지가 피성년후견인인 경우에는 성년후견인의 동의를 받아 인지할 수 있다. [전문개정 2011.3.7]

제857조【사망자(死亡子)의 인지】
자가 사망한 후에도 그 직계비속이 있는 때에는 이를 인지할 수 있다.

제858조【포태 중인 자의 인지】
부는 포태 중에 있는 자에 대하여도 이를 인지할 수 있다.

제859조【인지의 효력발생】
① 인지는 「가족관계의 등록 등에 관한 법률」의 정하는 바에 의하여 신고함으로써 그 효력이 생긴다. 〈개정 2007.5.17〉

② 인지는 유언으로도 이를 할 수 있다. 이 경우에는 유언집행자가 이를 신고하여야 한다.

제860조【인지의 소급효】
인지는 그 자의 출생시에 소급하여 효력이 생긴다. 그러나 제3자의 취득한 권리를 해하지 못한다.

제861조【인지의 취소】
사기, 강박 또는 중대한 착오로 인하여 인지를 한 때에는 사기나 착오를 안 날 또는 강박을 면한 날로부터 6월 내에 가정법원에 그 취소를 청구할 수 있다. 〈개정 2005.3.31〉

제862조【인지에 대한 이의의 소】
자 기타 이해관계인은 인지의 신고 있음을 안 날로부터 1년 내에 인지에 대한 이의의 소를 제기할 수 있다.

제863조【인지청구의 소】
자와 그 직계비속 또는 그 법정대리인은 부 또는 모를 상대로 하여 인지청구의 소를 제기할 수 있다.

제864조【부모의 사망과 인지청구의 소】
제862조 및 제863조의 경우에 부 또는 모가 사망한 때에는 그 사망을 안 날로부터 2년 내에 검사를 상대로 하여 인지에 대한 이의 또는 인지청구의 소를 제기할 수 있다. 〈개정 2005.3.31〉

제864조의2【인지와 자의 양육책임 등】
제837조 및 제837조의2의 규정은 자가 인지된 경우에 자의 양육책임과 면접교섭권에 관하여 이를 준용한다. [본조신설 2005.3.31]

제865조【다른 사유를 원인으로 하는 친생자관계존부확인의 소】
① 제845조, 제846조, 제848조, 제850조, 제851조, 제862조와 제863조의 규정에 의하여 소를 제기할 수 있는 자는 다른 사유를 원인으로 하여 친생자관계존부의 확인의 소를 제기할 수 있다.
② 제1항의 경우에 당사자 일방이 사망한 때에는 그 사망을 안 날로부터 2년 내에 검사를 상대로 하여 소를 제기할 수 있다. 〈개정 2005.3.31〉

제2절 양 자

제1관 입양의 요건과 효력

〈본관 제목개정 2012.2.10〉

제866조【입양을 할 능력】
성년이 된 사람은 입양(入養)을 할 수 있다.
[전문개정 2012.2.10]

제867조【미성년자의 입양에 대한 가정법원의 허가】
① 미성년자를 입양하려는 사람은 가정법원의 허가를 받아야 한다.
② 가정법원은 양자가 될 미성년자의 복리를 위하여 그 양육 상황, 입양의 동기, 양부모(養父母)의 양육능력, 그 밖의 사정을 고려하여 제1항에 따른 입양의 허가를 하지 아니할 수 있다.
[본조신설 2012.2.10]

제868조 삭 제 〈1990.1.13〉

제869조【입양의 의사표시】
① 양자가 될 사람이 13세 이상의 미성년자인 경우에는 법정대리인의 동의를 받아 입양을 승낙한다.
② 양자가 될 사람이 13세 미만인 경우에는 법정대리인이 그를 갈음하여 입양을 승낙한다.
③ 가정법원은 다음 각 호의 어느 하나에 해당하는 경우에는 제1항에 따른 동의 또는 제2항에 따른 승낙이 없더라도 제867조 제1항에 따른 입양의 허가를 할 수 있다.
  1. 법정대리인이 정당한 이유 없이 동의 또는 승낙을 거부하는 경우. 다만, 법정대리인이 친권자인 경우에는 제870조 제2항의 사유가 있어야 한다.
  2. 법정대리인의 소재를 알 수 없는 등의 사유로 동의 또는 승낙을 받을 수 없는 경우
④ 제3항 제1호의 경우 가정법원은 법정대리인을 심문하여야 한다.

⑤ 제1항에 따른 동의 또는 제2항에 따른 승낙은 제867조 제1항에 따른 입양의 허가가 있기 전까지 철회할 수 있다. [전문개정 2012.2.10]

제870조 【미성년자 입양에 대한 부모의 동의】
① 양자가 될 미성년자는 부모의 동의를 받아야 한다. 다만, 다음 각 호의 어느 하나에 해당하는 경우에는 그러하지 아니하다.
1. 부모가 제869조 제1항에 따른 동의를 하거나 같은 조 제2항에 따른 승낙을 한 경우
2. 부모가 친권상실의 선고를 받은 경우
3. 부모의 소재를 알 수 없는 등의 사유로 동의를 받을 수 없는 경우

② 가정법원은 다음 각 호의 어느 하나에 해당하는 사유가 있는 경우에는 부모가 동의를 거부하더라도 제867조 제1항에 따른 입양의 허가를 할 수 있다. 이 경우 가정법원은 부모를 심문하여야 한다.
1. 부모가 3년 이상 자녀에 대한 부양의무를 이행하지 아니한 경우
2. 부모가 자녀를 학대 또는 유기(遺棄)하거나 그 밖에 자녀의 복리를 현저히 해친 경우

③ 제1항에 따른 동의는 제867조 제1항에 따른 입양의 허가가 있기 전까지 철회할 수 있다.
[전문개정 2012.2.10]

제871조 【성년자 입양에 대한 부모의 동의】
① 양자가 될 사람이 성년인 경우에는 부모의 동의를 받아야 한다. 다만, 부모의 소재를 알 수 없는 등의 사유로 동의를 받을 수 없는 경우에는 그러하지 아니하다.
② 가정법원은 부모가 정당한 이유 없이 동의를 거부하는 경우에 양부모가 될 사람이나 양자가 될 사람의 청구에 따라 부모의 동의를 갈음하는 심판을 할 수 있다. 이 경우 가정법원은 부모를 심문하여야 한다. [전문개정 2012.2.10]

제872조 삭 제 〈2012.2.10〉

제873조 【피성년후견인의 입양】
① 피성년후견인은 성년후견인의 동의를 받아 입양을 할 수 있고 양자가 될 수 있다.
② 피성년후견인이 입양을 하거나 양자가 되는 경우에는 제867조를 준용한다.
③ 가정법원은 성년후견인이 정당한 이유 없이 제1항에 따른 동의를 거부하거나 피성년후견인의 부모가 정당한 이유 없이 제871조 제1항에 따른 동의를 거부하는 경우에 그 동의가 없어도 입양을 허가할 수 있다. 이 경우 가정법원은 성년후견인 또는 부모를 심문하여야 한다.
[전문개정 2012.2.10]

제874조 【부부의 공동 입양 등】
① 배우자가 있는 사람은 배우자와 공동으로 입양하여야 한다.
② 배우자가 있는 사람은 그 배우자의 동의를 받아야만 양자가 될 수 있다.
[전문개정 2012.2.10]

제875조 삭 제 〈1990.1.13〉

제876조 삭 제 〈1990.1.13〉

제877조 【입양의 금지】
존속이나 연장자를 입양할 수 없다.
[전문개정 2012.2.10]

제878조 【입양의 성립】
입양은 「가족관계의 등록 등에 관한 법률」에서 정한 바에 따라 신고함으로써 그 효력이 생긴다.
[전문개정 2012.2.10]

제879조 삭 제 〈1990.1.13〉

제880조 삭 제 〈1990.1.13〉

제881조 【입양 신고의 심사】
제866조, 제867조, 제869조부터 제871조까지, 제873조, 제874조, 제877조, 그 밖의 법령을 위반하지 아니한 입양 신고는 수리하여야 한다.
[전문개정 2012.2.10.]

제882조 【외국에서의 입양 신고】
외국에서 입양 신고를 하는 경우에는 제814조를 준용한다. [전문개정 2012.2.10]

제882조의2 【입양의 효력】
① 양자는 입양된 때부터 양부모의 친생자와 같은 지위를 가진다.
② 양자의 입양 전의 친족관계는 존속한다.
[본조신설 2012.2.10]

제2관 입양의 무효와 취소

제883조 【입양 무효의 원인】
다음 각 호의 어느 하나에 해당하는 입양은 무효이다.
1. 당사자 사이에 입양의 합의가 없는 경우
2. 제867조 제1항(제873조 제2항에 따라 준용되는 경우를 포함한다), 제869조 제2항, 제877조를 위반한 경우

[전문개정 2012.2.10]

제884조 【입양 취소의 원인】
① 입양이 다음 각 호의 어느 하나에 해당하는 경우에는 가정법원에 그 취소를 청구할 수 있다.
1. 제866조, 제869조 제1항, 같은 조 제3항 제2호, 제870조 제1항, 제871조 제1항, 제873조 제1항, 제874조를 위반한 경우
2. 입양 당시 양부모와 양자 중 어느 한쪽에게 악질(惡疾)이나 그 밖에 중대한 사유가 있음을 알지 못한 경우
3. 사기 또는 강박으로 인하여 입양의 의사표시를 한 경우

② 입양 취소에 관하여는 제867조 제2항을 준용한다.
[전문개정 2012.2.10]

제885조 【입양 취소 청구권자】
양부모, 양자와 그 법정대리인 또는 직계혈족은 제866조를 위반한 입양의 취소를 청구할 수 있다. [전문개정 2012.2.10]

제886조 【입양 취소 청구권자】
양자나 동의권자는 제869조 제1항, 같은 조 제3항 제2호, 제870조 제1항을 위반한 입양의 취소를 청구할 수 있고, 동의권자는 제871조 제1항을 위반한 입양의 취소를 청구할 수 있다.
[전문개정 2012.2.10]

제887조 【입양 취소 청구권자】
피성년후견인이나 성년후견인은 제873조 제1항을 위반한 입양의 취소를 청구할 수 있다.
[전문개정 2012.2.10]

제888조 【입양 취소 청구권자】
배우자는 제874조를 위반한 입양의 취소를 청구할 수 있다. [전문개정 2012.2.10]

제889조 【입양 취소 청구권의 소멸】
양부모가 성년이 되면 제866조를 위반한 입양의 취소를 청구하지 못한다.
[전문개정 2012.2.10]

제890조 삭 제 〈1990.1.13〉

제891조 【입양 취소 청구권의 소멸】
① 양자가 성년이 된 후 3개월이 지나거나 사망하면 제869조 제1항, 같은 조 제3항 제2호, 제870조 제1항을 위반한 입양의 취소를 청구하지 못한다.
② 양자가 사망하면 제871조 제1항을 위반한 입양의 취소를 청구하지 못한다.
[전문개정 2012.2.10]

제892조 삭 제 〈2012.2.10〉

제893조 【입양 취소 청구권의 소멸】
성년후견개시의 심판이 취소된 후 3개월이 지나면 제873조 제1항을 위반한 입양의 취소를 청구하지 못한다. [전문개정 2012.2.10]

제894조 【입양 취소 청구권의 소멸】
제869조 제1항, 같은 조 제3항 제2호, 제870조 제1항, 제871조 제1항, 제873조 제1항, 제874

조를 위반한 입양은 그 사유가 있음을 안 날부터 6개월, 그 사유가 있었던 날부터 1년이 지나면 그 취소를 청구하지 못한다. [전문개정 2012.2.10]

제895조 삭 제 〈1990.1.13〉

제896조【입양 취소 청구권의 소멸】
제884조 제1항 제2호에 해당하는 사유가 있는 입양은 양부모와 양자 중 어느 한 쪽이 그 사유가 있음을 안 날부터 6개월이 지나면 그 취소를 청구하지 못한다. [전문개정 2012.2.10]

제897조【준용규정】
입양의 무효 또는 취소에 따른 손해배상책임에 관하여는 제806조를 준용하고, 사기 또는 강박으로 인한 입양 취소 청구권의 소멸에 관하여는 제823조를 준용하며, 입양 취소의 효력에 관하여는 제824조를 준용한다. [전문개정 2012.2.10]

제3관 파 양

제1항 협의상 파양

제898조【협의상 파양】
양부모와 양자는 협의하여 파양(罷養)할 수 있다. 다만, 양자가 미성년자 또는 피성년후견인인 경우에는 그러하지 아니하다.
[전문개정 2012.2.10]

제899조 삭 제 〈2012.2.10〉

제900조 삭 제 〈2012.2.10〉

제901조 삭 제 〈2012.2.10〉

제902조【피성년후견인의 협의상 파양】
피성년후견인인 양부모는 성년후견인의 동의를 받아 파양을 협의할 수 있다.
[전문개정 2012.2.10]

제903조【파양 신고의 심사】
제898조, 제902조, 그 밖의 법령을 위반하지 아니한 파양 신고는 수리하여야 한다.
[전문개정 2012.2.10.]

제904조【준용규정】
사기 또는 강박으로 인한 파양 취소 청구권의 소멸에 관하여는 제823조를 준용하고, 협의상 파양의 성립에 관하여는 제878조를 준용한다.
[전문개정 2012.2.10]

제2항 재판상 파양

제905조【재판상 파양의 원인】
양부모, 양자 또는 제906조에 따른 청구권자는 다음 각 호의 어느 하나에 해당하는 경우에는 가정법원에 파양을 청구할 수 있다.

1. 양부모가 양자를 학대 또는 유기하거나 그 밖에 양자의 복리를 현저히 해친 경우
2. 양부모가 양자로부터 심히 부당한 대우를 받은 경우
3. 양부모나 양자의 생사가 3년 이상 분명하지 아니한 경우
4. 그 밖에 양친자관계를 계속하기 어려운 중대한 사유가 있는 경우

[전문개정 2012.2.10]

제906조【파양 청구권자】
① 양자가 13세 미만인 경우에는 제869조 제2항에 따른 승낙을 한 사람이 양자를 갈음하여 파양을 청구할 수 있다. 다만, 파양을 청구할 수 있는 사람이 없는 경우에는 제777조에 따른 양자의 친족이나 이해관계인이 가정법원의 허가를 받아 파양을 청구할 수 있다.
② 양자가 13세 이상의 미성년자인 경우에는 제870조 제1항에 따른 동의를 한 부모의 동의를 받아 파양을 청구할 수 있다. 다만, 부모가 사망하거나 그 밖의 사유로 동의할 수 없는 경우에는 동의 없이 파양을 청구할 수 있다.
③ 양부모나 양자가 피성년후견인인 경우에는 성년후견인의 동의를 받아 파양을 청구할 수 있다.

④ 검사는 미성년자나 피성년후견인인 양자를 위하여 파양을 청구할 수 있다.

[전문개정 2012.2.10]

제907조【파양 청구권의 소멸】

파양 청구권자는 제905조 제1호·제2호·제4호의 사유가 있음을 안 날부터 6개월, 그 사유가 있었던 날부터 3년이 지나면 파양을 청구할 수 없다.

[전문개정 2012.2.10]

제908조【준용규정】

재판상 파양에 따른 손해배상책임에 관하여는 제806조를 준용한다.

[전문개정 2012.2.10]

제4관 친양자 [본관신설 2005.3.31]

제908조의2【친양자 입양의 요건 등】

① 친양자(親養子)를 입양하려는 사람은 다음 각 호의 요건을 갖추어 가정법원에 친양자 입양을 청구하여야 한다.

1. 3년 이상 혼인 중인 부부로서 공동으로 입양할 것. 다만, 1년 이상 혼인 중인 부부의 한쪽이 그 배우자의 친생자를 친양자로 하는 경우에는 그러하지 아니하다.
2. 친양자가 될 사람이 미성년자일 것
3. 친양자가 될 사람의 친생부모가 친양자 입양에 동의할 것. 다만, 부모가 친권상실의 선고를 받거나 소재를 알 수 없거나 그 밖의 사유로 동의할 수 없는 경우에는 그러하지 아니하다.
4. 친양자가 될 사람이 13세 이상인 경우에는 법정대리인의 동의를 받아 입양을 승낙할 것
5. 친양자가 될 사람이 13세 미만인 경우에는 법정대리인이 그를 갈음하여 입양을 승낙할 것

② 가정법원은 다음 각 호의 어느 하나에 해당하는 경우에는 제1항 제3호·제4호에 따른 동의 또는 같은 항 제5호에 따른 승낙이 없어도 제1항의 청구를 인용할 수 있다. 이 경우 가정법원은 동의권자 또는 승낙권자를 심문하여야 한다.

1. 법정대리인이 정당한 이유 없이 동의 또는 승낙을 거부하는 경우. 다만, 법정대리인이 친권자인 경우에는 제2호 또는 제3호의 사유가 있어야 한다.
2. 친생부모가 자신에게 책임이 있는 사유로 3년 이상 자녀에 대한 부양의무를 이행하지 아니하고 면접교섭을 하지 아니한 경우
3. 친생부모가 자녀를 학대 또는 유기하거나 그 밖에 자녀의 복리를 현저히 해친 경우

③ 가정법원은 친양자가 될 사람의 복리를 위하여 그 양육상황, 친양자 입양의 동기, 양부모의 양육능력, 그 밖의 사정을 고려하여 친양자 입양이 적당하지 아니하다고 인정하는 경우에는 제1항의 청구를 기각할 수 있다.

[전문개정 2012.2.10]

제908조의3【친양자 입양의 효력】

① 친양자는 부부의 혼인중 출생자로 본다.

② 친양자의 입양 전의 친족관계는 제908조의2 제1항의 청구에 의한 친양자 입양이 확정된 때에 종료한다. 다만, 부부의 일방이 그 배우자의 친생자를 단독으로 입양한 경우에 있어서의 배우자 및 그 친족과 친생자간의 친족관계는 그러하지 아니하다.

[본조신설 2005.3.31]

제908조의4【친양자 입양의 취소 등】

① 친양자로 될 사람의 친생(親生)의 아버지 또는 어머니는 자신에게 책임이 없는 사유로 인하여 제908조의2 제1항 제3호 단서에 따른 동의를 할 수 없었던 경우에 친양자 입양의

사실을 안 날부터 6개월 안에 가정법원에 친양자 입양의 취소를 청구할 수 있다.

② 친양자 입양에 관하여는 제883조, 제884조를 적용하지 아니한다.

[전문개정 2012.2.10]

제908조의5 【친양자의 파양】

① 양친, 친양자, 친생의 부 또는 모나 검사는 다음 각호의 어느 하나의 사유가 있는 경우에는 가정법원에 친양자의 파양(罷養)을 청구할 수 있다.

1. 양친이 친양자를 학대(虐待) 또는 유기(遺棄)하거나 그 밖에 친양자의 복리를 현저히 해하는 때
2. 친양자의 양친에 대한 패륜(悖倫)행위로 인하여 친양자관계를 유지시킬 수 없게 된 때

② 제898조 및 제905조의 규정은 친양자의 파양에 관하여 이를 적용하지 아니한다.

[본조신설 2005.3.31]

제908조의6 【준용규정】

제908조의2 제3항은 친양자 입양의 취소 또는 제908조의5 제1항 제2호에 따른 파양의 청구에 관하여 이를 준용한다. 〈개정 2012.2.10〉

[본조신설 2005.3.31]

제908조의7 【친양자 입양의 취소·파양의 효력】

① 친양자 입양이 취소되거나 파양된 때에는 친양자관계는 소멸하고 입양 전의 친족관계는 부활한다.

② 제1항의 경우에 친양자 입양의 취소의 효력은 소급하지 아니한다.

[본조신설 2005.3.31]

제908조의8 【준용규정】

친양자에 관하여 이 관에 특별한 규정이 있는 경우를 제외하고는 그 성질에 반하지 아니하는 범위 안에서 양자에 관한 규정을 준용한다.

[본조신설 2005.3.31]

제3절 친 권

제1관 총 칙

제909조 【친권자】

① 부모는 미성년자인 자(子)의 친권자가 된다. 양자의 경우에는 양부모(養父母)가 친권자가 된다. 〈개정 2005.3.31〉

② 친권은 부모가 혼인중인 때에는 부모가 공동으로 이를 행사한다. 그러나 부모의 의견이 일치하지 아니하는 경우에는 당사자의 청구에 의하여 가정법원이 이를 정한다.

③ 부모의 일방이 친권을 행사할 수 없을 때에는 다른 일방이 이를 행사한다.

④ 혼인 외의 자(子)가 인지된 경우와 부모가 이혼하는 경우에는 부모의 협의로 친권자를 정하여야 하고, 협의할 수 없거나 협의가 이루어지지 아니하는 경우에는 가정법원은 직권으로 또는 당사자의 청구에 따라 친권자를 지정하여야 한다. 다만, 부모의 협의가 자(子)의 복리에 반하는 경우에는 가정법원은 보정을 명하거나 직권으로 친권자를 정한다.

〈개정 2005.3.31, 2007.12.21〉

⑤ 가정법원은 혼인의 취소, 재판상 이혼 또는 인지청구의 소의 경우에는 직권으로 친권자를 정한다. 〈개정 2005.3.31〉

⑥ 가정법원은 자의 복리를 위하여 필요하다고 인정되는 경우에는 자의 4촌 이내의 친족의 청구에 의하여 정하여진 친권자를 다른 일방으로 변경할 수 있다. 〈신설 2005.3.31〉

[전문개정 1990.1.13]

제909조의2 【친권자의 지정 등】

① 제909조 제4항부터 제6항까지의 규정에 따라 단독 친권자로 정하여진 부모의 일방이 사망한 경우 생존하는 부 또는 모, 미성년자, 미성년자의 친족은 그 사실을 안 날부터 1개월,

사망한 날부터 6개월 내에 가정법원에 생존하는 부 또는 모를 친권자로 지정할 것을 청구할 수 있다.

② 입양이 취소되거나 파양된 경우 또는 양부모가 모두 사망한 경우 친생부모 일방 또는 쌍방, 미성년자, 미성년자의 친족은 그 사실을 안 날부터 1개월, 입양이 취소되거나 파양된 날 또는 양부모가 모두 사망한 날부터 6개월 내에 가정법원에 친생부모 일방 또는 쌍방을 친권자로 지정할 것을 청구할 수 있다. 다만, 친양자의 양부모가 사망한 경우에는 그러하지 아니하다.

③ 제1항 또는 제2항의 기간 내에 친권자 지정의 청구가 없을 때에는 가정법원은 직권으로 또는 미성년자, 미성년자의 친족, 이해관계인, 검사, 지방자치단체의 장의 청구에 의하여 미성년후견인을 선임할 수 있다. 이 경우 생존하는 부 또는 모, 친생부모 일방 또는 쌍방의 소재를 모르거나 그가 정당한 사유 없이 소환에 응하지 아니하는 경우를 제외하고 그에게 의견을 진술할 기회를 주어야 한다.

④ 가정법원은 제1항 또는 제2항에 따른 친권자 지정 청구나 제3항에 따른 후견인 선임 청구가 생존하는 부 또는 모, 친생부모 일방 또는 쌍방의 양육의사 및 양육능력, 청구 동기, 미성년자의 의사, 그 밖의 사정을 고려하여 미성년자의 복리를 위하여 적절하지 아니하다고 인정하면 청구를 기각할 수 있다. 이 경우 가정법원은 직권으로 미성년후견인을 선임하거나 생존하는 부 또는 모, 친생부모 일방 또는 쌍방을 친권자로 지정하여야 한다.

⑤ 가정법원은 다음 각 호의 어느 하나에 해당하는 경우에 직권으로 또는 미성년자, 미성년자의 친족, 이해관계인, 검사, 지방자치단체의 장의 청구에 의하여 제1항부터 제4항까지의 규정에 따라 친권자가 지정되거나 미성년후견인이 선임될 때까지 그 임무를 대행할 사람을 선임할 수 있다. 이 경우 그 임무를 대행할 사람에 대하여는 제25조 및 제954조를 준용한다.

1. 단독 친권자가 사망한 경우
2. 입양이 취소되거나 파양된 경우
3. 양부모가 모두 사망한 경우

⑥ 가정법원은 제3항 또는 제4항에 따라 미성년후견인이 선임된 경우라도 미성년후견인 선임 후 양육상황이나 양육능력의 변동, 미성년자의 의사, 그 밖의 사정을 고려하여 미성년자의 복리를 위하여 필요하면 생존하는 부 또는 모, 친생부모 일방 또는 쌍방, 미성년자의 청구에 의하여 후견을 종료하고 생존하는 부 또는 모, 친생부모 일방 또는 쌍방을 친권자로 지정할 수 있다. [본조신설 2011.5.19]

제910조【자의 친권의 대행(代行)】
친권자는 그 친권에 따르는 자에 갈음하여 그 자에 대한 친권을 행사한다. 〈개정 2005.3.31〉

제911조【미성년자인 자의 법정대리인】
친권을 행사하는 부 또는 모는 미성년자인 자의 법정대리인이 된다.

제912조【친권 행사와 친권자 지정의 기준】 〈제목개정 2011.5.19〉

① 친권을 행사함에 있어서는 자의 복리를 우선적으로 고려하여야 한다.

② 가정법원이 친권자를 지정함에 있어서는 자(子)의 복리를 우선적으로 고려하여야 한다. 이를 위하여 가정법원은 관련 분야의 전문가나 사회복지기관으로부터 자문을 받을 수 있다. 〈신설 2011.5.19〉

[본조신설 2005.3.31]

제2관 친권의 효력

제913조【보호, 교양의 권리의무】
친권자는 자를 보호하고 교양할 권리의무가 있다.

제914조【거소지정권】
자는 친권자의 지정한 장소에 거주하여야 한다.

2021.1.26 삭제

제915조 삭제 〈2021.1.26.〉
▶▶삭제전 : 제915조(징계권) 친권자는 그 자를 보호 또는 교양하기 위하여 필요한 징계를 할 수 있고 법원의 허가를 얻어 감화 또는 교정기관에 위탁할 수 있다.

제916조【자의 특유재산과 그 관리】
자가 자기의 명의로 취득한 재산은 그 특유재산으로 하고 법정대리인인 친권자가 이를 관리한다.

제917조 삭 제 〈1990.1.13〉

제918조【제3자가 무상으로 자에게 수여한 재산의 관리】
① 무상으로 자에게 재산을 수여한 제3자가 친권자의 관리에 반대하는 의사를 표시한 때에는 친권자는 그 재산을 관리하지 못한다.
② 전항의 경우에 제3자가 그 재산관리인을 지정하지 아니한 때에는 법원은 재산의 수여를 받은 자 또는 제777조의 규정에 의한 친족의 청구에 의하여 관리인을 선임한다.
③ 제3자의 지정한 관리인의 권한이 소멸하거나 관리인을 개임할 필요 있는 경우에 제3자가 다시 관리인을 지정하지 아니한 때에도 전항과 같다.
④ 제24조 제1항, 제2항, 제4항, 제25조 전단 및 제26조 제1항, 제2항의 규정은 전2항의 경우에 준용한다.

제919조【위임에 관한 규정의 준용】
제691조, 제692조의 규정은 전3조의 재산관리에 준용한다.

제920조【자의 재산에 관한 친권자의 대리권】
법정대리인인 친권자는 자의 재산에 관한 법률행위에 대하여 그 자를 대리한다. 그러나 그 자의 행위를 목적으로 하는 채무를 부담할 경우에는 본인의 동의를 얻어야 한다.

제920조의2【공동친권자의 일방이 공동명의로 한 행위의 효력】
부모가 공동으로 친권을 행사하는 경우 부모의 일방이 공동명의로 자를 대리하거나 자의 법률행위에 동의한 때에는 다른 일방의 의사에 반하는 때에도 그 효력이 있다. 그러나 상대방이 악의인 때에는 그러하지 아니한다. [본조신설 1990.1.13]

제921조【친권자와 그 자(子)간 또는 수인(數人)의 자(子)간의 이해상반행위】
① 법정대리인인 친권자와 그 자 사이에 이해상반되는 행위를 함에는 친권자는 법원에 그 자의 특별대리인의 선임을 청구하여야 한다.
② 법정대리인인 친권자가 그 친권에 따르는 수인의 자 사이에 이해상반되는 행위를 함에는 법원에 그 자 일방의 특별대리인의 선임을 청구하여야 한다. 〈개정 2005.3.31〉

제922조【친권자의 주의의무】
친권자가 그 자에 대한 법률행위의 대리권 또는 재산관리권을 행사함에는 자기의 재산에 관한 행위와 동일한 주의를 하여야 한다.

제922조의2【친권자의 동의를 갈음하는 재판】
가정법원은 친권자의 동의가 필요한 행위에 대하여 친권자가 정당한 이유 없이 동의하지 아니함으로써 자녀의 생명, 신체 또는 재산에 중대한 손해가 발생할 위험이 있는 경우에는 자녀, 자녀의 친족, 검사 또는 지방자치단체의 장의 청구에 의하여 친권자의 동의를 갈음하는 재판을 할 수 있다.

[본조신설 2014.10.15]

제923조【재산관리의 계산】
① 법정대리인인 친권자의 권한이 소멸한 때에는 그 자의 재산에 대한 관리의 계산을 하여야 한다.
② 전항의 경우에 그 자의 재산으로부터 수취(收取)한 과실은 그 자의 양육, 재산관리의 비용과 상계한 것으로 본다. 그러나 무상으

로 자에게 재산을 수여한 제3자가 반대의 의사를 표시한 때에는 그 재산에 관하여는 그러하지 아니하다.

제3관 친권의 상실, 일시 정지 및 일부 제한 〈본관 제목개정 2014.10.15〉

제924조【친권의 상실 또는 일시 정지의 선고】
① 가정법원은 부 또는 모가 친권을 남용하여 자녀의 복리를 현저히 해치거나 해칠 우려가 있는 경우에는 자녀, 자녀의 친족, 검사 또는 지방자치단체의 장의 청구에 의하여 그 친권의 상실 또는 일시 정지를 선고할 수 있다.
② 가정법원은 친권의 일시 정지를 선고할 때에는 자녀의 상태, 양육상황, 그 밖의 사정을 고려하여 그 기간을 정하여야 한다. 이 경우 그 기간은 2년을 넘을 수 없다.
③ 가정법원은 자녀의 복리를 위하여 친권의 일시 정지 기간의 연장이 필요하다고 인정하는 경우에는 자녀, 자녀의 친족, 검사, 지방자치단체의 장, 미성년후견인 또는 미성년후견감독인의 청구에 의하여 2년의 범위에서 그 기간을 한 차례만 연장할 수 있다.

[전문개정 2014.10.15.]

2021.1.26 개정

제924조의2【친권의 일부 제한의 선고】
가정법원은 거소의 지정이나(▶▶삭제전 : 징계) 그 밖의 신상에 관한 결정 등 특정한 사항에 관하여 친권자가 친권을 행사하는 것이 곤란하거나 부적당한 사유가 있어 자녀의 복리를 해치거나 해칠 우려가 있는 경우에는 자녀, 자녀의 친족, 검사 또는 지방자치단체의 장의 청구에 의하여 구체적인 범위를 정하여 친권의 일부 제한을 선고할 수 있다. 〈개정 2021.1.26.〉

[본조신설 2014.10.15.]

제925조【대리권, 재산관리권 상실의 선고】
가정법원은 법정대리인인 친권자가 부적당한 관리로 인하여 자녀의 재산을 위태롭게 한 경우에는 자녀의 친족, 검사 또는 지방자치단체의 장의 청구에 의하여 그 법률행위의 대리권과 재산관리권의 상실을 선고할 수 있다. 〈개정 2014.10.15〉

[전문개정 2012.2.10]

제925조의2【친권 상실 선고 등의 판단 기준】
① 제924조에 따른 친권 상실의 선고는 같은 조에 따른 친권의 일시 정지, 제924조의2에 따른 친권의 일부 제한, 제925조에 따른 대리권·재산관리권의 상실 선고 또는 그 밖의 다른 조치에 의해서는 자녀의 복리를 충분히 보호할 수 없는 경우에만 할 수 있다.
② 제924조에 따른 친권의 일시 정지, 제924조의2에 따른 친권의 일부 제한 또는 제925조에 따른 대리권·재산관리권의 상실 선고는 제922조의2에 따른 동의를 갈음하는 재판 또는 그 밖의 다른 조치에 의해서는 자녀의 복리를 충분히 보호할 수 없는 경우에만 할 수 있다.

[본조신설 2014.10.15]

제925조의3【부모의 권리와 의무】
제924조와 제924조의2, 제925조에 따라 친권의 상실, 일시 정지, 일부 제한 또는 대리권과 재산관리권의 상실이 선고된 경우에도 부모의 자녀에 대한 그 밖의 권리와 의무는 변경되지 아니한다.

[본조신설 2014.10.15]

제926조【실권 회복의 선고】
가정법원은 제924조, 제924조의2 또는 제925조에 따른 선고의 원인이 소멸된 경우에는 본인, 자녀, 자녀의 친족, 검사 또는 지방자치단체의 장의 청구에 의하여 실권(失權)의 회복을 선고할 수 있다.

[전문개정 2014.10.15]

제927조【대리권, 관리권의 사퇴와 회복】

① 법정대리인인 친권자는 정당한 사유가 있는 때에는 법원의 허가를 얻어 그 법률행위의 대리권과 재산관리권을 사퇴할 수 있다.

② 전항의 사유가 소멸한 때에는 그 친권자는 법원의 허가를 얻어 사퇴한 권리를 회복할 수 있다.

제927조의2【친권의 상실, 일시 정지 또는 일부 제한과 친권자의 지정 등】

① 제909조 제4항부터 제6항까지의 규정에 따라 단독 친권자가 된 부 또는 모, 양부모(친양자의 양부모를 제외한다) 쌍방에게 다음 각 호의 어느 하나에 해당하는 사유가 있는 경우에는 제909조의2 제1항 및 제3항부터 제5항까지의 규정을 준용한다. 다만, 제1호의3·제2호 및 제3호의 경우 새로 정하여진 친권자 또는 미성년후견인의 임무는 제한된 친권의 범위에 속하는 행위에 한정된다. 〈개정 2014.10.15〉

1. 제924조에 따른 친권상실의 선고가 있는 경우

1의2. 제924조에 따른 친권 일시 정지의 선고가 있는 경우

1의3. 제924조의2에 따른 친권 일부 제한의 선고가 있는 경우

2. 제925조에 따른 대리권과 재산관리권 상실의 선고가 있는 경우

3. 제927조 제1항에 따라 대리권과 재산관리권을 사퇴한 경우

4. 소재불명 등 친권을 행사할 수 없는 중대한 사유가 있는 경우

② 가정법원은 제1항에 따라 친권자가 지정되거나 미성년후견인이 선임된 후 단독 친권자이었던 부 또는 모, 양부모 일방 또는 쌍방에게 다음 각 호의 어느 하나에 해당하는 사유가 있는 경우에는 그 부모 일방 또는 쌍방, 미성년자, 미성년자의 친족의 청구에 의하여 친권자를 새로 지정할 수 있다.

1. 제926조에 따라 실권의 회복이 선고된 경우

2. 제927조 제2항에 따라 사퇴한 권리를 회복한 경우

3. 소재불명이던 부 또는 모가 발견되는 등 친권을 행사할 수 있게 된 경우

[본조신설 2011.5.19]

제5장 후 견

제1절 미성년후견과 성년후견

〈본절 제목개정 2011.3.7〉

제1관 후견인

[본관신설 2011.3.7]

제928조【미성년자에 대한 후견의 개시】

미성년자에게 친권자가 없거나 친권자가 제924조, 제924조의2, 제925조 또는 제927조 제1항에 따라 친권의 전부 또는 일부를 행사할 수 없는 경우에는 미성년후견인을 두어야 한다. 〈개정 2014.10.15〉

[전문개정 2011.3.7]

제929조【성년후견심판에 의한 후견의 개시】

가정법원의 성년후견개시심판이 있는 경우에는 그 심판을 받은 사람의 성년후견인을 두어야 한다.

[전문개정 2011.3.7]

제930조【후견인의 수와 자격】

① 미성년후견인의 수(數)는 한 명으로 한다.

② 성년후견인은 피성년후견인의 신상과 재산에 관한 모든 사정을 고려하여 여러 명을 둘 수 있다.

③ 법인도 성년후견인이 될 수 있다.

[전문개정 2011.3.7]

제931조【유언에 의한 미성년후견인의 지정 등】
① 미성년자에게 친권을 행사하는 부모는 유언으로 미성년후견인을 지정할 수 있다. 다만, 법률행위의 대리권과 재산관리권이 없는 친권자는 그러하지 아니하다.
② 가정법원은 제1항에 따라 미성년후견인이 지정된 경우라도 미성년자의 복리를 위하여 필요하면 생존하는 부 또는 모, 미성년자의 청구에 의하여 후견을 종료하고 생존하는 부 또는 모를 친권자로 지정할 수 있다.

[전문개정 2011.5.19]

제932조【미성년후견인의 선임】
① 가정법원은 제931조에 따라 지정된 미성년후견인이 없는 경우에는 직권으로 또는 미성년자, 친족, 이해관계인, 검사, 지방자치단체의 장의 청구에 의하여 미성년후견인을 선임한다. 미성년후견인이 없게 된 경우에도 또한 같다.
② 가정법원은 제924조, 제924조의2 및 제925조에 따른 친권의 상실, 일시 정지, 일부 제한의 선고 또는 법률행위의 대리권이나 재산관리권 상실의 선고에 따라 미성년후견인을 선임할 필요가 있는 경우에는 직권으로 미성년후견인을 선임한다. 〈개정 2014.10.15〉
③ 친권자가 대리권 및 재산관리권을 사퇴한 경우에는 지체 없이 가정법원에 미성년후견인의 선임을 청구하여야 한다. [전문개정 2011.3.7]

제933조 삭 제 〈2011.3.7〉

제934조 삭 제 〈2011.3.7〉

제935조 삭 제 〈2011.3.7.〉

제936조【성년후견인의 선임】
① 제929조에 따른 성년후견인은 가정법원이 직권으로 선임한다.
② 가정법원은 성년후견인이 사망, 결격, 그 밖의 사유로 없게 된 경우에도 직권으로 또는 피성년후견인, 친족, 이해관계인, 검사, 지방자치단체의 장의 청구에 의하여 성년후견인을 선임한다.
③ 가정법원은 성년후견인이 선임된 경우에도 필요하다고 인정하면 직권으로 또는 제2항의 청구권자나 성년후견인의 청구에 의하여 추가로 성년후견인을 선임할 수 있다.
④ 가정법원이 성년후견인을 선임할 때에는 피성년후견인의 의사를 존중하여야 하며, 그 밖에 피성년후견인의 건강, 생활관계, 재산상황, 성년후견인이 될 사람의 직업과 경험, 피성년후견인과의 이해관계의 유무(법인이 성년후견인이 될 때에는 사업의 종류와 내용, 법인이나 그 대표자와 피성년후견인 사이의 이해관계의 유무를 말한다) 등의 사정도 고려하여야 한다.

[전문개정 2011.3.7]

제937조【후견인의 결격사유】
다음 각 호의 어느 하나에 해당하는 자는 후견인이 되지 못한다.

1. 미성년자
2. 피성년후견인, 피한정후견인, 피특정후견인, 피임의후견인
3. 회생절차개시결정 또는 파산선고를 받은 자
4. 자격정지 이상의 형의 선고를 받고 그 형기(刑期) 중에 있는 사람
5. 법원에서 해임된 법정대리인
6. 법원에서 해임된 성년후견인, 한정후견인, 특정후견인, 임의후견인과 그 감독인
7. 행방이 불분명한 사람

2016.12.20 개정

8. 피후견인을 상대로 소송을 하였거나 하고 있는 사람 〈제8호 개정 2016.12.20〉
9. 제8호에서 정한 사람의 배우자와 직계혈족. 다만, 피후견인의 직계비속은 제외한다.

〈제9호 신설 2016.12.20.〉

[전문개정 2011.3.7]

제938조【후견인의 대리권 등】
① 후견인은 피후견인의 법정대리인이 된다.
② 가정법원은 성년후견인이 제1항에 따라 가지는 법정대리권의 범위를 정할 수 있다.
③ 가정법원은 성년후견인이 피성년후견인의 신상에 관하여 결정할 수 있는 권한의 범위를 정할 수 있다.
④ 제2항 및 제3항에 따른 법정대리인의 권한의 범위가 적절하지 아니하게 된 경우에 가정법원은 본인, 배우자, 4촌 이내의 친족, 성년후견인, 성년후견감독인, 검사 또는 지방자치단체의 장의 청구에 의하여 그 범위를 변경할 수 있다.

[전문개정 2011.3.7]

제939조【후견인의 사임】
후견인은 정당한 사유가 있는 경우에는 가정법원의 허가를 받아 사임할 수 있다. 이 경우 그 후견인은 사임청구와 동시에 가정법원에 새로운 후견인의 선임을 청구하여야 한다.

[전문개정 2011.3.7]

제940조【후견인의 변경】
가정법원은 피후견인의 복리를 위하여 후견인을 변경할 필요가 있다고 인정하면 직권으로 또는 피후견인, 친족, 후견감독인, 검사, 지방자치단체의 장의 청구에 의하여 후견인을 변경할 수 있다.

[전문개정 2011.3.7]

제2관 후견감독인 [본관신설 2011.3.7]

제940조의2【미성년후견감독인의 지정】
미성년후견인을 지정할 수 있는 사람은 유언으로 미성년후견감독인을 지정할 수 있다.

[본조신설 2011.3.7]

제940조의3【미성년후견감독인의 선임】
① 가정법원은 제940조의2에 따라 지정된 미성년후견감독인이 없는 경우에 필요하다고 인정하면 직권으로 또는 미성년자, 친족, 미성년후견인, 검사, 지방자치단체의 장의 청구에 의하여 미성년후견감독인을 선임할 수 있다.
② 가정법원은 미성년후견감독인이 사망, 결격, 그 밖의 사유로 없게 된 경우에는 직권으로 또는 미성년자, 친족, 미성년후견인, 검사, 지방자치단체의 장의 청구에 의하여 미성년후견감독인을 선임한다.

[본조신설 2011.3.7.]

제940조의4【성년후견감독인의 선임】
① 가정법원은 필요하다고 인정하면 직권으로 또는 피성년후견인, 친족, 성년후견인, 검사, 지방자치단체의 장의 청구에 의하여 성년후견감독인을 선임할 수 있다.
② 가정법원은 성년후견감독인이 사망, 결격, 그 밖의 사유로 없게 된 경우에는 직권으로 또는 피성년후견인, 친족, 성년후견인, 검사, 지방자치단체의 장의 청구에 의하여 성년후견감독인을 선임한다.

[본조신설 2011.3.7.]

제940조의5【후견감독인의 결격사유】
제779조에 따른 후견인의 가족은 후견감독인이 될 수 없다. [본조신설 2011.3.7.]

제940조의6【후견감독인의 직무】
① 후견감독인은 후견인의 사무를 감독하며, 후견인이 없는 경우 지체 없이 가정법원에 후견인의 선임을 청구하여야 한다.
② 후견감독인은 피후견인의 신상이나 재산에 대하여 급박한 사정이 있는 경우 그의 보호를 위하여 필요한 행위 또는 처분을 할 수 있다.

③ 후견인과 피후견인 사이에 이해가 상반되는 행위에 관하여는 후견감독인이 피후견인을 대리한다. [본조신설 2011.3.7]

제940조의7 【위임 및 후견인 규정의 준용】
후견감독인에 대하여는 제681조, 제691조, 제692조, 제930조 제2항·제3항, 제936조 제3항·제4항, 제937조, 제939조, 제940조, 제947조의2 제3항부터 제5항까지, 제949조의2, 제955조 및 제955조의2를 준용한다.

[본조신설 2011.3.7]

제3관 후견인의 임무 [본관신설 2011.3.7]

제941조 【재산조사와 목록작성】
① 후견인은 지체 없이 피후견인의 재산을 조사하여 2개월 내에 그 목록을 작성하여야 한다. 다만, 정당한 사유가 있는 경우에는 법원의 허가를 받아 그 기간을 연장할 수 있다.
② 후견감독인이 있는 경우 제1항에 따른 재산조사와 목록작성은 후견감독인의 참여가 없으면 효력이 없다.

[전문개정 2011.3.7]

제942조 【후견인의 채권·채무의 제시】
① 후견인과 피후견인 사이에 채권·채무의 관계가 있고 후견감독인이 있는 경우에는 후견인은 재산목록의 작성을 완료하기 전에 그 내용을 후견감독인에게 제시하여야 한다.
② 후견인이 피후견인에 대한 채권이 있음을 알고도 제1항에 따른 제시를 게을리한 경우에는 그 채권을 포기한 것으로 본다.

[전문개정 2011.3.7]

제943조 【목록작성 전의 권한】
후견인은 재산조사와 목록작성을 완료하기까지는 긴급 필요한 경우가 아니면 그 재산에 관한 권한을 행사하지 못한다. 그러나 이로써 선의의 제3자에게 대항하지 못한다.

제944조 【피후견인이 취득한 포괄적 재산의 조사 등】
전3조의 규정은 후견인의 취임 후에 피후견인이 포괄적 재산을 취득한 경우에 준용한다.

2021.1.26 개정

제945조 【미성년자의 신분에 관한 후견인의 권리·의무】
미성년후견인은 제913조 및 제914조에서(▶▶개정전 : 제913조부터 제915조까지에) 규정한 사항에 관하여는 친권자와 동일한 권리와 의무가 있다. 다만, 다음 각 호의 어느 하나에 해당하는 경우에는 미성년후견감독인이 있으면 그의 동의를 받아야 한다. 〈개정 2021.1.26〉

1. 친권자가 정한 교육방법, 양육방법 또는 거소를 변경하는 경우
2. 삭제 〈제2호 삭제 2021.1.26.〉
(▶▶삭제전 : 2. 미성년자를 감화기관이나 교정기관에 위탁하는 경우)
3. 친권자가 허락한 영업을 취소하거나 제한하는 경우

[전문개정 2011.3.7]

제946조 【친권 중 일부에 한정된 후견】
미성년자의 친권자가 제924조의2, 제925조 또는 제927조 제1항에 따라 친권 중 일부에 한정하여 행사할 수 없는 경우에 미성년후견인의 임무는 제한된 친권의 범위에 속하는 행위에 한정된다.

[전문개정 2014.10.15.]

제947조 【피성년후견인의 복리와 의사존중】
성년후견인은 피성년후견인의 재산관리와 신상보호를 할 때 여러 사정을 고려하여 그의 복리에 부합하는 방법으로 사무를 처리하여야 한다. 이 경우 성년후견인은 피성년후견인의 복리에 반하지 아니하면 피성년후견인의 의사를 존중하여야 한다.

[전문개정 2011.3.7.]

민법

제947조의2【피성년후견인의 신상결정 등】

① 피성년후견인은 자신의 신상에 관하여 그의 상태가 허락하는 범위에서 단독으로 결정한다.

② 성년후견인이 피성년후견인을 치료 등의 목적으로 정신병원이나 그 밖의 다른 장소에 격리하려는 경우에는 가정법원의 허가를 받아야 한다.

③ 피성년후견인의 신체를 침해하는 의료행위에 대하여 피성년후견인이 동의할 수 없는 경우에는 성년후견인이 그를 대신하여 동의할 수 있다.

④ 제3항의 경우 피성년후견인이 의료행위의 직접적인 결과로 사망하거나 상당한 장애를 입을 위험이 있을 때에는 가정법원의 허가를 받아야 한다. 다만, 허가절차로 의료행위가 지체되어 피성년후견인의 생명에 위험을 초래하거나 심신상의 중대한 장애를 초래할 때에는 사후에 허가를 청구할 수 있다.

⑤ 성년후견인이 피성년후견인을 대리하여 피성년후견인이 거주하고 있는 건물 또는 그 대지에 대하여 매도, 임대, 전세권 설정, 저당권 설정, 임대차의 해지, 전세권의 소멸, 그 밖에 이에 준하는 행위를 하는 경우에는 가정법원의 허가를 받아야 한다.

[본조신설 2011.3.7.]

제948조【미성년자의 친권의 대행】

① 미성년후견인은 미성년자를 갈음하여 미성년자의 자녀에 대한 친권을 행사한다.

② 제1항의 친권행사에는 미성년후견인의 임무에 관한 규정을 준용한다.

[전문개정 2011.3.7]

제949조【재산관리권과 대리권】

① 후견인은 피후견인의 재산을 관리하고 그 재산에 관한 법률행위에 대하여 피후견인을 대리한다.

② 제920조 단서의 규정은 전항의 법률행위에 준용한다.

제949조의2【성년후견인이 여러 명인 경우 권한의 행사 등】

① 가정법원은 직권으로 여러 명의 성년후견인이 공동으로 또는 사무를 분장하여 그 권한을 행사하도록 정할 수 있다.

② 가정법원은 직권으로 제1항에 따른 결정을 변경하거나 취소할 수 있다.

③ 여러 명의 성년후견인이 공동으로 권한을 행사하여야 하는 경우에 어느 성년후견인이 피성년후견인의 이익이 침해될 우려가 있음에도 법률행위의 대리 등 필요한 권한행사에 협력하지 아니할 때에는 가정법원은 피성년후견인, 성년후견인, 후견감독인 또는 이해관계인의 청구에 의하여 그 성년후견인의 의사표시를 갈음하는 재판을 할 수 있다.

[본조신설 2011.3.7]

제949조의3【이해상반행위】

후견인에 대하여는 제921조를 준용한다. 다만, 후견감독인이 있는 경우에는 그러하지 아니하다. [본조신설 2011.3.7]

제950조【후견감독인의 동의를 필요로 하는 행위】

① 후견인이 피후견인을 대리하여 다음 각 호의 어느 하나에 해당하는 행위를 하거나 미성년자의 다음 각 호의 어느 하나에 해당하는 행위에 동의를 할 때는 후견감독인이 있으면 그의 동의를 받아야 한다.

1. 영업에 관한 행위
2. 금전을 빌리는 행위
3. 의무만을 부담하는 행위
4. 부동산 또는 중요한 재산에 관한 권리의 득실변경을 목적으로 하는 행위
5. 소송행위
6. 상속의 승인, 한정승인 또는 포기 및 상속재산의 분할에 관한 협의

② 후견감독인의 동의가 필요한 행위에 대하여 후견감독인이 피후견인의 이익이 침해될 우려가 있음에도 동의를 하지 아니하는 경우에는 가정법원은 후견인의 청구에 의하여 후견감독인의 동의를 갈음하는 허가를 할 수 있다.

③ 후견감독인의 동의가 필요한 법률행위를 후견인이 후견감독인의 동의 없이 하였을 때에는 피후견인 또는 후견감독인이 그 행위를 취소할 수 있다.

[전문개정 2011.3.7]

제951조【피후견인의 재산 등의 양수에 대한 취소】

① 후견인이 피후견인에 대한 제3자의 권리를 양수(讓受)하는 경우에는 피후견인은 이를 취소할 수 있다.

② 제1항에 따른 권리의 양수의 경우 후견감독인이 있으면 후견인은 후견감독인의 동의를 받아야 하고, 후견감독인의 동의가 없는 경우에는 피후견인 또는 후견감독인이 이를 취소할 수 있다.

[전문개정 2011.3.7]

제952조【상대방의 추인 여부 최고】

제950조 및 제951조의 경우에는 제15조를 준용한다. [전문개정 2011.3.7]

제953조【후견감독인의 후견사무의 감독】

후견감독인은 언제든지 후견인에게 그의 임무 수행에 관한 보고와 재산목록의 제출을 요구할 수 있고 피후견인의 재산상황을 조사할 수 있다.

[전문개정 2011.3.7]

제954조【가정법원의 후견사무에 관한 처분】

가정법원은 직권으로 또는 피후견인, 후견감독인, 제777조에 따른 친족, 그 밖의 이해관계인, 검사, 지방자치단체의 장의 청구에 의하여 피후견인의 재산상황을 조사하고, 후견인에게 재산관리 등 후견임무 수행에 관하여 필요한 처분을 명할 수 있다. [전문개정 2011.3.7]

제955조【후견인에 대한 보수】

법원은 후견인의 청구에 의하여 피후견인의 재산상태 기타 사정을 참작하여 피후견인의 재산 중에서 상당한 보수를 후견인에게 수여할 수 있다.

제955조의2【지출금액의 예정과 사무비용】

후견인이 후견사무를 수행하는 데 필요한 비용은 피후견인의 재산 중에서 지출한다.

[본조신설 2011.3.7]

제956조【위임과 친권의 규정의 준용】

제681조 및 제918조의 규정은 후견인에게 이를 준용한다.

제4관 후견의 종료 [본관신설 2011.3.7]

제957조【후견사무의 종료와 관리의 계산】

① 후견인의 임무가 종료된 때에는 후견인 또는 그 상속인은 1개월 내에 피후견인의 재산에 관한 계산을 하여야 한다. 다만, 정당한 사유가 있는 경우에는 법원의 허가를 받아 그 기간을 연장할 수 있다.

② 제1항의 계산은 후견감독인이 있는 경우에는 그가 참여하지 아니하면 효력이 없다.

[전문개정 2011.3.7]

제958조【이자의 부가(附加)와 금전소비에 대한 책임】

① 후견인이 피후견인에게 지급할 금액이나 피후견인이 후견인에게 지급할 금액에는 계산종료의 날로부터 이자를 부가하여야 한다.

② 후견인이 자기를 위하여 피후견인의 금전을 소비한 때에는 그 소비한 날로부터 이자를 부가하고 피후견인에게 손해가 있으면 이를 배상하여야 한다.

제959조【위임규정의 준용】

제691조, 제692조의 규정은 후견의 종료에 이를 준용한다.

제2절 한정후견과 특정후견

[본절신설 2011.3.7]

제959조의2【한정후견의 개시】 가정법원의 한정후견개시의 심판이 있는 경우에는 그 심판을 받은 사람의 한정후견인을 두어야 한다. [본조신설 2011.3.7.]

제959조의3【한정후견인의 선임 등】
① 제959조의2에 따른 한정후견인은 가정법원이 직권으로 선임한다.
② 한정후견인에 대하여는 제930조 제2항·제3항, 제936조 제2항부터 제4항까지, 제937조, 제939조, 제940조 및 제949조의3을 준용한다.

[본조신설 2011.3.7.]

제959조의4【한정후견인의 대리권 등】
① 가정법원은 한정후견인에게 대리권을 수여하는 심판을 할 수 있다.
② 한정후견인의 대리권 등에 관하여는 제938조 제3항 및 제4항을 준용한다.

[본조신설 2011.3.7.]

제959조의5【한정후견감독인】
① 가정법원은 필요하다고 인정하면 직권으로 또는 피한정후견인, 친족, 한정후견인, 검사, 지방자치단체의 장의 청구에 의하여 한정후견감독인을 선임할 수 있다.
② 한정후견감독인에 대하여는 제681조, 제691조, 제692조, 제930조 제2항·제3항, 제936조 제3항·제4항, 제937조, 제939조, 제940조, 제940조의3 제2항, 제940조의5, 제940조의6, 제947조의2 제3항부터 제5항까지, 제949조의2, 제955조 및 제955조의2를 준용한다. 이 경우 제940조의6 제3항 중 "피후견인을 대리한다"는 "피한정후견인을 대리하거나 피한정후견인이 그 행위를 하는 데 동의한다"로 본다.

[본조신설 2011.3.7]

제959조의6【한정후견사무】 한정후견의 사무에 관하여는 제681조, 제920조 단서, 제947조, 제947조의2, 제949조, 제949조의2, 제949조의3, 제950조부터 제955까지 및 제955조의2를 준용한다.

[본조신설 2011.3.7]

제959조의7【한정후견인의 임무의 종료 등】 한정후견인의 임무가 종료한 경우에 관하여는 제691조, 제692조, 제957조 및 제958조를 준용한다.

[본조신설 2011.3.7]

제959조의8【특정후견에 따른 보호조치】 가정법원은 피특정후견인의 후원을 위하여 필요한 처분을 명할 수 있다.

[본조신설 2011.3.7]

제959조의9【특정후견인의 선임 등】
① 가정법원은 제959조의8에 따른 처분으로 피특정후견인을 후원하거나 대리하기 위한 특정후견인을 선임할 수 있다.
② 특정후견인에 대하여는 제930조 제2항·제3항, 제936조 제2항부터 제4항까지, 제937조, 제939조 및 제940조를 준용한다.

[본조신설 2011.3.7.]

제959조의10【특정후견감독인】
① 가정법원은 필요하다고 인정하면 직권으로 또는 피특정후견인, 친족, 특정후견인, 검사, 지방자치단체의 장의 청구에 의하여 특정후견감독인을 선임할 수 있다.
② 특정후견감독인에 대하여는 제681조, 제691조, 제692조, 제930조 제2항·제3항, 제936조 제3항·제4항, 제937조, 제939조, 제940조, 제940조의5, 제940조의6, 제949조의2, 제955조 및 제955조의2를 준용한다.

[본조신설 2011.3.7]

제959조의11【특정후견인의 대리권】

① 피특정후견인의 후원을 위하여 필요하다고 인정하면 가정법원은 기간이나 범위를 정하여 특정후견인에게 대리권을 수여하는 심판을 할 수 있다.

② 제1항의 경우 가정법원은 특정후견인의 대리권 행사에 가정법원이나 특정후견감독인의 동의를 받도록 명할 수 있다.

[본조신설 2011.3.7]

제959조의12【특정후견사무】

특정후견의 사무에 관하여는 제681조, 제920조 단서, 제947조, 제949조의2, 제953조부터 제955조까지 및 제955조의2를 준용한다.

[본조신설 2011.3.7]

제959조의13【특정후견인의 임무의 종료 등】

특정후견인의 임무가 종료한 경우에 관하여는 제691조, 제692조, 제957조 및 제958조를 준용한다. [본조신설 2011.3.7]

제3절 후견계약 [본절신설 2011.3.7]

제959조의14【후견계약의 의의와 체결방법 등】

① 후견계약은 질병, 장애, 노령, 그 밖의 사유로 인한 정신적 제약으로 사무를 처리할 능력이 부족한 상황에 있거나 부족하게 될 상황에 대비하여 자신의 재산관리 및 신상보호에 관한 사무의 전부 또는 일부를 다른 자에게 위탁하고 그 위탁사무에 관하여 대리권을 수여하는 것을 내용으로 한다.

② 후견계약은 공정증서로 체결하여야 한다.

③ 후견계약은 가정법원이 임의후견감독인을 선임한 때부터 효력이 발생한다.

④ 가정법원, 임의후견인, 임의후견감독인 등은 후견계약을 이행·운영할 때 본인의 의사를 최대한 존중하여야 한다.

[본조신설 2011.3.7]

제959조의15【임의후견감독인의 선임】

① 가정법원은 후견계약이 등기되어 있고, 본인이 사무를 처리할 능력이 부족한 상황에 있다고 인정할 때에는 본인, 배우자, 4촌 이내의 친족, 임의후견인, 검사 또는 지방자치단체의 장의 청구에 의하여 임의후견감독인을 선임한다.

② 제1항의 경우 본인이 아닌 자의 청구에 의하여 가정법원이 임의후견감독인을 선임할 때에는 미리 본인의 동의를 받아야 한다. 다만, 본인이 의사를 표시할 수 없는 때에는 그러하지 아니하다.

③ 가정법원은 임의후견감독인이 없게 된 경우에는 직권으로 또는 본인, 친족, 임의후견인, 검사 또는 지방자치단체의 장의 청구에 의하여 임의후견감독인을 선임한다.

④ 가정법원은 임의후견임감독인이 선임된 경우에도 필요하다고 인정하면 직권으로 또는 제3항의 청구권자의 청구에 의하여 임의후견감독인을 추가로 선임할 수 있다.

⑤ 임의후견감독인에 대하여는 제940조의5를 준용한다.

[본조신설 2011.3.7]

제959조의16【임의후견감독인의 직무 등】

① 임의후견감독인은 임의후견인의 사무를 감독하며 그 사무에 관하여 가정법원에 정기적으로 보고하여야 한다.

② 가정법원은 필요하다고 인정하면 임의후견감독인에게 감독사무에 관한 보고를 요구할 수 있고 임의후견인의 사무 또는 본인의 재산상황에 대한 조사를 명하거나 그 밖에 임의후견감독인의 직무에 관하여 필요한 처분을 명할 수 있다.

③ 임의후견감독인에 대하여는 제940조의6 제2항·제3항, 제940조의7 및 제953조를 준용한다

[본조신설 2011.3.7]

제959조의17【임의후견개시의 제한 등】
① 임의후견인이 제937조 각 호에 해당하는 자 또는 그 밖에 현저한 비행을 하거나 후견계약에서 정한 임무에 적합하지 아니한 사유가 있는 자인 경우에는 가정법원은 임의후견감독인을 선임하지 아니한다.
② 임의후견감독인을 선임한 이후 임의후견인이 현저한 비행을 하거나 그 밖에 그 임무에 적합하지 아니한 사유가 있게 된 경우에는 가정법원은 임의후견감독인, 본인, 친족, 검사 또는 지방자치단체의 장의 청구에 의하여 임의후견인을 해임할 수 있다.

[본조신설 2011.3.7.]

제959조의18【후견계약의 종료】
① 임의후견감독인의 선임 전에는 본인 또는 임의후견인은 언제든지 공증인의 인증을 받은 서면으로 후견계약의 의사표시를 철회할 수 있다.
② 임의후견감독인의 선임 이후에는 본인 또는 임의후견인은 정당한 사유가 있는 때에만 가정법원의 허가를 받아 후견계약을 종료할 수 있다.

[본조신설 2011.3.7.]

제959조의19【임의후견인의 대리권 소멸과 제3자와의 관계】
임의후견인의 대리권 소멸은 등기하지 아니하면 선의의 제3자에게 대항할 수 없다.

[본조신설 2011.3.7.]

제959조의20【후견계약과 성년후견·한정후견·특정후견의 관계】
① 후견계약이 등기되어 있는 경우에는 가정법원은 본인의 이익을 위하여 특별히 필요할 때에만 임의후견인 또는 임의후견감독인의 청구에 의하여 성년후견, 한정후견 또는 특정후견의 심판을 할 수 있다. 이 경우 후견계약은 본인이 성년후견 또는 한정후견 개시의 심판을 받은 때 종료된다.
② 본인이 피성년후견인, 피한정후견인 또는 피특정후견인인 경우에 가정법원은 임의후견감독인을 선임함에 있어서 종전의 성년후견, 한정후견 또는 특정후견의 종료 심판을 하여야 한다. 다만, 성년후견 또는 한정후견 조치의 계속이 본인의 이익을 위하여 특별히 필요하다고 인정하면 가정법원은 임의후견감독인을 선임하지 아니한다.

[본조신설 2011.3.7]

제6장 친족회 삭 제 〈2011.3.7〉

제960조 ~ 제973조 삭 제 〈2011.3.7〉

제7장 부 양

제974조【부양(扶養)의무】
다음 각호의 친족은 서로 부양의 의무가 있다.
1. 직계혈족 및 그 배우자간
2. 삭 제 〈1990.1.13〉
3. 기타 친족간(생계를 같이 하는 경우에 한한다.)

제975조【부양의무와 생활능력】
부양의 의무는 부양을 받을 자가 자기의 자력 또는 근로에 의하여 생활을 유지할 수 없는 경우에 한하여 이를 이행할 책임이 있다.

제976조【부양의 순위】
① 부양의 의무 있는 자가 수인인 경우에 부양을 할 자의 순위에 관하여 당사자간에 협정이 없는 때에는 법원은 당사자의 청구에 의하여 이를 정한다. 부양을 받을 권리자가 수인인 경우에 부양의무자의 자력이 그 전원을 부양할 수 없는 때에도 같다.

② 전항의 경우에 법원은 수인의 부양의무자 또는 권리자를 선정할 수 있다.

제977조【부양의 정도, 방법】
부양의 정도 또는 방법에 관하여 당사자간에 협정이 없는 때에는 법원은 당사자의 청구에 의하여 부양을 받을 자의 생활정도와 부양의무자의 자력 기타 제반사정을 참작하여 이를 정한다.

제978조【부양관계의 변경 또는 취소】
부양을 할 자 또는 부양을 받을 자의 순위, 부양의 정도 또는 방법에 관한 당사자의 협정이나 법원의 판결이 있은 후 이에 관한 사정변경이 있는 때에는 법원은 당사자의 청구에 의하여 그 협정이나 판결을 취소 또는 변경할 수 있다.

제979조【부양청구권처분의 금지】
부양을 받을 권리는 이를 처분하지 못한다.

제8장 삭 제 〈2005.3.31〉

《 제4편 제8장(제980조 ~ 제996조)의 삭제는 호주승계에 관한 규정의 삭제임 》

제980조 ~ 제982조 삭 제 〈2005.3.31〉
제983조 삭 제 〈1990.1.13〉
제984조 ~ 제987조 삭 제 〈2005.3.31〉
제988조 삭 제 〈1990.1.13〉
제989조 삭 제 〈2005.3.31〉
제990조 삭 제 〈1990.1.13〉
제991조 ~ 제995조 삭 제 〈2005.3.31〉
제996조 삭 제 〈1990.1.13〉

제5편 상 속 〈본편 제목개정 1990.1.13〉

제1장 상 속 [본장신설 1990.1.13]

제1절 총 칙

제997조【상속개시의 원인】
상속은 사망으로 인하여 개시된다.
〈개정 1990.1.13〉

제998조【상속개시의 장소】
상속은 피상속인의 주소지에서 개시한다.
[전문개정 1990.1.13]

제998조의2【상속비용】
상속에 관한 비용은 상속재산 중에서 지급한다.
[본조신설 1990.1.13]

제999조【상속회복청구권】
① 상속권이 참칭상속권자(僭稱相續權者)로 인하여 침해된 때에는 상속권자 또는 그 법정대리인은 상속회복의 소를 제기할 수 있다.
② 제1항의 상속회복청구권은 그 침해를 안 날부터 3년, 상속권의 침해행위가 있은 날부터 10년을 경과하면 소멸된다. 〈개정 2002.1.14〉
[전문개정 1990.1.13]

제2절 상속인 〈본절 제목개정 1990.1.13〉

제1000조【상속의 순위】 〈제목개정 1990.1.13〉
① 상속에 있어서는 다음 순위로 상속인이 된다.
〈개정 1990.1.13〉

1. 피상속인의 직계비속
2. 피상속인의 직계존속
3. 피상속인의 형제자매
4. 피상속인의 4촌 이내의 방계혈족

② 전항의 경우에 동순위의 상속인이 수인인 때에는 최근친(最近親)을 선순위로 하고 동친등(同親等)의 상속인이 수인인 때에는 공동상속인이 된다.

③ 태아는 상속순위에 관하여는 이미 출생한 것으로 본다. 〈개정 1990.1.13〉

제1001조【대습상속(代襲相續)】
전조 제1항 제1호와 제3호의 규정에 의하여 상속인이 될 직계비속 또는 형제자매가 상속개시 전에 사망하거나 결격자가 된 경우에 그 직계비속이 있는 때에는 그 직계비속이 사망하거나 결격된 자의 순위에 갈음하여 상속인이 된다.

제1002조 삭 제 〈1990.1.13〉

제1003조【배우자의 상속순위】〈제목개정 1990.1.13.〉

① 피상속인의 배우자는 제1000조 제1항 제1호와 제2호의 규정에 의한 상속인이 있는 경우에는 그 상속인과 동순위로 공동상속인이 되고 그 상속인이 없는 때에는 단독상속인이 된다. 〈개정 1990.1.13〉

② 제1001조의 경우에 상속개시전에 사망 또는 결격된 자의 배우자는 동조의 규정에 의한 상속인과 동순위로 공동상속인이 되고 그 상속인이 없는 때에는 단독상속인이 된다. 〈개정 1990.1.13〉

제1004조【상속인의 결격사유】
다음 각 호의 어느 하나에 해당한 자는 상속인이 되지 못한다. 〈개정 1990.1.13, 2005.3.31〉

1. 고의로 직계존속, 피상속인, 그 배우자 또는 상속의 선순위나 동순위에 있는 자를 살해하거나 살해하려한 자
2. 고의로 직계존속, 피상속인과 그 배우자에게 상해를 가하여 사망에 이르게 한 자
3. 사기 또는 강박으로 피상속인의 상속에 관한 유언 또는 유언의 철회를 방해한 자
4. 사기 또는 강박으로 피상속인의 상속에 관한 유언을 하게 한 자
5. 피상속인의 상속에 관한 유언서를 위조·변조·파기 또는 은닉한 자=

2024.9.20 신설 | 2026.1.1. 시행

제1004조의2 [상속권 상실 선고]

① 피상속인은 상속인이 될 사람이 피상속인의 직계존속으로서 다음 각 호의 어느 하나에 해당하는 경우에는 제1068조에 따른 공정증서에 의한 유언으로 상속권 상실의 의사를 표시할 수 있다. 이 경우 유언집행자는 가정법원에 그 사람의 상속권 상실을 청구하여야 한다.
1. 피상속인에 대한 부양의무(미성년자에 대한 부양의무로 한정한다)를 중대하게 위반한 경우
2. 피상속인 또는 그 배우자나 피상속인의 직계비속에게 중대한 범죄행위(제1004조의 경우는 제외한다)를 하거나 그 밖에 심히 부당한 대우를 한 경우

② 제1항의 유언에 따라 상속권 상실의 대상이 될 사람은 유언집행자가 되지 못한다.

③ 제1항에 따른 유언이 없었던 경우 공동상속인은 피상속인의 직계존속으로서 다음 각 호의 사유가 있는 사람이 상속인이 되었음을 안 날부터 6개월 이내에 가정법원에 그 사람의 상속권 상실을 청구할 수 있다.
1. 피상속인에 대한 부양의무(미성년자에 대한 부양의무로 한정한다)를 중대하게 위반한 경우
2. 피상속인에게 중대한 범죄행위(제1004조의 경우는 제외한다)를 하거나 그 밖에 심히 부당한 대우를 한 경우

④ 제3항의 청구를 할 수 있는 공동상속인이 없거나 모든 공동상속인에게 제3항 각 호의 사유가 있는 경우에는 상속권 상실 선고의 확정에 의하여 상속인이 될 사람이 이를 청구할 수 있다.

⑤ 가정법원은 상속권 상실을 청구하는 원인이 된 사유의 경위와 정도, 상속인과 피상속인의 관계, 상속재산의 규모와 형성 과정 및 그 밖의 사정을 종합적으로 고려하여 제1항, 제3항 또는

제4항에 따른 청구를 인용하거나 기각할 수 있다.

⑥ 상속개시 후에 상속권 상실의 선고가 확정된 경우 그 선고를 받은 사람은 상속이 개시된 때에 소급하여 상속권을 상실한다. 다만, 이로써 해당 선고가 확정되기 전에 취득한 제3자의 권리를 해치지 못한다.

⑦ 가정법원은 제1항, 제3항 또는 제4항에 따른 상속권 상실의 청구를 받은 경우 이해관계인 또는 검사의 청구에 따라 상속재산관리인을 선임하거나 그 밖에 상속재산의 보존 및 관리에 필요한 처분을 명할 수 있다.

⑧ 가정법원이 제7항에 따라 상속재산관리인을 선임한 경우 상속재산관리인의 직무, 권한, 담보제공 및 보수 등에 관하여는 제24조부터 제26조까지를 준용한다.

[본조신설 2024.9.20.]

제3절 상속의 효력

〈본절 제목개정 1990.1.13〉

제1관 일반적 효력

제1005조【상속과 포괄적 권리의무의 승계】
상속인은 상속개시된 때로부터 피상속인의 재산에 관한 포괄적 권리의무를 승계한다. 그러나 피상속인의 일신(一身)에 전속(專屬)한 것은 그러하지 아니하다. 〈개정 1990.1.13〉

제1006조【공동상속과 재산의 공유】
상속인이 수인인 때에는 상속재산은 그 공유로 한다. 〈개정 1990.1.13〉

제1007조【공동상속인의 권리의무 승계】
공동상속인은 각자의 상속분에 응하여 피상속인의 권리의무를 승계한다.

제1008조【특별수익자의 상속분】
공동상속인 중에 피상속인으로부터 재산의 증여 또는 유증(遺贈)을 받은 자가 있는 경우에 그 수증재산이 자기의 상속분에 달하지 못한 때에는 그 부족한 부분의 한도에서 상속분이 있다.

〈개정 1977.12.31〉

제1008조의2【기여분(寄與分)】
① 공동상속인 중에 상당한 기간 동거·간호 그 밖의 방법으로 피상속인을 특별히 부양하거나 피상속인의 재산의 유지 또는 증가에 특별히 기여한 자가 있을 때에는 상속개시 당시의 피상속인의 재산가액에서 공동상속인의 협의로 정한 그 자의 기여분을 공제한 것을 상속재산으로 보고 제1009조 및 제1010조에 의하여 산정한 상속분에 기여분을 가산한 액으로써 그 자의 상속분으로 한다. 〈개정 2005.3.31〉

② 제1항의 협의가 되지 아니하거나 협의할 수 없는 때에는 가정법원은 제1항에 규정된 기여자의 청구에 의하여 기여의 시기·방법 및 정도와 상속재산의 액 기타의 사정을 참작하여 기여분을 정한다.

③ 기여분은 상속이 개시된 때의 피상속인의 재산가액에서 유증의 가액을 공제한 액을 넘지 못한다.

④ 제2항의 규정에 의한 청구는 제1013조 제2항의 규정에 의한 청구가 있을 경우 또는 제1014조에 규정하는 경우에 할 수 있다.

[본조신설 1990.1.13]

제1008조의3【분묘(墳墓) 등의 승계】
분묘에 속한 1정보(町步) 이내의 금양임야(禁養林野)와 600평 이내의 묘토(墓土)인 농지, 족보(族譜)와 제구(祭具)의 소유권은 제사를 주재(主宰)하는 자가 이를 승계한다.

[본조신설 1990.1.13]

민법

제2관 상속분

제1009조【법정상속분】
① 동순위의 상속인이 수인인 때에는 그 상속분은 균분(均分)으로 한다.
〈개정 1977.12.31, 1990.1.13〉
② 피상속인의 배우자의 상속분은 직계비속과 공동으로 상속하는 때에는 직계비속의 상속분의 5할을 가산하고, 직계존속과 공동으로 상속하는 때에는 직계존속의 상속분의 5할을 가산한다. 〈개정 1990.1.13〉
③ 삭 제 〈1990.1.13.〉

제1010조【대습상속분】
① 제1001조의 규정에 의하여 사망 또는 결격된 자에 갈음하여 상속인이 된 자의 상속분은 사망 또는 결격된 자의 상속분에 의한다.
② 전항의 경우에 사망 또는 결격된 자의 직계비속이 수인인 때에는 그 상속분은 사망 또는 결격된 자의 상속분의 한도에서 제1009조의 규정에 의하여 이를 정한다. 제1003조 제2항의 경우에도 또한 같다.

제1011조【공동상속분의 양수(讓受)】
① 공동상속인 중에 그 상속분을 제3자에게 양도한 자가 있는 때에는 다른 공동상속인은 그 가액과 양도비용을 상환하고 그 상속분을 양수할 수 있다.
② 전항의 권리는 그 사유를 안 날로부터 3월, 그 사유 있은 날로부터 1년 내에 행사하여야 한다.

제3관 상속재산의 분할

제1012조【유언에 의한 분할방법의 지정, 분할금지】
피상속인은 유언으로 상속재산의 분할방법을 정하거나 이를 정할 것을 제3자에게 위탁할 수 있고 상속개시의 날로부터 5년을 초과하지 아니하는 기간 내의 그 분할을 금지할 수 있다.

제1013조【협의에 의한 분할】
① 전조의 경우 외에는 공동상속인은 언제든지 그 협의에 의하여 상속재산을 분할할 수 있다.
② 제269조의 규정은 전항의 상속재산의 분할에 준용한다.

제1014조【분할 후의 피인지자 등의 청구권】
상속개시후의 인지 또는 재판의 확정에 의하여 공동상속인이 된 자가 상속재산의 분할을 청구할 경우에 다른 공동상속인이 이미 분할 기타 처분을 한 때에는 그 상속분에 상당한 가액의 지급을 청구할 권리가 있다.

제1015조【분할의 소급효】
상속재산의 분할은 상속개시된 때에 소급하여 그 효력이 있다. 그러나 제3자의 권리를 해하지 못한다.

제1016조【공동상속인의 담보책임】
공동상속인은 다른 공동상속인이 분할로 인하여 취득한 재산에 대하여 그 상속분에 응하여 매도인과 같은 담보책임이 있다.

제1017조【상속채무자의 자력에 대한 담보책임】
① 공동상속인은 다른 상속인이 분할로 인하여 취득한 채권에 대하여 분할당시의 채무자의 자력을 담보한다.
② 변제기에 달하지 아니한 채권이나 정지조건 있는 채권에 대하여는 변제를 청구할 수 있는 때의 채무자의 자력을 담보한다.

제1018조【무자력(無資力) 공동상속인의 담보책임의 분담】
담보책임 있는 공동상속인 중에 상환(償還)의 자력이 없는 자가 있는 때에는 그 부담부분은 구상권자와 자력 있는 다른 공동상속인이 그 상속분에 응(應)하여 분담한다. 그러나 구상권자(求償權者)의 과실로 인하여 상환을 받지 못한 때에는 다른 공동상속인에게 분담을 청구하지 못한다.

제4절 상속의 승인 및 포기

〈본절 제목개정 1990.1.13〉

제1관 총 칙

제1019조【승인, 포기의 기간】
① 상속인은 상속개시 있음을 안 날로부터 3월 내에 단순승인이나 한정승인 또는 포기를 할 수 있다. 그러나 그 기간은 이해관계인 또는 검사의 청구에 의하여 가정법원이 이를 연장할 수 있다. 〈개정 1990.1.13〉
② 상속인은 제1항의 승인 또는 포기를 하기 전에 상속재산을 조사할 수 있다. 〈개정 2002.1.14.〉

2022.12.13 개정

③ 제1항에도 불구하고 상속인은 상속채무가 상속재산을 초과하는 사실(이하 이 조에서 "상속채무 초과사실"이라 한다)을 중대한 과실 없이 제1항의 기간 내에 알지 못하고 단순승인(제1026조 제1호 및 제2호에 따라 단순승인한 것으로 보는 경우를 포함한다. 이하 이 조에서 같다)을 한 경우에는 그 사실을 안 날부터 3개월 내에 한정승인을 할 수 있다. 〈개정 2022.12.13.〉

2022.12.13 신설

④ 제1항에도 불구하고 미성년자인 상속인이 상속채무가 상속재산을 초과하는 상속을 성년이 되기 전에 단순승인한 경우에는 성년이 된 후 그 상속의 상속채무 초과사실을 안 날부터 3개월 내에 한정승인을 할 수 있다. 미성년자인 상속인이 제3항에 따른 한정승인을 하지 아니하였거나 할 수 없었던 경우에도 또한 같다. 〈신설 2022.12.13.〉

제1020조【제한능력자의 승인·포기의 기간】
상속인이 제한능력자인 경우에는 제1019조 제1항의 기간은 그의 친권자 또는 후견인이 상속이 개시된 것을 안 날부터 기산(起算)한다.

[전문개정 2011.3.7]

제1021조【승인, 포기기간의 계산에 관한 특칙】
상속인이 승인이나 포기를 하지 아니하고 제1019조 제1항의 기간 내에 사망한 때에는 그의 상속인이 그 자기의 상속개시 있음을 안 날로부터 제1019조 제1항의 기간을 기산한다.

제1022조【상속재산의 관리】
상속인은 그 고유재산에 대하는 것과 동일한 주의로 상속재산을 관리하여야 한다. 그러나 단순승인 또는 포기한 때에는 그러하지 아니하다.

제1023조【상속재산보존에 필요한 처분】
① 법원은 이해관계인 또는 검사의 청구에 의하여 상속재산의 보존에 필요한 처분을 명할 수 있다.
② 법원이 재산관리인을 선임한 경우에는 제24조 내지 제26조의 규정을 준용한다.

제1024조【승인, 포기의 취소금지】
① 상속의 승인이나 포기는 제1019조 제1항의 기간 내에도 이를 취소하지 못한다. 〈개정 1990.1.13〉
② 전항의 규정은 총칙편의 규정에 의한 취소에 영향을 미치지 아니한다. 그러나 그 취소권은 추인할 수 있는 날로부터 3월, 승인 또는 포기한 날로부터 1년 내에 행사하지 아니하면 시효로 인하여 소멸된다.

제2관 단순승인

제1025조【단순승인의 효과】
상속인이 단순승인을 한 때에는 제한 없이 피상속인의 권리의무를 승계한다. 〈개정 1990.1.13〉

제1026조【법정단순승인】
다음 각호의 사유가 있는 경우에는 상속인이 단순승인을 한 것으로 본다. 〈개정 2002.1.14〉

1. 상속인이 상속재산에 대한 처분행위를 한 때
2. 상속인이 제1019조 제1항의 기간 내에 한정승인 또는 포기를 하지 아니한 때
3. 상속인이 한정승인 또는 포기를 한 후에 상속재산을 은닉하거나 부정소비하거나 고의로 재산목록에 기입(記入)하지 아니한 때

제1027조【법정단순승인의 예외】
상속인이 상속을 포기함으로 인하여 차순위 상속인이 상속을 승인한 때에는 전조 제3호의 사유는 상속의 승인으로 보지 아니한다.

제3관 한정승인

제1028조【한정승인의 효과】
상속인은 상속으로 인하여 취득할 재산의 한도에서 피상속인의 채무와 유증을 변제할 것을 조건으로 상속을 승인할 수 있다. 〈개정 1990.1.13〉

제1029조【공동상속인의 한정승인】
상속인이 수인인 때에는 각상속인은 그 상속분에 응하여 취득할 재산의 한도에서 그 상속분에 의한 피상속인의 채무와 유증을 변제할 것을 조건으로 상속을 승인할 수 있다.

제1030조【한정승인의 방식】

2022.12.13 개정

① 상속인이 한정승인을 할 때에는 제1019조 제1항·제3항 또는 제4항의 기간 내에 상속재산의 목록을 첨부하여 법원에 한정승인의 신고를 하여야 한다. 〈개정 2005.3.31., 2022.12.13.〉

② 제1019조 제3항 또는 제4항에 따라 한정승인을 한 경우 상속재산 중 이미 처분한 재산이 있는 때에는 그 목록과 가액을 함께 제출하여야 한다. 〈신설 2005.3.31., 2022.12.13.〉

제1031조【한정승인과 재산상 권리의무의 불소멸】
상속인이 한정승인을 한 때에는 피상속인에 대한 상속인의 재산상 권리의무는 소멸하지 아니한다.

제1032조【채권자에 대한 공고, 최고】
① 한정승인자는 한정승인을 한 날로부터 5일 내에 일반상속채권자와 유증 받은 자에 대하여 한정승인의 사실과 일정한 기간 내에 그 채권 또는 수증을 신고할 것을 공고하여야 한다. 그 기간은 2월 이상이어야 한다.
② 제88조 제2항, 제3항과 제89조의 규정은 전항의 경우에 준용한다.

제1033조【최고기간중의 변제거절】
한정승인자는 전조 제1항의 기간만료 전에는 상속채권의 변제를 거절할 수 있다.

제1034조【배당변제(配當辨濟)】
① 한정승인자는 제1032조 제1항의 기간만료 후에 상속재산으로서 그 기간 내에 신고한 채권자와 한정승인자가 알고 있는 채권자에 대하여 각 채권액의 비율로 변제하여야 한다. 그러나 우선권 있는 채권자의 권리를 해하지 못한다.

2022.12.13 개정

② 제1019조 제3항 또는 제4항에 따라 한정승인을 한 경우에는 그 상속인은 상속재산 중에서 남아있는 상속재산과 함께 이미 처분한 재산의 가액을 합하여 제1항의 변제를 하여야 한다. 다만, 한정승인을 하기 전에 상속채권자나 유증받은 자에 대하여 변제한 가액은 이미 처분한 재산의 가액에서 제외한다. 〈신설 2005.3.31., 2022.12.13.〉

제1035조【변제기 전의 채무 등의 변제】
① 한정승인자는 변제기에 이르지 아니한 채권에 대하여도 전조의 규정에 의하여 변제하여야 한다.

② 조건 있는 채권이나 존속기간의 불확정한 채권은 법원의 선임한 감정인의 평가에 의하여 변제하여야 한다.

제1036조【수증자에의 변제】
한정승인자는 전2조의 규정에 의하여 상속채권자에 대한 변제를 완료한 후가 아니면 유증 받은 자에게 변제하지 못한다.

제1037조【상속재산의 경매】
전3조의 규정에 의한 변제를 하기 위하여 상속재산의 전부나 일부를 매각할 필요가 있는 때에는 민사집행법에 의하여 경매하여야 한다.
〈개정 1997.12.13, 2001.12.29〉

제1038조【부당변제 등으로 인한 책임】
〈제목 개정 2005.3.31.〉

① 한정승인자가 제1032조의 규정에 의한 공고나 최고를 해태하거나 제1033조 내지 제1036조의 규정에 위반하여 어느 상속채권자나 유증 받은 자에게 변제함으로 인하여 다른 상속채권자나 유증 받은 자에 대하여 변제할 수 없게 된 때에는 한정승인자는 그 손해를 배상하여야 한다. 제1019조 제3항의 규정에 의하여 한정승인을 한 경우 그 이전에 상속채무가 상속재산을 초과함을 알지 못한 데 과실이 있는 상속인이 상속채권자나 유증 받은 자에게 변제한 때에도 또한 같다. 〈개정 2005.3.31.〉

2022.12.13 개정

② 제1항 전단의 경우에 변제를 받지 못한 상속채권자나 유증받은 자는 그 사정을 알고 변제를 받은 상속채권자나 유증받은 자에 대하여 구상권을 행사할 수 있다. 제1019조 제3항 또는 제4항에 따라 한정승인을 한 경우 그 이전에 상속채무가 상속재산을 초과함을 알고 변제받은 상속채권자나 유증받은 자가 있는 때에도 또한 같다. 〈개정 2005.3.31., 2022.12.13.〉

③ 제766조의 규정은 제1항 및 제2항의 경우에 준용한다. 〈개정 2005.3.31〉

제1039조【신고하지 않은 채권자 등】
제1032조 제1항의 기간 내에 신고하지 아니한 상속채권자 및 유증 받은 자로서 한정승인자가 알지 못한 자는 상속재산의 잔여(殘餘)가 있는 경우에 한하여 그 변제를 받을 수 있다. 그러나 상속재산에 대하여 특별담보권 있는 때에는 그러하지 아니하다.

제1040조【공동상속재산과 그 관리인의 선임】
① 상속인이 수인인 경우에는 법원은 각상속인 기타 이해관계인의 청구에 의하여 공동상속인 중에서 상속재산관리인을 선임할 수 있다.
② 법원이 선임한 관리인은 공동상속인을 대표하여 상속재산의 관리와 채무의 변제에 관한 모든 행위를 할 권리의무가 있다.
③ 제1022조, 제1032조 내지 전조의 규정은 전항의 관리인에 준용한다. 그러나 제1032조의 규정에 의하여 공고할 5일의 기간은 관리인이 그 선임을 안 날로부터 기산한다.

제4관 포 기

제1041조【포기의 방식】
상속인이 상속을 포기할 때에는 제1019조 제1항의 기간 내에 가정법원에 포기의 신고를 하여야 한다. 〈개정 1990.1.13〉

제1042조【포기의 소급효】
상속의 포기는 상속개시된 때에 소급하여 그 효력이 있다.

제1043조【포기한 상속재산의 귀속】
상속인이 수인인 경우에 어느 상속인이 상속을 포기한 때에는 그 상속분은 다른 상속인의 상속분의 비율로 그 상속인에게 귀속된다.

제1044조【포기한 상속재산의 관리계속의무】
① 상속을 포기한 자는 그 포기로 인하여 상속인이 된 자가 상속재산을 관리할 수 있을 때까지 그 재산의 관리를 계속하여야 한다.
② 제1022조와 제1023조의 규정은 전항의 재산관리에 준용한다.

제5절 재산의 분리

제1045조【상속재산의 분리청구권】
① 상속채권자나 유증 받은 자 또는 상속인의 채권자는 상속개시된 날로부터 3월 내에 상속재산과 상속인의 고유재산의 분리를 법원에 청구할 수 있다.
② 상속인이 상속의 승인이나 포기를 하지 아니한 동안은 전항의 기간경과 후에도 재산의 분리를 법원에 청구할 수 있다.
〈개정 1990.1.13〉

제1046조【분리명령과 채권자 등에 대한 공고, 최고】
① 법원이 전조의 청구에 의하여 재산의 분리를 명한 때에는 그 청구자는 5일 내에 일반상속채권자와 유증 받은 자에 대하여 재산분리의 명령 있은 사실과 일정한 기간 내에 그 채권 또는 수증을 신고할 것을 공고하여야 한다. 그 기간은 2월 이상이어야 한다.
② 제88조 제2항, 제3항과 제89조의 규정은 전항의 경우에 준용한다.

제1047조【분리 후의 상속재산의 관리】
① 법원이 재산의 분리를 명한 때에는 상속재산의 관리에 관하여 필요한 처분을 명할 수 있다.
② 법원이 재산관리인을 선임한 경우에는 제24조 내지 제26조의 규정을 준용한다.

제1048조【분리 후의 상속인의 관리의무】
① 상속인이 단순승인을 한 후에도 재산분리의 명령이 있는 때에는 상속재산에 대하여 자기의 고유재산과 동일한 주의로 관리하여야 한다.
② 제683조 내지 제685조 및 제688조 제1항, 제2항의 규정은 전항의 재산관리에 준용한다.

제1049조【재산분리의 대항요건】
재산의 분리는 상속재산인 부동산에 관하여는 이를 등기하지 아니하면 제3자에게 대항하지 못한다.

제1050조【재산분리와 권리의무의 불소멸】
재산분리의 명령이 있는 때에는 피상속인에 대한 상속인의 재산상 권리의무는 소멸하지 아니한다.

제1051조【변제의 거절과 배당변제】
① 상속인은 제1045조 및 제1046조의 기간만료 전에는 상속채권자와 유증 받은 자에 대하여 변제를 거절할 수 있다.
② 전항의 기간만료 후에 상속인은 상속재산으로써 재산분리의 청구 또는 그 기간 내에 신고한 상속채권자, 유증 받은 자와 상속인이 알고 있는 상속채권자, 유증 받은 자에 대하여 각 채권액 또는 수증액의 비율로 변제하여야 한다. 그러나 우선권 있는 채권자의 권리를 해하지 못한다.
③ 제1035조 내지 제1038조의 규정은 전항의 경우에 준용한다.

제1052조【고유재산으로부터의 변제】
① 전조의 규정에 의한 상속채권자와 유증 받은 자는 상속재산으로써 전액의 변제를 받을 수 없는 경우에 한하여 상속인의 고유재산으로부터 그 변제를 받을 수 있다.
② 전항의 경우에 상속인의 채권자는 상속인의 고유재산으로부터 우선변제를 받을 권리가 있다.

제6절 상속인의 부존재

〈본절 제목개정 1990.1.13〉

제1053조【상속인 없는 재산의 관리인】
① 상속인의 존부가 분명하지 아니한 때에는 법원은 제777조의 규정에 의한 피상속인의 친

족 기타 이해관계인 또는 검사의 청구에 의하여 상속재산관리인을 선임하고 지체 없이 이를 공고하여야 한다. 〈개정 1990.1.13〉

② 제24조 내지 제26조의 규정은 전항의 재산관리인에 준용한다.

제1054조【재산목록제시와 상황보고】

관리인은 상속채권자나 유증 받은 자의 청구가 있는 때에는 언제든지 상속재산의 목록을 제시하고 그 상황을 보고하여야 한다.

제1055조【상속인의 존재가 분명하여진 경우】

① 관리인의 임무는 그 상속인이 상속의 승인을 한 때에 종료한다.

② 전항의 경우에는 관리인은 지체 없이 그 상속인에 대하여 관리의 계산을 하여야 한다.

제1056조【상속인 없는 재산의 청산】

① 제1053조 제1항의 공고 있은 날로부터 3월 내에 상속인의 존부를 알 수 없는 때에는 관리인은 지체 없이 일반상속채권자와 유증 받은 자에 대하여 일정한 기간 내에 그 채권 또는 수증을 신고할 것을 공고하여야 한다. 그 기간은 2월 이상이어야 한다.

② 제88조 제2항, 제3항, 제89조, 제1033조 내지 제1039조의 규정은 전항의 경우에 준용한다.

제1057조【상속인 수색(搜索)의 공고】

제1056조 제1항의 기간이 경과하여도 상속인의 존부를 알 수 없는 때에는 법원은 관리인의 청구에 의하여 상속인이 있으면 일정한 기간 내에 그 권리를 주장할 것을 공고하여야 한다. 그 기간은 1년 이상이어야 한다. 〈개정 2005.3.31.〉

제1057조의2【특별연고자(特別緣故者)에 대한 분여(分與)】

① 제1057조의 기간 내에 상속권을 주장하는 자가 없는 때에는 가정법원은 피상속인과 생계(生計)를 같이 하고 있던 자, 피상속인의 요양간호(療養看護)를 한 자 기타 피상속인과 특별한 연고가 있던 자의 청구에 의하여 상속재산의 전부 또는 일부를 분여할 수 있다. 〈개정 2005.3.31〉

② 제1항의 청구는 제1057조의 기간의 만료후 2월 이내에 하여야 한다. 〈개정 2005.3.31〉

[본조신설 1990.1.13]

제1058조【상속재산의 국가귀속】

① 제1057조의2의 규정에 의하여 분여(分與)되지 아니한 때에는 상속재산은 국가에 귀속한다. 〈개정 2005.3.31〉

② 제1055조 제2항의 규정은 제1항의 경우에 준용한다. 〈개정 2005.3.31〉

제1059조【국가귀속재산에 대한 변제청구의 금지】

전조 제1항의 경우에는 상속재산으로 변제를 받지 못한 상속채권자나 유증을 받은 자가 있는 때에도 국가에 대하여 그 변제를 청구하지 못한다.

제2장 유 언

제1절 총 칙

제1060조【유언의 요식성(要式性)】

유언은 본법의 정한 방식에 의하지 아니하면 효력이 생기지 아니한다.

제1061조【유언 적령(適齡)】

17세에 달하지 못한 자는 유언을 하지 못한다. 〈개정 2022.12.27.〉

제1062조【제한능력자의 유언】

유언에 관하여는 제5조, 제10조 및 제13조를 적용하지 아니한다. [전문개정 2011.3.7]

제1063조【피성년후견인의 유언능력】

① 피성년후견인은 의사능력이 회복된 때에만 유언을 할 수 있다.

② 제1항의 경우에는 의사가 심신회복의 상태를 유언서에 부기(附記)하고 서명날인하여야 한다. [전문개정 2011.3.7]

제1064조【유언과 태아, 상속결격자】 제1000조 제3항, 제1004조의 규정은 수증자에 준용한다. 〈개정 1990.1.13.〉

민 법

제2절 유언의 방식

제1065조【유언의 보통방식】 유언의 방식은 자필증서, 녹음, 공정증서, 비밀증서와 구수증서의 5종으로 한다.

제1066조【자필증서(自筆證書)에 의한 유언】
① 자필증서에 의한 유언은 유언자가 그 전문(全文)과 연월일, 주소, 성명을 자서(自書)하고 날인(捺印)하여야 한다.
② 전항의 증서에 문자의 삽입, 삭제 또는 변경을 함에는 유언자가 이를 자서하고 날인하여야 한다.

제1067조【녹음(錄音)에 의한 유언】 녹음에 의한 유언은 유언자가 유언의 취지(趣旨), 그 성명과 연월일을 구술(口述)하고 이에 참여한 증인이 유언의 정확함과 그 성명을 구술하여야 한다.

제1068조【공정증서(公正證書)에 의한 유언】 공정증서에 의한 유언은 유언자가 증인 2인이 참여한 공증인(公證人)의 면전(面前)에서 유언의 취지를 구수(口授)하고 공증인이 이를 필기낭독(筆記朗讀)하여 유언자와 증인이 그 정확함을 승인한 후 각자 서명(署名) 또는 기명날인(記名捺印)하여야 한다.

제1069조【비밀증서(秘密證書)에 의한 유언】
① 비밀증서에 의한 유언은 유언자가 필자(筆者)의 성명을 기입한 증서를 엄봉날인(嚴封捺印)하고 이를 2인 이상의 증인의 면전에 제출하여 자기의 유언서임을 표시한 후 그 봉서표면(封書表面)에 제출 연월일을 기재하고 유언자와 증인이 각자 서명 또는 기명날인하여야 한다.
② 전항의 방식에 의한 유언봉서(遺言封書)는 그 표면에 기재된 날로부터 5일내에 공증인 또는 법원서기에게 제출하여 그 봉인상(封印上)에 확정일자인(確定日字印)을 받아야 한다.

제1070조【구수증서(口授證書)에 의한 유언】
① 구수증서에 의한 유언은 질병 기타 급박(急迫)한 사유로 인하여 전4조의 방식에 의할 수 없는 경우에 유언자가 2인 이상의 증인의 참여로 그 1인에게 유언의 취지를 구수하고 그 구수를 받은 자가 이를 필기낭독하여 유언자의 증인이 그 정확함을 승인한 후 각자 서명 또는 기명날인하여야 한다.
② 전항의 방식에 의한 유언은 그 증인 또는 이해관계인이 급박한 사유의 종료한 날로부터 7일내에 법원에 그 검인(檢認)을 신청하여야 한다.
③ 제1063조 제2항의 규정은 구수증서에 의한 유언에 적용하지 아니한다.

제1071조【비밀증서에 의한 유언의 전환】 비밀증서에 의한 유언이 그 방식에 흠결(欠缺)이 있는 경우에 그 증서가 자필증서의 방식에 적합한 때에는 자필증서에 의한 유언으로 본다.

제1072조【증인의 결격사유】
① 다음 각 호의 어느 하나에 해당하는 사람은 유언에 참여하는 증인이 되지 못한다.
1. 미성년자
2. 피성년후견인과 피한정후견인
3. 유언으로 이익을 받을 사람, 그의 배우자와 직계혈족
② 공정증서에 의한 유언에는 「공증인법」에 따른 결격자는 증인이 되지 못한다.
[전문개정 2011.3.7]

제3절 유언의 효력

제1073조【유언의 효력발생 시기】
① 유언은 유언자가 사망한 때로부터 그 효력이 생긴다.

② 유언에 정지조건이 있는 경우에 그 조건이 유언자의 사망 후에 성취한 때에는 그 조건 성취한 때로부터 유언의 효력이 생긴다.

제1074조 【유증의 승인, 포기】

① 유증을 받을 자는 유언자의 사망 후에 언제든지 유증을 승인 또는 포기할 수 있다.

② 전항의 승인이나 포기는 유언자의 사망한 때에 소급하여 그 효력이 있다.

제1075조 【유증의 승인, 포기의 취소금지】

① 유증의 승인이나 포기는 취소하지 못한다.

② 제1024조 제2항의 규정은 유증의 승인과 포기에 준용한다.

제1076조 【수증자의 상속인의 승인, 포기】

수증자가 승인이나 포기를 하지 아니하고 사망한 때에는 그 상속인은 상속분의 한도에서 승인 또는 포기할 수 있다. 그러나 유언자가 유언으로 다른 의사를 표시한 때에는 그 의사에 의한다.

제1077조 【유증의무자의 최고권】

① 유증의무자나 이해관계인은 상당한 기간을 정하여 그 기간 내에 승인 또는 포기를 확답할 것을 수증자 또는 그 상속인에게 최고할 수 있다.

② 전항의 기간 내에 수증자 또는 상속인이 유증의무자에 대하여 최고에 대한 확답을 하지 아니한 때에는 유증을 승인한 것으로 본다.

제1078조 【포괄적 수증자의 권리의무】

포괄적 유증을 받은 자는 상속인과 동일한 권리의무가 있다. 〈개정 1990.1.13〉

제1079조 【수증자의 과실취득권】

수증자는 유증의 이행을 청구할 수 있는 때로부터 그 목적물의 과실을 취득한다. 그러나 유언자가 유언으로 다른 의사를 표시한 때에는 그 의사에 의한다.

제1080조 【과실수취비용의 상환청구권】

유증의무자가 유언자의 사망 후에 그 목적물의 과실을 취득하기 위하여 필요비를 지출한 때에는 그 과실의 가액의 한도에서 과실을 취득한 수증자에게 상환을 청구할 수 있다.

제1081조 【유증의무자의 비용상환청구권】

유증의무자가 유증자의 사망 후에 그 목적물에 대하여 비용을 지출한 때에는 제325조의 규정을 준용한다.

제1082조 【불특정물 유증의무자의 담보책임】

① 불특정물을 유증의 목적으로 한 경우에는 유증의무자는 그 목적물에 대하여 매도인과 같은 담보책임이 있다.

② 전항의 경우에 목적물에 하자가 있는 때에는 유증의무자는 하자 없는 물건으로 인도하여야 한다.

제1083조 【유증의 물상대위성(物上代位性)】

유증자가 유증목적물의 멸실, 훼손 또는 점유의 침해로 인하여 제3자에게 손해배상을 청구할 권리가 있는 때에는 그 권리를 유증의 목적으로 한 것으로 본다.

제1084조 【채권의 유증의 물상대위성】

① 채권을 유증의 목적으로 한 경우에 유언자가 그 변제를 받은 물건이 상속재산 중에 있는 때에는 그 물건을 유증의 목적으로 한 것으로 본다.

② 전항의 채권이 금전을 목적으로 한 경우에는 그 변제 받은 채권액에 상당한 금전이 상속재산 중에 없는 때에도 그 금액을 유증의 목적으로 한 것으로 본다.

제1085조 【제3자의 권리의 목적인 물건 또는 권리의 유증】

유증의 목적인 물건이나 권리가 유언자의 사망당시에 제3자의 권리의 목적인 경우에는 수증자는 유증의무자에 대하여 그 제3자의 권리를 소멸시킬 것을 청구하지 못한다.

제1086조 【유언자가 다른 의사표시를 한 경우】

전3조의 경우에 유언자가 유언으로 다른 의사를 표시한 때에는 그 의사에 의한다.

제1087조 【상속재산에 속하지 아니한 권리의 유증】

① 유언의 목적이 된 권리가 유언자의 사망당시

에 상속재산에 속하지 아니한 때에는 유언은 그 효력이 없다. 그러나 유언자가 자기의 사망당시에 그 목적물이 상속재산에 속하지 아니한 경우에도 유언의 효력이 있게 할 의사인 때에는 유증의무자는 그 권리를 취득하여 수증자에게 이전할 의무가 있다.

② 전항 단서의 경우에 그 권리를 취득할 수 없거나 그 취득에 과다한 비용을 요할 때에는 그 가액으로 변상할 수 있다.

제1088조【부담 있는 유증과 수증자의 책임】

① 부담 있는 유증을 받은 자는 유증의 목적의 가액을 초과하지 아니한 한도에서 부담한 의무를 이행할 책임이 있다.

② 유증의 목적의 가액이 한정승인 또는 재산분리로 인하여 감소된 때에는 수증자는 그 감소된 한도에서 부담할 의무를 면한다.

제1089조【유증효력발생 전의 수증자의 사망】

① 유증은 유언자의 사망 전에 수증자가 사망한 때에는 그 효력이 생기지 아니한다.

② 정지조건 있는 유증은 수증자가 그 조건성취 전에 사망한 때에는 그 효력이 생기지 아니한다.

제1090조【유증의 무효, 실효의 경우와 목적재산의 귀속】

유증이 그 효력이 생기지 아니하거나 수증자가 이를 포기한 때에는 유증의 목적인 재산은 상속인에게 귀속한다. 그러나 유언자가 유언으로 다른 의사를 표시한 때에는 그 의사에 의한다.

제4절 유언의 집행

제1091조【유언증서, 녹음의 검인】

① 유언의 증서나 녹음을 보관한 자 또는 이를 발견한 자는 유언자의 사망후 지체 없이 법원에 제출하여 그 검인을 청구하여야 한다.

② 전항의 규정은 공정증서나 구수증서에 의한 유언에 적용하지 아니한다.

제1092조【유언증서의 개봉(開封)】

법원이 봉인된 유언증서를 개봉할 때에는 유언자의 상속인, 그 대리인 기타 이해관계인의 참여가 있어야 한다.

제1093조【유언집행자의 지정】

유언자는 유언으로 유언집행자를 지정할 수 있고 그 지정을 제3자에게 위탁할 수 있다.

제1094조【위탁에 의한 유언집행자의 지정】

① 전조의 위탁을 받은 제3자는 그 위탁 있음을 안 후 지체 없이 유언집행자를 지정하여 상속인에게 통지하여야 하며 그 위탁을 사퇴할 때에는 이를 상속인에게 통지하여야 한다.

② 상속인 기타 이해관계인은 상당한 기간을 정하여 그 기간 내에 유언집행자를 지정할 것을 위탁받은 자에게 최고할 수 있다. 그 기간 내에 지정의 통지를 받지 못한 때에는 그 지정의 위탁을 사퇴한 것으로 본다.

제1095조【지정유언집행자가 없는 경우】

전2조의 규정에 의하여 지정된 유언집행자가 없는 때에는 상속인이 유언집행자가 된다.

제1096조【법원에 의한 유언집행자의 선임】

① 유언집행자가 없거나 사망, 결격 기타 사유로 인하여 없게 된 때에는 법원은 이해관계인의 청구에 의하여 유언집행자를 선임하여야 한다.

② 법원이 유언집행자를 선임한 경우에는 그 임무에 관하여 필요한 처분을 명할 수 있다.

제1097조【유언집행자의 승낙, 사퇴】

① 지정에 의한 유언집행자는 유언자의 사망후 지체 없이 이를 승낙하거나 사퇴할 것을 상속인에게 통지하여야 한다.

② 선임에 의한 유언집행자는 선임의 통지를 받은 후 지체 없이 이를 승낙하거나 사퇴할 것을 법원에 통지하여야 한다.

③ 상속인 기타 이해관계인은 상당한 기간을 정하여 그 기간 내에 승낙여부를 확답할 것을 지정 또는 선임에 의한 유언집행자에게 최고

할 수 있다. 그 기간 내에 최고에 대한 확답을 받지 못한 때에는 유언집행자가 그 취임(就任)을 승낙한 것으로 본다.

제1098조 【유언집행자의 결격사유】
제한능력자와 파산선고를 받은 자는 유언집행자가 되지 못한다. [전문개정 2011.3.7]

제1099조 【유언집행자의 임무착수】
유언집행자가 그 취임을 승낙한 때에는 지체 없이 그 임무를 이행하여야 한다.

제1100조 【재산목록작성】
① 유언이 재산에 관한 것인 때에는 지정 또는 선임에 의한 유언집행자는 지체 없이 그 재산목록을 작성하여 상속인에게 교부하여야 한다.
② 상속인의 청구가 있는 때에는 전항의 재산목록작성에 상속인을 참여하게 하여야 한다.

제1101조 【유언집행자의 권리의무】
유언집행자는 유증의 목적인 재산의 관리 기타 유언의 집행에 필요한 행위를 할 권리의무가 있다.

제1102조 【공동유언집행】
유언집행자가 수인인 경우에는 임무의 집행은 그 과반수의 찬성으로써 결정한다. 그러나 보존행위는 각자가 이를 할 수 있다.

제1103조 【유언집행자의 지위】
① 지정 또는 선임에 의한 유언집행자는 상속인의 대리인으로 본다.
② 제681조 내지 제685조, 제687조, 제691조와 제692조의 규정은 유언집행자에 준용한다.

제1104조 【유언집행자의 보수】
① 유언자가 유언으로 그 집행자의 보수를 정하지 아니한 경우에는 법원은 상속재산의 상황 기타 사정을 참작하여 지정 또는 선임에 의한 유언집행자의 보수를 정할 수 있다.
② 유언집행자가 보수를 받는 경우에는 제686조 제2항, 제3항의 규정을 준용한다.

제1105조 【유언집행자의 사퇴】
지정 또는 선임에 의한 유언집행자는 정당한 사유있는 때에는 법원의 허가를 얻어 그 임무를 사퇴할 수 있다.

제1106조 【유언집행자의 해임】
지정 또는 선임에 의한 유언집행자에 그 임무를 해태하거나 적당하지 아니한 사유가 있는 때에는 법원은 상속인 기타 이해관계인의 청구에 의하여 유언집행자를 해임할 수 있다.

제1107조 【유언집행의 비용】
유언의 집행에 관한 비용은 상속재산 중에서 이를 지급한다.

제5절 유언의 철회

제1108조 【유언의 철회】
① 유언자는 언제든지 유언 또는 생전행위로써 유언의 전부나 일부를 철회할 수 있다.
② 유언자는 그 유언을 철회할 권리를 포기하지 못한다.

제1109조 【유언의 저촉(抵觸)】
전후의 유언이 저촉되거나 유언후의 생전행위가 유언과 저촉되는 경우에는 그 저촉된 부분의 전(前)유언은 이를 철회한 것으로 본다.

제1110조 【파훼(破毁)로 인한 유언의 철회】
유언자가 고의로 유언증서 또는 유증의 목적물을 파훼한 때에는 그 파훼한 부분에 관한 유언은 이를 철회한 것으로 본다.

제1111조 【부담 있는 유언의 취소】
부담 있는 유증을 받은 자가 그 부담의무를 이행하지 아니한 때에는 상속인 또는 유언집행자는 상당한 기간을 정하여 이행할 것을 최고하고 그 기간 내에 이행하지 아니한 때에는 법원에 유언의 취소를 청구할 수 있다. 그러나 제3자의 이익을 해하지 못한다.

민법

제3장 유류분 [본장신설 1977. 12. 31]

제1112조【유류분(遺留分)의 권리자와 유류분】
상속인의 유류분은 다음 각 호에 의한다.
〈개정 2024.9.20.〉

1. 피상속인의 직계비속은 그 법정상속분의 2분의 1
2. 피상속인의 배우자는 그 법정상속분의 2분의 1
3. 피상속인의 직계존속은 그 법정상속분의 3분의 1

2024.9.20 개정

4. 삭제 〈2024.9.20.〉

▶▶ [2024.9.20. 법률 제20432호에 의하여 2024.4.25 헌법재판소에서 위헌 결정된 이 조 제4호를 삭제함.]

[본조신설 1977.12.31.]

▶▶ [헌법불합치, 2020헌가4, 2024.4.25, 민법(1977.12. 31. 법률 제3051호로 개정된 것) 제1112조 제1호부터 제3호 및 제1118조는 모두 헌법에 합치되지 아니한다. 위 조항들은 2025.12.31.을 시한으로 입법자가 개정할 때까지 계속 적용된다.]

제1113조【유류분의 산정】
① 유류분은 피상속인의 상속개시시에 있어서 가진 재산의 가액에 증여재산의 가액을 가산하고 채무의 전액을 공제하여 이를 산정한다.
② 조건부의 권리 또는 존속기간이 불확정한 권리는 가정법원이 선임한 감정인의 평가에 의하여 그 가격을 정한다.

[본조신설 1977.12.31]

제1114조【산입될 증여】
증여는 상속개시전의 1년간에 행한 것에 한하여 제1113조의 규정에 의하여 그 가액을 산정한다. 당사자 쌍방이 유류분권리자에 손해를 가할 것을 알고 증여를 한 때에는 1년 전에 한 것도 같다.

[본조신설 1977.12.31]

제1115조【유류분의 보전】
① 유류분권리자가 피상속인의 제1114조에 규정된 증여 및 유증으로 인하여 그 유류분에 부족이 생긴 때에는 부족한 한도에서 그 재산의 반환을 청구할 수 있다.
② 제1항의 경우에 증여 및 유증을 받은 자가 수인인 때에는 각자가 얻은 유증가액의 비례로 반환하여야 한다.

[본조신설 1977.12.31]

제1116조【반환의 순서】
증여에 대하여는 유증을 반환받은 후가 아니면 이것을 청구할 수 없다. [본조신설 1977.12.31]

제1117조【소멸시효】
반환의 청구권은 유류분권리자가 상속의 개시와 반환하여야 할 증여 또는 유증을 한 사실을 안 때로부터 1년 내에 하지 아니하면 시효에 의하여 소멸한다. 상속이 개시한 때로부터 10년을 경과한 때도 같다. [본조신설 1977.12.31]

제1118조【준용규정】
제1001조, 제1008조, 제1010조의 규정은 유류분에 이를 준용한다. [본조신설 1977.12.31.]

▶▶ [헌법불합치, 2020헌가4, 2024.4.25, 민법(1977.12. 31. 법률 제3051호로 개정된 것) 제1112조 제1호부터 제3호 및 제1118조는 모두 헌법에 합치되지 아니한다. 위 조항들은 2025.12.31.을 시한으로 입법자가 개정할 때까지 계속 적용된다.]

부 칙 〈제471호, 1958.2.22〉

제1조【구법의 정의】
부칙에서 구법이라 함은 본법에 의하여 폐지되는 법령 또는 법령중의 조항을 말한다.

제2조【본법의 소급효】
본법은 특별한 규정이 있는 경우외에는 본법 시행일전의 사항에 대하여도 이를 적용한다. 그러나 이미 구법에 의하여 생긴 효력에 영향을 미치지 아니한다.

제3조【공증력 있는 문서와 그 작성】
① 공증인 또는 법원서기의 확정일자인(確定日字印) 있는 사문서는 그 작성일자에 대한 공증력이 있다.
② 일자확정의 청구를 받은 공증인 또는 법원서기는 확정일자부(簿)에 청구자의 주소, 성명 및 문서명목을 기재하고 그 문서에 기부(記簿)번호를 기입한 후 일자인을 찍고 장부와 문서에 계인(契印)을 하여야 한다.
③ 일자확정을 공증인에게 청구하는 자는 법무부령이, 법원서기에게 청구하는 자는 대법원규칙이 각각 정하는 바에 의하여 수수료를 납부하여야 한다. 〈개정 1970.6.18〉
④ 공정증서에 기입한 일자 또는 공무소에서 사문서에 어느 사항을 증명하고 기입한 일자는 확정일자로 한다.

제4조【구법에 의한 한정치산자】
① 구법에 의하여 심신모약자(心身耗弱者) 또는 낭비자로 준금치산선고를 받은 자는 본법 시행일로부터 본법의 규정에 의한 한정치산자로 본다.
② 구법에 의하여 농자, 아자 또는 맹자로 준금치산선고를 받은 자는 본법 시행일로부터 능력을 회복한다.

제5조【부의 취소권에 관한 경과규정】
구법에 의하여 처가 부의 허가를 요할 사항에 관하여 허가 없이 그 행위를 한 경우에도 본법 시행일후에는 이를 취소하지 못한다.

제6조【법인의 등기기간】
법인의 등기사항에 관한 등기기간은 본법 시행일전의 사항에 대하여도 본법의 규정에 의한다.

제7조【벌칙에 관한 불소급】
① 구법에 의하여 과료에 처할 행위로 본법 시행당시 재판을 받지 아니한 자에 대하여는 본법에 의하여 과태료에 처할 경우에 한하여 이를 재판한다.
② 전항의 과태료는 구법의 과료액을 초과하지 못한다.

제8조【시효에 관한 경과규정】
① 본법 시행당시에 구법의 규정에 의한 시효기간을 경과한 권리는 본법의 규정에 의하여 취득 또는 소멸한 것으로 본다.
② 본법 시행당시에 구법에 의한 소멸시효의 기간을 경과하지 아니한 권리에는 본법의 시효에 관한 규정을 적용한다.
③ 본법 시행당시에 구법에 의한 취득시효의 기간을 경과하지 아니한 권리에는 본법의 소유권취득에 관한 규정을 적용한다.
④ 제1항과 제2항의 규정은 시효기간이 아닌 법정기간에 이를 준용한다.

제9조【효력을 상실할 물권】
구법에 의하여 규정된 물권이라도 본법에 규정한 물권이 아니면 본법 시행일로부터 물권의 효력을 잃는다. 그러나 본법 또는 다른 법률에 특별한 규정이 있는 경우에는 그러하지 아니하다.

제10조【소유권이전에 관한 경과규정】
① 본법 시행일전의 법률행위로 인한 부동산에 관한 물권의 득실변경은 이 법 시행일로부터 6년 내에 등기하지 아니하면 그 효력을 잃는다. 〈개정 1962.12.31, 1964.12.31〉
② 본법 시행일전의 동산에 관한 물권의 양도는 본법 시행일로부터 1년 내에 인도를 받지 못하면 그 효력을 잃는다.
③ 본법 시행일전의 시효완성으로 인하여 물권을 취득한 경우에도 제1항과 같다.

제11조【구관(舊慣)에 의한 전세권의 등기】
본법 시행일전에 관습에 의하여 취득한 전세권은 본법 시행일로부터 1년 내에 등기함으로써 물권의 효력을 갖는다.

제12조【판결에 의한 소유권이전의 경우】
소송으로 부칙 제10조의 규정에 의한 등기 또는 인도를 청구한 경우에는 그 판결확정의 날로부터 6월내에 등기를 하지 아니하거나 3월내에 인도를 받지 못하거나 강제집행의 절차를 취하지 아니한 때에는 물권변동의 효력을 잃는다.

제13조【지상권존속기간에 관한 경과규정】
본법 시행일전에 지상권설정행위로 정한 존속기간이 본법 시행당시에 만료하지 아니한 경우에는 그 존속기간에는 본법의 규정을 적용한다. 설정행위로 지상권의 존속기간을 정하지 아니한 경우에도 같다.

제14조【존속되는 물권】
본법 시행일전에 설정한 영소작권(永小作權) 또는 부동산질권에 관하여는 구법의 규정을 적용한다. 그러나 본법 시행일후에는 이를 갱신하지 못한다.

제15조【임대차기간에 관한 경과규정】
본법 시행일전의 임대차계약에 약정기간이 있는 경우에도 그 기간이 본법 시행당시에 만료하지 아니한 때에는 그 존속기간에는 본법의 규정을 적용한다.

제16조【선취특권(先取特權)의 실효】
본법 시행일전에 구법에 의하여 취득한 선취특권은 본법 시행일로부터 그 효력을 잃는다.

제17조【처의 재산에 대한 부의 권리】
본법 시행일전의 혼인으로 인하여 부가 처의 재산을 관리, 사용 또는 수익하는 경우에도 본법 시행일로부터 부는 그 권리를 잃는다.

제18조【혼인, 입양의 무효, 취소에 관한 경과규정】
① 본법 시행일전의 혼인 또는 입양에 본법에 의하여 무효의 원인이 되는 사유가 있는 때에는 이를 무효로 하고 취소의 원인이 되는 사유가 있는 때에는 본법의 규정에 의하여 이를 취소할 수 있다. 이 경우에 취소기간이 있는 때에는 그 기간은 본법 시행일로부터 기산한다.
② 본법 시행일전의 혼인 또는 입양에 구법에 의한 취소의 원인이 되는 사유가 있는 경우에도 본법의 규정에 의하여 취소의 원인이 되지 아니할 때에는 본법 시행일후에는 이를 취소하지 못한다.

제19조【이혼, 파양에 관한 경과규정】
① 본법 시행일전의 혼인 또는 입양에 본법에 의하여 이혼 또는 파양의 원인이 되는 사유가 있는 때에는 본법의 규정에 의하여 재판상의 이혼 또는 파양의 청구를 할 수 있다. 이 경우에 그 청구기간이 있는 때에는 그 기간은 본법 시행일로부터 기산한다.
② 본법 시행일전의 혼인 또는 입양에 구법에 의하여 이혼 또는 파양의 원인이 되는 사유가 있는 경우에도 본법의 규정에 의하여 이혼 또는 파양의 원인이 되지 아니하는 때에는 본법 시행일후에는 재판상의 이혼 또는 파양의 청구를 하지 못한다.

제20조【친 권】
성년에 달한 자는 본법 시행일로부터 친권에 복종하지 아니한다.

제21조【모의 친권행사에 관한 제한의 폐지】
구법에 의하여 친권자인 모가 친족회의 동의를 요할 사항에 관하여 그 동의 없이 미성년자를 대리한 행위나 미성년자의 행위에 대한 동의를 한 경우에도 본법 시행일후에는 이를 취소하지 못한다.

제22조【후견인에 관한 경과규정】
① 구법에 의하여 미성년자 또는 금치산자에 대한 후견이 개시된 경우에도 그 후견인의 순위, 선임, 임무 및 결격에 관한 사항에는 본법 시행일로부터 본법의 규정을 적용한다.

② 구법에 의하여 준금치산선고를 받은 자에 대하여도 그 후견에 관한 사항은 전항과 같다.

제23조【보좌인 등에 관한 경과규정】
구법에 의한 보좌인, 후견감독인 및 친족회원은 본법 시행일로부터 그 지위를 잃는다. 그러나 본법 시행일전에 구법의 규정에 의한 보좌인, 후견감독인 또는 친족회가 행한 동의는 그 효력을 잃지 아니한다.

제24조【부양의무에 관한 본법적용】
구법에 의하여 부양의무가 개시된 경우에도 그 순위, 선임 및 방법에 관한 사항에는 본법 시행일로부터 본법의 규정을 적용한다.

제25조【상속에 관한 경과규정】
① 본법 시행일전에 개시된 상속에 관하여는 본법 시행일후에도 구법의 규정을 적용한다.
② 실종선고로 인하여 호주 또는 재산상속이 개시되는 경우에 그 실종기간이 구법 시행기간 중에 만료하는 때에도 그 실종이 본법 시행일 후에 선고된 때에는 그 상속순위, 상속분 기타 상속에 관하여는 본법의 규정을 적용한다.

제26조【유언에 관한 경과규정】
본법 시행일전의 관습에 의한 유언이 본법에 규정한 방식에 적합하지 아니한 경우에라도 유언자가 본법 시행일로부터 유언의 효력발생일까지 그 의사표시를 할 수 없는 상태에 있는 때에는 그 효력을 잃지 아니한다.

제27조【폐지법령】
다음 각호의 법령은 이를 폐지한다.
1. 조선민사령 제1조의 규정에 의하여 의용된 민법, 민법시행법, 연령계산에관한법률
2. 조선민사령과 동령 제1조에 의하여 의용된 법령중 본법의 규정과 저촉되는 법조
3. 군정법령중 본법의 규정과 저촉되는 법조

제28조【시행일】
본법은 단기 4293년 1월 1일부터 시행한다.

부 칙〈중 략〉

부 칙〈제6591호, 2002.1.14〉

① **【시행일】** 이 법은 공포한 날부터 시행한다.
② **【이 법의 효력의 불소급】** 이 법은 종전의 규정에 의하여 생긴 효력에 영향을 미치지 아니한다.
③ **【한정승인에 관한 경과조치】** 1998년 5월 27일부터 이 법 시행 전까지 상속개시가 있음을 안 자중 상속채무가 상속재산을 초과하는 사실을 중대한 과실 없이 제1019조 제1항의 기간 내에 알지 못하다가 이 법 시행 전에 그 사실을 알고도 한정승인 신고를 하지 아니한 자는 이 법 시행일부터 3월내에 제1019조 제3항의 개정규정에 의한 한정승인을 할 수 있다. 다만, 당해 기간 내에 한정승인을 하지 아니한 경우에는 단순승인을 한 것으로 본다.
④ **【한정승인에 관한 특례】**
1998년 5월 27일 전에 상속 개시가 있음을 알았으나 상속채무가 상속재산을 초과하는 사실(이하 "상속채무 초과사실"이라 한다)을 중대한 과실 없이 제1019조 제1항의 기간 이내에 알지 못하다가 1998년 5월 27일 이후 상속채무 초과사실을 안 자는 다음 각 호의 구분에 따라 1019조 제3항의 규정에 의한 한정승인을 할 수 있다. 다만, 각 호의 기간 이내에 한정승인을 하지 아니한 경우에는 단순승인을 한 것으로 본다. 〈④항 신설 2005.12.29〉
1. 법률 제7765호 민법 일부개정법률(이하 "개정법률"이라 한다)시행 전에 상속채무 초과사실을 알고도 한정승인을 하지 아니한 자는 개정법률 시행일부터 3월 이내
2. 개정법률 시행 이후 상속채무 초과사실을 알게 된 자는 그 사실을 안 날부터 3월 이내

민법

부 칙 〈중 략〉

부 칙 〈법률 제17503호, 2020.10.20.〉

제1조【시행일】

이 법은 공포한 날부터 시행한다.

제2조【성적 침해를 당한 미성년자의 손해배상 청구권의 소멸시효에 관한 적용례】

제766조 제3항의 개정규정은 이 법 시행 전에 행하여진 성적 침해로 발생하여 이 법 시행 당시 소멸시효가 완성되지 아니한 손해배상청구권에도 적용한다.

부 칙 〈법률 제17905호, 2021.1.26.〉

제1조【시행일】

이 법은 공포한 날부터 시행한다.

제2조(감화 또는 교정기관 위탁에 관한 경과조치)

이 법 시행 전에 법원의 허가를 받아 이 법 시행 당시 감화 또는 교정기관에 위탁 중인 경우와 이 법 시행 전에 감화 또는 교정기관 위탁에 대한 허가를 신청하여 이 법 시행 당시 법원에 사건이 계속 중인 경우에는 제915조 및 제945조의 개정규정에도 불구하고 종전의 규정에 따른다.

제3조(다른 법률의 개정) 〈해당 법률에 정리〉

제4조(「가사소송법」의 개정에 관한 경과조치)

이 법 시행 전에 법원에 감화 또는 교정기관 위탁에 대한 허가를 신청하여 이 법 시행 당시 법원에 계속 중인 사건에 관하여는 부칙 제3조에 따라 개정되는 「가사소송법」 제2조 제1항 제2호 가목 14)의 개정규정에도 불구하고 종전의 규정에 따른다.

부 칙 〈법률 제19069호, 2022.12.13.〉

제1조【시행일】

이 법은 공포한 날부터 시행한다.

제2조【미성년자인 상속인의 한정승인에 관한 적용례 및 특례】

① 제1019조 제4항의 개정규정은 이 법 시행 이후 상속이 개시된 경우부터 적용한다.

② 제1항에도 불구하고 이 법 시행 전에 상속이 개시된 경우로서 다음 각 호의 어느 하나에 해당하는 경우에는 제1019조 제4항의 개정규정에 따른 한정승인을 할 수 있다.

1. 미성년자인 상속인으로서 이 법 시행 당시 미성년자인 경우
2. 미성년자인 상속인으로서 이 법 시행 당시 성년자이나 성년이 되기 전에 제1019조 제1항에 따른 단순승인(제1026조 제1호 및 제2호에 따라 단순승인을 한 것으로 보는 경우를 포함한다)을 하고, 이 법 시행 이후에 상속채무가 상속재산을 초과하는 사실을 알게 된 경우에는 그 사실을 안 날부터 3개월 내

부 칙 〈법률 제19098호, 2022.12.27.〉

이 법은 공포 후 6개월이 경과한 날부터 시행한다.

부 칙 〈법률 제19409호, 2023.5.16.〉 (국가유산기본법)

제1조【시행일】

이 법은 공포 후 1년이 경과한 날부터 시행한다.

제2조 생략

제3조【다른 법률의 개정】 〈해당 법률에 정리〉

①부터 ⑯까지 생략

⑰ 민법 일부를 다음과 같이 개정한다.

제255조의 제목 중 "문화재"를 "「국가유산기본법」 제3조에 따른 국가유산"으로 한다.

⑱부터 ㉖까지 생략

부 칙 〈법률 제20432호, 2024.9.20〉

제1조【시행일】

이 법은 2025년 1월 31일부터 시행한다. 다만, 제1004조의2의 개정규정 및 부칙 제4조는 2026년 1월 1일부터 시행한다.

제2조【상속권 상실 선고에 관한 적용례】

제1004조의2의 개정규정은 2024년 4월 25일 이후 상속이 개시되는 경우로서 같은 개정규정 시행 전에 같은 조 제1항 또는 제3항 각 호에 해당하는 행위가 있었던 경우에 대해서도 적용한다.

제3조【상속권 상실 선고에 관한 특례】

2024년 4월 25일 이후 제1004조의2의 개정규정의 시행일인 2026년 1월 1일 전에 상속이 개시된 경우로서 제1004조의2 제3항 각 호의 사유가 있는 사람이 상속인이 되었음을 같은 개정규정 시행 전에 안 공동상속인은 같은 조 제3항 각 호 외의 부분에도 불구하고 같은 개정규정 시행일부터 6개월 이내에 상속권 상실 청구를 할 수 있다. 같은 조 제4항에 따라 상속인이 될 사람 또한 같다.

제4조【다른 법률의 개정】 〈해당 법률에 정리〉

Criminal Law

형 법

[시행 2025. 12. 31.]

[법률 제21307호, 2025. 12. 31., 일부개정]

형 법

[시행 2025. 12. 31.]

[법률 제21307호, 2025. 12. 31., 일부개정]

형 법

[제정 1953. 9.18. 법률 제293호]
일부개정 1975. 3.25 법률 제2745호
… 중 략 …
일부개정 2018.12.18. 법률 제15982호
일부개정 2020. 5.19. 법률 제17265호
일부개정 2020.10.20. 법률 제17511호
일부개정 2020.12. 8 법률 제17571호
일부개정 2023. 8. 8 법률 제19582호
일부개정 2025. 3.18 법률 제20795호
일부개정 2025. 4. 8 법률 제20908호
일부개정 2025.12.23 법률 제21231호
일부개정 2025.12.31 법률 제21307호

제1편 총 칙

제1장 형법의 적용범위 ……제1조~제8조
제2장 죄
제1절 죄의 성립과 형의 감면 ……제9조~제24조
제2절 미수범 ……제25조~제29조
제3절 공 범 ……제30조~제34조
제4절 누 범 ……제35조~제36조
제5절 경합범 ……제37조~제40조
제3장 형
제1절 형의 종류와 경중 ……제41조~제50조
제2절 형의 양정 ……제51조~제58조
제3절 형의 선고유예 ……제59조~제61조
제4절 형의 집행유예 ……제62조~제65조
제5절 형의 집행 ……제66조~제71조
제6절 형의 가석방 ……제72조~제76조
제7절 형의 실효 ……제77조~제80조
제8절 형의 소멸 ……제81조~제82조
제4장 기 간 ……제83조~제86조

제2편 각 칙

제1장 내란의 죄 ……제87조~제91조
제2장 외환의 죄 ……제92조~제104조의2
제3장 국기에 관한 죄 ……제105조~제106조
제4장 국교에 관한 죄 ……제107조~제113조
제5장 공안을 해하는 죄 ……제114조~제118조
제6장 폭발물에 관한 죄 ……제119조~제121조
제7장 공무원의 직무에 관한 죄 ……제122조~제135조
제8장 공무방해에 관한 죄 ……제136조~제144조
제9장 도주와 범인은닉의 죄 ……제145조~제151조
제10장 위증과 증거인멸의 죄 ……제152조~제155조
제11장 무고의 죄 ……제156조~제157조
제12장 신앙에 관한 죄 ……제158조~제163조
제13장 방화와 실화의 죄 ……제164조~제176조
제14장 일수와 수리에 관한 죄 ……제177조~제184조
제15장 교통방해의 죄 …제185조~제191조

제16장 먹는 물에 관한 죄 ……………………제192조~제197조
제17장 아편에 관한 죄 …제198조~제206조
제18장 통화에 관한 죄 ……………………제207조~제213조
제19장 유가증권, 우표와 인지에 관한 죄 ……………………제214조~제224조
제20장 문서에 관한 죄 ………………제225조~제237조의2
제21장 인장에 관한 죄 ……………………제238조~제240조
제22장 성풍속에 관한 죄 ……………………제241조~제245조
제23장 도박과 복표에 관한 죄 ……………………제246조~제249조
제24장 살인에 관한 죄 ·제250조~제256조
제25장 상해와 폭행의 죄 ……………………제257조~제265조
제26장 과실치사상의 죄 ……………………제266조~제268조
제27장 낙태의 죄 ………제269조~제270조
제28장 유기와 학대의 죄 ……………………제271조~제275조
제29장 체포와 감금의 죄 ……………………제276조~제282조
제30장 협박의 죄 ………제283조~제286조
제31장 약취, 유인 및 인신매매의 죄 ………………제287조~제296조의2
제32장 강간과 추행의 죄 ……………………제297조~제306조
제33장 명예에 관한 죄 ……………………제307조~제312조
제34장 신용, 업무와 경매에 관한 죄 ……………………제313조~제315조
제35장 비밀침해의 죄 ……………………제316조~제318조
제36장 주거침입의 죄 ……………………제319조~제322조
제37장 권리행사를 방해하는 죄 ……………………제323조~제328조
제38장 절도와 강도의 죄 ……………………제329조~제346조
제39장 사기와 공갈의 죄 ……………………제347조~제354조
제40장 횡령과 배임의 죄 ……………………제355조~제361조
제41장 장물에 관한 죄 ……………………제362조~제365조
제42장 손괴의 죄 ………제366조~제372조

제1편 총 칙

제1장 형법의 적용범위

제1조【범죄의 성립과 처벌】

① 범죄의 성립과 처벌은 행위 시의 법률에 따른다.

② 범죄 후 법률이 변경되어 그 행위가 범죄를 구성하지 아니하게 되거나 형이 구법(舊法)보다 가벼워진 경우에는 신법(新法)에 따른다.

③ 재판이 확정된 후 법률이 변경되어 그 행위가 범죄를 구성하지 아니하게 된 경우에는 형의 집행을 면제한다.

[전문개정 2020.12.8.]

제2조 【국내법】
본법은 대한민국영역 내에서 죄를 범한 내국인과 외국인에게 적용한다.

제3조 【내국인의 국외범】
본법은 대한민국영역 외에서 죄를 범한 내국인에게 적용한다.

제4조 【국외에 있는 내국선박 등에서 외국인이 범한 죄】
본법은 대한민국영역 외에 있는 대한민국의 선박 또는 항공기내에서 죄를 범한 외국인에게 적용한다.

제5조 【외국인의 국외범】
본법은 대한민국영역 외에서 다음에 기재한 죄를 범한 외국인에게 적용한다.

1. 내란의 죄
2. 외환의 죄
3. 국기에 관한 죄
4. 통화에 관한 죄
5. 유가증권, 우표와 인지에 관한 죄
6. 문서에 관한 죄중 제225조 내지 제230조
7. 인장에 관한 죄중 제238조

제6조 【대한민국과 대한민국국민에 대한 국외범】
본법은 대한민국영역 외에서 대한민국 또는 대한민국국민에 대하여 전조에 기재한 이외의 죄를 범한 외국인에게 적용한다. 단, 행위지의 법률에 의하여 범죄를 구성하지 아니하거나 소추(訴追) 또는 형의 집행을 면제할 경우에는 예외로 한다.

2016.12.20 개정

제7조 【외국에서 집행된 형의 산입】
죄를 지어 외국에서 형의 전부 또는 일부가 집행된 사람에 대해서는 그 집행된 형의 전부 또는 일부를 선고하는 형에 산입한다.

[전문개정 2016.12.20.]

▶▶ [2015.5.28. 헌법재판소에서 헌법불합치 결정(헌재결 2015. 5.28. 2013헌바129)된 이 조를 개정함.]

개정 前

제7조 【외국에서 받은 형의 집행】
범죄에 의하여 외국에서 형의 전부 또는 일부의 집행을 받은 자에 대하여는 형을 감경 또는 면제할 수 있다.

제8조 【총칙의 적용】
본법 총칙은 타법령에 정한 죄에 적용한다. 단, 그 법령에 특별한 규정이 있는 때에는 예외로 한다.

제2장 죄

제1절 죄의 성립과 형의 감면

제9조 【형사미성년자】
14세되지 아니한 자의 행위는 벌하지 아니한다.

2014.12.30 개정

제10조 【심신장애인】 〈제목개정 2014.12.30〉

개정 前

제10조 [심신장애자]

① 심신장애로 인하여 사물을 변별할 능력이 없거나 의사를 결정할 능력이 없는 자의 행위는 벌하지 아니한다.

2018.12.18 개정

② 심신장애로 인하여 전항의 능력이 미약한 자의 행위는 형을 감경할 수 있다.
〈② 개정 2018.12.18〉

개정 前

② 심신장애로 인하여 전항의 능력이 미약한 자의 행위는 형을 감경한다.

③ 위험의 발생을 예견하고 자의로 심신장애를 야기한 자의 행위에는 전2항의 규정을 적용하지 아니한다.

제11조【청각 및 언어 장애인】
듣거나 말하는 데 모두 장애가 있는 사람의 행위에 대해서는 형을 감경한다. [전문개정 2020.12.8]

제12조【강요된 행위】
저항할 수 없는 폭력이나 자기 또는 친족의 생명, 신체에 대한 위해를 방어할 방법이 없는 협박에 의하여 강요된 행위는 벌하지 아니한다.

제13조【고 의(故意)】
죄의 성립요소인 사실을 인식하지 못한 행위는 벌하지 아니한다. 다만, 법률에 특별한 규정이 있는 경우에는 예외로 한다.

[전문개정 2020.12.8.]

제14조【과 실(過失)】
정상적으로 기울여야 할 주의(注意)를 게을리하여 죄의 성립요소인 사실을 인식하지 못한 행위는 법률에 특별한 규정이 있는 경우에만 처벌한다.

[전문개정 2020.12.8]

제15조【사실의 착오】
① 특별히 무거운 죄가 되는 사실을 인식하지 못한 행위는 무거운 죄로 벌하지 아니한다.
② 결과 때문에 형이 무거워지는 죄의 경우에 그 결과의 발생을 예견할 수 없었을 때에는 무거운 죄로 벌하지 아니한다.

[전문개정 2020.12.8]

제16조【법률의 착오】
자기의 행위가 법령에 의하여 죄가 되지 아니하는 것으로 오인한 행위는 그 오인에 정당한 이유가 있는 때에 한하여 벌하지 아니한다.

제17조【인과관계】
어떤 행위라도 죄의 요소되는 위험발생에 연결되지 아니한 때에는 그 결과로 인하여 벌하지 아니한다.

제18조【부작위범(不作爲犯)】
위험의 발생을 방지할 의무가 있거나 자기의 행위로 인하여 위험발생의 원인을 야기한 자가 그 위험발생을 방지하지 아니한 때에는 그 발생된 결과에 의하여 처벌한다.

제19조【독립행위의 경합】
동시 또는 이시의 독립행위가 경합한 경우에 그 결과발생의 원인된 행위가 판명되지 아니한 때에는 각 행위를 미수범으로 처벌한다.

제20조【정당행위】
법령에 의한 행위 또는 업무로 인한 행위 기타 사회상규에 위배되지 아니하는 행위는 벌하지 아니한다.

제21조【정당방위】
① 현재의 부당한 침해로부터 자기 또는 타인의 법익(法益)을 방위하기 위하여 한 행위는 상당한 이유가 있는 경우에는 벌하지 아니한다.
② 방위행위가 그 정도를 초과한 경우에는 정황(情況)에 따라 그 형을 감경하거나 면제할 수 있다.
③ 제2항의 경우에 야간이나 그 밖의 불안한 상태에서 공포를 느끼거나 경악(驚愕)하거나 흥분하거나 당황하였기 때문에 그 행위를 하였을 때에는 벌하지 아니한다.

[전문개정 2020. 12. 8.]

제22조【긴급피난】
① 자기 또는 타인의 법익에 대한 현재의 위난을 피하기 위한 행위는 상당한 이유가 있는 때에는 벌하지 아니한다.
② 위난을 피하지 못할 책임이 있는 자에 대하여는 전항의 규정을 적용하지 아니한다.
③ 전조 제2항과 제3항의 규정은 본조에 준용한다.

제23조【자구행위】
① 법률에서 정한 절차에 따라서는 청구권을 보전(保全)할 수 없는 경우에 그 청구권의 실행이 불가능해지거나 현저히 곤란해지는 상황을 피하기 위하여 한 행위는 상당한 이유가 있는 때에는 벌하지 아니한다.
② 제1항의 행위가 그 정도를 초과한 경우에는 정황에 따라 그 형을 감경하거나 면제할 수 있다. [전문개정 2020.12.8]

형법

제24조【피해자의 승낙】
처분할 수 있는 자의 승낙에 의하여 그 법익을 훼손한 행위는 법률에 특별한 규정이 없는 한 벌하지 아니한다.

제2절 미수범

제25조【미수범】
① 범죄의 실행에 착수하여 행위를 종료하지 못하였거나 결과가 발생하지 아니한 때에는 미수범으로 처벌한다.
② 미수범의 형은 기수범보다 감경할 수 있다.

제26조【중지범】
범인이 실행에 착수한 행위를 자의(自意)로 중지하거나 그 행위로 인한 결과의 발생을 자의로 방지한 경우에는 형을 감경하거나 면제한다.

[전문개정 2020.12.8]

제27조【불능범】
실행의 수단 또는 대상의 착오로 인하여 결과의 발생이 불가능하더라도 위험성이 있는 때에는 처벌한다. 단, 형을 감경 또는 면제할 수 있다.

제28조【음모, 예비】
범죄의 음모 또는 예비행위가 실행의 착수에 이르지 아니한 때에는 법률에 특별한 규정이 없는 한 벌하지 아니한다.

제29조【미수범의 처벌】
미수범을 처벌할 죄는 각칙의 해당 죄에서 정한다.

[전문개정 2020.12.8.]

제3절 공 범

제30조【공동정범(共同正犯)】
2인 이상이 공동하여 죄를 범한 때에는 각자를 그 죄의 정범으로 처벌한다.

제31조【교사범(教唆犯)】
① 타인을 교사하여 죄를 범하게 한 자는 죄를 실행한 자와 동일한 형으로 처벌한다.
② 교사를 받은 자가 범죄의 실행을 승낙하고 실행의 착수에 이르지 아니한 때에는 교사자와 피교사자를 음모 또는 예비에 준하여 처벌한다.
③ 교사를 받은 자가 범죄의 실행을 승낙하지 아니한 때에도 교사자에 대하여는 전항과 같다.

제32조【종 범(從犯)】
① 타인의 범죄를 방조(幇助)한 자는 종범으로 처벌한다.
② 종범의 형은 정범의 형보다 감경한다.

제33조【공범과 신분】
신분이 있어야 성립되는 범죄에 신분 없는 사람이 가담한 경우에는 그 신분 없는 사람에게도 제30조부터 제32조까지의 규정을 적용한다. 다만, 신분 때문에 형의 경중이 달라지는 경우에 신분이 없는 사람은 무거운 형으로 벌하지 아니한다.

[전문개정 2020.12.8]

제34조【간접정범(間接正犯), 특수한 교사, 방조에 대한 형의 가중】
① 어느 행위로 인하여 처벌되지 아니하는 자 또는 과실범으로 처벌되는 자를 교사 또는 방조하여 범죄행위의 결과를 발생하게 한 자는 교사 또는 방조의 예에 의하여 처벌한다.
② 자기의 지휘, 감독을 받는 자를 교사 또는 방조하여 전항의 결과를 발생하게 한 자는 교사인 때에는 정범에 정한 형의 장기 또는 다액에 그 2분의 1까지 가중하고 방조인 때에는 정범의 형으로 처벌한다.

제4절 누 범

제35조【누 범】

① 금고(禁錮) 이상의 형을 선고받아 그 집행이 종료되거나 면제된 후 3년 내에 금고 이상에 해당하는 죄를 지은 사람은 누범(累犯)으로 처벌한다.

② 누범의 형은 그 죄에 대하여 정한 형의 장기(長期)의 2배까지 가중한다.

[전문개정 2020.12.8]

제36조【판결선고 후의 누범발각】

판결선고후 누범인 것이 발각된 때에는 그 선고한 형을 통산하여 다시 형을 정할 수 있다. 단, 선고한 형의 집행을 종료하거나 그 집행이 면제된 후에는 예외로 한다.

제5절 경합범

제37조【경합범(競合犯)】

판결이 확정되지 아니한 수개의 죄 또는 금고 이상의 형에 처한 판결이 확정된 죄와 그 판결확정전에 범한 죄를 경합범으로 한다.

〈개정 2004.1.20〉

제38조【경합범과 처벌례】

① 경합범을 동시에 판결할 때에는 다음 각 호의 구분에 따라 처벌한다.

1. 가장 무거운 죄에 대하여 정한 형이 사형, 무기징역, 무기금고인 경우에는 가장 무거운 죄에 대하여 정한 형으로 처벌한다.
2. 각 죄에 대하여 정한 형이 사형, 무기징역, 무기금고 외의 같은 종류의 형인 경우에는 가장 무거운 죄에 대하여 정한 형의 장기 또는 다액(多額)에 그 2분의 1까지 가중하되 각 죄에 대하여 정한 형의 장기 또는 다액을 합산한 형기 또는 액수를 초과할 수 없다. 다만, 과료와 과료, 몰수와 몰수는 병과(倂科)할 수 있다.
3. 각 죄에 대하여 정한 형이 무기징역, 무기금고 외의 다른 종류의 형인 경우에는 병과한다.

② 제1항 각 호의 경우에 징역과 금고는 같은 종류의 형으로 보아 징역형으로 처벌한다.

[전문개정 2020.12.8]

제39조【판결을 받지 아니한 경합범, 수개의 판결과 경합범, 형의 집행과 경합범】

① 경합범중 판결을 받지 아니한 죄가 있는 때에는 그 죄와 판결이 확정된 죄를 동시에 판결할 경우와 형평을 고려하여 그 죄에 대하여 형을 선고한다. 이 경우 그 형을 감경 또는 면제할 수 있다. 〈개정 2005.7.29〉

② 삭 제 〈2005.7.29〉

③ 경합범에 의한 판결의 선고를 받은 자가 경합범중의 어떤 죄에 대하여 사면 또는 형의 집행이 면제된 때에는 다른 죄에 대하여 다시 형을 정한다.

④ 전3항의 형의 집행에 있어서는 이미 집행한 형기(刑期)를 통산(通算)한다.

제40조【상상적 경합】

한 개의 행위가 여러 개의 죄에 해당하는 경우에는 가장 무거운 죄에 대하여 정한 형으로 처벌한다.

[전문개정 2020.12.8]

제3장 형

제1절 형의 종류와 경중

제41조【형의 종류】

형의 종류는 다음과 같다.

1. 사 형
2. 징 역
3. 금 고
4. 자격상실
5. 자격정지
6. 벌 금
7. 구 류
8. 과 료
9. 몰 수

제42조【징역 또는 금고의 기간】

징역 또는 금고는 무기 또는 유기로 하고 유기는 1개월 이상 30년(▶▶개정전 : 15년) 이하로 한다. 단, 유기징역 또는 유기금고에 대하여 형을 가중하는 때에는 50년(▶▶개정전 : 25년)까지로 한다.

〈개정 2010.4.15〉

제43조【형의 선고와 자격상실, 자격정지】

① 사형, 무기징역 또는 무기금고의 판결을 받은 자는 다음에 기재한 자격을 상실한다.

1. 공무원이 되는 자격
2. 공법상의 선거권과 피선거권
3. 법률로 요건을 정한 공법상의 업무에 관한 자격
4. 법인의 이사, 감사 또는 지배인 기타 법인의 업무에 관한 검사역이나 재산관리인이 되는 자격

② 유기징역 또는 유기금고의 판결을 받은 자는 그 형의 집행이 종료하거나 면제될 때까지 전항 제1호 내지 제3호에 기재된 자격이 정지된다.

2016.1.6 신설

다만, 다른 법률에 특별한 규정이 있는 경우에는 그 법률에 따른다. 〈단서신설 2016.1.6.〉

▶▶ [2014.1.28. 헌법재판소에서 위헌 및 헌법불합치 결정(헌재결 2014.1.28. 2012헌마409·510 등 병합)된 이 조 제2항을 개정함.]

제44조【자격정지】

① 전조에 기재한 자격의 전부 또는 일부에 대한 정지는 1년 이상 15년 이하로 한다.

② 유기징역 또는 유기금고에 자격정지를 병과한 때에는 징역 또는 금고의 집행을 종료하거나 면제된 날로부터 정지기간을 기산한다.

제45조【벌 금】

벌금은 5만원 이상으로 한다. 다만, 감경하는 경우에는 5만원 미만으로 할 수 있다. 〈개정 1995.12.29〉

제46조【구 류】

구류는 1일 이상 30일 미만으로 한다.

제47조【과 료】

과료는 2천원 이상 5만원 미만으로 한다.

〈개정 1995.12.29〉

제48조【몰수의 대상과 추징】

① 범인 외의 자의 소유에 속하지 아니하거나 범죄 후 범인 외의 자가 사정을 알면서 취득한 다음 각 호의 물건은 전부 또는 일부를 몰수할 수 있다.

1. 범죄행위에 제공하였거나 제공하려고 한 물건
2. 범죄행위로 인하여 생겼거나 취득한 물건
3. 제1호 또는 제2호의 대가로 취득한 물건

② 제1항 각 호의 물건을 몰수할 수 없을 때에는 그 가액(價額)을 추징한다.

③ 문서, 도화(圖畵), 전자기록(電磁記錄) 등 특수매체기록 또는 유가증권의 일부가 몰수의 대상이 된 경우에는 그 부분을 폐기한다.

[전문개정 2020.12.8]

제49조 【몰수의 부가성(附加性)】
몰수는 타형에 부가하여 과한다. 단, 행위자에게 유죄의 재판을 아니할 때에도 몰수의 요건이 있는 때에는 몰수만을 선고할 수 있다.

제50조 【형의 경중】
① 형의 경중은 제41조 각 호의 순서에 따른다. 다만, 무기금고와 유기징역은 무기금고를 무거운 것으로 하고 유기금고의 장기가 유기징역의 장기를 초과하는 때에는 유기금고를 무거운 것으로 한다.
② 같은 종류의 형은 장기가 긴 것과 다액이 많은 것을 무거운 것으로 하고 장기 또는 다액이 같은 경우에는 단기가 긴 것과 소액이 많은 것을 무거운 것으로 한다.
③ 제1항 및 제2항을 제외하고는 죄질과 범정(犯情)을 고려하여 경중을 정한다.

[전문개정 2020.12.8]

제2절 형의 양정

제51조 【양형의 조건】
형을 정함에 있어서는 다음 사항을 참작하여야 한다.

1. 범인의 연령, 성행, 지능과 환경
2. 피해자에 대한 관계
3. 범행의 동기, 수단과 결과
4. 범행후의 정황

제52조 【자 수(自首), 자 복(自服)】
① 죄를 지은 후 수사기관에 자수한 경우에는 형을 감경하거나 면제할 수 있다.
② 피해자의 의사에 반하여 처벌할 수 없는 범죄의 경우에는 피해자에게 죄를 자복(自服)하였을 때에도 형을 감경하거나 면제할 수 있다.

[전문개정 2020.12.8]

제53조 【정상참작감경】
범죄의 정상(情狀)에 참작할 만한 사유가 있는 경우에는 그 형을 감경할 수 있다.

[전문개정 2020.12.8]

제54조 【선택형과 정상참작감경】
한 개의 죄에 정한 형이 여러 종류인 때에는 먼저 적용할 형을 정하고 그 형을 감경한다.

[전문개정 2020.12.8]

제55조 【법률상의 감경】
① 법률상의 감경은 다음과 같다. 〈개정 2010.4.15.〉

1. 사형을 감경할 때에는 무기 또는 20년 이상 50년 이하(▶▶개정전 : 10년 이상)의 징역 또는 금고로 한다.
2. 무기징역 또는 무기금고를 감경할 때에는 10년 이상 50년 이하(▶▶개정전 : 7년 이상)의 징역 또는 금고로 한다.
3. 유기징역 또는 유기금고를 감경할 때에는 그 형기의 2분의 1로 한다.
4. 자격상실을 감경할 때에는 7년 이상의 자격정지로 한다.
5. 자격정지를 감경할 때에는 그 형기의 2분의 1로 한다.
6. 벌금을 감경할 때에는 그 다액의 2분의 1로 한다.
7. 구류를 감경할 때에는 그 장기의 2분의 1로 한다.
8. 과료를 감경할 때에는 그 다액의 2분의 1로 한다.

② 법률상 감경할 사유가 수개 있는 때에는 거듭 감경할 수 있다.

제56조 【가중·감경의 순서】
형을 가중·감경할 사유가 경합하는 경우에는 다음 각 호의 순서에 따른다.

1. 각칙 조문에 따른 가중
2. 제34조 제2항에 따른 가중

3. 누범 가중
4. 법률상 감경
5. 경합범 가중
6. 정상참작감경

[전문개정 2020.12.8]

제57조【판결선고전 구금일수(拘禁日數)의 통산(通算)】

2014.12.30 개정

① 판결선고전의 구금일수는 그 전부를 유기징역, 유기금고, 벌금이나 과료에 관한 유치 또는 구류에 산입한다. 〈① 개정 2014.12.30〉

▶▶ [2009.6.25. 헌법재판소에서 위헌결정(헌재결 2009.6.25. 2007헌바25)된 이 조 제1항을 개정함]

개정 前

① 판결선고 전의 구금일수는 그 전부 또는 일부를 유기징역, 유기금고, 벌금이나 과료에 관한 유치 또는 구류에 산입한다.

② 전항의 경우에는 구금일수의 1일은 징역, 금고, 벌금이나 과료에 관한 유치 또는 구류의 기간의 1일로 계산한다.

제58조【판결의 공시】

① 피해자의 이익을 위하여 필요하다고 인정할 때에는 피해자의 청구가 있는 경우에 한하여 피고인의 부담으로 판결공시의 취지를 선고할 수 있다.

2014.12.30 개정

② 피고사건에 대하여 무죄의 판결을 선고하는 경우에는 무죄판결공시의 취지를 선고하여야 한다. 다만, 무죄판결을 받은 피고인이 무죄판결공시 취지의 선고에 동의하지 아니하거나 피고인의 동의를 받을 수 없는 경우에는 그러하지 아니하다. 〈② 개정 2014.12.30〉

③ 피고사건에 대하여 면소의 판결을 선고하는 경우에는 면소판결공시의 취지를 선고할 수 있다. 〈③ 신설 2014.12.30〉

개정 前

제58조[판결의 공시]

① 개정후와 동일

② 피고사건에 대하여 무죄 또는 면소의 판결을 선고할 때에는 판결공시의 취지를 선고할 수 있다.

제3절 형의 선고유예

제59조【선고유예의 요건】

① 1년 이하의 징역이나 금고, 자격정지 또는 벌금의 형을 선고할 경우에 제51조의 사항을 고려하여 뉘우치는 정상이 뚜렷할 때에는 그 형의 선고를 유예할 수 있다. 다만, 자격정지 이상의 형을 받은 전과가 있는 사람에 대해서는 예외로 한다.

② 형을 병과할 경우에도 형의 전부 또는 일부에 대하여 선고를 유예할 수 있다.

[전문개정 2020.12.8]

제59조의2【보호관찰】

① 형의 선고를 유예하는 경우에 재범방지를 위하여 지도 및 원호가 필요한 때에는 보호관찰을 받을 것을 명할 수 있다.

② 제1항의 규정에 의한 보호관찰의 기간은 1년으로 한다. [본조신설 1995.12.29]

제60조【선고유예의 효과】

형의 선고유예를 받은 날로부터 2년을 경과한 때에는 면소된 것으로 간주한다.

제61조【선고유예의 실효】

① 형의 선고유예를 받은 자가 유예기간중 자격정지 이상의 형에 처한 판결이 확정되거나 자격정지 이상의 형에 처한 전과가 발견된 때에는 유예한 형을 선고한다.

② 제59조의2의 규정에 의하여 보호관찰을 명한 선고유예를 받은 자가 보호관찰기간 중에 준수사항을 위반하고 그 정도가 무거운 때에는 유예한 형을 선고할 수 있다. 〈신설 1995.12.29〉

제4절 형의 집행유예

2016.1.6 개정

제62조【집행유예의 요건】

① 3년 이하의 징역이나 금고 또는 500만원 이하의 벌금(▶▶ 벌금형에 대한 집행유예 제도 도입)의 형을 선고할 경우에 제51조의 사항을 참작하여 그 정상에 참작할 만한 사유가 있는 때에는 1년 이상 5년 이하의 기간 형의 집행을 유예할 수 있다. 다만, 금고 이상의 형을 선고한 판결이 확정된 때부터 그 집행을 종료하거나 면제된 후 3년까지의 기간에 범한 죄에 대하여 형을 선고하는 경우에는 그러하지 아니하다. 〈개정 2005.7.29., 2016.1.6.〉

② 형을 병과할 경우에는 그 형의 일부에 대하여 집행을 유예할 수 있다.

제62조의2【보호관찰, 사회봉사·수강명령】

① 형의 집행을 유예하는 경우에는 보호관찰을 받을 것을 명하거나 사회봉사 또는 수강을 명할 수 있다.

② 제1항의 규정에 의한 보호관찰의 기간은 집행을 유예한 기간으로 한다. 다만, 법원은 유예기간의 범위 내에서 보호관찰기간을 정할 수 있다.

③ 사회봉사명령 또는 수강명령(受講命令)은 집행유예기간 내에 이를 집행한다.

[본조신설 1995.12.29.]

제63조【집행유예의 실효】

집행유예의 선고를 받은 자가 유예기간 중 고의로 범한 죄로 금고 이상의 실형을 선고받아 그 판결이 확정된 때에는 집행유예의 선고는 효력을 잃는다. 〈개정 2005.7.29〉

제64조【집행유예의 취소】

① 집행유예의 선고를 받은 후 제62조 단행(但行)의 사유가 발각된 때에는 집행유예의 선고를 취소한다.

② 제62조의2의 규정에 의하여 보호관찰이나 사회봉사 또는 수강을 명한 집행유예를 받은 자가 준수사항이나 명령을 위반하고 그 정도가 무거운 때에는 집행유예의 선고를 취소할 수 있다. 〈신설 1995.12.29〉

제65조【집행유예의 효과】

집행유예의 선고를 받은 후 그 선고의 실효 또는 취소됨이 없이 유예기간을 경과한 때에는 형의 선고는 효력을 잃는다.

제5절 형의 집행

제66조【사 형】

사형은 교정시설 안에서 교수(絞首)하여 집행한다.

[전문개정 2020.12.8]

제67조【징 역】

징역은 교정시설에 수용하여 집행하며, 정해진 노역(勞役)에 복무하게 한다.

[전문개정 2020.12.8]

제68조【금고와 구류】

금고와 구류는 교정시설에 수용하여 집행한다.

[전문개정 2020.12.8.]

제69조【벌금과 과료】

① 벌금과 과료는 판결확정일로부터 30일내에 납입하여야 한다. 단, 벌금을 선고할 때에는 동시에 그 금액을 완납할 때까지 노역장에 유치할 것을 명할 수 있다.

② 벌금을 납입하지 아니한 자는 1일 이상 3년 이하, 과료를 납입하지 아니한 자는 1일 이상 30일 미만의 기간 노역장에 유치하여 작업에 복무하게 한다.

제70조【노역장 유치】

① 벌금이나 과료를 선고할 때에는 이를 납입하지 아니하는 경우의 노역장 유치기간을 정하여 동시에 선고하여야 한다. 〈개정 2020.12.8.〉

2014.5.14. 신설 | 2020.12.8 개정

② 선고하는 벌금이 1억원 이상 5억원 미만인 경우에는 300일 이상, 5억원 이상 50억원 미만인 경우에는 500일 이상, 50억원 이상인 경우에는 1천일 이상의 노역장 유치기간을 정하여야 한다. 〈신설 2014.5.14., 2020.12.8.〉

제71조【유치일수의 공제】
벌금이나 과료의 선고를 받은 사람이 그 금액의 일부를 납입한 경우에는 벌금 또는 과료액과 노역장 유치기간의 일수(日數)에 비례하여 납입금액에 해당하는 일수를 뺀다.
[전문개정 2020.12.8]

제6절 가석방

제72조【가석방의 요건】
① 징역이나 금고의 집행 중에 있는 사람이 행상(行狀)이 양호하여 뉘우침이 뚜렷한 때에는 무기형은 20년(▶▶2020.4.15. 개정전 : 10년), 유기형은 형기의 3분의 1이 지난 후 행정처분으로 가석방을 할 수 있다.
② 제1항의 경우에 벌금이나 과료가 병과되어 있는 때에는 그 금액을 완납하여야 한다.
[전문개정 2020.12.8]

제73조【판결선고 전 구금과 가석방】
① 형기에 산입된 판결선고 전 구금일수는 가석방을 하는 경우 집행한 기간에 산입한다.
② 제72조 제2항의 경우에 벌금이나 과료에 관한 노역장 유치기간에 산입된 판결선고 전 구금일수는 그에 해당하는 금액이 납입된 것으로 본다.
[전문개정 2020.12.8]

제73조의2【가석방의 기간 및 보호관찰】
① 가석방의 기간은 무기형에 있어서는 10년으로 하고, 유기형에 있어서는 남은 형기로 하되, 그 기간은 10년을 초과할 수 없다.
② 가석방된 자는 가석방기간중 보호관찰을 받는다. 다만, 가석방을 허가한 행정관청이 필요가 없다고 인정한 때에는 그러하지 아니하다.
[본조신설 1995.12.29]

제74조【가석방의 실효】
가석방 기간 중 고의로 지은 죄로 금고 이상의 형을 선고받아 그 판결이 확정된 경우에 가석방 처분은 효력을 잃는다.
[전문개정 2020.12.8]

제75조【가석방의 취소】
가석방의 처분을 받은 자가 감시에 관한 규칙을 위배하거나, 보호관찰의 준수사항을 위반하고 그 정도가 무거운 때에는 가석방처분을 취소할 수 있다. [전문개정 1995.12.29]

제76조【가석방의 효과】
① 가석방의 처분을 받은 후 그 처분이 실효 또는 취소되지 아니하고 가석방기간을 경과한 때에는 형의 집행을 종료한 것으로 본다.
〈개정 1995.12.29〉
② 전2조의 경우에는 가석방중의 일수는 형기에 산입하지 아니한다.

제7절 형의 시효

제77조【형의 시효의 효과】

2023.8.8 개정

형(사형은 제외한다)을 선고받은 자(▶▶개정전 : 형을 선고받은 사람)에 대해서는 시효가 완성되면 그 집행이 면제된다. 〈개정 2023.8.8〉
[전문개정 2020.12.8.]

제78조【형의 시효의 기간】〈제목개정 2020.12.8.〉
시효는 형을 선고하는 재판이 확정된 후 그 집행을 받지 아니하고 다음 각 호의 구분에 따른 기간이 지나면 완성된다.
〈개정 2017.12.12., 2020.12.8., 2023.8.8.〉

2023.8.8 개정

1. 삭제(▶▶ 삭제전 : 사 형 : 30년)

2. 무기의 징역 또는 금고 : 20년
3. 10년 이상의 징역 또는 금고 : 15년
4. 3년 이상의 징역이나 금고 또는 10년 이상의 자격정지 : 10년

2017.12.12 개정

5. 3년 미만의 징역이나 금고 또는 5년 이상의 자격정지 : 7년(▶▶ 개정전 : 5년)
6. 5년 미만의 자격정지, 벌금, 몰수 또는 추징 : 5년(▶▶ 개정전 : 3년)

7. 구류 또는 과료 : 1년

제79조【형의 시효의 정지】 〈제목개정 2023.8.8〉

① 시효는 형의 집행의 유예나 정지 또는 가석방 기타 집행할 수 없는 기간은 진행되지 아니한다.

2014.5.14 신설

② 시효는 형이 확정된 후 그 형의 집행을 받지 아니한 사람이(▶▶ 개정전 : 자가) 형의 집행을 면할 목적으로 국외에 있는 기간 동안은 진행되지 아니한다. 〈② 신설 2014.5.14., 개정 2023.8.8〉

제80조【형의 시효의 중단】 〈제목개정 2023.8.8.〉

2023.8.8 개정

시효는 징역, 금고 및 구류의 경우에는 수형자를 체포한 때, 벌금, 과료, 몰수 및 추징의 경우에는 강제처분을 개시한 때에 중단된다. (▶▶ 사형 제외)

[전문개정 2023.8.8]

제8절 형의 소멸

제81조【형의 실효】

징역 또는 금고의 집행을 종료하거나 집행이 면제된 자가 피해자의 손해를 보상하고 자격정지 이상의 형을 받음이 없이 7년을 경과한 때에는 본인 또는 검사의 신청에 의하여 그 재판의 실효를 선고할 수 있다.

제82조【복 권(復權)】

자격정지의 선고를 받은 자가 피해자의 손해를 보상하고 자격정지 이상의 형을 받음이 없이 정지기간의 2분의 1을 경과한 때에는 본인 또는 검사의 신청에 의하여 자격의 회복을 선고할 수 있다.

제4장 기 간

제83조【기간의 계산】

연(年) 또는 월(月)로 정한 기간은 연 또는 월 단위로 계산한다. [전문개정 2020.12.8]

제84조【형기의 기산】

① 형기는 판결이 확정된 날로부터 기산한다.

② 징역, 금고, 구류와 유치에 있어서는 구속되지 아니한 일수는 형기에 산입하지 아니한다.

제85조【형의 집행과 시효기간의 초일(初日)】

형의 집행과 시효기간의 초일은 시간을 계산함이 없이 1일로 산정한다.

제86조【석방일】

석방은 형기종료일에 하여야 한다.

제2편 각 칙

제1장 내란의 죄

제87조【내 란】

대한민국 영토의 전부 또는 일부에서 국가권력을 배제하거나 국헌을 문란하게 할 목적으로 폭동을 일으킨 자는 다음 각 호의 구분에 따라 처벌한다.

1. 우두머리는 사형, 무기징역 또는 무기금고에 처한다.
2. 모의에 참여하거나 지휘하거나 그 밖의 중요한 임무에 종사한 자는 사형, 무기 또는

형법

5년 이상의 징역이나 금고에 처한다. 살상, 파괴 또는 약탈 행위를 실행한 자도 같다.

3. 부화수행(附和隨行)하거나 단순히 폭동에만 관여한 자는 5년 이하의 징역이나 금고에 처한다. [전문개정 2020.12.8.]

제88조【내란목적의 살인】
대한민국 영토의 전부 또는 일부에서 국가권력을 배제하거나 국헌을 문란하게 할 목적으로 사람을 살해한 자는 사형, 무기징역 또는 무기금고에 처한다. [전문개정 2020.12.8]

제89조【미수범】
전2조의 미수범은 처벌한다.

제90조【예비, 음모, 선동, 선전】
① 제87조 또는 제88조의 죄를 범할 목적으로 예비 또는 음모한 자는 3년 이상의 유기징역이나 유기금고에 처한다. 단, 그 목적한 죄의 실행에 이르기 전에 자수한 때에는 그 형을 감경 또는 면제한다.
② 제87조 또는 제88조의 죄를 범할 것을 선동 또는 선전한 자도 전항의 형과 같다.

제91조【국헌문란의 정의】
본장에서 국헌을 문란할 목적이라 함은 다음 각 호의 1에 해당함을 말한다.

1. 헌법 또는 법률에 정한 절차에 의하지 아니하고 헌법 또는 법률의 기능을 소멸시키는 것
2. 헌법에 의하여 설치된 국가기관을 강압에 의하여 전복 또는 그 권능행사를 불가능하게 하는 것

제2장 외환의 죄

제92조【외환유치(外患誘致)】
외국과 통모하여 대한민국에 대하여 전단(戰端)을 열게 하거나 외국인과 통모하여 대한민국에 항적한 자는 사형 또는 무기징역에 처한다.

제93조【여 적(與敵)】
적국과 합세하여 대한민국에 항적한 자는 사형에 처한다.

제94조【모병이적(募兵利敵)】
① 적국을 위하여 모병한 자는 사형 또는 무기징역에 처한다.
② 전조의 모병에 응한 자는 무기 또는 5년 이상의 징역에 처한다.

제95조【시설제공이적】
① 군대, 요새, 진영 또는 군용에 공하는 선박이나 항공기 기타 장소, 설비 또는 건조물을 적국에 제공한 자는 사형 또는 무기징역에 처한다.
② 병기 또는 탄약 기타 군용에 공하는 물건을 적국에 제공한 자도 전항의 형과 같다.

제96조【시설파괴이적】
적국을 위하여 전조에 기재한 군용시설 기타 물건을 파괴하거나 사용할 수 없게 한 자는 사형 또는 무기징역에 처한다.

제97조【물건제공이적】
군용에 공하지 아니하는 병기, 탄약 또는 전투용에 공할 수 있는 물건을 적국에 제공한 자는 무기 또는 5년 이상의 징역에 처한다.

제98조【간 첩】
① 적국을 위하여 간첩하거나 적국의 간첩을 방조한 자는 사형, 무기 또는 7년 이상의 징역에 처한다.
② 군사상의 기밀을 적국에 누설한 자도 전항의 형과 같다.

제99조【일반이적】
전7조에 기재한 이외에 대한민국의 군사상 이익을 해하거나 적국에 군사상 이익을 공여하는 자는 무기 또는 3년 이상의 징역에 처한다.

제100조【미수범】
전8조의 미수범은 처벌한다.

제101조【예비, 음모, 선동, 선전】
① 제92조 내지 제99조의 죄를 범할 목적으로 예비 또는 음모한 자는 2년 이상의 유기징역에 처한다. 단, 그 목적한 죄의 실행에 이르기 전에 자수한 때에는 그 형을 감경 또는 면제한다.
② 제92조 내지 제99조의 죄를 선동 또는 선전한 자도 전항의 형과 같다.

제102조【준(準)적국】
제93조 내지 전조의 죄에 있어서는 대한민국에 적대하는 외국 또는 외국인의 단체는 적국으로 간주한다.

제103조【전시군수계약불이행】
① 전쟁 또는 사변에 있어서 정당한 이유 없이 정부에 대한 군수품 또는 군용공작물에 관한 계약을 이행하지 아니한 자는 10년 이하의 징역에 처한다.
② 전항의 계약이행을 방해한 자도 전항의 형과 같다.

제104조【동맹국】
본장의 규정은 동맹국에 대한 행위에 적용한다.

제104조의2 삭 제 〈1988.12.31〉

제3장 국기에 관한 죄

제105조【국기, 국장(國章)의 모독】
대한민국을 모욕할 목적으로 국기 또는 국장을 손상, 제거 또는 오욕한 자는 5년 이하의 징역이나 금고, 10년 이하의 자격정지 또는 700만원 이하의 벌금에 처한다. 〈개정 1995.12.29〉

제106조【국기, 국장의 비방】
전조의 목적으로 국기 또는 국장을 비방한 자는 1년 이하의 징역이나 금고, 5년 이하의 자격정지 또는 200만원 이하의 벌금에 처한다. 〈개정 1995.12.29〉

제4장 국교에 관한 죄

제107조【외국원수에 대한 폭행 등】
① 대한민국에 체재하는 외국의 원수에 대하여 폭행 또는 협박을 가한 자는 7년 이하의 징역이나 금고에 처한다.
② 전항의 외국원수에 대하여 모욕을 가하거나 명예를 훼손한 자는 5년 이하의 징역이나 금고에 처한다.

제108조【외국사절에 대한 폭행 등】
① 대한민국에 파견된 외국사절에 대하여 폭행 또는 협박을 가한 자는 5년 이하의 징역이나 금고에 처한다.
② 전항의 외국사절에 대하여 모욕을 가하거나 명예를 훼손한 자는 3년 이하의 징역이나 금고에 처한다.

제109조【외국의 국기, 국장의 모독】
외국을 모욕할 목적으로 그 나라의 공용에 공하는 국기 또는 국장을 손상, 제거 또는 오욕한 자는 2년 이하의 징역이나 금고 또는 300만원 이하의 벌금에 처한다. 〈개정 1995.12.29〉

제110조【피해자의 의사】
제107조 내지 제109조의 죄는 그 외국정부의 명시한 의사에 반하여 공소를 제기할 수 없다. 〈개정 1995.12.29〉

제111조【외국에 대한 사전(私戰)】
① 외국에 대하여 사전한 자는 1년 이상의 유기금고에 처한다.
② 전항의 미수범은 처벌한다.
③ 제1항의 죄를 범할 목적으로 예비 또는 음모한 자는 3년 이하의 금고 또는 500만원 이하의 벌금에 처한다. 단, 그 목적한 죄의 실행에 이르기 전에 자수한 때에는 감경 또는 면제한다. 〈개정 1995·12·29〉

제112조【중립명령위반】
외국간의 교전에 있어서 중립에 관한 명령에 위

반한 자는 3년 이하의 금고 또는 500만원 이하의 벌금에 처한다. 〈개정 1995.12.29〉

제113조 【외교상기밀의 누설】

① 외교상의 기밀을 누설한 자는 5년 이하의 징역 또는 1천만원 이하의 벌금에 처한다. 〈개정 1995.12.29〉

② 누설할 목적으로 외교상의 기밀을 탐지 또는 수집한 자도 전항의 형과 같다.

제5장 공안을 해하는 죄

2013.4.5 개정

제114조 【범죄단체 등의 조직】

사형, 무기 또는 장기 4년 이상의 징역에 해당하는 범죄를 목적으로 하는 단체 또는 집단을 조직하거나 이에 가입 또는 그 구성원으로 활동한 사람은 그 목적한 죄에 정한 형으로 처벌한다. 다만, 형을 감경할 수 있다. [전문개정 2013.4.5.]

개정 前

제114조 [범죄단체의 조직]

① 범죄를 목적으로 하는 단체를 조직하거나 이에 가입한 자는 그 목적한 죄에 정한 형으로 처단한다. 단, 형을 감경할 수 있다.

② 병역 또는 납세의 의무를 거부할 목적으로 단체를 조직하거나 이에 가입한 자는 10년 이하의 징역이나 금고 또는 1천500만원 이하의 벌금에 처한다. 〈개정 1995.12.29〉

③ 전2항의 죄를 범하여 유기의 징역이나 금고 또는 벌금에 처한 자에 대하여는 10년 이하의 자격정지를 병과할 수 있다.

제115조 【소 요(騷擾)】

다중이 집합하여 폭행, 협박 또는 손괴의 행위를 한 자는 1년 이상 10년 이하의 징역이나 금고 또는 1천500만원 이하의 벌금에 처한다. 〈개정 1995.12.29〉

제116조 【다중불해산】

폭행, 협박 또는 손괴의 행위를 할 목적으로 다중이 집합하여 그를 단속할 권한이 있는 공무원으로부터 3회 이상의 해산명령을 받고 해산하지 아니한 자는 2년 이하의 징역이나 금고 또는 300만원 이하의 벌금에 처한다. 〈개정 1995.12.29.〉

2025.3.18 신설

제116조의2 【공중협박】

① 불특정 또는 다수의 사람의 생명, 신체에 위해를 가할 것을 내용으로 공연히 공중을 협박한 사람은 5년 이하의 징역 또는 2천만원 이하의 벌금에 처한다.

② 상습으로 제1항의 죄를 범한 때에는 그 죄에 정한 형의 2분의 1까지 가중한다.

③ 제1항 및 제2항의 미수범은 처벌한다.

[본조신설 2025.3.18.]

2025.4.8 신설

제116조의3 【공공장소 흉기소지】

정당한 이유 없이 도로·공원 등 불특정 또는 다수의 사람이 이용하거나 통행할 수 있는 공공장소에서 사람의 생명, 신체에 위해를 가할 수 있는 흉기를 소지하고 이를 드러내어 공중에게 불안감 또는 공포심을 일으킨 사람은 3년 이하의 징역 또는 1천만원 이하의 벌금에 처한다.

[본조신설 2025.4.8.]

제117조 【전시공수(戰時公需)계약불이행】

① 전쟁, 천재 기타 사변에 있어서 국가 또는 공공단체와 체결한 식량 기타 생활필수품의 공급계약을 정당한 이유없이 이행하지 아니한 자는 3년 이하의 징역 또는 500만원 이하의 벌금에 처한다. 〈개정 1995.12.29〉

② 전항의 계약이행을 방해한 자도 전항의 형과 같다.

③ 전2항의 경우에는 그 소정의 벌금을 병과할 수 있다.

제118조 【공무원자격의 사칭】
공무원의 자격을 사칭하여 그 직권을 행사한 자는 3년 이하의 징역 또는 700만원 이하의 벌금에 처한다. 〈개정 1995.12.29〉

제6장 폭발물에 관한 죄

제119조 【폭발물 사용】
① 폭발물을 사용하여 사람의 생명, 신체 또는 재산을 해하거나 그 밖에 공공의 안전을 문란하게 한 자는 사형, 무기 또는 7년 이상의 징역에 처한다.
② 전쟁, 천재지변 그 밖의 사변에 있어서 제1항의 죄를 지은 자는 사형이나 무기징역에 처한다.
③ 제1항과 제2항의 미수범은 처벌한다.
[전문개정 2020.12.8]

제120조 【예비, 음모, 선동】
① 전조 제1항, 제2항의 죄를 범할 목적으로 예비 또는 음모한 자는 2년 이상의 유기징역에 처한다. 단, 그 목적한 죄의 실행에 이르기 전에 자수한 때에는 그 형을 감경 또는 면제한다.
② 전조 제1항, 제2항의 죄를 범할 것을 선동한 자도 전항의 형과 같다.

제121조 【전시폭발물제조 등】
전쟁 또는 사변에 있어서 정당한 이유 없이 폭발물을 제조, 수입, 수출, 수수(授受) 또는 소지한 자는 10년 이하의 징역에 처한다.

제7장 공무원의 직무에 관한 죄

제122조 【직무유기】
공무원이 정당한 이유 없이 그 직무수행을 거부하거나 그 직무를 유기한 때에는 1년 이하의 징역이나 금고 또는 3년 이하의 자격정지에 처한다.

제123조 【직권남용】
공무원이 직권을 남용하여 사람으로 하여금 의무 없는 일을 하게 하거나 사람의 권리행사를 방해한 때에는 5년 이하의 징역, 10년 이하의 자격정지 또는 1천만원 이하의 벌금에 처한다.
〈개정 1995.12.29〉

제124조 【불법체포, 불법감금】
① 재판, 검찰, 경찰 기타 인신구속에 관한 직무를 행하는 자 또는 이를 보조하는 자가 그 직권을 남용하여 사람을 체포 또는 감금한 때에는 7년 이하의 징역과 10년 이하의 자격정지에 처한다.
② 전항의 미수범은 처벌한다.

제125조 【폭행, 가혹행위】
재판, 검찰, 경찰 그 밖에 인신구속에 관한 직무를 수행하는 자 또는 이를 보조하는 자가 그 직무를 수행하면서 형사피의자나 그 밖의 사람에 대하여 폭행 또는 가혹행위를 한 경우에는 5년 이하의 징역과 10년 이하의 자격정지에 처한다.
[전문개정 2020.12.8]

제126조 【피의사실공표(被疑事實公表)】
검찰, 경찰 그 밖에 범죄수사에 관한 직무를 수행하는 자 또는 이를 감독하거나 보조하는 자가 그 직무를 수행하면서 알게 된 피의사실을 공소제기 전에 공표(公表)한 경우에는 3년 이하의 징역 또는 5년 이하의 자격정지에 처한다.
[전문개정 2020.12.8]

제127조 【공무상 비밀의 누설】
공무원 또는 공무원이었던 자가 법령에 의한 직

형법

무상 비밀을 누설한 때에는 2년 이하의 징역이나 금고 또는 5년 이하의 자격정지에 처한다.

제128조【선거방해】

검찰, 경찰 또는 군의 직에 있는 공무원이 법령에 의한 선거에 관하여 선거인, 입후보자 또는 입후보자되려는 자에게 협박을 가하거나 기타 방법으로 선거의 자유를 방해한 때에는 10년 이하의 징역과 5년 이상의 자격정지에 처한다.

제129조【수뢰(收賂), 사전수뢰】

① 공무원 또는 중재인이 그 직무에 관하여 뇌물을 수수, 요구 또는 약속한 때에는 5년 이하의 징역 또는 10년 이하의 자격정지에 처한다.

② 공무원 또는 중재인이 될 자가 그 담당할 직무에 관하여 청탁을 받고 뇌물을 수수, 요구 또는 약속한 후 공무원 또는 중재인이 된 때에는 3년 이하의 징역 또는 7년 이하의 자격정지에 처한다.

▶▶ [한정위헌, 헌재결 2012.12.27. 2011헌바117. 형법 제129조 제1항의 '공무원'에 구 '제주특별자치도 설치 및 국제자유도시 조성을 위한 특별법' 제299조 제2항의 제주특별자치도통합영향평가심의위원회 심의위원 중 위촉위원이 포함되는 것으로 해석하는 한 헌법에 위반된다.]

제130조【제3자뇌물제공】

공무원 또는 중재인이 그 직무에 관하여 부정한 청탁을 받고 제3자에게 뇌물을 공여(供與)하게 하거나 공여를 요구 또는 약속한 때에는 5년 이하의 징역 또는 10년 이하의 자격정지에 처한다.

제131조【수뢰후부정처사, 사후수뢰】

① 공무원 또는 중재인이 전2조의 죄를 범하여 부정한 행위를 한 때에는 1년 이상의 유기징역에 처한다.

② 공무원 또는 중재인이 그 직무상 부정한 행위를 한 후 뇌물을 수수, 요구 또는 약속하거나 제3자에게 이를 공여하게 하거나 공여를 요구 또는 약속한 때에도 전항의 형과 같다.

③ 공무원 또는 중재인이었던 자가 그 재직 중에 청탁을 받고 직무상 부정한 행위를 한 후 뇌물을 수수, 요구 또는 약속한 때에는 5년 이하의 징역 또는 10년 이하의 자격정지에 처한다.

④ 전3항의 경우에는 10년 이하의 자격정지를 병과할 수 있다.

제132조【알선수뢰】

공무원이 그 지위를 이용하여 다른 공무원의 직무에 속한 사항의 알선에 관하여 뇌물을 수수, 요구 또는 약속한 때에는 3년 이하의 징역 또는 7년 이하의 자격정지에 처한다.

제133조【뇌물공여 등】

① 제129조부터 제132조까지에 기재한 뇌물을 약속, 공여 또는 공여의 의사를 표시한 자는 5년 이하의 징역 또는 2천만원 이하의 벌금에 처한다.

② 제1항의 행위에 제공할 목적으로 제3자에게 금품을 교부한 자 또는 그 사정을 알면서 금품을 교부받은 제3자도 제1항의 형에 처한다.

[전문개정 2020.12.8]

제134조【몰수, 추징】

범인 또는 사정을 아는 제3자가 받은 뇌물 또는 뇌물로 제공하려고 한 금품은 몰수한다. 이를 몰수할 수 없을 경우에는 그 가액을 추징한다.

[전문개정 2020.12.8.]

제135조【공무원의 직무상 범죄에 대한 형의 가중】

공무원이 직권을 이용하여 본장이외의 죄를 범한 때에는 그 죄에 정한 형의 2분의 1까지 가중한다. 단, 공무원의 신분에 의하여 특별히 형이 규정된 때에는 예외로 한다.

제8장 공무방해에 관한 죄

제136조 【공무집행방해】
① 직무를 집행하는 공무원에 대하여 폭행 또는 협박한 자는 5년 이하의 징역 또는 1천만원 이하의 벌금에 처한다. 〈개정 1995.12.29〉
② 공무원에 대하여 그 직무상의 행위를 강요 또는 조지(阻止)하거나 그 직을 사퇴하게 할 목적으로 폭행 또는 협박한 자도 전항의 형과 같다.

제137조 【위계에 의한 공무집행방해】
위계로써 공무원의 직무집행을 방해한 자는 5년 이하의 징역 또는 1천만원 이하의 벌금에 처한다. 〈개정 1995.12.29〉

제138조 【법정 또는 국회회의장 모욕】
법원의 재판 또는 국회의 심의를 방해 또는 위협할 목적으로 법정이나 국회회의장 또는 그 부근에서 모욕 또는 소동한 자는 3년 이하의 징역 또는 700만원 이하의 벌금에 처한다. 〈개정 1995.12.29〉

제139조 【인권옹호직무방해】
경찰의 직무를 행하는 자 또는 이를 보조하는 자가 인권옹호에 관한 검사의 직무집행을 방해하거나 그 명령을 준수하지 아니한 때에는 5년 이하의 징역 또는 10년 이하의 자격정지에 처한다.

제140조 【공무상비밀표시무효】
① 공무원이 그 직무에 관하여 실시한 봉인 또는 압류 기타 강제처분의 표시를 손상 또는 은닉하거나 기타 방법으로 그 효용을 해한 자는 5년 이하의 징역 또는 700만원 이하의 벌금에 처한다. 〈개정 1995.12.29〉
② 공무원이 그 직무에 관하여 봉함 기타 비밀장치한 문서 또는 도화를 개봉한 자도 제1항의 형과 같다. 〈개정 1995.12.29〉
③ 공무원이 그 직무에 관하여 봉함 기타 비밀장치한 문서, 도화 또는 전자기록 등 특수매체기록을 기술적 수단을 이용하여 그 내용을 알아낸 자도 제1항의 형과 같다. 〈신설 1995.12.29〉

제140조의2 【부동산강제집행효용침해】
강제집행으로 명도 또는 인도된 부동산에 침입하거나 기타 방법으로 강제집행의 효용을 해한 자는 5년 이하의 징역 또는 700만원 이하의 벌금에 처한다. [본조신설 1995.12.29]

제141조 【공용서류 등의 무효, 공용물의 파괴】
① 공무소에서 사용하는 서류 기타 물건 또는 전자기록 등 특수매체기록을 손상 또는 은닉하거나 기타 방법으로 그 효용을 해한 자는 7년 이하의 징역 또는 1천만원 이하의 벌금에 처한다. 〈개정 1995·12·29〉
② 공무소에서 사용하는 건조물, 선박, 기차 또는 항공기를 파괴한 자는 1년 이상 10년 이하의 징역에 처한다.

제142조 【공무상보관물의 무효】
공무소로부터 보관명령을 받거나 공무소의 명령으로 타인이 관리하는 자기의 물건을 손상 또는 은닉하거나 기타 방법으로 그 효용을 해한 자는 5년 이하의 징역 또는 700만원 이하의 벌금에 처한다. 〈개정 1995.12.29〉

제143조 【미수범】
제140조 내지 전조의 미수범은 처벌한다.

제144조 【특수공무방해】
① 단체 또는 다중의 위력을 보이거나 위험한 물건을 휴대하여 제136조, 제138조와 제140조 내지 전조의 죄를 범한 때에는 각조에 정한 형의 2분의 1까지 가중한다.
② 제1항의 죄를 범하여 공무원을 상해에 이르게 한 때에는 3년 이상의 유기징역에 처한다. 사망에 이르게 한 때에는 무기 또는 5년 이상의 징역에 처한다. 〈개정 1995.12.29〉

제9장 도주와 범인은닉의 죄

제145조【도주, 집합명령위반】
① 법률에 따라 체포되거나 구금된 자가 도주한 경우에는 1년 이하의 징역에 처한다.
② 제1항의 구금된 자가 천재지변이나 사변 그 밖에 법령에 따라 잠시 석방된 상황에서 정당한 이유없이 집합명령에 위반한 경우에도 제1항의 형에 처한다.
[전문개정 2020.12.8]

제146조【특수도주】
수용설비 또는 기구를 손괴(損壞)하거나 사람에게 폭행 또는 협박을 가하거나 2인 이상이 합동하여 전조 제1항의 죄를 범한 자는 7년 이하의 징역에 처한다.

제147조【도주원조】
법률에 의하여 구금된 자를 탈취하거나 도주하게 한 자는 10년 이하의 징역에 처한다.

제148조【간수자의 도주원조】
법률에 의하여 구금된 자를 간수 또는 호송하는 자가 이를 도주하게 한 때에는 1년 이상 10년 이하의 징역에 처한다.

제149조【미수범】
전4조의 미수범은 처벌한다.

제150조【예비, 음모】
제147조와 제148조의 죄를 범할 목적으로 예비 또는 음모한 자는 3년 이하의 징역에 처한다.

제151조【범인은닉과 친족간의 특례】
① 벌금 이상의 형에 해당하는 죄를 범한 자를 은닉 또는 도피하게 한 자는 3년 이하의 징역 또는 500만원 이하의 벌금에 처한다.
〈개정 1995.12.29〉
② 친족 또는 동거의 가족이 본인을 위하여 전항의 죄를 범한 때에는 처벌하지 아니한다.
〈개정 2005.3.31〉

제10장 위증과 증거인멸의 죄

제152조【위증, 모해(謀害)위증】
① 법률에 의하여 선서한 증인이 허위의 진술을 한 때에는 5년 이하의 징역 또는 1천만원 이하의 벌금에 처한다. 〈개정 1995.12.29〉
② 형사사건 또는 징계사건에 관하여 피고인, 피의자 또는 징계혐의자를 모해할 목적으로 전항의 죄를 범한 때에는 10년 이하의 징역에 처한다.

제153조【자백, 자수】
전조의 죄를 범한 자가 그 공술(供述)한 사건의 재판 또는 징계처분이 확정되기 전에 자백 또는 자수한 때에는 그 형을 감경 또는 면제한다.

제154조【허위의 감정, 통역, 번역】
법률에 의하여 선서한 감정인, 통역인 또는 번역인이 허위의 감정, 통역 또는 번역을 한 때에는 전2조의 예에 의한다.

제155조【증거인멸 등과 친족 간의 특례】
① 타인의 형사사건 또는 징계사건에 관한 증거를 인멸, 은닉, 위조 또는 변조하거나 위조 또는 변조한 증거를 사용한 자는 5년 이하의 징역 또는 700만원 이하의 벌금에 처한다.
〈개정 1995.12.29〉
② 타인의 형사사건 또는 징계사건에 관한 증인을 은닉 또는 도피하게 한 자도 제1항의 형과 같다. 〈개정 1995.12.29〉
③ 피고인, 피의자 또는 징계혐의자를 모해할 목적으로 전2항의 죄를 범한 자는 10년 이하의 징역에 처한다.
④ 친족 또는 동거의 가족이 본인을 위하여 본조의 죄를 범한 때에는 처벌하지 아니한다.
〈개정 2005.3.31〉

제11장 무고의 죄

제156조【무 고(誣告)】
타인으로 하여금 형사처분 또는 징계처분을 받게 할 목적으로 공무소 또는 공무원에 대하여 허위의 사실을 신고한 자는 10년 이하의 징역 또는 1천500만원 이하의 벌금에 처한다.
〈개정 1995.12.29〉

제157조【자백·자수】
제153조는 전조에 준용한다.

제12장 신앙에 관한 죄

제158조【장례식 등의 방해】
장례식, 제사, 예배 또는 설교를 방해한 자는 3년 이하의 징역 또는 500만원 이하의 벌금에 처한다.
〈개정 1995.12.29〉

제159조【시체 등의 오욕】
시체, 유골 또는 유발(遺髮)을 오욕한 자는 2년 이하의 징역 또는 500만원 이하의 벌금에 처한다.
[전문개정 2020.12.8]

제160조【분묘의 발굴】
분묘를 발굴한 자는 5년 이하의 징역에 처한다.

제161조【시체 등의 유기 등】
① 시체, 유골, 유발 또는 관 속에 넣어 둔 물건을 손괴(損壞), 유기, 은닉 또는 영득(領得)한 자는 7년 이하의 징역에 처한다.
② 분묘를 발굴하여 제1항의 죄를 지은 자는 10년 이하의 징역에 처한다. [전문개정 2020.12.8.]

제162조【미수범】
전2조의 미수범은 처벌한다.

제163조【변사체(變死體) 검시 방해】
변사자의 시체 또는 변사(變死)로 의심되는 시체를 은닉하거나 변경하거나 그 밖의 방법으로 검시(檢視)를 방해한 자는 700만원 이하의 벌금에 처한다.
[전문개정 2020.12.8]

제13장 방화와 실화의 죄

제164조【현주건조물 등 방화】
① 불을 놓아 사람이 주거로 사용하거나 사람이 현존하는 건조물, 기차, 전차, 자동차, 선박, 항공기 또는 지하채굴시설을 불태운 자는 무기 또는 3년 이상의 징역에 처한다.
② 제1항의 죄를 지어 사람을 상해에 이르게 한 경우에는 무기 또는 5년 이상의 징역에 처한다. 사망에 이르게 한 경우에는 사형, 무기 또는 7년 이상의 징역에 처한다.
[전문개정 2020.12.8]

제165조【공용건조물 등 방화】
불을 놓아 공용(公用)으로 사용하거나 공익을 위해 사용하는 건조물, 기차, 전차, 자동차, 선박, 항공기 또는 지하채굴시설을 불태운 자는 무기 또는 3년 이상의 징역에 처한다.
[전문개정 2020.12.8]

제166조【일반건조물 등 방화】
① 불을 놓아 제164조와 제165조에 기재한 외의 건조물, 기차, 전차, 자동차, 선박, 항공기 또는 지하채굴시설을 불태운 자는 2년 이상의 유기징역에 처한다.
② 자기 소유인 제1항의 물건을 불태워 공공의 위험을 발생하게 한 자는 7년 이하의 징역 또는 1천만원 이하의 벌금에 처한다.
[전문개정 2020.12.8]

제167조【일반물건 방화】
① 불을 놓아 제164조부터 제166조까지에 기재한 외의 물건을 불태워 공공의 위험을 발생하게 한 자는 1년 이상 10년 이하의 징역에 처한다.

② 제1항의 물건이 자기 소유인 경우에는 3년 이하의 징역 또는 700만원 이하의 벌금에 처한다.

[전문개정 2020.12.8]

제168조【연 소(延燒)】

① 제166조 제2항 또는 전조 제2항의 죄를 범하여 제164조, 제165조 또는 제166조 제1항에 기재한 물건에 연소한 때에는 1년 이상 10년 이하의 징역에 처한다.

② 전조 제2항의 죄를 범하여 전조 제1항에 기재한 물건에 연소한 때에는 5년 이하의 징역에 처한다.

제169조【진화방해】

화재에 있어서 진화용의 시설 또는 물건을 은닉 또는 손괴하거나 기타 방법으로 진화를 방해한 자는 10년 이하의 징역에 처한다.

제170조【실 화】

① 과실로 제164조 또는 제165조에 기재한 물건 또는 타인 소유인 제166조에 기재한 물건을 불태운 자는 1천500만원 이하의 벌금에 처한다.

② 과실로 자기 소유인 제166조의 물건 또는 제167조에 기재한 물건을 불태워 공공의 위험을 발생하게 한 자도 제1항의 형에 처한다.

[전문개정 2020.12.8]

제171조【업무상실화, 중실화】

업무상과실 또는 중대한 과실로 인하여 제170조의 죄를 범한 자는 3년 이하의 금고 또는 2천만원 이하의 벌금에 처한다. 〈개정 1995.12.29〉

제172조【폭발성물건파열】

① 보일러, 고압가스 기타 폭발성 있는 물건을 파열시켜 사람의 생명, 신체 또는 재산에 대하여 위험을 발생시킨 자는 1년 이상의 유기징역에 처한다.

② 제1항의 죄를 범하여 사람을 상해에 이르게 한 때에는 무기 또는 3년 이상의 징역에 처한다. 사망에 이르게 한 때에는 무기 또는 5년 이상의 징역에 처한다.

[전문개정 1995.12.29]

제172조의2【가스·전기 등 방류】

① 가스, 전기, 증기 또는 방사선이나 방사성 물질을 방출, 유출 또는 살포시켜 사람의 생명, 신체 또는 재산에 대하여 위험을 발생시킨 자는 1년 이상 10년 이하의 징역에 처한다.

② 제1항의 죄를 범하여 사람을 상해에 이르게 한 때에는 무기 또는 3년 이상의 징역에 처한다. 사망에 이르게 한 때에는 무기 또는 5년 이상의 징역에 처한다. [본조신설 1995.12.29]

제173조【가스·전기 등 공급방해】

① 가스, 전기 또는 증기의 공작물을 손괴 또는 제거하거나 기타 방법으로 가스, 전기 또는 증기의 공급이나 사용을 방해하여 공공의 위험을 발생하게 한 자는 1년 이상 10년 이하의 징역에 처한다. 〈개정 1995.12.29〉

② 공공용의 가스, 전기 또는 증기의 공작물을 손괴 또는 제거하거나 기타 방법으로 가스, 전기 또는 증기의 공급이나 사용을 방해한 자도 전항의 형과 같다. 〈개정 1995.12.29〉

③ 제1항 또는 제2항의 죄를 범하여 사람을 상해에 이르게 한 때에는 2년 이상의 유기징역에 처한다. 사망에 이르게 한 때에는 무기 또는 3년 이상의 징역에 처한다.

〈개정 1995.12.29〉

제173조의2【과실폭발성물건파열 등】

① 과실로 제172조 제1항, 제172조의2 제1항, 제173조 제1항과 제2항의 죄를 범한 자는 5년 이하의 금고 또는 1천500만원 이하의 벌금에 처한다.

② 업무상과실 또는 중대한 과실로 제1항의 죄를 범한 자는 7년 이하의 금고 또는 2천만원 이하의 벌금에 처한다.

[본조신설 1995.12.29]

제174조【미수범】

제164조 제1항, 제165조, 제166조 제1항, 제

172조 제1항, 제172조의2 제1항, 제173조 제1항과 제2항의 미수범은 처벌한다.

[전문개정 1995.12.29]

제175조【예비, 음모】
제164조 제1항, 제165조, 제166조 제1항, 제172조 제1항, 제172조의2 제1항, 제173조 제1항과 제2항의 죄를 범할 목적으로 예비 또는 음모한 자는 5년 이하의 징역에 처한다. 단, 그 목적한 죄의 실행에 이르기 전에 자수한 때에는 형을 감경 또는 면제한다. 〈개정 1995.12.29〉

제176조【타인의 권리대상이 된 자기의 물건】
자기의 소유에 속하는 물건이라도 압류 기타 강제처분을 받거나 타인의 권리 또는 보험의 목적물이 된 때에는 본장의 규정의 적용에 있어서 타인의 물건으로 간주한다.

제14장 일수와 수리에 관한 죄

제177조【현주건조물 등에의 일수(溢水)】
① 물을 넘겨 사람이 주거에 사용하거나 사람이 현존하는 건조물, 기차, 전차, 자동차, 선박, 항공기 또는 광갱을 침해한 자는 무기 또는 3년 이상의 징역에 처한다.
② 제1항의 죄를 범하여 사람을 상해에 이르게 한 때에는 무기 또는 5년 이상의 징역에 처한다. 사망에 이르게 한 때에는 무기 또는 7년 이상의 징역에 처한다.

[전문개정 1995.12.29]

제178조【공용건조물 등에의 일수】
물을 넘겨 공용 또는 공익에 공하는 건조물, 기차, 전차, 자동차, 선박, 항공기 또는 광갱을 침해한 자는 무기 또는 2년 이상의 징역에 처한다.

제179조【일반건조물 등에의 일수】
① 물을 넘겨 전2조에 기재한 이외의 건조물, 기차, 전차, 자동차, 선박, 항공기 또는 광갱 기타 타인의 재산을 침해한 자는 1년 이상 10년 이하의 징역에 처한다.
② 자기의 소유에 속하는 전항의 물건을 침해하여 공공의 위험을 발생하게 한 때에는 3년 이하의 징역 또는 700만원 이하의 벌금에 처한다. 〈개정 1995.12.29〉
③ 제176조의 규정은 본조의 경우에 준용한다.

제180조【방수방해】
수재에 있어서 방수용의 시설 또는 물건을 손괴 또는 은닉하거나 기타 방법으로 방수를 방해한 자는 10년 이하의 징역에 처한다.

제181조【과실일수】
과실로 인하여 제177조 또는 제178조에 기재한 물건을 침해한 자 또는 제179조에 기재한 물건을 침해하여 공공의 위험을 발생하게 한 자는 1천만원 이하의 벌금에 처한다. 〈개정 1995.12.29〉

제182조【미수범】
제177조 내지 제179조 제1항의 미수범은 처벌한다.

제183조【예비, 음모】
제177조 내지 제179조 제1항의 죄를 범할 목적으로 예비 또는 음모한 자는 3년 이하의 징역에 처한다.

제184조【수리방해】
둑을 무너뜨리거나 수문을 파괴하거나 그 밖의 방법으로 수리(水利)를 방해한 자는 5년 이하의 징역 또는 700만원 이하의 벌금에 처한다.

[전문개정 2020.12.8]

제15장 교통방해의 죄

제185조【일반교통방해】
육로, 수로 또는 교량을 손괴 또는 불통하게 하거나 기타 방법으로 교통을 방해한 자는 10년 이하의 징역 또는 1천500만원 이하의 벌금에 처한다. 〈개정 1995.12.29〉

제186조【기차, 선박 등의 교통방해】
궤도, 등대 또는 표지를 손괴하거나 기타 방법으로 기차, 전차, 자동차, 선박 또는 항공기의 교통을 방해한 자는 1년 이상의 유기징역에 처한다.

제187조【기차 등의 전복(顚覆) 등】
사람의 현존하는 기차, 전차, 자동차, 선박 또는 항공기를 전복, 매몰, 추락 또는 파괴한 자는 무기 또는 3년 이상의 징역에 처한다.

제188조【교통방해치사상】
제185조 내지 제187조의 죄를 범하여 사람을 상해에 이르게 한 때에는 무기 또는 3년 이상의 징역에 처한다. 사망에 이르게 한 때에는 무기 또는 5년 이상의 징역에 처한다.

[전문개정 1995.12.29.]

제189조【과실, 업무상과실, 중과실】
① 과실로 인하여 제185조 내지 제187조의 죄를 범한 자는 1천만원 이하의 벌금에 처한다. 〈개정 1995.12.29〉
② 업무상과실 또는 중대한 과실로 인하여 제185조 내지 제187조의 죄를 범한 자는 3년 이하의 금고 또는 2천만원 이하의 벌금에 처한다. 〈개정 1995.12.29〉

제190조【미수범】
제185조 내지 제187조의 미수범은 처벌한다.

제191조【예비, 음모】
제186조 또는 제187조의 죄를 범할 목적으로 예비 또는 음모한 자는 3년 이하의 징역에 처한다.

제16장 먹는 물에 관한 죄

〈장제목 개정 2020.12.8.〉

제192조【먹는 물의 사용방해】
① 일상생활에서 먹는 물로 사용되는 물에 오물을 넣어 먹는 물로 쓰지 못하게 한 자는 1년 이하의 징역 또는 500만원 이하의 벌금에 처한다.
② 제1항의 먹는 물에 독물(毒物)이나 그 밖에 건강을 해하는 물질을 넣은 사람은 10년 이하의 징역에 처한다.

[전문개정 2020.12.8]

제193조【수돗물의 사용방해】
① 수도(水道)를 통해 공중이 먹는 물로 사용하는 물 또는 그 수원(水原)에 오물을 넣어 먹는 물로 쓰지 못하게 한 자는 1년 이상 10년 이하의 징역에 처한다.
② 제1항의 먹는 물 또는 수원에 독물 그 밖에 건강을 해하는 물질을 넣은 자는 2년 이상의 유기징역에 처한다.

[전문개정 2020.12.8]

제194조【먹는 물 혼독치사상】
제192조 제2항 또는 제193조 제2항의 죄를 지어 사람을 상해에 이르게 한 경우에는 무기 또는 3년 이상의 징역에 처한다. 사망에 이르게 한 경우에는 무기 또는 5년 이상의 징역에 처한다.

[전문개정 2020.12.8]

제195조【수도불통】
공중이 먹는 물을 공급하는 수도 그 밖의 시설을 손괴하거나 그 밖의 방법으로 불통(不通)하게 한 자는 1년 이상 10년 이하의 징역에 처한다.

[전문개정 2020.12.8]

제196조【미수범】
제192조 제2항, 제193조 제2항과 전조의 미수범은 처벌한다.

제197조【예비, 음모】
제192조 제2항, 제193조 제2항 또는 제195조의 죄를 범할 목적으로 예비 또는 음모한 자는 2년 이하의 징역에 처한다.

제17장 아편에 관한 죄

제198조【아편 등의 제조 등】
아편, 몰핀 또는 그 화합물을 제조, 수입 또는 판매하거나 판매할 목적으로 소지한 자는 10년 이하의 징역에 처한다.

제199조【아편흡식기(吸食器)의 제조 등】
아편을 흡식하는 기구를 제조, 수입 또는 판매하거나 판매할 목적으로 소지한 자는 5년 이하의 징역에 처한다.

제200조【세관공무원의 아편 등의 수입】
세관의 공무원이 아편, 몰핀이나 그 화합물 또는 아편흡식기구를 수입하거나 그 수입을 허용한 때에는 1년 이상의 유기징역에 처한다.

제201조【아편흡식 등, 동(同)장소제공】
① 아편을 흡식하거나 몰핀을 주사한 자는 5년 이하의 징역에 처한다.
② 아편흡식 또는 몰핀주사의 장소를 제공하여 이익을 취한 자도 전항의 형과 같다.

제202조【미수범】
전4조의 미수범은 처벌한다.

제203조【상습범】
상습으로 전5조의 죄를 범한 때에는 각조에 정한 형의 2분의 1까지 가중한다.

제204조【자격정지 또는 벌금의 병과】
제198조 내지 제203조의 경우에는 10년 이하의 자격정지 또는 2천만원 이하의 벌금을 병과할 수 있다. 〈개정 1995.12.29〉

제205조【아편 등의 소지】
아편, 몰핀이나 그 화합물 또는 아편흡식기구를 소지한 자는 1년 이하의 징역 또는 500만원 이하의 벌금에 처한다. 〈개정 1995.12.29〉

제206조【몰수, 추징】
본장의 죄에 제공한 아편, 몰핀이나 그 화합물 또는 아편흡식기구는 몰수한다. 그를 몰수하기 불능한 때에는 그 가액을 추징한다.

제18장 통화에 관한 죄

제207조【통화의 위조 등】
① 행사할 목적으로 통용하는 대한민국의 화폐, 지폐 또는 은행권을 위조 또는 변조한 자는 무기 또는 2년 이상의 징역에 처한다.
② 행사할 목적으로 내국에서 유통하는 외국의 화폐, 지폐 또는 은행권을 위조 또는 변조한 자는 1년 이상의 유기징역에 처한다.
③ 행사할 목적으로 외국에서 통용하는 외국의 화폐, 지폐 또는 은행권을 위조 또는 변조한 자는 10년 이하의 징역에 처한다.
④ 위조 또는 변조한 전3항 기재의 통화를 행사하거나 행사할 목적으로 수입 또는 수출한 자는 그 위조 또는 변조의 각 죄에 정한 형에 처한다.

제208조【위조통화의 취득】
행사할 목적으로 위조 또는 변조한 제207조 기재의 통화를 취득한 자는 5년 이하의 징역 또는 1천500만원 이하의 벌금에 처한다. 〈개정 1995.12.29〉

제209조【자격정지 또는 벌금의 병과】
제207조 또는 제208조의 죄를 범하여 유기징역에 처할 경우에는 10년 이하의 자격정지 또는 2천만원 이하의 벌금을 병과할 수 있다. 〈개정 1995.12.29〉

제210조【위조통화 취득 후의 지정(知情)행사】
제207조에 기재한 통화를 취득한 후 그 사정을 알고 행사한 자는 2년 이하의 징역 또는 500만원 이하의 벌금에 처한다. [전문개정 2020.12.8]

제211조【통화유사물의 제조 등】
① 판매할 목적으로 내국 또는 외국에서 통용하거나 유통하는 화폐, 지폐 또는 은행권에 유사한 물건을 제조, 수입 또는 수출한 자는 3년 이하의 징역 또는 700만원 이하의 벌금에 처한다. 〈개정 1995.12.29〉
② 전항의 물건을 판매한 자도 전항의 형과 같다.

형 법

제212조【미수범】
제207조, 제208조와 전조의 미수범은 처벌한다.

제213조【예비, 음모】
제207조 제1항 내지 제3항의 죄를 범할 목적으로 예비 또는 음모한 자는 5년 이하의 징역에 처한다. 단, 그 목적한 죄의 실행에 이르기 전에 자수한 때에는 그 형을 감경 또는 면제한다.

제19장 유가증권, 우표와 인지에 관한 죄

제214조【유가증권의 위조(僞造) 등】
① 행사할 목적으로 대한민국 또는 외국의 공채증서 기타 유가증권을 위조 또는 변조(變造)한 자는 10년 이하의 징역에 처한다.
② 행사할 목적으로 유가증권의 권리의무에 관한 기재를 위조 또는 변조한 자도 전항의 형과 같다.

제215조【자격모용(冒用)에 의한 유가증권의 작성】
행사할 목적으로 타인의 자격을 모용하여 유가증권을 작성하거나 유가증권의 권리 또는 의무에 관한 사항을 기재한 자는 10년 이하의 징역에 처한다.

제216조【허위유가증권의 작성 등】
행사할 목적으로 허위의 유가증권을 작성하거나 유가증권에 허위사항을 기재한 자는 7년 이하의 징역 또는 3천만원 이하의 벌금에 처한다.
〈개정 1995.12.29〉

제217조【위조유가증권 등의 행사 등】
위조, 변조, 작성 또는 허위기재한 전3조 기재의 유가증권을 행사하거나 행사할 목적으로 수입 또는 수출한 자는 10년 이하의 징역에 처한다.

제218조【인지·우표의 위조 등】
① 행사할 목적으로 대한민국 또는 외국의 인지, 우표 기타 우편요금을 표시하는 증표를 위조 또는 변조한 자는 10년 이하의 징역에 처한다.
〈개정 1995.12.29〉
② 위조 또는 변조된 대한민국 또는 외국의 인지, 우표 기타 우편요금을 표시하는 증표를 행사하거나 행사할 목적으로 수입 또는 수출한 자도 제1항의 형과 같다. 〈개정 1995.12.29.〉

제219조【위조인지·우표 등의 취득】
행사할 목적으로 위조 또는 변조한 대한민국 또는 외국의 인지, 우표 기타 우편요금을 표시하는 증표를 취득한 자는 3년 이하의 징역 또는 1천만원 이하의 벌금에 처한다. 〈개정 1995.12.29〉

제220조【자격정지 또는 벌금의 병과】
제214조 내지 제219조의 죄를 범하여 징역에 처하는 경우에는 10년 이하의 자격정지 또는 2천만원 이하의 벌금을 병과할 수 있다.
[전문개정 1995.12.29]

제221조【소인말소】
행사할 목적으로 대한민국 또는 외국의 인지, 우표 기타 우편요금을 표시하는 증표의 소인 기타 사용의 표지를 말소한 자는 1년 이하의 징역 또는 300만원 이하의 벌금에 처한다. [전문개정 1995.12.29]

제222조【인지·우표유사물의 제조 등】
① 판매할 목적으로 대한민국 또는 외국의 공채증서, 인지, 우표 기타 우편요금을 표시하는 증표와 유사한 물건을 제조, 수입 또는 수출한 자는 2년 이하의 징역 또는 500만원 이하의 벌금에 처한다. 〈개정 1995.12.29〉
② 전항의 물건을 판매한 자도 전항의 형과 같다.

제223조【미수범】
제214조 내지 제219조와 전조의 미수범은 처벌한다.

제224조【예비, 음모】
제214조, 제215조와 제218조 제1항의 죄를 범할 목적으로 예비 또는 음모한 자는 2년 이하의 징역에 처한다.

제20장 문서에 관한 죄

제225조【공문서 등의 위조·변조】
행사할 목적으로 공무원 또는 공무소의 문서 또는 도화를 위조 또는 변조한 자는 10년 이하의 징역에 처한다. 〈개정 1995.12.29〉

제226조【자격모용에 의한 공문서 등의 작성】
행사할 목적으로 공무원 또는 공무소의 자격을 모용하여 문서 또는 도화를 작성한 자는 10년 이하의 징역에 처한다. 〈개정 1995.12.29〉

제227조【허위공문서작성 등】
공무원이 행사할 목적으로 그 직무에 관하여 문서 또는 도화를 허위로 작성하거나 변개(變改)한 때에는 7년 이하의 징역 또는 2천만원 이하의 벌금에 처한다. [전문개정 1995.12.29]

제227조의2【공전자기록 위작·변작】
사무처리를 그르치게 할 목적으로 공무원 또는 공무소의 전자기록 등 특수매체기록을 위작 또는 변작한 자는 10년 이하의 징역에 처한다.
[본조신설 1995.12.29]

제228조【공정증서원본 등의 부실기재】
① 공무원에 대하여 허위신고를 하여 공정증서원본 또는 이와 동일한 전자기록 등 특수매체기록에 부실의 사실을 기재 또는 기록하게 한 자는 5년 이하의 징역 또는 1천만원 이하의 벌금에 처한다. 〈개정 1995.12.29〉
② 공무원에 대하여 허위신고를 하여 면허증, 허가증, 등록증 또는 여권에 부실의 사실을 기재하게 한 자는 3년 이하의 징역 또는 700만원 이하의 벌금에 처한다. 〈개정 1995.12.29〉

제229조【위조 등 공문서의 행사】
제225조 내지 제228조의 죄에 의하여 만들어진 문서, 도화, 전자기록 등 특수매체기록, 공정증서원본, 면허증, 허가증, 등록증 또는 여권을 행사한 자는 그 각 죄에 정한 형에 처한다.
[전문개정 1995.12.29]

제230조【공문서 등의 부정행사】
공무원 또는 공무소의 문서 또는 도화를 부정행사한 자는 2년 이하의 징역이나 금고 또는 500만원 이하의 벌금에 처한다. 〈개정 1995.12.29〉

제231조【사문서 등의 위조·변조】
행사할 목적으로 권리·의무 또는 사실증명에 관한 타인의 문서 또는 도화를 위조 또는 변조한 자는 5년 이하의 징역 또는 1천만원 이하의 벌금에 처한다. 〈개정 1995.12.29〉

제232조【자격모용에 의한 사문서의 작성】
행사할 목적으로 타인의 자격을 모용하여 권리·의무 또는 사실증명에 관한 문서 또는 도화를 작성한 자는 5년 이하의 징역 또는 1천만원 이하의 벌금에 처한다. 〈개정 1995.12.29〉

제232조의2【사전자기록위작·변작】
사무처리를 그르치게 할 목적으로 권리·의무 또는 사실증명에 관한 타인의 전자기록 등 특수매체기록을 위작 또는 변작한 자는 5년 이하의 징역 또는 1천만원 이하의 벌금에 처한다.
[본조신설 1995.12.29]

제233조【허위진단서 등의 작성】
의사, 한의사, 치과의사 또는 조산사가 진단서, 검안서 또는 생사에 관한 증명서를 허위로 작성한 때에는 3년 이하의 징역이나 금고, 7년 이하의 자격정지 또는 3천만원 이하의 벌금에 처한다.
[전문개정 1995.12.29]

제234조【위조사문서 등의 행사】
제231조 내지 제233조의 죄에 의하여 만들어진 문서, 도화 또는 전자기록 등 특수매체기록을 행사한 자는 그 각 죄에 정한 형에 처한다.
[전문개정 1995.12.29]

제235조【미수범】
제225조 내지 제234조의 미수범은 처벌한다.
〈개정 1995.12.29〉

제236조【사문서의 부정행사】
권리·의무 또는 사실증명에 관한 타인의 문서 또는 도화를 부정행사한 자는 1년 이하의 징역이나 금고 또는 300만원 이하의 벌금에 처한다.
〈개정 1995.12.29〉

제237조 【자격정지의 병과】
제225조 내지 제227조의2 및 그 행사죄를 범하여 징역에 처할 경우에는 10년 이하의 자격정지를 병과할 수 있다. 〈개정 1995.12.29〉

제237조의2 【복사문서 등】
이 장의 죄에 있어서 전자복사기, 모사전송기(模寫電送機) 기타 이와 유사한 기기를 사용하여 복사한 문서 또는 도화의 사본도 문서 또는 도화로 본다. [본조신설 1995.12.29]

제21장 인장에 관한 죄

제238조 【공인(公印) 등의 위조, 부정사용】
① 행사할 목적으로 공무원 또는 공무소의 인장, 서명, 기명 또는 기호를 위조 또는 부정사용한 자는 5년 이하의 징역에 처한다.
② 위조 또는 부정사용한 공무원 또는 공무소의 인장, 서명, 기명 또는 기호를 행사한 자도 전항의 형과 같다.
③ 전2항의 경우에는 7년 이하의 자격정지를 병과할 수 있다.

제239조 【사인(私印) 등의 위조, 부정사용】
① 행사할 목적으로 타인의 인장, 서명, 기명 또는 기호를 위조 또는 부정사용한 자는 3년 이하의 징역에 처한다.
② 위조 또는 부정사용한 타인의 인장, 서명, 기명 또는 기호를 행사한 때에도 전항의 형과 같다.

제240조 【미수범】
본장의 미수범은 처벌한다.

제22장 성풍속에 관한 죄

〈본장 제목개정 1995.12.29〉

2016.1.6 삭제

제241조 삭 제 〈2016.1.6〉
▶▶ [2015.2.26. 헌법재판소에서 위헌결정(헌재결 2015.2.26. 2009헌바17 등 병합)된 이 조를 삭제함.]

삭제 前

제241조 [간 통]
① 배우자 있는 자가 간통한 때에는 2년 이하의 징역에 처한다. 그와 상간(相姦)한 자도 같다.
② 전항의 죄는 배우자의 고소가 있어야 논한다. 단, 배우자가 간통을 종용(慫慂) 또는 유서(宥恕)한 때에는 고소할 수 없다.

2012.12.8 개정

제242조 【음행매개】
영리의 목적으로 사람을 매개하여 간음하게 한 자는 3년 이하의 징역 또는 1천500만원 이하의 벌금에 처한다. 〈개정 1995.12.29, 2012.12.18〉

개정 前

제242조 [음행매개]
영리의 목적으로 미성년 또는 음행의 상습없는 부녀를 매개하여 간음하게 한 자는 3년 이하의 징역 또는 1천500만원 이하의 벌금에 처한다.
〈개정 1995.12.29〉

제243조 【음화반포 등】
음란한 문서, 도화, 필름 기타 물건을 반포, 판매 또는 임대하거나 공연히 전시 또는 상영한 자는 1년 이하의 징역 또는 500만원 이하의 벌금에 처한다. [전문개정 1995.12.29]

제244조 【음화제조 등】
제243조의 행위에 공할 목적으로 음란한 물건을 제조, 소지, 수입 또는 수출한 자는 1년 이하의 징역 또는 500만원 이하의 벌금에 처한다.
〈개정 1995.12.29〉

제245조 【공연음란】
공연히 음란한 행위를 한 자는 1년 이하의 징역, 500만원 이하의 벌금, 구류 또는 과료에 처한다.
〈개정 1995.12.29〉

제23장 도박과 복표에 관한 죄

2013.4.5 개정

제246조 【도박, 상습도박】
① 도박을 한 사람은 1천만원 이하의 벌금에 처한다. 다만, 일시오락(一時娛樂) 정도에 불과한 경우에는 예외로 한다.
② 상습으로 제1항의 죄를 범한 사람은 3년 이하의 징역 또는 2천만원 이하의 벌금에 처한다.
[전문개정 2013.4.5]

개정 前

제246조 [도박, 상습도박]
① 재물로써 도박한 자는 500만원 이하의 벌금 또는 과료에 처한다. 단, 일시오락정도에 불과한 때에는 예외로 한다. 〈개정 1995.12.29〉
② 상습으로 제1항의 죄를 범한 자는 3년 이하의 징역 또는 2천만원 이하의 벌금에 처한다.
〈개정 1995.12.29〉

2013.4.5 개정

제247조 【도박장소 등 개설】 〈제목개정 2013.4.5〉
영리의 목적으로 도박을 하는 장소나 공간을 개설한 사람은 5년 이하의 징역 또는 3천만원 이하의 벌금에 처한다. [전문개정 2013.4.5]

개정 前

제247조 [도박개장]
영리의 목적으로 도박을 개장한 자는 3년 이하의 징역 또는 2천만원 이하의 벌금에 처한다.
〈개정 1995.12.29〉

2013.4.5 개정

제248조 【복표의 발매 등】
① 법령에 의하지 아니한 복표를 발매한 사람은 5년 이하의 징역 또는 3천만원 이하의 벌금에 처한다.
② 제1항의 복표발매를 중개한 사람은 3년 이하의 징역 또는 2천만원 이하의 벌금에 처한다.
③ 제1항의 복표를 취득한 사람은 1천만원 이하의 벌금에 처한다. [전문개정 2013.4.5]

개정 前

제248조 [복표의 발매등]
① 법령에 의하지 아니한 복표를 발매한 자는 3년 이하의 징역 또는 2천만원 이하의 벌금에 처한다
〈개정 1995.12.29〉
② 전항의 복표발매를 중개한 자는 1년 이하의 징역 또는 500만원 이하의 벌금에 처한다.
〈개정 1995.12.29〉
③ 제1항의 복표를 취득한 자는 500만원 이하의 벌금 또는 과료에 처한다. 〈개정 1995.12.29〉

2013.4.5 개정

제249조 【벌금의 병과】
제246조 제2항, 제247조와 제248조 제1항의 죄에 대하여는 1천만원 이하의 벌금을 병과할 수 있다. [전문개정 2013.4.5]

개정 前

제249조 [벌금의 병과]
제246조 제2항, 제247조와 제248조 제1항의 경우에는 500만원 이하의 벌금을 병과할 수 있다.
〈개정 1995.12.29〉

제24장 살인의 죄

제250조 【살인, 존속살해】
① 사람을 살해한 자는 사형, 무기 또는 5년 이상의 징역에 처한다.

형법

② 자기 또는 배우자의 직계존속을 살해한 자는 사형, 무기 또는 7년 이상의 징역에 처한다.

〈개정 1995.12.29.〉

제251조 삭제 〈2023.8.8.〉

삭제 前

제251조[영아(嬰兒)살해]
직계존속이 치욕을 은폐하기 위하거나 양육할 수 없음을 예상하거나 특히 참작할 만한 동기로 인하여 분만중 또는 분만직후의 영아를 살해한 때에는 10년 이하의 징역에 처한다.

제252조【촉탁, 승낙에 의한 살인 등】
① 사람의 촉탁이나 승낙을 받아 그를 살해한 자는 1년 이상 10년 이하의 징역에 처한다.
② 사람을 교사하거나 방조하여 자살하게 한 자도 제1항의 형에 처한다.

[전문개정 2020.12.8]

제253조【위계(僞計) 등에 의한 촉탁살인 등】
전조의 경우에 위계 또는 위력으로써 촉탁 또는 승낙하게 하거나 자살을 결의하게 한 때에는 제250조의 예에 의한다.

제254조【미수범】

2023.8.8 개정

제250조, 제252조 및 제253조(▶▶개정전 : 전4조)의 미수범은 처벌한다.

[전문개정 2023.8.8]

제255조【예비, 음모】
제250조와 제253조의 죄를 범할 목적으로 예비 또는 음모한 자는 10년 이하의 징역에 처한다.

제256조【자격정지의 병과】
제250조, 제252조 또는 제253조의 경우에 유기징역에 처할 때에는 10년 이하의 자격정지를 병과할 수 있다.

제25장 상해와 폭행의 죄

제257조【상해, 존속상해】
① 사람의 신체를 상해한 자는 7년 이하의 징역, 10년 이하의 자격정지 또는 1천만원 이하의 벌금에 처한다. 〈개정 1995.12.29〉
② 자기 또는 배우자의 직계존속에 대하여 제1항의 죄를 범한 때에는 10년 이하의 징역 또는 1천500만원 이하의 벌금에 처한다.

〈개정 1995.12.29〉

③ 전2항의 미수범은 처벌한다.

제258조【중상해, 존속중상해】
① 사람의 신체를 상해하여 생명에 대한 위험을 발생하게 한 자는 1년 이상 10년 이하의 징역에 처한다.
② 신체의 상해로 인하여 불구 또는 불치나 난치의 질병에 이르게 한 자도 전항의 형과 같다.

2016.1.6 개정

③ 자기 또는 배우자의 직계존속에 대하여 전2항의 죄를 범한 때에는 2년 이상 15년 이하의 징역에 처한다. 〈개정 2016.1.6〉

개정 前

③ 자기 또는 배우자의 직계존속에 대하여 전2항의 죄를 범한 때에는 2년 이상의 유기징역에 처한다.

2016.1.6 신설

제258조의2【특수상해】
① 단체 또는 다중의 위력을 보이거나 위험한 물건을 휴대하여 제257조 제1항 또는 제2항의 죄를 범한 때에는 1년 이상 10년 이하의 징역에 처한다.
② 단체 또는 다중의 위력을 보이거나 위험한 물건을 휴대하여 제258조의 죄를 범한 때에는 2년 이상 20년 이하의 징역에 처한다.
③ 제1항의 미수범은 처벌한다.

[본조신설 2016.1.6]

제259조 【상해치사】

① 사람의 신체를 상해하여 사망에 이르게 한 자는 3년 이상의 유기징역에 처한다. 〈개정 1995.12.29.〉

② 자기 또는 배우자의 직계존속에 대하여 전항의 죄를 범한 때에는 무기 또는 5년 이상의 징역에 처한다.

제260조 【폭행, 존속폭행】

① 사람의 신체에 대하여 폭행을 가한 자는 2년 이하의 징역, 500만원 이하의 벌금, 구류 또는 과료에 처한다. 〈개정 1995.12.29〉

② 자기 또는 배우자의 직계존속에 대하여 제1항의 죄를 범한 때에는 5년 이하의 징역 또는 700만원 이하의 벌금에 처한다. 〈개정 1995.12.29〉

③ 제1항 및 제2항의 죄는 피해자의 명시한 의사에 반하여 공소를 제기할 수 없다. 〈개정 1995.12.29〉

제261조 【특수폭행】

단체 또는 다중의 위력을 보이거나 위험한 물건을 휴대하여 제260조 제1항 또는 제2항의 죄를 범한 때에는 5년 이하의 징역 또는 1천만원 이하의 벌금에 처한다. 〈개정 1995.12.29〉

제262조 【폭행치사상】

제260조와 제261조의 죄를 지어 사람을 사망이나 상해에 이르게 한 경우에는 제257조부터 제259조까지의 예에 따른다. [전문개정 2020.12.8]

제263조 【동시범】

독립행위가 경합하여 상해의 결과를 발생하게 한 경우에 있어서 원인된 행위가 판명되지 아니한 때에는 공동정범의 예에 의한다.

2016.1.6 개정

제264조 【상습범】

상습으로 제257조, 제258조, 제258조의2, 제260조 또는 제261조의 죄를 범한 때에는 그 죄에 정한 형의 2분의 1까지 가중한다. 〈개정 2016.1.6〉

개정 前

제264조 [상습범]

상습으로 제257조, 제258조, 제260조 또는 제261조의 죄를 범한 때에는 그 죄에 정한 형의 2분의 1까지 가중한다.

2016.1.6 개정

제265조 【자격정지의 병과】

제257조 제2항, 제258조, 제258조의2, 제260조 제2항, 제261조 또는 전조의 경우에는 10년 이하의 자격정지를 병과할 수 있다. 〈개정 2016.1.6〉

개정 前

제265조 [자격정지의 병과]

제257조 제2항, 제258조, 제260조 제2항, 제261조 또는 전조의 경우에는 10년 이하의 자격정지를 병과할 수 있다.

제26장 과실치사상의 죄

〈본장 제목개정 1995.12.29〉

제266조 【과실치상】

① 과실로 인하여 사람의 신체를 상해에 이르게 한 자는 500만원 이하의 벌금, 구류 또는 과료에 처한다. 〈개정 1995.12.29〉

② 제1항의 죄는 피해자의 명시한 의사에 반하여 공소를 제기할 수 없다. 〈개정 1995.12.29〉

제267조 【과실치사】

과실로 인하여 사람을 사망에 이르게 한 자는 2년 이하의 금고 또는 700만원 이하의 벌금에 처한다. 〈개정 1995.12.29〉

제268조 【업무상과실·중과실 치사상】

업무상과실 또는 중대한 과실로 사람을 사망이나 상해에 이르게 한 자는 5년 이하의 금고 또는 2천만원 이하의 벌금에 처한다.

[전문개정 2020.12.8]

제27장 낙태의 죄

제269조【낙 태】

① 부녀가 약물 기타 방법으로 낙태한 때에는 1년 이하의 징역 또는 200만원 이하의 벌금에 처한다. 〈개정 1995.12.29〉

② 부녀의 촉탁 또는 승낙을 받아 낙태하게 한 자도 제1항의 형과 같다. 〈개정 1995.12.29〉

③ 제2항의 죄를 범하여 부녀를 상해에 이르게 한 때에는 3년 이하의 징역에 처한다. 사망에 이르게 한 때에는 7년 이하의 징역에 처한다. 〈개정 1995.12.29〉

▶▶[헌법불합치, 2017헌바127, 2019.4.11. 형법(1995.12.29. 법률 제5057호로 개정된 것) 제269조 제1항, 제270조 제1항 중 '의사'에 관한 부분은 모두 헌법에 합치되지 아니한다. 위 조항들은 2020.12.31.을 시한으로 입법자가 개정할 때까지 계속 적용된다]

제270조【의사 등의 낙태, 부동의낙태】

① 의사, 한의사, 조산사, 약제사 또는 약종상이 부녀의 촉탁 또는 승낙을 받아 낙태하게 한 때에는 2년 이하의 징역에 처한다. 〈개정 1995.12.29〉

② 부녀의 촉탁 또는 승낙없이 낙태하게 한 자는 3년 이하의 징역에 처한다.

③ 제1항 또는 제2항의 죄를 범하여 부녀를 상해에 이르게 한 때에는 5년 이하의 징역에 처한다. 사망에 이르게 한 때에는 10년 이하의 징역에 처한다. 〈개정 1995.12.29〉

④ 전3항의 경우에는 7년 이하의 자격정지를 병과한다.

▶▶[헌법불합치, 2017헌바127, 2019.4.11. 형법(1995.12.29. 법률 제5057호로 개정된 것) 제269조 제1항, 제270조 제1항 중 '의사'에 관한 부분은 모두 헌법에 합치되지 아니한다. 위 조항들은 2020.12.31.을 시한으로 입법자가 개정할 때까지 계속 적용된다]

제28장 유기와 학대의 죄

제271조【유기, 존속유기】

① 나이가 많거나 어림, 질병 그 밖의 사정으로 도움이 필요한 사람을 법률상 또는 계약상 보호할 의무가 있는 자가 유기한 경우에는 3년 이하의 징역 또는 500만원 이하의 벌금에 처한다.

② 자기 또는 배우자의 직계존속에 대하여 제1항의 죄를 지은 경우에는 10년 이하의 징역 또는 1천500만원 이하의 벌금에 처한다.

③ 제1항의 죄를 지어 사람의 생명에 위험을 발생하게 한 경우에는 7년 이하의 징역에 처한다.

④ 제2항의 죄를 지어 사람의 생명에 위험을 발생하게 한 경우에는 2년 이상의 유기징역에 처한다. [전문개정 2020.12.8.]

제272조 삭제 〈2023.8.8.〉

삭제 前

제272조[영아유기]
직계존속이 치욕을 은폐하기 위하거나 양육할 수 없음을 예상하거나 특히 참작할 만한 동기로 인하여 영아를 유기한 때에는 2년 이하의 징역 또는 300만원 이하의 벌금에 처한다. 〈개정 1995.12.29〉

제273조【학대, 존속학대】

① 자기의 보호 또는 감독을 받는 사람을 학대한 자는 2년 이하의 징역 또는 500만원 이하의 벌금에 처한다. 〈개정 1995.12.29〉

② 자기 또는 배우자의 직계존속에 대하여 전항의 죄를 범한 때에는 5년 이하의 징역 또는 700만원 이하의 벌금에 처한다. 〈개정 1995.12.29〉

제274조【아동혹사】

자기의 보호 또는 감독을 받는 16세 미만의 자를 그 생명 또는 신체에 위험한 업무에 사용할 영업자 또는 그 종업자에게 인도한 자는 5년 이하의 징역에 처한다. 그 인도를 받은 자도 같다.

제275조【유기등 치사상】

① 제271조 또는 제273조(▶▶개정전 : 제271조 내지 제273조)의 죄를 범하여 사람을 상해에 이르게 한 때에는 7년 이하의 징역에 처한다. 사망에 이르게 한 때에는 3년 이상의 유기징역에 처한다. 〈개정 2023.8.8.〉

② 자기 또는 배우자의 직계존속에 대하여 제271조 또는 제273조의 죄를 범하여 상해에 이르게 한 때에는 3년 이상의 유기징역에 처한다. 사망에 이르게 한 때에는 무기 또는 5년 이상의 징역에 처한다. [전문개정 1995.12.29]

제29장 체포와 감금의 죄

제276조【체포, 감금, 존속체포, 존속감금】

① 사람을 체포 또는 감금한 자는 5년 이하의 징역 또는 700만원 이하의 벌금에 처한다. 〈개정 1995.12.29〉

② 자기 또는 배우자의 직계존속에 대하여 제1항의 죄를 범한 때에는 10년 이하의 징역 또는 1천500만원 이하의 벌금에 처한다. 〈개정 1995.12.29〉

제277조【중체포, 중감금, 존속중체포, 존속중감금】

① 사람을 체포 또는 감금하여 가혹한 행위를 가한 자는 7년 이하의 징역에 처한다.

② 자기 또는 배우자의 직계존속에 대하여 전항의 죄를 범한 때에는 2년 이상의 유기징역에 처한다.

제278조【특수체포, 특수감금】

단체 또는 다중의 위력을 보이거나 위험한 물건을 휴대하여 전2조의 죄를 범한 때에는 그 죄에 정한 형의 2분의 1까지 가중한다.

제279조【상습범】

상습으로 제276조 또는 제277조의 죄를 범한 때에는 전조의 예에 의한다.

제280조【미수범】

전4조의 미수범은 처벌한다.

제281조【체포·감금 등의 치사상】

① 제276조 내지 제280조의 죄를 범하여 사람을 상해에 이르게 한 때에는 1년 이상의 유기징역에 처한다. 사망에 이르게 한 때에는 3년 이상의 유기징역에 처한다.

② 자기 또는 배우자의 직계존속에 대하여 제276조 내지 제280조의 죄를 범하여 상해에 이르게 한 때에는 2년 이상의 유기징역에 처한다. 사망에 이르게 한 때에는 무기 또는 5년 이상의 징역에 처한다.

[전문개정 1995.12.29]

제282조【자격정지의 병과】

본장의 죄에는 10년 이하의 자격정지를 병과할 수 있다.

제30장 협박의 죄

제283조【협박, 존속협박】

① 사람을 협박한 자는 3년 이하의 징역, 500만원 이하의 벌금, 구류 또는 과료에 처한다 〈개정 1995.12.29〉

② 자기 또는 배우자의 직계존속에 대하여 제1항의 죄를 범한 때에는 5년 이하의 징역 또는 700만원 이하의 벌금에 처한다. 〈개정 1995.12.29〉

③ 제1항 및 제2항의 죄는 피해자의 명시한 의사에 반하여 공소를 제기할 수 없다. 〈개정 1995.12.29〉

제284조【특수협박】

단체 또는 다중의 위력을 보이거나 위험한 물건을 휴대하여 전조 제1항, 제2항의 죄를 범한 때에는 7년 이하의 징역 또는 1천만원 이하의 벌금에 처한다. 〈개정 1995.12.29〉

제285조【상습범】
상습으로 제283조 제1항, 제2항 또는 전조의 죄를 범한 때에는 그 죄에 정한 형의 2분의 1까지 가중한다.

제286조【미수범】
3조의 미수범은 처벌한다.

제31장 약취, 유인 및 인신매매의 죄

〈본장 제목개정 2013.4.5〉

2013.4.5 개정

제287조【미성년자의 약취, 유인】
미성년자를 약취 또는 유인한 사람은 10년 이하의 징역에 처한다.

[전문개정 2013.4.5]

개정 前

제287조 [미성년자의 약취, 유인]
미성년자를 약취 또는 유인한 자는 10년 이하의 징역에 처한다.

2013.4.5 개정

제288조【추행 등 목적 약취, 유인 등】
① 추행, 간음, 결혼 또는 영리의 목적으로 사람을 약취 또는 유인한 사람은 1년 이상 10년 이하의 징역에 처한다.
② 노동력 착취, 성매매와 성적 착취, 장기적출을 목적으로 사람을 약취 또는 유인한 사람은 2년 이상 15년 이하의 징역에 처한다.
③ 국외에 이송할 목적으로 사람을 약취 또는 유인하거나 약취 또는 유인된 사람을 국외에 이송한 사람도 제2항과 동일한 형으로 처벌한다.

[전문개정 2013.4.5]

개정 前

제288조 [영리등을 위한 약취, 유인, 매매등]
① 추행, 간음 또는 영리의 목적으로 사람을 약취 또는 유인한 자는 1년 이상의 유기징역에 처한다.
② 추업(醜業)에 사용할 목적으로 부녀를 매매한 자도 전항의 형과 같다.
③ 상습으로 전2항의 죄를 범한 자는 2년 이상의 유기징역에 처한다.

2013.4.5 개정

제289조【인신매매】
① 사람을 매매한 사람은 7년 이하의 징역에 처한다.
② 추행, 간음, 결혼 또는 영리의 목적으로 사람을 매매한 사람은 1년 이상 10년 이하의 징역에 처한다.
③ 노동력 착취, 성매매와 성적 착취, 장기적출을 목적으로 사람을 매매한 사람은 2년 이상 15년 이하의 징역에 처한다.
④ 국외에 이송할 목적으로 사람을 매매하거나 매매된 사람을 국외로 이송한 사람도 제3항과 동일한 형으로 처벌한다. [전문개정 2013.4.5]

개정 前

제289조 [국외이송을 위한 약취, 유인, 매매]
① 국외에 이송할 목적으로 사람을 약취, 유인 또는 매매한 자는 3년 이상의 유기징역에 처한다.
② 약취, 유인 또는 매매된 자를 국외에 이송한 자도 전항의 형과 같다.
③ 상습으로 전2항의 죄를 범한 자는 5년 이상의 유기징역에 처한다.

2013.4.5 개정

제290조【약취, 유인, 매매, 이송 등 상해·치상】
① 제287조부터 제289조까지의 죄를 범하여 약취, 유인, 매매 또는 이송된 사람을 상해한 때에는 3년 이상 25년 이하의 징역에 처한다.
② 제287조부터 제289조까지의 죄를 범하여 약취, 유인, 매매 또는 이송된 사람을 상해에 이르게 한 때에는 2년 이상 20년 이하의 징역에 처한다.

[전문개정 2013.4.5]

개정 前

제290조 [예비, 음모]
전조의 죄를 범할 목적으로 예비 또는 음모한 자는 3년 이하의 징역에 처한다.

2013.4.5 개정

제291조 【약취, 유인, 매매, 이송 등 살인·치사】
① 제287조부터 제289조까지의 죄를 범하여 약취, 유인, 매매 또는 이송된 사람을 살해한 때에는 사형, 무기 또는 7년 이상의 징역에 처한다.
② 제287조부터 제289조까지의 죄를 범하여 약취, 유인, 매매 또는 이송된 사람을 사망에 이르게 한 때에는 무기 또는 5년 이상의 징역에 처한다.
[전문개정 2013.4.5]

개정 前

제291조 [결혼을 위한 약취, 유인]
결혼할 목적으로 사람을 약취 또는 유인한 자는 5년 이하의 징역에 처한다.

2013.4.5 개정

제292조 【약취, 유인, 매매, 이송된 사람의 수수·은닉 등】
① 제287조부터 제289조까지의 죄로 약취, 유인, 매매 또는 이송된 사람을 수수(授受) 또는 은닉한 사람은 7년 이하의 징역에 처한다.
② 제287조부터 제289조까지의 죄를 범할 목적으로 사람을 모집, 운송, 전달한 사람도 제1항과 동일한 형으로 처벌한다.
[전문개정 2013.4.5]

개정 前

제292조 [약취, 유인, 매매된 자의 수수 또는 은닉]
① 제288조 또는 제289조의 약취, 유인이나 매매된 자 또는 이송된 자를 수수 또는 은닉한 자는 7년 이하의 징역에 처한다. 〈개정 1995.12.29〉
② 제287조 또는 제291조의 약취 또는 유인된 자를 수수 또는 은닉한 자는 5년 이하의 징역에 처한다. 〈개정 1995.12.29〉

2013.4.5 삭제

제293조 삭 제 〈2013.4.5〉

삭제 前

제293조 [상습범]
① 상습으로 전조의 죄를 범한 자는 2년 이상 10년 이하의 징역에 처한다.
② 추행, 간음 또는 영리의 목적으로 전조의 죄를 범한 자도 전항의 형과 같다.

2013.4.5 개정

제294조 【미수범】
제287조부터 제289조까지, 제290조 제1항, 제291조 제1항과 제292조 제1항의 미수범은 처벌한다. [전문개정 2013.4.5]

개정 前

제294조 [미수범]
제287조 내지 제289조와 제291조 내지 전조의 미수범은 처벌한다.

2013.4.5 개정

제295조 【벌금의 병과】
제288조부터 제291조까지, 제292조 제1항의 죄와 그 미수범에 대하여는 5천만원 이하의 벌금을 병과할 수 있다. [전문개정 2013.4.5]

개정 前

제295조 [자격정지 또는 벌금의 병과]
제288조, 제289조, 제292조, 제293조와 그 미수범에는 10년 이하의 자격정지 또는 2천만원 이하의 벌금을 병과할 수 있다.
〈개정 1995.12.29〉

2013.4.5 개정

제295조의2 【형의 감경】
제287조부터 제290조까지, 제292조와 제294조의 죄를 범한 사람이 약취, 유인, 매매 또는 이송된 사람을 안전한 장소로 풀어준 때에는 그 형을 감경할 수 있다. [전문개정 2013.4.5]

개정 前

제295조의2 [형의 감경]
이 장의 죄를 범한 자가 약취·유인·매매 또는 이송된 자를 안전한 장소로 풀어 준 때에는 그 형을 감경할 수 있다. [본조신설 1995.12.29]

2013.4.5 개정

제296조 【예비, 음모】
제287조부터 제289조까지, 제290조 제1항, 제291조 제1항과 제292조 제1항의 죄를 범할 목적으로 예비 또는 음모한 사람은 3년 이하의 징역에 처한다. [전문개정 2013.4.5]

개정 前

제296조 [고 소]
제288조 제1항, 제292조 제1항 또는 제293조 제2항의 각 죄 중 추행 또는 간음의 목적으로 약취, 유인, 수수 또는 은닉한 죄, 제291조의 죄와 그 미수범은 고소가 있어야 공소를 제기할 수 있다. 〈개정 1995.12.29〉

2013.4.5 신설

제296조의2 【세계주의】
제287조부터 제292조까지 및 제294조는 대한민국 영역 밖에서 죄를 범한 외국인에게도 적용한다. [본조신설 2013.4.5]

제32장 강간과 추행의 죄

〈본장 제목개정 1995.12.29〉

2012.12.18 개정

제297조 【강 간】
폭행 또는 협박으로 사람을 강간한 자는 3년 이상의 유기징역에 처한다. 〈개정 2012.12.18〉

개정 前

제297조 [강 간]
폭행 또는 협박으로 부녀를 강간한 자는 3년 이상의 유기징역 처한다.

2012.12.18 신설

제297조의2 【유사강간】
폭행 또는 협박으로 사람에 대하여 구강, 항문 등 신체(성기는 제외한다)의 내부에 성기를 넣거나 성기, 항문에 손가락 등 신체(성기는 제외한다)의 일부 또는 도구를 넣는 행위를 한 사람은 2년 이상의 유기징역에 처한다. [본조신설 2012.12.18]

제298조 【강제추행】
폭행 또는 협박으로 사람에 대하여 추행을 한 자는 10년 이하의 징역 또는 1천500만원 이하의 벌금에 처한다. 〈개정 1995.12.29〉

2012.12.18 개정

제299조 【준강간, 준강제추행】
사람의 심신상실 또는 항거불능의 상태를 이용하여 간음 또는 추행을 한 자는 제297조, 제297조의2 및 제298조의 예에 의한다. 〈개정 2012.12.18〉

개정 前

제299조 [준강간, 준강제추행]
사람의 심신상실 또는 항거불능의 상태를 이용하여 간음 또는 추행을 한 자는 전2조의 예에 의한다.

2012.12.18 개정

제300조 【미수범】
제297조, 제297조의2, 제298조 및 제299조의 미수범은 처벌한다. 〈개정 2012.12.18〉

개정 前

제300조 [미수범]
전3조의 미수범은 처벌한다.

2012.12.18 개정

제301조 【강간등 상해·치상】
제297조, 제297조의2 및 제298조부터 제300조까지의 죄를 범한 자가 사람을 상해하거나 상해에 이르게 한 때에는 무기 또는 5년 이상의 징역에 처한다. 〈개정 2012.12.18〉
[전문개정 1995.12.29]

개정 前

제301조 [강간등 상해·치상]
제297조 내지 제300조의 죄를 범한 자가 사람을 상해하거나 상해에 이르게 한 때에는 무기 또는 5년 이상의 징역에 처한다. [전문개정 1995.12.29]

2012.12.18 개정

제301조의2 【강간등 살인·치사】
제297조, 제297조의2 및 제298조부터 제300조까지의 죄를 범한 자가 사람을 살해한 때에는 사형 또는 무기징역에 처한다. 사망에 이르게 한 때에는 무기 또는 10년 이상의 징역에 처한다.
〈개정 2012.12.18.〉
[본조신설 1995.12.29]

개정 前

제301조의2 [강간등 살인·치사]
제297조 내지 제300조의 죄를 범한 자가 사람을 살해한 때에는 사형 또는 무기징역에 처한다. 사망에 이르게 한 때에는 무기 또는 10년 이상의 징역에 처한다. [본조신설 1995.12.29]

제302조 【미성년자 등에 대한 간음】
미성년자 또는 심신미약자에 대하여 위계 또는 위력으로써 간음 또는 추행을 한 자는 5년 이하의 징역에 처한다.

2012.12.18 개정 2018.10.16 개정

제303조 【업무상위력등에 의한 간음】
① 업무, 고용 기타 관계로 인하여 자기의 보호 또는 감독을 받는 사람에 대하여 위계 또는 위력으로써 간음한 자는 7년 이하의 징역 또는 3천만원 이하의 벌금에 처한다.
〈개정 1995.12.29, 2012.12.18, 2018.10.16〉
② 법률에 의하여 구금된 사람을 감호하는 자가 그 사람을 간음한 때에는 10년 이하의 징역에 처한다. 〈개정 2012.12.18, 2018.10.16〉

개정 前

제303조 [업무상위력등에 의한 간음]
① 업무, 고용 기타 관계로 인하여 자기의 보호 또는 감독을 받는 부녀에 대하여 위계 또는 위력으로써 간음한 자는 5년 이하의 징역 또는 1천500만원 이하의 벌금에 처한다.
〈개정 1995.12.29〉
② 법률에 의하여 구금된 부녀를 감호하는 자가 그 부녀를 간음한 때에는 7년 이하의 징역에 처한다.

2012.12.18 삭제

제304조 삭 제 〈2012.12.18〉

삭제 전

제304조 [혼인빙자등에 의한 간음]
혼인을 빙자하거나 기타 위계로써 음행의 상습없는 부녀를 기망하여 간음한 자는 2년 이하의 징역 또는 500만원 이하의 벌금에 처한다. 〈개정 1995.12.29〉

2012.12.18 개정 2020.5.19 개정

제305조 【미성년자에 대한 간음, 추행】
① 13세 미만의 사람에 대하여 간음 또는 추행을 한 자는 제297조, 제297조의2, 제298조, 제301조 또는 제301조의2의 예에 의한다.
〈개정 1995.12.29., 2012.12.18〉
② 13세 이상 16세 미만의 사람에 대하여 간음 또는 추행을 한 19세 이상의 자는 제297조, 제297조의2, 제298조, 제301조 또는 제301조의2의 예에 의한다. 〈②신설 2020.5.19.〉

형법

2012.12.18. 개정 前

제305조 [미성년자에 대한 간음, 추행]
13세 미만의 부녀를 간음하거나 13세 미만의 사람에게 추행을 한 자는 제297조, 제298조, 제301조 또는 제301조의2의 예에 의한다.
〈개정 1995.12.29〉

2012.12.18 개정

제305조의2 【상습범】
상습으로 제297조, 제297조의2, 제298조부터 제300조까지, 제302조, 제303조 또는 제305조의 죄를 범한 자는 그 죄에 정한 형의 2분의 1까지 가중한다. 〈개정 2012.12.18〉
[본조신설 2010.4.15]

개정 前

제305조의2 [상습범]
상습으로 제297조부터 제300조까지, 제302조, 제303조 또는 제305조의 죄를 범한 자는 그 죄에 정한 형의 2분의 1까지 가중한다. [본조신설 2010.4.15.]

2020.5.19 신설

제305조의3 【예비, 음모】
제297조, 제297조의2, 제299조(준강간죄에 한정한다), 제301조(강간 등 상해죄에 한정한다) 및 제305조의 죄를 범할 목적으로 예비 또는 음모한 사람은 3년 이하의 징역에 처한다.
[본조신설 2020.5.19.]

2012.12.18 삭제

제306조 삭 제 〈2012.12.18〉

삭제 前

제306조 [고 소]
제297조 내지 제300조와 제302조 내지 제305조의 죄는 고소가 있어야 공소를 제기할 수 있다.
〈개정 1995.12.29〉

제33장 명예에 관한 죄

제307조 【명예훼손】
① 공연히 사실을 적시하여 사람의 명예를 훼손한 자는 2년 이하의 징역이나 금고 또는 500만원 이하의 벌금에 처한다. 〈개정 1995.12.29〉
② 공연히 허위의 사실을 적시하여 사람의 명예를 훼손한 자는 5년 이하의 징역, 10년 이하의 자격정지 또는 1천만원 이하의 벌금에 처한다. 〈개정 1995.12.29〉

제308조 【사자의 명예훼손】
공연히 허위의 사실을 적시하여 사자의 명예를 훼손한 자는 2년 이하의 징역이나 금고 또는 500만원 이하의 벌금에 처한다. 〈개정 1995.12.29〉

제309조 【출판물 등에 의한 명예훼손】
① 사람을 비방할 목적으로 신문, 잡지 또는 라디오 기타 출판물에 의하여 제307조 제1항의 죄를 범한 자는 3년 이하의 징역이나 금고 또는 700만원 이하의 벌금에 처한다. 〈개정 1995.12.29〉
② 제1항의 방법으로 제307조 제2항의 죄를 범한 자는 7년 이하의 징역, 10년 이하의 자격정지 또는 1천500만원 이하의 벌금에 처한다.
〈개정 1995.12.29〉

제310조 【위법성의 조각】
제307조 제1항의 행위가 진실한 사실로서 오로지 공공의 이익에 관한 때에는 처벌하지 아니한다.

제311조 【모 욕】
공연히 사람을 모욕한 자는 1년 이하의 징역이나 금고 또는 200만원 이하의 벌금에 처한다.
〈개정 1995.12.29〉

제312조 【고소와 피해자의 의사】
① 제308조와 제311조의 죄는 고소가 있어야 공소를 제기할 수 있다. 〈개정 1995.12.29〉
② 제307조와 제309조의 죄는 피해자의 명시한 의사에 반하여 공소를 제기할 수 없다. 〈개정 1995.12.29〉

제34장 신용, 업무와 경매에 관한 죄

제313조 【신용훼손】
허위의 사실을 유포하거나 기타 위계로써 사람의 신용을 훼손한 자는 5년 이하의 징역 또는 1천500만원 이하의 벌금에 처한다.
〈개정 1995.12.29〉

제314조 【업무방해】
① 제313조의 방법 또는 위력으로써 사람의 업무를 방해한 자는 5년 이하의 징역 또는 1천500만원 이하의 벌금에 처한다.
〈개정 1995.12.29〉
② 컴퓨터 등 정보처리장치 또는 전자기록 등 특수매체기록을 손괴하거나 정보처리장치에 허위의 정보 또는 부정한 명령을 입력하거나 기타 방법으로 정보처리에 장애를 발생하게 하여 사람의 업무를 방해한 자도 제1항의 형과 같다. 〈신설 1995.12.29〉

제315조 【경매, 입찰의 방해】
위계 또는 위력 기타 방법으로 경매 또는 입찰의 공정을 해한 자는 2년 이하의 징역 또는 700만원 이하의 벌금에 처한다. 〈개정 1995.12.29〉

제35장 비밀침해의 죄

제316조 【비밀침해】
① 봉함 기타 비밀장치한 사람의 편지, 문서 또는 도화를 개봉한 자는 3년 이하의 징역이나 금고 또는 500만원 이하의 벌금에 처한다.
〈개정 1995.12.29〉
② 봉함 기타 비밀장치한 사람의 편지, 문서, 도화 또는 전자기록 등 특수매체기록을 기술적 수단을 이용하여 그 내용을 알아낸 자도 제1항의 형과 같다. 〈신설 1995.12.29〉

제317조 【업무상 비밀누설】
① 의사, 한의사, 치과의사, 약제사, 약종상, 조산사, 변호사, 변리사, 공인회계사, 공증인, 대서업자나 그 직무상 보조자 또는 차등(此等)의 직에 있던 자가 그 업무처리중 지득한 타인의 비밀을 누설한 때에는 3년 이하의 징역이나 금고, 10년 이하의 자격정지 또는 700만원 이하의 벌금에 처한다.
〈개정 1995.12.29., 1997.12.13〉
② 종교의 직에 있는 자 또는 있던 자가 그 직무상 지득한 사람의 비밀을 누설한 때에도 전항의 형과 같다.

제318조 【고 소】
본장의 죄는 고소가 있어야 공소를 제기할 수 있다. 〈개정 1995.12.29〉

제36장 주거침입의 죄

제319조 【주거침입, 퇴거불응】
① 사람의 주거, 관리하는 건조물, 선박이나 항공기 또는 점유하는 방실에 침입한 자는 3년 이하의 징역 또는 500만원 이하의 벌금에 처한다. 〈개정 1995.12.29〉
② 전항의 장소에서 퇴거요구를 받고 응하지 아니한 자도 전항의 형과 같다.

제320조 【특수주거침입】
단체 또는 다중의 위력을 보이거나 위험한 물건을 휴대하여 전조의 죄를 범한 때에는 5년 이하의 징역에 처한다.

제321조 【주거·신체 수색】
사람의 신체, 주거, 관리하는 건조물, 자동차, 선박이나 항공기 또는 점유하는 방실을 수색한 자는 3년 이하의 징역에 처한다.
〈개정 1995.12.29〉

제322조 【미수범】
본장의 미수범은 처벌한다.

제37장 권리행사를 방해하는 죄

제323조【권리행사방해】
타인의 점유 또는 권리의 목적이 된 자기의 물건 또는 전자기록 등 특수매체기록을 취거(取去), 은닉 또는 손괴하여 타인의 권리행사를 방해한 자는 5년 이하의 징역 또는 700만원 이하의 벌금에 처한다. 〈개정 1995.12.29〉

2016.1.6 개정

제324조【강 요】
① 폭행 또는 협박으로 사람의 권리행사를 방해하거나 의무없는 일을 하게 한 자는 5년 이하의 징역 또는 3천만원 이하의 벌금에 처한다.
〈개정 1995.12.29., 2016.1.6.〉
② 단체 또는 다중의 위력을 보이거나 위험한 물건을 휴대하여 제1항의 죄를 범한 자는 10년 이하의 징역 또는 5천만원 이하의 벌금에 처한다.
〈② 신설 2016.1.6.〉

개정 前

제324조 [강 요]
폭행 또는 협박으로 사람의 권리행사를 방해하거나 의무 없는 일을 하게 한 자는 5년 이하의 징역에 처한다. 〈개정 1995.12.29〉

제324조의2【인질강요】
사람을 체포·감금·약취 또는 유인하여 이를 인질로 삼아 제3자에 대하여 권리행사를 방해하거나 의무 없는 일을 하게 한 자는 3년 이상의 유기징역에 처한다. [본조신설 1995.12.29]

제324조의3【인질상해·치상】
제324조의2의 죄를 범한 자가 인질을 상해하거나 상해에 이르게 한 때에는 무기 또는 5년 이상의 징역에 처한다.
[본조신설 1995.12.29.]

제324조의4【인질살해·치사】
제324조의2의 죄를 범한 자가 인질을 살해한 때에는 사형 또는 무기징역에 처한다. 사망에 이르게 한 때에는 무기 또는 10년 이상의 징역에 처한다.
[본조신설 1995.12.29]

제324조의5【미수범】
제324조 내지 제324조의4의 미수범은 처벌한다.
[본조신설 1995.12.29]

제324조의6【형의 감경】
제324조의2 또는 제324조의3의 죄를 범한 자 및 그 죄의 미수범이 인질을 안전한 장소로 풀어준 때에는 그 형을 감경할 수 있다.
[본조신설 1995.12.29]

제325조【점유강취, 준점유강취】
① 폭행 또는 협박으로 타인의 점유에 속하는 자기의 물건을 강취(强取)한 자는 7년 이하의 징역 또는 10년 이하의 자격정지에 처한다.
② 타인의 점유에 속하는 자기의 물건을 취거(取去)하는 과정에서 그 물건의 탈환에 항거하거나 체포를 면탈하거나 범죄의 흔적을 인멸할 목적으로 폭행 또는 협박한 때에도 제1항의 형에 처한다.
③ 제1항과 제2항의 미수범은 처벌한다.
[전문개정 2020.12.8]

제326조【중권리행사방해】
제324조 또는 제325조의 죄를 범하여 사람의 생명에 대한 위험을 발생하게 한 자는 10년 이하의 징역에 처한다. 〈개정 1995.12.29〉

제327조【강제집행면탈】
강제집행을 면할 목적으로 재산을 은닉, 손괴, 허위양도 또는 허위의 채무를 부담하여 채권자를 해한 자는 3년 이하의 징역 또는 1천만원 이하의 벌금에 처한다. 〈개정 1995.12.29.〉

2025.12.31 개정

제328조【친족 사이의 범행과 고소】

① 제323조의 죄를 지은 사람이 피해자의 친족인 경우에는 고소가 있어야 공소를 제기할 수 있다. 이 경우 「형사소송법」 제224조 및 「군사법원법」 제266조에도 불구하고 자기 또는 배우자의 직계존속을 고소할 수 있다. 〈개정 2025.12.31.〉

② 삭제 〈2025.12.31.〉

③ 피해자의 친족이 아닌 공범에 대해서는 제1항을 적용하지 아니한다. 〈개정 2025.12.31.〉

[2025.12 31. 법률 제21307호에 의하여 2024.6.7. 헌법재판소에서 헌법불합치 결정된 이 조 제1항을 개정함.]

개정 前

제328조【친족간의 범행과 고소】

① 직계혈족, 배우자, 동거친족, 동거가족 또는 그 배우자간의 제323조의 죄는 그 형을 면제한다. 〈개정 2005.3.31〉

② 제1항 이외의 친족간에 제323조의 죄를 범한 때에는 고소가 있어야 공소를 제기할 수 있다. 〈개정 1995.12.29〉

③ 전2항의 신분관계가 없는 공범에 대하여는 전2항을 적용하지 아니한다.

▶▶ [헌법불합치, 2020헌마468,2020헌바341,2021헌바420,2024헌마146(병합), 2024. 6. 27, 형법(2005. 3. 31. 법률 제7427호로 개정된 것) 제328조 제1항은 헌법에 합치되지 아니한다. 법원 기타 국가기관 및 지방자치단체는 2025. 12. 31.을 시한으로 입법자가 개정할 때까지 위 법률조항의 적용을 중지하여야 한다.]

제38장 절도와 강도의 죄

제329조【절 도】

타인의 재물을 절취한 자는 6년 이하의 징역 또는 1천만원 이하의 벌금에 처한다. 〈개정 1995.12.29〉

제330조【야간주거침입절도】

야간에 사람의 주거, 관리하는 건조물, 선박, 항공기 또는 점유하는 방실(房室)에 침입하여 타인의 재물을 절취(竊取)한 자는 10년 이하의 징역에 처한다. [전문개정 2020.12.8]

제331조【특수절도】

① 야간에 문이나 담 그 밖의 건조물의 일부를 손괴하고 제330조의 장소에 침입하여 타인의 재물을 절취한 자는 1년 이상 10년 이하의 징역에 처한다.

② 흉기를 휴대하거나 2명 이상이 합동하여 타인의 재물을 절취한 자도 제1항의 형에 처한다. [전문개정 2020.12.8]

제331조의2【자동차 등 불법사용】

권리자의 동의없이 타인의 자동차, 선박, 항공기 또는 원동기장치자전거를 일시 사용한 자는 3년 이하의 징역, 500만원 이하의 벌금, 구류 또는 과료에 처한다. [본조신설 1995.12.29]

제332조【상습범】

상습으로 제329조 내지 제331조의2의 죄를 범한 자는 그 죄에 정한 형의 2분의 1까지 가중한다. 〈개정 1995.12.29〉

제333조【강 도】

폭행 또는 협박으로 타인의 재물을 강취하거나 기타 재산상의 이익을 취득하거나 제3자로 하여금 이를 취득하게 한 자는 3년 이상의 유기징역에 처한다.

제334조【특수강도】

① 야간에 사람의 주거, 관리하는 건조물, 선박

이나 항공기 또는 점유하는 방실에 침입하여 제333조의 죄를 범한 자는 무기 또는 5년 이상의 징역에 처한다. 〈개정 1995.12.29〉

② 흉기를 휴대하거나 2인 이상이 합동하여 전조의 죄를 범한 자도 전항의 형과 같다.

제335조 【준강도】

절도가 재물의 탈환에 항거하거나 체포를 면탈하거나 범죄의 흔적을 인멸할 목적으로 폭행 또는 협박한 때에는 제333조 및 제334조의 예에 따른다. [전문개정 2020.12.8]

제336조 【인질강도】

사람을 체포·감금·약취 또는 유인하여 이를 인질로 삼아 재물 또는 재산상의 이익을 취득하거나 제3자로 하여금 이를 취득하게 한 자는 3년 이상의 유기징역에 처한다. [전문개정 1995.12.29]

제337조 【강도상해, 치상】

강도가 사람을 상해하거나 상해에 이르게 한 때에는 무기 또는 7년 이상의 징역에 처한다. 〈개정 1995.12.29〉

제338조 【강도살인·치사】

강도가 사람을 살해한 때에는 사형 또는 무기징역에 처한다. 사망에 이르게 한 때에는 무기 또는 10년 이상의 징역에 처한다. [전문개정 1995.12.29]

2012.12.18 개정

제339조 【강도강간】

강도가 사람을 강간한 때에는 무기 또는 10년 이상의 징역에 처한다. 〈개정 2012.12.18〉

개정 前

제339조 [강도강간]

강도가 부녀를 강간한 때에는 무기 또는 10년 이상의 징역에 처한다.

제340조 【해상강도】

① 다중의 위력으로 해상에서 선박을 강취하거나 선박 내에 침입하여 타인의 재물을 강취한 자는 무기 또는 7년 이상의 징역에 처한다.

② 제1항의 죄를 범한 자가 사람을 상해하거나 상해에 이르게 한 때에는 무기 또는 10년 이상의 징역에 처한다. 〈개정 1995.12.29〉

2012.12.18 개정

③ 제1항의 죄를 범한 자가 사람을 살해 또는 사망에 이르게 하거나 강간한 때에는 사형 또는 무기징역에 처한다. 〈개정 1995.12.29, 2012.12.18〉

개정 前

③ 제1항의 죄를 범한 자가 사람을 살해 또는 사망에 이르게 하거나 부녀를 강간한 때에는 사형 또는 무기징역에 처한다. 〈개정 1995.12.29〉

제341조 【상습범】

상습으로 제333조, 제334조, 제336조 또는 전조 제1항의 죄를 범한 자는 무기 또는 10년 이상의 징역에 처한다.

제342조 【미수범】

제329조 내지 제341조의 미수범은 처벌한다. [전문개정 1995.12.29]

제343조 【예비, 음모】

강도할 목적으로 예비 또는 음모한 자는 7년 이하의 징역에 처한다.

제344조 【친족간의 범행】

제328조의 규정은 제329조 내지 제332조의 죄 또는 미수범에 준용한다.

제345조 【자격정지의 병과】

본장의 죄를 범하여 유기징역에 처할 경우에는 10년 이하의 자격정지를 병과할 수 있다.

제346조 【동 력(動力)】

본장의 죄에 있어서 관리할 수 있는 동력은 재물로 간주한다.

제39장 사기와 공갈의 죄

제347조 【사 기】

2025.12.23 개정

① 사람을 기망하여 재물의 교부를 받거나 재산상의 이익을 취득한 자는 20년 이하의 징역 또는 5천만원 이하의 벌금에 처한다. 〈개정 2025.12.23.〉

개정 前

① 사람을 기망하여 재물의 교부를 받거나 재산상의 이익을 취득한 자는 10년 이하의 징역 또는 2천만원 이하의 벌금에 처한다. 〈개정 1995.12.29〉

② 전항의 방법으로 제3자로 하여금 재물의 교부를 받게 하거나 재산상의 이익을 취득하게 한 때에도 전항의 형과 같다.

제347조의2 【컴퓨터 등 사용사기】

2025.12.23 개정

컴퓨터등 정보처리장치에 허위의 정보 또는 부정한 명령을 입력하거나 권한 없이 정보를 입력·변경하여 정보처리를 하게 함으로써 재산상의 이익을 취득하거나 제3자로 하여금 취득하게 한 자는 20년 이하의 징역 또는 5천만원 이하의 벌금에 처한다. 〈개정 2025.12.23.〉

개정 前

컴퓨터 등 정보처리장치에 허위의 정보 또는 부정한 명령을 입력하거나 권한 없이 정보를 입력·변경하여 정보처리를 하게 함으로써 재산상의 이익을 취득하거나 제3자로 하여금 취득하게 한 자는 10년 이하의 징역 또는 2천만원 이하의 벌금에 처한다. 〈개정 2001.12.29〉

[본조신설 1995.12.29]

제348조 【준사기】

2025.12.23 개정

① 미성년자의 사리분별력 부족 또는 사람의 심신장애를 이용하여 재물을 교부받거나 재산상 이익을 취득한 자는 20년 이하의 징역 또는 5천만원 이하의 벌금에 처한다. 〈개정 2025.12.23.〉

개정 前

① 미성년자의 사리분별력 부족 또는 사람의 심신장애를 이용하여 재물을 교부받거나 재산상 이익을 취득한 자는 10년 이하의 징역 또는 2천만원 이하의 벌금에 처한다.

② 제1항의 방법으로 제3자로 하여금 재물을 교부받게 하거나 재산상 이익을 취득하게 한 경우에도 제1항의 형에 처한다.

[전문개정 2020.12.8]

제348조의2 【편의시설부정이용】

부정한 방법으로 대가를 지급하지 아니하고 자동판매기, 공중전화 기타 유료자동설비를 이용하여 재물 또는 재산상의 이익을 취득한 자는 3년 이하의 징역, 500만원 이하의 벌금, 구류 또는 과료에 처한다. [본조신설 1995.12.29]

제349조 【부당이득】

① 사람의 곤궁하고 절박한 상태를 이용하여 현저하게 부당한 이익을 취득한 자는 3년 이하의 징역 또는 1천만원 이하의 벌금에 처한다.

② 제1항의 방법으로 제3자로 하여금 부당한 이익을 취득하게 한 경우에도 제1항의 형에 처한다.

[전문개정 2020.12.8]

제350조 【공 갈】

① 사람을 공갈하여 재산의 교부를 받거나 재산상의 이익을 취득한 자는 10년 이하의 징역 또는 2천만원 이하의 벌금에 처한다. 〈개정 1995.12.29〉

형법

② 전항의 방법으로 제3자로 하여금 재물의 교부를 받게 하거나 재산상의 이익을 취득하게 한 때에도 전항의 형과 같다.

2016.1.6 신설

제350조의2 【특수공갈】

단체 또는 다중의 위력을 보이거나 위험한 물건을 휴대하여 제350조의 죄를 범한 자는 1년 이상 15년 이하의 징역에 처한다. [본조신설 2016.1.6.]

제351조 【상습범】

상습으로 제347조 내지 전조의 죄를 범한 자는 그 죄에 정한 형의 2분의 1까지 가중한다.

2016.1.6 개정

제352조 【미수범】

제347조 내지 제348조의2, 제350조, 제350조의2와 제351조의 미수범은 처벌한다.

〈개정 2016.1.6.〉

[전문개정 1995.12.29.]

개정 前

제352조 [미수범]

제347조 내지 제348조의2, 제350조와 제351조의 미수범은 처벌한다. [전문개정 1995.12.29]

제353조 【자격정지의 병과】

본장의 죄에는 10년 이하의 자격정지를 병과할 수 있다.

제354조 【친족간의 범행, 동력】

제328조와 제346조의 규정은 본장의 죄에 준용한다.

제40장 횡령과 배임의 죄

제355조 【횡령, 배임】

① 타인의 재물을 보관하는 자가 그 재물을 횡령하거나 그 반환을 거부한 때에는 5년 이하의 징역 또는 1천500만원 이하의 벌금에 처한다. 〈개정 1995.12.29〉

② 타인의 사무를 처리하는 자가 그 임무에 위배하는 행위로써 재산상의 이익을 취득하거나 제3자로 하여금 이를 취득하게 하여 본인에게 손해를 가한 때에도 전항의 형과 같다.

제356조 【업무상의 횡령과 배임】

업무상의 임무에 위배하여 제355조의 죄를 범한 자는 10년 이하의 징역 또는 3천만원 이하의 벌금에 처한다. 〈개정 1995.12.29〉

제357조 [배임수증재(背任收贈財)]

2016.5.29 개정

① 타인의 사무를 처리하는 자가 그 임무에 관하여 부정한 청탁을 받고 재물 또는 재산상의 이익을 취득하거나 제3자로 하여금 이를 취득하게 한 때에는 5년 이하의 징역 또는 1천만원 이하의 벌금에 처한다. 〈개정 2016.5.29.〉

2020.12.8 개정

② 제1항의 재물 또는 재산상 이익을 공여한 자는 2년 이하의 징역 또는 500만원 이하의 벌금에 처한다. 〈개정 2020.12.8.〉

2016.5.29 개정 2020.12.8 개정

③ 범인 또는 그 사정을 아는 제3자가 취득한 제1항의 재물은 몰수한다. 그 재물을 몰수하기 불가능하거나 재산상의 이익을 취득한 때에는 그 가액을 추징한다.

〈개정 2016.5.29., 2020.12.8.〉

2016.5.29. 개정 前

제357조 [배임수증재(背任收贈財)]

① 타인의 사무를 처리하는 자가 그 임무에 관하여 부정한 청탁을 받고 재물 또는 재산상의 이익을 취득한 자는 5년 이하의 징역 또는 1천만원 이하의 벌금에 처한다. 〈개정 1995.12.29〉

② 개정후와 동일

③ 범인이 취득한 제1항의 재물은 몰수한다. 그 재물을 몰수하기 불능하거나 재산상의 이익을 취득한 때에는 그 가액을 추징한다.

제358조 【자격정지의 병과】

전3조의 죄에는 10년 이하의 자격정지를 병과할 수 있다.

제359조 【미수범】

제355조 내지 제357조의 미수범은 처벌한다.

제360조 【점유이탈물횡령】

① 유실물(遺失物), 표류물(漂流物) 또는 타인의 점유를 이탈한 재물을 횡령한 자는 1년 이하의 징역이나 300만원 이하의 벌금 또는 과료에 처한다. 〈개정 1995.12.29〉

② 매장물을 횡령한 자도 전항의 형과 같다.

제361조 【친족간의 범행, 동력】

제328조와 제346조의 규정은 본장의 죄에 준용한다.

제41장 장물에 관한 죄

제362조 【장물(臟物)의 취득, 알선 등】

① 장물을 취득, 양도, 운반 또는 보관한 자는 7년 이하의 징역 또는 1천500만원 이하의 벌금에 처한다. 〈개정 1995.12.29〉

② 전항의 행위를 알선한 자도 전항의 형과 같다.

제363조 【상습범】

① 상습으로 전조의 죄를 범한 자는 1년 이상 10년 이하의 징역에 처한다.

② 제1항의 경우에는 10년 이하의 자격정지 또는 1천500만원 이하의 벌금을 병과할 수 있다. 〈개정 1995.12.29〉

제364조 【업무상과실, 중과실】

업무상과실 또는 중대한 과실로 인하여 제362조의 죄를 범한 자는 1년 이하의 금고 또는 500만원 이하의 벌금에 처한다. 〈개정 1995.12.29〉

2025.12.31 개정

제365조(친족 사이의 범행)

① 제362조부터 제364조까지의 죄를 지은 사람이 피해자의 친족인 경우에는 제328조를 준용한다.

② 제362조부터 제364조까지의 죄를 지은 사람이 본범과 배우자, 직계혈족·동거친족 또는 그 배우자의 관계인 경우에는 그 형을 감경하거나 면제할 수 있다. 다만, 신분관계가 없는 공범에 대해서는 예외로 한다.

[전문개정 2025.12.31.]

개정 前

제365조 【친족간의 범행】

① 전3조의 죄를 범한 자와 피해자간에 제328조 제1항, 제2항의 신분관계가 있는 때에는 동조의 규정을 준용한다.

② 전3조의 죄를 범한 자와 본범(本犯)간에 제328조 제1항의 신분관계가 있는 때에는 그 형을 감경 또는 면제한다. 단, 신분관계가 없는 공범에 대하여는 예외로 한다.

형법

제42장 손괴의 죄

제366조【재물손괴(財物損壞) 등】
타인의 재물, 문서 또는 전자기록 등 특수매체기록을 손괴 또는 은닉 기타 방법으로 기(其) 효용을 해한 자는 3년 이하의 징역 또는 700만원 이하의 벌금에 처한다. 〈개정 1995.12.29〉

제367조【공익건조물파괴】
공익에 공하는 건조물을 파괴한 자는 10년 이하의 징역 또는 2천만원 이하의 벌금에 처한다. 〈개정 1995.12.29〉

제368조【중손괴】
① 전2조의 죄를 범하여 사람의 생명 또는 신체에 대하여 위험을 발생하게 한 때에는 1년 이상 10년 이하의 징역에 처한다.
② 제366조 또는 제367조의 죄를 범하여 사람을 상해에 이르게 한 때에는 1년 이상의 유기징역에 처한다. 사망에 이르게 한 때에는 3년 이상의 유기징역에 처한다. 〈개정 1995.12.29〉

제369조【특수손괴】
① 단체 또는 다중의 위력을 보이거나 위험한 물건을 휴대하여 제366조의 죄를 범한 때에는 5년 이하의 징역 또는 1천만원 이하의 벌금에 처한다. 〈개정 1995.12.29〉
② 제1항의 방법으로 제367조의 죄를 범한 때에는 1년 이상의 유기징역 또는 2천만원 이하의 벌금에 처한다. 〈개정 1995.12.29〉

제370조【경계침범】
경계표를 손괴, 이동 또는 제거하거나 기타 방법으로 토지의 경계를 인식불능하게 한 자는 3년 이하의 징역 또는 500만원 이하의 벌금에 처한다. 〈개정 1995.12.29〉

제371조【미수범】
제366조, 제367조와 제369조의 미수범은 처벌한다.

제372조【동 력】
본장의 죄에는 제346조를 준용한다.

부 칙 〈제293호, 1953.9.18〉

제1조【구형법 기타 법령과 형의 경중】
본법 또는 본법 시행 후에 시행된 다른 법률이나 명령(이하 다른 신법령이라고 칭한다)과 본법 시행직전의 형법(이하 구형법이라고 칭한다), 다른 법률, 명령, 포고나 법령(이하 다른 구법령라고 칭한다)또는 본법 시행전후에 걸쳐서 시행중인 다른 법률, 명령, 포고나 법령(이하 다른 존속법령이라고 칭한다)에 정한 형의 경중은 제50조에 의한다.

제2조【형의 종류의 적용례】
① 본법 시행 전에 범한 죄에 대한 형의 경중의 비교는 가장 중한 형의 장기 또는 다액에 의한다.
② 가장 중한 형의 장기 또는 다액에 경중이 없는 때에는 그 단기 또는 소액에 의한다.
③ 전2항에 의하여 형의 경중을 정할 수 없는 때에는 병과할 다른 형이 있는 것을 중한 것으로 하고 선택할 다른 형이 있는 것을 경한 것으로 한다.
④ 전3항의 경우에 형을 가중감경할 때에는 구형법 또는 본법에 의하여 형의 가중 또는 감경한 뒤에 형의 비교를 한다.

제3조【범인에게 유리한 법의 적용】
본법 시행 전에 범한 죄에 대하여는 형의 경중에 관한 것이 아니더라도 범인에게 유리한 법을 적용한다.

제4조【1개의 죄에 대한 신구법의 적용례】
① 1개의 죄가 본법 시행전후에 걸쳐서 행하여진 때에는 본법 시행 전에 범한 것으로 간주한다.
② 연속범 또는 견련범이 본법 시행전후에 걸쳤을 때에는 본법 시행전에 범한 것만을 1죄로 한다.

제5조【자격에 관한 형의 적용제한】
본법 시행전에 범한 죄에 대하여 본법 또는 다른 신법령을 적용할 때에도 본법 제43조는 적용하지 아니한다.

제6조【경합범에 대한 신법의 적용례】
본법 시행전에 범한 수죄 또는 그와 본법 시행후

에 범한 죄가 경합범인 때에는 본법의 경합범의 규정에 의한다.

제7조 【형의 효력】

구형법, 다른 구법령 또는 존속법령에 규정된 형은 본법에 의하여 규정된 것과 동일한 효력을 가진다.

제8조 【총칙의 적용례】

① 본법 시행 전에 범한 죄에 대한 형의 양정, 집행, 선고유예, 집행유예, 면제, 시효 또는 소멸에 관하여는 본법을 적용한다. 누범 또는 가석방에 관하여도 같다.

② 본법 시행 전에 선고된 형이나 그 집행유예 또는 처분된 가출옥의 효력은 이미 소멸되지 아니하는 한 본법의 해당규정에 의한다.

③ 전2항의 경우에는 본법 제49조 단행, 제58조 제1항, 제63조, 제69조 제1항 단행, 제74조와 몰수나 추징의 시효에 관한 규정을 적용하지 아니한다.

제9조 【구형법의 인용조문】

다른 존속법령에 인용된 구형법 조문은 본법 중에 그에 상당한 조문으로 변경된 것으로 한다.

제10조 【폐지되는 법률 등】 생 략

제11조 【시행일】

본법은 단기 4286년 10월 3일부터 시행한다.

부 칙 〈중 략〉

부 칙 〈제12575호, 2014.5.14〉

제1조 【시행일】

이 법은 공포한 날부터 시행한다.

제2조 【적용례 및 경과조치】

2020.10.20 개정

① 제70조 제2항의 개정규정은 이 법 시행 후 최초로 저지른 범죄부터 적용한다. 〈개정 2020.10.20.〉

개정 前

③ 제70조 제2항의 개정규정은 이 법 시행 후 최초로 공소가 제기되는 경우부터 적용한다.

② 제79조 제2항의 개정규정은 이 법 시행 당시 형의 시효가 완성되지 아니한 자에 대해서도 적용한다.

▶▶[2020.10.20. 법률 제17511호에 의하여 2017.10.26. 헌법재판소에서 위헌 결정(단순위헌, 헌재결 2017.10.26. 2015헌바239)된 이 조 제1항을 개정함.]

부 칙 〈중 략〉

부 칙 〈법률 제19582호, 2023.8.8.〉

제1조 【시행일】

이 법은 공포한 날부터 시행한다. 다만, 제251조, 제254조, 제272조 및 제275조의 개정규정은 공포 후 6개월이 경과한 날부터 시행한다.

제2조 【사형의 시효 폐지에 관한 적용례】

제77조, 제78조 제1호 및 제80조의 개정규정은 이 법 시행 전에 사형을 선고받은 경우에도 적용한다.

부 칙 〈법률 제20795호, 2025.3.18.〉

이 법은 공포한 날부터 시행한다.

부 칙 〈법률 제20908호, 2025.4.8.〉

이 법은 공포한 날부터 시행한다.

부 칙〈법률 제21231호, 2025.12.23.〉

이 법은 공포한 날부터 시행한다.

부 칙 〈법률 제21307호, 2025.12.31.〉

제1조 【시행일】

이 법은 공포한 날부터 시행한다.

제2조 【친족 사이의 범행에 관한 적용례】

제328조 및 제365조 제1항의 개정규정은 2024년 6월 27일 이후에 최초로 지은 범죄부터 적용한다.

제3조 【고소기간에 관한 특례】 2024년 6월 27일부터 이 법 시행 전까지 지은 죄로서 종전의 제328조 제1항에 해당하는 범죄(준용되는 경우를 포함한다)에 대해서는 「형사소송법」 제230조제1항 본문에도 불구하고 이 법 시행일부터 6개월까지 고소를 할 수 있다.

형 법

상 법

[시행 2026. 9. 10.]
[법률 제21044호, 2025. 9. 9., 일부개정]

Commercial Law

상 법

[시행 2026. 9. 10.]

[법률 제21044호, 2025. 9. 9., 일부개정]

상 법

[제정 1962. 1. 20 법률 제1000호]
일부개정 1962.12.12 법률 제1212호
…중 략…
타법개정 2020. 6. 9 법률 제17354호
일부개정 2020. 6. 9 법률 제17362호
일부개정 2020.12.29. 법률 제17764호
일부개정 2024. 9.20. 법률 제20436호
일부개정 2025. 7.22. 법률 제20991호
일부개정 2025. 9. 9. 법률 제21044호

제1편 총 칙

제1장 통 칙 ……………………제1조~제3조
제2장 상 인 ……………………제4조~제9조
제3장 상업사용인 …………제10조~제17조
제4장 상 호 …………………제18조~제28조
제5장 상업장부 ……………제29조~제33조
제6장 상업등기 ……………제34조~제40조
제7장 영업양도 ……………제41조~제45조

제2편 상행위

제1장 통 칙 …………………제46조~제66조
제2장 매 매 …………………제67조~제71조
제3장 상호계산 ……………제72조~제77조
제4장 익명조합 ……………제78조~제86조
제4장 합자조합 ……제86조의2~제86조의9
제5장 대리상 …………제87조~제92조의3
제6장 중개업 ………………제93조~제100조
제7장 위탁매매업 ………제101조~제113조
제8장 운송주선업 ………제114조~제124조
제9장 운송업 …………………………제125조
제1절 물건운송 ………………제126조~제147조
제2절 여객운송 ………………제148조~제150조
제10장 공중접객업 ……제151조~제154조
제11장 창고업 …………제155조~제168조
제12장 금융리스업
…………제168조의2~제168조의5
제13장 가맹업
…………제168조의6~제168조의10
제14장 채권매입업
………제168조의11~제168조의12

제3편 회 사

제1장 통 칙 ………………제169조~제177조
제2장 합명회사
제1절 설 립 ……………………제178조~제194조
제2절 회사의 내부관계 ……제195조~제206조
제3절 회사의 외부관계 ……제207조~제216조
제4절 사원의 퇴사 …………제217조~제226조
제5절 회사의 해산 …………제227조~제244조
제6절 청 산 ……………………제245조~제267조
제3장 합자회사 …………제268조~제287조
제3장의2 유한책임회사
제1절 설 립 …………제287조의2~제287조의6
제2절 유한책임회사의 내부관계
………………제287조의7~제287조의18
제3절 유한책임회사의 외부관계
………………제287조의19~제287조의22
제4절 사원의 가입 및 탈퇴
………………제287조의23~제287조의31

제5절 회계 등 ……제287조의32~제287조의37
제6절 해 산 ………제287조의38~제287조의42
제7절 조직변경 ……제287조의43~제287조의44
제8절 청 산 …………………………제287조의45
제4장 주식회사
제1절 설 립 ……………………제288조~제328조
제2절 주 식 ……………제329조~제360조의26
제3절 회사의 기관 ……제361조~제415조의2
제4절 신주의 발행 …………제416조~제432조
제5절 정관의 변경 …………제433조~제437조
제6절 자본금의 감소 ………제438조~제446조
제7절 회사의 회계 ……제446조의2~제468조
제8절 사 채 ……………제469조~제516조의11
제9절 해 산 ………………제517조~제521조의2
제10절 합 병 ………………제522조~제530조
제11절 회사의 분할
………………제530조의2~제530조의12
제12절 청 산 ………………제531조~제542조
제13절 상장회사에 대한 특례
………………제542조의2~제542조의15
제5장 유한회사
제1절 설 립 ……………………제543조~제552조
제2절 사원의 권리의무
……………………제553조~제560조
제3절 회사의 관리 …………제561조~제583조
제4절 정관의 변경 …………제584조~제597조
제5절 합병과 조직변경
…………………………제598조~제608조
제6절 해산과 청산 …………제609조~제613조
제6장 외국회사 …………제614조~제621조
제7장 벌 칙 …………제622조~제637조의2

제4편 보 험

제1장 통 칙 ………………제638조~제664조
제2장 손해보험
제1절 통 칙 ……………………제665조~제682조
제2절 화재보험 ………………제683조~제687조
제3절 운송보험 ………………제688조~제692조
제4절 해상보험 ………………제693조~제718조
제5절 책임보험 ………………제719조~제726조
제6절 자동차보험 ……제726조의2~제726조의4
제7절 보증보험 ………제726조의5~제726조의7
제3장 인보험
제1절 통 칙 ……………………제727조~제729조
제2절 생명보험 ………………제730조~제736조
제3절 상해보험 ………………제737조~제739조
제4절 질병보험 ………제739조의2~제739조의3

제5편 해 상

제1장 해상기업
제1절 선 박 ……………………제740조~제744조
제2절 선 장 ……………………제745조~제755조
제3절 선박공유 ………………제756조~제768조
제4절 선박소유자 등의 책임제한
……………………제769조~제776조
제5절 선박담보 ………………제777조~제790조
제2장 운송과 용선
제1절 개품운송 ………………제791조~제816조
제2절 해상여객운송 …………제817조~제826조
제3절 항해용선 ………………제827조~제841조
제4절 정기용선 ………………제842조~제846조
제5절 선체용선 ………………제847조~제851조
제6절 운송증서 ………………제852조~제864조

상 법

제3장 해상위험
제1절 공동해손 ……………… 제865조~제875조
제2절 선박충돌 ……………… 제876조~제881조
제3절 해난구조 ……………… 제882조~제895조
제6편 항공운송
제1장 통 칙 ……………… 제896조~제898조
제2장 운 송
제1절 통 칙 ……………… 제899조~제903조
제2절 여객운송 ……………… 제904조~제912조
제3절 물건운송 ……………… 제913조~제920조
제4절 운송증서 ……………… 제921조~제929조
제3장 지상 제3자의 손해에 대한 책임
…………………………… 제930조~제935조

제1편 총 칙

제1장 통 칙

제1조【상사적용법규】
상사에 관하여 본법에 규정이 없으면 상관습법에 의하고 상관습법이 없으면 민법의 규정에 의한다.

제2조【공법인의 상행위】
공법인의 상행위에 대하여는 법령에 다른 규정이 없는 경우에 한하여 본법을 적용한다.

제3조【일방적(一方的) 상행위】
당사자중 그 1인의 행위가 상행위인 때에는 전원에 대하여 본법을 적용한다.

제2장 상 인

제4조【상인-당연상인】
자기명의로 상행위를 하는 자를 상인이라 한다.

제5조【동전-의제(擬制)상인】
① 점포 기타 유사한 설비에 의하여 상인적 방법으로 영업을 하는 자는 상행위를 하지 아니하더라도 상인으로 본다.
② 회사는 상행위를 하지 아니하더라도 전항과 같다.

제6조【미성년자의 영업과 등기】
미성년자가 법정대리인의 허락을 얻어 영업을 하는 때에는 등기를 하여야 한다.
[전문개정 2018.9.18.]

제7조【미성년자와 무한책임사원】
미성년자가 법정대리인의 허락을 얻어 회사의 무한책임사원이 된 때에는 그 사원자격으로 인한 행위에는 능력자로 본다.
[전문개정 2018.9.18.]

제8조【법정대리인에 의한 영업의 대리】
① 법정대리인이 미성년자, 피한정후견인 또는 피성년후견인을 위하여 영업을 하는 때에는 등기를 하여야 한다. 〈개정 2018.9.18.〉
② 법정대리인의 대리권에 대한 제한은 선의의 제3자에게 대항하지 못한다.

제9조【소상인(小商人)】
지배인, 상호, 상업장부와 상업등기에 관한 규정은 소상인에게 적용하지 아니한다.

제3장 상업사용인

제10조【지배인(支配人)의 선임】
상인은 지배인을 선임하여 본점 또는 지점에서 영업을 하게 할 수 있다.

제11조【지배인의 대리권】
① 지배인은 영업주(營業主)에 갈음하여 그 영업에 관한 재판상 또는 재판외의 모든 행위를 할 수 있다.
② 지배인은 지배인이 아닌 점원 기타 사용인을 선임 또는 해임할 수 있다.
③ 지배인의 대리권에 대한 제한은 선의의 제3자에게 대항하지 못한다.

제12조【공동지배인】
① 상인은 수인의 지배인에게 공동으로 대리권을 행사하게 할 수 있다.
② 전항의 경우에 지배인 1인에 대한 의사표시는 영업주에 대하여 그 효력이 있다.

제13조【지배인의 등기】
상인은 지배인의 선임과 그 대리권의 소멸에 관하여 영업소(회사의 경우 본점을 말한다)의 소재지에서 등기하여야 한다. 제12조 제1항에서 규정한 사항을 등기하는 경우와 그 사항을 변경하는 경우에도 같다. [전문개정 2024.9.20.]

제14조【표현지배인(表現支配人)】
① 본점 또는 지점의 본부장, 지점장, 그 밖에 지배인으로 인정될 만한 명칭을 사용하는 자는 본점 또는 지점의 지배인과 동일한 권한이 있는 것으로 본다. 다만, 재판상 행위에 관하여는 그러하지 아니하다.
② 제1항은 상대방이 악의인 경우에는 적용하지 아니한다. [전문개정 2010.5.14.]

제15조【부분적 포괄대리권을 가진 사용인】
① 영업의 특정한 종류 또는 특정한 사항에 대한 위임을 받은 사용인은 이에 관한 재판외의 모든 행위를 할 수 있다.
② 제11조 제3항의 규정은 전항의 경우에 준용한다.

제16조【물건판매점포의 사용인】
① 물건을 판매하는 점포의 사용인은 그 판매에 관한 모든 권한이 있는 것으로 본다.
② 제14조 제2항의 규정은 전항의 경우에 준용한다.

제17조【상업사용인의 의무】
① 상업사용인은 영업주의 허락 없이 자기 또는 제3자의 계산으로 영업주의 영업부류에 속한 거래를 하거나 회사의 무한책임사원, 이사 또는 다른 상인의 사용인이 되지 못한다.
② 상업사용인이 전항의 규정에 위반하여 거래를 한 경우에 그 거래가 자기의 계산으로 한 것인 때에는 영업주는 이를 영업주의 계산으로 한 것으로 볼 수 있고 제3자의 계산으로 한 것인 때에는 영업주는 사용인에 대하여 이로 인한 이득의 양도를 청구할 수 있다. 〈개정 1962.12.12〉
③ 전항의 규정은 영업주로부터 사용인에 대한 계약의 해지 또는 손해배상의 청구에 영향을 미치지 아니한다.
④ 제2항에 규정한 권리는 영업주가 그 거래를 안 날로부터 2주간을 경과하거나 그 거래가 있은 날로부터 1년을 경과하면 소멸한다.

제4장 상 호

제18조【상호선정(商號選定)의 자유】
상인은 그 성명 기타의 명칭으로 상호를 정할 수 있다.

제19조【회사의 상호】
회사의 상호에는 그 종류에 따라 합명회사, 합자회사, 유한책임회사, 주식회사 또는 유한회사의 문자를 사용하여야 한다. [전문개정 2011.4.14]

상 법

제20조【회사상호의 부당사용의 금지】
회사가 아니면 상호에 회사임을 표시하는 문자를 사용하지 못한다. 회사의 영업을 양수한 경우에도 같다.

제21조【상호의 단일성(單一性)】
① 동일한 영업에는 단일상호를 사용하여야 한다.
② 지점의 상호에는 본점과의 종속관계를 표시하여야 한다.

제22조【상호등기의 효력】
타인이 등기한 상호는 동일한 특별시·광역시·시·군에서 동종영업의 상호로 등기하지 못한다.
〈개정 1984.4.10, 1994.12.22., 1995.12.29.〉

제22조의2【상호의 가등기(假登記)】
① 유한책임회사, 주식회사 또는 유한회사를 설립하고자 할 때에는 본점의 소재지를 관할하는 등기소에 상호의 가등기를 신청할 수 있다.
〈개정 2020.6.9.〉
② 회사는 상호나 목적, 또는 상호와 목적을 변경하고자 할 때에는 본점의 소재지를 관할하는 등기소에 상호의 가등기를 신청할 수 있다.
③ 회사는 본점을 이전하고자 할 때에는 이전할 곳을 관할하는 등기소에 상호의 가등기를 신청할 수 있다.
④ 상호의 가등기는 제22조의 적용에 있어서는 상호의 등기로 본다.
⑤ 삭 제 〈개정 2007.8.3〉
[본조신설 1995.12.29.]

제23조【주체를 오인시킬 상호의 사용금지】
① 누구든지 부정한 목적으로 타인의 영업으로 오인할 수 있는 상호를 사용하지 못한다.
② 제1항의 규정에 위반하여 상호를 사용하는 자가 있는 경우에 이로 인하여 손해를 받을 염려가 있는 자 또는 상호를 등기한 자는 그 폐지를 청구할 수 있다.
③ 제2항의 규정은 손해배상의 청구에 영향을 미치지 아니한다.
④ 동일한 특별시·광역시·시·군에서 동종영업으로 타인이 등기한 상호를 사용하는 자는 부정한 목적으로 사용하는 것으로 추정한다.
〈개정 1984.4.10, 1994.12.22, 1995.12.29〉

제24조【명의대여자(名義貸與者)의 책임】
타인에게 자기의 성명 또는 상호를 사용하여 영업을 할 것을 허락한 자는 자기를 영업주로 오인하여 거래한 제3자에 대하여 그 타인과 연대하여 변제할 책임이 있다.

제25조【상호의 양도】
① 상호는 영업을 폐지하거나 영업과 함께 하는 경우에 한하여 이를 양도할 수 있다.
② 상호의 양도는 등기하지 아니하면 제3자에게 대항하지 못한다.

제26조【상호불사용의 효과】
상호를 등기한 자가 정당한 사유없이 2년간 상호를 사용하지 아니하는 때에는 이를 폐지한 것으로 본다.

제27조【상호등기의 말소청구】
상호를 변경 또는 폐지한 경우에 2주간내에 그 상호를 등기한 자가 변경 또는 폐지의 등기를 하지 아니하는 때에는 이해관계인은 그 등기의 말소를 청구할 수 있다.

제28조【상호부정사용에 대한 제재】
제20조와 제23조 제1항에 위반한 자는 200만원 이하의 과태료에 처한다.
〈개정 1984.4.10, 1995.12.29〉

제5장 상업장부

제29조【상업장부의 종류·작성원칙】

① 상인은 영업상의 재산 및 손익의 상황을 명백히 하기 위하여 회계장부 및 대차대조표를 작성하여야 한다.

② 상업장부의 작성에 관하여 이 법에 규정한 것을 제외하고는 일반적으로 공정·타당한 회계관행에 의한다.

[전문개정 1984.4.10]

제30조【상업장부의 작성방법】

① 회계장부에는 거래와 기타 영업상의 재산에 영향이 있는 사항을 기재하여야 한다.

② 상인은 영업을 개시한 때와 매년 1회 이상 일정 시기에, 회사는 성립한 때와 매 결산기에 회계장부에 의하여 대차대조표를 작성하고, 작성자가 이에 기명날인 또는 서명하여야 한다.

〈개정 1995.12.29〉

[전문개정 1984.4.10]

제31조 삭 제 〈2010.5.14〉

《삭제전》

《 제31조【자산평가의 원칙】》

제32조【상업장부의 제출】

법원은 신청에 의하여 또는 직권으로 소송당사자에게 상업장부 또는 그 일부분의 제출을 명할 수 있다.

제33조【상업장부 등의 보존】

① 상인은 10년간 상업장부와 영업에 관한 중요서류를 보존하여야 한다. 다만, 전표 또는 이와 유사한 서류는 5년간 이를 보존하여야 한다. 〈개정 1995.12.29〉

② 전항의 기간은 상업장부에 있어서는 그 폐쇄한 날로부터 기산한다.

③ 제1항의 장부와 서류는 마이크로필름 기타의 전산정보처리조직에 의하여 이를 보존할 수 있다. 〈신설 1995.12.29〉

④ 제3항의 규정에 의하여 장부와 서류를 보존하는 경우 그 보존방법 기타 필요한 사항은 대통령령으로 정한다. 〈신설 1995.12.29〉

제6장 상업등기

제34조【통 칙】

이 법에 따라 등기할 사항은 당사자의 신청에 의하여 영업소(회사의 경우 본점을 말한다)의 소재지를 관할하는 법원의 상업등기부에 등기한다.

〈개정 2024.9.20.〉

[전문개정 2010.5.14]

제34조의2 삭 제 〈개정 2007.8.3〉

2024.9.20 삭제

제35조 삭 제 〈2024.9.20〉

삭제 前

제35조 [지점소재지에서의 등기]

본섬의 소재지에서 등기할 사항은 다른 규정이 없으면 지점의 소재지에서도 등기하여야 한다.

제36조 삭 제 〈1995.12.29〉

제37조【등기의 효력】

① 등기할 사항은 이를 등기하지 아니하면 선의의 제3자에게 대항하지 못한다.

② 등기한 후라도 제3자가 정당한 사유로 인하여 이를 알지 못한 때에는 제1항과 같다.

[전문개정 1995.12.29]

제38조 삭 제 〈2024.9.20.〉

제39조【부실의 등기】

고의 또는 과실로 인하여 사실과 상위한 사항을 등기한 자는 그 상위를 선의의 제3자에게 대항하지 못한다.

제40조【변경, 소멸의 등기】

등기한 사항에 변경이 있거나 그 사항이 소멸한 때에는 당사자는 지체없이 변경 또는 소멸의 등기를 하여야 한다.

제7장 영업양도

제41조【영업양도인의 경업금지(競業禁止)】

① 영업을 양도한 경우에 다른 약정이 없으면 양도인은 10년간 동일한 특별시·광역시·시·군과 인접 특별시·광역시·시·군에서 동종영업을 하지 못한다. 〈개정 1984.4.10, 1994.12.22, 1995.12.29〉

② 양도인이 동종영업을 하지 아니할 것을 약정한 때에는 동일한 특별시·광역시·시·군과 인접 특별시·광역시·시·군에 한하여 20년을 초과하지 아니한 범위내에서 그 효력이 있다. 〈개정 1984.4.10, 1994.12.22, 1995.12.29〉

제42조【상호를 속용(續用)하는 양수인의 책임】

① 영업양수인이 양도인의 상호를 계속사용하는 경우에는 양도인의 영업으로 인한 제3자의 채권에 대하여 양수인도 변제할 책임이 있다.

② 전항의 규정은 양수인이 영업양도를 받은 후 지체없이 양도인의 채무에 대한 책임이 없음을 등기한 때에는 적용하지 아니한다. 양도인과 양수인이 지체없이 제3자에 대하여 그 뜻을 통지한 경우에 그 통지를 받은 제3자에 대하여도 같다.

제43조【영업양수인에 대한 변제】

전조 제1항의 경우에 양도인의 영업으로 인한 채권에 대하여 채무자가 선의이며 중대한 과실없이 양수인에게 변제한 때에는 그 효력이 있다.

제44조【채무인수를 광고한 양수인의 책임】

영업양수인이 양도인의 상호를 계속사용하지 아니하는 경우에 양도인의 영업으로 인한 채무를 인수할 것을 광고한 때에는 양수인도 변제할 책임이 있다.

제45조【영업양도인의 책임의 존속기간】

영업양수인이 제42조 제1항 또는 전조의 규정에 의하여 변제의 책임이 있는 경우에는 양도인의 제3자에 대한 채무는 영업양도 또는 광고후 2년이 경과하면 소멸한다.

제2편 상행위

제1장 통 칙

제46조【기본적 상행위】

영업으로 하는 다음의 행위를 상행위라 한다. 그러나 오로지 임금을 받을 목적으로 물건을 제조하거나 노무에 종사하는 자의 행위는 그러하지 아니하다. 〈개정 1995.12.29, 2010.5.14〉

1. 동산, 부동산, 유가증권 기타의 재산의 매매
2. 동산, 부동산, 유가증권 기타의 재산의 임대차
3. 제조, 가공 또는 수선에 관한 행위
4. 전기, 전파, 가스 또는 물의 공급에 관한 행위
5. 작업 또는 노무의 도급의 인수
6. 출판, 인쇄 또는 촬영에 관한 행위
7. 광고, 통신 또는 정보에 관한 행위
8. 수신·여신·환 기타의 금융거래
9. 공중(公衆)이 이용하는 시설에 의한 거래 〈제9호 개정 2010.5.14〉
10. 상행위의 대리의 인수
11. 중개에 관한 행위
12. 위탁매매 기타의 주선에 관한 행위
13. 운송의 인수
14. 임치의 인수
15. 신탁의 인수
16. 상호부금 기타 이와 유사한 행위
17. 보 험
18. 광물 또는 토석의 채취에 관한 행위
19. 기계, 시설, 그 밖의 재산의 금융리스에 관한 행위 〈제19호 개정 2010.5.14〉

20. 상호·상표 등의 사용허락에 의한 영업에 관한 행위
21. 영업상 채권의 매입·회수 등에 관한 행위
22. 신용카드, 전자화폐 등을 이용한 지급결제 업무의 인수 〈제22호 신설 2010.5.14〉

제47조【보조적 상행위】
① 상인이 영업을 위하여 하는 행위는 상행위로 본다.
② 상인의 행위는 영업을 위하여 하는 것으로 추정한다.

제48조【대리의 방식】
상행위의 대리인이 본인을 위한 것임을 표시하지 아니하여도 그 행위는 본인에 대하여 효력이 있다. 그러나 상대방이 본인을 위한 것임을 알지 못한 때에는 대리인에 대하여도 이행의 청구를 할 수 있다.

제49조【위 임】
상행위의 위임을 받은 자는 위임의 본지에 반하지 아니한 범위내에서 위임을 받지 아니한 행위를 할 수 있다.

제50조【대리권의 존속】
상인이 그 영업에 관하여 수여한 대리권은 본인의 사망으로 인하여 소멸하지 아니한다.
[전문개정 2010.5.14]

제51조【대화자(對話者)간의 청약의 구속력】
대화자간의 계약의 청약은 상대방이 즉시 승낙하지 아니한 때에는 그 효력을 잃는다.

제52조 삭 제 〈2010.5.14〉

《삭제전》
《 제52조【격지자간의 청약의 구속력】》

제53조【청약에 대한 낙부(諾否)통지의무】
상인이 상시 거래관계에 있는 자로부터 그 영업부류에 속한 계약의 청약을 받은 때에는 지체없이 낙부의 통지를 발송하여야 한다. 이를 해태한 때에는 승낙한 것으로 본다.

제54조【상사법정이율】
상행위로 인한 채무의 법정이율은 연 6푼(分)으로 한다. 〈개정 1962.12.12〉

제55조【법정이자청구권】
① 상인이 그 영업에 관하여 금전을 대여한 경우에는 법정이자를 청구할 수 있다.
② 상인이 그 영업범위 내에서 타인을 위하여 금전을 체당(替當)하였을 때에는 체당한 날 이후의 법정이자를 청구할 수 있다.
[전문개정 2010.5.14]

제56조【지점거래의 채무이행장소】
채권자의 지점에서의 거래로 인한 채무이행의 장소가 그 행위의 성질 또는 당사자의 의사표시에 의하여 특정되지 아니한 경우 특정물 인도 외의 채무이행은 그 지점을 이행장소로 본다.
[전문개정 2010.5.14]

제57조【다수채무자간 또는 채무자와 보증인의 연대】
① 수인이 그 1인 또는 전원에게 상행위가 되는 행위로 인하여 채무를 부담한 때에는 연대하여 변제할 책임이 있다.
② 보증인이 있는 경우에 그 보증이 상행위이거나 주채무가 상행위로 인한 것인 때에는 주채무자와 보증인은 연대하여 변제할 책임이 있다.

제58조【상사유치권】
상인간의 상행위로 인한 채권이 변제기에 있는 때에는 채권자는 변제를 받을 때까지 그 채무자에 대한 상행위로 인하여 자기가 점유하고 있는 채무자소유의 물건 또는 유가증권을 유치할 수 있다. 그러나 당사자간에 다른 약정이 있으면 그러하지 아니하다.

제59조【유질(流質)계약의 허용】
민법 제339조의 규정은 상행위로 인하여 생긴 채권을 담보하기 위하여 설정한 질권에는 적용하지 아니한다.

제60조【물건보관의무】
상인이 그 영업부류에 속한 계약의 청약을 받은 경우에 견품 기타의 물건을 받은 때에는 그 청약을 거절한 때에도 청약자의 비용으로 그 물건을 보관하여야 한다. 그러나 그 물건의 가액이 보관의 비용을 상환하기에 부족하거나 보관으로 인하여 손해를 받을 염려가 있는 때에는 그러하지 아니하다.

제61조【상인의 보수청구권】
상인이 그 영업범위내에서 타인을 위하여 행위를 한 때에는 이에 대하여 상당한 보수를 청구할 수 있다.

제62조【임치를 받은 상인의 책임】
상인이 그 영업범위내에서 물건의 임치를 받은 경우에는 보수를 받지 아니하는 때에도 선량한 관리자의 주의를 하여야 한다.

제63조【거래시간과 이행 또는 그 청구】
법령 또는 관습에 의하여 영업시간이 정하여져 있는 때에는 채무의 이행 또는 이행의 청구는 그 시간내에 하여야 한다.

제64조【상사시효】
상행위로 인한 채권은 본법에 다른 규정이 없는 때에는 5년간 행사하지 아니하면 소멸시효가 완성한다. 그러나 다른 법령에 이보다 단기의 시효의 규정이 있는 때에는 그 규정에 의한다.

제65조【유가증권과 준용규정】
① 금전의 지급청구권, 물건 또는 유가증권의 인도청구권이나 사원의 지위를 표시하는 유가증권에 대하여는 다른 법률에 특별한 규정이 없으면 「민법」 제508조부터 제525조까지의 규정을 적용하는 외에 「어음법」 제12조 제1항 및 제2항을 준용한다.
② 제1항의 유가증권으로서 그 권리의 발생·변경·소멸을 전자등록하는 데에 적합한 유가증권은 제356조의2 제1항의 전자등록기관의 전자등록부에 등록하여 발행할 수 있다. 이 경우 제356조의2 제2항부터 제4항까지의 규정을 준용한다. 〈개정 2016.3.22.〉

[전문개정 2011.4.14]

제66조【준상행위】
본장의 규정은 제5조의 규정에 의한 상인의 행위에 준용한다.

제2장 매 매

제67조【매도인의 목적물의 공탁, 경매권】
① 상인간의 매매에 있어서 매수인이 목적물의 수령을 거부하거나 이를 수령할 수 없는 때에는 매도인은 그 물건을 공탁하거나 상당한 기간을 정하여 최고한 후 경매할 수 있다. 이 경우에는 지체없이 매수인에 대하여 그 통지를 발송하여야 한다.
② 전항의 경우에 매수인에 대하여 최고를 할 수 없거나 목적물이 멸실 또는 훼손될 염려가 있는 때에는 최고없이 경매할 수 있다.
③ 전2항의 규정에 의하여 매도인이 그 목적물을 경매한 때에는 그 대금에서 경매비용을 공제한 잔액을 공탁하여야 한다. 그러나 그 전부나 일부를 매매대금에 충당할 수 있다.

제68조【확정기(確定期)매매의 해제】
상인간의 매매에 있어서 매매의 성질 또는 당사자의 의사표시에 의하여 일정한 일시 또는 일정한 기간내에 이행하지 아니하면 계약의 목적을 달성할 수 없는 경우에 당사자의 일방이 이행시기를 경과한 때에는 상대방은 즉시 그 이행을 청구하지 아니하면 계약을 해제한 것으로 본다.

제69조【매수인의 목적물의 검사와 하자 통지의무】
① 상인간의 매매에 있어서 매수인이 목적물을 수령한 때에는 지체없이 이를 검사하여야 하

며 하자 또는 수량의 부족을 발견한 경우에는 즉시 매도인에게 그 통지를 발송하지 아니하면 이로 인한 계약해제, 대금감액 또는 손해배상을 청구하지 못한다. 매매의 목적물에 즉시 발견할 수 없는 하자가 있는 경우에 매수인이 6월내에 이를 발견한 때에도 같다.

② 전항의 규정은 매도인이 악의인 경우에는 적용하지 아니한다.

제70조【매수인의 목적물보관, 공탁의무】

① 제69조의 경우에 매수인이 계약을 해제한 때에도 매도인의 비용으로 매매의 목적물을 보관 또는 공탁하여야 한다. 그러나 그 목적물이 멸실 또는 훼손될 염려가 있는 때에는 법원의 허가를 얻어 경매하여 그 대가를 보관 또는 공탁하여야 한다.

② 제1항의 규정에 의하여 매수인이 경매한 때에는 지체없이 매도인에게 그 통지를 발송하여야 한다.

③ 제1항 및 제2항의 규정은 목적물의 인도장소가 매도인의 영업소 또는 주소와 동일한 특별시·광역시·시·군에 있는 때에는 이를 적용하지 아니한다. 〈개정 1995.12.29〉

제71조【동전-수량초과 등의 경우】

전조의 규정은 매도인으로부터 매수인에게 인도한 물건이 매매의 목적물과 상위(相違)하거나 수량이 초과한 경우에 그 상위 또는 초과한 부분에 대하여 준용한다.

제3장 상호계산

제72조【의 의】

상호계산은 상인간 또는 상인과 비상인간에 상시 거래관계가 있는 경우에 일정한 기간의 거래로 인한 채권채무의 총액에 관하여 상계하고 그 잔액을 지급할 것을 약정함으로써 그 효력이 생긴다.

제73조【상업증권상(商業證券上)의 채권채무에 관한 특칙】

어음 기타의 상업증권으로 인한 채권채무를 상호계산에 계입(計入)한 경우에 그 증권채무자가 변제하지 아니한 때에는 당사자는 그 채무의 항목을 상호계산에서 제거할 수 있다.

제74조【상호계산기간】

당사자가 상계(相計)할 기간을 정하지 아니한 때에는 그 기간은 6월로 한다.

제75조【계산서의 승인과 이의】

당사자가 채권채무의 각 항목을 기재한 계산서를 승인한 때에는 그 각 항목에 대하여 이의를 하지 못한다. 그러나 착오(錯誤)나 탈루(脫漏)가 있는 때에는 그러하지 아니하다.

제76조【잔액채권의 법정이자】

① 상계로 인한 잔액에 대하여는 채권자는 계산폐쇄일 이후의 법정이자를 청구할 수 있다.

② 전항의 규정에 불구하고 당사자는 각 항목을 상호계산에 계입한 날로부터 이자를 붙일 것을 약정할 수 있다.

제77조【해 지】

각 당사자는 언제든지 상호계산을 해지할 수 있다. 이 경우에는 즉시 계산을 폐쇄하고 잔액의 지급을 청구할 수 있다.

제4장 익명조합

제78조【의 의】

익명조합(匿名組合)은 당사자의 일방이 상대방의 영업을 위하여 출자하고 상대방은 그 영업으로 인한 이익을 분배할 것을 약정함으로써 그 효력이 생긴다.

제79조【익명조합원의 출자】

익명조합원이 출자한 금전 기타의 재산은 영업자의 재산으로 본다.

상
법

제80조【익명조합원의 대외관계】
익명조합원은 영업자의 행위에 관하여서는 제3자에 대하여 권리나 의무가 없다.

제81조【성명, 상호의 사용허락으로 인한 책임】
익명조합원이 자기의 성명을 영업자의 상호중에 사용하게 하거나 자기의 상호를 영업자의 상호로 사용할 것을 허락한 때에는 그 사용이후의 채무에 대하여 영업자와 연대하여 변제할 책임이 있다.

제82조【이익배당과 손실분담】
① 익명조합원의 출자가 손실로 인하여 감소된 때에는 그 손실을 전보한 후가 아니면 이익배당을 청구하지 못한다.
② 손실이 출자액을 초과한 경우에도 익명조합원은 이미 받은 이익의 반환 또는 증자(增資)할 의무가 없다.
③ 전2항의 규정은 당사자간에 다른 약정이 있으면 적용하지 아니한다.

제83조【계약의 해지】
① 조합계약으로 조합의 존속기간을 정하지 아니하거나 어느 당사자의 종신까지 존속할 것을 약정한 때에는 각 당사자는 영업연도말에 계약을 해지할 수 있다. 그러나 이 해지는 6월전에 상대방에게 예고하여야 한다.
② 조합의 존속기간의 약정의 유무에 불구하고 부득이한 사정이 있는 때에는 각 당사자는 언제든지 계약을 해지할 수 있다.

제84조【계약의 종료】
조합계약은 다음의 사유로 인하여 종료한다.
1. 영업의 폐지 또는 양도
2. 영업자의 사망 또는 성년후견개시
3. 영업자 또는 익명조합원의 파산

[전문개정 2018.9.18.]

제85조【계약종료의 효과】
조합계약이 종료한 때에는 영업자는 익명조합원에게 그 출자의 가액을 반환하여야 한다. 그러나 출자가 손실로 인하여 감소된 때에는 그 잔액을 반환하면 된다.

제86조【준용규정】
제272조, 제277조와 제278조의 규정은 익명조합원에 준용한다.

제4장의2 합자조합 [본장신설 2011.4.14]

제86조의2【의 의】
합자조합은 조합의 업무집행자로서 조합의 채무에 대하여 무한책임을 지는 조합원과 출자가액을 한도로 하여 유한책임을 지는 조합원이 상호출자하여 공동사업을 경영할 것을 약정함으로써 그 효력이 생긴다.

[본조신설 2011.4.14]

제86조의3【조합계약】
합자조합의 설립을 위한 조합계약에는 다음 사항을 적고 총조합원이 기명날인하거나 서명하여야 한다.
1. 목 적
2. 명 칭
3. 업무집행조합원의 성명 또는 상호, 주소 및 주민등록번호
4. 유한책임조합원의 성명 또는 상호, 주소 및 주민등록번호
5. 주된 영업소의 소재지
6. 조합원의 출자(出資)에 관한 사항
7. 조합원에 대한 손익분배에 관한 사항
8. 유한책임조합원의 지분(持分)의 양도에 관한 사항
9. 둘 이상의 업무집행조합원이 공동으로 합자조합의 업무를 집행하거나 대리할 것을 정한 경우에는 그 규정

10. 업무집행조합원 중 일부 업무집행조합원만 합자조합의 업무를 집행하거나 대리할 것을 정한 경우에는 그 규정
11. 조합의 해산 시 잔여재산 분배에 관한 사항
12. 조합의 존속기간이나 그 밖의 해산사유에 관한 사항
13. 조합계약의 효력 발생일

[본조신설 2011.4.14]

제86조의4【등 기】

① 업무집행조합원은 합자조합 설립 후 2주 내에 조합의 주된 영업소의 소재지에서 다음의 사항을 등기하여야 한다.

1. 제86조의3 제1호부터 제5호까지(제4호의 경우에는 유한책임조합원이 업무를 집행하는 경우에 한정한다), 제9호, 제10호, 제12호 및 제13호의 사항
2. 조합원의 출자의 목적, 재산출자의 경우에는 그 가액과 이행한 부분

② 제1항 각 호의 사항이 변경된 경우에는 2주 내에 변경등기를 하여야 한다.

[본조신설 2011.4.14]

제86조의5【업무집행조합원】

① 업무집행조합원은 조합계약에 다른 규정이 없으면 각자가 합자조합의 업무를 집행하고 대리할 권리와 의무가 있다.

② 업무집행조합원은 선량한 관리자의 주의로써 제1항에 따른 업무를 집행하여야 한다.

③ 둘 이상의 업무집행조합원이 있는 경우에 조합계약에 다른 정함이 없으면 그 각 업무집행조합원의 업무집행에 관한 행위에 대하여 다른 업무집행조합원의 이의가 있는 경우에는 그 행위를 중지하고 업무집행조합원 과반수의 결의에 따라야 한다.

[본조신설 2011.4.14]

제86조의6【유한책임조합원의 책임】

① 유한책임조합원은 조합계약에서 정한 출자가액에서 이미 이행한 부분을 뺀 가액을 한도로 하여 조합채무를 변제할 책임이 있다.

② 제1항의 경우 합자조합에 이익이 없음에도 불구하고 배당을 받은 금액은 변제책임을 정할 때에 변제책임의 한도액에 더한다.

[본조신설 2011.4.14]

제86조의7【조합원의 지분의 양도】

① 업무집행조합원은 다른 조합원 전원의 동의를 받지 아니하면 그 지분의 전부 또는 일부를 타인에게 양도(讓渡)하지 못한다.

② 유한책임조합원의 지분은 조합계약에서 정하는 바에 따라 양도할 수 있다.

③ 유한책임조합원의 지분을 양수(讓受)한 자는 양도인의 조합에 대한 권리·의무를 승계한다.

[본조신설 2011.4.14]

제86조의8【준용규정】

① 합자조합에 대하여는 제182조 제1항, 제228조, 제253조, 제264조 및 제285조를 준용한다.

② 업무집행조합원에 대하여는 제183조의2, 제198조, 제199조, 제200조의2, 제208조 제2항, 제209조, 제212조 및 제287조를 준용한다. 다만, 제198조와 제199조는 조합계약에 다른 규정이 있으면 그러하지 아니하다.

③ 조합계약에 다른 규정이 없으면 유한책임조합원에 대하여는 제199조, 제272조, 제275조, 제277조, 제278조, 제283조 및 제284조를 준용한다.

④ 합자조합에 관하여는 이 법 또는 조합계약에 다른 규정이 없으면 「민법」 중 조합에 관한 규정을 준용한다. 다만, 유한책임조합원에 대하여는 「민법」 제712조 및 제713조는 준용하지 아니한다.

[본조신설 2011.4.14]

상 법

제86조의9【과태료】
합자조합의 업무집행조합원, 제86조의8에 따라 준용되는 제183조의2 또는 제253조에 따른 직무대행자 또는 청산인이 이 장(章)에서 정한 등기를 게을리한 경우에는 500만원 이하의 과태료를 부과한다. [본조신설 2011.4.14]

제5장 대리상

제87조【의 의】
일정한 상인을 위하여 상업사용인이 아니면서 상시 그 영업부류에 속하는 거래의 대리 또는 중개를 영업으로 하는 자를 대리상(代理商)이라 한다.

제88조【통지의무】
대리상이 거래의 대리 또는 중개를 한 때에는 지체없이 본인에게 그 통지를 발송하여야 한다.

제89조【경업금지】
① 대리상은 본인의 허락없이 자기나 제3자의 계산으로 본인의 영업부류에 속한 거래를 하거나 동종영업을 목적으로 하는 회사의 무한책임사원 또는 이사가 되지 못한다.
② 제17조 제2항 내지 제4항의 규정은 대리상이 전항의 규정에 위반한 경우에 준용한다.

제90조【통지를 받을 권한】
물건의 판매나 그 중개의 위탁을 받은 대리상은 매매의 목적물의 하자 또는 수량부족 기타 매매의 이행에 관한 통지를 받을 권한이 있다.

제91조【대리상의 유치권】
대리상은 거래의 대리 또는 중개로 인한 채권이 변제기에 있는 때에는 그 변제를 받을 때까지 본인을 위하여 점유하는 물건 또는 유가증권을 유치할 수 있다. 그러나 당사자간에 다른 약정이 있으면 그러하지 아니하다.

제92조【계약의 해지】
① 당사자가 계약의 존속기간을 약정하지 아니한 때에는 각 당사자는 2월전에 예고하고 계약을 해지할 수 있다.
② 제83조 제2항의 규정은 대리상에 준용한다.

제92조의2【대리상의 보상청구권】
① 대리상의 활동으로 본인이 새로운 고객을 획득하거나 영업상의 거래가 현저하게 증가하고 이로 인하여 계약의 종료후에도 본인이 이익을 얻고 있는 경우에는 대리상은 본인에 대하여 상당한 보상을 청구할 수 있다. 다만, 계약의 종료가 대리상의 책임 있는 사유로 인한 경우에는 그러하지 아니하다.
② 제1항의 규정에 의한 보상금액은 계약의 종료전 5년간의 평균연보수액을 초과할 수 없다. 계약의 존속기간이 5년 미만인 경우에는 그 기간의 평균연보수액을 기준으로 한다.
③ 제1항의 규정에 의한 보상청구권은 계약이 종료한 날부터 6월을 경과하면 소멸한다.
[본조신설 1995.12.29]

제92조의3【대리상의 영업비밀준수의무】
대리상은 계약의 종료후에도 계약과 관련하여 알게 된 본인의 영업상의 비밀을 준수하여야 한다.
[본조신설 1995.12.29.]

제6장 중개업

제93조【의 의】
타인간의 상행위의 중개를 영업으로 하는 자를 중개인(仲介人)이라 한다.

제94조【중개인의 급여수령대리권】
중개인은 그 중개한 행위에 관하여 당사자를 위하여 지급 기타의 이행을 받지 못한다. 그러나 다른 약정이나 관습이 있으면 그러하지 아니하다.

제95조【견품보관의무】
중개인이 그 중개한 행위에 관하여 견품을 받은 때에는 그 행위가 완료될 때까지 이를 보관하여야 한다.

제96조 【결약서(結約書) 교부의무】
① 당사자간에 계약이 성립된 때에는 중개인은 지체없이 각 당사자의 성명 또는 상호, 계약 연월일과 그 요령을 기재한 서면을 작성하여 기명날인 또는 서명한 후 각 당사자에게 교부하여야 한다. 〈개정 1995.12.29〉
② 당사자가 즉시 이행을 하여야 하는 경우를 제외하고 중개인은 각 당사자로 하여금 제1항의 서면에 기명날인 또는 서명하게 한 후 그 상대방에게 교부하여야 한다. 〈개정 1995.12.29〉
③ 제1항 및 제2항의 경우에 당사자의 일방이 서면의 수령을 거부하거나 기명날인 또는 서명하지 아니한 때에는 중개인은 지체없이 상대방에게 그 통지를 발송하여야 한다. 〈개정 1995.12.29〉

제97조 【중개인의 장부작성의무】
① 중개인은 전조에 규정한 사항을 장부에 기재하여야 한다.
② 당사자는 언제든지 자기를 위하여 중개한 행위에 관한 장부의 등본의 교부를 청구할 수 있다.

제98조 【성명, 상호묵비(默秘)의 의무】
당사자가 그 성명 또는 상호를 상대방에게 표시하지 아니할 것을 중개인에게 요구한 때에는 중개인은 그 상대방에게 교부할 제96조 제1항의 서면과 전조 제2항의 등본에 이를 기재하지 못한다.

제99조 【중개인의 이행책임】
중개인이 임의로 또는 전조의 규정에 의하여 당사자의 일방의 성명 또는 상호를 상대방에게 표시하지 아니한 때에는 상대방은 중개인에 대하여 이행을 청구할 수 있다.

제100조 【보수청구권】
① 중개인은 제96조의 절차를 종료하지 아니하면 보수를 청구하지 못한다.
② 중개인의 보수는 당사자쌍방이 균분하여 부담한다.

제7장 위탁매매업

제101조 【의 의】
자기명의로서 타인의 계산으로 물건 또는 유가증권의 매매를 영업으로 하는 자를 위탁매매인(委託賣買人)이라 한다.

제102조 【위탁매매인의 지위】
위탁매매인은 위탁자를 위한 매매로 인하여 상대방에 대하여 직접 권리를 취득하고 의무를 부담한다.

제103조 【위탁물의 귀속】
위탁매매인이 위탁자로부터 받은 물건 또는 유가증권이나 위탁매매로 인하여 취득한 물건, 유가증권 또는 채권은 위탁자와 위탁매매인 또는 위탁매매인의 채권자간의 관계에서는 이를 위탁자의 소유 또는 채권으로 본다.

제104조 【통지의무, 계산서제출의무】
위탁매매인이 위탁받은 매매를 한 때에는 지체없이 위탁자에 대하여 그 계약의 요령과 상대방의 주소, 성명의 통지를 발송하여야 하며 계산서를 제출하여야 한다.

제105조 【위탁매매인의 이행담보책임】
위탁매매인은 위탁자를 위한 매매에 관하여 상대방이 채무를 이행하지 아니하는 경우에는 위탁자에 대하여 이를 이행할 책임이 있다. 그러나 다른 약정이나 관습이 있으면 그러하지 아니하다.

제106조 【지정가액준수의무】
① 위탁자가 지정한 가액보다 염가로 매도하거나 고가로 매수한 경우에도 위탁매매인이 차액을 부담한 때에는 그 매매는 위탁자에 대하여 효력이 있다.
② 위탁자가 지정한 가액보다 고가로 매도하거나 염가로 매수한 경우에는 그 차액은 다른 약정이 없으면 위탁자의 이익으로 한다.

제107조【위탁매매인의 개입권(介入權)】
① 위탁매매인이 거래소의 시세(時勢)가 있는 물건 또는 유가증권의 매매를 위탁받은 경우에는 직접 그 매도인이나 매수인이 될 수 있다. 이 경우의 매매대가는 위탁매매인이 매매의 통지를 발송할 때의 거래소의 시세에 따른다.
② 제1항의 경우에 위탁매매인은 위탁자에게 보수를 청구할 수 있다.

[전문개정 2010.5.14]

제108조【위탁물의 훼손, 하자 등의 효과】
① 위탁매매인이 위탁매매의 목적물을 인도받은 후에 그 물건의 훼손 또는 하자를 발견하거나 그 물건이 부패할 염려가 있는 때 또는 가격저락의 상황을 안 때에는 지체없이 위탁자에게 그 통지를 발송하여야 한다.
② 전항의 경우에 위탁자의 지시를 받을 수 없거나 그 지시가 지연되는 때에는 위탁매매인은 위탁자의 이익을 위하여 적당한 처분을 할 수 있다.

제109조【매수물의 공탁, 경매권】
제67조의 규정은 위탁매매인이 매수의 위탁을 받은 경우에 위탁자가 매수한 물건의 수령을 거부하거나 이를 수령할 수 없는 때에 준용한다.

제110조【매수위탁자가 상인인 경우】
상인인 위탁자가 그 영업에 관하여 물건의 매수를 위탁한 경우에는 위탁자와 위탁매매인간의 관계에는 제68조 내지 제71조의 규정을 준용한다.

제111조【준용규정】
제91조의 규정은 위탁매매인에 준용한다.

제112조【위임에 관한 규정의 적용】
위탁자와 위탁매매인간의 관계에는 본장의 규정 외에 위임에 관한 규정을 적용한다.

제113조【준위탁매매인】
본장의 규정은 자기명의로써 타인의 계산으로 매매아닌 행위를 영업으로 하는 자에 준용한다.

제8장 운송주선업

제114조【의 의】
자기의 명의로 물건운송의 주선을 영업으로 하는 자를 운송주선인(運送周旋人)이라 한다.

제115조【손해배상책임】
운송주선인은 자기나 그 사용인이 운송물의 수령, 인도, 보관, 운송인이나 다른 운송주선인의 선택 기타 운송에 관하여 주의를 해태하지 아니하였음을 증명하지 아니하면 운송물의 멸실, 훼손 또는 연착(延着)으로 인한 손해를 배상할 책임을 면하지 못한다.

제116조【개입권】
① 운송주선인은 다른 약정이 없으면 직접 운송할 수 있다. 이 경우에는 운송주선인은 운송인과 동일한 권리의무가 있다.
② 운송주선인이 위탁자의 청구에 의하여 화물상환증을 작성한 때에는 직접 운송하는 것으로 본다.

제117조【중간운송주선인의 대위(代位)】
① 수인이 순차(順次)로 운송주선을 하는 경우에는 후자는 전자에 갈음하여 그 권리를 행사할 의무를 부담한다.
② 전항의 경우에 후자가 전자에게 변제한 때에는 전자의 권리를 취득한다.

제118조【운송인의 권리의 취득】
전조의 경우에 운송주선인이 운송인에게 변제한 때에는 운송인의 권리를 취득한다.

제119조【보수청구권】
① 운송주선인은 운송물을 운송인에게 인도한 때에는 즉시 보수를 청구할 수 있다.
② 운송주선계약으로 운임의 액을 정한 경우에는 다른 약정이 없으면 따로 보수를 청구하지 못한다.

제120조 【유치권】
운송주선인은 운송물에 관하여 받을 보수, 운임, 기타 위탁자를 위한 체당금(替當金)이나 선대금(先貸金)에 관하여서만 그 운송물을 유치할 수 있다.

제121조 【운송주선인의 책임의 시효】
① 운송주선인의 책임은 수하인이 운송물을 수령한 날로부터 1년을 경과하면 소멸시효가 완성한다.
② 전항의 기간은 운송물이 전부 멸실한 경우에는 그 운송물을 인도할 날로부터 기산한다. 〈개정 1962.12.12〉
③ 전2항의 규정은 운송주선인이나 그 사용인이 악의인 경우에는 적용하지 아니한다.

제122조 【운송주선인의 채권의 시효】
운송주선인의 위탁자 또는 수하인에 대한 채권은 1년간 행사하지 아니하면 소멸시효가 완성한다.

제123조 【준용규정】
운송주선인에 관하여는 본장의 규정외에 위탁매매인에 관한 규정을 준용한다.

제124조 【동 전】
제136조, 제140조와 제141조의 규정은 운송주선업에 준용한다.

제9장 운송업

제125조 【의 의】
육상 또는 호천(湖川), 항만에서 물건 또는 여객의 운송을 영업으로 하는 자를 운송인(運送人)이라 한다.

제1절 물건운송

제126조 【화물명세서】 〈제목개정 2007.8.3〉
① 송하인은 운송인의 청구에 의하여 화물명세서를 교부하여야 한다. 〈개정 2007.8.3〉
② 화물명세서에는 다음의 사항을 기재하고 송하인이 기명날인 또는 서명하여야 한다. 〈개정 1995.12.29, 2007.8.3〉
1. 운송물의 종류, 중량 또는 용적, 포장의 종별(種別), 개수와 기호
2. 도착지
3. 수하인과 운송인의 성명 또는 상호, 영업소 또는 주소
4. 운임과 그 선급(先給) 또는 착급(着給)의 구별
5. 화물명세서의 작성지와 작성연월일

제127조 【화물명세서의 허위기재에 대한 책임】 〈제목개정 2007.8.3.〉
① 송하인이 화물명세서에 허위 또는 부정확한 기재를 한 때에는 운송인에 대하여 이로 인한 손해를 배상할 책임이 있다. 〈개정 2007.8.3〉
② 전항의 규정은 운송인이 악의인 경우에는 적용하지 아니한다.

제128조 【화물상환증(貨物相換證)의 발행】
① 운송인은 송하인의 청구에 의하여 화물상환증을 교부하여야 한다.
② 화물상환증에는 다음의 사항을 기재하고 운송인이 기명날인 또는 서명하여야 한다. 〈개정 1995.12.29〉
1. 제126조 제2항 제1호 내지 제3호의 사항
2. 송하인의 성명 또는 상호, 영업소 또는 주소
3. 운임 기타 운송물에 관한 비용과 그 선급 또는 착급의 구별
4. 화물상환증의 작성지와 작성연월일

제129조 【화물상환증의 상환증권성】
화물상환증을 작성한 경우에는 이와 상환하지 아니하면 운송물의 인도를 청구할 수 없다.

제130조 【화물상환증의 당연한 지시증권성】
화물상환증은 기명식인 경우에도 배서에 의하여 양도할 수 있다. 그러나 화물상환증에 배서를 금지하는 뜻을 기재한 때에는 그러하지 아니하다.

제131조【화물상환증 기재의 효력】
① 제128조에 따라 화물상환증이 발행된 경우에는 운송인과 송하인 사이에 화물상환증에 적힌 대로 운송계약이 체결되고 운송물을 수령한 것으로 추정한다.
② 화물상환증을 선의로 취득한 소지인에 대하여 운송인은 화물상환증에 적힌 대로 운송물을 수령한 것으로 보고 화물상환증에 적힌 바에 따라 운송인으로서 책임을 진다.
[전문개정 2010.5.14]

제132조【화물상환증의 처분증권성】
화물상환증을 작성한 경우에는 운송물에 관한 처분은 화물상환증으로써 하여야 한다.

제133조【화물상환증교부의 물권적효력】
화물상환증에 의하여 운송물을 받을 수 있는 자에게 화물상환증을 교부한 때에는 운송물 위에 행사하는 권리의 취득에 관하여 운송물을 인도한 것과 동일한 효력이 있다.

제134조【운송물멸실과 운임】
① 운송물의 전부 또는 일부가 송하인의 책임없는 사유로 인하여 멸실한 때에는 운송인은 그 운임을 청구하지 못한다. 운송인이 이미 그 운임의 전부 또는 일부를 받은 때에는 이를 반환하여야 한다.
② 운송물의 전부 또는 일부가 그 성질이나 하자 또는 송하인의 과실로 인하여 멸실한 때에는 운송인은 운임의 전액을 청구할 수 있다.

제135조【손해배상책임】
운송인은 자기 또는 운송주선인이나 사용인, 그 밖에 운송을 위하여 사용한 자가 운송물의 수령, 인도, 보관 및 운송에 관하여 주의를 게을리하지 아니하였음을 증명하지 아니하면 운송물의 멸실, 훼손 또는 연착으로 인한 손해를 배상할 책임이 있다.
[전문개정 2010.5.14.]

제136조【고가물에 대한 책임】
화폐, 유가증권 기타의 고가물에 대하여는 송하인이 운송을 위탁할 때에 그 종류와 가액을 명시한 경우에 한하여 운송인이 손해를 배상할 책임이 있다.

제137조【손해배상의 액】
① 운송물이 전부멸실 또는 연착(延着)된 경우의 손해배상액은 인도할 날의 도착지의 가격에 따른다.
〈개정 2011.4.14〉
② 운송물이 일부 멸실 또는 훼손된 경우의 손해배상액은 인도한 날의 도착지의 가격에 의한다.
③ 운송물의 멸실, 훼손 또는 연착이 운송인의 고의나 중대한 과실로 인한 때에는 운송인은 모든 손해를 배상하여야 한다.
④ 운송물의 멸실 또는 훼손으로 인하여 지급을 요하지 아니하는 운임 기타 비용은 전3항의 배상액에서 공제하여야 한다.

제138조【순차운송인의 연대책임, 구상권(求償權)】
① 수인이 순차로 운송할 경우에는 각 운송인은 운송물의 멸실, 훼손 또는 연착으로 인한 손해를 연대하여 배상할 책임이 있다.
② 운송인중 1인이 전항의 규정에 의하여 손해를 배상한 때에는 그 손해의 원인이 된 행위를 한 운송인에 대하여 구상권이 있다.
③ 전항의 경우에 그 손해의 원인이 된 행위를 한 운송인을 알 수 없는 때에는 각 운송인은 그 운임액의 비율로 손해를 분담한다. 그러나 그 손해가 자기의 운송구간내에서 발생하지 아니하였음을 증명한 때에는 손해분담의 책임이 없다.

제139조【운송물의 처분청구권】
① 송하인 또는 화물상환증이 발행된 때에는 그 소지인이 운송인에 대하여 운송의 중지, 운송물의 반환 기타의 처분을 청구할 수 있다. 이 경우에 운송인은 이미 운송한 비율에 따

른 운임, 체당금과 처분으로 인한 비용의 지급을 청구할 수 있다.

② 삭 제 〈1995.12.29〉

제140조 【수하인의 지위】

① 운송물이 도착지에 도착한 때에는 수하인은 송하인과 동일한 권리를 취득한다.

② 운송물이 도착지에 도착한 후 수하인이 그 인도를 청구한 때에는 수하인의 권리가 송하인의 권리에 우선한다. 〈신설 1995.12.29〉

제141조 【수하인의 의무】

수하인이 운송물을 수령한 때에는 운송인에 대하여 운임 기타 운송에 관한 비용과 체당금을 지급할 의무를 부담한다.

제142조 【수하인불명의 경우의 공탁, 경매권】

① 수하인을 알 수 없는 때에는 운송인은 운송물을 공탁할 수 있다.

② 제1항의 경우에 운송인은 송하인에 대하여 상당한 기간을 정하여 운송물의 처분에 대한 지시를 최고하여도 그 기간내에 지시를 하지 아니한 때에는 운송물을 경매할 수 있다. 〈개정 1995.12.29〉

③ 운송인이 제1항 및 제2항의 규정에 의하여 운송물의 공탁 또는 경매를 한 때에는 지체없이 송하인에게 그 통지를 발송하여야 한다. 〈개정 1995.12.29〉

제143조 【운송물의 수령거부, 수령불능의 경우】

① 전조의 규정은 수하인이 운송물의 수령을 거부하거나 수령할 수 없는 경우에 준용한다.

② 운송인이 경매를 함에는 송하인에 대한 최고를 하기 전에 수하인에 대하여 상당한 기간을 정하여 운송물의 수령을 최고하여야 한다. 〈개정 1995.12.29〉

제144조 【공시최고】

① 송하인, 화물상환증소지인과 수하인을 알 수 없는 때에는 운송인은 권리자에 대하여 6월 이상의 기간을 정하여 그 기간내에 권리를 주장할 것을 공고하여야 한다.

② 제1항의 공고는 관보나 일간신문에 2회 이상 하여야 한다. 〈개정 1984.4.10〉

③ 운송인이 제1항 및 제2항의 규정에 의한 공고를 하여도 그 기간내에 권리를 주장하는 자가 없는 때에는 운송물을 경매할 수 있다.

제145조 【준용규정】

제67조 제2항과 제3항의 규정은 전3조의 경매에 준용한다.

제146조 【운송인의 책임소멸】

① 운송인의 책임은 수하인 또는 화물상환증소지인이 유보없이 운송물을 수령하고 운임 기타의 비용을 지급한 때에는 소멸한다. 그러나 운송물에 즉시 발견할 수 없는 훼손 또는 일부멸실이 있는 경우에 운송물을 수령한 날로부터 2주간내에 운송인에게 그 통지를 발송한 때에는 그러하지 아니하다.

② 전항의 규정은 운송인 또는 그 사용인이 악의인 경우에는 적용하지 아니한다.

제147조 【준용규정】

제117조, 제120조 내지 제122조의 규정은 운송인에 준용한다.

제2절 여객운송

제148조 【여객이 받은 손해의 배상책임】

① 운송인은 자기 또는 사용인이 운송에 관한 주의를 해태(懈怠)하지 아니하였음을 증명하지 아니하면 여객이 운송으로 인하여 받은 손해를 배상할 책임을 면하지 못한다.

② 손해배상의 액을 정함에는 법원은 피해자와 그 가족의 정상을 참작하여야 한다.

제149조 【인도를 받은 수하물에 대한 책임】

① 운송인은 여객으로부터 인도를 받은 수하물에 관하여는 운임을 받지 아니한 경우에도 물건운송인과 동일한 책임이 있다.

② 수하물이 도착지에 도착한 날로부터 10일내

에 여객이 그 인도를 청구하지 아니한 때에는 제67조의 규정을 준용한다. 그러나 주소 또는 거소를 알지 못하는 여객에 대하여는 최고와 통지를 요하지 아니한다.

제150조【인도를 받지 아니한 수하물에 대한 책임】
운송인은 여객으로부터 인도를 받지 아니한 수하물의 멸실 또는 훼손에 대하여는 자기 또는 사용인의 과실이 없으면 손해를 배상할 책임이 없다.

제10장 공중접객업

제151조【의 의】
극장, 여관, 음식점, 그 밖의 공중이 이용하는 시설에 의한 거래를 영업으로 하는 자를 공중접객업자(公衆接客業者)라 한다. [전문개정 2010.5.14]

제152조【공중접객업자의 책임】
① 공중접객업자는 자기 또는 그 사용인이 고객으로부터 임치(任置)받은 물건의 보관에 관하여 주의를 게을리하지 아니하였음을 증명하지 아니하면 그 물건의 멸실 또는 훼손으로 인한 손해를 배상할 책임이 있다.
② 공중접객업자는 고객으로부터 임치받지 아니한 경우에도 그 시설 내에 휴대한 물건이 자기 또는 그 사용인의 과실로 인하여 멸실 또는 훼손되었을 때에는 그 손해를 배상할 책임이 있다.
③ 고객의 휴대물에 대하여 책임이 없음을 알린 경우에도 공중접객업자는 제1항과 제2항의 책임을 면하지 못한다. [전문개정 2010.5.14]

제153조【고가물에 대한 책임】
화폐, 유가증권, 그 밖의 고가물(高價物)에 대하여는 고객이 그 종류와 가액(價額)을 명시하여 임치하지 아니하면 공중접객업자는 그 물건의 멸실 또는 훼손으로 인한 손해를 배상할 책임이 없다. [전문개정 2010.5.14]

제154조【공중접객업자의 책임의 시효】
① 제152조와 제153조의 책임은 공중접객업자가 임치물을 반환하거나 고객이 휴대물을 가져간 후 6개월이 지나면 소멸시효가 완성된다.
② 물건이 전부 멸실된 경우에는 제1항의 기간은 고객이 그 시설에서 퇴거한 날부터 기산한다.
③ 제1항과 제2항은 공중접객업자나 그 사용인이 악의인 경우에는 적용하지 아니한다. [전문개정 2010.5.14]

제11장 창고업

제155조【의 의】
타인을 위하여 창고에 물건을 보관함을 영업으로 하는 자를 창고업자(倉庫業者)라 한다.

제156조【창고증권(倉庫證券)의 발행】
① 창고업자는 임치인의 청구에 의하여 창고증권을 교부하여야 한다.
② 창고증권에는 다음의 사항을 기재하고 창고업자가 기명날인 또는 서명하여야 한다. 〈개정 1995.12.29〉

1. 임치물의 종류, 품질, 수량, 포장의 종별(種別), 개수(個數)와 기호(記號)
2. 임치인의 성명 또는 상호, 영업소 또는 주소
3. 보관장소
4. 보관료
5. 보관기간을 정한 때에는 그 기간
6. 임치물을 보험에 붙인 때에는 보험금액, 보험기간과 보험자의 성명 또는 상호, 영업소 또는 주소
7. 창고증권의 작성지와 작성연월일

제157조【준용규정】
제129조 내지 제133조의 규정은 창고증권에 준용한다.

제158조【분할부분에 대한 창고증권의 청구】
① 창고증권소지인은 창고업자에 대하여 그 증권을 반환하고 임치물을 분할하여 각 부분에 대한 창고증권의 교부를 청구할 수 있다.
② 전항의 규정에 의한 임치물의 분할과 증권교부의 비용은 증권소지인이 부담한다.

제159조【창고증권에 의한 입질과 일부출고】
창고증권으로 임치물을 입질한 경우에도 질권자의 승낙이 있으면 임치인은 채권의 변제기전이라도 임치물의 일부반환을 청구할 수 있다. 이 경우에는 창고업자는 반환한 임치물의 종류, 품질과 수량을 창고증권에 기재하여야 한다.

제160조【손해배상책임】
창고업자는 자기 또는 사용인이 임치물의 보관에 관하여 주의를 해태하지 아니하였음을 증명하지 아니하면 임치물의 멸실 또는 훼손에 대하여 손해를 배상할 책임을 면하지 못한다.

제161조【임치물의 검사, 견품적취(摘取), 보존처분권】
임치인 또는 창고증권소지인은 영업시간내에 언제든지 창고업자에 대하여 임치물의 검사 또는 견품의 적취를 요구하거나 그 보존에 필요한 처분을 할 수 있다.

제162조【보관료청구권】
① 창고업자는 임치물을 출고할 때가 아니면 보관료 기타의 비용과 체당금의 지급을 청구하지 못한다. 그러나 보관기간 경과후에는 출고전이라도 이를 청구할 수 있다.
② 임치물의 일부출고의 경우에는 창고업자는 그 비율에 따른 보관료 기타의 비용과 체당금의 지급을 청구할 수 있다.

제163조【임치기간】
① 당사자가 임치기간을 정하지 아니한 때에는 창고업자는 임치물을 받은 날로부터 6월을 경과한 후에는 언제든지 이를 반환할 수 있다.
② 전항의 경우에 임치물을 반환함에는 2주간 전에 예고하여야 한다.

제164조【동전-부득이한 사유가 있는 경우】
부득이한 사유가 있는 경우에는 창고업자는 전조의 규정에 불구하고 언제든지 임치물을 반환할 수 있다.

제165조【준용규정】
제67조 제1항과 제2항의 규정은 임치인 또는 창고증권소지인이 임치물의 수령을 거부하거나 이를 수령할 수 없는 경우에 준용한다.

제166조【창고업자의 책임의 시효】
① 임치물의 멸실 또는 훼손으로 인하여 생긴 창고업자의 책임은 그 물건을 출고한 날로부터 1년이 경과하면 소멸시효가 완성한다.
② 전항의 기간은 임치물이 전부멸실한 경우에는 임치인과 알고 있는 창고증권소지 인에게 그 멸실의 통지를 발송한 날로부터 기산한다.
③ 전2항의 규정은 창고업자 또는 그 사용인이 악의인 경우에는 적용하지 아니한다.

제167조【창고업자의 채권의 시효】
창고업자의 임치인 또는 창고증권소지인에 대한 채권은 그 물건을 출고한 날로부터 1년간 행사하지 아니하면 소멸시효가 완성한다.

제168조【준용규정】
제108조와 제146조의 규정은 창고업자에 준용한다. 〈개정 1962.12.12〉

제12장 금융리스업 [본장신설 2010.5.14]

제168조의2【의 의】
금융리스이용자가 선정한 기계, 시설, 그 밖의 재산(이하 이 장에서 "금융리스물건"이라 한다)을 제3자(이하 이 장에서 "공급자"라 한다)로부터 취득하거나

상법

대여받아 금융리스이용자에게 이용하게 하는 것을 영업으로 하는 자를 금융리스업자라 한다.
[본조신설 2010.5.14.]

제168조의3【금융리스업자와 금융리스이용자의 의무】

① 금융리스업자는 금융리스이용자가 금융리스계약에서 정한 시기에 금융리스계약에 적합한 금융리스물건을 수령할 수 있도록 하여야 한다.

② 금융리스이용자는 제1항에 따라 금융리스물건을 수령함과 동시에 금융리스료를 지급하여야 한다.

③ 금융리스물건수령증을 발급한 경우에는 제1항의 금융리스계약 당사자 사이에 적합한 금융리스물건이 수령된 것으로 추정한다.

④ 금융리스이용자는 금융리스물건을 수령한 이후에는 선량한 관리자의 주의로 금융리스물건을 유지 및 관리하여야 한다.
[본조신설 2010.5.14]

제168조의4【공급자의 의무】

① 금융리스물건의 공급자는 공급계약에서 정한 시기에 그 물건을 금융리스이용자에게 인도하여야 한다.

② 금융리스물건이 공급계약에서 정한 시기와 내용에 따라 공급되지 아니한 경우 금융리스이용자는 공급자에게 직접 손해배상을 청구하거나 공급계약의 내용에 적합한 금융리스물건의 인도를 청구할 수 있다.

③ 금융리스업자는 금융리스이용자가 제2항의 권리를 행사하는 데 필요한 협력을 하여야 한다. [본조신설 2010.5.14]

제168조의5【금융리스계약의 해지】

① 금융리스이용자의 책임 있는 사유로 금융리스계약을 해지하는 경우에는 금융리스업자는 잔존 금융리스료 상당액의 일시 지급 또는 금융리스물건의 반환을 청구할 수 있다.

② 제1항에 따른 금융리스업자의 청구는 금융리스업자의 금융리스이용자에 대한 손해배상청구에 영향을 미치지 아니한다.

③ 금융리스이용자는 중대한 사정변경으로 인하여 금융리스물건을 계속 사용할 수 없는 경우에는 3개월 전에 예고하고 금융리스계약을 해지할 수 있다. 이 경우 금융리스이용자는 계약의 해지로 인하여 금융리스업자에게 발생한 손해를 배상하여야 한다.
[본조신설 2010.5.14]

제13장 가맹업 [본장신설 2010.5.14]

제168조의6【의 의】

자신의 상호·상표 등(이하 이 장에서 "상호등"이라 한다)을 제공하는 것을 영업으로 하는 자(이하 "가맹업자"(加盟業者)라 한다)로부터 그의 상호등을 사용할 것을 허락받아 가맹업자가 지정하는 품질기준이나 영업방식에 따라 영업을 하는 자를 가맹상(加盟商)이라 한다. [본조신설 2010.5.14.]

제168조의7【가맹업자의 의무】

① 가맹업자는 가맹상의 영업을 위하여 필요한 지원을 하여야 한다.

② 가맹업자는 다른 약정이 없으면 가맹상의 영업지역 내에서 동일 또는 유사한 업종의 영업을 하거나, 동일 또는 유사한 업종의 가맹계약을 체결할 수 없다. [본조신설 2010.5.14.]

제168조의8【가맹상의 의무】

① 가맹상은 가맹업자의 영업에 관한 권리가 침해되지 아니하도록 하여야 한다.

② 가맹상은 계약이 종료한 후에도 가맹계약과 관련하여 알게 된 가맹업자의 영업상의 비밀을 준수하여야 한다.
[본조신설 2010.5.14.]

제168조의9【가맹상의 영업양도】
① 가맹상은 가맹업자의 동의를 받아 그 영업을 양도할 수 있다.
② 가맹업자는 특별한 사유가 없으면 제1항의 영업양도에 동의하여야 한다.

[본조신설 2010.5.14.]

제168조의10【계약의 해지】
가맹계약상 존속기간에 대한 약정의 유무와 관계없이 부득이한 사정이 있으면 각 당사자는 상당한 기간을 정하여 예고한 후 가맹계약을 해지할 수 있다. [본조신설 2010.5.14]

제14장 채권매입업 [본장신설 2010.5.14]

제168조의11【의 의】
타인이 물건·유가증권의 판매, 용역의 제공 등에 의하여 취득하였거나 취득할 영업상의 채권(이하 이 장에서 "영업채권"이라 한다)을 매입하여 회수하는 것을 영업으로 하는 자를 채권매입업자라 한다. [본조신설 2010.5.14]

제168조의12【채권매입업자의 상환청구】
영업채권의 채무자가 그 채무를 이행하지 아니하는 경우 채권매입업자는 채권매입계약의 채무자에게 그 영업채권액의 상환을 청구할 수 있다. 다만, 채권매입계약에서 다르게 정한 경우에는 그러하지 아니하다.

[본조신설 2010.5.14]

제3편 회 사

제1장 통 칙

제169조【회사의 의의】
이 법에서 "회사"란 상행위나 그 밖의 영리를 목적으로 하여 설립한 법인을 말한다.

[전문개정 2011.4.14]

제170조【회사의 종류】
회사는 합명회사, 합자회사, 유한책임회사, 주식회사와 유한회사의 5종으로 한다.

[전문개정 2011.4.14]

제171조【회사의 주소】
회사의 주소는 본점소재지에 있는 것으로 한다.

[전문개정 2011.4.14]

제172조【회사의 성립】
회사는 본점소재지에서 설립등기를 함으로써 성립한다.

제173조【권리능력의 제한】
회사는 다른 회사의 무한책임사원이 되지 못한다.

제174조【회사의 합병(合併)】
① 회사는 합병을 할 수 있다.
② 합병을 하는 회사의 일방 또는 쌍방이 주식회사, 유한회사 또는 유한책임회사인 경우에는 합병 후 존속하는 회사나 합병으로 설립되는 회사는 주식회사, 유한회사 또는 유한책임회사이어야 한다. 〈개정 2011.4.14〉
③ 해산후의 회사는 존립중의 회사를 존속하는 회사로 하는 경우에 한하여 합병을 할 수 있다.

제175조【동전-설립위원】
① 회사의 합병으로 인하여 신회사(新會社)를 설립하는 경우에는 정관의 작성 기타 설립에 관한 행위는 각 회사에서 선임한 설립위원이 공동으로 하여야 한다.

상법

② 제230조, 제434조와 제585조의 규정은 전항의 선임에 준용한다.

제176조【회사의 해산명령】

① 법원은 다음의 사유가 있는 경우에는 이해관계인이나 검사의 청구에 의하여 또는 직권으로 회사의 해산을 명할 수 있다.

1. 회사의 설립목적이 불법한 것인 때
2. 회사가 정당한 사유없이 설립후 1년 내에 영업을 개시하지 아니하거나 1년 이상 영업을 휴지(休止)하는 때
3. 이사 또는 회사의 업무를 집행하는 사원이 법령 또는 정관에 위반하여 회사의 존속을 허용할 수 없는 행위를 한 때

② 전항의 청구가 있는 때에는 법원은 해산을 명하기 전일지라도 이해관계인이나 검사의 청구에 의하여 또는 직권으로 관리인의 선임 기타 회사재산의 보전에 필요한 처분을 할 수 있다.

③ 이해관계인이 제1항의 청구를 한 때에는 법원은 회사의 청구에 의하여 상당한 담보를 제공할 것을 명할 수 있다.

④ 회사가 전항의 청구를 함에는 이해관계인의 청구가 악의임을 소명하여야 한다.

제177조【등기기간의 기산점】

본편의 규정에 의하여 등기할 사항으로서 관청의 허가 또는 인가를 요하는 것에 관하여는 그 서류가 도달한 날로부터 등기기간을 기산한다.

제2장 합명회사

제1절 설 립

제178조【정관(定款)의 작성】

합명회사(合名會社)의 설립에는 2인 이상의 사원이 공동으로 정관을 작성하여야 한다.

제179조【정관의 절대적 기재사항】

정관에는 다음의 사항을 기재하고 총사원이 기명날인 또는 서명하여야 한다. 〈개정 1995.12.29〉

1. 목 적
2. 상 호
3. 사원의 성명·주민등록번호 및 주소
4. 사원의 출자의 목적과 가격 또는 평가의 표준
5. 본점의 소재지
6. 정관의 작성연월일

제180조【설립의 등기】

합명회사의 설립등기에 있어서는 다음의 사항을 등기하여야 한다. 〈개정 1995.12.29, 2011.4.14〉

1. 제179조 제1호 내지 제3호 및 제5호의 사항과 지점을 둔 때에는 그 소재지. 다만, 회사를 대표할 사원을 정한 때에는 그 외의 사원의 주소를 제외한다.
2. 사원의 출자의 목적, 재산출자에는 그 가격과 이행한 부분
3. 존립기간 기타 해산사유를 정한 때에는 그 기간 또는 사유
4. 회사를 대표할 사원을 정한 경우에는 그 성명·주소 및 주민등록번호 〈제4호 개정 2011.4.14〉
5. 수인의 사원이 공동으로 회사를 대표할 것을 정한 때에는 그 규정

제181조【지점 설치의 등기】

회사가 지점을 설치한 경우에는 본점의 소재지에서 2주일 내에 그 지점의 소재지와 설치 연월일을 등기하여야 한다.

[전문개정 2024.9.20]

제182조【본점, 지점의 이전등기】

① 회사가 본점을 이전한 경우에는 종전 소재지 또는 새 소재지에서 2주일 내에 새 소재지와 이전 연월일을 등기하여야 한다.

② 회사가 지점을 이전한 경우에는 본점의 소재지에서 2주일 내에 새 소재지와 이전 연월일을 등기하여야 한다.

[전문개정 2024.9.20]

제183조【변경등기】
제180조 각 호의 사항이 변경되었을 때에는 본점의 소재지에서 2주일 내에 변경등기를 하여야 한다.

[전문개정 2024.9.20]

제183조의2【업무집행정지가처분 등의 등기】
사원의 업무집행을 정지하거나 직무대행자를 선임하는 가처분을 하거나 그 가처분을 변경·취소하는 경우에는 본점이 있는 곳의 등기소에서 이를 등기하여야 한다. 〈개정 2024.9.20〉

[본조신설 2001.12.29]

제184조【설립무효, 취소의 소】
① 회사의 설립의 무효는 그 사원에 한하여, 설립의 취소는 그 취소권 있는 자에 한하여 회사성립의 날로부터 2년내에 소만으로 이를 주장할 수 있다.
② 민법 제140조의 규정은 전항의 설립의 취소에 준용한다.

제185조【채권자에 의한 설립취소의 소】
사원이 그 채권자를 해할 것을 알고 회사를 설립한 때에는 채권자는 그 사원과 회사에 대한 소로 회사의 설립취소를 청구할 수 있다.

제186조【전속관할(專屬管轄)】
전2조의 소는 본점소재지의 지방법원의 관할에 전속한다.

제187조【소제기의 공고】
설립무효의 소 또는 설립취소의 소가 제기된 때에는 회사는 지체없이 공고하여야 한다.

제188조【소의 병합심리】
수개의 설립무효의 소 또는 설립취소의 소가 제기된 때에는 법원은 이를 병합심리하여야 한다.

제189조【하자의 보완 등과 청구의 기각】
설립무효의 소 또는 설립취소의 소가 그 심리중에 원인이 된 하자가 보완되고 회사의 현황과 제반사정을 참작하여 설립을 무효 또는 취소하는 것이 부적당하다고 인정한 때에는 법원은 그 청구를 기각할 수 있다.

제190조【판결의 효력】
설립무효의 판결 또는 설립취소의 판결은 제3자에 대하여도 그 효력이 있다. 그러나 판결확정전에 생긴 회사와 사원 및 제3자간의 권리의무에 영향을 미치지 아니한다.

제191조【패소원고의 책임】
설립무효의 소 또는 설립취소의 소를 제기한 자가 패소한 경우에 악의 또는 중대한 과실이 있는 때에는 회사에 대하여 연대하여 손해를 배상할 책임이 있다.

제192조【설립무효, 취소의 등기】
설립무효의 판결 또는 설립취소의 판결이 확정된 때에는 본점의 소재지에서 등기하여야 한다.

[전문개정 2024.9.20]

제193조【설립무효, 취소판결의 효과】
① 설립무효의 판결 또는 설립취소의 판결이 확정된 때에는 해산의 경우에 준하여 청산하여야 한다.
② 전항의 경우에는 법원은 사원 기타의 이해관계인의 청구에 의하여 청산인을 선임할 수 있다.

제194조【설립무효, 취소와 회사계속】
① 설립무효의 판결 또는 설립취소의 판결이 확정된 경우에 그 무효나 취소의 원인이 특정한 사원에 한한 것인 때에는 다른 사원전원의 동의로써 회사를 계속할 수 있다.
② 전항의 경우에는 그 무효 또는 취소의 원인이 있는 사원은 퇴사한 것으로 본다.
③ 제229조 제2항과 제3항의 규정은 전2항의 경우에 준용한다.

상 법

제2절 회사의 내부관계

제195조【준용법규】
합명회사의 내부관계에 관하여는 정관 또는 본법에 다른 규정이 없으면 조합에 관한 민법의 규정을 준용한다.

제196조【채권출자】
채권을 출자의 목적으로 한 사원은 그 채권이 변제기에 변제되지 아니한 때에는 그 채권액을 변제할 책임을 진다. 이 경우에는 이자를 지급하는 외에 이로 인하여 생긴 손해를 배상하여야 한다.

제197조【지분의 양도】
사원은 다른 사원의 동의를 얻지 아니하면 그 지분의 전부 또는 일부를 타인에게 양도하지 못한다.

제198조【사원의 경업(競業)의 금지】
① 사원은 다른 사원의 동의가 없으면 자기 또는 제3자의 계산으로 회사의 영업부류에 속하는 거래를 하지 못하며 동종영업을 목적으로 하는 다른 회사의 무한책임사원 또는 이사가 되지 못한다.
② 사원이 전항의 규정에 위반하여 거래를 한 경우에 그 거래가 자기의 계산으로 한 것인 때에는 회사는 이를 회사의 계산으로 인한 것으로 볼 수 있고 제3자의 계산으로 한 것인 때에는 그 사원에 대하여 회사는 이로 인한 이득의 양도를 청구할 수 있다. 〈개정 1962.12.12〉
③ 전항의 규정은 회사의 그 사원에 대한 손해배상의 청구에 영향을 미치지 아니한다.
④ 제2항의 권리는 다른 사원 과반수의 결의에 의하여 행사하여야 하며 다른 사원의 1인이 그 거래를 안 날로부터 2주간을 경과하거나 그 거래가 있은 날로부터 1년을 경과하면 소멸한다.

제199조【사원의 자기거래(自己去來)】
사원은 다른 사원 과반수의 결의가 있는 때에 한하여 자기 또는 제3자의 계산으로 회사와 거래를 할 수 있다. 이 경우에는 민법 제124조의 규정을 적용하지 아니한다.

제200조【업무집행의 권리의무】
① 각 사원은 정관에 다른 규정이 없는 때에는 회사의 업무를 집행할 권리와 의무가 있다.
② 각 사원의 업무집행에 관한 행위에 대하여 다른 사원의 이의가 있는 때에는 곧 행위를 중지하고 총사원 과반수의 결의에 의하여야 한다.

제200조의2【직무대행자의 권한】
① 제183조의2의 직무대행자는 가처분명령에 다른 정함이 있는 경우 외에는 법인의 통상업무에 속하지 아니한 행위를 하지 못한다. 다만, 법원의 허가를 얻은 경우에는 그러하지 아니하다.
② 직무대행자가 제1항의 규정에 위반한 행위를 한 경우에도 회사는 선의의 제3자에 대하여 책임을 진다. [본조신설 2001.12.29]

제201조【업무집행사원】
① 정관으로 사원의 1인 또는 수인을 업무집행사원으로 정한 때에는 그 사원이 회사의 업무를 집행할 권리와 의무가 있다.
② 수인의 업무집행사원이 있는 경우에 그 각 사원의 업무집행에 관한 행위에 대하여 다른 업무집행사원의 이의가 있는 때에는 곧 그 행위를 중지하고 업무집행사원 과반수의 결의에 의하여야 한다.

제202조【공동업무집행사원】
정관으로 수인의 사원을 공동업무집행사원으로 정한 때에 그 전원의 동의가 없으면 업무집행에 관한 행위를 하지 못한다. 그러나 지체할 염려가 있는 때에는 그러하지 아니하다.

제203조【지배인의 선임과 해임】
지배인의 선임과 해임은 정관에 다른 정함이 없으면 업무집행사원이 있는 경우에도 총사원 과반수의 결의에 의하여야 한다.

제204조【정관의 변경】
정관을 변경함에는 총사원의 동의가 있어야 한다.

제205조【업무집행사원의 권한상실선고】
① 사원이 업무를 집행함에 현저하게 부적임하거나 중대한 의무에 위반한 행위가 있는 때에는 법원은 사원의 청구에 의하여 업무집행권한의 상실을 선고할 수 있다.
② 제1항의 판결이 확정된 때에는 본점의 소재지에서 등기하여야 한다. 〈개정 2024.9.20〉

제206조【준용규정】
제186조의 규정은 전조의 소에 준용한다.

제3절 회사의 외부관계

제207조【회사대표】
정관으로 업무집행사원을 정하지 아니한 때에는 각 사원은 회사를 대표한다. 수인의 업무집행사원을 정한 경우에 각 업무집행사원은 회사를 대표한다. 그러나 정관 또는 총사원의 동의로 업무집행사원중 특히 회사를 대표할 자를 정할 수 있다.

제208조【공동대표】
① 회사는 정관 또는 총사원의 동의로 수인의 사원이 공동으로 회사를 대표할 것을 정할 수 있다.
② 전항의 경우에도 제3자의 회사에 대한 의사표시는 공동대표의 권한 있는 사원 1인에 대하여 이를 함으로써 그 효력이 생긴다.

제209조【대표사원의 권한】
① 회사를 대표하는 사원은 회사의 영업에 관하여 재판상 또는 재판외의 모든 행위를 할 권한이 있다.
② 전항의 권한에 대한 제한은 선의의 제3자에게 대항하지 못한다.

제210조【손해배상책임】
회사를 대표하는 사원이 그 업무집행으로 인하여 타인에게 손해를 가한 때에는 회사는 그 사원과 연대하여 배상할 책임이 있다.

제211조【회사와 사원간의 소에 관한 대표권】
회사가 사원에 대하여 또는 사원이 회사에 대하여 소를 제기하는 경우에 회사를 대표할 사원이 없을 때에는 다른 사원 과반수의 결의로 선정하여야 한다.

제212조【사원의 책임】
① 회사의 재산으로 회사의 채무를 완제할 수 없는 때에는 각 사원은 연대하여 변제할 책임이 있다.
② 회사재산에 대한 강제집행이 주효(奏效)하지 못한 때에도 전항과 같다.
③ 전항의 규정은 사원이 회사에 변제의 자력이 있으며 집행이 용이한 것을 증명한 때에는 적용하지 아니한다.

제213조【신입사원의 책임】
회사성립 후에 가입한 사원은 그 가입 전에 생긴 회사채무에 대하여 다른 사원과 동일한 책임을 진다.

제214조【사원의 항변】
① 사원이 회사채무에 관하여 변제의 청구를 받은 때에는 회사가 주장할 수 있는 항변으로 그 채권자에게 대항할 수 있다.
② 회사가 그 채권자에 대하여 상계, 취소 또는 해제할 권리가 있는 경우에는 사원은 전항의 청구에 대하여 변제를 거부할 수 있다.

제215조【자칭(自稱)사원의 책임】
사원이 아닌 자가 타인에게 자기를 사원이라고 오인시키는 행위를 하였을 때에는 오인으로 인하여 회사와 거래한 자에 대하여 사원과 동일한 책임을 진다.

제216조【준용규정】
제205조와 제206조의 규정은 회사의 대표사원에 준용한다.

상
법

제4절 사원의 퇴사

제217조【사원의 퇴사권(退社權)】
① 정관으로 회사의 존립기간을 정하지 아니하거나 어느 사원의 종신까지 존속할 것을 정한 때에는 사원은 영업연도말에 한하여 퇴사할 수 있다. 그러나 6월전에 이를 예고하여야 한다.
② 사원이 부득이한 사유가 있을 때에는 언제든지 퇴사할 수 있다.

제218조【퇴사원인】
사원은 전조의 경우 외에 다음의 사유로 인하여 퇴사한다.
1. 정관에 정한 사유의 발생
2. 총사원의 동의
3. 사 망
4. 성년후견개시
5. 파 산
6. 제 명

[전문개정 2018.9.18.]

제219조【사원사망시 권리승계의 통지】
① 정관으로 사원이 사망한 경우에 그 상속인이 회사에 대한 피상속인의 권리의무를 승계하여 사원이 될 수 있음을 정한 때에는 상속인은 상속의 개시를 안 날로부터 3월내에 회사에 대하여 승계 또는 포기의 통지를 발송하여야 한다.
② 상속인이 전항의 통지없이 3월을 경과한 때에는 사원이 될 권리를 포기한 것으로 본다.

제220조【제명의 선고】
① 사원에게 다음의 사유가 있는 때에는 회사는 다른 사원 과반수의 결의에 의하여 그 사원의 제명의 선고를 법원에 청구할 수 있다.
1. 출자의 의무를 이행하지 아니한 때
2. 제198조 제1항의 규정에 위반한 행위가 있는 때
3. 회사의 업무집행 또는 대표에 관하여 부정한 행위가 있는 때, 권한없이 업무를 집행하거나 회사를 대표한 때
4. 기타 중요한 사유가 있는 때

② 제205조 제2항과 제206조의 규정은 전항의 경우에 준용한다.

제221조【제명사원과 회사간의 계산】
제명된 사원과 회사와의 계산은 제명의 소를 제기한 때의 회사재산의 상태에 따라서 하며 그때부터 법정이자를 붙여야 한다.

제222조【지분의 환급(還給)】
퇴사한 사원은 노무 또는 신용으로 출자의 목적으로 한 경우에도 그 지분의 환급을 받을 수 있다. 그러나 정관에 다른 규정이 있는 때에는 그러하지 아니하다.

제223조【지분의 압류】
사원의 지분의 압류는 사원이 장래이익의 배당과 지분의 환급을 청구하는 권리에 대하여도 그 효력이 있다.

제224조【지분압류채권자에 의한 퇴사청구】
① 사원의 지분을 압류한 채권자는 영업연도말에 그 사원을 퇴사시킬 수 있다. 그러나 회사와 그 사원에 대하여 6월전에 그 예고를 하여야 한다.
② 전항 단서의 예고는 사원이 변제를 하거나 상당한 담보를 제공한 때에는 그 효력을 잃는다.

제225조【퇴사원의 책임】
① 퇴사한 사원은 본점소재지에서 퇴사등기를 하기 전에 생긴 회사채무에 대하여는 등기후 2년내에는 다른 사원과 동일한 책임이 있다.
② 전항의 규정은 지분을 양도한 사원에 준용한다.

제226조 【퇴사원의 상호변경청구권】
퇴사한 사원의 성명이 회사의 상호중에 사용된 경우에는 그 사원은 회사에 대하여 그 사용의 폐지를 청구할 수 있다.

제5절 회사의 해산

제227조 【해산원인】
회사는 다음의 사유로 인하여 해산한다.
1. 존립기간의 만료 기타 정관으로 정한 사유의 발생
2. 총사원의 동의
3. 사원이 1인으로 된 때
4. 합 병
5. 파 산
6. 법원의 명령 또는 판결

제228조 【해산등기】
회사가 해산된 때에는 합병과 파산의 경우 외에는 그 해산사유가 있은 날부터 2주일 내에 본점의 소재지에서 해산등기를 하여야 한다.
[전문개정 2024.9.20]

제229조 【회사의 계속】
① 제227조 제1호와 제2호의 경우에는 사원의 전부 또는 일부의 동의로 회사를 계속할 수 있다. 그러나 동의를 하지 아니한 사원은 퇴사한 것으로 본다.
② 제227조 제3호의 경우에는 새로 사원을 가입시켜 회사를 계속할 수 있다.
③ 제1항과 제2항의 경우에 이미 회사의 해산등기를 하였을 때에는 본점의 소재지에서 2주일 내에 회사의 계속등기를 하여야 한다.
〈개정 2024.9.20〉
④ 제213조의 규정은 제2항의 신입사원의 책임에 준용한다.

제230조 【합병의 결의】
회사가 합병을 함에는 총사원의 동의가 있어야 한다.

제231조 삭 제 〈1984.4.10〉

제232조 【채권자의 이의】
① 회사는 합병의 결의가 있은 날부터 2주내에 회사채권자에 대하여 합병에 이의가 있으면 일정한 기간내에 이를 제출할 것을 공고하고 알고 있는 채권자에 대하여 따로따로 이를 최고하여야 한다. 이 경우 그 기간은 1월 이상이어야 한다. 〈개정 1984.4.10, 98.12.28〉
② 채권자가 제1항의 기간내에 이의를 제출하지 아니한 때에는 합병을 승인한 것으로 본다.
③ 이의를 제출한 채권자가 있는 때에는 회사는 그 채권자에 대하여 변제 또는 상당한 담보를 제공하거나 이를 목적으로 하여 상당한 재산을 신탁회사에 신탁하여야 한다.

제233조 【합병의 등기】
회사가 합병을 한 때에는 본점의 소재지에서 2주일 내에 합병 후 존속하는 회사의 변경등기, 합병으로 인하여 소멸하는 회사의 해산등기, 합병으로 인하여 설립되는 회사의 설립등기를 하여야 한다.
[전문개정 2024.920]

제234조 【합병의 효력발생】
회사의 합병은 합병후 존속하는 회사 또는 합병으로 인하여 설립되는 회사가 그 본점소유지에서 전조의 등기를 함으로써 그 효력이 생긴다.

제235조 【합병의 효과】
합병후 존속한 회사 또는 합병으로 인하여 설립된 회사는 합병으로 인하여 소멸된 회사의 권리의무를 승계한다.

제236조 【합병무효의 소의 제기】
① 회사의 합병의 무효는 각 회사의 사원, 청산인, 파산관재인 또는 합병을 승인하지 아니한 회사채권자에 한하여 소만으로 이를 주장할 수 있다.
② 전항의 소는 제233조의 등기가 있은 날로부터 6월내에 제기하여야 한다.

상법

제237조【준용규정】
제176조 제3항과 제4항의 규정은 회사채권자가 전조의 소를 제기한 때에 준용한다.

제238조【합병무효의 등기】
합병을 무효로 한 판결이 확정된 때에는 본점의 소재지에서 합병 후 존속하는 회사의 변경등기, 합병으로 인하여 소멸한 회사의 회복등기, 합병으로 인하여 설립된 회사의 해산등기를 하여야 한다.
[전문개정 2024.9.20]

제239조【무효판결확정과 회사의 권리의무의 귀속】
① 합병을 무효로 한 판결이 확정된 때에는 합병을 한 회사는 합병후 존속한 회사 또는 합병으로 인하여 설립된 회사의 합병후 부담한 채무에 대하여 연대하여 변제할 책임이 있다.
② 합병후 존속한 회사 또는 합병으로 인하여 설립한 회사의 합병후 취득한 재산은 합병을 한 회사의 공유로 한다.
③ 전2항의 경우에 각 회사의 협의로 그 부담부분 또는 지분을 정하지 못한 때에는 법원은 그 청구에 의하여 합병당시의 각 회사의 재산상태 기타의 사정을 참작하여 이를 정한다.

제240조【준용규정】
제186조 내지 제191조의 규정은 합병무효의 소에 준용한다.

제241조【사원에 의한 해산청구】
① 부득이한 사유가 있는 때에는 각 사원은 회사의 해산을 법원에 청구할 수 있다.
② 제186조와 제191조의 규정은 전항의 경우에 준용한다.

제242조【조직변경】
① 합명회사는 총사원의 동의로 일부사원을 유한책임사원으로 하거나 유한책임사원을 새로 가입시켜서 합자회사로 변경할 수 있다.
② 전항의 규정은 제229조 제2항의 규정에 의하여 회사를 계속하는 경우에 준용한다.

제243조【조직변경의 등기】
합명회사를 합자회사로 변경한 때에는 본점의 소재지에서 2주일 내에 합명회사의 해산등기, 합자회사의 설립등기를 하여야 한다.
[전문개정 2024.9.20]

제244조【조직변경에 의하여 유한책임사원이 된 자의 책임】
합명회사사원으로서 제242조 제1항의 규정에 의하여 유한책임사원이 된 자는 전조의 규정에 의한 본점등기를 하기 전에 생긴 회사채무에 대하여는 등기후 2년내에는 무한책임사원의 책임을 면하지 못한다.

제6절 청 산

제245조【청산중의 회사】
회사는 해산된 후에도 청산의 목적범위내에서 존속하는 것으로 본다.

제246조【수인의 지분상속인이 있는 경우】
회사의 해산후 사원이 사망한 경우에 그 상속인이 수인인 때에는 청산에 관한 사원의 권리를 행사할 자 1인을 정하여야 한다. 이를 정하지 아니한 때에는 회사의 통지 또는 최고는 그 중의 1인에 대하여 하면 전원에 대하여 그 효력이 있다.

제247조【임의청산】
① 해산된 회사의 재산처분방법은 정관 또는 총사원의 동의로 이를 정할 수 있다. 이 경우에는 해산사유가 있는 날로부터 2주간내에 재산목록과 대차대조표를 작성하여야 한다.
② 전항의 규정은 회사가 제227조 제3호 또는 제6호의 사유로 인하여 해산한 경우에는 이를 적용하지 아니한다.
③ 제232조의 규정은 제1항의 경우에 준용한다.
④ 제1항의 경우에 사원의 지분을 압류한 자가 있는 때에는 그 동의를 얻어야 한다.

⑤ 제1항의 회사는 그 재산의 처분을 완료한 날부터 2주일 내에 본점의 소재지에서 청산종결의 등기를 하여야 한다. 〈개정 2024.9.20〉

제248조【임의청산과 채권자보호】

① 회사가 전조 제3항의 규정에 위반하여 그 재산을 처분함으로써 회사채권자를 해한 때에는 회사채권자는 그 처분의 취소를 법원에 청구할 수 있다.

② 제186조와 민법 제406조 제1항 단서, 제2항 및 제407조의 규정은 전항의 취소의 청구에 준용한다.

제249조【지분압류채권자의 보호】

회사가 제247조 제4항의 규정에 위반하여 그 재산을 처분한 때에는 사원의 지분을 압류한 자는 회사에 대하여 그 지분에 상당하는 금액의 지급을 청구할 수 있다. 이 경우에는 전조의 규정을 준용한다.

제250조【법정청산】

제247조 제1항의 규정에 의하여 회사재산의 처분방법을 정하지 아니한 때에는 합병과 파산의 경우를 제외하고 제251조 내지 제265조의 규정에 따라서 청산을 하여야 한다.

제251조【청산인】

① 회사가 해산된 때에는 총사원 과반수의 결의로 청산인을 선임한다.

② 청산인의 선임이 없는 때에는 업무집행사원이 청산인이 된다.

제252조【법원선임에 의한 청산인】

회사가 제227조 제3호 또는 제6호의 사유로 인하여 해산된 때에는 법원은 사원 기타의 이해관계인이나 검사의 청구에 의하여 또는 직권으로 청산인을 선임한다.

제253조【청산인의 등기】

① 청산인이 선임된 때에는 그 선임된 날부터, 업무집행사원이 청산인이 된 때에는 해산된 날부터 2주일 내에 본점의 소재지에서 다음 각 호의 사항을 등기하여야 한다. 〈개정 1995.12.29., 2024.9.20〉

1. 청산인의 성명·주민등록번호 및 주소. 다만, 회사를 대표할 청산인을 정한 때에는 그 외의 청산인의 주소를 제외한다.
2. 회사를 대표할 청산인을 정한 때에는 그 성명
3. 수인의 청산인이 공동으로 회사를 대표할 것을 정한 때에는 그 규정

② 제183조의 규정은 제1항의 등기에 준용한다. 〈개정 1995.12.29〉

제254조【청산인의 직무권한】

① 청산인의 직무는 다음과 같다.

1. 현존사무의 종결
2. 채권의 추심과 채무의 변제
3. 재산의 환가처분
4. 잔여재산의 분배

② 청산인이 수인인 때에는 청산의 직무에 관한 행위는 그 과반수의 결의로 정한다.

③ 회사를 대표할 청산인은 제1항의 직무에 관하여 재판상 또는 재판외의 모든 행위를 할 권한이 있다.

④ 민법 제93조의 규정은 합명회사에 준용한다.

제255조【청산인의 회사대표】

① 업무집행사원이 청산인으로 된 경우에는 종전의 정함에 따라 회사를 대표한다.

② 법원이 수인의 청산인을 선임하는 경우에는 회사를 대표할 자를 정하거나 수인이 공동하여 회사를 대표할 것을 정할 수 있다.

제256조【청산인의 의무】

① 청산인은 취임한 후 지체없이 회사의 재산상태를 조사하고 재산목록과 대차대조표를 작성하여 각 사원에게 교부하여야 한다.

② 청산인은 사원의 청구가 있는 때에는 언제든지 청산의 상황을 보고하여야 한다.

제257조【영업의 양도】

청산인이 회사의 영업의 전부 또는 일부를 양도함에는 총사원 과반수의 결의가 있어야 한다.

제258조【채무완제불능과 출자청구】
① 회사의 현존재산이 그 채무를 변제함에 부족한 때에는 청산인은 변제기에 불구하고 각 사원에 대하여 출자를 청구할 수 있다.
② 전항의 출자액은 각 사원의 출자의 비율로 이를 정한다.

제259조【채무의 변제】
① 청산인은 변제기에 이르지 아니한 회사채무에 대하여도 이를 변제할 수 있다.
② 전항의 경우에 이자 없는 채권에 관하여는 변제기에 이르기까지의 법정이자를 가산하여 그 채권액에 달할 금액을 변제하여야 한다.
③ 전항의 규정은 이자 있는 채권으로서 그 이율이 법정이율에 달하지 못하는 것에 이를 준용한다.
④ 제1항의 경우에는 조건부채권, 존속기간이 불확정한 채권 기타 가액이 불확정한 채권에 대하여는 법원이 선임한 감정인의 평가에 의하여 변제하여야 한다.

제260조【잔여재산의 분배】
청산인은 회사의 채무를 완제한 후가 아니면 회사재산을 사원에게 분배하지 못한다. 그러나 다툼이 있는 채무에 대하여는 그 변제에 필요한 재산을 보류하고 잔여재산을 분배할 수 있다.

제261조【청산인의 해임】
사원이 선임한 청산인은 총사원 과반수의 결의로 해임할 수 있다.

제262조【동 전】
청산인이 그 직무를 집행함에 현저하게 부적임하거나 중대한 임무에 위반한 행위가 있는 때에는 법원은 사원 기타의 이해관계인의 청구에 의하여 청산인을 해임할 수 있다.

제263조【청산인의 임무종료】
① 청산인은 그 임무가 종료한 때에는 지체없이 계산서를 작성하여 각 사원에게 교부하고 그 승인을 얻어야 한다.
② 전항의 계산서를 받은 사원이 1월내에 이의를 하지 아니한 때에는 그 계산을 승인한 것으로 본다. 그러나 청산인에게 부정행위가 있는 경우에는 그러하지 아니하다.

제264조【청산종결의 등기】
청산이 종결된 때에는 청산인은 제263조에 따른 총사원의 승인이 있은 날부터 2주일 내에 본점의 소재지에서 청산종결의 등기를 하여야 한다.
[전문개정 2024.9.20]

제265조【준용규정】
제183조의2·제199조·제200조의2·제207조·제208조·제209조 제2항·제210조·제382조 제2항·제399조 및 제401조의 규정은 청산인에 준용한다.
[전문개정 2001.12.29]

제266조【장부, 서류의 보존】
① 회사의 장부와 영업 및 청산에 관한 중요서류는 본점소재지에서 청산종결의 등기를 한 후 10년간 이를 보존하여야 한다. 다만, 전표 또는 이와 유사한 서류는 5년간 이를 보존하여야 한다. 〈개정 1995.12.29〉
② 제1항의 경우에는 총사원 과반수의 결의로 보존인과 보존방법을 정하여야 한다. 〈개정 1995.12.29〉

제267조【사원의 책임의 소멸시기】
① 제212조의 규정에 의한 사원의 책임은 본점소재지에서 해산등기를 한 후 5년을 경과하면 소멸한다.
② 전항의 기간경과후에도 분배하지 아니한 잔여재산이 있는 때에는 회사채권자는 이에 대하여 변제를 청구할 수 있다.

제3장 합자회사

제268조【회사의 조직】
합자회사(合資會社)는 무한(無限)책임사원과 유한(有限)책임사원으로 조직한다.

제269조 【준용규정】
합자회사에는 본장에 다른 규정이 없는 사항은 합명회사에 관한 규정을 준용한다.

제270조 【정관의 절대적 기재사항】
합자회사의 정관에는 제179조에 게기한 사항외에 각 사원의 무한책임 또는 유한책임인 것을 기재하여야 한다.

제271조 【등기사항】
합자회사의 설립등기를 할 때에는 제180조 각 호의 사항 외에 각 사원의 책임이 무한책임인지 유한책임인지를 등기하여야 한다.

[전문개정 2024.9.20]

제272조 【유한책임사원의 출자】
유한책임사원은 신용 또는 노무를 출자의 목적으로 하지 못한다.

제273조 【업무집행의 권리의무】
무한책임사원은 정관에 다른 규정이 없는 때에는 각자가 회사의 업무를 집행할 권리와 의무가 있다.

제274조 【지배인의 선임, 해임】
지배인의 선임과 해임은 업무집행사원이 있는 경우에도 무한책임사원 과반수의 결의에 의하여야 한다.

제275조 【유한책임사원의 경업의 자유】
유한책임사원은 다른 사원의 동의없이 자기 또는 제3자의 계산으로 회사의 영업부류에 속하는 거래를 할 수 있고 동종영업을 목적으로 하는 다른 회사의 무한책임사원 또는 이사가 될 수 있다.

제276조 【유한책임사원의 지분양도】
유한책임사원은 무한책임사원 전원의 동의가 있으면 그 지분의 전부 또는 일부를 타인에게 양도할 수 있다. 지분의 양도에 따라 정관을 변경하여야 할 경우에도 같다.

제277조 【유한책임사원의 감시권】
① 유한책임사원은 영업연도말에 있어서 영업시간내에 한하여 회사의 회계장부·대차대조표 기타의 서류를 열람할 수 있고 회사의 업무와 재산상태를 검사할 수 있다.

〈개정 1984.4.10〉

② 중요한 사유가 있는 때에는 유한책임사원은 언제든지 법원의 허가를 얻어 제1항의 열람과 검사를 할 수 있다.

제278조 【유한책임사원의 업무집행, 회사대표의 금지】
유한책임사원은 회사의 업무집행이나 대표행위를 하지 못한다.

제279조 【유한책임사원의 책임】
① 유한책임사원은 그 출자가액에서 이미 이행한 부분을 공제한 가액을 한도로 하여 회사채무를 변제할 책임이 있다.
② 회사에 이익이 없음에도 불구하고 배당을 받은 금액은 변제책임을 정함에 있어서 이를 가산한다.

제280조 【출자감소의 경우의 책임】
유한책임사원은 그 출자를 감소한 후에도 본점소재지에서 등기를 하기 전에 생긴 회사채무에 대하여는 등기후 2년내에는 전조의 책임을 면하지 못한다.

제281조 【자칭(自稱) 무한책임사원의 책임】
① 유한책임사원이 타인에게 자기를 무한책임사원이라고 오인시키는 행위를 한 때에는 오인으로 인하여 회사와 거래를 한 자에 대하여 무한책임사원과 동일한 책임이 있다.
② 전항의 규정은 유한책임사원이 그 책임의 한도를 오인시키는 행위를 한 경우에 준용한다.

제282조 【책임을 변경한 사원의 책임】
제213조의 규정은 유한책임사원이 무한책임사원으로 된 경우에, 제225조의 규정은 무한책임사원이 유한책임사원으로 된 경우에 준용한다.

제283조 【유한책임사원의 사망】
① 유한책임사원이 사망한 때에는 그 상속인이 그 지분을 승계하여 사원이 된다.

② 전항의 경우에 상속인이 수인인 때에는 사원의 권리를 행사할 자 1인을 정하여야 한다. 이를 정하지 아니한 때에는 회사의 통지 또는 최고는 그 중의 1인에 대하여 하면 전원에 대하여 그 효력이 있다.

제284조【유한책임사원의 성년후견개시】
유한책임사원은 성년후견개시 심판을 받은 경우에도 퇴사되지 아니한다. [전문개정 2018.9.18.]

제285조【해산, 계속】
① 합자회사는 무한책임사원 또는 유한책임사원의 전원이 퇴사한 때에는 해산된다.
② 전항의 경우에 잔존한 무한책임사원 또는 유한책임사원은 전원의 동의로 새로 유한책임사원 또는 무한책임사원을 가입시켜서 회사를 계속할 수 있다.
③ 제213조와 제229조 제3항의 규정은 전항의 경우에 준용한다.

제286조【조직변경】
① 합자회사는 사원전원(全員)의 동의로 그 조직을 합명회사로 변경하여 계속할 수 있다.
② 유한책임사원 전원이 퇴사한 경우에도 무한책임사원은 그 전원의 동의로 합명회사로 변경하여 계속할 수 있다.
③ 제1항과 제2항의 경우에는 본점의 소재지에서 2주일 내에 합자회사의 해산등기, 합명회사의 설립등기를 하여야 한다. 〈개정 2024.9.20〉

제287조【청산인】
합자회사의 청산인은 무한책임사원 과반수의 결의로 선임한다. 이를 선임하지 아니한 때에는 업무집행사원이 청산인이 된다.

제3장의2 유한책임회사

[본장신설 2011.4.14]

제1절 설 립

[본절신설 2011.4.14]

제287조의2【정관의 작성】
유한책임회사를 설립할 때에는 사원은 정관을 작성하여야 한다. [본조신설 2011.4.14]

제287조의3【정관의 기재사항】
정관에는 다음 각 호의 사항을 적고 각 사원이 기명날인하거나 서명하여야 한다.
1. 제179조 제1호부터 제3호까지, 제5호 및 제6호에서 정한 사항
2. 사원의 출자의 목적 및 가액
3. 자본금의 액
4. 업무집행자의 성명(법인인 경우에는 명칭) 및 주소 [본조신설 2011.4.14]

제287조의4【설립 시의 출자의 이행】
① 사원은 신용이나 노무를 출자의 목적으로 하지 못한다.
② 사원은 정관의 작성 후 설립등기를 하는 때까지 금전이나 그 밖의 재산의 출자를 전부 이행하여야 한다.
③ 현물출자를 하는 사원은 납입기일에 지체 없이 유한책임회사에 출자의 목적인 재산을 인도하고, 등기, 등록, 그 밖의 권리의 설정 또는 이전이 필요한 경우에는 이에 관한 서류를 모두 갖추어 교부하여야 한다.
[본조신설 2011.4.14.]

제287조의5【설립의 등기 등】
① 유한책임회사는 본점의 소재지에서 다음 각 호의 사항을 등기함으로써 성립한다.
1. 제179조 제1호·제2호 및 제5호에서 정한 사항과 지점을 둔 경우에는 그 소재지
2. 제180조 제3호에서 정한 사항
3. 자본금의 액

4. 업무집행자의 성명, 주소 및 주민등록번호(법인인 경우에는 명칭, 주소 및 법인등록번호). 다만, 유한책임회사를 대표할 업무집행자를 정한 경우에는 그 외의 업무집행자의 주소는 제외한다.
5. 유한책임회사를 대표할 자를 정한 경우에는 그 성명 또는 명칭과 주소
6. 정관으로 공고방법을 정한 경우에는 그 공고방법
7. 둘 이상의 업무집행자가 공동으로 회사를 대표할 것을 정한 경우에는 그 규정

② 유한책임회사가 지점을 설치하는 경우에는 제181조를 준용한다.

③ 유한책임회사가 본점이나 지점을 이전하는 경우에는 제182조를 준용한다.

④ 제1항 각 호의 사항이 변경된 경우에는 본점의 소재지에서 2주일 내에 변경등기를 하여야 한다. 〈개정 2024.9.20〉

⑤ 유한책임회사의 업무집행자의 업무집행을 정지하거나 직무대행자를 선임하는 가처분을 하거나 그 가처분을 변경 또는 취소하는 경우에는 본점이 있는 곳의 등기소에서 등기하여야 한다. 〈개정 2024.9.20〉

[본조신설 2011.4.14]

제287조의6 【준용규정】

유한책임회사의 설립의 무효와 취소에 관하여는 제184조부터 제194조까지의 규정을 준용한다. 이 경우 제184조 중"사원"은"사원 및 업무집행자"로 본다. [본조신설 2011.4.14]

제2절 유한책임회사의 내부관계

[본절신설 2011.4.14]

제287조의7 【사원의 책임】

사원의 책임은 이 법에 다른 규정이 있는 경우 외에는 그 출자금액을 한도로 한다.

[본조신설 2011.4.14]

제287조의8 【지분의 양도】

① 사원은 다른 사원의 동의를 받지 아니하면 그 지분의 전부 또는 일부를 타인에게 양도하지 못한다.

② 제1항에도 불구하고 업무를 집행하지 아니한 사원은 업무를 집행하는 사원 전원의 동의가 있으면 지분의 전부 또는 일부를 타인에게 양도할 수 있다. 다만, 업무를 집행하는 사원이 없는 경우에는 사원 전원의 동의를 받아야 한다.

③ 제1항과 제2항에도 불구하고 정관으로 그에 관한 사항을 달리 정할 수 있다.

[본조신설 2011.4.14]

287조의9 【유한책임회사에 의한 지분양수의 금지】

① 유한책임회사는 그 지분의 전부 또는 일부를 양수할 수 없다.

② 유한책임회사가 지분을 취득하는 경우에 그 지분은 취득한 때에 소멸한다. [본조신설 2011.4.14]

제287조의10 【업무집행자의 경업 금지】

① 업무집행자는 사원 전원의 동의를 받지 아니하고는 자기 또는 제3자의 계산으로 회사의 영업부류(營業部類)에 속한 거래를 하지 못하며, 같은 종류의 영업을 목적으로 하는 다른 회사의 업무집행자·이사 또는 집행임원이 되지 못한다.

상법

② 업무집행자가 제1항을 위반하여 거래를 한 경우에는 제198조 제2항부터 제4항까지의 규정을 준용한다.

[본조신설 2011.4.14]

제287조의11【업무집행자와 유한책임회사 간의 거래】
업무집행자는 다른 사원 과반수의 결의가 있는 경우에만 자기 또는 제3자의 계산으로 회사와 거래를 할 수 있다. 이 경우에는 「민법」 제124조를 적용하지 아니한다.

[본조신설 2011.4.14]

제287조의12【업무의 집행】
① 유한책임회사는 정관으로 사원 또는 사원이 아닌 자를 업무집행자로 정하여야 한다.
② 1명 또는 둘 이상의 업무집행자를 정한 경우에는 업무집행자 각자가 회사의 업무를 집행할 권리와 의무가 있다. 이 경우에는 제201조 제2항을 준용한다.
③ 정관으로 둘 이상을 공동업무집행자로 정한 경우에는 그 전원의 동의가 없으면 업무집행에 관한 행위를 하지 못한다.

[본조신설 2011.4.14]

제287조의13【직무대행자의 권한 등】
제287조의5 제5항에 따라 선임된 직무대행자의 권한에 대하여는 제200조의2를 준용한다.

[본조신설 2011.4.14]

제287조의14【사원의 감시권】
업무집행자가 아닌 사원의 감시권에 대하여는 제277조를 준용한다. [본조신설 2011.4.14]

제287조의15【법인이 업무집행자인 경우의 특칙】
① 법인이 업무집행자인 경우에는 그 법인은 해당 업무집행자의 직무를 행할 자를 선임하고, 그 자의 성명과 주소를 다른 사원에게 통지하여야 한다.
② 제1항에 따라 선임된 직무수행자에 대하여는 제287조의11과 제287조의12를 준용한다.

[본조신설 2011.4.14]

제287조의16【정관의 변경】
정관에 다른 규정이 없는 경우 정관을 변경하려면 총사원의 동의가 있어야 한다.

[본조신설 2011.4.14]

제287조의17【업무집행자 등의 권한상실 선고】
① 업무집행자의 업무집행권한의 상실에 관하여는 제205조를 준용한다.
② 제1항의 소(訴)는 본점소재지의 지방법원의 관할에 전속한다.

[본조신설 2011.4.14]

제287조의18【준용규정】
유한책임회사의 내부관계에 관하여는 정관이나 이 법에 다른 규정이 없으면 합명회사에 관한 규정을 준용한다.

[본조신설 2011.4.14]

제3절 유한책임회사의 외부관계

[본절신설 2011.4.14]

제287조의19【유한책임회사의 대표】
① 업무집행자는 유한책임회사를 대표한다.
② 업무집행자가 둘 이상인 경우 정관 또는 총사원의 동의로 유한책임회사를 대표할 업무집행자를 정할 수 있다.
③ 유한책임회사는 정관 또는 총사원의 동의로 둘 이상의 업무집행자가 공동으로 회사를 대표할 것을 정할 수 있다.
④ 제3항의 경우에 제3자의 유한책임회사에 대한 의사표시는 공동대표의 권한이 있는 자 1인에 대하여 함으로써 그 효력이 생긴다.
⑤ 유한책임회사를 대표하는 업무집행자에 대하여는 제209조를 준용한다.

[본조신설 2011.4.14]

제287조의20【손해배상책임】
유한책임회사를 대표하는 업무집행자가 그 업무집행으로 타인에게 손해를 입힌 경우에는 회사는 그 업무집행자와 연대하여 배상할 책임이 있다.
[본조신설 2011.4.14]

제287조의21【유한책임회사와 사원 간의 소】
유한책임회사가 사원(사원이 아닌 업무집행자를 포함한다. 이하 이 조에서 같다)에 대하여 또는 사원이 유한책임회사에 대하여 소를 제기하는 경우에 유한책임회사를 대표할 사원이 없을 때에는 다른 사원 과반수의 결의로 대표할 사원을 선정하여야 한다.
[본조신설 2011.4.14]

제287조의22【대표소송】
① 사원은 회사에 대하여 업무집행자의 책임을 추궁하는 소의 제기를 청구할 수 있다.
② 제1항의 소에 관하여는 제403조 제2항부터 제4항까지, 제6항, 제7항 및 제404조부터 제406조까지의 규정을 준용한다.
[본조신설 2011.4.14]

제4절 사원의 가입 및 탈퇴

[본절신설 2011.4.14]

제287조의23【사원의 가입】
① 유한책임회사는 정관을 변경함으로써 새로운 사원을 가입시킬 수 있다.
② 제1항에 따른 사원의 가입은 정관을 변경한 때에 효력이 발생한다. 다만, 정관을 변경한 때에 해당 사원이 출자에 관한 납입 또는 재산의 전부 또는 일부의 출자를 이행하지 아니한 경우에는 그 납입 또는 이행을 마친 때에 사원이 된다.
③ 사원 가입 시 현물출자를 하는 사원에 대하여는 제287조의4 제3항을 준용한다.
[본조신설 2011.4.14]

제287조의24【사원의 퇴사권】
사원의 퇴사에 관하여는 정관으로 달리 정하지 아니하는 경우에는 제217조 제1항을 준용한다.
[본조신설 2011.4.14]

제287조의25【퇴사 원인】
사원의 퇴사 원인에 관하여는 제218조를 준용한다.
[본조신설 2011.4.14]

제287조의26【사원사망 시 권리승계의 통지】
사원이 사망한 경우에는 제219조를 준용한다
[본조신설 2011.4.14]

제287조의27【제명의 선고】
사원의 제명에 관하여는 제220조를 준용한다. 다만, 사원의 제명에 필요한 결의는 정관으로 달리 정할 수 있다.
[본조신설 2011.4.14]

제287조의28【퇴사 사원 지분의 환급】
① 퇴사 사원은 그 지분의 환급을 금전으로 받을 수 있다.
② 퇴사 사원에 대한 환급금액은 퇴사 시의 회사의 재산 상황에 따라 정한다.
③ 퇴사 사원의 지분 환급에 대하여는 정관으로 달리 정할 수 있다.
[본조신설 2011.4.14]

제287조의29【지분압류채권자에 의한 퇴사】
사원의 지분을 압류한 채권자가 그 사원을 퇴사시키는 경우에는 제224조를 준용한다.
[본조신설 2011.4.14]

제287조의30【퇴사 사원의 지분 환급과 채권자의 이의】
① 유한책임회사의 채권자는 퇴사하는 사원에게 환급하는 금액이 제287조의37에 따른 잉여금을 초과한 경우에는 그 환급에 대하여 회사에 이의를 제기할 수 있다.
② 제1항의 이의제기에 관하여는 제232조를 준용한다. 다만, 제232조 제3항은 지분을 환급하더라도 채권자에게 손해를 끼칠 우려가 없는 경우에는 준용하지 아니한다.
[본조신설 2011.4.14]

상법

제287조의31【퇴사 사원의 상호변경 청구권】 퇴사한 사원의 성명이 유한책임회사의 상호 중에 사용된 경우에는 그 사원은 유한책임회사에 대하여 그 사용의 폐지를 청구할 수 있다.

[본조신설 2011.4.14]

제5절 회계 등

[본절신설 2011.4.14]

제287조의32【회계 원칙】 유한책임회사의 회계는 이 법과 대통령령으로 규정한 것 외에는 일반적으로 공정하고 타당한 회계관행에 따른다.

[본조신설 2011.4.14]

제287조의33【재무제표의 작성 및 보존】 업무집행자는 결산기마다 대차대조표, 손익계산서, 그 밖에 유한책임회사의 재무상태와 경영성과를 표시하는 것으로서 대통령령으로 정하는 서류를 작성하여야 한다.

[본조신설 2011.4.14]

제287조의34【재무제표의 비치·공시】 ① 업무집행자는 제287조의33에 규정된 서류를 본점에 5년간 갖추어 두어야 하고, 그 등본을 지점에 3년간 갖추어 두어야 한다.

② 사원과 유한책임회사의 채권자는 회사의 영업시간 내에는 언제든지 제287조의33에 따라 작성된 재무제표(財務諸表)의 열람과 등사를 청구할 수 있다.

[본조신설 2011.4.14]

제287조의35【자본금의 액】 사원이 출자한 금전이나 그 밖의 재산의 가액을 유한책임회사의 자본금으로 한다.

[본조신설 2011.4.14]

제287조의36【자본금의 감소】 ① 유한책임회사는 정관 변경의 방법으로 자본금을 감소할 수 있다.

② 제1항의 경우에는 제232조를 준용한다. 다만, 감소 후의 자본금의 액이 순자산액 이상인 경우에는 그러하지 아니하다. [본조신설 2011.4.14]

제287조의37【잉여금의 분배】 ① 유한책임회사는 대차대조표상의 순자산액으로부터 자본금의 액을 뺀 액(이하 이 조에서 "잉여금"이라 한다)을 한도로 하여 잉여금을 분배할 수 있다.

② 제1항을 위반하여 잉여금을 분배한 경우에는 유한책임회사의 채권자는 그 잉여금을 분배받은 자에 대하여 회사에 반환할 것을 청구할 수 있다.

③ 제2항의 청구에 관한 소는 본점소재지의 지방법원의 관할에 전속한다.

④ 잉여금은 정관에 다른 규정이 없으면 각 사원이 출자한 가액에 비례하여 분배한다.

⑤ 잉여금의 분배를 청구하는 방법이나 그 밖에 잉여금의 분배에 관한 사항은 정관으로 정할 수 있다.

⑥ 사원의 지분의 압류는 잉여금의 배당을 청구하는 권리에 대하여도 그 효력이 있다.

[본조신설 2011.4.14]

제6절 해 산

[본절신설 2011.4.14]

제287조의38【해산 원인】 유한책임회사는 다음 각 호의 어느 하나에 해당하는 사유로 해산한다.

1. 제227조 제1호·제2호 및 제4호부터 제6호까지에서 규정한 사항에 해당하는 경우
2. 사원이 없게 된 경우

[본조신설 2011.4.14]

제287조의39【해산등기】 유한책임회사가 해산된 경우에는 합병과 파산의 경우 외에는 그 해산사유가 있었던 날부터 2주일 내에 본점의 소재지에서 해산등기를 하여야 한다.

〈개정 2024.9.20〉

[본조신설 2011.4.14]

제287조의40【유한책임회사의 계속】
제287조의38의 해산 원인 중 제227조 제1호 및 제2호의 경우에는 제229조 제1항 및 제3항을 준용한다.

[본조신설 2011.4.14]

제287조의41【유한책임회사의 합병】
유한책임회사의 합병에 관하여는 제230조, 제232조부터 제240조까지의 규정을 준용한다.

[본조신설 2011.4.14]

제287조의42【해산청구】
유한책임회사의 사원이 해산을 청구하는 경우에는 제241조를 준용한다.

[본조신설 2011.4.14]

제7절 조직변경 [본절신설 2011.4.14]

제287조의43【조직의 변경】
① 주식회사는 총회에서 총주주의 동의로 결의한 경우에는 그 조직을 변경하여 이 장에 따른 유한책임회사로 할 수 있다.
② 유한책임회사는 총사원의 동의에 의하여 주식회사로 변경할 수 있다.

[본조신설 2011.4.14]

제287조의44【준용규정】
유한책임회사의 조직의 변경에 관하여는 제232조 및 제604조부터 제607조까지의 규정을 준용한다.

[본조신설 2011.4.14]

제8절 청 산 [본절신설 2011.4.14]

제287조의45【청 산】
유한책임회사의 청산(清算)에 관하여는 제245조, 제246조, 제251조부터 제257조까지 및 제259조부터 제267조까지의 규정을 준용한다.

[본조신설 2011.4.14]

제4장 주식회사

제1절 설 립

제288조【발기인(發起人)】
주식회사(株式會社)를 설립함에는 발기인이 정관을 작성하여야 한다. [전문개정 2001.7.24]

제289조【정관의 작성, 절대적 기재사항】
① 발기인은 정관을 작성하여 다음의 사항을 적고 각 발기인이 기명날인 또는 서명하여야 한다.
〈개정 1984.4.10, 1995.12.29, 2001.7.24, 2011.4.14〉
1. 목 적
2. 상 호
3. 회사가 발행할 주식의 총수
4. 액면주식을 발행하는 경우 1주의 금액
〈제4호 개정 2011.4.14〉
5. 회사의 설립시에 발행하는 주식의 총수
6. 본점의 소재지
7. 회사가 공고를 하는 방법
8. 발기인의 성명·주민등록번호 및 주소
9. 삭 제 〈1984.4.10〉

② 삭 제 〈2011.4.14〉
③ 회사의 공고는 관보 또는 시사(時事)에 관한 사항을 게재하는 일간신문에 하여야 한다. 다만, 회사는 그 공고를 정관으로 정하는 바에 따라 전자적 방법으로 할 수 있다.
〈개정 2009.5.28〉
④ 회사는 제3항에 따라 전자적 방법으로 공고할 경우 대통령령으로 정하는 기간까지 계속 공고하고, 재무제표를 전자적 방법으로 공고할 경우에는 제450조에서 정한 기간까지 계속 공고하여야 한다. 다만, 공고기간 이후에도 누구나 그 내용을 열람할 수 있도록 하여야 한다.
〈신설 2009.5.28〉
⑤ 회사가 전자적 방법으로 공고를 할 경우에는 게시 기간과 게시 내용에 대하여 증명하여야 한다. 〈신설 2009.5.28〉

⑥ 회사의 전자적 방법으로 하는 공고에 관하여 필요한 사항은 대통령령으로 정한다.

〈신설 2009.5.28〉

제290조【변태(變態)설립사항】

다음의 사항은 정관에 기재함으로써 그 효력이 있다.

1. 발기인이 받을 특별이익과 이를 받을 자의 성명
2. 현물출자를 하는 자의 성명과 그 목적인 재산의 종류, 수량, 가격과 이에 대하여 부여할 주식의 종류와 수
3. 회사성립 후에 양수할 것을 약정한 재산의 종류, 수량, 가격과 그 양도인의 성명
4. 회사가 부담할 설립비용과 발기인이 받을 보수액

제291조【설립 당시의 주식발행사항의 결정】

회사설립 시에 발행하는 주식에 관하여 다음의 사항은 정관으로 달리 정하지 아니하면 발기인 전원의 동의로 이를 정한다.

1. 주식의 종류와 수
2. 액면주식의 경우에 액면 이상의 주식을 발행할 때에는 그 수와 금액
3. 무액면주식을 발행하는 경우에는 주식의 발행가액과 주식의 발행가액 중 자본금으로 계상하는 금액

[전문개정 2011.4.14]

제292조【정관의 효력발생】

정관은 공증인의 인증을 받음으로써 효력이 생긴다. 다만, 자본금 총액이 10억원 미만인 회사를 제295조 제1항에 따라 발기설립(發起設立)하는 경우에는 제289조 제1항에 따라 각 발기인이 정관에 기명날인 또는 서명함으로써 효력이 생긴다.

[전문개정 2009.5.28]

제293조【발기인의 주식인수】

각 발기인은 서면에 의하여 주식을 인수하여야 한다.

제294조 삭 제 〈1995.12.29〉

제295조【발기설립의 경우의 납입과 현물출자의 이행】

① 발기인이 회사의 설립시에 발행하는 주식의 총수를 인수한 때에는 지체없이 각 주식에 대하여 그 인수가액의 전액을 납입하여야 한다. 이 경우 발기인은 납입을 맡을 은행 기타 금융기관과 납입장소를 지정하여야 한다.

〈개정 1995.12.29〉

② 현물출자를 하는 발기인은 납입기일에 지체없이 출자의 목적인 재산을 인도하고 등기, 등록 기타 권리의 설정 또는 이전을 요할 경우에는 이에 관한 서류를 완비하여 교부하여야 한다.

제296조【발기설립의 경우의 임원선임】

① 전조의 규정에 의한 납입과 현물출자의 이행이 완료된 때에는 발기인은 지체없이 의결권의 과반수로 이사와 감사를 선임하여야 한다.

② 발기인의 의결권은 그 인수주식의 1주에 대하여 1개로 한다.

제297조【발기인의 의사록작성】

발기인은 의사록을 작성하여 의사의 경과와 그 결과를 기재하고 기명날인 또는 서명하여야 한다.

〈개정 1995.12.29〉

제298조【이사·감사의 조사·보고와 검사인의 선임청구】

① 이사와 감사는 취임후 지체없이 회사의 설립에 관한 모든 사항이 법령 또는 정관의 규정에 위반되지 아니하는지의 여부를 조사하여 발기인에게 보고하여야 한다.

② 이사와 감사 중 발기인이었던 자·현물출자자 또는 회사성립후 양수할 재산의 계약당사자인 자는 제1항의 조사·보고에 참가하지 못한다.

③ 이사와 감사의 전원이 제2항에 해당하는 때에는 이사는 공증인으로 하여금 제1항의 조사·보고를 하게 하여야 한다.

④ 정관으로 제290조 각호의 사항을 정한 때에는

이사는 이에 관한 조사를 하게 하기 위하여 검사인의 선임을 법원에 청구하여야 한다. 다만, 제299조의2의 경우에는 그러하지 아니하다.

[전문개정 1995.12.29]

제299조【검사인의 조사, 보고】

① 검사인은 제290조 각 호의 사항과 제295조에 따른 현물출자의 이행을 조사하여 법원에 보고하여야 한다.

② 제1항은 다음 각 호의 어느 하나에 해당할 경우에는 적용하지 아니한다.

1. 제290조 제2호 및 제3호의 재산총액이 자본금의 5분의 1을 초과하지 아니하고 대통령령으로 정한 금액을 초과하지 아니하는 경우
2. 제290조 제2호 또는 제3호의 재산이 거래소에서 시세가 있는 유가증권인 경우로서 정관에 적힌 가격이 대통령령으로 정한 방법으로 산정된 시세를 초과하지 아니하는 경우
3. 그 밖에 제1호 및 제2호에 준하는 경우로서 대통령령으로 정하는 경우

③ 검사인은 제1항의 조사보고서를 작성한 후 지체 없이 그 등본을 각 발기인에게 교부하여야 한다.

④ 검사인의 조사보고서에 사실과 다른 사항이 있는 경우에는 발기인은 이에 대한 설명서를 법원에 제출할 수 있다.

[전문개정 2011.4.14]

제299조의2【현물출자 등의 증명】

제290조 제1호 및 제4호에 기재한 사항에 관하여는 공증인의 조사·보고로, 제290조 제2호 및 제3호의 규정에 의한 사항과 제295조의 규정에 의한 현물출자의 이행에 관하여는 공인된 감정인의 감정으로 제299조 제1항의 규정에 의한 검사인의 조사에 갈음할 수 있다. 이 경우 공증인 또는 감정인은 조사 또는 감정결과를 법원에 보고하여야 한다. 〈개정 1998.12.28〉

[본조신설 1995.12.29]

제300조【법원의 변경처분】

① 법원은 검사인 또는 공증인의 조사보고서 또는 감정인의 감정결과와 발기인의 설명서를 심사하여 제290조의 규정에 의한 사항을 부당하다고 인정한 때에는 이를 변경하여 각 발기인에게 통고할 수 있다. 〈개정 1998.12.28〉

② 제1항의 변경에 불복하는 발기인은 그 주식의 인수를 취소할 수 있다. 이 경우에는 정관을 변경하여 설립에 관한 절차를 속행(續行)할 수 있다. 〈개정 1998.12.28〉

③ 법원의 통고가 있은 후 2주내에 주식의 인수를 취소한 발기인이 없는 때에는 정관은 통고에 따라서 변경된 것으로 본다.

〈개정 1998.12.28.〉

제301조【모집설립의 경우의 주주모집】

발기인이 회사의 설립시에 발행하는 주식의 총수를 인수하지 아니하는 때에는 주주를 모집하여야 한다.

제302조【주식인수의 청약, 주식청약서의 기재사항】

① 주식인수의 청약을 하고자 하는 자는 주식청약서 2통에 인수할 주식의 종류 및 수와 주소를 기재하고 기명날인 또는 서명하여야 한다.

〈개정 1995.12.29〉

② 주식청약서는 발기인이 작성하고 다음의 사항을 적어야 한다.

〈개정 1962.12.12, 1984.4.10, 1995.12.29, 2011.4.14〉

1. 정관의 인증연월일과 공증인의 성명
2. 제289조 제1항과 제290조에 게기한 사항
3. 회사의 존립기간 또는 해산사유를 정한 때에는 그 규정
4. 각 발기인이 인수한 주식의 종류와 수
5. 제291조에 게기한 사항

5의2. 주식의 양도에 관하여 이사회의 승인을 얻도록 정한 때에는 그 규정
6. 삭 제 〈제6호 삭제 2011.4.14〉
7. 주주에게 배당할 이익으로 주식을 소각(消却)할 것을 정한 때에는 그 규정
8. 일정한 시기까지 창립총회를 종결하지 아니한 때에는 주식의 인수를 취소할 수 있다는 뜻
9. 납입을 맡을 은행 기타 금융기관과 납입장소
10. 명의개서대리인(名義改書代理人)을 둔 때에는 그 성명·주소 및 영업소

③ 민법 제107조 제1항 단서의 규정은 주식인수의 청약에는 적용하지 아니한다. 〈개정 1962.12.12〉

제303조【주식인수인의 의무】
주식인수를 청약한 자는 발기인이 배정한 주식의 수에 따라서 인수가액을 납입할 의무를 부담한다.

제304조【주식인수인 등에 대한 통지, 최고】
① 주식인수인 또는 주식청약인에 대한 통지나 최고는 주식인수증 또는 주식청약서에 기재한 주소 또는 그 자로부터 회사에 통지한 주소로 하면 된다.
② 전항의 통지 또는 최고는 보통 그 도달할 시기에 도달한 것으로 본다.

제305조【주식에 대한 납입】
① 회사설립시에 발행하는 주식의 총수가 인수된 때에는 발기인은 지체없이 주식인수인에 대하여 각 주식에 대한 인수가액의 전액을 납입시켜야 한다.
② 전항의 납입은 주식청약서에 기재한 납입장소에서 하여야 한다.
③ 제295조 제2항의 규정은 제1항의 경우에 준용한다.

제306조【납입금의 보관자 등의 변경】
납입금의 보관자 또는 납입장소를 변경할 때에는 법원의 허가를 얻어야 한다.

제307조【주식인수인의 실권(失權)절차】
① 주식인수인이 제305조의 규정에 의한 납입을 하지 아니한 때에는 발기인은 일정한 기일을 정하여 그 기일내에 납입을 하지 아니하면 그 권리를 잃는다는 뜻을 기일의 2주간 전에 그 주식인수인에게 통지하여야 한다.
② 전항의 통지를 받은 주식인수인이 그 기일내에 납입의 이행을 하지 아니한 때에는 그 권리를 잃는다. 이 경우에는 발기인은 다시 그 주식에 대한 주주를 모집할 수 있다.
③ 전2항의 규정은 그 주식인수인에 대한 손해배상의 청구에 영향을 미치지 아니한다.

제308조【창립총회】
① 제305조의 규정에 의한 납입과 현물출자의 이행을 완료한 때에는 발기인은 지체없이 창립총회를 소집하여야 한다.
② 제363조 제1항·제2항, 제364조, 제368조 제2항·제3항, 제368조의2, 제369조 제1항, 제371조 제2항, 제372조, 제373조, 제376조 내지 제381조와 제435조의 규정은 창립총회에 준용한다. 〈개정 1984.4.10, 2014.5.20〉

제309조【창립총회의 결의】
창립총회의 결의는 출석한 주식인수인의 의결권의 3분의 2 이상이며 인수된 주식의 총수의 과반수에 해당하는 다수로 하여야 한다.

제310조【변태설립의 경우의 조사】
① 정관으로 제290조에 게기한 사항을 정한 때에는 발기인은 이에 관한 조사를 하게 하기 위하여 검사인의 선임을 법원에 청구하여야 한다.
② 전항의 검사인의 보고서는 이를 창립총회에 제출하여야 한다.
③ 제298조 제4항 단서 및 제299조의2의 규정은 제1항의 조사에 관하여 이를 준용한다. 〈신설 1995.12.29〉

제311조【발기인의 보고】
① 발기인은 회사의 창립에 관한 사항을 서면에 의하여 창립총회에 보고하여야 한다.

② 전항의 보고서에는 다음의 사항을 명확히 기재하여야 한다.
1. 주식인수와 납입에 관한 제반상황
2. 제290조에 게기한 사항에 관한 실태

제312조【임원의 선임】
창립총회에서는 이사와 감사를 선임하여야 한다.

제313조【이사, 감사의 조사, 보고】
① 이사와 감사는 취임후 지체없이 회사의 설립에 관한 모든 사항이 법령 또는 정관의 규정에 위반되지 아니하는지의 여부를 조사하여 창립총회에 보고하여야 한다. 〈개정 1995.12.29〉
② 제298조 제2항 및 제3항의 규정은 제1항의 조사와 보고에 관하여 이를 준용한다. 〈개정 1995.12.29〉
③ 삭 제 〈1995.12.29〉

제314조【변태설립사항의 변경】
① 창립총회에서는 제290조에 게기한 사항이 부당하다고 인정한 때에는 이를 변경할 수 있다.
② 제300조 제2항과 제3항의 규정은 전항의 경우에 준용한다.

제315조【발기인에 대한 손해배상청구】
전조의 규정은 발기인에 대한 손해배상의 청구에 영향을 미치지 아니한다.

제316조【정관변경, 설립폐지의 결의】
① 창립총회에서는 정관의 변경 또는 설립의 폐지를 결의할 수 있다.
② 전항의 결의는 소집통지서에 그 뜻의 기재가 없는 경우에도 이를 할 수 있다.

제317조【설립의 등기】
① 주식회사의 설립등기는 발기인이 회사설립시에 발행한 주식의 총수를 인수한 경우에는 제299조와 제300조의 규정에 의한 절차가 종료한 날로부터, 발기인이 주주를 모집한 경우에는 창립총회가 종결한 날 또는 제314조의 규정에 의한 절차가 종료한 날로부터 2주간내에 이를 하여야 한다.
② 제1항의 설립등기에 있어서는 다음의 사항을 등기하여야 한다. 〈개정 2009.1.30, 2011.4.14〉
1. 제289조 제1항 제1호 내지 제4호, 제6호와 제7호에 게기한 사항
2. 자본금의 액 〈제2호 개정 2011.4.14〉
3. 발행주식의 총수, 그 종류와 각종주식의 내용과 수
3의2. 주식의 양도에 관하여 이사회의 승인을 얻도록 정한 때에는 그 규정
3의3. 주식매수선택권을 부여하도록 정한 때에는 그 규정
3의4. 지점의 소재지
4. 회사의 존립기간 또는 해산사유를 정한 때에는 그 기간 또는 사유
5. 삭 제 〈제5호 삭제 2011.4.14〉
6. 주주에게 배당할 이익으로 주식을 소각할 것을 정한 때에는 그 규정
7. 전환주식을 발행하는 경우에는 제347조에 게기한 사항
8. 사내이사, 사외이사, 그 밖에 상무(常務)에 종사하지 아니하는 이사, 감사 및 집행임원의 성명과 주민등록번호 〈제8호 개정 2011.4.14〉
9. 회사를 대표할 이사 또는 집행임원의 성명·주민등록번호 및 주소〈제9호 개정 2011.4.14〉
10. 둘 이상의 대표이사 또는 대표집행임원이 공동으로 회사를 대표할 것을 정한 경우에는 그 규정 〈제10호 개정 2011.4.14〉
11. 명의개서대리인을 둔 때에는 그 상호 및 본점소재지
12. 감사위원회를 설치한 때에는 감사위원회 위원의 성명 및 주민등록번호
③ 삭제 〈2024.9.20.〉
④ 제181조 내지 제183조의 규정은 주식회사의 등기에 준용한다.

제318조【납입금 보관자의 증명과 책임】
① 납입금을 보관한 은행이나 그 밖의 금융기관은 발기인 또는 이사의 청구를 받으면 그 보관금액에 관하여 증명서를 발급하여야 한다.
② 제1항의 은행이나 그 밖의 금융기관은 증명한 보관금액에 대하여는 납입이 부실하거나 그 금액의 반환에 제한이 있다는 것을 이유로 회사에 대항하지 못한다.
③ 자본금 총액이 10억원 미만인 회사를 제295조 제1항에 따라 발기설립하는 경우에는 제1항의 증명서를 은행이나 그 밖의 금융기관의 잔고증명서로 대체할 수 있다. [전문개정 2009.5.28]

제319조【권리주의 양도】
주식의 인수로 인한 권리의 양도는 회사에 대하여 효력이 없다.

제320조【주식인수의 무효주장, 취소의 제한】
① 회사성립후에는 주식을 인수한 자는 주식청약서의 요건의 흠결을 이유로 하여 그 인수의 무효를 주장하거나 사기, 강박 또는 착오를 이유로 하여 그 인수를 취소하지 못한다.
② 창립총회에 출석하여 그 권리를 행사한 자는 회사의 성립전에도 전항과 같다.

제321조【발기인의 인수, 납입담보책임】
① 회사설립시에 발행한 주식으로서 회사성립후에 아직 인수되지 아니한 주식이 있거나 주식인수의 청약이 취소된 때에는 발기인이 이를 공동으로 인수한 것으로 본다.
② 회사성립후 제295조 제1항 또는 제305조 제1항의 규정에 의한 납입을 완료하지 아니한 주식이 있는 때에는 발기인은 연대하여 그 납입을 하여야 한다.
③ 제315조의 규정은 전2항의 경우에 준용한다.

제322조【발기인의 손해배상책임】
① 발기인이 회사의 설립에 관하여 그 임무를 해태한 때에는 그 발기인은 회사에 대하여 연대하여 손해를 배상할 책임이 있다.
② 발기인이 악의 또는 중대한 과실로 인하여 그 임무를 해태한 때에는 그 발기인은 제3자에 대하여도 연대하여 손해를 배상할 책임이 있다.

제323조【발기인, 임원의 연대책임】
이사 또는 감사가 제313조 제1항의 규정에 의한 임무를 해태하여 회사 또는 제3자에 대하여 손해를 배상할 책임을 지는 경우에 발기인도 책임질 때에는 그 이사, 감사와 발기인은 연대하여 손해를 배상할 책임이 있다.

제324조【발기인의 책임면제, 주주의 대표소송】
제400조, 제403조부터 제406조까지 및 제406조의2는 발기인에 준용한다. 〈개정 2020.12.29.〉

제325조【검사인의 손해배상책임】
법원이 선임한 검사인이 악의 또는 중대한 과실로 인하여 그 임무를 해태한 때에는 회사 또는 제3자에 대하여 손해를 배상할 책임이 있다.

제326조【회사불성립의 경우의 발기인의 책임】
① 회사가 성립하지 못한 경우에는 발기인은 그 설립에 관한 행위에 대하여 연대하여 책임을 진다.
② 전항의 경우에 회사의 설립에 관하여 지급한 비용은 발기인이 부담한다.

제327조【유사(類似)발기인의 책임】
주식청약서 기타 주식모집에 관한 서면에 성명과 회사의 설립에 찬조(贊助)하는 뜻을 기재할 것을 승낙한 자는 발기인과 동일한 책임이 있다.

제328조【설립무효의 소】
① 회사설립의 무효는 주주·이사 또는 감사에 한하여 회사성립의 날로부터 2년내에 소만으로 이를 주장할 수 있다. 〈개정 1984.4.10〉
② 제186조 내지 제193조의 규정은 제1항의 소에 준용한다.

제2절 주 식

제1관 주식과 주권 [본관 제목신설 2001.7.24]

제329조【자본금의 구성】

① 회사는 정관으로 정한 경우에는 주식의 전부를 무액면주식으로 발행할 수 있다. 다만, 무액면주식을 발행하는 경우에는 액면주식을 발행할 수 없다.

② 액면주식의 금액은 균일하여야 한다.

③ 액면주식 1주의 금액은 100원 이상으로 하여야 한다.

④ 회사는 정관으로 정하는 바에 따라 발행된 액면주식을 무액면주식으로 전환하거나 무액면주식을 액면주식으로 전환할 수 있다.

⑤ 제4항의 경우에는 제440조, 제441조 본문 및 제442조를 준용한다. [전문개정 2011.4.14]

제329조의2【주식의 분할】

① 회사는 제434조의 규정에 의한 주주총회의 결의로 주식을 분할할 수 있다.

② 제1항의 경우에 분할 후의 액면주식 1주의 금액은 제329조 제3항에 따른 금액 미만으로 하지 못한다. 〈개정 2011.4.14〉

③ 제440조부터 제443조까지의 규정은 제1항의 규정에 의한 주식분할의 경우에 이를 준용한다. 〈개정 2014.5.20〉

[본조신설 1998.12.28]

제330조【액면미달발행의 제한】

주식은 액면미달의 가액으로 발행하지 못한다. 그러나 제417조의 경우에는 그러하지 아니하다. 〈개정 1962.12.12.〉

제331조【주주의 책임】

주주의 책임은 그가 가진 주식의 인수가액을 한도로 한다.

제332조【가설인(假設人), 타인의 명의에 의한 인수인의 책임】

① 가설인의 명의로 주식을 인수하거나 타인의 승낙없이 그 명의로 주식을 인수한 자는 주식인수인으로서의 책임이 있다.

② 타인의 승낙을 얻어 그 명의로 주식을 인수한 자는 그 타인과 연대하여 납입할 책임이 있다.

제333조【주식의 공유(共有)】

① 수인이 공동으로 주식을 인수한 자는 연대하여 납입할 책임이 있다.

② 주식이 수인의 공유에 속하는 때에는 공유자는 주주의 권리를 행사할 자 1인을 정하여야 한다.

③ 주주의 권리를 행사할 자가 없는 때에는 공유자에 대한 통지나 최고는 그 1인에 대하여 하면 된다.

제334조 삭 제 〈2011.4.14〉

《삭제전》

《 제334조【주주의 회사에 대한 상계금지】 주주는 납입에 관하여 상계로써 회사에 대항하지 못한다. 》

제335조【주식의 양도성】

① 주식은 타인에게 양도할 수 있다. 다만, 회사는 정관으로 정하는 바에 따라 그 발행하는 주식의 양도에 관하여 이사회의 승인을 받도록 할 수 있다. 〈개정 2011.4.14〉

② 제1항 단서의 규정에 위반하여 이사회의 승인을 얻지 아니한 주식의 양도는 회사에 대하여 효력이 없다. 〈신설 1995.12.29〉

③ 주권(株券)발행전에 한 주식의 양도는 회사에 대하여 효력이 없다. 그러나 회사성립후 또는 신주의 납입기일후 6월이 경과한 때에는 그러하지 아니하다. 〈개정 1984.4.10〉

제335조의2【양도승인의 청구】

① 주식의 양도에 관하여 이사회의 승인을 얻어야 하는 경우에는 주식을 양도하고자 하는 주주는 회사에 대하여 양도의 상대방 및 양도하고자 하는 주식의 종류와 수를 기재한 서면으로 양도의 승인을 청구할 수 있다.

② 회사는 제1항의 청구가 있는 날부터 1월 이내에 주주에게 그 승인여부를 서면으로 통지하여야 한다.
③ 회사가 제2항의 기간내에 주주에게 거부의 통지를 하지 아니한 때에는 주식의 양도에 관하여 이사회의 승인이 있는 것으로 본다.
④ 제2항의 양도승인거부의 통지를 받은 주주는 통지를 받은 날부터 20일내에 회사에 대하여 양도의 상대방의 지정 또는 그 주식의 매수를 청구할 수 있다.

[본조신설 1995.12.29.]

제335조의3【양도상대방의 지정청구】

① 주주가 양도의 상대방을 지정하여 줄 것을 청구한 경우에는 이사회는 이를 지정하고, 그 청구가 있은 날부터 2주간내에 주주 및 지정된 상대방에게 서면으로 이를 통지하여야 한다.
② 제1항의 기간내에 주주에게 상대방지정의 통지를 하지 아니한 때에는 주식의 양도에 관하여 이사회의 승인이 있는 것으로 본다.

[본조신설 1995.12.29]

제335조의4【지정된 자의 매도청구권】

① 제335조의3 제1항의 규정에 의하여 상대방으로 지정된 자는 지정통지를 받은 날부터 10일 이내에 지정청구를 한 주주에 대하여 서면으로 그 주식을 자기에게 매도할 것을 청구할 수 있다.
② 제335조의3 제2항의 규정은 주식의 양도상대방으로 지정된 자가 제1항의 기간내에 매도의 청구를 하지 아니한 때에 이를 준용한다.

〈개정 2001.7.24.〉

[본조신설 1995.12.29]

제335조의5【매도가액의 결정】

① 제335조의4의 경우에 그 주식의 매도가액은 주주와 매도청구인간의 협의로 이를 결정한다. 〈개정 2001.7.24〉
② 제374조의2 제4항 및 제5항의 규정은 제335조의4 제1항의 규정에 의한 청구를 받은 날부터 30일 이내에 제1항의 규정에 의한 협의가 이루어지지 아니하는 경우에 이를 준용한다. 〈개정 2001.7.24〉

[본조신설 1995.12.29]

제335조의6【주식의 매수청구】

제374조의2 제2항 내지 제5항의 규정은 제335조의2 제4항의 규정에 의하여 주주가 회사에 대하여 주식의 매수를 청구한 경우에 이를 준용한다.

〈개정 2001.7.24〉[본조신설 1995.12.29]

제335조의7【주식의 양수인에 의한 승인청구】

① 주식의 양도에 관하여 이사회의 승인을 얻어야 하는 경우에 주식을 취득한 자는 회사에 대하여 그 주식의 종류와 수를 기재한 서면으로 그 취득의 승인을 청구할 수 있다.
② 제335조의2 제2항 내지 제4항, 제335조의3 내지 제335조의6의 규정은 제1항의 경우에 이를 준용한다.

[본조신설 1995.12.29]

제336조【주식의 양도방법】

① 주식의 양도에 있어서는 주권을 교부하여야 한다.
② 주권의 점유자는 이를 적법한 소지인으로 추정한다.

[전문개정 1984.4.10]

제337조【주식의 이전의 대항요건】

〈제목개정 2014.5.20.〉

① 주식의 이전은 취득자의 성명과 주소를 주주명부에 기재하지 아니하면 회사에 대항하지 못한다. 〈개정 2014.5.20〉
② 회사는 정관이 정하는 바에 의하여 명의개서대리인을 둘 수 있다. 이 경우 명의개서대리인이 취득자의 성명과 주소를 주주명부의 복본(複本)에 기재한 때에는 제1항의 명의개서가 있는 것으로 본다. 〈신설 1984.4.10〉

제338조【주식의 입질(入質)】

〈제목개정 2014.5.20.〉

① 주식을 질권의 목적으로 하는 때에는 주권을 질권자에게 교부하여야 한다. 〈개정 2014.5.20.〉

② 질권자는 계속하여 주권을 점유하지 아니하면 그 질권으로써 제3자에게 대항하지 못한다.

제339조【질권의 물상대위(物上代位)】

주식의 소각, 병합, 분할 또는 전환이 있는 때에는 이로 인하여 종전의 주주가 받을 금전이나 주식에 대하여도 종전의 주식을 목적으로 한 질권을 행사할 수 있다. 〈개정 1998.12.28〉

제340조【주식의 등록질(登錄質)】

〈제목개정 2014.5.20.〉

① 주식을 질권(質權)의 목적으로 한 경우에 회사가 질권설정자의 청구에 따라 그 성명과 주소를 주주명부에 덧붙여 쓰고 그 성명을 주권(株券)에 적은 경우에는 질권자는 회사로부터 이익배당, 잔여재산의 분배 또는 제339조에 따른 금전의 지급을 받아 다른 채권자에 우선하여 자기채권의 변제에 충당할 수 있다. 〈개정 2011.4.14, 2014.5.20〉

② 민법 제353조 제3항의 규정은 전항의 경우에 준용한다.

③ 제1항의 질권자는 회사에 대하여 전조의 주식에 대한 주권의 교부를 청구할 수 있다.

제340조의2【주식매수선택권(株式買受選擇權)】

① 회사는 정관으로 정하는 바에 따라 제434조의 주주총회의 결의로 회사의 설립·경영 및 기술혁신 등에 기여하거나 기여할 수 있는 회사의 이사, 집행임원, 감사 또는 피용자(被用者)에게 미리 정한 가액(이하 "주식매수선택권의 행사가액"이라 한다)으로 신주를 인수하거나 자기의 주식을 매수할 수 있는 권리(이하 "주식매수선택권"이라 한다)를 부여할 수 있다. 다만, 주식매수선택권의 행사가액이 주식의 실질가액보다 낮은 경우에 회사는 그 차액을 금전으로 지급하거나 그 차액에 상당하는 자기의 주식을 양도할 수 있다. 이 경우 주식의 실질가액은 주식매수선택권의 행사일을 기준으로 평가한다.

② 다음 각 호의 어느 하나에 해당하는 자에게는 제1항의 주식매수선택권을 부여할 수 없다.

1. 의결권 없는 주식을 제외한 발행주식총수의 100분의 10 이상의 주식을 가진 주주
2. 이사·집행임원·감사의 선임과 해임 등 회사의 주요 경영사항에 대하여 사실상 영향력을 행사하는 자
3. 제1호와 제2호에 규정된 자의 배우자와 직계존비속

③ 제1항에 따라 발행할 신주 또는 양도할 자기의 주식은 회사의 발행주식총수의 100분의 10을 초과할 수 없다.

④ 제1항의 주식매수선택권의 행사가액은 다음 각 호의 가액 이상이어야 한다.

1. 신주를 발행하는 경우에는 주식매수선택권의 부여일을 기준으로 한 주식의 실질가액과 주식의 권면액(券面額) 중 높은 금액. 다만, 무액면주식을 발행한 경우에는 자본으로 계상되는 금액 중 1주에 해당하는 금액을 권면액으로 본다.
2. 자기의 주식을 양도하는 경우에는 주식매수선택권의 부여일을 기준으로 한 주식의 실질가액

[전문개정 2011.4.14]

제340조의3【주식매수선택권의 부여】

① 제340조의2 제1항의 주식매수선택권에 관한 정관의 규정에는 다음 각호의 사항을 기재하여야 한다.

1. 일정한 경우 주식매수선택권을 부여할 수 있다는 뜻
2. 주식매수선택권의 행사로 발행하거나 양도할 주식의 종류와 수

3. 주식매수선택권을 부여받을 자의 자격요건
4. 주식매수선택권의 행사기간
5. 일정한 경우 이사회결의로 주식매수선택권의 부여를 취소할 수 있다는 뜻

② 제340조의2 제1항의 주식매수선택권에 관한 주주총회의 결의에 있어서는 다음 각호의 사항을 정하여야 한다.

1. 주식매수선택권을 부여받을 자의 성명
2. 주식매수선택권의 부여방법
3. 주식매수선택권의 행사가액과 그 조정에 관한 사항
4. 주식매수선택권의 행사기간
5. 주식매수선택권을 부여받을 자 각각에 대하여 주식매수선택권의 행사로 발행하거나 양도할 주식의 종류와 수

③ 회사는 제2항의 주주총회결의에 의하여 주식매수선택권을 부여받은 자와 계약을 체결하고 상당한 기간내에 그에 관한 계약서를 작성하여야 한다.

④ 회사는 제3항의 계약서를 주식매수선택권의 행사기간이 종료할 때까지 본점에 비치하고 주주로 하여금 영업시간내에 이를 열람할 수 있도록 하여야 한다.

[본조신설 1999.12.31]

제340조의4【주식매수선택권의 행사】

① 제340조의2 제1항의 주식매수선택권은 제340조의3 제2항 각호의 사항을 정하는 주주총회결의일부터 2년 이상 재임 또는 재직하여야 이를 행사할 수 있다.

② 제340조의2 제1항의 주식매수선택권은 이를 양도할 수 없다. 다만, 동조 제2항의 규정에 의하여 주식매수선택권을 행사할 수 있는 자가 사망한 경우에는 그 상속인이 이를 행사할 수 있다.

[본조신설 1999.12.31]

제340조의5【준용규정】

제350조 제2항, 제351조, 제516조의9 제1항·제3항·제4항 및 제516조의10 전단은 주식매수선택권의 행사로 신주를 발행하는 경우에 이를 준용한다. 〈개정 2011.4.14., 2020.12.29.〉

[본조신설 1999.12.31.]

제341조【자기주식의 취득】

① 회사는 다음의 방법에 따라 자기의 명의와 계산으로 자기의 주식을 취득할 수 있다. 다만, 그 취득가액의 총액은 직전 결산기의 대차대조표상의 순자산액에서 제462조 제1항 각 호의 금액을 뺀 금액을 초과하지 못한다.

1. 거래소에서 시세(時勢)가 있는 주식의 경우에는 거래소에서 취득하는 방법
2. 제345조 제1항의 주식의 상환에 관한 종류주식의 경우 외에 각 주주가 가진 주식 수에 따라 균등한 조건으로 취득하는 것으로서 대통령령으로 정하는 방법

② 제1항에 따라 자기주식을 취득하려는 회사는 미리 주주총회의 결의로 다음 각 호의 사항을 결정하여야 한다. 다만, 이사회의 결의로 이익배당을 할 수 있다고 정관으로 정하고 있는 경우에는 이사회의 결의로써 주주총회의 결의를 갈음할 수 있다.

1. 취득할 수 있는 주식의 종류 및 수
2. 취득가액의 총액의 한도
3. 1년을 초과하지 아니하는 범위에서 자기주식을 취득할 수 있는 기간

③ 회사는 해당 영업연도의 결산기에 대차대조표상의 순자산액이 제462조 제1항 각 호의 금액의 합계액에 미치지 못할 우려가 있는 경우에는 제1항에 따른 주식의 취득을 하여서는 아니 된다.

④ 해당 영업연도의 결산기에 대차대조표상의 순자산액이 제462조 제1항 각 호의 금액의 합계액에 미치지 못함에도 불구하고 회사가

제1항에 따라 주식을 취득한 경우 이사는 회사에 대하여 연대하여 그 미치지 못한 금액을 배상할 책임이 있다. 다만, 이사가 제3항의 우려가 없다고 판단하는 때에 주의를 게을리하지 아니하였음을 증명한 경우에는 그러하지 아니하다.

[전문개정 2011.4.14]

제341조의2 【특정목적에 의한 자기주식의 취득】
회사는 다음 각 호의 어느 하나에 해당하는 경우에는 제341조에도 불구하고 자기의 주식을 취득할 수 있다.

1. 회사의 합병 또는 다른 회사의 영업전부의 양수로 인한 경우
2. 회사의 권리를 실행함에 있어 그 목적을 달성하기 위하여 필요한 경우
3. 단주(端株)의 처리를 위하여 필요한 경우
4. 주주가 주식매수청구권을 행사한 경우

[전문개정 2011.4.14]

제341조의3 【자기주식의 질취(質取)】
회사는 발행주식총수의 20분의 1을 초과하여 자기의 주식을 질권의 목적으로 받지 못한다. 다만, 제341조의2 제1호 및 제2호의 경우에는 그 한도를 초과하여 질권의 목적으로 할 수 있다.

[전문개정 2011.4.14]

제342조 【자기주식의 처분】
회사가 보유하는 자기의 주식을 처분하는 경우에 다음 각 호의 사항으로서 정관에 규정이 없는 것은 이사회가 결정한다.

1. 처분할 주식의 종류와 수
2. 처분할 주식의 처분가액과 납입기일
3. 주식을 처분할 상대방 및 처분방법

[전문개정 2011.4.14]

제342조의2 【자회사에 의한 모회사주식의 취득】
① 다른 회사의 발행주식의 총수의 100분의 50을 초과하는 주식을 가진 회사(이하 "모회사"라 한다)의 주식은 다음의 경우를 제외하고는 그 다른 회사(이하 "자회사"라 한다)가 이를 취득할 수 없다. 〈개정 2001.7.24〉

1. 주식의 포괄적 교환, 주식의 포괄적 이전, 회사의 합병 또는 다른 회사의 영업전부의 양수로 인한 때
2. 회사의 권리를 실행함에 있어 그 목적을 달성하기 위하여 필요한 때

② 제1항 각호의 경우 자회사는 그 주식을 취득한 날로부터 6월 이내에 모회사의 주식을 처분하여야 한다.

③ 다른 회사의 발행주식의 총수의 100분의 50을 초과하는 주식을 모회사 및 자회사 또는 자회사가 가지고 있는 경우 그 다른 회사는 이 법의 적용에 있어 그 모회사의 자회사로 본다. 〈개정 2001.7.24〉

[본조신설 1984.4.10]

제342조의3 【다른 회사의 주식취득】
회사가 다른 회사의 발행주식총수의 10분의 1을 초과하여 취득한 때에는 그 다른 회사에 대하여 지체없이 이를 통지하여야 한다.

[본조신설 1995.12.29]

제343조 【주식의 소각】
① 주식은 자본금 감소에 관한 규정에 따라서만 소각(消却)할 수 있다. 다만, 이사회의 결의에 의하여 회사가 보유하는 자기주식을 소각하는 경우에는 그러하지 아니하다.

② 자본금감소에 관한 규정에 따라 주식을 소각하는 경우에는 제440조 및 제441조를 준용한다. [전문개정 2011.4.14]

제343조의2 삭 제 〈2011.4.14〉

제344조 【종류주식】
① 회사는 이익의 배당, 잔여재산의 분배, 주주총회에서의 의결권의 행사, 상환 및 전환 등에 관하여 내용이 다른 종류의 주식(이하 "종류주식"이라 한다)을 발행할 수 있다.

② 제1항의 경우에는 정관으로 각 종류주식의 내용과 수를 정하여야 한다.

③ 회사가 종류주식을 발행하는 때에는 정관에 다른 정함이 없는 경우에도 주식의 종류에 따라 신주의 인수, 주식의 병합·분할·소각 또는 회사의 합병·분할로 인한 주식의 배정에 관하여 특수하게 정할 수 있다.

④ 종류주식 주주의 종류주주총회의 결의에 관하여는 제435조 제2항을 준용한다.

[전문개정 2011.4.14.]

제344조의2【이익배당, 잔여재산분배에 관한 종류주식】

① 회사가 이익의 배당에 관하여 내용이 다른 종류주식을 발행하는 경우에는 정관에 그 종류주식의 주주에게 교부하는 배당재산의 종류, 배당재산의 가액의 결정방법, 이익을 배당하는 조건 등 이익배당에 관한 내용을 정하여야 한다.

② 회사가 잔여재산의 분배에 관하여 내용이 다른 종류주식을 발행하는 경우에는 정관에 잔여재산의 종류, 잔여재산의 가액의 결정방법, 그 밖에 잔여재산분배에 관한 내용을 정하여야 한다.

[본조신설 2011.4.14]

제344조의3【의결권의 배제·제한에 관한 종류주식】

① 회사가 의결권이 없는 종류주식이나 의결권이 제한되는 종류주식을 발행하는 경우에는 정관에 의결권을 행사할 수 없는 사항과, 의결권행사 또는 부활의 조건을 정한 경우에는 그 조건 등을 정하여야 한다.

② 제1항에 따른 종류주식의 총수는 발행주식총수의 4분의 1을 초과하지 못한다. 이 경우 의결권이 없거나 제한되는 종류주식이 발행주식총수의 4분의 1을 초과하여 발행된 경우에는 회사는 지체 없이 그 제한을 초과하지 아니하도록 하기 위하여 필요한 조치를 하여야 한다.

[본조신설 2011.4.14]

제345조【주식의 상환(償還)에 관한 종류주식】

① 회사는 정관으로 정하는 바에 따라 회사의 이익으로써 소각할 수 있는 종류주식을 발행할 수 있다. 이 경우 회사는 정관에 상환가액, 상환기간, 상환의 방법과 상환할 주식의 수를 정하여야 한다.

② 제1항의 경우 회사는 상환대상인 주식의 취득일부터 2주 전에 그 사실을 그 주식의 주주 및 주주명부에 적힌 권리자에게 따로 통지하여야 한다. 다만, 통지는 공고로 갈음할 수 있다.

③ 회사는 정관으로 정하는 바에 따라 주주가 회사에 대하여 상환을 청구할 수 있는 종류주식을 발행할 수 있다. 이 경우 회사는 정관에 주주가 회사에 대하여 상환을 청구할 수 있다는 뜻, 상환가액, 상환청구기간, 상환의 방법을 정하여야 한다.

④ 제1항 및 제3항의 경우 회사는 주식의 취득의 대가로 현금 외에 유가증권(다른 종류주식은 제외한다)이나 그 밖의 자산을 교부할 수 있다. 다만, 이 경우에는 그 자산의 장부가액이 제462조에 따른 배당가능이익을 초과하여서는 아니 된다.

⑤ 제1항과 제3항에서 규정한 주식은 종류주식(상환과 전환에 관한 것은 제외한다)에 한정하여 발행할 수 있다.

[전문개정 2011.4.14]

제346조【주식의 전환(轉換)에 관한 종류주식】

① 회사가 종류주식을 발행하는 경우에는 정관으로 정하는 바에 따라 주주는 인수한 주식을 다른 종류주식으로 전환할 것을 청구할 수 있다. 이 경우 전환의 조건, 전환의 청구기간, 전환으로 인하여 발행할 주식의 수와 내용을 정하여야 한다.

② 회사가 종류주식을 발행하는 경우에는 정관에 일정한 사유가 발생할 때 회사가 주주의 인수 주식을 다른 종류주식으로 전환할 수 있음을 정할 수 있다. 이 경우 회사는 전환

의 사유, 전환의 조건, 전환의 기간, 전환으로 인하여 발행할 주식의 수와 내용을 정하여야 한다.

③ 제2항의 경우에 이사회는 다음 각 호의 사항을 그 주식의 주주 및 주주명부에 적힌 권리자에게 따로 통지하여야 한다. 다만, 통지는 공고로 갈음할 수 있다.

1. 전환할 주식
2. 2주 이상의 일정한 기간 내에 그 주권을 회사에 제출하여야 한다는 뜻
3. 그 기간 내에 주권을 제출하지 아니할 때에는 그 주권이 무효로 된다는 뜻

④ 제344조 제2항에 따른 종류주식의 수 중 새로 발행할 주식의 수는 전환청구기간 또는 전환의 기간 내에는 그 발행을 유보(留保)하여야 한다.

[전문개정 2011.4.14]

제347조【전환주식발행의 절차】

제346조의 경우에는 주식청약서 또는 신주인수권증서에 다음의 사항을 적어야 한다.

〈개정 1984.4.10, 2011.4.14〉

1. 주식을 다른 종류의 주식으로 전환할 수 있다는 뜻
2. 전환의 조건
3. 전환으로 인하여 발행할 주식의 내용
4. 전환청구기간 또는 전환의 기간

〈제4호 개정 2011.4.14〉

제348조【전환으로 인하여 발행하는 주식의 발행가액】

전환으로 인하여 신주식을 발행하는 경우에는 전환전의 주식의 발행가액을 신주식의 발행가액으로 한다.

제349조【전환의 청구】

① 주식의 전환을 청구하는 자는 청구서 2통에 주권을 첨부하여 회사에 제출하여야 한다.

② 제1항의 청구서에는 전환하고자 하는 주식의 종류, 수와 청구연월일을 기재하고 기명날인 또는 서명하여야 한다. 〈개정 1995.12.29〉

③ 삭 제 〈1995.12.29.〉

제350조【전환의 효력발생】

① 주식의 전환은 주주가 전환을 청구한 경우에는 그 청구한 때에, 회사가 전환을 한 경우에는 제346조 제3항 제2호의 기간이 끝난 때에 그 효력이 발생한다. 〈개정 2011.4.14〉

② 제354조 제1항의 기간중에 전환된 주식의 주주는 그 기간중의 총회의 의결에 관하여는 의결권을 행사할 수 없다.

③ 삭 제 〈2020.12.29.〉

삭제 前

③ 전환에 의하여 발행된 주식의 이익배당에 관하여는 주주가 전환을 청구한 때 또는 제346조제3항제2호의 기간이 끝난 때가 속하는 영업연도 말에 전환된 것으로 본다. 이 경우 신주에 대한 이익배당에 관하여는 정관으로 정하는 바에 따라 그 청구를 한 때 또는 제346조제3항제2호의 기간이 끝난 때가 속하는 영업연도의 직전 영업연도 말에 전환된 것으로 할 수 있다.

[전문개정 1995.12.29.]

제351조【전환의 등기】

주식의 전환으로 인한 변경등기는 전환을 청구한 날 또는 제346조 제3항 제2호의 기간이 끝난 날이 속하는 달의 마지막 날부터 2주 내에 본점 소재지에서 하여야 한다.

[전문개정 2011.4.14]

제352조【주주명부의 기재사항】

① 주식을 발행한 때에는 주주명부에 다음의 사항을 기재하여야 한다.

〈개정 1984.4.10, 2014.5.20〉

1. 주주의 성명과 주소
2. 각 주주가 가진 주식의 종류와 그 수

2의2. 각 주주가 가진 주식의 주권을 발행한 때에는 그 주권의 번호
3. 각 주식의 취득연월일

② 제1항의 경우에 전환주식을 발행한 때에는 제347조에 게기한 사항도 주주명부에 기재하여야 한다. 〈개정 1984.4.10, 2014.5.20〉

제352조의2【전자주주명부】

① 회사는 정관으로 정하는 바에 따라 전자문서로 주주명부(이하 "전자주주명부"라 한다)를 작성할 수 있다.

② 전자주주명부에는 제352조 제1항의 기재사항 외에 전자우편주소를 적어야 한다.

③ 전자주주명부의 비치·공시 및 열람의 방법에 관하여 필요한 사항은 대통령령으로 정한다.

[본조신설 2009.5.28]

제353조【주주명부의 효력】

① 주주 또는 질권자에 대한 회사의 통지 또는 최고는 주주명부에 기재한 주소 또는 그 자로부터 회사에 통지한 주소로 하면 된다.

② 제304조 제2항의 규정은 전항의 통지 또는 최고에 준용한다.

제354조【주주명부의 폐쇄(閉鎖), 기준일】

① 회사는 의결권을 행사하거나 배당을 받을 자 기타 주주 또는 질권자로서 권리를 행사할 자를 정하기 위하여 일정한 기간을 정하여 주주명부의 기재변경을 정지하거나 일정한 날에 주주명부에 기재된 주주 또는 질권자를 그 권리를 행사할 주주 또는 질권자로 볼 수 있다. 〈개정 1984.4.10〉

② 제1항의 기간은 3월을 초과하지 못한다. 〈개정 1984.4.10〉

③ 제1항의 날은 주주 또는 질권자로서 권리를 행사할 날에 앞선 3월내의 날로 정하여야 한다. 〈개정 1984.4.10〉

④ 회사가 제1항의 기간 또는 날을 정한 때에는 그 기간 또는 날의 2주간전에 이를 공고하여야 한다. 그러나 정관으로 그 기간 또는 날을 지정한 때에는 그러하지 아니하다.

제355조【주권발행의 시기】

① 회사는 성립후 또는 신주의 납입기일후 지체없이 주권을 발행하여야 한다.

② 주권은 회사의 성립후 또는 신주의 납입기일후가 아니면 발행하지 못한다.

③ 전항의 규정에 위반하여 발행한 주권은 무효로 한다. 그러나 발행한 자에 대한 손해배상의 청구에 영향을 미치지 아니한다.

제356조【주권의 기재사항】

주권에는 다음의 사항과 번호를 기재하고 대표이사가 기명날인 또는 서명하여야 한다.

〈개정 1995.12.29, 2011.4.14〉

1. 회사의 상호
2. 회사의 성립연월일
3. 회사가 발행할 주식의 총수
4. 액면주식을 발행하는 경우 1주의 금액 〈제4호 개정 2011.4.14〉
5. 회사의 성립후 발행된 주식에 관하여는 그 발행연월일
6. 종류주식이 있는 경우에는 그 주식의 종류와 내용 〈제6호 개정 2011.4.14〉

6의2. 주식의 양도에 관하여 이사회의 승인을 얻도록 정한 때에는 그 규정

7. 삭 제 〈제7호 삭제 2011.4.14〉
8. 삭 제 〈제8호 삭제 2011.4.14.〉

제356조의2【주식의 전자등록】

① 회사는 주권을 발행하는 대신 정관으로 정하는 바에 따라 전자등록기관(유가증권 등의 전자등록 업무를 취급하는 기관을 말한다. 이하 같다)의 전자등록부에 주식을 등록할 수 있다.

〈개정 2016.3.22.〉

② 전자등록부에 등록된 주식의 양도나 입질(入質)은 전자등록부에 등록하여야 효력이 발생한다.

③ 전자등록부에 주식을 등록한 자는 그 등록된 주식에 대한 권리를 적법하게 보유한 것으로 추정하며, 이러한 전자등록부를 선의(善意)로, 그리고 중대한 과실 없이 신뢰하고 제2항의 등록에 따라 권리를 취득한 자는 그 권리를 적법하게 취득한다.

④ 전자등록의 절차·방법 및 효과, 전자등록기관에 대한 감독, 그 밖에 주식의 전자등록 등에 필요한 사항은 따로 법률로 정한다 〈개정 2016.3.22.〉

[본조신설 2011.4.14]

제357조 삭 제 〈2014.5.20〉

제358조 삭 제 〈2014.5.20〉

《삭제전》

《 제357조【무기명식의 주권의 발행】

제358조【무기명주주의 권리행사】》

제358조의2【주권의 불소지】

① 주주는 정관에 다른 정함이 있는 경우를 제외하고는 그 주식에 대하여 주권의 소지를 하지 아니하겠다는 뜻을 회사에 신고할 수 있다. 〈개정 2014.5.20〉

② 제1항의 신고가 있는 때에는 회사는 지체없이 주권을 발행하지 아니한다는 뜻을 주주명부와 그 복본에 기재하고, 그 사실을 주주에게 통지하여야 한다. 이 경우 회사는 그 주권을 발행할 수 없다.

③ 제1항의 경우 이미 발행된 주권이 있는 때에는 이를 회사에 제출하여야 하며, 회사는 제출된 주권을 무효로 하거나 명의개서대리인에게 임치하여야 한다.

④ 제1항 내지 제3항의 규정에 불구하고 주주는 언제든지 회사에 대하여 주권의 발행 또는 반환을 청구할 수 있다.

[전문개정 1995.12.29.]

제359조【주권의 선의취득】

수표법 제21조의 규정은 주권에 관하여 이를 준용한다. [전문개정 1984.4.10]

제360조【주권의 제권판결(除權判決), 재발행】

① 주권은 공시최고의 절차에 의하여 이를 무효로 할 수 있다.

② 주권을 상실한 자는 제권판결을 얻지 아니하면 회사에 대하여 주권의 재발행을 청구하지 못한다.

제2관 주식의 포괄적 교환

[본관신설 2001.7.24]

제360조의2【주식의 포괄적 교환에 의한 완전모(母)회사의 설립】

① 회사는 이 관의 규정에 의한 주식의 포괄적 교환에 의하여 다른 회사의 발행주식의 총수를 소유하는 회사(이하 "완전모(母)회사"라 한다)가 될 수 있다. 이 경우 그 다른 회사를 "완전자(子)회사"라 한다.

② 주식의 포괄적 교환(이하 이 관에서 "주식교환"이라 한다)에 의하여 완전자회사가 되는 회사의 주주가 가지는 그 회사의 주식은 주식을 교환하는 날에 주식교환에 의하여 완전모회사가 되는 회사에 이전하고, 그 완전자회사가 되는 회사의 주주는 그 완전모회사가 되는 회사가 주식교환을 위하여 발행하는 신주의 배정을 받거나 그 회사 자기주식의 이전을 받음으로써 그 회사의 주주가 된다. 〈개정 2015.12.1.〉

[본조신설 2001.7.24]

상 법

제360조의3【주식교환계약서의 작성과 주주총회의 승인 및 주식교환대가가 모회사 주식인 경우의 특칙】

〈제목개정 2015.12.1〉

① 주식교환을 하고자 하는 회사는 주식교환계약서를 작성하여 주주총회의 승인을 얻어야 한다.

② 제1항의 승인결의는 제434조의 규정에 의하여야 한다.

③ 주식교환계약서에는 다음 각호의 사항을 적어야 한다. 〈개정 2011.4.14, 2015.12.1〉

1. 완전모회사가 되는 회사가 주식교환으로 인하여 정관을 변경하는 경우에는 그 규정
2. 완전모회사가 되는 회사가 주식교환을 위하여 신주를 발행하거나 자기주식을 이전하는 경우에는 발행하는 신주 또는 이전하는 자기주식의 총수·종류, 종류별 주식의 수 및 완전자회사가 되는 회사의 주주에 대한 신주의 배정 또는 자기주식의 이전에 관한 사항 〈제2호 개정 2015.12.1〉
3. 완전모회사가 되는 회사의 자본금 또는 준비금이 증가하는 경우에는 증가할 자본금 또는 준비금에 관한 사항 〈제3호 개정 2011.4.14, 2015.12.1〉
4. 완전자회사가 되는 회사의 주주에게 제2호에도 불구하고 그 대가의 전부 또는 일부로서 금전이나 그 밖의 재산을 제공하는 경우에는 그 내용 및 배정에 관한 사항 〈제4호 개정 2015.12.1〉
5. 각 회사가 제1항의 결의를 할 주주총회의 기일
6. 주식교환을 할 날
7. 각 회사가 주식교환을 할 날까지 이익배당을 할 때에는 그 한도액 〈제7호 개정 2011.4.14〉
8. 삭 제 〈제8호 삭제 2015.12.1〉
9. 완전모회사가 되는 회사에 취임할 이사와 감사 또는 감사위원회의 위원을 정한 때에는 그 성명 및 주민등록번호

④ 회사는 제363조의 규정에 의한 통지에 다음 각호의 사항을 기재하여야 한다. 〈개정 2014.5.20〉

1. 주식교환계약서의 주요내용
2. 제360조의5 제1항의 규정에 의한 주식매수청구권의 내용 및 행사방법
3. 일방회사의 정관에 주식의 양도에 관하여 이사회의 승인을 요한다는 뜻의 규정이 있고 다른 회사의 정관에 그 규정이 없는 경우 그 뜻

⑤ 주식교환으로 인하여 주식교환에 관련되는 각 회사의 주주의 부담이 가중되는 경우에는 제1항 및 제436조의 결의 외에 그 주주 전원의 동의가 있어야 한다. 〈신설 2011.4.14〉

⑥ 제342조의2 제1항에도 불구하고 제3항 제4호에 따라 완전자회사가 되는 회사의 주주에게 제공하는 재산이 완전모회사가 되는 회사의 모회사 주식을 포함하는 경우에는 완전모회사가 되는 회사는 그 지급을 위하여 그 모회사의 주식을 취득할 수 있다. 〈신설 2015.12.1.〉

⑦ 완전모회사가 되는 회사는 제6항에 따라 취득한 그 회사의 모회사 주식을 주식교환 후에도 계속 보유하고 있는 경우 주식교환의 효력이 발생하는 날부터 6개월 이내에 그 주식을 처분하여야 한다. 〈신설 2015.12.1.〉

[본조신설 2001.7.24.]

제360조의4【주식교환계약서 등의 공시】

① 이사는 제360조의3 제1항의 주주총회의 회일의 2주전부터 주식교환의 날 이후 6월이 경과하는 날까지 다음 각호의 서류를 본점에 비치하여야 한다. 〈개정 2015.12.1〉

1. 주식교환계약서

2. 완전모회사가 되는 회사가 주식교환을 위하여 신주를 발행하거나 자기주식을 이전하는 경우에는 완전자회사가 되는 회사의 주주에 대한 신주의 배정 또는 자기주식의 이전에 관하여 그 이유를 기재한 서면 〈제2호 개정 2015.12.1.〉
3. 제360조의3 제1항의 주주총회의 회일(제360조의9의 규정에 의한 간이주식교환의 경우에는 동조 제2항의 규정에 의하여 공고 또는 통지를 한 날)전 6월 이내의 날에 작성한 주식교환을 하는 각 회사의 최종 대차대조표 및 손익계산서

② 제1항의 서류에 관하여는 제391조의3 제3항의 규정을 준용한다. [본조신설 2001.7.24]

제360조의5【반대주주의 주식매수청구권】

① 제360조의3 제1항의 규정에 의한 승인사항에 관하여 이사회의 결의가 있는 때에 그 결의에 반대하는 주주(의결권이 없거나 제한되는 주주를 포함한다. 이하 이 조에서 같다)는 주주총회전에 회사에 대하여 서면으로 그 결의에 반대하는 의사를 통지한 경우에는 그 총회의 결의일부터 20일 이내에 주식의 종류와 수를 기재한 서면으로 회사에 대하여 자기가 소유하고 있는 주식의 매수를 청구할 수 있다. 〈개정 2015.12.1.〉

② 제360조의9 제2항의 공고 또는 통지를 한 날부터 2주내에 회사에 대하여 서면으로 주식교환에 반대하는 의사를 통지한 주주는 그 기간이 경과한 날부터 20일이내에 주식의 종류와 수를 기재한 서면으로 회사에 대하여 자기가 소유하고 있는 주식의 매수를 청구할 수 있다.

③ 제1항 및 제2항의 매수청구에 관하여는 제374조의2 제2항 내지 제5항의 규정을 준용한다. [본조신설 2001.7.24]

제360조의6 삭 제 〈2015.12.1.〉

제360조의7【완전모회사의 자본금 증가의 한도액】 〈제목개정 2011.4.14〉

① 완전모회사가 되는 회사의 자본금은 주식교환의 날에 완전자회사가 되는 회사에 현존하는 순자산액에서 다음 각호의 금액을 뺀 금액을 초과하여 증가시킬 수 없다. 〈개정 2011.4.14, 2015.12.1.〉
1. 완전자회사가 되는 회사의 주주에게 제공할 금전이나 그 밖의 재산의 가액 〈제1호 개정 2015.12.1.〉
2. 제360조의3 제3항 제2호에 따라 완전자회사가 되는 회사의 주주에게 이전하는 자기주식의 장부가액의 합계액 〈제2호 개정 2015.12.1.〉

② 완전모회사가 되는 회사가 주식교환 이전에 완전자회사가 되는 회사의 주식을 이미 소유하고 있는 경우에는 완전모회사가 되는 회사의 자본금은 주식교환의 날에 완전자회사가 되는 회사에 현존하는 순자산액에 그 회사의 발행주식총수에 대한 주식교환으로 인하여 완전모회사가 되는 회사에 이전하는 주식의 수의 비율을 곱한 금액에서 제1항 각호의 금액을 뺀 금액의 한도를 초과하여 이를 증가시킬 수 없다. 〈개정 2011.4.14〉 [본조신설 2001.7.24]

제360조의8【주권의 실효절차】

① 주식교환에 의하여 완전자회사가 되는 회사는 주주총회에서 제360조의3 제1항의 규정에 의한 승인을 한 때에는 다음 각호의 사항을 주식교환의 날 1월전에 공고하고, 주주명부에 기재된 주주와 질권자에 대하여 따로따로 그 통지를 하여야 한다.
1. 제360조의3 제1항의 규정에 의한 승인을 한 뜻
2. 주식교환의 날의 전날까지 주권을 회사에 제출하여야 한다는 뜻
3. 주식교환의 날에 주권이 무효가 된다는 뜻

상법

② 제442조의 규정은 제360조의3 제1항의 규정에 의한 승인을 한 경우에 이를 준용한다. 〈개정 2014.5.20〉

[본조신설 2001.7.24.]

제360조의9【간이(簡易)주식교환】

① 완전자회사가 되는 회사의 총주주의 동의가 있거나 그 회사의 발행주식총수의 100분의 90 이상을 완전모회사가 되는 회사가 소유하고 있는 때에는 완전자회사가 되는 회사의 주주총회의 승인은 이를 이사회의 승인으로 갈음할 수 있다.

② 제1항의 경우에 완전자회사가 되는 회사는 주식교환계약서를 작성한 날부터 2주내에 주주총회의 승인을 얻지 아니하고 주식교환을 한다는 뜻을 공고하거나 주주에게 통지하여야 한다. 다만, 총주주의 동의가 있는 때에는 그러하지 아니하다.

[본조신설 2001.7.24.]

제360조의10【소규모 주식교환】

① 완전모회사가 되는 회사가 주식교환을 위하여 발행하는 신주 및 이전하는 자기주식의 총수가 그 회사의 발행주식총수의 100분의 10(▶▶ 개정전 : 100분의 5)을 초과하지 아니하는 경우에는 그 회사에서의 제360조의3 제1항의 규정에 의한 주주총회의 승인은 이를 이사회의 승인으로 갈음할 수 있다. 다만, 완전자회사가 되는 회사의 주주에게 제공할 금전이나 그 밖의 재산을 정한 경우에 그 금액 및 그 밖의 재산의 가액이 제360조의4 제1항 제3호에서 규정한 최종 대차대조표에 의하여 완전모회사가 되는 회사에 현존하는 순자산액의 100분의 5(▶▶ 개정전 : 100분의 2)를 초과하는 때에는 그러하지 아니하다. 〈개정 2015.12.1.〉

② 삭 제 〈2015.12.1.〉

③ 제1항 본문의 경우에는 주식교환계약서에 완전모회사가 되는 회사에 관하여는 제360조의3 제1항의 규정에 의한 주주총회의 승인을 얻지 아니하고 주식교환을 할 수 있는 뜻을 기재하여야 하며, 동조 제3항 제1호의 사항은 이를 기재하지 못한다.

④ 완전모회사가 되는 회사는 주식교환계약서를 작성한 날부터 2주내에 완전자회사가 되는 회사의 상호와 본점, 주식교환을 할 날 및 제360조의3 제1항의 승인을 얻지 아니하고 주식교환을 한다는 뜻을 공고하거나 주주에게 통지하여야 한다.

⑤ 완전모회사가 되는 회사의 발행주식총수의 100분의 20 이상에 해당하는 주식을 가지는 주주가 제4항에 따른 공고 또는 통지를 한 날부터 2주 내에 회사에 대하여 서면으로 제1항 본문에 따른 주식교환에 반대하는 의사를 통지한 경우에는 이 조에 따른 주식교환을 할 수 없다. 〈개정 2011.4.14〉

⑥ 제1항 본문의 경우에 완전모회사가 되는 회사에 관하여 제360조의4 제1항의 규정을 적용함에 있어서는 동조 동항 각호외의 부분중 "제360조의3 제1항의 주주총회의 회일의 2주전" 및 동조 동항 제3호 중 "제360조의3 제1항의 주주총회의 회일"은 각각 "이 조 제4항의 규정에 의한 공고 또는 통지의 날"로 한다.

⑦ 제1항 본문의 경우에는 제360조의5의 규정은 이를 적용하지 아니한다.

[본조신설 2001.7.24]

제360조의11【단주처리 등에 관한 규정의 준용】

① 제443조의 규정은 회사의 주식교환의 경우에 이를 준용한다.

② 제339조 및 제340조 제3항의 규정은 주식교환의 경우에 완전자회사가 되는 회사의 주식을 목적으로 하는 질권에 이를 준용한다.

[본조신설 2001.7.24]

제360조의12【주식교환사항을 기재한 서면의 사후공시】
① 이사는 다음 각호의 사항을 기재한 서면을 주식교환의 날부터 6월간 본점에 비치하여야 한다.
1. 주식교환의 날
2. 주식교환의 날에 완전자회사가 되는 회사에 현존하는 순자산액
3. 주식교환으로 인하여 완전모회사에 이전한 완전자회사의 주식의 수
4. 그 밖의 주식교환에 관한 사항

② 제1항의 서면에 관하여는 제391조의3 제3항의 규정을 준용한다.

[본조신설 2001.7.24]

제360조의13【완전모회사의 이사·감사의 임기】
주식교환에 의하여 완전모회사가 되는 회사의 이사 및 감사로서 주식교환전에 취임한 자는 주식교환계약서에 다른 정함이 있는 경우를 제외하고는 주식교환후 최초로 도래하는 결산기에 관한 정기총회가 종료하는 때에 퇴임한다.

[본조신설 2001.7.24]

제360조의14【주식교환무효의 소】
① 주식교환의 무효는 각 회사의 주주·이사·감사·감사위원회의 위원 또는 청산인에 한하여 주식교환의 날부터 6월내에 소만으로 이를 주장할 수 있다.

② 제1항의 소는 완전모회사가 되는 회사의 본점소재지의 지방법원의 관할에 전속한다.

③ 주식교환을 무효로 하는 판결이 확정된 때에는 완전모회사가 된 회사는 주식교환을 위하여 발행한 신주 또는 이전한 자기주식의 주주에 대하여 그가 소유하였던 완전자회사가 된 회사의 주식을 이전하여야 한다. 〈개정 2015.12.1.〉

④ 제187조 내지 제189조, 제190조 본문, 제191조, 제192조, 제377조 및 제431조의 규정은 제1항의 소에, 제339조 및 제340조 제3항의 규정은 제3항의 경우에 각각 이를 준용한다.

[본조신설 2001.7.24]

제3관 주식의 포괄적 이전

[본관신설 2001.7.24]

제360조의15【주식의 포괄적 이전에 의한 완전모회사의 설립】
① 회사는 이 관(款)의 규정에 의한 주식의 포괄적 이전(이하 이 관에서 "주식이전"이라 한다)에 의하여 완전모회사를 설립하고 완전자회사가 될 수 있다.

② 주식이전에 의하여 완전자회사가 되는 회사의 주주가 소유하는 그 회사의 주식은 주식이전에 의하여 설립하는 완전모회사에 이전하고, 그 완전자회사가 되는 회사의 주주는 그 완전모회사가 주식이전을 위하여 발행하는 주식의 배정을 받음으로써 그 완전모회사의 주주가 된다.

[본조신설 2001.7.24]

제360조의16【주주총회에 의한 주식이전의 승인】
① 주식이전을 하고자 하는 회사는 다음 각호의 사항을 적은 주식이전계획서를 작성하여 주주총회의 승인을 받아야 한다.

〈개정 2011.4.14, 2015.12.1〉

1. 설립하는 완전모회사의 정관의 규정
2. 설립하는 완전모회사가 주식이전에 있어서 발행하는 주식의 종류와 수 및 완전자회사가 되는 회사의 주주에 대한 주식의 배정에 관한 사항
3. 설립하는 완전모회사의 자본금 및 자본준비금에 관한 사항 〈제3호 개정 2011.4.14〉
4. 완전자회사가 되는 회사의 주주에게 제2호에도 불구하고 금전이나 그 밖의 재산을 제공하는 경우에는 그 내용 및 배정에 관한 사항 〈제4호 개정 2015.12.1〉
5. 주식이전을 할 시기
6. 완전자회사가 되는 회사가 주식이전의 날까지 이익배당을 할 때에는 그 한도액 〈제6호 개정 2011.4.14〉

상법

7. 설립하는 완전모회사의 이사와 감사 또는 감사위원회의 위원의 성명 및 주민등록번호
8. 회사가 공동으로 주식이전에 의하여 완전모회사를 설립하는 때에는 그 뜻

② 제1항의 승인결의는 제434조의 규정에 의하여야 한다.

③ 제360조의3 제4항의 규정은 제1항의 경우의 주주총회의 승인에 이를 준용한다.

④ 주식이전으로 인하여 주식이전에 관련되는 각 회사의 주주의 부담이 가중되는 경우에는 제1항 및 제436조의 결의 외에 그 주주 전원의 동의가 있어야 한다. 〈신설 2011.4.14〉

[본조신설 2001.7.24]

제360조의17【주식이전계획서 등의 서류의 공시】

① 이사는 제360조의16 제1항의 규정에 의한 주주총회의 회일의 2주전부터 주식이전의 날 이후 6월을 경과하는 날까지 다음 각호의 서류를 본점에 비치하여야 한다.

1. 제360조의16 제1항의 규정에 의한 주식이전계획서
2. 완전자회사가 되는 회사의 주주에 대한 주식의 배정에 관하여 그 이유를 기재한 서면
3. 제360조의16 제1항의 주주총회의 회일전 6월 이내의 날에 작성한 완전자회사가 되는 회사의 최종 대차대조표 및 손익계산서

② 제1항의 서류에 관하여는 제391조의3 제3항의 규정을 준용한다.

[본조신설 2001.7.24]

제360조의18【완전모회사의 자본금의 한도액】

〈제목개정 2011.4.14〉

설립하는 완전모회사의 자본금은 주식이전의 날에 완전자회사가 되는 회사에 현존하는 순자산액에서 그 회사의 주주에게 제공할 금전 및 그 밖의 재산의 가액을 뺀 액을 초과하지 못한다. 〈개정 2011.4.14, 2015.12.1〉

[본조신설 2001.7.24]

제360조의19【주권의 실효절차】

① 주식이전에 의하여 완전자회사가 되는 회사는 제360조의16 제1항의 규정에 의한 결의를 한 때에는 다음 각호의 사항을 공고하고, 주주명부에 기재된 주주와 질권자에 대하여 따로따로 그 통지를 하여야 한다.

1. 제360조의16 제1항의 규정에 의한 결의를 한 뜻
2. 1월을 초과하여 정한 기간내에 주권을 회사에 제출하여야 한다는 뜻
3. 주식이전의 날에 주권이 무효가 된다는 뜻

② 제442조의 규정은 제360조의16 제1항의 규정에 의한 결의를 한 경우에 이를 준용한다. 〈개정 2014.5.20〉

[본조신설 2001.7.24]

제360조의20【주식이전에 의한 등기】

주식이전을 한 때에는 설립한 완전모회사의 본점의 소재지에서 2주일 내에 제317조 제2항에서 정하는 사항을 등기하여야 한다. 〈개정 2024.9.20〉

[본조신설 2001.7.24]

제360조의21【주식이전의 효력발생시기】

주식이전은 이로 인하여 설립한 완전모회사가 그 본점소재지에서 제360조의20의 규정에 의한 등기를 함으로써 그 효력이 발생한다.

[본조신설 2001.7.24]

제360조의22【주식교환 규정의 준용】

제360조의5, 제360조의11 및 제360조의12의 규정은 주식이전의 경우에 이를 준용한다.

[본조신설 2001.7.24]

제360조의23【주식이전무효의 소】

① 주식이전의 무효는 각 회사의 주주·이사·감사·감사위원회의 위원 또는 청산인에 한하여 주식

이전의 날부터 6월내에 소만으로 이를 주장할 수 있다.

② 제1항의 소는 완전모회사가 되는 회사의 본점소재지의 지방법원의 관할에 전속한다.

③ 주식이전을 무효로 하는 판결이 확정된 때에는 완전모회사가 된 회사는 주식이전을 위하여 발행한 주식의 주주에 대하여 그가 소유하였던 완전자회사가 된 회사의 주식을 이전하여야 한다.

④ 제187조 내지 제193조 및 제377조의 규정은 제1항의 소에, 제339조 및 제340조 제3항의 규정은 제3항의 경우에 각각 이를 준용한다.

[본조신설 2001.7.24]

제4관 지배주주에 의한 소수주식의 전부 취득 [본관신설 2011.4.14]

第360조의24【지배주주의 매도청구권】

① 회사의 발행주식총수의 100분의 95 이상을 자기의 계산으로 보유하고 있는 주주(이하 이 관에서 "지배주주"라 한다)는 회사의 경영상 목적을 달성하기 위하여 필요한 경우에는 회사의 다른 주주(이하 이 관에서 "소수주주"라 한다)에게 그 보유하는 주식의 매도를 청구할 수 있다.

② 제1항의 보유주식의 수를 산정할 때에는 모회사와 자회사가 보유한 주식을 합산한다. 이 경우 회사가 아닌 주주가 발행주식총수의 100분의 50을 초과하는 주식을 가진 회사가 보유하는 주식도 그 주주가 보유하는 주식과 합산한다.

③ 제1항의 매도청구를 할 때에는 미리 주주총회의 승인을 받아야 한다.

④ 제3항의 주주총회의 소집을 통지할 때에는 다음 각 호에 관한 사항을 적어야 하고, 매도를 청구하는 지배주주는 주주총회에서 그 내용을 설명하여야 한다.

1. 지배주주의 회사 주식의 보유 현황
2. 매도청구의 목적
3. 매매가액의 산정 근거와 적정성에 관한 공인된 감정인의 평가
4. 매매가액의 지급보증

⑤ 지배주주는 매도청구의 날 1개월 전까지 다음 각 호의 사실을 공고하고, 주주명부에 적힌 주주와 질권자에게 따로 그 통지를 하여야 한다.

1. 소수주주는 매매가액의 수령과 동시에 주권을 지배주주에게 교부하여야 한다는 뜻
2. 교부하지 아니할 경우 매매가액을 수령하거나 지배주주가 매매가액을 공탁(供託)한 날에 주권은 무효가 된다는 뜻

⑥ 제1항의 매도청구를 받은 소수주주는 매도청구를 받은 날부터 2개월 내에 지배주주에게 그 주식을 매도하여야 한다.

⑦ 제6항의 경우 그 매매가액은 매도청구를 받은 소수주주와 매도를 청구한 지배주주 간의 협의로 결정한다.

⑧ 제1항의 매도청구를 받은 날부터 30일 내에 제7항의 매매가액에 대한 협의가 이루어지지 아니한 경우에는 매도청구를 받은 소수주주 또는 매도청구를 한 지배주주는 법원에 매매가액의 결정을 청구할 수 있다.

⑨ 법원이 제8항에 따라 주식의 매매가액을 결정하는 경우에는 회사의 재산상태와 그 밖의 사정을 고려하여 공정한 가액으로 산정하여야 한다. [본조신설 2011.4.14]

第360조의25【소수주주의 매수청구권】

① 지배주주가 있는 회사의 소수주주는 언제든지 지배주주에게 그 보유주식의 매수를 청구할 수 있다.

② 제1항의 매수청구를 받은 지배주주는 매수를 청구한 날을 기준으로 2개월 내에 매수를 청구한 주주로부터 그 주식을 매수하여야 한다.

③ 제2항의 경우 그 매매가액은 매수를 청구한 주주와 매수청구를 받은 지배주주 간의 협의로 결정한다.
④ 제2항의 매수청구를 받은 날부터 30일 내에 제3항의 매매가액에 대한 협의가 이루어지지 아니한 경우에는 매수청구를 받은 지배주주 또는 매수청구를 한 소수주주는 법원에 대하여 매매가액의 결정을 청구할 수 있다.
⑤ 법원이 제4항에 따라 주식의 매매가액을 결정하는 경우에는 회사의 재산상태와 그 밖의 사정을 고려하여 공정한 가액으로 산정하여야 한다.

[본조신설 2011.4.14]

제360조의26【주식의 이전 등】
① 제360조의24와 제360조의25에 따라 주식을 취득하는 지배주주가 매매가액을 소수주주에게 지급한 때에 주식이 이전된 것으로 본다.
② 제1항의 매매가액을 지급할 소수주주를 알 수 없거나 소수주주가 수령을 거부할 경우에는 지배주주는 그 가액을 공탁할 수 있다. 이 경우 주식은 공탁한 날에 지배주주에게 이전된 것으로 본다.

[본조신설 2011.4.14]

제3절 회사의 기관

제1관 주주총회

제361조【총회의 권한】
주주총회는 본법 또는 정관에 정하는 사항에 한하여 결의할 수 있다.

제362조【소집의 결정】
총회의 소집은 본법에 다른 규정이 있는 경우 외에는 이사회가 이를 결정한다.

제363조【소집의 통지】 〈제목개정 2014.5.20.〉
① 주주총회를 소집할 때에는 주주총회일의 2주 전에 각 주주에게 서면으로 통지를 발송하거나 각 주주의 동의를 받아 전자문서로 통지를 발송하여야 한다. 다만, 그 통지가 주주명부상 주주의 주소에 계속 3년간 도달하지 아니한 경우에는 회사는 해당 주주에게 총회의 소집을 통지하지 아니할 수 있다.
② 제1항의 통지서에는 회의의 목적사항을 적어야 한다.
③ 제1항에도 불구하고 자본금 총액이 10억원 미만인 회사가 주주총회를 소집하는 경우에는 주주총회일의 10일 전에 각 주주에게 서면으로 통지를 발송하거나 각 주주의 동의를 받아 전자문서로 통지를 발송할 수 있다.

〈개정 2014.5.20〉

④ 자본금 총액이 10억원 미만인 회사는 주주 전원의 동의가 있을 경우에는 소집절차 없이 주주총회를 개최할 수 있고, 서면에 의한 결의로써 주주총회의 결의를 갈음할 수 있다. 결의의 목적사항에 대하여 주주 전원이 서면으로 동의를 한 때에는 서면에 의한 결의가 있는 것으로 본다.
⑤ 제4항의 서면에 의한 결의는 주주총회의 결의와 같은 효력이 있다. 〈개정 2014.5.20〉
⑥ 서면에 의한 결의에 대하여는 주주총회에 관한 규정을 준용한다.
⑦ 제1항부터 제4항까지의 규정은 의결권 없는 주주에게는 적용하지 아니한다. 다만, 제1항의 통지서에 적은 회의의 목적사항에 제360조의5, 제360조의22, 제374조의2, 제522조의3 또는 제530조의11에 따라 반대주주의 주식매수청구권이 인정되는 사항이 포함된 경우에는 그러하지 아니하다.

〈개정 2014.5.20, 2015.12.1〉

{1. 개정 2014.5.20 - 종전 무기명주식에 관한 ③을 삭제하고 ④ ~ ⑧을 ③ ~ ⑦로 함. 2. 개정 2015.12.1 - ⑦ 단서 신설}

[전문개정 2009.5.28.]

第363조의2【주주제안권】

① 의결권 없는 주식을 제외한 발행주식총수의 100분의 3 이상에 해당하는 주식을 가진 주주는 이사에게 주주총회일(정기주주총회의 경우 직전 연도의 정기주주총회일에 해당하는 그 해의 해당일. 이하 이 조에서 같다)의 6주 전에 서면 또는 전자문서로 일정한 사항을 주주총회의 목적사항으로 할 것을 제안(이하 '주주제안'이라 한다)할 수 있다. 〈개정 2009.1.30〉

② 제1항의 주주는 이사에게 주주총회일의 6주 전에 서면 또는 전자문서로 회의의 목적으로 할 사항에 추가하여 당해 주주가 제출하는 의안의 요령을 제363조에서 정하는 통지에 기재할 것을 청구할 수 있다. 〈개정 2009.1.30, 2014.5.20〉

③ 이사는 제1항에 의한 주주제안이 있는 경우에는 이를 이사회에 보고하고, 이사회는 주주제안의 내용이 법령 또는 정관을 위반하는 경우와 그 밖에 대통령령으로 정하는 경우를 제외하고는 이를 주주총회의 목적사항으로 하여야 한다. 이 경우 주주제안을 한 자의 청구가 있는 때에는 주주총회에서 당해 의안을 설명할 기회를 주어야 한다. 〈개정 2009.1.30〉

[본조신설 1998.12.28]

第364조【소집지】

총회는 정관에 다른 정함이 없으면 본점소재지 또는 이에 인접한 지에 소집하여야 한다.

2025.7.22 개정 | 2027.1.1. 시행 예정

第364조【소집지와 개최방식】

① 총회는 정관에서 달리 정한 바가 없으면 본점소재지나 인접한 곳에 소집하여야 한다.

② 회사는 총회일에 주주가 소집지에 직접 출석하는 방식으로 총회를 개최한다.

[전문개정 2025.7.22.]

第365조【총회의 소집】

① 정기총회는 매년 1회 일정한 시기에 이를 소집하여야 한다.

② 연 2회 이상의 결산기를 정한 회사는 매기에 총회를 소집하여야 한다.

③ 임시총회는 필요 있는 경우에 수시 이를 소집한다.

第366조【소수(少數)주주에 의한 소집청구】

① 발행주식총수의 100분의 3 이상에 해당하는 주식을 가진 주주는 회의의 목적사항과 소집의 이유를 적은 서면 또는 전자문서를 이사회에 제출하여 임시총회의 소집을 청구할 수 있다. 〈개정 2009.5.28〉

② 제1항의 청구가 있은 후 지체 없이 총회소집의 절차를 밟지 아니한 때에는 청구한 주주는 법원의 허가를 받아 총회를 소집할 수 있다. 이 경우 주주총회의 의장은 법원이 이해관계인의 청구나 직권으로 선임할 수 있다. 〈개정 2011.4.14〉

③ 제1항 및 제2항의 규정에 의한 총회는 회사의 업무와 재산상태를 조사하게 하기 위하여 검사인을 선임할 수 있다. 〈개정 1998.12.28〉

第366조의2【총회의 질서유지】

① 총회의 의장은 정관에서 정함이 없는 때에는 총회에서 선임한다.

② 총회의 의장은 총회의 질서를 유지하고 의사를 정리한다.

③ 총회의 의장은 고의로 의사진행을 방해하기 위한 발언·행동을 하는 등 현저히 질서를 문란하게 하는 자에 대하여 그 발언의 정지 또는 퇴장을 명할 수 있다.

[본조신설 1999.12.31]

第367조【검사인의 선임】

① 총회는 이사가 제출한 서류와 감사의 보고서를 조사하게 하기 위하여 검사인(檢査人)을 선임할 수 있다.

상법

② 회사 또는 발행주식총수의 100분의 1 이상에 해당하는 주식을 가진 주주는 총회의 소집절차나 결의방법의 적법성을 조사하기 위하여 총회 전에 법원에 검사인의 선임을 청구할 수 있다. [전문개정 2011.4.14]

제368조【총회의 결의방법과 의결권의 행사】

① 총회의 결의는 이 법 또는 정관에 다른 정함이 있는 경우를 제외하고는 출석한 주주의 의결권의 과반수와 발행주식총수의 4분의 1 이상의 수로써 하여야 한다. 〈개정 1995.12.29〉

② 주주는 대리인으로 하여금 그 의결권을 행사하게 할 수 있다. 이 경우에는 그 대리인은 대리권을 증명하는 서면을 총회에 제출하여야 한다.

2025.7.22 개정 | 2027.1.1. 시행 예정

제368조【총회의 결의방법과 의결권 행사】

① 개정전과 동일

② 주주는 대리인으로 하여금 그 의결권을 행사하게 할 수 있다. 이 경우에는 그 대리인은 대리권을 증명하는 서면 또는 전자문서를 총회에 제출하여야 한다. 〈개정 2014.5.20., 2025.7.22.〉

③ 총회의 결의에 관하여 특별한 이해관계가 있는 자는 의결권을 행사하지 못한다.

{개정 2014.5.20 - 종전 무기명주식에 관한 ②를 삭제하고 ③④를 ②③으로 함}

제368조의2【의결권의 불통일행사】

① 주주가 2 이상의 의결권을 가지고 있는 때에는 이를 통일하지 아니하고 행사할 수 있다. 이 경우 주주총회일의 3일전에 회사에 대하여 서면 또는 전자문서로 그 뜻과 이유를 통지하여야 한다. 〈개정 2009.5.28〉

② 주주가 주식의 신탁을 인수하였거나 기타 타인을 위하여 주식을 가지고 있는 경우외에는 회사는 주주의 의결권의 불통일행사를 거부할 수 있다. [본조신설 1984.4.10]

제368조의3【서면에 의한 의결권의 행사】

① 주주는 정관이 정한 바에 따라 총회에 출석하지 아니하고 서면에 의하여 의결권을 행사할 수 있다.

② 회사는 총회의 소집통지서에 주주가 제1항의 규정에 의한 의결권을 행사하는데 필요한 서면과 참고자료를 첨부하여야 한다.

[본조신설 1999.12.31]

제368조의4【전자적 방법에 의한 의결권의 행사】

① 회사는 이사회의 결의로 주주가 총회에 출석하지 아니하고 전자적 방법으로 의결권을 행사할 수 있음을 정할 수 있다.

② 회사는 제363조에 따라 소집통지를 할 때에는 주주가 제1항에 따른 방법으로 의결권을 행사할 수 있다는 내용을 통지하여야 한다.

〈개정 2014.5.20〉

③ 회사가 제1항에 따라 전자적 방법에 의한 의결권행사를 정한 경우에 주주는 주주 확인절차 등 대통령령으로 정하는 바에 따라 의결권을 행사하여야 한다. 이 경우 회사는 의결권행사에 필요한 양식과 참고자료를 주주에게 전자적 방법으로 제공하여야 한다.

④ 동일한 주식에 관하여 제1항 또는 제368조의3 제1항에 따라 의결권을 행사하는 경우 전자적 방법 또는 서면 중 어느 하나의 방법을 선택하여야 한다.

⑤ 회사는 의결권행사에 관한 전자적 기록을 총회가 끝난 날부터 3개월간 본점에 갖추어 두어 열람하게 하고 총회가 끝난 날부터 5년간 보존하여야 한다.

⑥ 주주 확인절차 등 전자적 방법에 의한 의결권행사의 절차와 그 밖에 필요한 사항은 대통령령으로 정한다. [본조신설 2009.5.28]

제369조【의결권】

① 의결권은 1주마다 1개로 한다.

② 회사가 가진 자기주식은 의결권이 없다.

③ 회사, 모회사 및 자회사 또는 자회사가 다른 회사의 발행주식의 총수의 10분의 1을 초과하는 주식을 가지고 있는 경우 그 다른 회사가 가지고 있는 회사 또는 모회사의 주식은 의결권이 없다. 〈신설 1984.4.10〉

제370조 삭 제 〈2011.4.14〉

《삭제전》
《 제370조【의결권 없는 주식】 》

제371조【정족수(定足數), 의결권수의 계산】

① 총회의 결의에 관하여는 제344조의3 제1항과 제369조 제2항 및 제3항의 의결권 없는 주식의 수는 발행주식총수에 산입하지 아니한다.

② 총회의 결의에 관하여는 제368조 제3항에 따라 행사할 수 없는 주식의 의결권 수와 제409조 제2항 및 제542조의12 제4항(▶▶개정전 : 제409조 제2항·제3항 및 제542조의12 제3항·제4항)에 따라 그 비율을 초과하는 주식으로서 행사할 수 없는 주식의 의결권 수는 출석한 주주의 의결권의 수에 산입하지 아니한다. 〈개정 2014.5.20., 2020.12.29.〉

[전문개정 2011.4.14.]

제372조【총회의 연기, 속행(續行)의 결의】

① 총회에서는 회의의 속행 또는 연기의 결의를 할 수 있다.

② 전항의 경우에는 제363조의 규정을 적용하지 아니한다.

제373조【총회의 의사록】

① 총회의 의사에는 의사록을 작성하여야 한다.

② 의사록에는 의사의 경과요령과 그 결과를 기재하고 의장과 출석한 이사가 기명날인 또는 서명하여야 한다. 〈개정 1995.12.29〉

제374조【영업양도, 양수, 임대 등】

① 회사가 다음 각 호의 어느 하나에 해당하는 행위를 할 때에는 제434조에 따른 결의가 있어야 한다. 〈개정 2011.4.14〉

1. 영업의 전부 또는 중요한 일부의 양도
2. 영업 전부의 임대 또는 경영위임, 타인과 영업의 손익 전부를 같이 하는 계약, 그 밖에 이에 준하는 계약의 체결·변경 또는 해약
3. 회사의 영업에 중대한 영향을 미치는 다른 회사의 영업 전부 또는 일부의 양수

② 제1항의 행위에 관한 주주총회의 소집의 통지를 하는 때에는 제374조의2 제1항 및 제2항의 규정에 의한 주식매수청구권의 내용 및 행사방법을 명시하여야 한다. 〈신설 1995.12.29, 2014.5.20〉

제374조의2【반대주주의 주식매수청구권】

① 제374조에 따른 결의사항에 반대하는 주주(의결권이 없거나 제한되는 주주를 포함한다. 이하 이 조에서 같다)는 주주총회 전에 회사에 대하여 서면으로 그 결의에 반대하는 의사를 통지한 경우에는 그 총회의 결의일부터 20일 이내에 주식의 종류와 수를 기재한 서면으로 회사에 대하여 자기가 소유하고 있는 주식의 매수를 청구할 수 있다. 〈개정 2015.12.1〉

② 제1항의 청구를 받으면 해당 회사는 같은 항의 매수 청구 기간(이하 이 조에서 "매수청구기간"이라 한다)이 종료하는 날부터 2개월 이내에 그 주식을 매수하여야 한다. 〈개정 2015.12.1〉

③ 제2항의 규정에 의한 주식의 매수가액은 주주와 회사간의 협의에 의하여 결정한다. 〈개정 2001.7.24〉

④ 매수청구기간이 종료하는 날부터 30일 이내에 제3항의 규정에 의한 협의가 이루어지지 아니한 경우에는 회사 또는 주식의 매수를 청구한 주주는 법원에 대하여 매수가액의 결정을 청구할 수 있다. 〈개정 2001.7.24, 2015.12.1〉

⑤ 법원이 제4항의 규정에 의하여 주식의 매수가액을 결정하는 경우에는 회사의 재산상태 그 밖의 사정을 참작하여 공정한 가액으로 이를 산정하여야 한다. 〈신설 2001.7.24〉

[본조신설 1995.12.29]

제374조의3【간이영업양도, 양수, 임대 등】
① 제374조 제1항 각 호의 어느 하나에 해당하는 행위를 하는 회사의 총주주의 동의가 있거나 그 회사의 발행주식총수의 100분의 90 이상을 해당 행위의 상대방이 소유하고 있는 경우에는 그 회사의 주주총회의 승인은 이를 이사회의 승인으로 갈음할 수 있다.
② 제1항의 경우에 회사는 영업양도, 양수, 임대 등의 계약서 작성일부터 2주 이내에 주주총회의 승인을 받지 아니하고 영업양도, 양수, 임대 등을 한다는 뜻을 공고하거나 주주에게 통지하여야 한다. 다만, 총주주의 동의가 있는 경우에는 그러하지 아니하다.
③ 제2항의 공고 또는 통지를 한 날부터 2주 이내에 회사에 대하여 서면으로 영업양도, 양수, 임대 등에 반대하는 의사를 통지한 주주는 그 기간이 경과한 날부터 20일 이내에 주식의 종류와 수를 기재한 서면으로 회사에 대하여 자기가 소유하고 있는 주식의 매수를 청구할 수 있다. 이 경우 제374조의2 제2항부터 제5항까지의 규정을 준용한다.
[본조신설 2015.12.1]

제375조【사후설립】
회사가 그 성립 후 2년 내에 그 성립 전부터 존재하는 재산으로서 영업을 위하여 계속하여 사용하여야 할 것을 자본금의 100분의 5 이상에 해당하는 대가로 취득하는 계약을 하는 경우에는 제374조를 준용한다. [전문개정 2011.4.14]

제376조【결의취소의 소】
① 총회의 소집절차 또는 결의방법이 법령 또는 정관에 위반하거나 현저하게 불공정한 때 또는 그 결의의 내용이 정관에 위반한 때에는 주주·이사 또는 감사는 결의의 날로부터 2월 내에 결의취소의 소를 제기할 수 있다.
〈개정 1984.4.10, 1995.12.29〉
② 제186조 내지 제188조, 제190조 본문과 제191조의 규정은 제1항의 소에 준용한다.
〈개정 1995.12.29〉

제377조【제소주주의 담보제공의무】
① 주주가 결의취소의 소를 제기한 때에는 법원은 회사의 청구에 의하여 상당한 담보를 제공할 것을 명할 수 있다. 그러나 그 주주가 이사 또는 감사인 때에는 그러하지 아니하다. 〈개정 1984.4.10〉
② 제176조 제4항의 규정은 제1항의 청구에 준용한다.

제378조【결의취소의 등기】
결의한 사항이 등기된 경우에 결의취소의 판결이 확정된 때에는 본점의 소재지에서 등기하여야 한다.
[전문개정 2024.9.20.]

제379조【법원의 재량에 의한 청구기각】
결의취소의 소가 제기된 경우에 결의의 내용, 회사의 현황과 제반사정을 참작하여 그 취소가 부적당하다고 인정한 때에는 법원은 그 청구를 기각할 수 있다.

제380조【결의무효 및 부존재확인의 소】
제186조 내지 제188조, 제190조 본문, 제191조, 제377조와 제378조의 규정은 총회의 결의의 내용이 법령에 위반한 것을 이유로 하여 결의무효의 확인을 청구하는 소와 총회의 소집절차 또는 결의방법에 총회결의가 존재한다고 볼 수 없을 정도의 중대한 하자가 있는 것을 이유로 하여 결의부존재의 확인을 청구하는 소에 이를 준용한다. 〈개정 1984.4.10, 1995.12.29〉

제381조【부당결의의 취소, 변경의 소】
① 주주가 제368조 제3항의 규정에 의하여 의결권을 행사할 수 없었던 경우에 결의가 현저하게 부당하고 그 주주가 의결권을 행사하였더라면 이를 저지할 수 있었을 때에는 그 주주는 그 결의의 날로부터 2월내에 결의의 취소의 소 또는 변경의 소를 제기할 수 있다. 〈개정 2014.5.20〉

② 제186조 내지 제188조, 제190조 본문, 제191조, 제377조와 제378조의 규정은 제1항의 소에 준용한다. 〈개정 1998.12.28〉

제2관 이사와 이사회

제382조 【이사의 선임, 회사와의 관계 및 사외이사】

① 이사는 주주총회에서 선임한다.

② 회사와 이사의 관계는 「민법」의 위임에 관한 규정을 준용한다.

③ 사외이사(社外理事)는 해당 회사의 상무(常務)에 종사하지 아니하는 이사로서 다음 각 호의 어느 하나에 해당하지 아니하는 자를 말한다. 사외이사가 다음 각 호의 어느 하나에 해당하는 경우에는 그 직을 상실한다. 〈개정 2011.4.14〉

1. 회사의 상무에 종사하는 이사·집행임원 및 피용자 또는 최근 2년 이내에 회사의 상무에 종사한 이사·감사·집행임원 및 피용자
2. 최대주주가 자연인인 경우 본인과 그 배우자 및 직계 존속·비속
3. 최대주주가 법인인 경우 그 법인의 이사·감사·집행임원 및 피용자
4. 이사·감사·집행임원의 배우자 및 직계 존속·비속
5. 회사의 모회사 또는 자회사의 이사·감사·집행임원 및 피용자
6. 회사와 거래관계 등 중요한 이해관계에 있는 법인의 이사·감사·집행임원 및 피용자
7. 회사의 이사·집행임원 및 피용자가 이사·집행임원으로 있는 다른 회사의 이사·감사·집행임원 및 피용자

〈제1호, 제3호~제7호 개정 2011.4.14〉

[전문개정 2009.1.30]

제382조의2 【집중투표】

① 2인 이상의 이사의 선임을 목적으로 하는 총회의 소집이 있는 때에는 의결권 없는 주식을 제외한 발행주식총수의 100분의 3 이상에 해당하는 주식을 가진 주주는 정관에서 달리 정하는 경우를 제외하고는 회사에 대하여 집중투표의 방법으로 이사를 선임할 것을 청구할 수 있다.

② 제1항의 청구는 주주총회일의 7일 전까지 서면 또는 전자문서로 하여야 한다.

〈개정 2009.5.28〉

③ 제1항의 청구가 있는 경우에 이사의 선임결의에 관하여 각 주주는 1주마다 선임할 이사의 수와 동일한 수의 의결권을 가지며, 그 의결권은 이사 후보자 1인 또는 수인에게 집중하여 투표하는 방법으로 행사할 수 있다.

④ 제3항의 규정에 의한 투표의 방법으로 이사를 선임하는 경우에는 투표의 최다수를 얻은 자부터 순차적으로 이사에 선임되는 것으로 한다.

⑤ 제1항의 청구가 있는 경우에는 의장은 의결에 앞서 그러한 청구가 있다는 취지를 알려야 한다.

⑥ 제2항의 서면은 총회가 종결될 때까지 이를 본점에 비치하고 주주로 하여금 영업시간내에 열람할 수 있게 하여야 한다.

[본조신설 1998.12.28]

2025.7.22 개정

제382조의3 【이사의 충실의무 등】

① 이사는 법령과 정관의 규정에 따라 회사 및 주주를 위하여 그 직무를 충실하게 수행하여야 한다.

② 이사는 그 직무를 수행함에 있어 총주주의 이익을 보호하여야 하고, 전체 주주의 이익을 공평하게 대우하여야 한다.

[전문개정 2025.7.22.]

상법

개정 前

제382조의3 [이사의 충실의무]
이사는 법령과 정관의 규정에 따라 회사를 위하여 그 직무를 충실하게 수행하여야 한다.
[본조신설 1998.12.28]

제382조의4 【이사의 비밀유지의무】
이사는 재임중 뿐만 아니라 퇴임후에도 직무상 알게된 회사의 영업상 비밀을 누설하여서는 아니된다.
[본조신설 2001.7.24]

제383조 【원수(員數), 임기】
① 이사는 3명 이상이어야 한다. 다만, 자본금 총액이 10억원(▶▶개정전 : 5억원) 미만인 회사는 1명 또는 2명으로 할 수 있다.
〈개정 2009.5.28〉
② 이사의 임기는 3년을 초과하지 못한다.
〈개정 1984.4.10〉
③ 제2항의 임기는 정관으로 그 임기중의 최종의 결산기에 관한 정기주주총회를 종결에 이르기까지 연장할 수 있다.
④ 제1항 단서의 경우에는 제302조 제2항 제5호의2, 제317조 제2항 제3호의2, 제335조 제1항 단서 및 제2항, 제335조의2 제1항·제3항, 제335조의3 제1항·제2항, 제335조의7 제1항, 제340조의3 제1항 제5호, 제356조 제6호의2, 제397조 제1항·제2항, 제397조의2 제1항, 제398조, 제416조 본문, 제451조 제2항, 제461조 제1항 본문 및 제3항, 제462조의3 제1항, 제464조의2 제1항, 제469조, 제513조 제2항 본문 및 제516조의2 제2항 본문(준용되는 경우를 포함한다) 중 "이사회"는 각각 "주주총회"로 보며, 제360조의5 제1항 및 제522조의3 제1항 중 "이사회의 결의가 있는 때"는 "제363조 제1항에 따른 주주총회의 소집통지가 있는 때"로 본다.
〈개정 2009.5.28, 2011.4.14〉
⑤ 제1항 단서의 경우에는 제341조 제2항 단서, 제390조, 제391조, 제391조의2, 제391조의3, 제392조, 제393조 제2항부터 제4항까지, 제399조 제2항, 제408조의2 제3항·제4항, 제408조의3 제2항, 제408조의4 제2호, 제408조의5 제1항, 제408조의6, 제408조의7, 제412조의4, 제449조의2, 제462조 제2항 단서, 제526조 제3항, 제527조 제4항, 제527조의2, 제527조의3 제1항 및 제527조의5 제2항은 적용하지 아니한다.
〈개정 2009.5.28, 2011.4.14〉
⑥ 제1항 단서의 경우에는 각 이사(정관에 따라 대표이사를 정한 경우에는 그 대표이사를 말한다)가 회사를 대표하며 제343조 제1항 단서, 제346조 제3항, 제362조, 제363조의2 제3항, 제366조 제1항, 제368조의4 제1항, 제393조 제1항, 제412조의3 제1항 및 제462조의3 제1항에 따른 이사회의 기능을 담당한다.
〈개정 2009.5.28, 2011.4.14〉

제384조 삭 제 〈1995.12.29〉

제385조 【해 임】
① 이사는 언제든지 제434조의 규정에 의한 주주총회의 결의로 이를 해임할 수 있다. 그러나 이사의 임기를 정한 경우에 정당한 이유없이 그 임기만료전에 이를 해임한 때에는 그 이사는 회사에 대하여 해임으로 인한 손해의 배상을 청구할 수 있다.
② 이사가 그 직무에 관하여 부정행위 또는 법령이나 정관에 위반한 중대한 사실이 있음에도 불구하고 주주총회에서 그 해임을 부결한 때에는 발행주식의 총수의 100분의 3 이상에 해당하는 주식을 가진 주주는 총회의 결의가 있은 날부터 1월내에 그 이사의 해임을 법원에 청구할 수 있다. 〈개정 1998.12.28〉
③ 제186조의 규정은 전항의 경우에 준용한다.

제386조【결원의 경우】
① 법률 또는 정관에 정한 이사의 원수를 결한 경우에는 임기의 만료 또는 사임으로 인하여 퇴임한 이사는 새로 선임된 이사가 취임할 때까지 이사의 권리의무가 있다.
② 제1항의 경우에 필요하다고 인정할 때에는 법원은 이사, 감사 기타의 이해관계인의 청구에 의하여 일시 이사의 직무를 행할 자를 선임할 수 있다. 이 경우에는 본점의 소재지에서 그 등기를 하여야 한다. 〈개정 1995.12.29〉

제387조【자격주(資格株)】
정관으로 이사가 가질 주식의 수를 정한 경우에 다른 규정이 없는 때에는 이사는 그 수의 주권을 감사에게 공탁하여야 한다.

제388조【이사의 보수】
이사의 보수는 정관에 그 액을 정하지 아니한 때에는 주주총회의 결의로 이를 정한다.

제389조【대표이사】
① 회사는 이사회의 결의로 회사를 대표할 이사를 선정하여야 한다. 그러나 정관으로 주주총회에서 이를 선정할 것을 정할 수 있다.
② 전항의 경우에는 수인의 대표이사가 공동으로 회사를 대표할 것을 정할 수 있다.
③ 제208조 제2항, 제209조, 제210조와 제386조의 규정은 대표이사에 준용한다.
〈개정 1962.12.12〉

제390조【이사회의 소집】
① 이사회는 각 이사가 소집한다. 그러나 이사회의 결의로 소집할 이사를 정한 때에는 그러하지 아니하다.
② 제1항 단서의 규정에 의하여 소집권자로 지정되지 않은 다른 이사는 소집권자인이사에게 이사회 소집을 요구할 수 있다. 소집권자인 이사가 정당한 이유없이 이사회 소집을 거절하는 경우에는 다른 이사가 이사회를 소집할 수 있다. 〈신설 2001.7.24〉
③ 이사회를 소집함에는 회일을 정하고 그 1주간전에 각 이사 및 감사에 대하여 통지를 발송하여야 한다. 그러나 그 기간은 정관으로 단축할 수 있다. 〈개정 1984.4.10〉
④ 이사회는 이사 및 감사 전원의 동의가 있는 때에는 제3항의 절차없이 언제든지 회의할 수 있다. 〈개정 1984.4.10, 2001.7.24〉

제391조【이사회의 결의방법】
① 이사회의 결의는 이사 과반수의 출석과 출석이사의 과반수로 하여야 한다. 그러나 정관으로 그 비율을 높게 정할 수 있다.
② 정관에서 달리 정하는 경우를 제외하고 이사회는 이사의 전부 또는 일부가 직접 회의에 출석하지 아니하고 모든 이사가 음성을 동시에 송수신하는 원격통신수단에 의하여 결의에 참가하는 것을 허용할 수 있다. 이 경우 당해 이사는 이사회에 직접 출석한 것으로 본다.
〈신설 1999.12.31, 2011.4.14〉
③ 제368조 제3항 및 제371조 제2항의 규정은 제1항의 경우에 이를 준용한다. 〈개정 2014.5.20〉
[전문개정 1984.4.10]

제391조의2【감사의 이사회출석·의견진술권】
① 감사는 이사회에 출석하여 의견을 진술할 수 있다.
② 감사는 이사가 법령 또는 정관에 위반한 행위를 하거나 그 행위를 할 염려가 있다고 인정한 때에는 이사회에 이를 보고하여야 한다.
[본조신설 1984.4.10]

제391조의3【이사회의 의사록】
① 이사회의 의사에 관하여는 의사록을 작성하여야 한다.
② 의사록에는 의사의 안건, 경과요령, 그 결과, 반대하는 자와 그 반대이유를 기재하고 출석한 이사 및 감사가 기명날인 또는 서명하여야 한다.
〈개정 1995.12.29, 99.12.31〉
③ 주주는 영업시간내에 이사회의사록의 열람 또는 등사를 청구할 수 있다. 〈신설 1999.12.31〉

상법

④ 회사는 제3항의 청구에 대하여 이유를 붙여 이를 거절할 수 있다. 이 경우 주주는 법원의 허가를 얻어 이사회의사록을 열람 또는 등사할 수 있다. 〈신설 1999.12.31〉

[본조신설 1984.4.10]

제392조 【이사회의 연기·속행】

제372조의 규정은 이사회에 관하여 이를 준용한다. [전문개정 1984.4.10]

제393조 【이사회의 권한】

① 중요한 자산의 처분 및 양도, 대규모 재산의 차입, 지배인의 선임 또는 해임과 지점의 설치·이전 또는 폐지 등 회사의 업무집행은 이사회의 결의로 한다. 〈개정 2001.7.24〉

② 이사회는 이사의 직무의 집행을 감독한다.

③ 이사는 대표이사로 하여금 다른 이사 또는 피용자의 업무에 관하여 이사회에 보고할 것을 요구할 수 있다. 〈신설 2001.7.24〉

④ 이사는 3월에 1회 이상 업무의 집행상황을 이사회에 보고하여야 한다. 〈신설 2001.7.24〉

[전문개정 1984.4.10]

제393조의2 【이사회내 위원회】

① 이사회는 정관이 정한 바에 따라 위원회를 설치할 수 있다.

② 이사회는 다음 각호의 사항을 제외하고는 그 권한을 위원회에 위임할 수 있다.

1. 주주총회의 승인을 요하는 사항의 제안
2. 대표이사의 선임 및 해임
3. 위원회의 설치와 그 위원의 선임 및 해임
4. 정관에서 정하는 사항

③ 위원회는 2인 이상의 이사로 구성한다.

④ 위원회는 결의된 사항을 각 이사에게 통지하여야 한다. 이 경우 이를 통지받은 각 이사는 이사회의 소집을 요구할 수 있으며, 이사회는 위원회가 결의한 사항에 대하여 다시 결의할 수 있다.

⑤ 제386조 제1항·제390조·제391조·제391조의3 및 제392조의 규정은 위원회에 관하여 이를 준용한다. [본조신설 1999.12.31]

제394조 【이사와 회사간의 소에 관한 대표】

① 회사가 이사에 대하여 또는 이사가 회사에 대하여 소를 제기하는 경우에 감사는 그 소에 관하여 회사를 대표한다. 회사가 제403조 제1항 또는 제406조의2 제1항의 청구를 받은 경우에도 또한 같다. 〈개정 2020.12.29.〉

② 제415조의2의 규정에 의한 감사위원회의 위원이 소의 당사자인 경우에는 감사위원회 또는 이사는 법원에 회사를 대표할 자를 선임하여 줄 것을 신청하여야 한다.

〈신설 1999.12.31〉

[전문개정 1984.4.10]

제395조 【표현대표이사의 행위와 회사의 책임】

사장, 부사장, 전무, 상무 기타 회사를 대표할 권한이 있는 것으로 인정될 만한 명칭을 사용한 이사의 행위에 대하여는 그 이사가 회사를 대표할 권한이 없는 경우에도 회사는 선의의 제3자에 대하여 그 책임을 진다.

제396조 【정관 등의 비치, 공시의무】

① 이사는 회사의 정관, 주주총회의 의사록을 본점과 지점에, 주주명부, 사채원부를 본점에 비치하여야 한다. 이 경우 명의개서대리인을 둔 때에는 주주명부나 사채원부 또는 그 복본을 명의개서대리인의 영업소에 비치할 수 있다. 〈개정 1984.4.10, 99.12.31〉

② 주주와 회사채권자는 영업시간내에 언제든지 제1항의 서류의 열람 또는 등사를 청구할 수 있다.

제397조 【경업금지】

① 이사는 이사회의 승인이 없으면 자기 또는 제3자의 계산으로 회사의 영업부류에 속한 거래를 하거나 동종영업을 목적으로 하는 다른 회사의 무한책임사원이나 이사가 되지 못한다. 〈개정 1995.12.29〉

② 이사가 제1항의 규정에 위반하여 거래를 한 경우에 회사는 이사회의 결의로 그 이사의 거래가 자기의 계산으로 한 것인 때에는 이를 회사의 계산으로 한 것으로 볼 수 있고 제3자의 계산으로 한 것인 때에는 그 이사에 대하여 이로 인한 이득의 양도를 청구할 수 있다. 〈개정 1962.12.12, 1995.12.29〉

③ 제2항의 권리는 거래가 있은 날로부터 1년을 경과하면 소멸한다. 〈개정 1995.12.29〉

제397조의2【회사의 기회 및 자산의 유용 금지】

① 이사는 이사회의 승인 없이 현재 또는 장래에 회사의 이익이 될 수 있는 다음 각 호의 어느 하나에 해당하는 회사의 사업기회를 자기 또는 제3자의 이익을 위하여 이용하여서는 아니 된다. 이 경우 이사회의 승인은 이사 3분의 2 이상의 수로써 하여야 한다.

1. 직무를 수행하는 과정에서 알게 되거나 회사의 정보를 이용한 사업기회
2. 회사가 수행하고 있거나 수행할 사업과 밀접한 관계가 있는 사업기회

② 제1항을 위반하여 회사에 손해를 발생시킨 이사 및 승인한 이사는 연대하여 손해를 배상할 책임이 있으며 이로 인하여 이사 또는 제3자가 얻은 이익은 손해로 추정한다.

[본조신설 2011.4.14]

제398조【이사 등과 회사 간의 거래】

다음 각 호의 어느 하나에 해당하는 자가 자기 또는 제3자의 계산으로 회사와 거래를 하기 위하여는 미리 이사회에서 해당 거래에 관한 중요사실을 밝히고 이사회의 승인을 받아야 한다. 이 경우 이사회의 승인은 이사 3분의 2 이상의 수로써 하여야 하고, 그 거래의 내용과 절차는 공정하여야 한다.

1. 이사 또는 제542조의8 제2항 제6호에 따른 주요주주
2. 제1호의 자의 배우자 및 직계존비속
3. 제1호의 자의 배우자의 직계존비속
4. 제1호부터 제3호까지의 자가 단독 또는 공동으로 의결권 있는 발행주식 총수의 100분의 50 이상을 가진 회사 및 그 자회사
5. 제1호부터 제3호까지의 자가 제4호의 회사와 합하여 의결권 있는 발행주식총수의 100분의 50 이상을 가진 회사

[전문개정 2011.4.14]

제399조【회사에 대한 책임】

① 이사가 고의 또는 과실로 법령 또는 정관에 위반한 행위를 하거나 그 임무를 게을리한 경우에는 그 이사는 회사에 대하여 연대하여 손해를 배상할 책임이 있다. 〈개정 2011.4.14〉

② 전항의 행위가 이사회의 결의에 의한 것인 때에는 그 결의에 찬성한 이사도 전항의 책임이 있다.

③ 전항의 결의에 참가한 이사로서 이의를 한 기재가 의사록에 없는 자는 그 결의에 찬성한 것으로 추정한다.

제400조【회사에 대한 책임의 감면】

① 제399조에 따른 이사의 책임은 주주 전원의 동의로 면제할 수 있다.

② 회사는 정관으로 정하는 바에 따라 제399조에 따른 이사의 책임을 이사가 그 행위를 한 날 이전 최근 1년간의 보수액(상여금과 주식매수선택권의 행사로 인한 이익 등을 포함한다)의 6배(사외이사의 경우는 3배)를 초과하는 금액에 대하여 면제할 수 있다. 다만, 이사가 고의 또는 중대한 과실로 손해를 발생시킨 경우와 제397조, 제397조의2 및 제398조에 해당하는 경우에는 그러하지 아니하다. [전문개정 2011.4.14.]

2025.7.22 개정 | 2026.7.23. 시행 예정

② 회사는 정관으로 정하는 바에 따라 제399조에 따른 이사의 책임을 이사가 그 행위를 한 날 이전 최근 1년간의 보수액(상여금과 주식매수선택권의 행사로 인한 이익 등을 포함한다)의 6배(사외이사 및 제542조의8 제1항의 독립이사의 경우는 3배)를

초과하는 금액에 대하여 면제할 수 있다. 다만, 이사가 고의 또는 중대한 과실로 손해를 발생시킨 경우와 제397조 제397조의2 및 제398조에 해당하는 경우에는 그러하지 아니하다.
〈개정 2025.7.22.〉 [전문개정 2011.4.14.]

제401조【제3자에 대한 책임】
① 이사가 고의 또는 중대한 과실로 그 임무를 게을리한 때에는 그 이사는 제3자에 대하여 연대하여 손해를 배상할 책임이 있다.
〈개정 2011.4.14〉
② 제399조 제2항, 제3항의 규정은 전항의 경우에 준용한다.

제401조의2【업무집행지시자 등의 책임】
① 다음 각 호의 어느 하나에 해당하는 자가 그 지시하거나 집행한 업무에 관하여 제399조, 제401조, 제403조 및 제406조의2를 적용하는 경우에는 그 자를 "이사"로 본다.
〈개정 2020.12.29.〉
1. 회사에 대한 자신의 영향력을 이용하여 이사에게 업무집행을 지시한 자
2. 이사의 이름으로 직접 업무를 집행한 자
3. 이사가 아니면서 명예회장·회장·사장·부사장·전무·상무·이사 기타 회사의 업무를 집행할 권한이 있는 것으로 인정될 만한 명칭을 사용하여 회사의 업무를 집행한 자
② 제1항의 경우에 회사 또는 제3자에 대하여 손해를 배상할 책임이 있는 이사는 제1항에 규정된 자와 연대하여 그 책임을 진다.
[본조신설 1998.12.28]

제402조【유지(留止)청구권】
이사가 법령 또는 정관에 위반한 행위를 하여 이로 인하여 회사에 회복할 수 없는 손해가 생길 염려가 있는 경우에는 감사 또는 발행주식의 총수의 100분의 1 이상에 해당하는 주식을 가진 주주는 회사를 위하여 이사에 대하여 그 행위를 유지할 것을 청구할 수 있다. 〈개정 1984.4.10, 1998.12.28〉

제403조【주주의 대표소송】
① 발행주식의 총수의 100분의 1 이상에 해당하는 주식을 가진 주주는 회사에 대하여 이사의 책임을 추궁할 소의 제기를 청구할 수 있다.
〈개정 1998.12.28〉
② 제1항의 청구는 그 이유를 기재한 서면으로 하여야 한다. 〈개정 1998.12.28〉
③ 회사가 전항의 청구를 받은 날로부터 30일내에 소를 제기하지 아니한 때에는 제1항의 주주는 즉시 회사를 위하여 소를 제기할 수 있다.
④ 제3항의 기간의 경과로 인하여 회사에 회복할 수 없는 손해가 생길 염려가 있는 경우에는 전항의 규정에 불구하고 제1항의 주주는 즉시 소를 제기할 수 있다. 〈개정 1998.12.28〉
⑤ 제3항과 제4항의 소를 제기한 주주의 보유주식이 제소후 발행주식총수의 100분의 1 미만으로 감소한 경우(발행주식을 보유하지 아니하게 된 경우를 제외한다)에도 제소의 효력에는 영향이 없다. 〈신설 1998.12.28〉
⑥ 회사가 제1항의 청구에 따라 소를 제기하거나 주주가 제3항과 제4항의 소를 제기한 경우 당사자는 법원의 허가를 얻지 아니하고는 소의 취하, 청구의 포기·인낙(認諾)·화해를 할 수 없다. 〈신설 1998.12.28, 2011.4.14〉
⑦ 제176조 제3항, 제4항과 제186조의 규정은 본조의 소에 준용한다.

제404조【대표소송과 소송참가, 소송고지】
① 회사는 전조 제3항과 제4항의 소송에 참가할 수 있다.
② 전조 제3항과 제4항의 소를 제기한 주주는 소를 제기한 후 지체없이 회사에 대하여 그 소송의 고지를 하여야 한다.

제405조【제소주주의 권리의무】
① 제403조 제3항과 제4항의 규정에 의하여 소를 제기한 주주가 승소한 때에는 그 주주는

회사에 대하여 소송비용 및 그 밖에 소송으로 인하여 지출한 비용중 상당한 금액의 지급을 청구할 수 있다. 이 경우 소송비용을 지급한 회사는 이사 또는 감사에 대하여 구상권이 있다. 〈개정 1962.12.12, 2001.7.24〉

② 제403조 제3항과 제4항의 규정에 의하여 소를 제기한 주주가 패소한 때에는 악의인 경우 외에는 회사에 대하여 손해를 배상할 책임이 없다.

제406조【대표소송과 재심의 소】

① 제403조의 소가 제기된 경우에 원고와 피고의 공모로 인하여 소송의 목적인 회사의 권리를 사해할 목적으로써 판결을 하게 한 때에는 회사 또는 주주는 확정한 종국판결에 대하여 재심의 소를 제기할 수 있다.

② 전조의 규정은 전항의 소에 준용한다.

제406조의2【다중대표소송】

① 모회사 발행주식총수의 100분의 1 이상에 해당하는 주식을 가진 주주는 자회사에 대하여 자회사 이사의 책임을 추궁할 소의 제기를 청구할 수 있다.

② 제1항의 주주는 자회사가 제1항의 청구를 받은 날부터 30일 내에 소를 제기하지 아니한 때에는 즉시 자회사를 위하여 소를 제기할 수 있다.

③ 제1항 및 제2항의 소에 관하여는 제176조 제3항·제4항, 제403조 제2항, 같은 조 제4항부터 제6항까지 및 제404조부터 제406조까지의 규정을 준용한다.

④ 제1항의 청구를 한 후 모회사가 보유한 자회사의 주식이 자회사 발행주식총수의 100분의 50 이하로 감소한 경우(발행주식을 보유하지 아니하게 된 경우를 제외한다)에도 제1항 및 제2항에 따른 제소의 효력에는 영향이 없다.

⑤ 제1항 및 제2항의 소는 자회사의 본점소재지의 지방법원의 관할에 전속한다.

[본조신설 2020.12.29.]

제407조【직무집행정지, 직무대행자선임】

① 이사선임결의의 무효나 취소 또는 이사해임의 소가 제기된 경우에는 법원은 당사자의 신청에 의하여 가처분으로써 이사의 직무집행을 정지할 수 있고 또는 직무대행자를 선임할 수 있다. 급박한 사정이 있는 때에는 본안소송의 제기전에도 그 처분을 할 수 있다.

② 법원은 당사자의 신청에 의하여 전항의 가처분을 변경 또는 취소할 수 있다.

③ 제1항과 제2항의 처분이 있는 때에는 본점의 소재지에서 그 등기를 하여야 한다.

〈개정 2024.9.20〉

제408조【직무대행자의 권한】

① 전조의 직무대행자는 가처분명령에 다른 정함이 있는 경우 외에는 회사의 상무(常務)에 속하지 아니한 행위를 하지 못한다. 그러나 법원의 허가를 얻은 경우에는 그러하지 아니하다.

② 직무대행자가 전항의 규정에 위반한 행위를 한 경우에도 회사는 선의의 제3자에 대하여 책임을 진다.

제408조의2【집행임원 설치회사, 집행인원과 회사의 관계】

① 회사는 집행임원을 둘 수 있다. 이 경우 집행임원을 둔 회사(이하"집행임원 설치회사"라 한다)는 대표이사를 두지 못한다.

② 집행임원 설치회사와 집행임원의 관계는 「민법」 중 위임에 관한 규정을 준용한다.

③ 집행임원 설치회사의 이사회는 다음의 권한을 갖는다.

1. 집행임원과 대표집행임원의 선임·해임
2. 집행임원의 업무집행 감독
3. 집행임원과 집행임원 설치회사의 소송에서 집행임원 설치회사를 대표할 자의 선임
4. 집행임원에게 업무집행에 관한 의사결정의 위임(이 법에서 이사회 권한사항으로 정한 경우는 제외한다)

5. 집행임원이 여러 명인 경우 집행임원의 직무 분담 및 지휘·명령관계, 그 밖에 집행임원의 상호관계에 관한 사항의 결정
6. 정관에 규정이 없거나 주주총회의 승인이 없는 경우 집행임원의 보수 결정

④ 집행임원 설치회사는 이사회의 회의를 주관하기 위하여 이사회 의장을 두어야 한다. 이 경우 이사회 의장은 정관의 규정이 없으면 이사회 결의로 선임한다.

[본조신설 2011.4.14]

제408조의3【집행임원의 임기】

① 집행임원의 임기는 정관에 다른 규정이 없으면 2년을 초과하지 못한다.

② 제1항의 임기는 정관에 그 임기 중의 최종 결산기에 관한 정기주주총회가 종결한 후 가장 먼저 소집하는 이사회의 종결 시까지로 정할 수 있다.

[본조신설 2011.4.14]

제408조의4【집행임원의 권한】

집행임원의 권한은 다음 각 호의 사항으로 한다.

1. 집행임원 설치회사의 업무집행
2. 정관이나 이사회의 결의에 의하여 위임받은 업무집행에 관한 의사결정

[본조신설 2011.4.14]

제408조의5【대표집행임원】

① 2명 이상의 집행임원이 선임된 경우에는 이사회 결의로 집행임원 설치회사를 대표할 대표집행임원을 선임하여야 한다. 다만, 집행임원이 1명인 경우에는 그 집행임원이 대표집행임원이 된다.

② 대표집행임원에 관하여는 이 법에 다른 규정이 없으면 주식회사의 대표이사에 관한 규정을 준용한다.

③ 집행임원 설치회사에 대하여는 제395조를 준용한다.

[본조신설 2011.4.14]

제408조의6【집행임원의 이사회에 대한 보고】

① 집행임원은 3개월에 1회 이상 업무의 집행상황을 이사회에 보고하여야 한다.

② 집행임원은 제1항의 경우 외에도 이사회의 요구가 있으면 언제든지 이사회에 출석하여 요구한 사항을 보고하여야 한다.

③ 이사는 대표집행임원으로 하여금 다른 집행임원 또는 피용자의 업무에 관하여 이사회에 보고할 것을 요구할 수 있다.

[본조신설 2011.4.14]

제408조의7【집행임원의 이사회 소집 청구】

① 집행임원은 필요하면 회의의 목적사항과 소집이유를 적은 서면을 이사(소집권자가 있는 경우에는 소집권자를 말한다. 이하 이 조에서 같다)에게 제출하여 이사회 소집을 청구할 수 있다.

② 제1항의 청구를 한 후 이사가 지체 없이 이사회 소집의 절차를 밟지 아니하면 소집을 청구한 집행임원은 법원의 허가를 받아 이사회를 소집할 수 있다. 이 경우 이사회 의장은 법원이 이해관계자의 청구에 의하여 또는 직권으로 선임할 수 있다.

[본조신설 2011.4.14]

제408조의8【집행임원의 책임】

① 집행임원이 고의 또는 과실로 법령이나 정관을 위반한 행위를 하거나 그 임무를 게을리한 경우에는 그 집행임원은 집행임원 설치회사에 손해를 배상할 책임이 있다.

② 집행임원이 고의 또는 중대한 과실로 그 임무를 게을리한 경우에는 그 집행임원은 제3자에게 손해를 배상할 책임이 있다.

③ 집행임원이 집행임원 설치회사 또는 제3자에게 손해를 배상할 책임이 있는 경우에 다른 집행임원·이사 또는 감사도 그 책임이 있으면 다른 집행임원·이사 또는 감사와 연대하여 배상할 책임이 있다.

[본조신설 2011.4.14]

제408조의9 【준용규정】

집행임원에 대해서는 제382조의3, 제382조의4, 제396조, 제397조, 제397조의2, 제398조, 제400조, 제401조의2, 제402조부터 제406조까지, 제406조의2, 제407조, 제408조, 제412조 및 제412조의2를 준용한다. 〈개정 2020.12.29.〉

[본조신설 2011.4.14]

제3관 감사 및 감사위원회

〈본관 제목개정 1999.12.31〉

제409조 【선 임】

① 감사는 주주총회에서 선임한다.

② 의결권없는 주식을 제외한 발행주식의 총수의 100분의 3(정관에서 더 낮은 주식 보유비율을 정할 수 있으며, 정관에서 더 낮은 주식 보유비율을 정한 경우에는 그 비율로 한다)을 초과하는 수의 주식을 가진 주주는 그 초과하는 주식에 관하여 제1항의 감사의 선임에 있어서는 의결권을 행사하지 못한다. 〈개정 1984.4.10., 2020.12.29.〉

③ 회사가 제368조의4 제1항에 따라 전자적 방법으로 의결권을 행사할 수 있도록 한 경우에는 제368조 제1항에도 불구하고 출석한 주주의 의결권의 과반수로써 제1항에 따른 감사의 선임을 결의할 수 있다. 〈개정 2020.12.29.〉

④ 제1항, 제296조 제1항 및 제312조에도 불구하고 자본금의 총액이 10억원 미만인 회사의 경우에는 감사를 선임하지 아니할 수 있다. 〈신설 2009.5.28〉

⑤ 제4항에 따라 감사를 선임하지 아니한 회사가 이사에 대하여 또는 이사가 그 회사에 대하여 소를 제기하는 경우에 회사, 이사 또는 이해관계인은 법원에 회사를 대표할 자를 선임하여 줄 것을 신청하여야 한다. 〈신설 2009.5.28〉

⑥ 제4항에 따라 감사를 선임하지 아니한 경우에는 제412조, 제412조의2 및 제412조의5 제1항·제2항 중 "감사"는 각각 "주주총회"로 본다. 〈신설 2009.5.28., 2011.4.14〉

제409조의2 【감사의 해임에 관한 의견진술의 권리】

감사는 주주총회에서 감사의 해임에 관하여 의견을 진술할 수 있다. [본조신설 1995.12.29]

제410조 【임 기】

감사의 임기는 취임후 3년내의 최종의 결산기에 관한 정기총회의 종결시까지로 한다.

〈개정 1995.12.29〉

[전문개정 1984.4.10]

제411조 【겸임금지】

감사는 회사 및 자회사의 이사 또는 지배인 기타의 사용인의 직무를 겸하지 못한다. 〈개정 1995.12.29〉

제412조 【감사의 직무와 보고요구, 조사의 권한】

〈제목개정 2011.4.14〉

① 감사는 이사의 직무의 집행을 감사한다.

② 감사는 언제든지 이사에 대하여 영업에 관한 보고를 요구하거나 회사의 업무와 재산상태를 조사할 수 있다.

③ 감사는 회사의 비용으로 전문가의 도움을 구할 수 있다. 〈신설 2011.4.14〉

[전문개정 1984.4.10]

제412조의2 【이사의 보고의무】

이사는 회사에 현저하게 손해를 미칠 염려가 있는 사실을 발견한 때에는 즉시 감사에게 이를 보고하여야 한다. [본조신설 1995.12.29]

제412조의3 【총회의 소집청구】

① 감사는 회의의 목적사항과 소집의 이유를 기재한 서면을 이사회에 제출하여 임시총회의 소집을 청구할 수 있다.

② 제366조 제2항의 규정은 감사가 총회를 소집하는 경우에 이를 준용한다.

[본조신설 1995.12.29]

제412조의4 【감사의 이사회 소집 청구】

① 감사는 필요하면 회의의 목적사항과 소집이유를 서면에 적어 이사(소집권자가 있는 경우에는

소집권자를 말한다. 이하 이 조에서 같다)에게 제출하여 이사회 소집을 청구할 수 있다.

② 제1항의 청구를 하였는데도 이사가 지체 없이 이사회를 소집하지 아니하면 그 청구한 감사가 이사회를 소집할 수 있다.

[본조신설 2011.4.14]

제412조의5【자회사의 조사권】

① 모회사의 감사는 그 직무를 수행하기 위하여 필요한 때에는 자회사에 대하여 영업의 보고를 요구할 수 있다.

② 모회사의 감사는 제1항의 경우에 자회사가 지체없이 보고를 하지 아니할 때 또는 그 보고의 내용을 확인할 필요가 있는 때에는 자회사의 업무와 재산상태를 조사할 수 있다.

③ 자회사는 정당한 이유가 없는 한 제1항의 규정에 의한 보고 또는 제2항의 규정에 의한 조사를 거부하지 못한다. [본조신설 1995.12.29]

제413조【조사·보고의 의무】

감사는 이사가 주주총회에 제출할 의안 및 서류를 조사하여 법령 또는 정관에 위반하거나 현저하게 부당한 사항이 있는지의 여부에 관하여 주주총회에 그 의견을 진술하여야 한다.

[전문개정 1984.4.10]

제413조의2【감사록의 작성】

① 감사는 감사에 관하여 감사록을 작성하여야 한다.

② 감사록에는 감사의 실시요령과 그 결과를 기재하고 감사를 실시한 감사가 기명날인 또는 서명하여야 한다. 〈개정 1995.12.29〉

[본조신설 1984.4.10]

제414조【감사의 책임】

① 감사가 그 임무를 해태한 때에는 그 감사는 회사에 대하여 연대하여 손해를 배상할 책임이 있다.

② 감사가 악의 또는 중대한 과실로 인하여 그 임무를 해태한 때에는 그 감사는 제3자에 대하여 연대하여 손해를 배상할 책임이 있다.

③ 감사가 회사 또는 제3자에 대하여 손해를 배상할 책임이 있는 경우에 이사도 그 책임이 있는 때에는 그 감사와 이사는 연대하여 배상할 책임이 있다.

제415조【준용규정】

제382조 제2항, 제382조의4, 제385조, 제386조, 제388조, 제400조, 제401조, 제403조부터 제406조까지, 제406조의2 및 제407조는 감사에 준용한다. 〈개정 1984.4.10., 2001.7.24., 2020.12.29.〉

제415조의2【감사위원회】

① 회사는 정관이 정한 바에 따라 감사에 갈음하여 제393조의2의 규정에 의한 위원회로서 감사위원회를 설치할 수 있다. 감사위원회를 설치한 경우에는 감사를 둘 수 없다.

② 감사위원회는 제393조의2 제3항에도 불구하고 3명 이상의 이사로 구성한다. 다만, 사외이사가 위원의 3분의 2 이상이어야 한다.

〈개정 2009.1.30〉

③ 감사위원회의 위원의 해임에 관한 이사회의 결의는 이사 총수의 3분의 2 이상의 결의로 하여야 한다.

④ 감사위원회는 그 결의로 위원회를 대표할 자를 선정하여야 한다. 이 경우 수인의 위원이 공동으로 위원회를 대표할 것을 정할 수 있다.

⑤ 감사위원회는 회사의 비용으로 전문가의 조력을 구할 수 있다.

⑥ 감사위원회에 대하여는 제393조의2 제4항 후단을 적용하지 아니한다. 〈신설 2009.1.30〉

⑦ 제296조·제312조·제367조·제387조·제391조의2 제2항·제394조 제1항·제400조·제402조 내지 제407조·제412조 내지 제414조·제447조의3·제447조의4·제450조·제527조의4·제530조의5 제1항 제9호·제530조의6 제1항 제10호 및 제534조의 규정은 감사위원회에 관하여 이를 준용한다. 이 경우 제530조의5 제1

항 제9호 및 제530조의6 제1항 제10호 중 "감사"는 "감사위원회 위원"으로 본다.

[본조신설 1999.12.31]

제4절 신주의 발행

제416조【발행사항의 결정】
회사가 그 성립 후에 주식을 발행하는 경우에는 다음의 사항으로서 정관에 규정이 없는 것은 이사회가 결정한다. 다만, 이 법에 다른 규정이 있거나 정관으로 주주총회에서 결정하기로 정한 경우에는 그러하지 아니하다.

〈개정 1984.4.10, 2011.4.14〉

1. 신주의 종류와 수
2. 신주의 발행가액과 납입기일

2의2. 무액면주식의 경우에는 신주의 발행가액 중 자본금으로 계상하는 금액

〈제2호의2 신설 2011.4.14〉

3. 신주의 인수방법
4. 현물출자를 하는 자의 성명과 그 목적인 재산의 종류, 수량, 가액과 이에 대하여 부여할 주식의 종류와 수
5. 주주가 가지는 신주인수권을 양도할 수 있는 것에 관한 사항
6. 주주의 청구가 있는 때에만 신주인수권증서를 발행한다는 것과 그 청구기간

제417조【액면미달의 발행】
① 회사가 성립한 날로부터 2년을 경과한 후에 주식을 발행하는 경우에는 회사는 제434조의 규정에 의한 주주총회의 결의와 법원의 인가를 얻어서 주식을 액면미달의 가액으로 발행할 수 있다.
② 전항의 주주총회의 결의에서는 주식의 최저발행가액을 정하여야 한다.
③ 법원은 회사의 현황과 제반사정을 참작하여 최저발행가액을 변경하여 인가할 수 있다. 이 경우에 법원은 회사의 재산상태 기타 필요한 사항을 조사하기 위하여 검사인을 선임할 수 있다.
④ 제1항의 주식은 법원의 인가를 얻은 날로부터 1월내에 발행하여야 한다. 법원은 이 기간을 연장하여 인가할 수 있다.

제418조【신주인수권의 내용 및 배정일의 지정·공고】
① 주주는 그가 가진 주식 수에 따라서 신주의 배정을 받을 권리가 있다. 〈개정 2001.7.24〉
② 회사는 제1항의 규정에 불구하고 정관에 정하는 바에 따라 주주 외의 자에게 신주를 배정할 수 있다. 다만, 이 경우에는 신기술의 도입, 재무구조의 개선 등 회사의 경영상 목적을 달성하기 위하여 필요한 경우에 한한다.

〈신설 2001.7.24〉

③ 회사는 일정한 날을 정하여 그날에 주주명부에 기재된 주주가 제1항의 권리를 가진다는 뜻과 신주인수권을 양도할 수 있을 경우에는 그 뜻을 그 날의 2주간전에 공고하여야 한다. 그러나 그 날이 제354조 제1항의 기간중인 때에는 그 기간의 초일의 2주간전에 이를 공고하여야 한다.

〈신설 1984.4.10〉

④ 제2항에 따라 주주 외의 자에게 신주를 배정하는 경우 회사는 제416조 제1호, 제2호, 제2호의2, 제3호 및 제4호에서 정하는 사항을 그 납입기일의 2주 전까지 주주에게 통지하거나 공고하여야 한다. 〈신설 2011.4.14〉

제419조【신주인수권자에 대한 최고】
① 회사는 신주의 인수권을 가진 자에 대하여 그 인수권을 가지는 주식의 종류 및 수와 일정한 기일까지 주식인수의 청약을 하지 아니하면 그 권리를 잃는다는 뜻을 통지하여야 한다. 이 경우 제416조 제5호 및 제6호에 규정한 사항의 정함이 있는 때에는 그 내용도 통지하여야 한다.
② 제1항의 통지는 제1항의 기일의 2주간전에 이를 하여야 한다. 〈개정 2014.5.20〉

③ 제1항의 통지에도 불구하고 그 기일까지 주식인수의 청약을 하지 아니한 때에는 신주의 인수권을 가진 자는 그 권리를 잃는다. 〈개정 2014.5.20〉

[전문개정 1984.4.10]

제420조【주식청약서】

이사는 주식청약서를 작성하여 다음의 사항을 적어야 한다. 〈개정 1984.4.10, 2011.4.14〉

1. 제289조 제1항 제2호 내지 제4호에 게기한 사항
2. 제302조 제2항 제7호·제9호 및 제10호에 게기한 사항
3. 제416조 제1호 내지 제4호에 게기한 사항
4. 제417조에 따른 주식을 발행한 경우에는 그 발행조건과 미상각액(未償却額) 〈제4호 개정 2011.4.14〉
5. 주주에 대한 신주인수권의 제한에 관한 사항 또는 특정한 제3자에게 이를 부여할 것을 정한 때에는 그 사항
6. 주식발행의 결의연월일

제420조의2【신주인수권증서의 발행】

① 제416조 제5호에 규정한 사항을 정한 경우에 회사는 동조 제6호의 정함이 있는 때에는 그 정함에 따라, 그 정함이 없는 때에는 제419조 제1항의 기일의 2주간전에 신주인수권증서를 발행하여야 한다.

② 신주인수권증서에는 다음 사항과 번호를 기재하고 이사가 기명날인 또는 서명하여야 한다. 〈개정 1995.12.29〉

1. 신주인수권증서라는 뜻의 표시
2. 제420조에 규정한 사항
3. 신주인수권의 목적인 주식의 종류와 수
4. 일정기일까지 주식의 청약을 하지 아니할 때에는 그 권리를 잃는다는 뜻

[본조신설 1984.4.10]

제420조의3【신주인수권의 양도】

① 신주인수권의 양도는 신주인수권증서의 교부에 의하여서만 이를 행한다.

② 제336조 제2항 및 수표법 제21조의 규정은 신주인수권증서에 관하여 이를 준용한다.

[본조신설 1984.4.10]

제420조의4【신주인수권의 전자등록】

회사는 신주인수권증서를 발행하는 대신 정관으로 정하는 바에 따라 전자등록기관의 전자등록부에 신주인수권을 등록할 수 있다. 이 경우 제356조의2 제2항부터 제4항까지의 규정을 준용한다.

[본조신설 2011.4.14]

제420조의5【신주인수권증서에 의한 청약】

① 신주인수권증서를 발행한 경우에는 신주인수권증서에 의하여 주식의 청약을 한다. 이 경우에는 제302조 제1항의 규정을 준용한다.

② 신주인수권증서를 상실한 자는 주식청약서에 의하여 주식의 청약을 할 수 있다. 그러나 그 청약은 신주인수권증서에 의한 청약이 있는 때에는 그 효력을 잃는다.

[본조신설 1984.4.10]

제421조【주식에 대한 납입】

① 이사는 신주의 인수인으로 하여금 그 배정한 주수(株數)에 따라 납입기일에 그 인수한 주식에 대한 인수가액의 전액을 납입시켜야 한다.

② 신주의 인수인은 회사의 동의 없이 제1항의 납입채무와 주식회사에 대한 채권을 상계할 수 없다. [전문개정 2011.4.14]

제422조【현물출자의 검사】

① 현물출자를 하는 자가 있는 경우에는 이사는 제416조 제4호의 사항을 조사하게 하기 위하여 검사인의 선임을 법원에 청구하여야 한다. 이 경우 공인된 감정인의 감정으로 검사인의 조사에 갈음할 수 있다. 〈개정 1998.12.28〉

② 다음 각 호의 어느 하나에 해당할 경우에는 제1항을 적용하지 아니한다. 〈신설 2011.4.14〉

1. 제416조 제4호의 현물출자의 목적인 재산의 가액이 자본금의 5분의 1을 초과하지 아니하고 대통령령으로 정한 금액을 초과하지 아니하는 경우
2. 제416조 제4호의 현물출자의 목적인 재산이 거래소의 시세 있는 유가증권인 경우 제416조 본문에 따라 결정된 가격이 대통령령으로 정한 방법으로 산정된 시세를 초과하지 아니하는 경우
3. 변제기가 돌아온 회사에 대한 금전채권을 출자의 목적으로 하는 경우로서 그 가액이 회사장부에 적혀 있는 가액을 초과하지 아니하는 경우
4. 그 밖에 제1호부터 제3호까지의 규정에 준하는 경우로서 대통령령으로 정하는 경우

③ 법원은 검사인의 조사보고서 또는 감정인 감정결과를 심사하여 제1항의 사항을 부당하다고 인정한 때에는 이를 변경하여 이사와 현물출자를 한 자에게 통고할 수 있다. 〈개정 1998.12.28〉

④ 전항의 변경에 불복하는 현물출자를 한 자는 그 주식의 인수를 취소할 수 있다.

⑤ 법원의 통고가 있은 후 2주내에 주식의 인수를 취소한 현물출자를 한 자가 없는 때에는 제1항의 사항은 통고에 따라 변경된 것으로 본다. 〈개정 1998.12.28〉

제423조 【주주가 되는 시기, 납입해태의 효과】

① 신주의 인수인은 납입 또는 현물출자의 이행을 한 때에는 납입기일의 다음날로부터 주주의 권리의무가 있다. (▶▶후단 삭제전 : 이 경우 제350조 제3항 후단의 규정을 준용한다.) 〈개정 1984.4.10., 1995.12.29., 2020.12.29.〉

② 신주의 인수인이 납입기일에 납입 또는 현물출자의 이행을 하지 아니한 때에는 그 권리를 잃는다.

③ 제2항의 규정은 신주의 인수인에 대한 손해배상의 청구에 영향을 미치지 아니한다.

제424조 【유지(留止)청구권】

회사가 법령 또는 정관에 위반하거나 현저하게 불공정한 방법에 의하여 주식을 발행함으로써 주주가 불이익을 받을 염려가 있는 경우에는 그 주주는 회사에 대하여 그 발행을 유지할 것을 청구할 수 있다.

제424조의2 【불공정한 가액으로 주식을 인수한 자의 책임】

① 이사와 통모(通謀)하여 현저하게 불공정한 발행가액으로 주식을 인수한 자는 회사에 대하여 공정한 발행가액과의 차액에 상당한 금액을 지급할 의무가 있다.

② 제403조 내지 제406조의 규정은 제1항의 지급을 청구하는 소에 관하여 이를 준용한다.

③ 제1항 및 제2항의 규정은 이사의 회사 또는 주주에 대한 손해배상의 책임에 영향을 미치지 아니한다. [본조신설 1984.4.10]

제425조 【준용규정】

① 제302조 제1항, 제3항, 제303조, 제305조 제2항, 제3항, 제306조, 제318조와 제319조의 규정은 신주의 발행에 준용한다.

② 제305조 제2항의 규정은 신주인수권증서를 발행하는 경우에 이를 준용한다. 〈신설 1984.4.10〉

제426조 【미상각액(未償却額)의 등기】

제417조에 따른 주식을 발행한 경우에 주식의 발행에 따른 변경등기에는 미상각액을 등기하여야 한다. [전문개정 2011.4.14]

제427조 【인수의 무효주장, 취소의 제한】

신주의 발행으로 인한 변경등기를 한 날로부터 1년을 경과한 후에는 신주를 인수한 자는 주식청

약서 또는 신주인수권증서의 요건의 흠결을 이유로 하여 그 인수의 무효를 주장하거나 사기, 강박 또는 착오를 이유로 하여 인수를 취소하지 못한다. 그 주식에 대하여 주주의 권리를 행사한 때에도 같다. 〈개정 1962.12.12, 84.4.10〉

제428조【이사의 인수담보책임(引受擔保責任)】

① 신주의 발행으로 인한 변경등기가 있은 후에 아직 인수하지 아니한 주식이 있거나 주식인수의 청약이 취소된 때에는 이사가 이를 공동으로 인수한 것으로 본다.

② 전항의 규정은 이사에 대한 손해배상의 청구에 영향을 미치지 아니한다.

제429조【신주발행 무효의 소】

신주발행의 무효는 주주·이사 또는 감사에 한하여 신주를 발행한 날로부터 6월내에 소만으로 이를 주장할 수 있다. 〈개정 1984.4.10〉

제430조【준용규정】

제186조 내지 제189조·제190조 본문·제191조·제192조 및 제377조의 규정은 제429조의 소에 관하여 이를 준용한다. [전문개정 1995.12.29]

제431조【신주발행무효판결의 효력】

① 신주발행무효의 판결이 확정된 때에는 신주는 장래에 대하여 그 효력을 잃는다.

② 전항의 경우에는 회사는 지체없이 그 뜻과 일정한 기간내에 신주의 주권을 회사에 제출할 것을 공고하고 주주명부에 기재된 주주와 질권자에 대하여는 각별로 그 통지를 하여야 한다. 그러나 그 기간은 3월 이상으로 하여야 한다.

제432조【무효판결과 주주에의 환급】

① 신주발행무효의 판결이 확정된 때에는 회사는 신주의 주주에 대하여 그 납입한 금액을 반환하여야 한다.

② 전항의 금액이 전조 제1항의 판결확정시의 회사의 재산상태에 비추어 현저하게 부당한 때에는 법원은 회사 또는 전항의 주주의 청구에 의하여 그 금액의 증감을 명할 수 있다.

③ 제339조와 제340조 제1항, 제2항의 규정은 제1항의 경우에 준용한다.

제5절 정관의 변경

제433조【정관변경의 방법】

① 정관의 변경은 주주총회의 결의에 의하여야 한다.

② 정관의 변경에 관한 의안의 요령은 제363조에 따른 통지에 기재하여야 한다. 〈개정 2014.5.20〉

제434조【정관변경의 특별결의】

제433조 제1항의 결의는 출석한 주주의 의결권의 3분의 2 이상의 수와 발행주식총수의 3분의 1 이상의 수로써 하여야 한다. [전문개정 1995.12.29]

제435조【종류(種類)주주총회】

① 회사가 종류주식을 발행한 경우에 정관을 변경함으로써 어느 종류주식의 주주에게 손해를 미치게 될 때에는 주주총회의 결의 외에 그 종류주식의 주주의 총회의 결의가 있어야 한다. 〈개정 2011.4.14〉

② 제1항의 결의는 출석한 주주의 의결권의 3분의 2 이상의 수와 그 종류의 발행주식총수의 3분의 1 이상의 수로써 하여야 한다. 〈개정 1995.12.29〉

③ 주주총회에 관한 규정은 의결권 없는 종류의 주식에 관한 것을 제외하고 제1항의 총회에 준용한다.

제436조【준용규정】

제344조 제3항에 따라 주식의 종류에 따라 특수하게 정하는 경우와 회사의 분할 또는 분할합병, 주식교환, 주식이전 및 회사의 합병으로 인하여 어느 종류의 주주에게 손해를 미치게 될 경우에는 제435조를 준용한다. [전문개정 2011.4.14]

제437조 삭 제 〈1995.12.29〉

제6절 자본금의 감소

[본절 제목개정 2011.4.14]

제438조【자본금 감소의 결의】
① 자본금의 감소에는 제434조에 따른 결의가 있어야 한다.
② 제1항에도 불구하고 결손의 보전(補塡)을 위한 자본금의 감소는 제368조 제1항의 결의에 의한다.
③ 자본금의 감소에 관한 의안의 주요내용은 제363조에 따른 통지에 적어야 한다. 〈개정 2014.5.20〉

[전문개정 2011.4.14]

제439조【자본금 감소의 방법, 절차】
① 자본금 감소의 결의에서는 그 감소의 방법을 정하여야 한다.
② 자본금 감소의 경우에는 제232조를 준용한다. 다만, 결손의 보전을 위하여 자본금을 감소하는 경우에는 그러하지 아니하다.
③ 사채권자가 이의를 제기하려면 사채권자집회의 결의가 있어야 한다. 이 경우에는 법원은 이해관계인의 청구에 의하여 사채권자를 위하여 이의 제기 기간을 연장할 수 있다.

[전문개정 2011.4.14]

제440조【주식병합의 절차】
주식을 병합할 경우에는 회사는 1월 이상의 기간을 정하여 그 뜻과 그 기간내에 주권을 회사에 제출할 것을 공고하고 주주명부에 기재된 주주와 질권자에 대하여는 각별로 그 통지를 하여야 한다. 〈개정 1995.12.29〉

제441조【동 전】
주식의 병합은 전조의 기간이 만료한 때에 그 효력이 생긴다. 그러나 제232조의 규정에 의한 절차가 종료하지 아니한 때에는 그 종료한 때에 효력이 생긴다.

제442조【신주권(新株券)의 교부】
① 주식을 병합하는 경우에 구주권을 회사에 제출할 수 없는 자가 있는 때에는 회사는 그 자의 청구에 의하여 3월 이상의 기간을 정하고 이해관계인에 대하여 그 주권에 대한 이의가 있으면 그 기간내에 제출할 뜻을 공고하고 그 기간이 경과한 후에 신주권을 청구자에게 교부할 수 있다.
② 전항의 공고의 비용은 청구자의 부담으로 한다.

제443조【단주(端株)의 처리】
① 병합에 적당하지 아니한 수의 주식이 있는 때에는 그 병합에 적당하지 아니한 부분에 대하여 발행한 신주를 경매하여 각 주수에 따라 그 대금을 종전의 주주에게 지급하여야 한다. 그러나 거래소의 시세 있는 주식은 거래소를 통하여 매각하고, 거래소의 시세없는 주식은 법원의 허가를 받아 경매외의 방법으로 매각할 수 있다. 〈개정 1984.4.10〉
② 제442조의 규정은 제1항의 경우에 준용한다.

제444조 삭 제 〈2014.5.20〉

제445조【감자(減資)무효의 소】
자본금 감소의 무효는 주주·이사·감사·청산인·파산관재인 또는 자본금의 감소를 승인하지 아니한 채권자만이 자본금 감소로 인한 변경등기가 된 날부터 6개월 내에 소(訴)만으로 주장할 수 있다. [전문개정 2011.4.14]

제446조【준용규정】
제186조 내지 제189조·제190조 본문·제191조·제192조 및 제377조의 규정은 제445조의 소에 관하여 이를 준용한다. [전문개정 1995.12.29]

제7절 회사의 회계 [본절 제목개정 2011.4.14]

제446조의2【회계의 원칙】

회사의 회계는 이 법과 대통령령으로 규정한 것을 제외하고는 일반적으로 공정하고 타당한 회계관행에 따른다. [본조신설 2011.4.14]

제447조【재무제표(財務諸表)의 작성】

① 이사는 결산기마다 다음 각 호의 서류와 그 부속명세서를 작성하여 이사회의 승인을 받아야 한다.

1. 대차대조표
2. 손익계산서
3. 그 밖에 회사의 재무상태와 경영성과를 표시하는 것으로서 대통령령으로 정하는 서류

② 대통령령으로 정하는 회사의 이사는 연결재무제표(聯結財務諸表)를 작성하여 이사회의 승인을 받아야 한다.

[전문개정 2011.4.14]

제447조의2【영업보고서의 작성】

① 이사는 매 결산기에 영업보고서를 작성하여 이사회의 승인을 얻어야 한다.

② 영업보고서에는 대통령령이 정하는 바에 의하여 영업에 관한 중요한 사항을 기재하여야 한다. [본조신설 1984.4.10]

제447조의3【재무제표 등의 제출】

이사는 정기총회회일의 6주간전에 제447조 및 제447조의2의 서류를 감사에게 제출하여야 한다.

[본조신설 1984.4.10]

제447조의4【감사보고서】

① 감사는 제447조의3의 서류를 받은 날부터 4주 내에 감사보고서를 이사에게 제출하여야 한다.

② 제1항의 감사보고서에는 다음 각 호의 사항을 적어야 한다.

1. 감사방법의 개요
2. 회계장부에 기재될 사항이 기재되지 아니하거나 부실기재된 경우 또는 대차대조표나 손익계산서의 기재 내용이 회계장부와 맞지 아니하는 경우에는 그 뜻
3. 대차대조표 및 손익계산서가 법령과 정관에 따라 회사의 재무상태와 경영성과를 적정하게 표시하고 있는 경우에는 그 뜻
4. 대차대조표 또는 손익계산서가 법령이나 정관을 위반하여 회사의 재무상태와 경영성과를 적정하게 표시하지 아니하는 경우에는 그 뜻과 이유
5. 대차대조표 또는 손익계산서의 작성에 관한 회계방침의 변경이 타당한지 여부와 그 이유
6. 영업보고서가 법령과 정관에 따라 회사의 상황을 적정하게 표시하고 있는지 여부
7. 이익잉여금의 처분 또는 결손금의 처리가 법령 또는 정관에 맞는지 여부
8. 이익잉여금의 처분 또는 결손금의 처리가 회사의 재무상태나 그 밖의 사정에 비추어 현저하게 부당한 경우에는 그 뜻
9. 제447조의 부속명세서에 기재할 사항이 기재되지 아니하거나 부실기재된 경우 또는 회계장부·대차대조표·손익계산서나 영업보고서의 기재 내용과 맞지 아니하게 기재된 경우에는 그 뜻
10. 이사의 직무수행에 관하여 부정한 행위 또는 법령이나 정관의 규정을 위반하는 중대한 사실이 있는 경우에는 그 사실

③ 감사가 감사를 하기 위하여 필요한 조사를 할 수 없었던 경우에는 감사보고서에 그 뜻과 이유를 적어야 한다. [전문개정 2011.4.14]

제448조【재무제표 등의 비치·공시】

① 이사는 정기총회회일의 1주간전부터 제447조 및 제447조의2의 서류와 감사보고서를

본점에 5년간, 그 등본을 지점에 3년간 비치하여야 한다. 〈개정 1962.12.12, 84.4.10〉

② 주주와 회사채권자는 영업시간내에 언제든지 제1항의 비치서류를 열람할 수 있으며 회사가 정한 비용을 지급하고 그 서류의 등본이나 초본의 교부를 청구할 수 있다.

제449조【재무제표 등의 승인·공고】

① 이사는 제447조의 각 서류를 정기총회에 제출하여 그 승인을 요구하여야 한다. 〈개정 2011.4.14〉

② 이사는 제447조의2의 서류를 정기총회에 제출하여 그 내용을 보고하여야 한다. 〈신설 1984.4.10〉

③ 이사는 제1항의 서류에 대한 총회의 승인을 얻은 때에는 지체없이 대차대조표를 공고하여야 한다.

제449조의2【재무제표 등의 승인에 대한 특칙】

① 제449조에도 불구하고 회사는 정관으로 정하는 바에 따라 제447조의 각 서류를 이사회의 결의로 승인할 수 있다. 다만, 이 경우에는 다음 각 호의 요건을 모두 충족하여야 한다.

1. 제447조의 각 서류가 법령 및 정관에 따라 회사의 재무상태 및 경영성과를 적정하게 표시하고 있다는 외부감사인의 의견이 있을 것
2. 감사(감사위원회 설치회사의 경우에는 감사위원을 말한다) 전원의 동의가 있을 것

② 제1항에 따라 이사회가 승인한 경우에는 이사는 제447조의 각 서류의 내용을 주주총회에 보고하여야 한다. [본조신설 2011.4.14]

제450조【이사, 감사의 책임해제】

정기총회에서 전조 제1항의 승인을 한 후 2년내에 다른 결의가 없으면 회사는 이사와 감사의 책임을 해제한 것으로 본다. 그러나 이사 또는 감사의 부정행위에 대하여는 그러하지 아니하다.

제451조【자본금】

① 회사의 자본금은 이 법에서 달리 규정한 경우 외에는 발행주식의 액면총액으로 한다.

② 회사가 무액면주식을 발행하는 경우 회사의 자본금은 주식 발행가액의 2분의 1 이상의 금액으로서 이사회(제416조 단서에서 정한 주식발행의 경우에는 주주총회를 말한다)에서 자본금으로 계상하기로 한 금액의 총액으로 한다. 이 경우 주식의 발행가액 중 자본금으로 계상하지 아니하는 금액은 자본준비금으로 계상하여야 한다.

③ 회사의 자본금은 액면주식을 무액면주식으로 전환하거나 무액면주식을 액면주식으로 전환함으로써 변경할 수 없다.

[전문개정 2011.4.14]

제452조 삭 제 〈2011.4.14〉

제453조 삭 제 〈2011.4.14〉

제453조의2 삭 제 〈2011.4.14〉

제454조 삭 제 〈2011.4.14〉

제455조 삭 세 〈2011.4.14〉

제456조 삭 제 〈2011.4.14〉

제457조 삭 제 〈2011.4.14〉

제457조의2 삭 제 〈2011.4.14〉

《삭제전》

《 제452조【자산의 평가방법】
제453조【창업비의 계상(計上)】
제453조의2【개업비의 계상】
제454조【신주발행비용의 계상】
제455조【액면미달금액의 계상】
제456조【사채차액의 계상】
제457조【배당건설이자의 계상】
제457조의2【연구개발비의 계상】》

제458조【이익준비금】

회사는 그 자본금의 2분의 1이 될 때까지 매 결산기

상법

이익배당액의 10분의 1 이상을 이익준비금으로 적립하여야 한다. 다만, 주식배당의 경우에는 그러하지 아니하다.

[전문개정 2011.4.14]

제459조 【자본준비금】

① 회사는 자본거래에서 발생한 잉여금을 대통령령으로 정하는 바에 따라 자본준비금으로 적립하여야 한다.

② 합병이나 제530조의2에 따른 분할 또는 분할합병의 경우 소멸 또는 분할되는 회사의 이익준비금이나 그 밖의 법정준비금은 합병·분할·분할합병 후 존속되거나 새로 설립되는 회사가 승계할 수 있다.

[전문개정 2011.4.14]

제460조 【법정준비금의 사용】

제458조 및 제459조의 준비금은 자본금의 결손(缺損) 보전(補塡)에 충당하는 경우 외에는 처분하지 못한다. [전문개정 2011.4.14]

제461조 【준비금의 자본금 전입】

〈제목개정 2011.4.14〉

① 회사는 이사회의 결의에 의하여 준비금의 전부 또는 일부를 자본금에 전입할 수 있다. 그러나 정관으로 주주총회에서 결정하기로 정한 경우에는 그러하지 아니하다. 〈개정 2011.4.14〉

② 제1항의 경우에는 주주에 대하여 그가 가진 주식의 수에 따라 주식을 발행하여야 한다. 이 경우 1주에 미달하는 단수(端數)에 대하여는 제443조 제1항의 규정을 준용한다.

③ 제1항의 이사회의 결의가 있은 때에는 회사는 일정한 날을 정하여 그날에 주주명부에 기재된 주주가 제2항의 신주의 주주가 된다는 뜻을 그날의 2주간전에 공고하여야 한다. 그러나 그 날이 제354조 제1항의 기간 중인 때에는 그 기간의 초일의 2주간전에 이를 공고하여야 한다.

④ 제1항 단서의 경우에 주주는 주주총회의 결의가 있은 때로부터 제2항의 신주의 주주가 된다.

⑤ 제3항 또는 제4항의 규정에 의하여 신주의 주주가 된 때에는 이사는 지체없이 신주를 받은 주주와 주주명부에 기재된 질권자에 대하여 그 주주가 받은 주식의 종류와 수를 통지하여야 한다. 〈개정 2014.5.20〉

⑥ 제339조의 규정은 제2항의 규정에 의하여 주식의 발행이 있는 경우에 이를 준용한다.

(▶▶ 개정 : ⑥을 삭제하고 ⑦을 ⑥으로)

〈개정 2020.12.29.〉

[전문개정 1984.4.10]

제461조의2 【준비금의 감소】

회사는 적립된 자본준비금 및 이익준비금의 총액이 자본금의 1. 5배를 초과하는 경우에 주주총회의 결의에 따라 그 초과한 금액 범위에서 자본준비금과 이익준비금을 감액할 수 있다.

[본조신설 2011.4.14]

제462조 【이익의 배당】

① 회사는 대차대조표의 순자산액으로부터 다음의 금액을 공제한 액을 한도로 하여 이익배당을 할 수 있다.

1. 자본금의 액
2. 그 결산기까지 적립된 자본준비금과 이익준비금의 합계액
3. 그 결산기에 적립하여야 할 이익준비금의 액
4. 대통령령으로 정하는 미실현이익

② 이익배당은 주주총회의 결의로 정한다. 다만, 제449조의2 제1항에 따라 재무제표를 이사회가 승인하는 경우에는 이사회의 결의로 정한다.

③ 제1항을 위반하여 이익을 배당한 경우에 회사채권자는 배당한 이익을 회사에 반환할 것을 청구할 수 있다.

④ 제3항의 청구에 관한 소에 대하여는 제186조를 준용한다.

[전문개정 2011.4.14]

제462조의2【주식배당】

① 회사는 주주총회의 결의에 의하여 이익의 배당을 새로이 발행하는 주식으로써 할 수 있다. 그러나 주식에 의한 배당은 이익배당총액의 2분의 1에 상당하는 금액을 초과하지 못한다.

② 제1항의 배당은 주식의 권면액(券面額)으로 하며, 회사가 종류주식을 발행한 때에는 각각 그와 같은 종류의 주식으로 할 수 있다.

〈개정 1995.12.29, 2011.4.14〉

③ 주식으로 배당할 이익의 금액중 주식의 권면액에 미달하는 단수가 있는 때에는 그 부분에 대하여는 제443조 제1항의 규정을 준용한다. 〈개정 1995.12.29.〉

④ 주식으로 배당을 받은 주주는 제1항의 결의가 있는 주주총회가 종결한 때부터 신주의 주주가 된다.

(▶▶후단 삭제전 : 이 경우 제350조 제3항 후단의 규정을 준용한다.) 〈개정 1995.12.29., 2020.12.29.〉

⑤ 이사는 제1항의 결의가 있는 때에는 지체없이 배당을 받을 주주와 주주명부에 기재된 질권자에게 그 주주가 받을 주식의 종류와 수를 통지하여야 한다. 〈개정 2014.5.20〉

⑥ 제340조 제1항의 질권자의 권리는 제1항의 규정에 의한 주주가 받을 주식에 미친다. 이 경우 제340조 제3항의 규정을 준용한다.

[본조신설 1984.4.10.]

제462조의3【중간배당】

① 연 1회의 결산기를 정한 회사는 영업연도중 1회에 한하여 이사회의 결의로 일정한 날을 정하여 그날의 주주에 대하여 이익을 배당(이하 이 조에서 "중간배당"이라 한다)할 수 있음을 정관으로 정할 수 있다. 〈개정 2011.4.14.〉

② 중간배당은 직전 결산기의 대차대조표상의 순자산액에서 다음 각호의 금액을 공제한 액을 한도로 한다. 〈개정 2001.7.24, 2011.4.14〉

1. 직전 결산기의 자본금의 액

〈제1호 개정 2011.4.14〉

2. 직전 결산기까지 적립된 자본준비금과 이익준비금의 합계액
3. 직전 결산기의 정기총회에서 이익으로 배당하거나 또는 지급하기로 정한 금액
4. 중간배당에 따라 당해 결산기에 적립하여야 할 이익준비금

③ 회사는 당해 결산기의 대차대조표상의 순자산액이 제462조 제1항 각호의 금액의 합계액에 미치지 못할 우려가 있는 때에는 중간배당을 하여서는 아니된다. 〈개정 2001.7.24〉

④ 당해 결산기 대차대조표상의 순자산액이 제462조 제1항 각호의 금액의 합계액에 미치지 못함에도 불구하고 중간배당을 한 경우 이사는 회사에 대하여 연대하여 그 차액(배당액이 그 차액보다 적을 경우에는 배당액)을 배상할 책임이 있다. 다만, 이사가 제3항의 우려가 없다고 판단함에 있어 주의를 게을리하지 아니하였음을 증명한 때에는 그러하지 아니하다.

〈개정 2001.7.24〉

⑤ 제340조 제1항, 제344조 제1항, 제354조 제1항, 제458조, 제464조 및 제625조 제3호의 규정의 적용에 관하여는 중간배당을 제462조 제1항의 규정에 의한 이익의 배당으로 본다.

(▶▶제350조 제3항 삭제로 인한 개정)

〈개정 2011.4.14., 2020.12.29.〉

⑥ 제399조 제2항·제3항 및 제400조의 규정은 제4항의 이사의 책임에 관하여, 제462조 제3항 및 제4항은 제3항의 규정에 위반하여 중간배당을 한 경우에 이를 준용한다.

〈개정 2011.4.14〉

[본조신설 1998.12.28]

상법

제462조의4【현물배당】

① 회사는 정관으로 금전 외의 재산으로 배당을 할 수 있음을 정할 수 있다.

② 제1항에 따라 배당을 결정한 회사는 다음 사항을 정할 수 있다.

1. 주주가 배당되는 금전 외의 재산 대신 금전의 지급을 회사에 청구할 수 있도록 한 경우에는 그 금액 및 청구할 수 있는 기간
2. 일정 수 미만의 주식을 보유한 주주에게 금전 외의 재산 대신 금전을 지급하기로 한 경우에는 그 일정 수 및 금액

[본조신설 2011.4.14]

제463조 삭 제 〈2011.4.14〉

제464조【이익배당의 기준】

이익배당은 각 주주가 가진 주식의 수에 따라 한다. 다만, 제344조 제1항을 적용하는 경우에는 그러하지 아니하다.

[전문개정 2011.4.14]

제464조의2【이익배당의 지급시기】

〈제목개정 2011.4.14〉

① 회사는 제464조에 따른 이익배당을 제462조 제2항의 주주총회나 이사회의 결의 또는 제462조의3 제1항의 결의를 한 날부터 1개월 내에 하여야 한다. 다만, 주주총회 또는 이사회에서 배당금의 지급시기를 따로 정한 경우에는 그러하지 아니하다. 〈개정 2011.4.14〉

② 제1항의 배당금의 지급청구권은 5년간 이를 행사하지 아니하면 소멸시효가 완성한다.

[본조신설 1984.4.10]

제465조 삭 제 〈1984.4.10〉

제466조【주주의 회계장부열람권】

① 발행주식의 총수의 100분의 3 이상에 해당하는 주식을 가진 주주는 이유를 붙인 서면으로 회계의 장부와 서류의 열람 또는 등사를 청구할 수 있다. 〈개정 1998.12.28.〉

② 회사는 제1항의 주주의 청구가 부당함을 증명하지 아니하면 이를 거부하지 못한다.

〈개정 1998.12.28〉

제467조【회사의 업무, 재산상태의 검사】

① 회사의 업무집행에 관하여 부정행위 또는 법령이나 정관에 위반한 중대한 사실이 있음을 의심할 사유가 있는 때에는 발행주식의 총수의 100분의 3 이상에 해당하는 주식을 가진 주주는 회사의 업무와 재산상태를 조사하게 하기 위하여 법원에 검사인의 선임을 청구할 수 있다. 〈개정 1998.12.28〉

② 검사인은 그 조사의 결과를 법원에 보고하여야 한다.

③ 법원은 제2항의 보고에 의하여 필요하다고 인정한 때에는 대표이사에게 주주총회의 소집을 명할 수 있다. 제310조 제2항의 규정은 이 경우에 준용한다.

〈개정 1962.12.12, 1995.12.29〉

④ 이사와 감사는 지체없이 제3항의 규정에 의한 검사인의 보고서의 정확여부를 조사하여 이를 주주총회에 보고하여야 한다.

〈신설 1995.12.29.〉

제467조의2【이익 공여(供與)의 금지】

① 회사는 누구에게든지 주주의 권리행사와 관련하여 재산상의 이익을 공여할 수 없다.

② 회사가 특정의 주주에 대하여 무상으로 재산상의 이익을 공여한 경우에는 주주의 권리행사와 관련하여 이를 공여한 것으로 추정한다. 회사가 특정의 주주에 대하여 유상으로 재산상의 이익을 공여한 경우에 있어서 회사가 얻은 이익이 공여한 이익에 비하여 현저하게 적은 때에도 또한 같다.

③ 회사가 제1항의 규정에 위반하여 재산상의 이익을 공여한 때에는 그 이익을 공여 받은 자는 이를 회사에 반환하여야 한다. 이 경우 회사에 대하여 대가를 지급한 것이 있는 때에는 그 반환을 받을 수 있다.

④ 제403조 내지 제406조의 규정은 제3항의 이익의 반환을 청구하는 소에 대하여 이를 준용한다.

[본조신설 1984.4.10]

제468조 【사용인의 우선변제권】

신원보증금의 반환을 받을 채권 기타 회사와 사용인간의 고용관계로 인한 채권이 있는 자는 회사의 총재산에 대하여 우선변제를 받을 권리가 있다. 그러나 질권·저당권이나 「동산·채권 등의 담보에 관한 법률」에 따른 담보권에 우선하지 못한다. 〈단서개정 2010.6.10〉

제8절 사 채

제1관 통 칙

제469조 【사채(社債)의 발행】

① 회사는 이사회의 결의에 의하여 사채(社債)를 발행할 수 있다.

② 제1항의 사채에는 다음 각 호의 사채를 포함한다.

1. 이익배당에 참가할 수 있는 사채
2. 주식이나 그 밖의 다른 유가증권으로 교환 또는 상환할 수 있는 사채
3. 유가증권이나 통화 또는 그 밖에 대통령령으로 정하는 자산이나 지표 등의 변동과 연계하여 미리 정하여진 방법에 따라 상환 또는 지급금액이 결정되는 사채

③ 제2항에 따라 발행하는 사채의 내용 및 발행방법 등 발행에 필요한 구체적인 사항은 대통령령으로 정한다.

④ 제1항에도 불구하고 정관으로 정하는 바에 따라 이사회는 대표이사에게 사채의 금액 및 종류를 정하여 1년을 초과하지 아니하는 기간 내에 사채를 발행할 것을 위임할 수 있다.

[전문개정 2011.4.14]

제470조 삭 제 〈2011.4.14〉

제471조 삭 제 〈2011.4.14〉

제472조 삭 제 〈2011.4.14〉

제473조 삭 제 〈2011.4.14〉

제474조 【공모발행, 사채청약서】

① 사채의 모집에 응하고자 하는 자는 사채청약서 2통에 그 인수할 사채의 수와 주소를 기재하고 기명날인 또는 서명하여야 한다.

〈개정 1995.12.29.〉

② 사채청약서는 이사가 작성하고 다음의 사항을 적어야 한다.

〈개정 1984.4.10, 1995.12.29, 2011.4.14〉

1. 회사의 상호
2. 자본금과 준비금의 총액 〈제2호 개정 2011.4.14〉
3. 최종의 대차대조표에 의하여 회사에 현존하는 순재산액
4. 사채의 총액
5. 각 사채의 금액
6. 사채발행의 가액 또는 그 최저가액
7. 사채의 이율
8. 사채의 상환과 이자지급의 방법과 기한
9. 사채를 수회에 분납할 것을 정한 때에는 그 분납금액과 시기
10. 채권을 기명식 또는 무기명식에 한한 때에는 그 뜻

10의2. 채권을 발행하는 대신 전자등록기관의 전자등록부에 사채권자의 권리를 등록하는 때에는 그 뜻 〈제10호의2 신설 2011.4.14〉

11. 전에 모집한 사채가 있는 때에는 그 상환하지 아니한 금액
12. 삭 제 〈제12호 삭제 2011.4.14〉
13. 사채모집의 위탁을 받은 회사가 있는 때에는 그 상호와 주소

상 법

13의2. 사채관리회사가 있는 때에는 그 상호와 주소 〈제13호의2 신설 2011.4.14〉

13의3. 사채관리회사가 사채권자집회결의에 의하지 아니하고 제484조 제4항 제2호의 행위를 할 수 있도록 정한 때에는 그 뜻 〈제13호의3 신설 2011.4.14〉

14. 제13호의 위탁을 받은 회사가 그 모집액이 총액에 달하지 못한 경우에 그 잔액을 인수할 것을 약정한 때에는 그 뜻

15. 명의개서대리인을 둔 때에는 그 성명·주소 및 영업소

③ 사채발행의 최저가액을 정한 경우에는 응모자는 사채청약서에 응모가액을 기재하여야 한다.

제475조【총액인수의 방법】

전조의 규정은 계약에 의하여 사채의 총액을 인수하는 경우에는 이를 적용하지 아니한다. 사채모집의 위탁을 받은 회사가 사채의 일부를 인수하는 경우에는 그 일부에 대하여도 같다.

제476조【납 입】

① 사채의 모집이 완료한 때에는 이사는 지체없이 인수인에 대하여 각 사채의 전액 또는 제1회의 납입을 시켜야 한다.

② 사채모집의 위탁을 받은 회사는 그 명의로 위탁회사를 위하여 제474조 제2항과 전항의 행위를 할 수 있다.

제477조 삭 제 〈1984.4.10〉

제478조【채권의 발행】

① 채권은 사채전액의 납입이 완료한 후가 아니면 이를 발행하지 못한다.

② 채권에는 다음의 사항을 적고 대표이사가 기명날인 또는 서명하여야 한다. 〈개정 2011.4.14〉

1. 채권의 번호
2. 제474조 제2항 제1호·제4호·제5호·제7호·제8호·제10호·제13호·제13호의2 및 제13호의3에 규정된 사항

③ 회사는 제1항의 채권(債券)을 발행하는 대신 정관으로 정하는 바에 따라 전자등록기관의 전자등록부에 채권(債權)을 등록할 수 있다. 이 경우 제356조의2 제2항부터 제4항까지의 규정을 준용한다. 〈신설 2011.4.14〉

제479조【기명사채의 이전】

① 기명사채의 이전은 취득자의 성명과 주소를 사채원부에 기재하고 그 성명을 채권에 기재하지 아니하면 회사 기타의 제3자에게 대항하지 못한다.

② 제337조 제2항의 규정은 기명사채의 이전에 대하여 이를 준용한다. 〈신설 1984.4.10〉

제480조【기명식, 무기명식간의 전환】

사채권자는 언제든지 기명식의 채권을 무기명식으로, 무기명식의 채권을 기명식으로 할 것을 회사에 청구할 수 있다. 그러나 채권을 기명식 또는 무기명식에 한할 것으로 정한 때에는 그러하지 아니하다.

제480조의2【사채관리회사의 지정·위탁】

회사는 사채를 발행하는 경우에 사채관리회사를 정하여 변제의 수령, 채권의 보전, 그 밖에 사채의 관리를 위탁할 수 있다. [본조신설 2011.4.14]

제480조의3【사채관리회사의 자격】

① 은행, 신탁회사, 그 밖에 대통령령으로 정하는 자가 아니면 사채관리회사가 될 수 없다.

② 사채의 인수인은 그 사채의 사채관리회사가 될 수 없다.

③ 사채를 발행한 회사와 특수한 이해관계가 있는 자로서 대통령령으로 정하는 자는 사채관리회사가 될 수 없다.

[본조신설 2011.4.14]

제481조【사채관리회사의 사임】

사채관리회사는 사채를 발행한 회사와 사채권자집회의 동의를 받아 사임할 수 있다. 부득이한 사유가 있어 법원의 허가를 받은 경우에도 같다.

[전문개정 2011.4.14]

제482조【사채관리회사의 해임】
사채관리회사가 그 사무를 처리하기에 적임이 아니거나 그 밖에 정당한 사유가 있을 때에는 법원은 사채를 발행하는 회사 또는 사채권자집회의 청구에 의하여 사채관리회사를 해임할 수 있다.
[전문개정 2011.4.14]

제483조【사채관리회사의 사무승계자】
〈제목개정 2011.4.14〉

① 사채관리회사의 사임 또는 해임으로 인하여 사채관리회사가 없게 된 경우에는 사채를 발행한 회사는 그 사무를 승계할 사채관리회사를 정하여 사채권자를 위하여 사채 관리를 위탁하여야 한다. 이 경우 회사는 지체 없이 사채권자집회를 소집하여 동의를 받아야 한다. 〈개정 2011.4.14〉

② 부득이한 사유가 있는 때에는 이해관계인은 사무승계자의 선임을 법원에 청구할 수 있다.

제484조【사채관리회사의 권한】
① 사채관리회사는 사채권자를 위하여 사채에 관한 채권을 변제받거나 채권의 실현을 보전하기 위하여 필요한 재판상 또는 재판 외의 모든 행위를 할 수 있다.

② 사채관리회사는 제1항의 변제를 받으면 지체 없이 그 뜻을 공고하고, 알고 있는 사채권자에게 통지하여야 한다.

③ 제2항의 경우에 사채권자는 사채관리회사에 사채 상환액 및 이자 지급을 청구할 수 있다. 이 경우 사채권이 발행된 때에는 사채권과 상환하여 상환액지급청구를 하고, 이권(利券)과 상환하여 이자지급청구를 하여야 한다.

④ 사채관리회사가 다음 각 호의 어느 하나에 해당하는 행위(사채에 관한 채권을 변제받거나 채권의 실현을 보전하기 위한 행위는 제외한다)를 하는 경우에는 사채권자집회의 결의에 의하여야 한다. 다만, 사채를 발행하는 회사는 제2호의 행위를 사채관리회사가 사채권자집회 결의에 의하지 아니하고 할 수 있음을 정할 수 있다.
1. 해당 사채 전부에 대한 지급의 유예, 그 채무의 불이행으로 발생한 책임의 면제 또는 화해
2. 해당 사채 전부에 관한 소송행위 또는 채무자회생 및 파산에 관한 절차에 속하는 행위

⑤ 사채관리회사가 제4항 단서에 따라 사채권자집회의 결의에 의하지 아니하고 제4항 제2호의 행위를 한 때에는 지체 없이 그 뜻을 공고하고, 알고 있는 사채권자에게는 따로 통지하여야 한다.

⑥ 제2항과 제5항의 공고는 사채를 발행한 회사가 하는 공고와 같은 방법으로 하여야 한다.

⑦ 사채관리회사는 그 관리를 위탁받은 사채에 관하여 제1항 또는 제4항 각 호에서 정한 행위를 위하여 필요하면 법원의 허가를 받아 사채를 발행한 회사의 업무와 재산상태를 조사할 수 있다. [전문개정 2011.4.14]

제484조의2【사채관리회사의 의무 및 책임】
① 사채관리회사는 사채권자를 위하여 공평하고 성실하게 사채를 관리하여야 한다.

② 사채관리회사는 사채권자에 대하여 선량한 관리자의 주의로 사채를 관리하여야 한다.

③ 사채관리회사가 이 법이나 사채권자집회결의를 위반한 행위를 한 때에는 사채권자에 대하여 연대하여 이로 인하여 발생한 손해를 배상할 책임이 있다.
[본조신설 2011.4.14]

제485조【둘 이상의 사채관리회사가 있는 경우의 권한과 의무】
① 사채관리회사가 둘 이상 있을 때에는 그 권한에 속하는 행위는 공동으로 하여야 한다.

② 제1항의 경우에 사채관리회사가 제484조 제1항의 변제를 받은 때에는 사채관리회사는 사채권자에 대하여 연대하여 변제액을 지급할 의무가 있다. [전문개정 2011.4.14]

제486조【이권(利卷)흠결의 경우】

① 이권 있는 무기명식의 사채를 상환하는 경우에 이권이 흠결된 때에는 그 이권에 상당한 금액을 상환액으로부터 공제한다.

② 전항의 이권소지인은 언제든지 그 이권과 상환하여 공제액의 지급을 청구할 수 있다.

제487조【원리(元利)청구권의 시효】

① 사채의 상환청구권은 10년간 행사하지 아니하면 소멸시효가 완성한다.

② 제484조 제3항의 청구권도 전항과 같다.

③ 사채의 이자와 전조 제2항의 청구권은 5년간 행사하지 아니하면 소멸시효가 완성한다.

제488조【사채원부(社債原簿)】

회사는 사채원부를 작성하고 다음 각 호의 사항을 적어야 한다.

1. 사채권자(무기명식 채권이 발행되어 있는 사채의 사채권자는 제외한다)의 성명과 주소
2. 채권의 번호
3. 제474조 제2항 제4호, 제5호, 제7호부터 제9호까지, 제13호, 제13호의2 및 제13호의3에 규정된 사항
4. 각 사채의 납입금액과 납입연월일
5. 채권의 발행연월일 또는 채권을 발행하는 대신 전자등록기관의 전자등록부에 사채권자의 권리를 등록하는 때에는 그 뜻
6. 각 사채의 취득연월일
7. 무기명식 채권을 발행한 때에는 그 종류, 수, 번호와 발행연월일

[전문개정 2011.4.14]

제489조【준용규정】

① 제353조의 규정은 사채응모자 또는 사채권자에 대한 통지와 최고에 준용한다.

② 제333조의 규정은 사채가 수인의 공유에 속하는 경우에 준용한다.

제2관 사채권자집회

제490조【결의사항】

사채권자집회는 이 법에서 규정하고 있는 사항 및 사채권자의 이해관계가 있는 사항에 관하여 결의를 할 수 있다. [전문개정 2011.4.14]

제491조【소집권자】

① 사채권자집회는 사채를 발행한 회사 또는 사채관리회사가 소집한다. 〈개정 2011.4.14〉

② 사채의 종류별로 해당 종류의 사채 총액(상환받은 액은 제외한다)의 10분의 1 이상에 해당하는 사채를 가진 사채권자는 회의 목적인 사항과 소집 이유를 적은 서면 또는 전자문서를 사채를 발행한 회사 또는 사채관리회사에 제출하여 사채권자집회의 소집을 청구할 수 있다. 〈개정 2011.4.14〉

③ 제366조 제2항의 규정은 전항의 경우에 준용한다.

④ 무기명식의 채권을 가진 자는 그 채권을 공탁하지 아니하면 전2항의 권리를 행사하지 못한다.

제491조의2【소집의 통지, 공고】

① 제363조 제1항 및 제2항은 사채권자집회를 소집할 경우에 이를 준용한다.

② 제1항에도 불구하고 회사가 무기명식의 채권을 발행한 경우에는 주주총회일의 3주(자본금 총액이 10억원 미만인 회사는 2주) 전에 사채권자집회를 소집하는 뜻과 회의의 목적사항을 공고하여야 한다. [본조신설 2014.5.20]

제492조【의결권】

① 각 사채권자는 그가 가지는 해당 종류의 사채 금액의 합계액(상환받은 액은 제외한다)에 따라 의결권을 가진다. 〈개정 2011.4.14〉

② 무기명식의 채권을 가진 자는 회일(會日)로부터 1주간전에 채권을 공탁하지 아니하면 그 의결권을 행사하지 못한다.

제493조【사채발행회사 또는 사채관리회사 대표자의 출석 등】 〈제목개정 2011.4.14〉

① 사채를 발행한 회사 또는 사채관리회사는 그 대표자를 사채권자집회에 출석하게 하거나 서면으로 의견을 제출할 수 있다. 〈개정 2011.4.14〉

② 사채권자집회의 소집은 전항의 회사에 통지하여야 한다.

③ 제363조 제1항과 제2항의 규정은 전항의 통지에 준용한다.

제494조【사채발행회사의 대표자의 출석청구】

사채권자집회 또는 그 소집자는 필요있다고 인정하는 때에는 사채를 발행한 회사에 대하여 그 대표자의 출석을 청구할 수 있다.

제495조【결의의 방법】

① 제434조의 규정은 사채권자집회의 결의에 준용한다.

② 제481조부터 제483조까지 및 제494조의 동의 또는 청구는 제1항에도 불구하고 출석한 사채권자 의결권의 과반수로 결정할 수 있다. 〈개정 2011.4.14〉

③ 사채권자집회에 출석하지 아니한 사채권자는 서면에 의하여 의결권을 행사할 수 있다. 〈신설 2011.4.14〉

④ 서면에 의한 의결권행사는 의결권행사서면에 필요한 사항을 적어 사채권자집회 전일까지 의결권행사서면을 소집자에게 제출하여야 한다. 〈신설 2011.4.14〉

⑤ 제4항에 따라 서면에 의하여 행사한 의결권의 수는 출석한 의결권자의 의결권 수에 포함한다. 〈신설 2011.4.14〉

⑥ 사채권자집회에 대하여는 제368조의4를 준용한다. 〈신설 2011.4.14〉

제496조【결의의 인가의 청구】

사채권자집회의 소집자는 결의한 날로부터 1주간내에 결의의 인가를 법원에 청구하여야 한다.

제497조【결의의 불인가의 사유】

① 법원은 다음의 경우에는 사채권자집회의 결의를 인가하지 못한다.

1. 사채권자집회소집의 절차 또는 그 결의방법이 법령이나 사채모집의 계획서의 기재에 위반한 때
2. 결의가 부당한 방법에 의하여 성립하게 된 때
3. 결의가 현저하게 불공정한 때
4. 결의가 사채권자의 일반의 이익에 반하는 때

② 전항 제1호와 제2호의 경우에는 법원은 결의의 내용 기타 모든 사정을 참작하여 결의를 인가할 수 있다.

제498조【결의의 효력】

① 사채권자집회의 결의는 법원의 인가를 받음으로써 그 효력이 생긴다. 다만, 그 종류의 사채권자 전원이 동의한 결의는 법원의 인가가 필요하지 아니하다.

② 사채권자집회의 결의는 그 종류의 사채를 가진 모든 사채권자에게 그 효력이 있다.

[전문개정 2011.4.14]

제499조【결의의 인가, 불인가의 공고】

사채권자집회의 결의에 대하여 인가 또는 불인가의 결정이 있은 때에는 사채를 발행한 회사는 지체없이 그 뜻을 공고하여야 한다.

제500조【사채권자집회의 대표자】

① 사채권자집회는 해당 종류의 사채 총액(상환받은 금액은 제외한다)의 500분의 1 이상을 가진 사채권자 중에서 1명 또는 여러 명의 대표자를 선임하여 그 결의할 사항의 결정을 위임할 수 있다. 〈개정 2011.4.14.〉

② 대표자가 수인인 때에는 전항의 결정은 그 과반수로 한다.

제501조 【결의의 집행】

사채권자집회의 결의는 사채관리회사가 집행하고, 사채관리회사가 없는 때에는 제500조의 대표자가 집행한다. 다만, 사채권자집회의 결의로써 따로 집행자를 정한 때에는 그러하지 아니하다.

[전문개정 2011.4.14]

제502조 【수인의 대표자, 집행자가 있는 경우】

제485조 제1항의 규정은 대표자나 집행자가 수인인 경우에 준용한다.

제503조 【사채상환에 관한 결의의 집행】

제484조, 제485조 제2항과 제487조 제2항의 규정은 대표자나 집행자가 사채의 상환에 관한 결의를 집행하는 경우에 준용한다.

제504조 【대표자, 집행자의 해임 등】

사채권자집회는 언제든지 대표자나 집행자를 해임하거나 위임한 사항을 변경할 수 있다.

제505조 삭 제 〈2011.4.14〉

제506조 삭 제 〈2011.4.14〉

《삭제전》

《 제505조 【기한의 이익의 상실】
제506조 【기한이익상실의 공고, 통지】 》

제507조 【사채관리회사 등의 보수, 비용】

① 사채관리회사, 대표자 또는 집행자에게 줄 보수와 그 사무 처리에 필요한 비용은 사채를 발행한 회사와의 계약에 약정된 경우 외에는 법원의 허가를 받아 사채를 발행한 회사로 하여금 부담하게 할 수 있다.

② 사채관리회사, 대표자 또는 집행자는 사채에 관한 채권을 변제받은 금액에서 사채권자보다 우선하여 제1항의 보수와 비용을 변제받을 수 있다.

[전문개정 2011.4.14]

제508조 【사채권자집회의 비용】

① 사채권자집회에 관한 비용은 사채를 발행한 회사가 부담한다.

② 제496조의 청구에 관한 비용은 회사가 부담한다. 그러나 법원은 이해관계인의 신청에 의하여 또는 직권으로 그 전부 또는 일부에 관하여 따로 부담자를 정할 수 있다.

제509조 【수종(數種)의 사채 있는 경우의 사채권자집회】

수종의 사채를 발행한 경우에는 사채권자집회는 각종의 사채에 관하여 이를 소집하여야 한다.

제510조 【준용규정】

① 제368조 제2항·제3항, 제369조 제2항 및 제371조부터 제373조까지의 규정은 사채권자집회에 준용한다. 〈개정 2014.5.20〉

② 사채권자집회의 의사록은 사채를 발행한 회사가 그 본점에 비치하여야 한다.

③ 사채관리회사와 사채권자는 영업시간 내에 언제든지 제2항의 의사록 열람을 청구할 수 있다. 〈개정 2011.4.14〉

제511조 【사채관리회사에 의한 취소의 소】

〈제목개정 2011.4.14〉

① 회사가 어느 사채권자에게 한 변제, 화해, 그 밖의 행위가 현저하게 불공정한 때에는 사채관리회사는 소(訴)만으로 그 행위의 취소를 청구할 수 있다. 〈개정 2011.4.14〉

② 제1항의 소는 사채관리회사가 취소의 원인인 사실을 안 때부터 6개월, 행위가 있은 때부터 1년 내에 제기하여야 한다.

〈개정 2011.4.14〉

③ 제186조와 민법 제406조 제1항 단서 및 제407조의 규정은 제1항의 소에 준용한다.

제512조 【대표자 등에 의한 취소의 소】

사채권자집회의 결의가 있는 때에는 대표자 또는 집행자 또는 전조 제1항의 소를 제기할 수 있다. 그러나 행위가 있은 때로부터 1년내에 한한다.

제3관 전환사채

제513조【전환사채(轉換社債)의 발행】
① 회사는 전환사채를 발행할 수 있다.
② 제1항의 경우에 다음의 사항으로서 정관에 규정이 없는 것은 이사회가 이를 결정한다. 그러나 정관으로 주주총회에서 이를 결정하기로 정한 경우에는 그러하지 아니하다.
1. 전환사채의 총액
2. 전환의 조건
3. 전환으로 인하여 발행할 주식의 내용
4. 전환을 청구할 수 있는 기간
5. 주주에게 전환사채의 인수권을 준다는 뜻과 인수권의 목적인 전환사채의 액
6. 주주외의 자에게 전환사채를 발행하는 것과 이에 대하여 발행할 전환사채의 액

③ 주주외의 자에 대하여 전환사채를 발행하는 경우에 그 발행할 수 있는 전환사채의 액, 전환의 조건, 전환으로 인하여 발행할 주식의 내용과 전환을 청구할 수 있는 기간에 관하여 정관에 규정이 없으면 제434조의 결의로써 이를 정하여야 한다. 이 경우 제418조 제2항 단서의 규정을 준용한다. 〈개정 2001.7.24〉
④ 제3항의 결의에 있어서 전환사채의 발행에 관한 의안의 요령은 제363조의 규정에 의한 통지에 기재하여야 한다. 〈개정 2014.5.20〉
[전문개정 1984.4.10]

제513조의2【전환사채의 인수권을 가진 주주의 권리】
① 전환사채의 인수권을 가진 주주는 그가 가진 주식의 수에 따라서 전환사채의 배정을 받을 권리가 있다. 그러나 각 전환사채의 금액중 최저액에 미달하는 단수에 대하여는 그러하지 아니하다.
② 제418조 제3항은 주주가 전환사채의 인수권을 가진 경우에 이를 준용한다. 〈개정 2011.4.14〉
[본조신설 1984.4.10]

제513조의3【전환사채의 인수권을 가진 주주에 대한 최고】
① 주주가 전환사채의 인수권을 가진 경우에는 각 주주에 대하여 그 인수권을 가지는 전환사채의 액, 발행가액, 전환의 조건, 전환으로 인하여 발행할 주식의 내용, 전환을 청구할 수 있는 기간과 일정한 기일까지 전환사채의 청약을 하지 아니하면 그 권리를 잃는다는 뜻을 통지하여야 한다.
② 제419조 제2항 및 제3항의 규정은 제1항의 경우에 이를 준용한다. 〈개정 2014.5.20〉
[본조신설 1984.4.10.]

제514조【전환사채발행의 절차】
① 전환사채에 관하여는 사채청약서, 채권과 사채원부에 다음의 사항을 기재하여야 한다. 〈개정 1995.12.29〉
1. 사채를 주식으로 전환할 수 있다는 뜻
2. 전환의 조건
3. 전환으로 인하여 발행할 주식의 내용
4. 전환을 청구할 수 있는 기간
5. 주식의 양도에 관하여 이사회의 승인을 얻도록 정한 때에는 그 규정

② 삭 제 〈1984.4.10〉

제514조의2【전환사채의 등기】
① 회사가 전환사채를 발행한 때에는 제476조의 규정에 의한 납입이 완료된 날로부터 2주간내에 본점의 소재지에서 전환사채의 등기를 하여야 한다. 〈개정 1995.12.29〉
② 제1항의 규정에 의하여 등기할 사항은 다음 각호와 같다.
1. 전환사채의 총액
2. 각 전환사채의 금액
3. 각 전환사채의 납입금액
4. 제514조 제1호 내지 제4호에 정한 사항

③ 제183조의 규정은 제2항의 등기에 대하여 이를 준용한다.

④ 외국에서 전환사채를 모집한 경우에 등기할 사항이 외국에서 생긴 때에는 등기기간은 그 통지가 도달한 날로부터 기산한다.

[본조신설 1984.4.10]

제515조【전환의 청구】

① 전환을 청구하는 자는 청구서 2통에 채권을 첨부하여 회사에 제출하여야 한다. 다만, 제478조 제3항에 따라 채권(債券)을 발행하는 대신 전자등록기관의 전자등록부에 채권(債權)을 등록한 경우에는 그 채권을 증명할 수 있는 자료를 첨부하여 회사에 제출하여야 한다.

〈단서신설 2011.4.14〉

② 제1항의 청구서에는 전환하고자 하는 사채와 청구의 연월일을 기재하고 기명날인 또는 서명하여야 한다. 〈개정 1995.12.29.〉

제516조【준용규정】

① 제346조 제4항, 제424조 및 제424조의2의 규정은 전환사채의 발행의 경우에 이를 준용한다. 〈개정 2011.4.14〉

② 제339조, 제348조, 제350조 및 제351조의 규정은 사채의 전환의 경우에 이를 준용한다.

〈개정 1995.12.29〉

[전문개정 1984.4.10]

제4관 신주인수권부사채

[본관신설 1984.4.10]

제516조의2【신주인수권부사채(新株引受權附社債)의 발행】

① 회사는 신주인수권부사채를 발행할 수 있다.

② 제1항의 경우에 다음의 사항으로서 정관에 규정이 없는 것은 이사회가 결정한다. 그러나 정관으로 주주총회에서 이를 결정하도록 정한 경우에는 그러하지 아니하다. 〈개정 2011.4.14〉

1. 신주인수권부사채의 총액
2. 각 신주인수권부사채에 부여된 신주인수권의 내용
3. 신주인수권을 행사할 수 있는 기간
4. 신주인수권만을 양도할 수 있는 것에 관한 사항
5. 신주인수권을 행사하려는 자의 청구가 있는 때에는 신주인수권부사채의 상환에 갈음하여 그 발행가액으로 제516조의9 제1항의 납입이 있는 것으로 본다는 뜻 〈제5호 개정 2011.4.14〉
6. 삭 제 〈1995.12.29〉
7. 주주에게 신주인수권부사채의 인수권을 준다는 뜻과 인수권의 목적인 신주인수권부사채의 액
8. 주주외의 자에게 신주인수권부사채를 발행하는 것과 이에 대하여 발행할 신주인수권부사채의 액

③ 각 신주인수권부사채에 부여된 신주인수권의 행사로 인하여 발행할 주식의 발행가액의 합계액은 각 신주인수권부사채의 금액을 초과할 수 없다.

④ 주주외의 자에 대하여 신주인수권부사채를 발행하는 경우에 그 발행할 수 있는 신주인수권부사채의 액, 신주인수권의 내용과 신주인수권을 행사할 수 있는 기간에 관하여 정관에 규정이 없으면 제434조의 결의로써 이를 정하여야 한다. 이 경우 제418조 제2항 단서의 규정을 준용한다. 〈개정 2001.7.24〉

⑤ 제513조 제4항의 규정은 제4항의 경우에 이를 준용한다. [본조신설 1984.4.10]

제516조의3【신주인수권부사채의 인수권을 가진 주주에 대한 최고】

① 주주가 신주인수권부사채의 인수권을 가진 경우에는 각 주주에 대하여 인수권을 가지는 신주인수권부사채의 액, 발행가액, 신주인수권의 내용, 신주인수권을 행사할 수 있는 기간과 일정한 기일까지 신주인수권부사채의 청약을 하지 아니하면 그 권리를 잃는다는 뜻

을 통지하여야 한다. 이 경우 제516조의2 제2항 제4호 또는 제5호에 규정한 사항의 정함이 있는 때에는 그 내용도 통지하여야 한다.

② 제419조 제2항 및 제3항의 규정은 제1항의 경우에 이를 준용한다. 〈개정 2014.5.20〉

[본조신설 1984.4.10]

제516조의4 【사채청약서·채권·사채원부의 기재사항】

신주인수권부사채에 있어서는 사채청약서·채권 및 사채원부에 다음의 사항을 기재하여야 한다. 그러나 제516조의5 제1항의 신주인수권증권을 발행할 때에는 채권에는 이를 기재하지 아니한다. 〈개정 1995.12.29, 2011.4.14〉

1. 신주인수권부사채라는 뜻
2. 제516조의2 제2항 제2호 내지 제5호에 정한 사항
3. 제516조의9에 따라 납입을 맡을 은행이나 그 밖의 금융기관 및 납입장소 〈제3호 개정 2011.4.14〉
4. 주식의 양도에 관하여 이사회의 승인을 얻도록 정한 때에는 그 규정

[본조신설 1984.4.10]

제516조의5 【신주인수권증권의 발행】

① 제516조의2 제2항 제4호에 규정한 사항을 정한 경우에는 회사는 채권과 함께 신주인수권증권을 발행하여야 한다.

② 신주인수권증권에는 다음의 사항과 번호를 기재하고 이사가 기명날인 또는 서명하여야 한다. 〈개정 1995.12.29〉

1. 신주인수권증권이라는 뜻의 표시
2. 회사의 상호
3. 제516조의2 제2항 제2호·제3호 및 제5호에 정한 사항
4. 제516조의4 제3호에 정한 사항
5. 주식의 양도에 관하여 이사회의 승인을 얻도록 정한 때에는 그 규정

[본조신설 1984.4.10.]

제516조의6 【신주인수권의 양도】

① 신주인수권증권이 발행된 경우에 신주인수권의 양도는 신주인수권증권의 교부에 의하여서만 이를 행한다.

② 제336조 제2항, 제360조 및 수표법 제21조의 규정은 신주인수권증권에 관하여 이를 준용한다.

[본조신설 1984.4.10]

제516조의7 【신주인수권의 전자등록】

회사는 신주인수권증권을 발행하는 대신 정관으로 정하는 바에 따라 전자등록기관의 전자등록부에 신주인수권을 등록할 수 있다. 이 경우 제356조의2 제2항부터 제4항까지의 규정을 준용한다.

[본조신설 2011.4.14]

제516조의8 【신주인수권부사채의 등기】

① 회사가 신주인수권부사채를 발행한 때에는 다음의 사항을 등기하여야 한다.

1. 신주인수권부사채라는 뜻
2. 신주인수권의 행사로 인하여 발행할 주식의 발행가액의 총액
3. 각 신주인수권부사채의 금액
4. 각 신주인수권부사채의 납입금액
5. 제516조의2 제2항 제1호 내지 제3호에 정한 사항

② 제514조의2 제1항·제3항 및 제4항의 규정은 제1항의 등기에 관하여 이를 준용한다.

[본조신설 1984.4.10]

제516조의9 【신주인수권의 행사】

① 신주인수권을 행사하려는 자는 청구서 2통을 회사에 제출하고, 신주의 발행가액의 전액을 납입하여야 한다.

② 제1항의 규정에 의하여 청구서를 제출하는 경우에 신주인수권증권이 발행된 때에는 신주인수권증권을 첨부하고, 이를 발행하지 아니한 때에는 채권을 제시하여야 한다. 다만,

제478조 제3항 또는 제516조의7에 따라 채권(債券)이나 신주인수권증권을 발행하는 대신 전자등록기관의 전자등록부에 채권(債權)이나 신주인수권을 등록한 경우에는 그 채권이나 신주인수권을 증명할 수 있는 자료를 첨부하여 회사에 제출하여야 한다.

〈단서신설 2011.4.14〉

③ 제1항의 납입은 채권 또는 신주인수권증권에 기재한 은행 기타 금융기관의 납입장소에서 하여야 한다.

④ 제302조 제1항의 규정은 제1항의 청구서에, 제306조 및 제318조의 규정은 제3항의 납입을 맡은 은행 기타 금융기관에 이를 준용한다.

[본조신설 1984.4.10.]

제516조의10 【주주가 되는 시기】

제516조의9 제1항에 따라 신주인수권을 행사한 자는 동항의 납입을 한 때에 주주가 된다. 이 경우 제350조 제2항을 준용한다.

(▶▶ 제350조 제3항 삭제로 인한 개정)

〈개정 1995.12.29., 2011.4.14., 2020.12.29.〉

[본조신설 1984.4.10]

제516조의11 【준용규정】

제351조의 규정은 신주인수권의 행사가 있는 경우에, 제513조의2 및 제516조 제1항의 규정은 신주인수권부사채에 관하여 이를 준용한다.

〈개정 1995.12.29〉

[본조신설 1984.4.10]

제9절 해 산

제517조 【해산사유】

주식회사는 다음의 사유로 인하여 해산한다.

〈개정 1998.12.28〉

1. 제227조 제1호, 제4호 내지 제6호에 정한 사유

1의2. 제530조의2의 규정에 의한 회사의 분할 또는 분할합병

2. 주주총회의 결의

제518조 【해산의 결의】

해산의 결의는 제434조의 규정에 의하여야 한다.

제519조 【회사의 계속】

회사가 존립기간의 만료 기타 정관에 정한 사유의 발생 또는 주주총회의 결의에 의하여 해산한 경우에는 제434조의 규정에 의한 결의로 회사를 계속할 수 있다.

제520조 【해산판결】

① 다음의 경우에 부득이한 사유가 있는 때에는 발행주식의 총수의 100분의 10 이상에 해당하는 주식을 가진 주주는 회사의 해산을 법원에 청구할 수 있다.

1. 회사의 업무가 현저한 정돈상태(停頓狀態)를 계속하여 회복할 수 없는 손해가 생긴 때 또는 생길 염려가 있는 때
2. 회사재산의 관리 또는 처분의 현저한 실당(失當)으로 인하여 회사의 존립을 위태롭게 한 때

② 제186조와 제191조의 규정은 전항의 청구에 준용한다.

제520조의2 【휴면(休眠)회사의 해산】

① 법원행정처장이 최후의 등기후 5년을 경과한 회사는 본점의 소재지를 관할하는 법원에 아직 영업을 폐지하지 아니하였다는 뜻의 신고를 할 것을 관보로써 공고한 경우에, 그 공고한 날에 이미 최후의 등기후 5년을 경과한 회사로써 공고한 날로부터 2월이내에 대통령령이 정하는 바에 의하여 신고를 하지 아니한 때에는 그 회사는 그 신고기간이 만료된 때에 해산한 것으로 본다. 그러나 그 기간내에 등기를 한 회사에 대하여는 그러하지 아니하다.

② 제1항의 공고가 있는 때에는 법원은 해당 회

사에 대하여 그 공고가 있었다는 뜻의 통지를 발송하여야 한다.

③ 제1항의 규정에 의하여 해산한 것으로 본 회사는 그 후 3년 이내에는 제434조의 결의에 의하여 회사를 계속할 수 있다.

④ 제1항의 규정에 의하여 해산한 것으로 본 회사가 제3항의 규정에 의하여 회사를 계속하지 아니한 경우에는 그 회사는 그 3년이 경과한 때에 청산이 종결된 것으로 본다.

[본조신설 1984.4.10]

제521조【해산의 통지, 공고】
회사가 해산한 때에는 파산의 경우외에는 이사는 지체없이 주주에 대하여 그 통지를 하여야 한다. 〈개정 2014.5.20〉

제521조의2【준용규정】
제228조와 제229조 제3항의 규정은 주식회사의 해산에 관하여 이를 준용한다.

[본조신설 1998.12.28]

제10절 합 병 [본절 제목 신설 1998.12.28]

제522조【합병계약서와 그 승인결의】

① 회사가 합병을 함에는 합병계약서를 작성하여 주주총회의 승인을 얻어야 한다.

〈개정 1995.12.29, 1998.12.28〉

② 합병계약의 요령은 제363조에 정한 통지에 기재하여야 한다. 〈개정 2014.5.20〉

③ 제1항의 승인결의는 제434조의 규정에 의하여야 한다. 〈개정 1998.12.28〉

제522조의2【합병계약서 등의 공시】

① 이사는 제522조 제1항의 주주총회 회일의 2주 전부터 합병을 한 날 이후 6개월이 경과하는 날까지 다음 각 호의 서류를 본점에 비치하여야 한다. 〈개정 1998.12.28, 2015.12.1〉

1. 합병계약서
2. 합병을 위하여 신주를 발행하거나 자기주식을 이전하는 경우에는 합병으로 인하여 소멸하는 회사의 주주에 대한 신주의 배정 또는 자기주식의 이전에 관하여 그 이유를 기재한 서면

〈제2호 개정 2015.12.1〉

3. 각 회사의 최종의 대차대조표와 손익계산서

② 주주 및 회사채권자는 영업시간내에는 언제든지 제1항 각호의 서류의 열람을 청구하거나, 회사가 정한 비용을 지급하고 그 등본 또는 초본의 교부를 청구할 수 있다.

〈개정 1998.12.28〉

[본조신설 1984.4.10]

제522조의3【합병반대주주의 주식매수청구권】

① 제522조 제1항에 따른 결의사항에 관하여 이사회의 결의가 있는 때에 그 결의에 반대하는 주주(의결권이 없거나 제한되는 주주를 포함한다. 이하 이 조에서 같다)는 주주총회 전에 회사에 대하여 서면으로 그 결의에 반대하는 의사를 통지한 경우에는 그 총회의 결의일부터 20일 이내에 주식의 종류와 수를 기재한 서면으로 회사에 대하여 자기가 소유하고 있는 주식의 매수를 청구할 수 있다. 〈개정 2015.12.1〉

② 제527조의2 제2항의 공고 또는 통지를 한 날부터 2주내에 회사에 대하여 서면으로 합병에 반대하는 의사를 통지한 주주는 그 기간이 경과한 날부터 20일 이내에 주식의 종류와 수를 기재한 서면으로 회사에 대하여 자기가 소유하고 있는 주식의 매수를 청구할 수 있다. 〈신설 1998.12.28〉

[본조신설 1998.12.28]

제523조【흡수합병의 합병계약서】
합병할 회사의 일방이 합병 후 존속하는 경우에는 합병계약서에 다음의 사항을 적어야 한다.

〈개정 1998.12.28, 2001.7.24, 2011.4.14, 2015.12.1〉

1. 존속하는 회사가 합병으로 인하여 그 발행할 주식의 총수를 증가하는 때에는 그 증가할 주식의 총수, 종류와 수

상법

2. 존속하는 회사의 자본금 또는 준비금이 증가하는 경우에는 증가할 자본금 또는 준비금에 관한 사항 〈제2호 개정 2011.4.14, 2015.12.1〉
3. 존속하는 회사가 합병을 하면서 신주를 발행하거나 자기주식을 이전하는 경우에는 발행하는 신주 또는 이전하는 자기주식의 총수, 종류와 수 및 합병으로 인하여 소멸하는 회사의 주주에 대한 신주의 배정 또는 자기주식의 이전에 관한 사항 〈제3호 개정 2015.12.1〉
4. 존속하는 회사가 합병으로 소멸하는 회사의 주주에게 제3호에도 불구하고 그 대가의 전부 또는 일부로서 금전이나 그 밖의 재산을 제공하는 경우에는 그 내용 및 배정에 관한 사항 〈제4호 개정 2011.4.14〉
5. 각 회사에서 합병의 승인결의를 할 사원 는 주주의 총회의 기일
6. 합병을 할 날
7. 존속하는 회사가 합병으로 인하여 정관을 변경하기로 정한 때에는 그 규정
8. 각 회사가 합병으로 이익배당을 할 때에는 그 한도액 〈제8호 개정 2011.4.14〉
9. 합병으로 인하여 존속하는 회사에 취임할 이사와 감사 또는 감사위원회의 위원을 정한 때에는 그 성명 및 주민등록번호

제523조의2【합병대가가 모회사주식인 경우의 특칙】

① 제342조의2에도 불구하고 제523조 제4호에 따라 소멸하는 회사의 주주에게 제공하는 재산이 존속하는 회사의 모회사주식을 포함하는 경우에는 존속하는 회사는 그 지급을 위하여 모회사주식을 취득할 수 있다.

② 존속하는 회사는 제1항에 따라 취득한 모회사의 주식을 합병 후에도 계속 보유하고 있는 경우 합병의 효력이 발생하는 날부터 6개월 이내에 그 주식을 처분하여야 한다. 〈신설 2015.12.1〉

[본조신설 2011.4.14]

제524조【신설합병의 합병계약서】

합병으로 회사를 설립하는 경우에는 합병계약서에 다음의 사항을 적어야 한다. 〈개정 2001.7.24, 2011.4.14., 2015.12.1〉

1. 설립되는 회사에 대하여 제289조 제1항 제1호부터 제4호까지에 규정된 사항과 종류주식을 발행할 때에는 그 종류, 수와 본점소재지 〈제1호 개정 2011.4.14〉
2. 설립되는 회사가 합병당시에 발행하는 주식의 총수와 종류, 수 및 각 회사의 주주에 대한 주식의 배정에 관한 사항
3. 설립되는 회사의 자본금과 준비금의 총액 〈제3호 개정 2011.4.14〉
4. 각 회사의 주주에게 제2호에도 불구하고 금전이나 그 밖의 재산을 제공하는 경우에는 그 내용 및 배정에 관한 사항 〈제4호 개정 2015.12.1〉
5. 제523조 제5호 및 제6호에 규정된 사항 〈제5호 개정 2015.12.1〉
6. 합병으로 인하여 설립되는 회사의 이사와 감사 또는 감사위원회의 위원을 정한 때에는 그 성명 및 주민등록번호

제525조【합명회사, 합자회사의 합병계약서】

① 합병후 존속하는 회사 또는 합병으로 인하여 설립되는 회사가 주식회사인 경우에 합병할 회사의 일방 또는 쌍방이 합명회사 또는 합자회사인 때에는 총사원의 동의를 얻어 합병계약서를 작성하여야 한다.

② 전2조의 규정은 전항의 합병계약서에 준용한다.

제526조【흡수합병의 보고총회】

① 합병을 하는 회사의 일방이 합병후 존속하는 경우에는 그 이사는 제527조의5의 절차의

종료후, 합병으로 인한 주식의 병합이 있을 때에는 그 효력이 생긴 후, 병합에 적당하지 아니한 주식이 있을 때에는 합병후, 존속하는 회사에 있어서는 제443조의 처분을 한 후, 소규모합병의 경우에는 제527조의3 제3항 및 제4항의 절차를 종료한 후 지체없이 주주총회를 소집하고 합병에 관한 사항을 보고하여야 한다. 〈개정 1998.12.28〉

② 합병당시에 발행하는 신주의 인수인은 제1항의 주주총회에서 주주와 동일한 권리가 있다. 〈개정 1998.12.28〉

③ 제1항의 경우에 이사회는 공고로써 주주총회에 대한 보고에 갈음할 수 있다. 〈신설 1995.12.29〉

제527조【신설합병의 창립총회】

① 합병으로 인하여 회사를 설립하는 경우에는 설립위원은 제527조의5의 절차의 종료후, 합병으로 인한 주식의 병합이 있을 때에는 그 효력이 생긴 후, 병합에 적당하지 아니한 주식이 있을 때에는 제443조의 처분을 한 후 지체없이 창립총회를 소집하여야 한다. 〈개정 1998.12.28〉

② 창립총회에서는 정관변경의 결의를 할 수 있다. 그러나 합병계약의 취지에 위반하는 결의는 하지 못한다.

③ 제308조 제2항, 제309조, 제311조, 제312조와 제316조 제2항의 규정은 제1항의 창립총회에 준용한다.

④ 제1항의 경우에 이사회는 공고로써 주주총회에 대한 보고에 갈음할 수 있다. 〈신설 1998.12.28〉

제527조의2【간이합병】

① 합병할 회사의 일방이 합병후 존속하는 경우에 합병으로 인하여 소멸하는 회사의 총주주의 동의가 있거나 그 회사의 발행주식총수의 100분의 90 이상을 합병후 존속하는 회사가 소유하고 있는 때에는 합병으로 인하여 소멸하는 회사의 주주총회의 승인은 이를 이사회의 승인으로 갈음할 수 있다.

② 제1항의 경우에 합병으로 인하여 소멸하는 회사는 합병계약서를 작성한 날부터 2주내에 주주총회의 승인을 얻지 아니하고 합병을 한다는 뜻을 공고하거나 주주에게 통지하여야 한다. 다만 총주주의 동의가 있는 때에는 그러하지 아니하다. [본조신설 1998.12.28]

제527조의3【소규모합병】

① 합병 후 존속하는 회사가 합병으로 인하여 발행하는 신주 및 이전하는 자기주식의 총수가 그 회사의 발행주식총수의 100분의 10(▶▶개정전 : 100분의 5)을 초과하지 아니하는 경우에는 그 존속하는 회사의 주주총회의 승인은 이를 이사회의 승인으로 갈음할 수 있다. 다만, 합병으로 인하여 소멸하는 회사의 주주에게 제공할 금전이나 그 밖의 재산을 정한 경우에 그 금액 및 그 밖의 재산의 가액이 존속하는 회사의 최종 대차대조표상으로 현존하는 순자산액의 100분의 5(▶▶개정전 : 100분의 2)를 초과하는 경우에는 그러하지 아니하다. 〈개정 2011.4.14, 2015.12.1〉

② 제1항의 경우에 존속하는 회사의 합병계약서에는 주주총회의 승인을 얻지 아니하고 합병을 한다는 뜻을 기재하여야 한다.

③ 제1항의 경우에 존속하는 회사는 합병계약서를 작성한 날부터 2주내에 소멸하는 회사의 상호 및 본점의 소재지, 합병을 할 날, 주주총회의 승인을 얻지 아니하고 합병을 한다는 뜻을 공고하거나 주주에게 통지하여야 한다.

④ 합병후 존속하는 회사의 발행주식총수의 100분의 20 이상에 해당하는 주식을 소유한 주주가 제3항의 규정에 의한 공고 또는 통지를 한 날부터 2주내에 회사에 대하여 서면으로 제1항의 합병에 반대하는 의사를 통지한

때에는 제1항 본문의 규정에 의한 합병을 할 수 없다.

⑤ 제1항 본문의 경우에는 제522조의3의 규정은 이를 적용하지 아니한다.

[본조신설 1998.12.28]

제527조의4【이사·감사의 임기】

① 합병을 하는 회사의 일방이 합병후 존속하는 경우에 존속하는 회사의 이사 및 감사로서 합병전에 취임한 자는 합병계약서에 다른 정함이 있는 경우를 제외하고는 합병후 최초로 도래하는 결산기의 정기총회가 종료하는 때에 퇴임한다.

② 삭 제 〈2001.7.24〉

[본조신설 1998.12.28]

제527조의5【채권자보호절차】

① 회사는 제522조의 주주총회의 승인결의가 있은 날부터 2주내에 채권자에 대하여 합병에 이의가 있으면 1월 이상의 기간내에 이를 제출할 것을 공고하고 알고 있는 채권자에 대하여는 따로따로 이를 최고하여야 한다.

② 제1항의 규정을 적용함에 있어서 제527조의2 및 제527조의3의 경우에는 이사회의 승인결의를 주주총회의 승인결의로 본다.

③ 제232조 제2항 및 제3항의 규정은 제1항 및 제2항의 경우에 이를 준용한다.

[본조신설 1998.12.28]

제527조의6【합병에 관한 서류의 사후공시】

① 이사는 제527조의5에 규정한 절차의 경과, 합병을 한 날, 합병으로 인하여 소멸하는 회사로부터 승계한 재산의 가액과 채무액 기타 합병에 관한 사항을 기재한 서면을 합병을 한 날부터 6월간 본점에 비치하여야 한다.

② 제522조의2 제2항의 규정은 제1항의 서면에 관하여 이를 준용한다. [본조신설 1998.12.28]

제528조【합병의 등기】

① 회사가 합병을 한 때에는 제526조의 주주총회가 종결된 날 또는 보고를 갈음하는 공고일, 제527조의 창립총회가 종결된 날 또는 보고를 갈음하는 공고일부터 2주일 내에 본점의 소재지에서 합병 후 존속하는 회사의 변경등기, 합병으로 인하여 소멸하는 회사의 해산등기, 합병으로 인하여 설립되는 회사의 설립등기를 하여야 한다. 〈개정 2024.9.20〉

② 합병후 존속하는 회사 또는 합병으로 인하여 설립된 회사가 합병으로 인하여 전환사채 또는 신주인수권부사채를 승계한 때에는 제1항의 등기와 동시에 사채의 등기를 하여야 한다.

〈개정 1984.4.10.〉

제529조【합병무효의 소】

① 합병무효는 각 회사의 주주·이사·감사·청산인·파산관재인 또는 합병을 승인하지 아니한 채권자에 한하여 소만으로 이를 주장할 수 있다. 〈개정 1984.4.10〉

② 제1항의 소는 제528조의 등기가 있는 날로부터 6월내에 제기하여야 한다.

제530조【준용규정】

① 삭 제 〈1998.12.28〉

② 제234조, 제235조, 제237조 내지 제240조, 제329조의2, 제374조 제2항, 제374조의2 제2항 내지 제5항 및 제439조 제3항의 규정은 주식회사의 합병에 관하여 이를 준용한다.

〈개정 1995.12.29, 1998.12.28, 2001.7.24〉

③ 제440조부터 제443조까지의 규정은 회사의 합병으로 인한 주식병합 또는 주식분할의 경우에 준용한다. 〈개정 1998.12.28, 2014.5.20〉

④ 제339조와 제340조 제3항의 규정은 주식을 병합하지 아니하는 경우에 합병으로 인하여 소멸하는 회사의 주식을 목적으로 하는 질권에 준용한다.

제11절 회사의 분할 [본절신설 1998.12.28]

제530조의2【회사의 분할·분할합병】

① 회사는 분할에 의하여 1개 또는 수개의 회사를 설립할 수 있다.
② 회사는 분할에 의하여 1개 또는 수개의 존립 중의 회사와 합병(이하 "분할합병"이라 한다)할 수 있다.
③ 회사는 분할에 의하여 1개 또는 수개의 회사를 설립함과 동시에 분할합병할 수 있다.
④ 해산후의 회사는 존립중의 회사를 존속하는 회사로 하거나 새로 회사를 설립하는 경우에 한하여 분할 또는 분할합병할 수 있다.

[본조신설 1998.12.28]

제530조의3【분할계획서·분할합병계약서의 승인】

① 회사가 분할 또는 분할합병을 하는 때에는 분할계획서 또는 분할합병계약서를 작성하여 주주총회의 승인을 얻어야 한다.
② 제1항의 승인결의는 제434조의 규정에 의하여야 한다.
③ 제2항의 결의에 관하여는 제344조의3 제1항에 따라 의결권이 배제되는 주주도 의결권이 있다. 〈개정 2011.4.14〉
④ 분할계획 또는 분할합병계약의 요령은 제363조에 정한 통지에 기재하여야 한다. 〈개정 2014.5.20〉
⑤ 삭 제 〈2011.4.14〉
⑥ 회사의 분할 또는 분할합병으로 인하여 분할 또는 분할합병에 관련되는 각 회사의 주주의 부담이 가중되는 경우에는 제1항 및 제436조의 결의외에 그 주주 전원의 동의가 있어야 한다. 〈개정 2011.4.14〉

[본조신설 1998.12.28]

제530조의4【분할에 의한 회사의 설립】

제530조의2에 따른 회사의 설립에 관하여는 이 장 제1절의 회사설립에 관한 규정을 준용한다. 다만, 분할되는 회사(이하 "분할회사"라 한다)의 출자만으로 회사가 설립되는 경우에는 제299조를 적용하지 아니한다.

[전문개정 2015.12.1.]

제530조의5【분할계획서의 기재사항】

① 분할에 의하여 회사를 설립하는 경우에는 분할계획서에 다음 각 호의 사항을 기재하여야 한다. 〈개정 2011.4.14., 2015.12.1〉

1. 분할에 의하여 설립되는 회사(이하 "단순분할신설회사"라 한다)의 상호, 목적, 본점의 소재지 및 공고의 방법 〈제1호 개정 2015.12.1.〉
2. 단순분할신설회사가 발행할 주식의 총수 및 액면주식·무액면주식의 구분 〈제2호 개정 2011.4.14, 2015.12.1〉
3. 단순분할신설회사가 분할 당시에 발행하는 주식의 총수, 종류 및 종류주식의 수, 액면주식·무액면주식의 구분 〈제3호 개정 2011.4.14, 2015.12.1〉
4. 분할회사의 주주에 대한 단순분할신설회사의 주식의 배정에 관한 사항 및 배정에 따른 주식의 병합 또는 분할을 하는 경우에는 그에 관한 사항 〈제4호 개정 2015.12.1〉
5. 분할회사의 주주에게 제4호에도 불구하고 금전이나 그 밖의 재산을 제공하는 경우에는 그 내용 및 배정에 관한 사항 〈제5호 개정 2015.12.1〉
6. 단순분할신설회사의 자본금과 준비금에 관한 사항 〈제6호 개정 2011.4.14, 2015.12.1〉
7. 단순분할신설회사에 이전될 재산과 그 가액 〈제7호 개정 2015.12.1〉
8. 제530조의9 제2항의 정함이 있는 경우에는 그 내용

8의2. 분할을 할 날 〈제8호의2 신설 2015.12.1〉

9. 단순분할신설회사의 이사와 감사를 정한 경우에는 그 성명과 주민등록번호 〈제9호 개정 2015.12.1〉

상법

10. 단순분할신설회사의 정관에 기재할 그 밖의 사항 〈제10호 개정 2015.12.1〉

② 분할후 회사가 존속하는 경우에는 존속하는 회사에 관하여 분할계획서에 다음 각 호의 사항을 기재하여야 한다. 〈개정 2011.4.14〉

1. 감소할 자본금과 준비금의 액 〈제1호 개정 2011.4.14〉
2. 자본감소의 방법
3. 분할로 인하여 이전할 재산과 그 가액
4. 분할후의 발행주식의 총수
5. 회사가 발행할 주식의 총수를 감소하는 경우에는 그 감소할 주식의 총수, 종류및 종류별 주식의 수
6. 정관변경을 가져오게 하는 그 밖의 사항

[본조신설 1998.12.28]

제530조의6【분할합병계약서의 기재사항 및 분할합병대가가 모회사주식인 경우의 특칙】 〈제목개정 2015.12.1〉

① 분할회사의 일부가 다른 회사와 합병하여 그 다른 회사(이하 "분할합병의 상대방 회사"라 한다)가 존속하는 경우에는 분할합병계약서에 다음 각 호의 사항을 기재하여야 한다. 〈개정 2015.12.1〉

1. 분할합병의 상대방 회사로서 존속하는 회사(이하 "분할승계회사"라 한다)가 분할합병으로 인하여 발행할 주식의 총수를 증가하는 경우에는 증가할 주식의 총수, 종류 및 종류별 주식의 수 〈제1호 개정 2015.12.1〉
2. 분할승계회사가 분할합병을 하면서 신주를 발행하거나 자기주식을 이전하는 경우에는 그 발행하는 신주 또는 이전하는 자기주식의 총수, 종류 및 종류별 주식의 수 〈제2호 개정 2015.12.1〉
3. 분할승계회사가 분할합병을 하면서 신주를 발행하거나 자기주식을 이전하는 경우에는 분할회사의 주주에 대한 분할승계회사의 신주의 배정 또는 자기주식의 이전에 관한 사항 및 주식의 병합 또는 분할을 하는 경우에는 그에 관한 사항 〈제3호 개정 2015.12.1〉
4. 분할승계회사가 분할회사의 주주에게 제3호에도 불구하고 그 대가의 전부 또는 일부로서 금전이나 그 밖의 재산을 제공하는 경우에는 그 내용 및 배정에 관한 사항 〈제4호 개정 2015.12.1.〉
5. 분할승계회사의 자본금 또는 준비금이 증가하는 경우에는 증가할 자본금 또는 준비금에 관한 사항 〈제5호 개정 2011.4.14, 2015.12.1〉
6. 분할회사가 분할승계회사에 이전할 재산과 그 가액 〈제6호 개정 2015.12.1〉
7. 제530조의9 제3항의 정함이 있는 경우에는 그 내용
8. 각 회사에서 제530조의3 제2항의 결의를 할 주주총회의 기일
9. 분할합병을 할 날
10. 분할승계회사의 이사와 감사를 정한 경우에는 그 성명과 주민등록번호 〈제10호 개정 2015.12.1〉
11. 분할승계회사의 정관변경을 가져오게 하는 그 밖의 사항〈제11호 개정 2015.12.1〉

② 분할회사의 일부가 다른 분할회사의 일부 또는 다른 회사와 분할합병을 하여 회사를 설립하는 경우에는 분할합병계약서에 다음 각 호의 사항을 기재하여야 한다. 〈개정 2015.12.1〉

1. 제530조의5 제1항 제1호·제2호·제6호·제7호·제8호·제8호의2·제9호·제10호에 규정된 사항 〈제1호 개정 2015.12.1〉
2. 분할합병을 하여 설립되는 회사(이하 "분할합병신설회사"라 한다)가 분할합병을 하면서

발행하는 주식의 총수, 종류 및 종류별 주식의 수 〈제2호 개정 2015.12.1〉
3. 각 회사의 주주에 대한 주식의 배정에 관한 사항과 배정에 따른 주식의 병합 또는 분할을 하는 경우에는 그 규정
4. 각 회사가 분할합병신설회사에 이전할 재산과 그 가액 〈제4호 개정 2015.12.1〉
5. 각 회사의 주주에게 지급할 금액을 정한 때에는 그 규정
6. 각 회사에서 제530조의3 제2항의 결의를 할 주주총회의 기일
7. 분할합병을 할 날

③ 제530조의5의 규정은 제1항 및 제2항의 경우에 각 회사의 분할합병을 하지 아니하는 부분의 기재에 관하여 이를 준용한다.

④ 제342조의2 제1항에도 불구하고 제1항 제4호에 따라 분할회사의 주주에게 제공하는 재산이 분할승계회사의 모회사 주식을 포함하는 경우에는 분할승계회사는 그 지급을 위하여 모회사 주식을 취득할 수 있다. 〈신설 2015.12.1〉

⑤ 분할승계회사는 제4항에 따라 취득한 모회사의 주식을 분할합병 후에도 계속 보유하고 있는 경우 분할합병의 효력이 발생하는 날부터 6개월 이내에 그 주식을 처분하여야 한다. 〈신설 2015.12.1〉

[본조신설 1998.12.28]

제530조의7【분할대차대조표 등의 공시】

① 분할회사의 이사는 제530조의3 제1항에 따른 주주총회 회일의 2주 전부터 분할의 등기를 한 날 또는 분할합병을 한 날 이후 6개월 간 다음 각 호의 서류를 본점에 비치하여야 한다. 〈개정 2015.12.1〉
1. 분할계획서 또는 분할합병계약서
2. 분할되는 부분의 대차대조표
3. 분할합병의 경우 분할합병의 상대방 회사의 대차대조표
4. 분할 또는 분할합병을 하면서 신주가 발행되거나 자기주식이 이전되는 경우에는 분할회사의 주주에 대한 신주의 배정 또는 자기주식의 이전에 관하여 그 이유를 기재한 서면 〈제4호 개정 2015.12.1〉

② 제530조의6 제1항의 분할승계회사의 이사는 분할합병을 승인하는 주주총회 회일의 2주 전부터 분할합병의 등기를 한 후 6개월 간 다음 각 호의 서류를 본점에 비치하여야 한다. 〈개정 2015.12.1〉
1. 분할합병계약서
2. 분할회사의 분할되는 부분의 대차대조표 〈제2호 개정 2015.12.1〉
3. 분할합병을 하면서 신주를 발행하거나 자기주식을 이전하는 경우에는 분할회사의 주주에 대한 신주의 배정 또는 자기주식의 이전에 관하여 그 이유를 기재한 서면 〈제3호 개정 2015.12.1〉

③ 제522조의2 제2항의 규정은 제1항 및 제2항의 서류에 관하여 이를 준용한다.

[본조신설 1998.12.28]

제530조의8 삭 제 〈2015.12.1〉

《삭제전》
《 제530조의8【분할 및 분할합병에 관한 계산】》

제530조의9【분할 및 분할합병 후의 회사의 책임】

① 분할회사, 단순분할신설회사, 분할승계회사 또는 분할합병신설회사는 분할 또는 분할합병 전의 분할회사 채무에 관하여 연대하여 변제할 책임이 있다.

② 제1항에도 불구하고 분할회사가 제530조의3 제2항에 따른 결의로 분할에 의하여 회사를 설립하는 경우에는 단순분할신설회사는 분할회사의 채무 중에서 분할계획서에 승계하기로 정한 채무에 대한 책임만을 부담하는 것으로 정할 수 있다. 이 경우 분할회사가

분할 후에 존속하는 경우에는 단순분할신설회사가 부담하지 아니하는 채무에 대한 책임만을 부담한다.

③ 분할합병의 경우에 분할회사는 제530조의3 제2항에 따른 결의로 분할합병에 따른 출자를 받는 분할승계회사 또는 분할합병신설회사가 분할회사의 채무 중에서 분할합병계약서에 승계하기로 정한 채무에 대한 책임만을 부담하는 것으로 정할 수 있다. 이 경우 제2항 후단을 준용한다.

④ 제2항의 경우에는 제439조 제3항 및 제527조의5를 준용한다. [전문개정 2015.12.1]

제530조의10【분할 또는 분할합병의 효과】

단순분할신설회사, 분할승계회사 또는 분할합병신설회사는 분할회사의 권리와 의무를 분할계획서 또는 분할합병계약서에서 정하는 바에 따라 승계한다. [전문개정 2015.12.1]

제530조의11【준용규정】

① 분할 또는 분할합병의 경우에는 제234조, 제237조부터 제240조까지, 제329조의2, 제440조부터 제443조까지, 제526조, 제527조, 제527조의6, 제528조 및 제529조를 준용한다. 다만, 제527조의 설립위원은 대표이사로 한다. 〈개정 2011.4.14, 2014.5.20〉

② 제374조 제2항, 제439조 제3항, 제522조의3, 제527조의2, 제527조의3 및 제527조의 5의 규정은 분할합병의 경우에 이를 준용한다. 〈개정 1999.12.31〉

[본조신설 1998.12.28]

제530조의12【물적 분할】

이 절의 규정은 분할되는 회사가 분할 또는 분할합병으로 인하여 설립되는 회사의 주식의 총수를 취득하는 경우에 이를 준용한다. [본조신설 1998.12.28]

제12절 청 산

제531조【청산인의 결정】

① 회사가 해산한 때에는 합병·분할·분할합병 또는 파산의 경우 외에는 이사가 청산인이 된다. 다만, 정관에 다른 정함이 있거나 주주총회에서 타인을 선임한 때에는 그러하지 아니하다. 〈개정 1998.12.28〉

② 전항의 규정에 의한 청산인이 없는 때에는 법원은 이해관계인의 청구에 의하여 청산인을 선임한다.

제532조【청산인의 신고】

청산인은 취임한 날로부터 2주간내에 다음의 사항을 법원에 신고하여야 한다. 〈개정 1995.12.29〉

1. 해산의 사유와 그 연월일
2. 청산인의 성명·주민등록번호 및 주소

제533조【회사재산조사보고의무】

① 청산인은 취임한 후 지체없이 회사의 재산상태를 조사하여 재산목록과 대차대조표를 작성하고 이를 주주총회에 제출하여 그 승인을 얻어야 한다.

② 청산인은 전항의 승인을 얻은 후 지체없이 재산목록과 대차대조표를 법원에 제출하여야 한다.

제534조【대차대조표·사무보고서·부속명세서의 제출·감사·공시·승인】

① 청산인은 정기총회 회일로부터 4주간전에 대차대조표 및 그 부속명세서와 사무보고서를 작성하여 감사에게 제출하여야 한다.

② 감사는 정기총회 회일로부터 1주간전에 제1항의 서류에 관한 감사보고서를 청산인에게 제출하여야 한다.

③ 청산인은 정기총회 회일의 1주간전부터 제1항의 서류와 제2항의 감사보고서를 본점에 비치하여야 한다.

④ 제448조 제2항의 규정은 제3항의 서류에 관하여 이를 준용한다.
⑤ 청산인은 대차대조표 및 사무보고서를 정기총회에 제출하여 그 승인을 요구하여야 한다.

[전문개정 1984.4.10]

제535조【회사채권자에의 최고】
① 청산인은 취임한 날로부터 2월내에 회사채권자에 대하여 일정한 기간내에 그 채권을 신고할 것과 그 기간내에 신고하지 아니하면 청산에서 제외될 뜻을 2회 이상 공고로써 최고하여야 한다. 그러나 그 기간은 2월 이상이어야 한다.
② 청산인은 알고 있는 채권자에 대하여는 각별(各別)로 그 채권의 신고를 최고하여야 하며 그 채권자가 신고하지 아니한 경우에도 이를 청산에서 제외하지 못한다.

제536조【채권신고기간내의 변제】
① 청산인은 전조 제1항의 신고기간내에는 채권자에 대하여 변제를 하지 못한다. 그러나 회사는 그 변제의 지연으로 인한 손해배상의 책임을 면하지 못한다.
② 청산인은 전항의 규정에 불구하고 소액의 채권, 담보 있는 채권 기타 변제로 인하여 다른 채권자를 해할 염려가 없는 채권에 대하여는 법원의 허가를 얻어 이를 변제할 수 있다.

제537조【제외된 채권자에 대한 변제】
① 청산에서 제외된 채권자는 분배되지 아니한 잔여재산에 대하여서만 변제를 청구할 수 있다.
② 일부의 주주에 대하여 재산의 분배를 한 경우에는 그와 동일한 비율로 다른 주주에게 분배할 재산은 전항의 잔여재산에서 공제한다.

제538조【잔여재산의 분배】
잔여재산은 각 주주가 가진 주식의 수에 따라 주주에게 분배하여야 한다. 그러나 제344조 제1항의 규정을 적용하는 경우에는 그러하지 아니하다.

제539조【청산인의 해임】
① 청산인은 법원이 선임한 경우외에는 언제든지 주주총회의 결의로 이를 해임할 수 있다.
② 청산인이 그 업무를 집행함에 현저하게 부적임하거나 중대한 임무에 위반한 행위가 있는 때에는 발행주식의 총수의 100분의 3 이상에 해당하는 주식을 가진 주주는 법원에 그 청산인의 해임을 청구할 수 있다. 〈개정 1998.12.28〉
③ 제186조의 규정은 제2항의 청구에 관한 소에 준용한다. 〈개정 1998.12.28〉

제540조【청산의 종결】
① 청산사무가 종결한 때에는 청산인은 지체없이 결산보고서를 작성하고 이를 주주총회에 제출하여 승인을 얻어야 한다.
② 전항의 승인이 있는 때에는 회사는 청산인에 대하여 그 책임을 해제한 것으로 본다. 그러나 청산인의 부정행위에 대하여는 그러하지 아니하다.

제541조【서류의 보존】
① 회사의 장부 기타 영업과 청산에 관한 중요한 서류는 본점소재지에서 청산종결의 등기를 한 후 10년간 이를 보존하여야 한다. 다만, 전표 또는 이와 유사한 서류는 5년간 이를 보존하여야 한다. 〈개정 1995.12.29〉
② 전항의 보존에 관하여는 청산인 기타의 이해관계인의 청구에 의하여 법원이 보존인과 보존방법을 정한다.

제542조【준용규정】
① 제245조, 제252조 내지 제255조, 제259조, 제260조와 제264조의 규정은 주식회사에 준용한다.
② 제362조, 제363조의2, 제366조, 제367조, 제373조, 제376조, 제377조, 제382조 제2항, 제386조, 제388조 내지 제394조, 제396조,

제398조부터 제406조까지, 제406조의2, 제407조, 제408조, 제411조 내지 제413조, 제414조 제3항, 제449조 제3항, 제450조와 제466조는 청산인에 준용한다.
〈개정 1962.12.12, 1984.4.10., 1998.12.28., 2020.12.29.〉

제13절 상장회사에 대한 특례

[본절신설 2009.1.30]

제542조의2【적용범위】
① 이 절은 대통령령으로 정하는 증권시장(증권의 매매를 위하여 개설된 시장을 말한다)에 상장된 주권을 발행한 주식회사(이하 "상장회사"라 한다)에 대하여 적용한다. 다만, 집합투자(2인 이상에게 투자권유를 하여 모은 금전이나 그 밖의 재산적 가치가 있는 재산을 취득·처분, 그 밖의 방법으로 운용하고 그 결과를 투자자에게 배분하여 귀속시키는 것을 말한다)를 수행하기 위한 기구로서 대통령령으로 정하는 주식회사는 제외한다.
② 이 절은 이 장 다른 절에 우선하여 적용한다.
[본조신설 2009.1.30]

제542조의3【주식매수선택권】
① 상장회사는 제340조의2 제1항 본문에 규정된 자 외에도 대통령령으로 정하는 관계 회사의 이사, 집행임원, 감사 또는 피용자에게 주식매수선택권을 부여할 수 있다. 다만, 제542조의8 제2항 제5호의 최대주주 등 대통령령으로 정하는 자에게는 주식매수선택권을 부여할 수 없다. 〈개정 2011.4.14〉
② 상장회사는 제340조의2 제3항에도 불구하고 발행주식총수의 100분의 20의 범위에서 대통령령으로 정하는 한도까지 주식매수선택권을 부여할 수 있다.
③ 상장회사는 제340조의2 제1항 본문에도 불구하고 정관으로 정하는 바에 따라 발행주식총수의 100분의 10의 범위에서 대통령령으로 정하는 한도까지 이사회가 제340조의3 제2항 각 호의 사항을 결의함으로써 해당 회사의 집행임원·감사 또는 피용자 및 제1항에 따른 관계 회사의 이사·집행임원·감사 또는 피용자에게 주식매수선택권을 부여할 수 있다. 이 경우 주식매수선택권을 부여한 후 처음으로 소집되는 주주총회의 승인을 받아야 한다. 〈개정 2011.4.14〉
④ 상장회사의 주식매수선택권을 부여받은 자는 제340조의4 제1항에도 불구하고 대통령령으로 정하는 경우를 제외하고는 주식매수선택권을 부여하기로 한 주주총회 또는 이사회의 결의일부터 2년 이상 재임하거나 재직하여야 주식매수선택권을 행사할 수 있다.
⑤ 제1항부터 제4항까지에서 규정한 사항 외에 상장회사의 주식매수선택권 부여, 취소, 그 밖에 필요한 사항은 대통령령으로 정한다.
[본조신설 2009.1.30]

제542조의4【주주총회 소집공고 등】
① 상장회사가 주주총회를 소집하는 경우 대통령령으로 정하는 수 이하의 주식을 소유하는 주주에게는 정관으로 정하는 바에 따라 주주총회일의 2주 전에 주주총회를 소집하는 뜻과 회의의 목적사항을 둘 이상의 일간신문에 각각 2회 이상 공고하거나 대통령령으로 정하는 바에 따라 전자적 방법으로 공고함으로써 제363조 제1항의 소집통지를 갈음할 수 있다.
② 상장회사가 이사·감사의 선임에 관한 사항을 목적으로 하는 주주총회를 소집통지 또는 공고하는 경우에는 이사·감사 후보자의 성명, 약력, 추천인, 그 밖에 대통령령으로 정하는 후보자에 관한 사항을 통지하거나 공고하여야 한다.
③ 상장회사가 주주총회 소집의 통지 또는 공고를 하는 경우에는 사외이사 등의 활동내역과 보수에 관한 사항, 사업개요 등 대통령령으로

정하는 사항을 통지 또는 공고하여야 한다. 다만, 상장회사가 그 사항을 대통령령으로 정하는 방법으로 일반인이 열람할 수 있도록 하는 경우에는 그러하지 아니하다 .

[본조신설 2009.1.30.]

2025.7.22 개정 2026.7.23. 시행 예정

③ 상장회사가 주주총회 소집의 통지 또는 공고를 하는 경우에는 제542조의8 제1항의 독립이사 등의 활동내역과 보수에 관한 사항, 사업개요 등 대통령령으로 정하는 사항을 통지 또는 공고하여야 한다. 다만, 상장회사가 그 사항을 대통령령으로 정하는 방법으로 일반인이 열람할 수 있도록 하는 경우에는 그러하지 아니하다. 〈개정 2025.7.22.〉

제542조의5【이사·감사의 선임방법】

상장회사가 주주총회에서 이사 또는 감사를 선임하려는 경우에는 제542조의4 제2항에 따라 통지하거나 공고한 후보자 중에서 선임하여야 한다.

[본조신설 2009.1.30]

제542조의6【소수주주권】

① 6개월 전부터 계속하여 상장회사 발행주식총수의 1천분의 15 이상에 해당하는 주식을 보유한 자는 제366조(제542조에서 준용하는 경우를 포함한다) 및 제467조에 따른 주주의 권리를 행사할 수 있다.

② 6개월 전부터 계속하여 상장회사의 의결권 없는 주식을 제외한 발행주식총수의 1천분의 10(대통령령으로 정하는 상장회사의 경우에는 1천분의 5) 이상에 해당하는 주식을 보유한 자는 제363조의2(제542조에서 준용하는 경우를 포함한다)에 따른 주주의 권리를 행사할 수 있다.

③ 6개월 전부터 계속하여 상장회사 발행주식총수의 1만분의 50(대통령령으로 정하는 상장회사의 경우에는 1만분의 25) 이상에 해당하는 주식을 보유한 자는 제385조(제415조에서 준용하는 경우를 포함한다) 및 제539조에 따른 주주의 권리를 행사할 수 있다.

④ 6개월 전부터 계속하여 상장회사 발행주식총수의 1만분의 10(대통령령으로 정하는 상장회사의 경우에는 1만분의 5) 이상에 해당하는 주식을 보유한 자는 제466조(제542조에서 준용하는 경우를 포함한다)에 따른 주주의 권리를 행사할 수 있다.

⑤ 6개월 전부터 계속하여 상장회사 발행주식총수의 10만분의 50(대통령령으로 정하는 상장회사의 경우에는 10만분의 25) 이상에 해당하는 주식을 보유한 자는 제402조(제408조의9 및 제542조에서 준용하는 경우를 포함한다)에 따른 주주의 권리를 행사할 수 있다.

〈개정 2011.4.14〉

⑥ 6개월 전부터 계속하여 상장회사 발행주식총수의 1만분의 1 이상에 해당하는 주식을 보유한 자는 제403조(제324조, 제408조의9, 제415조, 제424조의2, 제467조의2 및 제542조에서 준용하는 경우를 포함한다)에 따른 주주의 권리를 행사할 수 있다. 〈개정 2011.4.14.〉

⑦ 6개월 전부터 계속하여 상장회사 발행주식총수의 1만분의 50 이상에 해당하는 주식을 보유한 자는 제406조의2(제324조, 제408조의9, 제415조 및 제542조에서 준용하는 경우를 포함한다)에 따른 주주의 권리를 행사할 수 있다.

〈신설 2020.12.29.〉

⑧ 상장회사는 정관에서 제1항부터 제6항까지 규정된 것보다 단기의 주식 보유기간을 정하거나 낮은 주식 보유비율을 정할 수 있다.

⑨ 제1항부터 제6항까지 및 제542조의7 제2항에서 "주식을 보유한 자"란 주식을 소유한 자, 주주권 행사에 관한 위임을 받은 자, 2명 이상 주주의 주주권을 공동으로 행사하는 자를 말한다.

상법

⑩ 제1항부터 제7항까지는 제542조의2 제2항에도 불구하고 이 장의 다른 절에 따른 소수주주권의 행사에 영향을 미치지 아니한다.
〈신설 2020.12.29.〉

[본조신설 2009.1.30.]

제542조의7 【집중투표에 관한 특례】

① 상장회사에 대하여 제382조의2에 따라 집중투표의 방법으로 이사를 선임할 것을 청구하는 경우 주주총회일(정기주주총회의 경우에는 직전 연도의 정기주주총회일에 해당하는 그 해의 해당일. 이하 제542조의8 제5항에서 같다)의 6주 전까지 서면 또는 전자문서로 회사에 청구하여야 한다.

② 자산 규모 등을 고려하여 대통령령으로 정하는 상장회사의 의결권 없는 주식을 제외한 발행주식총수의 100분의 1 이상에 해당하는 주식을 보유한 자는 제382조의2에 따라 집중투표의 방법으로 이사를 선임할 것을 청구할 수 있다.

③ 제2항의 상장회사가 정관으로 집중투표를 배제하거나 그 배제된 정관을 변경하려는 경우에는 의결권 없는 주식을 제외한 발행주식총수의 100분의 3을 초과하는 수의 주식을 가진 주주는 그 초과하는 주식에 관하여 의결권을 행사하지 못한다. 다만, 정관에서 이보다 낮은 주식 보유비율을 정할 수 있다.

④ 제2항의 상장회사가 주주총회의 목적사항으로 제3항에 따른 집중투표 배제에 관한 정관 변경에 관한 의안을 상정하려는 경우에는 그 밖의 사항의 정관 변경에 관한 의안과 별도로 상정하여 의결하여야 한다.

[본조신설 2009.1.30.]

2025.9.9 개정 | 2026.9.10. 시행 예정

③ 제2항의 상장회사는 제382조의2 제1항에도 불구하고 정관으로 집중투표를 배제할 수 없다.
[단서 삭제] 〈개정 2025.9.9.〉

④ 삭제 〈2025.9.9.〉

제542조의8 【사외이사의 선임】

① 상장회사는 자산 규모 등을 고려하여 대통령령으로 정하는 경우를 제외하고는 이사 총수의 4분의 1 이상을 사외이사로 하여야 한다. 다만, 자산 규모 등을 고려하여 대통령령으로 정하는 상장회사의 사외이사는 3명 이상으로 하되, 이사 총수의 과반수가 되도록 하여야 한다.

② 상장회사의 사외이사는 제382조 제3항 각 호 뿐만 아니라 다음 각 호의 어느 하나에 해당되지 아니하여야 하며, 이에 해당하게 된 경우에는 그 직을 상실한다.
〈개정 2011.4.14., 2018.9.18.〉

1. 미성년자, 피성년후견인 또는 피한정후견인
〈제1호 개정 2018.9.18.〉
2. 파산선고를 받고 복권되지 아니한 자
3. 금고 이상의 형을 선고받고 그 집행이 끝나거나 집행이 면제된 후 2년이 지나지 아니한 자
4. 대통령령으로 별도로 정하는 법률을 위반하여 해임되거나 면직된 후 2년이 지나지 아니한 자
5. 상장회사의 주주로서 의결권 없는 주식을 제외한 발행주식총수를 기준으로 본인 및 그와 대통령령으로 정하는 특수한 관계에 있는 자(이하 "특수관계인"이라 한다)가 소유하는 주식의 수가 가장 많은 경우 그 본인(이하 "최대주주"라 한다) 및 그의 특수관계인
6. 누구의 명의로 하든지 자기의 계산으로 의결권 없는 주식을 제외한 발행주식총수의 100분의 10 이상의 주식을 소유하거나 이사·집행임원·감사의 선임과 해임 등 상장회사의 주요 경영사항에 대하여 사실상의 영향력을 행사하는 주주(이하 "주요주주"라 한다) 및 그의 배우자와 직계 존속·비속 〈6호 개정 2011.4.14〉

7. 그 밖에 사외이사로서의 직무를 충실하게 수행하기 곤란하거나 상장회사의 경영에 영향을 미칠 수 있는 자로서 대통령령으로 정하는 자

③ 제1항의 상장회사는 사외이사의 사임·사망 등의 사유로 인하여 사외이사의 수가 제1항의 이사회의 구성요건에 미달하게 되면 그 사유가 발생한 후 처음으로 소집되는 주주총회에서 제1항의 요건에 합치되도록 사외이사를 선임하여야 한다.

④ 제1항 단서의 상장회사는 사외이사 후보를 추천하기 위하여 제393조의2의 위원회(이하 이 조에서 "사외이사 후보추천위원회"라 한다)를 설치하여야 한다. 이 경우 사외이사 후보추천위원회는 사외이사가 총위원의 과반수가 되도록 구성하여야 한다. 〈개정 2011.4.14〉

⑤ 제1항 단서에서 규정하는 상장회사가 주주총회에서 사외이사를 선임하려는 때에는 사외이사 후보추천위원회의 추천을 받은 자 중에서 선임하여야 한다. 이 경우 사외이사 후보추천위원회가 사외이사 후보를 추천할 때에는 제363조의2 제1항, 제542조의6 제1항·제2항의 권리를 행사할 수 있는 요건을 갖춘 주주가 주주총회일(정기주주총회의 경우 직전연도의 정기주주총회일에 해당하는 해당 연도의 해당일)의 6주 전에 추천한 사외이사 후보를 포함시켜야 한다. 〈개정 2011.4.14〉

[본조신설 2009.1.30.]

2025.7.22. 개정 2026.7.23. 시행 예정

제542조의8 【독립이사의 선임】

① 상장회사는 자산 규모 등을 고려하여 대통령령으로 정하는 경우를 제외하고는 이사 총수의 3분의 1 이상을 독립이사(제382조 제3항의 사외이사로서 사내이사, 집행임원 및 업무집행지시자로부터 독립적인 기능을 수행하는 이사를 말한다. 이하 같다)로 하여야 한다. 다만, 자산 규모 등을 고려하여 대통령령으로 정하는 상장회사의 독립이사는 3명 이상으로 하되, 이사 총수의 과반수가 되도록 하여야 한다. 〈개정 2025.7.22.〉

② 상장회사의 독립이사는 제382조 제3항 각 호뿐만 아니라 다음 각 호의 어느 하나에 해당되지 아니하여야 하며, 이에 해당하게 된 경우에는 그 직을 상실한다. 〈개정 2011.4.14., 2018.9.18., 2025.7.22.〉

1. 미성년자, 피성년후견인 또는 피한정후견인
2. 파산선고를 받고 복권되지 아니한 자
3. 금고 이상의 형을 선고받고 그 집행이 끝나거나 집행이 면제된 후 2년이 지나지 아니한 자
4. 대통령령으로 별도로 정하는 법률을 위반하여 해임되거나 면직된 후 2년이 지나지 아니한 자
5. 상장회사의 주주로서 의결권 없는 주식을 제외한 발행주식총수를 기준으로 본인 및 그와 대통령령으로 정하는 특수한 관계에 있는 자(이하 "특수관계인"이라 한다)가 소유하는 주식의 수가 가장 많은 경우 그 본인(이하 "최대주주"라 한다) 및 그의 특수관계인
6. 누구의 명의로 하든지 자기의 계산으로 의결권 없는 주식을 제외한 발행주식총수의 100분의 10 이상의 주식을 소유하거나 이사·집행임원·감사의 선임과 해임 등 상장회사의 주요 경영사항에 대하여 사실상의 영향력을 행사하는 주주(이하 "주요주주"라 한다) 및 그의 배우자와 직계 존속·비속
7. 그 밖에 독립이사로서의 직무를 충실하게 수행하기 곤란하거나 상장회사의 경영에 영향을 미칠 수 있는 자로서 대통령령으로 정하는 자

③ 제1항의 상장회사는 독립이사의 사임·사망 등의 사유로 인하여 독립이사의 수가 제1항의 이사회의 구성요건에 미달하게 되면 그 사유

가 발생한 후 처음으로 소집되는 주주총회에서 제1항의 요건에 합치되도록 독립이사를 선임하여야 한다. 〈개정 2025.7.22.〉

④ 제1항 단서의 상장회사는 독립이사 후보를 추천하기 위하여 제393조의2의 위원회(이하 이 조에서 "독립이사 후보추천위원회"라 한다)를 설치하여야 한다. 이 경우 독립이사 후보추천위원회는 독립이사가 총위원의 과반수가 되도록 구성하여야 한다. 〈개정 2011.4.14., 2025.7.22.〉

⑤ 제1항 단서에서 규정하는 상장회사가 주주총회에서 독립이사를 선임하려는 때에는 독립이사 후보추천위원회의 추천을 받은 자 중에서 선임하여야 한다. 이 경우 독립이사 후보추천위원회가 독립이사 후보를 추천할 때에는 제363조의2 제1항, 제542조의6 제1항·제2항의 권리를 행사할 수 있는 요건을 갖춘 주주가 주주총회일(정기주주총회의 경우 직전연도의 정기주주총회일에 해당하는 해당 연도의 해당일)의 6주 전에 추천한 독립이사 후보를 포함시켜야 한다. 〈개정 2011.4.14., 2025.7.22.〉

[본조신설 2009.1.30.]

제542조의9【주요주주 등 이해관계자와의 거래】

① 상장회사는 다음 각 호의 어느 하나에 해당하는 자를 상대방으로 하거나 그를 위하여 신용공여(금전 등 경제적 가치가 있는 재산의 대여, 채무이행의 보증, 자금 지원적 성격의 증권 매입, 그 밖에 거래상의 신용위험이 따르는 직접적·간접적 거래로서 대통령령으로 정하는 거래를 말한다. 이하 이 조에서 같다)를 하여서는 아니 된다. 〈개정 2011.4.14〉

1. 주요주주 및 그의 특수관계인
2. 이사(제401조의2 제1항 각 호의 어느 하나에 해당하는 자를 포함한다. 이하 이 조에서 같다) 및 집행임원 〈제2호 개정 2011.4.14〉
3. 감 사

② 제1항에도 불구하고 다음 각 호의 어느 하나에 해당하는 경우에는 신용공여를 할 수 있다. 〈개정 2011.4.14〉

1. 복리후생을 위한 이사·집행임원 또는 감사에 대한 금전대여 등으로서 대통령령으로 정하는 신용공여 〈제1호 개정 2011.4.14〉
2. 다른 법령에서 허용하는 신용공여
3. 그 밖에 상장회사의 경영건전성을 해칠 우려가 없는 금전대여 등으로서 대통령령으로 정하는 신용공여

③ 자산 규모 등을 고려하여 대통령령으로 정하는 상장회사는 최대주주, 그의 특수관계인 및 그 상장회사의 특수관계인으로서 대통령령으로 정하는 자를 상대방으로 하거나 그를 위하여 다음 각 호의 어느 하나에 해당하는 거래(제1항에 따라 금지되는 거래는 제외한다)를 하려는 경우에는 이사회의 승인을 받아야 한다.

1. 단일 거래규모가 대통령령으로 정하는 규모 이상인 거래
2. 해당 사업연도 중에 특정인과의 해당 거래를 포함한 거래총액이 대통령령으로 정하는 규모 이상이 되는 경우의 해당 거래

④ 제3항의 경우 상장회사는 이사회의 승인 결의 후 처음으로 소집되는 정기주주총회에 해당 거래의 목적, 상대방, 그 밖에 대통령령으로 정하는 사항을 보고하여야 한다.

⑤ 제3항에도 불구하고 상장회사가 경영하는 업종에 따른 일상적인 거래로서 다음 각 호의 어느 하나에 해당하는 거래는 이사회의 승인을 받지 아니하고 할 수 있으며, 제2호에 해당하는 거래에 대하여는 그 거래내용을 주주총회에 보고하지 아니할 수 있다.

1. 약관에 따라 정형화된 거래로서 대통령령으로 정하는 거래
2. 이사회에서 승인한 거래총액의 범위 안에서 이행하는 거래 [본조신설 2009.1.30]

제542조의10【상근감사】

① 대통령령으로 정하는 상장회사는 주주총회 결의에 의하여 회사에 상근하면서 감사업무를 수행하는 감사(이하 "상근감사"라고 한다)를 1명 이상 두어야 한다. 다만, 이 절 및 다른 법률에 따라 감사위원회를 설치한 경우(감사위원회 설치 의무가 없는 상장회사가 이 절의 요건을 갖춘 감사위원회를 설치한 경우를 포함한다)에는 그러하지 아니하다. 〈개정 2011.4.14〉

② 다음 각 호의 어느 하나에 해당하는 자는 제1항 본문의 상장회사의 상근감사가 되지 못하며, 이에 해당하게 되는 경우에는 그 직을 상실한다. 〈개정 2011.4.14〉

1. 제542조의8 제2항 제1호부터 제4호까지 및 제6호에 해당하는 자
2. 회사의 상무(常務)에 종사하는 이사·집행임원 및 피용자 또는 최근 2년 이내에 회사의 상무에 종사한 이사·집행임원 및 피용자. 다만, 이 절에 따른 감사위원회위원으로 재임 중이거나 재임하였던 이사는 제외한다. 〈제2호 개정 2011.4.14〉
3. 제1호 및 제2호 외에 회사의 경영에 영향을 미칠 수 있는 자로서 대통령령으로 정하는 자

[본조신설 2009.1.30]

제542조의11【감사위원회】

① 자산 규모 등을 고려하여 대통령령으로 정하는 상장회사는 감사위원회를 설치하여야 한다.

② 제1항의 상장회사의 감사위원회는 제415조의2 제2항의 요건 및 다음 각 호의 요건을 모두 갖추어야 한다.

1. 위원 중 1명 이상은 대통령령으로 정하는 회계 또는 재무 전문가일 것
2. 감사위원회의 대표는 사외이사일 것

③ 제542조의10 제2항 각 호의 어느 하나에 해당하는 자는 제1항의 상장회사의 사외이사가 아닌 감사위원회위원이 될 수 없고, 이에 해당하게 된 경우에는 그 직을 상실한다.

④ 상장회사는 감사위원회위원인 사외이사의 사임·사망 등의 사유로 인하여 사외이사의 수가 다음 각 호의 감사위원회의 구성요건에 미달하게 되면 그 사유가 발생한 후 처음으로 소집되는 주주총회에서 그 요건에 합치되도록 하여야 한다.

1. 제1항에 따라 감사위원회를 설치한 상장회사는 제2항 각 호 및 제415조의2 제2항의 요건
2. 제415조의2 제1항에 따라 감사위원회를 설치한 상장회사는 제415조의2 제2항의 요건

[본조신설 2009.1.30.]

2025.7.22 개정 | 2026.7.23. 시행 예정

제542조의11【감사위원회】

① 자산 규모 등을 고려하여 대통령령으로 정하는 상장회사는 감사위원회를 설치하여야 한다.

② 제1항의 상장회사의 감사위원회는 제415조의2 제2항의 요건 및 다음 각 호의 요건을 모두 갖추어야 한다. 〈개정 2025.7.22.〉

1. 위원 중 1명 이상은 대통령령으로 정하는 회계 또는 재무 전문가일 것
2. 감사위원회의 대표는 독립이사일 것

③ 제542조의10 제2항 각 호의 어느 하나에 해당하는 자는 제1항의 상장회사의 독립이사가 아닌 감사위원회위원이 될 수 없고, 이에 해당하게 된 경우에는 그 직을 상실한다. 〈개정 2025.7.22.〉

④ 상장회사는 감사위원회위원인 독립이사의 사임·사망 등의 사유로 인하여 독립이사의 수가 다음 각 호의 감사위원회의 구성요건에 미달하게 되면 그 사유가 발생한 후 처음으로 소집되는 주주총회에서 그 요건에 합치되도록 하여야 한다. 〈개정 2025.7.22.〉

1. 제1항에 따라 감사위원회를 설치한 상장회사는 제2항 각 호 및 제415조의2 제2항의 요건
2. 제415조의2 제1항에 따라 감사위원회를 설치한 상장회사는 제415조의2 제2항의 요건

[본조신설 2009.1.30.]

상 법

제542조의12【감사위원회의 구성 등】

① 제542조의11 제1항의 상장회사의 경우 제393조의2에도 불구하고 감사위원회위원을 선임하거나 해임하는 권한은 주주총회에 있다.

② 제542조의11 제1항의 상장회사는 주주총회에서 이사를 선임한 후 선임된 이사 중에서 감사위원회위원을 선임하여야 한다. 다만, 감사위원회위원 중 1명(정관에서 2명 이상으로 정할 수 있으며, 정관으로 정한 경우에는 그에 따른 인원으로 한다)은 주주총회 결의로 다른 이사들과 분리하여 감사위원회위원이 되는 이사로 선임하여야 한다. 〈단서 신설 2020.12.29.〉

③ 제1항에 따른 감사위원회위원은 제434조에 따른 주주총회의 결의로 해임할 수 있다. 이 경우 제2항 단서에 따른 감사위원회위원은 이사와 감사위원회위원의 지위를 모두 상실한다. 〈개정 2020.12.29.〉

④ 제1항에 따른 감사위원회위원을 선임 또는 해임할 때에는 상장회사의 의결권 없는 주식을 제외한 발행주식총수의 100분의 3(정관에서 더 낮은 주식 보유비율을 정할 수 있으며, 정관에서 더 낮은 주식 보유비율을 정한 경우에는 그 비율로 한다)을 초과하는 수의 주식을 가진 주주(최대주주인 경우에는 사외이사가 아닌 감사위원회위원을 선임 또는 해임할 때에 그의 특수관계인, 그 밖에 대통령령으로 정하는 자가 소유하는 주식을 합산한다)는 그 초과하는 주식에 관하여 의결권을 행사하지 못한다. 〈개정 2020.12.29.〉

⑤ 상장회사가 주주총회의 목적사항으로 감사의 선임 또는 감사의 보수결정을 위한 의안을 상정하려는 경우에는 이사의 선임 또는 이사의 보수결정을 위한 의안과는 별도로 상정하여 의결하여야 한다.

⑥ 상장회사의 감사 또는 감사위원회는 제447조의4 제1항에도 불구하고 이사에게 감사보고서를 주주총회일의 1주 전까지 제출할 수 있다.

⑦ 제4항은 상장회사가 감사를 선임하거나 해임할 때에 준용한다. 이 경우 주주가 최대주주인 경우에는 그의 특수관계인, 그 밖에 대통령령으로 정하는 자가 소유하는 주식을 합산한다. 〈신설 2020.12.29.〉

⑧ 회사가 제368조의4 제1항에 따라 전자적 방법으로 의결권을 행사할 수 있도록 한 경우에는 제368조 제1항에도 불구하고 출석한 주주의 의결권의 과반수로써 제1항에 따른 감사위원회위원의 선임을 결의할 수 있다. 〈신설 2020.12.29.〉

[본조신설 2009.1.30.]

2025.7.22 개정 | 2026.7.23. 시행 예정

제542조의12【감사위원회의 구성 등】

① 제542조의11 제1항의 상장회사의 경우 제393조의2에도 불구하고 감사위원회위원을 선임하거나 해임하는 권한은 주주총회에 있다.

② 제542조의11 제1항의 상장회사는 주주총회에서 이사를 선임한 후 선임된 이사 중에서 감사위원회위원을 선임하여야 한다. 다만, 감사위원회위원 중 1명(정관에서 2명 이상으로 정할 수 있으며, 정관으로 정한 경우에는 그에 따른 인원으로 한다)은 주주총회 결의로 다른 이사들과 분리하여 감사위원회위원이 되는 이사로 선임하여야 한다. 〈개정 2020.12.29.〉

2025.9.9 개정 | 2026.9.10. 시행 예정

② 제542조의11 제1항의 상장회사는 주주총회에서 이사를 선임한 후 선임된 이사 중에서 감사위원회위원을 선임하여야 한다. 다만, 감사위원회위원 중 2명(정관에서 3명 이상으로 정할 수 있으며, 정관으로 정한 경우에는 그에 따른 인원으로 한다)은 주주총회 결의로 다른 이사들과 분리하여 감사위원회위원이 되는 이사로 선임하여야 한다. 〈개정 2020.12.29., 2025.9.9.〉

③ 제1항에 따른 감사위원회위원은 제434조에 따른 주주총회의 결의로 해임할 수 있다. 이 경우 제2항 단서에 따른 감사위원회위원은 이사와 감사위원회위원의 지위를 모두 상실한다. 〈개정 2020.12.29.〉

④ 제1항에 따른 감사위원회위원을 선임 또는 해임할 때에는 상장회사의 의결권 없는 주식을 제외한 발행주식총수의 100분의 3(정관에서 더 낮은 주식 보유비율을 정할 수 있으며, 정관에서 더 낮은 주식 보유비율을 정한 경우에는 그 비율로 한다)을 초과하는 수의 주식을 가진 주주(최대주주인 경우에는 그의 특수관계인, 그 밖에 대통령령으로 정하는 자가 소유하는 주식을 합산한다)는 그 초과하는 주식에 관하여 의결권을 행사하지 못한다. 〈개정 2020.12.29., 2025.7.22.〉

⑤ 상장회사가 주주총회의 목적사항으로 감사의 선임 또는 감사의 보수결정을 위한 의안을 상정하려는 경우에는 이사의 선임 또는 이사의 보수결정을 위한 의안과는 별도로 상정하여 의결하여야 한다.

⑥ 상장회사의 감사 또는 감사위원회는 제447조의4 제1항에도 불구하고 이사에게 감사보고서를 주주총회일의 1주 전까지 제출할 수 있다.

⑦ 제4항은 상장회사가 감사를 선임하거나 해임할 때에 준용한다. ~~이 경우 주주가 최대주주인 경우에는 그의 특수관계인, 그 밖에 대통령령으로 정하는 자가 소유하는 주식을 합산한다.~~ 〈신설 2020.12.29., 후단 삭제 2025.7.22.〉

⑧ 회사가 제368조의4 제1항에 따라 전자적 방법으로 의결권을 행사할 수 있도록 한 경우에는 제368조제1항에도 불구하고 출석한 주주의 의결권의 과반수로써 제1항에 따른 감사위원회위원의 선임을 결의할 수 있다. 〈신설 2020.12.29.〉

[본조신설 2009.1.30.]

제542조의13【준법통제기준 및 준법지원인】

① 자산 규모 등을 고려하여 대통령령으로 정하는 상장회사는 법령을 준수하고 회사경영을 적정하게 하기 위하여 임직원이 그 직무를 수행할 때 따라야 할 준법통제에 관한 기준 및 절차(이하 "준법통제기준"이라 한다)를 마련하여야 한다.

② 제1항의 상장회사는 준법통제기준의 준수에 관한 업무를 담당하는 사람(이하 "준법지원인"이라 한다)을 1명 이상 두어야 한다.

③ 준법지원인은 준법통제기준의 준수여부를 점검하여 그 결과를 이사회에 보고하여야 한다.

④ 제1항의 상장회사는 준법지원인을 임면하려면 이사회 결의를 거쳐야 한다.

⑤ 준법지원인은 다음 각 호의 사람 중에서 임명하여야 한다.

1. 변호사 자격을 가진 사람
2. 「고등교육법」 제2조에 따른 학교에서 법률학을 가르치는 조교수 이상의 직에 5년 이상 근무한 사람
3. 그 밖에 법률적 지식과 경험이 풍부한 사람으로서 대통령령으로 정하는 사람

⑥ 준법지원인의 임기는 3년으로 하고, 준법지원인은 상근으로 한다.

⑦ 준법지원인은 선량한 관리자의 주의로 그 직무를 수행하여야 한다.

⑧ 준법지원인은 재임 중뿐만 아니라 퇴임 후에도 직무상 알게 된 회사의 영업상 비밀을 누설하여서는 아니 된다.

⑨ 제1항의 상장회사는 준법지원인이 그 직무를 독립적으로 수행할 수 있도록 하여야 하고, 제1항의 상장회사의 임직원은 준법지원인이 그 직무를 수행할 때 자료나 정보의 제출을 요구하는 경우 이에 성실하게 응하여야 한다.

⑩ 제1항의 상장회사는 준법지원인이었던 사람에 대하여 그 직무수행과 관련된 사유로 부당한 인사상의 불이익을 주어서는 아니 된다.

⑪ 준법지원인에 관하여 다른 법률에 특별한 규정이 있는 경우를 제외하고는 이 법에서 정하는 바에 따른다. 다만, 다른 법률의 규정이 준법지원인의 임기를 제6항보다 단기로 정하고 있는 경우에는 제6항을 다른 법률에 우선하여 적용한다.

⑫ 그 밖의 준법통제기준 및 준법지원인에 관하여 필요한 사항은 대통령령으로 정한다.

[본조신설 2011.4.14.]

2025.7.22 신설 | 2027.1.1. 시행 예정

제542조의14【전자주주총회】

① 상장회사는 정관으로 달리 정하는 경우를 제외하고는 이사회의 결의로 주주의 일부가 소집지에 직접 출석하지 아니하고 원격지에서 전자적 방법에 의하여 결의에 참가할 수 있는 방식의 총회(이하 "전자주주총회"라 한다)를 개최할 수 있다.

② 자산규모 등을 고려하여 대통령령으로 정하는 상장회사는 전자주주총회를 개최하여야 한다.

③ 상장회사가 전자주주총회를 개최하는 경우 주주는 소집지에 직접 출석하는 방식과 전자통신수단에 의하여 출석하는 방식 중 어느 한 가지 방식에 의하여만 총회에 출석할 수 있다.

④ 전자주주총회에 출석한 주주 등은 제364조에 따른 소집지에 직접 출석한 것으로 본다.

⑤ 상장회사가 전자주주총회를 개최하는 경우 제363조제1항에 따른 소집통지에 전자주주총회를 개최한다는 뜻과 출석방법, 그 밖에 대통령령으로 정하는 사항을 포함하여야 한다.

⑥ 제1항부터 제5항까지에 따른 전자통신수단, 전자주주총회 개최요건 및 그 밖에 필요한 사항은 대통령령으로 정한다.

[본조신설 2025.7.22.]

2025.7.22 신설 | 2027.1.1. 시행 예정

제542조의15【전자주주총회의 운영 등】

① 상장회사가 제542조의14에 따라 전자주주총회를 개최하는 경우 주주가 총회의 의사진행 및 결의에 실시간으로 참가할 수 있도록 총회를 적정하게 운영하여야 한다.

② 상장회사는 전자주주총회 운영의 효율성 및 공정성을 확보하기 위하여 대통령령으로 정하는 바에 따라 전자주주총회를 관리하는 기관을 지정하여 전자주주총회의 의사진행 및 결의에 참가하는 절차의 운영을 위탁할 수 있다.

③ 제2항에 따라 지정된 전자주주총회 관리기관 및 그 임직원은 직무상 알게 된 정보로서 외부에 공개되지 아니한 정보를 정당한 사유 없이 자기 또는 제3자의 이익을 위하여 이용하여서는 아니 된다.

④ 상장회사는 대통령령으로 정하는 바에 따라 전자주주총회의 개최에 관한 기록을 총회가 끝난 날부터 5년간 보존하여야 한다.

⑤ 상장회사는 제4항에 따른 기록을 총회가 끝난 날부터 3개월간 본점에 갖추어 두어야 하고, 주주는 영업시간 내에 기록의 열람을 청구할 수 있다.

⑥ 주주의 질의 방법 및 절차, 의장의 의사진행 등 전자주주총회의 운영과 그 밖에 필요한 사항은 대통령령으로 정한다.

[본조신설 2025.7.22.]

제5장 유한회사

제1절 설 립

제543조 【정관의 작성, 절대적 기재사항】

① 유한회사를 설립함에는 사원이 정관을 작성하여야 한다. 〈개정 2001.7.24〉

② 정관에는 다음의 사항을 기재하고 각 사원이 기명날인 또는 서명하여야 한다.
〈개정 1984.4.10, 1995.12.29, 2001.7.24, 2011.4.14〉

1. 제179조 제1호 내지 제3호에 정한 사항
2. 자본금의 총액 〈제2호 개정 2011.4.14〉
3. 출자1좌(座)의 금액
4. 각 사원의 출자좌수
5. 본점의 소재지

③ 제292조의 규정은 유한회사에 준용한다.

제544조 【변태설립사항】

다음의 사항은 정관에 기재함으로써 그 효력이 있다.

1. 현물출자를 하는 자의 성명과 그 목적인 재산의 종류, 수량, 가격과 이에 대하여 부여하는 출자좌수
2. 회사의 설립후에 양수할 것을 약정한 재산의 종류, 수량, 가격과 그 양도인의 성명
3. 회사가 부담할 설립비용

제545조 삭 제 〈2011.4.14〉

《삭제전》
《 제545조 【사원총수의 제한】 》

제546조 【출자 1좌의 금액의 제한】

출자 1좌의 금액은 100원(▶▶개정전 : 5천원) 이상으로 균일하게 하여야 한다. [전문개정 2011.4.14]

제547조 【초대(初代)이사의 선임】

① 정관으로 이사를 정하지 아니한 때에는 회사성립전에 사원총회를 열어 이를 선임하여야 한다.

② 전항의 사원총회는 각 사원이 소집할 수 있다.

제548조 【출자의 납입】

① 이사는 사원으로 하여금 출자전액의 납입 또는 현물출자의 목적인 재산전부의 급여를 시켜야 한다.

② 제295조 제2항의 규정은 사원이 현물출자를 하는 경우에 준용한다.

제549조 【설립의 등기】

① 유한회사의 설립등기는 제548조의 납입 또는 현물출자의 이행이 있은 날로부터 2주간 내에 하여야 한다. 〈개정 1995.12.29〉

② 제1항의 등기에서 다음 각 호의 사항을 등기하여야 한다. 〈개정 1995.12.29, 2011.4.14〉

1. 제179조 제1호·제2호 및 제5호에 규정된 사항과 지점을 둔 때에는 그 소재지
2. 제543조 제2항 제2호와 제3호에 게기한 사항
3. 이사의 성명·주민등록번호 및 주소. 다만, 회사를 대표할 이사를 정한 때에는 그 외의 이사의 주소를 제외한다.
4. 회사를 대표할 이사를 정한 때에는 그 성명, 주소와 주민등록번호〈제4호 개정 2011.4.14〉
5. 수인의 이사가 공동으로 회사를 대표할 것을 정한 때에는 그 규정
6. 존립기간 기타의 해산사유를 정한 때에는 그 기간과 사유
7. 감사가 있는 때에는 그 성명 및 주민등록번호

③ 삭 제 〈2024.9.20〉

④ 제181조 내지 제183조의 규정은 유한회사의 등기에 준용한다. 〈개정 1962.12.12〉

제550조 【현물출자 등에 관한 회사성립시의 사원의 책임】

① 제544조 제1호와 제2호의 재산의 회사성립당시의 실가(實價)가 정관에 정한 가격에 현저하게 부족한 때에는 회사성립당시의 사원은 회사에 대하여 그 부족액을 연대하여 지급할 책임이 있다.

② 전항의 사원의 책임은 면제하지 못한다.

〈신설 1962.12.12〉

제551조【출자미필액(未畢額)에 대한 회사성립시의 사원 등의 책임】

① 회사성립후에 출자금액의 납입 또는 현물출자의 이행이 완료되지 아니하였음이 발견된 때에는 회사성립당시의 사원, 이사와 감사는 회사에 대하여 그 납입되지 아니한 금액 또는 이행되지 아니한 현물의 가액을 연대하여 지급할 책임이 있다. 〈개정 1962.12.12〉

② 전항의 사원의 책임은 면제하지 못한다.

〈신설 1962.12.12〉

③ 제1항의 이사와 감사의 책임은 총사원의 동의가 없으면 면제하지 못한다.

〈신설 1962.12.12〉

제552조【설립무효, 취소의 소】

① 회사의 설립의 무효는 그 사원, 이사와 감사에 한하여 설립의 취소는 그 취소권 있는 자에 한하여 회사설립의 날로부터 2년내에 소만으로 이를 주장할 수 있다.

② 제184조 제2항과 제185조 내지 제193조의 규정은 전항의 소에 준용한다.

[전문개정 1962.12.12]

제2절 사원의 권리의무

제553조【사원의 책임】

사원의 책임은 본법에 다른 규정이 있는 경우 외에는 그 출자금액을 한도로 한다.

제554조【사원의 지분】

각 사원은 그 출자좌수(出資座數)에 따라 지분을 가진다.

제555조【지분에 관한 증권】

유한회사는 사원의 지분에 관하여 지시식 또는 무기명식의 증권을 발행하지 못한다.

제556조【지분의 양도】

사원은 그 지분의 전부 또는 일부를 양도하거나 상속할 수 있다. 다만, 정관으로 지분의 양도를 제한할 수 있다. [전문개정 2011.4.14]

제557조【지분이전의 대항요건】

지분의 이전은 취득자의 성명, 주소와 그 목적이 되는 출자좌수를 사원명부에 기재하지 아니하면 이로써 회사와 제3자에게 대항하지 못한다.

제558조【지분의 공유】

333조의 규정은 지분이 수인의 공유에 속하는 경우에 준용한다.

제559조【지분의 입질】

① 지분은 질권의 목적으로 할 수 있다.

② 제556조와 제557조의 규정은 지분의 입질에 준용한다.

제560조【준용규정】

① 사원의 지분에 대하여는 제339조, 제340조 제1항·제2항, 제341조의2, 제341조의3, 제342조 및 제343조 제1항을 준용한다.

〈개정 2011.4.14〉

② 제353조의 규정은 사원에 대한 통지 또는 최고에 준용한다.

제3절 회사의 관리

제561조【이 사】

유한회사에는 1인 또는 수인의 이사를 두어야 한다.

제562조【회사대표】

① 이사는 회사를 대표한다.

② 이사가 수인인 경우에 정관에 다른 정함이 없으면 사원총회에서 회사를 대표할 이사를 선정하여야 한다.

③ 정관 또는 사원총회는 수인의 이사가 공동으로 회사를 대표할 것을 정할 수 있다.

④ 제208조 제2항의 규정은 전항의 경우에 준용한다.

제563조【이사, 회사간의 소에 관한 대표】
회사가 이사에 대하여 또는 이사가 회사에 대하여 소를 제기하는 경우에는 사원총회는 그 소에 관하여 회사를 대표할 자를 선정하여야 한다.

제564조【업무집행의 결정, 이사와 회사간의 거래】
① 이사가 수인인 경우에 정관에 다른 정함이 없으면 회사의 업무집행, 지배인의 선임 또는 해임과 지점의 설치·이전 또는 폐지는 이사 과반수의 결의에 의하여야 한다. 〈개정 1984.4.10〉
② 사원총회는 제1항의 규정에 불구하고 지배인의 선임 또는 해임을 할 수 있다.
③ 이사는 감사가 있는 때에는 그 승인이, 감사가 없는 때에는 사원총회의 승인이 있는 때에 한하여 자기 또는 제3자의 계산으로 회사와 거래를 할 수 있다. 이 경우에는 민법 제124조의 규정을 적용하지 아니한다. 〈신설 1962.12.12〉

제564조의2【유지청구권】
이사가 법령 또는 정관에 위반한 행위를 하여 이로 인하여 회사에 회복할 수 없는 손해가 생길 염려가 있는 경우에는 감사 또는 자본금 총액의 100분의 3 이상에 해당하는 출자좌수를 가진 사원은 회사를 위하여 이사에 대하여 그 행위를 유지할 것을 청구할 수 있다. 〈개정 2011.4.14〉
[본조신설 1999.12.31]

제565조【사원의 대표소송】
① 자본금 총액의 100분의 3 이상에 해당하는 출자좌수를 가진 사원은 회사에 대하여 이사의 책임을 추궁할 소의 제기를 청구할 수 있다. 〈개정 1999.12.31, 2011.4.14〉
② 제403조 제2항 내지 제7항과 제404조 내지 제406조의 규정은 제1항의 경우에 준용한다. 〈개정 1998.12.28〉

제566조【서류의 비치, 열람】
① 이사는 정관과 사원총회의 의사록을 본점과 지점에, 사원명부를 본점에 비치하여야 한다.
② 사원명부에는 사원의 성명, 주소와 그 출자좌수를 기재하여야 한다.
③ 사원과 회사채권자는 영업시간내에 언제든지 제1항에 게기한 서류의 열람 또는 등사를 청구할 수 있다.

제567조【준용규정】
제209조, 제210조, 제382조, 제385조, 제386조, 제388조, 제395조, 제397조, 제399조 내지 제401조, 제407조와 제408조의 규정은 유한회사의 이사에 준용한다. 이 경우 제397조의 "이사회"는 이를 "사원총회"로 본다.
〈개정 1962.12.12, 1998.12.28, 1999.12.31〉

제568조【감 사】
① 유한회사는 정관에 의하여 1인 또는 수인의 감사를 둘 수 있다.
② 제547조의 규정은 정관에서 감사를 두기로 정한 경우에 준용한다.

제569조【감사의 권한】
감사는 언제든지 회사의 업무와 재산상태를 조사할 수 있고 이사에 대하여 영업에 관한 보고를 요구할 수 있다.

제570조【준용규정】
제382조, 제385조 제1항, 제386조, 제388조, 제400조, 제407조, 제411조, 제413조, 제414조와 제565조의 규정은 감사에 준용한다.

제571조【사원총회의 소집】
① 사원총회는 이 법에서 달리 규정하는 경우 외에는 이사가 소집한다. 그러나 임시총회는 감사도 소집할 수 있다.
② 사원총회를 소집할 때에는 사원총회일의 1주 전에 각 사원에게 서면으로 통지서를 발송하거나 각 사원의 동의를 받아 전자문서로 통지서를 발송하여야 한다.
③ 사원총회의 소집에 관하여는 제363조 제2항

상법

및 제364조를 준용한다.

[전문개정 2011.4.14]

제572조【소수사원에 의한 총회소집청구】
① 자본금 총액의 100분의 3 이상에 해당하는 출자좌수를 가진 사원은 회의의 목적사항과 소집의 이유를 기재한 서면을 이사에게 제출하여 총회의 소집을 청구할 수 있다. 〈개정 1999.12.31, 2011.4.14〉
② 전항의 규정은 정관으로 다른 정함을 할 수 있다.
③ 제366조 제2항과 제3항의 규정은 제1항의 경우에 준용한다.

제573조【소집절차의 생략】
총사원의 동의가 있을 때에는 소집절차없이 총회를 열 수 있다.

제574조【총회의 정족수, 결의방법】
사원총회의 결의는 정관 또는 본법에 다른 규정이 있는 경우 외에는 총사원의 의결권의 과반수를 가지는 사원이 출석하고 그 의결권의 과반수로써 하여야 한다.

제575조【사원의 의결권】
각 사원은 출자1좌마다 1개의 의결권을 가진다. 그러나 정관으로 의결권의 수에 관하여 다른 정함을 할 수 있다.

제576조【유한회사의 영업양도 등에 특별결의를 받아야 할 사항】 〈제목개정 2011.4.14〉
① 유한회사가 제374조 제1항 제1호부터 제3호까지의 규정에 해당되는 행위를 하려면 제585조에 따른 총회의 결의가 있어야 한다. 〈개정 2011.4.14〉
② 전항의 규정은 유한회사가 그 성립후 2년내에 성립전으로부터 존재하는 재산으로서 영업을 위하여 계속하여 사용할 것을 자본금의 20분의 1 이상에 상당한 대가로 취득하는 계약을 체결하는 경우에 준용한다. 〈개정 2011.4.14〉

제577조【서면에 의한 결의】
① 총회의 결의를 하여야 할 경우에 총사원의 동의가 있는 때에는 서면에 의한 결의를 할 수 있다.
② 결의의 목적사항에 대하여 총사원이 서면으로 동의를 한 때에는 서면에 의한 결의가 있은 것으로 본다.
③ 서면에 의한 결의는 총회의 결의와 동일한 효력이 있다.
④ 총회에 관한 규정은 서면에 의한 결의에 준용한다.

제578조【준용규정】
제365조, 제367조, 제368조 제2항·제3항, 제369조 제2항, 제371조 제2항, 제372조, 제373조와 제376조 내지 제381조의 규정은 사원총회에 준용한다. 〈개정 2014.5.20.〉

제579조【재무제표의 작성】
① 이사는 매 결산기에 다음의 서류와 그 부속명세서를 작성하여야 한다. 〈개정 2011.4.14〉
1. 대차대조표
2. 손익계산서
3. 그 밖에 회사의 재무상태와 경영성과를 표시하는 것으로서 제447조 제1항 제3호에 따른 서류 〈제3호 개정 2011.4.14〉

② 감사가 있는 때에는 이사는 정기총회회일로부터 4주간 전에 제1항의 서류를 감사에게 제출하여야 한다.
③ 감사는 제2항의 서류를 받은 날로부터 3주간내에 감사보고서를 이사에게 제출하여야 한다.

[전문개정 1984.4.10]

제579조의2【영업보고서의 작성】
① 이사는 매 결산기에 영업보고서를 작성하여야 한다.
② 제579조 제2항 및 제3항의 규정은 제1항의 영업보고서에 관하여 이를 준용한다.

[본조신설 1984.4.10]

제579조의3【재무제표 등의 비치·공시】
① 이사는 정기총회 회일의 1주간전부터 5년간 제579조 및 제579조의2의 서류와 감사보고서를 본점에 비치하여야 한다.
② 제448조 제2항의 규정은 제1항의 서류에 관하여 이를 준용한다.
[본조신설 1984.4.10]

제580조【이익배당의 기준】
이익의 배당은 정관에 다른 정함이 있는 경우 외에는 각 사원의 출자좌수에 따라 하여야 한다.

제581조【사원의 회계장부열람권】
① 자본금의 100분의 3 이상에 해당하는 출자좌수를 가진 사원은 회계의 장부와 서류의 열람 또는 등사를 청구할 수 있다.
〈개정 1999.12.31, 2011.4.14〉
② 회사는 정관으로 각 사원이 제1항의 청구를 할 수 있다는 뜻을 정할 수 있다. 이 경우 제579조 제1항의 규정에 불구하고 부속명세서는 이를 작성하지 아니한다. 〈개정 1984.4.10〉

제582조【업무, 재산상태의 검사】
① 회사의 업무집행에 관하여 부정행위 또는 법령이나 정관에 위반한 중대한 사유가 있는 때에는 자본금총액의 100분의 3 이상에 해당하는 출자좌수를 가진 사원은 회사의 업무와 재산상태를 조사하게 하기 위하여 법원에 검사인의 선임을 청구할 수 있다.
〈개정 1999.12.31, 2011.4.14〉
② 검사인은 그 조사의 결과를 서면으로 법원에 보고하여야 한다.
③ 법원은 전항의 보고서에 의하여 필요하다고 인정한 경우에는 감사가 있는 때에는 감사에게, 감사가 없는 때에는 이사에게 사원총회의 소집을 명할 수 있다. 제310조 제2항의 규정은 이 경우에 준용한다. 〈개정 1962.12.12〉

제583조【준용규정】
① 유한회사의 계산에 대하여는 제449조 제1항·제2항, 제450조, 제458조부터 제460조까지, 제462조, 제462조의3 및 제466조를 준용한다.
〈개정 2011.4.14〉
② 제468조의 규정은 유한회사와 피용자간에 고용관계로 인하여 생긴 채권에 준용한다.
〈개정 1999.12.31〉

제4절 정관의 변경

제584조【정관변경의 방법】
정관을 변경함에는 사원총회의 결의가 있어야 한다.

제585조【정관변경의 특별결의】
① 전조의 결의는 총사원의 반수 이상이며 총사원의 의결권의 4분의 3 이상을 가지는 자의 동의로 한다.
② 전항의 규정을 적용함에 있어서는 의결권을 행사할 수 없는 사원은 이를 총사원의 수에, 그 행사할 수 없는 의결권은 이를 의결권의 수에 산입하지 아니한다.

제586조【자본금 증가의 결의】
다음 각 호의 사항은 정관에 다른 정함이 없더라도 자본금 증가의 결의에서 정할 수 있다.
1. 현물출자를 하는 자의 성명과 그 목적인 재산의 종류, 수량, 가격과 이에 대하여 부여할 출자좌수
2. 자본금 증가 후에 양수할 것을 약정한 재산의 종류, 수량, 가격과 그 양도인의 성명
3. 증가할 자본금에 대한 출자의 인수권을 부여할 자의 성명과 그 권리의 내용

[전문개정 2011.4.14.]

제587조【자본금 증가의 경우의 출자인수권의 부여】
유한회사가 특정한 자에 대하여 장래 그 자본금을 증가할 때 출자의 인수권을 부여할 것을 약속하는 경우에는 제585조에서 정하는 결의에 의하여야 한다. [전문개정 2011.4.14.]

상법

제588조【사원의 출자인수권】
사원은 증가할 자본금에 대하여 그 지분에 따라 출자를 인수할 권리가 있다. 그러나 전2조의 결의에서 출자의 인수자를 정한 때에는 그러하지 아니하다. 〈개정 2011.4.14〉

제589조【출자인수의 방법】
① 자본금 증가의 경우에 출자의 인수를 하고자 하는 자는 인수를 증명하는 서면에 그 인수할 출자의 좌수와 주소를 기재하고 기명날인 또는 서명하여야 한다. 〈개정 1995.12.29, 2011.4.14〉
② 유한회사는 광고 기타의 방법에 의하여 인수인을 공모하지 못한다.

제590조【출자인수인의 지위】
자본금 증가의 경우에 출자의 인수를 한 자는 출자의 납입의 기일 또는 현물출자의 목적인 재산의 급여의 기일로부터 이익배당에 관하여 사원과 동일한 권리를 가진다. 〈개정 2011.4.14〉

제591조【자본금 증가의 등기】
유한회사는 자본금 증가로 인한 출자 전액의 납입 또는 현물출자의 이행이 완료된 날부터 2주 내에 본점소재지에서 자본금 증가로 인한 변경등기를 하여야 한다.
[전문개정 2011.4.14]

제592조【자본금 증가의 효력발생】
자본금의 증가는 본점소재지에서 제591조의 등기를 함으로써 효력이 생긴다.
[전문개정 2011.4.14]

제593조【현물출자 등에 관한 사원의 책임】
① 제586조 제1호와 제2호의 재산의 자본금 증가당시의 실가(實價)가 자본금 증가의 결의에 의하여 정한 가격에 현저하게 부족한 때에는 그 결의에 동의한 사원은 회사에 대하여 그 부족액을 연대하여 지급할 책임이 있다. 〈개정 2011.4.14〉
② 제550조 제2항과 제551조 제2항의 규정은 전항의 경우에 준용한다. 〈개정 1962.12.12〉

제594조【미인수출자 등에 관한 이사 등의 책임】
① 자본금 증가후에 아직 인수되지 아니한 출자가 있는 때에는 이사와 감사가 공동으로 인수한 것으로 본다. 〈개정 1962.12.12, 2011.4.14〉
② 자본금 증가후에 아직 출자전액의 납입 또는 현물출자의 목적인 재산의 급여가 미필된 출자가 있는 때에는 이사와 감사는 연대하여 그 납입 또는 급여미필재산의 가액을 지급할 책임이 있다. 〈개정 1962.12.12, 2011.4.14〉
③ 제551조 제3항의 규정은 전항의 경우에 준용한다. 〈개정 1962.12.12〉

제595조【증자무효의 소】
① 자본금 증가의 무효는 사원, 이사 또는 감사에 한하여 제591조의 규정에 의한 본점소재지에서의 등기를 한 날로부터 6월내에 소만으로 이를 주장할 수 있다.
〈개정 1962.12.12, 2011.4.14〉
② 제430조 내지 제432조의 규정은 전항의 경우에 준용한다.

제596조【준용규정】
제421조 제2항, 제548조와 제576조 제2항의 규정은 자본금 증가의 경우에 준용한다.
〈개정 1962.12.12, 2011.4.14〉

제597조【동 전】
제439조 제1항, 제2항, 제443조, 제445조와 제446조의 규정은 자본금감소의 경우에 준용한다.
〈개정 2011.4.14〉

제5절 합병과 조직변경

제598조【합병의 방법】
유한회사가 다른 회사와 합병을 함에는 제585조의 규정에 의한 사원총회의 결의가 있어야 한다.

제599조 【설립위원의 선임】
제175조의 규정에 의한 설립위원의 선임은 제585조의 규정에 의한 사원총회의 결의에 의하여야 한다.

제600조 【유한회사와 주식회사의 합병】
① 유한회사가 주식회사와 합병하는 경우에 합병후 존속하는 회사 또는 합병으로 인하여 설립되는 회사가 주식회사인 때에는 법원의 인가를 얻지 아니하면 합병의 효력이 없다.
② 합병을 하는 회사의 일방이 사채의 상환을 완료하지 아니한 주식회사인 때에는 합병후 존속하는 회사 또는 합병으로 인하여 설립되는 회사는 유한회사로 하지 못한다.

제601조 【물상대위】
① 유한회사가 주식회사와 합병하는 경우에 합병후 존속하는 회사 또는 합병으로 인하여 설립되는 회사가 유한회사인 때에는 제339조의 규정은 종전의 주식을 목적으로 하는 질권에 준용한다.
② 전항의 경우에 질권의 목적인 지분에 관하여 출자좌수와 질권자의 성명 및 주소를 사원명부에 기재하지 아니하면 그 질권으로써 회사 기타의 제3자에 대항하지 못한다.

제602조 【합병의 등기】
유한회사가 합병을 한 때에는 제603조에서 준용하는 제526조 또는 제527조에 따른 사원총회가 종결된 날부터 2주일 내에 본점의 소재지에서 합병 후 존속하는 유한회사의 변경등기, 합병으로 인하여 소멸하는 유한회사의 해산등기, 합병으로 인하여 설립되는 유한회사의 설립등기를 하여야 한다.

[전문개정 2024.9.20]

제603조 【준용규정】
제232조, 제234조, 제235조, 제237조 내지 제240조, 제443조, 제522조 제1항·제2항, 제522조의2, 제523조, 제524조, 제526조 제1항·제2항, 제527조 제1항 내지 제3항 및 제529조의 규정은 유한회사의 합병의 경우에 준용한다.

〈개정 1962.12.12, 1984.4.10, 1998.12.28〉

제604조 【주식회사의 유한회사에의 조직변경】
① 주식회사는 총주주의 일치에 의한 총회의 결의로 그 조직을 변경하여 이를 유한회사로 할 수 있다. 그러나 사채의 상환을 완료하지 아니한 경우에는 그러하지 아니하다.
② 전항의 조직변경의 경우에는 회사에 현존하는 순재산액보다 많은 금액을 자본금의 총액으로 하지 못한다. 〈개정 2011.4.14〉
③ 제1항의 결의에 있어서는 정관 기타 조직변경에 필요한 사항을 정하여야 한다.
④ 제601조의 규정은 제1항의 조직변경의 경우에 준용한다.

제605조 【이사, 주주의 순재산액전보책임】
① 전조의 조직변경의 경우에 회사에 현존하는 순재산액이 자본금의 총액에 부족하는 때에는 전조 제1항의 결의당시의 이사와 주주는 회사에 대하여 연대하여 그 부족액을 지급할 책임이 있다. 〈개정 2011.4.14〉
② 제550조 제2항과 제551조 제2항, 제3항의 규정은 전항의 경우에 준용한다.

〈개정 1962.12.12〉

제606조 【조직변경의 등기】
주식회사가 제604조에 따라 그 조직을 변경한 때에는 본점의 소재지에서 2주일 내에 주식회사의 해산등기, 유한회사의 설립등기를 하여야 한다.

[전문개정 2024.9.20]

제607조 【유한회사의 주식회사로의 조직변경】
① 유한회사는 총사원의 일치에 의한 총회의 결의로 주식회사로 조직을 변경할 수 있다. 다만, 회사는 그 결의를 정관으로 정하는 바에 따라 제585조의 사원총회의 결의로 할 수 있다.
② 제1항에 따라 조직을 변경할 때 발행하는 주식의 발행가액의 총액은 회사에 현존하는 순재산액을 초과하지 못한다.

상법

③ 제1항의 조직변경은 법원의 인가를 받지 아니하면 효력이 없다.
④ 제1항에 따라 조직을 변경하는 경우 회사에 현존하는 순재산액이 조직변경으로 발행하는 주식의 발행가액 총액에 부족할 때에는 제1항의 결의 당시의 이사, 감사 및 사원은 연대하여 회사에 그 부족액을 지급할 책임이 있다. 이 경우에 제550조 제2항 및 제551조 제2항·제3항을 준용한다.
⑤ 제1항에 따라 조직을 변경하는 경우 제340조 제3항, 제601조 제1항, 제604조 제3항 및 제606조를 준용한다.

[전문개정 2011.4.14]

제608조(준용규정)
제232조의 규정은 제604조와 제607조의 조직변경의 경우에 준용한다. 〈개정 1984.4.10〉

제6절 해산과 청산

제609조【해산사유】
① 유한회사는 다음의 사유로 인하여 해산한다. 〈개정 2001.7.24〉
1. 제227조 제1호·제4호 내지 제6호에 규정된 사유
2. 사원총회의 결의

② 전항 제2호의 결의는 제585조의 규정에 의하여야 한다.

제610조【회사의 계속】
① 제227조 제1호 또는 전조 제1항 제2호의 사유로 인하여 회사가 해산한 경우에는 제585조의 규정에 의한 사원총회의 결의로써 회사를 계속할 수 있다.
② 삭 제 〈2001.7.24〉

제611조【준용규정】
제229조 제3항의 규정은 전조의 회사계속의 경우에 준용한다.

제612조【잔여재산의 분배】
여재산은 정관에 다른 정함이 있는 경우외에는 각 사원의 출자좌수에 따라 사원에게 분배하여야 한다.

제613조【준용규정】
① 제228조, 제245조, 제252조 내지 제255조, 제259조, 제260조, 제264조, 제520조, 제531조 내지 제537조, 제540조와 제541조의 규정은 유한회사에 준용한다.

〈개정 1962.12.12〉

② 제209조, 제210조, 제366조 제2항·제3항, 제367조, 제373조 제2항, 제376조, 제377조, 제382조 제2항, 제386조, 제388조, 제399조 내지 제402조, 제407조, 제408조, 제411조 내지 제413조, 제414조 제3항, 제450조, 제466조 제2항, 제539조, 제562조, 제563조, 제564조 제3항, 제565조, 제566조, 제571조, 제572조 제1항과 제581조의 규정은 유한회사의 청산인에 준용한다.

〈개정 1962.12.12, 84.4.10〉

제6장 외국회사

제614조【대표자, 영업소의 설정과 등기】
① 외국회사가 대한민국에서 영업을 하려면 대한민국에서의 대표자를 정하고 대한민국 내에 영업소를 설치하거나 대표자 중 1명 이상이 대한민국에 그 주소를 두어야 한다.

〈개정 2011.4.14〉

② 외국회사가 제1항의 영업소를 설치하는 경우에는 그 설치일부터 3주일 내에 영업소의 소재지에서 다음 각 호의 사항을 등기하여야 한다. 〈개정 2024.9.20〉
1. 목 적
2. 상 호

3. 회사를 대표할 자의 성명·주소 및 주민등록번호(외국인인 경우 외국인등록번호로 하되, 외국인등록번호가 없는 경우에는 생년월일로 한다)
4. 공동으로 회사를 대표할 것을 정한 때에는 그 규정
5. 본점의 소재지
6. 영업소의 소재지(다른 영업소의 소재지는 제외한다)
7. 회사의 존립기간 내지 해산사유를 정한 때에는 그 기간 또는 사유
8. 대한민국에서의 같은 종류의 회사 또는 가장 비슷한 회사가 주식회사인 경우에는 본국에서의 공고방법 및 제616조의2에 따른 대한민국에서의 공고방법

③ 제2항의 등기에는 회사설립의 준거법과 대한민국에서의 대표자의 성명·주소 및 주민등록번호(외국인인 경우 외국인등록번호로 하되, 외국인등록번호가 없는 경우에는 생년월일로 한다)가 포함되어야 한다. 〈개정 2024.9.20〉

④ 제209조와 제210조의 규정은 외국회사의 대표자에 준용한다. 〈개정 1962.12.12.〉

第614조의2【영업소의 이전·변경등기】

① 외국회사가 영업소를 이전한 경우에는 3주일 내에 종전 소재지에서는 새 소재지와 이전 연월일을, 새 소재지에서는 제614조 제2항 및 제3항의 사항을 등기하여야 한다.

② 제614조 제2항 또는 제3항의 사항이 변경되었을 때에는 영업소의 소재지에서 3주일 내에 변경등기를 하여야 한다.

[본조신설 2024.9.20]

第615조【등기기간의 기산점】

제614조 제2항·제3항 및 제614조의2의 등기사항이 외국에서 발생한 경우 등기기간은 그 통지가 도달한 날부터 기산한다.

[전문개정 2024.9.20.]

第616조【등기전의 계속거래의 금지】

① 외국회사는 그 영업소의 소재지에서 제614조의 규정에 의한 등기를 하기 전에는 계속하여 거래를 하지 못한다.

② 전항의 규정에 위반하여 거래를 한 자는 거래에 대하여 회사와 연대하여 책임을 진다.

第616조의2【대차대조표 또는 이에 상당하는 것의 공고】

① 외국회사로서 이 법에 따라 등기를 한 외국회사(대한민국에서의 같은 종류의 회사 또는 가장 비슷한 회사가 주식회사인 것만 해당한다)는 제449조에 따른 승인과 같은 종류의 절차 또는 이와 비슷한 절차가 종결된 후 지체 없이 대차대조표 또는 이에 상당하는 것으로서 대통령령으로 정하는 것을 대한민국에서 공고하여야 한다.

② 제1항의 공고에 대하여는 제289조 제3항부터 제6항까지의 규정을 준용한다.

[본조신설 2011.4.14]

第617조【유사외국회사】

외국에서 설립된 회사라도 대한민국에 그 본점을 설치하거나 대한민국에서 영업할 것을 주된 목적으로 하는 때에는 대한민국에서 설립된 회사와 같은 규정에 따라야 한다.

[전문개정 2011.4.14]

第618조【준용규정】

① 제335조, 제335조의2부터 제335조의7까지, 제336조부터 제338조까지, 제340조 제1항, 제355조, 제356조, 제356조의2, 제478조 제1항, 제479조 및 제480조의 규정은 대한민국에서의 외국회사의 주권 또는 채권의 발행과 그 주식의 이전이나 입질 또는 사채의 이전에 준용한다. 〈개정 2014.5.20〉

② 전항의 경우에는 처음 대한민국에 설치한 영업소를 본점으로 본다.

상법

제619조【영업소폐쇄명령】

① 외국회사가 대한민국에 영업소를 설치한 경우에 다음의 사유가 있는 때에는 법원은 이해관계인 또는 검사의 청구에 의하여 그 영업소의 폐쇄를 명할 수 있다. 〈개정 1962.12.12〉

1. 영업소의 설치목적이 불법한 것인 때
2. 영업소의 설치등기를 한 후 정당한 사유없이 1년 내에 영업을 개시하지 아니하거나 1년 이상 영업을 휴지한 때 또는 정당한 사유없이 지급을 정지한 때
3. 회사의 대표자 기타 업무를 집행하는 자가 법령 또는 선량한 풍속 기타 사회질서에 위반한 행위를 한 때

② 제176조 제2항 내지 제4항의 규정은 전항의 경우에 준용한다.

제620조【한국에 있는 재산의 청산】

① 전조 제1항의 규정에 의하여 영업소의 폐쇄를 명한 경우에는 법원은 이해관계인의 신청에 의하여 또는 직권으로 대한민국에 있는 그 회사재산의 전부에 대한 청산의 개시를 명할 수 있다. 이 경우에는 법원은 청산인을 선임하여야 한다.

② 제535조 내지 제537조와 제542조의 규정은 그 성질이 허하지 아니하는 경우 외에는 전항의 청산에 준용한다.

③ 전2항의 규정은 외국회사가 스스로 영업소를 폐쇄한 경우에 준용한다.

제621조【외국회사의 지위】

외국회사는 다른 법률의 적용에 있어서는 법률에 다른 규정이 있는 경우 외에는 대한민국에서 성립된 동종 또는 가장 유사한 회사로 본다.

제7장 벌 칙

제622조【발기인, 이사 기타의 임원 등의 특별배임죄】

① 회사의 발기인, 업무집행사원, 이사, 집행임원, 감사위원회 위원, 감사 또는 제386조 제2항, 제407조 제1항, 제415조 또는 제567조의 직무대행자, 지배인 기타 회사영업에 관한 어느 종류 또는 특정한 사항의 위임을 받은 사용인이 그 임무에 위배한 행위로서 재산상의 이익을 취득하거나 제3자로 하여금 이를 취득하게 하여 회사에 손해를 가한 때에는 10년 이하의 징역 또는 3천만원 이하의 벌금에 처한다.
〈개정 1984.4.10, 1995.12.29, 1999.12.31, 2011.4.14〉

② 회사의 청산인 또는 제542조 제2항의 직무대행자, 제175조의 설립위원이 제1항의 행위를 한 때에도 제1항과 같다.

제623조【사채권자집회의 대표자 등의 특별배임죄】

사채권자집회의 대표자 또는 그 결의를 집행하는 자가 그 임무에 위배한 행위로써 재산상의 이익을 취득하거나 제3자로 하여금 이를 취득하게 하여 사채권자에게 손해를 가한 때에는 7년 이하의 징역 또는 2천만원 이하의 벌금에 처한다. 〈개정 1984.4.10, 1995.12.29〉

제624조【특별배임죄의 미수】

전2조의 미수범은 처벌한다.

제624조의2【주요주주 등 이해관계자와의 거래 위반의 죄】

제542조의9 제1항을 위반하여 신용공여를 한 자는 5년 이하의 징역 또는 2억원 이하의 벌금에 처한다. [본조신설 2009.1.30]

제625조【회사재산을 위태롭게 하는 죄】

제622조 제1항에 규정된 자, 검사인, 제298조 제3항·제299조의2·제310조 제3항 또는 제313

조 제2항의 공증인(인가공증인의 공증담당변호사를 포함한다. 이하 이 장에서 같다)이나 제299조의2, 제310조 제3항 또는 제422조 제1항의 감정인이 다음의 행위를 한 때에는 5년 이하의 징역 또는 1천500만원 이하의 벌금에 처한다.
〈개정 1984.4.10, 1995.12.29, 1998.12.28, 2009.2.6, 2011.4.14〉

1. 주식 또는 출자의 인수나 납입, 현물출자의 이행, 제290조, 제416조 제4호 또는 제544조에 규정된 사항에 관하여 법원·총회 또는 발기인에게 부실한 보고를 하거나 사실을 은폐한 때
2. 누구의 명의로 하거나를 불문하고 회사의 계산으로 부정하게 그 주식 또는 지분을 취득하거나 질권의 목적으로 이를 받은 때
3. 법령 또는 정관에 위반하여 이익배당을 한 때 〈제3호 개정 2011.4.14〉
4. 회사의 영업범위 외에서 투기행위를 하기 위하여 회사재산을 처분한 때

제625조의2【주식의 취득제한 등에 위반한 죄】
다음 각 호의 어느 하나에 해당하는 자는 2천만원 이하의 벌금에 처한다.

1. 제342조의2 제1항 또는 제2항을 위반한 자
2. 제360조의3 제7항을 위반한 자
3. 제523조의2 제2항을 위반한 자
4. 제530조의6 제5항을 위반한 자

[전문개정 2015.12.1]

제626조【부실보고죄】
회사의 이사, 집행임원, 감사위원회 위원, 감사 또는 제386조 제2항, 제407조 제1항, 제415조 또는 제567조의 직무대행자가 제604조 또는 제607조의 조직변경의 경우에 제604조 제2항 또는 제607조 제2항의 순재산액에 관하여 법원 또는 총회에 부실한 보고를 하거나 사실을 은폐한 경우에는 5년 이하의 징역 또는 1천500만원 이하의 벌금에 처한다. [전문개정 2011.4.14]

제627조【부실문서행사죄】
① 제622조 제1항에 게기한 자, 외국회사의 대표자, 주식 또는 사채의 모집의 위탁을 받은 자가 주식 또는 사채를 모집함에 있어서 중요한 사항에 관하여 부실한 기재가 있는 주식청약서, 사채청약서, 사업계획서, 주식 또는 사채의 모집에 관한 광고 기타의 문서를 행사한 때에는 5년 이하의 징역 또는 1천500만원 이하의 벌금에 처한다.
〈개정 1984.4.10, 1995.12.29〉
② 주식 또는 사채를 매출하는 자가 그 매출에 관한 문서로서 중요한 사항에 관하여 부실한 기재가 있는 것을 행사한 때에도 제1항과 같다.

제628조【납입가장죄 등】
① 제622조 제1항에 게기한 자가 납입 또는 현물출자의 이행을 가장하는 행위를 한 때에는 5년 이하의 징역 또는 1천500만원 이하의 벌금에 처한다. 〈개정 1984.4.10, 1995.12.29〉
② 제1항의 행위에 응하거나 이를 중개한 자도 제1항과 같다.

제629조【초과발행의 죄】
회사의 발기인, 이사, 집행임원 또는 제386조 제2항 또는 제407조 제1항의 직무대행자가 회사가 발행할 주식의 총수를 초과하여 주식을 발행한 경우에는 5년 이하의 징역 또는 1천500만원 이하의 벌금에 처한다.
[전문개정 2011.4.14]

제630조【발기인, 이사 기타의 임원의 독직죄(瀆職罪)】
① 제622조와 제623조에 규정된 자, 검사인, 제298조 제3항·제299조의2·제310조 제3항 또는 제313조 제2항의 공증인이나 제299조의2, 제310조 제3항 또는 제422조 제1항의 감정인이 그 직무에 관하여 부정한 청탁을 받고 재산상의 이익을 수수, 요구 또는 약속한 때에는 5년 이하의 징역 또는 1천500만원

이하의 벌금에 처한다.

〈개정 1984.4.10, 1995.12.29, 1998.12.28〉

② 제1항의 이익을 약속, 공여 또는 공여의 의사를 표시한 자도 제1항과 같다.

제631조【권리행사방해 등에 관한 증수뢰죄】

① 다음의 사항에 관하여 부정한 청탁을 받고 재산상의 이익을 수수, 요구 또는 약속한 자는 1년 이하의 징역 또는 300만원 이하의 벌금에 처한다. 〈개정 1962.12.12, 1984.4.10, 1995.12.29, 1998.12.28, 1999.12.31, 2011.4.14〉

1. 창립총회, 사원총회, 주주총회 또는 사채권자집회에서의 발언 또는 의결권의 행사
2. 제3편에 정하는 소의 제기, 발행주식의 총수의 100분의 1 또는 100분의 3 이상에 해당하는 주주, 사채총액의 10분의 10 이상에 해당하는 사채권자 또는 자본금의 100분의 3 이상에 해당하는 출자좌수를 가진 사원의 권리의 행사

〈제2호 개정 2011.4.14〉

3. 제402조 또는 제424조에 정하는 권리의 행사

② 제1항의 이익을 약속, 공여 또는 공여의 의사를 표시한 자도 제1항과 같다.

제632조【징역과 벌금의 병과】

제622조 내지 전조의 징역과 벌금은 이를 병과할 수 있다.

제633조【몰수, 추징】

제630조 제1항 또는 제631조 제1항의 경우에는 범인이 수수한 이익은 이를 몰수한다. 그 전부 또는 일부를 몰수하기 불능한 때에는 그 가액을 추징한다.

제634조【납입책임면탈의 죄】

납입의 책임을 면하기 위하여 타인 또는 가설인의 명의로 주식 또는 출자를 인수한 자는 1년 이하의 징역 또는 300만원 이하의 벌금에 처한다.

〈개정 1984.4.10, 1995.12.29〉

제634조의2【주주의 권리행사에 관한 이익공여의 죄】

① 주식회사의 이사, 집행임원, 감사위원회 위원, 감사, 제386조 제2항·제407조 제1항 또는 제415조의 직무대행자, 지배인, 그 밖의 사용인이 주주의 권리 행사와 관련하여 회사의 계산으로 재산상의 이익을 공여(供與)한 경우에는 1년 이하의 징역 또는 300만원 이하의 벌금에 처한다.

〈개정 2011.4.14〉

② 제1항의 이익을 수수하거나, 제3자에게 이를 공여하게 한 자도 제1항과 같다.

[본조신설 1984.4.10]

제634조의3【양벌규정】

회사의 대표자나 대리인, 사용인, 그 밖의 종업원이 그 회사의 업무에 관하여 제624조의2의 위반행위를 하면 그 행위자를 벌하는 외에 그 회사에도 해당 조문의 벌금형을 과(科)한다. 다만, 회사가 제542조의13에 따른 의무를 성실히 이행한 경우 등 회사가 그 위반행위를 방지하기 위하여 해당 업무에 관하여 상당한 주의와 감독을 게을리하지 아니한 경우에는 그러하지 아니하다.

〈개정 2011.4.14〉

[본조신설 2009.1.30]

제635조【과태료에 처할 행위】

① 회사의 발기인, 설립위원, 업무집행사원, 업무집행자, 이사, 집행임원, 감사, 감사위원회 위원, 외국회사의 대표자, 검사인, 제298조 제3항·제299조의2·제310조 제3항 또는 제313조 제2항의 공증인, 제299조의2·제310조 제3항 또는 제422조 제1항의 감정인, 지배인, 청산인, 명의개서대리인, 사채모집을 위탁받은 회사와 그 사무승계자 또는 제386조 제2항·제407조 제1항·제415조·제542조 제2항 또는 제567조의 직무대행자가 다음 각 호의 어느 하나에 해당하는 행위를 한 경우에는 500만원

이하의 과태료를 부과한다. 다만, 그 행위에 대하여 형(刑)을 과(科)할 때에는 그러하지 아니하다. 〈개정 2011.4.14〉

1. 이 편(編)에서 정한 등기를 게을리한 경우
2. 이 편에서 정한 공고 또는 통지를 게을리하거나 부정(不正)한 공고 또는 통지를 한 경우
3. 이 편에서 정한 검사 또는 조사를 방해한 경우
4. 이 편의 규정을 위반하여 정당한 사유 없이 서류의 열람 또는 등사, 등본 또는 초본의 발급을 거부한 경우
5. 관청, 총회, 사채권자집회 또는 발기인에게 부실한 보고를 하거나 사실을 은폐한 경우
6. 주권, 채권 또는 신주인수권증권에 적을 사항을 적지 아니하거나 부실하게 적은 경우
7. 정당한 사유 없이 주권의 명의개서를 하지 아니한 경우
8. 법률 또는 정관에서 정한 이사 또는 감사의 인원수를 궐(闕)한 경우에 그 선임절차를 게을리한 경우
9. 정관·주주명부 또는 그 복본(複本), 사원명부·사채원부 또는 그 복본, 의사록, 감사록, 재산목록, 대차대조표, 영업보고서, 사무보고서, 손익계산서, 그 밖에 회사의 재무상태와 경영성과를 표시하는 것으로서 제287조의33 및 제447조 제1항 제3호에 따라 대통령령으로 정하는 서류, 결산보고서, 회계장부, 제447조·제534조·제579조 제1항 또는 제613조 제1항의 부속명세서 또는 감사보고서에 적을 사항을 적지 아니하거나 부실하게 적은 경우
10. 법원이 선임한 청산인에 대한 사무의 인계(引繼)를 게을리하거나 거부한 경우
11. 청산의 종결을 늦출 목적으로 제247조 제3항, 제535조 제1항 또는 제613조 제1항의 기간을 부당하게 장기간으로 정한 경우
12. 제254조 제4항, 제542조 제1항 또는 제613조 제1항을 위반하여 파산선고 청구를 게을리한 경우
13. 제589조 제2항을 위반하여 출자의 인수인을 공모한 경우
14. 제232조, 제247조 제3항, 제439조 제2항, 제527조의5, 제530조 제2항, 제530조의9 제4항, 제530조의11 제2항, 제597조, 제603조 또는 제608조를 위반하여 회사의 합병·분할·분할합병 또는 조직변경, 회사재산의 처분 또는 자본금의 감소를 한 경우
15. 제260조, 제542조 제1항 또는 제613조 제1항을 위반하여 회사재산을 분배한 경우
16. 제302조 제2항, 제347조, 제420조, 제420조의2, 제474조 제2항 또는 제514조를 위반하여 주식청약서, 신주인수권증서 또는 사채청약서를 작성하지 아니하거나 이에 적을 사항을 적지 아니하거나 또는 부실하게 적은 경우
17. 제342조 또는 제560조 제1항을 위반하여 주식 또는 지분의 실효 절차, 주식 또는 지분의 질권 처분을 게을리한 경우
18. 제343조 제1항 또는 제560조 제1항을 위반하여 주식 또는 출자를 소각한 경우
19. 제355조 제1항·제2항 또는 제618조를 위반하여 주권을 발행한 경우
20. 제358조의2 제2항을 위반하여 주주명부에 기재를 하지 아니한 경우
21. 제363조의2 제1항, 제542조 제2항 또는 제542조의6 제2항을 위반하여 주주가 제안한 사항을 주주총회의 목적사항으로 하지 아니한 경우

22. 제365조 제1항·제2항, 제578조, 제467조 제3항, 제582조 제3항에 따른 법원의 명령을 위반하여 주주총회를 소집하지 아니하거나, 정관으로 정한 곳 외의 장소에서 주주총회를 소집하거나, 제363조, 제364조, 제571조 제2항·제3항을 위반하여 주주총회를 소집한 경우
23. 제374조 제2항, 제530조 제2항 또는 제530조의11 제2항을 위반하여 주식매수청구권의 내용과 행사방법을 통지 또는 공고하지 아니하거나 부실한 통지 또는 공고를 한 경우
24. 제287조의34 제1항, 제396조 제1항, 제448조 제1항, 제510조 제2항, 제522조의2제1항, 제527조의6 제1항, 제530조의7, 제534조 제3항, 제542조 제2항, 제566조 제1항, 제579조의3, 제603조 또는 제613조를 위반하여 장부 또는 서류를 갖추어 두지 아니한 경우
25. 제412조의5 제3항을 위반하여 정당한 이유 없이 감사 또는 감사위원회의 조사를 거부한 경우
26. 제458조부터 제460조까지 또는 제583조를 위반하여 준비금을 적립하지 아니하거나 이를 사용한 경우
27. 제464조의2 제1항의 기간에 배당금을 지급하지 아니한 경우
28. 제478조 제1항 또는 제618조를 위반하여 채권을 발행한 경우
29. 제536조 또는 제613조 제1항을 위반하여 채무 변제를 한 경우
30. 제542조의5를 위반하여 이사 또는 감사를 선임한 경우
31. 제555조를 위반하여 지분에 대한 지시식 또는 무기명식의 증권을 발행한 경우
32. 제619조 제1항에 따른 법원의 명령을 위반한 경우

② 발기인, 이사 또는 집행임원이 주권의 인수로 인한 권리를 양도한 경우에도 제1항과 같다. 〈개정 2011.4.14〉

③ 제1항 각 호 외의 부분에 규정된 자가 다음 각 호의 어느 하나에 해당하는 행위를 한 경우에는 5천만원 이하의 과태료를 부과한다 〈신설 2009.1.30〉

1. 제542조의8 제1항을 위반하여 사외이사 선임의무를 이행하지 아니한 경우
2. 제542조의8 제4항을 위반하여 사외이사 후보추천위원회를 설치하지 아니하거나 사외이사가 총위원의 2분의 1 이상이 되도록 사외이사 후보추천위원회를 구성하지 아니한 경우
3. 제542조의8 제5항에 따라 사외이사를 선임하지 아니한 경우

2025.7.22 개정 | 2026.7.23. 시행 예정

1. 제542조의8 제1항을 위반하여 독립이사 선임의무를 이행하지 아니한 경우
2. 제542조의8 제4항을 위반하여 독립이사 후보추천위원회를 설치하지 아니하거나 독립이사가 총위원의 2분의 1 이상이 되도록 독립이사 후보추천위원회를 구성하지 아니한 경우
3. 제542조의8 제5항에 따라 독립이사를 선임하지 아니한 경우

4. 제542조의9 제3항을 위반하여 이사회 승인 없이 거래한 경우
5. 제542조의11 제1항을 위반하여 감사위원회를 설치하지 아니한 경우
6. 제542조의11 제2항을 위반하여 제415조의2 제2항 및 제542조의11 제2항 각 호의 감사위원회의 구성요건에 적합한 감사위원회를 설치하지 아니한 경우
7. 제542조의11 제4항 제1호 및 제2호를 위

반하여 감사위원회가 제415조의2 제2항 및 제542조의11 제2항 각 호의 감사위원회의 구성요건에 적합하도록 하지 아니한 경우

8. 제542조의12 제2항을 위반하여 감사위원회위원의 선임절차를 준수하지 아니한 경우

④ 제1항 각 호 외의 부분에 규정된 자가 다음 각 호의 어느 하나에 해당하는 행위를 한 경우에는 1천만원 이하의 과태료를 부과한다. 〈신설 2009.1.30〉

1. 제542조의4에 따른 주주총회 소집의 통지·공고를 게을리하거나 부정한 통지 또는 공고를 한 경우
2. 제542조의7 제4항 또는 제542조의12 제5항을 위반하여 의안을 별도로 상정하여 의결하지 아니한 경우

2025.9.9 개정 2026.9.10. 시행 예정

2. 제542조의12 제5항을 위반하여 의안을 별도로 상정하여 의결하지 아니한 경우

제636조【등기전의 회사명의의 영업 등】

① 회사의 성립전에 회사의 명의로 영업을 한 자는 회사설립의 등록세의 배액에 상당한 과태료에 처한다.

② 전항의 규정은 제616조 제1항의 규정에 위반한 자에 준용한다.

제637조【법인에 대한 벌칙의 적용】

제622조, 제623조, 제625조, 제627조, 제6287조 또는 제630조 제1항에 규정된 자가 법인인 경우에는 이 장의 벌칙은 그 행위를 한 이사, 집행임원, 감사, 그 밖에 업무를 집행한 사원 또는 지배인에게 적용한다.

[전문개정 2011.4.14]

제637조의2【과태료의 부과·징수】

① 제635조(제1항 제1호는 제외한다) 또는 제636조에 따른 과태료는 대통령령으로 정하는 바에 따라 법무부장관이 부과·징수한다.

② 제1항에 따른 과태료 처분에 불복하는 자는 그 처분을 고지받은 날부터 60일 이내에 법무부장관에게 이의를 제기할 수 있다.

③ 제1항에 따른 과태료 처분을 받은 자가 제2항에 따라 이의를 제기한 때에는 법무부장관은 지체 없이 관할 법원에 그 사실을 통보하여야 하며, 그 통보를 받은 관할 법원은 「비송사건절차법」에 따른 과태료 재판을 한다.

④ 제2항에서 규정하는 기간 내에 이의를 제기하지 아니하고 과태료를 납부하지 아니한 때에는 국세 체납처분의 예에 따라 징수한다.

[본조신설 2009.1.30]

제4편 보 험

제1장 통 칙

제638조【보험계약의 의의】
보험계약은 당사자 일방이 약정한 보험료를 지급하고 재산 또는 생명이나 신체에 불확정한 사고가 발생할 경우에 상대방이 일정한 보험금이나 그 밖의 급여를 지급할 것을 약정함으로써 효력이 생긴다.

[전문개정 2014.3.11]

제638조의2【보험계약의 성립】
① 보험자가 보험계약자로부터 보험계약의 청약과 함께 보험료 상당액의 전부 또는 일부의 지급을 받은 때에는 다른 약정이 없으면 30일내에 그 상대방에 대하여 낙부(諾否)의 통지를 발송하여야 한다. 그러나 인보험계약의 피보험자가 신체검사를 받아야 하는 경우에는 그 기간은 신체검사를 받은 날부터 기산한다.
② 보험자가 제1항의 규정에 의한 기간내에 낙부의 통지를 해태한 때에는 승낙한 것으로 본다.
③ 보험자가 보험계약자로부터 보험계약의 청약과 함께 보험료 상당액의 전부 또는 일부를 받은 경우에 그 청약을 승낙하기 전에 보험계약에서 정한 보험사고가 생긴 때에는 그 청약을 거절할 사유가 없는 한 보험자는 보험계약상의 책임을 진다. 그러나 인보험계약의 피보험자가 신체검사를 받아야 하는 경우에 그 검사를 받지 아니한 때에는 그러하지 아니하다.

[본조신설 1991.12.31]

제638조의3【보험약관(保險約款)의 교부·설명 의무】
① 보험자는 보험계약을 체결할 때에 보험계약자에게 보험약관을 교부하고 그 약관의 중요한 내용을 설명하여야 한다.
② 보험자가 제1항을 위반한 경우 보험계약자는 보험계약이 성립한 날부터 3개월 이내에 그 계약을 취소할 수 있다.

[전문개정 2014.3.11]

제639조【타인을 위한 보험】
① 보험계약자는 위임을 받거나 위임을 받지 아니하고 특정 또는 불특정의 타인을 위하여 보험계약을 체결할 수 있다. 그러나 손해보험계약의 경우에 그 타인의 위임이 없는 때에는 보험계약자는 이를 보험자에게 고지하여야 하고, 그 고지가 없는 때에는 타인이 그 보험계약이 체결된 사실을 알지 못하였다는 사유로 보험자에게 대항하지 못한다.

〈개정 1991.12.31〉

② 제1항의 경우에는 그 타인은 당연히 그 계약의 이익을 받는다. 그러나 손해보험계약의 경우에 보험계약자가 그 타인에게 보험사고의 발생으로 생긴 손해의 배상을 한 때에는 보험계약자는 그 타인의 권리를 해하지 아니하는 범위안에서 보험자에게 보험금액의 지급을 청구할 수 있다. 〈신설 1991.12.31〉
③ 제1항의 경우에는 보험계약자는 보험자에 대하여 보험료를 지급할 의무가 있다. 그러나 보험계약자가 파산선고를 받거나 보험료의 지급을 지체한 때에는 그 타인이 그 권리를 포기하지 아니하는 한 그 타인도 보험료를 지급할 의무가 있다. 〈개정 1991.12.31〉

제640조【보험증권(保險證券)의 교부】
① 보험자는 보험계약이 성립한 때에는 지체없이 보험증권을 작성하여 보험계약자에게 교부하여야 한다. 그러나 보험계약자가 보험료의 전부

또는 최초의 보험료를 지급하지 아니한 때에는 그러하지 아니하다.

〈개정 1991.12.31〉

② 기존의 보험계약을 연장하거나 변경한 경우에는 보험자는 그 보험증권에 그 사실을 기재함으로써 보험증권의 교부에 갈음할 수 있다.

〈신설 1991.12.31〉

제641조【증권에 관한 이의약관의 효력】

보험계약의 당사자는 보험증권의 교부가 있은 날로부터 일정한 기간내에 한하여 그 증권내용의 정부(正否)에 관한 이의를 할 수 있음을 약정할 수 있다. 이 기간은 1월을 내리지 못한다.

제642조【증권의 재교부청구】

보험증권을 멸실 또는 현저하게 훼손한 때에는 보험계약자는 보험자에 대하여 증권의 재교부를 청구할 수 있다. 그 증권작성의 비용은 보험계약자의 부담으로 한다.

제643조【소급보험】

보험계약은 그 계약전의 어느 시기를 보험기간의 시기로 할 수 있다.

제644조【보험사고의 객관적 확정의 효과】

보험계약당시에 보험사고가 이미 발생하였거나 또는 발생할 수 없는 것인 때에는 그 계약은 무효로 한다. 그러나 당사자쌍방과 피보험자가 이를 알지 못한 때에는 그러하지 아니하다.

제645조 삭 제 〈1991.12.31〉

제646조【대리인이 안 것의 효과】

대리인에 의하여 보험계약을 체결한 경우에 대리인이 안 사유는 그 본인의 안 것과 동일한 것으로 한다.

제646조의2【보험대리상 등의 권한】

① 보험대리상은 다음 각 호의 권한이 있다.

1. 보험계약자로부터 보험료를 수령할 수 있는 권한
2. 보험자가 작성한 보험증권을 보험계약자에게 교부할 수 있는 권한
3. 보험계약자로부터 청약, 고지, 통지, 해지, 취소 등 보험계약에 관한 의사표시를 수령할 수 있는 권한
4. 보험계약자에게 보험계약의 체결, 변경, 해지 등 보험계약에 관한 의사표시를 할 수 있는 권한

② 제1항에도 불구하고 보험자는 보험대리상의 제1항 각 호의 권한 중 일부를 제한할 수 있다. 다만, 보험자는 그러한 권한 제한을 이유로 선의의 보험계약자에게 대항하지 못한다.

③ 보험대리상이 아니면서 특정한 보험자를 위하여 계속적으로 보험계약의 체결을 중개하는 자는 제1항 제1호(보험자가 작성한 영수증을 보험계약자에게 교부하는 경우만 해당한다) 및 제2호의 권한이 있다.

④ 피보험자나 보험수익자가 보험료를 지급하거나 보험계약에 관한 의사표시를 할 의무가 있는 경우에는 제1항부터 제3항까지의 규정을 그 피보험자나 보험수익자에게도 적용한다.

[본조신설 2014.3.11]

제647조【특별위험의 소멸로 인한 보험료의 감액청구】

보험계약의 당사자가 특별한 위험을 예기하여 보험료의 액을 정한 경우에 보험기간중 그 예기한 위험이 소멸한 때에는 보험계약자는 그 후의 보험료의 감액을 청구할 수 있다.

제648조【보험계약의 무효로 인한 보험료반환청구】

보험계약의 전부 또는 일부가 무효인 경우에 보험계약자와 피보험자가 선의이며 중대한 과실이 없는 때에는 보험자에 대하여 보험료의 전부 또는 일부의 반환을 청구할 수 있다. 보험계약자와 보험수익자가 선의이며 중대한 과실이 없는 때에도 같다.

제649조【사고발생전의 임의해지】

① 보험사고가 발생하기 전에는 보험계약자는 언제든지 계약의 전부 또는 일부를 해지할 수 있다. 그러나 제639조의 보험계약의 경우에는 보험계약자는 그 타인의 동의를 얻지 아니하거나 보험증권을 소지하지 아니하면 그 계약을 해지하지 못한다. 〈개정 1991.12.31〉

② 보험사고의 발생으로 보험자가 보험금액을 지급한 때에도 보험금액이 감액되지 아니하는 보험의 경우에는 보험계약자는 그 사고발생 후에도 보험계약을 해지할 수 있다. 〈신설 1991.12.31〉

③ 제1항의 경우에는 보험계약자는 당사자간에 다른 약정이 없으면 미경과보험료의 반환을 청구할 수 있다. 〈개정 1991.12.31〉

제650조【보험료의 지급과 지체의 효과】

① 보험계약자는 계약체결후 지체없이 보험료의 전부 또는 제1회 보험료를 지급하여야 하며, 보험계약자가 이를 지급하지 아니하는 경우에는 다른 약정이 없는 한 계약성립후 2월이 경과하면 그 계약은 해제된 것으로 본다.

② 계속보험료가 약정한 시기에 지급되지 아니한 때에는 보험자는 상당한 기간을 정하여 보험계약자에게 최고하고 그 기간내에 지급되지 아니한 때에는 그 계약을 해지할 수 있다.

③ 특정한 타인을 위한 보험의 경우에 보험계약자가 보험료의 지급을 지체한 때에는 보험자는 그 타인에게도 상당한 기간을 정하여 보험료의 지급을 최고한 후가 아니면 그 계약을 해제 또는 해지하지 못한다.

[전문개정 1991.12.31]

제650조의2【보험계약의 부활(復活)】

제650조 제2항에 따라 보험계약이 해지되고 해지환급금이 지급되지 아니한 경우에 보험계약자는 일정한 기간내에 연체보험료에 약정이자를 붙여 보험자에게 지급하고 그 계약의 부활을 청구할 수 있다. 제638조의2의 규정은 이 경우에 준용한다.

[본조신설 1991.12.31]

제651조【고지의무위반으로 인한 계약해지】

보험계약당시에 보험계약자 또는 피보험자가 고의 또는 중대한 과실로 인하여 중요한 사항을 고지하지 아니하거나 부실의 고지를 한 때에는 보험자는 그 사실을 안 날로부터 1월내에, 계약을 체결한 날로부터 3년내에 한하여 계약을 해지할 수 있다. 그러나 보험자가 계약당시에 그 사실을 알았거나 중대한 과실로 인하여 알지 못한 때에는 그러하지 아니하다. 〈개정 1991.12.31〉

제651조의2【서면에 의한 질문의 효력】

보험자가 서면으로 질문한 사항은 중요한 사항으로 추정한다.

[본조신설 1991.12.31.]

제652조【위험변경증가의 통지와 계약해지】

① 보험기간중에 보험계약자 또는 피보험자가 사고발생의 위험이 현저하게 변경 또는 증가된 사실을 안 때에는 지체없이 보험자에게 통지하여야 한다. 이를 해태한 때에는 보험자는 그 사실을 안 날로부터 1월내에 한하여 계약을 해지할 수 있다.

② 보험자가 제1항의 위험변경증가의 통지를 받은 때에는 1월내에 보험료의 증액을 청구하거나 계약을 해지할 수 있다.

〈신설 1991.12.31〉

제653조【보험계약자 등의 고의나 중과실로 인한 위험증가와 계약해지】

보험기간중에 보험계약자, 피보험자 또는 보험수익자의 고의 또는 중대한 과실로 인하여 사고발생의 위험이 현저하게 변경 또는 증가된 때에는 보험자는 그 사실을 안 날부터 1월내에 보험료의 증액을 청구하거나 계약을 해지할 수 있다.

〈개정 1991.12.31〉

제654조【보험자의 파산선고와 계약해지】
① 보험자가 파산의 선고를 받은 때에는 보험계약자는 계약을 해지할 수 있다.
② 제1항의 규정에 의하여 해지하지 아니한 보험계약은 파산선고후 3월을 경과한 때에는 그 효력을 잃는다. 〈개정 1991.12.31.〉

제655조【계약해지와 보험금청구권】
보험사고가 발생한 후라도 보험자가 제650조, 제651조, 제652조 및 제653조에 따라 계약을 해지하였을 때에는 보험금을 지급할 책임이 없고 이미 지급한 보험금의 반환을 청구할 수 있다. 다만, 고지의무(告知義務)를 위반한 사실 또는 위험이 현저하게 변경되거나 증가된 사실이 보험사고 발생에 영향을 미치지 아니하였음이 증명된 경우에는 보험금을 지급할 책임이 있다.
[전문개정 2014.3.11.]

제656조【보험료의 지급과 보험자의 책임개시】
보험자의 책임은 당사자간에 다른 약정이 없으면 최초의 보험료의 지급을 받은 때로부터 개시한다.

제657조【보험사고발생의 통지의무】
① 보험계약자 또는 피보험자나 보험수익자는 보험사고의 발생을 안 때에는 지체없이 보험자에게 그 통지를 발송하여야 한다.
② 보험계약자 또는 피보험자나 보험수익자가 제1항의 통지의무를 해태함으로 인하여 손해가 증가된 때에는 보험자는 그 증가된 손해를 보상할 책임이 없다. 〈신설 1991.12.31〉

제658조【보험금액의 지급】
보험자는 보험금액의 지급에 관하여 약정기간이 있는 경우에는 그 기간내에 약정기간이 없는 경우에는 제657조 제1항의 통지를 받은 후 지체없이 지급할 보험금액을 정하고 그 정하여진 날부터 10일내에 피보험자 또는 보험수익자에게 보험금액을 지급하여야 한다.
[전문개정 1991.12.31]

제659조【보험자의 면책사유】
① 보험사고가 보험계약자 또는 피보험자나 보험수익자의 고의 또는 중대한 과실로 인하여 생긴 때에는 보험자는 보험금액을 지급할 책임이 없다.
② 삭 제 〈1991.12.31〉

제660조【전쟁위험 등으로 인한 면책】
보험사고가 전쟁 기타의 변란으로 인하여 생긴 때에는 당사자간에 다른 약정이 없으면 보험자는 보험금액을 지급할 책임이 없다.

제661조【재보험】
보험자는 보험사고로 인하여 부담할 책임에 대하여 다른 보험자와 재보험계약을 체결할 수 있다. 이 재보험계약은 원보험계약(原保險契約)의 효력에 영향을 미치지 아니한다.

제662조【소멸시효】
보험금청구권은 3년간, 보험료 또는 적립금의 반환청구권은 3년간, 보험료청구권은 2년간 행사하지 아니하면 시효의 완성으로 소멸한다.
[전문개정 2014.3.11]

제663조【보험계약자 등의 불이익변경금지】
이 편의 규정은 당사자간의 특약으로 보험계약자 또는 피보험자나 보험수익자의 불이익으로 변경하지 못한다. 그러나 재보험 및 해상보험 기타 이와 유사한 보험의 경우에는 그러하지 아니하다.
〈개정 1991.12.31〉

제664조【상호보험, 공제 등에의 준용】
이 편(編)의 규정은 그 성질에 반하지 아니하는 범위에서 상호보험(相互保險), 공제(共濟), 그 밖에 이에 준하는 계약에 준용한다.
[전문개정 2014.3.11]

제2장 손해보험

제1절 통 칙

제665조【손해보험자의 책임】
손해보험계약의 보험자는 보험사고로 인하여 생길 피보험자의 재산상의 손해를 보상할 책임이 있다.

제666조【손해보험증권】
손해보험증권에는 다음의 사항을 기재하고 보험자가 기명날인 또는 서명하여야 한다.
〈개정 1991.12.31, 2014.3.11〉

1. 보험목적
2. 보험사고의 성질
3. 보험금액
4. 보험료와 그 지급방법
5. 보험기간을 정한 때에는 그 시기와 종기
6. 무효와 실권의 사유
7. 보험계약자의 주소와 성명 또는 상호

7의2. 피보험자의 주소, 성명 또는 상호
〈제7호의2 신설 2014.3.11〉

8. 보험계약의 연월일
9. 보험증권의 작성지와 그 작성연월일

제667조【상실이익 등의 불산입】
보험사고로 인하여 상실된 피보험자가 얻을 이익이나 보수는 당사자간에 다른 약정이 없으면 보험자가 보상할 손해액에 산입하지 아니한다.

제668조【보험계약의 목적】
보험계약은 금전으로 산정할 수 있는 이익에 한하여 보험계약의 목적으로 할 수 있다.

제669조【초과보험】
① 보험금액이 보험계약의 목적의 가액을 현저하게 초과한 때에는 보험자 또는 보험계약자는 보험료와 보험금액의 감액을 청구할 수 있다. 그러나 보험료의 감액은 장래에 대하여서만 그 효력이 있다.
② 제1항의 가액은 계약당시의 가액에 의하여 정한다. 〈개정 1991.12.31〉
③ 보험가액이 보험기간 중에 현저하게 감소된 때에도 제1항과 같다.
④ 제1항의 경우에 계약이 보험계약자의 사기로 인하여 체결된 때에는 그 계약은 무효로 한다. 그러나 보험자는 그 사실을 안 때까지의 보험료를 청구할 수 있다.

제670조【기(既)평가보험】
당사자간에 보험가액을 정한 때에는 그 가액은 사고발생시의 가액으로 정한 것으로 추정한다. 그러나 그 가액이 사고발생시의 가액을 현저하게 초과할 때에는 사고발생시의 가액을 보험가액으로 한다.

제671조【미(未)평가보험】
당사자간에 보험가액을 정하지 아니한 때에는 사고발생시의 가액을 보험가액으로 한다.

제672조【중복보험】
① 동일한 보험계약의 목적과 동일한 사고에 관하여 수개의 보험계약이 동시에 또는 순차로 체결된 경우에 그 보험금액의 총액이 보험가액을 초과한 때에는 보험자는 각자의 보험금액의 한도에서 연대책임을 진다. 이 경우에는 각 보험자의 보상책임은 각자의 보험금액의 비율에 따른다. 〈개정 1991.12.31〉
② 동일한 보험계약의 목적과 동일한 사고에 관하여 수개의 보험계약을 체결하는 경우에는 보험계약자는 각 보험자에 대하여 각 보험계약의 내용을 통지하여야 한다.
〈개정 1991.12.31〉
③ 제669조 제4항의 규정은 제1항의 보험계약에 준용한다.

제673조【중복보험과 보험자 1인에 대한 권리포기】
제672조의 규정에 의한 수개의 보험계약을 체결한 경우에 보험자 1인에 대한 권리의 포기는 다른 보험자의 권리의무에 영향을 미치지 아니한다.
〈개정 1991.12.31〉

제674조【일부보험】
보험가액의 일부를 보험에 붙인 경우에는 보험자는 보험금액의 보험가액에 대한 비율에 따라 보상할 책임을 진다. 그러나 당사자간에 다른 약정이 있는 때에는 보험자는 보험금액의 한도내에서 그 손해를 보상할 책임을 진다.
〈개정 1991.12.31〉

제675조【사고발생후의 목적멸실과 보상책임】
보험의 목적에 관하여 보험자가 부담할 손해가 생긴 경우에는 그 후 그 목적이 보험자가 부담하지 아니하는 보험사고의 발생으로 인하여 멸실된 때에도 보험자는 이미 생긴 손해를 보상할 책임을 면하지 못한다. 〈개정 1962.12.12〉

제676조【손해액의 산정기준】
① 보험자가 보상할 손해액은 그 손해가 발생한 때와 곳의 가액에 의하여 산정한다. 그러나 당사자간에 다른 약정이 있는 때에는 그 신품가액에 의하여 손해액을 산정할 수 있다
〈개정 1991.12.31〉
② 제1항의 손해액의 산성에 관한 비용은 보험자의 부담으로 한다. 〈개정 1991.12.31〉

제677조【보험료체납과 보상액의 공제】
보험자가 손해를 보상할 경우에 보험료의 지급을 받지 아니한 잔액이 있으면 그 지급기일이 도래하지 아니한 때라도 보상할 금액에서 이를 공제할 수 있다.

제678조【보험자의 면책사유】
보험의 목적의 성질, 하자 또는 자연소모로 인한 손해는 보험자가 이를 보상할 책임이 없다.

제679조【보험목적의 양도】
① 피보험자가 보험의 목적을 양도한 때에는 양수인은 보험계약상의 권리와 의무를 승계한 것으로 추정한다. 〈개정 1991.12.31〉
② 제1항의 경우에 보험의 목적의 양도인 또는 양수인은 보험자에 대하여 지체없이 그 사실을 통지하여야 한다. 〈신설 1991.12.31〉

제680조【손해방지의무】
① 보험계약자와 피보험자는 손해의 방지와 경감을 위하여 노력하여야 한다. 그러나 이를 위하여 필요 또는 유익하였던 비용과 보상액이 보험금액을 초과한 경우라도 보험자가 이를 부담한다.
〈개정 1991.12.31〉
② 삭 제 〈1991.12.31〉

제681조【보험목적에 관한 보험대위(代位)】
보험의 목적의 전부가 멸실한 경우에 보험금액의 전부를 지급한 보험자는 그 목적에 대한 피보험자의 권리를 취득한다. 그러나 보험가액의 일부를 보험에 붙인 경우에는 보험자가 취득할 권리는 보험금액의 보험가액에 대한 비율에 따라 이를 정한다.

제682조【제3자에 대한 보험대위】
① 손해가 제3자의 행위로 인하여 발생한 경우에 보험금을 지급한 보험자는 그 지급한 금액의 한도에서 그 제3자에 대한 보험계약자 또는 피보험자의 권리를 취득한다. 다만, 보험자가 보상할 보험금의 일부를 지급한 경우에는 피보험자의 권리를 침해하지 아니하는 범위에서 그 권리를 행사할 수 있다.
② 보험계약자나 피보험자의 제1항에 따른 권리가 그와 생계를 같이 하는 가족에 대한 것인 경우 보험자는 그 권리를 취득하지 못한다. 다만, 손해가 그 가족의 고의로 인하여 발생한 경우에는 그러하지 아니하다.
[전문개정 2014.3.11]

제2절 화재보험

제683조【화재보험의 책임】
화재보험계약의 보험자는 화재로 인하여 생긴 손해를 보상할 책임이 있다.

제684조【소방(消防) 등의 조치로 인한 손해의 보상】
보험자는 화재의 소방 또는 손해의 감소에 필요한 조치로 인하여 생긴 손해를 보상할 책임이 있다.

제685조【화재보험증권】
화재보험증권에는 제666조에 게기한 사항 외에 다음의 사항을 기재하여야 한다.

1. 건물을 보험의 목적으로 한 때에는 그 소재지, 구조와 용도
2. 동산을 보험의 목적으로 한 때에는 그 존치한 장소의 상태와 용도
3. 보험가액을 정한 때에는 그 가액

제686조【집합보험의 목적】
집합된 물건을 일괄하여 보험의 목적으로 한 때에는 피보험자의 가족과 사용인의 물건도 보험의 목적에 포함된 것으로 한다. 이 경우에는 그 보험은 그 가족 또는 사용인을 위하여서도 체결한 것으로 본다.

제687조【동 전】
집합된 물건을 일괄하여 보험의 목적으로 한 때에는 그 목적에 속한 물건이 보험기간 중에 수시로 교체된 경우에도 보험사고의 발생시에 현존한 물건은 보험의 목적에 포함된 것으로 한다.

제3절 운송보험

제688조【운송보험자의 책임】
운송보험계약의 보험자는 다른 약정이 없으면 운송인이 운송물을 수령한 때로부터 수하인에게 인도할 때까지 생길 손해를 보상할 책임이 있다.

제689조【운송보험의 보험가액】
① 운송물의 보험에 있어서는 발송한 때와 곳의 가액과 도착지까지의 운임 기타의 비용을 보험가액으로 한다.
② 운송물의 도착으로 인하여 얻을 이익은 약정이 있는 때에 한하여 보험가액중에 산입한다.

제690조【운송보험증권】
운송보험증권에는 제666조에 게기한 사항외에 다음의 사항을 기재하여야 한다.

1. 운송의 노순(路順)과 방법
2. 운송인의 주소와 성명 또는 상호
3. 운송물의 수령과 인도의 장소
4. 운송기간을 정한 때에는 그 기간
5. 보험가액을 정한 때에는 그 가액

제691조【운송의 중지나 변경과 계약효력】
보험계약은 다른 약정이 없으면 운송의 필요에 의하여 일시 운송을 중지하거나 운송의 노순 또는 방법을 변경한 경우에도 그 효력을 잃지 아니한다.

제692조【운송보조자의 고의, 중과실과 보험자의 면책】
보험사고가 송하인 또는 수하인의 고의 또는 중대한 과실로 인하여 발생한 때에는 보험자는 이로 인하여 생긴 손해를 보상할 책임이 없다.

제4절 해상보험

제693조【해상보험자의 책임】
해상보험계약의 보험자는 해상사업에 관한 사고로 인하여 생길 손해를 보상할 책임이 있다.
〈개정 1991.12.31〉

제694조【공동해손분담액의 보상】
보험자는 피보험자가 지급할 공동해손의 분담액을 보상할 책임이 있다. 그러나 보험의 목적의 공동해손분담가액이 보험가액을 초과할 때에는 그 초과액에 대한 분담액은 보상하지 아니한다.
〈개정 1991.12.31〉

제694조의2【구조료의 보상】
보험자는 피보험자가 보험사고로 인하여 발생하는 손해를 방지하기 위하여 지급할 구조료를 보상할 책임이 있다. 그러나 보험의 목적물의 구조료분담가액이 보험가액을 초과할 때에는 그 초과액에 대한 분담액은 보상하지 아니한다.
[본조신설 1991.12.31]

제694조의3【특별비용의 보상】
보험자는 보험의 목적의 안전이나 보존을 위하여 지급할 특별비용을 보험금액의 한도내에서 보상할 책임이 있다.
[본조신설 1991.12.31]

제695조【해상보험증권】
해상보험증권에는 제666조에 게기한 사항외에 다음의 사항을 기재하여야 한다.
〈개정 1991.12.31〉

1. 선박을 보험에 붙인 경우에는 그 선박의 명칭, 국적과 종류 및 항해의 범위
2. 적하(積荷)를 보험에 붙인 경우에는 선박의 명칭, 국적과 종류, 선적항, 양륙항(揚陸航) 및 출하지와 도착지를 정한 때에는 그 지명
3. 보험가액을 정한 때에는 그 가액

제696조【선박보험의 보험가액과 보험목적】
① 선박의 보험에 있어서는 보험자의 책임이 개시될 때의 선박가액을 보험가액으로 한다.
② 제1항의 경우에는 선박의 속구(屬具), 연료, 양식 기타 항해에 필요한 모든 물건은 보험의 목적에 포함된 것으로 한다. 〈개정 1991.12.31〉

제697조【적하보험의 보험가액】
적하의 보험에 있어서는 선적한 때와 곳의 적하의 가액과 선적 및 보험에 관한 비용을 보험가액으로 한다. 〈개정 1962.12.12〉

제698조【희망이익보험의 보험가액】
적하의 도착으로 인하여 얻을 이익 또는 보수의 보험에 있어서는 계약으로 보험가액을 정하지 아니한 때에는 보험금액을 보험가액으로 한 것으로 추정한다.

제699조【해상보험의 보험기간의 개시】
① 항해단위로 선박을 보험에 붙인 경우에는 보험기간은 하물(荷物) 또는 저하(底荷)의 선적에 착수한 때에 개시한다.
② 적하를 보험에 붙인 경우에는 보험기간은 하물의 선적(船積)에 착수한 때에 개시한다. 그러나 출하지를 정한 경우에는 그 곳에서 운송에 착수한 때에 개시한다.
③ 하물 또는 저하의 선적에 착수한 후에 제1항 또는 제2항의 규정에 의한 보험계약이 체결된 경우에는 보험기간은 계약이 성립한 때에 개시한다.
[전문개정 1991.12.31]

제700조【해상보험의 보험기간의 종료】
보험기간은 제699조 제1항의 경우에는 도착항에서 하물 또는 저하를 양륙한 때에, 동조 제2항의 경우에는 양륙항 또는 도착지에서 하물을 인도한 때에 종료한다. 그러나 불가항력으로 인하지 아니하고 양륙이 지연된 때에는 그 양륙이 보통 종료될 때에 종료된 것으로 한다.
〈개정 1991.12.31〉

제701조【항해변경의 효과】
① 선박이 보험계약에서 정하여진 발항항(發航港)이 아닌 다른 항에서 출항한 때에는 보험자는 책임을 지지 아니한다.
② 선박이 보험계약에서 정하여진 도착항이 아닌 다른 항을 향하여 출항한 때에도 제1항의 경우와 같다.
③ 보험자의 책임이 개시된 후에 보험계약에서 정하여진 도착항이 변경된 경우에는 보험자는 그 항해의 변경이 결정된 때부터 책임을 지지 아니한다.
[전문개정 1991.12.31]

제701조의2【이 로(離路)】
선박이 정당한 사유없이 보험계약에서 정하여진 항로를 이탈한 경우에는 보험자는 그때부터 책임을 지지 아니한다. 선박이 손해발생전에 원항로로 돌아온 경우에도 같다. [본조신설 1991.12.31]

제702조【발항 또는 항해의 지연의 효과】
피보험자가 정당한 사유없이 발항 또는 항해를 지연한 때에는 보험자는 발항 또는 항해를 지체한 이후의 사고에 대하여 책임을 지지 아니한다.
[전문개정 1991.12.31]

제703조【선박변경의 효과】
적하를 보험에 붙인 경우에 보험계약자 또는 피보험자의 책임있는 사유로 인하여 선박을 변경한 때에는 보험자는 그 변경후의 사고에 대하여 책임을 지지 아니한다. 〈개정 1991.12.31〉

제703조의2【선박의 양도 등의 효과】
선박을 보험에 붙인 경우에 다음의 사유가 있을 때에는 보험계약은 종료한다. 그러나 보험자의 동의가 있는 때에는 그러하지 아니하다.
1. 선박을 양도할 때
2. 선박의 선급(船級)을 변경한 때
3. 선박을 새로운 관리로 옮긴 때
[본조신설 1991.12.31]

제704조【선박미확정의 적하예정보험】
① 보험계약의 체결당시에 하물을 적재할 선박을 지정하지 아니한 경우에 보험계약자 또는 피보험자가 그 하물이 선적되었음을 안 때에는 지체없이 보험자에 대하여 그 선박의 명칭, 국적과 하물의 종류, 수량과 가액의 통지를 발송하여야 한다. 〈개정 1991.12.31〉
② 제1항의 통지를 해태한 때에는 보험자는 그 사실을 안 날부터 1월내에 계약을 해지할 수 있다. 〈개정 1991.12.31〉

제705조 삭 제 〈1991.12.31〉

제706조【해상보험자의 면책사유】
보험자는 다음의 손해와 비용을 보상할 책임이 없다. 〈개정 1991.12.31〉
1. 선박 또는 운임을 보험에 붙인 경우에는 발항당시 안전하게 항해를 하기에 필요한 준비를 하지 아니하거나 필요한 서류를 비치하지 아니함으로 인하여 생긴 손해
2. 적하를 보험에 붙인 경우에는 용선자(傭船者), 송하인 또는 수하인의 고의 또는 중대한 과실로 인하여 생긴 손해
3. 도선료, 입항료, 등대료, 검역료, 기타 선박 또는 적하에 관한 항해중의 통상비용

제707조 삭 제 〈1991.12.31〉

제707조의2【선박의 일부손해의 보상】
① 선박의 일부가 훼손되어 그 훼손된 부분의 전부를 수선한 경우에는 보험자는 수선에 따른 비용을 1회의 사고에 대하여 보험금액을 한도로 보상할 책임이 있다.
② 선박의 일부가 훼손되어 그 훼손된 부분의 일부를 수선한 경우에는 보험자는 수선에 따른 비용과 수선을 하지 아니함으로써 생긴 감가액을 보상할 책임이 있다.
③ 선박의 일부가 훼손되었으나 이를 수선하지 아니한 경우에는 보험자는 그로 인한 감가액을 보상할 책임이 있다. [본조신설 1991.12.31]

제708조【적하의 일부손해의 보상】
보험의 목적인 적하가 훼손되어 양륙항에 도착한 때에는 보험자는 그 훼손된 상태의 가액과 훼손되지 아니한 상태의 가액과의 비율에 따라 보험가액의 일부에 대한 손해를 보상할 책임이 있다.

제709조【적하매각으로 인한 손해의 보상】
① 항해도중에 불가항력으로 보험의 목적인 적하를 매각한 때에는 보험자는 그 대금에서 운임 기타 필요한 비용을 공제한 금액과 보험가액과의 차액을 보상하여야 한다.
② 제1항의 경우에 매수인이 대금을 지급하지 아니한 때에는 보험자는 그 금액을 지급하여야 한다. 보험자가 그 금액을 지급한 때에는 피보험자의 매수인에 대한 권리를 취득한다. 〈개정 1991.12.31〉

제710조【보험위부(委付)의 원인】
다음의 경우에는 피보험자는 보험의 목적을 보험자에게 위부하고 보험금액의 전부를 청구할 수 있다. 〈개정 1991.12.31〉
1. 피보험자가 보험사고로 인하여 자기의 선박 또는 적하의 점유를 상실하여 이를 회복할 가능성이 없거나 회복하기 위한 비용이 회

복하였을 때의 가액을 초과하리라고 예상될 경우

2. 선박이 보험사고로 인하여 심하게 훼손되어 이를 수선하기 위한 비용이 수선하였을 때의 가액을 초과하리라고 예상될 경우
3. 적하가 보험사고로 인하여 심하게 훼손되어서 이를 수선하기 위한 비용과 그 적하를 목적지까지 운송하기 위한 비용과의 합계액이 도착하는 때의 적하의 가액을 초과하리라고 예상될 경우

제711조【선박의 행방불명】

① 선박의 존부가 2월간 분명하지 아니한 때에는 그 선박의 행방이 불명한 것으로 한다. 〈개정 1991.12.31〉

② 제1항의 경우에는 전손(全損)으로 추정한다. 〈개정 1991.12.31〉

제712조【대선(代船)에 의한 운송의 계속과 위부권의 소멸】

제710조 제2호의 경우에 선장이 지체없이 다른 선박으로 적하의 운송을 계속한 때에는 피보험자는 그 적하를 위부할 수 없다. 〈개정 1991.12.31〉

제713조【위부의 통지】

① 피보험자가 위부를 하고자 할 때에는 상당한 기간내에 보험자에 대하여 그 통지를 발송하여야 한다. 〈개정 1991.12.31〉

② 삭 제 〈1991.12.31〉

제714조【위부권행사의 요건】

① 위부는 무조건이어야 한다.

② 위부는 보험의 목적의 전부에 대하여 이를 하여야 한다. 그러나 위부의 원인이 그 일부에 대하여 생긴 때에는 그 부분에 대하여서만 이를 할 수 있다.

③ 보험가액의 일부를 보험에 붙인 경우에는 위부는 보험금액의 보험가액에 대한 비율에 따라서만 이를 할 수 있다.

제715조【다른 보험계약 등에 관한 통고】

① 피보험자가 위부를 함에 있어서는 보험자에 대하여 보험의 목적에 관한 다른 보험계약과 그 부담에 속한 채무의 유무와 그 종류 및 내용을 통지하여야 한다.

② 보험자는 제1항의 통지를 받을 때까지 보험금액의 지급을 거부할 수 있다. 〈개정 1991.12.31〉

③ 보험금액의 지급에 관한 기간의 약정이 있는 때에는 그 기간은 제1항의 통지를 받은 날로부터 기산한다.

제716조【위부의 승인】

보험자가 위부를 승인한 후에는 그 위부에 대하여 이의를 하지 못한다.

제717조【위부의 불승인】

보험자가 위부를 승인하지 아니한 때에는 피보험자는 위부의 원인을 증명하지 아니하면 보험금액의 지급을 청구하지 못한다.

제718조【위부의 효과】

① 보험자는 위부로 인하여 그 보험의 목적에 관한 피보험자의 모든 권리를 취득한다.

② 피보험자가 위부를 한 때에는 보험의 목적에 관한 모든 서류를 보험자에게 교부하여야 한다.

제5절 책임보험

제719조【책임보험자의 책임】

책임보험계약의 보험자는 피보험자가 보험기간 중의 사고로 인하여 제3자에게 배상할 책임을 진 경우에 이를 보상할 책임이 있다.

제720조【피보험자가 지출한 방어비용의 부담】

① 피보험자가 제3자의 청구를 방어하기 위하여 지출한 재판상 또는 재판외의 필요비용은 보험의 목적에 포함된 것으로 한다. 피보험자는 보험자에 대하여 그 비용의 선급을 청구할 수 있다.

② 피보험자가 담보의 제공 또는 공탁으로써 재판의 집행을 면할 수 있는 경우에는 보험자에 대하여 보험금액의 한도내에서 그 담보의 제공 또는 공탁을 청구할 수 있다.

③ 제1항 또는 제2항의 행위가 보험자의 지시에 의한 것인 경우에는 그 금액에 손해액을 가산한 금액이 보험금액을 초과하는 때에도 보험자가 이를 부담하여야 한다.

〈개정 1991.12.31〉

제721조【영업책임보험의 목적】

피보험자가 경영하는 사업에 관한 책임을 보험의 목적으로 한 때에는 피보험자의 대리인 또는 그 사업감독자의 제3자에 대한 책임도 보험의 목적에 포함된 것으로 한다.

제722조【피보험자의 배상청구 사실 통지의무】

① 피보험자가 제3자로부터 배상청구를 받았을 때에는 지체 없이 보험자에게 그 통지를 발송하여야 한다.

② 피보험자가 제1항의 통지를 게을리하여 손해가 증가된 경우 보험자는 그 증가된 손해를 보상할 책임이 없다. 다만, 피보험자가 제657조 제1항의 통지를 발송한 경우에는 그러하지 아니하다. [전문개정 2014.3.11]

제723조【피보험자의 변제 등의 통지와 보험금액의 지급】

① 피보험자가 제3자에 대하여 변제, 승인, 화해 또는 재판으로 인하여 채무가 확정된 때에는 지체없이 보험자에게 그 통지를 발송하여야 한다.

② 보험자는 특별한 기간의 약정이 없으면 전항의 통지를 받은 날로부터 10일내에 보험금액을 지급하여야 한다.

③ 피보험자는 보험자의 동의없이 제3자에 대하여 변제, 승인 또는 화해를 한 경우에는 보험자가 그 책임을 면하게 되는 합의가 있는 때에도 그 행위가 현저하게 부당한 것이 아니면 보험자는 보상할 책임을 면하지 못한다.

제724조【보험자와 제3자와의 관계】

① 보험자는 피보험자가 책임을 질 사고로 인하여 생긴 손해에 대하여 제3자가 그 배상을 받기 전에는 보험금액의 전부 또는 일부를 피보험자에게 지급하지 못한다.

② 제3자는 피보험자가 책임을 질 사고로 입은 손해에 대하여 보험금액의 한도내에서 보험자에게 직접 보상을 청구할 수 있다. 그러나 보험자는 피보험자가 그 사고에 관하여 가지는 항변으로써 제3자에게 대항할 수 있다.

〈개정 1991.12.31〉

③ 보험자가 제2항의 규정에 의한 청구를 받은 때에는 지체없이 피보험자에게 이를 통지하여야 한다. 〈신설 1991.12.31〉

④ 제2항의 경우에 피보험자는 보험자의 요구가 있을 때에는 필요한 서류·증거의 제출, 증언 또는 증인의 출석에 협조하여야 한다.

〈신설 1991.12.31.〉

제725조【보관자의 책임보험】

임차인 기타 타인의 물건을 보관하는 자가 그 지급할 손해배상을 위하여 그 물건을 보험에 붙인 경우에는 그 물건의 소유자는 보험자에 대하여 직접 그 손해의 보상을 청구할 수 있다.

제725조의2【수개의 책임보험】

피보험자가 동일한 사고로 제3자에게 배상책임을 짐으로써 입은 손해를 보상하는 수개의 책임보험계약이 동시 또는 순차로 체결된 경우에 그 보험금액의 총액이 피보험자의 제3자에 대한 손해배상액을 초과하는 때에는 제672조와 제673조의 규정을 준용한다. [본조신설 1991.12.31]

제726조【재보험에의 준용】

이 절(節)의 규정은 그 성질에 반하지 아니하는 범위에서 재보험계약에 준용한다.

[전문개정 2014.3.11]

제6절 자동차보험 [본절신설 1991.12.31]

제726조의2【자동차보험자의 책임】
자동차보험계약의 보험자는 피보험자가 자동차를 소유, 사용 또는 관리하는 동안에 발생한 사고로 인하여 생긴 손해를 보상할 책임이 있다.
[본조신설 1991.12.31]

제726조의3【자동차 보험증권】
자동차 보험증권에는 제666조에 게기한 사항 외에 다음의 사항을 기재하여야 한다.
1. 자동차소유자와 그 밖의 보유자의 성명과 생년월일 또는 상호
2. 피보험자동차의 등록번호, 차대(車臺)번호, 차형연식(車型年式)과 기계장치
3. 차량가액을 정한 때에는 그 가액

[본조신설 1991.12.31]

제726조의4【자동차의 양도】
① 피보험자가 보험기간 중에 자동차를 양도한 때에는 양수인은 보험자의 승낙을 얻은 경우에 한하여 보험계약으로 인하여 생긴 권리와 의무를 승계한다.
② 보험자가 양수인으로부터 양수사실을 통지받은 때에는 지체없이 낙부를 통지하여야 하고 통지 받은 날부터 10일내에 낙부의 통지가 없을 때에는 승낙한 것으로 본다.
[본조신설 1991.12.31]

제7절 보증보험 [본절신설 2014.3.11]

제726조의5【보증보험자의 책임】
보증보험계약의 보험자는 보험계약자가 피보험자에게 계약상의 채무불이행 또는 법령상의 의무불이행으로 입힌 손해를 보상할 책임이 있다.
[본조신설 2014.3.11]

제726조의6【적용 제외】
① 보증보험계약에 관하여는 제639조 제2항 단서를 적용하지 아니한다.
② 보증보험계약에 관하여는 보험계약자의 사기, 고의 또는 중대한 과실이 있는 경우에도 이에 대하여 피보험자에게 책임이 있는 사유가 없으면 제651조, 제652조, 제653조 및 제659조 제1항을 적용하지 아니한다.
[본조신설 2014.3.11]

제726조의7【준용규정】
보증보험계약에 관하여는 그 성질에 반하지 아니하는 범위에서 보증채무에 관한 「민법」의 규정을 준용한다. [본조신설 2014.3.11]

제3장 인보험

제1절 통 칙

제727조【인보험자의 책임】
① 인보험계약의 보험자는 피보험자의 생명이나 신체에 관하여 보험사고가 발생할 경우에 보험계약으로 정하는 바에 따라 보험금이나 그 밖의 급여를 지급할 책임이 있다.
〈개정 2014.3.11〉
② 제1항의 보험금은 당사자 간의 약정에 따라 분할하여 지급할 수 있다. 〈신설 2014.3.11〉

제728조【인보험증권】
인보험증권에는 제666조에 게기한 사항외에 다음의 사항을 기재하여야 한다. 〈개정 1991.12.31〉
1. 보험계약의 종류
2. 피보험자의 주소·성명 및 생년월일
3. 보험수익자를 정한 때에는 그 주소·성명 및 생년월일

제729조【제3자에 대한 보험대위의 금지】
보험자는 보험사고로 인하여 생긴 보험계약자 또는 보험수익자의 제3자에 대한 권리를 대위하여 행사하지 못한다. 그러나 상해보험계약의 경우에 당사자간에 다른 약정이 있는 때에는 보험

자는 피보험자의 권이를 해하지 아니하는 범위 안에서 그 권리를 대위하여 행사할 수 있다 〈개정 1991.12.31〉

제2절 생명보험

제730조【생명보험자의 책임】
생명보험계약의 보험자는 피보험자의 사망, 생존, 사망과 생존에 관한 보험사고가 발생할 경우에 약정한 보험금을 지급할 책임이 있다. 〈개정 2014.3.11.〉

제731조【타인의 생명의 보험】
① 타인의 사망을 보험사고로 하는 보험계약에는 보험계약 체결시에 그 타인의 서면(「전자서명법」 제2조 제2호에 따른 전자서명(▶▶개정전 : 전자서명법」 제2조 제2호에 따른 전자서명 또는 제2조 제3호에 따른 공인전자서명)이 있는 경우로서 대통령령으로 정하는 바에 따라 본인 확인 및 위조·변조 방지에 대한 신뢰성을 갖춘 전자문서를 포함한다)에 의한 동의를 얻어야 한다. 〈개정 1991.12.31., 2017.10.31., 2020.6.9.〉
② 보험계약으로 인하여 생긴 권리를 피보험자가 아닌 자에게 양도하는 경우에도 제1항과 같다. 〈개정 1991.12.31.〉

제732조【15세 미만자 등에 대한 계약의 금지】
5세 미만자, 심신상실자 또는 심신박약자의 사망을 보험사고로 한 보험계약은 무효로 한다. 다만, 심신박약자가 보험계약을 체결하거나 제735조의3에 따른 단체보험의 피보험자가 될 때에 의사능력이 있는 경우에는 그러하지 아니하다. 〈단서 신설 2014.3.11〉
〈개정 1962.12.12, 1991.12.31., 2014.3.11〉

제732조의2【중과실로 인한 보험사고 등】
① 사망을 보험사고로 한 보험계약에서는 사고가 보험계약자 또는 피보험자나 보험수익자의 중대한 과실로 인하여 발생한 경우에도 보험자는 보험금을 지급할 책임을 면하지 못한다.
② 둘 이상의 보험수익자 중 일부가 고의로 피보험자를 사망하게 한 경우 보험자는 다른 보험수익자에 대한 보험금 지급 책임을 면하지 못한다.
[전문개정 2014.3.11]

제733조【보험수익자의 지정 또는 변경의 권리】
① 보험계약자는 보험수익자를 지정 또는 변경할 권리가 있다.
② 보험계약자가 제1항의 지정권을 행사하지 아니하고 사망한 때에는 피보험자를 보험수익자로 하고 보험계약자가 제1항의 변경권을 행사하지 아니하고 사망한 때에는 보험수익자의 권리가 확정된다. 그러나 보험계약자가 사망한 경우에는 그 승계인이 제1항의 권리를 행사할 수 있다는 약정이 있는 때에는 그러하지 아니하다. 〈개정 1991.12.31〉
③ 보험수익자가 보험존속 중에 사망한 때에는 보험계약자는 다시 보험수익자를 지정할 수 있다. 이 경우에 보험계약자가 지정권을 행사하지 아니하고 사망한 때에는 보험수익자의 상속인을 보험수익자로 한다.
④ 보험계약자가 제2항과 제3항의 지정권을 행사하기 전에 보험사고가 생긴 경우에는 피보험자 또는 보험수익자의 상속인을 보험수익자로 한다. 〈신설 1991.12.31〉

제734조【보험수익자지정권 등의 통지】
① 보험계약자가 계약체결 후에 보험수익자를 지정 또는 변경할 때에는 보험자에 대하여 그 통지를 하지 아니하면 이로써 보험자에게 대항하지 못한다.
② 제731조 제1항의 규정은 제1항의 지정 또는 변경에 준용한다. 〈개정 1962.12.12, 1991.12.31〉

상법

제735조 삭 제 〈2014.3.11〉

제735조의2 삭 제 〈2014.3.11〉

《삭제전》
《 제735조【양로(養老)보험】
제735조의2【연금보험】 》

제735조의3 【단체보험】

① 단체가 규약에 따라 구성원의 전부 또는 일부를 피보험자로 하는 생명보험계약을 체결하는 경우에는 제731조를 적용하지 아니한다.

② 제1항의 보험계약이 체결된 때에는 보험자는 보험계약자에 대하여서만 보험증권을 교부한다.

③ 제1항의 보험계약에서 보험계약자가 피보험자 또는 그 상속인이 아닌 자를 보험수익자로 지정할 때에는 단체의 규약에서 명시적으로 정하는 경우 외에는 그 피보험자의 제731조 제1항에 따른 서면 동의를 받아야 한다. 〈신설 2014.3.11., 2017.10.31.〉

[본조신설 1991.12.31.]

제736조 【보험적립금반환의무 등】

① 제649조, 제650조, 제651조 및 제652조 내지 제655조의 규정에 의하여 보험계약이 해지된 때, 제659조와 제660조의 규정에 의하여 보험금액의 지급책임이 면제된 때에는 보험자는 보험수익자를 위하여 적립한 금액을 보험계약자에게 지급하여야 한다. 그러나 다른 약정이 없으면 제659조 제1항의 보험사고가 보험계약자에 의하여 생긴 경우에는 그러하지 아니하다. 〈개정 1991.12.31〉

② 삭 제 〈1991.12.31〉

제3절 상해보험

제737조 【상해보험자의 책임】

상해보험계약의 보험자는 신체의 상해에 관한 보험사고가 생길 경우에 보험금액 기타의 급여를 할 책임이 있다.

제738조 【상해보험증권】

상해보험의 경우에 피보험자와 보험계약자가 동일인이 아닐 때에는 그 보험증권 기재사항중 제728조 제2호에 게기한 사항에 갈음하여 피보험자의 직무 또는 직위만을 기재할 수 있다.

제739조 【준용규정】

상해보험에 관하여는 제732조를 제외하고 생명보험에 관한 규정을 준용한다.

제4절 질병보험

[본절신설 2014.3.11]

제739조의2 【질병보헌자이 책임】

질병보험계약의 보험자는 피보험자의 질병에 관한 보험사고가 발생할 경우 보험금이나 그 밖의 급여를 지급할 책임이 있다.

[본조신설 2014.3.11]

제739조의3 【질병보험에 대한 준용규정】

질병보험에 관하여는 그 성질에 반하지 아니하는 범위에서 생명보험 및 상해보험에 관한 규정을 준용한다. [본조신설 2014.3.11]

상법

제5편 해 상

제1장 해상기업 〈개정 2007.8.3〉

제1절 선 박 〈개정 2007.8.3〉

제740조 【선박의 의의】
이 법에서 "선박"이란 상행위나 그 밖의 영리를 목적으로 항해에 사용하는 선박을 말한다.
[전문개정 2007.8.3]

제741조 【적용범위】
① 항해용 선박에 대하여는 상행위나 그 밖의 영리를 목적으로 하지 아니하더라도 이 편의 규정을 준용한다. 다만, 국유 또는 공유의 선박에 대하여는 「선박법」 제29조 단서에도 불구하고 항해의 목적·성질 등을 고려하여 이 편의 규정을 준용하는 것이 적합하지 아니한 경우로서 대통령령으로 정하는 경우에는 그러하지 아니하다.
② 이 편의 규정은 단정(短艇) 또는 주로 노 또는 상앗대로 운전하는 선박에는 적용하지 아니한다.
[전문개정 2007.8.3]

제742조 【선박의 종물】
선박의 속구목록(屬具目錄)에 기재한 물건은 선박의 종물로 추정한다.
[전문개정 2007.8.3]

제743조 【선박소유권의 이전】
등기 및 등록할 수 있는 선박의 경우 그 소유권의 이전은 당사자 사이의 합의만으로 그 효력이 생긴다. 다만, 이를 등기하고 선박국적증서에 기재하지 아니하면 제3자에게 대항하지 못한다.
[전문개정 2007.8.3]

제744조 【선박의 압류·가압류】
① 항해의 준비를 완료한 선박과 그 속구는 압류 또는 가압류를 하지 못한다. 다만, 항해를 준비하기 위하여 생긴 채무에 대하여는 그러하지 아니하다.
② 제1항은 총톤수 20톤 미만의 선박에는 적용하지 아니한다.
[전문개정 2007.8.3]

제2절 선 장 〈개정 2007.8.3〉

제745조 【선장의 선임·해임】
선장은 선박소유자가 선임 또는 해임한다.
[전문개정 2007.8.3]

제746조 【선장의 부당한 해임에 대한 손해배상청구권】
선박소유자가 정당한 사유 없이 선장을 해임한 때에는 선장은 이로 인하여 생긴 손해의 배상을 청구할 수 있다. [전문개정 2007.8.3]

제747조 【선장의 계속직무집행의 책임】
선장은 항해 중에 해임 또는 임기가 만료된 경우에도 다른 선장이 그 업무를 처리할 수 있는 때 또는 그 선박이 선적항에 도착할 때까지 그 직무를 집행할 책임이 있다. [전문개정 2007.8.3]

제748조 【선장의 대선장 선임의 권한 및 책임】
선장은 불가항력으로 인하여 그 직무를 집행하기가 불능한 때에 법령에 다른 규정이 있는 경우를 제외하고는 자기의 책임으로 타인을 선정하여 선장의 직무를 집행하게 할 수 있다.
[전문개정 2007.8.3]

제749조 【대리권의 범위】
① 선적항 외에서는 선장은 항해에 필요한 재판상 또는 재판 외의 모든 행위를 할 권한이 있다.
② 선적항에서는 선장은 특히 위임을 받은 경우 외에는 해원의 고용과 해고를 할 권한만을 가진다.
[전문개정 2007.8.3]

제750조 【특수한 행위에 대한 권한】
① 선장은 선박수선료·해난구조료, 그 밖에 항

해의 계속에 필요한 비용을 지급하여야 할 경우 외에는 다음의 행위를 하지 못한다.

1. 선박 또는 속구를 담보에 제공하는 일
2. 차재(借財)하는 일
3. 적하의 전부나 일부를 처분하는 일

② 적하를 처분할 경우의 손해배상액은 그 적하가 도달할 시기의 양륙항의 가격에 의하여 정한다. 다만, 그 가격 중에서 지급을 요하지 아니하는 비용을 공제하여야 한다.

[전문개정 2007.8.3]

제751조【대리권에 대한 제한】
선장의 대리권에 대한 제한은 선의의 제3자에게 대항하지 못한다.

[전문개정 2007.8.3]

제752조【이해관계인을 위한 적하의 처분】
① 선장이 항해 중에 적하를 처분하는 경우에는 이해관계인의 이익을 위하여 가장 적당한 방법으로 하여야 한다.

② 제1항의 경우에 이해관계인은 선장의 처분으로 인하여 생긴 채권자에게 적하의 가액을 한도로 하여 그 책임을 진다. 다만, 그 이해관계인에게 과실이 있는 때에는 그러하지 아니하다.

[전문개정 2007.8.3]

제753조【선박경매권】
선적항 외에서 선박이 수선하기 불가능하게 된 때에는 선장은 해무관청의 인가를 받아 이를 경매할 수 있다.

[전문개정 2007.8.3]

제754조【선박의 수선불능】
① 다음 각 호의 경우에는 선박은 수선하기 불가능하게 된 것으로 본다.

1. 선박이 그 현재지에서 수선을 받을 수 없으며 또 그 수선을 할 수 있는 곳에 도달하기 불가능한 때
2. 수선비가 선박의 가액의 4분의 3을 초과할 때

② 제1항 제2호의 가액은 선박이 항해 중 훼손된 경우에는 그 발항한 때의 가액으로 하고 그 밖의 경우에는 그 훼손 전의 가액으로 한다.

[전문개정 2007.8.3]

제755조【보고·계산의 의무】
① 선장은 항해에 관한 중요한 사항을 지체 없이 선박소유자에게 보고하여야 한다.

② 선장은 매 항해를 종료한 때에는 그 항해에 관한 계산서를 지체 없이 선박소유자에게 제출하여 그 승인을 받아야 한다.

③ 선장은 선박소유자의 청구가 있을 때에는 언제든지 항해에 관한 사항과 계산의 보고를 하여야 한다.

[전문개정 2007.8.3]

제3절 선박공유 〈개정 2007.8.3〉

제756조【선박공유자의 업무결정】
① 공유선박의 이용에 관한 사항은 공유자의 지분의 가격에 따라 그 과반수로 결정한다.

② 선박공유에 관한 계약을 변경하는 사항은 공유자의 전원일치로 결정하여야 한다.

[전문개정 2007.8.3]

제757조【선박공유와 비용의 부담】
선박공유자는 그 지분의 가격에 따라 선박의 이용에 관한 비용과 이용에 관하여 생긴 채무를 부담한다. [전문개정 2007.8.3]

제758조【손익분배】
손익의 분배는 매 항해의 종료 후에 있어서 선박공유자의 지분의 가격에 따라서 한다.

[전문개정 2007.8.3]

제759조【지분의 양도】
선박공유자 사이에 조합관계가 있는 경우에도 각 공유자는 다른 공유자의 승낙 없이 그 지분을 타인에게 양도할 수 있다. 다만, 선박관리인의 경우에는 그러하지 아니하다.

[전문개정 2007.8.3]

제760조【공유선박의 국적상실과 지분의 매수 또는 경매청구】

선박공유자의 지분의 이전 또는 그 국적상실로 인하여 선박이 대한민국의 국적을 상실할 때에는 다른 공유자는 상당한 대가로 그 지분을 매수하거나 그 경매를 법원에 청구할 수 있다.

[전문개정 2007.8.3]

제761조【결의반대자의 지분매수청구권】

① 선박공유자가 신항해를 개시하거나 선박을 대수선할 것을 결의한 때에는 그 결의에 이의가 있는 공유자는 다른 공유자에 대하여 상당한 가액으로 자기의 지분을 매수할 것을 청구할 수 있다.

② 제1항의 청구를 하고자 하는 자는 그 결의가 있은 날부터, 결의에 참가하지 아니한 경우에는 결의통지를 받은 날부터 3일 이내에 다른 공유자 또는 선박관리인에 대하여 그 통지를 발송하여야 한다.

[전문개정 2007.8.3]

제762조【해임선장의 지분매수청구권】

① 선박공유자인 선장이 그 의사에 반하여 해임된 때에는 다른 공유자에 대하여 상당한 가액으로 그 지분을 매수할 것을 청구할 수 있다.

② 선박공유자가 제1항의 청구를 하고자 하는 때에는 지체 없이 다른 공유자 또는 선박관리인에 대하여 그 통지를 발송하여야 한다.

[전문개정 2007.8.3]

제763조【항해 중 선박 등의 양도】

항해 중에 있는 선박이나 그 지분을 양도한 경우에 당사자 사이에 다른 약정이 없으면 양수인이 그 항해로부터 생긴 이익을 얻고 손실을 부담한다.

[전문개정 2007.8.3]

제764조【선박관리인의 선임·등기】

① 선박공유자는 선박관리인을 선임하여야 한다. 이 경우 선박공유자가 아닌 자를 선박관리인으로 선임함에는 공유자 전원의 동의가 있어야 한다.

② 선박관리인의 선임과 그 대리권의 소멸은 등기하여야 한다.

[전문개정 2007.8.3.]

제765조【선박관리인의 권한】

① 선박관리인은 선박의 이용에 관한 재판상 또는 재판 외의 모든 행위를 할 권한이 있다.

② 선박관리인의 대리권에 대한 제한은 선의의 제3자에게 대항하지 못한다.

[전문개정 2007.8.3]

제766조【선박관리인의 권한의 제한】

선박관리인은 선박공유자의 서면에 의한 위임이 없으면 다음 각 호의 행위를 하지 못한다.

1. 선박을 양도·임대 또는 담보에 제공하는 일
2. 신항해를 개시하는 일
3. 선박을 보험에 붙이는 일
4. 선박을 대수선하는 일
5. 차재하는 일

[전문개정 2007.8.3]

제767조【장부의 기재·비치】

선박관리인은 업무집행에 관한 장부를 비치하고 그 선박의 이용에 관한 모든 사항을 기재하여야 한다.

[전문개정 2007.8.3]

제768조【선박관리인의 보고·승인】

선박관리인은 매 항해의 종료 후에 지체 없이 그 항해의 경과상황과 계산에 관한 서면을 작성하여 선박공유자에게 보고하고 그 승인을 받아야 한다.

[전문개정 2007.8.3]

제4절 선박소유자 등의 책임제한

〈개정 2007.8.3〉

제769조【선박소유자의 유한책임】

선박소유자는 청구원인의 여하에 불구하고 다음 각 호의 채권에 대하여 제770조에 따른 금액의 한도로 그 책임을 제한할 수 있다. 다만, 그 채권이 선박소유자 자신의 고의 또는 손해발생의 염려가 있음을 인식하면서 무모하게 한 작위 또는 부작위로 인하여 생긴 손해에 관한 것인 때에는 그러하지 아니하다.

1. 선박에서 또는 선박의 운항에 직접 관련하여 발생한 사람의 사망, 신체의 상해 또는 선박 외의 물건의 멸실 또는 훼손으로 인하여 생긴 손해에 관한 채권
2. 운송물, 여객 또는 수하물의 운송의 지연으로 인하여 생긴 손해에 관한 채권
3. 제1호 및 제2호 외에 선박의 운항에 직접 관련하여 발생한 계약상의 권리 외의 타인의 권리의 침해로 인하여 생긴 손해에 관한 채권
4. 제1호부터 제3호까지의 채권의 원인이 된 손해를 방지 또는 경감하기 위한 조치에 관한 채권 또는 그 조치의 결과로 인하여 생긴 손해에 관한 채권

[전문개정 2007.8.3]

제770조【책임의 한도액】

① 선박소유자가 제한할 수 있는 책임의 한도액은 다음 각 호의 금액으로 한다.

1. 여객의 사망 또는 신체의 상해로 인한 손해에 관한 채권에 대한 책임의 한도액은 그 선박의 선박검사증서에 기재된 여객의 정원에 17만5천 계산단위(국제통화기금의 1 특별인출권에 상당하는 금액을 말한다. 이하 같다)를 곱하여 얻은 금액으로 한다.
2. 여객 외의 사람의 사망 또는 신체의 상해로 인한 손해에 관한 채권에 대한 책임의 한도액은 그 선박의 톤수에 따라서 다음 각 목에 정하는 바에 따라 계산된 금액으로 한다. 다만, 300톤 미만의 선박의 경우에는 16만7천 계산단위에 상당하는 금액으로 한다.
   가. 500톤 이하의 선박의 경우에는 33만3천 계산단위에 상당하는 금액
   나. 500톤을 초과하는 선박의 경우에는 가목의 금액에 500톤을 초과하여 3천톤까지의 부분에 대하여는 매 톤당 500 계산단위, 3천톤을 초과하여 3만톤까지의 부분에 대하여는 매 톤당 333 계산단위, 3만톤을 초과하여 7만톤까지의 부분에 대하여는 매 톤당 250 계산단위 및 7만톤을 초과한 부분에 대하여는 매 톤당 167 계산단위를 각 곱하여 얻은 금액을 순차로 가산한 금액
3. 제1호 및 제2호 외의 채권에 대한 책임의 한도액은 그 선박의 톤수에 따라서 다음 각 목에 정하는 바에 따라 계산된 금액으로 한다. 다만, 300톤 미만의 선박의 경우에는 8만3천 계산단위에 상당하는 금액으로 한다.
   가. 500톤 이하의 선박의 경우에는 16만7천 계산단위에 상당하는 금액
   나. 500톤을 초과하는 선박의 경우에는 가목의 금액에 500톤을 초과하여 3만톤까지의 부분에 대하여는 매 톤당 167 계산단위, 3만톤을 초과하여 7만톤까지의 부분에 대하여는 매 톤당 125 계산단위 및 7만톤을 초과한 부분에 대하여는 매 톤당 83 계산단위를 각 곱하여 얻은 금액을 순차로 가산한 금액

② 제1항 각 호에 따른 각 책임한도액은 선박마다 동일한 사고에서 생긴 각 책임한도액에 대응하는 선박소유자에 대한 모든 채권에 미친다.

③ 제769조에 따라 책임이 제한되는 채권은 제1항 각 호에 따른 각 책임한도액에 대하여 각 채권액의 비율로 경합한다.

④ 제1항 제2호에 따른 책임한도액이 같은 호의 채권의 변제에 부족한 때에는 제3호에 따른

책임한도액을 그 잔액채권의 변제에 충당한다. 이 경우 동일한 사고에서 제3호의 채권도 발생한 때에는 이 채권과 제2호의 잔액채권은 제3호에 따른 책임한도액에 대하여 각 채권액의 비율로 경합한다.

[전문개정 2007.8.3]

제771조【동일한 사고로 인한 반대채권액의 공제】
선박소유자가 책임의 제한을 받는 채권자에 대하여 동일한 사고로 인하여 생긴 손해에 관한 채권을 가지는 경우에는 그 채권액을 공제한 잔액에 한하여 책임의 제한을 받는 채권으로 한다.

[전문개정 2007.8.3]

제772조【책임제한을 위한 선박톤수】
제770조 제1항에서 규정하는 선박의 톤수는 국제항해에 종사하는 선박의 경우에는 「선박법」에서 규정하는 국제총톤수로 하고 그 밖의 선박의 경우에는 같은 법에서 규정하는 총톤수로 한다.

[전문개정 2007.8.3]

제773조【유한책임의 배제】
선박소유자는 다음 각 호의 채권에 대하여는 그 책임을 제한하지 못한다.

1. 선장·해원, 그 밖의 사용인으로서 그 직무가 선박의 업무에 관련된 자 또는 그 상속인, 피부양자, 그 밖의 이해관계인의 선박소유자에 대한 채권
2. 해난구조로 인한 구조료 채권 및 공동해손의 분담에 관한 채권
3. 1969년 11월 29일 성립한 「유류오염손해에 대한 민사책임에 관한 국제조약」 또는 그 조약의 개정조항이 적용되는 유류오염손해에 관한 채권
4. 침몰·난파·좌초·유기, 그 밖의 해양사고를 당한 선박 및 그 선박 안에 있거나 있었던 적하와 그 밖의 물건의 인양·제거·파괴 또는 무해조치에 관한 채권
5. 원자력손해에 관한 채권

[전문개정 2007.8.3]

제774조【책임제한을 할 수 있는 자의 범위】
① 다음 각 호의 어느 하나에 해당하는 자는 이 절의 규정에 따라 선박소유자의 경우와 동일하게 책임을 제한할 수 있다.
  1. 용선자·선박관리인 및 선박운항자
  2. 법인인 선박소유자 및 제1호에 규정된 자의 무한책임사원
  3. 자기의 행위로 인하여 선박소유자 또는 제1호에 규정된 자에 대하여 제769조 각 호에 따른 채권이 성립하게 한 선장·해원·도선사, 그 밖의 선박소유자 또는 제1호에 규정된 자의 사용인 또는 대리인

② 동일한 사고에서 발생한 모든 채권에 대한 선박소유자 및 제1항에 규정된 자에 의한 책임제한의 총액은 선박마다 제770조에 따른 책임한도액을 초과하지 못한다.

③ 선박소유자 또는 제1항 각 호에 규정된 자의 1인이 책임제한절차개시의 결정을 받은 때에는 책임제한을 할 수 있는 다른 자도 이를 원용할 수 있다.

[전문개정 2007.8.3.]

제775조【구조자의 책임제한】
① 구조자 또는 그 피용자의 구조활동과 직접 관련하여 발생한 사람의 사망·신체의 상해, 재산의 멸실이나 훼손, 계약상 권리 외의 타인의 권리의 침해로 인하여 생긴 손해에 관한 채권 및 그러한 손해를 방지 혹은 경감하기 위한 조치에 관한 채권 또는 그 조치의 결과로 인하여 생긴 손해에 관한 채권에 대하여는 제769조부터 제774조(제769조 제2호 및 제770조 제1항 제1호를 제외한다)까지의 규정에 따라 구조자도 책임을 제한할 수 있다.

② 구조활동을 선박으로부터 행하지 아니한 구조자 또는 구조를 받는 선박에서만 행한 구조자는 제770조에 따른 책임의 한도액에 관하여 1천500톤의 선박에 의한 구조자로 본다.

③ 구조자의 책임의 한도액은 구조선마다 또는 제2항의 경우에는 구조자마다 동일한 사고로 인하여 생긴 모든 채권에 미친다.
④ 제1항에서 "구조자"란 구조활동에 직접 관련된 용역을 제공한 자를 말하며, "구조활동"이란 해난구조 시의 구조활동은 물론 침몰·난파·좌초·유기, 그 밖의 해양사고를 당한 선박 및 그 선박 안에 있거나 있었던 적하와 그 밖의 물건의 인양·제거·파괴 또는 무해조치 및 이와 관련된 손해를 방지 또는 경감하기 위한 모든 조치를 말한다.

[전문개정 2007.8.3]

제776조【책임제한의 절차】
① 이 절의 규정에 따라 책임을 제한하고자 하는 자는 채권자로부터 책임한도액을 초과하는 청구금액을 명시한 서면에 의한 청구를 받은 날부터 1년 이내에 법원에 책임제한절차개시의 신청을 하여야 한다.
② 책임제한절차 개시의 신청, 책임제한의 기금의 형성·공고·참가·배당, 그 밖에 필요한 사항은 별도로 법률로 정한다. [전문개정 2007.8.3]

제5절 선박담보 〈개정 2007.8.3〉

제777조【선박우선특권 있는 채권】
① 다음의 채권을 가진 자는 선박·그 속구, 그 채권이 생긴 항해의 운임, 그 선박과 운임에 부수한 채권에 대하여 우선특권이 있다.
1. 채권자의 공동이익을 위한 소송비용, 항해에 관하여 선박에 과한 제세금, 도선료·예선료, 최후 입항 후의 선박과 그 속구의 보존비·검사비
2. 선원과 그 밖의 선박사용인의 고용계약으로 인한 채권
3. 해난구조로 인한 선박에 대한 구조료 채권과 공동해손의 분담에 대한 채권
4. 선박의 충돌과 그 밖의 항해사고로 인한 손해, 항해시설·항만시설 및 항로에 대한 손해와 선원이나 여객의 생명·신체에 대한 손해의 배상채권

② 제1항의 우선특권을 가진 선박채권자는 이 법과 그 밖의 법률의 규정에 따라 제1항의 재산에 대하여 다른 채권자보다 자기채권의 우선변제를 받을 권리가 있다. 이 경우 그 성질에 반하지 아니하는 한 「민법」의 저당권에 관한 규정을 준용한다.

[전문개정 2007.8.3]

제778조【선박·운임에 부수한 채권】
제777조에 따른 선박과 운임에 부수한 채권은 다음과 같다.
1. 선박 또는 운임의 손실로 인하여 선박소유자에게 지급할 손해배상
2. 공동해손으로 인한 선박 또는 운임의 손실에 대하여 선박소유자에게 지급할 상금
3. 해난구조로 인하여 선박소유자에게 지급할 구조료

[전문개정 2007.8.3]

제779조【운임에 대한 우선특권】
운임에 대한 우선특권은 지급을 받지 아니한 운임 및 지급을 받은 운임 중 선박소유자나 그 대리인이 소지한 금액에 한하여 행사할 수 있다.

[전문개정 2007.8.3]

제780조【보험금 등의 제외】
보험계약에 의하여 선박소유자에게 지급할 보험금과 그 밖의 장려금이나 보조금에 대하여는 제778조를 적용하지 아니한다. [전문개정 2007.8.3]

제781조【선박사용인의 고용계약으로 인한 채권】
제777조 제1항 제2호에 따른 채권은 고용계약 존속 중의 모든 항해로 인한 운임의 전부에 대하여 우선특권이 있다.

[전문개정 2007.8.3]

제782조【동일항해로 인한 채권에 대한 우선특권의 순위】
① 동일항해로 인한 채권의 우선특권이 경합하는 때에는 그 우선의 순위는 제777조 제1항 각 호의 순서에 따른다.
② 제777조 제1항 제3호에 따른 채권의 우선특권이 경합하는 때에는 후에 생긴 채권이 전에 생긴 채권에 우선한다. 동일한 사고로 인한 채권은 동시에 생긴 것으로 본다.
[전문개정 2007.8.3]

제783조【수회항해에 관한 채권에 대한 우선특권의 순위】
① 수회의 항해에 관한 채권의 우선특권이 경합하는 때에는 후의 항해에 관한 채권이 전의 항해에 관한 채권에 우선한다.
② 제781조에 따른 우선특권은 그 최후의 항해에 관한 다른 채권과 동일한 순위로 한다.
[전문개정 2007.8.3]

제784조【동일순위의 우선특권이 경합한 경우】
제781조부터 제783조까지의 규정에 따른 동일순위의 우선특권이 경합하는 때에는 각 채권액의 비율에 따라 변제한다. [전문개정 2007.8.3]

제785조【우선특권의 추급권】
선박채권자의 우선특권은 그 선박소유권의 이전으로 인하여 영향을 받지 아니한다.
[전문개정 2007.8.3]

제786조【우선특권의 소멸】
선박채권자의 우선특권은 그 채권이 생긴 날부터 1년 이내에 실행하지 아니하면 소멸한다.
[전문개정 2007.8.3]

제787조【선박저당권】
① 등기한 선박은 저당권의 목적으로 할 수 있다.
② 선박의 저당권은 그 속구에 미친다.
③ 선박의 저당권에는 「민법」의 저당권에 관한 규정을 준용한다.
[전문개정 2007.8.3]

제788조【선박저당권 등과 우선특권의 경합】
선박채권자의 우선특권은 질권과 저당권에 우선한다. [전문개정 2007.8.3]

제789조【등기선박의 입질불허】
등기한 선박은 질권의 목적으로 하지 못한다.
[전문개정 2007.8.3]

제790조【건조 중의 선박에의 준용】
이 절의 규정은 건조 중의 선박에 준용한다.
[전문개정 2007.8.3]

제2장 운송과 용선 〈개정 2007.8.3〉

제1절 개품운송 〈개정 2007.8.3〉

제791조【개품운송계약의 의의】
개품운송계약은 운송인이 개개의 물건을 해상에서 선박으로 운송할 것을 인수하고, 송하인이 이에 대하여 운임을 지급하기로 약정함으로써 그 효력이 생긴다.
[전문개정 2007.8.3]

제792조【운송물의 제공】
① 송하인은 당사자 사이의 합의 또는 선적항의 관습에 의한 때와 곳에서 운송인에게 운송물을 제공하여야 한다.
② 제1항에 따른 때와 곳에서 송하인이 운송물을 제공하지 아니한 경우에는 계약을 해제한 것으로 본다. 이 경우 선장은 즉시 발항할 수 있고, 송하인은 운임의 전액을 지급하여야 한다.
[전문개정 2007.8.3]

제793조【운송에 필요한 서류의 교부】
송하인은 선적기간 이내에 운송에 필요한 서류를 선장에게 교부하여야 한다. [전문개정 2007.8.3]

제794조【감항능력 주의의무】
운송인은 자기 또는 선원이나 그 밖의 선박사용인이 발항 당시 다음의 사항에 관하여 주의를 해태하지 아니하였음을 증명하지 아니하면 운송물의 멸실·훼손 또는 연착으로 인한 손해를 배상할 책임이 있다.

1. 선박이 안전하게 항해를 할 수 있게 할 것
2. 필요한 선원의 승선, 선박의장(艤裝)과 필요품의 보급
3. 선창·냉장실, 그 밖에 운송물을 적재할 선박의 부분을 운송물의 수령·운송과 보존을 위하여 적합한 상태에 둘 것

[전문개정 2007.8.3]

제795조【운송물에 관한 주의의무】

① 운송인은 자기 또는 선원이나 그 밖의 선박사용인이 운송물의 수령·선적·적부(積付)·운송·보관·양륙과 인도에 관하여 주의를 해태하지 아니하였음을 증명하지 아니하면 운송물의 멸실·훼손 또는 연착으로 인한 손해를 배상할 책임이 있다.

② 운송인은 선장·해원·도선사, 그 밖의 선박사용인의 항해 또는 선박의 관리에 관한 행위 또는 화재로 인하여 생긴 운송물에 관한 손해를 배상할 책임을 면한다. 다만, 운송인의 고의 또는 과실로 인한 화재의 경우에는 그러하지 아니하다.

[전문개정 2007.8.3]

제796조【운송인의 면책사유】

운송인은 다음 각 호의 사실이 있었다는 것과 운송물에 관한 손해가 그 사실로 인하여 보통 생길 수 있는 것임을 증명한 때에는 이를 배상할 책임을 면한다. 다만, 제794조 및 제795조 제1항에 따른 주의를 다하였더라면 그 손해를 피할 수 있었음에도 불구하고 그 주의를 다하지 아니하였음을 증명한 때에는 그러하지 아니하다.

1. 해상이나 그 밖에 항행할 수 있는 수면에서의 위험 또는 사고
2. 불가항력
3. 전쟁·폭동 또는 내란
4. 해적행위나 그 밖에 이에 준한 행위
5. 재판상의 압류, 검역상의 제한, 그 밖에 공권에 의한 제한
6. 송하인 또는 운송물의 소유자나 그 사용인의 행위
7. 동맹파업이나 그 밖의 쟁의행위 또는 선박폐쇄
8. 해상에서의 인명이나 재산의 구조행위 또는 이로 인한 항로이탈이나 그 밖의 정당한 사유로 인한 항로이탈
9. 운송물의 포장의 불충분 또는 기호의 표시의 불완전
10. 운송물의 특수한 성질 또는 숨은 하자
11. 선박의 숨은 하자

[전문개정 2007.8.3]

제797조【책임의 한도】

① 제794조부터 제796조까지의 규정에 따른 운송인의 손해배상의 책임은 당해 운송물의 매 포장당 또는 선적단위당 666과 100분의 67 계산단위의 금액과 중량 1킬로그램당 2 계산단위의 금액 중 큰 금액을 한도로 제한할 수 있다. 다만, 운송물에 관한 손해가 운송인 자신의 고의 또는 손해발생의 염려가 있음을 인식하면서 무모하게 한 작위 또는 부작위로 인하여 생긴 것인 때에는 그러하지 아니하다.

② 제1항의 적용에 있어서 운송물의 포장 또는 선적단위의 수는 다음과 같이 정한다.

1. 컨테이너나 그 밖에 이와 유사한 운송용기가 운송물을 통합하기 위하여 사용되는 경우에 그러한 운송용기에 내장된 운송물의 포장 또는 선적단위의 수를 선하증권이나 그 밖에 운송계약을 증명하는 문서에 기재한 때에는 그 각 포장 또는 선적단위를 하나의 포장 또는 선적단위로 본다. 이 경우를 제외하고는 이러한 운송용기 내의 운송물 전부를 하나의 포장 또는 선적단위로 본다.

상법

2. 운송인이 아닌 자가 공급한 운송용기 자체가 멸실 또는 훼손된 경우에는 그 용기를 별개의 포장 또는 선적단위로 본다.

③ 제1항 및 제2항은 송하인이 운송인에게 운송물을 인도할 때에 그 종류와 가액을 고지하고 선하증권이나 그 밖에 운송계약을 증명하는 문서에 이를 기재한 경우에는 적용하지 아니한다. 다만, 송하인이 운송물의 종류 또는 가액을 고의로 현저하게 부실의 고지를 한 때에는 운송인은 자기 또는 그 사용인이 악의인 경우를 제외하고 운송물의 손해에 대하여 책임을 면한다.

④ 제1항부터 제3항까지의 규정은 제769조부터 제774조까지 및 제776조의 적용에 영향을 미치지 아니한다. [전문개정 2007.8.3]

제798조【비계약적 청구에 대한 적용】

① 이 절의 운송인의 책임에 관한 규정은 운송인의 불법행위로 인한 손해배상의 책임에도 적용한다.

② 운송물에 관한 손해배상청구가 운송인의 사용인 또는 대리인에 대하여 제기된 경우에 그 손해가 그 사용인 또는 대리인의 직무집행에 관하여 생긴 것인 때에는 그 사용인 또는 대리인은 운송인이 주장할 수 있는 항변과 책임제한을 원용할 수 있다. 다만, 그 손해가 그 사용인 또는 대리인의 고의 또는 운송물의 멸실·훼손 또는 연착이 생길 염려가 있음을 인식하면서 무모하게 한 작위 또는 부작위로 인하여 생긴 것인 때에는 그러하지 아니하다.

③ 제2항 본문의 경우에 운송인과 그 사용인 또는 대리인의 운송물에 대한 책임제한금액의 총액은 제797조 제1항에 따른 한도를 초과하지 못한다.

④ 제1항부터 제3항까지의 규정은 운송물에 관한 손해배상청구가 운송인 외의 실제운송인 또는 그 사용인이나 대리인에 대하여 제기된 경우에도 적용한다.

[전문개정 2007.8.3]

제799조【운송인의 책임경감금지】

① 제794조부터 제798조까지의 규정에 반하여 운송인의 의무 또는 책임을 경감 또는 면제하는 당사자 사이의 특약은 효력이 없다. 운송물에 관한 보험의 이익을 운송인에게 양도하는 약정 또는 이와 유사한 약정도 또한 같다.

② 제1항은 산 동물의 운송 및 선하증권이나 그 밖에 운송계약을 증명하는 문서의 표면에 갑판적(甲板積)으로 운송할 취지를 기재하여 갑판적으로 행하는 운송에 대하여는 적용하지 아니한다.

[전문개정 2007.8.3]

제800조【위법선적물의 처분】

① 선장은 법령 또는 계약을 위반하여 선적된 운송물은 언제든지 이를 양륙할 수 있고, 그 운송물이 선박 또는 다른 운송물에 위해를 미칠 염려가 있는 때에는 이를 포기할 수 있다.

② 선장이 제1항의 물건을 운송하는 때에는 선적한 때와 곳에서의 동종 운송물의 최고운임의 지급을 청구할 수 있다.

③ 제1항 및 제2항은 운송인과 그 밖의 이해관계인의 손해배상청구에 영향을 미치지 아니한다.

[전문개정 2007.8.3]

제801조【위험물의 처분】

① 인화성·폭발성이나 그 밖의 위험성이 있는 운송물은 운송인이 그 성질을 알고 선적한 경우에도 그 운송물이 선박이나 다른 운송물에 위해를 미칠 위험이 있는 때에는 선장은 언제든지 이를 양륙·파괴 또는 무해조치할 수 있다.

② 운송인은 제1항의 처분에 의하여 그 운송물에 발생한 손해에 대하여는 공동해손분담책임을 제외하고 그 배상책임을 면한다.

[전문개정 2007.8.3]

제802조【운송물의 수령】
운송물의 도착통지를 받은 수하인은 당사자 사이의 합의 또는 양륙항의 관습에 의한 때와 곳에서 지체 없이 운송물을 수령하여야 한다.

[전문개정 2007.8.3]

제803조【운송물의 공탁 등】
① 수하인이 운송물의 수령을 게을리한 때에는 선장은 이를 공탁하거나 세관이나 그 밖에 법령으로 정한 관청의 허가를 받은 곳에 인도할 수 있다. 이 경우 지체 없이 수하인에게 그 통지를 발송하여야 한다.
② 수하인을 확실히 알 수 없거나 수하인이 운송물의 수령을 거부한 때에는 선장은 이를 공탁하거나 세관이나 그 밖에 법령으로 정한 관청의 허가를 받은 곳에 인도하고 지체 없이 용선자 또는 송하인 및 알고 있는 수하인에게 그 통지를 발송하여야 한다.
③ 제1항 및 제2항에 따라 운송물을 공탁하거나 세관이나 그 밖에 법령으로 정한 관청의 허가를 받은 곳에 인도한 때에는 선하증권소지인이나 그 밖의 수하인에게 운송물을 인도한 것으로 본다.

[전문개정 2007.8.3]

제804조【운송물의 일부 멸실·훼손에 관한 통지】
① 수하인이 운송물의 일부 멸실 또는 훼손을 발견한 때에는 수령 후 지체 없이 그 개요에 관하여 운송인에게 서면에 의한 통지를 발송하여야 한다. 다만, 그 멸실 또는 훼손이 즉시 발견할 수 없는 것인 때에는 수령한 날부터 3일 이내에 그 통지를 발송하여야 한다.
② 제1항의 통지가 없는 경우에는 운송물이 멸실 또는 훼손 없이 수하인에게 인도된 것으로 추정한다.
③ 제1항 및 제2항은 운송인 또는 그 사용인이 악의인 경우에는 적용하지 아니한다.
④ 운송물에 멸실 또는 훼손이 발생하였거나 그 의심이 있는 경우에는 운송인과 수하인은 서로 운송물의 검사를 위하여 필요한 편의를 제공하여야 한다.
⑤ 제1항부터 제4항까지의 규정에 반하여 수하인에게 불리한 당사자 사이의 특약은 효력이 없다.

[전문개정 2007.8.3]

제805조【운송물의 중량·용적에 따른 운임】
운송물의 중량 또는 용적으로 운임을 정한 때에는 운송물을 인도하는 때의 중량 또는 용적에 의하여 그 액을 정한다.

[전문개정 2007.8.3]

제806조【운송기간에 따른 운임】
① 기간으로 운임을 정한 때에는 운송물의 선적을 개시한 날부터 그 양륙을 종료한 날까지의 기간에 의하여 그 액을 정한다.
② 제1항의 기간에는 불가항력으로 인하여 선박이 선적항이나 항해도중에 정박한 기간 또는 항해 도중에 선박을 수선한 기간을 산입하지 아니한다.

[전문개정 2007.8.3]

제807조【수하인의 의무, 선장의 유치권】
① 수하인이 운송물을 수령하는 때에는 운송계약 또는 선하증권의 취지에 따라 운임·부수비용·체당금·체선료, 운송물의 가액에 따른 공동해손 또는 해난구조로 인한 부담액을 지급하여야 한다.
② 선장은 제1항에 따른 금액의 지급과 상환하지 아니하면 운송물을 인도할 의무가 없다.

[전문개정 2007.8.3]

제808조【운송인의 운송물경매권】
① 운송인은 제807조 제1항에 따른 금액의 지급을 받기 위하여 법원의 허가를 받아 운송물을 경매하여 우선변제를 받을 권리가 있다.
② 선장이 수하인에게 운송물을 인도한 후에도 운송인은 그 운송물에 대하여 제1항의 권리

를 행사할 수 있다. 다만, 인도한 날부터 30일을 경과하거나 제3자가 그 운송물에 점유를 취득한 때에는 그러하지 아니하다.

[전문개정 2007.8.3]

제809조【항해용선자 등의 재운송계약시 선박소유자의 책임】

항해용선자 또는 정기용선자가 자기의 명의로 제3자와 운송계약을 체결한 경우에는 그 계약의 이행이 선장의 직무에 속한 범위 안에서 선박소유자도 그 제3자에 대하여 제794조 및 제795조에 따른 책임을 진다. [전문개정 2007.8.3]

제810조【운송계약의 종료사유】

① 운송계약은 다음의 사유로 인하여 종료한다.

1. 선박이 침몰 또는 멸실한 때
2. 선박이 수선할 수 없게 된 때
3. 선박이 포획된 때
4. 운송물이 불가항력으로 인하여 멸실된 때

② 제1항 제1호부터 제3호까지의 사유가 항해도중에 생긴 때에는 송하인은 운송의 비율에 따라 현존하는 운송물의 가액의 한도에서 운임을 지급하여야 한다.

[전문개정 2007.8.3]

제811조【법정사유로 인한 해제 등】

① 항해 또는 운송이 법령을 위반하게 되거나 그 밖에 불가항력으로 인하여 계약의 목적을 달할 수 없게 된 때에는 각 당사자는 계약을 해제할 수 있다.

② 제1항의 사유가 항해 도중에 생긴 경우에 계약을 해지한 때에는 송하인은 운송의 비율에 따라 운임을 지급하여야 한다.

[전문개정 2007.8.3]

제812조【운송물의 일부에 관한 불가항력】

① 제810조 제1항 제4호 및 제811조 제1항의 사유가 운송물의 일부에 대하여 생긴 때에는 송하인은 운송인의 책임이 가중되지 아니하는 범위 안에서 다른 운송물을 선적할 수 있다.

② 송하인이 제1항의 권리를 행사하고자 하는 때에는 지체 없이 운송물의 양륙 또는 선적을 하여야 한다. 그 양륙 또는 선적을 게을리한 때에는 운임의 전액을 지급하여야 한다.

[전문개정 2007.8.3]

제813조【선장의 적하처분과 운임】

운송인은 다음 각 호의 어느 하나에 해당하는 경우에는 운임의 전액을 청구할 수 있다.

1. 선장이 제750조 제1항에 따라 적하를 처분하였을 때
2. 선장이 제865조에 따라 적하를 처분하였을 때

[전문개정 2007.8.3]

제814조【운송인의 채권·채무의 소멸】

① 운송인의 송하인 또는 수하인에 대한 채권 및 채무는 그 청구원인의 여하에 불구하고 운송인이 수하인에게 운송물을 인도한 날 또는 인도할 날부터 1년 이내에 재판상 청구가 없으면 소멸한다. 다만, 이 기간은 당사자의 합의에 의하여 연장할 수 있다.

② 운송인이 인수한 운송을 다시 제3자에게 위탁한 경우에 송하인 또는 수하인이 제1항의 기간 이내에 운송인과 배상 합의를 하거나 운송인에게 재판상 청구를 하였다면, 그 합의 또는 청구가 있은 날부터 3개월이 경과하기 이전에는 그 제3자에 대한 운송인의 채권·채무는 제1항에도 불구하고 소멸하지 아니한다. 운송인과 그 제3자 사이에 제1항 단서와 동일한 취지의 약정이 있는 경우에도 또한 같다.

③ 제2항의 경우에 있어서 재판상 청구를 받은 운송인이 그로부터 3개월 이내에 그 제3자에 대하여 소송고지를 하면 3개월의 기간은 그 재판이 확정되거나 그 밖에 종료된 때부터 기산한다.

[전문개정 2007.8.3]

제815조【준용규정】
제134조, 제136조부터 제140조까지의 규정은 이 절에서 정한 운송인에 준용한다.
[전문개정 2007.8.3]

제816조【복합운송인의 책임】
① 운송인이 인수한 운송에 해상 외의 운송구간이 포함된 경우 운송인은 손해가 발생한 운송구간에 적용될 법에 따라 책임을 진다.
② 어느 운송구간에서 손해가 발생하였는지 불분명한 경우 또는 손해의 발생이 성질상 특정한 지역으로 한정되지 아니하는 경우에는 운송인은 운송거리가 가장 긴 구간에 적용되는 법에 따라 책임을 진다. 다만, 운송거리가 같거나 가장 긴 구간을 정할 수 없는 경우에는 운임이 가장 비싼 구간에 적용되는 법에 따라 책임을 진다.
[전문개정 2007.8.3]

제2절 해상여객운송 〈개정 2007.8.3〉

제817조【해상여객운송계약의 의의】
해상여객운송계약은 운송인이 특정한 여객을 출발지에서 도착지까지 해상에서 선박으로 운송할 것을 인수하고, 이에 대하여 상대방이 운임을 지급하기로 약정함으로써 그 효력이 생긴다.
[전문개정 2007.8.3]

제818조【기명식의 선표】
기명식의 선표는 타인에게 양도하지 못한다.
[전문개정 2007.8.3]

제819조【식사·거처제공의무 등】
① 여객의 항해 중의 식사는 다른 약정이 없으면 운송인의 부담으로 한다.
② 항해 도중에 선박을 수선하는 경우에는 운송인은 그 수선 중 여객에게 상당한 거처와 식사를 제공하여야 한다. 다만, 여객의 권리를 해하지 아니하는 범위 안에서 상륙항까지의 운송의 편의를 제공한 때에는 그러하지 아니하다.
③ 제2항의 경우에 여객은 항해의 비율에 따른 운임을 지급하고 계약을 해지할 수 있다.
[전문개정 2007.8.3]

제820조【수하물 무임운송의무】
여객이 계약에 의하여 선내에서 휴대할 수 있는 수하물에 대하여는 운송인은 다른 약정이 없으면 별도로 운임을 청구하지 못한다.
[전문개정 2007.8.3]

제821조【승선지체와 선장의 발항권】
① 여객이 승선시기까지 승선하지 아니한 때에는 선장은 즉시 발항할 수 있다. 항해 도중의 정박항에서도 또한 같다.
② 제1항의 경우에는 여객은 운임의 전액을 지급하여야 한다.
[전문개정 2007.8.3]

제822조【여객의 계약해제와 운임】
여객이 발항 전에 계약을 해제하는 경우에는 운임의 반액을 지급하고, 발항 후에 계약을 해제하는 경우에는 운임의 전액을 지급하여야 한다.
[전문개정 2007.8.3]

제823조【법정사유에 의한 해제】
여객이 발항 전에 사망·질병이나 그 밖의 불가항력으로 인하여 항해할 수 없게 된 때에는 운송인은 운임의 10분의 3을 청구할 수 있고, 발항 후에 그 사유가 생긴 때에는 운송인의 선택으로 운임의 10분의 3 또는 운송의 비율에 따른 운임을 청구할 수 있다. [전문개정 2007.8.3]

제824조【사망한 여객의 수하물처분의무】
여객이 사망한 때에는 선장은 그 상속인에게 가장 이익이 되는 방법으로 사망자가 휴대한 수하물을 처분하여야 한다. [전문개정 2007.8.3]

제825조【법정종료사유】
운송계약은 제810조 제1항 제1호부터 제3호까지의 사유로 인하여 종료한다. 그 사유가 항해

도중에 생긴 때에는 여객은 운송의 비율에 따른 운임을 지급하여야 한다. [전문개정 2007.8.3]

제826조【준용규정】

① 제148조·제794조·제799조 제1항 및 제809조는 해상여객운송에 준용한다.

② 제134조·제136조·제149조 제2항·제794조부터 제801조까지·제804조·제807조·제809조·제811조 및 제814조는 운송인이 위탁을 받은 여객의 수하물의 운송에 준용한다.

③ 제150조, 제797조 제1항·제4항, 제798조, 제799조 제1항, 제809조 및 제814조는 운송인이 위탁을 받지 아니한 여객의 수하물에 준용한다. [전문개정 2007.8.3.]

제3절 항해용선 〈개정 2007.8.3〉

제827조【항해용선계약의 의의】

① 항해용선계약은 특정한 항해를 할 목적으로 선박소유자가 용선자에게 선원이 승무하고 항해장비를 갖춘 선박의 전부 또는 일부를 물건의 운송에 제공하기로 약정하고 용선자가 이에 대하여 운임을 지급하기로 약정함으로써 그 효력이 생긴다.

② 이 절의 규정은 그 성질에 반하지 아니하는 한 여객운송을 목적으로 하는 항해용선계약에도 준용한다.

③ 선박소유자가 일정한 기간 동안 용선자에게 선박을 제공할 의무를 지지만 항해를 단위로 운임을 계산하여 지급하기로 약정한 경우에도 그 성질에 반하지 아니하는 한 이 절의 규정을 준용한다. [전문개정 2007.8.3]

제828조【용선계약서】

용선계약의 당사자는 상대방의 청구에 의하여 용선계약서를 교부하여야 한다.

[전문개정 2007.8.3]

제829조【선적준비완료의 통지, 선적기간】

① 선박소유자는 운송물을 선적함에 필요한 준비가 완료된 때에는 지체 없이 용선자에게 그 통지를 발송하여야 한다.

② 운송물을 선적할 기간의 약정이 있는 경우에는 그 기간은 제1항의 통지가 오전에 있은 때에는 그 날의 오후 1시부터 기산하고, 오후에 있은 때에는 다음날 오전 6시부터 기산한다. 이 기간에는 불가항력으로 인하여 선적할 수 없는 날과 그 항의 관습상 선적작업을 하지 아니하는 날을 산입하지 아니한다.

③ 제2항의 기간을 경과한 후 운송물을 선적한 때에는 선박소유자는 상당한 보수를 청구할 수 있다.

[전문개정 2007.8.3]

제830조【제3자가 선적인인 경우의 통지·선적】

용선자 외의 제3자가 운송물을 선적할 경우에 선장이 그 제3자를 확실히 알 수 없거나 그 제3자가 운송물을 선적하지 아니한 때에는 선장은 지체 없이 용선자에게 그 통지를 발송하여야 한다. 이 경우 선적기간 이내에 한하여 용선자가 운송물을 선적할 수 있다. [전문개정 2007.8.3]

제831조【용선자의 발항청구권, 선장의 발항권】

① 용선자는 운송물의 전부를 선적하지 아니한 경우에도 선장에게 발항을 청구할 수 있다.

② 선적기간의 경과 후에는 용선자가 운송물의 전부를 선적하지 아니한 경우에도 선장은 즉시 발항할 수 있다.

③ 제1항 및 제2항의 경우에 용선자는 운임의 전액과 운송물의 전부를 선적하지 아니함으로 인하여 생긴 비용을 지급하고, 또한 선박소유자의 청구가 있는 때에는 상당한 담보를 제공하여야 한다.

[전문개정 2007.8.3]

제832조【전부용선의 발항 전의 계약해제 등】

① 발항 전에는 전부용선자는 운임의 반액을 지급하고 계약을 해제할 수 있다.

② 왕복항해의 용선계약인 경우에 전부용선자가 그 회항 전에 계약을 해지하는 때에는 운임의 3분의 2를 지급하여야 한다.
③ 선박이 다른 항에서 선적항에 항행하여야 할 경우에 전부용선자가 선적항에서 발항하기 전에 계약을 해지하는 때에도 제2항과 같다.

[전문개정 2007.8.3]

제833조【일부용선과 발항 전의 계약해제 등】
① 일부용선자나 송하인은 다른 용선자와 송하인 전원과 공동으로 하는 경우에 한하여 제832조의 해제 또는 해지를 할 수 있다.
② 제1항의 경우 외에는 일부용선자나 송하인이 발항 전에 계약을 해제 또는 해지한 때에도 운임의 전액을 지급하여야 한다.
③ 발항 전이라도 일부용선자나 송하인이 운송물의 전부 또는 일부를 선적한 경우에는 다른 용선자와 송하인의 동의를 받지 아니하면 계약을 해제 또는 해지하지 못한다.

[전문개정 2007.8.3]

제834조【부수비용·체당금 등의 지급의무】
① 용선자나 송하인이 제832조 및 제833조 제1항에 따라 계약을 해제 또는 해지를 한 때에도 부수비용과 체당금을 지급할 책임을 면하지 못한다.
② 제832조 제2항 및 제3항의 경우에는 용선자나 송하인은 제1항에 규정된 것 외에도 운송물의 가액에 따라 공동해손 또는 해난구조로 인하여 부담할 금액을 지급하여야 한다.

[전문개정 2007.8.3]

제835조【선적·양륙비용의 부담】
제833조 및 제834조의 경우에 운송물의 전부 또는 일부를 선적한 때에는 그 선적과 양륙의 비용은 용선자 또는 송하인이 부담한다.

[전문개정 2007.8.3]

제836조【선적기간 내의 불선적의 효과】
용선자가 선적기간 내에 운송물의 선적을 하지 아니한 때에는 계약을 해제 또는 해지한 것으로 본다. [전문개정 2007.8.3]

제837조【발항 후의 계약해지】
발항 후에는 용선자나 송하인은 운임의 전액, 체당금·체선료와 공동해손 또는 해난구조의 부담액을 지급하고 그 양륙하기 위하여 생긴 손해를 배상하거나 이에 대한 상당한 담보를 제공하지 아니하면 계약을 해지하지 못한다.

[전문개정 2007.8.3]

제838조【운송물의 양륙】
① 운송물을 양륙함에 필요한 준비가 완료된 때에는 선장은 지체 없이 수하인에게 그 통지를 발송하여야 한다.
② 제829조 제2항은 운송물의 양륙기간의 계산에 준용한다.
③ 제2항의 양륙기간을 경과한 후 운송물을 양륙한 때에는 선박소유자는 상당한 보수를 청구할 수 있다.

[전문개정 2007.8.3]

제839조【선박소유자의 책임경감 금지】
① 제794조에 반하여 이 절에서 정한 선박소유자의 의무 또는 책임을 경감 또는 면제하는 당사자 사이의 특약은 효력이 없다. 운송물에 관한 보험의 이익을 선박소유자에게 양도하는 약정 또는 이와 유사한 약정도 또한 같다.
② 제799조 제2항은 제1항의 경우에 준용한다.

[전문개정 2007.8.3.]

제840조【선박소유자의 채권·채무의 소멸】
① 선박소유자의 용선자 또는 수하인에 대한 채권 및 채무는 그 청구원인의 여하에 불구하고 선박소유자가 운송물을 인도한 날 또는 인도할 날부터 2년 이내에 재판상 청구가 없으면 소멸한다. 이 경우 제814조 제1항 단서를 준용한다.
② 제1항의 기간을 단축하는 선박소유자와 용선자의 약정은 이를 운송계약에 명시적으로 기재하지 아니하면 그 효력이 없다.

[전문개정 2007.8.3]

제841조 【준용규정】
① 제134조, 제136조, 제137조, 제140조, 제793조부터 제797조까지, 제798조 제1항부터 제3항까지, 제800조, 제801조, 제803조, 제804조 제1항부터 제4항까지, 제805조부터 제808조까지와 제810조부터 제813조까지의 규정은 항해용선계약에 준용한다.
② 제1항에 따라 제806조의 운임을 계산함에 있어서 제829조 제2항의 선적기간 또는 제838조 제2항의 양륙기간이 경과한 후에 운송물을 선적 또는 양륙한 경우에는 그 기간 경과 후의 선적 또는 양륙기간은 선적 또는 양륙기간에 산입하지 아니하고 제829조 제3항 및 제838조 제3항에 따라 별도로 보수를 정한다.

[전문개정 2007.8.3.]

제4절 정기용선 〈개정 2007.8.3〉

제842조 【정기용선계약의 의의】
정기용선계약은 선박소유자가 용선자에게 선원이 승무하고 항해장비를 갖춘 선박을 일정한 기간동안 항해에 사용하게 할 것을 약정하고 용선자가 이에 대하여 기간으로 정한 용선료를 지급하기로 약정함으로써 그 효력이 생긴다.

[전문개정 2007.8.3]

제843조 【정기용선자의 선장지휘권】
① 정기용선자는 약정한 범위 안의 선박의 사용을 위하여 선장을 지휘할 권리가 있다.
② 선장·해원, 그 밖의 선박사용인이 정기용선자의 정당한 지시를 위반하여 정기용선자에게 손해가 발생한 경우에는 선박소유자가 이를 배상할 책임이 있다.

[전문개정 2007.8.3]

제844조 【선박소유자의 운송물유치권 및 경매권】
① 제807조 제2항 및 제808조는 정기용선자가 선박소유자에게 용선료·체당금, 그 밖에 이와 유사한 정기용선계약에 의한 채무를 이행하지 아니하는 경우에 준용한다. 다만, 선박소유자는 정기용선자가 발행한 선하증권을 선의로 취득한 제3자에게 대항하지 못한다.
② 제1항에 따른 선박소유자의 운송물에 대한 권리는 정기용선자가 운송물에 관하여 약정한 용선료 또는 운임의 범위를 넘어서 행사하지 못한다.

[전문개정 2007.8.3]

제845조 【용선료의 연체와 계약해지 등】
① 정기용선자가 용선료를 약정기일에 지급하지 아니한 때에는 선박소유자는 계약을 해제 또는 해지할 수 있다.
② 정기용선자가 제3자와 운송계약을 체결하여 운송물을 선적한 후 선박의 항해 중에 선박소유자가 제1항에 따라 계약을 해제 또는 해지한 때에는 선박소유자는 적하이해관계인에 대하여 정기용선자와 동일한 운송의무가 있다.
③ 선박소유자가 제2항에 따른 계약의 해제 또는 해지 및 운송계속의 뜻을 적하이해관계인에게 서면으로 통지를 한 때에는 선박소유자의 정기용선자에 대한 용선료·체당금, 그 밖에 이와 유사한 정기용선계약상의 채권을 담보하기 위하여 정기용선자가 적하이해관계인에 대하여 가지는 용선료 또는 운임의 채권을 목적으로 질권을 설정한 것으로 본다.
④ 제1항부터 제3항까지의 규정은 선박소유자 또는 적하이해관계인의 정기용선자에 대한 손해배상청구에 영향을 미치지 아니한다.

[전문개정 2007.8.3]

제846조 【정기용선계약상의 채권의 소멸】
① 정기용선계약에 관하여 발생한 당사자 사이의 채권은 선박이 선박소유자에게 반환된 날부터 2년 이내에 재판상 청구가 없으면 소멸한다. 이 경우 제814조 제1항 단서를 준용한다.
② 제840조 제2항은 제1항의 경우에 준용한다.

[전문개정 2007.8.3]

제5절 선체용선 〈개정 2007.8.3〉

제847조【선체용선계약의 의의】
① 선체용선계약은 용선자의 관리·지배 하에 선박을 운항할 목적으로 선박소유자가 용선자에게 선박을 제공할 것을 약정하고 용선자가 이에 따른 용선료를 지급하기로 약정함으로써 그 효력이 생긴다.
② 선박소유자가 선장과 그 밖의 해원을 공급할 의무를 지는 경우에도 용선자의 관리·지배 하에서 해원이 선박을 운항하는 것을 목적으로 하면 이를 선체용선계약으로 본다.
[전문개정 2007.8.3]

제848조【법적 성질】
① 선체용선계약은 그 성질에 반하지 아니하는 한 「민법」상 임대차에 관한 규정을 준용한다.
② 용선기간이 종료된 후에 용선자가 선박을 매수 또는 인수할 권리를 가지는 경우 및 금융의 담보를 목적으로 채권자를 선박소유자로 하여 선체용선계약을 체결한 경우에도 용선기간 중에는 당사자 사이에서는 이 절의 규정에 따라 권리와 의무가 있다.
[전문개정 2007.8.3]

제849조【선체용선자의 등기청구권, 등기의 효력】
① 선체용선자는 선박소유자에 대하여 선체용선등기에 협력할 것을 청구할 수 있다.
② 선체용선을 등기한 때에는 그 때부터 제3자에 대하여 효력이 생긴다.
[전문개정 2007.8.3]

제850조【선체용선과 제3자에 대한 법률관계】
① 선체용선자가 상행위나 그 밖의 영리를 목적으로 선박을 항해에 사용하는 경우에는 그 이용에 관한 사항에는 제3자에 대하여 선박소유자와 동일한 권리의무가 있다.
② 제1항의 경우에 선박의 이용에 관하여 생긴 우선특권은 선박소유자에 대하여도 그 효력이 있다. 다만, 우선특권자가 그 이용의 계약에 반함을 안 때에는 그러하지 아니하다
[전문개정 2007.8.3]

제851조【선체용선계약상의 채권의 소멸】
① 선체용선계약에 관하여 발생한 당사자 사이의 채권은 선박이 선박소유자에게 반환된 날부터 2년 이내에 재판상 청구가 없으면 소멸한다. 이 경우 제814조 제1항 단서를 준용한다.
② 제840조 제2항은 제1항의 경우에 준용한다.
[전문개정 2007.8.3]

제6절 운송증서 〈개정 2007.8.3〉

제852조【선하증권의 발행】
① 운송인은 운송물을 수령한 후 송하인의 청구에 의하여 1통 또는 수통의 선하증권을 교부하여야 한다.
② 운송인은 운송물을 선적한 후 송하인의 청구에 의하여 1통 또는 수통의 선적선하증권을 교부하거나 제1항의 선하증권에 선적의 뜻을 표시하여야 한다.
③ 운송인은 선장 또는 그 밖의 대리인에게 선하증권의 교부 또는 제2항의 표시를 위임할 수 있다.
[전문개정 2007.8.3]

제853조【선하증권의 기재사항】
① 선하증권에는 다음 각 호의 사항을 기재하고 운송인이 기명날인 또는 서명하여야 한다.
1. 선박의 명칭·국적 및 톤수
2. 송하인이 서면으로 통지한 운송물의 종류, 중량 또는 용적, 포장의 종별, 개수와 기호
3. 운송물의 외관상태
4. 용선자 또는 송하인의 성명·상호
5. 수하인 또는 통지수령인의 성명·상호

6. 선적항
7. 양륙항
8. 운 임
9. 발행지와 그 발행연월일
10. 수통의 선하증권을 발행한 때에는 그 수
11. 운송인의 성명 또는 상호
12. 운송인의 주된 영업소 소재지

② 제1항 제2호의 기재사항 중 운송물의 중량·용적·개수 또는 기호가 운송인이 실제로 수령한 운송물을 정확하게 표시하고 있지 아니하다고 의심할 만한 상당한 이유가 있는 때 또는 이를 확인할 적당한 방법이 없는 때에는 그 기재를 생략할 수 있다.

③ 송하인은 제1항 제2호의 기재사항이 정확함을 운송인에게 담보한 것으로 본다.

④ 운송인이 선하증권에 기재된 통지수령인에게 운송물에 관한 통지를 한 때에는 송하인 및 선하증권소지인과 그 밖의 수하인에게 통지한 것으로 본다.

[전문개정 2007.8.3]

제854조【선하증권 기재의 효력】

① 제853조 제1항에 따라 선하증권이 발행된 경우 운송인과 송하인 사이에 선하증권에 기재된 대로 개품운송계약이 체결되고 운송물을 수령 또는 선적한 것으로 추정한다.

② 제1항의 선하증권을 선의로 취득한 소지인에 대하여 운송인은 선하증권에 기재된 대로 운송물을 수령 혹은 선적한 것으로 보고 선하증권에 기재된 바에 따라 운송인으로서 책임을 진다.

[전문개정 2007.8.3]

제855조【용선계약과 선하증권】

① 용선자의 청구가 있는 경우 선박소유자는 운송물을 수령한 후에 제852조 및 제853조에 따라 선하증권을 발행한다.

② 제1항에 따라 선하증권이 발행된 경우 선박소유자는 선하증권에 기재된 대로 운송물을 수령 또는 선적한 것으로 추정한다.

③ 제3자가 선의로 제1항의 선하증권을 취득한 경우 선박소유자는 제854조 제2항에 따라 운송인으로서 권리와 의무가 있다. 용선자의 청구에 따라 선박소유자가 제3자에게 선하증권을 발행한 경우에도 또한 같다.

④ 제3항의 경우에 그 제3자는 제833조부터 제835조까지 및 제837조에 따른 송하인으로 본다.

⑤ 제3항의 경우 제799조를 위반하여 운송인으로서의 의무와 책임을 감경 또는 면제하는 특약을 하지 못한다.

[전문개정 2007.8.3]

제856조【등본의 교부】

선하증권의 교부를 받은 용선자 또는 송하인은 발행자의 청구가 있는 때에는 선하증권의 등본에 기명날인 또는 서명하여 교부하여야 한다.

[전문개정 2007.8.3]

제857조【수통의 선하증권과 양륙항에 있어서의 운송물의 인도】

① 양륙항에서 수통의 선하증권 중 1통을 소지한 자가 운송물의 인도를 청구하는 경우에도 선장은 그 인도를 거부하지 못한다.

② 제1항에 따라 수통의 선하증권 중 1통의 소지인이 운송물의 인도를 받은 때에는 다른 선하증권은 그 효력을 잃는다.

[전문개정 2007.8.3]

제858조【수통의 선하증권과 양륙항 외에서의 운송물의 인도】

양륙항 외에서는 선장은 선하증권의 각 통의 반환을 받지 아니하면 운송물을 인도하지 못한다.

[전문개정 2007.8.3]

제859조【2인 이상 소지인의 운송물인도청구와 공탁】

① 2인 이상의 선하증권소지인이 운송물의 인도를 청구한 때에는 선장은 지체 없이 운송

물을 공탁하고 각 청구자에게 그 통지를 발송하여야 한다.

② 선장이 제857조 제1항에 따라 운송물의 일부를 인도한 후 다른 소지인이 운송물의 인도를 청구한 경우에도 그 인도하지 아니한 운송물에 대하여는 제1항과 같다.

[전문개정 2007.8.3]

제860조【수인의 선하증권소지인의 순위】

① 제859조에 따라 공탁한 운송물에 대하여는 수인의 선하증권소지인에게 공통되는 전 소지인으로부터 먼저 교부를 받은 증권소지인의 권리가 다른 소지인의 권리에 우선한다.

② 격지자에 대하여 발송한 선하증권은 그 발송한 때를 교부받은 때로 본다. [전문개정 2007.8.3]

제861조【준용규정】

제129조·제130조·제132조 및 제133조는 제852조 및 제855조의 선하증권에 준용한다.

[전문개정 2007.8.3]

제862조【전자선하증권】

① 운송인은 제852조 또는 제855조의 선하증권을 발행하는 대신에 송하인 또는 용선자의 동의를 받아 법무부장관이 지정하는 등록기관에 등록을 하는 방식으로 전자선하증권을 발행할 수 있다. 이 경우 전자선하증권은 제852조 및 제855조의 선하증권과 동일한 법적 효력을 갖는다.

② 전자선하증권에는 제853조 제1항 각 호의 정보가 포함되어야 하며, 운송인이 전자서명을 하여 송신하고 용선자 또는 송하인이 이를 수신하여야 그 효력이 생긴다.

③ 전자선하증권의 권리자는 배서의 뜻을 기재한 전자문서를 작성한 다음 전자선하증권을 첨부하여 지정된 등록기관을 통하여 상대방에게 송신하는 방식으로 그 권리를 양도할 수 있다.

④ 제3항에서 정한 방식에 따라 배서의 뜻을 기재한 전자문서를 상대방이 수신하면 제852조 및 제855조의 선하증권을 배서하여 교부한 것과 동일한 효력이 있고, 제2항 및 제3항의 전자문서를 수신한 권리자는 제852조 및 제855조의 선하증권을 교부받은 소지인과 동일한 권리를 취득한다.

⑤ 전자선하증권의 등록기관의 지정요건, 발행 및 배서의 전자적인 방식, 운송물의 구체적인 수령절차와 그 밖에 필요한 사항은 대통령령으로 정한다.

[전문개정 2007.8.3]

제863조【해상화물운송장의 발행】

① 운송인은 용선자 또는 송하인의 청구가 있으면 제852조 또는 제855조의 선하증권을 발행하는 대신 해상화물운송장을 발행할 수 있다. 해상화물운송장은 당사자 사이의 합의에 따라 전자식으로도 발행할 수 있다.

② 해상화물운송장에는 해상화물운송장임을 표시하는 외에 제853조 제1항 각 호 사항을 기재하고 운송인이 기명날인 또는 서명하여야 한다.

③ 제853조 제2항 및 제4항은 해상화물운송장에 준용한다.

[전문개정 2007.8.3.]

제864조【해상화물운송장의 효력】

① 제863조 제1항의 규정에 따라 해상화물운송장이 발행된 경우 운송인이 그 운송장에 기재된 대로 운송물을 수령 또는 선적한 것으로 추정한다.

② 운송인이 운송물을 인도함에 있어서 수령인이 해상화물운송장에 기재된 수하인 또는 그 대리인이라고 믿을만한 정당한 사유가 있는 때에는 수령인이 권리자가 아니라고 하더라도 운송인은 그 책임을 면한다.

[전문개정 2007.8.3]

제3장 해상위험 〈개정 2007.8.3〉

제1절 공동해손 〈개정 2007.8.3〉

제865조【공동해손의 요건】
선박과 적하의 공동위험을 면하기 위한 선장의 선박 또는 적하에 대한 처분으로 인하여 생긴 손해 또는 비용은 공동해손으로 한다.
[전문개정 2007.8.3]

제866조【공동해손의 분담】
공동해손은 그 위험을 면한 선박 또는 적하의 가액과 운임의 반액과 공동해손의 액과의 비율에 따라 각 이해관계인이 이를 분담한다.
[전문개정 2007.8.3]

제867조【공동해손분담액의 산정】
공동해손의 분담액을 정함에 있어서는 선박의 가액은 도달의 때와 곳의 가액으로 하고, 적하의 가액은 양륙의 때와 곳의 가액으로 한다. 다만, 적하에 관하여는 그 가액 중에서 멸실로 인하여 지급을 면하게 된 운임과 그 밖의 비용을 공제하여야 한다.
[전문개정 2007.8.3]

제868조【공동해손분담자의 유한책임】
제866조 및 제867조에 따라 공동해손의 분담책임이 있는 자는 선박이 도달하거나 적하를 인도한 때에 현존하는 가액의 한도에서 책임을 진다.
[전문개정 2007.8.3]

제869조【공동해손의 손해액산정】
공동해손의 액을 정함에 있어서는 선박의 가액은 도달의 때와 곳의 가액으로 하고, 적하의 가액은 양륙의 때와 곳의 가액으로 한다. 다만, 적하에 관하여는 그 손실로 인하여 지급을 면하게 된 모든 비용을 공제하여야 한다.
[전문개정 2007.8.3]

제870조【책임있는 자에 대한 구상권】
선박과 적하의 공동위험이 선박 또는 적하의 하자나 그 밖의 과실 있는 행위로 인하여 생긴 경우에는 공동해손의 분담자는 그 책임이 있는 자에 대하여 구상권을 행사할 수 있다.
[전문개정 2007.8.3]

제871조【공동해손분담제외】
선박에 비치한 무기, 선원의 급료, 선원과 여객의 식량·의류는 보존된 경우에는 그 가액을 공동해손의 분담에 산입하지 아니하고, 손실된 경우에는 그 가액을 공동해손의 액에 산입한다.
[전문개정 2007.8.3]

제872조【공동해손분담청구에서의 제외】
① 속구목록에 기재하지 아니한 속구, 선하증권이나 그 밖에 적하의 가격을 정할 수 있는 서류 없이 선적한 하물 또는 종류와 가액을 명시하지 아니한 화폐나 유가증권과 그 밖의 고가물은 보존된 경우에는 그 가액을 공동해손의 분담에 산입하고, 손실된 경우에는 그 가액을 공동해손의 액에 산입하지 아니한다.
② 갑판에 적재한 하물에 대하여도 제1항과 같다. 다만, 갑판에 선적하는 것이 관습상 허용되는 경우와 그 항해가 연안항행에 해당되는 경우에는 그러하지 아니하다.
[전문개정 2007.8.3]

제873조【적하가격의 부실기재와 공동해손】
① 선하증권이나 그 밖에 적하의 가격을 정할 수 있는 서류에 적하의 실가보다 고액을 기재한 경우에 그 하물이 보존된 때에는 그 기재액에 의하여 공동해손의 분담액을 정하고, 적하의 실가보다 저액을 기재한 경우에 그 하물이 손실된 때에는 그 기재액을 공동해손의 액으로 한다.
② 제1항은 적하의 가격에 영향을 미칠 사항에 관하여 거짓 기재를 한 경우에 준용한다.
[전문개정 2007.8.3]

제874조【공동해손인 손해의 회복】
선박소유자·용선자·송하인, 그 밖의 이해관계인이 공동해손의 액을 분담한 후 선박·속구 또는 적하의 전부나 일부가 소유자에게 복귀된 때에는 그 소유자는 공동해손의 상금으로 받은 금액에서 구조료와 일부손실로 인한 손해액을 공제하고 그 잔액을 반환하여야 한다.

[전문개정 2007.8.3]

제875조【공동해손 채권의 소멸】
공동해손으로 인하여 생긴 채권 및 제870조에 따른 구상채권은 그 계산이 종료한 날부터 1년 이내에 재판상 청구가 없으면 소멸한다. 이 경우 제814조 제1항 단서를 준용한다.

[전문개정 2007.8.3]

제2절 선박충돌 〈개정 2007.8.3〉

제876조【선박충돌에의 적용법규】
① 항해선 상호 간 또는 항해선과 내수항행선 간의 충돌이 있은 경우에 선박 또는 선박 내에 있는 물건이나 사람에 관하여 생긴 손해의 배상에 대하여는 어떠한 수면에서 충돌한 때라도 이 절의 규정을 적용한다.
② 이 절에서 "선박의 충돌"이란 2척 이상의 선박이 그 운용상 작위 또는 부작위로 선박 상호 간에 다른 선박 또는 선박 내에 있는 사람 또는 물건에 손해를 생기게 하는 것을 말하며, 직접적인 접촉의 유무를 묻지 아니한다.

[전문개정 2007.8.3]

제877조【불가항력으로 인한 충돌】
선박의 충돌이 불가항력으로 인하여 발생하거나 충돌의 원인이 명백하지 아니한 때에는 피해자는 충돌로 인한 손해의 배상을 청구하지 못한다.

[전문개정 2007.8.3]

제878조【일방의 과실로 인한 충돌】
선박의 충돌이 일방의 선원의 과실로 인하여 발생한 때에는 그 일방의 선박소유자는 피해자에 대하여 충돌로 인한 손해를 배상할 책임이 있다.

[전문개정 2007.8.3]

제879조【쌍방의 과실로 인한 충돌】
① 선박의 충돌이 쌍방의 선원의 과실로 인하여 발생한 때에는 쌍방의 과실의 경중에 따라 각 선박소유자가 손해배상의 책임을 분담한다. 이 경우 그 과실의 경중을 판정할 수 없는 때에는 손해배상의 책임을 균분하여 부담한다.
② 제1항의 경우에 제3자의 사상에 대한 손해배상은 쌍방의 선박소유자가 연대하여 그 책임을 진다.

[전문개정 2007.8.3]

제880조【도선사의 과실로 인한 충돌】
선박의 충돌이 도선사의 과실로 인하여 발생한 경우에도 선박소유자는 제878조 및 제879조를 준용하여 손해를 배상할 책임이 있다.

[전문개정 2007.8.3]

제881조【선박충돌채권의 소멸】
선박의 충돌로 인하여 생긴 손해배상의 청구권은 그 충돌이 있은 날부터 2년 이내에 재판상 청구가 없으면 소멸한다. 이 경우 제814조 제1항 단서를 준용한다. [전문개정 2007.8.3]

제3절 해난구조 〈개정 2007.8.3〉

제882조【해난구조의 요건】
항해선 또는 그 적하 그 밖의 물건이 어떠한 수면에서 위난에 조우한 경우에 의무 없이 이를 구조한 자는 그 결과에 대하여 상당한 보수를 청구할 수 있다. 항해선과 내수항행선 간의 구조의 경우에도 또한 같다. [전문개정 2007.8.3]

제883조【보수의 결정】
구조의 보수에 관한 약정이 없는 경우에 그 액에 대하여 당사자 사이에 합의가 성립하지 아니한 때에는 법원은 당사자의 청구에 의하여 구조된 선박·재산의 가액, 위난의 정도, 구조자의 노력과 비용, 구조자나 그 장비가 조우했던 위험의 정도, 구조의 효과, 환경손해방지를 위한 노력, 그 밖의 제반사정을 참작하여 그 액을 정한다.

[전문개정 2007.8.3]

제884조【보수의 한도】
① 구조의 보수액은 다른 약정이 없으면 구조된 목적물의 가액을 초과하지 못한다.
② 선순위의 우선특권이 있는 때에는 구조의 보수액은 그 우선특권자의 채권액을 공제한 잔액을 초과하지 못한다.
[전문개정 2007.8.3]

제885조【환경손해방지작업에 대한 특별보상】
① 선박 또는 그 적하로 인하여 환경손해가 발생할 우려가 있는 경우에 손해의 경감 또는 방지의 효과를 수반하는 구조작업에 종사한 구조자는 구조의 성공 여부 및 제884조와 상관없이 구조에 소요된 비용을 특별보상으로 청구할 수 있다.
② 제1항에서 "비용"이란 구조작업에 실제로 지출한 합리적인 비용 및 사용된 장비와 인원에 대한 정당한 보수를 말한다.
③ 구조자는 발생할 환경손해가 구조작업으로 인하여 실제로 감경 또는 방지된 때에는 보상의 증액을 청구할 수 있고, 법원은 제883조의 사정을 참작하여 증액 여부 및 그 금액을 정한다. 이 경우 증액된다 하더라도 구조료는 제1항의 비용의 배액을 초과할 수 없다.
④ 구조자의 고의 또는 과실로 인하여 손해의 감경 또는 방지에 지장을 가져 온 경우 법원은 제1항 및 제3항에서 정한 금액을 감액 혹은 부인할 수 있다.
⑤ 하나의 구조작업을 시행한 구조자가 제1항부터 제4항까지의 규정에서 정한 특별보상을 청구하는 것 외에 제882조에서 정한 보수도 청구할 수 있는 경우 그 중 큰 금액을 구조료로 청구할 수 있다.
[전문개정 2007.8.3]

제886조【구조료의 지급의무】
선박소유자와 그 밖에 구조된 재산의 권리자는 그 구조된 선박 또는 재산의 가액에 비례하여 구조에 대한 보수를 지급하고 특별보상을 하는 등 구조료를 지급할 의무가 있다.
[전문개정 2007.8.3]

제887조【구조에 관한 약정】
① 당사자가 미리 구조계약을 하고 그 계약에 따라 구조가 이루어진 경우에도 그 성질에 반하지 아니하는 한 구조계약에서 정하지 아니한 사항은 이 절에서 정한 바에 따른다.
② 해난 당시에 구조료의 금액에 대하여 약정을 한 경우에도 그 금액이 현저하게 부당한 때에는 법원은 제883조의 사정을 참작하여 그 금액을 증감할 수 있다.
[전문개정 2007.8.3]

제888조【공동구조자 간의 구조료 분배】
① 수인이 공동으로 구조에 종사한 경우에 그 구조료의 분배비율에 관하여는 제883조를 준용한다.
② 인명의 구조에 종사한 자도 제1항에 따라 구조료의 분배를 받을 수 있다.
[전문개정 2007.8.3]

제889조【1선박 내부의 구조료 분배】
① 선박이 구조에 종사하여 그 구조료를 받은 경우에는 먼저 선박의 손해액과 구조에 들어간 비용을 선박소유자에게 지급하고 잔액을 절반하여 선장과 해원에게 지급하여야 한다.
② 제1항에 따라 해원에게 지급할 구조료의 분배는 선장이 각 해원의 노력, 그 효과와 사정을 참작하여 그 항해의 종료 전에 분배안을 작성하여 해원에게 고시하여야 한다.
[전문개정 2007.8.3]

제890조【예선의 구조의 경우】
예선의 본선 또는 그 적하에 대한 구조에 관하여는 예선계약의 이행으로 볼 수 없는 특수한 노력을 제공한 경우가 아니면 구조료를 청구하지 못한다.
[전문개정 2007.8.3]

제891조 【동일소유자에 속한 선박 간의 보수】
동일소유자에 속한 선박의 상호 간에 있어서도 구조에 종사한 자는 상당한 구조료를 청구할 수 있다. [전문개정 2007.8.3]

제892조 【구조료청구권 없는 자】
다음 각 호에 해당하는 자는 구조료를 청구하지 못한다.
1. 구조받은 선박에 종사하는 자
2. 고의 또는 과실로 인하여 해난사고를 야기한 자
3. 정당한 거부에도 불구하고 구조를 강행한 자
4. 구조된 물건을 은닉하거나 정당한 사유 없이 처분한 자

[전문개정 2007.8.3]

제893조 【구조자의 우선특권】
① 구조에 종사한 자의 구조료채권은 구조된 적하에 대하여 우선특권이 있다. 다만, 채무자가 그 적하를 제3취득자에게 인도한 후에는 그 적하에 대하여 이 권리를 행사하지 못한다.
② 제1항의 우선특권에는 그 성질에 반하지 아니하는 한 제777조의 우선특권에 관한 규정을 준용한다.

[전문개정 2007.8.3]

제894조 【구조료지급에 관한 선장의 권한】
① 선장은 구조료를 지급할 채무자에 갈음하여 그 지급에 관한 재판상 또는 재판 외의 모든 행위를 할 권한이 있다.
② 선장은 그 구조료에 관한 소송의 당사자가 될 수 있고, 그 확정판결은 구조료의 채무자에 대하여도 효력이 있다.

[전문개정 2007.8.3]

제895조 【구조료청구권의 소멸】
구조료청구권은 구조가 완료된 날부터 2년 이내에 재판상 청구가 없으면 소멸한다. 이 경우 제814조 제1항 단서를 준용한다. [전문개정 2007.8.3]

제6편 항공운송 [본편신설 2011.5.23]

제1장 통 칙 [본장신설 2011.5.23]

제896조 【항공기의 의의】
이 법에서 "항공기"란 상행위나 그 밖의 영리를 목적으로 운항에 사용하는 항공기를 말한다. 다만, 대통령령으로 정하는 초경량 비행장치(超輕量 飛行裝置)는 제외한다. [본조신설 2011.5.23]

제897조 【적용범위】
운항용 항공기에 대하여는 상행위나 그 밖의 영리를 목적으로 하지 아니하더라도 이 편의 규정을 준용한다. 다만, 국유(國有) 또는 공유(公有) 항공기에 대하여는 운항의 목적·성질 등을 고려하여 이 편의 규정을 준용하는 것이 적합하지 아니한 경우로서 대통령령으로 정하는 경우에는 그러하지 아니하다. [본조신설 2011.5.23]

제898조 【운송인 등의 책임감면】
제905조 제1항을 포함하여 이 편에서 정한 운송인이나 항공기 운항자의 손해배상책임과 관련하여 운송인이나 항공기 운항자가 손해배상청구권자의 과실 또는 그 밖의 불법한 작위나 부작위가 손해를 발생시켰거나 손해에 기여하였다는 것을 증명한 경우에는, 그 과실 또는 그 밖의 불법한 작위나 부작위가 손해를 발생시켰거나 손해에 기여한 정도에 따라 운송인이나 항공기 운항자의 책임을 감경하거나 면제할 수 있다.

[본조신설 2011.5.23]

제2장 운 송 [본장신설 2011.5.23]

제1절 통 칙 [본절신설 2011.5.23]

제899조【비계약적 청구에 대한 적용 등】

① 이 장의 운송인의 책임에 관한 규정은 운송인의 불법행위로 인한 손해배상의 책임에도 적용한다.

② 여객, 수하물 또는 운송물에 관한 손해배상 청구가 운송인의 사용인이나 대리인에 대하여 제기된 경우에 그 손해가 그 사용인이나 대리인의 직무집행에 관하여 생겼을 때에는 그 사용인이나 대리인은 운송인이 주장할 수 있는 항변과 책임제한을 원용할 수 있다.

③ 제2항에도 불구하고 여객 또는 수하물의 손해가 운송인의 사용인이나 대리인의 고의로 인하여 발생하였거나 또는 여객의 사망·상해·연착(수하물의 경우 멸실·훼손·연착)이 생길 염려가 있음을 인식하면서 무모하게 한 작위 또는 부작위로 인하여 발생하였을 때에는 그 사용인이나 대리인은 운송인이 주장할 수 있는 항변과 책임제한을 원용할 수 없다.

④ 제2항의 경우에 운송인과 그 사용인이나 대리인의 여객, 수하물 또는 운송물에 대한 책임제한금액의 총액은 각각 제905조·제907조·제910조 및 제915조에 따른 한도를 초과하지 못한다. [본조신설 2011.5.23]

제900조【실제운송인에 대한 청구】

① 운송계약을 체결한 운송인(이하 "계약운송인"이라 한다)의 위임을 받아 운송의 전부 또는 일부를 수행한 운송인(이하 "실제운송인"이라 한다)이 있을 경우 실제운송인이 수행한 운송에 관하여는 실제운송인에 대하여도 이 장의 운송인의 책임에 관한 규정을 적용한다. 다만, 제901조의 순차운송에 해당하는 경우는 그러하지 아니하다.

② 실제운송인이 여객·수하물 또는 운송물에 대한 손해배상책임을 지는 경우 계약운송인과 실제운송인은 연대하여 그 책임을 진다.

③ 제1항의 경우 제899조 제2항부터 제4항까지를 준용한다. 이 경우 제899조 제2항·제3항 중 "운송인"은 "실제운송인"으로, 같은 조 제4항 중 "운송인"은 "계약운송인과 실제운송인"으로 본다.

④ 이 장에서 정한 운송인의 책임과 의무 외에 운송인이 책임과 의무를 부담하기로 하는 특약 또는 이 장에서 정한 운송인의 권리나 항변의 포기는 실제운송인이 동의하지 아니하는 한 실제운송인에게 영향을 미치지 아니한다. [본조신설 2011.5.23]

제901조【순차운송】

① 둘 이상이 순차(順次)로 운송할 경우에는 각 운송인의 운송구간에 관하여 그 운송인도 운송계약의 당사자로 본다.

② 순차운송에서 여객의 사망, 상해 또는 연착으로 인한 손해배상은 그 사실이 발생한 구간의 운송인에게만 청구할 수 있다. 다만, 최초 운송인이 명시적으로 전 구간에 대한 책임을 인수하기로 약정한 경우에는 최초 운송인과 그 사실이 발생한 구간의 운송인이 연대하여 그 손해를 배상할 책임이 있다.

③ 순차운송에서 수하물의 멸실, 훼손 또는 연착으로 인한 손해배상은 최초 운송인, 최종 운송인 및 그 사실이 발생한 구간의 운송인에게 각각 청구할 수 있다.

④ 순차운송에서 운송물의 멸실, 훼손 또는 연착으로 인한 손해배상은 송하인이 최초 운송인 및 그 사실이 발생한 구간의 운송인에게 각각 청구할 수 있다. 다만, 제918조 제1항에 따라 수하인이 운송물의 인도를 청구할 권리를 가지는 경우에는 수하인이 최종 운송인 및 그 사실이 발생한 구간의 운송인에게 그 손해배상을 각각 청구할 수 있다.

⑤ 제3항과 제4항의 경우 각 운송인은 연대하여 그 손해를 배상할 책임이 있다.

⑥ 최초 운송인 또는 최종 운송인이 제2항부터 제5항까지의 규정에 따라 손해를 배상한 경우에는 여객의 사망, 상해 또는 연착이나 수하물·운송물의 멸실, 훼손 또는 연착이 발생한 구간의 운송인에 대하여 구상권을 가진다.

[본조신설 2011.5.23]

제902조【운송인 책임의 소멸】

운송인의 여객, 송하인 또는 수하인에 대한 책임은 그 청구원인에 관계없이 여객 또는 운송물이 도착지에 도착한 날, 항공기가 도착할 날 또는 운송이 중지된 날 가운데 가장 늦게 도래한 날부터 2년 이내에 재판상 청구가 없으면 소멸한다.

[본조신설 2011.5.23]

제903조【계약조항의 무효】

이 장의 규정에 반하여 운송인의 책임을 감면하거나 책임한도액을 낮게 정하는 특약은 효력이 없다. [본조신설 2011.5.23]

제2절 여객운송 [본절신설 2011.5.23]

제904조【운송인의 책임】

운송인은 여객의 사망 또는 신체의 상해로 인한 손해에 관하여는 그 손해의 원인이 된 사고가 항공기상에서 또는 승강(乘降)을 위한 작업 중에 발생한 경우에만 책임을 진다. [본조신설 2011.5.23]

제905조【운송인의 책임한도액】

① 제904조의 손해 중 여객 1명당 11만3천100 계산단위의 금액까지는 운송인의 배상책임을 면제하거나 제한할 수 없다. 〈개정 2014.5.20〉

② 운송인은 제904조의 손해 중 여객 1명당 11만3천100 계산단위의 금액을 초과하는 부분에 대하여는 다음 각 호의 어느 하나를 증명하면 배상책임을 지지 아니한다.

〈개정 2014.5.20〉

1. 그 손해가 운송인 또는 그 사용인이나 대리인의 과실 또는 그 밖의 불법한 작위나 부작위에 의하여 발생하지 아니하였다는 것
2. 그 손해가 오로지 제3자의 과실 또는 그 밖의 불법한 작위나 부작위에 의하여만 발생하였다는 것 [본조신설 2011.5.23]

제906조【선급금의 지급】

① 여객의 사망 또는 신체의 상해가 발생한 항공기사고의 경우에 운송인은 손해배상청구권자가 청구하면 지체 없이 선급금(先給金)을 지급하여야 한다. 이 경우 선급금의 지급만으로 운송인의 책임이 있는 것으로 보지 아니한다.

② 지급한 선급금은 운송인이 손해배상으로 지급하여야 할 금액에 충당할 수 있다.

③ 선급금의 지급액, 지급 절차 및 방법 등에 관하여는 대통령령으로 정한다.

[본조신설 2011.5.23]

제907조【연착에 대한 책임】

① 운송인은 여객의 연착으로 인한 손해에 대하여 책임을 진다. 다만, 운송인이 자신과 그 사용인 및 대리인이 손해를 방지하기 위하여 합리적으로 요구되는 모든 조치를 하였다는 것 또는 그 조치를 하는 것이 불가능하였다는 것을 증명한 경우에는 그 책임을 면한다.

② 제1항에 따른 운송인의 책임은 여객 1명당 4천694 계산단위의 금액을 한도로 한다. 다만, 여객과의 운송계약상 그 출발지, 도착지 및 중간 착륙지가 대한민국 영토 내에 있는 운송의 경우에는 여객 1명당 1천 계산단위의 금액을 한도로 한다. 〈개정 2014.5.20〉

③ 제2항은 운송인 또는 그 사용인이나 대리인의 고의로 또는 연착이 생길 염려가 있음을 인식하면서 무모하게 한 작위 또는 부작위에 의하여 손해가 발생한 것이 증명된 경우에는 적용하지 아니한다. [본조신설 2011.5.23.]

상법

제908조【수하물의 멸실·훼손에 대한 책임】
① 운송인은 위탁수하물의 멸실 또는 훼손으로 인한 손해에 대하여는 그 손해의 원인이 된 사실이 항공기상에서 또는 위탁수하물이 운송인의 관리하에 있는 기간 중에 발생한 경우에만 책임을 진다. 다만, 그 손해가 위탁수하물의 고유한 결함, 특수한 성질 또는 숨은 하자로 인하여 발생한 경우에는 그 범위에서 책임을 지지 아니한다.
② 운송인은 휴대수하물의 멸실 또는 훼손으로 인한 손해에 대하여는 그 손해가 자신 또는 그 사용인이나 대리인의 고의 또는 과실에 의하여 발생한 경우에만 책임을 진다.
[본조신설 2011.5.23.]

제909조【수하물의 연착에 대한 책임】
운송인은 수하물의 연착으로 인한 손해에 대하여 책임을 진다. 다만, 운송인이 자신과 그 사용인 및 대리인이 손해를 방지하기 위하여 합리적으로 요구되는 모든 조치를 하였다는 것 또는 그 조치를 하는 것이 불가능하였다는 것을 증명한 경우에는 그 책임을 면한다.
[본조신설 2011.5.23.]

제910조【수하물에 대한 책임한도액】
① 제908조와 제909조에 따른 운송인의 손해배상책임은 여객 1명당 1천131 계산단위의 금액을 한도로 한다. 다만, 여객이 운송인에게 위탁수하물을 인도할 때에 도착지에서 인도받을 때의 예정가액을 미리 신고한 경우에는 운송인은 신고 가액이 위탁수하물을 도착지에서 인도할 때의 실제가액을 초과한다는 것을 증명하지 아니하는 한 신고 가액을 한도로 책임을 진다. 〈개정 2014.5.20.〉
② 제1항은 운송인 또는 그 사용인이나 대리인의 고의로 또는 수하물의 멸실, 훼손 또는 연착이 생길 염려가 있음을 인식하면서 무모하게 한 작위 또는 부작위에 의하여 손해가 발생한 것이 증명된 경우에는 적용하지 아니한다.
[본조신설 2011.5.23.]

제911조【위탁수하물의 일부 멸실·훼손 등에 관한 통지】
① 여객이 위탁수하물의 일부 멸실 또는 훼손을 발견하였을 때에는 위탁수하물을 수령한 후 지체 없이 그 개요에 관하여 운송인에게 서면 또는 전자문서로 통지를 발송하여야 한다. 다만, 그 멸실 또는 훼손이 즉시 발견할 수 없는 것일 경우에는 위탁수하물을 수령한 날부터 7일 이내에 그 통지를 발송하여야 한다.
② 위탁수하물이 연착된 경우 여객은 위탁수하물을 처분할 수 있는 날부터 21일 이내에 이의를 제기하여야 한다.
③ 위탁수하물이 일부 멸실, 훼손 또는 연착된 경우에는 제916조 제3항부터 제6항까지를 준용한다.
[본조신설 2011.5.23]

제912조【휴대수하물의 무임운송의무】
운송인은 휴대수하물에 대하여는 다른 약정이 없으면 별도로 운임을 청구하지 못한다.
[본조신설 2011.5.23]

제3절 물건운송 [본절신설 2011.5.23]

제913조【운송물의 멸실·훼손에 대한 책임】
① 운송인은 운송물의 멸실 또는 훼손으로 인한 손해에 대하여 그 손해가 항공운송 중(운송인이 운송물을 관리하고 있는 기간을 포함한다. 이하 이 조에서 같다)에 발생한 경우에만 책임을 진다. 다만, 운송인이 운송물의 멸실 또는 훼손이 다음 각 호의 사유로 인하여 발생하였음을 증명하였을 경우에는 그 책임을 면한다.
1. 운송물의 고유한 결함, 특수한 성질 또는 숨은 하자

2. 운송인 또는 그 사용인이나 대리인 외의 자가 수행한 운송물의 부적절한 포장 또는 불완전한 기호 표시
3. 전쟁, 폭동, 내란 또는 무력충돌
4. 운송물의 출입국, 검역 또는 통관과 관련된 공공기관의 행위
5. 불가항력

② 제1항에 따른 항공운송 중에는 공항 외부에서 한 육상, 해상 운송 또는 내륙 수로운송은 포함되지 아니한다. 다만, 그러한 운송이 운송계약을 이행하면서 운송물의 적재(積載), 인도 또는 환적(換積)할 목적으로 이루어졌을 경우에는 항공운송 중인 것으로 추정한다.

③ 운송인이 송하인과의 합의에 따라 항공운송하기로 예정된 운송의 전부 또는 일부를 송하인의 동의 없이 다른 운송수단에 의한 운송으로 대체하였을 경우에는 그 다른 운송수단에 의한 운송은 항공운송으로 본다.

[본조신설 2011.5.23]

제914조【운송물 연착에 대한 책임】

운송인은 운송물의 연착으로 인한 손해에 대하여 책임을 진다. 다만, 운송인이 자신과 그 사용인 및 대리인이 손해를 방지하기 위하여 합리적으로 요구되는 모든 조치를 하였다는 것 또는 그 조치를 하는 것이 불가능하였다는 것을 증명한 경우에는 그 책임을 면한다. [본조신설 2011.5.23]

제915조【운송물에 대한 책임한도액】

① 제913조와 제914조에 따른 운송인의 손해배상책임은 손해가 발생한 해당 운송물의 1킬로그램당 19 계산단위의 금액을 한도로 하되, 송하인과의 운송계약상 그 출발지, 도착지 및 중간 착륙지가 대한민국 영토 내에 있는 운송의 경우에는 손해가 발생한 해당 운송물의 1킬로그램당 15 계산단위의 금액을 한도로 한다. 다만, 송하인이 운송물을 운송인에게 인도할 때에 도착지에서 인도받을 때의 예정가액을 미리 신고한 경우에는 운송인은 신고 가액이 도착지에서 인도할 때의 실제가액을 초과한다는 것을 증명하지 아니하는 한 신고 가액을 한도로 책임을 진다.

〈개정 2014.5.20〉

② 제1항의 항공운송인의 책임한도를 결정할 때 고려하여야 할 중량은 해당 손해가 발생된 운송물의 중량을 말한다. 다만, 운송물의 일부 또는 운송물에 포함된 물건의 멸실, 훼손 또는 연착이 동일한 항공화물운송장(제924조에 따라 항공화물운송장의 교부에 대체되는 경우를 포함한다) 또는 화물수령증에 적힌 다른 운송물의 가치에 영향을 미칠 때에는 운송인의 책임한도를 결정할 때 그 다른 운송물의 중량도 고려하여야 한다. [본조신설 2011.5.23]

제916조【운송물의 일부 멸실·훼손 등에 관한 통지】

① 수하인은 운송물의 일부 멸실 또는 훼손을 발견하면 운송물을 수령한 후 지체 없이 그 개요에 관하여 운송인에게 서면 또는 전자문서로 통지를 발송하여야 한다. 다만, 그 멸실 또는 훼손이 즉시 발견할 수 없는 것일 경우에는 수령일부터 14일 이내에 그 통지를 발송하여야 한다.

② 운송물이 연착된 경우 수하인은 운송물을 처분할 수 있는 날부터 21일 이내에 이의를 제기하여야 한다.

③ 제1항의 통지가 없는 경우에는 운송물이 멸실 또는 훼손 없이 수하인에게 인도된 것으로 추정한다.

④ 운송물에 멸실 또는 훼손이 발생하였거나 그런 것으로 의심되는 경우에는 운송인과 수하인은 서로 운송물의 검사를 위하여 필요한 편의를 제공하여야 한다.

⑤ 제1항과 제2항의 기간 내에 통지나 이의제기가 없을 경우에는 수하인은 운송인에 대하여

상법

제소할 수 없다. 다만, 운송인 또는 그 사용인이나 대리인이 악의인 경우에는 그러하지 아니하다.

⑥ 제1항부터 제5항까지의 규정에 반하여 수하인에게 불리한 당사자 사이의 특약은 효력이 없다.

[본조신설 2011.5.23]

제917조【운송물의 처분청구권】

① 송하인은 운송인에게 운송의 중지, 운송물의 반환, 그 밖의 처분을 청구(이하 이 조에서 "처분청구권"이라 한다)할 수 있다. 이 경우에 운송인은 운송계약에서 정한 바에 따라 운임, 체당금과 처분으로 인한 비용의 지급을 청구할 수 있다.

② 송하인은 운송인 또는 다른 송하인의 권리를 침해하는 방법으로 처분청구권을 행사하여서는 아니 되며, 운송인이 송하인의 청구에 따르지 못할 경우에는 지체 없이 그 뜻을 송하인에게 통지하여야 한다.

③ 운송인이 송하인에게 교부한 항공화물운송장 또는 화물수령증을 확인하지 아니하고 송하인의 처분청구에 따른 경우, 운송인은 그로 인하여 항공화물운송장 또는 화물수령증의 소지인이 입은 손해를 배상할 책임을 진다.

④ 제918조 제1항에 따라 수하인이 운송물의 인도를 청구할 권리를 취득하였을 때에는 송하인의 처분청구권은 소멸한다. 다만, 수하인이 운송물의 수령을 거부하거나 수하인을 알 수 없을 경우에는 그러하지 아니하다.

[본조신설 2011.5.23]

제918조【운송물의 인도】

① 운송물이 도착지에 도착한 때에는 수하인은 운송인에게 운송물의 인도를 청구할 수 있다. 다만, 송하인이 제917조 제1항에 따라 처분청구권을 행사한 경우에는 그러하지 아니하다.

② 운송물이 도착지에 도착하면 다른 약정이 없는 한 운송인은 지체 없이 수하인에게 통지하여야 한다.

[본조신설 2011.5.23]

제919조【운송인의 채권의 시효】

운송인의 송하인 또는 수하인에 대한 채권은 2년간 행사하지 아니하면 소멸시효가 완성한다.

[본조신설 2011.5.23]

제920조【준용규정】

항공화물 운송에 관하여는 제120조, 제134조, 제141조부터 제143조까지, 제792조, 제793조, 제801조, 제802조, 제811조 및 제812조를 준용한다. 이 경우 "선적항"은 "출발지 공항"으로, "선장"은 "운송인"으로, "양륙항"은 "도착지 공항"으로 본다. [본조신설 2011.5.23]

제4절 운송증서

[본절신설 2011.5.23]

제921조【여객항공권】

① 운송인이 여객운송을 인수하면 여객에게 다음 각 호의 사항을 적은 개인용 또는 단체용 여객항공권을 교부하여야 한다.

1. 여객의 성명 또는 단체의 명칭
2. 출발지와 도착지
3. 출발일시
4. 운항할 항공편
5. 발행지와 발행연월일
6. 운송인의 성명 또는 상호

② 운송인은 제1항 각 호의 정보를 전산정보처리조직에 의하여 전자적 형태로 저장하거나 그 밖의 다른 방식으로 보존함으로써 제1항의 여객항공권 교부를 갈음할 수 있다. 이 경우 운송인은 여객이 청구하면 제1항 각 호의 정보를 적은 서면을 교부하여야 한다.

[본조신설 2011.5.23]

제922조 【수하물표】
운송인은 여객에게 개개의 위탁수하물마다 수하물표를 교부하여야 한다.

[본조신설 2011.5.23]

제923조 【항공화물운송장의 발행】
① 송하인은 운송인의 청구를 받아 다음 각 호의 사항을 적은 항공화물운송장 3부를 작성하여 운송인에게 교부하여야 한다.
1. 송하인의 성명 또는 상호
2. 수하인의 성명 또는 상호
3. 출발지와 도착지
4. 운송물의 종류, 중량, 포장의 종별·개수와 기호
5. 출발일시
6. 운송할 항공편
7. 발행지와 발행연월일
8. 운송인의 성명 또는 상호

② 운송인이 송하인의 청구에 따라 항공화물운송장을 작성한 경우에는 송하인을 대신하여 작성한 것으로 추정한다.
③ 제1항의 항공화물운송장 중 제1원본에는 "운송인용"이라고 적고 송하인이 기명날인 또는 서명하여야 하고, 제2원본에는 "수하인용"이라고 적고 송하인과 운송인이 기명날인 또는 서명하여야 하며, 제3원본에는 "송하인용"이라고 적고 운송인이 기명날인 또는 서명하여야 한다.
④ 제3항의 서명은 인쇄 또는 그 밖의 다른 적절한 방법으로 할 수 있다.
⑤ 운송인은 송하인으로부터 운송물을 수령한 후 송하인에게 항공화물운송장 제3원본을 교부하여야 한다.

[본조신설 2011.5.23]

제924조 【항공화물운송장의 대체】
① 운송인은 제923조 제1항 각 호의 정보를 전산정보처리조직에 의하여 전자적 형태로 저장하거나 그 밖의 다른 방식으로 보존함으로써 항공화물운송장의 교부에 대체할 수 있다.
② 제1항의 경우 운송인은 송하인의 청구에 따라 송하인에게 제923조 제1항 각 호의 정보를 적은 화물수령증을 교부하여야 한다.

[본조신설 2011.5.23]

제925조 【복수의 운송물】
① 2개 이상의 운송물이 있는 경우에는 운송인은 송하인에 대하여 각 운송물마다 항공화물운송장의 교부를 청구할 수 있다.
② 항공화물운송장의 교부가 제924조 제1항에 따른 저장·보존으로 대체되는 경우에는 송하인은 운송인에게 각 운송물마다 화물수령증의 교부를 청구할 수 있다.

[본조신설 2011.5.23]

제926조 【운송물의 성질에 관한 서류】
① 송하인은 세관, 경찰 등 행정기관이나 그 밖의 공공기관의 절차를 이행하기 위하여 필요한 경우 운송인의 요청을 받아 운송물의 성질을 명시한 서류를 운송인에게 교부하여야 한다.
② 운송인은 제1항과 관련하여 어떠한 의무나 책임을 부담하지 아니한다.

[본조신설 2011.5.23]

제927조 【항공운송증서에 관한 규정 위반의 효과】
운송인 또는 송하인이 제921조부터 제926조까지를 위반하는 경우에도 운송계약의 효력 및 이 법의 다른 규정의 적용에 영향을 미치지 아니한다.

[본조신설 2011.5.23]

제928조 【항공운송증서 등의 기재사항에 관한 책임】
① 송하인은 항공화물운송장에 적었거나 운송인에게 통지한 운송물의 명세 또는 운송물에 관한 진술이 정확하고 충분함을 운송인에게 담보한 것으로 본다.
② 송하인은 제1항의 운송물의 명세 또는 운송물에 관한 진술이 정확하지 아니하거나 불충

분하여 운송인이 손해를 입은 경우에는 운송인에게 배상할 책임이 있다.

③ 운송인은 제924조 제1항에 따라 저장·보존되는 운송에 관한 기록이나 화물수령증에 적은 운송물의 명세 또는 운송물에 관한 진술이 정확하지 아니하거나 불충분하여 송하인이 손해를 입은 경우 송하인에게 배상할 책임이 있다. 다만, 제1항에 따라 송하인이 그 정확하고 충분함을 담보한 것으로 보는 경우에는 그러하지 아니하다.

[본조신설 2011.5.23]

제929조【항공운송증서 기재의 효력】

① 항공화물운송장 또는 화물수령증이 교부된 경우 그 운송증서에 적힌 대로 운송계약이 체결된 것으로 추정한다.

② 운송인은 항공화물운송장 또는 화물수령증에 적힌 운송물의 중량, 크기, 포장의 종별·개수·기호 및 외관상태대로 운송물을 수령한 것으로 추정한다.

③ 운송물의 종류, 외관상태 외의 상태, 포장 내부의 수량 및 부피에 관한 항공화물운송장 또는 화물수령증의 기재 내용은 송하인이 참여한 가운데 운송인이 그 기재 내용의 정확함을 확인하고 그 사실을 항공화물운송장이나 화물수령증에 적은 경우에만 그 기재 내용대로 운송물을 수령한 것으로 추정한다.

[본조신설 2011.5.23]

제3장 지상 제3자의 손해에 대한 책임

[본장신설 2011.5.23]

제930조【항공기 운항자의 배상책임】

① 항공기 운항자는 비행 중인 항공기 또는 항공기로부터 떨어진 사람이나 물건으로 인하여 사망하거나 상해 또는 재산상 손해를 입은 지상(지하, 수면 또는 수중을 포함한다)의 제3자에 대하여 손해배상책임을 진다.

② 이 편에서"항공기 운항자"란 사고 발생 당시 항공기를 사용하는 자를 말한다. 다만, 항공기의 운항을 지배하는 자(이하 "운항지배자"라 한다)가 타인에게 항공기를 사용하게 한 경우에는 운항지배자를 항공기 운항자로 본다.

③ 이 편을 적용할 때에 항공기등록원부에 기재된 항공기 소유자는 항공기 운항자로 추정한다.

④ 제1항에서"비행 중"이란 이륙을 목적으로 항공기에 동력이 켜지는 때부터 착륙이 끝나는 때까지를 말한다.

⑤ 2대 이상의 항공기가 관여하여 제1항의 사고가 발생한 경우 각 항공기 운항자는 연대하여 제1항의 책임을 진다.

⑥ 운항지배자의 승낙 없이 항공기가 사용된 경우 운항지배자는 이를 막기 위하여 상당한 주의를 하였음을 증명하지 못하는 한 승낙 없이 항공기를 사용한 자와 연대하여 제932조에서 정한 한도 내의 책임을 진다.

[본조신설 2011.5.23]

제931조【면책사유】

항공기 운항자는 제930조 제1항에 따른 사망, 상해 또는 재산상 손해의 발생이 다음 각 호의 어느 하나에 해당함을 증명하면 책임을 지지 아니한다.

1. 전쟁, 폭동, 내란 또는 무력충돌의 직접적인 결과로 발생하였다는 것
2. 항공기 운항자가 공권력에 의하여 항공기 사용권을 박탈당한 중에 발생하였다는 것
3. 오로지 피해자 또는 피해자의 사용인이나 대리인의 과실 또는 그 밖의 불법한 작위나 부작위에 의하여서만 발생하였다는 것
4. 불가항력

[본조신설 2011.5.23]

제932조【항공기 운항자의 유한책임】

① 항공기 운항자의 제930조에 따른 책임은 하나의 항공기가 관련된 하나의 사고에 대하여 항공기의 이륙을 위하여 법으로 허용된 최대중량(이하 이 조에서"최대중량"이라 한다)에 따라 다음 각 호에서 정한 금액을 한도로 한다.

1. 최대중량이 2천킬로그램 이하의 항공기의 경우 30만 계산단위의 금액
2. 최대중량이 2천킬로그램을 초과하는 항공기의 경우 2천킬로그램까지는 30만 계산단위, 2천킬로그램 초과 6천킬로그램까지는 매 킬로그램당 175 계산단위, 6천킬로그램 초과 3만킬로그램까지는 매 킬로그램당 62. 5 계산단위, 3만킬로그램을 초과하는 부분에는 매 킬로그램당 65 계산단위를 각각 곱하여 얻은 금액을 순차로 더한 금액

② 하나의 항공기가 관련된 하나의 사고로 인하여 사망 또는 상해가 발생한 경우 항공기 운항자의 제930조에 따른 책임은 제1항의 금액의 범위에서 사망하거나 상해를 입은 사람 1명당 12만5천 계산단위의 금액을 한도로 한다.

③ 하나의 항공기가 관련된 하나의 사고로 인하여 여러 사람에게 생긴 손해의 합계가 제1항의 한도액을 초과하는 경우, 각각의 손해는 제1항의 한도액에 대한 비율에 따라 배상한다.

④ 하나의 항공기가 관련된 하나의 사고로 인하여 사망, 상해 또는 재산상의 손해가 발생한 경우 제1항에서 정한 금액의 한도에서 사망 또는 상해로 인한 손해를 먼저 배상하고, 남는 금액이 있으면 재산상의 손해를 배상한다.

[본조신설 2011.5.23]

제933조【유한책임의 배제】

① 항공기 운항자 또는 그 사용인이나 대리인이 손해를 발생시킬 의도로 제930조 제1항의 사고를 발생시킨 경우에는 제932조를 적용하지 아니한다. 이 경우 항공기 운항자의 사용인이나 대리인의 행위로 인하여 사고가 발생한 경우에는 그가 권한 범위에서 행위하고 있었다는 사실이 증명되어야 한다.

② 항공기를 사용할 권한을 가진 자의 동의 없이 불법으로 항공기를 탈취(奪取)하여 사용하는 중 제930조 제1항의 사고를 발생시킨 자에 대하여는 제932조를 적용하지 아니한다.

[본조신설 2011.5.23]

제934조【항공기 운항자의 책임의 소멸】

항공기 운항자의 제930조의 책임은 사고가 발생한 날부터 3년 이내에 재판상 청구가 없으면 소멸한다. [본조신설 2011.5.23]

제935조【책임제한의 절차】

① 이 장의 규정에 따라 책임을 제한하려는 자는 채권자로부터 책임한도액을 초과하는 청구금액을 명시한 서면에 의한 청구를 받은 날부터 1년 이내에 법원에 책임제한절차 개시의 신청을 하여야 한다.

② 책임제한절차 개시의 신청, 책임제한 기금의 형성·공고·참가·배당, 그 밖에 필요한 사항에 관하여는 성질에 반하지 아니하는 범위에서 「선박소유자 등의 책임제한절차에 관한 법률」의 예를 따른다.

[본조신설 2011.5.23]

부 칙 〈제1000호, 1962.1.20〉

제1조【위임규정】

소상인의 범위는 각령(閣令)으로 정한다.

제2조【동 전】

제125조의 호천, 항만의 범위는 각령으로 정한다.

제3조【상업등기공고의 유예】

① 제36조의 공고에 관한 규정은 상당한 기간 이를 적용하지 아니한다. 이 기간은 대법원 규칙으로 정한다.

② 전항의 경우에 그 기간중에는 등기한 때에 공고한 것으로 본다.

제4조 삭 제 〈2014.5.20〉

제5조 삭 제 〈1984.4.10〉

제6조【사채모집의 수탁자 등의 자격】

은행·신탁회사 또는 증권회사가 아니면 사채의 모집의 위임을 받거나 제483조의 사무승계자가 되지 못한다. 〈개정 1984.4.10〉

제7조【무기명식채권소지인의 공탁의 방법】

제491조 제4항, 제492조 제2항 또는 그 준용규정에 의하여 할 공탁은 공탁공무원에게 이를 하지 아니하는 경우에는 대법원장이 정하는 은행 또는 신탁회사에 하여야 한다. 〈개정 1962.12.12〉

제8조【사채권자집회에 관한 공고의 방법】

사채권자집회의 소집, 상환액의 지급 또는 상환에 관한 사채권자집회의 결의를 집행함에 있어야 할 공고는 사채를 발행한 회사의 정관에 정하는 공고방법에 따라야 한다.

제9조【위임규정】

제742조의 속구목록의 서식은 각령으로 정한다.

제10조【동 전】

제839조 제2항 단서의 연안항해의 범위는 각령으로 정한다.

제11조【동 전】

본법 시행에 관한 사항은 따로 법률로 정한다.

제12조【시행기일과 구법의 효력】

① 본법은 1963년 1월 1일부터 시행한다.

② 조선민사령 제1조에 의하여 의용된 상법, 유한회사법, 상법시행법과 상법중 개정법률시행법은 본법 시행시까지 그 효력이 있다.

부 칙 〈중 략〉

부 칙 〈법률 제14096호, 2016.3.22.〉

(주식·사채 등의 전자등록에 관한 법률)

제1조【시행일】

이 법은 공포 후 4년을 넘지 아니하는 범위에서 대통령령으로 정하는 날부터 시행한다.

제2조 ~ 제11조 생략

부 칙 〈법률 제14969호, 2017.10.31.〉

이 법은 공포 후 1년이 경과한 날부터 시행한다.

부 칙 〈법률 제15755호, 2018.9.18.〉

이 법은 공포 후 3개월이 경과한 날부터 시행한다.

부 칙 〈법률 제17354호, 2020.6.9.〉

(전자서명법)

제1조【시행일】

이 법은 공포 후 6개월이 경과한 날부터 시행한다. 〈단서 생략〉

제2조 ~ 제8조까지 생략

부 칙 〈법률 제17362호, 2020.6.9.〉

제1조【시행일】
이 법은 공포 후 3개월이 경과한 날부터 시행한다.

제2조【다른 법률의 개정】 〈해당 법률에 정리〉

부 칙 〈법률 제17764호, 2020.12.29.〉

제1조【시행일】
이 법은 공포한 날부터 시행한다.

제2조【감사위원회위원이 되는 이사의 선임에 관한 적용례】
제542조의12 제2항 단서, 같은 조 제4항(선임에 관한 부분으로 한정한다) 및 제8항의 개정규정은 이 법 시행 이후 새로 감사위원회위원을 선임하는 경우부터 적용한다.

제3조【상장회사의 감사위원회위원 및 감사의 해임에 관한 적용례】
제542조의12 제3항, 제4항(해임에 관한 부분으로 한정한다) 및 제7항(해임에 관한 부분으로 한정한다)의 개정규정은 이 법 시행 당시 종전 규정에 따라 선임된 감사위원회위원 및 감사를 해임하는 경우에도 적용한다.

제4조【다른 법령의 개정】 〈해당 법령에 정리〉

부 칙 〈법률 제20436호, 2024.9.20.〉

제1조【시행일】
이 법은 2025년 1월 31일부터 시행한다.

제2조【다른 법률의 개정】 〈해당 법률에 정리〉

부 칙 〈법률 제20991호, 2025.7.22.〉

제1조【시행일】
이 법은 공포 후 1년이 경과한 날부터 시행한다. 다만, 제382조의3의 개정규정은 공포한 날부터 시행하고, 제364조, 제368조, 제542조의14 및 제542조의15의 개정규정은 2027년 1월 1일부터 시행한다.

제2조【독립이사에 관한 경과조치】
이 법 시행 당시 종전의 제542조의8에 따른 사외이사는 제542조의8의 개정규정에 따른 독립이사로 본다. 다만, 상장회사는 이 법 시행 이후 1년 이내에 제542조의8제1항의 개정규정에 따른 요건을 갖추어야 한다.

제3조【다른 법령과의 관계】
이 법 시행 당시 다른 법령에서 종전의 「상법」에 따른 "사외이사"를 인용하고 있는 경우에는 해당 법령에 특별한 규정이 있는 경우를 제외하고는 제542조의8의 개정규정에 따른 "독립이사"도 포함한 것으로 본다.

부 칙 〈법률 제21044호, 2025.9.9.〉

제1조【시행일】
이 법은 공포 후 1년이 경과한 날부터 시행한다.

제2조【집중투표에 관한 적용례】
제542조의7 제3항의 개정규정은 이 법 시행 이후 최초로 이사의 선임을 위한 제542조의7 제2항의 상장회사의 주주총회 소집이 있는 경우부터 적용한다.

제3조【다른 법률의 개정】
선박투자회사법 일부를 다음과 같이 개정한다.
제55조 제1항 중 "제542조의7 제2항부터 제4항까지"를 "제542조의7 제2항·제3항"으로 한다

Bills of Exchange and Promissory Notes Act

어음법

[시행 2010. 3. 31.]
[법률 제10198호, 2010. 3. 31., 일부개정]

Bills of Exchange and Promissory Notes Act

어음법

[시행 2010. 3. 31.]

[법률 제10198호, 2010. 3. 31., 일부개정]

어음법

[제정 1962. 1. 20 법률 제1001호]
일부개정 1995.12. 6 법률 제5009호
일부개정 2007. 5.17 법률 제8441호
일부개정 2010. 3.31 법률 제10198호

제1편 환어음
제1장 환어음의 발행과 방식 ……제1조~제10조
제2장 배 서 ……제11조~제20조
제3장 인 수 ……제21조~제29조
제4장 보 증 ……제30조~제32조
제5장 만 기 ……제33조~제37조
제6장 지 급 ……제38조~제42조
제7장 인수거절 또는 지급거절로 인한 상환청구 ……제43조~제54조
제8장 참 가
제1절 통 칙 ……제55조
제2절 참가인수 ……제56조~제58조
제3절 참가지급 ……제59조~제63조
제9장 복본과 등본
제1절 복 본 ……제64조~제66조
제2절 등 본 ……제67조~제68조
제10장 변 조 ……제69조
제11장 시 효 ……제70조~제71조
제12장 통 칙 ……제72조~제74조
제2편 약속어음
……제75조~제78조
부 칙 ……제79조~제85조

제1편 환어음

제1장 환어음의 발행과 방식

제1조【어음의 요건】
환어음(換어음)에는 다음 각 호의 사항을 적어야 한다.

1. 증권의 본문 중에 그 증권을 작성할 때 사용하는 국어로 환어음임을 표시하는 글자
2. 조건 없이 일정한 금액을 지급할 것을 위탁하는 뜻
3. 지급인의 명칭
4. 만기(滿期)
5. 지급지(支給地)
6. 지급받을 자 또는 지급받을 자를 지시할 자의 명칭
7. 발행일과 발행지(發行地)
8. 발행인의 기명날인(記名捺印) 또는 서명

[전문개정 2010.3.31]

제2조【어음 요건의 흠】
제1조 각 호의 사항을 적지 아니한 증권은 환어음의 효력이 없다. 그러나 다음 각 호의 경우에는 그러하지 아니하다.

1. 만기가 적혀 있지 아니한 경우: 일람출급(一覽出給)의 환어음으로 본다.
2. 지급지가 적혀 있지 아니한 경우: 지급인의 명칭에 부기(附記)한 지(地)를 지급지 및 지급인의 주소지로 본다.
3. 발행지가 적혀 있지 아니한 경우: 발행인의 명칭에 부기한 지(地)를 발행지로 본다.

[전문개정 2010.3.31]

제3조 【자기지시어음, 자기앞어음, 위탁어음】
① 환어음은 발행인 자신을 지급받을 자로 하여 발행할 수 있다.
② 환어음은 발행인 자신을 지급인으로 하여 발행할 수 있다.
③ 환어음은 제3자의 계산으로 발행할 수 있다.
[전문개정 2010.3.31]

제4조 【제3자방 지급의 기재】
환어음은 지급인의 주소지에 있든 다른 지(地)에 있든 관계없이 제3자방(第三者方)에서 지급하는 것으로 할 수 있다. [전문개정 2010.3.31]

제5조 【이자의 약정】
① 일람출급 또는 일람 후 정기출급의 환어음에는 발행인이 어음금액에 이자가 붙는다는 약정 내용을 적을 수 있다. 그 밖의 환어음에는 이자의 약정을 적어도 이를 적지 아니한 것으로 본다.
② 이율은 어음에 적어야 한다. 이율이 적혀 있지 아니하면 이자를 약정한다는 내용이 적혀 있더라도 이자를 약정하지 아니한 것으로 본다.
③ 특정한 날짜가 적혀 있지 아니한 경우에는 어음을 발행한 날부터 이자를 계산한다.
[전문개정 2010.3.31]

제6조 【어음금액의 기재에 차이가 있는 경우】
① 환어음의 금액을 글자와 숫자로 적은 경우에 그 금액에 차이가 있으면 글자로 적은 금액을 어음금액으로 한다.
② 환어음의 금액을 글자 또는 숫자로 중복하여 적은 경우에 그 금액에 차이가 있으면 최소금액을 어음금액으로 한다.
[전문개정 2010.3.31]

제7조 【어음채무의 독립성】
환어음에 다음 각 호의 어느 하나에 해당하는 기명날인 또는 서명이 있는 경우에도 다른 기명날인 또는 서명을 한 자의 채무는 그 효력에 영향을 받지 아니한다.
1. 어음채무를 부담할 능력이 없는 자의 기명날인 또는 서명
2. 위조된 기명날인 또는 서명
3. 가공인물의 기명날인 또는 서명
4. 그 밖의 사유로 환어음에 기명날인 또는 서명을 한 자나 그 본인에게 의무를 부담하게 할 수 없는 기명날인 또는 서명

[전문개정 2010.3.31]

제8조 【어음행위의 무권대리】
대리권 없이 타인의 대리인으로 환어음에 기명날인하거나 서명한 자는 그 어음에 의하여 의무를 부담한다. 그 자가 어음금액을 지급한 경우에는 본인과 같은 권리를 가진다. 권한을 초과한 대리인의 경우도 같다. [전문개정 2010.3.31]

제9조 【발행인의 책임】
① 발행인은 어음의 인수(引受)와 지급을 담보한다.
② 발행인은 인수를 담보하지 아니한다는 내용을 어음에 적을 수 있다. 발행인이 지급을 담보하지 아니한다는 뜻의 모든 문구는 적지 아니한 것으로 본다.
[전문개정 2010.3.31]

제10조 【백지(白地)어음】
미완성으로 발행한 환어음에 미리 합의한 사항과 다른 내용을 보충한 경우에는 그 합의의 위반을 이유로 소지인에게 대항하지 못한다. 그러나 소지인이 악의 또는 중대한 과실로 인하여 환어음을 취득한 경우에는 그러하지 아니하다.
[전문개정 2010.3.31]

제2장 배 서

제11조 【당연한 지시증권성】
① 환어음은 지시식(指示式)으로 발행하지 아니한 경우에도 배서(背書)에 의하여 양도할 수 있다.

② 발행인이 환어음에 "지시 금지"라는 글자 또는 이와 같은 뜻이 있는 문구를 적은 경우에는 그 어음은 지명채권의 양도 방식으로만, 그리고 그 효력으로써만 양도할 수 있다.

③ 배서는 다음 각 호의 자에 대하여 할 수 있으며, 다음 각 호의 자는 다시 어음에 배서할 수 있다.

1. 어음을 인수한 지급인
2. 어음을 인수하지 아니한 지급인
3. 어음의 발행인
4. 그 밖의 어음채무자 [전문개정 2010.3.31]

제12조【배서의 요건】

① 배서에는 조건을 붙여서는 아니 된다. 배서에 붙인 조건은 적지 아니한 것으로 본다.

② 일부의 배서는 무효로 한다.

③ 소지인에게 지급하라는 소지인출급의 배서는 백지식(白地式) 배서와 같은 효력이 있다.

[전문개정 2010.3.31]

제13조【배서의 방식】

① 배서는 환어음이나 이에 결합한 보충지[보전(補箋)]에 적고 배서인이 기명날인하거나 서명하여야 한다.

② 배서는 피배서인(被背書人)을 지명하지 아니하고 할 수 있으며 배서인의 기명날인 또는 서명만으로도 할 수 있다(백지식 배서). 배서인의 기명날인 또는 서명만으로 하는 백지식 배서는 환어음의 뒷면이나 보충지에 하지 아니하면 효력이 없다. [전문개정 2010.3.31]

제14조【배서의 권리 이전적 효력】

① 배서는 환어음으로부터 생기는 모든 권리를 이전(移轉)한다.

② 배서가 백지식인 경우에 소지인은 다음 각 호의 행위를 할 수 있다.

1. 자기의 명칭 또는 타인의 명칭으로 백지(白地)를 보충하는 행위
2. 백지식으로 또는 타인을 표시하여 다시 어음에 배서하는 행위
3. 백지를 보충하지 아니하고 또 배서도 하지 아니하고 어음을 교부만으로 제3자에게 양도하는 행위

[전문개정 2010.3.31]

제15조【배서의 담보적 효력】

① 배서인은 반대의 문구가 없으면 인수와 지급을 담보한다.

② 배서인은 자기의 배서 이후에 새로 하는 배서를 금지할 수 있다. 이 경우 그 배서인은 어음의 그 후의 피배서인에 대하여 담보의 책임을 지지 아니한다.

[전문개정 2010.3.31]

제16조【배서의 자격 수여적 효력 및 어음의 선의취득】

① 환어음의 점유자가 배서의 연속(連續)에 의하여 그 권리를 증명할 때에는 그를 적법한 소지인으로 추정(推定)한다. 최후의 배서가 백지식인 경우에도 같다. 말소한 배서는 배서의 연속에 관하여는 배서를 하지 아니한 것으로 본다. 백지식 배서의 다음에 다른 배서가 있는 경우에는 그 배서를 한 자는 백지식 배서에 의하여 어음을 취득한 것으로 본다.

② 어떤 사유로든 환어음의 점유를 잃은 자가 있는 경우에 그 어음의 소지인이 제1항에 따라 그 권리를 증명할 때에는 그 어음을 반환할 의무가 없다. 그러나 소지인이 악의 또는 중대한 과실로 인하여 어음을 취득한 경우에는 그러하지 아니하다.

[전문개정 2010.3.31]

제17조【인적 항변의 절단(切斷)】

환어음에 의하여 청구를 받은 자는 발행인 또는 종전의 소지인에 대한 인적 관계로 인한 항변(抗辯)으로써 소지인에게 대항하지 못한다. 그러나 소지인이 그 채무자를 해할 것을 알고 어음을 취득한

경우에는 그러하지 아니하다.

[전문개정 2010.3.31]

제18조 【추심위임(推尋委任)배서】

① 배서한 내용 중 다음 각 호의 어느 하나에 해당하는 문구가 있으면 소지인은 환어음으로부터 생기는 모든 권리를 행사할 수 있다. 그러나 소지인은 대리(代理)를 위한 배서만을 할 수 있다.

1. 회수하기 위하여
2. 추심(推尋)하기 위하여
3. 대리를 위하여
4. 그 밖에 단순히 대리권을 준다는 내용의 문구

② 제1항의 경우에는 어음의 채무자는 배서인에게 대항할 수 있는 항변으로써만 소지인에게 대항할 수 있다.

③ 대리를 위한 배서에 의하여 주어진 대리권은 그 대리권을 준 자가 사망하거나 무능력자가 되더라도 소멸하지 아니한다.

[전문개정 2010.3.31]

제19조 【입질(入質)배서】

① 배서한 내용 중 다음 각 호의 어느 하나에 해당하는 문구가 있으면 소지인은 환어음으로부터 생기는 모든 권리를 행사할 수 있다. 그러나 소지인이 한 배서는 대리를 위한 배서의 효력만 있다.

1. 담보하기 위하여
2. 입질(入質)하기 위하여
3. 그 밖에 질권(質權) 설정을 표시하는 문구

② 제1항의 경우 어음채무자는 배서인에 대한 인적 관계로 인한 항변으로써 소지인에게 대항하지 못한다. 그러나 소지인이 그 채무자를 해할 것을 알고 어음을 취득한 경우에는 그러하지 아니하다.

[전문개정 2010.3.31.]

제20조 【기한 후(期限 後) 배서】

① 만기 후의 배서는 만기 전의 배서와 같은 효력이 있다. 그러나 지급거절증서가 작성된 후에 한 배서 또는 지급거절증서 작성기간이 지난 후에 한 배서는 지명채권 양도의 효력만 있다.

② 날짜를 적지 아니한 배서는 지급거절증서 작성기간이 지나기 전에 한 것으로 추정한다.

[전문개정 2010.3.31]

제3장 인 수

제21조 【인수(引受) 제시(提示)의 자유】

환어음의 소지인 또는 단순한 점유자는 만기에 이르기까지 인수를 위하여 지급인에게 그 주소에서 어음을 제시할 수 있다.

[전문개정 2010.3.31]

제22조 【인수 제시의 명령 및 금지】

① 발행인은 환어음에 기간을 정하거나 정하지 아니하고, 인수를 위하여 어음을 제시하여야 한다는 내용을 적을 수 있다.

② 발행인은 인수를 위한 어음의 제시를 금지한다는 내용을 어음에 적을 수 있다. 그러나 어음이 제3자방에서 또는 지급인의 주소지가 아닌 지(地)에서 지급하여야 하는 것이거나 일람 후 정기출급 어음인 경우에는 그러하지 아니하다.

③ 발행인은 일정한 기일(期日) 전에는 인수를 위한 어음의 제시를 금지한다는 내용을 적을 수 있다.

④ 각 배서인은 기간을 정하거나 정하지 아니하고, 인수를 위하여 어음을 제시하여야 한다는 내용을 적을 수 있다. 그러나 발행인이 인수를 위한 어음의 제시를 금지한 경우에는 그러하지 아니하다.

[전문개정 2010.3.31]

제23조【일람 후 정기출급 어음의 제시기간】
① 일람 후 정기출급의 환어음은 그 발행한 날부터 1년 내에 인수를 위한 제시를 하여야 한다.
② 발행인은 제1항의 기간을 단축하거나 연장할 수 있다.
③ 배서인은 제1항 및 제2항의 기간을 단축할 수 있다.

[전문개정 2010.3.31]

제24조【유예기간】
① 지급인은 첫 번째 제시일의 다음 날에 두 번째 제시를 할 것을 청구할 수 있다. 이해관계인은 이 청구가 거절증서에 적혀 있는 경우에만 그 청구에 응한 두 번째 제시가 없었음을 주장할 수 있다.
② 소지인은 인수를 위하여 제시한 어음을 지급인에게 교부할 필요가 없다.

[전문개정 2010.3.31]

제25조【인수의 방식】
① 인수는 환어음에 적어야 하며, "인수" 또는 그 밖에 이와 같은 뜻이 있는 글자로 표시하고 지급인이 기명날인하거나 서명하여야 한다. 어음의 앞면에 지급인의 단순한 기명날인 또는 서명이 있으면 인수로 본다.
② 일람 후 정기출급의 어음 또는 특별한 기재에 의하여 일정한 기간 내에 인수를 위한 제시를 하여야 하는 어음의 경우에는 소지인이 제시한 날짜를 기재할 것을 청구한 경우가 아니면 인수에는 인수한 날짜를 적어야 한다. 날짜가 적혀 있지 아니한 경우 소지인은 배서인과 발행인에 대한 상환청구권(償還請求權)을 보전(保全)하기 위하여는 적법한 시기에 작성시킨 거절증서로써 그 기재가 없었음을 증명하여야 한다.

[전문개정 2010.3.31]

제26조【부단순인수(不單純引受)】
① 인수는 조건 없이 하여야 한다. 그러나 지급인은 어음금액의 일부만을 인수할 수 있다.
② 환어음의 다른 기재사항을 변경하여 인수하였을 때에는 인수를 거절한 것으로 본다. 그러나 인수인은 그 인수 문구에 따라 책임을 진다.

[전문개정 2010.3.31]

제27조【제3자방 지급의 기재】
① 발행인이 지급인의 주소지와 다른 지급지를 환어음에 적은 경우에 제3자방에서 지급한다는 내용을 적지 아니하였으면 지급인은 인수를 함에 있어 그 제3자를 정할 수 있다. 그에 관하여 적은 내용이 없으면 인수인은 지급지에서 직접 지급할 의무를 부담한 것으로 본다.
② 지급인의 주소에서 지급될 어음의 경우 지급인은 인수를 함에 있어 지급지 내에 위치한 지급장소를 정할 수 있다.

[전문개정 2010.3.31]

제28조【인수의 효력】
① 지급인은 인수를 함으로써 만기에 환어음을 지급할 의무를 부담한다.
② 지급을 받지 못한 경우에 소지인은 제48조와 제49조에 따라 청구할 수 있는 모든 금액에 관하여 인수인에 대하여 환어음으로부터 생기는 직접청구권을 가진다. 소지인이 발행인인 경우에도 같다.

[전문개정 2010.3.31]

제29조【인수의 말소】
① 환어음에 인수를 기재한 지급인이 그 어음을 반환하기 전에 인수의 기재를 말소한 경우에는 인수를 거절한 것으로 본다. 말소는 어음의 반환 전에 한 것으로 추정한다.
② 제1항에도 불구하고 지급인이 소지인이나 어음에 기명날인 또는 서명을 한 자에게 서

면으로 인수를 통지한 경우에는 그 상대방에 대하여 인수의 문구에 따라 책임을 진다.

[전문개정 2010.3.31]

제4장 보 증

제30조【보증의 가능】

① 환어음은 보증에 의하여 그 금액의 전부 또는 일부의 지급을 담보할 수 있다.

② 제3자는 제1항의 보증을 할 수 있다. 어음에 기명날인하거나 서명한 자도 같다.

[전문개정 2010.3.31]

제31조【보증의 방식】

① 보증의 표시는 환어음 또는 보충지에 하여야 한다.

② 보증을 할 때에는 "보증" 또는 이와 같은 뜻이 있는 문구를 표시하고 보증인이 기명날인하거나 서명하여야 한다.

③ 환어음의 앞면에 단순한 기명날인 또는 서명이 있는 경우에는 보증을 한 것으로 본다. 그러나 지급인 또는 발행인의 기명날인 또는 서명의 경우에는 그러하지 아니하다.

④ 보증에는 누구를 위하여 한 것임을 표시하여야 한다. 그 표시가 없는 경우에는 발행인을 위하여 보증한 것으로 본다.

[전문개정 2010.3.31]

제32조【보증의 효력】

① 보증인은 보증된 자와 같은 책임을 진다.

② 보증은 담보된 채무가 그 방식에 흠이 있는 경우 외에는 어떠한 사유로 무효가 되더라도 그 효력을 가진다.

③ 보증인이 환어음의 지급을 하면 보증된 자와 그 자의 어음상의 채무자에 대하여 어음으로부터 생기는 권리를 취득한다.

[전문개정 2010.3.31]

제5장 만 기

제33조【만기(滿期)의 종류】

① 환어음은 다음 각 호의 어느 하나로 발행할 수 있다.

1. 일람출급(一覽出給)
2. 일람 후 정기출급(一覽 後 定期出給)
3. 발행일자 후 정기출급(發行日字 後 定期出給)
4. 확정일출급(確定日出給)

② 제1항 외의 만기 또는 분할 출급의 환어음은 무효로 한다.

[전문개정 2010.3.31]

제34조【일람출급 어음의 만기】

① 일람출급의 환어음은 제시된 때를 만기로 한다. 이 어음은 발행일부터 1년 내에 지급을 받기 위한 제시를 하여야 한다. 발행인은 이 기간을 단축하거나 연장할 수 있고 배서인은 그 기간을 단축할 수 있다.

② 발행인은 일정한 기일 전에는 일람출급의 환어음의 지급을 받기 위한 제시를 금지한다는 내용을 적을 수 있다. 이 경우 제시기간은 그 기일부터 시작한다.

[전문개정 2010.3.31]

제35조【일람 후 정기출급 어음의 만기】

① 일람 후 정기출급의 환어음 만기는 인수한 날짜 또는 거절증서의 날짜에 따라 정한다.

② 인수일이 적혀 있지 아니하고 거절증서도 작성되지 아니한 경우에 인수인에 대한 관계에서는 인수제시기간의 말일에 인수한 것으로 본다.

[전문개정 2010.3.31]

제36조【만기일의 결정 및 기간의 계산】

① 발행일자 후 또는 일람 후 1개월 또는 수개월이 될 때 지급할 환어음은 지급할 달의 대응일(對應日)을 만기로 한다. 대응일이 없는 경우에는 그 달의 말일을 만기로 한다.

② 발행일자 후 또는 일람 후 1개월 반 또는 수 개월 반이 될 때 지급할 환어음은 먼저 전월(全月)을 계산한다.
③ 월초, 월중 또는 월말로 만기를 표시한 경우에는 그 달의 1일, 15일 또는 말일을 말한다.
④ "8일" 또는 "15일"이란 1주 또는 2주가 아닌 만(滿) 8일 또는 만 15일을 말한다.
⑤ "반월"(半月)이란 만 15일을 말한다.

[전문개정 2010.3.31]

제37조【만기 결정의 표준이 되는 세력(歲曆)】

① 발행지와 세력(歲曆)을 달리하는 지(地)에서 확정일에 지급할 환어음의 만기일은 지급지의 세력에 따라 정한 것으로 본다.
② 세력을 달리하는 두 지(地) 간에 발행한 발행일자 후 정기출급 환어음은 발행일을 지급지 세력의 대응일로 환산하고 이에 따라 만기를 정한다.
③ 환어음의 제시기간은 제2항에 따라 계산한다.
④ 제1항부터 제3항까지의 규정은 환어음의 문구나 그 밖의 기재사항에 의하여 다른 의사를 알 수 있는 경우에는 적용하지 아니한다.

[전문개정 2010.3.31]

제6장 지 급

제38조【지급의 제시의 필요】

① 확정일출급, 발행일자 후 정기출급 또는 일람 후 정기출급의 환어음 소지인은 지급을 할 날 또는 그날 이후의 2거래일 내에 지급을 받기 위한 제시를 하여야 한다.
② 어음교환소에서 한 환어음의 제시는 지급을 받기 위한 제시로서의 효력이 있다.
③ 소지인으로부터 환어음의 추심을 위임받은 금융기관(이하 이 장에서 "제시금융기관"이라 한다)이 그 환어음의 기재사항을 정보처리시스템에 의하여 전자적 정보의 형태로 작성한 후 그 정보를 어음교환소에 송신하여 그 어음교환소의 정보처리시스템에 입력되었을 때에는 제2항에 따른 지급을 받기 위한 제시가 이루어진 것으로 본다.

[전문개정 2010.3.31]

제39조【상환증권성 및 일부지급】

① 환어음의 지급인은 지급을 할 때에 소지인에게 그 어음에 영수(領受)를 증명하는 뜻을 적어서 교부할 것을 청구할 수 있다.
② 소지인은 일부지급을 거절하지 못한다.
③ 일부지급의 경우 지급인은 소지인에게 그 지급사실을 어음에 적고 영수증을 교부할 것을 청구할 수 있다.

[전문개정 2010.3.31]

제40조【지급의 시기 및 지급인의 조사의무】

① 환어음의 소지인은 만기 전에는 지급을 받을 의무가 없다.
② 만기 전에 지급을 하는 지급인은 자기의 위험부담으로 하는 것으로 한다.
③ 만기에 지급하는 지급인은 사기 또는 중대한 과실이 없으면 그 책임을 면한다. 이 경우 지급인은 배서의 연속이 제대로 되어 있는지를 조사할 의무가 있으나 배서인의 기명날인 또는 서명을 조사할 의무는 없다.
④ 제38조 제3항에 따른 지급 제시의 경우 지급인 또는 지급인으로부터 지급을 위임받은 금융기관은 제3항 후단에 따른 배서의 연속이 제대로 되어 있는지에 대한 조사를 제시금융기관에 위임할 수 있다.

[전문개정 2010.3.31]

제41조【지급할 화폐】

① 지급지의 통화(通貨)가 아닌 통화로 지급한다는 내용이 기재된 환어음은 만기일의 가격에 따라 지급지의 통화로 지급할 수 있다.

어음채무자가 지급을 지체한 경우 소지인은 그 선택에 따라 만기일 또는 지급하는 날의 환시세(換時勢)에 따라 지급지의 통화로 어음금액을 지급할 것을 청구할 수 있다.

② 외국통화의 가격은 지급지의 관습에 따라 정한다. 그러나 발행인은 어음에서 정한 환산율에 따라 지급금액을 계산한다는 뜻을 어음에 적을 수 있다.

③ 제1항 및 제2항은 발행인이 특정한 종류의 통화로 지급한다는 뜻(외국통화 현실지급 문구)을 적은 경우에는 적용하지 아니한다.

④ 발행국과 지급국에서 명칭은 같으나 가치가 다른 통화로써 환어음의 금액을 정한 경우에는 지급지의 통화로 정한 것으로 추정한다 [전문개정 2010.3.31]

제42조【어음금액의 공탁】

제38조에 따른 기간 내에 환어음의 지급을 받기 위한 제시가 없으면 각 어음채무자는 소지인의 비용과 위험부담으로 어음금액을 관할 관서에 공탁(供託)할 수 있다. [전문개정 2010.3.31]

제7장 인수거절 또는 지급거절로 인한 상환청구

〈개정 2010.3.31〉

제43조【상환청구의 실질적 요건】

만기에 지급이 되지 아니한 경우 소지인은 배서인, 발행인, 그 밖의 어음채무자에 대하여 상환청구권(償還請求權)을 행사할 수 있다. 다음 각 호의 어느 하나에 해당하는 경우에는 만기 전에도 상환청구권을 행사할 수 있다.

1. 인수의 전부 또는 일부의 거절이 있는 경우
2. 지급인의 인수 여부와 관계없이 지급인이 파산한 경우, 그 지급이 정지된 경우 또는 그 재산에 대한 강제집행이 주효(奏效)하지 아니한 경우
3. 인수를 위한 어음의 제시를 금지한 어음의 발행인이 파산한 경우[전문개정 2010.3.31]

제44조【상환청구의 형식적 요건】

① 인수 또는 지급의 거절은 공정증서(인수거절증서 또는 지급거절증서)로 증명하여야 한다.

② 인수거절증서는 인수를 위한 제시기간 내에 작성시켜야 한다. 다만, 기간의 말일에 제24조 제1항에 따른 제시가 있으면 그 다음 날에도 거절증서를 작성시킬 수 있다.

③ 확정일출급, 발행일자 후 정기출급 또는 일람 후 정기출급 환어음의 지급거절증서는 지급을 할 날 이후의 2거래일 내에 작성시켜야 한다. 일람출급 어음의 지급거절증서는 인수거절증서 작성에 관한 제2항에 따라 작성시켜야 한다.

④ 인수거절증서가 작성되었을 때에는 지급을 받기 위한 제시와 지급거절증서의 작성이 필요하지 아니하다.

⑤ 지급인의 인수 여부와 관계없이 지급인이 지급을 정지한 경우 또는 그 재산에 대한 강제집행이 주효하지 아니한 경우 소지인은 지급인에 대하여 지급을 받기 위한 제시를 하고 거절증서를 작성시킨 후가 아니면 상환청구권을 행사하지 못한다.

⑥ 지급인의 인수 여부와 관계없이 지급인이 파산선고를 받은 경우 또는 인수를 위한 제시를 금지한 어음의 발행인이 파산선고를 받은 경우에 소지인이 상환청구권을 행사할 때에는 파산결정서를 제시하면 된다.

[전문개정 2010.3.31]

제45조【인수거절 및 지급거절의 통지】

① 소지인은 다음 각 호의 어느 하나에 해당하는 날 이후의 4거래일 내에 자기의 배서인과 발행인에게 인수거절 또는 지급거절이 있었음을 통지하여야 하고, 각 배서인은 그 통지를 받은 날 이후 2거래일 내에 전(前) 통지자

전원의 명칭과 처소(處所)를 표시하고 자기가 받은 통지를 자기의 배서인에게 통지하여 차례로 발행인에게 미치게 하여야 한다. 이 기간은 각 통지를 받은 때부터 진행한다.

1. 거절증서 작성일
2. 무비용상환(無費用償還)의 문구가 적혀 있는 경우에는 어음 제시일

② 제1항에 따라 환어음에 기명날인하거나 서명한 자에게 통지할 때에는 같은 기간 내에 그 보증인에게도 같은 통지를 하여야 한다.

③ 배서인이 그 처소를 적지 아니하거나 그 기재가 분명하지 아니한 경우에는 그 배서인의 직전(直前)의 자에게 통지하면 된다.

④ 통지를 하여야 하는 자는 어떠한 방법으로도 할 수 있다. 단순히 어음을 반환하는 것으로도 통지할 수 있다.

⑤ 통지를 하여야 하는 자는 적법한 기간 내에 통지를 하였음을 증명하여야 한다. 이 기간 내에 통지서를 우편으로 부친 경우에는 그 기간을 준수한 것으로 본다.

⑥ 제5항의 기간 내에 통지를 하지 아니한 자도 상환청구권을 잃지 아니한다. 그러나 과실로 인하여 손해가 생긴 경우에는 환어음금액의 한도 내에서 배상할 책임을 진다.

[전문개정 2010.3.31]

제46조【거절증서 작성 면제】

① 발행인, 배서인 또는 보증인은 다음 각 호의 어느 하나에 해당하는 문구를 환어음에 적고 기명날인하거나 서명함으로써 소지인의 상환청구권 행사를 위한 인수거절증서 또는 지급거절증서의 작성을 면제할 수 있다.

1. 무비용상환
2. 거절증서 불필요
3. 제1호 및 제2호와 같은 뜻을 가진 문구

② 제1항 각 호의 문구가 있더라도 소지인의 법정기간 내 어음의 제시 및 통지 의무가 면제되는 것은 아니다. 법정기간을 준수하지 아니하였음은 소지인에 대하여 이를 원용(援用)하는 자가 증명하여야 한다.

③ 발행인이 제1항 각 호의 문구를 적은 경우에는 모든 어음채무자에 대하여 효력이 있고, 배서인 또는 보증인이 이 문구를 적은 경우에는 그 배서인 또는 보증인에 대하여만 효력이 있다. 발행인이 이 문구를 적었음에도 불구하고 소지인이 거절증서를 작성시켰으면 그 비용은 소지인이 부담하고, 배서인 또는 보증인이 이 문구를 적은 경우에 거절증서를 작성시켰으면 모든 어음채무자에게 그 비용을 상환하게 할 수 있다.

[전문개정 2010.3.31]

제47조【어음채무자의 합동책임】

① 환어음의 발행, 인수, 배서 또는 보증을 한 자는 소지인에 대하여 합동으로 책임을 진다.

② 소지인은 제1항의 어음채무자에 대하여 그 채무부담의 순서에도 불구하고 그중 1명, 여러 명 또는 전원에 대하여 청구할 수 있다.

③ 어음채무자가 그 어음을 환수한 경우에도 제2항의 소지인과 같은 권리가 있다.

④ 어음채무자 중 1명에 대한 청구는 다른 채무자에 대한 청구에 영향을 미치지 아니한다. 이미 청구를 받은 자의 후자(後者)에 대하여도 같다.

[전문개정 2010.3.31]

제48조【상환청구금액】

① 소지인은 상환청구권에 의하여 다음 각 호의 금액의 지급을 청구할 수 있다.

1. 인수 또는 지급되지 아니한 어음금액과 이자가 적혀 있는 경우 그 이자
2. 연 6퍼센트의 이율로 계산한 만기 이후의 이자
3. 거절증서의 작성비용, 통지비용 및 그 밖의 비용

② 만기 전에 상환청구권을 행사하는 경우에는 할인에 의하여 어음금액을 줄인다. 그 할인

은 소지인의 주소지에서 상환청구하는 날의 공정할인율(은행률)에 의하여 계산한다.

[전문개정 2010.3.31]

제49조【재상환청구금액】

환어음을 환수한 자는 그 전자(前者)에 대하여 다음 각 호의 금액의 지급을 청구할 수 있다.

1. 지급한 총금액
2. 제1호의 금액에 대하여 연 6퍼센트의 이율로 계산한 지급한 날 이후의 이자
3. 지출한 비용

[전문개정 2010.3.31]

제50조【상환의무자의 권리】

① 상환청구(償還請求)를 받은 어음채무자나 받을 어음채무자는 지급과 상환(相換)으로 거절증서, 영수를 증명하는 계산서와 그 어음의 교부를 청구할 수 있다.

② 환어음을 환수한 배서인은 자기의 배서와 후자의 배서를 말소할 수 있다.

[전문개정 2010.3.31]

제51조【일부인수의 경우의 상환청구】

일부인수 후에 상환청구권을 행사하는 경우에 인수되지 아니한 어음금액을 지급하는 자는 이를 지급한 사실을 어음에 적을 것과 영수증을 교부할 것을 청구할 수 있다. 소지인은 그 후의 상환청구를 할 수 있게 하기 위하여 어음의 증명등본과 거절증서를 교부하여야 한다.

[전문개정 2010.3.31]

제52조【역(逆)어음에 의한 상환청구】

① 상환청구권이 있는 자는 어음에 반대문구가 적혀 있지 아니하면 그 전자 중 1명을 지급인으로 하여 그 자의 주소에서 지급할 일람출급의 새 어음(이하 "역어음"이라 한다)을 발행함으로써 상환청구권을 행사할 수 있다.

② 역어음의 어음금액에는 제48조와 제49조에 따른 금액 외에 그 어음의 중개료와 인지세가 포함된다.

③ 소지인이 역어음을 발행하는 경우에 그 금액은 본(本)어음의 지급지에서 그 전자의 주소지에 대하여 발행하는 일람출급 어음의 환시세에 따라 정한다. 배서인이 역어음을 발행하는 경우에 그 금액은 역어음의 발행인이 그 주소지에서 전자의 주소지에 대하여 발행하는 일람출급 어음의 환시세에 따라 정한다.

[전문개정 2010.3.31]

제53조【상환청구권의 상실】

① 다음 각 호의 기간이 지나면 소지인은 배서인, 발행인, 그 밖의 어음채무자에 대하여 그 권리를 잃는다. 그러나 인수인에 대하여는 그러하지 아니하다.

1. 일람출급 또는 일람 후 정기출급의 환어음의 제시기간
2. 인수거절증서 또는 지급거절증서의 작성기간
3. 무비용상환의 문구가 적혀 있는 경우에 지급을 받기 위한 제시기간

② 발행인이 기재한 기간 내에 인수를 위한 제시를 하지 아니한 소지인은 지급거절과 인수거절로 인한 상환청구권을 잃는다. 그러나 그 기재한 문구에 의하여 발행인에게 인수에 대한 담보의무만을 면할 의사(意思)가 있었음을 알 수 있는 경우에는 그러하지 아니하다.

③ 배서에 제시기간이 적혀 있는 경우에는 그 배서인만이 이를 원용할 수 있다.

[전문개정 2010.3.31]

제54조【불가항력과 기간의 연장】

① 피할 수 없는 장애[국가법령에 따른 금제(禁制)나 그 밖의 불가항력을 말한다. 이하 "불가항력"이라 한다]로 인하여 법정기간 내에 환어음을 제시하거나 거절증서를 작성하기 어려운 경우에는 그 기간을 연장한다.

② 소지인은 불가항력이 발생하면 자기의 배서인에게 지체 없이 그 사실을 통지하고 어음

또는 보충지에 통지를 하였다는 내용을 적고 날짜를 부기한 후 기명날인하거나 서명하여야 한다. 그 밖의 사항에 관하여는 제45조를 준용한다.

③ 불가항력이 사라지면 소지인은 지체 없이 인수 또는 지급을 위하여 어음을 제시하고 필요한 경우에는 거절증서를 작성시켜야 한다.

④ 불가항력이 만기부터 30일이 지나도 계속되는 경우에는 어음의 제시 또는 거절증서의 작성 없이 상환청구권을 행사할 수 있다.

⑤ 일람출급 또는 일람 후 정기출급의 환어음의 경우 제4항에 따른 30일의 기간은 제시기간이 지나기 전이라도 소지인이 배서인에게 불가항력이 발생하였다고 통지한 날부터 진행한다. 일람 후 정기출급의 환어음의 경우 제4항에 따른 30일의 기간에는 어음에 적은 일람 후의 기간을 가산한다.

⑥ 소지인이나 소지인으로부터 어음의 제시 또는 거절증서 작성을 위임받은 자의 단순한 인적 사유는 불가항력으로 보지 아니한다.

[전문개정 2010.3.31]

제8장 참 가

제1절 통 칙

제55조【참가의 당사자 및 통지】

① 발행인, 배서인 또는 보증인은 어음에 예비지급인을 적을 수 있다.

② 상환청구를 받을 어느 채무자를 위하여 참가하는 자도 이 장(章)의 규정에 따라 환어음을 인수하거나 지급할 수 있다.

③ 제3자, 지급인 또는 이미 어음채무를 부담한 자도 참가인이 될 수 있다. 다만, 인수인은 참가인이 될 수 없다.

④ 참가인은 피참가인에 대하여 2거래일 내에 참가하였음을 통지하여야 한다. 참가인이 이 기간을 지키지 아니한 경우에 과실로 인하여 손해가 생기면 그 참가인은 어음금액의 한도에서 배상할 책임을 진다. [전문개정 2010.3.31]

제2절 참가인수

제56조【참가인수의 요건】

① 참가인수(參加引受)는 인수를 위한 제시를 금지하지 아니한 환어음의 소지인이 만기 전에 상환청구권을 행사할 수 있는 모든 경우에 할 수 있다.

② 환어음에 지급지에 있는 예비지급인을 기재한 경우 어음의 소지인은 예비지급인에게 어음을 제시하였으나 그 자가 참가인수를 거절하였음을 거절증서로 증명하지 아니하면 예비지급인을 기재한 자와 그 후자에 대하여 만기 전에 상환청구권을 행사하지 못한다.

③ 제2항의 경우 외에는 소지인은 참가인수를 거절할 수 있다. 소지인이 참가인수를 승낙한 때에는 피참가인과 그 후자에 대하여 만기 전에 행사할 수 있는 상환청구권을 잃는다.

[전문개정 2010.3.31]

제57조【참가인수의 방식】

참가인수를 할 때에는 환어음에 그 내용을 적고 참가인이 기명날인하거나 서명하여야 한다. 이 경우 피참가인을 표시하여야 하며, 그 표시가 없을 때에는 발행인을 위하여 참가인수를 한 것으로 본다. [전문개정 2010.3.31]

제58조【참가인수의 효력】

① 참가인수인은 소지인과 피참가인의 후자에 대하여 피참가인과 같은 의무를 부담한다.

② 피참가인과 그 전자는 참가인수에도 불구하고 소지인에 대하여 제48조에 따른 금액의 지급과 상환(相換)으로 어음의 교부를 청구

할 수 있다. 거절증서와 영수를 증명하는 계산서가 있는 경우에는 그것을 교부할 것도 청구할 수 있다.

[전문개정 2010.3.31]

제3절 참가지급

제59조 【참가지급의 요건】

① 참가지급은 소지인이 만기나 만기 전에 상환청구권을 행사할 수 있는 모든 경우에 할 수 있다.

② 지급은 피참가인이 지급할 전액을 지급하여야 한다.

③ 지급은 지급거절증서를 작성시킬 수 있는 최종일의 다음 날까지 하여야 한다.

[전문개정 2010.3.31]

제60조 【참가지급 제시의 필요】

① 지급지에 주소가 있는 자가 참가인수를 한 경우 또는 지급지에 주소가 있는 자가 예비지급인으로 기재된 경우에는 소지인은 늦어도 지급거절증서를 작성시킬 수 있는 마지막 날의 다음 날까지 그들 모두에게 어음을 제시하고 필요할 때에는 참가지급거절증서를 작성시켜야 한다.

② 제1항의 기간 내에 거절증서가 작성되지 아니하면 예비지급인을 기재한 자 또는 피참가인과 그 후의 배서인은 의무를 면한다.

[전문개정 2010.3.31]

제61조 【참가지급거절의 효과】

참가지급을 거절한 소지인은 그 지급으로 인하여 의무를 면할 수 있었던 자에 대한 상환청구권을 잃는다.

[전문개정 2010.3.31]

제62조 【참가지급의 방법】

① 참가지급이 있었으면 어음에 피참가인을 표시하고 그 영수를 증명하는 문구를 적어야 하며, 그 표시가 없을 때에는 발행인을 위하여 지급한 것으로 본다.

② 환어음은 참가지급인에게 교부하여야 하며, 거절증서를 작성시킨 경우에는 그 거절증서도 교부하여야 한다.

[전문개정 2010.3.31]

제63조 【참가지급의 효력】

① 참가지급인은 피참가인과 그의 어음상의 채무자에 대하여 어음으로부터 생기는 권리를 취득한다. 그러나 다시 어음에 배서하지 못한다.

② 피참가인보다 후의 배서인은 의무를 면한다.

③ 참가지급이 경합(競合)하는 경우에는 가장 많은 수의 어음채무자의 의무를 면하게 하는 자가 우선한다. 이러한 사정을 알고도 이 규정을 위반하여 참가지급을 한 자는 의무를 면할 수 있었던 자에 대한 상환청구권을 잃는다.

[전문개정 2010.3.31]

제9장 복본과 등본

제1절 복 본

제64조 【복본(複本) 발행의 방식】

① 환어음은 같은 내용으로 여러 통을 복본(複本)으로 발행할 수 있다.

② 제1항의 복본을 발행할 때에는 그 증권의 본문 중에 번호를 붙여야 하며, 번호를 붙이지 아니한 경우에는 그 여러 통의 복본은 별개의 환어음으로 본다.

③ 어음에 한 통만을 발행한다는 내용을 적지 아니한 경우에는 소지인은 자기의 비용으로 복본의 교부를 청구할 수 있다. 이 경우 소지인

은 자기에게 직접 배서한 배서인에게 그 교부를 청구하고 그 배서인은 다시 자기의 배서인에게 청구를 함으로써 이에 협력하여 차례로 발행인에게 그 청구가 미치게 한다. 각 배서인은 새 복본에 배서를 다시 하여야 한다.

[전문개정 2010.3.31]

제65조【복본의 효력】

① 복본의 한 통에 대하여 지급한 경우 그 지급이 다른 복본을 무효로 한다는 뜻이 복본에 적혀 있지 아니하여도 의무를 면하게 한다. 그러나 지급인은 인수한 각 통의 복본으로서 반환을 받지 아니한 복본에 대하여 책임을 진다.

② 여럿에게 각각 복본을 양도한 배서인과 그 후의 배서인은 그가 기명날인하거나 서명한 각 통의 복본으로서 반환을 받지 아니한 것에 대하여 책임을 진다.

[전문개정 2010.3.31]

제66조【인수를 위하여 하는 송부(送付)】

① 인수를 위하여 복본 한 통을 송부한 자는 다른 각 통의 복본에 이 한 통의 복본을 보유하는 자의 명칭을 적어야 한다. 송부된 복본을 보유하는 자는 다른 복본의 정당한 소지인에게 그 복본을 교부할 의무가 있다.

② 복본 교부를 거절당한 소지인은 거절증서로 다음 각 호의 사실을 증명하지 아니하면 상환청구권을 행사하지 못한다.

1. 인수를 위하여 송부한 한 통의 복본이 소지인의 청구에도 불구하고 교부되지 아니하였다는 것
2. 다른 한 통의 복본으로는 인수 또는 지급을 받을 수 없었다는 것

[전문개정 2010.3.31]

제2절 등 본

제67조【등본(謄本)의 작성, 작성방식 및 효력】

① 환어음의 소지인은 그 등본(謄本)을 작성할 권리가 있다.

② 등본에는 배서된 사항이나 그 밖에 원본에 적힌 모든 사항을 정확히 다시 적고 끝부분임을 표시하는 기재를 하여야 한다.

③ 등본에 대하여는 원본과 같은 방법에 의하여 같은 효력으로 배서 또는 보증을 할 수 있다.

[전문개정 2010.3.31]

제68조【등본 보유자의 권리】

① 등본에는 원본 보유자를 표시하여야 한다. 그 보유자는 등본의 정당한 소지인에 대하여 그 원본을 교부할 의무가 있다.

② 원본 교부를 거절당한 소지인은 원본의 교부를 청구하였음에도 불구하고 받지 못하였음을 거절증서로 증명하지 아니하면 등본에 배서하거나 보증한 자에 대하여 상환청구권을 행사하지 못한다.

③ 등본 작성 전에 원본에 한 최후의 배서의 뒤에 다음 각 호의 어느 하나에 해당하는 문구를 적은 경우에는 원본에 한 그 후의 배서는 무효로 한다.

1. 이 후의 배서는 등본에 한 것만이 효력이 있다
2. 제1호와 같은 뜻을 가진 문구

[전문개정 2010.3.31]

제10장 변 조

제69조【변조와 어음행위자의 책임】

환어음의 문구가 변조된 경우에는 그 변조 후에 기명날인하거나 서명한 자는 변조된 문구에 따라

책임을 지고 변조 전에 기명날인하거나 서명한 자는 원래 문구에 따라 책임을 진다.
[전문개정 2010.3.31]

제11장 시 효

제70조 【시효기간】

① 인수인에 대한 환어음상의 청구권은 만기일부터 3년간 행사하지 아니하면 소멸시효가 완성된다.

② 소지인의 배서인과 발행인에 대한 청구권은 다음 각 호의 날부터 1년간 행사하지 아니하면 소멸시효가 완성된다.

1. 적법한 기간 내에 작성시킨 거절증서의 날짜
2. 무비용상환의 문구가 적혀 있는 경우에는 만기일

③ 배서인의 다른 배서인과 발행인에 대한 청구권은 그 배서인이 어음을 환수한 날 또는 그 자가 제소된 날부터 6개월간 행사하지 아니하면 소멸시효가 완성된다.
[전문개정 2010.3.31]

제71조 【시효의 중단】

시효의 중단은 그 중단사유가 생긴 자에 대하여만 효력이 생긴다. [전문개정 2010.3.31]

제12장 통 칙

제72조 【휴일과 기일 및 기간】

① 환어음의 만기가 법정휴일인 경우에는 만기 이후의 제1거래일에 지급을 청구할 수 있다. 환어음에 관한 다른 행위, 특히 인수를 위한 제시 및 거절증서 작성 행위는 거래일에만 할 수 있다.

② 제1항의 어느 행위를 일정 기간 내에 하여야 할 경우 그 기간의 말일이 법정휴일이면 말일 이후의 제1거래일까지 기간을 연장하고, 기간 중의 휴일은 그 기간에 산입(算入)한다.
[전문개정 2010.3.31]

제73조 【기간의 초일 불산입】

법정기간 또는 약정기간에는 그 첫날을 산입하지 아니한다. [전문개정 2010.3.31]

제74조 【은혜일(恩惠日)의 불허】

은혜일(恩惠日)은 법률상으로든 재판상으로든 인정하지 아니한다. [전문개정 2010.3.31]

어음법

제2편 약속어음

제75조 【어음의 요건】

약속어음에는 다음 각 호의 사항을 적어야 한다.

1. 증권의 본문 중에 그 증권을 작성할 때 사용하는 국어로 약속어음임을 표시하는 글자
2. 조건 없이 일정한 금액을 지급할 것을 약속하는 뜻
3. 만 기
4. 지급지
5. 지급받을 자 또는 지급받을 자를 지시할 자의 명칭
6. 발행일과 발행지
7. 발행인의 기명날인 또는 서명

[전문개정 2010.3.31]

제76조 【어음 요건의 흠】

제75조 각 호의 사항을 적지 아니한 증권은 약속어음의 효력이 없다. 그러나 다음 각 호의 경우에는 그러하지 아니하다.

1. 만기가 적혀 있지 아니한 경우: 일람출급의 약속어음으로 본다.
2. 지급지가 적혀 있지 아니한 경우: 발행지를 지급지 및 발행인의 주소지로 본다.

3. 발행지가 적혀 있지 아니한 경우: 발행인의 명칭에 부기한 지(地)를 발행지로 본다.

[전문개정 2010.3.31]

제77조【환어음에 관한 규정의 준용】

① 약속어음에 대하여는 약속어음의 성질에 상반되지 아니하는 한도에서 다음 각 호의 사항에 관한 환어음에 대한 규정을 준용한다.

1. 배서(제11조부터 제20조까지)
2. 만기(제33조부터 제37조까지)
3. 지급(제38조부터 제42조까지)
4. 지급거절로 인한 상환청구(제43조부터 제50조까지, 제52조부터 제54조까지)
5. 참가지급(제55조, 제59조부터 제63조까지)
6. 등본(제67조와 제68조)
7. 변조(제69조)
8. 시효(제70조와 제71조)
9. 휴일, 기간의 계산과 은혜일의 인정 금지(제72조부터 제74조까지)

② 약속어음에 관하여는 제3자방에서 또는 지급인의 주소지가 아닌 지(地)에서 지급할 환어음에 관한 제4조 및 제27조, 이자의 약정에 관한 제5조, 어음금액의 기재의 차이에 관한 제6조, 어음채무를 부담하게 할 수 없는 기명날인 또는 서명의 효과에 관한 제7조, 대리권한 없는 자 또는 대리권한을 초과한 자의 기명날인 또는 서명의 효과에 관한 제8조, 백지환어음에 관한 제10조를 준용한다.

③ 약속어음에 관하여는 보증에 관한 제30조부터 제32조까지의 규정을 준용한다. 제31조 제4항의 경우에 누구를 위하여 보증한 것임을 표시하지 아니하였으면 약속어음의 발행인을 위하여 보증한 것으로 본다.

[전문개정 2010.3.31]

제78조【발행인의 책임 및 일람 후 정기출급 어음의 특칙】

① 약속어음의 발행인은 환어음의 인수인과 같은 의무를 부담한다.

② 일람 후 정기출급의 약속어음은 제23조에 따른 기간 내에 발행인이 일람할 수 있도록 제시하여야 한다. 일람 후의 기간은 발행인이 어음에 일람하였다는 내용을 적고 날짜를 부기하여 기명날인하거나 서명한 날부터 진행한다. 발행인이 일람 사실과 날짜의 기재를 거절한 경우에는 제25조에 따라 거절증서로써 이를 증명하여야 한다. 그 날짜는 일람 후의 기간의 첫날로 한다.

[전문개정 2010.3.31.]

부 칙 〈제1001호, 1962.1.20〉

제79조【아득상환청구권(利得償還請求權)】

환어음 또는 약속어음에서 생긴 권리가 절차의 흠결로 인하여 소멸한 때나 그 소멸시효가 완성한 때라도 소지인은 발행인, 인수인 또는 배서인에 대하여 그가 받은 이익의 한도내에서 상환을 청구할 수 있다.

제80조【소송고지로 인한 시효중단】

① 배서인의 다른 배서인과 발행인에 대한 환어음상과 약속어음상의 청구권의 소멸시효는 그 자가 제소된 경우에는 전자에 대한 소송고지를 함으로 인하여 중단한다.

② 전항의 규정에 의하여 중단된 시효는 재판이 확정된 때로부터 다시 진행을 개시한다.

제81조【휴일의 의의】

본법에서 휴일이라 함은 국경일, 공휴일, 일요일 기타의 일반휴일을 이른다.

제82조【본법 시행전에 발행한 수형】

본법 시행전에 발행한 위체수형(爲替手形)과 약속수형(約束手形)에 관하여는 종전의 규정에 의한다.

제83조【어음교환소의 지정】

제38조 제2항(제77조 제1항에서 준용하는 경우를 포함한다)의 어음교환소는 법무부장관이 지정한다.

제84조【거절증서에 관한 사항】
거절증서의 작성에 관한 사항은 대통령령으로 정한다. 〈개정 1995.12.6〉

제85조【시행기일, 구법의 폐지】
① 본법은 1963년 1월 1일부터 시행한다.
② 조선민사령 제1조에 의하여 의용된 수형법(手形法)은 본법 시행시까지 효력이 있다.

부 칙 〈제5009호, 1995.12.6〉
이 법은 공포한 날부터 시행한다.

부 칙 〈제8441호, 2007.5.17〉
이 법은 공포 후 6개월이 경과한 날부터 시행한다.

부 칙 〈제10198호, 2010.3.31〉
이 법은 공포한 날부터 시행한다.

수표법

[시행 2010. 3. 31.]

[법률 제10197호, 2010. 3. 31., 일부개정]

The Checks Act

수표법

[시행 2010. 3. 31.]

[법률 제10197호, 2010. 3. 31., 일부개정]

수표법

[제정 1962. 1.20 법률 제1002호]
일부개정 1995.12. 6 법률 제5010호
일부개정 2007. 5.17 법률 제8440호
일부개정 2010. 3.31 법률 제10197호

제1장 수표의 발행과 방식 ……………………제1조~제13조
제2장 양 도 ……………………제14조~제24조
제3장 보 증 ……………………제25조~제27조
제4장 제시와 지급 ……………………제28조~제36조
제5장 횡선수표 ……………………제37조~제38조
제6장 지급거절로 인한 상환청구 ……………………제39조~제47조
제7장 복 본 ……………………제48조~제49조
제8장 변 조 ……………………제50조
제9장 시 효 ……………………제51조~제52조
제10장 지급보증 ……………………제53조~제58조
제11장 통 칙 ……………………제59조~제62조
부 칙 ……………………제63조~제71조

제1장 수표의 발행과 방식

제1조【수표의 요건】
수표에는 다음 각 호의 사항을 적어야 한다.
1. 증권의 본문 중에 그 증권을 작성할 때 사용하는 국어로 수표임을 표시하는 글자
2. 조건 없이 일정한 금액을 지급할 것을 위탁하는 뜻
3. 지급인의 명칭
4. 지급지(支給地)
5. 발행일과 발행지(發行地)
6. 발행인의 기명날인(記名捺印) 또는 서명

[전문개정 2010.3.31]

제2조【수표 요건의 흠】
제1조 각 호의 사항을 적지 아니한 증권은 수표의 효력이 없다. 그러나 다음 각 호의 경우에는 그러하지 아니하다.
1. 지급지가 적혀 있지 아니한 경우: 지급인의 명칭에 부기(附記)한 지(地)를 지급지로 본다. 지급인의 명칭에 여러 개의 지(地)를 부기한 경우에는 수표의 맨 앞에 적은 지(地)에서 지급할 것으로 한다.
2. 제1호의 기재나 그 밖의 다른 표시가 없는 경우: 발행지에서 지급할 것으로 한다.
3. 발행지가 적혀 있지 아니한 경우: 발행인의 명칭에 부기한 지(地)를 발행지로 본다.

[전문개정 2010.3.31]

제3조【수표자금, 수표계약의 필요】
수표는 제시한 때에 발행인이 처분할 수 있는 자금이 있는 은행을 지급인으로 하고, 발행인이 그 자금을 수표에 의하여 처분할 수 있는 명시적 또는 묵시적 계약에 따라서만 발행할 수 있다. 그러나 이 규정을 위반하는 경우에도 수표로서의 효력에 영향을 미치지 아니한다.

[전문개정 2010.3.31]

제4조【인수(引受)의 금지】
수표는 인수하지 못한다. 수표에 적은 인수의 문구는 적지 아니한 것으로 본다.

[전문개정 2010.3.31]

제5조【수취인(受取人)의 지정】
① 수표는 다음 각 호의 어느 하나의 방식으로 발행할 수 있다.

1. 기명식(記名式) 또는 지시식(指示式)
2. 기명식으로 "지시금지"라는 글자 또는 이와 같은 뜻이 있는 문구를 적은 것
3. 소지인출급식(所持人出給式)

② 기명식 수표에 "또는 소지인에게"라는 글자 또는 이와 같은 뜻이 있는 문구를 적었을 때에는 소지인출급식 수표로 본다.

③ 수취인이 적혀 있지 아니한 수표는 소지인출급식 수표로 본다.

[전문개정 2010.3.31]

제6조【자기지시수표, 위탁수표, 자기앞수표】

① 수표는 발행인 자신을 지급받을 자로 하여 발행할 수 있다.

② 수표는 제3자의 계산으로 발행할 수 있다.

③ 수표는 발행인 자신을 지급인으로 하여 발행할 수 있다.

[전문개정 2010.3.31]

제7조【이자의 약정】

수표에 적은 이자의 약정은 적지 아니한 것으로 본다. [전문개정 2010.3.31]

제8조【제3자방(第三者方) 지급(支給) 기재】

수표는 지급인의 주소지에 있든 다른 지(地)에 있든 관계없이 제3자방(第三者方)에서 지급하는 것으로 할 수 있다. 그러나 그 제3자는 은행이어야 한다. [전문개정 2010.3.31]

제9조【수표금액의 기재에 차이가 있는 경우】

① 수표의 금액을 글자와 숫자로 적은 경우에 그 금액에 차이가 있으면 글자로 적은 금액을 수표금액으로 한다.

② 수표의 금액을 글자 또는 숫자로 중복하여 적은 경우에 그 금액에 차이가 있으면 최소금액을 수표금액으로 한다.

[전문개정 2010.3.31]

제10조【수표채무의 독립성】

수표에 다음 각 호의 어느 하나에 해당하는 기명날인 또는 서명이 있는 경우에도 다른 기명날인 또는 서명을 한 자의 채무는 그 효력에 영향을 받지 아니한다.

1. 수표채무를 부담할 능력이 없는 자의 기명날인 또는 서명
2. 위조된 기명날인 또는 서명
3. 가공인물의 기명날인 또는 서명
4. 그 밖의 사유로 수표에 기명날인 또는 서명을 한 자나 그 본인에게 의무를 부담하게 할 수 없는 기명날인 또는 서명

[전문개정 2010.3.31]

제11조【수표행위의 무권대리】

대리권 없이 타인의 대리인으로 수표에 기명날인하거나 서명한 자는 그 수표에 의하여 의무를 부담한다. 그 자가 수표금액을 지급한 경우에는 본인과 같은 권리를 가진다. 권한을 초과한 대리인의 경우도 같다. [전문개정 2010.3.31]

제12조【발행인의 책임】

발행인은 지급을 담보한다. 발행인이 지급을 담보하지 아니한다는 뜻의 모든 문구는 적지 아니한 것으로 본다. [전문개정 2010.3.31]

제13조【백지(白地)수표】

미완성(未完成)으로 발행한 수표에 미리 합의한 사항과 다른 내용을 보충(補充)한 경우에는 그 합의의 위반을 이유로 소지인에게 대항하지 못한다. 그러나 소지인이 악의 또는 중대한 과실로 인하여 수표를 취득한 경우에는 그러하지 아니하다. [전문개정 2010.3.31]

제2장 양 도

제14조【당연한 지시증권성】

① 기명식 또는 지시식의 수표는 배서(背書)에 의하여 양도할 수 있다.

② 기명식 수표에 "지시금지"라는 글자 또는 이와 같은 뜻이 있는 문구를 적은 경우에는 그

수표는 지명채권의 양도 방식으로만, 그리고 그 효력으로써만 양도할 수 있다.
③ 배서는 발행인이나 그 밖의 채무자에 대하여도 할 수 있다. 이러한 자는 다시 수표에 배서할 수 있다.

[전문개정 2010.3.31]

제15조【배서의 요건】
① 배서에는 조건을 붙여서는 아니 된다. 배서에 붙인 조건은 적지 아니한 것으로 본다.
② 일부의 배서는 무효로 한다.
③ 지급인의 배서도 무효로 한다.
④ 소지인에게 지급하라는 소지인출급의 배서는 백지식 배서와 같은 효력이 있다.
⑤ 지급인에 대한 배서는 영수증의 효력만 있다. 그러나 지급인의 영업소가 여러 개인 경우에 그 수표가 지급될 곳으로 된 영업소 외의 영업소에 대한 배서는 그러하지 아니하다.

[전문개정 2010.3.31]

제16조【배서의 방식】
① 배서는 수표 또는 이에 결합한 보충지[보전(補箋)]에 적고 배서인이 기명날인하거나 서명하여야 한다.
② 배서는 피배서인(被背書人)을 지명하지 아니하고 할 수 있으며 배서인의 기명날인 또는 서명만으로도 할 수 있다(백지식 배서). 배서인의 기명날인 또는 서명만으로 하는 백지식 배서는 수표의 뒷면이나 보충지에 하지 아니하면 효력이 없다.

[전문개정 2010.3.31]

제17조【배서의 권리 이전적 효력】
① 배서는 수표로부터 생기는 모든 권리를 이전(移轉)한다.
② 배서가 백지식인 경우에 소지인은 다음 각 호의 행위를 할 수 있다.
1. 자기의 명칭 또는 타인의 명칭으로 백지(白地)를 보충하는 행위
2. 백지식으로 또는 타인을 표시하여 다시 수표에 배서하는 행위
3. 백지를 보충하지 아니하고 또 배서도 하지 아니하고 수표를 교부만으로 제3자에게 양도하는 행위

[전문개정 2010.3.31]

제18조【배서의 담보적 효력】
① 배서인은 반대의 문구가 없으면 지급을 담보한다.
② 배서인은 자기의 배서 이후에 새로 하는 배서를 금지할 수 있다. 이 경우 그 배서인은 수표의 그 후의 피배서인에 대하여 담보의 책임을 지지 아니한다.

[전문개정 2010.3.31]

제19조【배서의 자격 수여적 효력】
배서로 양도할 수 있는 수표의 점유자가 배서의 연속에 의하여 그 권리를 증명할 때에는 그를 적법한 소지인으로 추정(推定)한다. 최후의 배서가 백지식인 경우에도 같다. 말소한 배서는 배서의 연속에 관하여는 배서를 하지 아니한 것으로 본다. 백지식 배서의 다음에 다른 배서가 있는 경우에는 그 배서를 한 자는 백지식 배서에 의하여 수표를 취득한 것으로 본다. [전문개정 2010.3.31]

제20조【무기명식 수표의 배서】
소지인출급의 수표에 배서한 자는 상환청구(償還請求)에 관한 규정에 따라 책임을 진다. 그러나 이로 인하여 그 수표가 지시식 수표로 변하지 아니한다. [전문개정 2010.3.31]

제21조【수표의 선의취득】
어떤 사유로든 수표의 점유를 잃은 자가 있는 경우에 그 수표의 소지인은 그 수표가 소지인출급식일 때 또는 배서로 양도할 수 있는 수표의 소지인이 제19조에 따라 그 권리를 증명할 때에는 그 수표를 반환할 의무가 없다. 그러나 소지인이 악의 또는 중대한 과실로 인하여 수표를 취득한 경우에는 그러하지 아니하다. [전문개정 2010.3.31]

제22조【인적(人的) 항변(抗辯)의 절단(切斷)】
수표에 의하여 청구를 받은 자는 발행인 또는 종전의 소지인에 대한 인적 관계로 인한 항변(抗辯)으로써 소지인에게 대항하지 못한다. 그러나 소지인이 그 채무자를 해할 것을 알고 수표를 취득한 경우에는 그러하지 아니하다.

[전문개정 2010.3.31]

제23조【추심위임배서(推尋委任背書)】
① 배서한 내용 중 다음 각 호의 어느 하나에 해당하는 문구가 있으면 소지인은 수표로부터 생기는 모든 권리를 행사할 수 있다. 그러나 소지인은 대리(代理)를 위한 배서만을 할 수 있다.
  1. 회수하기 위하여
  2. 추심(推尋)하기 위하여
  3. 대리를 위하여
  4. 그 밖에 단순히 대리권을 준다는 내용의 문구
② 제1항의 경우에는 채무자는 배서인에게 대항할 수 있는 항변으로써만 소지인에게 대항할 수 있다.
③ 대리를 위한 배서에 의하여 주어진 대리권은 그 대리권을 준 자가 사망하거나 무능력자가 되더라도 소멸하지 아니한다.

[전문개정 2010.3.31]

제24조【기한 후 배서(期限 後 背書)】
① 거절증서(拒絶證書)나 이와 같은 효력이 있는 선언이 작성된 후에 한 배서 또는 제시기간이 지난 후에 한 배서는 지명채권 양도의 효력만 있다.
② 날짜를 적지 아니한 배서는 거절증서나 이와 같은 효력이 있는 선언이 작성되기 전 또는 제시기간이 지나기 전에 한 것으로 추정한다.

[전문개정 2010.3.31]

제3장 보 증

제25조【보증의 가능】
① 수표는 보증에 의하여 그 금액의 전부 또는 일부의 지급을 담보할 수 있다.
② 지급인을 제외한 제3자는 제1항의 보증을 할 수 있다. 수표에 기명날인하거나 서명한 자도 같다.

[전문개정 2010.3.31]

제26조【보증의 방식】
① 보증의 표시는 수표 또는 보충지에 하여야 한다.
② 보증을 할 때에는 "보증" 또는 이와 같은 뜻이 있는 문구를 표시하고 보증인이 기명날인하거나 서명하여야 한다.
③ 수표의 앞면에 단순한 기명날인 또는 서명이 있는 경우에는 보증을 한 것으로 본다. 그러나 발행인의 기명날인 또는 서명의 경우에는 그러하지 아니하다.
④ 보증에는 누구를 위하여 한 것임을 표시하여야 한다. 그 표시가 없는 경우에는 발행인을 위하여 보증한 것으로 본다.

[전문개정 2010.3.31]

제27조【보증의 효력】
① 보증인은 보증된 자와 같은 책임을 진다.
② 보증은 담보된 채무가 그 방식에 흠이 있는 경우 외에는 어떠한 사유로 무효가 되더라도 그 효력을 가진다.
③ 보증인이 수표의 지급을 하면 보증된 자와 그 자의 수표상의 채무자에 대하여 수표로부터 생기는 권리를 취득한다.

[전문개정 2010.3.31]

제4장 제시와 지급

제28조【수표의 일람출급성(一覽出給性)】
① 수표는 일람출급(一覽出給)으로 한다. 이에 위반되는 모든 문구는 적지 아니한 것으로 본다.
② 기재된 발행일이 도래하기 전에 지급을 받기 위하여 제시된 수표는 그 제시된 날에 이를 지급하여야 한다.
[전문개정 2010.3.31]

제29조【지급제시기간】
① 국내에서 발행하고 지급할 수표는 10일 내에 지급을 받기 위한 제시를 하여야 한다.
② 지급지의 국가와 다른 국가에서 발행된 수표는 발행지와 지급지가 동일한 주(洲)에 있는 경우에는 20일 내에, 다른 주에 있는 경우에는 70일 내에 이를 제시하여야 한다.
③ 제2항에 관하여는 유럽주의 한 국가에서 발행하여 지중해 연안의 한 국가에서 지급할 수표 또는 지중해 연안의 한 국가에서 발행하여 유럽주의 한 국가에서 지급할 수표는 동일한 주에서 발행하고 지급할 수표로 본다.
④ 제1항부터 제3항까지의 기간은 수표에 적힌 발행일부터 기산(起算)한다.
[전문개정 2010.3.31]

제30조【표준이 되는 세력(歲曆)】
세력(歲曆)을 달리하는 두 지(地) 간에 발행한 수표는 발행일을 지급지의 세력의 대응일(對應日)로 환산한다. [전문개정 2010.3.31]

제31조【어음교환소에서의 제시】
① 어음교환소에서 한 수표의 제시는 지급을 받기 위한 제시로서의 효력이 있다.
② 소지인으로부터 수표의 추심을 위임받은 은행(이하 제35조 제2항 및 제39조 제2호에서 "제시은행"이라 한다)이 그 수표의 기재사항을 정보처리시스템에 의하여 전자적 정보의 형태로 작성한 후 그 정보를 어음교환소에 송신하여 그 어음교환소의 정보처리시스템에 입력되었을 때에는 제1항에 따른 지급을 받기 위한 제시가 이루어진 것으로 본다.
[전문개정 2010.3.31]

제32조【지급위탁의 취소】
① 수표의 지급위탁의 취소는 제시기간이 지난 후에만 그 효력이 생긴다.
② 지급위탁의 취소가 없으면 지급인은 제시기간이 지난 후에도 지급을 할 수 있다.
[전문개정 2010.3.31]

제33조【발행인의 사망 또는 능력 상실】
수표를 발행한 후 발행인이 사망하거나 무능력자가 된 경우에도 그 수표의 효력에 영향을 미치지 아니한다.
[전문개정 2010.3.31]

제34조【상환증권성 및 일부지급】
① 수표의 지급인은 지급을 할 때에 소지인에게 그 수표에 영수(領受)를 증명하는 뜻을 적어서 교부할 것을 청구할 수 있다.
② 소지인은 일부지급을 거절하지 못한다.
③ 일부지급의 경우 지급인은 소지인에게 그 지급 사실을 수표에 적고 영수증을 교부할 것을 청구할 수 있다.
[전문개정 2010.3.31]

제35조【지급인의 조사의무】
① 배서로 양도할 수 있는 수표의 지급인은 배서의 연속이 제대로 되어 있는지를 조사할 의무가 있으나 배서인의 기명날인 또는 서명을 조사할 의무는 없다.
② 제31조 제2항에 따른 지급제시의 경우 지급인은 제1항에 따른 배서의 연속이 제대로 되어 있는지에 대한 조사를 제시은행에 위임할 수 있다.
[전문개정 2010.3.31]

제36조 【지급할 화폐】
① 지급지의 통화(通貨)가 아닌 통화로 지급한다는 내용이 기재된 수표는 그 제시기간 내에는 지급하는 날의 가격에 따라 지급지의 통화로 지급할 수 있다. 제시를 하여도 지급을 하지 아니하는 경우에는 소지인은 그 선택에 따라 제시한 날이나 지급하는 날의 환시세(換時勢)에 따라 지급지의 통화로 수표금액을 지급할 것을 청구할 수 있다.
② 외국통화의 가격은 지급지의 관습에 따라 정한다. 그러나 발행인은 수표에서 정한 환산율에 따라 지급금액을 계산한다는 뜻을 수표에 적을 수 있다.
③ 제1항 및 제2항은 발행인이 특정한 종류의 통화로 지급한다는 뜻(외국통화 현실지급 문구)을 적은 경우에는 적용하지 아니한다.
④ 발행국과 지급국에서 명칭은 같으나 가치가 다른 통화로써 수표의 금액을 정한 경우에는 지급지의 통화로 정한 것으로 추정한다.

[전문개정 2010.3.31]

제5장 횡선수표

제37조 【횡선(橫線)의 종류 및 방식】
① 수표의 발행인이나 소지인은 그 수표에 횡선(橫線)을 그을 수 있다. 이 횡선은 제38조에서 규정한 효력이 있다.
② 횡선은 수표의 앞면에 두 줄의 평행선으로 그어야 한다. 횡선은 일반횡선 또는 특정횡선으로 할 수 있다.
③ 두 줄의 횡선 내에 아무런 지정을 하지 아니하거나 "은행" 또는 이와 같은 뜻이 있는 문구를 적었을 때에는 일반횡선으로 하고, 두 줄의 횡선 내에 은행의 명칭을 적었을 때에는 특정횡선으로 한다.
④ 일반횡선은 특정횡선으로 변경할 수 있으나, 특정횡선은 일반횡선으로 변경하지 못한다.
⑤ 횡선 또는 지정된 은행의 명칭의 말소는 하지 아니한 것으로 본다.

[전문개정 2010.3.31]

제38조 【횡선의 효력】
① 일반횡선수표의 지급인은 은행 또는 지급인의 거래처에만 지급할 수 있다.
② 특정횡선수표의 지급인은 지정된 은행에만 또는 지정된 은행이 지급인인 경우에는 자기의 거래처에만 지급할 수 있다. 그러나 지정된 은행은 다른 은행으로 하여금 추심하게 할 수 있다.
③ 은행은 자기의 거래처 또는 다른 은행에서만 횡선수표를 취득할 수 있다. 은행은 이 외의 자를 위하여 횡선수표의 추심을 하지 못한다.
④ 여러 개의 특정횡선이 있는 수표의 지급인은 이를 지급하지 못한다. 그러나 2개의 횡선이 있는 경우에 그 하나가 어음교환소에 제시하여 추심하게 하기 위한 것일 때에는 그러하지 아니하다.
⑤ 제1항부터 제4항까지의 규정을 준수하지 아니한 지급인이나 은행은 이로 인하여 생긴 손해에 대하여 수표금액의 한도 내에서 배상할 책임을 진다.

[전문개정 2010.3.31]

제6장 지급거절로 인한 상환청구

〈개정 2010.3.31〉

제39조 【상환청구의 요건】
적법한 기간 내에 수표를 제시하였으나 지급받지 못한 경우에 소지인이 다음 각 호의 어느 하나의 방법으로 지급거절을 증명하였을 때에는 소지인은 배서인, 발행인, 그 밖의 채무자에 대하여 상환청구권(償還請求權)을 행사할 수 있다.

1. 공정증서(거절증서)
2. 수표에 제시된 날을 적고 날짜를 부기한 지급인(제31조 제2항의 경우에는 지급인의 위임을 받은 제시은행)의 선언
3. 적법한 시기에 수표를 제시하였으나 지급받지 못하였음을 증명하고 날짜를 부기한 어음교환소의 선언 [전문개정 2010.3.31]

제40조【거절증서 등의 작성기간】

① 거절증서 또는 이와 같은 효력이 있는 선언은 제시기간이 지나기 전에 작성시켜야 한다.

② 제시기간 말일에 제시한 경우에는 거절증서 또는 이와 같은 효력이 있는 선언은 그 날 이후의 제1거래일에 작성시킬 수 있다.

[전문개정 2010.3.31]

제41조【지급거절의 통지】

① 소지인은 다음 각 호의 어느 하나에 해당하는 날 이후의 4거래일 내에 자기의 배서인과 발행인에게 지급거절이 있었음을 통지하여야 하고, 각 배서인은 그 통지를 받은 날 이후의 2거래일 내에 전(前) 통지자 전원의 명칭과 처소(處所)를 표시하고 자기가 받은 통지를 자기의 배서인에게 통지하여 차례로 발행인에게 미치게 하여야 한다. 이 기간은 각 통지를 받은 때부터 진행한다.

1. 거절증서 작성일
2. 거절증서와 같은 효력이 있는 선언의 작성일
3. 무비용상환(無費用償還)의 문구가 적혀 있는 경우에는 수표 제시일

② 제1항에 따라 수표에 기명날인하거나 서명한 자에게 통지할 때에는 같은 기간 내에 그 보증인에 대하여도 같은 통지를 하여야 한다.

③ 배서인이 그 처소를 적지 아니하거나 그 기재가 분명하지 아니한 경우에는 그 배서인의 직전(直前)의 자에게 통지하면 된다.

④ 통지를 하여야 하는 자는 어떠한 방법으로도 할 수 있다. 단순히 수표를 반환하는 것으로도 통지할 수 있다.

⑤ 통지를 하여야 하는 자는 적법한 기간 내에 통지를 하였음을 증명하여야 한다. 이 기간 내에 통지서를 우편으로 부친 경우에는 그 기간을 준수한 것으로 본다.

⑥ 제5항의 기간 내에 통지를 하지 아니한 자도 상환청구권을 잃지 아니한다. 그러나 과실로 인하여 손해가 생긴 경우에는 수표금액의 한도 내에서 배상할 책임을 진다.

[전문개정 2010.3.31]

제42조【거절증서 등의 작성 면제】

① 발행인, 배서인 또는 보증인은 다음 각 호의 어느 하나에 해당하는 문구를 수표에 적고 기명날인하거나 서명함으로써 소지인의 상환청구권 행사를 위한 거절증서 또는 이와 같은 효력이 있는 선언의 작성을 면제할 수 있다.

1. 무비용상환
2. 거절증서 불필요
3. 제1호 및 제2호와 같은 뜻을 가진 문구

② 제1항 각 호의 문구가 있더라도 소지인의 법정기간 내 수표의 제시 및 통지 의무가 면제되는 것은 아니다. 법정기간을 준수하지 아니하였음은 소지인에 대하여 이를 원용(援用)하는 자가 증명하여야 한다.

③ 발행인이 제1항 각 호의 문구를 적은 경우에는 모든 채무자에 대하여 효력이 생기고, 배서인 또는 보증인이 이 문구를 적은 경우에는 그 배서인 또는 보증인에 대하여만 효력이 생긴다. 발행인이 이 문구을 적었음에도 불구하고 소지인이 거절증서 또는 이와 같은 효력이 있는 선언을 작성시켰으면 그 비용은 소지인이 부담하고, 배서인 또는 보증인이 이 문구를 적은 경우에 거절증서 또는 이와 같은 효력이 있는 선언을 작성시켰으면 모든 채무자에게 그 비용을 상환하게 할 수 있다.

[전문개정 2010.3.31]

제43조【수표상의 채무자의 합동(合同)책임】

① 수표상의 각 채무자는 소지인에 대하여 합동으로 책임을 진다.

② 소지인은 제1항의 채무자에 대하여 그 채무부담의 순서에도 불구하고 그중 1명, 여러 명 또는 전원에 대하여 청구할 수 있다.

③ 수표의 채무자가 수표를 환수한 경우에도 제2항의 소지인과 같은 권리가 있다.

④ 수표의 채무자 중 1명에 대한 청구는 다른 채무자에 대한 청구에 영향을 미치지 아니한다. 이미 청구를 받은 자의 후자(後者)에 대하여도 같다.

[전문개정 2010.3.31]

제44조【상환청구금액】

소지인은 상환청구권에 의하여 다음 각 호의 금액의 지급을 청구할 수 있다.

1. 지급되지 아니한 수표의 금액
2. 연 6퍼센트의 이율로 계산한 제시일 이후의 이자
3. 거절증서 또는 이와 같은 효력이 있는 선언의 작성비용, 통지비용 및 그 밖의 비용

[전문개정 2010.3.31]

제45조【재(再)상환청구금액】

수표를 환수한 자는 그 전자(前者)에 대하여 다음 각 호의 금액의 지급을 청구할 수 있다.

1. 지급한 총금액
2. 제1호의 금액에 대하여 연 6퍼센트의 이율로 계산한 지급한 날 이후의 이자
3. 지출한 비용

[전문개정 2010.3.31]

제46조【상환의무자의 권리】

① 상환청구(償還請求)를 받은 채무자나 받을 채무자는 지급과 상환(相換)으로 거절증서 또는 이와 같은 효력이 있는 선언, 영수를 증명하는 계산서와 그 수표의 교부를 청구할 수 있다.

② 수표를 환수한 배서인은 자기의 배서와 후자의 배서를 말소할 수 있다.

[전문개정 2010.3.31]

제47조【불가항력과 기간의 연장】

① 피할 수 없는 장애[국가법령에 따른 금제(禁制)나 그 밖의 불가항력을 말한다. 이하 "불가항력"이라 한다]로 인하여 법정기간 내에 수표를 제시하거나 거절증서 또는 이와 같은 효력이 있는 선언을 작성하기 어려운 경우에는 그 기간을 연장한다.

② 소지인은 불가항력이 발생하면 자기의 배서인에게 지체 없이 그 사실을 통지하고 수표 또는 보충지에 통지를 하였다는 내용을 적고 날짜를 부기한 후 기명날인하거나 서명하여야 한다. 그 밖의 사항에 관하여는 제41조를 준용한다.

③ 불가항력이 사라지면 소지인은 지체 없이 지급을 받기 위하여 수표를 제시하고 필요한 경우에는 거절증서 또는 이와 같은 효력이 있는 선언을 작성시켜야 한다.

④ 불가항력이 제2항의 통지를 한 날부터 15일이 지나도 계속되는 경우에는 제시기간이 지나기 전에 그 통지를 한 경우에도 수표의 제시 또는 거절증서나 이와 같은 효력이 있는 선언을 작성하지 아니하고 상환청구권을 행사할 수 있다.

⑤ 소지인이나 소지인으로부터 수표의 제시 또는 거절증서나 이와 같은 효력이 있는 선언의 작성을 위임받은 자의 단순한 인적 사유는 불가항력으로 보지 아니한다.

[전문개정 2010.3.31]

제7장 복 본

제48조【복본(複本) 발행의 조건 및 방식】
다음 각 호의 수표는 소지인출급수표 외에는 같은 내용으로 여러 통을 복본(複本)으로 발행할 수 있다. 수표를 복본으로 발행할 때에는 그 증권의 본문 중에 번호를 붙여야 하며, 번호를 붙이지 아니한 경우에는 그 여러 통의 복본은 별개의 수표로 본다.

1. 한 국가에서 발행하고 다른 국가나 발행국의 해외영토에서 지급할 수표
2. 한 국가의 해외영토에서 발행하고 그 본국에서 지급할 수표
3. 한 국가의 해외영토에서 발행하고 같은 해외영토에서 지급할 수표
4. 한 국가의 해외영토에서 발행하고 그 국가의 다른 해외영토에서 지급할 수표

[전문개정 2010.3.31]

제49조【복본의 효력】
① 복본의 한 통에 대하여 지급한 경우 그 지급이 다른 복본을 무효로 한다는 뜻이 복본에 적혀 있지 아니하여도 의무를 면하게 한다.
② 여럿에게 각각 복본을 양도한 배서인과 그 후의 배서인은 그가 기명날인하거나 서명한 각 통의 복본으로서 반환을 받지 아니한 것에 대하여 책임을 진다.

[전문개정 2010.3.31]

제8장 변 조

제50조【변조(變造)와 수표행위자의 책임】
수표의 문구가 변조된 경우에는 그 변조 후에 기명날인하거나 서명한 자는 변조된 문구에 따라 책임을 지고, 변조 전에 기명날인하거나 서명한 자는 원래 문구에 따라 책임을 진다.

[전문개정 2010.3.31]

제9장 시 효

제51조【시효기간(時效期間)】
① 소지인의 배서인, 발행인, 그 밖의 채무자에 대한 상환청구권은 제시기간이 지난 후 6개월간 행사하지 아니하면 소멸시효가 완성된다.
② 수표의 채무자의 다른 채무자에 대한 상환청구권은 그 채무자가 수표를 환수한 날 또는 그 자가 제소된 날부터 6개월간 행사하지 아니하면 소멸시효가 완성된다.

[전문개정 2010.3.31]

제52조【시효의 중단】
시효의 중단은 그 중단사유가 생긴 자에 대하여만 효력이 생긴다.

[전문개정 2010.3.31]

제10장 지급보증

제53조【지급보증의 가능방식】
① 지급인은 수표에 지급보증을 할 수 있다.
② 지급보증은 수표의 앞면에 "지급보증" 또는 그 밖에 지급을 하겠다는 뜻을 적고 날짜를 부기하여 지급인이 기명날인하거나 서명하여야 한다.

[전문개정 2010.3.31]

제54조【지급보증의 요건】
① 지급보증은 조건 없이 하여야 한다.
② 지급보증에 의하여 수표의 기재사항을 변경한 부분은 이를 변경하지 아니한 것으로 본다.

[전문개정 2010.3.31]

제55조【지급보증의 효력】
① 지급보증을 한 지급인은 제시기간이 지나기 전에 수표가 제시된 경우에만 지급할 의무를 부담한다.

② 제1항의 경우에 지급거절이 있을 때에는 수표의 소지인은 제39조에 따라 수표를 제시하였음을 증명하여야 한다.
③ 제2항의 경우에는 제44조와 제45조를 준용한다.

[전문개정 2010.3.31]

제56조【지급보증과 수표상의 채무자의 책임】
발행인이나 그 밖의 수표상의 채무자는 지급보증으로 인하여 그 책임을 면하지 못한다.

[전문개정 2010.3.31]

제57조【불가항력과 기간의 연장】
지급보증을 한 지급인에 대한 권리의 행사에 관하여는 제47조를 준용한다.

[전문개정 2010.3.31]

제58조【지급보증인의 의무의 시효】
지급보증을 한 지급인에 대한 수표상의 청구권은 제시기간이 지난 후 1년간 행사하지 아니하면 소멸시효가 완성된다. [전문개정 2010.3.31]

제11장 통 칙

제59조【은행(銀行)의 의의】
이 법에서 "은행"이라는 글자는 법령에 따라 은행과 같은 것으로 보는 사람 또는 시설을 포함한다. [전문개정 2010.3.31]

제60조【수표에 관한 행위와 휴일】
① 수표의 제시와 거절증서의 작성은 거래일에만 할 수 있다.
② 수표에 관한 행위를 하기 위하여 특히 수표의 제시 또는 거절증서나 이와 같은 효력이 있는 선언의 작성을 위하여 법령에 규정된 기간의 말일이 법정휴일일 때에는 그 말일 이후의 제1거래일까지 기간을 연장한다. 기간 중의 휴일은 그 기간에 산입한다.

[전문개정 2010.3.31]

제61조【기간과 초일 불산입】
이 법에서 규정하는 기간에는 그 첫날을 산입하지 아니한다. [전문개정 2010.3.31]

제62조【은혜일(恩惠日)의 불허(不許)】
은혜일(恩惠日)은 법률상으로든 재판상으로든 인정하지 아니한다. [전문개정 2010.3.31]

부 칙 〈제1002호, 1962.1.20〉

제63조【이득상환청구권(利得償還請求權)】
수표에서 생긴 권리가 절차의 흠결로 인하여 소멸한 때나 그 소멸시효가 완성한 때라도 소지인은 발행인, 배서인 또는 지급보증을 한 지급인에 대하여 그가 받은 이익의 한도내에서 상환을 청구할 수 있다.

제64조【소송고지로 인한 시효중단】
① 배서인의 다른 배서인과 발행인에 대한 수표상의 청구권의 소멸시효는 그 자가 제소된 경우에는 전자에 대한 소송고지를 함으로 인하여 중단한다.
② 전항의 규정에 의하여 중단된 시효는 재판이 확정된 때로부터 다시 진행을 개시한다.

제65조【계산수표(計算手票)】
발행인 또는 소지인이 증권의 표면에 「계산을 위한」의 문자 또는 이와 동일한 의의가 있는 문언을 기재하고 현금의 지급을 금지한 수표로서 외국에서 발행하여 대한민국에서 지급할 것은 일반횡선수표의 효력이 있다.

제66조【휴일의 의의】
본법에서 휴일이라 함은 국경일, 공휴일, 일요일 기타의 일반휴일을 이른다.

제67조【위법한 발행에 대한 벌칙】
수표의 발행인이 제3조의 규정에 위반한 때에는 50만원 이하의 과태료에 처한다.

제68조【본법 시행전에 발행한 수표】
본법 시행전에 발행한 소절수(小切手)에 관하여는 종전의 규정에 의한다.

제69조【어음교환소의 지정】
제31조의 어음교환소는 법무부장관이 지정한다.

제70조【거절증서에 관한 사항】
거절증서의 작성에 관한 사항은 대통령령으로 정한다. 〈개정 1995.12.6〉

제71조【시행기일, 구법의 폐지】
① 본법은 1963년 1월 1일부터 시행한다.
② 조선민사령 제1조에 의하여 의용된 소절수법은 본법 시행시까지 효력이 있다.

부 칙 〈제5010호, 1995.12.6〉
이 법은 공포한 날부터 시행한다.

부 칙 〈제8440호, 2007.5.17〉
이 법은 공포 후 6개월이 경과한 날부터 시행한다.

부 칙 〈제10197호, 2010.3.31〉
이 법은 공포한 날부터 시행한다.

MEMO

The Criminal Procedure Code

형사소송법

[시행 2027. 12. 31.]

[법률 제21241호, 2025. 12. 30., 일부개정]

The Criminal Procedure Code

형사소송법

[시행 2027. 12. 31.]

[법률 제21241호, 2025. 12. 31., 일부개정]

형사소송법

[제정 1954. 9. 23 법률 제341호]
일부개정 1961. 9. 1 법률 제705호
일부개정 1963.12.13 법률 제1500호
일부개정 1973. 1.25 법률 제2450호
… 중 략 …
일부개정 2014.10.15 법률 제12784호
일부개정 2014.12.30 법률 제12899호
일부개정 2015. 7.31 법률 제13454호
일부개정 2016. 1. 6 법률 제13720호
타법개정 2016. 1. 6 법률 제13722호(군사법원법)
일부개정 2016. 5.29 법률 제14179호
일부개정 2017.12.12 법률 제15164호
일부개정 2017.12.19 법률 제15257호
일부개정 2019.12.31 법률 제16850호
일부개정 2020. 2. 4 법률 제16924호
일부개정 2020.12. 8 법률 제17572호
일부개정 2021. 8.17 법률 제18398호
일부개정 2021.12.21 법률 제18598호
일부개정 2022. 2. 3 법률 제18799호
일부개정 2022. 5. 9 법률 제18862호
일부개정 2024. 2.13 법률 제20265호
일부개정 2024.10.16 법률 제20460호
일부개정 2025. 3.18 법률 제20796호
일부개정 2025.12.23 법률 제21232호
일부개정 2025.12.30 법률 제21241호

제1편 총 칙

제1장 법원의 관할 ……제1조~제16조의2
제2장 법원직원의 제척, 기피, 회피 ……제17조~제25조
제3장 소송행위의 대리와 보조 ……제26조~제29조
제4장 변 호 ……제30조~제36조
제5장 재 판 ……제37조~제46조
제6장 서 류 ……제47조~제59조의3
제7장 송 달 ……제60조~제65조
제8장 기 간 ……제66조~제67조
제9장 피고인의 소환, 구속 ……제68조~제105조
제10장 압수와 수색 ……제106조~제138조
제11장 검 증 ……제139조~제145조
제12장 증인신문 ……제146조~제168조
제13장 감 정 ……제169조~제179조의2
제14장 통역과 번역 ……제180조~제183조
제15장 증거보전 ……제184조~제185조
제16장 소송비용 ……제186조~제194조의5

제2편 제1심

제1장 수 사 ……제195조~제245조의10
제2장 공 소 ……제246조~제265조
제3장 공 판
제1절 공판준비와 공판절차 ……제266조~제306조
제2절 증 거 ……제307조~제318조의3
제3절 공판의 재판 ……제318조의4~제337조

제3편 상 소

제1장 통 칙 ……제338조~제356조
제2장 항 소 ……제357조~제370조
제3장 상 고 ……제371조~제401조
제4장 항 고 ……제402조~제419조

제4편 특별소송절차
제1장 재 심 ················제420조~제440조
제2장 비상상고 ············제441조~제447조
제3장 약식절차 ············제448조~제458조
제5편 재판의 집행
······················제459조~제493조

제1편 총 칙

제1장 법원의 관할

제1조 【관할(管轄)의 직권조사】
법원은 직권으로 관할을 조사하여야 한다.

제2조 【관할위반과 소송행위의 효력】
소송행위는 관할위반인 경우에도 그 효력에 영향이 없다.

제3조 【관할구역 외에서의 집무】
① 법원은 사실발견을 위하여 필요하거나 긴급을 요하는 때에는 관할구역 외에서 직무를 행하거나 사실조사에 필요한 처분을 할 수 있다.
② 전항의 규정은 수명법관(受命法官)에게 준용한다.

제4조 【토지관할】
① 토지관할은 범죄지, 피고인의 주소, 거소 또는 현재지(現在地)로 한다.
② 국외에 있는 대한민국선박내에서 범한 죄에 관하여는 전항에 규정한 곳외에 선적지(船籍地) 또는 범죄후의 선착지(船着地)로 한다.
③ 전항의 규정은 국외에 있는 대한민국항공기내에서 범한 죄에 관하여 준용한다.

제5조 【토지관할의 병합】
토지관할을 달리하는 수개의 사건이 관련된 때에는 1개의 사건에 관하여 관할권있는 법원은 다른 사건까지 관할할 수 있다.

제6조 【토지관할의 병합심리】
토지관할이 다른 여러 개의 관련사건이 각각 다른 법원에 계속(係屬)된 때에는 공통되는 바로 위의 상급법원은 검사나 피고인의 신청에 의하여 결정(決定)으로 한 개 법원으로 하여금 병합심리하게 할 수 있다. [전문개정 2020.12.8]

제7조 【토지관할의 심리분리】
토지관할을 달리하는 수개의 관련사건이 동일법원에 계속된 경우에 병합심리의 필요가 없는 때에는 법원은 결정으로 이를 분리하여 관할권 있는 다른 법원에 이송할 수 있다.

제8조 【사건의 직권이송】
① 법원은 피고인이 그 관할구역내에 현재하지 아니하는 경우에 특별한 사정이 있으면 결정으로 사건을 피고인의 현재지를 관할하는 동급 법원에 이송할 수 있다.
② 단독판사의 관할사건이 공소장변경에 의하여 합의부 관할사건으로 변경된 경우에 법원은 결정으로 관할권이 있는 법원에 이송한다.
〈신설 1995.12.29〉

제9조 【사물관할의 병합】
사물관할을 달리하는 수개의 사건이 관련된 때에는 법원합의부는 병합관할한다. 단, 결정으로 관할권있는 법원단독판사에게 이송할 수 있다.

제10조 【사물관할의 병합심리】
사물관할을 달리하는 수개의 관련사건이 각각 법원합의부와 단독판사에 계속된 때에는 합의부는 결정으로 단독판사에 속한 사건을 병합하여 심리할 수 있다.

제11조【관련사건의 정의】
관련사건은 다음과 같다.
1. 1인이 범한 수죄
2. 수인이 공동으로 범한 죄
3. 수인이 동시에 동일장소에서 범한 죄
4. 범인은닉죄, 증거인멸죄, 위증죄, 허위감정통역죄 또는 장물에 관한 죄와 그 본범의 죄

제12조【동일사건과 수개의 소송계속】
동일사건이 사물관할을 달리하는 수개의 법원에 계속된 때에는 법원합의부가 심판한다.

제13조【관할의 경합】
같은 사건이 사물관할이 같은 여러 개의 법원에 계속된 때에는 먼저 공소를 받은 법원이 심판한다. 다만, 각 법원에 공통되는 바로 위의 상급법원은 검사나 피고인의 신청에 의하여 결정으로 뒤에 공소를 받은 법원으로 하여금 심판하게 할 수 있다. [전문개정 2020.12.8.]

제14조【관할지정의 청구】
검사는 다음 각 호의 경우 관계있는 제1심법원에 공통되는 바로 위의 상급법원에 관할지정을 신청하여야 한다.
1. 법원의 관할이 명확하지 아니한 때
2. 관할위반을 선고한 재판이 확정된 사건에 관하여 다른 관할법원이 없는 때

[전문개정 2020.12.8.]

제15조【관할이전의 신청】
검사는 다음 경우에는 직근 상급법원에 관할이전을 신청하여야 한다. 피고인도 이 신청을 할 수 있다.
1. 관할법원이 법률상의 이유 또는 특별한 사정으로 재판권을 행할 수 없는 때
2. 범죄의 성질, 지방의 민심, 소송의 상황 기타 사정으로 재판의 공평을 유지하기 어려운 염려가 있는 때

제16조【관할의 지정 또는 이전 신청의 방식】
① 관할의 지정 또는 이전을 신청하려면 그 사유를 기재한 신청서를 바로 위의 상급법원에 제출하여야 한다.
② 공소를 제기한 후 관할의 지정 또는 이전을 신청할 때에는 즉시 공소를 접수한 법원에 통지하여야 한다.

[전문개정 2020.12.8]

제16조의2【사건의 군사법원 이송】
법원은 공소가 제기된 사건에 대하여 군사법원이 재판권을 가지게 되었거나 재판권을 가졌음이 판명된 때에는 결정으로 사건을 재판권이 있는 같은 심급(審級)의 군사법원으로 이송한다. 이 경우에 이송전에 행한 소송행위는 이송 후에도 그 효력에 영향이 없다. 〈개정 1987.11.28〉

[본조신설 1973.1.25.]

제2장 법원직원의 제척, 기피, 회피

제17조【제척(除斥)의 원인】
법관은 다음 경우에는 직무집행에서 제척된다.
〈개정 2005.3.31., 2020.12.8.〉
1. 법관이 피해자인 때
2. 법관이 피고인 또는 피해자의 친족 또는 친족관계가 있었던 자인 때
3. 법관이 피고인 또는 피해자의 법정대리인, 후견감독인인 때
4. 법관이 사건에 관하여 증인, 감정인, 피해자의 대리인으로 된 때
5. 법관이 사건에 관하여 피고인의 대리인, 변호인, 보조인으로 된 때
6. 법관이 사건에 관하여 검사 또는 사법경찰관의 직무를 행한 때
7. 법관이 사건에 관하여 전심재판(前審裁判) 또는 그 기초되는 조사, 심리에 관여한 때

2020.12.8 신설

8. 법관이 사건에 관하여 피고인의 변호인이거나 피고인·피해자의 대리인인 법무법인, 법무법인(유한), 법무조합, 법률사무소, 「외국법자문사법」 제2조 제9호에 따른 합작법무법인에서 퇴직한 날부터 2년이 지나지 아니한 때
9. 법관이 피고인인 법인·기관·단체에서 임원 또는 직원으로 퇴직한 날부터 2년이 지나지 아니한 때 〈제8호 및 제9호 신설 2020.12.8〉

제18조 【기피(忌避)의 원인과 신청권자】

① 검사 또는 피고인은 다음 경우에 법관의 기피를 신청할 수 있다.

1. 법관이 전조 각호의 사유에 해당되는 때
2. 법관이 불공평한 재판을 할 염려가 있는 때

② 변호인은 피고인의 명시한 의사에 반하지 아니하는 때에 한하여 법관에 대한 기피를 신청할 수 있다.

제19조 【기피신청의 관할】

① 합의법원의 법관에 대한 기피는 그 법관의 소속법원에 신청하고 수명법관, 수탁판사(受託判事) 또는 단독판사에 대한 기피는 당해법관에게 신청하여야 한다.

② 기피사유는 신청한 날로부터 3일 이내에 서면으로 소명하여야 한다.

제20조 【기피신청기각과 처리】

① 기피신청이 소송의 지연을 목적으로 함이 명백하거나 제19조의 규정에 위배된 때에는 신청을 받은 법원 또는 법관은 결정으로 이를 기각한다. 〈개정 1995.12.29〉

② 기피당한 법관은 전항의 경우를 제한 외에는 지체 없이 기피신청에 대한 의견서를 제출하여야 한다.

③ 전항의 경우에 기피당한 법관이 기피의 신청을 이유 있다고 인정하는 때에는 그 결정이 있은 것으로 간주한다.

제21조 【기피신청에 대한 재판】

① 기피신청에 대한 재판은 기피당한 법관의 소속법원합의부에서 결정으로 하여야 한다.

② 기피당한 법관은 전항의 결정에 관여하지 못한다.

③ 기피당한 판사의 소속법원이 합의부를 구성하지 못하는 때에는 직근 상급법원이 결정하여야 한다.

제22조 【기피신청과 소송의 정지】

기피신청이 있는 때에는 제20조 제1항의 경우를 제한 외에는 소송진행을 정지하여야 한다. 단, 급속을 요하는 경우에는 예외로 한다.

제23조 【기피신청기각과 즉시항고(卽時抗告)】

① 기피신청을 기각한 결정에 대하여는 즉시항고를 할 수 있다.

② 제20조 제1항의 기각결정에 대한 즉시항고는 재판의 집행을 정지하는 효력이 없다. 〈신설 1995.12.29〉

제24조 【회피(回避)의 원인 등】

① 법관이 제18조의 규정에 해당하는 사유가 있다고 사료한 때에는 회피하여야 한다.

② 회피는 소속법원에 서면으로 신청하여야 한다.

③ 제21조의 규정은 회피에 준용한다.

제25조 【법원사무관 등에 대한 제척·기피·회피】 〈제목개정 2007.6.1.〉

① 본장의 규정은 제17조 제7호의 규정을 제한 외에는 법원서기관·법원사무관·법원주사 또는 법원주사보(이하 "법원사무관 등"이라 한다)와 통역인에 준용한다. 〈개정 2007.6.1〉

② 전항의 법원사무관 등과 통역인에 대한 기피재판은 그 소속법원이 결정으로 하여야 한다. 단, 제20조 제1항의 결정은 기피당한 자의 소속법관이 한다. 〈개정 2007.6.1〉

제3장 소송행위의 대리와 보조

제26조【의사무능력자와 소송행위의 대리】 「형법」 제9조 내지 제11조의 규정의 적용을 받지 아니하는 범죄사건에 관하여 피고인 또는 피의자가 의사능력이 없는 때에는 그 법정대리인이 소송행위를 대리한다. 〈개정 2007.6.1〉

제27조【법인과 소송행위의 대표】
① 피고인 또는 피의자가 법인인 때에는 그 대표자가 소송행위를 대표한다.
② 수인이 공동하여 법인을 대표하는 경우에도 소송행위에 관하여는 각자가 대표한다.

제28조【소송행위의 특별대리인】
① 전2조의 규정에 의하여 피고인을 대리 또는 대표할 자가 없는 때에는 법원은 직권 또는 검사의 청구에 의하여 특별대리인을 선임하여야 하며 피의자를 대리 또는 대표할 자가 없는 때에는 법원은 검사 또는 이해관계인의 청구에 의하여 특별대리인을 선임하여야 한다.
② 특별대리인은 피고인 또는 피의자를 대리 또는 대표하여 소송행위를 할 자가 있을 때까지 그 임무를 행한다.

제29조【보조인(輔助人)】
① 피고인 또는 피의자의 법정대리인, 배우자, 직계친족과 형제자매는 보조인이 될 수 있다. 〈개정 2005.3.31〉
② 보조인이 될 수 있는 자가 없거나 장애 등의 사유로 보조인으로서 역할을 할 수 없는 경우에는 피고인 또는 피의자와 신뢰관계 있는 자가 보조인이 될 수 있다. 〈신설 2015.7.31〉
③ 보조인이 되고자 하는 자는 심급별로 그 취지를 신고하여야 한다. 〈개정 2007.6.1〉
④ 보조인은 독립하여 피고인 또는 피의자의 명시한 의사에 반하지 아니하는 소송행위를 할 수 있다. 단, 법률에 다른 규정이 있는 때에는 예외로 한다.

제4장 변 호

제30조【변호인선임권자】
① 피고인 또는 피의자는 변호인을 선임할 수 있다.
② 피고인 또는 피의자의 법정대리인, 배우자, 직계친족과 형제자매는 독립하여 변호인을 선임할 수 있다. 〈개정 2005.3.31〉

제31조【변호인의 자격과 특별변호인】 변호인은 변호사중에서 선임하여야 한다. 단, 대법원 이외의 법원은 특별한 사정이 있으면 변호사 아닌 자를 변호인으로 선임함을 허가할 수 있다.

제32조【변호인선임의 효력】
① 변호인의 선임은 심급마다 변호인과 연명날인(連名捺印)한 서면으로 제출하여야 한다.
② 공소제기전의 변호인 선임은 제1심에도 그 효력이 있다.

제32조의2【대표변호인】
① 수인의 변호인이 있는 때에는 재판장은 피고인·피의자 또는 변호인의 신청에 의하여 대표변호인을 지정할 수 있고 그 지정을 철회 또는 변경할 수 있다.
② 제1항의 신청이 없는 때에는 재판장은 직권으로 대표변호인을 지정할 수 있고 그 지정을 철회 또는 변경할 수 있다.
③ 대표변호인은 3인을 초과할 수 없다.
④ 대표변호인에 대한 통지 또는 서류의 송달은 변호인 전원에 대하여 효력이 있다.
⑤ 제1항 내지 제4항의 규정은 피의자에게 수인의 변호인이 있는 때에 검사가 대표변호인을 지정하는 경우에 이를 준용한다.

[본조신설 1995.12.29]

제33조【국선변호인】
① 다음 각 호의 어느 하나에 해당하는 경우에 변호인이 없는 때에는 법원은 직권으로 변호인을 선정하여야 한다. 〈개정 2020.12.8.〉

1. 피고인이 구속된 때
2. 피고인이 미성년자인 때
3. 피고인이 70세 이상인 때
4. 피고인이 듣거나 말하는 데 모두 장애가 있는 사람인 때
5. 피고인이 심신장애가 있는 것으로 의심되는 때 〈제4호 및 제5호 개정 2020.12.8.〉
6. 피고인이 사형, 무기 또는 단기 3년 이상의 징역이나 금고에 해당하는 사건으로 기소된 때

② 법원은 피고인이 빈곤이나 그 밖의 사유로 변호인을 선임할 수 없는 경우에 피고인이 청구하면 변호인을 선정하여야 한다. 〈개정 2020.12.8.〉

③ 법원은 피고인의 나이·지능 및 교육 정도 등을 참작하여 권리보호를 위하여 필요하다고 인정하면 피고인의 명시적 의사에 반하지 아니하는 범위에서 변호인을 선정하여야 한다. 〈개정 2020.12.8.〉

[전문개정 2006.7.19]

제34조【피고인 · 피의자와의 접견, 교통, 진료】
변호인이나 변호인이 되려는 자는 신체가 구속된 피고인 또는 피의자와 접견하고 서류나 물건을 수수(授受)할 수 있으며 의사로 하여금 피고인이나 피의자를 진료하게 할 수 있다.

[전문개정 2020.12.8.]

제35조【서류·증거물의 열람(閱覽)·복사(複寫)】
〈제목개정 2016.5.29. ▶▶개정전 : 등사〉

① 피고인과 변호인은 소송계속 중의 관계 서류 또는 증거물을 열람하거나 복사(▶▶개정전 : 등사)할 수 있다. 〈개정 2016.5.29.〉

② 피고인의 법정대리인, 제28조에 따른 특별대리인, 제29조에 따른 보조인 또는 피고인의 배우자·직계친족·형제자매로서 피고인의 위임장 및 신분관계를 증명하는 문서를 제출한 자도 제1항과 같다.

③ 재판장은 피해자, 증인 등 사건관계인의 생명 또는 신체의 안전을 현저히 해칠 우려가 있는 경우에는 제1항 및 제2항에 따른 열람·복사에 앞서 사건관계인의 성명 등 개인정보가 공개되지 아니하도록 보호조치를 할 수 있다. 〈신설 2016.5.29.〉

④ 제3항에 따른 개인정보 보호조치의 방법과 절차, 그 밖에 필요한 사항은 대법원규칙으로 정한다. 〈신설 2016.5.29.〉

[전문개정 2007.6.1.]

제36조【변호인의 독립소송행위권】
변호인은 독립하여 소송행위를 할 수 있다. 단, 법률에 다른 규정이 있는 때에는 예외로 한다.

제5장 재 판

제37조【판결(判決), 결정(決定), 명령(命令)】

① 판결은 법률에 다른 규정이 없으면 구두변론(口頭辯論)을 거쳐서 하여야 한다.

② 결정이나 명령은 구두변론을 거치지 아니할 수 있다.

③ 결정이나 명령을 할 때 필요하면 사실을 조사할 수 있다.

④ 제3항의 조사는 부원(部員)에게 명할 수 있고 다른 지방법원의 판사에게 촉탁(囑託)할 수 있다.

[전문개정 2020.12.8.]

제38조【재판서의 방식】
재판은 법관이 작성한 재판서에 의하여야 한다. 단, 결정 또는 명령을 고지하는 경우에는 재판서를 작성하지 아니하고 조서에만 기재하여 할 수 있다.

제39조【재판의 이유】
재판에는 이유를 명시하여야 한다. 단, 상소를 불허하는 결정 또는 명령은 예외로 한다.

제40조【재판서의 기재요건】
① 재판서에는 법률에 다른 규정이 없으면 재판을 받는 자의 성명, 연령, 직업과 주거를 기재하여야 한다.
② 재판을 받는 자가 법인인 때에는 그 명칭과 사무소를 기재하여야 한다.
③ 판결서에는 기소한 검사와 공판에 관여한 검사의 관직, 성명과 변호인의 성명을 기재하여야 한다. 〈개정 1961.9.1, 2011.7.18〉

제41조【재판서의 서명 등】
① 재판서에는 재판한 법관이 서명날인하여야 한다.
② 재판장이 서명날인할 수 없는 때에는 다른 법관이 그 사유를 부기(附記)하고 서명날인하여야 하며 다른 법관이 서명날인할 수 없는 때에는 재판장이 그 사유를 부기하고 서명날인하여야 한다.
③ 판결서 기타 대법원규칙이 정하는 재판서를 제외한 재판서에 대하여는 제1항 및 제2항의 서명날인에 갈음하여 기명날인할 수 있다. 〈신설 1995.12.29〉

제42조【재판의 선고, 고지의 방식】
재판의 선고 또는 고지는 공판정에서는 재판서에 의하여야 하고 기타의 경우에는 재판서등본의 송달 또는 다른 적당한 방법으로 하여야 한다. 단, 법률에 다른 규정이 있는 때에는 예외로 한다.

제43조【동 전】
재판의 선고 또는 고지는 재판장이 한다. 판결을 선고함에는 주문을 낭독하고 이유의 요지를 설명하여야 한다.

제44조【검사의 집행지휘를 요하는 사건】
검사의 집행지휘를 요하는 재판은 재판서 또는 재판을 기재한 조서의 등본 또는 초본을 재판의 선고 또는 고지한 때로부터 10일 이내에 검사에게 송부하여야 한다. 단, 법률에 다른 규정이 있는 때에는 예외로 한다. 〈개정 1961.9.1〉

제45조【재판서의 등·초본(謄·抄本)의 청구】
피고인 기타의 소송관계인은 비용을 납입하고 재판서 또는 재판을 기재한 조서의 등본 또는 초본의 교부를 청구 할 수 있다.

제46조【재판서의 등·초본의 작성】
재판서 또는 재판을 기재한 조서의 등본 또는 초본은 원본에 의하여 작성하여야 한다. 단, 부득이한 경우에는 등본에 의하여 작성할 수 있다.

제6장 서 류

제47조【소송서류의 비공개】
소송에 관한 서류는 공판의 개정전에는 공익상 필요 기타 상당한 이유가 없으면 공개하지 못한다.

제48조【조서의 작성 방법】
① 피고인, 피의자, 증인, 감정인, 통역인 또는 번역인을 신문(訊問)하는 때에는 신문에 참여한 법원사무관등이 조서를 작성하여야 한다.
② 조서에는 다음 각 호의 사항을 기재하여야 한다.
1. 피고인, 피의자, 증인, 감정인, 통역인 또는 번역인의 진술
2. 증인, 감정인, 통역인 또는 번역인이 선서를 하지 아니한 때에는 그 사유
③ 조서는 진술자에게 읽어 주거나 열람하게 하여 기재 내용이 정확한지를 물어야 한다.
④ 진술자가 조서에 대하여 추가, 삭제 또는 변경의 청구를 한 때에는 그 진술내용을 조서에 기재하여야 한다.
⑤ 신문에 참여한 검사, 피고인, 피의자 또는

변호인이 조서 기재 내용의 정확성에 대하여 이의(異議)를 진술한 때에는 그 진술의 요지를 조서에 기재하여야 한다.

⑥ 제5항의 경우 재판장이나 신문한 법관은 그 진술에 대한 의견을 기재하게 할 수 있다.

⑦ 조서에는 진술자로 하여금 간인(間印)한 후 서명날인하게 하여야 한다. 다만, 진술자가 서명날인을 거부한 때에는 그 사유를 기재하여야 한다.

[전문개정 2020.12.8]

제49조【검증 등의 조서】

① 검증(檢證), 압수(押收) 또는 수색(搜索)에 관하여는 조서를 작성하여야 한다.

② 검증조서에는 검증목적물의 현상을 명확하게 하기 위하여 도화나 사진을 첨부할 수 있다.

③ 압수조서에는 품종, 외형상의 특징과 수량을 기재하여야 한다.

제50조【각종 조서의 기재요건】

전2조의 조서에는 조사 또는 처분의 연월일시와 장소를 기재하고 그 조사 또는 처분을 행한 자와 참여한 법원사무관 등이 기명날인 또는 서명하여야 한다. 단, 공판기일 외에 법원이 조사 또는 처분을 행한 때에는 재판장 또는 법관과 참여한 법원사무관 등이 기명날인 또는 서명하여야 한다. 〈개정 2007.6.1〉

제51조【공판조서(公判調書)의 기재요건】

① 공판기일의 소송절차에 관하여는 참여한 법원사무관 등이 공판조서를 작성하여야 한다.

〈개정 2007.6.1〉

② 공판조서에는 다음 사항 기타 모든 소송절차를 기재하여야 한다. 〈개정 2007.6.1〉

1. 공판을 행한 일시와 법원
2. 법관, 검사, 법원사무관 등의 관직, 성명
3. 피고인, 대리인, 대표자, 변호인, 보조인과 통역인의 성명
4. 피고인의 출석여부
5. 공개의 여부와 공개를 금한 때에는 그 이유
6. 공소사실의 진술 또는 그를 변경하는 서면의 낭독
7. 피고인에게 그 권리를 보호함에 필요한 진술의 기회를 준 사실과 그 진술한 사실
8. 제48조 제2항에 기재한 사항
9. 증거조사를 한 때에는 증거될 서류, 증거물과 증거조사의 방법
10. 공판정에서 행한 검증 또는 압수
11. 변론의 요지
12. 재판장이 기재를 명한 사항 또는 소송관계인의 청구에 의하여 기재를 허가한 사항
13. 피고인 또는 변호인에게 최종 진술할 기회를 준 사실과 그 진술한 사실
14. 판결 기타의 재판을 선고 또는 고지한 사실

제52조【공판조서작성상의 특례】

공판조서 및 공판기일외의 증인신문조서에는 제48조 제3항 내지 제7항의 규정에 의하지 아니한다. 단, 진술자의 청구가 있는 때에는 그 진술에 관한 부분을 읽어주고 증감변경의 청구가 있는 때에는 그 진술을 기재하여야 한다.

〈개정 1995.12.29〉

제53조【공판조서의 서명 등】

① 공판조서에는 재판장과 참여한 법원사무관 등이 기명날인 또는 서명하여야 한다.

〈개정 2007.6.1〉

② 재판장이 기명날인 또는 서명할 수 없는 때에는 다른 법관이 그 사유를 부기하고 기명날인 또는 서명하여야 하며 법관전원이 기명날인 또는 서명할 수 없는 때에는 참여한 법원사무관 등이 그 사유를 부기하고 기명날인 또는 서명하여야 한다. 〈개정 2007.6.1〉

③ 법원사무관 등이 기명날인 또는 서명할 수 없는 때에는 재판장 또는 다른 법관이 그 사유를 부기하고 기명날인 또는 서명하여야 한다.

〈개정 2007.6.1〉

제54조【공판조서의 정리 등】
① 공판조서는 각 공판기일후 신속히 정리하여야 한다. 〈개정 2007.6.1〉
② 다음 회의 공판기일에 있어서는 전회의 공판심리에 관한 주요사항의 요지를 조서에 의하여 고지하여야 한다. 다만, 다음 회의 공판기일까지 전회의 공판조서가 정리되지 아니한 때에는 조서에 의하지 아니하고 고지할 수 있다. 〈개정 2007.6.1〉
③ 검사, 피고인 또는 변호인은 공판조서의 기재에 대하여 변경을 청구하거나 이의를 제기할 수 있다. 〈개정 2007.6.1〉
④ 제3항에 따른 청구나 이의가 있는 때에는 그 취지와 이에 대한 재판장의 의견을 기재한 조서를 당해 공판조서에 첨부하여야 한다. 〈신설 2007.6.1〉

제55조【피고인의 공판조서열람권 등】
① 피고인은 공판조서의 열람 또는 등사를 청구할 수 있다. 〈개정 1995.12.29〉
② 피고인이 공판조서를 읽지 못하는 때에는 공판조서의 낭독을 청구할 수 있다. 〈개정 1995.12.29〉
③ 전2항의 청구에 응하지 아니한 때에는 그 공판조서를 유죄의 증거로 할 수 없다.

제56조【공판조서의 증명력(證明力)】
공판기일의 소송절차로서 공판조서에 기재된 것은 그 조서만으로써 증명한다.

제56조의2【공판정에서의 속기(速記)·녹음 및 영상녹화】
① 법원은 검사, 피고인 또는 변호인의 신청이 있는 때에는 특별한 사정이 없는 한 공판정에서의 심리의 전부 또는 일부를 속기사로 하여금 속기하게 하거나 녹음장치 또는 영상녹화장치를 사용하여 녹음 또는 영상녹화(녹음이 포함된 것을 말한다. 이하 같다)하여야 하며, 필요하다고 인정하는 때에는 직권으로 이를 명할 수 있다.
② 법원은 속기록·녹음물 또는 영상녹화물을 공판조서와 별도로 보관하여야 한다.
③ 검사, 피고인 또는 변호인은 비용을 부담하고 제2항에 따른 속기록·녹음물 또는 영상녹화물의 사본을 청구할 수 있다.
[전문개정 2007.6.1]

제57조【공무원의 서류】
① 공무원이 작성하는 서류에는 법률에 다른 규정이 없는 때에는 작성 연월일과 소속공무소를 기재하고 기명날인 또는 서명하여야 한다. 〈개정 2007.6.1〉
② 서류에는 간인하거나 이에 준하는 조치를 하여야 한다. 〈개정 1995.12.29〉
③ 삭 제 〈2007.6.1〉

제58조【공무원의 서류】
① 공무원이 서류를 작성함에는 문자를 변개하지 못한다.
② 삽입, 삭제 또는 난외기재(欄外記載)를 할 때에는 이 기재한 곳에 날인하고 그 자수를 기재하여야 한다. 단, 삭제한 부분은 해득할 수 있도록 자체를 존치하여야 한다.

제59조【비공무원의 서류】
공무원 아닌 자가 작성하는 서류에는 연월일을 기재하고 기명날인 또는 서명하여야 한다. 인장이 없으면 지장으로 한다. 〈개정 2017.12.12.〉

제59조의2【재판확정기록의 열람·등사】
① 누구든지 권리구제·학술연구 또는 공익적 목적으로 재판이 확정된 사건의 소송기록을 보관하고 있는 검찰청에 그 소송기록의 열람 또는 등사를 신청할 수 있다.
② 검사는 다음 각 호의 어느 하나에 해당하는 경우에는 소송기록의 전부 또는 일부의 열람 또는 등사를 제한할 수 있다. 다만, 소송관계인이나 이해관계 있는 제3자가 열람 또는 등사에 관하여 정당한 사유가 있다고 인정되는 경우에는 그러하지 아니하다.

1. 심리가 비공개로 진행된 경우
2. 소송기록의 공개로 인하여 국가의 안전보장, 선량한 풍속, 공공의 질서유지 또는 공공복리를 현저히 해할 우려가 있는 경우
3. 소송기록의 공개로 인하여 사건관계인의 명예나 사생활의 비밀 또는 생명·신체의 안전이나 생활의 평온을 현저히 해할 우려가 있는 경우
4. 소송기록의 공개로 인하여 공범관계에 있는 자 등의 증거인멸 또는 도주를 용이하게 하거나 관련 사건의 재판에 중대한 영향을 초래할 우려가 있는 경우
5. 소송기록의 공개로 인하여 피고인의 개선이나 갱생에 현저한 지장을 초래할 우려가 있는 경우
6. 소송기록의 공개로 인하여 사건관계인의 영업비밀(「부정경쟁방지 및 영업비밀보호에 관한 법률」 제2조 제2호의 영업비밀을 말한다)이 현저하게 침해될 우려가 있는 경우
7. 소송기록의 공개에 대하여 당해 소송관계인이 동의하지 아니하는 경우

③ 검사는 제2항에 따라 소송기록의 열람 또는 등사를 제한하는 경우에는 신청인에게 그 사유를 명시하여 통지하여야 한다.

④ 검사는 소송기록의 보존을 위하여 필요하다고 인정하는 경우에는 그 소송기록의 등본을 열람 또는 등사하게 할 수 있다. 다만, 원본의 열람 또는 등사가 필요한 경우에는 그러하지 아니하다.

⑤ 소송기록을 열람 또는 등사한 자는 열람 또는 등사에 의하여 알게 된 사항을 이용하여 공공의 질서 또는 선량한 풍속을 해하거나 피고인의 개선 및 갱생을 방해하거나 사건관계인의 명예 또는 생활의 평온을 해하는 행위를 하여서는 아니 된다.

⑥ 제1항에 따라 소송기록의 열람 또는 등사를 신청한 자는 열람 또는 등사에 관한 검사의 처분에 불복하는 경우에는 당해 기록을 보관하고 있는 검찰청에 대응한 법원에 그 처분의 취소 또는 변경을 신청할 수 있다.

⑦ 제418조 및 제419조는 제6항의 불복신청에 관하여 준용한다.

[본조신설 2007.6.1]

제59조의3【확정 판결서등의 열람·복사】

① 누구든지 판결이 확정된 사건의 판결서 또는 그 등본, 증거목록 또는 그 등본, 그 밖에 검사나 피고인 또는 변호인이 법원에 제출한 서류·물건의 명칭·목록 또는 이에 해당하는 정보(이하 "판결서등"이라 한다)를 보관하는 법원에서 해당 판결서등을 열람 및 복사(인터넷, 그 밖의 전산정보처리시스템을 통한 전자적 방법을 포함한다. 이하 이 조에서 같다)할 수 있다. 다만, 다음 각 호의 어느 하나에 해당하는 경우에는 판결서등의 열람 및 복사를 제한할 수 있다.
1. 심리가 비공개로 진행된 경우
2. 「소년법」 제2조에 따른 소년에 관한 사건인 경우
3. 공범관계에 있는 자 등의 증거인멸 또는 도주를 용이하게 하거나 관련 사건의 재판에 중대한 영향을 초래할 우려가 있는 경우
4. 국가의 안전보장을 현저히 해할 우려가 명백하게 있는 경우
5. 제59조의2 제2항 제3호 또는 제6호의 사유가 있는 경우. 다만, 소송관계인의 신청이 있는 경우에 한정한다.

② 법원사무관등이나 그 밖의 법원공무원은 제1항에 따른 열람 및 복사에 앞서 판결서등에 기재된 성명 등 개인정보가 공개되지 아니하도록 대법원규칙으로 정하는 보호조치를 하여야 한다.

③ 제2항에 따른 개인정보 보호조치를 한 법원사무관등이나 그 밖의 법원공무원은 고의 또는

중대한 과실로 인한 것이 아니면 제1항에 따른 열람 및 복사와 관련하여 민사상·형사상 책임을 지지 아니한다.

④ 열람 및 복사에 관하여 정당한 사유가 있는 소송관계인이나 이해관계 있는 제3자는 제1항 단서에도 불구하고 제1항 본문에 따른 법원의 법원사무관등이나 그 밖의 법원공무원에게 판결서등의 열람 및 복사를 신청할 수 있다. 이 경우 법원사무관등이나 그 밖의 법원공무원의 열람 및 복사에 관한 처분에 불복하는 경우에는 제1항 본문에 따른 법원에 처분의 취소 또는 변경을 신청할 수 있다.

⑤ 제4항의 불복신청에 대하여는 제417조 및 제418조를 준용한다.

⑥ 판결서등의 열람 및 복사의 방법과 절차, 개인정보 보호조치의 방법과 절차, 그 밖에 필요한 사항은 대법원규칙으로 정한다.

[본조신설 2011.7.18]

2025.12.30 개정 2027.12.31. 시행 예정

제59조의3【판결서등의 열람·복사】

① 누구든지 판결이 선고된 사건의 판결서(확정되지 아니한 사건에 대한 판결서를 포함한다. 이하 이 조에서 같다) 또는 그 등본, 판결이 확정된 사건의 증거목록 또는 그 등본, 그 밖에 검사나 피고인 또는 변호인이 법원에 제출한 서류·물건의 명칭·목록 또는 이에 해당하는 정보(판결서 외에는 판결이 확정된 사건에 한정하며, 이하 "판결서등"이라 한다)를 보관하는 법원에서 해당 판결서등을 열람 및 복사(인터넷, 그 밖의 전산정보처리시스템을 통한 전자적 방법을 포함한다. 이하 이 조에서 같다)할 수 있다. 다만, 다음 각 호의 어느 하나에 해당하는 경우에는 판결서등의 열람 및 복사를 제한할 수 있다.

〈개정 2025.12.30.〉

1. 심리가 비공개로 진행된 경우
2. 「소년법」 제2조에 따른 소년에 관한 사건인 경우
3. 공범관계에 있는 자 등의 증거인멸 또는 도주를 용이하게 하거나 관련 사건의 재판에 중대한 영향을 초래할 우려가 있는 경우
4. 국가의 안전보장을 현저히 해할 우려가 명백하게 있는 경우
5. 제59조의2 제2항 제3호 또는 제6호의 사유가 있는 경우. 다만, 소송관계인의 신청이 있는 경우에 한정한다.
6. 확정되지 아니한 사건의 경우 재판에 중대한 영향을 초래할 우려가 있는 경우

② 제1항에 따라 열람 및 복사가 제한되지 아니한 판결서(일부만 제한된 경우도 포함한다)는 대법원규칙으로 정하는 바에 따라 판결서에 기재된 문자열 또는 숫자열이 검색어로 기능할 수 있도록 제공되어야 한다. 〈신설 2025.12.30.〉

③ 법원사무관등이나 그 밖의 법원공무원은 제1항에 따른 열람 및 복사에 앞서 판결서등에 기재된 성명 등 개인정보가 공개되지 아니하도록 대법원규칙으로 정하는 보호조치를 하여야 한다.

④ 제3항에 따른 개인정보 보호조치를 한 법원사무관등이나 그 밖의 법원공무원은 고의 또는 중대한 과실로 인한 것이 아니면 제1항에 따른 열람 및 복사와 관련하여 민사상·형사상 책임을 지지 아니한다. 〈개정 2025.12.30.〉

⑤ 열람 및 복사에 관하여 정당한 사유가 있는 소송관계인이나 이해관계 있는 제3자는 제1항 단서에도 불구하고 제1항 본문에 따른 법원의 법원사무관등이나 그 밖의 법원공무원에게 판결서등의 열람 및 복사를 신청할 수 있다. 이 경우 법원사무관등이나 그 밖의 법원공무원의 열람 및 복사에 관한 처분에 불복하는 경우에는 제1항 본문에 따른 법원에 처분의 취소 또는 변경을 신청할 수 있다.

⑥ 제5항의 불복신청에 대하여는 제417조 및 제418조를 준용한다. 〈개정 2025.12.30.〉

⑦ 제1항에 따른 열람 및 복사에 관하여는 제59조의2 제5항을 준용한다. 〈신설 2025.12.30.〉

⑧ 판결서등의 열람 및 복사의 방법과 절차, 개인정보 보호조치의 방법과 절차, 그 밖에 필요한 사항은 대법원규칙으로 정한다.

[본조신설 2011.7.18.]

제7장 송 달

제60조 【송달(送達)받기 위한 신고】

① 피고인, 대리인, 대표자, 변호인 또는 보조인이 법원 소재지에 서류의 송달을 받을 수 있는 주거 또는 사무소를 두지 아니한 때에는 법원 소재지에 주거 또는 사무소 있는 자를 송달영수인(送達領受印)으로 선임하여 연명한 서면으로 신고하여야 한다.

② 송달영수인은 송달에 관하여 본인으로 간주하고 그 주거 또는 사무소는 본인의 주거 또는 사무소로 간주한다.

③ 송달영수인의 선임은 같은 지역에 있는 각 심급법원에 대하여 효력이 있다.

④ 전3항의 규정은 신체구속을 당한 자에게 적용하지 아니한다.

제61조 【우체(郵遞)에 부치는 송달】

① 주거, 사무소 또는 송달영수인의 선임을 신고하여야 할 자가 그 신고를 하지 아니하는 때에는 법원사무관 등은 서류를 우체에 부치거나 기타 적당한 방법에 의하여 송달할 수 있다. 〈개정 2007.6.1〉

② 서류를 우체에 부친 경우에는 도달된 때에 송달된 것으로 간주한다.

제62조 【검사에 대한 송달】

검사에 대한 송달은 서류를 소속검찰청에 송부하여야 한다.

제63조 【공시송달(公示送達)의 원인】

① 피고인의 주거, 사무소와 현재지를 알 수 없는 때에는 공시송달을 할 수 있다.

② 피고인이 재판권이 미치지 아니하는 장소에 있는 경우에 다른 방법으로 송달할 수 없는 때에도 전항과 같다.

제64조 【공시송달의 방식】

① 공시송달은 대법원규칙의 정하는 바에 의하여 법원이 명한 때에 한하여 할 수 있다.

② 공시송달은 법원사무관 등이 송달할 서류를 보관하고 그 사유를 법원게시장에 공시하여야 한다. 〈개정 1961.9.1, 2007.6.1〉

③ 법원은 전항의 사유를 관보나 신문지상에 공고할 것을 명할 수 있다. 〈개정 1961.9.1〉

④ 최초의 공시송달은 제2항의 공시를 한 날로부터 2주일을 경과하면 그 효력이 생긴다.
단, 제2회이후의 공시송달은 5일을 경과하면 그 효력이 생긴다. 〈개정 1961.9.1〉

제65조 【「민사소송법」의 준용】 〈제목개정 2007.6.1.〉

서류의 송달에 관하여 법률에 다른 규정이 없는 때에는 「민사소송법」을 준용한다. 〈개정 2007.6.1〉

제8장 기 간

제66조 【기간의 계산】

① 기간의 계산에 관하여는 시(時)로 계산하는 것은 즉시(卽時)부터 기산하고 일(日), 월(月) 또는 연(年)으로 계산하는 것은 초일을 산입하지 아니한다. 다만, 시효(時效)와 구속기간의 초일은 시간을 계산하지 아니하고 1일로 산정한다.

② 연 또는 월로 정한 기간은 연 또는 월 단위로 계산한다.

③ 기간의 말일이 공휴일이거나 토요일이면 그 날은 기간에 산입하지 아니한다. 다만, 시효와 구속기간에 관하여는 예외로 한다.

[전문개정 2020.12.8]

제67조 【법정기간의 연장】

법정기간은 소송행위를 할 자의 주거 또는 사무소의 소재지와 법원 또는 검찰청 소재지와의 거리 및 교통통신의 불편정도에 따라 대법원규칙으로 이를 연장할 수 있다. [전문개정 1995.12.29]

제9장 피고인의 소환, 구속

제68조 【소 환(召喚)】

법원은 피고인을 소환할 수 있다.

제69조 【구속(拘束)의 정의】

본법에서 구속이라 함은 구인과 구금을 포함한다.

제70조 【구속의 사유】

① 법원은 피고인이 죄를 범하였다고 의심할 만한 상당한 이유가 있고 다음 각호의 1에 해당하는 사유가 있는 경우에는 피고인을 구속할 수 있다. 〈개정 1995.12.29〉

1. 피고인이 일정한 주거가 없는 때
2. 피고인이 증거를 인멸(湮滅)할 염려가 있는 때
3. 피고인이 도망하거나 도망할 염려가 있는 때

② 법원은 제1항의 구속사유를 심사함에 있어서 범죄의 중대성, 재범의 위험성, 피해자 및 중요 참고인 등에 대한 위해우려 등을 고려하여야 한다. 〈신설 2007.6.1〉

③ 다액 50만원 이하의 벌금, 구류 또는 과료에 해당하는 사건에 관하여는 제1항 제1호의 경우를 제한 외에는 구속할 수 없다.

〈개정 1973.1.25, 1995.12.29, 2007.6.1〉

제71조 【구인(拘引)의 효력】

구인한 피고인을 법원에 인치한 경우에 구금할 필요가 없다고 인정한 때에는 그 인치한 때로부터 24시간내에 석방하여야 한다.

제71조의2 【구인 후의 유치】

법원은 인치받은 피고인을 유치할 필요가 있는 때에는 교도소·구치소 또는 경찰서 유치장에 유치할 수 있다. 이 경우 유치기간은 인치한 때부터 24시간을 초과할 수 없다. [본조신설 2007.6.1

제72조 【구속과 이유의 고지】

피고인에 대하여 범죄사실의 요지, 구속의 이유와 변호인을 선임할 수 있음을 말하고 변명할 기회를 준 후가 아니면 구속할 수 없다 다만, 피고인이 도망한 경우에는 그러하지 아니하다.

〈개정 1987.11.28., 2007.6.1〉

2021.8.17 개정

제72조의2 【고지의 방법】 〈제목개정 2021.8.17〉

① 법원은 합의부원으로 하여금 제72조의 절차를 이행하게 할 수 있다.

2021.8.17 신설

② 법원은 피고인이 출석하기 어려운 특별한 사정이 있고 상당하다고 인정하는 때에는 검사와 변호인의 의견을 들어 비디오 등 중계장치에 의한 중계시설을 통하여 제72조의 절차를 진행할 수 있다. 〈신설 2021.8.17.〉

[본조신설 2014.10.15.]

개정 前

제72조의2 [수명법관]

법원은 합의부원으로 하여금 제72조의 절차를 이행하게 할 수 있다.

제73조 【영장의 발부(發付)】

피고인을 소환함에는 소환장을, 구인 또는 구금함에는 구속영장을 발부하여야 한다.

제74조 【소환장의 방식】

소환장에는 피고인의 성명, 주거, 죄명, 출석 일시, 장소와 정당한 이유없이 출석하지 아니하는 때에는 도망할 염려가 있다고 인정하여 구속영장을 발부할 수 있음을 기재하고 재판장 또는 수명법관이 기명날인 또는 서명하여야 한다.
〈개정 1995.12.29., 2017.12.12.〉

제75조 【구속영장의 방식】

① 구속영장에는 피고인의 성명, 주거, 죄명, 공소사실의 요지, 인치구금(引致拘禁)할 장소, 발부연월일, 그 유효기간과 그 기간을 경과하면 집행에 착수하지 못하며 영장을 반환하여야 할 취지를 기재하고 재판장 또는 수명법관이 서명날인하여야 한다.

② 피고인의 성명이 분명하지 아니한 때에는 인상, 체격, 기타 피고인을 특정할 수 있는 사항으로 피고인을 표시할 수 있다.

③ 피고인의 주거가 분명하지 아니한 때에는 그 주거의 기재를 생략할 수 있다.

제76조 【소환장의 송달】

① 소환장은 송달하여야 한다.

② 피고인이 기일에 출석한다는 서면을 제출하거나 출석한 피고인에 대하여 차회기일을 정하여 출석을 명한 때에는 소환장의 송달과 동일한 효력이 있다.

③ 전항의 출석을 명한 때에는 그 요지를 조서에 기재하여야 한다.

④ 구금된 피고인에 대하여는 교도관에게 통지하여 소환한다. 〈개정 1963.12.13, 2007.6.1〉

⑤ 피고인이 교도관으로부터 소환통지를 받은 때에는 소환장의 송달과 동일한 효력이 있다.
〈개정 1963.12.13, 2007.6.1〉

제77조 【구속의 촉탁】

① 법원은 피고인의 현재지의 지방법원판사에게 피고인의 구속을 촉탁할 수 있다.

② 수탁판사는 피고인이 관할구역내에 현재하지 아니한 때에는 그 현재지의 지방법원판사에게 전촉(轉囑)할 수 있다.

③ 수탁판사는 구속영장을 발부하여야 한다.

④ 제75조의 규정은 전항의 구속영장에 준용한다.

제78조 【촉탁에 의한 구속의 절차】

① 전조의 경우에 촉탁에 의하여 구속영장을 발부한 판사는 피고인을 인치한 때로부터 24시간이내에 그 피고인임에 틀림없는가를 조사하여야 한다.

② 피고인임에 틀림없는 때에는 신속히 지정된 장소에 송치하여야 한다.

제79조 【출석, 동행명령(同行命令)】

법원은 필요한 때에는 지정한 장소에 피고인의 출석 또는 동행을 명할 수 있다.

제80조 【요급처분(要急處分)】

재판장은 급속을 요하는 경우에는 제68조부터 제71조까지, 제71조의2, 제73조, 제76조, 제77조와 전조에 규정한 처분을 할 수 있고 또는 합의부원으로 하여금 처분을 하게 할 수 있다.
〈개정 2014.10.15〉

제81조 【구속영장의 집행】

① 구속영장은 검사의 지휘에 의하여 사법경찰관리가 집행한다. 단, 급속을 요하는 경우에는 재판장, 수명법관 또는 수탁판사가 그 집행을 지휘할 수 있다.

② 제1항 단서의 경우에는 법원사무관 등에게 그 집행을 명할 수 있다. 이 경우에 법원사무관 등은 그 집행에 관하여 필요한 때에는 사법경찰관리·교도관 또는 법원경위에게 보조를 요구할 수 있으며 관할구역 외에서도 집행할 수 있다. 〈개정 2007.6.1〉

③ 교도소 또는 구치소에 있는 피고인에 대하여 발부된 구속영장은 검사의 지휘에 의하여 교도관이 집행한다. 〈개정 1963.12.13, 2007.6.1〉

제82조【수통(數通)의 구속영장의 작성】
① 구속영장은 수통을 작성하여 사법경찰관리 수인에게 교부할 수 있다.
② 전항의 경우에는 그 사유를 구속영장에 기재하여야 한다.

제83조【관할구역 외에서의 구속영장의 집행과 그 촉탁】
① 검사는 필요에 의하여 관할구역 외에서 구속영장의 집행을 지휘할 수 있고 또는 당해관할구역의 검사에게 집행지휘를 촉탁할 수 있다.
② 사법경찰관리는 필요에 의하여 관할구역 외에서 구속영장을 집행할 수 있고 또는 당해관할구역의 사법경찰관리에게 집행을 촉탁할 수 있다.

제84조【고등검찰청검사장 또는 지방검찰청검사장에 대한 수사촉탁】
〈제목개정 2004.1.20〉

피고인의 현재지가 분명하지 아니한 때에는 재판장은 고등검찰청검사장 또는 지방검찰청검사장에게 그 수사와 구속영장의 집행을 촉탁할 수 있다. 〈개정 2004.1.20〉

제85조【구속영장집행의 절차】

2022.2.3 개정

① 구속영장을 집행함에는 피고인에게 반드시 이를 제시하고 그 사본을 교부하여야 하며 신속히 지정된 법원 기타 장소에 인치하여야 한다. 〈개정 2022.2.3.〉

② 제77조 제3항의 구속영장에 관하여는 이를 발부한 판사에게 인치하여야 한다.
③ 구속영장을 소지하지 아니한 경우에 급속을 요하는 때에는 피고인에 대하여 공소사실의 요지와 영장이 발부되었음을 고하고 집행할 수 있다.

2022.2.3 개정

④ 전항의 집행을 완료한 후에는 신속히 구속영장을 제시하고 그 사본을 교부하여야 한다. 〈개정 2022.2.3.〉

제86조【호송(護送) 중의 가유치(假留置)】
구속영장의 집행을 받은 피고인을 호송할 경우에 필요하면 가장 가까운 교도소 또는 구치소에 임시로 유치할 수 있다.
[전문개정 2020.12.8]

제87조【구속의 통지】
① 피고인을 구속한 때에는 변호인이 있는 경우에는 변호인에게, 변호인이 없는 경우에는 제30조 제2항에 규정한 자중 피고인이 지정한 자에게 피고사건명, 구속일시·장소, 범죄사실의 요지, 구속의 이유와 변호인을 선임할 수 있는 취지를 알려야 한다.
〈개정 1987.11.28, 1995.12.29〉
② 제1항의 통지는 지체없이 서면으로 하여야 한다. 〈개정 1987.11.28〉

제88조【구속과 공소사실 등의 고지】
피고인을 구속한 때에는 즉시 공소사실의 요지와 변호인을 선임할 수 있음을 알려야 한다.

제89조【구속된 피고인의 접견 · 진료】
구속된 피고인은 관련 법률이 정한 범위에서 타인과 접견하고 서류나 물건을 수수하며 의사의 진료를 받을 수 있다.
[전문개정 2020.12.8]

제90조【변호인의 의뢰】
① 구속된 피고인은 법원, 교도소장 또는 구치소장 또는 그 대리자에게 변호사를 지정하여 변호인의 선임을 의뢰할 수 있다.
② 전항의 의뢰를 받은 법원, 교도소장 또는 구치소장 또는 그 대리자는 급속히 피고인이 지명한 변호사에게 그 취지를 통지하여야 한다.
〈개정 1963.12.13〉

제91조【변호인 아닌 자와의 접견·교통】
법원은 도망하거나 범죄의 증거를 인멸할 염려가 있다고 인정할 만한 상당한 이유가 있는 때에는 직권 또는 검사의 청구에 의하여 결정으로 구속된 피고인과 제34조에 규정한 외의 타인과의 접견을 금지할 수 있고, 서류나 그 밖의 물건을 수수하지 못하게 하거나 검열 또는 압수할 수 있다. 다만, 의류·양식·의료품은 수수를 금지하거나 압수할 수 없다. [전문개정 2020.12.8]

제92조【구속기간과 갱신(更新)】
① 구속기간은 2개월로 한다. 〈개정 2007.6.1〉
② 제1항에도 불구하고 특히 구속을 계속할 필요가 있는 경우에는 심급마다 2개월 단위로 2차에 한하여 결정으로 갱신할 수 있다. 다만, 상소심은 피고인 또는 변호인이 신청한 증거의 조사, 상소이유를 보충하는 서면의 제출 등으로 추가 심리가 필요한 부득이한 경우에는 3차에 한하여 갱신할 수 있다. 〈개정 2007.6.1〉
③ 제22조, 제298조 제4항, 제306조 제1항 및 제2항의 규정에 의하여 공판절차가 정지된 기간 및 공소제기전의 체포·구인·구금 기간은 제1항 및 제2항의 기간에 산입하지 아니한다. 〈신설 1961.9.1, 1995.12.29, 2007.6.1〉

제93조【구속의 취소】
구속의 사유가 없거나 소멸된 때에는 법원은 직권 또는 검사, 피고인, 변호인과 제30조 제2항에 규정한 자의 청구에 의하여 결정으로 구속을 취소하여야 한다.

제94조【보석(保釋)의 청구】
피고인, 피고인의 변호인·법정대리인·배우자·직계친족·형제자매·가족·동거인 또는 고용주는 법원에 구속된 피고인의 보석을 청구할 수 있다. [전문개정 2007.6.1]

제95조【필요적 보석】
보석의 청구가 있는 때에는 다음 이외의 경우에는 보석을 허가하여야 한다. 〈개정 1973.12.20, 1995.12.29〉
1. 피고인이 사형, 무기 또는 장기 10년이 넘는 징역이나 금고에 해당하는 죄를 범한 때
2. 피고인이 누범에 해당하거나 상습범인 죄를 범한 때
3. 피고인이 죄증을 인멸하거나 인멸할 염려가 있다고 믿을 만한 충분한 이유가 있는 때
4. 피고인이 도망하거나 도망할 염려가 있다고 믿을 만한 충분한 이유가 있는 때
5. 피고인의 주거가 분명하지 아니한 때
6. 피고인이 피해자, 당해 사건의 재판에 필요한 사실을 알고 있다고 인정되는 자 또는 그 친족의 생명·신체나 재산에 해를 가하거나 가할 염려가 있다고 믿을만한 충분한 이유가 있는 때

[전문개정 1973.1.25]

제96조【임의적 보석】
법원은 제95조의 규정에 불구하고 상당한 이유가 있는 때에는 직권 또는 제94조에 규정한 자의 청구에 의하여 결정으로 보석을 허가할 수 있다. 〈개정 1995.12.29〉

제97조【보석, 구속의 취소와 검사의 의견】
① 재판장은 보석에 관한 결정을 하기 전에 검사의 의견을 물어야 한다. 〈개정 2007.6.1〉
② 구속의 취소에 관한 결정을 함에 있어서도 검사의 청구에 의하거나 급속을 요하는 경우 외에는 제1항과 같다. 〈개정 1995.12.29〉
③ 검사는 제1항 및 제2항에 따른 의견요청에 대하여 지체 없이 의견을 표명하여야 한다. 〈신설 2007.6.1〉
④ 구속을 취소하는 결정에 대하여는 검사는 즉시항고를 할 수 있다. 〈개정 1995.12.29, 2007.6.1〉

[전문개정 1973.1.25]

제98조【보석의 조건】
법원은 보석을 허가하는 경우에는 필요하고 상

당한 범위 안에서 다음 각 호의 조건 중 하나 이상의 조건을 정하여야 한다. 〈개정 2020.12.8.〉

1. 법원이 지정하는 일시·장소에 출석하고 증거를 인멸하지 아니하겠다는 서약서를 제출할 것
2. 법원이 정하는 보증금에 해당하는 금액을 납입할 것을 약속하는 약정서를 제출할 것
3. 법원이 지정하는 장소로 주거를 제한하고 주거를 변경할 필요가 있는 경우에는 법원의 허가를 받는 등 도주를 방지하기 위하여 행하는 조치를 받아들일 것
4. 피해자, 당해 사건의 재판에 필요한 사실을 알고 있다고 인정되는 사람 또는 그 친족의 생명·신체·재산에 해를 가하는 행위를 하지 아니하고 주거·직장 등 그 주변에 접근하지 아니할 것
5. 피고인 아닌 자가 작성한 출석보증서를 제출할 것 〈제2호 ~제5호 개정 2020.12.8〉
6. 법원의 허가 없이 외국으로 출국하지 아니할 것을 서약할 것
7. 법원이 지정하는 방법으로 피해자의 권리 회복에 필요한 금전을 공탁하거나 그에 상당하는 담보를 제공할 것
8. 피고인이나 법원이 지정하는 자가 보증금을 납입하거나 담보를 제공할 것

〈제7호 및 제8호 개정 2020.12.8.〉

9. 그 밖에 피고인의 출석을 보증하기 위하여 법원이 정하는 적당한 조건을 이행할 것

[전문개정 2007.6.1]

제99조【보석조건의 결정 시 고려사항】

① 법원은 제98조의 조건을 정할 때 다음 각 호의 사항을 고려하여야 한다. 〈개정 2020.12.8〉

1. 범죄의 성질 및 죄상(罪狀)
2. 증거의 증명력
3. 피고인의 전과(前科)·성격·환경 및 자산
4. 피해자에 대한 배상 등 범행 후의 정황에 관련된 사항

② 법원은 피고인의 자금능력 또는 자산 정도로는 이행할 수 없는 조건을 정할 수 없다.

〈개정 2020.12.8〉

[전문개정 2007.6.1]

제100조【보석집행의 절차】 〈제목개정 2007.6.1〉

① 제98조 제1호·제2호·제5호·제7호 및 제8호의 조건은 이를 이행한 후가 아니면 보석허가결정을 집행하지 못하며, 법원은 필요하다고 인정하는 때에는 다른 조건에 관하여도 그 이행 이후 보석허가결정을 집행하도록 정할 수 있다. 〈개정 2007.6.1〉

② 법원은 보석청구자 이외의 자에게 보증금의 납입을 허가할 수 있다.

③ 법원은 유가증권 또는 피고인 외의 자가 제출한 보증서로써 보증금에 갈음함을 허가할 수 있다. 〈개정 2007.6.1〉

④ 전항의 보증서에는 보증금액을 언제든지 납입할 것을 기재하여야 한다.

⑤ 법원은 보석허가결정에 따라 석방된 피고인이 보석조건을 준수하는데 필요한 범위 안에서 관공서나 그 밖의 공사단체에 대하여 적절한 조치를 취할 것을 요구할 수 있다 .

〈신설 2007.6.1〉

제100조의2【출석보증인에 대한 과태료】

① 법원은 제98조 제5호의 조건을 정한 보석허가결정에 따라 석방된 피고인이 정당한 사유 없이 기일에 불출석하는 경우에는 결정으로 그 출석보증인에 대하여 500만원 이하의 과태료를 부과할 수 있다.

② 제1항의 결정에 대하여는 즉시항고를 할 수 있다.

[본조신설 2007.6.1]

제101조【구속의 집행정지】

① 법원은 상당한 이유가 있는 때에는 결정으로 구속된 피고인을 친족·보호단체 기타 적당

한 자에게 부탁하거나 피고인의 주거를 제한하여 구속의 집행을 정지할 수 있다.

② 전항의 결정을 함에는 검사의 의견을 물어야 한다. 단, 급속을 요하는 경우에는 그러하지 아니하다.

③ 삭 제 〈2015.7.31〉

《삭제전》

《 ③ 제1항의 결정에 대하여는 검사는 즉시항고를 할 수 있다. 》

④ 헌법 제44조에 의하여 구속된 국회의원에 대한 석방요구가 있으면 당연히 구속영장의 집행이 정지된다. 〈개정 1980.12.18, 1987.11.28〉

⑤ 전항의 석방요구의 통고를 받은 검찰총장은 즉시 석방을 지휘하고 그 사유를 수소법원에 통지하여야 한다.

[전문개정 1973.1.25]

▶▶ [2015.7.31. 법률 제13454호에 의하여 2012.6.27. 헌법재판소에서 위헌결정(헌재결 2012.6.27. 2011헌가36)된 제101조 제3항을 삭제함]

제102조【보석조건의 변경과 취소 등】

① 법원은 직권 또는 제94조에 규정된 자의 신청에 따라 결정으로 피고인의 보석조건을 변경하거나 일정기간 동안 당해 조건의 이행을 유예할 수 있다.

② 법원은 피고인이 다음 각 호의 어느 하나에 해당하는 경우에는 직권 또는 검사의 청구에 따라 결정으로 보석 또는 구속의 집행정지를 취소할 수 있다. 다만, 제101조 제4항에 따른 구속영장의 집행정지는 그 회기 중 취소하지 못한다.

1. 도망한 때
2. 도망하거나 죄증을 인멸할 염려가 있다고 믿을 만한 충분한 이유가 있는 때
3. 소환을 받고 정당한 사유 없이 출석하지 아니한 때
4. 피해자, 당해 사건의 재판에 필요한 사실을 알고 있다고 인정되는 자 또는 그 친족의 생명·신체·재산에 해를 가하거나 가할 염려가 있다고 믿을 만한 충분한 이유가 있는 때
5. 법원이 정한 조건을 위반한 때

③ 법원은 피고인이 정당한 사유 없이 보석조건을 위반한 경우에는 결정으로 피고인에 대하여 1천만원 이하의 과태료를 부과하거나 20일 이내의 감치(監置)에 처할 수 있다.

④ 제3항의 결정에 대하여는 즉시항고를 할 수 있다.

[전문개정 2007.6.1]

제103조【보증금 등의 몰취(沒取)】

① 법원은 보석을 취소하는 때에는 직권 또는 검사의 청구에 따라 결정으로 보증금 또는 담보의 전부 또는 일부를 몰취할 수 있다.

② 법원은 보증금의 납입 또는 담보제공을 조건으로 석방된 피고인이 동일한 범죄사실에 관하여 형의 선고를 받고 그 판결이 확정된 후 집행하기 위한 소환을 받고 정당한 사유 없이 출석하지 아니하거나 도망한 때에는 직권 또는 검사의 청구에 따라 결정으로 보증금 또는 담보의 전부 또는 일부를 몰취하여야 한다.

[전문개정 2007.6.1]

제104조【보증금 등의 환부(還付)】

〈제목개정 2007.6.1.〉

구속 또는 보석을 취소하거나 구속영장의 효력이 소멸된 때에는 몰취하지 아니한 보증금 또는 담보를 청구한 날로부터 7일이내에 환부하여야 한다. 〈개정 2007.6.1〉

제104조의2【보석조건의 효력상실 등】

① 구속영장의 효력이 소멸한 때에는 보석조건은 즉시 그 효력을 상실한다.

② 보석이 취소된 경우에도 제1항과 같다. 다만, 제98조 제8호의 조건은 예외로 한다.

[본조신설 2007.6.1]

제105조【상소와 구속에 관한 결정】
상소기간중 또는 상소 중의 사건에 관하여 구속기간의 갱신, 구속의 취소, 보석, 구속의 집행정지와 그 정지의 취소에 대한 결정은 소송기록이 원심법원에 있는 때에는 원심법원이 하여야 한다.

제10장 압수와 수색

제106조【압 수(押收)】
① 법원은 필요한 때에는 피고사건과 관계가 있다고 인정할 수 있는 것에 한정하여 증거물 또는 몰수할 것으로 사료(思料)하는 물건을 압수할 수 있다. 단, 법률에 다른 규정이 있는 때에는 예외로 한다. 〈개정 2011.7.18〉
② 법원은 압수할 물건을 지정하여 소유자, 소지자 또는 보관자에게 제출을 명할 수 있다.
③ 법원은 압수의 목적물이 컴퓨터용디스크, 그 밖에 이와 비슷한 정보저장매체(이하 이 항에서 "정보저장매체등"이라 한다)인 경우에는 기억된 정보의 범위를 정하여 출력하거나 복제하여 제출받아야 한다. 다만, 범위를 정하여 출력 또는 복제하는 방법이 불가능하거나 압수의 목적을 달성하기에 현저히 곤란하다고 인정되는 때에는 정보저장매체등을 압수할 수 있다. 〈신설 2011.7.18.〉
④ 법원은 제3항에 따라 정보를 제공받은 경우 「개인정보 보호법」 제2조 제3호에 따른 정보주체에게 해당 사실을 지체 없이 알려야 한다. 〈신설 2011.7.18〉

제107조【우체물의 압수】
① 법원은 필요한 때에는 피고사건과 관계가 있다고 인정할 수 있는 것에 한정하여 우체물 또는 「통신비밀보호법」 제2조 제3호에 따른 전기통신(이하 "전기통신"이라 한다)에 관한 것으로서 체신관서, 그 밖의 관련 기관 등이 소지 또는 보관하는 물건의 제출을 명하거나 압수를 할 수 있다. 〈개정 2011.7.18〉
② 삭 제 〈2011.7.18〉
③ 제1항에 따른 처분을 할 때에는 발신인(發信人)이나 수신인(受信人)에게 그 취지를 통지하여야 한다. 단, 심리에 방해될 염려가 있는 경우에는 예외로 한다. 〈개정 2011.7.18〉

제108조【임의제출물 등의 압수】
소유자, 소지자 또는 보관자가 임의로 제출한 물건 또는 유류한 물건은 영장없이 압수할 수 있다.

제109조【수 색(搜索)】
① 법원은 필요한 때에는 피고사건과 관계가 있다고 인정할 수 있는 것에 한정하여 피고인의 신체, 물건 또는 주거, 그 밖의 장소를 수색할 수 있다. 〈개정 2011.7.18〉
② 피고인 아닌 자의 신체, 물건, 주거 기타 장소에 관하여는 압수할 물건이 있음을 인정할 수 있는 경우에 한하여 수색할 수 있다.

제110조【군사상비밀과 압수】
① 군사상 비밀을 요하는 장소는 그 책임자의 승낙없이는 압수 또는 수색할 수 없다.
② 전항의 책임자는 국가의 중대한 이익을 해하는 경우를 제외하고는 승낙을 거부하지 못한다.

제111조【공무상비밀과 압수】
① 공무원 또는 공무원이었던 자가 소지 또는 보관하는 물건에 관하여는 본인 또는 그 해당공무소가 직무상의 비밀에 관한 것임을 신고한 때에는 그 소속공무소 또는 당해감독관공서의 승낙없이는 압수하지 못한다.
② 소속공무소 또는 당해감독관공서는 국가의 중대한 이익을 해하는 경우를 제외하고는 승낙을 거부하지 못한다.

제112조【업무상비밀과 압수】
변호사, 변리사, 공증인, 공인회계사, 세무사,

대서업자, 의사, 한의사, 치과의사, 약사, 약종상, 조산사, 간호사, 종교의 직에 있는 자 또는 이러한 직에 있던 자가 그 업무상 위탁을 받아 소지 또는 보관하는 물건으로 타인의 비밀에 관한 것은 압수를 거부할 수 있다. 단, 그 타인의 승낙이 있거나 중대한 공익상 필요가 있는 때에는 예외로 한다. 〈개정 1980.12.18, 1997.12.13〉

제113조【압수·수색영장】
공판정외에서 압수 또는 수색을 함에는 영장을 발부하여 시행하여야 한다.

제114조【영장의 방식】
① 압수·수색영장에는 다음 각 호의 사항을 기재하고 재판장이나 수명법관이 서명날인하여야 한다. 다만, 압수·수색할 물건이 전기통신에 관한 것인 경우에는 작성기간을 기재하여야 한다. 〈개정 2011.7.18., 2020.12.8.〉

〈단서 신설 2011.7.18.〉

1. 피고인의 성명
2. 죄 명
3. 압수할 물건
4. 수색할 장소·신체·물건
5. 영장 발부 연월일
6. 영장의 유효기간과 그 기간이 지나면 집행에 착수할 수 없으며 영장을 반환하여야 한다는 취지
7. 그 밖에 대법원규칙으로 정하는 사항

② 제1항의 영장에 관하여는 제75조 제2항을 준용한다. 〈개정 2020.12.8〉

제115조【영장의 집행】
① 압수·수색영장은 검사의 지휘에 의하여 사법경찰관리가 집행한다. 단, 필요한 경우에는 재판장은 법원사무관 등에게 그 집행을 명할 수 있다. 〈개정 2007.6.1〉
② 제83조의 규정은 압수·수색영장의 집행에 준용한다.

제116조【주의사항】
압수·수색영장을 집행할 때에는 타인의 비밀을 보호하여야 하며 처분받은 자의 명예를 해하지 아니하도록 주의하여야 한다.

[전문개정 2020.12.8]

제117조【집행의 보조】
법원사무관 등은 압수·수색영장의 집행에 관하여 필요한 때에는 사법경찰관리(司法警察官吏)에게 보조를 구할 수 있다. 〈개정 2007.6.1.〉

2022.2.3 개정

제118조【영장의 제시와 사본교부】

〈제목개정 2022.2.3..〉

압수·수색영장은 처분을 받는 자에게 반드시 제시하여야 하고, 처분을 받는 자가 피고인인 경우에는 그 사본을 교부하여야 한다. 다만, 처분을 받는 자가 현장에 없는 등 영장의 제시나 그 사본의 교부가 현실적으로 불가능한 경우 또는 처분을 받는 자가 영장의 제시나 사본의 교부를 거부한 때에는 예외로 한다. 〈개정 2022.2.3.〉

제119조【집행중의 출입금지】
① 압수·수색영장의 집행 중에는 타인의 출입을 금지할 수 있다.
② 전항의 규정에 위배한 자에게는 퇴거하게 하거나 집행종료시까지 간수자(看守者)를 붙일 수 있다.

제120조【집행과 필요한 처분】
① 압수·수색영장의 집행에 있어서는 건정(鍵鋌)을 열거나 개봉(開封) 기타 필요한 처분을 할 수 있다.
② 전항의 처분은 압수물에 대하여도 할 수 있다.

제121조【영장집행과 당사자의 참여】
검사, 피고인 또는 변호인은 압수·수색영장의 집행에 참여할 수 있다.

제122조【영장집행과 참여권자에의 통지】
압수·수색영장을 집행함에는 미리 집행의 일시와 장소를 전조에 규정한 자에게 통지하여야 한다. 단, 전조에 규정한 자가 참여하지 아니한다는 의사를 명시한 때 또는 급속을 요하는 때에는 예외로 한다.

제123조【영장의 집행과 책임자의 참여】
① 공무소, 군사용 항공기 또는 선박·차량 안에서 압수·수색영장을 집행하려면 그 책임자에게 참여할 것을 통지하여야 한다.
② 제1항에 규정한 장소 외에 타인의 주거, 간수자 있는 가옥, 건조물(建造物), 항공기 또는 선박·차량 안에서 압수·수색영장을 집행할 때에는 주거주(住居主), 간수자 또는 이에 준하는 사람을 참여하게 하여야 한다.
③ 제2항의 사람을 참여하게 하지 못할 때에는 이웃 사람 또는 지방공공단체의 직원을 참여하게 하여야 한다.

[전문개정 2020.12.8]

제124조【여자의 수색과 참여】
여자의 신체에 대하여 수색할 때에는 성년의 여자를 참여하게 하여야 한다.

제125조【야간집행의 제한】
일출전, 일몰후에는 압수·수색영장에 야간집행을 할 수 있는 기재가 없으면 그 영장을 집행하기 위하여 타인의 주거, 간수자있는 가옥, 건조물, 항공기 또는 선거내에 들어가지 못한다.

제126조【야간집행제한의 예외】
다음 장소에서 압수·수색영장을 집행함에는 전조의 제한을 받지 아니한다.

1. 도박 기타 풍속을 해하는 행위에 상용(常用)된다고 인정하는 장소
2. 여관, 음식점 기타 야간에 공중이 출입할 수 있는 장소. 단, 공개한 시간내에 한한다.

제127조【집행중지와 필요한 처분】
압수·수색영장의 집행을 중지한 경우에 필요한 때에는 집행이 종료될 때까지 그 장소를 폐쇄하거나 간수자를 둘 수 있다.

제128조【증명서의 교부】
수색한 경우에 증거물 또는 몰수할 물건이 없는 때에는 그 취지의 증명서를 교부하여야 한다.

제129조【압수목록의 교부】
압수한 경우에는 목록을 작성하여 소유자, 소지자, 보관자 기타 이에 준할 자에게 교부하여야 한다.

제130조【압수물의 보관과 폐기】
① 운반 또는 보관에 불편한 압수물에 관하여는 간수자를 두거나 소유자 또는 적당한 자의 승낙을 얻어 보관하게 할 수 있다.
② 위험발생의 염려가 있는 압수물은 폐기할 수 있다.
③ 법령상 생산·제조·소지·소유 또는 유통이 금지된 압수물로서 부패의 염려가 있거나 보관하기 어려운 압수물은 소유자 등 권한 있는 자의 동의를 받아 폐기할 수 있다.

〈신설 2007.6.1〉

제131조【주의사항】
압수물에 대하여는 그 상실 또는 파손 등의 방지를 위하여 상당한 조치를 하여야 한다.

제132조 【압수물의 대가보관(代價保管)】
① 몰수하여야 할 압수물로서 멸실·파손·부패 또는 현저한 가치 감소의 염려가 있거나 보관하기 어려운 압수물은 매각하여 대가를 보관할 수 있다.
② 환부하여야 할 압수물 중 환부를 받을 자가 누구인지 알 수 없거나 그 소재가 불명한 경우로서 그 압수물의 멸실·파손·부패 또는 현저한 가치 감소의 염려가 있거나 보관하기 어려운 압수물은 매각하여 대가를 보관할 수 있다.

[전문개정 2007.6.1]

제133조【압수물의 환부, 가환부(假還付)】

① 압수를 계속할 필요가 없다고 인정되는 압수물은 피고사건 종결전이라도 결정으로 환부하여야 하고 증거에 공할 압수물은 소유자, 소지자, 보관자 또는 제출인의 청구에 의하여 가환부할 수 있다.

② 증거에만 공(供)할 목적으로 압수한 물건으로서 그 소유자 또는 소지자가 계속 사용하여야 할 물건은 사진촬영 기타 원형보존(原型保存)의 조치를 취하고 신속히 가환부하여야 한다.

제134조【압수장물(押收贓物)의 피해자환부】

압수한 장물은 피해자에게 환부할 이유가 명백한 때에는 피고사건의 종결전이라도 결정으로 피해자에게 환부할 수 있다.

제135조【압수물처분과 당사자에의 통지】

전3조의 결정을 함에는 검사, 피해자, 피고인 또는 변호인에게 미리 통지하여야 한다.

제136조【수명법관(受命法官), 수탁판사(受託判事)】

① 법원은 압수 또는 수색을 합의부원에게 명할 수 있고 그 목적물의 소재지를 관할하는 지방법원 판사에게 촉탁할 수 있다.

② 수탁판사는 압수 또는 수색의 목적물이 그 관할구역내에 없는 때에는 그 목적물 소재지 지방법원 판사에게 전촉할 수 있다.

③ 수명법관, 수탁판사가 행하는 압수 또는 수색에 관하여는 법원이 행하는 압수 또는 수색에 관한 규정을 준용한다.

2019.12.31 개정

제137조【구속영장집행과 수색】

검사, 사법경찰관리 또는 제81조 제2항의 규정에 의한 법원사무관 등이 구속영장을 집행할 경우에 필요한 때에는 미리 수색영장을 발부받기 어려운 긴급한 사정이 있는 경우에 한정하여 타인의 주거, 간수자 있는 가옥, 건조물, 항공기, 선차(船車) 내에 들어가 피고인을 수색할 수 있다.

〈개정 2007.6.1., 2019.12.31.〉

개정 前

제137조[구속영장집행과 수색]

검사, 사법경찰관리 또는 제81조 제2항의 규정에 의한 법원사무관 등이 구속영장을 집행할 경우에 필요한 때에는 타인의 주거, 간수자 있는 가옥, 건조물, 항공기, 선차(船車) 내에 들어가 피고인을 수색할 수 있다. 〈개정 2007.6.1.〉

제138조【준용규정】

제119조, 제120조, 제123조와 제127조의 규정은 전조의 규정에 의한 검사, 사법경찰관리, 법원사무관 등의 수색에 준용한다. 〈개정 2007.6.1〉

제11장 검 증

제139조【검 증(檢證)】

법원은 사실을 발견함에 필요한 때에는 검증을 할 수 있다.

제140조【검증과 필요한 처분】

검증을 함에는 신체의 검사, 사체의 해부, 분묘의 발굴, 물건의 파괴 기타 필요한 처분을 할 수 있다.

제141조【신체검사에 관한 주의】

① 신체의 검사에 관하여는 검사를 받는 사람의 성별, 나이, 건강상태, 그 밖의 사정을 고려하여 그 사람의 건강과 명예를 해하지 아니하도록 주의하여야 한다.

② 피고인 아닌 사람의 신체검사는 증거가 될 만한 흔적을 확인할 수 있는 현저한 사유가 있는 경우에만 할 수 있다.

③ 여자의 신체를 검사하는 경우에는 의사나 성년 여자를 참여하게 하여야 한다.

④ 시체의 해부(解剖) 또는 분묘(墳墓)의 발굴(發掘)을 하는 때에는 예(禮)에 어긋나지 아

니하도록 주의하고 미리 유족에게 통지하여야 한다.

[전문개정 2020.12.8]

제142조【신체검사와 소환】

법원은 신체를 검사하기 위하여 피고인 아닌 자를 법원 기타 지정한 장소에 소환할 수 있다.

제143조【시각의 제한】

① 일출전, 일몰후에는 가주(家主), 간수자 또는 이에 준하는 자의 승낙이 없으면 검증을 하기 위하여 타인의 주거, 간수자 있는 가옥, 건조물, 항공기, 선거내에 들어가지 못한다. 단, 일출후에는 검증의 목적을 달성할 수 없을 염려가 있는 경우에는 예외로 한다.

② 일몰전에 검증에 착수한 때에는 일몰후라도 검증을 계속할 수 있다.

③ 제126조에 규정한 장소에는 제1항의 제한을 받지 아니한다.

제144조【검증의 보조】

검증을 함에 필요한 때에는 사법경찰관리에게 보조를 명할 수 있다.

제145조【준용규정】

제110조, 제119조 내지 제123조, 제127조와 제136조의 규정은 검증에 관하여 준용한다.

제12장 증인신문

제146조【증인(證人)의 자격】

법원은 법률에 다른 규정이 없으면 누구든지 증인으로 신문할 수 있다.

제147조【공무상 비밀과 증인자격】

① 공무원 또는 공무원이었던 자가 그 직무에 관하여 알게 된 사실에 관하여 본인 또는 당해 공무소가 직무상 비밀에 속한 사항임을 신고한 때에는 그 소속공무소 또는 감독관공서의 승낙 없이는 증인으로 신문하지 못한다.

② 그 소속공무소 또는 당해 감독관공서는 국가에 중대한 이익을 해하는 경우를 제외하고는 승낙을 거부하지 못한다.

제148조【근친자(近親者)의 형사책임과 증언 거부】

누구든지 자기나 다음 각 호의 어느 하나에 해당하는 자가 형사소추(刑事訴追) 또는 공소제기를 당하거나 유죄판결을 받을 사실이 드러날 염려가 있는 증언을 거부할 수 있다.

1. 친족이거나 친족이었던 사람
2. 법정대리인, 후견감독인

[전문개정 2020.12.8]

제149조【업무상 비밀과 증언거부】

변호사, 변리사, 공증인, 공인회계사, 세무사, 대서업자, 의사, 한의사, 치과의사, 약사, 약종상, 조산사, 간호사, 종교의 직에 있는 자 또는 이러한 직에 있던 자가 그 업무상 위탁을 받은 관계로 알게 된 사실로서 타인의 비밀에 관한 것은 증언을 거부할 수 있다. 단, 본인의 승낙이 있거나 중대한 공익상 필요 있는 때에는 예외로 한다.

〈개정 1980.12.18, 1997.12.13〉

제150조【증언거부사유의 소명(疏明)】

증언을 거부하는 자는 거부사유를 소명하여야 한다.

제150조의2【증인의 소환】

① 법원은 소환장의 송달, 전화, 전자우편, 그 밖의 상당한 방법으로 증인을 소환한다.

② 증인을 신청한 자는 증인이 출석하도록 합리적인 노력을 할 의무가 있다.

[본조신설 2007.6.1]

제151조【증인이 출석하지 아니한 경우의 과태료 등】

① 법원은 소환장을 송달받은 증인이 정당한 사유 없이 출석하지 아니한 때에는 결정으로 당해 불출석으로 인한 소송비용을 증인이 부담하도록 명하고, 500만원 이하의 과태료를 부과할 수 있다. 제153조에 따라 준용되는 제76조 제2항·제5항에 따라 소환장의 송달과 동일한 효력이 있는 경우에도 또한 같다.

② 법원은 증인이 제1항에 따른 과태료 재판을 받고도 정당한 사유 없이 다시 출석하지 아니한 때에는 결정으로 증인을 7일 이내의 감치(監置)에 처한다.

③ 법원은 감치재판기일에 증인을 소환하여 제2항에 따른 정당한 사유가 있는지의 여부를 심리하여야 한다.

④ 감치는 그 재판을 한 법원의 재판장의 명령에 따라 사법경찰관리·교도관·법원경위 또는 법원사무관 등이 교도소·구치소 또는 경찰서유치장에 유치하여 집행한다.

⑤ 감치에 처하는 재판을 받은 증인이 제4항에 규정된 감치시설에 유치된 경우 당해 감치시설의 장은 즉시 그 사실을 법원에 통보하여야 한다.

⑥ 법원은 제5항의 통보를 받은 때에는 지체 없이 증인신문기일을 열어야 한다.

⑦ 법원은 감치의 재판을 받은 증인이 감치의 집행 중에 증언을 한 때에는 즉시 감치결정을 취소하고 그 증인을 석방하도록 명하여야 한다.

⑧ 제1항과 제2항의 결정에 대하여는 즉시항고를 할 수 있다. 이 경우 제410조는 적용하지 아니한다.

[전문개정 2007.6.1.]

第152조 【소환불응과 구인】

정당한 사유없이 소환에 응하지 아니하는 증인은 구인할 수 있다.

第153조 【준용규정】

제73조, 제74조, 제76조의 규정은 증인의 소환에 준용한다.

第154조 【구내(構內)증인의 소환】

증인이 법원의 구내에 있는 때에는 소환함이 없이 신문할 수 있다.

第155조 【준용규정】

제73조, 제75조, 제77조, 제81조 내지 제83조, 제85조 제1항, 제2항의 규정은 증인의 구인에 준용한다.

第156조 【증인의 선서】

증인에게는 신문(訊問) 전에 선서하게 하여야 한다. 단, 법률에 다른 규정이 있는 경우에는 예외로 한다.

第157조 【선서의 방식】

① 선서는 선서서(宣誓書)에 따라 하여야 한다.

② 선서서에는 "양심에 따라 숨김과 보탬이 없이 사실 그대로 말하고 만일 거짓말이 있으면 위증의 벌을 받기로 맹세합니다."라고 기재하여야 한다.

③ 재판장은 증인에게 선서서를 낭독하고 기명날인하거나 서명하게 하여야 한다. 다만, 증인이 선서서를 낭독하지 못하거나 서명을 하지 못하는 경우에는 참여한 법원사무관등이 대행한다.

④ 선서는 일어서서 엄숙하게 하여야 한다.

[전문개정 2020.12.8]

第158조 【선서한 증인에 대한 경고】

재판장은 선서할 증인에 대하여 선서전에 위증의 벌을 경고하여야 한다.

第159조 【선서무능력】

증인이 다음 각호의 1에 해당한 때에는 선서하게 하지 아니하고 신문하여야 한다.

1. 16세미만의 자
2. 선서의 취지를 이해하지 못하는 자

第160조 【증언거부권의 고지】

증인이 제148조, 제149조에 해당하는 경우에는 재판장은 신문 전에 증언을 거부할 수 있음을 설명하여야 한다.

第161조 【선서, 증언의 거부와 과태료】

① 증인이 정당한 이유없이 선서나 증언을 거부한 때에는 결정으로 50만원 이하의 과태료에 처할 수 있다. 〈개정 1973.1.25, 1995.12.29〉

② 제1항의 결정에 대하여는 즉시항고(卽時抗告)를 할 수 있다. 〈개정 1995.12.29〉

第161조의2 【증인신문의 방식】

① 증인은 신청한 검사, 변호인 또는 피고인이

형사소송법

먼저 이를 신문하고 다음에 다른 검사, 변호인 또는 피고인이 신문한다.

② 재판장은 전항의 신문이 끝난 뒤에 신문할 수 있다.

③ 재판장은 필요하다고 인정하면 전2항의 규정에 불구하고 어느 때나 신문할 수 있으며 제1항의 신문순서를 변경할 수 있다.

④ 법원이 직권으로 신문할 증인이나 범죄로 인한 피해자의 신청에 의하여 신문할 증인의 신문방식은 재판장이 정하는 바에 의한다. 〈개정 1987.11.28〉

⑤ 합의부원은 재판장에게 고(告)하고 신문할 수 있다. [본조신설 1961.9.1]

제162조【개별신문과 대질(對質)】

① 증인신문은 각 증인에 대하여 신문하여야 한다. 〈개정 1961.9.1〉

② 신문하지 아니한 증인이 재정한때에는 퇴정을 명하 여야 한다.

③ 필요한 때에는 증인과 다른 증인 또는 피고인과 대질하게 할 수 있다.

④ 삭 제 〈1961.9.1〉

제163조【당사자의 참여권, 신문권】

① 검사, 피고인 또는 변호인은 증인신문에 참여할 수 있다.

② 증인신문의 시일과 장소는 전항의 규정에 의하여 참여할 수 있는 자에게 미리 통지하여야 한다. 단, 참여하지 아니한다는 의사를 명시한 때에는 예외로 한다.

제163조의2【신뢰관계에 있는 자의 동석】

① 법원은 범죄로 인한 피해자를 증인으로 신문하는 경우 증인의 연령, 심신의 상태, 그 밖의 사정을 고려하여 증인이 현저하게 불안 또는 긴장을 느낄 우려가 있다고 인정되는 때에는 직권 또는 피해자·법정대리인·검사의 신청에 따라 피해자와 신뢰관계에 있는 자를 동석하게 할 수 있다.

② 법원은 범죄로 인한 피해자가 13세 미만이거나 신체적 또는 정신적 장애로 사물을 변별하거나 의사를 결정할 능력이 미약한 경우에 재판에 지장을 초래할 우려가 있는 등 부득이한 경우가 아닌 한 피해자와 신뢰관계에 있는 자를 동석하게 하여야 한다.

③ 제1항 또는 제2항에 따라 동석한 자는 법원·소송관계인의 신문 또는 증인의 진술을 방해하거나 그 진술의 내용에 부당한 영향을 미칠 수 있는 행위를 하여서는 아니 된다.

④ 제1항 또는 제2항에 따라 동석할 수 있는 신뢰관계에 있는 자의 범위, 동석의 절차 및 방법 등에 관하여 필요한 사항은 대법원규칙으로 정한다. [본조신설 2007.6.1]

제164조【신문의 청구】

① 검사, 피고인 또는 변호인이 증인신문에 참여하지 아니할 경우에는 법원에 대하여 필요한 사항의 신문을 청구할 수 있다.

② 피고인 또는 변호인의 참여없이 증인을 신문한 경우에 피고인에게 예기하지 아니한 불이익의 증언이 진술된 때에는 반드시 그 진술내용을 피고인 또는 변호인에게 알려주어야 한다.

③ 삭 제 〈1961.9.1〉

제165조【증인의 법정외 신문】

법원은 증인의 연령, 직업, 건강상태 기타의 사정을 고려하여 검사, 피고인 또는 변호인의 의견을 묻고 법정외에 소환하거나 현재지에서 신문할 수 있다.

제165조의2【비디오 등 중계장치 등에 의한 증인신문】

① 법원은 다음 각 호의 어느 하나에 해당하는 사람을 증인으로 신문하는 경우 상당하다고 인정할 때에는 검사와 피고인 또는 변호인의 의견을 들어 비디오 등 중계장치에 의한 중계시설을 통하여 신문하거나 가림 시설 등을

설치하고 신문할 수 있다. 〈개정 2009.6.9., 2011.8.4., 2012.12.18., 2020.12.8., 2021.8.17.〉

1. 「아동복지법」 제71조 제1항 제1호·제1호의2·제2호·제3호에 해당하는 죄의 피해자
2. 「아동·청소년의 성보호에 관한 법률」 제7조, 제8조, 제11조부터 제15조까지 및 제17조 제1항의 규정에 해당하는 죄의 대상이 되는 아동·청소년 또는 피해자
3. 범죄의 성질, 증인의 나이, 심신의 상태, 피고인과의 관계, 그 밖의 사정으로 인하여 피고인 등과 대면하여 진술할 경우 심리적인 부담으로 정신의 평온을 현저하게 잃을 우려가 있다고 인정되는 사람

2021.8.17 신설

② 법원은 증인이 멀리 떨어진 곳 또는 교통이 불편한 곳에 살고 있거나 건강상태 등 그 밖의 사정으로 말미암아 법정에 직접 출석하기 어렵다고 인정하는 때에는 검사와 피고인 또는 변호인의 의견을 들어 비디오 등 중계장치에 의한 중계시설을 통하여 신문할 수 있다. 〈신설 2021.8.17.〉

③ 제1항과 제2항에 따른 증인신문은 증인이 법정에 출석하여 이루어진 증인신문으로 본다. 〈신설 2021.8.17.〉

④ 제1항과 제2항에 따른 증인신문의 실시에 필요한 사항은 대법원규칙으로 정한다. 〈신설 2021.8.17.〉

[본조신설 2007.6.1.]

제166조 【동행명령(同行命令)과 구인】

① 법원은 필요한 때에는 결정으로 지정한 장소에 증인의 동행을 명할 수 있다.

② 증인이 정당한 사유없이 동행을 거부하는 때에는 구인할 수 있다.

제167조 【수명법관, 수탁판사】

① 법원은 합의부원에게 법정외의 증인신문을 명할 수 있고 또는 증인현재지의 지방법원판사에게 그 신문을 촉탁할 수 있다.

② 수탁판사는 증인이 관할구역 내에 현재하지 아니한 때에는 그 현재지의 지방법원판사에게 전촉(轉囑)할 수 있다.

③ 수명법관 또는 수탁판사는 증인의 신문에 관하여 법원 또는 재판장에 속한 처분을 할 수 있다.

제168조 【증인의 여비, 일당, 숙박료】

소환받은 증인은 법률의 규정한 바에 의하여 여비, 일당과 숙박료를 청구할 수 있다. 단, 정당한 사유없이 선서 또는 증언을 거부한 자는 예외로 한다.

제13장 감 정

제169조 【감 정(鑑定)】

법원은 학식경험 있는 자에게 감정을 명할 수 있다.

제170 【선 서】

① 감정인에게는 감정 전에 선서하게 하여야 한다.

② 선서는 선서서에 의하여야 한다.

③ 선서서에는 「양심에 따라 성실히 감정하고 만일 거짓이 있으면 허위감정의 벌을 받기로 맹서합니다」라고 기재하여야 한다.

④ 제157조 제3항, 제4항과 제158조의 규정은 감정인의 선서에 준용한다.

제171조 【감정보고】

① 감정의 경과와 결과는 감정인으로 하여금 서면으로 제출하게 하여야한다.

② 감정인이 수인인 때에는 각각 또는 공동으로 제출하게 할 수 있다.

③ 감정의 결과에는 그 판단의 이유를 명시하여야 한다.

④ 필요한 때에는 감정인에게 설명하게 할 수 있다.

제172조【법원 외의 감정】
① 법원은 필요한 때에는 감정인으로 하여금 법원 외에서 감정하게 할 수 있다.
② 전항의 경우에는 감정을 요하는 물건을 감정인에게 교부할 수 있다.
③ 피고인의 정신 또는 신체에 관한 감정에 필요한 때에는 법원은 기간을 정하여 병원 기타 적당한 장소에 피고인을 유치(留置)하게 할 수 있고 감정이 완료되면 즉시 유치를 해제하여야 한다.
④ 전항의 유치를 함에는 감정유치장(鑑定留置狀)을 발부하여야 한다. 〈개정 1973.1.25〉
⑤ 제3항의 유치를 함에 있어서 필요한 때에는 법원은 직권 또는 피고인을 수용할 병원 기타 장소의 관리자의 신청에 의하여 사법경찰관리에게 피고인의 간수를 명할 수 있다. 〈신설 1973.1.25〉
⑥ 법원은 필요한 때에는 유치기간을 연장하거나 단축할 수 있다. 〈신설 1973.1.25〉
⑦ 구속에 관한 규정은 이 법률에 특별한 규정이 없는 경우에는 제3항의 유치에 관하여 이를 준용한다. 단, 보석에 관한 규정은 그러하지 아니하다. 〈신설 1973.1.25〉
⑧ 제3항의 유치는 미결구금일수의 산입에 있어서는 이를 구속으로 간주한다. 〈신설 1973.1.25〉

제172조의2【감정유치와 구속】
① 구속 중인 피고인에 대하여 감정유치장이 집행되었을 때에는 피고인이 유치되어 있는 기간 구속은 그 집행이 정지된 것으로 간주한다.
② 전항의 경우에 전조 제3항의 유치처분이 취소되거나 유치기간이 만료된 때에는 구속의 집행정지가 취소된 것으로 간주한다.
[본조신설 1973.1.25]

제173조【감정에 필요한 처분】
① 감정인은 감정에 관하여 필요한 때에는 법원의 허가를 얻어 타인의 주거, 간수자 있는 가옥, 건조물, 항공기, 선거내에 들어 갈 수 있고 신체의 검사, 사체의 해부, 분묘의 발굴, 물건의 파괴를 할 수 있다.
② 전항의 허가에는 피고인의 성명, 죄명, 들어갈 장소, 검사할 신체, 해부할 사체, 발굴할 분묘, 파괴할 물건, 감정인의 성명과 유효기간을 기재한 허가장을 발부하여야 한다.
③ 감정인은 제1항의 처분을 받는 자에게 허가장을 제시하여야 한다.
④ 전2항의 규정은 감정인이 공판정에서 행하는 제1항의 처분에는 적용하지 아니한다.
⑤ 제141조, 제143조의규정은 제1항의 경우에 준용한다.

제174조【감정인의 참여권, 신문권】
① 감정인은 감정에 관하여 필요한 경우에는 재판장의 허가를 얻어 서류와 증거물을 열람 또는 등사하고 피고인 또는 증인의 신문에 참여할 수 있다.
② 감정인은 피고인 또는 증인의 신문을 구하거나 재판장의 허가를 얻어 직접 발문할 수 있다.

제175조【수명법관】
법원은 합의부원으로 하여금 감정에 관하여 필요한 처분을 하게 할 수 있다.

제176조【당사자의 참여】
① 검사, 피고인 또는 변호인은 감정에 참여할 수 있다.
② 제122조의 규정은 전항의 경우에 준용한다.

제177조【준용규정】
감정에 관하여는 제12장(구인에 관한 규정은 제외한다)을 준용한다. [전문개정 2020.12.8.]

제178조【여비, 감정료 등】
감정인은 법률의 정하는 바에 의하여 여비, 일당, 숙박료외에 감정료와 체당금(替當金)의 변상(辨償)을 청구 할 수 있다.

제179조【감정증인】
특별한 지식에 의하여 알게 된 과거의 사실을 신

문하는 경우에는 본장의 규정에 의하지 아니하고 전장의 규정에 의한다.

제179조의2【감정의 촉탁】

① 법원은 필요하다고 인정하는 때에는 공무소·학교·병원 기타 상당한 설비가 있는 단체 또는 기관에 대하여 감정을 촉탁할 수 있다. 이 경우 선서에 관한 규정은 이를 적용하지 아니한다.

② 제1항의 경우 법원은 당해 공무소·학교·병원·단체 또는 기관이 지정한 자로 하여금 감정서의 설명을 하게 할 수 있다.

[본조신설 1995.12.29]

제14장 통역과 번역

제180조【통 역(通譯)】

국어에 통하지 아니하는 자의 진술에는 통역인으로 하여금 통역하게 하여야 한다.

제181조【청각 또는 언어장애인의 통역】

듣거나 말하는 데 장애가 있는 사람의 진술에 대해서는 통역인으로 하여금 통역하게 할 수 있다.

[전문개정 2020.12.8]

제182조【번 역(飜譯)】

국어 아닌 문자 또는 부호는 번역하게 하여야 한다.

제183조【준용규정】

전장의 규정은 통역과 번역에 준용한다.

제15장 증거보전

제184조【증거보전(證據保全)의 청구와 그 절차】

① 검사, 피고인, 피의자 또는 변호인은 미리 증거를 보전하지 아니하면 그 증거를 사용하기 곤란한 사정이 있는 때에는 제1회 공판기일전이라도 판사에게 압수, 수색, 검증, 증인신문 또는 감정을 청구할 수 있다.

② 전항의 청구를 받은 판사는 그 처분에 관하여 법원 또는 재판장과 동일한 권한이 있다.

③ 제1항의 청구를 함에는 서면으로 그 사유를 소명하여야 한다.

④ 제1항의 청구를 기각하는 결정에 대하여는 3일 이내에 항고할 수 있다. 〈신설 2007.6.1〉

제185조【서류의 열람 등】

검사, 피고인, 피의자 또는 변호인은 판사의 허가를 얻어 전조의 처분에 관한 서류와 증거물을 열람 또는 등사할 수 있다.

2025.12.23.0 개정 | 2026.6.24. 시행 예정

제185조【서류의 열람 등】

① 검사, 피고인, 피의자 또는 변호인은 판사의 허가를 얻어 제184조에 따른 처분에 관한 서류와 증거물을 열람 또는 등사할 수 있다.

② 피해자(피해자가 사망하거나 그 심신에 중대한 장애가 있는 경우에는 그 배우자·직계친족 및 형제자매를 포함한다), 피해자 본인의 법정대리인 또는 이들로부터 위임을 받은 피해자 본인의 배우자·직계친족·형제자매·변호사는 제184조에 따른 처분에 관한 서류와 증거물의 열람 또는 등사를 판사에게 신청할 수 있다.

③ 제2항에 따른 열람 또는 등사의 허가에 관하여는 제294조의4 제2항부터 제7항까지를 준용한다. 이 경우 "소송기록"은 각각 "제184조에 따른 처분에 관한 서류와 증거물"로, "재판장"은 각각 "판사"로, "심리의 상황"은 "수사 및 재판의 상황"으로 본다.

[전문개정 2025.12.23.]

제16장 소송비용

제186조 【피고인의 소송비용부담】

① 형의 선고를 하는 때에는 피고인에게 소송비용의 전부 또는 일부를 부담하게 하여야 한다. 다만, 피고인의 경제적 사정으로 소송비용을 납부할 수 없는 때에는 그러하지 아니하다.

〈개정 1995.12.29〉

② 피고인에게 책임지울 사유로 발생된 비용은 형의 선고를 하지 아니하는 경우에도 피고인에게 부담하게 할 수 있다.

제187조 【공범의 소송비용】

공범의 소송비용은 공범인에게 연대부담하게 할 수 있다.

제188조 【고소인등의 소송비용부담】

고소 또는 고발에 의하여 공소를 제기한 사건에 관하여 피고인이 무죄 또는 면소의 판결을 받은 경우에 고소인 또는 고발인에게 고의 또는 중대한 과실이 있는 때에는 그 자에게 소송비용의 전부 또는 일부를 부담하게 할 수 있다.

제189조 【검사의 상소취하와 소송비용부담】

검사만이 상소 또는 재심청구를 한 경우에 상소 또는 재심의 청구가 기각되거나 취하된 때에는 그 소송비용을 피고인에게 부담하게 하지 못한다.

제190조 【제3자의 소송비용부담】

① 검사 아닌 자가 상소 또는 재심청구를 한 경우에 상소 또는 재심의 청구가 기각되거나 취하된 때에는 그 자에게 그 소송비용을 부담하게 할 수 있다.

② 피고인 아닌 자가 피고인이 제기한 상소 또는 재심의 청구를 취하한 경우에도 전항과 같다.

제191조 【소송비용부담의 재판】

① 재판으로 소송절차가 종료되는 경우에 피고인에게 소송비용을 부담하게 하는 때에는 직권으로 재판하여야 한다.

② 전항의 재판에 대하여는 본안의 재판에 관하여 상소하는 경우에 한하여 불복할 수 있다.

제192조 【제3자부담의 재판】

① 재판으로 소송절차가 종료되는 경우에 피고인 아닌 자에게 소송비용을 부담하게 하는 때에는 직권으로 결정을 하여야 한다.

② 전항의 결정에 대하여는 즉시항고를 할 수 있다.

제193조 【재판에 의하지 아니한 절차종료】

① 재판에 의하지 아니하고 소송절차가 종료되는 경우에 소송비용을 부담하게 하는 때에는 사건의 최종계속법원의 직권으로 결정을 하여야 한다.

② 전항의 결정에 대하여는 즉시항고를 할 수 있다.

제194조 【부담액의 산정】

소송비용의 부담을 명하는 재판에 그 금액을 표시하지 아니한 때에는 집행을 지휘하는 검사가 산정한다.

제194조의2 【무죄판결과 비용보상】

① 국가는 무죄판결이 확정된 경우에는 당해 사건의 피고인이었던 자에 대하여 그 재판에 소요된 비용을 보상하여야 한다.

② 다음 각 호의 어느 하나에 해당하는 경우에는 제1항에 따른 비용의 전부 또는 일부를 보상하지 아니할 수 있다.

1. 피고인이었던 자가 수사 또는 재판을 그르칠 목적으로 거짓 자백을 하거나 다른 유죄의 증거를 만들어 기소된 것으로 인정된 경우
2. 1개의 재판으로써 경합범의 일부에 대하여 무죄판결이 확정되고 다른 부분에 대하여 유죄판결이 확정된 경우
3. 「형법」 제9조 및 제10조 제1항의 사유에 따른 무죄판결이 확정된 경우
4. 그 비용이 피고인이었던 자에게 책임지울 사유로 발생한 경우 [본조신설 2007.6.1]

제194조의3【비용보상의 절차 등】

① 제194조의2 제1항에 따른 비용의 보상은 피고인이었던 자의 청구에 따라 무죄판결을 선고한 법원의 합의부에서 결정으로 한다.

② 제1항에 따른 청구는 무죄판결이 확정된 사실을 안 날부터 3년, 무죄판결이 확정된 때부터 5년 이내에 하여야 한다.

〈개정 2014.12.30〉

③ 제1항의 결정에 대하여는 즉시항고를 할 수 있다.

[본조신설 2007.6.1]

제194조의4【비용보상의 범위】

① 제194조의2에 따른 비용보상의 범위는 피고인이었던 자 또는 그 변호인이었던 자가 공판준비 및 공판기일에 출석하는데 소요된 여비·일당·숙박료와 변호인이었던 자에 대한 보수에 한한다. 이 경우 보상금액에 관하여는 「형사소송비용 등에 관한 법률」을 준용하되, 피고인이었던 자에 대하여는 증인에 관한 규정을, 변호인이었던 자에 대하여는 국선변호인에 관한 규정을 준용한다.

② 법원은 공판준비 또는 공판기일에 출석한 변호인이 2인 이상이었던 경우에는 사건의 성질, 심리 상황, 그 밖의 사정을 고려하여 변호인이었던 자의 여비·일당 및 숙박료를 대표변호인이나 그 밖의 일부 변호인의 비용만으로 한정할 수 있다.

[본조신설 2007.6.1]

제194조의5【준용규정】

비용보상청구, 비용보상절차, 비용보상과 다른 법률에 따른 손해배상과의 관계, 보상을 받을 권리의 양도·압류 또는 피고인이었던 자의 상속인에 대한 비용보상에 관하여 이 법에 규정한 것을 제외하고는 「형사보상법」에 따른 보상의 예에 따른다.

[본조신설 2007.6.1]

제2편 제1심

제1장 수 사

2020.2.4 신설

제195조【검사와 사법경찰관의 관계 등】

① 검사와 사법경찰관은 수사, 공소제기 및 공소유지에 관하여 서로 협력하여야 한다.

② 제1항에 따른 수사를 위하여 준수하여야 하는 일반적 수사준칙에 관한 사항은 대통령령으로 정한다.

[본조신설 2020.2.4.]

[종전 제195조는 제196조로 이동 〈2020.2.4.〉]

제196조【검사의 수사(捜査)】

2020.2.4 개정 | 2022.5.9. ② 신설

① 검사는 범죄의 혐의가 있다고 사료하는 때에는 범인, 범죄사실과 증거를 수사한다.

② 검사는 제197조의3 제6항, 제198조의2 제2항 및 제245조의7 제2항에 따라 사법경찰관으로부터 송치받은 사건에 관하여는 해당 사건과 동일성을 해치지 아니하는 범위 내에서 수사할 수 있다. 〈신설 2022.5.9.〉

[전문개정 2020.2.4.]

[제195조에서 이동, 종전 제196조는 제197조로 이동 〈2020.2.4.〉]

개정 前

제195조【검사의 수사(捜査)】

검사는 범죄의 혐의 있다고 사료하는 때에는 범인, 범죄사실과 증거를 수사하여야 한다.

2020.2.4 개정

제197조【사법경찰관리(司法警察官吏)】

① 경무관, 총경, 경정, 경감, 경위는 사법경찰

관으로서 범죄의 혐의가 있다고 사료하는 때에는 범인, 범죄사실과 증거를 수사한다.

〈개정 2020.2.4.〉

② 경사, 경장, 순경은 사법경찰리로서 수사의 보조를 하여야 한다. 〈개정 전 ⑤와 동일〉

③ 삭 제 〈2020.2.4.〉

④ 삭 제 〈2020.2.4.〉

⑤ 삭 제 〈2020.2.4.〉

⑥ 삭 제 〈2020.2.4.〉

[전문개정 2011.7.18.]

[제196조에서 이동, 종전 제197조는 삭제 〈2020.2.4.〉]

개정 前

제196조(사법경찰관리)

① 수사관, 경무관, 총경, 경정, 경감, 경위는 사법경찰관으로서 모든 수사에 관하여 검사의 지휘를 받는다.

② 사법경찰관은 범죄의 혐의가 있다고 인식하는 때에는 범인, 범죄사실과 증거에 관하여 수사를 개시·진행하여야 한다.

③ 사법경찰관리는 검사의 지휘가 있는 때에는 이에 따라야 한다. 검사의 지휘에 관한 구체적 사항은 대통령령으로 정한다.

④ 사법경찰관은 범죄를 수사한 때에는 관계 서류와 증거물을 지체 없이 검사에게 송부하여야 한다.

⑤ 경사, 경장, 순경은 사법경찰리로서 수사의 보조를 하여야 한다.

⑥ 제1항 또는 제5항에 규정한 자 이외에 법률로써 사법경찰관리를 정할 수 있다.

[전문개정 2011.7.18.]

삭제 前

제197조【특별사법경찰관리】 삭제 〈2020.2.4.〉

삼림, 해사, 전매, 세무, 군수사기관 기타 특별한 사항에 관하여 사법경찰관리의 직무를 행할 자와 그 직무의 범위는 법률로써 정한다.

▶▶ 같은 내용이 제245조의10 제1항에 신설됨

2020.2.4 신설

제197조의2【보완수사요구】

① 검사는 다음 각 호의 어느 하나에 해당하는 경우에 사법경찰관에게 보완수사를 요구할 수 있다.

1. 송치사건의 공소제기 여부 결정 또는 공소의 유지에 관하여 필요한 경우
2. 사법경찰관이 신청한 영장의 청구 여부 결정에 관하여 필요한 경우

② 사법경찰관은 제1항의 요구가 있는 때에는 정당한 이유가 없는 한 지체 없이 이를 이행하고, 그 결과를 검사에게 통보하여야 한다.

③ 검찰총장 또는 각급 검찰청 검사장은 사법경찰관이 정당한 이유 없이 제1항의 요구에 따르지 아니하는 때에는 권한 있는 사람에게 해당 사법경찰관의 직무배제 또는 징계를 요구할 수 있고, 그 징계 절차는 「공무원 징계령」 또는 「경찰공무원 징계령」에 따른다.

[본조신설 2020.2.4.]

2020.2.4 신설

제197조의3【시정조치요구 등】

① 검사는 사법경찰관리의 수사과정에서 법령위반, 인권침해 또는 현저한 수사권 남용이 의심되는 사실의 신고가 있거나 그러한 사실을 인식하게 된 경우에는 사법경찰관에게 사건기록 등본의 송부를 요구할 수 있다.

② 제1항의 송부 요구를 받은 사법경찰관은 지체 없이 검사에게 사건기록 등본을 송부하여야 한다.

③ 제2항의 송부를 받은 검사는 필요하다고 인정되는 경우에는 사법경찰관에게 시정조치를 요구할 수 있다.

④ 사법경찰관은 제3항의 시정조치 요구가 있는 때에는 정당한 이유가 없으면 지체 없이 이를 이행하고, 그 결과를 검사에게 통보하여야 한다.

⑤ 제4항의 통보를 받은 검사는 제3항에 따른 시정조치 요구가 정당한 이유 없이 이행되지 않았다고 인정되는 경우에는 사법경찰관에게 사건을 송치할 것을 요구할 수 있다.

⑥ 제5항의 송치 요구를 받은 사법경찰관은 검사에게 사건을 송치하여야 한다.

⑦ 검찰총장 또는 각급 검찰청 검사장은 사법경찰관리의 수사과정에서 법령위반, 인권침해 또는 현저한 수사권 남용이 있었던 때에는 권한 있는 사람에게 해당 사법경찰관리의 징계를 요구할 수 있고, 그 징계 절차는 「공무원 징계령」 또는 「경찰공무원 징계령」에 따른다.

⑧ 사법경찰관은 피의자를 신문하기 전에 수사과정에서 법령위반, 인권침해 또는 현저한 수사권 남용이 있는 경우 검사에게 구제를 신청할 수 있음을 피의자에게 알려주어야 한다.

[본조신설 2020.2.4.]

2020.2.4 신설

제197조의4 【수사의 경합】

① 검사는 사법경찰관과 동일한 범죄사실을 수사하게 된 때에는 사법경찰관에게 사건을 송치할 것을 요구할 수 있다.

② 제1항의 요구를 받은 사법경찰관은 지체 없이 검사에게 사건을 송치하여야 한다. 다만, 검사가 영장을 청구하기 전에 동일한 범죄사실에 관하여 사법경찰관이 영장을 신청한 경우에는 해당 영장에 기재된 범죄사실을 계속 수사할 수 있다. [본조신설 2020.2.4.]

제198조 【준수사항】

① 피의자에 대한 수사는 불구속 상태에서 함을 원칙으로 한다.

② 검사·사법경찰관리와 그 밖에 직무상 수사에 관계있는 자는 피의자 또는 다른 사람의 인권을 존중하고 수사과정에서 취득한 비밀을 엄수하며 수사에 방해되는 일이 없도록 하여야 한다.

③ 검사·사법경찰관리와 그 밖에 직무상 수사에 관계있는 자는 수사과정에서 수사와 관련하여 작성하거나 취득한 서류 또는 물건에 대한 목록을 빠짐 없이 작성하여야 한다.

〈신설 2011.7.18.〉

2022.5.9 신설

④ 수사기관은 수사 중인 사건의 범죄 혐의를 밝히기 위한 목적으로 합리적인 근거 없이 별개의 사건을 부당하게 수사하여서는 아니 되고, 다른 사건의 수사를 통하여 확보된 증거 또는 자료를 내세워 관련 없는 사건에 대한 자백이나 진술을 강요하여서도 아니 된다. 〈신설 2022.5.9.〉

[전문개정 2007.6.1]

제198조의2 【검사의 체포·구속장소감찰】

〈제목개정 1995.12.29.〉

① 지방검찰청 검사장 또는 지청장은 불법체포·구속의 유무를 조사하기 위하여 검사로 하여금 매월 1회이상 관하(管下)수사관서의 피의자의 체포·구속장소를 감찰(監察)하게 하여야 한다. 감찰하는 검사는 체포 또는 구속된 자를 심문(審問)하고 관련서류를 조사하여야 한다. 〈개정 1995.12.29〉

② 검사는 적법한 절차에 의하지 아니하고 체포 또는 구속된 것이라고 의심할 만한 상당한 이유가 있는 경우에는 즉시 체포 또는 구속된 자를 석방하거나 사건을 검찰에 송치(送致)할 것을 명하여야 한다. 〈개정 1995.12.29〉

[본조신설 1961.9.1]

제199조 【수사와 필요한 조사】

① 수사에 관하여는 그 목적을 달성하기 위하여 필요한 조사를 할 수 있다. 다만, 강제처분은 이 법률에 특별한 규정이 있는 경우에 한하며, 필요한 최소한도의 범위 안에서만 하여야 한다. 〈개정 1995.12.29〉

② 수사에 관하여는 공무소 기타 공사단체에 조회하여 필요한 사항의 보고를 요구할 수 있다.

제200조【피의자의 출석요구】
검사 또는 사법경찰관은 수사에 필요한 때에는 피의자의 출석을 요구하여 진술을 들을 수 있다.
[전문개정 2007.6.1]

제200조의2【영장(令狀)에 의한 체포(逮捕)】
〈제목개정 2007.6.1.〉

① 피의자가 죄를 범하였다고 의심할 만한 상당한 이유가 있고, 정당한 이유없이 제200조의 규정에 의한 출석요구에 응하지 아니하거나 응하지 아니할 우려가 있는 때에는 검사는 관할 지방법원판사에게 청구하여 체포영장을 발부받아 피의자를 체포할 수 있고, 사법경찰관은 검사에게 신청하여 검사의 청구로 관할지방법원판사의 체포영장을 발부받아 피의자를 체포할 수 있다. 다만, 다액 50만원 이하의 벌금, 구류 또는 과료에 해당하는 사건에 관하여는 피의자가 일정한 주거가 없는 경우 또는 정당한 이유없이 제200조의 규정에 의한 출석요구에 응하지 아니한 경우에 한한다.

② 제1항의 청구를 받은 지방법원판사는 상당하다고 인정할 때에는 체포영장을 발부한다. 다만, 명백히 체포의 필요가 인정되지 아니하는 경우에는 그러하지 아니하다.

③ 제1항의 청구를 받은 지방법원판사가 체포영장을 발부하지 아니할 때에는 청구서에 그 취지 및 이유를 기재하고 서명날인하여 청구한 검사에게 교부한다.

④ 검사가 제1항의 청구를 함에 있어서 동일한 범죄사실에 관하여 그 피의자에 대하여 전에 체포영장을 청구하였거나 발부받은 사실이 있는 때에는 다시 체포영장을 청구하는 취지 및 이유를 기재하여야 한다.

⑤ 체포한 피의자를 구속하고자 할 때에는 체포한 때부터 48시간 이내에 제201조의 규정에 의하여 구속영장을 청구하여야 하고, 그 기간내에 구속영장을 청구하지 아니하는 때에는 피의자를 즉시 석방하여야 한다.
[본조신설 1995.12.29]

제200조의3【긴급체포(緊急逮捕)】

① 검사 또는 사법경찰관은 피의자가 사형·무기 또는 장기 3년이상의 징역이나 금고에 해당하는 죄를 범하였다고 의심할 만한 상당한 이유가 있고, 다음 각 호의 어느 하나에 해당하는 사유가 있는 경우에 긴급을 요하여 지방법원판사의 체포영장을 받을 수 없는 때에는 그 사유를 알리고 영장없이 피의자를 체포할 수 있다. 이 경우 긴급을 요한다 함은 피의자를 우연히 발견한 경우 등과 같이 체포영장을 받을 시간적 여유가 없는 때를 말한다.
〈개정 2007.6.1〉
1. 피의자가 증거를 인멸할 염려가 있는 때
2. 피의자가 도망하거나 도망할 우려가 있는 때

② 사법경찰관이 제1항의 규정에 의하여 피의자를 체포한 경우에는 즉시 검사의 승인을 얻어야 한다.

③ 검사 또는 사법경찰관은 제1항의 규정에 의하여 피의자를 체포한 경우에는 즉시 긴급체포서를 작성하여야 한다.

④ 제3항의 규정에 의한 긴급체포서에는 범죄사실의 요지, 긴급체포의 사유 등을 기재하여야 한다.
[본조신설 1995.12.29]

제200조의4【긴급체포와 영장청구기간】

① 검사 또는 사법경찰관이 제200조의3의 규정에 의하여 피의자를 체포한 경우 피의자를 구속하고자 할 때에는 지체 없이 검사는 관할지방법원판사에게 구속영장을 청구하여야

하고, 사법경찰관은 검사에게 신청하여 검사의 청구로 관할지방법원판사에게 구속영장을 청구하여야 한다. 이 경우 구속영장은 피의자를 체포한 때부터 48시간 이내에 청구하여야 하며, 제200조의3 제3항에 따른 긴급체포서를 첨부하여야 한다. 〈개정 2007.6.1〉

② 제1항의 규정에 의하여 구속영장을 청구하지 아니하거나 발부받지 못한 때에는 피의자를 즉시 석방하여야 한다.

③ 제2항의 규정에 의하여 석방된 자는 영장없이는 동일한 범죄사실에 관하여 체포하지 못한다.

④ 검사는 제1항에 따른 구속영장을 청구하지 아니하고 피의자를 석방한 경우에는 석방한 날부터 30일 이내에 서면으로 다음 각 호의 사항을 법원에 통지하여야 한다. 이 경우 긴급체포서의 사본을 첨부하여야 한다.

〈신설 2007.6.1〉

1. 긴급체포 후 석방된 자의 인적사항
2. 긴급체포의 일시·장소와 긴급체포하게 된 구체적 이유
3. 석방의 일시·장소 및 사유
4. 긴급체포 및 석방한 검사 또는 사법경찰관의 성명

⑤ 긴급체포 후 석방된 자 또는 그 변호인·법정대리인·배우자·직계친족·형제자매는 통지서 및 관련 서류를 열람하거나 등사할 수 있다.

〈신설 2007.6.1〉

⑥ 사법경찰관은 긴급체포한 피의자에 대하여 구속영장을 신청하지 아니하고 석방한 경우에는 즉시 검사에게 보고하여야 한다.

〈신설 2007.6.1〉

[본조신설 1995.12.29]

제200조의5【체포와 피의사실 등의 고지】

검사 또는 사법경찰관은 피의자를 체포하는 경우에는 피의사실의 요지, 체포의 이유와 변호인을 선임할 수 있음을 말하고 변명할 기회를 주어야 한다. [본조신설 2007.6.1]

[종전 제200조의5는 제200조의6으로 이동 〈2007.6.1〉]

제200조의6【준용규정】

제75조, 제81조 제1항 본문 및 제3항, 제82조, 제83조, 제85조 제1항·제3항 및 제4항, 제86조, 제87조, 제89조부터 제91조까지, 제93조, 제101조 제4항 및 제102조 제2항 단서의 규정은 검사 또는 사법경찰관이 피의자를 체포하는 경우에 이를 준용한다. 이 경우 "구속"은 이를 "체포"로, "구속영장"은 이를 "체포영장"으로 본다.

〈개정 2007.6.1〉

[본조신설 1995.12.29]

[제200조의5에서 이동 〈2007.6.1〉]

제201조【구 속(拘束)】

① 피의자가 죄를 범하였다고 의심할 만한 상당한 이유가 있고 제70조 제1항 각호의 1에 해당하는 사유가 있을 때에는 검사는 관할지방법원판사에게 청구하여 구속영장을 받아 피의자를 구속할 수 있고 사법경찰관은 검사에게 신청하여 검사의 청구로 관할지방법원판사의 구속영장을 받아 피의자를 구속할 수 있다. 다만, 다액 50만원 이하의 벌금, 구류 또는 과료에 해당하는 범죄에 관하여는 피의자가 일정한 주거가 없는 경우에 한한다.

〈개정 1980.12.18, 1995.12.29〉

② 구속영장의 청구에는 구속의 필요를 인정할 수 있는 자료를 제출하여야 한다.

〈개정 1980.12.18〉

③ 제1항의 청구를 받은 지방법원판사는 신속히 구속영장의 발부여부를 결정하여야 한다.

〈신설 1995.12.29〉

④ 제1항의 청구를 받은 지방법원판사는 상당하다고 인정할 때에는 구속영장을 발부한다. 이를 발부하지 아니할 때에는 청구서에 그 취지 및 이유를 기재하고 서명날인하여 청구한 검사에게 교부한다. 〈개정 1980.12.18〉

⑤ 검사가 제1항의 청구를 함에 있어서 동일한 범죄사실에 관하여 그 피의자에 대하여 전에 구속영장을 청구하거나 발부받은 사실이 있을 때에는 다시 구속영장을 청구하는 취지 및 이유를 기재하여야 한다. 〈개정 1980.12.18〉

[전문개정 1973.1.25]

제201조의2【구속영장 청구와 피의자 심문】

① 제200조의2·제200조의3 또는 제212조에 따라 체포된 피의자에 대하여 구속영장을 청구받은 판사는 지체 없이 피의자를 심문하여야 한다. 이 경우 특별한 사정이 없는 한 구속영장이 청구된 날의 다음날까지 심문하여야 한다.

② 제1항 외의 피의자에 대하여 구속영장을 청구받은 판사는 피의자가 죄를 범하였다고 의심할 만한 이유가 있는 경우에 구인을 위한 구속영장을 발부하여 피의자를 구인한 후 심문하여야 한다. 다만, 피의자가 도망하는 등의 사유로 심문할 수 없는 경우에는 그러하지 아니하다.

③ 판사는 제1항의 경우에는 즉시, 제2항의 경우에는 피의자를 인치한 후 즉시 검사, 피의자 및 변호인에게 심문기일과 장소를 통지하여야 한다. 이 경우 검사는 피의자가 체포되어 있는 때에는 심문기일에 피의자를 출석시켜야 한다.

④ 검사와 변호인은 제3항에 따른 심문기일에 출석하여 의견을 진술할 수 있다.

⑤ 판사는 제1항 또는 제2항에 따라 심문하는 때에는 공범의 분리심문이나 그 밖에 수사상의 비밀보호를 위하여 필요한 조치를 하여야 한다.

⑥ 제1항 또는 제2항에 따라 피의자를 심문하는 경우 법원사무관 등은 심문의 요지 등을 조서로 작성하여야 한다.

⑦ 피의자심문을 하는 경우 법원이 구속영장청구서·수사 관계 서류 및 증거물을 접수한 날부터 구속영장을 발부하여 검찰청에 반환한 날까지의 기간은 제202조 및 제203조의 적용에 있어서 그 구속기간에 이를 산입하지 아니한다.

⑧ 심문할 피의자에게 변호인이 없는 때에는 지방법원판사는 직권으로 변호인을 선정하여야 한다. 이 경우 변호인의 선정은 피의자에 대한 구속영장 청구가 기각되어 효력이 소멸한 경우를 제외하고는 제1심까지 효력이 있다.

⑨ 법원은 변호인의 사정이나 그 밖의 사유로 변호인 선정결정이 취소되어 변호인이 없게 된 때에는 직권으로 변호인을 다시 선정할 수 있다.

⑩ 제71조, 제71조의2, 제75조, 제81조부터 제83조까지, 제85조 제1항·제3항·제4항, 제86조, 제87조 제1항, 제89조부터 제91조까지 및 제200조의5는 제2항에 따라 구인을 하는 경우에 준용하고, 제48조, 제51조, 제53조, 제56조의2 및 제276조의2는 피의자에 대한 심문의 경우에 준용한다.

[전문개정 2007.6.1]

제202조【사법경찰관의 구속기간】

사법경찰관이 피의자를 구속한 때에는 10일이내에 피의자를 검사에게 인치하지 아니하면 석방하여야 한다.

제203조【검사의 구속기간】

검사가 피의자를 구속한 때 또는 사법경찰관으로부터 피의자의 인치를 받은 때에는 10일 이내에 공소를 제기하지 아니하면 석방하여야 한다.

제203조의2【구속기간에의 산입】

피의자가 제200조의2·제200조의3·제201조의2 제2항 또는 제212조의 규정에 의하여 체포 또는 구인된 경우에는 제202조 또는 제203조의 구속기간은 피의자를 체포 또는 구인한 날부터 기산한다. 〈개정 1997.12.13, 2007.6.1〉

[본조신설 1995.12.29.]

제204조 【영장발부와 법원에 대한 통지】
체포영장 또는 구속영장의 발부를 받은 후 피의자를 체포 또는 구속하지 아니하거나 체포 또는 구속한 피의자를 석방한 때에는 지체없이 검사는 영장을 발부한 법원에 그 사유를 서면으로 통지하여야 한다. 〈개정 1995.12.29〉

제205조 【구속기간의 연장】
① 지방법원판사는 검사의 신청에 의하여 수사를 계속함에 상당한 이유가 있다고 인정한 때에는 10일을 초과하지 아니하는 한도에서 제203조의 구속기간의 연장을 1차에 한하여 허가할 수 있다.
② 전항의 신청에는 구속기간의 연장의 필요를 인정할 수 있는 자료를 제출하여야 한다.

제206조 삭 제 〈1995.12.29〉

제207조 삭 제 〈1995.12.29〉

제208조 【재(再)구속의 제한】
① 검사 또는 사법경찰관에 의하여 구속되었다가 석방된 자는 다른 중요한 증거를 발견한 경우를 제외하고는 동일한 범죄사실에 관하여 재차 구속하지 못한다.
② 전항의 경우에는 1개의 목적을 위하여 동시 또는 수단결과의 관계에서 행하여진 행위는 동일한 범죄사실로 간주한다.
[전문개정 1973.1.25]

제209조 【준용규정】
제70조 제2항, 제71조, 제75조, 제81조 제1항 본문·제3항, 제82조, 제83조, 제85조부터 제87조까지, 제89조부터 제91조까지, 제93조, 제101조 제1항, 제102조 제2항 본문(보석의 취소에 관한 부분은 제외한다) 및 제200조의5는 검사 또는 사법경찰관의 피의자 구속에 관하여 준용한다.
〈개정 2007.12.21〉
[전문개정 2007.6.1]

제210조 【사법경찰관리의 관할구역 외의 수사】
사법경찰관리가 관할구역 외에서 수사하거나 관할구역외의 사법경찰관리의 촉탁을 받아 수사할 때에는 관할지방검찰청검사장 또는 지청장에게 보고하여야 한다. 다만, 제200조의3, 제212조, 제214조, 제216조와 제217조의 규정에 의한 수사를 하는 경우에 긴급을 요할 때에는 사후에 보고할 수 있다. 〈개정 1961.9.1, 1995.12.29〉

제211조 【현행범인과 준현행범인】
① 범죄를 실행하고 있거나 실행하고 난 직후의 사람을 현행범인이라 한다.
② 다음 각 호의 어느 하나에 해당하는 사람은 현행범인으로 본다.
1. 범인으로 불리며 추적되고 있을 때
2. 장물이나 범죄에 사용되었다고 인정하기에 충분한 흉기나 그 밖의 물건을 소지하고 있을 때
3. 신체나 의복류에 증거가 될 만한 뚜렷한 흔적이 있을 때
4. 누구냐고 묻자 도망하려고 할 때

[전문개정 2020.12.8]

제212조 【현행범인의 체포】
현행범인은 누구든지 영장없이 체포할 수 있다.

제212조의2 삭 제 〈1987.11.28〉

제213조 【체포된 현행범인의 인도】
① 검사 또는 사법경찰관리 아닌 자가 현행범인을 체포한 때에는 즉시 검사 또는 사법경찰관리에게 인도하여야 한다.
② 사법경찰관리가 현행범인의 인도를 받은 때에는 체포자의 성명, 주거, 체포의 사유를 물어야 하고 필요한 때에는 체포자에 대하여 경찰관서에 동행함을 요구할 수 있다.
③ 삭 제 〈1987.11.28〉

제213조의2 【준용규정】
제87조, 제89조, 제90조, 제200조의2 제5항 및 제200조의5의 규정은 검사 또는 사법경찰관리가 현행범인을 체포하거나 현행범인을 인도받은 경우에 이를 준용한다. 〈개정 1995.12.29, 2007.6.1〉
[본조신설 1987.11.28]

제214조【경미사건과 현행범인의 체포】 다액 50만원이하의 벌금, 구류 또는 과료에 해당하는 죄의 현행범인에 대하여는 범인의 주거가 분명하지 아니한 때에 한하여 제212조 내지 제213조의 규정을 적용한다.

〈개정 1973.1.25, 1980.12.18, 1995.12.29〉

제214조의2【체포와 구속의 적부심사(適否審査)】

〈제목개정 1995.12.29〉

① 체포되거나 구속된 피의자 또는 그 변호인, 법정대리인, 배우자, 직계친족, 형제자매나 가족, 동거인 또는 고용주는 관할법원에 체포 또는 구속의 적부심사(適否審査)를 청구할 수 있다. 〈개정 2020.12.8.〉

② 피의자를 체포하거나 구속한 검사 또는 사법경찰관은 체포되거나 구속된 피의자와 제1항에 규정된 사람 중에서 피의자가 지정하는 사람에게 제1항에 따른 적부심사를 청구할 수 있음을 알려야 한다.

〈신설 2007.6.1., 2020.12.8.〉

③ 법원은 제1항에 따른 청구가 다음 각 호의 어느 하나에 해당하는 때에는 제4항에 따른 심문 없이 결정으로 청구를 기각할 수 있다.

〈개정 1987.11.28., 1995.12.29., 2007. 6.1., 2020.12.8.〉

1. 청구권자 아닌 사람이 청구하거나 동일한 체포영장 또는 구속영장의 발부에 대하여 재청구한 때
2. 공범이나 공동피의자의 순차청구(順次請求)가 수사 방해를 목적으로 하고 있음이 명백한 때

④ 제1항의 청구를 받은 법원은 청구서가 접수된 때부터 48시간 이내에 체포되거나 구속된 피의자를 심문하고 수사 관계 서류와 증거물을 조사하여 그 청구가 이유 없다고 인정한 경우에는 결정으로 기각하고, 이유 있다고 인정한 경우에는 결정으로 체포되거나 구속된 피의자의 석방을 명하여야 한다. 심사 청구 후 피의자에 대하여 공소제기가 있는 경우에도 또한 같다. 〈개정 2020.12.8.〉

⑤ 법원은 구속된 피의자(심사청구 후 공소제기된 사람을 포함한다)에 대하여 피의자의 출석을 보증할 만한 보증금의 납입을 조건으로 하여 결정으로 제4항의 석방을 명할 수 있다. 다만, 다음 각 호에 해당하는 경우에는 그러하지 아니하다. 〈개정 2020.12.8.〉

1. 범죄의 증거를 인멸할 염려가 있다고 믿을 만한 충분한 이유가 있는 때
2. 피해자, 당해 사건의 재판에 필요한 사실을 알고 있다고 인정되는 사람 또는 그 친족의 생명·신체나 재산에 해를 가하거나 가할 염려가 있다고 믿을 만한 충분한 이유가 있는 때

⑥ 제5항의 석방 결정을 하는 경우에는 주거의 제한, 법원 또는 검사가 지정하는 일시·장소에 출석할 의무, 그 밖의 적당한 조건을 부가할 수 있다. 〈개정 2020.12.8.〉

⑦ 제5항에 따라 보증금 납입을 조건으로 석방을 하는 경우에는 제99조와 제100조를 준용한다. 〈개정 2020.12.8.〉

⑧ 제3항과 제4항의 결정에 대해서는 항고할 수 없다. 〈개정 2020.12.8.〉

⑨ 검사·변호인·청구인은 제4항의 심문기일에 출석하여 의견을 진술할 수 있다.

〈개정 2007.6.1.〉

⑩ 체포되거나 구속된 피의자에게 변호인이 없는 때에는 제33조를 준용한다.

〈개정 2020.12.8.〉

⑪ 법원은 제4항의 심문을 하는 경우 공범의 분리심문이나 그 밖에 수사상의 비밀보호를 위한 적절한 조치를 하여야 한다.

〈개정 2007.6.1., 2020.12.8.〉

⑫ 체포영장이나 구속영장을 발부한 법관은 제4항부터 제6항까지의 심문·조사·결정에 관

형사소송법

여할 수 없다. 다만, 체포영장이나 구속영장을 발부한 법관 외에는 심문·조사·결정을 할 판사가 없는 경우에는 그러하지 아니하다. 〈개정 2020.12.8.〉

⑬ 법원이 수사 관계 서류와 증거물을 접수한 때부터 결정 후 검찰청에 반환된 때까지의 기간은 제200조의2 제5항(제213조의2에 따라 준용되는 경우를 포함한다) 및 제200조의4 제1항을 적용할 때에는 그 제한기간에 산입하지 아니하고, 제202조·제203조 및 제205조를 적용할 때에는 그 구속기간에 산입하지 아니한다. 〈개정 2007.6.1., 2020.12.8.〉

⑭ 제4항에 따라 피의자를 심문하는 경우에는 제201조의2 제6항을 준용한다. 〈개정 2020. 12.8.〉

[본조신설 1980.12.18.]

제214조의3 【재(再)체포 및 재(再)구속의 제한】

〈제목개정 1995.12.29.〉

① 제214조의2 제4항에 따른 체포 또는 구속적부심사결정에 의하여 석방된 피의자가 도망하거나 범죄의 증거를 인멸하는 경우를 제외하고는 동일한 범죄사실로 재차 체포하거나 구속할 수 없다. 〈개정 2020.12.8.〉

② 제214조의2 제5항에 따라 석방된 피의자에게 다음 각 호의 어느 하나에 해당하는 사유가 있는 경우를 제외하고는 동일한 범죄사실로 재차 체포하거나 구속할 수 없다. 〈신설 1995.12.29, 2007.6.1., 2020.12.8〉

1. 도망한 때
2. 도망하거나 범죄의 증거를 인멸할 염려가 있다고 믿을 만한 충분한 이유가 있는 때
3. 출석요구를 받고 정당한 이유없이 출석하지 아니한 때
4. 주거의 제한이나 그 밖에 법원이 정한 조건을 위반한 때

[본조신설 1980.12.18.]

제214조의4 【보증금의 몰수】

① 법원은 다음 각호의 1의 경우에 직권 또는 검사의 청구에 의하여 결정으로 제214조의2 제5항에 따라 납입된 보증금의 전부 또는 일부를 몰수할 수 있다. 〈개정 2007.6.1〉

1. 제214조의2 제5항에 따라 석방된 자를 제214조의3 제2항에 열거된 사유로 재차 구속할 때
2. 공소가 제기된 후 법원이 제214조의2 제5항에 따라 석방된 자를 동일한 범죄사실에 관하여 재차 구속할 때

② 법원은 제214조의2 제5항에 따라 석방된 자가 동일한 범죄사실에 관하여 형의 선고를 받고 그 판결이 확정된 후, 집행하기 위한 소환을 받고 정당한 이유없이 출석하지 아니하거나 도망한 때에는 직권 또는 검사의 청구에 의하여 결정으로 보증금의 전부 또는 일부를 몰수하여야 한다. 〈개정 2007.6.1〉

[본조신설 1995.12.29]

제215조 【압수(押收), 수색(搜索), 검증(檢證)】

① 검사는 범죄수사에 필요한 때에는 피의자가 죄를 범하였다고 의심할 만한 정황이 있고 해당 사건과 관계가 있다고 인정할 수 있는 것에 한정하여 지방법원판사에게 청구하여 발부받은 영장에 의하여 압수, 수색 또는 검증을 할 수 있다.

② 사법경찰관이 범죄수사에 필요한 때에는 피의자가 죄를 범하였다고 의심할 만한 정황이 있고 해당 사건과 관계가 있다고 인정할 수 있는 것에 한정하여 검사에게 신청하여 검사의 청구로 지방법원판사가 발부한 영장에 의하여 압수, 수색 또는 검증을 할 수 있다.

[전문개정 2011.7.18.]

2025.12.30. 신설 | 2026.7.1. 시행 예정

제215조의2【정보통신서비스 제공자에 대한 보전요청 등】

① 검사는 다음 각 호의 요건을 모두 충족하는 경우에는 직권 또는 사법경찰관의 신청에 의하여 「정보통신망 이용촉진 및 정보보호 등에 관한 법률」 제2조제1항제3호의 정보통신서비스 제공자(이하 "정보통신서비스 제공자"라 한다)에게 그가 소유(관리, 소지 또는 보관을 포함한다)하고 있는 같은 항 제5호의 전자문서 등 정보저장매체 등에 기억된 정보 중 해당 사건과 관계가 있다고 인정할 수 있는 부분(이하 "보전대상 전자정보"라 한다)에 한정하여 60일의 범위에서 보전할 것을 서면(요청 사유, 보전대상 전자정보와의 관련성, 필요한 정보의 범위를 기재한 서면을 말한다)으로 요청할 수 있다. 이 경우 상당한 이유가 있다고 인정되면 검사는 직권 또는 사법경찰관의 신청에 의하여 30일의 범위에서 한 차례 보전 연장을 요청할 수 있다.

1. 피의자가 사형, 무기 또는 장기 3년 이상의 징역이나 금고에 해당하는 죄를 범하였다고 의심할 만한 정황이 있는 경우
2. 압수·수색·검증 영장을 청구하거나 「통신비밀보호법」 제13조에 따른 통신사실 확인자료제공 요청을 하기 위하여 필요한 경우
3. 증거의 멸실(변경을 포함한다. 이하 이 조에서 같다) 우려 등 미리 압수·수색·검증 영장을 발부받거나 법원의 통신사실 확인자료제공 허가를 받기 어려운 긴급한 사정이 있는 경우

② 사법경찰관은 증거의 멸실 우려 등으로 검사에게 제1항 전단에 따른 보전 신청을 할 시간적 여유가 없는 경우에는 직권으로 정보통신서비스 제공자에게 제1항에 따른 보전을 요청할 수 있다. 이 경우 사법경찰관은 즉시 검사의 승인을 받아야 하고, 승인을 받지 못한 때에는 즉시 보전요청을 취소하여야 한다.

③ 검사가 제1항 후단에 따라 보전 기간 연장을 요청할 때에는 법원의 허가를 받아야 한다.

④ 제1항 및 제2항에 따른 보전요청은 동일한 보전대상 전자정보에 대하여 재차 요청할 수 없다.

⑤ 제1항 또는 제2항에 따른 보전요청을 받은 정보통신서비스 제공자는 보전대상 전자정보에 대하여 멸실의 방지 등 보전에 필요한 조치(이하 "보전조치"라 한다)를 즉시 취한 뒤 그 조치 결과를 검사 또는 사법경찰관에게 통보하여야 한다.

⑥ 검사는 보전대상 전자정보에 관하여 압수·수색·검증 영장 청구 또는 「통신비밀보호법」 제13조에 따른 통신사실 확인자료제공 요청을 할 필요가 없게 된 경우에는 직권 또는 사법경찰관의 신청에 의하여 즉시 정보통신서비스 제공자에게 보전요청 취소를 통지하여야 한다. 다만, 제2항의 경우에는 사법경찰관이 직권으로 보전요청 취소를 통지할 수 있다.

⑦ 정보통신서비스 제공자는 제1항 또는 제2항에 따른 보전 기간 내에 보전대상 전자정보에 대한 압수·수색·검증 영장 청구 또는 「통신비밀보호법」 제13조에 따른 통신사실 확인자료제공 요청이 집행되지 아니하거나 제6항에 따른 취소 통지를 받은 경우에는 보전조치를 해제하여야 한다.

⑧ 제1항 또는 제2항에 따른 보전요청 또는 보전조치에 관여한 공무원(공무원이었던 자를 포함한다), 정보통신서비스 제공자 또는 그 직원(직원이었던 자를 포함한다)은 직무상 알게 된 보전요청, 보전조치 및 보전대상 전자정보에 관한 사항을 외부에 공개하거나 누설하여서는 아니 된다.

⑨ 제1항 및 제2항에 따른 보전요청 및 보전요청 취소 절차, 그 밖에 필요한 사항은 대통령령으로 정하고, 보전 연장 허가 절차에 관한 사항은 대법원규칙으로 정한다.

[본조신설 2025.12.30.]

제216조【영장에 의하지 아니한 강제처분】
① 검사 또는 사법경찰관은 제200조의2·제200조의3·제201조 또는 제212조의 규정에 의하여 피의자를 체포 또는 구속하는 경우에 필요한 때에는 영장없이 다음 처분을 할 수 있다. 〈개정 1995.12.29., 2019.12.31.〉

2019.12.31 개정

1. 타인의 주거나 타인이 간수하는 가옥, 건조물, 항공기, 선차 내에서의 피의자 수색. 다만, 제200조의2 또는 제201조에 따라 피의자를 체포 또는 구속하는 경우의 피의자 수색은 미리 수색영장을 발부받기 어려운 긴급한 사정이 있는 때에 한정한다.
〈제1호 '수사'를 '수색'으로 개정, 단서 신설, 2019.12.31.〉

개정 前

1. 타인의 주거나 타인이 간수하는 가옥, 건조물, 항공기, 선차 내에서의 피의자 수사

2. 체포현장에서의 압수, 수색, 검증

② 전항 제2호의 규정은 검사 또는 사법경찰관이 피고인에 대한 구속영장의 집행의 경우에 준용한다.

③ 범행 중 또는 범행직후의 범죄 장소에서 긴급을 요하여 법원판사의 영장을 받을 수 없는 때에는 영장없이 압수, 수색 또는 검증을 할 수 있다. 이 경우에는 사후에 지체없이 영장을 받아야 한다. 〈신설 1961.9.1.〉

▶▶ [헌법불합치, 2015헌바370, 2018.4.26., 형사소송법(1995.12.29. 법률 제5054호로 개정된 것) 제216조 제1항 제1호 중 제200조의2에 관한 부분은 헌법에 합치되지 아니한다. 위 법률조항은 2020.3.31.을 시한으로 입법자가 개정할 때까지 계속 적용된다.]

▶▶ [2019.12.31. 법률 제16850호에 의하여 2018.4.26. 헌법재판소에서 헌법불합치 결정된 이 조를 개정함.]

제217조【영장에 의하지 아니하는 강제처분】
① 검사 또는 사법경찰관은 제200조의3에 따라 체포된 자가 소유·소지 또는 보관하는 물건에 대하여 긴급히 압수할 필요가 있는 경우에는 체포한 때부터 24시간 이내에 한하여 영장 없이 압수·수색 또는 검증을 할 수 있다.

② 검사 또는 사법경찰관은 제1항 또는 제216조 제1항 제2호에 따라 압수한 물건을 계속 압수할 필요가 있는 경우에는 지체 없이 압수수색영장을 청구하여야 한다. 이 경우 압수수색영장의 청구는 체포한 때부터 48시간 이내에 하여야 한다.

③ 검사 또는 사법경찰관은 제2항에 따라 청구한 압수수색영장을 발부받지 못한 때에는 압수한 물건을 즉시 반환하여야 한다.
[전문개정 2007.6.1]

제218조【영장에 의하지 아니한 압수】
검사, 사법경찰관은 피의자 기타인의 유류한 물건이나 소유자, 소지자 또는 보관자가 임의로 제출한 물건을 영장없이 압수할 수 있다.

제218조의2【압수물의 환부, 가환부】
① 검사는 사본을 확보한 경우 등 압수를 계속할 필요가 없다고 인정되는 압수물 및 증거에 사용할 압수물에 대하여 공소제기 전이라도 소유자, 소지자, 보관자 또는 제출인의 청구가 있는 때에는 환부 또는 가환부하여야 한다.

② 제1항의 청구에 대하여 검사가 이를 거부하는 경우에는 신청인은 해당 검사의 소속 검찰청에 대응한 법원에 압수물의 환부 또는 가환부 결정을 청구할 수 있다.

③ 제2항의 청구에 대하여 법원이 환부 또는 가환부를 결정하면 검사는 신청인에게 압수물을 환부 또는 가환부하여야 한다.

④ 사법경찰관의 환부 또는 가환부 처분에 관하여는 제1항부터 제3항까지의 규정을 준용한다. 이 경우 사법경찰관은 검사의 지휘를 받아야 한다. [본조신설 2011.7.18]

제219조【준용규정】
제106조, 제107조, 제109조 내지 제112조, 제114조, 제115조 제1항 본문, 제2항, 제118조부터 제132조까지, 제134조, 제135조, 제140조, 제141조, 제333조 제2항, 제486조의 규정은 검사 또는 사법경찰관의 본장의 규정에 의한 압수, 수색 또는 검증에 준용한다. 단, 사법경찰관이 제130조, 제132조 및 제134조에 따른 처분을 함에는 검사의 지휘를 받아야 한다.
〈개정 1980.12.18, 2007.6.1, 2011.7.18〉

제220조【요급처분(要急處分)】
제216조의 규정에 의한 처분을 하는 경우에 급속을 요하는 때에는 제123조 제2항, 제125조의 규정에 의함을 요하지 아니한다.

제221조【제3자의 출석요구 등】
① 검사 또는 사법경찰관은 수사에 필요한 때에는 피의자가 아닌 자의 출석을 요구하여 진술을 들을 수 있다. 이 경우 그의 동의를 받아 영상녹화할 수 있다.
② 검사 또는 사법경찰관은 수사에 필요한 때에는 감정·통역 또는 번역을 위촉할 수 있다.
③ 제163조의2 제1항부터 제3항까지는 검사 또는 사법경찰관이 범죄로 인한 피해자를 조사하는 경우에 준용한다. [전문개정 2007.6.1.]

제221조의2【증인신문의 청구】
① 범죄의 수사에 없어서는 아니될 사실을 안다고 명백히 인정되는 자가 전조의 규정에 의한 출석 또는 진술을 거부한 경우에는 검사는 제1회 공판기일전에 한하여 판사에게 그에 대한 증인신문을 청구할 수 있다.
② 삭 제 〈2007.6.1〉
③ 제1항의 청구를 함에는 서면으로 그 사유를 소명하여야 한다. 〈개정 2007.6.1〉
④ 제1항의 청구를 받은 판사는 증인신문에 관하여 법원 또는 재판장과 동일한 권한이 있다.
〈개정 2007.6.1〉
⑤ 판사는 제1항의 청구에 따라 증인신문기일을 정한 때에는 피고인·피의자 또는 변호인에게 이를 통지하여 증인신문에 참여할 수 있도록 하여야 한다. 〈개정 2007.6.1〉
⑥ 판사는 제1항의 청구에 의한 증인신문을 한 때에는 지체없이 이에 관한 서류를 검사에게 송부하여야 한다. 〈개정 2007.6.1〉
[본조신설 1973.1.25.]

▶▶ [94헌바1 1996.12.26. 헌법재판소 위헌결정 이전인 1995. 12. 29. 법률 제5054호로 이 조 제5항이 개정되었으나 위 결정으로 이 조 제2항이 무효로 되었으므로 제5항 중 제2항에 관한 부분은 자동 효력 상실]

제221조의3【감정의 위촉과 감정유치의 청구】
① 검사는 제221조의 규정에 의하여 감정을 위촉하는 경우에 제172조 제3항의 유치처분이 필요할 때에는 판사에게 이를 청구하여야 한다. 〈개정 1980.12.18〉
② 판사는 제1항의 청구가 상당하다고 인정할 때에는 유치처분을 하여야한다. 제172조 및 제172조의2의 규정은 이 경우에 준용한다.
〈개정 1980.12.18〉
[본조신설 1973.1.25]

제221조의4【감정에 필요한 처분, 허가장】
① 제221조의 규정에 의하여 감정의 위촉을 받은 자는 판사의 허가를 얻어 제173조 제1항에 규정된 처분을 할 수 있다.
② 제1항의 허가의 청구는 검사가 하여야 한다.
〈개정 1980.12.18〉
③ 판사는 제2항의 청구가 상당하다고 인정할 때에는 허가장을 발부하여야 한다. 〈개정 1980.12.18〉
④ 제173조 제2항, 제3항 및 제5항의 규정은 제3항의 허가장에 준용한다. 〈개정 1980.12.18〉
[본조신설 1973.1.25.]

2020.2.4 신설

제221조의5【사법경찰관이 신청한 영장의 청구 여부에 대한 심의】
① 검사가 사법경찰관이 신청한 영장을 정당한

이유 없이 판사에게 청구하지 아니한 경우 사법경찰관은 그 검사 소속의 지방검찰청 소재지를 관할하는 고등검찰청에 영장 청구 여부에 대한 심의를 신청할 수 있다.

② 제1항에 관한 사항을 심의하기 위하여 각 고등검찰청에 영장심의위원회(이하 이 조에서 "심의위원회"라 한다)를 둔다.

③ 심의위원회는 위원장 1명을 포함한 10명 이내의 외부 위원으로 구성하고, 위원은 각 고등검찰청 검사장이 위촉한다.

④ 사법경찰관은 심의위원회에 출석하여 의견을 개진할 수 있다.

⑤ 심의위원회의 구성 및 운영 등 그 밖에 필요한 사항은 법무부령으로 정한다. [본조신설 2020.2.4.]

제222조 【변사자(變死者)의 검시(檢視)】

① 변사자 또는 변사의 의심있는 사체가 있는 때에는 그 소재지를 관할하는 지방검찰청검사가 검시하여야 한다.

② 전항의 검시로 범죄의 혐의를 인정하고 긴급을 요할 때에는 영장없이 검증할 수 있다. 〈신설 1961.9.1〉

③ 검사는 사법경찰관에게 전2항의 처분을 명할 수 있다. 〈신설 1961.9.1〉

제223조 【고소권자】

범죄로 인한 피해자는 고소할 수 있다.

제224조 【고소의 제한】

자기 또는 배우자의 직계존속을 고소하지 못한다.

제225조 【비(非)피해자인 고소권자】

① 피해자의 법정대리인은 독립하여 고소할 수 있다.

② 피해자가 사망한 때에는 그 배우자, 직계친족 또는 형제자매는 고소할 수 있다. 단, 피해자의 명시한 의사에 반하지 못한다.

제226조 【동 전】

피해자의 법정대리인이 피의자이거나 법정대리인의 친족이 피의자인 때에는 피해자의 친족은 독립하여 고소할 수 있다.

제227조 【동 전】

사자의 명예를 훼손한 범죄에 대하여는 그 친족 또는 자손은 고소할 수 있다.

제228조 【고소권자의 지정】

친고죄에 대하여 고소할 자가 없는 경우에 이해관계인의 신청이 있으면 검사는 10일 이내에 고소할 수 있는 자를 지정하여야 한다.

제229조 【배우자의 고소】

① 「형법」 제241조의 경우에는 혼인이 해소되거나 이혼소송을 제기한 후가 아니면 고소할 수 없다. 〈개정 2007.6.1〉

② 전항의 경우에 다시 혼인을 하거나 이혼소송을 취하한 때에는 고소는 취소된 것으로 간주한다.

제230조 【고소기간】

① 친고죄에 대하여는 범인을 알게 된 날로부터 6월을 경과하면 고소하지 못한다. 단, 고소할 수 없는 불가항력의 사유가 있는 때에는 그 사유가 없어진 날로부터 기산한다.

② 삭 제 〈2013.4.5.〉

《삭제전》

《 ② 「형법」 제291조의 죄로 약취(略取), 유인(誘引)된 자가 혼인을 한 경우의 고소는 혼인의 무효 또는 취소의 재판이 확정된 날로부터 전항의 기간이 진행된다. 》

제231조 【수인의 고소권자】

고소할 수 있는 자가 수인인 경우에는 1인의 기간의 해태는 타인의 고소에 영향이 없다.

제232조 【고소의 취소】

① 고소는 제1심 판결선고 전까지 취소할 수 있다.

② 고소를 취소한 자는 다시 고소할 수 없다.

③ 피해자의 명시한 의사에 반하여 공소를 제기할 수 없는 사건에서 처벌을 원하는 의사표시를 철회한 경우에도 제1항과 제2항을 준용한다. [전문개정 2020.12.8]

제233조【고소의 불가분(不可分)】
친고죄의 공범중 그 1인 또는 수인에 대한 고소 또는 그 취소는 다른 공범자에 대하여도 효력이 있다.

제234조【고 발】
① 누구든지 범죄가 있다고 사료하는 때에는 고발할 수 있다.
② 공무원은 그 직무를 행함에 있어 범죄가 있다고 사료하는 때에는 고발하여야 한다.

제235조【고발의 제한】
제224조의 규정은 고발에 준용한다.

제236조【대리고소】
고소 또는 그 취소는 대리인으로 하여금하게 할 수 있다.

제237조【고소, 고발의 방식】
① 고소 또는 고발은 서면 또는 구술로써 검사 또는 사법경찰관에게 하여야 한다.
② 검사 또는 사법경찰관이 구술에 의한 고소 또는 고발을 받은 때에는 조서를 작성하여야 한다.

제238조【고소, 고발과 사법경찰관의 조치】
사법경찰관이 고소 또는 고발을 받은 때에는 신속히 조사하여 관계서류와 증거물을 검사에게 송부하여야 한다.

제239조【준용규정】
전2조의 규정은 고소 또는 고발의 취소에 관하여 준용한다.

제240조【자수와 준용규정】
제237조와 제238조의 규정은 자수에 대하여 준용한다.

제241조【피의자신문】
검사 또는 사법경찰관이 피의자를 신문함에는 먼저 그 성명, 연령, 등록기준지, 주거와 직업을 물어 피의자임에 틀림없음을 확인하여야 한다.
〈개정 2007.5.17〉

제242조【피의자신문사항】
검사 또는 사법경찰관은 피의자에 대하여 범죄사실과 정상에 관한 필요사항을 신문하여야 하며 그 이익되는 사실을 진술할 기회를 주어야 한다.

제243조【피의자신문과 참여자】
검사가 피의자를 신문함에는 검찰청수사관 또는 서기관이나 서기를 참여하게 하여야 하고 사법경찰관이 피의자를 신문함에는 사법경찰관리를 참여하게 하여야 한다. 〈개정 2007.6.1, 2007.12.21〉

제243조의2【변호인의 참여 등】
① 검사 또는 사법경찰관은 피의자 또는 그 변호인·법정대리인·배우자·직계친족·형제자매의 신청에 따라 변호인을 피의자와 접견하게 하거나 정당한 사유가 없는 한 피의자에 대한 신문에 참여하게 하여야 한다.
② 신문에 참여하고자 하는 변호인이 2인 이상인 때에는 피의자가 신문에 참여할 변호인 1인을 지정한다. 지정이 없는 경우에는 검사 또는 사법경찰관이 이를 지정할 수 있다.
③ 신문에 참여한 변호인은 신문 후 의견을 진술할 수 있다. 다만, 신문 중이라도 부당한 신문방법에 대하여 이의를 제기할 수 있고, 검사 또는 사법경찰관의 승인을 얻어 의견을 진술할 수 있다.
④ 제3항에 따른 변호인의 의견이 기재된 피의자신문조서는 변호인에게 열람하게 한 후 변호인으로 하여금 그 조서에 기명날인 또는 서명하게 하여야 한다.
⑤ 검사 또는 사법경찰관은 변호인의 신문참여 및 그 제한에 관한 사항을 피의자신문조서에 기재하여야 한다.

[본조신설 2007.6.1]

제244조【피의자신문조서의 작성】
① 피의자의 진술은 조서에 기재하여야 한다.
② 제1항의 조서는 피의자에게 열람하게 하거나 읽어 들려주어야 하며, 진술한 대로 기재

되지 아니하였거나 사실과 다른 부분의 유무를 물어 피의자가 증감 또는 변경의 청구 등 이의를 제기하거나 의견을 진술한 때에는 이를 조서에 추가로 기재하여야 한다. 이 경우 피의자가 이의를 제기하였던 부분은 읽을 수 있도록 남겨두어야 한다. 〈개정 2007.6.1〉

③ 피의자가 조서에 대하여 이의나 의견이 없음을 진술한 때에는 피의자로 하여금 그 취지를 자필로 기재하게 하고 조서에 간인한 후 기명날인 또는 서명하게 한다. 〈개정 2007.6.1〉

제244조의2 【피의자진술의 영상녹화】

① 피의자의 진술은 영상녹화할 수 있다. 이 경우 미리 영상녹화사실을 알려주어야 하며, 조사의 개시부터 종료까지의 전 과정 및 객관적 정황을 영상녹화하여야 한다.

② 제1항에 따른 영상녹화가 완료된 때에는 피의자 또는 변호인 앞에서 지체 없이 그 원본을 봉인하고 피의자로 하여금 기명날인 또는 서명하게 하여야 한다.

③ 제2항의 경우에 피의자 또는 변호인의 요구가 있는 때에는 영상녹화물을 재생하여 시청하게 하여야 한다. 이 경우 그 내용에 대하여 이의를 진술하는 때에는 그 취지를 기재한 서면을 첨부하여야 한다.

[본조신설 2007.6.1]

제244조의3 【진술거부권 등의 고지】

① 검사 또는 사법경찰관은 피의자를 신문하기 전에 다음 각 호의 사항을 알려주어야 한다.

1. 일체의 진술을 하지 아니하거나 개개의 질문에 대하여 진술을 하지 아니할 수 있다는 것
2. 진술을 하지 아니하더라도 불이익을 받지 아니한다는 것
3. 진술을 거부할 권리를 포기하고 행한 진술은 법정에서 유죄의 증거로 사용될 수 있다는 것
4. 신문을 받을 때에는 변호인을 참여하게 하는 등 변호인의 조력을 받을 수 있다는 것

② 검사 또는 사법경찰관은 제1항에 따라 알려 준 때에는 피의자가 진술을 거부할 권리와 변호인의 조력을 받을 권리를 행사할 것인지의 여부를 질문하고, 이에 대한 피의자의 답변을 조서에 기재하여야 한다. 이 경우 피의자의 답변은 피의자로 하여금 자필로 기재하게 하거나 검사 또는 사법경찰관이 피의자의 답변을 기재한 부분에 기명날인 또는 서명하게 하여야 한다.

[본조신설 2007.6.1]

제244조의4 【수사과정의 기록】

① 검사 또는 사법경찰관은 피의자가 조사장소에 도착한 시각, 조사를 시작하고 마친 시각, 그 밖에 조사과정의 진행경과를 확인하기 위하여 필요한 사항을 피의자신문조서에 기록하거나 별도의 서면에 기록한 후 수사기록에 편철하여야 한다.

② 제244조 제2항 및 제3항은 제1항의 조서 또는 서면에 관하여 준용한다.

③ 제1항 및 제2항은 피의자가 아닌 자를 조사하는 경우에 준용한다.

[본조신설 2007.6.1]

제244조의5 【장애인 등 특별히 보호를 요하는 자에 대한 특칙】

검사 또는 사법경찰관은 피의자를 신문하는 경우 다음 각 호의 어느 하나에 해당하는 때에는 직권 또는 피의자·법정대리인의 신청에 따라 피의자와 신뢰관계에 있는 자를 동석하게 할 수 있다.

1. 피의자가 신체적 또는 정신적 장애로 사물을 변별하거나 의사를 결정·전달할 능력이 미약한 때
2. 피의자의 연령·성별·국적 등의 사정을 고려하여 그 심리적 안정의 도모와 원활한 의사소통을 위하여 필요한 경우

[본조신설 2007.6.1]

제245조【참고인과의 대질】
검사 또는 사법경찰관이 사실을 발견함에 필요한 때에는 피의자와 다른 피의자 또는 피의자 아닌 자와 대질하게 할 수 있다.

제245조의2【전문수사자문위원의 참여】
① 검사는 공소제기 여부와 관련된 사실관계를 분명하게 하기 위하여 필요한 경우에는 직권이나 피의자 또는 변호인의 신청에 의하여 전문수사자문위원을 지정하여 수사절차에 참여하게 하고 자문을 들을 수 있다.
② 전문수사자문위원은 전문적인 지식에 의한 설명 또는 의견을 기재한 서면을 제출하거나 전문적인 지식에 의하여 설명이나 의견을 진술할 수 있다.
③ 검사는 제2항에 따라 전문수사자문위원이 제출한 서면이나 전문수사자문위원의 설명 또는 의견의 진술에 관하여 피의자 또는 변호인에게 구술 또는 서면에 의한 의견진술의 기회를 주어야 한다. [본조신설 2007.12.21]

제245조의3【전문수사자문위원 지정 등】
① 제245조의2 제1항에 따라 전문수사자문위원을 수사절차에 참여시키는 경우 검사는 각 사건마다 1인 이상의 전문수사자문위원을 지정한다.
② 검사는 상당하다고 인정하는 때에는 전문수사자문위원의 지정을 취소할 수 있다.
③ 피의자 또는 변호인은 검사의 전문수사자문위원 지정에 대하여 관할 고등검찰청검사장에게 이의를 제기할 수 있다.
④ 전문수사자문위원에게는 수당을 지급하고, 필요한 경우에는 그 밖의 여비, 일당 및 숙박료를 지급할 수 있다.
⑤ 전문수사자문위원의 지정 및 지정취소, 이의제기 절차 및 방법, 수당지급, 그 밖에 필요한 사항은 법무부령으로 정한다.
[본조신설 2007.12.21]

제245조의4【준용규정】
제279조의7 및 제279조의8은 검사의 전문수사자문위원에게 준용한다. [본조신설 2007.12.21]

2020.2.4 신설

제245조의5【사법경찰관의 사건송치 등】
사법경찰관은 고소·고발 사건을 포함하여 범죄를 수사한 때에는 다음 각 호의 구분에 따른다.
1. 범죄의 혐의가 있다고 인정되는 경우에는 지체 없이 검사에게 사건을 송치하고, 관계 서류와 증거물을 검사에게 송부하여야 한다.
2. 그 밖의 경우에는 그 이유를 명시한 서면과 함께 관계 서류와 증거물을 지체 없이 검사에게 송부하여야 한다. 이 경우 검사는 송부받은 날부터 90일 이내에 사법경찰관에게 반환하여야 한다.

[본조신설 2020.2.4.]

2020.2.4 신설

제245조의6【고소인 등에 대한 송부통지】
사법경찰관은 제245조의5 제2호의 경우에는 그 송부한 날부터 7일 이내에 서면으로 고소인·고발인·피해자 또는 그 법정대리인(피해자가 사망한 경우에는 그 배우자·직계친족·형제자매를 포함한다)에게 사건을 검사에게 송치하지 아니하는 취지와 그 이유를 통지하여야 한다. [본조신설 2020.2.4.]

2020.2.4 신설 2022.5.9. ① 개정

제245조의7【고소인 등의 이의신청】
① 제245조의6의 통지를 받은 사람(고발인을 제외한다)은 해당 사법경찰관의 소속 관서의 장에게 이의를 신청할 수 있다. 〈개정 2022.5.9.〉
② 사법경찰관은 제1항의 신청이 있는 때에는 지체 없이 검사에게 사건을 송치하고 관계 서류와 증거물을 송부하여야 하며, 처리결과와 그 이유를 제1항의 신청인에게 통지하여야 한다.
[본조신설 2020.2.4.]

2020.2.4 신설

제245조의8 【재수사요청 등】

① 검사는 제245조의5 제2호의 경우에 사법경찰관이 사건을 송치하지 아니한 것이 위법 또는 부당한 때에는 그 이유를 문서로 명시하여 사법경찰관에게 재수사를 요청할 수 있다.

② 사법경찰관은 제1항의 요청이 있는 때에는 사건을 재수사하여야 한다.

[본조신설 2020.2.4.]

2020.2.4 신설

제245조의9 【검찰청 직원】

① 검찰청 직원으로서 사법경찰관리의 직무를 행하는 자와 그 직무의 범위는 법률로 정한다.

② 사법경찰관의 직무를 행하는 검찰청 직원은 검사의 지휘를 받아 수사하여야 한다.

③ 사법경찰리의 직무를 행하는 검찰청 직원은 검사 또는 사법경찰관의 직무를 행하는 검찰청 직원의 수사를 보조하여야 한다.

④ 사법경찰관리의 직무를 행하는 검찰청 직원에 대하여는 제197조의2부터 제197조의4까지, 제221조의5, 제245조의5부터 제245조의8까지의 규정을 적용하지 아니한다.

[본조신설 2020.2.4.]

2020.2.4 신설

제245조의10 【특별사법경찰관리】

① 삼림, 해사, 전매, 세무, 군수사기관, 그 밖에 특별한 사항에 관하여 사법경찰관리의 직무를 행할 특별사법경찰관리와 그 직무의 범위는 법률로 정한다.

② 특별사법경찰관은 모든 수사에 관하여 검사의 지휘를 받는다.

③ 특별사법경찰관은 범죄의 혐의가 있다고 인식하는 때에는 범인, 범죄사실과 증거에 관하여 수사를 개시·진행하여야 한다.

④ 특별사법경찰관리는 검사의 지휘가 있는 때에는 이에 따라야 한다. 검사의 지휘에 관한 구체적 사항은 법무부령으로 정한다.

⑤ 특별사법경찰관은 범죄를 수사한 때에는 지체 없이 검사에게 사건을 송치하고, 관계 서류와 증거물을 송부하여야 한다.

⑥ 특별사법경찰관리에 대하여는 제197조의2부터 제197조의4까지, 제221조의5, 제245조의5부터 제245조의8까지의 규정을 적용하지 아니한다.

제2장 공 소

제246조 【국가소추주의(國家訴追主義)】

공소는 검사가 제기하여 수행한다.

제247조 【기소편의주의(起訴便宜主義)】

검사는 「형법」 제51조의 사항을 참작하여 공소를 제기하지 아니할 수 있다. [전문개정 2007.6.1]

제248조 【공소의 효력 범위】

① 공소의 효력은 검사가 피고인으로 지정한 자에게만 미친다. 〈개정 2020.12.8〉

② 범죄사실의 일부에 대한 공소의 효력은 범죄사실 전부에 미친다. 〈개정 2020.12.8〉

[전문개정 2007.6.1]

제249조 【공소시효(公訴時效)의 기간】

① 공소시효는 다음 기간의 경과로 완성한다. 〈개정 1973.1.25, 2007.12.21〉

1. 사형에 해당하는 범죄에는 25년
2. 무기징역 또는 무기금고에 해당하는 범죄에는 15년
3. 장기 10년 이상의 징역 또는 금고에 해당하는 범죄에는 10년
4. 장기 10년 미만의 징역 또는 금고에 해당하는 범죄에는 7년
5. 장기 5년 미만의 징역 또는 금고, 장기 10년 이상의 자격정지 또는 벌금에 해당하는 범죄에는 5년

형사소송법

6. 장기 5년 이상의 자격정지에 해당하는 범죄에는 3년
7. 장기 5년 미만의 자격정지, 구류, 과료 또는 몰수에 해당하는 범죄에는 1년

② 공소가 제기된 범죄는 판결의 확정이 없이 공소를 제기한 때로부터 25년을 경과하면 공소시효가 완성한 것으로 간주한다.

〈신설 1961.9.1, 2007.12.21〉

제250조【두 개 이상의 형과 시효기간】
두 개 이상의 형을 병과(倂科)하거나 두 개 이상의 형에서 한 개를 과(科)할 범죄에 대해서는 무거운 형에 의하여 제249조를 적용한다.

[전문개정 2020.12.8]

제251조【형의 가중, 감경과 시효기간】
「형법」에 의하여 형을 가중 또는 감경한 경우에는 가중 또는 감경하지 아니한 형에 의하여 제249조의 규정을 적용한다. 〈개정 2007.6.1〉

제252조【시효의 기산점(起算點)】
① 시효는 범죄행위의 종료한 때로부터 진행한다.
② 공범에는 최종행위의 종료한 때로부터 전공범에 대한 시효기간을 기산한다.

제253조【시효의 정지와 효력】
① 시효는 공소의 제기로 진행이 정지되고 공소기각 또는 관할위반의 재판이 확정된 때로부터 진행한다. 〈개정 1961.9.1〉
② 공범의 1인에 대한 전항의 시효정지는 다른 공범자에게 대하여 효력이 미치고 당해사건의 재판이 확정된 때로부터 진행한다. 〈개정 1961.9.1〉
③ 범인이 형사처분을 면할 목적으로 국외에 있는 경우 그 기간동안 공소시효는 정지된다.

〈신설 1995.12.29.〉

2024.2.13 신설

④ 피고인이 형사처분을 면할 목적으로 국외에 있는 경우 그 기간 동안 제249조 제2항에 따른 기간의 진행은 정지된다. 〈신설 2024.2.13〉

제253조의2【공소시효의 적용 배제】
사람을 살해한 범죄(종범은 제외한다)로 사형에 해당하는 범죄에 대하여는 제249조부터 제253조까지에 규정된 공소시효를 적용하지 아니한다.

[본조신설 2015.7.31.]

제254조【공소제기의 방식과 공소장(公訴狀)】
① 공소를 제기함에는 공소장을 관할법원에 제출하여야 한다.
② 공소장에는 피고인수에 상응한 부본을 첨부하여야 한다.
③ 공소장에는 다음 사항을 기재하여야 한다.
1. 피고인의 성명 기타 피고인을 특정할 수 있는 사항
2. 죄 명
3. 공소사실
4. 적용법조

④ 공소사실의 기재는 범죄의 시일, 장소와 방법을 명시하여 사실을 특정할 수 있도록 하여야 한다.
⑤ 수개의 범죄사실과 적용법조를 예비적 또는 택일적으로 기재할 수 있다.

제255조【공소의 취소】
① 공소는 제1심판결의 선고전까지 취소할 수 있다.
② 공소취소는 이유를 기재한 서면으로 하여야 한다. 단, 공판정에서는 구술로써 할 수 있다.

제256조【타관송치(他管送致)】
검사는 사건이 그 소속검찰청에 대응한 법원의 관할에 속하지 아니한 때에는 사건을 서류와 증거물과 함께 관할법원에 대응한 검찰청검사에게 송치하여야 한다.

제256조의2【군검사에의 사건송치】
검사는 사건이 군사법원의 재판권에 속하는 때에는 사건을 서류와 증거물과 함께 재판권을 가진 관할 군검찰부 군검사에게 송치하여야 한다. 이

경우에 송치전에 행한 소송행위는 송치후에도 그 효력에 영향이 없다. 〈개정 1987.11.28, 2016.1.6〉

[본조신설 1973.1.25]

제257조【고소 등에 의한 사건의 처리】
검사가 고소 또는 고발에 의하여 범죄를 수사할 때에는 고소 또는 고발을 수리한 날로부터 3월 이내에 수사를 완료하여 공소제기여부를 결정하여야 한다.

제258조【고소인 등에의 처분고지】
① 검사는 고소 또는 고발있는 사건에 관하여 공소를 제기하거나 제기하지 아니하는 처분, 공소의 취소 또는 제256조의 송치를 한 때에는 그 처분한 날로부터 7일 이내에 서면으로 고소인 또는 고발인에게 그 취지를 통지하여야 한다.
② 검사는 불기소 또는 제256조의 처분을 한 때에는 피의자에게 즉시 그 취지를 통지하여야 한다.

제259조【고소인 등에의 공소부제기이유고지】
검사는 고소 또는 고발 있는 사건에 관하여 공소를 제기하지 아니하는 처분을 한 경우에 고소인 또는 고발인의 청구가 있는 때에는 7일 이내에 고소인 또는 고발인에게 그 이유를 서면으로 설명하여야 한다.

제259조의2【피해자 등에 대한 통지】
검사는 범죄로 인한 피해자 또는 그 법정대리인(피해자가 사망한 경우에는 그 배우자·직계친족·형제자매를 포함한다)의 신청이 있는 때에는 당해 사건의 공소제기여부, 공판의 일시·장소, 재판결과, 피의자·피고인의 구속·석방 등 구금에 관한 사실 등을 신속하게 통지하여야 한다.

[본조신설 2007.6.1.]

제260조【재정신청(裁定申請)】
① 고소권자로서 고소를 한 자(「형법」 제123조부터 제126조까지의 죄에 대하여는 고발을 한 자를 포함한다. 이하 이 조에서 같다)는 검사로부터 공소를 제기하지 아니한다는 통지를 받은 때에는 그 검사 소속의 지방검찰청 소재지를 관할하는 고등법원(이하 "관할 고등법원"이라 한다)에 그 당부에 관한 재정을 신청할 수 있다. 다만, 「형법」 제126조의 죄에 대하여는 피공표자의 명시한 의사에 반하여 재정을 신청할 수 없다.

〈개정 2011.7.18〉

② 제1항에 따른 재정신청을 하려면 「검찰청법」 제10조에 따른 항고를 거쳐야 한다. 다만, 다음 각 호의 어느 하나에 해당하는 경우에는 그러하지 아니하다.
1. 항고 이후 재기수사가 이루어진 다음에 다시 공소를 제기하지 아니한다는 통지를 받은 경우
2. 항고 신청 후 항고에 대한 처분이 행하여지지 아니하고 3개월이 경과한 경우
3. 검사가 공소시효 만료일 30일 전까지 공소를 제기하지 아니하는 경우

③ 제1항에 따른 재정신청을 하려는 자는 항고기각 결정을 통지받은 날 또는 제2항 각 호의 사유가 발생한 날부터 10일 이내에 지방검찰청검사장 또는 지청장에게 재정신청서를 제출하여야 한다. 다만, 제2항 제3호의 경우에는 공소시효 만료일 전날까지 재정신청서를 제출할 수 있다.
④ 재정신청서에는 재정신청의 대상이 되는 사건의 범죄사실 및 증거 등 재정신청을 이유있게 하는 사유를 기재하여야 한다.

[전문개정 2007.6.1]

제261조【지방검찰청검사장 등의 처리】
제260조 제3항에 따라 재정신청서를 제출받은 지방검찰청검사장 또는 지청장은 재정신청서를 제출받은 날부터 7일 이내에 재정신청서·의견서·수사 관계 서류 및 증거물을 관할 고등검찰청을 경유하여 관할 고등법원에 송부하여야 한다. 다만, 제260조 제2항 각 호의 어느 하나에 해당하는 경우에는 지방검찰청검사장 또는 지청장은 다음의 구분에 따른다.

1. 신청이 이유 있는 것으로 인정하는 때에는 즉시 공소를 제기하고 그 취지를 관할 고등법원과 재정신청인에게 통지한다.
2. 신청이 이유 없는 것으로 인정하는 때에는 30일 이내에 관할 고등법원에 송부한다.

[전문개정 2007.6.1]

제262조【심리와 결정】

① 법원은 재정신청서를 송부받은 때에는 송부받은 날부터 10일 이내에 피의자에게 그 사실을 통지하여야 한다.

② 법원은 재정신청서를 송부받은 날부터 3개월 이내에 항고의 절차에 준하여 다음 각 호의 구분에 따라 결정한다. 이 경우 필요한 때에는 증거를 조사할 수 있다.

1. 신청이 법률상의 방식에 위배되거나 이유 없는 때에는 신청을 기각한다.
2. 신청이 이유 있는 때에는 사건에 대한 공소제기를 결정한다.

③ 재정신청사건의 심리는 특별한 사정이 없는 한 공개하지 아니한다.

④ 제2항 제1호의 결정에 대하여는 제415조에 따른 즉시항고를 할 수 있고, 제2항 제2호의 결정에 대하여는 불복할 수 없다. 제2항 제1호의 결정이 확정된 사건에 대하여는 다른 중요한 증거를 발견한 경우를 제외하고는 소추할 수 없다. 〈개정 2016.1.6〉

⑤ 법원은 제2항의 결정을 한 때에는 즉시 그 정본을 재정신청인·피의자와 관할 지방검찰청검사장 또는 지청장에게 송부하여야 한다. 이 경우 제2항 제2호의 결정을 한 때에는 관할 지방검찰청검사장 또는 지청장에게 사건기록을 함께 송부하여야 한다.

⑥ 제2항 제2호의 결정에 따른 재정결정서를 송부받은 관할 지방검찰청 검사장 또는 지청장은 지체 없이 담당 검사를 지정하고 지정받은 검사는 공소를 제기하여야 한다. [전문개정 2007.6.1.]

제262조의2【재정신청사건 기록의 열람·등사 제한】

재정신청사건의 심리 중에는 관련 서류 및 증거물을 열람 또는 등사할 수 없다. 다만, 법원은 제262조 제2항 후단의 증거조사과정에서 작성된 서류의 전부 또는 일부의 열람 또는 등사를 허가할 수 있다.

[본조신설 2007.6.1]

[종전 제262조의2는 제262조의4로 이동 〈2007.6.1〉]

제262조의3【비용부담 등】

① 법원은 제262조 제2항 제1호의 결정 또는 제264조 제2항의 취소가 있는 경우에는 결정으로 재정신청인에게 신청절차에 의하여 생긴 비용의 전부 또는 일부를 부담하게 할 수 있다.

② 법원은 직권 또는 피의자의 신청에 따라 재정신청인에게 피의자가 재정신청절차에서 부담하였거나 부담할 변호인선임료 등 비용의 전부 또는 일부의 지급을 명할 수 있다.

③ 제1항 및 제2항의 결정에 대하여는 즉시항고를 할 수 있다.

④ 제1항 및 제2항에 따른 비용의 지급범위와 절차 등에 대하여는 대법원규칙으로 정한다.

[본조신설 2007.6.1]

제262조의4【공소시효의 정지 등】

① 제260조에 따른 재정신청이 있으면 제262조에 따른 재정결정이 확정될(▶▶ 개정전 : 있을) 때까지 공소시효의 진행이 정지된다.

〈개정 2007.12.21., 2016.1.6〉

② 제262조 제2항 제2호의 결정이 있는 때에는 공소시효에 관하여 그 결정이 있는 날에 공소가 제기된 것으로 본다. [전문개정 2007.6.1]

[제262조의2에서 이동 〈2007.6.1〉]

제263조 삭 제 〈2007.6.1〉

제264조【대리인에 의한 신청과 1인의 신청의 효력, 취소】

① 재정신청은 대리인에 의하여 할 수 있으며

형사소송법

공동신청권자중 1인의 신청은 그 전원을 위하여 효력을 발생한다.

② 재정신청은 제262조 제2항의 결정이 있을 때까지 취소할 수 있다. 취소한 자는 다시 재정신청을 할 수 없다. 〈개정 2007.6.1〉

③ 전항의 취소는 다른 공동신청권자에게 효력을 미치지 아니한다.

제264조의2【공소취소의 제한】

검사는 제262조 제2항 제2호의 결정에 따라 공소를 제기한 때에는 이를 취소할 수 없다.

[본조신설 2007.6.1]

제265조 삭 제 〈2007.6.1〉

제3장 공 판

제1절 공판준비와 공판절차

제266조【공소장부본(公訴狀副本)의 송달】

법원은 공소의 제기가 있는 때에는 지체없이 공소장의 부본을 피고인 또는 변호인에게 송달하여야 한다. 단, 제1회 공판기일 전 5일까지 송달하여야 한다.

제266조의2【의견서의 제출】

① 피고인 또는 변호인은 공소장 부본을 송달받은 날부터 7일 이내에 공소사실에 대한 인정 여부, 공판준비절차에 관한 의견 등을 기재한 의견서를 법원에 제출하여야 한다. 다만, 피고인이 진술을 거부하는 경우에는 그 취지를 기재한 의견서를 제출할 수 있다.

② 법원은 제1항의 의견서가 제출된 때에는 이를 검사에게 송부하여야 한다.

[본조신설 2007.6.1]

제266조의3【공소제기 후 검사가 보관하고 있는 서류 등의 열람·등사】

① 피고인 또는 변호인은 검사에게 공소제기된 사건에 관한 서류 또는 물건(이하 "서류 등"이라 한다)의 목록과 공소사실의 인정 또는 양형에 영향을 미칠 수 있는 다음 서류 등의 열람·등사 또는 서면의 교부를 신청할 수 있다. 다만, 피고인에게 변호인이 있는 경우에는 피고인은 열람만을 신청할 수 있다.

1. 검사가 증거로 신청할 서류 등
2. 검사가 증인으로 신청할 사람의 성명·사건과의 관계 등을 기재한 서면 또는 그 사람이 공판기일 전에 행한 진술을 기재한 서류 등
3. 제1호 또는 제2호의 서면 또는 서류 등의 증명력과 관련된 서류 등
4. 피고인 또는 변호인이 행한 법률상·사실상 주장과 관련된 서류 등(관련 형사재판확정기록, 불기소처분기록 등을 포함한다)

② 검사는 국가안보, 증인보호의 필요성, 증거인멸의 염려, 관련 사건의 수사에 장애를 가져올 것으로 예상되는 구체적인 사유 등 열람·등사 또는 서면의 교부를 허용하지 아니할 상당한 이유가 있다고 인정하는 때에는 열람·등사 또는 서면의 교부를 거부하거나 그 범위를 제한할 수 있다.

③ 검사는 열람·등사 또는 서면의 교부를 거부하거나 그 범위를 제한하는 때에는 지체 없이 그 이유를 서면으로 통지하여야 한다.

④ 피고인 또는 변호인은 검사가 제1항의 신청을 받은 때부터 48시간 이내에 제3항의 통지를 하지 아니하는 때에는 제266조의4 제1항의 신청을 할 수 있다.

⑤ 검사는 제2항에도 불구하고 서류 등의 목록에 대하여는 열람 또는 등사를 거부할 수 없다.

⑥ 제1항의 서류 등은 도면·사진·녹음테이프·비디오테이프·컴퓨터용 디스크, 그 밖에 정보를 담기 위하여 만들어진 물건으로서 문서가 아닌 특수매체를 포함한다. 이 경우 특수매체에 대한 등사는 필요 최소한의 범위에 한한다. [본조신설 2007.6.1]

제266조의4【법원의 열람·등사에 관한 결정】
① 피고인 또는 변호인은 검사가 서류 등의 열람·등사 또는 서면의 교부를 거부하거나 그 범위를 제한한 때에는 법원에 그 서류 등의 열람·등사 또는 서면의 교부를 허용하도록 할 것을 신청할 수 있다.
② 법원은 제1항의 신청이 있는 때에는 열람·등사 또는 서면의 교부를 허용하는 경우에 생길 폐해의 유형·정도, 피고인의 방어 또는 재판의 신속한 진행을 위한 필요성 및 해당 서류 등의 중요성 등을 고려하여 검사에게 열람·등사 또는 서면의 교부를 허용할 것을 명할 수 있다. 이 경우 열람 또는 등사의 시기·방법을 지정하거나 조건·의무를 부과할 수 있다.
③ 법원은 제2항의 결정을 하는 때에는 검사에게 의견을 제시할 수 있는 기회를 부여하여야 한다.
④ 법원은 필요하다고 인정하는 때에는 검사에게 해당 서류 등의 제시를 요구할 수 있고, 피고인이나 그 밖의 이해관계인을 심문할 수 있다.
⑤ 검사는 제2항의 열람·등사 또는 서면의 교부에 관한 법원의 결정을 지체 없이 이행하지 아니하는 때에는 해당 증인 및 서류 등에 대한 증거신청을 할 수 없다.

[본조신설 2007.6.1]

제266조의5【공판준비절차】
① 재판장은 효율적이고 집중적인 심리를 위하여 사건을 공판준비절차에 부칠 수 있다.
② 공판준비절차는 주장 및 입증계획 등을 서면으로 준비하게 하거나 공판준비기일을 열어 진행한다.
③ 검사, 피고인 또는 변호인은 증거를 미리 수집·정리하는 등 공판준비절차가 원활하게 진행될 수 있도록 협력하여야 한다.

[본조신설 2007.6.1]

제266조의6【공판준비를 위한 서면의 제출】
① 검사, 피고인 또는 변호인은 법률상·사실상 주장의 요지 및 입증취지 등이 기재된 서면을 법원에 제출할 수 있다.
② 재판장은 검사, 피고인 또는 변호인에 대하여 제1항에 따른 서면의 제출을 명할 수 있다.
③ 법원은 제1항 또는 제2항에 따라 서면이 제출된 때에는 그 부본을 상대방에게 송달하여야 한다.
④ 재판장은 검사, 피고인 또는 변호인에게 공소장 등 법원에 제출된 서면에 대한 설명을 요구하거나 그 밖에 공판준비에 필요한 명령을 할 수 있다.

[본조신설 2007.6.1]

제266조의7【공판준비기일】
① 법원은 검사, 피고인 또는 변호인의 의견을 들어 공판준비기일을 지정할 수 있다.
② 검사, 피고인 또는 변호인은 법원에 대하여 공판준비기일의 지정을 신청할 수 있다. 이 경우 당해 신청에 관한 법원의 결정에 대하여는 불복할 수 없다.
③ 법원은 합의부원으로 하여금 공판준비기일을 진행하게 할 수 있다. 이 경우 수명법관은 공판준비기일에 관하여 법원 또는 재판장과 동일한 권한이 있다.
④ 공판준비기일은 공개한다. 다만, 공개하면 절차의 진행이 방해될 우려가 있는 때에는 공개하지 아니할 수 있다.

[본조신설 2007.6.1]

제266조의8【검사 및 변호인 등의 출석】
① 공판준비기일에는 검사 및 변호인이 출석하여야 한다.
② 공판준비기일에는 법원사무관 등이 참여한다.
③ 법원은 검사, 피고인 및 변호인에게 공판준비기일을 통지하여야 한다.
④ 법원은 공판준비기일이 지정된 사건에 관하여

변호인이 없는 때에는 직권으로 변호인을 선정하여야 한다.

⑤ 법원은 필요하다고 인정하는 때에는 피고인을 소환할 수 있으며, 피고인은 법원의 소환이 없는 때에도 공판준비기일에 출석할 수 있다.

⑥ 재판장은 출석한 피고인에게 진술을 거부할 수 있음을 알려주어야 한다.

[본조신설 2007.6.1]

제266조의9 【공판준비에 관한 사항】

① 법원은 공판준비절차에서 다음 행위를 할 수 있다.

1. 공소사실 또는 적용법조를 명확하게 하는 행위
2. 공소사실 또는 적용법조의 추가·철회 또는 변경을 허가하는 행위
3. 공소사실과 관련하여 주장할 내용을 명확히 하여 사건의 쟁점을 정리하는 행위
4. 계산이 어렵거나 그 밖에 복잡한 내용에 관하여 설명하도록 하는 행위
5. 증거신청을 하도록 하는 행위
6. 신청된 증거와 관련하여 입증 취지 및 내용 등을 명확하게 하는 행위
7. 증거신청에 관한 의견을 확인하는 행위
8. 증거 채부(採否)의 결정을 하는 행위
9. 증거조사의 순서 및 방법을 정하는 행위
10. 서류 등의 열람 또는 등사와 관련된 신청의 당부를 결정하는 행위
11. 공판기일을 지정 또는 변경하는 행위
12. 그 밖에 공판절차의 진행에 필요한 사항을 정하는 행위

② 제296조 및 제304조는 공판준비절차에 관하여 준용한다.

[본조신설 2007.6.1]

제266조의10 【공판준비기일 결과의 확인】

① 법원은 공판준비기일을 종료하는 때에는 검사, 피고인 또는 변호인에게 쟁점 및 증거에 관한 정리결과를 고지하고, 이에 대한 이의의 유무를 확인하여야 한다.

② 법원은 쟁점 및 증거에 관한 정리결과를 공판준비기일조서에 기재하여야 한다.

[본조신설 2007.6.1]

제266조의11 【피고인 또는 변호인이 보관하고 있는 서류 등의 열람·등사】

① 검사는 피고인 또는 변호인이 공판기일 또는 공판준비절차에서 현장부재·심신상실 또는 심신미약 등 법률상·사실상의 주장을 한 때에는 피고인 또는 변호인에게 다음 서류 등의 열람·등사 또는 서면의 교부를 요구할 수 있다.

1. 피고인 또는 변호인이 증거로 신청할 서류 등
2. 피고인 또는 변호인이 증인으로 신청할 사람의 성명, 사건과의 관계 등을 기재한 서면
3. 제1호의 서류 등 또는 제2호의 서면의 증명력과 관련된 서류 등
4. 피고인 또는 변호인이 행한 법률상·사실상의 주장과 관련된 서류 등

② 피고인 또는 변호인은 검사가 제266조의3 제1항에 따른 서류 등의 열람·등사 또는 서면의 교부를 거부한 때에는 제1항에 따른 서류 등의 열람·등사 또는 서면의 교부를 거부할 수 있다. 다만, 법원이 제266조의4 제1항에 따른 신청을 기각하는 결정을 한 때에는 그러하지 아니하다.

③ 검사는 피고인 또는 변호인이 제1항에 따른 요구를 거부한 때에는 법원에 그 서류 등의 열람· 등사 또는 서면의 교부를 허용하도록 할 것을 신청할 수 있다.

④ 제266조의4 제2항부터 제5항까지의 규정은 제3항의 신청이 있는 경우에 준용한다.

⑤ 제1항에 따른 서류 등에 관하여는 제266조의3 제6항을 준용한다.

[본조신설 2007.6.1]

제266조의12【공판준비절차의 종결사유】
법원은 다음 각 호의 어느 하나에 해당하는 사유가 있는 때에는 공판준비절차를 종결하여야 한다. 다만, 제2호 또는 제3호에 해당하는 경우로서 공판의 준비를 계속하여야 할 상당한 이유가 있는 때에는 그러하지 아니하다.

1. 쟁점 및 증거의 정리가 완료된 때
2. 사건을 공판준비절차에 부친 뒤 3개월이 지난 때
3. 검사·변호인 또는 소환받은 피고인이 출석하지 아니한 때

[본조신설 2007.6.1]

제266조의13【공판준비기일 종결의 효과】
① 공판준비기일에서 신청하지 못한 증거는 다음 각 호의 어느 하나에 해당하는 경우에 한하여 공판기일에 신청할 수 있다.
1. 그 신청으로 인하여 소송을 현저히 지연시키지 아니하는 때
2. 중대한 과실 없이 공판준비기일에 제출하지 못하는 등 부득이한 사유를 소명한 때

② 제1항에도 불구하고 법원은 직권으로 증거를 조사할 수 있다.

[본조신설 2007.6.1]

제266조의14【준용규정】
제305조는 공판준비기일의 재개에 관하여 준용한다. [본조신설 2007.6.1]

제266조의15【기일간 공판준비절차】
법원은 쟁점 및 증거의 정리를 위하여 필요한 경우에는 제1회 공판기일 후에도 사건을 공판준비절차에 부칠 수 있다. 이 경우 기일 전 공판준비절차에 관한 규정을 준용한다. [본조신설 2007.6.1]

제266조의16【열람·등사된 서류 등의 남용금지】
① 피고인 또는 변호인(피고인 또는 변호인이었던 자를 포함한다. 이하 이 조에서 같다)은 검사가 열람 또는 등사하도록 한 제266조의3 제1항에 따른 서면 및 서류등의 사본을 당해 사건 또는 관련 소송의 준비에 사용할 목적이 아닌 다른 목적으로 다른 사람에게 교부 또는 제시(전기통신설비를 이용하여 제공하는 것을 포함한다)하여서는 아니 된다.
② 피고인 또는 변호인이 제1항을 위반하는 때에는 1년 이하의 징역 또는 500만원 이하의 벌금에 처한다. [본조신설 2007.6.1.]

2021.8.17 신설

제266조의17【비디오 등 중계장치 등에 의한 공판준비기일】
① 법원은 피고인이 출석하지 아니하는 경우 상당하다고 인정하는 때에는 검사와 변호인의 의견을 들어 비디오 등 중계장치에 의한 중계시설을 통하거나 인터넷 화상장치를 이용하여 공판준비기일을 열 수 있다.
② 제1항에 따른 기일은 검사와 변호인이 법정에 출석하여 이루어진 공판준비기일로 본다.
③ 제1항에 따른 기일의 절차와 방법, 그 밖에 필요한 사항은 대법원규칙으로 정한다.

[본조신설 2021.8.17.]

제267조【공판기일(公判期日)의 지정】
① 재판장은 공판기일을 정하여야 한다.
② 공판기일에는 피고인, 대표자 또는 대리인을 소환하여야 한다.
③ 공판기일은 검사, 변호인과 보조인에게 통지하여야 한다.

제267조의2【집중심리】
① 공판기일의 심리는 집중되어야 한다.
② 심리에 2일 이상이 필요한 경우에는 부득이한 사정이 없는 한 매일 계속 개정하여야 한다.
③ 재판장은 여러 공판기일을 일괄하여 지정할 수 있다.
④ 재판장은 부득이한 사정으로 매일 계속 개정하지 못하는 경우에도 특별한 사정이 없는 한 전회의 공판기일부터 14일 이내로 다음 공판기일을 지정하여야 한다.

⑤ 소송관계인은 기일을 준수하고 심리에 지장을 초래하지 아니하도록 하여야 하며, 재판장은 이에 필요한 조치를 할 수 있다.
[본조신설 2007.6.1.]

제268조 【소환장송달의 의제(擬制)】
법원의 구내에 있는 피고인에 대하여 공판기일을 통지한 때에는 소환장송달의 효력이 있다.

제269조 【제1회 공판기일의 유예기간(猶豫期間)】
① 제1회 공판기일은 소환장의 송달후 5일이상의 유예기간을 두어야 한다.
② 피고인이 이의 없는 때에는 전항의 유예기간을 두지 아니할 수 있다.

제270조 【공판기일의 변경】
① 재판장은 직권 또는 검사, 피고인이나 변호인의 신청에 의하여 공판기일을 변경할 수 있다.
② 공판기일 변경신청을 기각한 명령은 송달하지 아니한다.

제271조 【불출석사유자료의 제출】
공판기일에 소환 또는 통지서를 받은 자가 질병 기타의 사유로 출석하지 못할 때에는 의사의 진단서 기타의 자료를 제출하여야 한다.

제272조 【공무소등에 대한 조회】
① 법원은 직권 또는 검사, 피고인이나 변호인의 신청에 의하여 공무소 또는 공사단체에 조회하여 필요한 사항의 보고 또는 그 보관서류의 송부를 요구할 수 있다.
② 전항의 신청을 기각함에는 결정으로 하여야 한다.

제273조 【공판기일 전의 증거조사】
① 법원은 검사, 피고인 또는 변호인의 신청에 의하여 공판준비에 필요하다고 인정한 때에는 공판기일전에 피고인 또는 증인을 신문할 수 있고 검증, 감정 또는 번역을 명할 수 있다.
② 재판장은 부원으로 하여금 전항의 행위를 하게 할 수 있다.
③ 제1항의 신청을 기각함에는 결정으로 하여야 한다.

제274조 【당사자의 공판기일전의 증거제출】
검사, 피고인 또는 변호인은 공판기일전에 서류나 물건을 증거로 법원에 제출할 수 있다.
〈개정 1961.9.1.〉

제275조 【공판정(公判廷)의 심리】
① 공판기일에는 공판정에서 심리한다.
② 공판정은 판사와 검사, 법원사무관 등이 출석하여 개정한다. 〈개정 2007.6.1〉
③ 검사의 좌석과 피고인 및 변호인의 좌석은 대등하며, 법대의 좌우측에 마주 보고 위치하고, 증인의 좌석은 법대의 정면에 위치한다. 다만, 피고인신문을 하는 때에는 피고인은 증인석에 좌석(座席)한다. 〈개정 2007.6.1〉

제275조의2 【피고인의 무죄추정】
피고인은 유죄의 판결이 확정될 때까지는 무죄로 추정된다.
[본조신설 1980.12.18]

제275조의3 【구두변론주의(口頭辯論主義)】
공판정에서의 변론은 구두로 하여야 한다.
[본조신설 2007.6.1]

제276조 【피고인의 출석권】
피고인이 공판기일에 출석하지 아니한 때에는 특별한 규정이 없으면 개정하지 못한다. 단, 피고인이 법인인 경우에는 대리인을 출석하게 할 수 있다.

제276조의2 【장애인 등 특별히 보호를 요하는 자에 대한 특칙】
① 재판장 또는 법관은 피고인을 신문하는 경우 다음 각 호의 어느 하나에 해당하는 때에는 직권 또는 피고인·법정대리인·검사의 신청에 따라 피고인과 신뢰관계에 있는 자를 동석하게 할 수 있다.
1. 피고인이 신체적 또는 정신적 장애로 사물을 변별하거나 의사를 결정·전달할 능력이 미약한 경우

2. 피고인의 연령·성별·국적 등의 사정을 고려하여 그 심리적 안정의 도모와 원활한 의사소통을 위하여 필요한 경우

② 제1항에 따라 동석할 수 있는 신뢰관계에 있는 자의 범위, 동석의 절차 및 방법 등에 관하여 필요한 사항은 대법원규칙으로 정한다.

[본조신설 2007.6.1.]

제277조【경미사건 등과 피고인의 불출석】

다음 각 호의 어느 하나에 해당하는 사건에 관하여는 피고인의 출석을 요하지 아니한다. 이 경우 피고인은 대리인을 출석하게 할 수 있다.

1. 다액 500만원 이하의 벌금 또는 과료에 해당하는 사건
2. 공소기각 또는 면소의 재판을 할 것이 명백한 사건
3. 장기 3년 이하의 징역 또는 금고, 다액 500만원을 초과하는 벌금 또는 구류에 해당하는 사건에서 피고인의 불출석허가신청이 있고 법원이 피고인의 불출석이 그의 권리를 보호함에 지장이 없다고 인정하여 이를 허가한 사건. 다만, 제284조에 따른 절차를 진행하거나 판결을 선고하는 공판기일에는 출석하여야 한다.
4. 제453조 제1항에 따라 피고인만이 정식재판의 청구를 하여 판결을 선고하는 사건

[전문개정 2007.6.1]

제277조의2【피고인의 출석거부와 공판절차】

① 피고인이 출석하지 아니하면 개정하지 못하는 경우에 구속된 피고인이 정당한 사유없이 출석을 거부하고, 교도관에 의한 인치가 불가능하거나 현저히 곤란하다고 인정되는 때에는 피고인의 출석없이 공판절차를 진행할 수 있다.

〈개정 2007.6.1〉

② 제1항의 규정에 의하여 공판절차를 진행할 경우에는 출석한 검사 및 변호인의 의견을 들어야 한다.

[본조신설 1995.12.29]

제278조【검사의 불출석】

검사가 공판기일의 통지를 2회 이상 받고 출석하지 아니하거나 판결만을 선고하는 때에는 검사의 출석 없이 개정할 수 있다. 〈개정 1995.12.29〉

제279조【재판장의 소송지휘권】

공판기일의 소송지휘는 재판장이 한다.

제279조의2【전문심리위원의 참여】

① 법원은 소송관계를 분명하게 하거나 소송절차를 원활하게 진행하기 위하여 필요한 경우에는 직권으로 또는 검사, 피고인 또는 변호인의 신청에 의하여 결정으로 전문심리위원을 지정하여 공판준비 및 공판기일 등 소송절차에 참여하게 할 수 있다.

② 전문심리위원은 전문적인 지식에 의한 설명 또는 의견을 기재한 서면을 제출하거나 기일에 전문적인 지식에 의하여 설명이나 의견을 진술할 수 있다. 다만, 재판의 합의에는 참여할 수 없다.

③ 전문심리위원은 기일에 재판장의 허가를 받아 피고인 또는 변호인, 증인 또는 감정인 등 소송관계인에게 소송관계를 분명하게 하기 위하여 필요한 사항에 관하여 직접 질문할 수 있다.

④ 법원은 제2항에 따라 전문심리위원이 제출한 서면이나 전문심리위원의 설명 또는 의견의 진술에 관하여 검사, 피고인 또는 변호인에게 구술 또는 서면에 의한 의견진술의 기회를 주어야 한다.

[본조신설 2007.12.21]

제279조의3【전문심리위원 참여결정의 취소】

① 법원은 상당하다고 인정하는 때에는 검사, 피고인 또는 변호인의 신청이나 직권으로 제279조의2 제1항에 따른 결정을 취소할 수 있다.

② 법원은 검사와 피고인 또는 변호인이 합의하여 제279조의2 제1항의 결정을 취소할 것을 신청한 때에는 그 결정을 취소하여야 한다.

[본조신설 2007.12.21]

제279조의4【전문심리위원의 지정 등】
① 제279조의2 제1항에 따라 전문심리위원을 소송절차에 참여시키는 경우 법원은 검사, 피고인 또는 변호인의 의견을 들어 각 사건마다 1인 이상의 전문심리위원을 지정한다.
② 전문심리위원에게는 대법원규칙으로 정하는 바에 따라 수당을 지급하고, 필요한 경우에는 그 밖의 여비, 일당 및 숙박료를 지급할 수 있다.
③ 그 밖에 전문심리위원의 지정에 관하여 필요한 사항은 대법원규칙으로 정한다.
[본조신설 2007.12.21]

제279조의5【전문심리위원의 제척 및 기피】
① 제17조부터 제20조까지 및 제23조는 전문심리위원에게 준용한다.
② 제척 또는 기피 신청이 있는 전문심리위원은 그 신청에 관한 결정이 확정될 때까지 그 신청이 있는 사건의 소송절차에 참여할 수 없다. 이 경우 전문심리위원은 해당 제척 또는 기피 신청에 대하여 의견을 진술할 수 있다.
[본조신설 2007.12.21]

제279조의6【수명법관 등의 권한】
수명법관 또는 수탁판사가 소송절차를 진행하는 경우에는 제279조의2 제2항부터 제4항까지의 규정에 따른 법원 및 재판장의 직무는 그 수명법관이나 수탁판사가 행한다.
[본조신설 2007.12.21]

제279조의7【비밀누설죄】
전문심리위원 또는 전문심리위원이었던 자가 그 직무수행 중에 알게 된 다른 사람의 비밀을 누설한 때에는 2년 이하의 징역이나 금고 또는 1천만원 이하의 벌금에 처한다. [본조신설 2007.12.21]

제279조의8【벌칙 적용에서의 공무원 의제】
전문심리위원은 「형법」 제129조부터 제132조까지의 규정에 따른 벌칙의 적용에서는 공무원으로 본다.
[본조신설 2007.12.21.]

제280조【공판정에서의 신체구속의 금지】
공판정에서는 피고인의 신체를 구속하지 못한다. 다만, 재판장은 피고인이 폭력을 행사하거나 도망할 염려가 있다고 인정하는 때에는 피고인의 신체의 구속을 명하거나 기타 필요한 조치를 할 수 있다. 〈개정 1995.12.29.〉

제281조【피고인의 재정의무(在廷義務), 법정경찰권(法廷警察權)】
① 피고인은 재판장의 허가없이 퇴정하지 못한다.
② 재판장은 피고인의 퇴정을 제지하거나 법정의 질서를 유지하기 위하여 필요한 처분을 할 수 있다.

제282조【필요적 변호】 〈제목개정 2006.7.19〉
제33조 제1항 각 호의 어느 하나에 해당하는 사건 및 같은 조 제2항·제3항의 규정에 따라 변호인이 선정된 사건에 관하여는 변호인 없이 개정하지 못한다. 단, 판결만을 선고할 경우에는 예외로 한다. 〈개정 2006.7.19〉

제283조【국선변호인】 〈제목개정 2006.7.19〉
제282조 본문의 경우 변호인이 출석하지 아니한 때에는 법원은 직권으로 변호인을 선정하여야 한다. 〈개정 2006.7.19〉

제283조의2【피고인의 진술거부권】
① 피고인은 진술하지 아니하거나 개개의 질문에 대하여 진술을 거부할 수 있다.
② 재판장은 피고인에게 제1항과 같이 진술을 거부할 수 있음을 고지하여야 한다.
[본조신설 2007.6.1]

제284조【인정신문(人定訊問)】
재판장은 피고인의 성명, 연령, 등록기준지, 주거와 직업을 물어서 피고인임에 틀림없음을 확인하여야 한다. 〈개정 2007.5.17〉

제285조【검사의 모두진술(冒頭陳述)】
검사는 공소장에 의하여 공소사실·죄명 및 적용법조를 낭독하여야 한다. 다만, 재판장은 필요

하다고 인정하는 때에는 검사에게 공소의 요지를 진술하게 할 수 있다. [전문개정 2007.6.1]

제286조【피고인의 모두진술】
① 피고인은 검사의 모두진술이 끝난 뒤에 공소사실의 인정 여부를 진술하여야 한다. 다만, 피고인이 진술거부권을 행사하는 경우에는 그러하지 아니하다.
② 피고인 및 변호인은 이익이 되는 사실 등을 진술할 수 있다.
[전문개정 2007.6.1]

제286조의2【간이공판절차(簡易公判節次)의 결정】
피고인이 공판정에서 공소사실에 대하여 자백한 때에는 법원은 그 공소사실에 한하여 간이공판절차에 의하여 심판할 것을 결정할 수 있다.
〈개정 1995.12.29〉
[본조신설 1973.1.25]

제286조의3【결정의 취소】
법원은 전조의 결정을 한 사건에 대하여 피고인의 자백이 신빙할 수 없다고 인정되거나 간이공판절차로 심판하는 것이 현저히 부당하다고 인정할 때에는 검사의 의견을 들어 그 결정을 취소하여야 한다. [본조신설 1973.1.25.].

제287조【재판장의 쟁점정리 및 검사·변호인의 증거관계 등에 대한 진술】
① 재판장은 피고인의 모두진술이 끝난 다음에 피고인 또는 변호인에게 쟁점의 정리를 위하여 필요한 질문을 할 수 있다.
② 재판장은 증거조사를 하기에 앞서 검사 및 변호인으로 하여금 공소사실 등의 증명과 관련된 주장 및 입증계획 등을 진술하게 할 수 있다. 다만, 증거로 할 수 없거나 증거로 신청할 의사가 없는 자료에 기초하여 법원에 사건에 대한 예단 또는 편견을 발생하게 할 염려가 있는 사항은 진술할 수 없다.
[전문개정 2007.6.1]

제288조 삭 제 〈1961.9.1〉

제289조 삭 제 〈2007.6.1〉

제290조【증거조사】
증거조사는 제287조에 따른 절차가 끝난 후에 실시한다. [전문개정 2007.6.1]

제291조【동 전】
① 소송관계인이 증거로 제출한 서류나 물건 또는 제272조, 제273조의 규정에 의하여 작성 또는 송부된 서류는 검사, 변호인 또는 피고인이 공판정에서 개별적으로 지시설명하여 조사하여야 한다.
② 재판장은 직권으로 전항의 서류나 물건을 공판정에서 조사할 수 있다.
[전문개정 1961.9.1]

제291조의2【증거조사의 순서】
① 법원은 검사가 신청한 증거를 조사한 후 피고인 또는 변호인이 신청한 증거를 조사한다.
② 법원은 제1항에 따른 조사가 끝난 후 직권으로 결정한 증거를 조사한다.
③ 법원은 직권 또는 검사, 피고인·변호인의 신청에 따라 제1항 및 제2항의 순서를 변경할 수 있다. [본조신설 2007.6.1]

제292조【증거서류에 대한 조사방식】
① 검사, 피고인 또는 변호인의 신청에 따라 증거서류를 조사하는 때에는 신청인이 이를 낭독하여야 한다.
② 법원이 직권으로 증거서류를 조사하는 때에는 소지인 또는 재판장이 이를 낭독하여야 한다.
③ 재판장은 필요하다고 인정하는 때에는 제1항 및 제2항에도 불구하고 내용을 고지하는 방법으로 조사할 수 있다.
④ 재판장은 법원사무관 등으로 하여금 제1항부터 제3항까지의 규정에 따른 낭독이나 고지를 하게 할 수 있다.
⑤ 재판장은 열람이 다른 방법보다 적절하다고

인정하는 때에는 증거서류를 제시하여 열람하게 하는 방법으로 조사할 수 있다.

[전문개정 2007.6.1]

제292조의2【증거물에 대한 조사방식】

① 검사, 피고인 또는 변호인의 신청에 따라 증거물을 조사하는 때에는 신청인이 이를 제시하여야 한다.

② 법원이 직권으로 증거물을 조사하는 때에는 소지인 또는 재판장이 이를 제시하여야 한다.

③ 재판장은 법원사무관 등으로 하여금 제1항 및 제2항에 따른 제시를 하게 할 수 있다.

[본조신설 2007.6.1]

제292조의3【그 밖의 증거에 대한 조사방식】

도면·사진·녹음테이프·비디오테이프·컴퓨터용디스크, 그 밖에 정보를 담기 위하여 만들어진 물건으로서 문서가 아닌 증거의 조사에 관하여 필요한 사항은 대법원규칙으로 정한다.

[본조신설 2007.6.1]

제293조【증거조사 결과와 피고인의 의견】

재판장은 피고인에게 각 증거조사의결과에 대한 의견을 묻고 권리를 보호함에 필요한 증거조사를 신청할 수 있음을 고지하여야 한다.

제294조【당사자의 증거신청】

① 검사, 피고인 또는 변호인은 서류나 물건을 증거로 제출할 수 있고, 증인·감정인·통역인 또는 번역인의 신문을 신청할 수 있다.

② 법원은 검사, 피고인 또는 변호인이 고의로 증거를 뒤늦게 신청함으로써 공판의 완결을 지연하는 것으로 인정할 때에는 직권 또는 상대방의 신청에 따라 결정으로 이를 각하할 수 있다.

[전문개정 2007.6.1]

제294조의2【피해자 등의 진술권】

〈제목개정 2007.6.1.〉

① 법원은 범죄로 인한 피해자 또는 그 법정대리인(피해자가 사망한 경우에는 배우자·직계친족·형제자매를 포함한다. 이하 이 조에서 "피해자 등"이라 한다)의 신청이 있는 때에는 그 피해자등을 증인으로 신문하여야 한다. 다만, 다음 각 호의 어느 하나에 해당하는 경우에는 그러하지 아니하다. 〈개정 2007.6.1〉

1. 삭 제 〈2007.6.1〉
2. 피해자 등 이미 당해 사건에 관하여 공판절차에서 충분히 진술하여 다시 진술할 필요가 없다고 인정되는 경우
3. 피해자 등의 진술로 인하여 공판절차가 현저하게 지연될 우려가 있는 경우

② 법원은 제1항에 따라 피해자 등을 신문하는 경우 피해의 정도 및 결과, 피고인의 처벌에 관한 의견, 그 밖에 당해 사건에 관한 의견을 진술할 기회를 주어야 한다. 〈개정 2007.6.1〉

③ 법원은 동일한 범죄사실에서 제1항의 규정에 의한 신청인이 여러 명인 경우에는 진술할 자의 수를 제한할 수 있다. 〈개정 2007.6.1〉

④ 제1항의 규정에 의한 신청인이 출석통지를 받고도 정당한 이유없이 출석하지 아니한 때에는 그 신청을 철회한 것으로 본다.

〈개정 2007.6.1〉

[본조신설 1987.11.28]

제294조의3【피해자 진술의 비공개】

① 법원은 범죄로 인한 피해자를 증인으로 신문하는 경우 당해 피해자·법정대리인 또는 검사의 신청에 따라 피해자의 사생활의 비밀이나 신변보호를 위하여 필요하다고 인정하는 때에는 결정으로 심리를 공개하지 아니할 수 있다.

② 제1항의 결정은 이유를 붙여 고지한다.

③ 법원은 제1항의 결정을 한 경우에도 적당하다고 인정되는 자의 재정(在廷)을 허가할 수 있다. [본조신설 2007.6.1.]

2025.3.18 개정

제294조의4【피해자 등의 공판기록 열람·등사】

① 소송계속 중인 사건의 피해자(피해자가 사망하거나 그 심신에 중대한 장애가 있는 경우에는 그 배우자·직계

형사소송법

친족 및 형제자매를 포함한다), 피해자 본인의 법정대리인 또는 이들로부터 위임을 받은 피해자 본인의 배우자·직계친족·형제자매·변호사는 소송기록의 열람 또는 등사를 재판장에게 신청할 수 있다.

② 재판장은 제1항의 신청이 있는 때에는 지체 없이 검사, 피고인 또는 변호인에게 그 취지를 통지하여야 한다.

③ 재판장은 피해자 등의 권리구제 또는 제294조의2에 따른 진술권 보장을 위하여 필요하다고 인정하는 경우 소송기록의 열람 또는 등사를 허가하여야 한다. 다만, 제59조의2 제2항제2호부터 제6호까지 중 어느 하나에 해당하는 경우 또는 심리의 상황을 고려하여 상당한 이유가 있는 경우에는 열람 또는 등사를 허가하지 아니할 수 있다. [단서 신설] 〈개정 2025.3.18.〉

④ 재판장이 제3항에 따라 등사를 허가하는 경우에는 등사한 소송기록의 사용목적을 제한하거나 적당하다고 인정하는 조건을 붙일 수 있다.

⑤ 재판장이 열람 또는 등사를 허가하지 아니하거나 사용 목적의 제한 또는 조건을 붙여 허가하는 경우에는 열람 또는 등사를 신청한 자에게 대법원규칙으로 정하는 바에 따라 그 이유를 통지하여야 한다. 〈신설 2025.3.18.〉

⑥ 제1항에 따라 소송기록을 열람 또는 등사한 자는 열람 또는 등사에 의하여 알게 된 사항을 사용함에 있어서 부당히 관계인의 명예나 생활의 평온을 해하거나 수사와 재판에 지장을 주지 아니하도록 하여야 한다.

⑦ 제3항 및 제4항에 관한 재판에 대하여는 불복할 수 없다.

[본조신설 2007.6.1.]

개정 前

제294조의4 [피해자 등의 공판기록 열람·등사]

① 소송계속 중인 사건의 피해자(피해자가 사망하거나 그 심신에 중대한 장애가 있는 경우에는 그 배우자·직계친족 및 형제자매를 포함한다), 피해자 본인의 법정대리인 또는 이들로부터 위임을 받은 피해자 본인의 배우자·직계친족·형제자매·변호사는 소송기록의 열람 또는 등사를 재판장에게 신청할 수 있다.

② 재판장은 제1항의 신청이 있는 때에는 지체 없이 검사, 피고인 또는 변호인에게 그 취지를 통지하여야 한다.

③ 재판장은 피해자 등의 권리구제를 위하여 필요하다고 인정하거나 그 밖의 정당한 사유가 있는 경우 범죄의 성질, 심리의 상황, 그 밖의 사정을 고려하여 상당하다고 인정하는 때에는 열람 또는 등사를 허가할 수 있다.

④ 재판장이 제3항에 따라 등사를 허가하는 경우에는 등사한 소송기록의 사용목적을 제한하거나 적당하다고 인정하는 조건을 붙일 수 있다.

⑤ 제1항에 따라 소송기록을 열람 또는 등사한 자는 열람 또는 등사에 의하여 알게 된 사항을 사용함에 있어서 부당히 관계인의 명예나 생활의 평온을 해하거나 수사와 재판에 지장을 주지 아니하도록 하여야 한다.

⑥ 제3항 및 제4항에 관한 재판에 대하여는 불복할 수 없다. [본조신설 2007.6.1.]

2025.12.23. 신설 | 2026.6.24. 시행 예정

제294조의5 【피해자 등의 검사 보관 서류 등의 열람·등사】

① 소송계속 중인 사건의 피해자(피해자가 사망하거나 그 심신에 중대한 장애가 있는 경우에는 그 배우자·직계친족 및 형제자매를 포함한다), 피해자 본인의 법정대리인 또는 이들로부터 위임을 받은

피해자 본인의 배우자·직계친족·형제자매·변호사는 제266조의3 제1항 제1호에 따른 서류·물건(이하 이 조에서 "서류등"이라 한다)의 열람 또는 등사를 검사에게 신청할 수 있다.

② 검사는 피해자 등의 권리구제 또는 제294조의2에 따른 진술권 보장을 위하여 필요하다고 인정하는 경우 서류등의 열람 또는 등사를 허가하여야 한다. 다만, 제59조의2 제2항 제2호부터 제6호까지 중 어느 하나에 해당하는 경우 또는 재판의 상황을 고려하여 상당한 이유가 있는 경우에는 열람 또는 등사를 허가하지 아니할 수 있다.

③ 검사가 제2항에 따라 등사를 허가하는 경우에는 등사한 서류등의 사용목적을 제한하거나 적당하다고 인정하는 조건을 붙일 수 있다.

④ 검사가 열람 또는 등사를 허가하지 아니하거나 사용 목적의 제한 또는 조건을 붙여 허가하는 경우에는 열람 또는 등사를 신청한 자에게 법무부령으로 정하는 바에 따라 그 이유를 통지하여야 한다.

⑤ 제1항에 따라 서류등을 열람 또는 등사한 자는 열람 또는 등사에 의하여 알게 된 사항을 사용할 때 부당히 관계인의 명예나 생활의 평온을 해하거나 수사와 재판에 지장을 주지 아니하도록 하여야 한다.

[본조신설 2025.12.23.]

[종전 제294조의5는 제294조의6으로 이동 〈2025.12.23.〉]

2024.10.16. 신설

제294조의6 【금전 공탁과 피해자 등의 의견 청취】

① 법원은 피고인이 피해자의 권리 회복에 필요한 금전을 공탁한 경우에는 판결을 선고하기 전에 피해자 또는 그 법정대리인(피해자가 사망한 경우에는 배우자·직계친족·형제자매를 포함한다)의 의견을 들어야 한다. 다만, 그 의견을 청취하기 곤란한 경우로서 대법원규칙으로 정하는 특별한 사정이 있는 경우에는 그러하지 아니하다.

② 제1항에 따른 의견 청취의 방법·절차 및 그 밖에 필요한 사항은 대법원규칙으로 정한다.

[본조신설 2024. 10. 16.]

제295조 【증거신청에 대한 결정】

법원은 제294조 및 제294조의2의 증거신청에 대하여 결정을 하여야 하며 직권으로 증거조사를 할 수 있다. 〈개정 1987.11.28〉

제296조 【증거조사에 대한 이의신청】

① 검사, 피고인 또는 변호인은 증거조사에 관하여 이의신청을 할 수 있다.

② 법원은 전항의 신청에 대하여 결정을 하여야 한다.

제296조의2 【피고인신문】

① 검사 또는 변호인은 증거조사 종료 후에 순차로 피고인에게 공소사실 및 정상에 관하여 필요한 사항을 신문할 수 있다. 다만, 재판장은 필요하다고 인정하는 때에는 증거조사가 완료되기 전이라도 이를 허가할 수 있다.

② 재판장은 필요하다고 인정하는 때에는 피고인을 신문할 수 있다.

③ 제161조의2 제1항부터 제3항까지 및 제5항은 제1항의 신문에 관하여 준용한다.

[본조신설 2007.6.1]

제297조 【피고인등의 퇴정(退廷)】

① 재판장은 증인 또는 감정인이 피고인 또는 어떤 재정인의 면전에서 충분한 진술을 할 수 없다고 인정한 때에는 그를 퇴정하게 하고 진술하게 할 수 있다. 피고인이 다른 피고인의 면전에서 충분한 진술을 할 수 없다고 인정한 때에도 같다.

② 전항의 규정에 의하여 피고인을 퇴정하게 한 경우에 증인, 감정인 또는 공동피고인의 진술이 종료한 때에는 퇴정한 피고인을 입정

(入廷)하게 한 후 법원사무관 등으로 하여금 진술의 요지를 고지하게 하여야 한다.

〈개정 1961.9.1, 2007.6.1〉

제297조의2【간이공판절차에서의 증거조사】
제286조의2의 결정이 있는 사건에 대하여는 제161조의2, 제290조 내지 제293조, 제297조의 규정을 적용하지 아니하며 법원이 상당하다고 인정하는 방법으로 증거조사를 할 수 있다.

[본조신설 1973.1.25]

제298조【공소장의 변경】
① 검사는 법원의 허가를 얻어 공소장에 기재한 공소사실 또는 적용법조의 추가, 철회 또는 변경을 할 수 있다. 이 경우에 법원은 공소사실의 동일성을 해하지 아니하는 한도에서 허가하여야 한다.
② 법원은 심리의 경과에 비추어 상당하다고 인정할 때에는 공소사실 또는 적용법조의 추가 또는 변경을 요구하여야 한다.
③ 법원은 공소사실 또는 적용법조의 추가, 철회 또는 변경이 있을 때에는 그 사유를 신속히 피고인 또는 변호인에게 고지하여야 한다.
④ 법원은 전3항의 규정에 의한 공소사실 또는 적용법조의 추가, 철회 또는 변경이 피고인의 불이익을 증가할 염려가 있다고 인정한 때에는 직권 또는 피고인이나 변호인의 청구에 의하여 피고인으로 하여금 필요한 방어의 준비를 하게 하기 위하여 결정으로 필요한 기간 공판절차를 정지할 수 있다.

[전문개정 1973.1.25]

제299조【불필요한 변론등의 제한】
재판장은 소송관계인의 진술 또는 신문이 중복된 사항이거나 그 소송에 관계없는 사항인 때에는 소송관계인의 본질적 권리를 해하지 아니하는 한도에서 이를 제한할 수 있다.

제300조【변론의 분리와 병합】
법원은 필요하다고 인정한 때에는 직권 또는 검사, 피고인이나 변호인의 신청에 의하여 결정으로 변론을 분리하거나 병합할 수 있다.

제301조【공판절차의 갱신(更新)】
공판개정후 판사의 경질이 있는 때에는 공판절차를 갱신하여야 한다. 단, 판결의 선고만을 하는 경우에는 예외로 한다.

제301조의2【간이공판절차결정의 취소와 공판절차의 갱신】
제286조의2의 결정이 취소된 때에는 공판절차를 갱신하여야 한다. 단, 검사, 피고인 또는 변호인이 이의가 없는 때에는 그러하지 아니하다.

[본조신설 1973.1.25]

제302조【증거조사후의 검사의 의견진술】
피고인신문과 증거조사가 종료한 때에는 검사는 사실과 법률적용에 관하여 의견을 진술하여야 한다. 단, 제278조의 경우에는 공소장의 기재사항에 의하여 검사의 의견진술이 있는 것으로 간주한다.

제303조【피고인의 최후진술】
재판장은 검사의 의견을 들은 후 피고인과 변호인에게 최종의 의견을 진술할 기회를 주어야 한다.

제304조【재판장의 처분에 대한 이의】
① 검사, 피고인 또는 변호인은 재판장의 처분에 대하여 이의신청을 할 수 있다.
② 전항의 이의신청이 있는 때에는 법원은 결정을 하여야 한다.

제305조【변론의 재개(再開)】
법원은 필요하다고 인정한 때에는 직권 또는 검사, 피고인이나 변호인의 신청에 의하여 결정으로 종결한 변론을 재개할 수 있다.

제306조【공판절차의 정지】
① 피고인이 사물의 변별 또는 의사의 결정을 할 능력이 없는 상태에 있는 때에는 법원은 검사와 변호인의 의견을 들어서 결정으로 그 상태가 계속하는 기간 공판절차를 정지하여야 한다.

② 피고인이 질병으로 인하여 출정(出廷)할 수 없는 때에는 법원은 검사와 변호인의 의견을 들어서 결정으로 출정할 수 있을 때까지 공판절차를 정지하여야 한다.
③ 전2항의 규정에 의하여 공판절차를 정지함에는 의사의 의견을 들어야 한다.
④ 피고사건에 대하여 무죄, 면소, 형의 면제 또는 공소기각의 재판을 할 것으로 명백한 때에는 제1항, 제2항의 사유 있는 경우에도 피고인의 출정 없이 재판할 수 있다.
⑤ 제277조의 규정에 의하여 대리인이 출정할 수 있는 경우에는 제1항 또는 제2항의 규정을 적용하지 아니한다.

제2절 증 거

제307조 【증거재판주의(證據裁判主義)】
① 사실의 인정(認定)은 증거에 의하여야 한다.
② 범죄사실의 인정은 합리적인 의심이 없는 정도의 증명에 이르러야 한다.
[전문개정 2007.6.1]

제308조 【자유심증주의(自由心證主義)】
증거의 증명력(證明力)은 법관의 자유판단에 의한다.

제308조의2 【위법수집증거(違法蒐集證據)의 배제】
적법한 절차에 따르지 아니하고 수집한 증거는 증거로 할 수 없다. [본조신설 2007.6.1]

제309조 【강제등 자백(自白)의 증거능력(證據能力)】
〈개정 1963.12.13.〉
피고인의 자백이 고문, 폭행, 협박, 신체구속의 부당한 장기화 또는 기망 기타의 방법으로 임의로 진술한 것이 아니라고 의심할 만한 이유가 있는 때에는 이를 유죄의 증거로 하지 못한다.

제310조 【불이익한 자백의 증거능력】
피고인의 자백이 그 피고인에게 불이익한 유일의 증거인 때에는 이를 유죄의 증거로 하지 못한다.

제310조의2 【전문증거(傳聞證據)와 증거능력의 제한】
제311조 내지 제316조에 규정한 것 이외에는 공판준비 또는 공판기일에서의 진술에 대신하여 진술을 기재한 서류나 공판준비 또는 공판기일 외에서의 타인의 진술을 내용으로 하는 진술은 이를 증거로 할 수 없다. [본조신설 1961.9.1]

제311조 【법원 또는 법관의 조서】
공판준비 또는 공판기일에 피고인이나 피고인 아닌 자의 진술을 기재한 조서와 법원 또는 법관의 검증의 결과를 기재한 조서는 증거로 할 수 있다. 제184조 및 제221조의2의 규정에 의하여 작성한 조서도 또한 같다.
〈개정 1973.1.25, 1995.12.29〉
[전문개정 1961.9.1]

제312조 【검사 또는 사법경찰관의 조서(調書) 등】

2020.2.4 개정 | 2022.1.1 시행

① 검사가 작성한 피의자신문조서는 적법한 절차와 방식에 따라 작성된 것으로서 공판준비, 공판기일에 그 피의자였던 피고인 또는 변호인이 그 내용을 인정할 때에 한정하여 증거로 할 수 있다. 〈개정 2020.2.4.〉

개정 前

① 검사가 피고인이 된 피의자의 진술을 기재한 조서는 적법한 절차와 방식에 따라 작성된 것으로서 피고인이 진술한 내용과 동일하게 기재되어 있음이 공판준비 또는 공판기일에서의 피고인의 진술에 의하여 인정되고, 그 조서에 기재된 진술이 특히 신빙(信憑)할 수 있는 상태하에서 행하여졌음이 증명된 때에 한하여 증거로 할 수 있다.

2020.2.4 삭제

② 삭제 〈2020.2.4.〉

삭제 前

② 제1항에도 불구하고 피고인이 그 조서의 성립의 진정(眞正)을 부인하는 경우에는 그 조서

에 기재된 진술이 피고인이 진술한 내용과 동일하게 기재되어 있음이 영상녹화물이나 그 밖의 객관적인 방법에 의하여 증명되고, 그 조서에 기재된 진술이 특히 신빙할 수 있는 상태하에서 행하여졌음이 증명된 때에 한하여 증거로 할 수 있다.

③ 검사 이외의 수사기관이 작성한 피의자신문조서는 적법한 절차와 방식에 따라 작성된 것으로서 공판준비 또는 공판기일에 그 피의자였던 피고인 또는 변호인이 그 내용을 인정할 때에 한하여 증거로 할 수 있다.

④ 검사 또는 사법경찰관이 피고인이 아닌 자의 진술을 기재한 조서는 적법한 절차와 방식에 따라 작성된 것으로서 그 조서가 검사 또는 사법경찰관 앞에서 진술한 내용과 동일하게 기재되어 있음이 원진술자(原陳述者)의 공판준비 또는 공판기일에서의 진술이나 영상녹화물 또는 그 밖의 객관적인 방법에 의하여 증명되고, 피고인 또는 변호인이 공판준비 또는 공판기일에 그 기재 내용에 관하여 원진술자를 신문할 수 있었던 때에는 증거로 할 수 있다. 다만, 그 조서에 기재된 진술이 특히 신빙할 수 있는 상태하에서 행하여졌음이 증명된 때에 한한다.

⑤ 제1항부터 제4항까지의 규정은 피고인 또는 피고인이 아닌 자가 수사과정에서 작성한 진술서에 관하여 준용한다.

⑥ 검사 또는 사법경찰관이 검증의 결과를 기재한 조서는 적법한 절차와 방식에 따라 작성된 것으로서 공판준비 또는 공판기일에서의 작성자의 진술에 따라 그 성립의 진정함이 증명된 때에는 증거로 할 수 있다.

[전문개정 2007.6.1]

제313조【진술서(陳述書) 등】

① 전2조의 규정 이외에 피고인 또는 피고인이 아닌 자가 작성한 진술서나 그 진술을 기재한 서류로서 그 작성자 또는 진술자의 자필이거나 그 서명 또는 날인이 있는 것(피고인 또는 피고인 아닌 자가 작성하였거나 진술한 내용이 포함된 문자·사진·영상 등의 정보로서 컴퓨터용디스크, 그 밖에 이와 비슷한 정보저장매체에 저장된 것을 포함한다. 이하 이 조에서 같다)은 공판준비나 공판기일에서의 그 작성자 또는 진술자의 진술에 의하여 그 성립의 진정함이 증명된 때에는 증거로 할 수 있다. 단, 피고인의 진술을 기재한 서류는 공판준비 또는 공판기일에서의 그 작성자의 진술에 의하여 그 성립의 진정함이 증명되고 그 진술이 특히 신빙할 수 있는 상태하에서 행하여 진 때에 한하여 피고인의 공판준비 또는 공판기일에서의 진술에 불구하고 증거로 할 수 있다. 〈개정 2016.5.29.〉

② 제1항 본문에도 불구하고 진술서의 작성자가 공판준비나 공판기일에서 그 성립의 진정을 부인하는 경우에는 과학적 분석결과에 기초한 디지털포렌식 자료, 감정 등 객관적 방법으로 성립의 진정함이 증명되는 때에는 증거로 할 수 있다. 다만, 피고인 아닌 자가 작성한 진술서는 피고인 또는 변호인이 공판준비 또는 공판기일에 그 기재 내용에 관하여 작성자를 신문할 수 있었을 것을 요한다. 〈개정 2016.5.29.〉

③ 감정의 경과와 결과를 기재한 서류도 제1항 및 제2항과 같다. 〈신설 2016.5.29.〉

[전문개정 1961.9.1.]

제314조【증거능력에 대한 예외】

제312조 또는 제313조의 경우에 공판준비 또는 공판기일에 진술을 요하는 자가 사망·질병·외국

거주·소재불명 그 밖에 이에 준하는 사유로 인하여 진술할 수 없는 때에는 그 조서 및 그 밖의 서류(피고인 또는 피고인 아닌 자가 작성하였거나 진술한 내용이 포함된 문자·사진·영상 등의 정보로서 컴퓨터용디스크, 그 밖에 이와 비슷한 정보저장매체에 저장된 것을 포함한다)를 증거로 할 수 있다. 다만, 그 진술 또는 작성이 특히 신빙할 수 있는 상태하에서 행하여졌음이 증명된 때에 한한다. 〈개정 2016.5.29.〉

[전문개정 2007.6.1.]

제315조【당연히 증거능력이 있는 서류】

다음에 게기한 서류는 증거로 할 수 있다.

〈개정 2007.5.17〉

1. 가족관계기록사항에 관한 증명서, 공정증서등본 기타 공무원 또는 외국공무원의 직무상 증명할 수 있는 사항에 관하여 작성한 문서
2. 상업장부, 항해일지 기타 업무상 필요로 작성한 통상문서
3. 기타 특히 신용할 만한 정황에 의하여 작성된 문서

제316조【전문(傳聞)의 진술(陳述)】

① 피고인이 아닌 자(공소제기 전에 피고인을 피의자로 조사하였거나 그 조사에 참여하였던 자를 포함한다. 이하 이 조에서 같다)의 공판준비 또는 공판기일에서의 진술이 피고인의 진술을 그 내용으로 하는 것인 때에는 그 진술이 특히 신빙할 수 있는 상태하에서 행하여졌음이 증명된 때에 한하여 이를 증거로 할 수 있다.

〈개정 2007.6.1〉

② 피고인 아닌 자의 공판준비 또는 공판기일에서의 진술이 피고인 아닌 타인의 진술을 그 내용으로 하는 것인 때에는 원진술자가 사망, 질병, 외국거주, 소재불명 그 밖에 이에 준하는 사유로 인하여 진술할 수 없고, 그 진술이 특히 신빙할 수 있는 상태하에서 행하여졌음이 증명된 때에 한하여 이를 증거로 할 수 있다.

〈개정 1995.12.29, 2007.6.1〉

[전문개정 1961.9.1]

제317조【진술의 임의성(任意性)】

① 피고인 또는 피고인 아닌 자의 진술이 임의로 된 것이 아닌 것은 증거로 할 수 없다.

② 전항의 서류는 그 작성 또는 내용인 진술이 임의로 되었다는 것이 증명된 것이 아니면 증거로 할 수 없다.

③ 검증조서의 일부가 피고인 또는 피고인 아닌 자의 진술을 기재한 것인 때에는 그 부분에 한하여 전2항의 예에 의한다.

제318조【당사자의 동의와 증거능력】

① 검사와 피고인이 증거로 할 수 있음을 동의한 서류 또는 물건은 진정한 것으로 인정한 때에는 증거로 할 수 있다.

② 피고인의 출정없이 증거조사를 할 수 있는 경우에 피고인이 출정하지 아니한 때에는 전항의 동의가 있는 것으로 간주한다. 단, 대리인 또는 변호인이 출정한 때에는 예외로 한다.

제318조의2【증명력을 다투기 위한 증거】

① 제312조부터 제316조까지의 규정에 따라 증거로 할 수 없는 서류나 진술이라도 공판준비 또는 공판기일에서의 피고인 또는 피고인이 아닌 자(공소제기 전에 피고인을 피의자로 조사하였거나 그 조사에 참여하였던 자를 포함한다. 이하 이 조에서 같다)의 진술의 증명력을 다투기 위하여 증거로 할 수 있다.

② 제1항에도 불구하고 피고인 또는 피고인이 아닌 자의 진술을 내용으로 하는 영상녹화물은 공판준비 또는 공판기일에 피고인 또는 피고인이 아닌 자가 진술함에 있어서 기억이 명백하지 아니한 사항에 관하여 기억을 환기시켜야 할 필요가 있다고 인정되는 때에 한하여 피고인 또는 피고인이 아닌 자에게 재생하여 시청하게 할 수 있다.

[전문개정 2007.6.1]

제318조의3【간이공판절차에서의 증거능력에 관한 특례】
제286조의2의 결정이 있는 사건의 증거에 관하여는 제310조의2, 제312조 내지 제314조 및 제316조의 규정에 의한 증거에 대하여 제318조 제1항의 동의가 있는 것으로 간주한다. 단, 검사, 피고인 또는 변호인이 증거로 함에 이의가 있는 때에는 그러하지 아니하다. [본조신설 1973.1.25]

제3절 공판의 재판

제318조의4【판결선고기일】
① 판결의 선고는 변론을 종결한 기일에 하여야 한다. 다만, 특별한 사정이 있는 때에는 따로 선고기일을 지정할 수 있다.
② 변론을 종결한 기일에 판결을 선고하는 경우에는 판결의 선고 후에 판결서를 작성할 수 있다.
③ 제1항 단서의 선고기일은 변론종결 후 14일 이내로 지정되어야 한다.
[본조신설 2007.6.1]

제319조【관할위반의 판결】
피고사건이 법원의 관할에 속하지 아니한 때에는 판결로써 관할위반의 선고를 하여야 한다.
〈개정 2007.12.21〉

제320조【토지관할위반】
① 법원은 피고인의 신청이 없으면 토지관할에 관하여 관할위반의 선고를 하지 못한다.
② 관할위반의 신청은 피고사건에 대한 진술전에 하여야 한다.

제321조【형선고(刑宣告)와 동시에 선고될 사항】
① 피고사건에 대하여 범죄의 증명이 있는 때에는 형의 면제 또는 선고유예의 경우 외에는 판결로써 형을 선고하여야 한다.
② 형의 집행유예, 판결전구금(判決前拘禁)의 산입일수(算入日數), 노역장(勞役場)의 유치기간(留置期間)은 형의 선고와 동시에 판결로써 선고하여야 한다.

제322조【형면제 또는 형의 선고유예의 판결】
피고사건에 대하여 형의 면제 또는 선고유예를 하는 때에는 판결로써 선고하여야 한다.

제323조【유죄판결에 명시될 이유】
① 형의 선고를 하는 때에는 판결이유에 범죄될 사실, 증거의 요지(要旨)와 법령의 적용을 명시하여야 한다.
② 법률상 범죄의 성립을 조각(阻却)하는 이유 또는 형의 가중, 감면의 이유되는 사실의 진술이 있은 때에는 이에 대한 판단을 명시하여야 한다.

제324조【상소에 대한 고지】
형을 선고하는 경우에는 재판장은 피고인에게 상소할 기간과 상소할 법원을 고지하여야 한다.

제325조【무죄(無罪)의 판결】
피고사건이 범죄로 되지 아니하거나 범죄사실의 증명이 없는 때에는 판결로써 무죄를 선고하여야 한다.

제326조【면소면소(免訴)의 판결】
다음 경우에는 판결로써 면소의 선고를 하여야 한다.
1. 확정판결이 있은 때
2. 사면이 있은 때
3. 공소의 시효가 완성되었을 때
4. 범죄후의 법령개폐로 형이 폐지되었을 때

제327조【공소기각의 판결】
다음 각 호의 경우에는 판결로써 공소기각의 선고를 하여야 한다.
1. 피고인에 대하여 재판권이 없을 때
2. 공소제기의 절차가 법률의 규정을 위반하여 무효일 때
3. 공소가 제기된 사건에 대하여 다시 공소가 제기되었을 때
4. 제329조를 위반하여 공소가 제기되었을 때

5. 고소가 있어야 공소를 제기할 수 있는 사건에서 고소가 취소되었을 때
6. 피해자의 명시한 의사에 반하여 공소를 제기할 수 없는 사건에서 처벌을 원하지 아니하는 의사표시를 하거나 처벌을 원하는 의사표시를 철회하였을 때

[전문개정 2020.12.8.]

제328조【공소기각의 결정】

① 다음 경우에는 결정으로 공소를 기각하여야 한다.
1. 공소가 취소되었을 때
2. 피고인이 사망하거나 피고인인 법인이 존속하지 아니하게 되었을 때
3. 제12조 또는 제13조의 규정에 의하여 재판할 수 없는 때
4. 공소장에 기재된 사실이 진실하다 하더라도 범죄가 될만한 사실이 포함되지 아니하는 때

② 전항의 결정에 대하여는 즉시항고를 할 수 있다.

제329조【공소취소와 재기소(再起訴)】

공소취소에 의한 공소기각의 결정이 확정된 때에는 공소취소후 그 범죄사실에 대한 다른 중요한 증거를 발견한 경우에 한하여 다시 공소를 제기할 수 있다.

제330조【피고인의 진술없이 하는 판결】

피고인이 진술하지 아니하거나 재판장의 허가없이 퇴정하거나 재판장의 질서유지를 위한 퇴정명령을 받은 때에는 피고인의 진술없이 판결할 수 있다.

제331조【무죄 등 선고와 구속영장의 효력】

무죄, 면소, 형의 면제, 형의 선고유예, 형의 집행유예, 공소기각 또는 벌금이나 과료를 과하는 판결이 선고된 때에는 구속영장은 효력을 잃는다. 〈개정 1995.12.29〉

제332조【몰수의 선고와 압수물】

압수한 서류 또는 물품에 대하여 몰수의 선고가 없는 때에는 압수를 해제한 것으로 간주한다.

제333조【압수장물(押收贓物)의 환부】

① 압수한 장물로서 피해자에게 환부할 이유가 명백한 것은 판결로써 피해자에게 환부하는 선고를 하여야 한다.

② 전항의 경우에 장물을 처분하였을 때에는 판결로써 그 대가로 취득한 것을 피해자에게 교부하는 선고를 하여야 한다.

③ 가환부한 장물에 대하여 별단의 선고가 없는 때에는 환부의 선고가 있는 것으로 간주한다.

④ 전3항의 규정은 이해관계인이 민사소송 절차에 의하여 그 권리를 주장함에 영향을 미치지 아니한다.

제334조【재산형의 가납판결(假納判決)】

① 법원은 벌금, 과료 또는 추징의 선고를 하는 경우에 판결의 확정 후에는 집행할 수 없거나 집행하기 곤란할 염려가 있다고 인정한 때에는 직권 또는 검사의 청구에 의하여 피고인에게 벌금, 과료 또는 추징에 상당한 금액의 가납을 명할 수 있다.

② 전항의 재판은 형의 선고와 동시에 판결로써 선고하여야 한다.

③ 전항의 판결은 즉시로 집행할 수 있다.

제335조【형의 집행유예 취소의 절차】

① 형의 집행유예를 취소할 경우에는 검사는 피고인의 현재지 또는 최후의 거주지를 관할하는 법원에 청구하여야 한다.

② 전항의 청구를 받은 법원은 피고인 또는 그 대리인의 의견을 물은 후에 결정을 하여야 한다.

③ 전항의 결정에 대하여는 즉시항고를 할 수 있다.

④ 전2항의 규정은 유예한 형을 선고할 경우에 준용한다.

제336조【경합범(競合犯) 중 다시 형을 정하는 절차】

① 「형법」 제36조, 동(同) 제39조 제4항 또는 동 제61조의 규정에 의하여 형을 정할 경우에는 검사는 그 범죄사실에 대한 최종판결

을 한 법원에 청구하여야 한다. 단, 「형법」 제61조의 규정에 의하여 유예한 형을 선고할 때에는 제323조에 의하여야 하고 선고유예를 해제하는 이유를 명시하여야 한다. 〈개정 2007.6.1〉

② 전조 제2항의 규정은 전항의 경우에 준용한다.

제337조【형의 소멸의 재판】

① 「형법」 제81조 또는 동 제82조의 규정에 의한 선고는 그 사건에 관한 기록이 보관되어 있는 검찰청에 대응하는 법원에 대하여 신청하여야 한다. 〈개정 2007.6.1〉

② 전항의 신청에 의한 선고는 결정으로 한다.

③ 제1항의 신청을 각하하는 결정에 대하여는 즉시항고를 할 수 있다.

제3편 상 소

제1장 통 칙

제338조【상소권자(上訴權者)】

① 검사 또는 피고인은 상소를 할 수 있다.

② 삭 제 〈2007.12.21〉

제339조【항고권자(抗告權者)】

검사 또는 피고인 아닌 자가 결정을 받은 때에는 항고할 수 있다.

제340조【당사자 이외의 상소권자】

피고인의 법정대리인은 피고인을 위하여 상소할 수 있다.

제341조【동 전】

① 피고인의 배우자, 직계친족, 형제자매 또는 원심의 대리인이나 변호인은 피고인을 위하여 상소할 수 있다. 〈개정 2005.3.31〉

② 전항의 상소는 피고인의 명시한 의사에 반하여 하지 못한다.

제342조【일부상소】

① 상소는 재판의 일부에 대하여 할 수 있다.

② 일부에 대한 상소는 그 일부와 불가분의 관계에 있는 부분에 대하여도 효력이 미친다.

제343조【상소제기기간】

① 상소의 제기는 그 기간 내에 서면으로 한다.

② 상소의 제기기간은 재판을 선고 또는 고지한 날로부터 진행한다.

제344조【재소자(在所者)에 대한 특칙】

① 교도소 또는 구치소에 있는 피고인이 상소의 제기기간 내에 상소장을 교도소장 또는 구치소장 또는 그 직무를 대리하는 자에게 제출한 때에는 상소의 제기기간 내에 상소한 것으로 간주한다. 〈개정 1963.12.13〉

② 전항의 경우에 피고인이 상소장을 작성할 수 없는 때에는 교도소장 또는 구치소장은 소속공무원으로 하여금 대서하게 하여야 한다. 〈개정 1963.12.13〉

제345조【상소권회복 청구권자】

제338조부터 제341조까지의 규정에 따라 상소할 수 있는 자는 자기 또는 대리인이 책임질 수 없는 사유로 상소 제기기간 내에 상소를 하지 못한 경우에는 상소권회복의 청구를 할 수 있다. [전문개정 2020.12.8]

제346조【상소권회복 청구의 방식】

2020.12.8 개정

① 상소권회복을 청구할 때에는 제345조의 사유가 해소된 날부터 상소 제기기간에 해당하는 기간 내에 서면으로 원심법원에 제출하여야 한다.

② 상소권회복을 청구할 때에는 제345조의 책임질 수 없는 사유를 소명하여야 한다.

개정 前

① 상소권회복의 청구는 사유가 종지한 날로부터 상소의 제기기간에 상당한 기간내에 서면으로 원심법원에 제출하여야 한다.

② 상소권회복의 청구를 할 때에는 원인된 사유를 소명하여야 한다.

③ 상소권회복을 청구한 자는 그 청구와 동시에 상소를 제기하여야 한다. [전문개정 2020.12.8]

第347條【상소권회복에 대한 결정과 즉시항고】
① 상소권회복의 청구를 받은 법원은 청구의 허부에 관한 결정을 하여야 한다.
② 전항의 결정에 대하여는 즉시항고를 할 수 있다.

第348條【상소권회복청구와 집행정지】
① 상소권회복의 청구가 있는 때에는 법원은 전조의 결정을 할 때까지 재판의 집행을 정지하는 결정을 할 수 있다. 〈개정 2007.6.1〉
② 전항의 집행정지의 결정을 한 경우에 피고인의 구금을 요하는 때에는 구속영장을 발부하여야 한다. 단, 제70조의 요건이 구비된 때에 한한다.

第349條【상소의 포기, 취하(取下)】
검사나 피고인 또는 제339조에 규정한 자는 상소의 포기 또는 취하를 할 수 있다. 단, 피고인 또는 제341조에 규정한 자는 사형 또는 무기징역이나 무기금고가 선고된 판결에 대하여는 상소의 포기를 할 수 없다.

第350條【상소의 포기 등과 법정대리인의 동의】
법정대리인이 있는 피고인이 상소의 포기 또는 취하를 함에는 법정대리인의 동의를 얻어야 한다. 단, 법정대리인의 사망 기타 사유로 인하여 그 동의를 얻을 수 없는 때에는 예외로 한다.

第351條【상소의 취하와 피고인의 동의】
피고인의 법정대리인 또는 제341조에 규정한 자는 피고인의 동의를 얻어 상소를 취하할 수 있다.

第352條 【상소포기 등의 방식】
① 상소의 포기 또는 취하는 서면으로 하여야 한다. 단, 공판정에서는 구술로써 할 수 있다.
② 구술로써 상소의 포기 또는 취하를 한 경우에는 그 사유를 조서에 기재하여야 한다.

第353條【상소포기 등의 관할】
상소의 포기는 원심법원에, 상소의 취하는 상소법원에 하여야 한다. 단, 소송기록이 상소법원에 송부되지 아니한 때에는 상소의 취하를 원심법원에 제출할 수 있다.

第354條【상소포기 후의 재상소의 금지】
상소를 취하한 자 또는 상소의 포기나 취하에 동의한 자는 그 사건에 대하여 다시 상소를 하지 못한다.

第355條【재소자에 대한 특칙】
제344조의 규정은 교도소 또는 구치소에 있는 피고인이 상소권회복의 청구 또는 상소의 포기나 취하를 하는 경우에 준용한다. 〈개정 1963.12.13〉

第356條【상소포기 등과 상대방의 통지】
상소, 상소의 포기나 취하 또는 상소권회복의 청구가 있는 때에는 법원은 지체없이 상대방에게 그 사유를 통지하여야 한다.

제2장 항 소

第357條【항소(抗訴)할 수 있는 판결】
〈제목개정 1963.12.13.〉
제1심법원의 판결에 대하여 불복이 있으면 지방법원 단독판사가 선고한 것은 지방법원 본원합의부에 항소할 수 있으며 지방법원 합의부가 선고한 것은 고등법원에 항소할 수 있다. [전문개정 1961.9.1]

第358條【항소제기기간】
항소의 제기기간은 7일로 한다. 〈개정 1963.12.13〉

第359條 【항소제기의 방식】
항소를 함에는 항소장을 원심법원에 제출하여야 한다. 〈개정 1963.12.13〉

제360조【원심법원(原審法院)의 항소기각결정(抗訴棄却決定)】

① 항소의 제기가 법률상의 방식에 위반하거나 항소권소멸후인 것이 명백한 때에는 원심법원은 결정으로 항소를 기각하여야 한다. 〈개정 1963.12.13〉

② 전항의 결정에 대하여는 즉시항고를 할 수 있다.

제361조【소송기록과 증거물의 송부(送付)】

제360조의 경우를 제외하고는 원심법원은 항소장을 받은 날부터 14일 이내에 소송기록과 증거물을 항소법원에 송부하여야 한다. [전문개정 1995.12.29]

제361조의2【소송기록접수와 통지】

① 항소법원이 기록의 송부를 받은 때에는 즉시 항소인과 상대방에게 그 사유를 통지하여야 한다. 〈개정 1963.12.13〉

② 전항의 통지 전에 변호인의 선임이 있는 때에는 변호인에게도 전항의 통지를 하여야 한다.

③ 피고인이 교도소 또는 구치소에 있는 경우에는 원심법원에 대응한 검찰청검사는 제1항의 통지를 받은 날부터 14일 이내에 피고인을 항소법원소재지의 교도소 또는 구치소에 이송하여야 한다. 〈신설 1995.12.29〉

[본조신설 1961.9.1]

제361조의3【항소이유서와 답변서(答辯書)】

① 항소인 또는 변호인은 전조의 통지를 받은 날로부터 20일 이내에 항소이유서를 항소법원에 제출하여야 한다. 이 경우 제344조를 준용한다. 〈개정 1963.12.13, 2007.12.21〉

② 항소이유서의 제출을 받은 항소법원은 지체없이 부본 또는 등본을 상대방에게 송달하여야 한다. 〈개정 1963.12.13〉

③ 상대방은 전항의 송달을 받은 날로부터 10일 이내에 답변서를 항소법원에 제출하여야 한다. 〈개정 1963.12.13〉

④ 답변서의 제출을 받은 항소법원은 지체없이 그 부본(副本) 또는 등본(謄本)을 항소인 또는 변호인에게 송달하여야 한다. 〈개정 1963.12.13〉

[본조신설 1961.9.1]

제361조의4【항소기각의 결정】

① 항소인이나 변호인이 전조 제1항의 기간 내에 항소이유서를 제출하지 아니한 때에는 결정으로 항소를 기각하여야 한다. 단, 직권조사사유가 있거나 항소장에 항소이유의 기재가 있는 때에는 예외로 한다.

② 전항의 결정에 대하여는 즉시항고를 할 수 있다. 〈신설 1963.12.13〉

[본조신설 1961.9.1]

제361조의5【항소이유】

다음 사유가 있을 경우에는 원심판결에 대한 항소이유로 할 수 있다. 〈개정 1963.12.13.〉

1. 판결에 영향을 미친 헌법·법률·명령 또는 규칙의 위반이 있는 때
2. 판결후 형의 폐지나 변경 또는 사면이 있는 때
3. 관할 또는 관할위반의 인정이 법률에 위반한 때
4. 판결법원의 구성이 법률에 위반한 때
5. 삭 제 〈1963.12.13〉
6. 삭 제 〈1963.12.13〉
7. 법률상 그 재판에 관여하지 못할 판사가 그 사건의 심판에 관여한 때
8. 사건의 심리에 관여하지 아니한 판사가 그 사건의 판결에 관여한 때
9. 공판의 공개에 관한 규정에 위반한 때
10. 삭 제 〈1963.12.13〉
11. 판결에 이유를 붙이지 아니하거나 이유에 모순이 있는 때
12. 삭 제 〈1963.12.13〉
13. 재심청구의 사유가 있는 때
14. 사실의 오인이 있어 판결에 영향을 미칠 때

15. 형의 양정(量定)이 부당하다고 인정할 사유가 있는 때 [본조신설 1961.9.1.]

제362조【항소기각의 결정】

① 제360조의 규정에 해당한 경우에 원심법원이 항소기각의 결정을 하지 아니한 때에는 항소법원은 결정으로 항소를 기각하여야 한다. 〈개정 1963.12.13〉

② 전항의 결정에 대하여는 즉시항고를 할 수 있다.

제363조【공소기각(公訴棄却)의 결정】

① 제328조 제1항 각호의 규정에 해당한 사유가 있는 때에는 항소법원은 결정으로 공소를 기각하여야 한다. 〈개정 1963.12.13, 1995.12.29〉

② 전항의 결정에 대하여는 즉시항고를 할 수 있다.

제364조【항소법원의 심판】

① 항소법원은 항소이유에 포함된 사유에 관하여 심판하여야 한다. 〈개정 1963.12.13〉

② 항소법원은 판결에 영향을 미친 사유에 관하여는 항소이유서에 포함되지 아니한 경우에도 직권으로 심판할 수 있다. 〈개정 1963.12.13〉

③ 제1심법원에서 증거로 할 수 있었던 증거는 항소법원에서도 증거로 할 수 있다. 〈신설 1963.12.13〉

④ 항소이유 없다고 인정한 때에는 판결로써 항소를 기각하여야 한다. 〈개정 1963.12.13〉

⑤ 항소이유 없음이 명백한 때에는 항소장, 항소이유서 기타의 소송기록에 의하여 변론 없이 판결로써 항소를 기각할 수 있다. 〈개정 1963.12.13〉

⑥ 항소이유가 있다고 인정한 때에는 원심판결을 파기(破棄)하고 다시 판결을 하여야 한다. 〈개정 1963.12.13〉

[전문개정 1961.9.1]

제364조의2【공동피고인을 위한 파기】

피고인을 위하여 원심판결을 파기하는 경우에 파기의 이유가 항소한 공동피고인에게 공통되는 때에는 그 공동피고인에게 대하여도 원심판결을 파기하여야 한다. 〈개정 1963.12.13〉

[본조신설 1961.9.1]

제365조【피고인의 출정】

① 피고인이 공판기일에 출정하지 아니한 때에는 다시 기일을 정하여야 한다. 〈개정 1961.9.1〉

② 피고인이 정당한 사유 없이 다시 정한 기일에 출정하지 아니한 때에는 피고인의 진술 없이 판결을 할 수 있다.

제366조【원심법원에의 환송(還送)】

공소기각 또는 관할위반의 재판이 법률에 위반됨을 이유로 원심판결을 파기하는 때에는 판결로써 사건을 원심법원에 환송하여야 한다.

제367조【관할법원에의 이송(移送)】

관할인정이 법률에 위반됨을 이유로 원심판결을 파기하는 때에는 판결로써 사건을 관할법원에 이송하여야 한다. 단, 항소법원이 그 사건의 제1심관할권이 있는 때에는 제1심으로 심판하여야 한다. 〈개정 1963.12.13〉

제368조【불이익변경의 금지】

피고인이 항소한 사건과 피고인을 위하여 항소한 사건에 대해서는 원심판결의 형보다 무거운 형을 선고할 수 없다.

[전문개정 2020.12.8]

제369조【재판서의 기재방식】

항소법원의 재판서에는 항소이유에 대한 판단을 기재하여야 하며 원심판결에 기재한 사실과 증거를 인용할 수 있다. 〈개정 1963.12.13〉

[전문개정 1961.9.1]

제370조【준용규정】

제2편중 공판에 관한 규정은 본장에 특별한 규정이 없으면 항소의 심판에 준용한다. 〈개정 1963.12.13〉

제3장 상 고

제371조【상고(上告)할 수 있는 판결】
제2심판결에 대하여 불복이 있으면 대법원에 상고할 수 있다. 〈개정 1963.12.13〉
[전문개정 1961.9.1]

제372조【비약적(飛躍的) 상고】
다음 경우에는 제1심판결에 대하여 항소를 제기하지 아니하고 상고를 할 수 있다. 〈개정 1961.9.1〉

1. 원심판결이 인정한 사실에 대하여 법령을 적용하지 아니하였거나 법령의 적용에 착오가 있는 때
2. 원심판결이 있은 후 형의 폐지나 변경 또는 사면이 있는 때

제373조【항소와 비약적 상고】
제1심판결에 대한 상고는 그 사건에 대한 항소가 제기된 때에는 그 효력을 잃는다. 단, 항소의 취하 또는 항소기각의 결정이 있는 때에는 예외로 한다.

제374조【상고기간】
상고의 제기기간은 7일로 한다.

제375조【상고제기의 방식】
상고를 함에는 상고장을 원심법원에 제출하여야 한다.

제376조【원심법원에서의 상고기각결정】
① 상고의 제기가 법률상의 방식에 위반하거나 상고권소멸후인 것이 명백한 때에는 원심법원은 결정으로 상고를 기각하여야 한다.
② 전항의 결정에 대하여는 즉시항고를 할 수 있다.

제377조【소송기록과 증거물의 송부(送付)】
제376조의 경우를 제외하고는 원심법원은 상고장을 받은 날부터 14일이내에 소송기록과 증거물을 상고법원에 송부하여야 한다.
[전문개정 1995.12.29]

제378조【소송기록접수와 통지】
① 상고법원이 소송기록의 송부를 받은 때에는 즉시 상고인과 상대방에 대하여 그 사유를 통지하여야 한다. 〈개정 1961.9.1〉
② 전항의 통지 전에 변호인의 선임이 있는 때에는 변호인에 대하여도 전항의 통지를 하여야 한다.

제379조【상고이유서와 답변서】
① 상고인 또는 변호인이 전조의 통지를 받은 날로부터 20일 이내에 상고이유서를 상고법원에 제출하여야 한다. 이 경우 제344조를 준용한다. 〈개정 1961.9.1, 2007.12.21〉
② 상고이유서에는 소송기록과 원심법원의 증거조사에 표현된 사실을 인용하여 그 이유를 명시하여야 한다.
③ 상고이유서의 제출을 받은 상고법원은 지체없이 그 부본 또는 등본을 상대방에 송달하여야 한다. 〈개정 1961.9.1〉
④ 상대방은 전항의 송달을 받은 날로부터 10일 이내에 답변서를 상고법원에 제출할 수 있다. 〈개정 1961.9.1〉
⑤ 답변서의 제출을 받은 상고법원은 지체없이 그 부본 또는 등본을 상고인 또는 변호인에게 송달하여야 한다. 〈개정 1961.9.1〉

제380조【상고기각 결정】
① 상고인이나 변호인이 전조 제1항의 기간 내에 상고이유서를 제출하지 아니한 때에는 결정으로 상고를 기각하여야 한다. 단, 상고장에 이유의 기재가 있는 때에는 예외로 한다. 〈개정 1961.9.1〉
② 상고장 및 상고이유서에 기재된 상고이유의 주장이 제383조 각 호의 어느 하나의 사유에 해당하지 아니함이 명백한 때에는 결정으로 상고를 기각하여야 한다. 〈신설 2014.5.14〉

제381조【동 전】
제376조의 규정에 해당한 경우에 원심법원이 상고기각의 결정을 하지 아니한 때에는 상고법원

은 결정으로 상고를 기각하여야 한다.

〈개정 1961.9.1〉

제382조【공소기각의 결정】
제328조 제1항 각호의 규정에 해당하는 사유가 있는 때에는 상고법원은 결정으로 공소를 기각하여야 한다.

[전문개정 1995.12.29]

제383조【상고이유】
다음 사유가 있을 경우에는 원심판결에 대한 상고이유로 할 수 있다. 〈개정 1961.9.1, 1963.12.13〉

1. 판결에 영향을 미친 헌법·법률·명령 또는 규칙의 위반이 있을 때
2. 판결후 형의 폐지나 변경 또는 사면이 있는 때
3. 재심청구(再審請求)의 사유가 있는 때
4. 사형, 무기 또는 10년 이상의 징역이나 금고가 선고된 사건에 있어서 중대한 사실의 오인이 있어 판결에 영향을 미친 때 또는 형의 양정이 심히 부당하다고 인정할 현저한 사유가 있는 때

제384조【심판범위】
상고법원은 상고이유서에 포함된 사유에 관하여 심판하여야 한다. 그러나, 전조 제1호 내지 제3호의 경우에는 상고이유서에 포함되지 아니한 때에도 직권으로 심판할 수 있다.

〈개정 1961.9.1, 1963.12.13〉

제385조 삭 제 〈1961.9.1〉

제386조【변호인의 자격】
상고심에는 변호사 아닌 자를 변호인으로 선임하지 못한다.

제387조【변론능력(辯論能力)】
상고심에는 변호인 아니면 피고인을 위하여 변론하지 못한다.

제388조【변론방식】
검사와 변호인은 상고이유서에 의하여 변론하여야 한다.

제389조【변호인의 불출석 등】
① 변호인의 선임이 없거나 변호인이 공판기일에 출정하지 아니한 때에는 검사의 진술을 듣고 판결을 할 수 있다. 단, 제283조의 규정에 해당한 경우에는 예외로 한다.
② 전항의 경우에 적법한 이유서의 제출이 있는 때에는 그 진술이 있는 것으로 간주한다.

제389조의2【피고인의 소환 여부】
상고심의 공판기일에는 피고인의 소환을 요하지 아니한다. [본조신설 1995.12.29]

제390조【서면심리에 의한 판결】
① 상고법원은 상고장, 상고이유서 기타의 소송기록에 의하여 변론 없이 판결할 수 있다.

〈개정 2007.6.1〉

② 상고법원은 필요한 경우에는 특정한 사항에 관하여 변론을 열어 참고인의 진술을 들을 수 있다. 〈신설 2007.6.1〉

[전문개정 1961.9.1]

제391조【원심판결의 파기】
상고이유가 있는 때에는 판결로써 원심판결을 파기하여야 한다.

제392조【공동피고인을 위한 파기】
피고인의 이익을 위하여 원심판결을 파기하는 경우에 파기의 이유가 상고한 공동피고인에 공통되는 때에는 그 공동피고인에 대하여도 원심판결을 파기하여야 한다.

제393조【공소기각과 환송의 판결】
적법한 공소를 기각하였다는 이유로 원심판결 또는 제1심판결을 파기하는 경우에는 판결로써 사건을 원심법원 또는 제1심법원에 환송하여야 한다.

제394조【관할인정과 이송의 판결】
관할의 인정이 법률에 위반됨을 이유로 원심판결 또는 제1심판결을 파기하는 경우에는 판결로써 사건을 관할 있는 법원에 이송하여야 한다.

제395조【관할위반과 환송의 판결】
관할위반의 인정이 법률에 위반됨을 이유로 원심판결 또는 제1심판결을 파기하는 경우에는 판결로써 사건을 원심법원 또는 제1심법원에 환송하여야 한다.

제396조【파기자판(破棄自判)】
① 상고법원은 원심판결을 파기한 경우에 그 소송기록과 원심법원과 제1심법원이 조사한 증거에 의하여 판결하기 충분하다고 인정한 때에는 피고사건에 대하여 직접 판결을 할 수 있다. 〈개정 1961.9.1〉
② 제368조의 규정은 전항의 판결에 준용한다.

제397조【환송 또는 이송】
전4조의 경우 외에 원심판결을 파기한 때에는 판결로써 사건을 원심법원에 환송하거나 그와 동등한 다른 법원에 이송하여야 한다.

제398조【재판서의 기재방식】
재판서에는 상고의 이유에 관한 판단을 기재하여야 한다. 〈개정 1961.9.1〉

제399조【준용규정】
전장의 규정은 본장에 특별한 규정이 없으면 상고의 심판에 준용한다.

제400조【판결정정(判決訂正)의 신청】
① 상고법원은 그 판결의 내용에 오류가 있음을 발견한 때에는 직권 또는 검사, 상고인이나 변호인의 신청에 의하여 판결로써 정정할 수 있다. 〈개정 1961.9.1〉
② 전항의 신청은 판결의 선고가 있은 날로부터 10일 이내에 하여야 한다.
③ 제1항의 신청은 신청의 이유를 기재한 서면으로 하여야 한다.

제401조【정정(訂正)의 판결】
① 정정의 판결은 변론 없이 할 수 있다
② 정정할 필요가 없다고 인정한 때에는 지체없이 결정으로 신청을 기각하여야 한다.

제4장 항 고

제402조【항고(抗告)할 수 있는 재판】
법원의 결정에 대하여 불복이 있으면 항고를 할 수 있다. 단, 이 법률에 특별한 규정이 있는 경우에는 예외로 한다.

제403조【판결 전의 결정에 대한 항고】
① 법원의 관할 또는 판결전의 소송절차에 관한 결정에 대하여는 특히 즉시항고를 할 수 있는 경우 외에는 항고하지 못한다.
② 전항의 규정은 구금, 보석, 압수나 압수물의 환부에 관한 결정 또는 감정하기 위한 피고인의 유치에 관한 결정에 적용하지 아니한다.

제404조【보통항고의 시기】
〈제목개정 1963.12.13.〉
항고는 즉시항고 외에는 언제든지 할 수 있다. 단, 원심결정을 취소하여도 실익이 없게 된 때에는 예외로 한다.

제405조【즉시항고의 제기기간】

2019.12.31 개정

즉시항고의 제기기간은 7일(▶▶개정전 : 3일)로 한다. 〈개정 2019.12.31.〉

▶▶ [2019.12.31. 법률 제16850호에 의하여 2018.12.27. 헌법재판소에서 헌법불합치 결정된 이 조를 개정함.]

▶▶ [헌법불합치, 2015헌바77, 2018.12.27. 형사소송법(1954.9.23. 법률 제341호로 제정된 것) 제405조는 헌법에 합치되지 아니한다. 위 법률조항은 2019.12.31.을 시한으로 입법자가 개정할 때까지 계속 적용된다.]

제406조【항고의 절차】
항고를 함에는 항고장을 원심법원에 제출하여야 한다.

제407조【원심법원의 항고기각 결정】
① 항고의 제기가 법률상의 방식에 위반하거나

항고권소멸후인 것이 명백한 때에는 원심법원은 결정으로 항고를 기각하여야 한다.
② 전항의 결정에 대하여는 즉시 항고를 할 수 있다.

제408조 【원심법원의 갱신결정】
① 원심법원은 항고가 이유있다고 인정한 때에는 결정을 경정(更正)하여야 한다.
② 항고의 전부 또는 일부가 이유 없다고 인정한 때에는 항고장을 받은 날로부터 3일 이내에 의견서를 첨부하여 항고법원에 송부하여야 한다.

제409조 【보통항고와 집행정지】
항고는 즉시항고 외에는 재판의 집행을 정지하는 효력이 없다. 단, 원심법원 또는 항고법원은 결정으로 항고에 대한 결정이 있을 때까지 집행을 정지할 수 있다.

제410조 【즉시항고와 집행정지의 효력】
즉시항고의 제기기간 내(提起期間 內)와 그 제기가 있는 때에는 재판의 집행은 정지된다.

제411조 【소송기록 등의 송부】
① 원심법원이 필요하다고 인정한 때에는 소송기록과 증거물을 항고법원에 송부하여야 한다.
② 항고법원은 소송기록과 증거물의 송부를 요구할 수 있다.
③ 전2항의 경우에 항고법원이 소송기록과 증거물의 송부를 받은 날로부터 5일 이내에 당사자에게 그 사유를 통지하여야 한다.

제412조 【검사의 의견진술】
검사는 항고사건에 대하여 의견을 진술할 수 있다.

제413조 【항고기각의 결정】
제407조의 규정에 해당한 경우에 원심법원이 항고기각의 결정을 하지 아니한 때에는 항고법원은 결정으로 항고를 기각하여야 한다.

제414조 【항고기각과 항고이유 인정】
① 항고를 이유 없다고 인정한 때에는 결정으로 항고를 기각하여야 한다.
② 항고이유있다고 인정한 때에는 결정으로 원심결정을 취소하고 필요한 경우에는 항고사건에 대하여 직접재판을 하여야 한다.

제415조 【재항고】
항고법원 또는 고등법원의 결정에 대하여는 재판에 영향을 미친 헌법·법률·명령 또는 규칙의 위반이 있음을 이유로 하는 때에 한하여 대법원에 즉시항고를 할 수 있다. [전문개정 1963.12.13]

제416조 【준항고(準抗告)】
① 재판장 또는 수명법관이 다음 각호의 1에 해당한 재판을 고지한 경우에 불복이 있으면 그 법관소속의 법원에 재판의 취소 또는 변경을 청구할 수 있다.
1. 기피신청을 기각한 재판
2. 구금, 보석, 압수 또는 압수물환부에 관한 재판
3. 감정하기 위하여 피고인의 유치를 명한 재판
4. 증인, 감정인, 통역인 또는 번역인에 대하여 과태료 또는 비용의 배상을 명한 재판

② 지방법원이 전항의 청구를 받은 때에는 합의부에서 결정을 하여야 한다.

2019.12.31 개정

③ 제1항의 청구는 재판의 고지있는 날로부터 7일(▶▶ 개정전 : 3일)이내에 하여야 한다.
〈개정 2019.12.31.〉

④ 제1항 제4호의 재판은 전항의 청구기간 내(請求期間 內)와 청구가 있는 때에는 그 재판의 집행은 정지된다.

제417조 【동 전】
검사 또는 사법경찰관의 구금, 압수 또는 압수물의 환부에 관한 처분과 제243조의2에 따른 변호인의 참여 등에 관한 처분에 대하여 불복이 있으면 그 직무집행지의 관할법원 또는 검사의 소속검찰청에 대응한 법원에 그 처분의 취소 또는 변경을 청구할 수 있다. 〈개정 2007.6.1, 2007.12.21〉

제418조【준항고의 방식】
전2조의 청구는 서면으로 관할법원에 제출하여야 한다.

제419조【준용규정】
제409조, 제413조, 제414조, 제415조의 규정은 제416조, 제417조의 청구 있는 경우에 준용한다. 〈개정 1995.12.29〉

제4편 특별소송절차

제1장 재 심

제420조【재심이유】
재심은 다음 각 호의 어느 하나에 해당하는 이유가 있는 경우에 유죄의 확정판결에 대하여 그 선고를 받은 자의 이익을 위하여 청구할 수 있다.

1. 원판결의 증거가 된 서류 또는 증거물이 확정판결에 의하여 위조되거나 변조된 것임이 증명된 때
2. 원판결의 증거가 된 증언, 감정, 통역 또는 번역이 확정판결에 의하여 허위임이 증명된 때
3. 무고(誣告)로 인하여 유죄를 선고받은 경우에 그 무고의 죄가 확정판결에 의하여 증명된 때
4. 원판결의 증거가 된 재판이 확정재판에 의하여 변경된 때
5. 유죄를 선고받은 자에 대하여 무죄 또는 면소를, 형의 선고를 받은 자에 대하여 형의 면제 또는 원판결이 인정한 죄보다 가벼운 죄를 인정할 명백한 증거가 새로 발견된 때
6. 저작권, 특허권, 실용신안권, 디자인권 또는 상표권을 침해한 죄로 유죄의 선고를 받은 사건에 관하여 그 권리에 대한 무효의 심결(審決) 또는 무효의 판결이 확정된 때
7. 원판결, 전심판결 또는 그 판결의 기초가 된 조사에 관여한 법관, 공소의 제기 또는 그 공소의 기초가 된 수사에 관여한 검사나 사법경찰관이 그 직무에 관한 죄를 지은 것이 확정판결에 의하여 증명된 때. 다만, 원판결의 선고 전에 법관, 검사 또는 사법경찰관에 대하여 공소가 제기되었을 경우에는 원판결의 법원이 그 사유를 알지 못한 때로 한정한다.

[전문개정 2020.12.8]

제421조【동 전】
① 항소 또는 상고의 기각판결에 대하여는 전조 제1호, 제2호, 제7호의 사유 있는 경우에 한하여 그 선고를 받은 자의 이익을 위하여 재심을 청구할 수 있다. 〈개정 1963.12.13.〉
② 제1심확정판결에 대한 재심청구사건의 판결이 있은 후에는 항소기각판결에 대하여 다시 재심을 청구하지 못한다. 〈개정 1963.12.13〉
③ 제1심 또는 제2심의 확정판결에 대한 재심청구사건의 판결이 있은 후에는 상고기각판결에 대하여 다시 재심을 청구하지 못한다.

제422조【확정판결에 대신하는 증명】
전2조의 규정에 의하여 확정판결로써 범죄가 증명됨을 재심청구의 이유로 할 경우에 그 확정판결을 얻을 수 없는 때에는 그 사실을 증명하여 재심의 청구를 할 수 있다. 단, 증거가 없다는 이유로 확정판결을 얻을 수 없는 때에는 예외로 한다.

제423조【재심의 관할】
재심의 청구는 원판결의 법원이 관할한다.

제424조【재심청구권자】
다음 각호의 1에 해당하는 자는 재심의 청구를 할 수 있다.

1. 검 사
2. 유죄의 선고를 받은 자

3. 유죄의 선고를 받은 자의 법정대리인
4. 유죄의 선고를 받은 자가 사망하거나 심신장애가 있는 경우에는 그 배우자, 직계친족 또는 형제자매

제425조 【검사만이 청구할 수 있는 재심】

제420조 제7호의 사유에 의한 재심의 청구는 유죄의 선고를 받은 자가 그 죄를 범하게 한 경우에는 검사가 아니면 하지 못한다.

제426조 【변호인의 선임】

① 검사 이외의 자가 재심의 청구를 하는 경우에는 변호인을 선임할 수 있다.

② 전항의 규정에 의한 변호인의 선임은 재심의 판결이 있을 때까지 그 효력이 있다.

제427조 【재심청구의 시기】

재심의 청구는 형의 집행을 종료하거나 형의 집행을 받지 아니하게 된 때에도 할 수 있다.

제428조 【재심과 집행정지의 효력】

재심의 청구는 형의 집행을 정지하는 효력이 없다. 단 관할법원에 대응한 검찰청검사는 재심청구에 대한 재판이 있을 때까지 형의 집행을 정지할 수 있다.

제429조 【재심청구의 취하(取下)】

① 재심의 청구는 취하할 수 있다.

② 재심의 청구를 취하한 자는 동일한 이유로써 다시 재심을 청구하지 못한다.

제430조 【재소자에 대한 특칙】

제344조의 규정은 재심의 청구와 그 취하에 준용한다.

제431조 【사실조사】

① 재심의 청구를 받은 법원은 필요하다고 인정한 때에는 합의부원에게 재심청구의 이유에 대한 사실조사를 명하거나 다른 법원판사에게 이를 촉탁할 수 있다.

② 전항의 경우에는 수명법관 또는 수탁판사는 법원 또는 재판장과 동일한 권한이 있다.

제432조 【재심에 대한 결정과 당사자의 의견】

재심의 청구에 대하여 결정을 함에는 청구한 자와 상대방의 의견을 들어야 한다. 단, 유죄의 선고를 받은 자의 법정대리인이 청구한 경우에는 유죄의 선고를 받은 자의 의견을 들어야 한다.

제433조 【청구기각결정】

재심의 청구가 법률상의 방식에 위반하거나 청구권의 소멸후인 것이 명백한 때에는 결정으로 기각하여야 한다.

제434조 【동 전】

① 재심의 청구가 이유없다고 인정한 때에는 결정으로 기각하여야 한다.

② 전항의 결정이 있는 때에는 누구든지 동일한 이유로써 다시 재심을 청구하지 못한다.

제435조 【재심개시의 결정】

① 재심의 청구가 이유있다고 인정한 때에는 재심개시의 결정을 하여야 한다.

② 재심개시의 결정을 할 때에는 결정으로 형의 집행을 정지할 수 있다. 〈개정 1995.12.29〉

제436조 【청구의 경합과 청구기각의 결정】

① 항소기각의 확정판결과 그 판결에 의하여 확정된 제1심판결에 대하여 재심의 청구가 있는 경우에 제1심법원이 재심의 판결을 한 때에는 항소법원은 결정으로 재심의 청구를 기각하여야 한다.

② 제1심 또는 제2심판결에 대한 상고기각의 판결과 그 판결에 의하여 확정된 제1심 또는 제2심의 판결에 대하여 재심의 청구가 있는 경우에 제1심법원 또는 항소법원이 재심의 판결을 한 때에는 상고법원은 결정으로 재심의 청구를 기각하여야 한다.

[전문개정 1963.12.13]

제437조 【즉시항고(卽時抗告)】

제433조, 제434조 제1항, 제435조 제1항과 전조 제1항의 결정에 대하여는 즉시항고를 할 수 있다.

제438조【재심의 심판】

① 재심개시의 결정이 확정한 사건에 대하여는 제436조의 경우 외에는 법원은 그 심급에 따라 다시 심판을 하여야 한다.

② 다음 경우에는 제306조 제1항, 제328조 제1항 제2호의 규정은 전항의 심판에 적용하지 아니한다. 〈개정 2014.12.30〉

1. 사망자 또는 회복할 수 없는 심신장애인를 위하여 재심의 청구가 있는 때
2. 유죄의 선고를 받은 자가 재심의 판결 전에 사망하거나 회복할 수 없는 심신장애인으로 된 때

③ 전항의 경우에는 피고인이 출정하지 아니하여도 심판을 할 수 있다. 단, 변호인이 출정하지 아니하면 개정하지 못한다.

④ 전2항의 경우에 재심을 청구한 자가 변호인을 선임하지 아니한 때에는 재판장은 직권으로 변호인을 선임하여야 한다.

제439조【불이익변경의 금지】

재심에는 원판결의 형보다 무거운 형을 선고할 수 없다.

[전문개정 2020.12.8.]

제440조【무죄판결의 공시(公示)】

재심에서 무죄의 선고를 한 때에는 그 판결을 관보와 그 법원소재지의 신문지에 기재하여 공고하여야 한다. 다만, 다음 각 호의 어느 하나에 해당하는 사람이 이를 원하지 아니하는 의사를 표시한 경우에는 그러하지 아니하다.

1. 제424조 제1호부터 제3호까지의 어느 하나에 해당하는 사람이 재심을 청구한 때에는 재심에서 무죄의 선고를 받은 사람
2. 제424조 제4호에 해당하는 사람이 재심을 청구한 때에는 재심을 청구한 그 사람

[전문개정 2016.5.29.]

제2장 비상상고

제441조【비상상고이유(非常上告理由)】

검찰총장은 판결이 확정한 후 그 사건의 심판이 법령에 위반한 것을 발견한 때에는 대법원에 비상상고를 할 수 있다.

제442조【비상상고의 방식】

비상상고를 함에는 그 이유를 기재한 신청서를 대법원에 제출하여야 한다.

제443조【공판기일】

공판기일에는 검사는 신청서에 의하여 진술하여야 한다.

제444조【조사의 범위, 사실의 조사】

① 대법원은 신청서에 포함된 이유에 한하여 조사하여야 한다.

② 법원의 관할, 공소의 수리(受理)와 소송절차에 관하여는 사실조사를 할 수 있다.

③ 전항의 경우에는 제431조의 규정을 준용한다.

제445조【기각의 판결】

비상상고가 이유없다고 인정한 때에는 판결로써 이를 기각하여야 한다.

제446조【파기의 판결】

비상상고가 이유있다고 인정한 때에는 다음의 구별에 따라 판결을 하여야 한다.

1. 원판결이 법령에 위반한 때에는 그 위반된 부분을 파기하여야 한다. 단, 원판결이 피고인에게 불이익한 때에는 원판결을 파기하고 피고사건에 대하여 다시 판결을 한다.
2. 원심소송절차가 법령에 위반한 때에는 그 위반된 절차를 파기한다.

제447조【판결의 효력】

비상상고의 판결은 전조 제1호 단행(但行)의 규정에 의한 판결 외에는 그 효력이 피고인에게 미치지 아니한다.

제3장 약식절차

제448조【약식명령(略式命令)을 할 수 있는 사건】
① 지방법원은 그 관할에 속한 사건에 대하여 검사의 청구가 있는 때에는 공판절차 없이 약식명령으로 피고인을 벌금, 과료 또는 몰수에 처할 수 있다.
② 전항의 경우에는 추징 기타 부수의 처분을 할 수 있다.

제449조【약식명령의 청구】
약식명령의 청구는 공소의 제기와 동시에 서면으로 하여야 한다.

제450조【보통의 심판】
약식명령의 청구가 있는 경우에 그 사건이 약식명령으로 할 수 없거나 약식명령으로 하는 것이 적당하지 아니하다고 인정한 때에는 공판절차에 의하여 심판하여야 한다.

제451조【약식명령의 방식】
약식명령에는 범죄사실, 적용법령, 주형(主刑), 부수처분(附隨處分)과 약식명령의 고지를 받은 날로부터 7일 이내에 정식재판의 청구를 할 수 있음을 명시하여야 한다.

제452조【약식명령의 고지】
약식명령의 고지는 검사와 피고인에 대한 재판서의 송달에 의하여 한다.

제453조【정식재판의 청구】
① 검사 또는 피고인은 약식명령의 고지를 받은 날로부터 7일 이내에 정식재판의 청구를 할 수 있다. 단, 피고인은 정식재판의 청구를 포기할 수 없다.
② 정식재판의 청구는 약식명령을 한 법원에 서면으로 제출하여야 한다.
③ 정식재판의 청구가 있는 때에는 법원은 지체없이 검사 또는 피고인에게 그 사유를 통지하여야 한다.

제454조【정식재판청구의 취하】
정식재판의 청구는 제1심판결선고 전까지 취하할 수 있다.

제455조【기각의 결정】
① 정식재판의 청구가 법령상의 방식에 위반하거나 청구권의 소멸후인 것이 명백한 때에는 결정으로 기각하여야 한다.
② 전항의 결정에 대하여는 즉시항고를 할 수 있다.
③ 정식재판의 청구가 적법한 때에는 공판절차에 의하여 심판하여야 한다.

제456조【약식명령의 실효】
약식명령은 정식재판의 청구에 의한 판결이 있는 때에는 그 효력을 잃는다.

제457조【약식명령의 효력】
약식명령은 정식재판의 청구기간이 경과하거나 그 청구의 취하 또는 청구기각의 결정이 확정한 때에는 확정판결과 동일한 효력이 있다.

제457조의2【형종 상향의 금지 등】
① 피고인이 정식재판을 청구한 사건에 대하여는 약식명령의 형보다 중한 종류의 형을 선고하지 못한다.
② 피고인이 정식재판을 청구한 사건에 대하여 약식명령의 형보다 중한 형을 선고하는 경우에는 판결서에 양형의 이유를 적어야 한다.
[전문개정 2017.12.19.]

제458조【준용규정】 〈개정 1995.12.29〉
① 제340조 내지 제342조, 제345조 내지 제352조, 제354조의 규정은 정식재판의 청구 또는 그 취하에 준용한다.
② 제365조의 규정은 정식재판절차의 공판기일에 정식재판을 청구한 피고인이 출석하지 아니한 경우에 이를 준용한다. 〈신설 1995.12.29〉

형사소송법

제5편 재판의 집행

제459조 【재판의 확정과 집행】
재판은 이 법률에 특별한 규정이 없으면 확정한 후에 집행한다.

제460조 【집행지휘】
① 재판의 집행은 그 재판을 한 법원에 대응한 검찰청검사가 지휘한다. 단, 재판의 성질상 법원 또는 법관이 지휘할 경우에는 예외로 한다.
② 상소의 재판 또는 상소의 취하로 인하여 하급법원의 재판을 집행할 경우에는 상소법원에 대응한 검찰청검사가 지휘한다. 단, 소송기록이 하급법원 또는 그 법원에 대응한 검찰청에 있는 때에는 그 검찰청검사가 지휘한다.

제461조 【집행지휘의 방식】
재판의 집행지휘는 재판서 또는 재판을 기재한 조서의 등본 또는 초본을 첨부한 서면으로 하여야 한다. 단, 형의 집행을 지휘하는 경우외에는 재판서의 원본, 등본이나 초본 또는 조서의 등본이나 초본에 인정하는 날인으로 할 수 있다.

제462조 【형 집행의 순서】
2이상의 형을 집행하는 경우에 자격상실, 자격정지, 벌금, 과료와 몰수 외에는 무거운 형을 먼저 집행한다. 다만, 검사는 소속 장관의 허가를 얻어 무거운 형의 집행을 정지하고 다른 형의 집행을 할 수 있다 [전문개정 2020.12.8]

제463조 【사형의 집행】
사형은 법무부장관의 명령에 의하여 집행한다.

제464조 【사형판결확정과 소송기록의 제출】
사형을 선고한 판결이 확정한 때에는 검사는 지체없이 소송기록을 법무부장관에게 제출하여야 한다.

제465조 【사형집행명령의 시기】
① 사형집행의 명령은 판결이 확정된 날로부터 6월 이내에 하여야 한다.
② 상소권회복의 청구, 재심의 청구 또는 비상상고의 신청이 있는 때에는 그 절차가 종료할 때까지의 기간은 전항의 기간에 산입하지 아니한다.

제466조 【사형집행의 기간】
법무부장관이 사형의 집행을 명한 때에는 5일 이내에 집행하여야 한다.

제467조 【사형집행의 참여】
① 사형의 집행에는 검사와 검찰청서기관과 교도소장 또는 구치소장이나 그 대리자가 참여하여야 한다.
② 검사 또는 교도소장 또는 구치소장의 허가가 없으면 누구든지 형의 집행장소에 들어가지 못한다.

제468조 【사형집행조서】
사형의 집행에 참여한 검찰청서기관은 집행조서를 작성하고 검사와 교도소장 또는 구치소장이나 그 대리자와 함께 기명날인 또는 서명하여야 한다. 〈개정 1963.12.13, 2007.6.1〉

제469조 【사형 집행의 정지】
① 사형선고를 받은 사람이 심신의 장애로 의사능력이 없는 상태이거나 임신 중인 여자인 때에는 법무부장관의 명령으로 집행을 정지한다.
② 제1항에 따라 형의 집행을 정지한 경우에는 심신장애의 회복 또는 출산 후에 법무부장관의 명령에 의하여 형을 집행한다.

[전문개정 2020.12.8]

제470조 【자유형집행의 정지】
① 징역, 금고 또는 구류의 선고를 받은 자가 심신의 장애로 의사능력이 없는 상태에 있는 때에는 형을 선고한 법원에 대응한 검찰청검사 또는 형의 선고를 받은 자의 현재지(現在地)

를 관할하는 검찰청검사의 지휘에 의하여 심신 장애가 회복될 때까지 형의 집행을 정지한다.

② 전항의 규정에 의하여 형의 집행을 정지한 경우에는 검사는 형의 선고를 받은 자를 감호의무자 또는 지방공공단체에 인도하여 병원 기타 적당한 장소에 수용하게 할 수 있다.

③ 형의 집행이 정지된 자는 전항의 처분이 있을 때까지 교도소 또는 구치소에 구치하고 그 기간을 형기에 산입한다. 〈개정 1963.12.13.〉

제471조【동 전】

① 징역, 금고 또는 구류의 선고를 받은 자에 대하여 다음 각호의 1에 해당한 사유가 있는 때에는 형을 선고한 법원에 대응한 검찰청검사 또는 형의 선고를 받은 자의 현재지를 관할하는 검찰청검사의 지휘에 의하여 형의 집행을 정지할 수 있다. 〈개정 2007.12.21〉

1. 형의 집행으로 인하여 현저히 건강을 해하거나 생명을 보전할 수 없을 염려가 있는 때
2. 연령 70세 이상인 때
3. 잉태후 6월 이상인 때
4. 출산후 60일을 경과하지 아니한 때
5. 직계존속이 연령 70세 이상 또는 중병이나 장애인으로 보호할 다른 친족이 없는 때
6. 직계비속이 유년(幼年)으로 보호할 다른 친족이 없는 때
7. 기타 중대한 사유가 있는 때

② 검사가 전항의 지휘를 함에는 소속 고등검찰청검사장 또는 지방검찰청검사장의 허가를 얻어야 한다. 〈개정 2004.1.20, 2007.6.1〉

제471조의2【형집행정지 심의위원회】

① 제471조 제1항 제1호의 형집행정지 및 그 연장에 관한 사항을 심의하기 위하여 각 지방검찰청에 형집행정지 심의위원회(이하 이 조에서 "심의위원회"라 한다)를 둔다.

② 심의위원회는 위원장 1명을 포함한 10명 이내의 위원으로 구성하고, 위원은 학계, 법조계, 의료계, 시민단체 인사 등 학식과 경험이 있는 사람 중에서 각 지방검찰청 검사장이 임명 또는 위촉한다.

③ 심의위원회의 구성 및 운영 등 그 밖에 필요한 사항은 법무부령으로 정한다.

[본조신설 2015.7.31.]

제472조【소송비용의 집행정지】

제487조에 규정된 신청기간내와 그 신청이 있는 때에는 소송비용부담의 재판의 집행은 그 신청에 대한 재판이 확정될 때까지 정지된다.

제473조【집행하기 위한 소환】

① 사형, 징역, 금고 또는 구류의 선고를 받은 자가 구금되지 아니한 때에는 검사는 형을 집행하기 위하여 이를 소환하여야 한다.

② 소환에 응하지 아니한 때에는 검사는 형집행장(刑執行狀)을 발부하여 구인하여야 한다. 〈개정 1973.1.25〉

③ 제1항의 경우에 형의 선고를 받은 자가 도망하거나 도망할 염려가 있는 때 또는 현재지를 알 수 없는 때에는 소환함이 없이 형집행장을 발부하여 구인할 수 있다. 〈개정 1973.1.25〉

제474조【형집행장의 방식과 효력】

① 전조의 형집행장에는 형의 선고를 받은 자의 성명, 주거, 연령, 형명, 형기 기타 필요한 사항을 기재하여야 한다.

② 형집행장은 구속영장과 동일한 효력이 있다.

[전문개정 1973.1.25]

제475조【형집행장의 집행】

전2조의 규정에 의한 형집행장의 집행에는 제1편 제9장 피고인의 구속에 관한 규정을 준용한다.

[전문개정 1973.1.25]

제476조【자격형의 집행】

자격상실 또는 자격정지의 선고를 받은 자에 대

하여는 이를 수형자원부에 기재하고 지체없이 그 등본을 형의 선고를 받은 자의 등록기준지와 주거지의 시(구가 설치되지 아니한 시를 말한다. 이하 같다)·구· 읍·면장(도농복합형태의 시에 있어서는 동 지역인 경우에는 시·구 의 장, 읍·면지역인 경우에는 읍·면의 장으로 한다)에게 송부하여야 한다.

〈개정 1994.12.22., 2007.5.17〉

제477조【재산형 등의 집행】

① 벌금, 과료, 몰수, 추징, 과태료, 소송비용, 비용배상 또는 가납의 재판은 검사의 명령에 의하여 집행한다.

② 전항의 명령은 집행력 있는 채무명의와 동일한 효력이 있다.

③ 제1항의 재판의 집행에는 「민사집행법」의 집행에 관한 규정을 준용한다. 단, 집행 전에 재판의 송달을 요하지 아니한다.

〈개정 2002.1.26, 2007.6.1〉

④ 제3항에도 불구하고 제1항의 재판은 「국세징수법」에 따른 국세체납처분의 예에 따라 집행할 수 있다. 〈신설 2007.6.1〉

⑤ 검사는 제1항의 재판을 집행하기 위하여 필요한 조사를 할 수 있다. 이 경우 제199조 제2항을 준용한다. 〈신설 2007.6.1.〉

⑥ 벌금, 과료, 추징, 과태료, 소송비용 또는 비용배상의 분할납부, 납부연기 및 납부대행기관을 통한 납부 등 납부방법에 필요한 사항은 법무부령으로 정한다. 〈신설 2016.1.6〉

제478조【상속재산에 대한 집행】

몰수 또는 조세, 전매 기타 공과에 관한 법령에 의하여 재판한 벌금 또는 추징은 그 재판을 받은 자가 재판확정후 사망한 경우에는 그 상속재산에 대하여 집행할 수 있다.

제479조【합병후 법인에 대한 집행】

법인에 대하여 벌금, 과료, 몰수, 추징, 소송비용 또는 비용배상을 명한 경우에 법인이 그 재판확정후 합병에 의하여 소멸한 때에는 합병후 존속한 법인 또는 합병에 의하여 설립된 법인에 대하여 집행할 수 있다.

제480조【가납집행(假納執行)의 조정】

제1심가납의 재판을 집행한 후에 제2심가납의 재판이 있는 때에는 제1심재판의 집행은 제2심가납금액의 한도에서 제2심재판의 집행으로 간주한다.

제481조【가납집행과 본형(本刑)의 집행】

가납의 재판을 집행한 후 벌금, 과료 또는 추징의 재판이 확정한 때에는 그 금액의 한도에서 형의 집행이 된 것으로 간주한다.

제482조【판결확정 전 구금일수 등의 산입】

〈제목개정 2015.7.31. ▶▶개정전 : 상소제기후 판결전 구금일수 등의 산입〉

① 판결선고 후 판결확정 전 구금일수(판결선고 당일의 구금일수를 포함한다)는 전부를 본형에 산입한다. 〈개정 2015.7.31〉

② 상소기각 결정 시에 송달기간이나 즉시항고기간 중의 미결구금일수는 전부를 본형에 산입한다. 〈신설 2007.6.1〉

③ 제1항 및 제2항의 경우에는 구금일수의 1일을 형기의 1일 또는 벌금이나 과료에 관한 유치기간의 1일로 계산한다. 〈개정 2015.7.31〉

▶▶ [2015.7.31. 법률 제13454호에 의하여 2009.12.29. 헌법재판소에서 헌법불합치 결정(헌재결 2009.12.29. 2008헌가13)된 이 조를 개정함.]

제483조【몰수물의 처분】

몰수물은 검사가 처분하여야 한다.

〈개정 1995.12.29〉

제484조【몰수물의 교부】

① 몰수를 집행한 후 3월 이내에 그 몰수물에 대하여 정당한 권리 있는 자가 몰수물의 교부를 청구한 때에는 검사는 파괴 또는 폐기할 것이 아니면 이를 교부하여야 한다.

② 몰수물을 처분한 후 전항의 청구가 있는 경우에는 검사는 공매에 의하여 취득한 대가를 교부하여야 한다.

제485조【위조 등의 표시】

① 위조(僞造) 또는 변조(變造)한 물건을 환부하는 경우에는 그 물건의 전부 또는 일부에 위조나 변조인 것을 표시하여야 한다.

② 위조 또는 변조한 물건이 압수되지 아니한 경우에는 그 물건을 제출하게 하여 전항의 처분을 하여야 한다. 단, 그 물건이 공무소에 속한 것인 때에는 위조나 변조의 사유를 공무소에 통지하여 적당한 처분을 하게 하여야 한다.

제486조【환부불능과 공고】

① 압수물의 환부를 받을 자의 소재가 불명하거나 기타 사유로 인하여 환부를 할 수 없는 경우에는 검사는 그 사유를 관보에 공고하여야 한다.

② 공고한 후 3월 이내에 환부의 청구가 없는 때에는 그 물건은 국고에 귀속한다. 〈개정 1973.1.25〉

③ 전항의 기간내에도 가치없는 물건은 폐기할 수 있고 보관하기 어려운 물건은 공매하여 그 대가를 보관할 수 있다. 〈개정 2007.6.1〉

제487조【소송비용의 집행면제의 신청】

소송비용부담의 재판을 받은 자가 빈곤으로 인하여 이를 완납할 수 없는 때에는 그 재판의 확정 후 10일 이내에 재판을 선고한 법원에 소송비용의 전부 또는 일부에 대한 재판의 집행면제를 신청할 수 있다.

제488조【의의신청(疑義申請)】

형의 선고를 받은 자는 집행에 관하여 재판의 해석에 대한 의의가 있는 때에는 재판을 선고한 법원에 의의신청을 할 수 있다.

제489조【이의신청(異議申請)】

재판의 집행을 받은 자 또는 그 법정대리인이나 배우자는 집행에 관한 검사의 처분이 부당함을 이유로 재판을 선고한 법원에 이의신청을 할 수 있다.

제490조【신청의 취하(取下)】

① 전3조의 신청은 법원의 결정이 있을 때까지 취하할 수 있다.

② 제344조의 규정은 전3조의 신청과 그 취하에 준용한다.

제491조【즉시항고(卽時抗告)】

① 제487조 내지 제489조의 신청이 있는 때에는 법원은 결정을 하여야 한다.

② 전항의 결정에 대하여는 즉시항고를 할 수 있다.

제492조【노역장유치(勞役場留置)의 집행】

벌금 또는 과료를 완납하지 못한 자에 대한 노역장유치의 집행에는 형의 집행에 관한 규정을 준용한다.

제493조【집행비용의 부담】

제477조 제1항의 재판집행비용은 집행을 받은 자의 부담으로 하고 「민사집행법」의 규정에 준하여 집행과 동시에 징수하여야 한다. 〈개정 2002.1.26., 2007.6.1.〉

부 칙 〈제341호, 1954.9.23〉

제1조

본법 시행전에 공소를 제기한 사건에는 구법을 적용한다.

제2조

본법 시행후에 공소를 제기한 사건에는 본법을 적용한다. 단, 본법시행전에 구법에 의하여 행한 소송행위의 효력에는 영향을 미치지 아니한다.

제3조

본법 시행전에 구법에 의하여 행한 소송절차로 본법의 규정에 상당한 것은 본법에 의하여 행한 것으로 간주한다.

제4조

본법 시행전 진행된 법정기간과 소송행위를 할 자의 주거나 사무소의 소재지와 법원 소재지의 거리에 의한 부가기간은 구법의 규정에 의한다.

제5조

본법 제45조의 규정에 의하여 소송관계인이 재판서나 재판을 기재한 조서의 등본 또는 초본의 교부를 청구할 경우에는 용지1매에 50환으로 계산한 수입인지를 첨부하여야 한다.

제6조

본법 시행당시 법원에 계속된 사건의 처리에 관한 필요사항은 본법에 특별한 규정이 없으면 대법원규칙의 정한 바에 의한다.

제7조

당분간 본법에 규정한 과태료와 부칙 제5조의 용지요금액은 경제사정의 변동에 따라 대법원규칙으로 증감할 수 있다.

제8조

본법 시행직전까지 시행된 다음 법령은 폐지한다.

1. 조선형사령중 본법에 저촉되는 법조
2. 미군정법령중 본법에 저촉되는 법조

제9조 (시행일)

이 법률은 단기 4287년 5월 30일부터 시행한다.

부 칙 〈중 략〉

부 칙 〈법률 제16924호, 2020.2.4.〉

제1조【시행일】

이 법은 공포 후 6개월이 경과한 날부터 1년 내에 시행하되, 그 기간 내에 대통령령으로 정하는 시점부터 시행한다. 다만, 제312조 제1항의 개정규정은 공포 후 4년 내에 시행하되, 그 기간 내에 대통령령으로 정하는 시점부터 시행한다.

2021.12.21 신설

제1조의2【검사가 작성한 피의자신문조서의 증거능력에 관한 적용례 및 경과조치】

① 제312조 제1항의 개정규정은 같은 개정규정 시행 후 공소제기된 사건부터 적용한다.

② 제312조 제1항의 개정규정 시행 전에 공소제기된 사건에 관하여는 종전의 규정에 따른다.

[본조신설 2021.12.21.]

제2조【다른 법률의 개정】 〈해당 법률에 정리〉

부 칙 〈법률 제17572호, 2020.12.8.〉

제1조【시행일】

이 법은 공포 후 1년이 경과한 날부터 시행한다. 다만, 제17조 제8호 및 제9호의 개정규정은 공포 후 6개월이 경과한 날부터 시행한다.

제2조【법관의 제척에 관한 적용례】

제17조 제8호 및 제9호의 개정규정은 이 법 시행 후 최초로 공소장이 제출된 사건부터 적용한다.

부 칙 〈법률 제18398호, 2021.8.17〉

제1조【시행일】

이 법은 공포 후 3개월이 경과한 날부터 시행한다. 다만, 법률 제17572호 형사소송법 일부개정법률 제165조의2의 개정규정은 2021년 12월 9일부터 시행한다.

제2조 【계속사건에 대한 경과조치】
이 법은 이 법 시행 당시 법원에 계속 중인 사건에 대하여도 적용한다.

부 칙 〈중 략〉

부 칙 〈법률 제20265호, 2024.2.13.〉

제1조 【시행일】
이 법은 공포 후 4개월이 경과한 날부터 시행한다.

제2조 【공소시효가 완성한 것으로 간주하기 위한 기간의 정지에 관한 적용례】
제253조 제4항의 개정규정은 이 법 시행 전에 공소가 제기된 범죄로서 이 법 시행 당시 공소시효가 완성한 것으로 간주되지 아니한 경우에도 적용한다. 이 경우 같은 개정규정에 따라 정지되는 기간에는 이 법 시행 전에 피고인이 형사처분을 면할 목적으로 국외에 있던 기간을 포함한다.

부 칙 〈법률 제20460호, 2024.10.16.〉

제1조 【시행일】
이 법은 공포 후 3개월이 경과한 날부터 시행한다.

제2조 【의견 청취에 관한 적용례】
제294조의5의 개정규정은 이 법 시행 이후 피고인이 피해자의 권리 회복에 필요한 금전을 공탁한 경우부터 적용한다.

부 칙 〈법률 제20796호, 2025.3.18.〉

제1조 【시행일】
이 법은 공포 후 6개월이 경과한 날부터 시행한다.

제2조 【피해자 등의 공판기록 열람·등사에 관한 적용례】
제294조의4의 개정규정은 이 법 시행 이후 제294조의4 제1항에 따라 소송기록의 열람 또는 등사를 신청하는 경우부터 적용한다.

부 칙 〈법률 제21232호, 2025.12.23.〉

제1조 【시행일】
이 법은 공포 후 6개월이 경과한 날부터 시행한다.

제2조 【피해자 등의 검사 보관 서류 등의 열람·등사에 관한 적용례】
① 제185조 제2항 및 제3항의 개정규정은 이 법 시행 이후 같은 조 제2항에 따라 피해자 등이 제184조에 따른 처분에 관한 서류와 증거물의 열람 또는 등사를 신청하는 경우부터 적용한다.
② 제294조의5의 개정규정은 이 법 시행 이후 같은 조 제1항에 따라 피해자 등이 서류등의 열람 또는 등사를 신청하는 경우부터 적용한다.

부 칙 〈법률 제21241호, 2025.12.30.〉

제1조 【시행일】
이 법은 공포 후 2년이 경과한 날부터 시행한다. 다만, 제215조의2의 개정규정은 공포 후 6개월이 경과한 날부터 시행한다.

제2조 【판결서등의 열람·복사에 관한 적용례】
제59조의3의 개정규정은 2000년 8월 1일 이후 판결이 선고된 사건의 판결서등(2013년 12월 31일까지 선고된 사건의 경우 판결서와 그 등본으로 한정한다)부터 적용하되, 구체적으로 열람·복사가 가능한 판결서등의 범위, 시기, 열람·복사 제한신청권 행사 기간 등은 대법원규칙으로 정한다.

민사소송법

[시행 2025. 3. 1.]

[법률 제20003호, 2024. 1. 16., 일부개정]

The Civil Proceedings Act

민사소송법

[시행 2025. 3. 1.]

[법률 제20003호, 2024. 1. 16., 일부개정]

민사소송법

[전문개정 2002.1.26 법률 6626호]
타법개정 2005. 3.31 제7427호
- 중 략 -
일부개정 2020.12. 8. 제17568호
타법개정 2020.12.22. 제17689호
일부개정 2021. 8.17. 제18396호
일부개정 2023. 4.18. 제19354호
일부개정 2023. 7.11. 제19516호
일부개정 2024. 1.16. 제20003호

제1편 총 칙 ……제1조

제1장 법 원
제1절 관 할 ……제2조~제40조
제2절 법관 등의 제척·기피·회피 ……제41조~제50조

제2장 당사자
제1절 당사자능력과 소송능력 ……제51조~제64조
제2절 공동소송 ……제65조~제70조
제3절 소송참가 ……제71조~제86조
제4절 소송대리인 ……제87조~제97조

제3장 소송비용
제1절 소송비용의 부담 ……제98조~제116조
제2절 소송비용의 담보 ……제117조~제127조
제3절 소송구조 ……제128조~제133조

제4장 소송절차
제1절 변 론 ……제134조~제164조
제2절 전문심리위원 ……제164조의2~제164조의8
제3절 기일과 기간 ……제165조~제173조
제4절 송 달 ……제174조~제197조
제5절 재 판 ……제198조~제224조
제6절 화해권고결정 ……제225조~제232조
제7절 소송절차의 중단과 중지 ……제233조~제247조

제2편 제1심의 소송절차

제1장 소의 제기 ……제248조~제271조
제2장 변론과 그 준비 ……제272조~제287조의2
제3장 증 거
제1절 총 칙 ……제288조~제302조
제2절 증인신문 ……제303조~제332조
제3절 감 정 ……제333조~제342조
제4절 서 증 ……제343조~제363조
제5절 검 증 ……제364조~제366조
제6절 당사자 신문 ……제367조~제373조
제7절 그 밖의 증거 ……제374조
제8절 증거보전 ……제375조~제384조
제4장 제소전화해의 절차 ……제385조~제389조

제3편 상 소

제1장 항 소 ……제390조~제421조
제2장 상 고 ……제422조~제438조
제3장 항 고 ……제439조~제450조

제4편 재 심 ……제451조~제461조

제5편 독촉절차
……………………제462조~제474조
제6편 공시최고절차
……………………제475조~제497조
제7편 판결의 확정 및 집행정지
……………………제498조~제502조

제1편 총 칙

제1조【민사소송의 이상과 신의성실의 원칙】
① 법원은 소송절차가 공정하고 신속하며 경제적으로 진행되도록 노력하여야 한다.
② 당사자와 소송관계인은 신의에 따라 성실하게 소송을 수행하여야 한다.

제1장 법 원

제1절 관 할

제2조【보통재판적(普通裁判籍)】
소(訴)는 피고의 보통재판적이 있는 곳의 법원이 관할한다.

제3조【사람의 보통재판적】
사람의 보통재판적은 그의 주소에 따라 정한다. 다만, 대한민국에 주소가 없거나 주소를 알 수 없는 경우에는 거소에 따라 정하고, 거소가 일정하지 아니하거나 거소도 알 수 없으면 마지막 주소에 따라 정한다.

제4조【대사·공사 등의 보통재판적】
대사(大使)·공사(公使), 그 밖에 외국의 재판권 행사대상에서 제외되는 대한민국 국민이 제3조의 규정에 따른 보통재판적이 없는 경우에는 이들의 보통재판적은 대법원이 있는 곳으로 한다.

제5조【법인 등의 보통재판적】
① 법인, 그 밖의 사단 또는 재단의 보통재판적은 이들의 주된 사무소 또는 영업소가 있는 곳에 따라 정하고, 사무소와 영업소가 없는 경우에는 주된 업무담당자의 주소에 따라 정한다.
② 제1항의 규정을 외국법인, 그 밖의 사단 또는 재단에 적용하는 경우 보통재판적은 대한민국에 있는 이들의 사무소·영업소 또는 업무담당자의 주소에 따라 정한다.

제6조【국가의 보통재판적】
국가의 보통재판적은 그 소송에서 국가를 대표하는 관청 또는 대법원이 있는 곳으로 한다.

제7조【근무지의 특별재판적】
사무소 또는 영업소에 계속하여 근무하는 사람에 대하여 소를 제기하는 경우에는 그 사무소 또는 영업소가 있는 곳을 관할하는 법원에 제기할 수 있다.

제8조【거소지 또는 의무이행지의 특별재판적】
재산권에 관한 소를 제기하는 경우에는 거소지 또는 의무이행지의 법원에 제기할 수 있다.

제9조【어음·수표 지급지의 특별재판적】
어음·수표에 관한 소를 제기하는 경우에는 지급지의 법원에 제기할 수 있다.

제10조【선원·군인·군무원에 대한 특별재판적】
① 선원에 대하여 재산권에 관한 소를 제기하는 경우에는 선적(船籍)이 있는 곳의 법원에 제기할 수 있다.
② 군인·군무원에 대하여 재산권에 관한 소를 제기하는 경우에는 군사용 청사가 있는 곳 또는 군용 선박의 선적이 있는 곳의 법원에 제기할 수 있다.

제11조【재산이 있는 곳의 특별재판적】
대한민국에 주소가 없는 사람 또는 주소를 알 수 없는 사람에 대하여 재산권에 관한 소를 제기하는 경우에는 청구의 목적 또는 담보의 목적이나 압류할 수 있는 피고의 재산이 있는 곳의 법원에 제기할 수 있다.

제12조【사무소·영업소가 있는 곳의 특별재판적】 사무소 또는 영업소가 있는 사람에 대하여 그 사무소 또는 영업소의 업무와 관련이 있는 소를 제기하는 경우에는 그 사무소 또는 영업소가 있는 곳의 법원에 제기할 수 있다.

제13조【선적이 있는 곳의 특별재판적】 선박 또는 항해에 관한 일로 선박소유자, 그 밖의 선박이용자에 대하여 소를 제기하는 경우에는 선적이 있는 곳의 법원에 제기할 수 있다.

제14조【선박이 있는 곳의 특별재판적】 선박채권(船舶債權), 그 밖에 선박을 담보로 한 채권에 관한 소를 제기하는 경우에는 선박이 있는 곳의 법원에 제기할 수 있다.

제15조【사원 등에 대한 특별재판적】
① 회사, 그 밖의 사단(社團)이 사원에 대하여 소를 제기하거나 사원이 다른 사원에 대하여 소를 제기하는 경우에는 그 소가 사원의 자격으로 말미암은 것이면 회사, 그 밖의 사단의 보통재판적이 있는 곳의 법원에 소를 제기할 수 있다.
② 사단 또는 재단이 그 임원에 대하여 소를 제기하거나 회사가 그 발기인 또는 검사인에 대하여 소를 제기하는 경우에는 제1항의 규정을 준용한다.

제16조【사원 등에 대한 특별재판적】 회사, 그 밖의 사단의 채권자가 그 사원에 대하여 소를 제기하는 경우에는 그 소가 사원의 자격으로 말미암은 것이면 제15조에 규정된 법원에 제기할 수 있다.

제17조【사원 등에 대한 특별재판적】 회사, 그 밖의 사단, 재단, 사원 또는 사단의 채권자가 그 사원·임원·발기인 또는 검사인이었던 사람에 대하여 소를 제기하는 경우와 사원이었던 사람이 그 사원에 대하여 소를 제기하는 경우에는 제15조 및 제16조의 규정을 준용한다.

제18조【불법행위지의 특별재판적】
① 불법행위에 관한 소를 제기하는 경우에는 행위지의 법원에 제기할 수 있다.
② 선박 또는 항공기의 충돌이나 그 밖의 사고로 말미암은 손해배상에 관한 소를 제기하는 경우에는 사고선박 또는 항공기가 맨 처음 도착한 곳의 법원에 제기할 수 있다.

제19조【해난구조에 관한 특별재판적】 해난구조(海難救助)에 관한 소를 제기하는 경우에는 구제된 곳 또는 구제된 선박이 맨 처음 도착한 곳의 법원에 제기할 수 있다.

제20조【부동산이 있는 곳의 특별재판적】 부동산에 관한 소를 제기하는 경우에는 부동산이 있는 곳의 법원에 제기할 수 있다.

제21조【등기·등록에 관한 특별재판적】 등기·등록에 관한 소를 제기하는 경우에는 등기 또는 등록할 공공기관이 있는 곳의 법원에 제기할 수 있다.

제22조【상속(相續)·유증(遺贈) 등의 특별재판적】 상속에 관한 소 또는 유증, 그 밖에 사망으로 효력이 생기는 행위에 관한 소를 제기하는 경우에는 상속이 시작된 당시 피상속인의 보통재판적이 있는 곳의 법원에 제기할 수 있다.

제23조【상속·유증 등의 특별재판적】 상속채권, 그 밖의 상속재산에 대한 부담에 관한 것으로 제22조의 규정에 해당되지 아니하는 소를 제기하는 경우에는 상속재산의 전부 또는 일부가 제22조의 법원관할구역안에 있으면 그 법원에 제기할 수 있다.

제24조【지식재산권(知識財産權) 등에 관한 특별재판적】 〈제목개정 2011.5.19.〉
① 특허권, 실용신안권, 디자인권, 상표권, 품종보호권(이하 "특허권등"이라 한다)을 제외한 지식재산권과 국제거래에 관한 소를 제기하는 경우에는 제2조 내지 제23조의 규정에 따른 관할법원 소재지를 관할하는 고등법원이 있

는 곳의 지방법원에 제기할 수 있다. 다만, 서울고등법원이 있는 곳의 지방법원은 서울중앙지방법원으로 한정한다.

〈개정 2011.5.19, 2015.12.1〉

② 특허권등의 지식재산권에 관한 소를 제기하는 경우에는 제2조부터 제23조까지의 규정에 따른 관할법원 소재지를 관할하는 고등법원이 있는 곳의 지방법원의 전속관할로 한다. 다만, 서울고등법원이 있는 곳의 지방법원은 서울중앙지방법원으로 한정한다.

〈신설 2015.12.1〉

③ 제2항에도 불구하고 당사자는 서울중앙지방법원에 특허권등의 지식재산권에 관한 소를 제기할 수 있다. 〈신설 2015.12.1〉

제25조 【관련재판적(關聯裁判籍)】

① 하나의 소로 여러 개의 청구를 하는 경우에는 제2조 내지 제24조의 규정에 따라 그 여러 개 가운데 하나의 청구에 대한 관할권이 있는 법원에 소를 제기할 수 있다.

② 소송목적이 되는 권리나 의무가 여러 사람에게 공통되거나 사실상 또는 법률상 같은 원인으로 말미암아 그 여러 사람이 공동소송인(共同訴訟人)으로서 당사자가 되는 경우에는 제1항의 규정을 준용한다.

제26조 【소송목적의 값의 산정】

① 법원조직법에서 소송목적의 값에 따라 관할을 정하는 경우 그 값은 소로 주장하는 이익을 기준으로 계산하여 정한다.

② 제1항의 값을 계산할 수 없는 경우 그 값은 민사소송등인지법의 규정에 따른다.

제27조 【청구를 병합한 경우의 소송목적의 값】

① 하나의 소로 여러 개의 청구를 하는 경우에는 그 여러 청구의 값을 모두 합하여 소송목적의 값을 정한다.

② 과실(果實)·손해배상·위약금(違約金) 또는 비용의 청구가 소송의 부대목적(附帶目的)이 되는 경우에는 그 값은 소송목적의 값에 넣지 아니한다.

제28조 【관할의 지정】

① 다음 각호 가운데 어느 하나에 해당하면 관계된 법원과 공통되는 바로 위의 상급법원이 그 관계된 법원 또는 당사자의 신청에 따라 결정으로 관할법원을 정한다.

1. 관할법원이 재판권을 법률상 또는 사실상 행사할 수 없는 때
2. 법원의 관할구역이 분명하지 아니한 때

② 제1항의 결정에 대하여는 불복할 수 없다.

제29조 【합의관할】

① 당사자는 합의로 제1심 관할법원을 정할 수 있다.

② 제1항의 합의는 일정한 법률관계로 말미암은 소에 관하여 서면으로 하여야 한다.

제30조 【변론(辯論)관할】

피고가 제1심 법원에서 관할위반이라고 항변(抗辯)하지 아니하고 본안(本案)에 대하여 변론하거나 변론준비기일(辯論準備期日)에서 진술하면 그 법원은 관할권을 가진다.

제31조 【전속(專屬)관할에 따른 제외】

전속관할이 정하여진 소에는 제2조, 제7조 내지 제25조, 제29조 및 제30조의 규정을 적용하지 아니한다.

제32조 【관할에 관한 직권조사】

법원은 관할에 관한 사항을 직권으로 조사할 수 있다.

제33조 【관할의 표준이 되는 시기】

법원의 관할은 소를 제기한 때를 표준으로 정한다.

제34조 【관할위반 또는 재량에 따른 이송(移送)】

① 법원은 소송의 전부 또는 일부에 대하여 관할권이 없다고 인정하는 경우에는 결정으로 이를 관할법원에 이송한다.

② 지방법원 단독판사는 소송에 대하여 관할권이 있는 경우라도 상당하다고 인정하면 직권

또는 당사자의 신청에 따른 결정으로 소송의 전부 또는 일부를 같은 지방법원 합의부에 이송할 수 있다.

③ 지방법원 합의부는 소송에 대하여 관할권이 없는 경우라도 상당하다고 인정하면 직권으로 또는 당사자의 신청에 따라 소송의 전부 또는 일부를 스스로 심리·재판할 수 있다.

④ 전속관할이 정하여진 소에 대하여는 제2항 및 제3항의 규정을 적용하지 아니한다.

제35조【손해나 지연을 피하기 위한 이송】

법원은 소송에 대하여 관할권이 있는 경우라도 현저한 손해 또는 지연을 피하기 위하여 필요하면 직권 또는 당사자의 신청에 따른 결정으로 소송의 전부 또는 일부를 다른 관할법원에 이송할 수 있다. 다만, 전속관할이 정하여진 소의 경우에는 그러하지 아니하다.

제36조【지식재산권 등에 관한 소송의 이송】 〈제목개정 2011.5.19.〉

① 법원은 특허권등을 제외한 지식재산권과 국제거래에 관한 소가 제기된 경우 직권 또는 당사자의 신청에 따른 결정으로 그 소송의 전부 또는 일부를 제24조 제1항에 따른 관할법원에 이송할 수 있다. 다만, 이로 인하여 소송절차를 현저하게 지연시키는 경우에는 그러하지 아니하다. 〈개정 2011.5.19, 2015.12.1〉

② 제1항은 전속관할이 정하여져 있는 소의 경우에는 적용하지 아니한다. 〈개정 2015.12.1〉

③ 제24조 제2항 또는 제3항에 따라 특허권등의 지식재산권에 관한 소를 관할하는 법원은 현저한 손해 또는 지연을 피하기 위하여 필요한 때에는 직권 또는 당사자의 신청에 따른 결정으로 소송의 전부 또는 일부를 제2조부터 제23조까지의 규정에 따른 지방법원으로 이송할 수 있다. 〈신설 2015.12.1〉

제37조【이송결정이 확정된 뒤의 긴급처분】

법원은 소송의 이송결정이 확정된 뒤라도 급박한 사정이 있는 때에는 직권으로 또는 당사자의 신청에 따라 필요한 처분을 할 수 있다. 다만, 기록을 보낸 뒤에는 그러하지 아니하다.

제38조【이송결정의 효력】

① 소송을 이송받은 법원은 이송결정에 따라야 한다.

② 소송을 이송받은 법원은 사건을 다시 다른 법원에 이송하지 못한다.

제39조【즉시항고】

이송결정과 이송신청의 기각결정(棄却決定)에 대하여는 즉시항고를 할 수 있다.

제40조【이송의 효과】

① 이송결정이 확정된 때에는 소송은 처음부터 이송받은 법원에 계속(係屬)된 것으로 본다.

② 제1항의 경우에는 이송결정을 한 법원의 법원서기관·법원사무관·법원주사 또는 법원주사보(이하 "법원사무관 등"이라 한다)는 그 결정의 정본(正本)을 소송기록에 붙여 이송받을 법원에 보내야 한다.

제2절 법관 등의 제척·기피·회피

제41조【제척(除斥)의 이유】

법관은 다음 각호 가운데 어느 하나에 해당하면 직무집행에서 제척된다. 〈개정 2005.3.31〉

1. 법관 또는 그 배우자나 배우자이었던 사람이 사건의 당사자가 되거나, 사건의 당사자와 공동권리자·공동의무자 또는 상환의무자의 관계에 있는 때
2. 법관이 당사자와 친족의 관계에 있거나 그러한 관계에 있었을 때
3. 법관이 사건에 관하여 증언이나 감정(鑑定)을 하였을 때
4. 법관이 사건당사자의 대리인이었거나 대리인이 된 때

5. 법관이 불복사건의 이전심급(以前審級)의 재판에 관여하였을 때. 다만, 다른 법원의 촉탁(囑託)에 따라 그 직무를 수행한 경우에는 그러하지 아니하다.

제42조【제척의 재판】
법원은 제척의 이유가 있는 때에는 직권으로 또는 당사자의 신청에 따라 제척의 재판을 한다.

제43조【당사자의 기피권】
① 당사자는 법관에게 공정한 재판을 기대하기 어려운 사정이 있는 때에는 기피신청을 할 수 있다.
② 당사자가 법관을 기피할 이유가 있다는 것을 알면서도 본안에 관하여 변론하거나 변론준비기일에서 진술을 한 경우에는 기피신청을 하지 못한다.

제44조【제척과 기피신청의 방식】
① 합의부의 법관에 대한 제척 또는 기피는 그 합의부에, 수명법관(受命法官)·수탁판사(受託判事) 또는 단독판사에 대한 제척 또는 기피는 그 법관에게 이유를 밝혀 신청하여야 한다.
② 제척 또는 기피하는 이유와 소명(疎明)방법은 신청한 날부터 3일 이내에 서면으로 제출하여야 한다.

제45조【제척 또는 기피신청의 각하(却下) 등】
① 제척 또는 기피신청이 제44조의 규정에 어긋나거나 소송의 지연을 목적으로 하는 것이 분명한 경우에는 신청을 받은 법원 또는 법관은 결정으로 이를 각하한다.
② 제척 또는 기피를 당한 법관은 제1항의 경우를 제외하고는 바로 제척 또는 기피신청에 대한 의견서를 제출하여야 한다.

제46조【제척 또는 기피신청에 대한 재판】
① 제척 또는 기피신청에 대한 재판은 그 신청을 받은 법관의 소속 법원 합의부에서 결정으로 하여야 한다.
② 제척 또는 기피신청을 받은 법관은 제1항의 재판에 관여하지 못한다. 다만, 의견을 진술할 수 있다.
③ 제척 또는 기피신청을 받은 법관의 소속 법원이 합의부를 구성하지 못하는 경우에는 바로 위의 상급법원이 결정하여야 한다.

제47조【불복신청】
① 제척 또는 기피신청에 정당한 이유가 있다는 결정에 대하여는 불복할 수 없다.
② 제45조 제1항의 각하결정(却下決定) 또는 제척이나 기피신청이 이유 없다는 결정에 대하여는 즉시항고를 할 수 있다.
③ 제45조 제1항의 각하결정에 대한 즉시항고는 집행정지의 효력을 가지지 아니한다.

제48조【소송절차의 정지】
법원은 제척 또는 기피신청이 있는 경우에는 그 재판이 확정될 때까지 소송절차를 정지하여야 한다. 다만, 제척 또는 기피신청이 각하된 경우 또는 종국판결(終局判決)을 선고하거나 긴급을 요하는 행위를 하는 경우에는 그러하지 아니하다.

제49조【법관의 회피(回避)】
법관은 제41조 또는 제43조의 사유가 있는 경우에는 감독권이 있는 법원의 허가를 받아 회피할 수 있다.

제50조【법원사무관 등에 대한 제척·기피·회피】
① 법원사무관 등에 대하여는 이 절의 규정을 준용한다.
② 제1항의 법원사무관 등에 대한 제척 또는 기피의 재판은 그가 속한 법원이 결정으로 하여야 한다.

제2장 당사자

제1절 당사자능력과 소송능력

제51조 【당사자능력(當事者能力)·소송능력(訴訟能力) 등에 대한 원칙】
당사자능력, 소송능력, 소송무능력자(訴訟無能力者)의 법정대리와 소송행위에 필요한 권한의 수여는 이 법에 특별한 규정이 없으면 민법, 그 밖의 법률에 따른다.

제52조 【법인이 아닌 사단 등의 당사자능력】
법인이 아닌 사단이나 재단은 대표자 또는 관리인이 있는 경우에는 그 사단이나 재단의 이름으로 당사자가 될 수 있다.

제53조 【선정당사자(選定當事者)】
① 공동의 이해관계를 가진 여러 사람이 제52조의 규정에 해당되지 아니하는 경우에는, 이들은 그 가운데에서 모두를 위하여 당사자가 될 한 사람 또는 여러 사람을 선정하거나 이를 바꿀 수 있다.
② 소송이 법원에 계속된 뒤 제1항의 규정에 따라 당사자를 바꾼 때에는 그 전의 당사자는 당연히 소송에서 탈퇴한 것으로 본다.

제54조 【선정당사자 일부의 자격상실】
제53조의 규정에 따라 선정된 여러 당사자 가운데 죽거나 그 자격을 잃은 사람이 있는 경우에는 다른 당사자가 모두를 위하여 소송행위를 한다.

제55조 【제한능력자의 소송능력】
① 미성년자 또는 피성년후견인은 법정대리인에 의해서만 소송행위를 할 수 있다. 다만, 다음 각 호의 경우에는 그러하지 아니하다.
1. 미성년자가 독립하여 법률행위를 할 수 있는 경우
2. 피성년후견인이 「민법」 제10조 제2항에 따라 취소할 수 없는 법률행위를 할 수 있는 경우

② 피한정후견인은 한정후견인의 동의가 필요한 행위에 관하여는 대리권 있는 한정후견인에 의해서만 소송행위를 할 수 있다.
[전문개정 2016.2.3]

제56조 【법정대리인의 소송행위에 관한 특별규정】
① 미성년후견인, 대리권 있는 성년후견인 또는 대리권 있는 한정후견인이 상대방의 소 또는 상소 제기에 관하여 소송행위를 하는 경우에는 그 후견감독인으로부터 특별한 권한을 받을 필요가 없다.
② 제1항의 법정대리인이 소의 취하, 화해, 청구의 포기·인낙(認諾) 또는 제80조에 따른 탈퇴를 하기 위해서는 후견감독인으로부터 특별한 권한을 받아야 한다. 다만, 후견감독인이 없는 경우에는 가정법원으로부터 특별한 권한을 받아야 한다.
[전문개정 2016.2.3]

제57조 【외국인의 소송능력에 대한 특별규정】
외국인은 그의 본국법(本國法)에 따르면 소송능력이 없는 경우라도 대한민국의 법률에 따라 소송능력이 있는 경우에는 소송능력이 있는 것으로 본다.

제58조 【법정대리권 등의 증명】
① 법정대리권이 있는 사실 또는 소송행위를 위한 권한을 받은 사실은 서면으로 증명하여야 한다. 제53조의 규정에 따라서 당사자를 선정하고 바꾸는 경우에도 또한 같다.
② 제1항의 서면은 소송기록에 붙여야 한다.

제59조 【소송능력 등의 흠에 대한 조치】
소송능력·법정대리권 또는 소송행위에 필요한 권한의 수여에 흠이 있는 경우에는 법원은 기간을 정하여 이를 보정(補正)하도록 명하여야 하며, 만일 보정하는 것이 지연됨으로써 손해가 생길 염려가 있는 경우에는 법원은 보정하기 전의 당사자

또는 법정대리인으로 하여금 일시적으로 소송행위를 하게 할 수 있다.

제60조 【소송능력 등의 흠과 추인(追認)】
소송능력, 법정대리권 또는 소송행위에 필요한 권한의 수여에 흠이 있는 사람이 소송행위를 한 뒤에 보정된 당사자나 법정대리인이 이를 추인한 경우에는, 그 소송행위는 이를 한 때에 소급하여 효력이 생긴다.

제61조 【선정당사자에 대한 준용】
제53조의 규정에 따른 당사자가 소송행위를 하는 경우에는 제59조 및 제60조의 규정을 준용한다.

제62조 【제한능력자를 위한 특별대리인】
① 미성년자·피한정후견인 또는 피성년후견인이 당사자인 경우, 그 친족, 이해관계인(미성년자·피한정후견인 또는 피성년후견인을 상대로 소송행위를 하려는 사람을 포함한다), 대리권 없는 성년후견인, 대리권 없는 한정후견인, 지방자치단체의 장 또는 검사는 다음 각 호의 경우에 소송절차가 지연됨으로써 손해를 볼 염려가 있다는 것을 소명하여 수소법원(受訴法院)에 특별대리인을 선임하여 주도록 신청할 수 있다.
1. 법정대리인이 없거나 법정대리인에게 소송에 관한 대리권이 없는 경우
2. 법정대리인이 사실상 또는 법률상 장애로 대리권을 행사할 수 없는 경우
3. 법정대리인의 불성실하거나 미숙한 대리권 행사로 소송절차의 진행이 현저하게 방해받는 경우

② 법원은 소송계속 후 필요하다고 인정하는 경우 직권으로 특별대리인을 선임(選任)·개임(改任)하거나 해임(解任)할 수 있다.
③ 특별대리인은 대리권 있는 후견인과 같은 권한이 있다. 특별대리인의 대리권의 범위에서 법정대리인의 권한은 정지된다.
④ 특별대리인의 선임·개임 또는 해임은 법원의 결정으로 하며, 그 결정은 특별대리인에게 송달하여야 한다.
⑤ 특별대리인의 보수, 선임 비용 및 소송행위에 관한 비용은 소송비용에 포함된다.

[전문개정 2016.2.3]

제62조의2 【의사무능력자를 위한 특별대리인의 선임 등】
① 의사능력이 없는 사람을 상대로 소송행위를 하려고 하거나 의사능력이 없는 사람이 소송행위를 하는 데 필요한 경우 특별대리인의 선임 등에 관하여는 제62조를 준용한다. 다만, 특정후견인 또는 임의후견인도 특별대리인의 선임을 신청할 수 있다.
② 제1항의 특별대리인이 소의 취하, 화해, 청구의 포기·인낙 또는 제80조에 따른 탈퇴를 하는 경우 법원은 그 행위가 본인의 이익을 명백히 침해한다고 인정할 때에는 그 행위가 있는 날부터 14일 이내에 결정으로 이를 허가하지 아니할 수 있다. 이 결정에 대해서는 불복할 수 없다.

[본조신설 2016.2.3]

제63조 【법정대리권의 소멸통지】
① 소송절차가 진행되는 중에 법정대리권이 소멸한 경우에는 본인 또는 대리인이 상대방에게 소멸된 사실을 통지하지 아니하면 소멸의 효력을 주장하지 못한다. 다만, 법원에 법정대리권의 소멸사실이 알려진 뒤에는 그 법정대리인은 제56조 제2항의 소송행위를 하지 못한다.
② 제53조의 규정에 따라 당사자를 바꾸는 경우에는 제1항의 규정을 준용한다.

제64조 【법인 등 단체의 대표자의 지위】
법인의 대표자 또는 제52조의 대표자 또는 관리인에게는 이 법 가운데 법정대리와 법정대리인에 관한 규정을 준용한다.

제2절 공동소송

제65조【공동소송(共同訴訟)의 요건】
소송목적이 되는 권리나 의무가 여러 사람에게 공통되거나 사실상 또는 법률상 같은 원인으로 말미암아 생긴 경우에는 그 여러 사람이 공동소송인으로서 당사자가 될 수 있다. 소송목적이 되는 권리나 의무가 같은 종류의 것이고, 사실상 또는 법률상 같은 종류의 원인으로 말미암은 것인 경우에도 또한 같다.

제66조【통상(通常)공동소송인의 지위】
공동소송인 가운데 한 사람의 소송행위 또는 이에 대한 상대방의 소송행위와 공동소송인 가운데 한 사람에 관한 사항은 다른 공동소송인에게 영향을 미치지 아니한다.

제67조【필수적 공동소송에 대한 특별규정】
① 소송목적이 공동소송인 모두에게 합일적(合一的)으로 확정(確定)되어야 할 공동소송의 경우에 공동소송인 가운데 한 사람의 소송행위는 모두의 이익을 위하여서만 효력을 가진다.
② 제1항의 공동소송에서 공동소송인 가운데 한 사람에 대한 상대방의 소송행위는 공동소송인 모두에게 효력이 미친다.
③ 제1항의 공동소송에서 공동소송인 가운데 한 사람에게 소송절차를 중단 또는 중지하여야 할 이유가 있는 경우 그 중단 또는 중지는 모두에게 효력이 미친다.

제68조【필수적 공동소송인의 추가】
① 법원은 제67조 제1항의 규정에 따른 공동소송인 가운데 일부가 누락된 경우에는 제1심의 변론을 종결할 때까지 원고의 신청에 따라 결정으로 원고 또는 피고를 추가하도록 허가할 수 있다. 다만, 원고의 추가는 추가될 사람의 동의를 받은 경우에만 허가할 수 있다.
② 제1항의 허가결정을 한 때에는 허가결정의 정본(正本)을 당사자 모두에게 송달하여야 하며, 추가될 당사자에게는 소장부본(訴狀副本)도 송달하여야 한다.
③ 제1항의 규정에 따라 공동소송인이 추가된 경우에는 처음의 소가 제기된 때에 추가된 당사자와의 사이에 소가 제기된 것으로 본다.
④ 제1항의 허가결정에 대하여 이해관계인은 추가될 원고의 동의가 없었다는 것을 사유로 하는 경우에만 즉시항고를 할 수 있다.
⑤ 제4항의 즉시항고는 집행정지의 효력을 가지지 아니한다.
⑥ 제1항의 신청을 기각한 결정에 대하여는 즉시항고를 할 수 있다.

제69조【필수적 공동소송에 대한 특별규정】
제67조 제1항의 공동소송인 가운데 한 사람이 상소를 제기한 경우에 다른 공동소송인이 그 상소심에서 하는 소송행위에는 제56조 제1항의 규정을 준용한다.

제70조【예비적(豫備的)·선택적(選擇的) 공동소송에 대한 특별규정】
① 공동소송인 가운데 일부의 청구가 다른 공동소송인의 청구와 법률상 양립할 수 없거나 공동소송인 가운데 일부에 대한 청구가 다른 공동소송인에 대한 청구와 법률상 양립할 수 없는 경우에는 제67조 내지 제69조를 준용한다. 다만, 청구의 포기·인낙, 화해 및 소의 취하의 경우에는 그러하지 아니하다.
② 제1항의 소송에서는 모든 공동소송인에 관한 청구에 대하여 판결을 하여야 한다.

제3절 소송참가

제71조 【보조참가(補助參加)】
소송결과에 이해관계가 있는 제3자는 한 쪽 당사자를 돕기 위하여 법원에 계속중인 소송에 참가할 수 있다. 다만, 소송절차를 현저하게 지연시키는 경우에는 그러하지 아니하다.

제72조 【참가신청의 방식】
① 참가신청은 참가의 취지와 이유를 밝혀 참가하고자 하는 소송이 계속된 법원에 제기하여야 한다.
② 서면으로 참가를 신청한 경우에는 법원은 그 서면을 양쪽 당사자에게 송달하여야 한다.
③ 참가신청은 참가인으로서 할 수 있는 소송행위와 동시에 할 수 있다.

제73조 【참가허가여부에 대한 재판】
① 당사자가 참가에 대하여 이의를 신청한 때에는 참가인은 참가의 이유를 소명하여야 하며, 법원은 참가를 허가할 것인지 아닌지를 결정하여야 한다.
② 법원은 직권으로 참가인에게 참가의 이유를 소명하도록 명할 수 있으며, 참가의 이유가 있다고 인정되지 아니하는 때에는 참가를 허가하지 아니하는 결정을 하여야 한다.
③ 제1항 및 제2항의 결정에 대하여는 즉시항고를 할 수 있다.

제74조 【이의신청권의 상실】
당사자가 참가에 대하여 이의를 신청하지 아니한 채 변론하거나 변론준비기일에서 진술을 한 경우에는 이의를 신청할 권리를 잃는다.

제75조 【참가인의 소송관여】
① 참가인은 그의 참가에 대한 이의신청이 있는 경우라도 참가를 허가하지 아니하는 결정이 확정될 때까지 소송행위를 할 수 있다.
② 당사자가 참가인의 소송행위를 원용(援用)한 경우에는 참가를 허가하지 아니하는 결정이 확정되어도 그 소송행위는 효력을 가진다.

제76조 【참가인의 소송행위】
① 참가인은 소송에 관하여 공격·방어·이의·상소, 그 밖의 모든 소송행위를 할 수 있다. 다만, 참가할 때의 소송의 진행정도에 따라 할 수 없는 소송행위는 그러하지 아니하다.
② 참가인의 소송행위가 피참가인(被參加人)의 소송행위에 어긋나는 경우에는 그 참가인의 소송행위는 효력을 가지지 아니한다.

제77조 【참가인에 대한 재판의 효력】
재판은 다음 각호 가운데 어느 하나에 해당하지 아니하면 참가인에게도 그 효력이 미친다.
1. 제76조의 규정에 따라 참가인이 소송행위를 할 수 없거나, 그 소송행위가 효력을 가지지 아니하는 때
2. 피참가인이 참가인의 소송행위를 방해한 때
3. 피참가인이 참가인이 할 수 없는 소송행위를 고의나 과실로 하지 아니한 때

제78조 【공동소송적(共同訴訟的) 보조참가】
재판의 효력이 참가인에게도 미치는 경우에는 그 참가인과 피참가인에 대하여 제67조 및 제69조를 준용한다.

제79조 【독립당사자참가(獨立當事者參加)】
① 소송목적의 전부나 일부가 자기의 권리라고 주장하거나, 소송결과에 따라 권리가 침해된다고 주장하는 제3자는 당사자의 양 쪽 또는 한 쪽을 상대방으로 하여 당사자로서 소송에 참가할 수 있다.
② 제1항의 경우에는 제67조 및 제72조의 규정을 준용한다.

제80조 【독립당사자참가소송에서의 탈퇴】
제79조의 규정에 따라 자기의 권리를 주장하기 위하여 소송에 참가한 사람이 있는 경우 그가 참가하기 전의 원고나 피고는 상대방의 승낙을 받아 소송에서 탈퇴할 수 있다. 다만, 판결은 탈퇴한 당사자에 대하여도 그 효력이 미친다.

제81조【승계인(承繼人)의 소송참가】
소송이 법원에 계속되어 있는 동안에 제3자가 소송목적인 권리 또는 의무의 전부나 일부를 승계하였다고 주장하며 제79조의 규정에 따라 소송에 참가한 경우 그 참가는 소송이 법원에 처음 계속된 때에 소급하여 시효의 중단 또는 법률상 기간준수의 효력이 생긴다.

제82조【승계인의 소송인수(訴訟引受)】
① 소송이 법원에 계속되어 있는 동안에 제3자가 소송목적인 권리 또는 의무의 전부나 일부를 승계한 때에는 법원은 당사자의 신청에 따라 그 제3자로 하여금 소송을 인수하게 할 수 있다.
② 법원은 제1항의 규정에 따른 결정을 할 때에는 당사자와 제3자를 심문(審問)하여야 한다.
③ 제1항의 소송인수의 경우에는 제80조의 규정 가운데 탈퇴 및 판결의 효력에 관한 것과, 제81조의 규정 가운데 참가의 효력에 관한 것을 준용한다.

제83조【공동소송참가(共同訴訟參加)】
① 소송목적이 한 쪽 당사자와 제3자에게 합일적으로 확정되어야 할 경우 그 제3자는 공동소송인으로 소송에 참가할 수 있다.
② 제1항의 경우에는 제72조의 규정을 준용한다.

제84조【소송고지(訴訟告知)의 요건】
① 소송이 법원에 계속된 때에는 당사자는 참가할 수 있는 제3자에게 소송고지를 할 수 있다.
② 소송고지를 받은 사람은 다시 소송고지를 할 수 있다.

제85조【소송고지의 방식】
① 소송고지를 위하여서는 그 이유와 소송의 진행정도를 적은 서면을 법원에 제출하여야 한다.
② 제1항의 서면은 상대방에게 송달하여야 한다.

제86조【소송고지의 효과】
소송고지를 받은 사람이 참가하지 아니한 경우라도 제77조의 규정을 적용할 때에는 참가할 수 있었을 때에 참가한 것으로 본다.

제4절 소송대리인

제87조【소송대리인의 자격】
법률에 따라 재판상 행위를 할 수 있는 대리인 외에는 변호사가 아니면 소송대리인이 될 수 없다.

제88조【소송대리인의 자격의 예외】
① 단독판사가 심리·재판하는 사건 가운데 그 소송목적의 값이 일정한 금액 이하인 사건에서, 당사자와 밀접한 생활관계를 맺고 있고 일정한 범위안의 친족관계에 있는 사람 또는 당사자와 고용계약 등으로 그 사건에 관한 통상사무를 처리·보조하여 오는 등 일정한 관계에 있는 사람이 법원의 허가를 받은 때에는 제87조를 적용하지 아니한다.
② 제1항의 규정에 따라 법원의 허가를 받을 수 있는 사건의 범위, 대리인의 자격 등에 관한 구체적인 사항은 대법원규칙으로 정한다.
③ 법원은 언제든지 제1항의 허가를 취소할 수 있다.

제89조【소송대리권의 증명】
① 소송대리인의 권한은 서면으로 증명하여야 한다.
② 제1항의 서면이 사문서인 경우에는 법원은 공증인, 그 밖의 공증업무를 보는 사람(이하 "공증사무소"라 한다)의 인증을 받도록 소송대리인에게 명할 수 있다.
③ 당사자가 말로 소송대리인을 선임하고, 법원사무관 등이 조서에 그 진술을 적어 놓은 경우에는 제1항 및 제2항의 규정을 적용하지 아니한다.

제90조【소송대리권의 범위】
① 소송대리인은 위임을 받은 사건에 대하여 반소(反訴)·참가·강제집행·가압류·가처분에 관한

소송행위 등 일체의 소송행위와 변제(辨濟)의 영수(領收)를 할 수 있다.

② 소송대리인은 다음 각호의 사항에 대하여는 특별한 권한을 따로 받아야 한다.

1. 반소(反訴)의 제기
2. 소의 취하, 화해, 청구의 포기·인낙 또는 제80조의 규정에 따른 탈퇴
3. 상소의 제기 또는 취하
4. 대리인의 선임

제91조【소송대리권의 제한】

소송대리권은 제한하지 못한다. 다만, 변호사가 아닌 소송대리인에 대하여는 그러하지 아니하다.

제92조【법률에 의한 소송대리인의 권한】

법률에 의하여 재판상 행위를 할 수 있는 대리인의 권한에는 제90조와 제91조의 규정을 적용하지 아니한다.

제93조【개별대리(個別代理)의 원칙】

① 여러 소송대리인이 있는 때에는 각자가 당사자를 대리한다.

② 당사자가 제1항의 규정에 어긋나는 약정을 한 경우 그 약정은 효력을 가지지 못한다.

제94조【당사자의 경정권(更正權)】

소송대리인의 사실상 진술은 당사자가 이를 곧 취소하거나 경정한 때에는 그 효력을 잃는다.

제95조【소송대리권이 소멸되지 아니하는 경우】

다음 각호 가운데 어느 하나에 해당하더라도 소송대리권은 소멸되지 아니한다.

1. 당사자의 사망 또는 소송능력의 상실
2. 당사자인 법인의 합병에 의한 소멸
3. 당사자인 수탁자(受託者)의 신탁임무의 종료
4. 법정대리인의 사망, 소송능력의 상실 또는 대리권의 소멸·변경

제96조【소송대리권이 소멸되지 아니하는 경우】

① 일정한 자격에 의하여 자기의 이름으로 남을 위하여 소송당사자가 된 사람에게 소송대리인이 있는 경우에 그 소송대리인의 대리권은 당사자가 자격을 잃더라도 소멸되지 아니한다.

② 제53조의 규정에 따라 선정된 당사자가 그 자격을 잃은 경우에는 제1항의 규정을 준용한다.

제97조【법정대리인에 관한 규정의 준용】

소송대리인에게는 제58조 제2항·제59조·제60조 및 제63조의 규정을 준용한다.

제3장 소송비용

제1절 소송비용의 부담

제98조【소송비용부담의 원칙】

소송비용은 패소한 당사자가 부담한다.

제99조【원칙에 대한 예외】

법원은 사정에 따라 승소한 당사자로 하여금 그 권리를 늘리거나 지키는 데 필요하지 아니한 행위로 말미암은 소송비용 또는 상대방의 권리를 늘리거나 지키는 데 필요한 행위로 말미암은 소송비용의 전부나 일부를 부담하게 할 수 있다.

제100조【원칙에 대한 예외】

당사자가 적당한 시기에 공격이나 방어의 방법을 제출하지 아니하였거나, 기일이나 기간의 준수를 게을리 하였거나, 그 밖에 당사자가 책임져야 할 사유로 소송이 지연된 때에는 법원은 지연됨으로 말미암은 소송비용의 전부나 일부를 승소한 당사자에게 부담하게 할 수 있다.

제101조【일부패소의 경우】

일부패소의 경우에 당사자들이 부담할 소송비용은 법원이 정한다. 다만, 사정에 따라 한 쪽 당사자에게 소송비용의 전부를 부담하게 할 수 있다.

제102조【공동소송의 경우】

① 공동소송인은 소송비용을 균등하게 부담

한다. 다만, 법원은 사정에 따라 공동소송인에게 소송비용을 연대하여 부담하게 하거나 다른 방법으로 부담하게 할 수 있다.
② 제1항의 규정에 불구하고 법원은 권리를 늘리거나 지키는 데 필요하지 아니한 행위로 생긴 소송비용은 그 행위를 한 당사자에게 부담하게 할 수 있다.

제103조【참가소송의 경우】
참가소송비용에 대한 참가인과 상대방 사이의 부담과, 참가이의신청의 소송비용에 대한 참가인과 이의신청 당사자 사이의 부담에 대하여는 제98조 내지 제102조의 규정을 준용한다.

제104조【각 심급의 소송비용의 재판】
법원은 사건을 완결(完結)하는 재판에서 직권으로 그 심급의 소송비용 전부에 대하여 재판하여야 한다. 다만, 사정에 따라 사건의 일부나 중간의 다툼에 관한 재판에서 그 비용에 대한 재판을 할 수 있다.

제105조【소송의 총비용에 대한 재판】
상급법원이 본안(本案)의 재판을 바꾸는 경우 또는 사건을 환송받거나 이송받은 법원이 그 사건을 완결하는 재판을 하는 경우에는 소송의 총비용에 대하여 재판하여야 한다.

제106조【화해한 경우의 비용부담】
당사자가 법원에서 화해한 경우(제231조의 경우를 포함한다) 화해비용과 소송비용의 부담에 대하여 특별히 정한 바가 없으면 그 비용은 당사자들이 각자 부담한다.

제107조【제3자의 비용상환】
① 법정대리인·소송대리인·법원사무관 등이나 집행관이 고의 또는 중대한 과실로 쓸데 없는 비용을 지급하게 한 경우에는 수소법원은 직권으로 또는 당사자의 신청에 따라 그에게 비용을 갚도록 명할 수 있다.
② 법정대리인 또는 소송대리인으로서 소송행위를 한 사람이 그 대리권 또는 소송행위에 필요한 권한을 받았음을 증명하지 못하거나, 추인을 받지 못한 경우에 그 소송행위로 말미암아 발생한 소송비용에 대하여는 제1항의 규정을 준용한다.
③ 제1항 및 제2항의 결정에 대하여는 즉시항고를 할 수 있다

제108조【무권대리인의 비용부담】
제107조 제2항의 경우에 소가 각하된 경우에는 소송비용은 그 소송행위를 한 대리인이 부담한다.

제109조【변호사의 보수와 소송비용】
① 소송을 대리한 변호사에게 당사자가 지급하였거나 지급할 보수는 대법원규칙이 정하는 금액의 범위안에서 소송비용으로 인정한다.
② 제1항의 소송비용을 계산할 때에는 여러 변호사가 소송을 대리하였더라도 한 변호사가 대리한 것으로 본다.

제110조【소송비용액의 확정결정】
① 소송비용의 부담을 정하는 재판에서 그 액수가 정하여지지 아니한 경우에 제1심 법원은 그 재판이 확정되거나, 소송비용부담의 재판이 집행력을 갖게된 후에 당사자의 신청을 받아 결정으로 그 소송비용액을 확정한다.
② 제1항의 확정결정을 신청할 때에는 비용계산서, 그 등본과 비용액을 소명하는 데 필요한 서면을 제출하여야 한다.
③ 제1항의 결정에 대하여는 즉시항고를 할 수 있다.

제111조【상대방에 대한 최고】
① 법원은 소송비용액을 결정하기 전에 상대방에게 비용계산서의 등본을 교부하고, 이에 대한 진술을 할 것과 일정한 기간이내에 비용계산서와 비용액을 소명하는 데 필요한 서면을 제출할 것을 최고(催告)하여야 한다.
② 상대방이 제1항의 서면을 기간이내에 제출하지 아니한 때에는 법원은 신청인의 비용에 대하여서만 결정할 수 있다. 다만, 상대방도 제110조 제1항의 확정결정을 신청할 수 있다.

제112조【부담비용의 상계】
법원이 소송비용을 결정하는 경우에 당사자들이 부담할 비용은 대등한 금액에서 상계(相計)된 것으로 본다. 다만, 제111조 제2항의 경우에는 그러하지 아니하다.

제113조【화해한 경우의 비용액확정】
① 제106조의 경우에 당사자가 소송비용부담의 원칙만을 정하고 그 액수를 정하지 아니한 때에는 법원은 당사자의 신청에 따라 결정으로 그 액수를 정하여야 한다.
② 제1항의 경우에는 제110조 제2항·제3항, 제111조 및 제112조의 규정을 준용한다.

제114조【소송이 재판에 의하지 아니하고 끝난 경우】
① 제113조의 경우 외에 소송이 재판에 의하지 아니하고 끝나거나 참가 또는 이에 대한 이의신청이 취하된 경우에는 법원은 당사자의 신청에 따라 결정으로 소송비용의 액수를 정하고, 이를 부담하도록 명하여야 한다.
② 제1항의 경우에는 제98조 내지 제103조, 제110조 제2항·제3항, 제111조 및 제112조의 규정을 준용한다.

제115조【법원사무관 등에 의한 계산】
제110조 제1항의 신청이 있는 때에는 법원은 법원사무관 등에게 소송비용액을 계산하게 하여야 한다.

제116조【비용의 예납(豫納)】
① 비용을 필요로 하는 소송행위에 대하여 법원은 당사자에게 그 비용을 미리 내게 할 수 있다.
② 비용을 미리 내지 아니하는 때에는 법원은 그 소송행위를 하지 아니할 수 있다.

제2절 소송비용의 담보

제117조【담보제공의무】
① 원고가 대한민국에 주소·사무소와 영업소를 두지 아니한 때 또는 소장·준비서면, 그 밖의 소송기록에 의하여 청구가 이유 없음이 명백한 때 등 소송비용에 대한 담보제공이 필요하다고 판단되는 경우에 피고의 신청이 있으면 법원은 원고에게 소송비용에 대한 담보를 제공하도록 명하여야 한다. 담보가 부족한 경우에도 또한 같다. 〈개정 2010.7.23〉
② 제1항의 경우에 법원은 직권으로 원고에게 소송비용에 대한 담보를 제공하도록 명할 수 있다. 〈신설 2010.7.23〉
③ 청구의 일부에 대하여 다툼이 없는 경우에는 그 액수가 담보로 충분하면 제1항의 규정을 적용하지 아니한다. 〈제2항에서 이동 2010.7.23〉

제118조【소송에 응함으로 말미암은 신청권의 상실】
담보를 제공할 사유가 있다는 것을 알고도 피고가 본안에 관하여 변론하거나 변론준비기일에서 진술한 경우에는 담보제공을 신청하지 못한다.

제119조【피고의 거부권】
담보제공을 신청한 피고는 원고가 담보를 제공할 때까지 소송에 응하지 아니할 수 있다.

제120조【담보제공결정】
① 법원은 담보를 제공하도록 명하는 결정에서 담보액과 담보제공의 기간을 정하여야 한다.
② 담보액은 피고가 각 심급에서 지출할 비용의 총액을 표준으로 하여 정하여야 한다.

제121조【불복신청】
담보제공신청에 관한 결정에 대하여는 즉시항고를 할 수 있다.

제122조【담보제공방식】
담보의 제공은 금전 또는 법원이 인정하는 유가증권을 공탁(供託)하거나, 대법원규칙이 정하는 바에 따라 지급을 보증하겠다는 위탁계약을 맺은 문서를 제출하는 방법으로 한다. 다만, 당사자들 사이에 특별한 약정이 있으면 그에 따른다.

제123조 【담보물에 대한 피고의 권리】
피고는 소송비용에 관하여 제122조의 규정에 따른 담보물에 대하여 질권자와 동일한 권리를 가진다.

제124조 【담보를 제공하지 아니한 효과】
담보를 제공하여야 할 기간이내에 원고가 이를 제공하지 아니하는 때에는 법원은 변론 없이 판결로 소를 각하할 수 있다. 다만, 판결하기 전에 담보를 제공한 때에는 그러하지 아니하다.

제125조 【담보의 취소】
① 담보제공자가 담보하여야 할 사유가 소멸되었음을 증명하면서 취소신청을 하면, 법원은 담보취소결정을 하여야 한다.
② 담보제공자가 담보취소에 대한 담보권리자의 동의를 받았음을 증명한 때에도 제1항과 같다.
③ 소송이 완결된 뒤 담보제공자가 신청하면, 법원은 담보권리자에게 일정한 기간이내에 그 권리를 행사하도록 최고하고, 담보권리자가 그 행사를 하지 아니하는 때에는 담보취소에 대하여 동의한 것으로 본다.
④ 제1항과 제2항의 규정에 따른 결정에 대하여는 즉시항고를 할 수 있다.

제126조 【담보물변경】
법원은 담보제공자의 신청에 따라 결정으로 공탁한 담보물을 바꾸도록 명할 수 있다. 다만, 당사자가 계약에 의하여 공탁한 담보물을 다른 담보로 바꾸겠다고 신청한 때에는 그에 따른다.

제127조 【준용규정】
다른 법률에 따른 소제기에 관하여 제공되는 담보에는 제119조, 제120조 제1항, 제121조 내지 제126조의 규정을 준용한다.

제3절 소송구조

제128조 【구조의 요건】
① 법원은 소송비용을 지출할 자금능력이 부족한 사람의 신청에 따라 또는 직권으로 소송구조(訴訟救助)를 할 수 있다. 다만, 패소할 것이 분명한 경우에는 그러하지 아니하다.

2023.4.18 신설

② 제1항 단서에 해당하는 경우 같은 항 본문에 따른 소송구조 신청에 필요한 소송비용과 제133조에 따른 불복신청에 필요한 소송비용에 대하여도 소송구조를 하지 아니한다. 〈신설 2023.4.18.〉

③ 제1항의 신청인은 구조의 사유를 소명하여야 한다.
④ 소송구조에 대한 재판은 소송기록을 보관하고 있는 법원이 한다.
⑤ 제1항에서 정한 소송구조요건의 구체적인 내용과 소송구조절차에 관하여 상세한 사항은 대법원규칙으로 정한다.

제129조 【구조의 객관적 범위】
① 소송과 강제집행에 대한 소송구조의 범위는 다음 각호와 같다. 다만, 법원은 상당한 이유가 있는 때에는 다음 각호 가운데 일부에 대한 소송구조를 할 수 있다.
1. 재판비용의 납입유예(納入猶豫)
2. 변호사 및 집행관의 보수와 체당금(替當金)의 지급유예
3. 소송비용의 담보면제
4. 대법원규칙이 정하는 그 밖의 비용의 유예나 면제

② 제1항 제2호의 경우에는 변호사나 집행관이 보수를 받지 못하면 국고에서 상당한 금액을 지급한다.

제130조 【구조효력의 주관적 범위】
① 소송구조는 이를 받은 사람에게만 효력이 미친다.

민사소송법

② 법원은 소송승계인에게 미루어 둔 비용의 납입을 명할 수 있다.

제131조 【구조의 취소】

소송구조를 받은 사람이 소송비용을 납입할 자금능력이 있다는 것이 판명되거나, 자금능력이 있게 된 때에는 소송기록을 보관하고 있는 법원은 직권으로 또는 이해관계인의 신청에 따라 언제든지 구조를 취소하고, 납입을 미루어 둔 소송비용을 지급하도록 명할 수 있다.

제132조 【납입유예비용의 추심(推尋)】

① 소송구조를 받은 사람에게 납입을 미루어 둔 비용은 그 부담의 재판을 받은 상대방으로부터 직접 지급받을 수 있다.

② 제1항의 경우에 변호사 또는 집행관은 소송구조를 받은 사람의 집행권원(執行權原)으로 보수와 체당금에 관한 비용액의 확정결정신청과 강제집행을 할 수 있다.

③ 변호사 또는 집행관은 보수와 체당금에 대하여 당사자를 대위(代位)하여 제113조 또는 제114조의 결정신청을 할 수 있다.

제133조 【불복신청】

이 절에 규정한 재판에 대하여는 즉시항고를 할 수 있다. 다만, 상대방은 제129조 제1항 제3호의 소송구조결정을 제외하고는 불복할 수 없다.

제4장 소송절차

제1절 변 론

제134조 【변론(辯論)의 필요성】

① 당사자는 소송에 대하여 법원에서 변론하여야 한다. 다만, 결정으로 완결할 사건에 대하여는 법원이 변론을 열 것인지 아닌지를 정한다.

② 제1항 단서의 규정에 따라 변론을 열지 아니할 경우에, 법원은 당사자와 이해관계인, 그 밖의 참고인을 심문(審問)할 수 있다.

③ 이 법에 특별한 규정이 있는 경우에는 제1항과 제2항의 규정을 적용하지 아니한다.

제135조 【재판장의 지휘권】

① 변론은 재판장(합의부의 재판장 또는 단독판사를 말한다. 이하 같다)이 지휘한다.

② 재판장은 발언을 허가하거나 그의 명령에 따르지 아니하는 사람의 발언을 금지할 수 있다.

제136조 【석명권(釋明權)·구문권(求問權) 등】

① 재판장은 소송관계를 분명하게 하기 위하여 당사자에게 사실상 또는 법률상 사항에 대하여 질문할 수 있고, 증명을 하도록 촉구할 수 있다.

② 합의부원은 재판장에게 알리고 제1항의 행위를 할 수 있다.

③ 당사자는 필요한 경우 재판장에게 상대방에 대하여 설명을 요구하여 줄 것을 요청할 수 있다.

④ 법원은 당사자가 간과하였음이 분명하다고 인정되는 법률상 사항에 관하여 당사자에게 의견을 진술할 기회를 주어야 한다.

제137조 【석명준비명령】

재판장은 제136조의 규정에 따라 당사자에게 설명 또는 증명하거나 의견을 진술할 사항을 지적하고 변론기일 이전에 이를 준비하도록 명할 수 있다.

제138조 【합의부에 의한 감독】

당사자가 변론의 지휘에 관한 재판장의 명령 또는 제136조 및 제137조의 규정에 따른 재판장이나 합의부원의 조치에 대하여 이의를 신청한 때에는 법원은 결정으로 그 이의신청에 대하여 재판한다.

제139조 【수명법관의 지정 및 촉탁】

① 수명법관으로 하여금 그 직무를 수행하게 하고자 할 경우에는 재판장이 그 판사를 지정한다.

② 법원이 하는 촉탁은 특별한 규정이 없으면 재판장이 한다.

제140조【법원의 석명처분】
① 법원은 소송관계를 분명하게 하기 위하여 다음 각호의 처분을 할 수 있다.
1. 당사자 본인 또는 그 법정대리인에게 출석하도록 명하는 일
2. 소송서류 또는 소송에 인용(引用)한 문서, 그 밖의 물건으로서 당사자가 가지고 있는 것을 제출하게 하는 일
3. 당사자 또는 제3자가 제출한 문서, 그 밖의 물건을 법원에 유치(留置)하는 일
4. 검증을 하고 감정을 명하는 일
5. 필요한 조사를 촉탁하는 일

② 제1항의 검증·감정과 조사의 촉탁에는 이 법의 증거조사에 관한 규정을 준용한다.

제141조【변론의 제한·분리·병합】
법원은 변론의 제한·분리 또는 병합을 명하거나, 그 명령을 취소할 수 있다.

제142조【변론의 재개(再開)】
법원은 종결된 변론을 다시 열도록 명할 수 있다.

제143조【통 역】
① 변론에 참여하는 사람이 우리말을 하지 못하거나, 듣거나 말하는 데 장애가 있으면 통역인에게 통역하게 하여야 한다. 다만, 위와 같은 장애가 있는 사람에게는 문자로 질문하거나 진술하게 할 수 있다.
② 통역인에게는 이 법의 감정인에 관한 규정을 준용한다.

제143조의2【진술 보조】
① 질병, 장애, 연령, 그 밖의 사유로 인한 정신적·신체적 제약으로 소송관계를 분명하게 하기 위하여 필요한 진술을 하기 어려운 당사자는 법원의 허가를 받아 진술을 도와주는 사람과 함께 출석하여 진술할 수 있다.
② 법원은 언제든지 제1항의 허가를 취소할 수 있다.
③ 제1항 및 제2항에 따른 진술보조인의 자격 및 소송상 지위와 역할, 법원의 허가 요건·절차 등 허가 및 취소에 관한 사항은 대법원규칙으로 정한다. [본조신설 2016.2.3]

제144조【변론능력이 없는 사람에 대한 조치】
① 법원은 소송관계를 분명하게 하기 위하여 필요한 진술을 할 수 없는 당사자 또는 대리인의 진술을 금지하고, 변론을 계속할 새 기일을 정할 수 있다.
② 제1항의 규정에 따라 진술을 금지하는 경우에 필요하다고 인정하면 법원은 변호사를 선임하도록 명할 수 있다.
③ 제1항 또는 제2항의 규정에 따라 대리인에게 진술을 금지하거나 변호사를 선임하도록 명하였을 때에는 본인에게 그 취지를 통지하여야 한다.
④ 소 또는 상소를 제기한 사람이 제2항의 규정에 따른 명령을 받고도 제1항의 새 기일까지 변호사를 선임하지 아니한 때에는 법원은 결정으로 소 또는 상소를 각하할 수 있다.
⑤ 제4항의 결정에 대하여는 즉시항고를 할 수 있다.

제145조【화해의 권고】
① 법원은 소송의 정도와 관계없이 화해를 권고하거나, 수명법관 또는 수탁판사로 하여금 권고하게 할 수 있다.
② 제1항의 경우에 법원·수명법관 또는 수탁판사는 당사자 본인이나 그 법정대리인의 출석을 명할 수 있다.

제146조【적시제출주의(適時提出主義)】
공격(攻擊) 또는 방어(防禦)의 방법은 소송의 정도에 따라 적절한 시기에 제출하여야 한다.

제147조【제출기간의 제한】
① 재판장은 당사자의 의견을 들어 한 쪽 또는 양 쪽 당사자에 대하여 특정한 사항에 관하여 주장을 제출하거나 증거를 신청할 기간을 정할 수 있다.

② 당사자가 제1항의 기간을 넘긴 때에는 주장을 제출하거나 증거를 신청할 수 없다. 다만, 당사자가 정당한 사유로 그 기간이내에 제출 또는 신청하지 못하였다는 것을 소명한 경우에는 그러하지 아니하다.

제148조【한 쪽 당사자가 출석하지 아니한 경우】

① 원고 또는 피고가 변론기일에 출석하지 아니하거나, 출석하고서도 본안에 관하여 변론하지 아니한 때에는 그가 제출한 소장·답변서, 그 밖의 준비서면에 적혀 있는 사항을 진술한 것으로 보고 출석한 상대방에게 변론을 명할 수 있다.

② 제1항의 규정에 따라 당사자가 진술한 것으로 보는 답변서, 그 밖의 준비서면에 청구의 포기 또는 인낙의 의사표시가 적혀 있고 공증사무소의 인증을 받은 때에는 그 취지에 따라 청구의 포기 또는 인낙이 성립된 것으로 본다.

③ 제1항의 규정에 따라 당사자가 진술한 것으로 보는 답변서, 그 밖의 준비서면에 화해의 의사표시가 적혀 있고 공증사무소의 인증을 받은 경우에, 상대방 당사자가 변론기일에 출석하여 그 화해의 의사표시를 받아들인 때에는 화해가 성립된 것으로 본다.

제149조【실기(失機)한 공격·방어방법의 각하】

① 당사자가 제146조의 규정을 어기어 고의 또는 중대한 과실로 공격 또는 방어방법을 뒤늦게 제출함으로써 소송의 완결을 지연시키게 하는 것으로 인정할 때에는 법원은 직권으로 또는 상대방의 신청에 따라 결정으로 이를 각하할 수 있다.

② 당사자가 제출한 공격 또는 방어방법의 취지가 분명하지 아니한 경우에, 당사자가 필요한 설명을 하지 아니하거나 설명할 기일에 출석하지 아니한 때에는 법원은 직권으로 또는 상대방의 신청에 따라 결정으로 이를 각하할 수 있다.

제150조【자백간주(自白看做)】

① 당사자가 변론에서 상대방이 주장하는 사실을 명백히 다투지 아니한 때에는 그 사실을 자백한 것으로 본다. 다만, 변론 전체의 취지로 보아 그 사실에 대하여 다툰 것으로 인정되는 경우에는 그러하지 아니하다.

② 상대방이 주장한 사실에 대하여 알지 못한다고 진술한 때에는 그 사실을 다툰 것으로 추정한다.

③ 당사자가 변론기일에 출석하지 아니하는 경우에는 제1항의 규정을 준용한다. 다만, 공시송달의 방법으로 기일통지서를 송달받은 당사자가 출석하지 아니한 경우에는 그러하지 아니하다.

제151조【소송절차에 관한 이의권(異議權)】

당사자는 소송절차에 관한 규정에 어긋난 것임을 알거나, 알 수 있었을 경우에 바로 이의를 제기하지 아니하면 그 권리를 잃는다. 다만, 그 권리가 포기할 수 없는 것인 때에는 그러하지 아니하다.

제152조【변론조서의 작성】

① 법원사무관 등은 변론기일에 참여하여 기일마다 조서를 작성하여야 한다. 다만, 변론을 녹음하거나 속기하는 경우 그 밖에 이에 준하는 특별한 사정이 있는 경우에는 법원사무관 등을 참여시키지 아니하고 변론기일을 열 수 있다.

② 재판장은 필요하다고 인정하는 경우 법원사무관 등을 참여시키지 아니하고 변론기일 및 변론준비기일 외의 기일을 열 수 있다.

③ 제1항 단서 및 제2항의 경우에는 법원사무관 등은 그 기일이 끝난 뒤에 재판장의 설명에 따라 조서를 작성하고, 그 취지를 덧붙여 적어야 한다.

제153조【형식적 기재사항】

조서에는 법원사무관등이 다음 각호의 사항을 적고, 재판장과 법원사무관등이 기명날인 또는 서명한다. 다만, 재판장이 기명날인 또는 서명할 수 없는 사유가 있는 때에는 합의부원이 그 사유를 적은 뒤에 기명날인 또는 서명하며, 법관 모두가 기명날인 또는 서명할 수 없는 사유가 있는 때에는 법원사무관등이 그 사유를 적는다. 〈개정 2017.10.31.〉

1. 사건의 표시
2. 법관과 법원사무관 등의 성명
3. 출석한 검사의 성명
4. 출석한 당사자·대리인·통역인과 출석하지 아니한 당사자의 성명
5. 변론의 날짜와 장소
6. 변론의 공개여부와 공개하지 아니한 경우에는 그 이유

제154조【실질적 기재사항】

조서에는 변론의 요지를 적되, 특히 다음 각호의 사항을 분명히 하여야 한다.

1. 화해, 청구의 포기·인낙, 소의 취하와 자백
2. 증인·감정인의 선서와 진술
3. 검증의 결과
4. 재판장이 적도록 명한 사항과 당사자의 청구에 따라 적는 것을 허락한 사항
5. 서면으로 작성되지 아니한 재판
6. 재판의 선고

제155조【조서기재의 생략 등】

① 조서에 적을 사항은 대법원규칙이 정하는 바에 따라 생략할 수 있다. 다만, 당사자의 이의가 있으면 그러하지 아니하다.

② 변론방식에 관한 규정의 준수, 화해, 청구의 포기·인낙, 소의 취하와 자백에 대하여는 제1항 본문의 규정을 적용하지 아니한다.

제156조【서면 등의 인용·첨부】

조서에는 서면, 사진, 그 밖에 법원이 적당하다고 인정한 것을 인용하고 소송기록에 붙여 이를 조서의 일부로 삼을 수 있다.

제157조【관계인의 조서낭독 등 청구권】

조서는 관계인이 신청하면 그에게 읽어 주거나 보여주어야 한다.

제158조【조서의 증명력(證明力)】

변론방식에 관한 규정이 지켜졌다는 것은 조서로만 증명할 수 있다. 다만, 조서가 없어진 때에는 그러하지 아니하다.

제159조【변론의 속기(速記)와 녹음(錄音)】

① 법원은 필요하다고 인정하는 경우에는 변론의 전부 또는 일부를 녹음하거나, 속기자로 하여금 받아 적도록 명할 수 있으며, 당사자가 녹음 또는 속기를 신청하면 특별한 사유가 없는 한 이를 명하여야 한다.

② 제1항의 녹음테이프와 속기록은 조서의 일부로 삼는다.

③ 제1항 및 제2항의 규정에 따라 녹음테이프 또는 속기록으로 조서의 기재를 대신한 경우에, 소송이 완결되기 전까지 당사자가 신청하거나 그 밖에 대법원규칙이 정하는 때에는 녹음테이프나 속기록의 요지를 정리하여 조서를 작성하여야 한다.

④ 제3항의 규정에 따라 조서가 작성된 경우에는 재판이 확정되거나, 양 쪽 당사자의 동의가 있으면 법원은 녹음테이프와 속기록을 폐기할 수 있다. 이 경우 당사자가 녹음테이프와 속기록을 폐기한다는 통지를 받은 날부터 2주 이내에 이의를 제기하지 아니하면 폐기에 대하여 동의한 것으로 본다.

제160조【다른 조서에 준용하는 규정】

법원·수명법관 또는 수탁판사의 신문(訊問) 또는 심문(審問)과 증거조사(證據調査)에는 제152조 내지 제159조의 규정을 준용한다.

제161조【신청 또는 진술의 방법】

① 신청, 그 밖의 진술은 특별한 규정이 없는 한 서면 또는 말로 할 수 있다.

② 말로 하는 경우에는 법원사무관 등의 앞에서 하여야 한다.

③ 제2항의 경우에 법원사무관등은 신청 또는 진술의 취지에 따라 조서 또는 그 밖의 서면을 작성한 뒤 기명날인 또는 서명하여야 한다. 〈개정 2017.10.31.〉

제162조【소송기록의 열람과 증명서의 교부청구】

① 당사자나 이해관계를 소명한 제3자는 대법원규칙이 정하는 바에 따라, 소송기록의 열람·복사, 재판서·조서의 정본·등본·초본의 교부 또는 소송에 관한 사항의 증명서의 교부를 법원사무관 등에게 신청할 수 있다.

② 누구든지 권리구제·학술연구 또는 공익적 목적으로 대법원규칙으로 정하는 바에 따라 법원사무관 등에게 재판이 확정된 소송기록의 열람을 신청할 수 있다. 다만, 공개를 금지한 변론에 관련된 소송기록에 대하여는 그러하지 아니하다. 〈신설 2007.5.17〉

③ 법원은 제2항에 따른 열람 신청시 당해 소송관계인이 동의하지 아니하는 경우에는 열람하게 하여서는 아니 된다. 이 경우 당해 소송관계인의 범위 및 동의 등에 관하여 필요한 사항은 대법원규칙으로 정한다. 〈신설 2007.5.17〉

④ 소송기록을 열람·복사한 사람은 열람·복사에 의하여 알게 된 사항을 이용하여 공공의 질서 또는 선량한 풍속을 해하거나 관계인의 명예 또는 생활의 평온을 해하는 행위를 하여서는 아니 된다. 〈신설 2007.5.17〉

⑤ 제1항 및 제2항의 신청에 대하여는 대법원규칙이 정하는 수수료를 내야 한다. 〈개정 2007.5.17.〉

⑥ 재판서·조서의 정본·등본·초본에는 그 취지를 적고 법원사무관등이 기명날인 또는 서명하여야 한다. 〈개정 2007.5.17., 2017.10.31.〉

제163조【비밀보호를 위한 열람 등의 제한】

① 다음 각호 가운데 어느 하나에 해당한다는 소명이 있는 경우에는 법원은 당사자의 신청에 따라 결정으로 소송기록중 비밀이 적혀 있는 부분의 열람·복사, 재판서·조서중 비밀이 적혀 있는 부분의 정본·등본·초본의 교부(이하 "비밀 기재부분의 열람 등"이라 한다)를 신청할 수 있는 자를 당사자로 한정할 수 있다.

1. 소송기록 중에 당사자의 사생활에 관한 중대한 비밀이 적혀 있고, 제3자에게 비밀 기재부분의 열람 등을 허용하면 당사자의 사회생활에 지장이 클 우려가 있는 때
2. 소송기록중에 당사자가 가지는 영업비밀(부정경쟁방지및영업비밀보호에관한법률 제2조 제2호에 규정된 영업비밀을 말한다)이 적혀 있는 때

2023.7.11 개정 | 2025.7.12. 시행

② 소송관계인의 생명 또는 신체에 대한 위해의 우려가 있다는 소명이 있는 경우에는 법원은 해당 소송관계인의 신청에 따라 결정으로 소송기록의 열람·복사·송달에 앞서 주소 등 대법원규칙으로 정하는 개인정보로서 해당 소송관계인이 지정하는 부분(이하 "개인정보 기재부분"이라 한다)이 제3자(당사자를 포함한다. 이하 제3항·제4항 중 이 항과 관련된 부분에서 같다)에게 공개되지 아니하도록 보호조치를 할 수 있다. 〈신설 2023.7.11.〉

③ 제1항 또는 제2항의 신청이 있는 경우에는 그 신청에 관한 재판이 확정될 때까지 제3자는 개인정보 기재부분 또는 비밀 기재부분의 열람 등을 신청할 수 없다. 〈개정 2023.7.11.〉

민사소송법

④ 소송기록을 보관하고 있는 법원은 이해관계를 소명한 제3자의 신청에 따라 제1항 또는 제2항의 사유가 존재하지 아니하거나 소멸되었음을 이유로 제1항 또는 제2항의 결정을 취소할 수 있다. 〈개정 2023.7.11.〉

개정 前

② 제1항의 신청이 있는 경우에는 그 신청에 관한 재판이 확정될 때까지 제3자는 비밀 기재부분의 열람 등을 신청할 수 없다.
③ 소송기록을 보관하고 있는 법원은 이해관계를 소명한 제3자의 신청에 따라 제1항 각호의 사유가 존재하지 아니하거나 소멸되었음을 이유로 제1항의 결정을 취소할 수 있다.

⑤ 제1항 또는 제2항의 신청을 기각한 결정 또는 제4항의 신청에 관한 결정에 대하여는 즉시항고를 할 수 있다. 〈개정 2023.7.11.〉
⑥ 제4항의 취소결정은 확정되어야 효력을 가진다. 〈개정 2023.7.11.〉

2020.12.8 개정

제163조의2 【판결서의 열람·복사】 〈제목개정 2020.12.8.〉

① 제162조에도 불구하고 누구든지 판결이 선고된 사건의 판결서(확정되지 아니한 사건에 대한 판결서를 포함하며, 「소액사건심판법」이 적용되는 사건의 판결서와 「상고심절차에 관한 특례법」 제4조 및 이 법 제429조 본문에 따른 판결서는 제외한다. 이하 이 조에서 같다)를 인터넷, 그 밖의 전산정보처리시스템을 통한 전자적 방법 등으로 열람 및 복사할 수 있다. 다만, 변론의 공개를 금지한 사건의 판결서로서 대법원규칙으로 정하는 경우에는 열람 및 복사를 전부 또는 일부 제한할 수 있다. 〈개정 2020.12.8.〉

개정 前

제163조의2 [확정 판결서의 열람·복사]

① 제162조에도 불구하고 누구든지 판결이 확정된 사건의 판결서(「소액사건심판법」이 적용되는 사건의 판결서와 「상고심절차에 관한 특례법」 제4조 및 이 법 제429조 본문에 따른 판결서는 제외한다)를 인터넷, 그 밖의 전산정보처리시스템을 통한 전자적 방법 등으로 열람 및 복사할 수 있다. 다만, 변론의 공개를 금지한 사건의 판결서로서 대법원규칙으로 정하는 경우에는 열람 및 복사를 전부 또는 일부 제한할 수 있다.

2020.12.8 신설

② 제1항에 따라 열람 및 복사의 대상이 되는 판결서는 대법원규칙으로 정하는 바에 따라 판결서에 기재된 문자열 또는 숫자열이 검색어로 기능할 수 있도록 제공되어야 한다. 〈신설 2020.12.8.〉

③ 법원사무관등이나 그 밖의 법원공무원은 제1항에 따른 열람 및 복사에 앞서 판결서에 기재된 성명 등 개인정보가 공개되지 아니하도록 대법원규칙으로 정하는 보호조치를 하여야 한다.
④ 제3항에 따라 개인정보 보호조치를 한 법원사무관등이나 그 밖의 법원공무원은 고의 또는 중대한 과실로 인한 것이 아니면 제1항에 따른 열람 및 복사와 관련하여 민사상·형사상 책임을 지지 아니한다. 〈개정 2020.12.8.〉
⑤ 제1항의 열람 및 복사에는 제162조 제4항·제5항 및 제163조를 준용한다.
⑥ 판결서의 열람 및 복사의 방법과 절차, 개인정보 보호조치의 방법과 절차, 그 밖에 필요한 사항은 대법원규칙으로 정한다.
[본조신설 2011.7.18.]

제164조 【조서에 대한 이의】

조서에 적힌 사항에 대하여 관계인이 이의를 제기한 때에는 조서에 그 취지를 적어야 한다.

제2절 전문심리위원 [본절신설 2007.7.13]

제164조의2 【전문심리위원의 참여】
① 법원은 소송관계를 분명하게 하거나 소송절차(증거조사·화해 등을 포함한다. 이하 이 절에서 같다)를 원활하게 진행하기 위하여 직권 또는 당사자의 신청에 따른 결정으로 제164조의4 제1항에 따라 전문심리위원을 지정하여 소송절차에 참여하게 할 수 있다.
② 전문심리위원은 전문적인 지식을 필요로 하는 소송절차에서 설명 또는 의견을 기재한 서면을 제출하거나 기일에 출석하여 설명이나 의견을 진술할 수 있다. 다만, 재판의 합의에는 참여할 수 없다.
③ 전문심리위원은 기일에 재판장의 허가를 받아 당사자, 증인 또는 감정인 등 소송관계인에게 직접 질문할 수 있다.
④ 법원은 제2항에 따라 전문심리위원이 제출한 서면이나 전문심리위원의 설명 또는 의견의 진술에 관하여 당사자에게 구술 또는 서면에 의한 의견진술의 기회를 주어야 한다.

[본조신설 2007.7.13]

제164조의3 【전문심리위원 참여결정의 취소】
① 법원은 상당하다고 인정하는 때에는 직권이나 당사자의 신청으로 제164조의2 제1항에 따른 결정을 취소할 수 있다.
② 제1항에도 불구하고 당사자가 합의로 제164조의2 제1항에 따른 결정을 취소할 것을 신청하는 때에는 법원은 그 결정을 취소하여야 한다.

[본조신설 2007.7.13]

제164조의4 【전문심리위원의 지정 등】
① 법원은 제164조의2 제1항에 따라 전문심리위원을 소송절차에 참여시키는 경우 당사자의 의견을 들어 각 사건마다 1인 이상의 전문심리위원을 지정하여야 한다.
② 전문심리위원에게는 대법원규칙으로 정하는 바에 따라 수당을 지급하고, 필요한 경우에는 그 밖의 여비, 일당 및 숙박료를 지급할 수 있다.
③ 전문심리위원의 지정에 관하여 그 밖에 필요한 사항은 대법원규칙으로 정한다.

[본조신설 2007.7.13]

제164조의5 【전문심리위원의 제척 및 기피】
① 전문심리위원에게 제41조부터 제45조까지 및 제47조를 준용한다.
② 제척 또는 기피 신청을 받은 전문심리위원은 그 신청에 관한 결정이 확정될 때까지 그 신청이 있는 사건의 소송절차에 참여할 수 없다. 이 경우 전문심리위원은 당해 제척 또는 기피 신청에 대하여 의견을 진술할 수 있다.

[본조신설 2007.7.13]

제164조의6 【수명법관 등의 권한】
수명법관 또는 수탁판사가 소송절차를 진행하는 경우에는 제164조의2 제2항부터 제4항까지의 규정에 따른 법원 및 재판장의 직무는 그 수명법관이나 수탁판사가 행한다.

[본조신설 2007.7.13]

제164조의7 【비밀누설죄】
전문심리위원 또는 전문심리위원이었던 자가 그 직무수행 중에 알게 된 다른 사람의 비밀을 누설하는 경우에는 2년 이하의 징역이나 금고 또는 1천만원 이하의 벌금에 처한다.

[본조신설 2007.7.13]

제164조의8 【벌칙 적용에서의 공무원 의제】
전문심리위원은 「형법」 제129조부터 제132조까지의 규정에 따른 벌칙의 적용에서는 공무원으로 본다.

[본조신설 2007.7.13]

제3절 기일과 기간

제165조【기일(期日)의 지정과 변경】

① 기일은 직권으로 또는 당사자의 신청에 따라 재판장이 지정한다. 다만, 수명법관 또는 수탁판사가 신문하거나 심문하는 기일은 그 수명법관 또는 수탁판사가 지정한다.
② 첫 변론기일 또는 첫 변론준비기일을 바꾸는 것은 현저한 사유가 없는 경우라도 당사자들이 합의하면 이를 허가한다.

제166조【공휴일의 기일】

기일은 필요한 경우에만 공휴일로도 정할 수 있다.

제167조【기일의 통지】

① 기일은 기일통지서 또는 출석요구서를 송달하여 통지한다. 다만, 그 사건으로 출석한 사람에게는 기일을 직접 고지하면 된다.
② 법원은 대법원규칙이 정하는 간이(簡易)한 방법에 따라 기일을 통지할 수 있다. 이 경우 기일에 출석하지 아니한 당사자·증인 또는 감정인 등에 대하여 법률상의 제재, 그 밖에 기일을 게을리 함에 따른 불이익을 줄 수 없다.

제168조【출석승낙서의 효력】

소송관계인이 일정한 기일에 출석하겠다고 적은 서면을 제출한 때에는 기일통지서 또는 출석요구서를 송달한 것과 같은 효력을 가진다.

제169조【기일의 시작】

기일은 사건과 당사자의 이름을 부름으로써 시작된다.

제170조【기간의 계산】

기간의 계산은 민법에 따른다.

제171조【기간의 시작】

기간을 정하는 재판에 시작되는 때를 정하지 아니한 경우에 그 기간은 재판의 효력이 생긴 때부터 진행한다.

제172조【기간의 신축(伸縮), 부가기간(附加期間)】

① 법원은 법정기간 또는 법원이 정한 기간을 늘이거나 줄일 수 있다. 다만, 불변기간(不變期間)은 그러하지 아니하다.
② 법원은 불변기간에 대하여 주소 또는 거소가 멀리 떨어진 곳에 있는 사람을 위하여 부가기간을 정할 수 있다.
③ 재판장·수명법관 또는 수탁판사는 제1항 및 제2항의 규정에 따라 법원이 정한 기간 또는 자신이 정한 기간을 늘이거나 줄일 수 있다.

제173조【소송행위의 추후보완】

① 당사자가 책임질 수 없는 사유로 말미암아 불변기간을 지킬 수 없었던 경우에는 그 사유가 없어진 날부터 2주이내에 게을리 한 소송행위를 보완할 수 있다. 다만, 그 사유가 없어질 당시 외국에 있던 당사자에 대하여는 이 기간을 30일로 한다.
② 제1항의 기간에 대하여는 제172조의 규정을 적용하지 아니한다.

제4절 송 달

제174조【직권송달의 원칙】

송달은 이 법에 특별한 규정이 없으면 법원이 직권으로 한다.

제175조【송달사무를 처리하는 사람】

① 송달에 관한 사무는 법원사무관 등이 처리한다.
② 법원사무관 등은 송달하는 곳의 지방법원에 속한 법원사무관 등 또는 집행관에게 제1항의 사무를 촉탁할 수 있다.

제176조【송달기관】

① 송달은 우편 또는 집행관에 의하거나, 그 밖에 대법원규칙이 정하는 방법에 따라서 하여야 한다.
② 우편에 의한 송달은 우편집배원이 한다.

민사소송법

③ 송달기관이 송달하는 데 필요한 때에는 경찰 공무원에게 원조를 요청할 수 있다.

〈개정 2006.2.21, 2020.12.22〉

제177조【법원사무관 등에 의한 송달】

① 해당 사건에 출석한 사람에게는 법원사무관 등이 직접 송달할 수 있다.

② 법원사무관 등이 그 법원안에서 송달받을 사람에게 서류를 교부하고 영수증을 받은 때에는 송달의 효력을 가진다.

제178조【교부송달(交付送達)의 원칙】

① 송달은 특별한 규정이 없으면 송달받을 사람에게 서류의 등본 또는 부본을 교부하여야 한다.

② 송달할 서류의 제출에 갈음하여 조서, 그 밖의 서면을 작성한 때에는 그 등본이나 초본을 교부하여야 한다.

제179조【소송무능력자에게 할 송달】

소송무능력자에게 할 송달은 그의 법정대리인에게 한다.

제180조【공동대리인에게 할 송달】

여러 사람이 공동으로 대리권을 행사하는 경우의 송달은 그 가운데 한 사람에게 하면 된다.

제181조【군관계인에게 할 송달】

군사용의 청사 또는 선박에 속하여 있는 사람에게 할 송달은 그 청사 또는 선박의 장에게 한다.

제182조【구속된 사람 등에게 할 송달】

교도소·구치소 또는 경찰관서의 유치장에 체포·구속 또는 유치(留置)된 사람에게 할 송달은 교도소·구치소 또는 국가경찰관서의 장에게 한다.

〈개정 2006.2.21〉

제183조【송달장소】

① 송달은 받을 사람의 주소·거소·영업소 또는 사무소(이하 "주소 등"이라 한다)에서 한다. 다만, 법정대리인에게 할 송달은 본인의 영업소나 사무소에서도 할 수 있다.

② 제1항의 장소를 알지 못하거나 그 장소에서 송달할 수 없는 때에는 송달받을 사람이 고용·위임 그 밖에 법률상 행위로 취업하고 있는 다른 사람의 주소 등(이하 "근무장소"라 한다)에서 송달할 수 있다.

③ 송달받을 사람의 주소 등 또는 근무장소가 국내에 없거나 알 수 없는 때에는 그를 만나는 장소에서 송달할 수 있다.

④ 주소 등 또는 근무장소가 있는 사람의 경우에도 송달받기를 거부하지 아니하면 만나는 장소에서 송달할 수 있다.

제184조【송달받을 장소의 신고】

당사자·법정대리인 또는 소송대리인은 주소 등 외의 장소(대한민국안의 장소로 한정한다)를 송달받을 장소로 정하여 법원에 신고할 수 있다. 이 경우에는 송달 영수인을 정하여 신고할 수 있다

제185조【송달장소변경의 신고의무】

① 당사자·법정대리인 또는 소송대리인이 송달받을 장소를 바꿀 때에는 바로 그 취지를 법원에 신고하여야 한다.

② 제1항의 신고를 하지 아니한 사람에게 송달할 서류는 달리 송달할 장소를 알 수 없는 경우 종전에 송달받던 장소에 대법원규칙이 정하는 방법으로 발송할 수 있다.

제186조【보충(補充)송달·유치(遺置)송달】

① 근무장소 외의 송달할 장소에서 송달받을 사람을 만나지 못한 때에는 그 사무원, 피용자(被用者) 또는 동거인으로서 사리를 분별할 지능이 있는 사람에게 서류를 교부할 수 있다.

② 근무장소에서 송달받을 사람을 만나지 못한 때에는 제183조 제2항의 다른 사람 또는 그 법정대리인이나 피용자 그 밖의 종업원으로서 사리를 분별할 지능이 있는 사람이 서류의 수령을 거부하지 아니하면 그에게 서류를 교부할 수 있다.

③ 서류를 송달받을 사람 또는 제1항의 규정에 의하여 서류를 넘겨받을 사람이 정당한 사유 없이 송달받기를 거부하는 때에는 송달할 장소에 서류를 놓아둘 수 있다.

제187조【우편(郵便)송달】
제186조의 규정에 따라 송달할 수 없는 때에는 법원사무관 등은 서류를 등기우편 등 대법원규칙이 정하는 방법으로 발송할 수 있다.

제188조【송달함(送達函) 송달】
① 제183조 내지 제187조의 규정에 불구하고 법원안에 송달할 서류를 넣을 함(이하 "송달함"이라 한다)을 설치하여 송달할 수 있다.
② 송달함을 이용하는 송달은 법원사무관 등이 한다.
③ 송달받을 사람이 송달함에서 서류를 수령하여 가지 아니한 경우에는 송달함에 서류를 넣은 지 3일이 지나면 송달된 것으로 본다.
④ 송달함의 이용절차와 수수료, 송달함을 이용하는 송달방법 및 송달함으로 송달할 서류에 관한 사항은 대법원규칙으로 정한다.

제189조【발신주의(發信主義)】
제185조 제2항 또는 제187조의 규정에 따라 서류를 발송한 경우에는 발송한 때에 송달된 것으로 본다.

제190조【공휴일 등의 송달】
① 당사자의 신청이 있는 때에는 공휴일 또는 해뜨기 전이나 해진 뒤에 집행관 또는 대법원규칙이 정하는 사람에 의하여 송달할 수 있다.
② 제1항의 규정에 따라 송달하는 때에는 법원사무관 등은 송달할 서류에 그 사유를 덧붙여 적어야 한다.
③ 제1항과 제2항의 규정에 어긋나는 송달은 서류를 교부받을 사람이 이를 영수한 때에만 효력을 가진다.

제191조【외국에서 하는 송달의 방법】
외국에서 하여야 하는 송달은 재판장이 그 나라에 주재하는 대한민국의 대사·공사·영사 또는 그 나라의 관할 공공기관에 촉탁한다.

제192조【전쟁에 나간 군인 또는 외국에 주재하는 군관계인 등에게 할 송달】
① 전쟁에 나간 군대, 외국에 주둔하는 군대에 근무하는 사람 또는 군에 복무하는 선박의 승무원에게 할 송달은 재판장이 그 소속 사령관에게 촉탁한다.
② 제1항의 송달에 대하여는 제181조의 규정을 준용한다.

제193조【송달통지】
송달한 기관은 송달에 관한 사유를 대법원규칙이 정하는 방법으로 법원에 알려야 한다.

제194조【공시송달(公示送達)의 요건】
① 당사자의 주소등 또는 근무장소를 알 수 없는 경우 또는 외국에서 하여야 할 송달에 관하여 제191조의 규정에 따를 수 없거나 이에 따라도 효력이 없을 것으로 인정되는 경우에는 법원사무관등(▶▶개정전 : 재판장)은 직권으로 또는 당사자의 신청에 따라 공시송달을 할 수 있다. 〈개정 2014.12.30〉
② 제1항의 신청에는 그 사유를 소명하여야 한다.
③ 재판장은 제1항의 경우에 소송의 지연을 피하기 위하여 필요하다고 인정하는 때에는 공시송달을 명할 수 있다. 〈신설 2014.12.30.〉

2023.4.18 신설

④ 원고가 소권(항소권을 포함한다)을 남용하여 청구가 이유 없음이 명백한 소를 반복적으로 제기한 것에 대하여 법원이 변론 없이 판결로 소를 각하하는 경우에는 재판장은 직권으로 피고에 대하여 공시송달을 명할 수 있다. 〈신설 2023.4.18.〉

⑤ 재판장은 직권으로 또는 신청에 따라 법원사무관등의 공시송달처분을 취소할 수 있다. 〈신설 2014.12.30〉

제195조【공시송달의 방법】
공시송달은 법원사무관 등이 송달할 서류를 보관하고 그 사유를 법원게시판에 게시하거나, 그 밖에 대법원규칙이 정하는 방법에 따라서 하여야 한다.

제196조【공시송달의 효력발생】

① 첫 공시송달은 제195조의 규정에 따라 실시한 날부터 2주가 지나야 효력이 생긴다. 다만, 같은 당사자에게 하는 그 뒤의 공시송달은 실시한 다음 날부터 효력이 생긴다.

② 외국에서 할 송달에 대한 공시송달의 경우에는 제1항 본문의 기간은 2월로 한다.

③ 제1항 및 제2항의 기간은 줄일 수 없다.

제197조【수명법관 등의 송달권한】

수명법관 및 수탁판사와 송달하는 곳의 지방법원 판사도 송달에 대한 재판장의 권한을 행사할 수 있다.

제5절 재 판

제198조【종국판결(終局判決)】

법원은 소송의 심리를 마치고 나면 종국판결을 한다.

제199조【종국판결 선고기간】

판결은 소가 제기된 날부터 5월이내에 선고한다. 다만, 항소심 및 상고심에서는 기록을 받은 날부터 5월이내에 선고한다.

제200조【일부판결(一部判決)】

① 법원은 소송의 일부에 대한 심리를 마친 경우 그 일부에 대한 종국판결을 할 수 있다.

② 변론을 병합(倂合)한 여러 개의 소송 가운데 한 개의 심리를 마친 경우와, 본소(本訴)나 반소(反訴)의 심리를 마친 경우에는 제1항의 규정을 준용한다.

제201조【중간판결(中間判決)】

① 법원은 독립된 공격 또는 방어의 방법, 그 밖의 중간의 다툼에 대하여 필요한 때에는 중간판결을 할 수 있다.

② 청구의 원인과 액수에 대하여 다툼이 있는 경우에 그 원인에 대하여도 중간판결을 할 수 있다.

제202조【자유심증주의(自由心證主義)】

법원은 변론 전체의 취지와 증거조사의 결과를 참작하여 자유로운 심증으로 사회정의와 형평의 이념에 입각하여 논리와 경험의 법칙에 따라 사실주장이 진실한지 아닌지를 판단한다.

제202조의2【손해배상 액수의 산정】

손해가 발생한 사실은 인정되나 구체적인 손해의 액수를 증명하는 것이 사안의 성질상 매우 어려운 경우에 법원은 변론 전체의 취지와 증거조사의 결과에 의하여 인정되는 모든 사정을 종합하여 상당하다고 인정되는 금액을 손해배상 액수로 정할 수 있다.

[본조신설 2016.3.29.]

제203조【처분권주의(處分權主義)】

법원은 당사자가 신청하지 아니한 사항에 대하여는 판결하지 못한다.

제204조【직접주의(直接主義)】

① 판결은 기본이 되는 변론에 관여한 법관이 하여야 한다.

② 법관이 바뀐 경우에 당사자는 종전의 변론결과를 진술하여야 한다.

③ 단독사건의 판사가 바뀐 경우에 종전에 신문한 증인에 대하여 당사자가 다시 신문신청을 한 때에는 법원은 그 신문을 하여야 한다. 합의부 법관의 반수 이상이 바뀐 경우에도 또한 같다.

제205조【판결의 효력발생】

판결은 선고로 효력이 생긴다.

제206조【선고의 방식】

판결은 재판장이 판결원본에 따라 주문을 읽어 선고하며, 필요한 때에는 이유를 간략히 설명할 수 있다.

제207조【선고기일】

① 판결은 변론이 종결된 날부터 2주이내에 선고하여야 하며, 복잡한 사건이나 그 밖의 특

별한 사정이 있는 때에도 변론이 종결된 날부터 4주를 넘겨서는 아니 된다.

② 판결은 당사자가 출석하지 아니하여도 선고할 수 있다.

제208조【판결서의 기재사항 등】

① 판결서에는 다음 각호의 사항을 적고, 판결한 법관이 서명날인하여야 한다.

1. 당사자와 법정대리인
2. 주 문
3. 청구의 취지 및 상소의 취지
4. 이 유
5. 변론을 종결한 날짜. 다만, 변론 없이 판결하는 경우에는 판결을 선고하는 날짜
6. 법 원

② 판결서의 이유에는 주문이 정당하다는 것을 인정할 수 있을 정도로 당사자의 주장, 그 밖의 공격·방어방법에 관한 판단을 표시한다.

③ 제2항의 규정에 불구하고 제1심 판결로서 다음 각 호 가운데 어느 하나에 해당하는 경우에는 청구를 특정함에 필요한 사항과 제216조 제2항의 판단에 관한 사항만을 간략하게 표시할 수 있다.

1. 제257조의 규정에 의한 무변론 판결
2. 제150조 제3항이 적용되는 경우의 판결
3. 피고가 제194조 내지 제196조의 규정에 의한 공시송달로 기일통지를 받고 변론기일에 출석하지 아니한 경우의 판결

④ 법관이 판결서에 서명날인함에 지장이 있는 때에는 다른 법관이 판결에 그 사유를 적고 서명날인하여야 한다.

제209조【법원사무관 등에 대한 교부】

판결서는 선고한 뒤에 바로 법원사무관 등에게 교부하여야 한다.

제210조【판결서의 송달】

① 법원사무관 등은 판결서를 받은 날부터 2주 이내에 당사자에게 송달하여야 한다.

② 판결서는 정본(正本)으로 송달한다.

제211조【판결의 경정】

① 판결에 잘못된 계산이나 기재, 그 밖에 이와 비슷한 잘못이 있음이 분명한 때에 법원은 직권으로 또는 당사자의 신청에 따라 경정결정(更正決定)을 할 수 있다.

② 경정결정은 판결의 원본과 정본에 덧붙여 적어야 한다. 다만, 정본에 덧붙여 적을 수 없을 때에는 결정의 정본을 작성하여 당사자에게 송달하여야 한다.

③ 경정결정에 대하여는 즉시항고를 할 수 있다. 다만, 판결에 대하여 적법한 항소가 있는 때에는 그러하지 아니하다.

제212조【재판의 누락】

① 법원이 청구의 일부에 대하여 재판을 누락한 경우에 그 청구부분에 대하여는 그 법원이 계속하여 재판한다.

② 소송비용의 재판을 누락한 경우에는 법원은 직권으로 또는 당사자의 신청에 따라 그 소송비용에 대한 재판을 한다. 이 경우 제114조의 규정을 준용한다.

③ 제2항의 규정에 따른 소송비용의 재판은 본안판결에 대하여 적법한 항소가 있는 때에는 그 효력을 잃는다. 이 경우 항소법원은 소송의 총비용에 대하여 재판을 한다.

제213조【가집행(假執行)의 선고】

① 재산권의 청구에 관한 판결은 가집행의 선고를 붙이지 아니할 상당한 이유가 없는 한 직권으로 담보를 제공하거나, 제공하지 아니하고 가집행을 할 수 있다는 것을 선고하여야 한다. 다만, 어음금·수표금 청구에 관한 판결에는 담보를 제공하게 하지 아니하고 가집행의 선고를 하여야 한다.

② 법원은 직권으로 또는 당사자의 신청에 따라 채권전액을 담보로 제공하고 가집행을 면제받을 수 있다는 것을 선고할 수 있다.

③ 제1항 및 제2항의 선고는 판결주문에 적어야 한다.

제214조【소송비용담보규정의 준용】

제213조의 담보에는 제122조·제123조·제125조 및 제126조의 규정을 준용한다.

제215조【가집행선고의 실효, 가집행의 원상회복과 손해배상】

① 가집행의 선고는 그 선고 또는 본안판결을 바꾸는 판결의 선고로 바뀌는 한도에서 그 효력을 잃는다.

② 본안판결(本案判決)을 바꾸는 경우에는 법원은 피고의 신청에 따라 그 판결에서 가집행의 선고에 따라 지급한 물건을 돌려 줄 것과, 가집행으로 말미암은 손해 또는 그 면제를 받기 위하여 입은 손해를 배상할 것을 원고에게 명하여야 한다.

③ 가집행의 선고를 바꾼 뒤 본안판결을 바꾸는 경우에는 제2항의 규정을 준용한다.

제216조【기판력(既判力)의 객관적 범위】

① 확정판결(確定判決)은 주문에 포함된 것에 한하여 기판력을 가진다.

② 상계를 주장한 청구가 성립되는지 아닌지의 판단은 상계하자고 대항한 액수에 한하여 기판력을 가진다.

제217조【외국재판의 승인】〈제목개정 2014.5.20〉

① 외국법원의 확정판결 또는 이와 동일한 효력이 인정되는 재판(이하 "확정재판등"이라 한다)은 다음 각호의 요건을 모두 갖추어야 승인된다. 〈개정 2014.5.20〉

1. 대한민국의 법령 또는 조약에 따른 국제재판관할의 원칙상 그 외국법원의 국제재판관할권이 인정될 것
2. 패소한 피고가 소장 또는 이에 준하는 서면 및 기일통지서나 명령을 적법한 방식에 따라 방어에 필요한 시간여유를 두고 송달받았거나(공시송달이나 이와 비슷한 송달에 의한 경우를 제외한다) 송달받지 아니하였더라도 소송에 응하였을 것
3. 그 확정재판등의 내용 및 소송절차에 비추어 그 확정재판등의 승인이 대한민국의 선량한 풍속이나 그 밖의 사회질서에 어긋나지 아니할 것
4. 상호보증이 있거나 대한민국과 그 외국법원이 속하는 국가에 있어 확정재판등의 승인요건이 현저히 균형을 상실하지 아니하고 중요한 점에서 실질적으로 차이가 없을 것

〈제3호 및 제4호 개정 2014.5.20〉

② 법원은 제1항의 요건이 충족되었는지에 관하여 직권으로 조사하여야 한다. 〈신설 2014.5.20〉

제217조의2【손해배상에 관한 확정재판등의 승인】

① 법원은 손해배상에 관한 확정재판등이 대한민국의 법률 또는 대한민국이 체결한 국제조약의 기본질서에 현저히 반하는 결과를 초래할 경우에는 해당 확정재판등의 전부 또는 일부를 승인할 수 없다.

② 법원은 제1항의 요건을 심리할 때에는 외국법원이 인정한 손해배상의 범위에 변호사보수를 비롯한 소송과 관련된 비용과 경비가 포함되는지와 그 범위를 고려하여야 한다.

[본조신설 2014.5.20]

제218조【기판력의 주관적 범위】

① 확정판결은 당사자, 변론을 종결한 뒤의 승계인(변론 없이 한 판결의 경우에는 판결을 선고한 뒤의 승계인) 또는 그를 위하여 청구의 목적물을 소지한 사람에 대하여 효력이 미친다.

② 제1항의 경우에 당사자가 변론을 종결할 때(변론 없이 한 판결의 경우에는 판결을 선고할 때)까지 승계사실을 진술하지 아니한 때에는 변론을 종결한 뒤(변론 없이 한 판결의 경우에는 판결을 선고한 뒤)에 승계한 것으로 추정한다.

③ 다른 사람을 위하여 원고나 피고가 된 사람에 대한 확정판결은 그 다른 사람에 대하여도 효력이 미친다.

④ 가집행의 선고에는 제1항 내지 제3항의 규정을 준용한다.

제219조【변론 없이 하는 소의 각하】
부적법한 소로서 그 흠을 보정(補正)할 수 없는 경우에는 변론 없이 판결로 소를 각하할 수 있다.

2023.4.18 신설

제219조의2【소권 남용에 대한 제재】
원고가 소권(항소권을 포함한다)을 남용하여 청구가 이유 없음이 명백한 소를 반복적으로 제기한 경우에는 법원은 결정으로 500만원 이하의 과태료에 처한다.

[본조신설 2023.4.18.]

제220조【화해, 청구의 포기·인낙조서의 효력】
화해, 청구의 포기·인낙을 변론조서·변론준비기일조서에 적은 때에는 그 조서는 확정판결과 같은 효력을 가진다.

제221조【결정·명령의 고지】
① 결정과 명령은 상당한 방법으로 고지하면 효력을 가진다.

② 법원사무관 등은 고지의 방법·장소와 날짜를 재판의 원본에 덧붙여 적고 날인하여야 한다.

제222조【소송지휘에 관한 재판의 취소】
소송의 지휘에 관한 결정과 명령은 언제든지 취소할 수 있다.

제223조【법원사무관 등의 처분에 대한 이의】
법원사무관 등의 처분에 관한 이의신청에 대하여는 그 법원사무관 등이 속한 법원이 결정으로 재판한다.

제224조【판결규정의 준용】
① 성질에 어긋나지 아니하는 한, 결정과 명령에는 판결에 관한 규정을 준용한다. 다만, 법관의 서명은 기명으로 갈음할 수 있고, 이유를 적는 것을 생략할 수 있다.

② 이 법에 따른 과태료재판에는 비송사건절차법 제248조 및 제250조 가운데 검사에 관한 규정을 적용하지 아니한다.

제6절 화해권고결정

제225조【결정에 의한 화해권고(和解勸告)】
① 법원·수명법관 또는 수탁판사는 소송에 계속 중인 사건에 대하여 직권으로 당사자의 이익, 그 밖의 모든 사정을 참작하여 청구의 취지에 어긋나지 아니하는 범위안에서 사건의 공평한 해결을 위한 화해권고결정을 할 수 있다.

② 법원사무관 등은 제1항의 결정내용을 적은 조서 또는 결정서의 정본을 당사자에게 송달하여야 한다. 다만, 그 송달은 제185조 제2항·제187조 또는 제194조에 규정한 방법으로는 할 수 없다.

제226조【결정에 대한 이의신청】
① 당사자는 제225조의 결정에 대하여 그 조서 또는 결정서의 정본을 송달받은 날부터 2주이내에 이의를 신청할 수 있다. 다만, 그 정본이 송달되기 전에도 이의를 신청할 수 있다.

② 제1항의 기간은 불변기간으로 한다.

제227조【이의신청의 방식】
① 이의신청은 이의신청서를 화해권고결정을 한 법원에 제출함으로써 한다.

② 이의신청서에는 다음 각호의 사항을 적어야 한다.

1. 당사자와 법정대리인
2. 화해권고결정의 표시와 그에 대한 이의신청의 취지

③ 이의신청서에는 준비서면에 관한 규정을 준용한다.

④ 제226조 제1항의 규정에 따라 이의를 신청한 때에는 이의신청의 상대방에게 이의신청서의 부본을 송달하여야 한다.

제228조【이의신청의 취하】
① 이의신청을 한 당사자는 그 심급의 판결이 선고될 때까지 상대방의 동의를 얻어 이의신청을 취하할 수 있다.
② 제1항의 취하에는 제266조 제3항 내지 제6항을 준용한다. 이 경우 "소"는 "이의신청"으로 본다.

제229조【이의신청권의 포기】
① 이의신청권은 그 신청전까지 포기할 수 있다.
② 이의신청권의 포기는 서면으로 하여야 한다.
③ 제2항의 서면은 상대방에게 송달하여야 한다.

제230조【이의신청의 각하】
① 법원·수명법관 또는 수탁판사는 이의신청이 법령상의 방식에 어긋나거나 신청권이 소멸된 뒤의 것임이 명백한 경우에는 그 흠을 보정할 수 없으면 결정으로 이를 각하하여야 하며, 수명법관 또는 수탁판사가 각하하지 아니한 때에는 수소법원이 결정으로 각하한다.
② 제1항의 결정에 대하여는 즉시항고를 할 수 있다.

제231조【화해권고결정의 효력】
화해권고결정은 다음 각호 가운데 어느 하나에 해당하면 재판상 화해와 같은 효력을 가진다.
1. 제226조 제1항의 기간 이내에 이의신청이 없는 때
2. 이의신청에 대한 각하결정이 확정된 때
3. 당사자가 이의신청을 취하하거나 이의신청권을 포기한 때

제232조【이의신청에 의한 소송복귀 등】
① 이의신청이 적법한 때에는 소송은 화해권고결정 이전의 상태로 돌아간다. 이 경우 그 이전에 행한 소송행위는 그대로 효력을 가진다.
② 화해권고결정은 그 심급에서 판결이 선고된 때에는 그 효력을 잃는다.

제7절 소송절차의 중단과 중지

제233조【당사자의 사망으로 말미암은 중단】
① 당사자가 죽은 때에 소송절차는 중단된다. 이 경우 상속인·상속재산관리인, 그 밖에 법률에 의하여 소송을 계속하여 수행할 사람이 소송절차를 수계(受繼)하여야 한다.
② 상속인은 상속포기를 할 수 있는 동안 소송절차를 수계하지 못한다.

제234조【법인의 합병으로 말미암은 중단】
당사자인 법인이 합병에 의하여 소멸된 때에 소송절차는 중단된다. 이 경우 합병에 의하여 설립된 법인 또는 합병한 뒤의 존속법인이 소송절차를 수계하여야 한다.

제235조【소송능력의 상실, 법정대리권의 소멸로 말미암은 중단】
당사자가 소송능력을 잃은 때 또는 법정대리인이 죽거나 대리권을 잃은 때에 소송절차는 중단된다. 이 경우 소송능력을 회복한 당사자 또는 법정대리인이 된 사람이 소송절차를 수계하여야 한다.

제236조【수탁자의 임무가 끝남으로 말미암은 중단】
신탁으로 말미암은 수탁자의 위탁임무가 끝난 때에 소송절차는 중단된다. 이 경우 새로운 수탁자가 소송절차를 수계하여야 한다.

제237조【자격상실로 말미암은 중단】
① 일정한 자격에 의하여 자기 이름으로 남을 위하여 소송당사자가 된 사람이 그 자격을 잃거나 죽은 때에 소송절차는 중단된다. 이 경우 같은 자격을 가진 사람이 소송절차를 수계하여야 한다.
② 제53조의 규정에 따라 당사자가 될 사람을 선정한 소송에서 선정된 당사자 모두가 자격을 잃거나 죽은 때에 소송절차는 중단된다. 이 경우 당사자를 선정한 사람 모두 또는 새로 당사자로 선정된 사람이 소송절차를 수계하여야 한다.

제238조【소송대리인이 있는 경우의 제외】
소송대리인이 있는 경우에는 제233조 제1항, 제234조 내지 제237조의 규정을 적용하지 아니한다.

제239조【당사자의 파산으로 말미암은 중단】
당사자가 파산선고를 받은 때에 파산재단에 관한 소송절차는 중단된다. 이 경우 「채무자 회생 및 파산에 관한 법률」에 따른 수계가 이루어지기 전에 파산절차가 해지되면 파산선고를 받은 자가 당연히 소송절차를 수계한다. 〈개정 2005.3.31〉

제240조【파산절차의 해지로 말미암은 중단】
「채무자 회생 및 파산에 관한 법률」에 따라 파산재단에 관한 소송의 수계가 이루어진 뒤 파산절차가 해지된 때에 소송절차는 중단된다. 이 경우 파산선고를 받은 자가 소송절차를 수계하여야 한다. 〈개정 2005.3.31〉

제241조【상대방의 수계신청권】
소송절차의 수계신청은 상대방도 할 수 있다.

제242조【수계신청의 통지】
소송절차의 수계신청이 있는 때에는 법원은 상대방에게 이를 통지하여야 한다.

제243조【수계신청에 대한 재판】
① 소송절차의 수계신청은 법원이 직권으로 조사하여 이유가 없다고 인정한 때에는 결정으로 기각하여야 한다.
② 재판이 송달된 뒤에 중단된 소송절차의 수계에 대하여는 그 재판을 한 법원이 결정하여야 한다.

제244조【직권에 의한 속행명령(續行命令)】
법원은 당사자가 소송절차를 수계하지 아니하는 경우에 직권으로 소송절차를 계속하여 진행하도록 명할 수 있다.

제245조【법원의 직무집행 불가능으로 말미암은 중지】
천재지변, 그 밖의 사고로 법원이 직무를 수행할 수 없을 경우에 소송절차는 그 사고가 소멸될 때까지 중지된다.

제246조【당사자의 장애로 말미암은 중지】
① 당사자가 일정하지 아니한 기간동안 소송행위를 할 수 없는 장애사유가 생긴 경우에는 법원은 결정으로 소송절차를 중지하도록 명할 수 있다.
② 법원은 제1항의 결정을 취소할 수 있다.

제247조【소송절차 정지의 효과】
① 판결의 선고는 소송절차가 중단된 중에도 할 수 있다.
② 소송절차의 중단 또는 중지는 기간의 진행을 정지시키며, 소송절차의 수계사실을 통지한 때 또는 소송절차를 다시 진행한 때부터 전체기간이 새로이 진행된다.

제2편 제1심의 소송절차

제1장 소의 제기

2023.4.18 개정

제248조【소제기의 방식】
① 소를 제기하려는 자는 법원에 소장을 제출하여야 한다.
② 법원은 소장에 붙이거나 납부한 인지액이 「민사소송 등 인지법」 제13조 2항 각 호에서 정한 금액에 미달하는 경우 소장의 접수를 보류할 수 있다.
③ 법원에 제출한 소장이 접수되면 소장이 제출된 때에 소가 제기된 것으로 본다.
[전문개정 2023.4.18.]

개정 前

제248조[소제기의 방식]
소는 법원에 소장(訴狀)을 제출함으로써 제기한다.

제249조【소장의 기재사항】
① 소장에는 당사자와 법정대리인, 청구의 취지와 원인을 적어야 한다.
② 소장에는 준비서면에 관한 규정을 준용한다.

제250조 【증서의 진정(眞正)여부를 확인하는 소】
확인의 소는 법률관계를 증명하는 서면이 진정한지 아닌지를 확정하기 위하여서도 제기할 수 있다.

제251조 【장래의 이행을 청구하는 소】
장래에 이행할 것을 청구하는 소는 미리 청구할 필요가 있어야 제기할 수 있다.

제252조 【정기금(定期金)판결과 변경의 소】
① 정기금의 지급을 명한 판결이 확정된 뒤에 그 액수산정의 기초가 된 사정이 현저하게 바뀜으로써 당사자 사이의 형평을 크게 침해할 특별한 사정이 생긴 때에는 그 판결의 당사자는 장차 지급할 정기금 액수를 바꾸어 달라는 소를 제기할 수 있다.
② 제1항의 소는 제1심 판결법원의 전속관할로 한다.

제253조 【소의 객관적 병합(倂合)】
여러 개의 청구는 같은 종류의 소송절차에 따르는 경우에만 하나의 소로 제기할 수 있다.

제254조 【재판장등의 소장심사권】
〈제목개정 2014.12.30〉
① 소장이 제249조 제1항의 규정에 어긋나는 경우와 소장에 법률의 규정에 따른 인지를 붙이지 아니한 경우에는 재판장은 상당한 기간을 정하고, 그 기간 이내에 흠을 보정하도록 명하여야 한다. 재판장은 법원사무관등으로 하여금 위 보정명령을 하게 할 수 있다.
〈개정 2014.12.30〉
② 원고가 제1항의 기간 이내에 흠을 보정하지 아니한 때에는 재판장은 명령으로 소장을 각하하여야 한다.
③ 제2항의 명령에 대하여는 즉시항고를 할 수 있다.
④ 재판장은 소장을 심사하면서 필요하다고 인정하는 경우에는 원고에게 청구하는 이유에 대응하는 증거방법을 구체적으로 적어 내도록 명할 수 있으며, 원고가 소장에 인용한 서증(書證)의 등본 또는 사본을 붙이지 아니한 경우에는 이를 제출하도록 명할 수 있다.

제255조 【소장부본(訴狀副本)의 송달】
① 법원은 소장의 부본을 피고에게 송달하여야 한다.
② 소장의 부본을 송달할 수 없는 경우에는 제254조 제1항 내지 제3항의 규정을 준용한다.

제256조 【답변서의 제출의무】
① 피고가 원고의 청구를 다투는 경우에는 소장의 부본을 송달받은 날부터 30일 이내에 답변서를 제출하여야 한다. 다만, 피고가 공시송달의 방법에 따라 소장의 부본을 송달받은 경우에는 그러하지 아니하다.
② 법원은 소장의 부본을 송달할 때에 제1항의 취지를 피고에게 알려야 한다.
③ 법원은 답변서의 부본을 원고에게 송달하여야 한다.
④ 답변서에는 준비서면에 관한 규정을 준용한다.

제257조 【변론 없이 하는 판결】
① 법원은 피고가 제256조 제1항의 답변서를 제출하지 아니한 때에는 청구의 원인이 된 사실을 자백한 것으로 보고 변론 없이 판결할 수 있다. 다만, 직권으로 조사할 사항이 있거나 판결이 선고되기까지 피고가 원고의 청구를 다투는 취지의 답변서를 제출한 경우에는 그러하지 아니하다.
② 피고가 청구의 원인이 된 사실을 모두 자백하는 취지의 답변서를 제출하고 따로 항변을 하지 아니한 때에는 제1항의 규정을 준용한다.
③ 법원은 피고에게 소장의 부본을 송달할 때에 제1항 및 제2항의 규정에 따라 변론 없이 판결을 선고할 기일을 함께 통지할 수 있다.

제258조 【변론기일의 지정】
① 재판장은 제257조 제1항 및 제2항에 따라 변론 없이 판결하는 경우 외에는 바로 변론기일을 정하여야 한다. 다만, 사건을 변론준

비절차에 부칠 필요가 있는 경우에는 그러하지 아니하다.

② 재판장은 변론준비절차가 끝난 경우에는 바로 변론기일을 정하여야 한다.

[전문개정 2008.12.26]

제259조【중복된 소제기의 금지】
법원에 계속되어 있는 사건에 대하여 당사자는 다시 소를 제기하지 못한다.

제260조【피고의 경정(更正)】
① 원고가 피고를 잘못 지정한 것이 분명한 경우에는 제1심 법원은 변론을 종결할 때까지 원고의 신청에 따라 결정으로 피고를 경정하도록 허가할 수 있다. 다만, 피고가 본안에 관하여 준비서면을 제출하거나, 변론준비기일에서 진술하거나 변론을 한 뒤에는 그의 동의를 받아야 한다.

② 피고의 경정은 서면으로 신청하여야 한다.

③ 제2항의 서면은 상대방에게 송달하여야 한다. 다만, 피고에게 소장의 부본을 송달하지 아니한 경우에는 그러하지 아니하다.

④ 피고가 제3항의 서면을 송달받은 날부터 2주이내에 이의를 제기하지 아니하면 제1항 단서와 같은 동의를 한 것으로 본다.

제261조【경정신청에 관한 결정의 송달 등】
① 제260조 제1항의 신청에 대한 결정은 피고에게 송달하여야 한다. 다만, 피고에게 소장의 부본을 송달하지 아니한 때에는 그러하지 아니하다.

② 신청을 허가하는 결정을 한 때에는 그 결정의 정본과 소장의 부본을 새로운 피고에게 송달하여야 한다.

③ 신청을 허가하는 결정에 대하여는 동의가 없었다는 사유로만 즉시항고를 할 수 있다.

④ 신청을 허가하는 결정을 한 때에는 종전의 피고에 대한 소는 취하된 것으로 본다.

제262조【청구의 변경】
① 원고는 청구의 기초가 바뀌지 아니하는 한도 안에서 변론을 종결할 때(변론 없이 한 판결의 경우에는 판결을 선고할 때)까지 청구의 취지 또는 원인을 바꿀 수 있다. 다만, 소송절차를 현저히 지연시키는 경우에는 그러하지 아니하다.

② 청구취지의 변경은 서면으로 신청하여야 한다.

③ 제2항의 서면은 상대방에게 송달하여야 한다.

제263조【청구의 변경의 불허가】
법원이 청구의 취지 또는 원인의 변경이 옳지 아니하다고 인정한 때에는 직권으로 또는 상대방의 신청에 따라 변경을 허가하지 아니하는 결정을 하여야 한다.

제264조【중간확인(中間確認)의 소】
① 재판이 소송의 진행중에 쟁점이 된 법률관계의 성립여부에 매인 때에 당사자는 따로 그 법률관계의 확인을 구하는 소를 제기할 수 있다. 다만, 이는 그 확인청구가 다른 법원의 관할에 전속되지 아니하는 때에 한한다.

② 제1항의 청구는 서면으로 하여야 한다.

③ 제2항의 서면은 상대방에게 송달하여야 한다.

제265조【소제기에 따른 시효중단의 시기】
시효의 중단 또는 법률상 기간을 지킴에 필요한 재판상 청구는 소를 제기한 때 또는 제260조 제2항·제262조 제2항 또는 제264조 제2항의 규정에 따라 서면을 법원에 제출한 때에 그 효력이 생긴다.

제266조【소의 취하(取下)】
① 소는 판결이 확정될 때까지 그 전부나 일부를 취하할 수 있다.

② 소의 취하는 상대방이 본안에 관하여 준비서면을 제출하거나 변론준비기일에서 진술하거나 변론을 한 뒤에는 상대방의 동의를 받아야 효력을 가진다.

③ 소의 취하는 서면으로 하여야 한다. 다만, 변론 또는 변론준비기일에서 말로 할 수 있다.

④ 소장을 송달한 뒤에는 취하의 서면을 상대방에게 송달하여야 한다.
⑤ 제3항 단서의 경우에 상대방이 변론 또는 변론준비기일에 출석하지 아니한 때에는 그 기일의 조서등본을 송달하여야 한다.
⑥ 소취하의 서면이 송달된 날부터 2주 이내에 상대방이 이의를 제기하지 아니한 경우에는 소취하에 동의한 것으로 본다. 제3항 단서의 경우에 있어서, 상대방이 기일에 출석한 경우에는 소를 취하한 날부터, 상대방이 기일에 출석하지 아니한 경우에는 제5항의 등본이 송달된 날부터 2주 이내에 상대방이 이의를 제기하지 아니하는 때에도 또한 같다.

제267조 【소취하의 효과】
① 취하된 부분에 대하여는 소가 처음부터 계속되지 아니한 것으로 본다.
② 본안에 대한 종국판결이 있은 뒤에 소를 취하한 사람은 같은 소를 제기하지 못한다.

제268조 【양 쪽 당사자가 출석하지 아니한 경우】
① 양 쪽 당사자가 변론기일에 출석하지 아니하거나 출석하였다 하더라도 변론하지 아니한 때에는 재판장은 다시 변론기일을 정하여 양 쪽 당사자에게 통지하여야 한다.
② 제1항의 새 변론기일 또는 그 뒤에 열린 변론기일에 양 쪽 당사자가 출석하지 아니하거나 출석하였다 하더라도 변론하지 아니한 때에는 1월 이내에 기일지정신청을 하지 아니하면 소를 취하한 것으로 본다.
③ 제2항의 기일지정신청에 따라 정한 변론기일 또는 그 뒤의 변론기일에 양쪽 당사자가 출석하지 아니하거나 출석하였다 하더라도 변론하지 아니한 때에는 소를 취하한 것으로 본다.
④ 상소심의 소송절차에는 제1항 내지 제3항의 규정을 준용한다. 다만, 상소심에서는 상소를 취하한 것으로 본다.

제269조 【반 소(反訴)】
① 피고는 소송절차를 현저히 지연시키지 아니하는 경우에만 변론을 종결할 때까지 본소(本訴)가 계속된 법원에 반소를 제기할 수 있다. 다만, 소송의 목적이 된 청구가 다른 법원의 관할에 전속되지 아니하고 본소의 청구 또는 방어의 방법과 서로 관련이 있어야 한다.
② 본소가 단독사건인 경우에 피고가 반소로 합의사건에 속하는 청구를 한 때에는 법원은 직권 또는 당사자의 신청에 따른 결정으로 본소와 반소를 합의부에 이송하여야 한다. 다만, 반소에 관하여 제30조의 규정에 따른 관할권이 있는 경우에는 그러하지 아니하다.

제270조 【반소의 절차】
반소는 본소에 관한 규정을 따른다.

제271조 【반소의 취하】
본소가 취하된 때에는 피고는 원고의 동의 없이 반소를 취하할 수 있다.

제2장 변론과 그 준비

제272조 【변론의 집중(集中)과 준비(準備)】
① 변론은 집중되어야 하며, 당사자는 변론을 서면으로 준비하여야 한다.
② 단독사건의 변론은 서면으로 준비하지 아니할 수 있다. 다만, 상대방이 준비하지 아니하면 진술할 수 없는 사항은 그러하지 아니하다.

제273조 【준비서면(準備書面)의 제출 등】
준비서면은 그것에 적힌 사항에 대하여 상대방이 준비하는 데 필요한 기간을 두고 제출하여야 하며, 법원은 상대방에게 그 부본을 송달하여야 한다.

제274조【준비서면의 기재사항】
① 준비서면에는 다음 각호의 사항을 적고, 당사자 또는 대리인이 기명날인 또는 서명한다.
1. 당사자의 성명·명칭 또는 상호와 주소
2. 대리인의 성명과 주소
3. 사건의 표시
4. 공격 또는 방어의 방법
5. 상대방의 청구와 공격 또는 방어의 방법에 대한 진술
6. 덧붙인 서류의 표시
7. 작성한 날짜
8. 법원의 표시

② 제1항 제4호 및 제5호의 사항에 대하여는 사실상 주장을 증명하기 위한 증거방법과 상대방의 증거방법에 대한 의견을 함께 적어야 한다.

제275조【준비서면의 첨부서류】
① 당사자가 가지고 있는 문서로서 준비서면에 인용한 것은 그 등본 또는 사본을 붙여야 한다.
② 문서의 일부가 필요한 때에는 그 부분에 대한 초본을 붙이고, 문서가 많을 때에는 그 문서를 표시하면 된다.
③ 제1항 및 제2항의 문서는 상대방이 요구하면 그 원본(原本)을 보여주어야 한다.

제276조【준비서면에 적지 아니한 효과】
준비서면에 적지 아니한 사실은 상대방이 출석하지 아니한 때에는 변론에서 주장하지 못한다. 다만, 제272조 제2항 본문의 규정에 따라 준비서면을 필요로 하지 아니하는 경우에는 그러하지 아니하다.

제277조【번역문의 첨부(添附)】
외국어로 작성된 문서에는 번역문을 붙여야 한다.

제278조【요약(要約)준비서면】
재판장은 당사자의 공격방어방법의 요지를 파악하기 어렵다고 인정하는 때에는 변론을 종결하기에 앞서 당사자에게 쟁점과 증거의 정리 결과를 요약한 준비서면을 제출하도록 할 수 있다.

제279조【변론준비절차의 실시】
① 변론준비절차에서는 변론이 효율적이고 집중적으로 실시될 수 있도록 당사자의 주장과 증거를 정리하여야 한다. 〈개정 2008.12.26〉
② 재판장은 특별한 사정이 있는 때에는 변론기일을 연 뒤에도 사건을 변론준비절차에 부칠 수 있다.

제280조【변론준비절차의 진행】
① 변론준비절차는 기간을 정하여, 당사자로 하여금 준비서면, 그 밖의 서류를 제출하게 하거나 당사자 사이에 이를 교환하게 하고 주장사실을 증명할 증거를 신청하게 하는 방법으로 진행한다.
② 변론준비절차의 진행은 재판장이 담당한다.
③ 합의사건의 경우 재판장은 합의부원을 수명법관으로 지정하여 변론준비절차를 담당하게 할 수 있다.
④ 재판장은 필요하다고 인정하는 때에는 변론준비절차의 진행을 다른 판사에게 촉탁할 수 있다.

제281조【변론준비절차에서의 증거조사】
① 변론준비절차를 진행하는 재판장, 수명법관, 제280조 제4항의 판사(이하 "재판장 등"이라 한다)는 변론의 준비를 위하여 필요하다고 인정하면 증거결정을 할 수 있다.
② 합의사건의 경우에 제1항의 증거결정에 대한 당사자의 이의신청에 관하여는 제138조의 규정을 준용한다.
③ 재판장 등은 제279조 제1항의 목적을 달성하기 위하여 필요한 범위안에서 증거조사를 할 수 있다. 다만, 증인신문 및 당사자신문은 제313조에 해당되는 경우에만 할 수 있다.
④ 제1항 및 제3항의 경우에는 재판장 등이 이 법에서 정한 법원과 재판장의 직무를 행한다.

제282조【변론준비기일】
① 재판장 등은 변론준비절차를 진행하는 동안에 주장 및 증거를 정리하기 위하여 필요하다고

인정하는 때에는 변론준비기일을 열어 당사자를 출석하게 할 수 있다.
② 사건이 변론준비절차에 부쳐진 뒤 변론준비기일이 지정됨이 없이 4월이 지난 때에는 재판장 등은 즉시 변론준비기일을 지정하거나 변론준비절차를 끝내야 한다.
③ 당사자는 재판장 등의 허가를 얻어 변론준비기일에 제3자와 함께 출석할 수 있다.
④ 당사자는 변론준비기일이 끝날 때까지 변론의 준비에 필요한 주장과 증거를 정리하여 제출하여야 한다.
⑤ 재판장 등은 변론준비기일이 끝날 때까지 변론의 준비를 위한 모든 처분을 할 수 있다.

제283조 【변론준비기일의 조서】
① 변론준비기일의 조서에는 당사자의 진술에 따라 제274조 제1항 제4호와 제5호에 규정한 사항을 적어야 한다. 이 경우 특히 증거에 관한 진술은 명확히 하여야 한다.
② 변론준비기일의 조서에는 제152조 내지 제159조의 규정을 준용한다.

제284조 【변론준비절차의 종결】
① 재판장 등은 다음 각호 가운데 어느 하나에 해당하면 변론준비절차를 종결하여야 한다. 다만, 변론의 준비를 계속하여야 할 상당한 이유가 있는 때에는 그러하지 아니하다.
1. 사건을 변론준비절차에 부친 뒤 6월이 지난 때
2. 당사자가 제280조 제1항의 규정에 따라 정한 기간 이내에 준비서면 등을 제출하지 아니하거나 증거의 신청을 하지 아니한 때
3. 당사자가 변론준비기일에 출석하지 아니한 때
② 변론준비절차를 종결하는 경우에 재판장 등은 변론기일을 미리 지정할 수 있다.

제285조 【변론준비기일을 종결한 효과】
① 변론준비기일에 제출하지 아니한 공격방어방법은 다음 각호 가운데 어느 하나에 해당하여야만 변론에서 제출할 수 있다.
1. 그 제출로 인하여 소송을 현저히 지연시키지 아니하는 때
2. 중대한 과실 없이 변론준비절차에서 제출하지 못하였다는 것을 소명한 때
3. 법원이 직권으로 조사할 사항인 때
② 제1항의 규정은 변론에 관하여 제276조의 규정을 적용하는 데에 영향을 미치지 아니한다.
③ 소장 또는 변론준비절차전에 제출한 준비서면에 적힌 사항은 제1항의 규정에 불구하고 변론에서 주장할 수 있다. 다만, 변론준비절차에서 철회되거나 변경된 때에는 그러하지 아니하다.

제286조 【준용규정】
변론준비절차에는 제135조 내지 제138조, 제140조, 제142조 내지 제151조, 제225조 내지 제232조, 제268조 및 제278조의 규정을 준용한다.

제287조 【변론준비절차를 마친 뒤의 변론】
① 법원은 변론준비절차를 마친 경우에는 첫 변론기일을 거친 뒤 바로 변론을 종결할 수 있도록 하여야 하며, 당사자는 이에 협력하여야 한다.
② 당사자는 변론준비기일을 마친 뒤의 변론기일에서 변론준비기일의 결과를 진술하여야 한다.
③ 법원은 변론기일에 변론준비절차에서 정리된 결과에 따라서 바로 증거조사를 하여야 한다.

2021.8.17 신설

제287조의2 【비디오 등 중계장치 등에 의한 기일】
① 재판장·수명법관 또는 수탁판사는 상당하다고 인정하는 때에는 당사자의 신청을 받거나 동의를 얻어 비디오 등 중계장치에 의한 중계시설을 통하거나 인터넷 화상장치를 이용하여 변론준비기일 또는 심문기일을 열 수 있다.
② 법원은 교통의 불편 또는 그 밖의 사정으로 당사자가 법정에 직접 출석하기 어렵다고 인정하는 때에는 당사자의 신청을 받거나 동의를 얻어 비디오 등 중계장치에 의한 중계시설

을 통하거나 인터넷 화상장치를 이용하여 변론기일을 열 수 있다. 이 경우 법원은 심리의 공개에 필요한 조치를 취하여야 한다.
③ 제1항과 제2항에 따른 기일에 관하여는 제327조의2 제2항 및 제3항을 준용한다.
[본조신설 2021.8.17.]

제3장 증 거

제1절 총 칙

제288조【불요증사실(不要證事實)】
법원에서 당사자가 자백(自白)한 사실과 현저(顯著)한 사실은 증명을 필요로 하지 아니한다. 다만, 진실에 어긋나는 자백은 그것이 착오로 말미암은 것임을 증명한 때에는 취소할 수 있다.

제289조【증거의 신청과 조사】
① 증거를 신청할 때에는 증명할 사실을 표시하여야 한다.
② 증거의 신청과 조사는 변론기일전에도 할 수 있다.

제290조【증거신청의 채택여부】
법원은 당사자가 신청한 증거를 필요하지 아니하다고 인정한 때에는 조사하지 아니할 수 있다. 다만, 그것이 당사자가 주장하는 사실에 대한 유일한 증거인 때에는 그러하지 아니하다.

제291조【증거조사의 장애(障碍)】
법원은 증거조사를 할 수 있을지, 언제 할 수 있을지 알 수 없는 경우에는 그 증거를 조사하지 아니할 수 있다.

제292조【직권에 의한 증거조사】
법원은 당사자가 신청한 증거에 의하여 심증을 얻을 수 없거나, 그 밖에 필요하다고 인정한 때에는 직권으로 증거조사를 할 수 있다.

제293조【증거조사의 집중】
증인신문과 당사자신문은 당사자의 주장과 증거를 정리한 뒤 집중적으로 하여야 한다.

제294조【조사의 촉탁(囑託)】
법원은 공공기관·학교, 그 밖의 단체·개인 또는 외국의 공공기관에게 그 업무에 속하는 사항에 관하여 필요한 조사 또는 보관중인 문서의 등본·사본의 송부를 촉탁할 수 있다.

제295조【당사자가 출석하지 아니한 경우의 증거조사】
증거조사는 당사자가 기일에 출석하지 아니한 때에도 할 수 있다.

제296조【외국에서 시행하는 증거조사】
① 외국에서 시행할 증거조사는 그 나라에 주재하는 대한민국 대사·공사·영사 또는 그 나라의 관할 공공기관에 촉탁한다.
② 외국에서 시행한 증거조사는 그 나라의 법률에 어긋나더라도 이 법에 어긋나지 아니하면 효력을 가진다.

제297조【법원밖에서의 증거조사】
① 법원은 필요하다고 인정할 때에는 법원밖에서 증거조사를 할 수 있다. 이 경우 합의부원에게 명하거나 다른 지방법원 판사에게 촉탁할 수 있다.
② 수탁판사는 필요하다고 인정할 때에는 다른 지방법원 판사에게 증거조사를 다시 촉탁할 수 있다. 이 경우 그 사유를 수소법원과 당사자에게 통지하여야 한다.

제298조【수탁판사의 기록송부】
수탁판사는 증거조사에 관한 기록을 바로 수소법원에 보내야 한다.

제299조【소명(疎明)의 방법】
① 소명은 즉시 조사할 수 있는 증거에 의하여야 한다.
② 법원은 당사자 또는 법정대리인으로 하여금 보증금을 공탁하게 하거나, 그 주장이 진실

하다는 것을 선서하게 하여 소명에 갈음할 수 있다.

③ 제2항의 선서에는 제320조, 제321조 제1항·제3항·제4항 및 제322조의 규정을 준용한다.

제300조【보증금의 몰취(沒取)】
제299조 제2항의 규정에 따라 보증금을 공탁한 당사자 또는 법정대리인이 거짓 진술을 한 때에 법원은 결정으로 보증금을 몰취한다.

제301조【거짓 진술에 대한 제재】
제299조 제2항의 규정에 따라 선서한 당사자 또는 법정대리인이 거짓 진술을 한 때에 법원은 결정으로 200만원 이하의 과태료에 처한다.

제302조【불복신청】
제300조 및 제301조의 결정에 대하여는 즉시항고를 할 수 있다.

제2절 증인신문

제303조【증인(證人)의 의무】
법원은 특별한 규정이 없으면 누구든지 증인으로 신문(訊問)할 수 있다.

제304조【대통령·국회의장·대법원장·헌법재판소장의 신문(訊問)】
대통령·국회의장·대법원장 및 헌법재판소장 또는 그 직책에 있었던 사람을 증인으로 하여 직무상 비밀에 관한 사항을 신문할 경우에 법원은 그의 동의를 받아야 한다.

제305조【국회의원·국무총리·국무위원의 신문】
① 국회의원 또는 그 직책에 있었던 사람을 증인으로 하여 직무상 비밀에 관한 사항을 신문할 경우에 법원은 국회의 동의를 받아야 한다.

② 국무총리·국무위원 또는 그 직책에 있었던 사람을 증인으로 하여 직무상 비밀에 관한 사항을 신문할 경우에 법원은 국무회의의 동의를 받아야 한다.

제306조【공무원의 신문】
제304조와 제305조에 규정한 사람 외의 공무원 또는 공무원이었던 사람을 증인으로 하여 직무상 비밀에 관한 사항을 신문할 경우에 법원은 그 소속 관청 또는 감독 관청의 동의를 받아야 한다.

제307조【거부권의 제한】
제305조와 제306조의 경우에 국회·국무회의 또는 제306조의 관청은 국가의 중대한 이익을 해치는 경우를 제외하고는 동의를 거부하지 못한다.

제308조【증인신문의 신청】
당사자가 증인신문을 신청하고자 하는 때에는 증인을 지정하여 신청하여야 한다.

제309조【출석요구서의 기재사항】
증인에 대한 출석요구서에는 다음 각호의 사항을 적어야 한다.

1. 당사자의 표시
2. 신문 사항의 요지
3. 출석하지 아니하는 경우의 법률상 제재

제310조【증언에 갈음하는 서면의 제출】
① 법원은 증인과 증명할 사항의 내용 등을 고려하여 상당하다고 인정하는 때에는 출석·증언에 갈음하여 증언할 사항을 적은 서면을 제출하게 할 수 있다.

② 법원은 상대방의 이의가 있거나 필요하다고 인정하는 때에는 제1항의 증인으로 하여금 출석·증언하게 할 수 있다.

제311조【증인이 출석하지 아니한 경우의 과태료 등】
① 증인이 정당한 사유 없이 출석하지 아니한 때에 법원은 결정으로 증인에게 이로 말미암은 소송비용을 부담하도록 명하고 500만원 이하의 과태료에 처한다.

② 법원은 증인이 제1항의 규정에 따른 과태료의 재판을 받고도 정당한 사유 없이 다시 출석하지 아니한 때에는 결정으로 증인을 7일 이내의 감치(監置)에 처한다.

③ 법원은 감치재판기일에 증인을 소환하여 제2항의 정당한 사유가 있는지 여부를 심리하여야 한다.

④ 감치에 처하는 재판은 그 재판을 한 법원의 재판장의 명령에 따라 법원공무원 또는 경찰공무원이 경찰서유치장·교도소 또는 구치소에 유치함으로써 집행한다.

〈개정 2006.2.21.,2020.12.22〉

⑤ 감치의 재판을 받은 증인이 제4항에 규정된 감치시설에 유치된 때에는 당해 감치시설의 장은 즉시 그 사실을 법원에 통보하여야 한다.

⑥ 법원은 제5항의 통보를 받은 때에는 바로 증인신문기일을 열어야 한다.

⑦ 감치의 재판을 받은 증인이 감치의 집행중에 증언을 한 때에는 법원은 바로 감치결정을 취소하고 그 증인을 석방하도록 명하여야 한다.

⑧ 제1항과 제2항의 결정에 대하여는 즉시항고를 할 수 있다. 다만, 제447조의 규정은 적용하지 아니한다.

⑨ 제2항 내지 제8항의 규정에 따른 재판절차 및 그 집행 그 밖에 필요한 사항은 대법원규칙으로 정한다.

제312조【출석하지 아니한 증인의 구인(拘引)】

① 법원은 정당한 사유 없이 출석하지 아니한 증인을 구인하도록 명할 수 있다.

② 제1항의 구인에는 형사소송법의 구인에 관한 규정을 준용한다.

제313조【수명법관·수탁판사에 의한 증인신문】

법원은 다음 각호 가운데 어느 하나에 해당하면 수명법관 또는 수탁판사로 하여금 증인을 신문하게 할 수 있다.

1. 증인이 정당한 사유로 수소법원(受訴法院)에 출석하지 못하는 때
2. 증인이 수소법원에 출석하려면 지나치게 많은 비용 또는 시간을 필요로 하는 때
3. 그 밖의 상당한 이유가 있는 경우로서 당사자가 이의를 제기하지 아니하는 때

제314조【증언거부권】

증인은 그 증언이 자기나 다음 각호 가운데 어느 하나에 해당하는 사람이 공소제기되거나 유죄판결을 받을 염려가 있는 사항 또는 자기나 그들에게 치욕이 될 사항에 관한 것인 때에는 이를 거부할 수 있다. 〈개정 2005.3.31〉

1. 증인의 친족 또는 이러한 관계에 있었던 사람
2. 증인의 후견인 또는 증인의 후견을 받는 사람

제315조【증언거부권】

① 증인은 다음 각호 가운데 어느 하나에 해당하면 증언을 거부할 수 있다.

1. 변호사·변리사·공증인·공인회계사·세무사·의료인·약사, 그 밖에 법령에 따라 비밀을 지킬 의무가 있는 직책 또는 종교의 직책에 있거나 이러한 직책에 있었던 사람이 직무상 비밀에 속하는 사항에 대하여 신문을 받을 때
2. 기술 또는 직업의 비밀에 속하는 사항에 대하여 신문을 받을 때

② 증인이 비밀을 지킬 의무가 면제된 경우에는 제1항의 규정을 적용하지 아니한다.

제316조【거부이유의 소명】

증언을 거부하는 이유는 소명하여야 한다.

제317조【증언거부에 대한 재판】

① 수소법원은 당사자를 심문하여 증언거부가 옳은 지를 재판한다.

② 당사자 또는 증인은 제1항의 재판에 대하여 즉시항고를 할 수 있다.

제318조【증언거부에 대한 제재】

증언의 거부에 정당한 이유가 없다고 한 재판이 확정된 뒤에 증인이 증언을 거부한 때에는 제311조 제1항, 제8항 및 제9항의 규정을 준용한다.

제319조【선서의 의무】
재판장은 증인에게 신문에 앞서 선서를 하게 하여야 한다. 다만, 특별한 사유가 있는 때에는 신문한 뒤에 선서를 하게 할 수 있다.

제320조【위증(僞證)에 대한 벌(罰)의 경고】
재판장은 선서에 앞서 증인에게 선서의 취지를 밝히고, 위증의 벌에 대하여 경고하여야 한다.

제321조【선서의 방식】
① 선서는 선서서(宣誓書)에 따라서 하여야 한다.
② 선서서에는 "양심에 따라 숨기거나 보태지 아니하고 사실 그대로 말하며, 만일 거짓말을 하면 위증의 벌을 받기로 맹세합니다."라고 적어야 한다.
③ 재판장은 증인으로 하여금 선서서를 소리내어 읽고 기명날인 또는 서명하게 하며, 증인이 선서서를 읽지 못하거나 기명날인 또는 서명하지 못하는 경우에는 참여한 법원사무관 등이나 그 밖의 법원공무원으로 하여금 이를 대신하게 한다.
④ 증인은 일어서서 엄숙하게 선서하여야 한다.

제322조【선서무능력(宣誓無能力)】
다음 각호 가운데 어느 하나에 해당하는 사람을 증인으로 신문할 때에는 선서를 시키지 못한다.
1. 16세 미만인 사람
2. 선서의 취지를 이해하지 못하는 사람

제323조【선서의 면제】
제314조에 해당하는 증인으로서 증언을 거부하지 아니한 사람을 신문할 때에는 선서를 시키지 아니할 수 있다.

제324조【선서거부권】
증인이 자기 또는 제314조 각호에 규정된 어느 한 사람과 현저한 이해관계가 있는 사항에 관하여 신문을 받을 때에는 선서를 거부할 수 있다.

제325조【조서에의 기재】
선서를 시키지 아니하고 증인을 신문한 때에는 그 사유를 조서에 적어야 한다.

제326조【선서거부에 대한 제재】
증인이 선서를 거부하는 경우에는 제316조 내지 제318조의 규정을 준용한다.

제327조【증인신문의 방식】
① 증인신문은 증인을 신청한 당사자가 먼저 하고, 다음에 다른 당사자가 한다.
② 재판장은 제1항의 신문이 끝난 뒤에 신문할 수 있다.
③ 재판장은 제1항과 제2항의 규정에 불구하고 언제든지 신문할 수 있다.
④ 재판장이 알맞다고 인정하는 때에는 당사자의 의견을 들어 제1항과 제2항의 규정에 따른 신문의 순서를 바꿀 수 있다.
⑤ 당사자의 신문이 중복되거나 쟁점과 관계가 없는 때, 그 밖에 필요한 사정이 있는 때에 재판장은 당사자의 신문을 제한할 수 있다.
⑥ 합의부원은 재판장에게 알리고 신문할 수 있다.

2016.3.29 신설 | 2021.8.17 개정

제327조의2【비디오 등 중계장치에 의한 증인신문】
① 법원은 다음 각 호의 어느 하나에 해당하는 사람을 증인으로 신문하는 경우 상당하다고 인정하는 때에는 당사자의 의견을 들어 비디오 등 중계장치에 의한 중계시설을 통하거나 인터넷 화상장치를 이용하여 신문할 수 있다. 〈개정 2021.8.17.〉
1. 증인이 멀리 떨어진 곳 또는 교통이 불편한 곳에 살고 있거나 그 밖의 사정으로 말미암아 법정에 직접 출석하기 어려운 경우
2. 증인이 나이, 심신상태, 당사자나 법정대리인과의 관계, 신문사항의 내용, 그 밖의 사정으로 말미암아 법정에서 당사자 등과 대면하여 진술하면 심리적인 부담으로 정신의 평온을 현저하게 잃을 우려가 있는 경우
② 제1항에 따른 증인신문은 증인이 법정에 출석하여 이루어진 증인신문으로 본다.

민사소송법

③ 제1항에 따른 증인신문의 절차와 방법, 그 밖에 필요한 사항은 대법원규칙으로 정한다.
[본조신설 2016.3.29.]

제328조【격리(隔離)신문과 그 예외】
① 증인은 따로 따로 신문하여야 한다.
② 신문하지 아니한 증인이 법정(法廷)안에 있을 때에는 법정에서 나가도록 명하여야 한다. 다만, 필요하다고 인정한 때에는 신문할 증인을 법정안에 머무르게 할 수 있다.

제329조【대질신문(對質訊問)】
재판장은 필요하다고 인정한 때에는 증인 서로의 대질을 명할 수 있다.

제330조【증인의 행위의무】
재판장은 필요하다고 인정한 때에는 증인에게 문자를 손수 쓰게 하거나 그 밖의 필요한 행위를 하게 할 수 있다.

제331조【증인의 진술원칙】
증인은 서류에 의하여 진술하지 못한다. 다만, 재판장이 허가하면 그러하지 아니하다.

제332조【수명법관·수탁판사의 권한】
수명법관 또는 수탁판사가 증인을 신문하는 경우에는 법원과 재판장의 직무를 행한다.

제3절 감 정

제333조【증인신문규정의 준용】
감정(鑑定)에는 제2절의 규정을 준용한다. 다만, 제311조 제2항 내지 제7항, 제312조, 제321조 제2항, 제327조 및 제327조의2는 그러하지 아니하다. 〈개정 2016.3.29.〉

제334조【감정의무】
① 감정에 필요한 학식과 경험이 있는 사람은 감정할 의무를 진다.
② 제314조 또는 제324조의 규정에 따라 증언 또는 선서를 거부할 수 있는 사람과 제322조에 규정된 사람은 감정인이 되지 못한다.

제335조【감정인의 지정】
감정인은 수소법원·수명법관 또는 수탁판사가 지정한다.

제335조의2【감정인의 의무】
① 감정인은 감정사항이 자신의 전문분야에 속하지 아니하는 경우 또는 그에 속하더라도 다른 감정인과 함께 감정을 하여야 하는 경우에는 곧바로 법원에 감정인의 지정 취소 또는 추가 지정을 요구하여야 한다.
② 감정인은 감정을 다른 사람에게 위임하여서는 아니 된다.
[본조신설 2016.3.29.]

제336조【감정인의 기피(忌避)】
감정인이 성실하게 감정할 수 없는 사정이 있는 때에 당사자는 그를 기피할 수 있다. 다만, 당사자는 감정인이 감정사항에 관한 진술을 하기 전부터 기피할 이유가 있다는 것을 알고 있었던 때에는 감정사항에 관한 진술이 이루어진 뒤에 그를 기피하지 못한다.

제337조【기피의 절차】
① 기피신청은 수소법원·수명법관 또는 수탁판사에게 하여야 한다.
② 기피하는 사유는 소명하여야 한다.
③ 기피하는 데 정당한 이유가 있다고 한 결정에 대하여는 불복할 수 없고, 이유가 없다고 한 결정에 대하여는 즉시항고를 할 수 있다.

제338조【선서의 방식】
선서서에는 "양심에 따라 성실히 감정하고, 만일 거짓이 있으면 거짓감정의 벌을 받기로 맹세합니다."라고 적어야 한다.

제339조【감정진술의 방식】
① 재판장은 감정인으로 하여금 서면이나 말로써 의견을 진술하게 할 수 있다.

② 재판장은 여러 감정인에게 감정을 명하는 경우에는 다 함께 또는 따로 따로 의견을 진술하게 할 수 있다.

③ 법원은 제1항 및 제2항에 따른 감정진술에 관하여 당사자에게 서면이나 말로써 의견을 진술할 기회를 주어야 한다. 〈신설 2016.3.29.〉

제339조의2 【감정인신문의 방식】

① 감정인은 재판장이 신문한다.

② 합의부원은 재판장에게 알리고 신문할 수 있다.

③ 당사자는 재판장에게 알리고 신문할 수 있다. 다만, 당사자의 신문이 중복되거나 쟁점과 관계가 없는 때, 그 밖에 필요한 사정이 있는 때에는 재판장은 당사자의 신문을 제한할 수 있다.

[본조신설 2016.3.29.]

제339조의3 【비디오 등 중계장치 등에 의한 감정인신문】

① 법원은 다음 각 호의 어느 하나에 해당하는 사람을 감정인으로 신문하는 경우 상당하다고 인정하는 때에는 당사자의 의견을 들어 비디오 등 중계장치에 의한 중계시설을 통하여 신문하거나 인터넷 화상장치를 이용하여 신문할 수 있다.

1. 감정인이 법정에 직접 출석하기 어려운 특별한 사정이 있는 경우
2. 감정인이 외국에 거주하는 경우

② 제1항에 따른 감정인신문에 관하여는 제327조의2 제2항 및 제3항을 준용한다.

[본조신설 2016.3.29.]

제340조 【감정증인(鑑定證人)】

특별한 학식과 경험에 의하여 알게 된 사실에 관한 신문은 증인신문에 관한 규정을 따른다. 다만, 비디오 등 중계장치 등에 의한 감정증인신문에 관하여는 제339조의3을 준용한다.

〈단서 신설 2016.3.29.〉

제341조 【감정의 촉탁】

① 법원이 필요하다고 인정하는 경우에는 공공기관·학교, 그 밖에 상당한 설비가 있는 단체 또는 외국의 공공기관에 감정을 촉탁할 수 있다. 이 경우에는 선서에 관한 규정을 적용하지 아니한다.

② 제1항의 경우에 법원은 필요하다고 인정하면 공공기관·학교, 그 밖의 단체 또는 외국 공공기관이 지정한 사람으로 하여금 감정서를 설명하게 할 수 있다.

③ 제2항의 경우에는 제339조의3을 준용한다. 〈신설 2016.3.29.〉

제342조 【감정에 필요한 처분】

① 감정인은 감정을 위하여 필요한 경우에는 법원의 허가를 받아 남의 토지, 주거, 관리중인 가옥, 건조물, 항공기, 선박, 차량, 그 밖의 시설물안에 들어갈 수 있다.

② 제1항의 경우 저항을 받을 때에는 감정인은 경찰공무원에게 원조를 요청할 수 있다.

〈개정 2006.2.21.,2020.12.22〉

제4절 서 증

제343조 【서증신청(書證申請)의 방식】

당사자가 서증을 신청하고자 하는 때에는 문서를 제출하는 방식 또는 문서를 가진 사람에게 그것을 제출하도록 명할 것을 신청하는 방식으로 한다.

제344조 【문서의 제출의무】

① 다음 각호의 경우에 문서를 가지고 있는 사람은 그 제출을 거부하지 못한다.

1. 당사자가 소송에서 인용한 문서를 가지고 있는 때
2. 신청자가 문서를 가지고 있는 사람에게 그것을 넘겨 달라고 하거나 보겠다고 요구할 수 있는 사법상의 권리를 가지고 있는 때
3. 문서가 신청자의 이익을 위하여 작성되었거나, 신청자와 문서를 가지고 있는 사람 사이의 법률관계에 관하여 작성된 것인 때. 다만, 다음 각목의 사유 가운데 어느 하나에 해당하는 경우에는 그러하지 아니하다.
   가. 제304조 내지 제306조에 규정된 사항이 적혀있는 문서로서 같은 조문들에 규정된 동의를 받지 아니한 문서
   나. 문서를 가진 사람 또는 그와 제314조 각호 가운데 어느 하나의 관계에 있는 사람에 관하여 같은 조에서 규정된 사항이 적혀 있는 문서
   다. 제315조 제1항 각호에 규정된 사항중 어느 하나에 규정된 사항이 적혀 있고 비밀을 지킬 의무가 면제되지 아니한 문서

② 제1항의 경우 외에도 문서(공무원 또는 공무원이었던 사람이 그 직무와 관련하여 보관하거나 가지고 있는 문서를 제외한다)가 다음 각호의 어느 하나에도 해당하지 아니하는 경우에는 문서를 가지고 있는 사람은 그 제출을 거부하지 못한다.

1. 제1항 제3호 나목 및 다목에 규정된 문서
2. 오로지 문서를 가진 사람이 이용하기 위한 문서

제345조【문서제출신청의 방식】

문서제출신청에는 다음 각호의 사항을 밝혀야 한다.

1. 문서의 표시
2. 문서의 취지
3. 문서를 가진 사람
4. 증명할 사실
5. 문서를 제출하여야 하는 의무의 원인

제346조【문서목록의 제출】

제345조의 신청을 위하여 필요하다고 인정하는 경우에는, 법원은 신청대상이 되는 문서의 취지나 그 문서로 증명할 사실을 개괄적으로 표시한 당사자의 신청에 따라, 상대방 당사자에게 신청내용과 관련하여 가지고 있는 문서 또는 신청내용과 관련하여 서증으로 제출할 문서에 관하여 그 표시와 취지 등을 적어 내도록 명할 수 있다.

제347조【제출신청의 허가여부에 대한 재판】

① 법원은 문서제출신청에 정당한 이유가 있다고 인정한 때에는 결정으로 문서를 가진 사람에게 그 제출을 명할 수 있다.

② 문서제출의 신청이 문서의 일부에 대하여만 이유 있다고 인정한 때에는 그 부분만의 제출을 명하여야 한다.

③ 제3자에 대하여 문서의 제출을 명하는 경우에는 제3자 또는 그가 지정하는 자를 심문하여야 한다.

④ 법원은 문서가 제344조에 해당하는지를 판단하기 위하여 필요하다고 인정하는 때에는 문서를 가지고 있는 사람에게 그 문서를 제시하도록 명할 수 있다. 이 경우 법원은 그 문서를 다른 사람이 보도록 하여서는 안된다.

제348조【불복신청】

문서제출의 신청에 관한 결정에 대하여는 즉시항고를 할 수 있다.

제349조【당사자가 문서를 제출하지 아니한 때의 효과】

당사자가 제347조 제1항·제2항 및 제4항의 규정에 의한 명령에 따르지 아니한 때에는 법원은 문서의 기재에 대한 상대방의 주장을 진실한 것으로 인정할 수 있다.

제350조【당사자가 사용을 방해한 때의 효과】
당사자가 상대방의 사용을 방해할 목적으로 제출의무가 있는 문서를 훼손하여 버리거나 이를 사용할 수 없게 한 때에는, 법원은 그 문서의 기재에 대한 상대방의 주장을 진실한 것으로 인정할 수 있다.

제351조【제3자가 문서를 제출하지 아니한 때의 제재】
제3자가 제347조 제1항·제2항 및 제4항의 규정에 의한 명령에 따르지 아니한 때에는 제318조의 규정을 준용한다.

제352조【문서송부의 촉탁】
서증의 신청은 제343조의 규정에 불구하고 문서를 가지고 있는 사람에게 그 문서를 보내도록 촉탁할 것을 신청함으로써도 할 수 있다. 다만, 당사자가 법령에 의하여 문서의 정본 또는 등본을 청구할 수 있는 경우에는 그러하지 아니하다.

제352조의2【협력의무】
① 제352조에 따라 법원으로부터 문서의 송부를 촉탁받은 사람 또는 제297조에 따른 증거조사의 대상인 문서를 가지고 있는 사람은 정당한 사유가 없는 한 이에 협력하여야 한다.
② 문서의 송부를 촉탁받은 사람이 그 문서를 보관하고 있지 아니하거나 그 밖에 송부촉탁에 따를 수 없는 사정이 있는 때에는 법원에 그 사유를 통지하여야 한다. [본조신설 2007.5.17]

제353조【제출문서의 보관】
법원은 필요하다고 인정하는 때에는 제출되거나 보내 온 문서를 맡아 둘 수 있다.

제354조【수명법관·수탁판사에 의한 조사】
① 법원은 제297조의 규정에 따라 수명법관 또는 수탁판사에게 문서에 대한 증거조사를 하게 하는 경우에 그 조서에 적을 사항을 정할 수 있다.
② 제1항의 조서에는 문서의 등본 또는 초본을 붙여야 한다.

제355조【문서제출의 방법 등】
① 법원에 문서를 제출하거나 보낼 때에는 원본(原本), 정본(正本) 또는 인증(認證)이 있는 등본(謄本)으로 하여야 한다.
② 법원은 필요하다고 인정하는 때에는 원본을 제출하도록 명하거나 이를 보내도록 촉탁할 수 있다.
③ 법원은 당사자로 하여금 그 인용한 문서의 등본 또는 초본을 제출하게 할 수 있다.
④ 문서가 증거로 채택되지 아니한 때에는 법원은 당사자의 의견을 들어 제출된 문서의 원본·정본·등본·초본 등을 돌려주거나 폐기할 수 있다.

제356조【공문서의 진정(眞正)의 추정(推定)】
① 문서의 작성방식과 취지에 의하여 공무원이 직무상 작성한 것으로 인정한 때에는 이를 진정한 공문서로 추정한다.
② 공문서가 진정한지 의심스러운 때에는 법원은 직권으로 해당 공공기관에 조회할 수 있다.
③ 외국의 공공기관이 작성한 것으로 인정한 문서에는 제1항 및 제2항의 규정을 준용한다.

제357조【사문서의 진정의 증명】
사문서는 그것이 진정한 것임을 증명하여야 한다.

제358조【사문서의 진정의 추정】
사문서는 본인 또는 대리인의 서명이나 날인 또는 무인(拇印)이 있는 때에는 진정한 것으로 추정한다.

제359조【필적(筆跡) 또는 인영(印影)의 대조】
문서가 진정하게 성립된 것인지 어떤지는 필적 또는 인영을 대조하여 증명할 수 있다.

제360조【대조용(對照用)문서의 제출절차】
① 대조에 필요한 필적이나 인영이 있는 문서, 그 밖의 물건을 법원에 제출하거나 보내는 경우에는 제343조, 제347조 내지 제350조, 제352조 내지 제354조의 규정을 준용한다.
② 제3자가 정당한 사유 없이 제1항의 규정에 의한 제출명령에 따르지 아니한 때에 법원은 결정으로 200만원 이하의 과태료에 처한다.

③ 제2항의 결정에 대하여는 즉시항고를 할 수 있다.

제361조【상대방이 손수 써야 하는 의무】

① 대조하는 데에 적당한 필적이 없는 때에는 법원은 상대방에게 그 문자를 손수 쓰도록 명할 수 있다.

② 상대방이 정당한 이유없이 제1항의 명령에 따르지 아니한 때에는 법원은 문서의 진정여부에 관한 확인신청자의 주장을 진실한 것으로 인정할 수 있다. 필치(筆致)를 바꾸어 손수 쓴 때에도 또한 같다.

제362조【대조용문서의 첨부】

대조하는 데에 제공된 서류는 그 원본·등본 또는 초본을 조서에 붙여야 한다.

제363조【문서성립의 부인에 대한 제재】

① 당사자 또는 그 대리인이 고의나 중대한 과실로 진실에 어긋나게 문서의 진정을 다툰 때에는 법원은 결정으로 200만원 이하의 과태료에 처한다.

② 제1항의 결정에 대하여는 즉시항고를 할 수 있다.

③ 제1항의 경우에 문서의 진정에 대하여 다툰 당사자 또는 대리인이 소송이 법원에 계속된 중에 그 진정을 인정하는 때에는 법원은 제1항의 결정을 취소할 수 있다.

제5절 검 증

제364조【검증(檢證)의 신청】

당사자가 검증을 신청하고자 하는 때에는 검증의 목적을 표시하여 신청하여야 한다.

제365조【검증할 때의 감정 등】

수명법관 또는 수탁판사는 검증에 필요하다고 인정할 때에는 감정을 명하거나 증인을 신문할 수 있다.

제366조【검증의 절차 등】

① 검증할 목적물을 제출하거나 보내는 데에는 제343조, 제347조 내지 제350조, 제352조 내지 제354조의 규정을 준용한다.

② 제3자가 정당한 사유 없이 제1항의 규정에 의한 제출명령에 따르지 아니한 때에는 법원은 결정으로 200만원 이하의 과태료에 처한다. 이 결정에 대하여는 즉시항고를 할 수 있다.

③ 법원은 검증을 위하여 필요한 경우에는 제342조 제1항에 규정된 처분을 할 수 있다. 이 경우 저항을 받은 때에는 경찰공무원에게 원조를 요청할 수 있다.

〈개정 2006.2.21.,2020.12..22〉

제6절 당사자신문

제367조【당사자신문(當事者訊問)】

법원은 직권으로 또는 당사자의 신청에 따라 당사자 본인을 신문할 수 있다. 이 경우 당사자에게 선서를 하게 하여야 한다.

제368조【대 질】

재판장은 필요하다고 인정한 때에 당사자 서로의 대질 또는 당사자와 증인의 대질을 명할 수 있다.

제369조【출석·선서·진술의 의무】

당사자가 정당한 사유 없이 출석하지 아니하거나 선서 또는 진술을 거부한 때에는 법원은 신문사항에 관한 상대방의 주장을 진실한 것으로 인정할 수 있다.

제370조【거짓 진술에 대한 제재】

① 선서한 당사자가 거짓 진술을 한 때에는 법원은 결정으로 500만원 이하의 과태료에 처한다.

② 제1항의 결정에 대하여는 즉시항고를 할 수 있다.

③ 제1항의 결정에는 제363조 제3항의 규정을 준용한다.

제371조【신문조서(訊問調書)】

당사자를 신문한 때에는 선서의 유무와 진술 내용을 조서에 적어야 한다.

제372조【법정대리인의 신문】

소송에서 당사자를 대표하는 법정대리인에 대하여는 제367조 내지 제371조의 규정을 준용한다. 다만, 당사자 본인도 신문할 수 있다.

2021.8.17 개정

제373조【증인신문 규정의 준용】

이 절의 신문에는 제309조, 제313조, 제319조 내지 제322조, 제327조, 제327조의2와 제330조 내지 제332조의 규정을 준용한다.

〈개정 2021.8.17.〉

제7절 그 밖의 증거

제374조【그 밖의 증거】

도면·사진·녹음테이프·비디오테이프·컴퓨터용 자기디스크, 그 밖에 정보를 담기 위하여 만들어진 물건으로서 문서가 아닌 증거의 조사에 관한 사항은 제3절 내지 제5절의 규정에 준하여 대법원규칙으로 정한다.

제8절 증거보전

제375조【증거보전(證據保全)의 요건】

법원은 미리 증거조사를 하지 아니하면 그 증거를 사용하기 곤란할 사정이 있다고 인정한 때에는 당사자의 신청에 따라 이 장의 규정에 따라 증거조사를 할 수 있다.

제376조【증거보전의 관할】

① 증거보전의 신청은 소를 제기한 뒤에는 그 증거를 사용할 심급의 법원에 하여야 한다. 소를 제기하기 전에는 신문을 받을 사람이나 문서를 가진 사람의 거소 또는 검증하고자 하는 목적물이 있는 곳을 관할하는 지방법원에 하여야 한다.

② 급박한 경우에는 소를 제기한 뒤에도 제1항 후단에 규정된 지방법원에 증거보전의 신청을 할 수 있다.

제377조【신청의 방식】

① 증거보전의 신청에는 다음 각호의 사항을 밝혀야 한다.

1. 상대방의 표시
2. 증명할 사실
3. 보전하고자 하는 증거
4. 증거보전의 사유

② 증거보전의 사유는 소명하여야 한다.

제378조【상대방을 지정할 수 없는 경우】

증거보전의 신청은 상대방을 지정할 수 없는 경우에도 할 수 있다. 이 경우 법원은 상대방이 될 사람을 위하여 특별대리인을 선임할 수 있다.

제379조【직권에 의한 증거보전】

법원은 필요하다고 인정한 때에는 소송이 계속된 중에 직권으로 증거보전을 결정할 수 있다.

제380조【불복금지】

증거보전의 결정에 대하여는 불복할 수 없다.

제381조【당사자의 참여】

증거조사의 기일은 신청인과 상대방에게 통지하여야 한다. 다만, 긴급한 경우에는 그러하지 아니하다.

제382조【증거보전의 기록】

증거보전에 관한 기록은 본안소송의 기록이 있는 법원에 보내야 한다.

제383조【증거보전의 비용】

증거보전에 관한 비용은 소송비용의 일부로 한다.

제384조【변론에서의 재신문】

증거보전절차에서 신문한 증인을 당사자가 변론에서 다시 신문하고자 신청한 때에는 법원은 그 증인을 신문하여야 한다.

제4장 제소전 화해의 절차

제385조【화해신청의 방식】
① 민사상 다툼에 관하여 당사자는 청구의 취지·원인과 다투는 사정을 밝혀 상대방의 보통재판적이 있는 곳의 지방법원에 화해를 신청할 수 있다.
② 당사자는 제1항의 화해를 위하여 대리인을 선임하는 권리를 상대방에게 위임할 수 없다.
③ 법원은 필요한 경우 대리권의 유무를 조사하기 위하여 당사자본인 또는 법정대리인의 출석을 명할 수 있다.
④ 화해신청에는 그 성질에 어긋나지 아니하면 소에 관한 규정을 준용한다.

제386조【화해가 성립된 경우】

화해가 성립된 때에는 법원사무관등은 조서에 당사자, 법정대리인, 청구의 취지와 원인, 화해조항, 날짜와 법원을 표시하고 판사와 법원사무관등이 기명날인 또는 서명한다. 〈개정 2017.10.31.〉

제387조【화해가 성립되지 아니한 경우】
① 화해가 성립되지 아니한 때에는 법원사무관등은 그 사유를 조서에 적어야 한다.
② 신청인 또는 상대방이 기일에 출석하지 아니한 때에는 법원은 이들의 화해가 성립되지 아니한 것으로 볼 수 있다.
③ 법원사무관 등은 제1항의 조서등본을 당사자에게 송달하여야 한다.

제388조【소제기신청】
① 제387조의 경우에 당사자는 소제기신청을 할 수 있다.
② 적법한 소제기신청이 있으면 화해신청을 한 때에 소가 제기된 것으로 본다. 이 경우 법원사무관 등은 바로 소송기록을 관할법원에 보내야 한다.
③ 제1항의 신청은 제387조 제3항의 조서등본이 송달된 날부터 2주 이내에 하여야 한다. 다만, 조서등본이 송달되기 전에도 신청할 수 있다.
④ 제3항의 기간은 불변기간으로 한다.

제389조【화해비용】

화해비용은 화해가 성립된 경우에는 특별한 합의가 없으면 당사자들이 각자 부담하고, 화해가 성립되지 아니한 경우에는 신청인이 부담한다. 다만, 소제기신청이 있는 경우에는 화해비용을 소송비용의 일부로 한다.

제3편 상 소

제1장 항 소

제390조【항소(抗訴)의 대상】
① 항소(抗訴)는 제1심 법원이 선고한 종국판결에 대하여 할 수 있다. 다만, 종국판결 뒤에 양 쪽 당사자가 상고(上告)할 권리를 유보하고 항소를 하지 아니하기로 합의한 때에는 그러하지 아니하다.
② 제1항 단서의 합의에는 제29조 제2항의 규정을 준용한다.

제391조【독립한 항소가 금지되는 재판】

소송비용 및 가집행에 관한 재판에 대하여는 독립하여 항소를 하지 못한다.

제392조【항소심의 판단을 받는 재판】

종국판결 이전의 재판은 항소법원의 판단을 받는다. 다만, 불복할 수 없는 재판과 항고(抗告)로 불복할 수 있는 재판은 그러하지 아니하다.

제393조【항소의 취하】
① 항소는 항소심의 종국판결이 있기 전에 취하할 수 있다.
② 항소의 취하에는 제266조 제3항 내지 제5항 및 제267조 제1항의 규정을 준용한다.

제394조【항소권의 포기】
항소권은 포기할 수 있다.

제395조【항소권의 포기방식】
① 항소권의 포기는 항소를 하기 이전에는 제1심 법원에, 항소를 한 뒤에는 소송기록이 있는 법원에 서면으로 하여야 한다.
② 항소권의 포기에 관한 서면은 상대방에게 송달하여야 한다.
③ 항소를 한 뒤의 항소권의 포기는 항소취하의 효력도 가진다.

제396조【항소기간】
① 항소는 판결서가 송달된 날부터 2주 이내에 하여야 한다. 다만, 판결서 송달전에도 할 수 있다.
② 제1항의 기간은 불변기간으로 한다.

제397조【항소의 방식, 항소장의 기재사항】
① 항소는 항소장을 제1심 법원에 제출함으로써 한다.
② 항소장에는 다음 각호의 사항을 적어야 한다.
1. 당사자와 법정대리인
2. 제1심 판결의 표시와 그 판결에 대한 항소의 취지

제398조【준비서면규정의 준용】
항소장에는 준비서면에 관한 규정을 준용한다.

제399조【원심재판장(原審裁判長)등의 항소장 심사권】 〈제목개정 2014.12.30〉
① 항소장이 제397조 제2항의 규정에 어긋난 경우와 항소장에 법률의 규정에 따른 인지를 붙이지 아니한 경우에는 원심재판장은 항소인에게 상당한 기간을 정하여 그 기간 이내에 흠을 보정하도록 명하여야 한다. 원심재판장은 법원사무관등으로 하여금 위 보정명령을 하게 할 수 있다. 〈후단 신설 2014.12.30〉
② 항소인이 제1항의 기간 이내에 흠을 보정하지 아니한 때와, 항소기간을 넘긴 것이 분명한 때에는 원심재판장은 명령으로 항소장을 각하하여야 한다.
③ 제2항의 명령에 대하여는 즉시항고를 할 수 있다.

제400조【항소기록의 송부】
① 항소장이 각하되지 아니한 때에 원심법원의 법원사무관등은 항소장이 제출된 날부터 2주 이내에 항소기록에 항소장을 붙여 항소법원으로 보내야 한다.
② 제399조 제1항의 규정에 의하여 원심재판장등이 흠을 보정하도록 명한 때에는 그 흠이 보정된 날부터 1주 이내에 항소기록을 보내야 한다. 〈개정 2014.12.30.〉

2024.1.16. 신설 | 2025.3.1. 시행

③ 제1항 또는 제2항에 따라 항소기록을 송부받은 항소법원의 법원사무관등은 바로 그 사유를 당사자에게 통지하여야 한다. 〈신설 2024.1.16.〉

제401조【항소장부본의 송달(送達)】
항소장의 부본은 피항소인에게 송달하여야 한다.

제402조【항소심재판장등의 항소장심사권】
① 항소장이 제397조 제2항의 규정에 어긋나거나 항소장에 법률의 규정에 따른 인지를 붙이지 아니하였음에도 원심재판장등이 제399조 제1항의 규정에 의한 명령을 하지 아니한 경우, 또는 항소장의 부본을 송달할 수 없는 경우에는 항소심재판장은 항소인에게 상당한 기간을 정하여 그 기간 이내에 흠을 보정하도록 명하여야 한다. 항소심재판장은 법원사무관등으로 하여금 위 보정명령을 하게 할 수 있다.
〈후단신설 2014.12.30〉
② 항소인이 제1항의 기간 이내에 흠을 보정하지 아니한 때, 또는 제399조 제2항의 규정에 따라 원심재판장이 항소장을 각하하지 아니한 때에는 항소심재판장은 명령으로 항소장을 각하하여야 한다.
③ 제2항의 명령에 대하여는 즉시항고를 할 수 있다.

2024.1.16. 개정 | 2025.3.1. 시행

제402조의2【항소이유서의 제출】
① 항소장에 항소이유를 적지 아니한 항소인은 제400조 제3항의 통지를 받은 날부터 40일 이내에 항소이유서를 항소법원에 제출하여야 한다.
② 항소법원은 항소인의 신청에 따른 결정으로 제1항에 따른 제출기간을 1회에 한하여 1개월 연장할 수 있다.

[본조신설 2024.1.16.]

2024.1.16. 개정 | 2025.3.1. 시행

제402조의3【항소이유서 미제출에 따른 항소각하 결정】
① 항소인이 제402조의2제1항에 따른 제출기간(같은 조 제2항에 따라 제출기간이 연장된 경우에는 그 연장된 기간을 말한다) 내에 항소이유서를 제출하지 아니한 때에는 항소법원은 결정으로 항소를 각하하여야 한다. 다만, 직권으로 조사하여야 할 사유가 있거나 항소장에 항소이유가 기재되어 있는 때에는 그러하지 아니하다.
② 제1항 본문의 결정에 대하여는 즉시항고를 할 수 있다.

[본조신설 2024.1.16.]

제403조【부대항소(附帶抗訴)】
피항소인은 항소권이 소멸된 뒤에도 변론이 종결될 때까지 부대항소를 할 수 있다.

제404조【부대항소의 종속성】
부대항소는 항소가 취하되거나 부적법하여 각하된 때에는 그 효력을 잃는다. 다만, 항소기간이내에 한 부대항소는 독립된 항소로 본다.

제405조【부대항소의 방식】
부대항소에는 항소에 관한 규정을 적용한다.

제406조【가집행(假執行)의 선고】
① 항소법원은 제1심 판결중에 불복신청이 없는 부분에 대하여는 당사자의 신청에 따라 결정으로 가집행의 선고를 할 수 있다.
② 제1항의 신청을 기각한 결정에 대하여는 즉시항고를 할 수 있다.

제407조【변론의 범위】
① 변론은 당사자가 제1심 판결의 변경을 청구하는 한도 안에서 한다.
② 당사자는 제1심 변론의 결과를 진술하여야 한다.

제408조【제1심 소송절차의 준용】
항소심의 소송절차에는 특별한 규정이 없으면 제2편 제1장 내지 제3장의 규정을 준용한다.

제409조【제1심 소송행위의 효력】
제1심의 소송행위는 항소심에서도 그 효력을 가진다.

제410조【제1심의 변론준비절차의 효력】
제1심의 변론준비절차는 항소심에서도 그 효력을 가진다.

제411조【관할위반 주장의 금지】
당사자는 항소심에서 제1심 법원의 관할위반을 주장하지 못한다. 다만, 전속관할에 대하여는 그러하지 아니하다.

제412조【반소(反訴)의 제기】
① 반소는 상대방의 심급의 이익을 해할 우려가 없는 경우 또는 상대방의 동의를 받은 경우에 제기할 수 있다.
② 상대방이 이의를 제기하지 아니하고 반소의 본안에 관하여 변론을 한 때에는 반소제기에 동의한 것으로 본다.

제413조【변론 없이 하는 항소각하】
부적법한 항소로서 흠을 보정할 수 없으면 변론 없이 판결로 항소를 각하할 수 있다.

제414조【항소기각】
① 항소법원은 제1심 판결을 정당하다고 인정한 때에는 항소를 기각하여야 한다.
② 제1심 판결의 이유가 정당하지 아니한 경우에도 다른 이유에 따라 그 판결이 정당하다고 인정되는 때에는 항소를 기각하여야 한다.

제415조【항소를 받아들이는 범위】
제1심 판결은 그 불복의 한도안에서 바꿀 수 있다. 다만, 상계에 관한 주장을 인정한 때에는 그러하지 아니하다.

제416조【제1심 판결의 취소】
항소법원은 제1심 판결을 정당하지 아니하다고 인정한 때에는 취소하여야 한다.

제417조【판결절차의 위법으로 말미암은 취소】
제1심 판결의 절차가 법률에 어긋날 때에 항소법원은 제1심 판결을 취소하여야 한다.

제418조【필수적 환송(還送)】
소가 부적법하다고 각하한 제1심 판결을 취소하는 경우에는 항소법원은 사건을 제1심 법원에 환송하여야 한다. 다만, 제1심에서 본안판결을 할 수 있을 정도로 심리가 된 경우, 또는 당사자의 동의가 있는 경우에는 항소법원은 스스로 본안판결을 할 수 있다.

제419조【관할위반으로 말미암은 이송(移送)】
관할위반을 이유로 제1심 판결을 취소한 때에는 항소법원은 판결로 사건을 관할법원에 이송하여야 한다.

제420조【판결서를 적는 방법】
판결이유를 적을 때에는 제1심 판결을 인용할 수 있다. 다만, 제1심 판결이 제208조 제3항에 따라 작성된 경우에는 그러하지 아니하다.

제421조【소송기록의 반송(返送)】

2024.1.16. 개정 | 2025.3.1. 시행

소송이 완결된 뒤 상고가 제기되지 아니하고 상고기간이 끝난 때에는 법원사무관등은 판결서, 제402조에 따른 명령 또는 제402조의3에 따른 결정((▶▶2024.1.16. 개정 시 추가) 정본을 소송기록에 붙여 제1심 법원에 보내야 한다.
〈개정 2024.1.16.〉

제2장 상 고

제422조【상고(上告)의 대상】
① 상고는 고등법원이 선고한 종국판결과 지방법원 합의부가 제2심으로서 선고한 종국판결에 대하여 할 수 있다.
② 제390조 제1항 단서의 경우에는 제1심의 종국판결에 대하여 상고할 수 있다.

제423조【상고이유】
상고는 판결에 영향을 미친 헌법·법률·명령 또는 규칙의 위반이 있다는 것을 이유로 드는 때에만 할 수 있다.

제424조【절대적 상고이유】
① 판결에 다음 각호 가운데 어느 하나의 사유가 있는 때에는 상고에 정당한 이유가 있는 것으로 한다.
1. 법률에 따라 판결법원을 구성하지 아니한 때
2. 법률에 따라 판결에 관여할 수 없는 판사가 판결에 관여한 때
3. 전속관할에 관한 규정에 어긋난 때
4. 법정대리권·소송대리권 또는 대리인의 소송행위에 대한 특별한 권한의 수여에 흠이 있는 때
5. 변론을 공개하는 규정에 어긋난 때
6. 판결의 이유를 밝히지 아니하거나 이유에 모순이 있는 때

② 제60조 또는 제97조의 규정에 따라 추인한 때에는 제1항 제4호의 규정을 적용하지 아니한다.

제425조【항소심절차의 준용】
상고와 상고심의 소송절차에는 특별한 규정이 없으면 제1장의 규정을 준용한다.

제426조【소송기록 접수의 통지】
상고법원의 법원사무관 등은 원심법원의 법원사무관 등으로부터 소송기록을 받은 때에는 바로 그 사유를 당사자에게 통지하여야 한다.

제427조【상고이유서 제출】
상고장에 상고이유를 적지 아니한 때에 상고인은 제426조의 통지를 받은 날부터 20일 이내에 상고이유서를 제출하여야 한다.

제428조【상고이유서(上告理由書), 답변서(答辯書)의 송달 등】
① 상고이유서를 제출받은 상고법원은 바로 그 부본이나 등본을 상대방에게 송달하여야 한다.
② 상대방은 제1항의 서면을 송달받은 날부터 10일 이내에 답변서를 제출할 수 있다.
③ 상고법원은 제2항의 답변서의 부본이나 등본을 상고인에게 송달하여야 한다.

제429조【상고이유서를 제출하지 아니함으로 말미암은 상고기각】
상고인이 제427조의 규정을 어기어 상고이유서를 제출하지 아니한 때에는 상고법원은 변론 없이 판결로 상고를 기각하여야 한다. 다만, 직권으로 조사하여야 할 사유가 있는 때에는 그러하지 아니하다.

제430조【상고심의 심리절차】
① 상고법원은 상고장·상고이유서·답변서, 그 밖의 소송기록에 의하여 변론없이 판결할 수 있다.
② 상고법원은 소송관계를 분명하게 하기 위하여 필요한 경우에는 특정한 사항에 관하여 변론을 열어 참고인의 진술을 들을 수 있다.

제431조【심리의 범위】
상고법원은 상고이유에 따라 불복신청의 한도 안에서 심리한다.

제432조【사실심의 전권(專權)】
원심판결이 적법하게 확정한 사실은 상고법원을 기속한다.

제433조【비약적 상고의 특별규정】
상고법원은 제422조 제2항의 규정에 따른 상고에 대하여는 원심판결의 사실확정이 법률에 어긋난다는 것을 이유로 그 판결을 파기하지 못한다.

제434조【직권조사사항에 대한 예외】
법원이 직권으로 조사하여야 할 사항에 대하여는 제431조 내지 제433조의 규정을 적용하지 아니한다.

제435조【가집행의 선고】
상고법원은 원심판결중 불복신청이 없는 부분에 대하여는 당사자의 신청에 따라 결정으로 가집행의 선고를 할 수 있다.

제436조【파기환송(破棄還送), 이송(移送)】
① 상고법원은 상고에 정당한 이유가 있다고 인정할 때에는 원심판결을 파기하고 사건을 원심법원에 환송하거나, 동등한 다른 법원에 이송하여야 한다.
② 사건을 환송받거나 이송받은 법원은 다시 변론을 거쳐 재판하여야 한다. 이 경우에는 상고법원이 파기의 이유로 삼은 사실상 및 법률상 판단에 기속된다.
③ 원심판결에 관여한 판사는 제2항의 재판에 관여하지 못한다.

제437조【파기자판(破棄自判)】
다음 각호 가운데 어느 하나에 해당하면 상고법원은 사건에 대하여 종국판결을 하여야 한다.
1. 확정된 사실에 대하여 법령적용이 어긋난다 하여 판결을 파기하는 경우에 사건이 그 사실을 바탕으로 재판하기 충분한 때
2. 사건이 법원의 권한에 속하지 아니한다 하여 판결을 파기하는 때

제438조【소송기록의 송부】
사건을 환송하거나 이송하는 판결이 내려졌을 때에는 법원사무관 등은 2주 이내에 그 판결의 정본을 소송기록에 붙여 사건을 환송받거나 이송받을 법원에 보내야 한다.

제3장 항 고

제439조【항고(抗告)의 대상】
소송절차에 관한 신청을 기각한 결정이나 명령에 대하여 불복하면 항고할 수 있다.

제440조【형식에 어긋나는 결정·명령에 대한 항고】
결정이나 명령으로 재판할 수 없는 사항에 대하여 결정 또는 명령을 한 때에는 항고할 수 있다.

제441조【준항고(準抗告)】
① 수명법관이나 수탁판사의 재판에 대하여 불복하는 당사자는 수소법원에 이의를 신청할 수 있다. 다만, 그 재판이 수소법원의 재판인 경우로서 항고할 수 있는 것인 때에 한한다.
② 제1항의 이의신청에 대한 재판에 대하여는 항고할 수 있다.
③ 상고심이나 제2심에 계속된 사건에 대한 수명법관이나 수탁판사의 재판에는 제1항의 규정을 준용한다.

제442조【재항고(再抗告)】
항고법원·고등법원 또는 항소법원의 결정 및 명령에 대하여는 재판에 영향을 미친 헌법·법률·명령 또는 규칙의 위반을 이유로 드는 때에만 재항고할 수 있다.

제443조【항소 및 상고의 절차규정준용】
① 항고법원의 소송절차에는 제1장의 규정을 준용한다.
② 재항고와 이에 관한 소송절차에는 제2장의 규정을 준용한다.

제444조【즉시항고(卽時抗告)】
① 즉시항고는 재판이 고지된 날부터 1주 이내에 하여야 한다.
② 제1항의 기간은 불변기간으로 한다.

제445조【항고제기의 방식】
항고는 항고장을 원심법원에 제출함으로써 한다.

제446조【항고의 처리】
원심법원이 항고에 정당한 이유가 있다고 인정하는 때에는 그 재판을 경정하여야 한다.

제447조【즉시항고의 효력】
즉시항고는 집행을 정지시키는 효력을 가진다.

제448조【원심재판의 집행정지】
항고법원 또는 원심법원이나 판사는 항고에 대한 결정이 있을 때까지 원심재판의 집행을 정지하거나 그 밖에 필요한 처분을 명할 수 있다.

제449조【특별항고(特別抗告)】
① 불복할 수 없는 결정이나 명령에 대하여는 재판에 영향을 미친 헌법위반이 있거나, 재판의 전제가 된 명령·규칙·처분의 헌법 또는 법률의 위반여부에 대한 판단이 부당하다는 것을 이유로 하는 때에만 대법원에 특별항고를 할 수 있다.
② 제1항의 항고는 재판이 고지된 날부터 1주 이내에 하여야 한다.
③ 제2항의 기간은 불변기간으로 한다.

제450조【준용규정】
특별항고와 그 소송절차에는 제448조와 상고에 관한 규정을 준용한다.

제4편 재 심

제451조【재심사유(再審事由)】
① 다음 각 호 가운데 어느 하나에 해당하면 확정된 종국판결에 대하여 재심의 소를 제기할 수 있다. 다만, 당사자가 상소에 의하여 그 사유를 주장하였거나, 이를 알고도 주장하지 아니한 때에는 그러하지 아니하다.
1. 법률에 따라 판결법원을 구성하지 아니한 때
2. 법률상 그 재판에 관여할 수 없는 법관이 관여한 때

3. 법정대리권·소송대리권 또는 대리인이 소송행위를 하는 데에 필요한 권한의 수여에 흠이 있는 때. 다만, 제60조 또는 제97조의 규정에 따라 추인한 때에는 그러하지 아니하다.
4. 재판에 관여한 법관이 그 사건에 관하여 직무에 관한 죄를 범한 때
5. 형사상 처벌을 받을 다른 사람의 행위로 말미암아 자백을 하였거나 판결에 영향을 미칠 공격 또는 방어방법의 제출에 방해를 받은 때
6. 판결의 증거가 된 문서, 그 밖의 물건이 위조되거나 변조된 것인 때
7. 증인·감정인·통역인의 거짓 진술 또는 당사자신문에 따른 당사자나 법정대리인의 거짓 진술이 판결의 증거가 된 때
8. 판결의 기초가 된 민사나 형사의 판결, 그 밖의 재판 또는 행정처분이 다른 재판이나 행정처분에 따라 바뀐 때
9. 판결에 영향을 미칠 중요한 사항에 관하여 판단을 누락한 때
10. 재심을 제기할 판결이 전에 선고한 확정판결에 어긋나는 때
11. 당사자가 상대방의 주소 또는 거소를 알고 있었음에도 있는 곳을 잘 모른다고 하거나 주소나 거소를 거짓으로 하여 소를 제기한 때

② 제1항 제4호 내지 제7호의 경우에는 처벌받을 행위에 대하여 유죄의 판결이나 과태료부과의 재판이 확정된 때 또는 증거부족 외의 이유로 유죄의 확정판결이나 과태료부과의 확정재판을 할 수 없을 때에만 재심의 소를 제기할 수 있다.

③ 항소심에서 사건에 대하여 본안판결을 하였을 때에는 제1심 판결에 대하여 재심의 소를 제기하지 못한다.

제452조【기본이 되는 재판의 재심사유】
판결의 기본이 되는 재판에 제451조에 정한 사유가 있을 때에는 그 재판에 대하여 독립된 불복방법이 있는 경우라도 그 사유를 재심의 이유로 삼을 수 있다.

제453조【재심관할법원】
① 재심은 재심을 제기할 판결을 한 법원의 전속관할로 한다.
② 심급을 달리하는 법원이 같은 사건에 대하여 내린 판결에 대한 재심의 소는 상급법원이 관할한다. 다만, 항소심판결과 상고심판결에 각각 독립된 재심사유가 있는 때에는 그러하지 아니하다.

제454조【재심사유에 관한 중간판결】
① 법원은 재심의 소가 적법한지 여부와 재심사유가 있는지 여부에 관한 심리 및 재판을 본안에 관한 심리 및 재판과 분리하여 먼저 시행할 수 있다.
② 제1항의 경우에 법원은 재심사유가 있다고 인정한 때에는 그 취지의 중간판결을 한 뒤 본안에 관하여 심리·재판한다.

제455조【재심의 소송절차】
재심의 소송절차에는 각 심급의 소송절차에 관한 규정을 준용한다.

제456조【재심제기의 기간】
① 재심의 소는 당사자가 판결이 확정된 뒤 재심의 사유를 안 날부터 30일 이내에 제기하여야 한다.
② 제1항의 기간은 불변기간으로 한다.
③ 판결이 확정된 뒤 5년이 지난 때에는 재심의 소를 제기하지 못한다.
④ 재심의 사유가 판결이 확정된 뒤에 생긴 때에는 제3항의 기간은 그 사유가 발생한 날부터 계산한다.

제457조【재심제기의 기간】
대리권의 흠 또는 제451조 제1항 제10호에 규정

한 사항을 이유로 들어 제기하는 재심의 소에는 제456조의 규정을 적용하지 아니한다.

제458조【재심소장의 필수적 기재사항】
재심소장에는 다음 각호의 사항을 적어야 한다.
1. 당사자와 법정대리인
2. 재심할 판결의 표시와 그 판결에 대하여 재심을 청구하는 취지
3. 재심의 이유

제459조【변론과 재판의 범위】
① 본안의 변론과 재판은 재심청구이유의 범위 안에서 하여야 한다.
② 재심의 이유는 바꿀 수 있다.

제460조【결과가 정당한 경우의 재심기각】
재심의 사유가 있는 경우라도 판결이 정당하다고 인정한 때에는 법원은 재심의 청구를 기각하여야 한다.

제461조【준(準)재심】
제220조의 조서 또는 즉시항고로 불복할 수 있는 결정이나 명령이 확정된 경우에 제451조 제1항에 규정된 사유가 있는 때에는 확정판결에 대한 제451조 내지 제460조의 규정에 준하여 재심을 제기할 수 있다.

제5편 독촉절차

제462조【적용의 요건】
금전, 그 밖에 대체물(代替物)이나 유가증권의 일정한 수량의 지급을 목적으로 하는 청구에 대하여 법원은 채권자의 신청에 따라 지급명령(支給命令)을 할 수 있다. 다만, 대한민국에서 공시송달 외의 방법으로 송달할 수 있는 경우에 한한다.

제463조【관할법원】
독촉절차(督促節次)는 채무자의 보통재판적이 있는 곳의 지방법원이나 제7조 내지 제9조, 제12조 또는 제18조의 규정에 의한 관할법원의 전속관할로 한다.

제464조【지급명령의 신청】
지급명령의 신청에는 그 성질에 어긋나지 아니하면 소에 관한 규정을 준용한다.

제465조【신청의 각하】
① 지급명령의 신청이 제462조 본문 또는 제463조의 규정에 어긋나거나, 신청의 취지로 보아 청구에 정당한 이유가 없는 것이 명백한 때에는 그 신청을 각하하여야 한다. 청구의 일부에 대하여 지급명령을 할 수 없는 때에 그 일부에 대하여도 또한 같다.
② 신청을 각하하는 결정에 대하여는 불복할 수 없다.

제466조【지급명령을 하지 아니하는 경우】
① 채권자는 법원으로부터 채무자의 주소를 보정하라는 명령을 받은 경우에 소제기신청을 할 수 있다.
② 지급명령을 공시송달에 의하지 아니하고는 송달할 수 없거나 외국으로 송달하여야 할 때에는 법원은 직권에 의한 결정으로 사건을 소송절차에 부칠 수 있다.
③ 제2항의 결정에 대하여는 불복할 수 없다.

제467조【일방적(一方的) 심문】
지급명령은 채무자를 심문하지 아니하고 한다.

제468조【지급명령의 기재사항】
지급명령에는 당사자, 법정대리인, 청구의 취지와 원인을 적고, 채무자가 지급명령이 송달된 날부터 2주 이내에 이의신청을 할 수 있다는 것을 덧붙여 적어야 한다.

제469조【지급명령의 송달】
① 지급명령은 당사자에게 송달하여야 한다.
② 채무자는 지급명령에 대하여 이의신청을 할 수 있다.

제470조【이의신청의 효력】
① 채무자가 지급명령을 송달받은 날부터 2주 이내에 이의신청을 한 때에는 지급명령은 그 범위안에서 효력을 잃는다.
② 제1항의 기간은 불변기간으로 한다.

제471조【이의신청의 각하】
① 법원은 이의신청이 부적법하다고 인정한 때에는 결정으로 이를 각하하여야 한다.
② 제1항의 결정에 대하여는 즉시항고를 할 수 있다.

제472조【소송으로의 이행(移行)】
① 채권자가 제466조 제1항의 규정에 따라 소제기신청을 한 경우, 또는 법원이 제466조 제2항의 규정에 따라 지급명령신청사건을 소송절차에 부치는 결정을 한 경우에는 지급명령을 신청한 때에 소가 제기된 것으로 본다.
② 채무자가 지급명령에 대하여 적법한 이의신청을 한 경우에는 지급명령을 신청한 때에 이의신청된 청구목적의 값에 관하여 소가 제기된 것으로 본다.

제473조【소송으로의 이행에 따른 처리】
① 제472조의 규정에 따라 소가 제기된 것으로 보는 경우, 지급명령을 발령한 법원은 채권자에게 상당한 기간을 정하여, 소를 제기하는 경우 소장에 붙여야 할 인지액에서 소제기신청 또는 지급명령신청시에 붙인 인지액을 뺀 액수의 인지를 보정하도록 명하여야 한다.
② 채권자가 제1항의 기간 이내에 인지를 보정하지 아니한 때에는 위 법원은 결정으로 지급명령신청서를 각하하여야 한다. 이 결정에 대하여는 즉시항고를 할 수 있다.
③ 제1항에 규정된 인지가 보정되면 법원사무관 등은 바로 소송기록을 관할법원에 보내야 한다. 이 경우 사건이 합의부의 관할에 해당되면 법원사무관 등은 바로 소송기록을 관할법원 합의부에 보내야 한다.
④ 제472조의 경우 독촉절차의 비용은 소송비용의 일부로 한다.

제474조【지급명령의 효력】
지급명령에 대하여 이의신청이 없거나, 이의신청을 취하하거나, 각하결정이 확정된 때에는 지급명령은 확정판결과 같은 효력이 있다.

제6편 공시최고절차

제475조【공시최고(公示催告)의 적용범위】
공시최고는 권리 또는 청구의 신고를 하지 아니하면 그 권리를 잃게 될 것을 법률로 정한 경우에만 할 수 있다.

제476조【공시최고절차를 관할하는 법원】
① 공시최고는 법률에 다른 규정이 있는 경우를 제외하고는 권리자의 보통재판적이 있는 곳의 지방법원이 관할한다. 다만, 등기 또는 등록을 말소하기 위한 공시최고는 그 등기 또는 등록을 한 공공기관이 있는 곳의 지방법원에 신청할 수 있다.
② 제492조의 경우에는 증권이나 증서에 표시된 이행지의 지방법원이 관할한다. 다만, 증권이나 증서에 이행지의 표시가 없는 때에는 발행인의 보통재판적이 있는 곳의 지방법원이, 그 법원이 없는 때에는 발행 당시에 발행인의 보통재판적이 있었던 곳의 지방법원이 각각 관할한다.
③ 제1항 및 제2항의 관할은 전속관할로 한다.

제477조【공시최고의 신청】
① 공시최고의 신청에는 그 신청의 이유와 제권판결(除權判決)을 청구하는 취지를 밝혀야 한다.
② 제1항의 신청은 서면으로 하여야 한다.
③ 법원은 여러 개의 공시최고를 병합하도록 명할 수 있다.

제478조【공시최고의 허가여부】
① 공시최고의 허가여부에 대한 재판은 결정으로 한다. 허가하지 아니하는 결정에 대하여는 즉시항고를 할 수 있다.
② 제1항의 경우에는 신청인을 심문할 수 있다.

제479조【공시최고의 기재사항】
① 공시최고의 신청을 허가한 때에는 법원은 공시최고를 하여야 한다.
② 공시최고에는 다음 각호의 사항을 적어야 한다.
1. 신청인의 표시
2. 공시최고기일까지 권리 또는 청구의 신고를 하여야 한다는 최고
3. 신고를 하지 아니하면 권리를 잃게 될 사항
4. 공시최고기일

제480조【공고방법】
공시최고는 대법원규칙이 정하는 바에 따라 공고하여야 한다.

제481조【공시최고기간】
공시최고의 기간은 공고가 끝난 날부터 3월 뒤로 정하여야 한다.

제482조【제권판결전의 신고】
공시최고기일이 끝난 뒤에도 제권판결에 앞서 권리 또는 청구의 신고가 있는 때에는 그 권리를 잃지 아니한다.

제483조【신청인의 불출석과 새 기일의 지정】
① 신청인이 공시최고기일에 출석하지 아니하거나, 기일변경신청을 하는 때에는 법원은 1회에 한하여 새 기일을 정하여 주어야 한다.
② 제1항의 새 기일은 공시최고기일부터 2월을 넘기지 아니하여야 하며, 공고는 필요로 하지 아니한다.

제484조【취하간주(取下看做)】
신청인이 제483조의 새 기일에 출석하지 아니한 때에는 공시최고신청을 취하한 것으로 본다.

제485조【신고가 있는 경우】
신청이유로 내세운 권리 또는 청구를 다투는 신고가 있는 때에는 법원은 그 권리에 대한 재판이 확정될 때까지 공시최고절차를 중지하거나, 신고한 권리를 유보하고 제권판결을 하여야 한다.

제486조【신청인의 진술의무】
공시최고의 신청인은 공시최고기일에 출석하여 그 신청을 하게 된 이유와 제권판결을 청구하는 취지를 진술하여야 한다.

제487조【제권판결(除權判決)】
① 법원은 신청인이 진술을 한 뒤에 제권판결신청에 정당한 이유가 없다고 인정할 때에는 결정으로 신청을 각하하여야 하며, 이유가 있다고 인정할 때에는 제권판결을 선고하여야 한다.
② 법원은 제1항의 재판에 앞서 직권으로 사실을 탐지할 수 있다.

제488조【불복신청】
제권판결의 신청을 각하한 결정이나, 제권판결에 덧붙인 제한 또는 유보에 대하여는 즉시항고를 할 수 있다.

제489조【제권판결의 공고】
법원은 제권판결의 요지를 대법원규칙이 정하는 바에 따라 공고할 수 있다.

제490조【제권판결에 대한 불복소송】
① 제권판결에 대하여는 상소를 하지 못한다.
② 제권판결에 대하여는 다음 각호 가운데 어느 하나에 해당하면 신청인에 대한 소로써 최고법원에 불복할 수 있다.
1. 법률상 공시최고절차를 허가하지 아니할 경우일 때
2. 공시최고의 공고를 하지 아니하였거나, 법령이 정한 방법으로 공고를 하지 아니한 때
3. 공시최고기간을 지키지 아니한 때
4. 판결을 한 판사가 법률에 따라 직무집행에서 제척된 때
5. 전속관할에 관한 규정에 어긋난 때
6. 권리 또는 청구의 신고가 있음에도 법률에 어긋나는 판결을 한 때
7. 거짓 또는 부정한 방법으로 제권판결을 받은 때
8. 제451조 제1항 제4호 내지 제8호의 재심사유가 있는 때

제491조【소제기기간】
① 제490조 제2항의 소는 1월 이내에 제기하여야 한다.
② 제1항의 기간은 불변기간으로 한다.
③ 제1항의 기간은 원고가 제권판결이 있다는 것을 안 날부터 계산한다. 다만, 제490조 제2항 제4호·제7호 및 제8호의 사유를 들어 소를 제기하는 경우에는 원고가 이러한 사유가 있음을 안 날부터 계산한다.
④ 이 소는 제권판결이 선고된 날부터 3년이 지나면 제기하지 못한다.

제492조【증권의 무효선고를 위한 공시최고】
① 도난·분실되거나 없어진 증권, 그 밖에 상법에서 무효로 할 수 있다고 규정한 증서의 무효선고를 청구하는 공시최고절차에는 제493조 내지 제497조의 규정을 적용한다.
② 법률상 공시최고를 할 수 있는 그 밖의 증서에 관하여 그 법률에 특별한 규정이 없으면 제1항의 규정을 적용한다.

제493조【증서에 관한 공시최고신청권자】
무기명증권(無記名證券) 또는 배서(背書)로 이전할 수 있거나 약식배서(略式背書)가 있는 증권 또는 증서에 관하여는 최종소지인이 공시최고절차를 신청할 수 있으며, 그 밖의 증서에 관하여는 그 증서에 따라서 권리를 주장할 수 있는 사람이 공시최고절차를 신청할 수 있다.

제494조【신청사유의 소명(疎明)】
① 신청인은 증서의 등본을 제출하거나 또는 증서의 존재 및 그 중요한 취지를 충분히 알리기에 필요한 사항을 제시하여야 한다.
② 신청인은 증서가 도난·분실되거나 없어진 사실과, 그 밖에 공시최고절차를 신청할 수 있는 이유가 되는 사실 등을 소명하여야 한다.

제495조【신고최고(申告催告), 실권경고(失權警告)】
공시최고에는 공시최고기일까지 권리 또는 청구의 신고를 하고 그 증서를 제출하도록 최고하고, 이를 게을리 하면 권리를 잃게 되어 증서의 무효가 선고된다는 것을 경고하여야 한다.

제496조【제권판결의 선고】
제권판결에서는 증권 또는 증서의 무효를 선고하여야 한다.

제497조【제권판결의 효력】
제권판결이 내려진 때에는 신청인은 증권 또는 증서에 따라 의무를 지는 사람에게 증권 또는 증서에 따른 권리를 주장할 수 있다.

제7편 판결의 확정 및 집행정지

제498조【판결의 확정시기】
판결은 상소를 제기할 수 있는 기간 또는 그 기간 이내에 적법한 상소제기가 있을 때에는 확정되지 아니한다.

제499조【판결확정증명서(判決確定證明書)의 부여자】
① 원고 또는 피고가 판결확정증명서를 신청한 때에는 제1심 법원의 법원사무관 등이 기록에 따라 내어 준다.
② 소송기록이 상급심에 있는 때에는 상급법원의 법원사무관 등이 그 확정부분에 대하여만 증명서를 내어 준다.

제500조【재심 또는 상소의 추후보완신청으로 말미암은 집행정지】
① 재심 또는 제173조에 따른 상소의 추후보완신청이 있는 경우에 불복하는 이유로 내세운 사유가 법률상 정당한 이유가 있다고 인정되고, 사실에 대한 소명이 있는 때에는 법원은 당사자의 신청에 따라 담보를 제공하게 하거나 담보를 제공하지 아니하게 하고 강제집행을 일시 정지하도록 명할 수 있으며, 담보를 제공하게 하고 강제집행을 실시하도록

민사소송법

명하거나 실시한 강제처분을 취소하도록 명할 수 있다.

② 담보 없이 하는 강제집행의 정지는 그 집행으로 말미암아 보상할 수 없는 손해가 생기는 것을 소명한 때에만 한다.

③ 제1항 및 제2항의 재판은 변론 없이 할 수 있으며, 이 재판에 대하여는 불복할 수 없다.

④ 상소의 추후보완신청의 경우에 소송기록이 원심법원에 있으면 그 법원이 제1항 및 제2항의 재판을 한다.

제501조 【상소제기 또는 변경의 소제기로 말미암은 집행정지】

가집행의 선고가 붙은 판결에 대하여 상소를 한 경우 또는 정기금의 지급을 명한 확정판결에 대하여 제252조 제1항의 규정에 따른 소를 제기한 경우에는 제500조의 규정을 준용한다.

제502조 【담보를 공탁할 법원】

① 이 편의 규정에 의한 담보의 제공이나 공탁은 원고나 피고의 보통재판적이 있는 곳의 지방법원 또는 집행법원에 할 수 있다.

② 담보를 제공하거나 공탁을 한 때에는 법원은 당사자의 신청에 따라서 증명서를 주어야 한다.

③ 이 편에 규정된 담보에는 달리 규정이 있는 경우를 제외하고는 제122조·제123조·제125조 및 제126조의 규정을 준용한다.

부 칙 〈제6626호, 2002.1.26〉

제1조 【시행일】

이 법은 2002년 7월 1일부터 시행한다.

제2조 【계속사건에 대한 경과조치】

이 법은 특별한 규정이 없으면 이 법 시행 당시 법원에 계속중인 사건에도 적용한다. 다만, 이 법 시행 전의 소송행위의 효력에는 영향을 미치지 아니한다.

제3조 【법 적용의 시간적 범위】

이 법은 이 법 시행 이전에 생긴 사항에도 적용한다. 다만, 종전의 규정에 따라 생긴 효력에는 영향을 미치지 아니한다.

제4조 【관할에 관한 경과조치】

이 법 시행 당시 법원에 계속중인 사건은 이 법에 따라 관할권이 없는 경우에도 종전의 규정에 따라 관할권이 있으면 그에 따른다.

제5조 【법정기간에 대한 경과조치】

이 법 시행전부터 진행된 법정기간과 그 계산은 종전의 규정에 따른다.

제6조 【다른 법률의 개정】 〈해당 법률에 정리〉

제7조 【다른 법률과의 관계】

이 법 시행 당시 다른 법률에서 종전의 민사소송법의 규정을 인용한 경우에 이 법중 그에 해당하는 규정이 있는 때에는 이 법의 해당 규정을 인용한 것으로 본다.

부 칙 〈중 략〉

부 칙 〈법률 제14103호, 2016.3.29.〉

제1조 【시행일】

이 법은 공포 후 6개월이 경과한 날부터 시행한다.

제2조 【계속사건에 관한 경과조치】

이 법은 이 법 시행 당시 법원에 계속 중인 사건에 대하여도 적용한다.

부 칙 〈법률 제14966호, 2017.10.31.〉

제1조【시행일】
이 법은 공포한 날부터 시행한다.

제2조【적용례】
이 법의 개정규정은 이 법 시행 후 최초로 조서 또는 그 밖의 서면을 작성하거나 재판서·조서의 정본·등본·초본을 교부하는 경우부터 적용한다.

부 칙 〈법률 제17568호, 2020.12.8.〉

제1조【시행일】
이 법은 2023년 1월 1일부터 시행한다.

제2조【적용례】
제163조의2의 개정규정은 이 법 시행 후 최초로 판결이 선고되는 사건의 판결서부터 적용한다.

부 칙 〈법률 제17689호, 2020.12.22.〉
(국가경찰과 자치경찰의 조직 및 운영에 관한 법률)

제1조【시행일】
이 법은 2021년 1월 1일부터 시행한다.

제2조부터 **제6조**까지 생략

제7조【다른 법률의 개정】 〈해당 법률에 정리〉

제8조 생략

부 칙 〈법률 제18396호, 2021.8.17.〉

제1조【시행일】
이 법은 공포 후 3개월이 경과한 날부터 시행한다.

제2조【계속사건에 대한 경과조치】
이 법은 이 법 시행 당시 법원에 계속 중인 사건에 대하여도 적용한다.

부 칙 〈법률 제19354호, 2023.4.18.〉

제1조【시행일】
이 법은 공포 후 6개월이 경과한 날부터 시행한다.

제2조【소송구조에 관한 적용례】
제128조 제2항의 개정규정은 이 법 시행 이후 소송구조를 신청한 경우부터 적용한다.

제3조【소권 및 항소권의 남용에 관한 적용례】
제194조 제4항, 제219조의2, 제248조의 개정규정은 이 법 시행 이후 소 및 항소를 제기한 경우부터 적용한다.

제4조【다른 법률의 개정】 〈해당 법률에 정리〉

부 칙 〈법률 제19516호, 2023.7.11.〉
이 법은 공포 후 2년이 경과한 날부터 시행한다.

부 칙 〈법률 제20003호, 2024.1.16.〉

제1조【시행일】 이 법은 2025년 3월 1일부터 시행한다.

제2조【항소이유서의 제출에 관한 적용례】
이 법은 이 법 시행 후 최초로 항소장 또는 항고장이 제출되는 사건부터 적용한다.

제3조【다른 법률의 개정】 〈해당 법률에 정리〉

MEMO

The Civil Execution Act

민사집행법

[시행 2026. 2. 1.]

[법률 제20733호, 2025. 1. 31., 일부개정]

The Civil Execution Act

민사집행법

[시행 2026. 2. 1.]

[법률 제20733호, 2025. 1. 31., 일부개정]

민사집행법

[전문개정 2002.1.26 법률 6627호]
일부개정 2005. 1.27 법률 제7358호
타법개정 2007. 8. 3 법률 제8581호
… 중 략 …
타법개정 2016. 2. 3 법률 제13952호(민사소송법)
일부개정 2022. 1. 4 법률 제18671호
타법개정 2024. 9.20 법률 제20434호(법인의 등기사항에 관한 특례법)
일부개정 2025. 1.31 법률 제20733호

제1편 총 칙
……제1조~제23조
제2편 강제집행
제1장 총 칙 ……제24조~제60조
제2장 금전채권에 기초한 강제집행
제1절 재산명시절차 등 ……제61조~제77조
제2절 부동산에 대한 강제집행 ……제78조~제171조
제3절 선박 등에 대한 강제집행 ……제172조~제187조
제4절 동산에 대한 강제집행 ……제188조~제256조
제3장 금전채권 외의 채권에 기초한 강제집행 ……제257조~제263조
제3편 담보권 실행 등을 위한 경매
……제264조~제275조
제4편 보전처분
……제276조~제312조

제1편 총 칙

제1조【목 적】
이 법은 강제집행(强制執行), 담보권(擔保權) 실행(實行)을 위한 경매(競賣), 민법·상법, 그 밖의 법률의 규정에 의한 경매(이하 "민사집행"이라 한다) 및 보전처분(保全處分)의 절차를 규정함을 목적으로 한다.

제2조【집행실시자】
민사집행은 이 법에 특별한 규정이 없으면 집행관이 실시한다.

제3조【집행법원】
① 이 법에서 규정한 집행행위에 관한 법원의 처분이나 그 행위에 관한 법원의 협력사항을 관할하는 집행법원은 법률에 특별히 지정되어 있지 아니하면 집행절차를 실시할 곳이나 실시한 곳을 관할하는 지방법원이 된다.
② 집행법원의 재판은 변론 없이 할 수 있다.

제4조【집행신청의 방식】
민사집행의 신청은 서면(書面)으로 하여야 한다.

제5조【집행관의 강제력 사용】
① 집행관은 집행을 하기 위하여 필요한 경우에는 채무자의 주거·창고, 그 밖의 장소를 수색하고, 잠근 문과 기구를 여는 등 적절한 조치를 할 수 있다.
② 제1항의 경우에 저항을 받으면 집행관은 경찰 또는 국군의 원조를 요청할 수 있다.
③ 제2항의 국군의 원조는 법원에 신청하여야 하며, 법원이 국군의 원조를 요청하는 절차는 대법원규칙으로 정한다.

제6조【참여자】
집행관은 집행하는 데 저항을 받거나 채무자의

주거에서 집행을 실시하려는데 채무자나 사리를 분별할 지능이 있는 그 친족·고용인을 만나지 못한 때에는 성년 두 사람이나 특별시·광역시의 구 또는 동 직원, 시·읍·면 직원(도농복합형태의 시의 경우 동지역에서는 시 직원, 읍·면지역에서는 읍·면 직원) 또는 경찰공무원중 한 사람을 증인으로 참여하게 하여야 한다.

제7조 【집행관에 대한 원조요구】

① 집행관 외의 사람으로서 법원의 명령에 의하여 민사집행에 관한 직무를 행하는 사람은 그 신분 또는 자격을 증명하는 문서를 지니고 있다가 관계인이 신청할 때에는 이를 내보여야 한다.

② 제1항의 사람이 그 직무를 집행하는 데 저항을 받으면 집행관에게 원조를 요구할 수 있다.

③ 제2항의 원조요구를 받은 집행관은 제5조 및 제6조에 규정된 권한을 행사할 수 있다.

제8조 【공휴일·야간의 집행】

① 공휴일과 야간에는 법원의 허가가 있어야 집행행위를 할 수 있다.

② 제1항의 허가명령은 민사집행을 실시할 때에 내보여야 한다.

제9조 【기록열람·등본부여】

집행관은 이해관계 있는 사람이 신청하면 집행기록을 볼 수 있도록 허가하고, 기록에 있는 서류의 등본을 교부하여야 한다.

제10조 【집행조서(執行調書)】

① 집행관은 집행조서를 작성하여야 한다.

② 제1항의 조서에는 다음 각호의 사항을 밝혀야 한다.

1. 집행한 날짜와 장소
2. 집행의 목적물과 그 중요한 사정의 개요
3. 집행참여자의 표시
4. 집행참여자의 서명날인
5. 집행참여자에게 조서를 읽어 주거나 보여주고, 그가 이를 승인하고 서명날인한 사실
6. 집행관의 기명날인 또는 서명

③ 제2항 제4호 및 제5호의 규정에 따라 서명날인할 수 없는 경우에는 그 이유를 적어야 한다.

제11조 【집행행위에 속한 최고(催告), 그 밖의 통지】

① 집행행위에 속한 최고 그 밖의 통지는 집행관이 말로 하고 이를 조서에 적어야 한다.

② 말로 최고나 통지를 할 수 없는 경우에는 민사소송법 제181조·제182조 및 제187조의 규정을 준용하여 그 조서의 등본을 송달한다. 이 경우 송달증서를 작성하지 아니한 때에는 조서에 송달한 사유를 적어야 한다.

③ 집행하는 곳과 법원의 관할구역안에서 제2항의 송달을 할 수 없는 경우에는 최고나 통지를 받을 사람에게 대법원규칙이 정하는 방법으로 조서의 등본을 발송하고 그 사유를 조서에 적어야 한다.

제12조 【송달·통지의 생략】

채무자가 외국에 있거나 있는 곳이 분명하지 아니한 때에는 집행행위에 속한 송달이나 통지를 하지 아니하여도 된다.

제13조 【외국송달의 특례】

① 집행절차에서 외국으로 송달이나 통지를 하는 경우에는 송달이나 통지와 함께 대한민국안에 송달이나 통지를 받을 장소와 영수인을 정하여 상당한 기간이내에 신고하도록 명할 수 있다.

② 제1항의 기간이내에 신고가 없는 경우에는 그 이후의 송달이나 통지를 하지 아니할 수 있다

제14조 【주소 등이 바뀐 경우의 신고의무】

① 집행에 관하여 법원에 신청이나 신고를 한 사람 또는 법원으로부터 서류를 송달받은 사

람이 송달받을 장소를 바꾼 때에는 그 취지를 법원에 바로 신고하여야 한다.

② 제1항의 신고를 하지 아니한 사람에 대한 송달은 달리 송달할 장소를 알 수 없는 경우에는 법원에 신고된 장소 또는 종전에 송달을 받던 장소에 대법원규칙이 정하는 방법으로 발송할 수 있다.

③ 제2항의 규정에 따라 서류를 발송한 경우에는 발송한 때에 송달된 것으로 본다.

제15조【즉시항고(卽時抗告)】

① 집행절차에 관한 집행법원의 재판에 대하여는 특별한 규정이 있어야만 즉시항고를 할 수 있다.

② 항고인(抗告人)은 재판을 고지받은 날부터 1주의 불변기간이내에 항고장(抗告狀)을 원심법원에 제출하여야 한다.

③ 항고장에 항고이유를 적지 아니한 때에는 항고인은 항고장을 제출한 날부터 10일이내에 항고이유서를 원심법원에 제출하여야 한다.

④ 항고이유는 대법원규칙이 정하는 바에 따라 적어야 한다.

⑤ 항고인이 제3항의 규정에 따른 항고이유서를 제출하지 아니하거나 항고이유가 제4항의 규정에 위반한 때 또는 항고가 부적법하고 이를 보정(補正)할 수 없음이 분명한 때에는 원심법원은 결정으로 그 즉시항고를 각하하여야 한다.

⑥ 제1항의 즉시항고는 집행정지의 효력을 가지지 아니한다. 다만, 항고법원(재판기록이 원심법원에 남아 있는 때에는 원심법원)은 즉시항고에 대한 결정이 있을 때까지 담보를 제공하게 하거나 담보를 제공하게 하지 아니하고 원심재판의 집행을 정지하거나 집행절차의 전부 또는 일부를 정지하도록 명할 수 있고, 담보를 제공하게 하고 그 집행을 계속하도록 명할 수 있다.

⑦ 항고법원은 항고장 또는 항고이유서에 적힌 이유에 대하여서만 조사한다. 다만, 원심재판에 영향을 미칠 수 있는 법령위반 또는 사실오인이 있는지에 대하여 직권으로 조사할 수 있다.

⑧ 제5항의 결정에 대하여는 즉시항고를 할 수 있다.

⑨ 제6항 단서의 규정에 따른 결정에 대하여는 불복할 수 없다.

⑩ 제1항의 즉시항고에 대하여는 이 법에 특별한 규정이 있는 경우를 제외하고는 민사소송법 제3편 제3장중 즉시항고에 관한 규정을 준용한다.

제16조【집행에 관한 이의신청(異議申請)】

① 집행법원의 집행절차에 관한 재판으로서 즉시항고를 할 수 없는 것과, 집행관의 집행처분, 그 밖에 집행관이 지킬 집행절차에 대하여서는 법원에 이의를 신청할 수 있다.

② 법원은 제1항의 이의신청에 대한 재판에 앞서, 채무자에게 담보를 제공하게 하거나 제공하게 하지 아니하고 집행을 일시정지하도록 명하거나, 채권자에게 담보를 제공하게 하고 그 집행을 계속하도록 명하는 등 잠정처분(暫定處分)을 할 수 있다.

③ 집행관이 집행을 위임받기를 거부하거나 집행행위를 지체하는 경우 또는 집행관이 계산한 수수료에 대하여 다툼이 있는 경우에는 법원에 이의를 신청할 수 있다.

제17조【취소결정의 효력】

① 집행절차를 취소하는 결정, 집행절차를 취소한 집행관의 처분에 대한 이의신청을 기각·각하하는 결정 또는 집행관에게 집행절차의 취소를 명하는 결정에 대하여는 즉시항고를 할 수 있다.

② 제1항의 결정은 확정되어야 효력을 가진다.

민사집행법

제18조【집행비용의 예납(豫納) 등】
① 민사집행의 신청을 하는 때에는 채권자는 민사집행에 필요한 비용으로서 법원이 정하는 금액을 미리 내야 한다. 법원이 부족한 비용을 미리 내라고 명하는 때에도 또한 같다.
② 채권자가 제1항의 비용을 미리 내지 아니한 때에는 법원은 결정으로 신청을 각하하거나 집행절차를 취소할 수 있다.
③ 제2항의 규정에 따른 결정에 대하여는 즉시항고를 할 수 있다.

제19조【담보제공·공탁 법원】
① 이 법의 규정에 의한 담보의 제공이나 공탁은 채권자나 채무자의 보통재판적(普通裁判籍)이 있는 곳의 지방법원 또는 집행법원에 할 수 있다.
② 당사자가 담보를 제공하거나 공탁을 한 때에는, 법원은 그의 신청에 따라 증명서를 주어야 한다.
③ 이 법에 규정된 담보에는 특별한 규정이 있는 경우를 제외하고는 민사소송법 제122조·제123조·제125조 및 제126조의 규정을 준용한다.

제20조【공공기관의 원조】
법원은 집행을 하기 위하여 필요하면 공공기관에 원조를 요청할 수 있다.

제21조【재판적(裁判籍)】
이 법에 정한 재판적은 전속관할(專屬管轄)로 한다.

제22조【시·군법원의 관할에 대한 특례】
다음 사건은 시·군법원이 있는 곳을 관할하는 지방법원 또는 지방법원지원이 관할한다.

1. 시·군법원에서 성립된 화해·조정(민사조정법 제34조 제4항의 규정에 따라 재판상의 화해와 동일한 효력이 있는 결정을 포함한다. 이하 같다) 또는 확정된 지급명령에 관한 집행문부여의 소, 청구에 관한 이의의 소 또는 집행문부여에 대한 이의의 소로서 그 집행권원(執行權原)에서 인정된 권리가 소액사건심판법의 적용대상이 아닌 사건
2. 시·군법원에서 한 보전처분의 집행에 대한 제3자이의의 소
3. 시·군법원에서 성립된 화해·조정에 기초한 대체집행 또는 간접강제
4. 소액사건심판법의 적용대상이 아닌 사건을 본안으로 하는 보전처분

제23조【민사소송법의 준용 등】
① 이 법에 특별한 규정이 있는 경우를 제외하고는 민사집행 및 보전처분의 절차에 관하여는 민사소송법의 규정을 준용한다.
② 이 법에 정한 것 외에 민사집행 및 보전처분의 절차에 관하여 필요한 사항은 대법원규칙으로 정한다.

제2편 강제집행

제1장 총 칙

제24조【강제집행과 종국판결(終局判決)】
강제집행은 확정된 종국판결이나 가집행의 선고가 있는 종국판결에 기초하여 한다.

제25조【집행력(執行力)의 주관적 범위】
① 판결이 그 판결에 표시된 당사자 외의 사람에게 효력이 미치는 때에는 그 사람에 대하여 집행하거나 그 사람을 위하여 집행할 수 있다. 다만, 민사소송법 제71조의 규정에 따른 참가인에 대하여는 그러하지 아니하다.
② 제1항의 집행을 위한 집행문(執行文)을 내어주는데 대하여는 제31조 내지 제33조의 규정을 준용한다.

제26조【외국재판의 강제집행】

〈제목개정 2014.5.20〉

① 외국법원의 확정판결 또는 이와 동일한 효력이 인정되는 재판(이하 "확정재판등"이라 한다)에 기초한 강제집행은 대한민국 법원에서 집행판결로 그 강제집행을 허가하여야 할 수 있다.

〈개정 2014.5.20〉

② 집행판결을 청구하는 소(訴)는 채무자의 보통재판적이 있는 곳의 지방법원이 관할하며, 보통재판적이 없는 때에는 민사소송법 제11조의 규정에 따라 채무자에 대한 소를 관할하는 법원이 관할한다.

제27조【집행판결】

① 집행판결은 재판의 옳고 그름을 조사하지 아니하고 하여야한다.

② 집행판결을 청구하는 소는 다음 각호 가운데 어느 하나에 해당하면 각하하여야 한다.

〈개정 2014.5.20〉

1. 외국법원의 확정재판등이 확정된 것을 증명하지 아니한 때
2. 외국법원의 확정재판등이 민사소송법 제217조의 조건을 갖추지 아니한 때

〈제1호 및 제2호 개정 2014.5.20〉

제28조【집행력 있는 정본(正本)】

① 강제집행은 집행문이 있는 판결정본(이하 "집행력 있는 정본"이라 한다)이 있어야 할 수 있다.

② 집행문은 신청에 따라 제1심 법원의 법원서기관·법원사무관·법원주사 또는 법원주사보(이하 "법원사무관 등"이라 한다)가 내어 주며, 소송기록이 상급심에 있는 때에는 그 법원의 법원사무관 등이 내어 준다.

③ 집행문을 내어 달라는 신청은 말로 할 수 있다.

제29조【집행문(執行文)】

① 집행문은 판결정본의 끝에 덧붙여 적는다.

② 집행문에는 "이 정본은 피고 아무개 또는 원고 아무개에 대한 강제집행을 실시하기 위하여 원고 아무개 또는 피고 아무개에게 준다."라고 적고 법원사무관 등이 기명날인하여야 한다.

제30조【집행문부여】

① 집행문은 판결이 확정되거나 가집행의 선고가 있는 때에만 내어 준다.

② 판결을 집행하는 데에 조건이 붙어 있어 그 조건이 성취되었음을 채권자가 증명하여야 하는 때에는 이를 증명하는 서류를 제출하여야만 집행문을 내어 준다. 다만, 판결의 집행이 담보의 제공을 조건으로 하는 때에는 그러하지 아니하다.

제31조【승계(承繼)집행문】

① 집행문은 판결에 표시된 채권자의 승계인(承繼人)을 위하여 내어 주거나 판결에 표시된 채무자의 승계인에 대한 집행을 위하여 내어 줄 수 있다. 다만, 그 승계가 법원에 명백한 사실이거나, 증명서로 승계를 증명한 때에 한한다.

② 제1항의 승계가 법원에 명백한 사실인 때에는 이를 집행문에 적어야 한다.

제32조【재판장의 명령】

① 재판을 집행하는 데에 조건을 붙인 경우와 제31조의 경우에는 집행문은 재판장(합의부의 재판장 또는 단독판사를 말한다. 이하 같다)의 명령이 있어야 내어 준다.

② 재판장은 그 명령에 앞서 서면이나 말로 채무자를 심문(審問) 할 수 있다.

③ 제1항의 명령은 집행문에 적어야 한다.

제33조【집행문부여의 소】

제30조 제2항 및 제31조의 규정에 따라 필요한 증명을 할 수 없는 때에는 채권자는 집행문을 내어 달라는 소를 제1심 법원에 제기할 수 있다.

제34조【집행문부여 등에 관한 이의신청】

① 집행문을 내어 달라는 신청에 관한 법원사무관 등의 처분에 대하여 이의신청이 있는 경우에는 그 법원사무관 등이 속한 법원이 결정으로 재판한다.

② 집행문부여에 대한 이의신청이 있는 경우에는 법원은 제16조 제2항의 처분에 준하는 결정을 할 수 있다.

제35조【여러 통(通)의 집행문의 부여】

① 채권자가 여러 통의 집행문을 신청하거나 전에 내어 준 집행문을 돌려주지 아니하고 다시 집행문을 신청한 때에는 재판장의 명령이 있어야만 이를 내어 준다.

② 재판장은 그 명령에 앞서 서면이나 말로 채무자를 심문할 수 있으며, 채무자를 심문하지 아니하고 여러 통의 집행문을 내어 주거나 다시 집행문을 내어 준 때에는 채무자에게 그 사유를 통지하여야 한다.

③ 여러 통의 집행문을 내어 주거나 다시 집행문을 내어 주는 때에는 그 사유를 원본과 집행문에 적어야 한다.

제36조【판결원본(原本)에의 기재】

집행문을 내어 주는 경우에는 판결원본 또는 상소심 판결정본에 원고 또는 피고에게 이를 내어 준다는 취지와 그 날짜를 적어야 한다.

제37조【집행력 있는 정본의 효력】

집행력 있는 정본의 효력은 전국 법원의 관할구역에 미친다.

제38조【여러 통의 집행력 있는 정본에 의한 동시집행】

채권자가 한 지역에서 또는 한 가지 방법으로 강제집행을 하여도 모두 변제를 받을 수 없는 때에는 여러 통의 집행력 있는 정본에 의하여 여러 지역에서 또는 여러 가지 방법으로 동시에 강제집행을 할 수 있다.

제39조【집행개시의 요건】

① 강제집행은 이를 신청한 사람과 집행을 받을 사람의 성명이 판결이나 이에 덧붙여 적은 집행문에 표시되어 있고 판결을 이미 송달하였거나 동시에 송달한 때에만 개시할 수 있다.

② 판결의 집행이 그 취지에 따라 채권자가 증명할 사실에 매인 때 또는 판결에 표시된 채권자의 승계인을 위하여 하는 것이거나 판결에 표시된 채무자의 승계인에 대하여 하는 것일 때에는 집행할 판결 외에, 이에 덧붙여 적은 집행문을 강제집행을 개시하기 전에 채무자의 승계인에게 송달하여야 한다.

③ 증명서에 의하여 집행문을 내어 준 때에는 그 증명서의 등본을 강제집행을 개시하기 전에 채무자에게 송달하거나 강제집행과 동시에 송달하여야 한다.

제40조【집행개시의 요건】

① 집행을 받을 사람이 일정한 시일에 이르러야 그 채무를 이행하게 되어 있는 때에는 그 시일이 지난 뒤에 강제집행을 개시할 수 있다.

② 집행이 채권자의 담보제공에 매인 때에는 채권자는 담보를 제공한 증명서류를 제출하여야 한다. 이 경우의 집행은 그 증명서류의 등본을 채무자에게 이미 송달하였거나 동시에 송달하는 때에만 개시할 수 있다.

제41조【집행개시의 요건】

① 반대의무의 이행과 동시에 집행할 수 있다는 것을 내용으로 하는 집행권원의 집행은 채권자가 반대의무의 이행 또는 이행의 제공을 하였다는 것을 증명하여야만 개시할 수 있다.

② 다른 의무의 집행이 불가능한 때에 그에 갈음하여 집행할 수 있다는 것을 내용으로 하는 집행권원의 집행은 채권자가 그 집행이 불가능하다는 것을 증명하여야만 개시할 수 있다.

제42조【집행관에 의한 영수증의 작성·교부】
① 채권자가 집행관에게 집행력 있는 정본을 교부하고 강제집행을 위임한 때에는 집행관은 특별한 권한을 받지 못하였더라도 지급이나 그 밖의 이행을 받고 그에 대한 영수증서를 작성하고 교부할 수 있다. 집행관은 채무자가 그 의무를 완전히 이행한 때에는 집행력 있는 정본을 채무자에게 교부하여야 한다.
② 채무자가 그 의무의 일부를 이행한 때에는 집행관은 집행력 있는 정본에 그 사유를 덧붙여 적고 영수증서를 채무자에게 교부하여야 한다.
③ 채무자의 채권자에 대한 영수증 청구는 제2항의 규정에 의하여 영향을 받지 아니한다.

제43조【집행관의 권한】
① 집행관은 집행력 있는 정본을 가지고 있으면 채무자와 제3자에 대하여 강제집행을 하고 제42조에 규정된 행위를 할 수 있는 권한을 가지며, 채권자는 그에 대하여 위임의 흠이나 제한을 주장하지 못한다.
② 집행관은 집행력 있는 정본을 가지고 있다가 관계인이 요청할 때에는 그 자격을 증명하기 위하여 이를 내보여야 한다.

제44조【청구(請求)에 관한 이의(異議)의 소】
① 채무자가 판결에 따라 확정된 청구에 관하여 이의하려면 제1심 판결법원에 청구에 관한 이의의 소를 제기하여야 한다.
② 제1항의 이의는 그 이유가 변론이 종결된 뒤(변론 없이 한 판결의 경우에는 판결이 선고된 뒤)에 생긴 것이어야 한다.
③ 이의이유가 여러 가지인 때에는 동시에 주장하여야 한다.

제45조【집행문부여에 대한 이의의 소】
제30조 제2항과 제31조의 경우에 채무자가 집행문부여에 관하여 증명된 사실에 의한 판결의 집행력을 다투거나, 인정된 승계에 의한 판결의 집행력을 다투는 때에는 제44조의 규정을 준용한다. 다만, 이 경우에도 제34조의 규정에 따라 집행문부여에 대하여 이의를 신청할 수 있는 채무자의 권한은 영향을 받지 아니한다.

제46조【이의의 소와 잠정처분(暫定處分)】
① 제44조 및 제45조의 이의의 소는 강제집행을 계속하여 진행하는 데에는 영향을 미치지 아니한다.
② 제1항의 이의를 주장한 사유가 법률상 정당한 이유가 있다고 인정되고, 사실에 대한 소명(疎明)이 있을 때에는 수소법원(受訴法院)은 당사자의 신청에 따라 판결이 있을 때까지 담보를 제공하게 하거나 담보를 제공하게 하지 아니하고 강제집행을 정지하도록 명할 수 있으며, 담보를 제공하게 하고 그 집행을 계속하도록 명하거나 실시한 집행처분을 취소하도록 명할 수 있다.
③ 제2항의 재판은 변론 없이 하며 급박한 경우에는 재판장이 할 수 있다.
④ 급박한 경우에는 집행법원이 제2항의 권한을 행사할 수 있다. 이 경우 집행법원은 상당한 기간이내에 제2항에 따른 수소법원의 재판서를 제출하도록 명하여야 한다.
⑤ 제4항 후단의 기간을 넘긴 때에는 채권자의 신청에 따라 강제집행을 계속하여 진행한다.

제47조【이의의 재판과 잠정처분】
① 수소법원은 이의의 소의 판결에서 제46조의 명령을 내리고 이미 내린 명령을 취소·변경 또는 인가할 수 있다.
② 판결중 제1항에 규정된 사항에 대하여는 직권으로 가집행의 선고를 하여야 한다.
③ 제2항의 재판에 대하여는 불복할 수 없다.

제48조【제3자이의의 소】
① 제3자가 강제집행의 목적물에 대하여 소유권이 있다고 주장하거나 목적물의 양도나 인도를 막을 수 있는 권리가 있다고 주장하는

때에는 채권자를 상대로 그 강제집행에 대한 이의의 소를 제기할 수 있다. 다만, 채무자가 그 이의를 다투는 때에는 채무자를 공동피고로 할 수 있다.

② 제1항의 소는 집행법원이 관할한다. 다만, 소송물이 단독판사의 관할에 속하지 아니할 때에는 집행법원이 있는 곳을 관할하는 지방법원의 합의부가 이를 관할한다.

③ 강제집행의 정지와 이미 실시한 집행처분의 취소에 대하여는 제46조 및 제47조의 규정을 준용한다. 다만, 집행처분을 취소할 때에는 담보를 제공하게 하지 아니할 수 있다.

제49조【집행의 필수적 정지·제한】

강제집행은 다음 각호 가운데 어느 하나에 해당하는 서류를 제출한 경우에 정지하거나 제한하여야 한다.

1. 집행할 판결 또는 그 가집행을 취소하는 취지나, 강제집행을 허가하지 아니하거나 그 정지를 명하는 취지 또는 집행처분의 취소를 명한 취지를 적은 집행력 있는 재판의 정본
2. 강제집행의 일시정지를 명한 취지를 적은 재판의 정본
3. 집행을 면하기 위하여 담보를 제공한 증명서류
4. 집행할 판결이 있은 뒤에 채권자가 변제를 받았거나, 의무이행을 미루도록 승낙한 취지를 적은 증서
5. 집행할 판결, 그 밖의 재판이 소의 취하 등의 사유로 효력을 잃었다는 것을 증명하는 조서등본 또는 법원사무관 등이 작성한 증서
6. 강제집행을 하지 아니한다거나 강제집행의 신청이나 위임을 취하한다는 취지를 적은 화해조서(和解調書)의 정본 또는 공정증서(公正證書)의 정본

제50조【집행처분의 취소·일시유지】

① 제49조 제1호·제3호·제5호 및 제6호의 경우에는 이미 실시한 집행처분을 취소하여야 하며, 같은 조 제2호 및 제4호의 경우에는 이미 실시한 집행처분을 일시적으로 유지하게 하여야 한다.

② 제1항에 따라 집행처분을 취소하는 경우에는 제17조의 규정을 적용하지 아니한다.

제51조【변제증서(辨濟證書) 등의 제출에 의한 집행정지의 제한】

① 제49조 제4호의 증서 가운데 변제를 받았다는 취지를 적은 증서를 제출하여 강제집행이 정지되는 경우 그 정지기간은 2월로 한다.

② 제49조 제4호의 증서 가운데 의무이행을 미루도록 승낙하였다는 취지를 적은 증서를 제출하여 강제집행이 정지되는 경우 그 정지는 2회에 한하며 통산(通算)하여 6월을 넘길 수 없다.

제52조【집행을 개시한 뒤 채무자가 죽은 경우】

① 강제집행을 개시한 뒤에 채무자가 죽은 때에는 상속재산에 대하여 강제집행을 계속하여 진행한다.

② 채무자에게 알려야 할 집행행위를 실시할 경우에 상속인이 없거나 상속인이 있는 곳이 분명하지 아니하면 집행법원은 채권자의 신청에 따라 상속재산 또는 상속인을 위하여 특별대리인을 선임하여야 한다.

③ 제2항의 특별대리인에 관하여는 「민사소송법」 제62조 제2항부터 제5항까지의 규정을 준용한다. 〈개정 2016.2.3〉

제53조【집행비용의 부담】

① 강제집행에 필요한 비용은 채무자가 부담하고 그 집행에 의하여 우선적으로 변상을 받는다.

② 강제집행의 기초가 된 판결이 파기된 때에는 채권자는 제1항의 비용을 채무자에게 변상하여야 한다.

제54조【군인·군무원에 대한 강제집행】
① 군인·군무원에 대하여 병영·군사용 청사 또는 군용 선박에서 강제집행을 할 경우 법원은 채권자의 신청에 따라 군판사 또는 부대장(部隊長)이나 선장에게 촉탁하여 이를 행한다.
② 촉탁에 따라 압류한 물건은 채권자가 위임한 집행관에게 교부하여야 한다.

제55조【외국에서 할 집행】
① 외국에서 강제집행을 할 경우에 그 외국 공공기관의 법률상 공조를 받을 수 있는 때에는 제1심 법원이 채권자의 신청에 따라 외국 공공기관에 이를 촉탁하여야 한다.
② 외국에 머물고 있는 대한민국 영사(領事)에 의하여 강제집행을 할 수 있는 때에는 제1심 법원은 그 영사에게 이를 촉탁하여야 한다.

제56조【그 밖의 집행권원(執行權原)】
강제집행은 다음 가운데 어느 하나에 기초하여서도 실시할 수 있다.
1. 항고로만 불복할 수 있는 재판
2. 가집행의 선고가 내려진 재판
3. 확정된 지급명령(支給命令)
4. 공증인이 일정한 금액의 지급이나 대체물 또는 유가증권의 일정한 수량의 급여를 목적으로 하는 청구에 관하여 작성한 공정증서로서 채무자가 강제집행을 승낙한 취지가 적혀 있는 것
5. 소송상 화해, 청구의 인낙(認諾) 등 그 밖에 확정판결과 같은 효력을 가지는 것

제57조【준용규정】
제56조의 집행권원에 기초한 강제집행에 대하여는 제58조 및 제59조에서 규정하는 바를 제외하고는 제28조 내지 제55조의 규정을 준용한다.

제58조【지급명령과 집행】
① 확정된 지급명령에 기한 강제집행은 집행문을 부여받을 필요 없이 지급명령 정본에 의하여 행한다. 다만, 다음 각호 가운데 어느 하나에 해당하는 경우에는 그러하지 아니하다.
1. 지급명령의 집행에 조건을 붙인 경우
2. 당사자의 승계인을 위하여 강제집행을 하는 경우
3. 당사자의 승계인에 대하여 강제집행을 하는 경우
② 채권자가 여러 통의 지급명령 정본을 신청하거나, 전에 내어준 지급명령 정본을 돌려주지 아니하고 다시 지급명령 정본을 신청한 때에는 법원사무관 등이 이를 부여한다. 이 경우 그 사유를 원본과 정본에 적어야 한다.
③ 청구에 관한 이의의 주장에 대하여는 제44조 제2항의 규정을 적용하지 아니한다.
④ 집행문부여의 소, 청구에 관한 이의의 소 또는 집행문부여에 대한 이의의 소는 지급명령을 내린 지방법원이 관할한다.
⑤ 제4항의 경우에 그 청구가 합의사건인 때에는 그 법원이 있는 곳을 관할하는 지방법원의 합의부에서 재판한다.

제59조【공정증서와 집행】
① 공증인이 작성한 증서의 집행문은 그 증서를 보존하는 공증인이 내어 준다.
② 집행문을 내어 달라는 신청에 관한 공증인의 처분에 대하여 이의신청이 있는 때에는 그 공증인의 사무소가 있는 곳을 관할하는 지방법원 단독판사가 결정으로 재판한다.
③ 청구에 관한 이의의 주장에 대하여는 제44조 제2항의 규정을 적용하지 아니한다.
④ 집행문부여의 소, 청구에 관한 이의의 소 또는 집행문부여에 대한 이의의 소는 채무자의 보통재판적이 있는 곳의 법원이 관할한다. 다만, 그러한 법원이 없는 때에는 민사소송법 제11조의 규정에 따라 채무자에 대하여 소를 제기할 수 있는 법원이 관할한다.

제60조 【과태료의 집행】
① 과태료의 재판은 검사의 명령으로 집행한다.
② 제1항의 명령은 집행력 있는 집행권원과 같은 효력을 가진다.

제2장 금전채권에 기초한 강제집행

제1절 재산명시절차 등

제61조 【재산명시신청(財産明示申請)】
① 금전의 지급을 목적으로 하는 집행권원에 기초하여 강제집행을 개시할 수 있는 채권자는 채무자의 보통재판적이 있는 곳의 법원에 채무자의 재산명시를 요구하는 신청을 할 수 있다. 다만, 민사소송법 제213조에 따른 가집행의 선고가 붙은 판결 또는 같은 조의 준용에 따른 가집행의 선고가 붙어 집행력을 가지는 집행권원의 경우에는 그러하지 아니하다.
② 제1항의 신청에는 집행력 있는 정본과 강제집행을 개시하는데 필요한 문서를 붙여야 한다.

제62조 【재산명시신청에 대한 재판】
① 재산명시신청에 정당한 이유가 있는 때에는 법원은 채무자에게 재산상태를 명시한 재산목록을 제출하도록 명할 수 있다.
② 재산명시신청에 정당한 이유가 없거나, 채무자의 재산을 쉽게 찾을 수 있다고 인정한 때에는 법원은 결정으로 이를 기각하여야 한다.
③ 제1항 및 제2항의 재판은 채무자를 심문(審問)하지 아니하고 한다.
④ 제1항의 결정은 신청한 채권자 및 채무자에게 송달하여야 하고, 채무자에 대한 송달에서는 결정에 따르지 아니할 경우 제68조에 규정된 제재를 받을 수 있음을 함께 고지하여야 한다.
⑤ 제4항의 규정에 따라 채무자에게 하는 송달은 민사소송법 제187조 및 제194조에 의한 방법으로는 할 수 없다.
⑥ 제1항의 결정이 채무자에게 송달되지 아니한 때에는 법원은 채권자에게 상당한 기간을 정하여 그 기간이내에 채무자의 주소를 보정하도록 명하여야 한다.
⑦ 채권자가 제6항의 명령을 받고도 이를 이행하지 아니한 때에는 법원은 제1항의 결정을 취소하고 재산명시신청을 각하하여야 한다.
⑧ 제2항 및 제7항의 결정에 대하여는 즉시항고를 할 수 있다.
⑨ 채무자는 제1항의 결정을 송달받은 뒤 송달장소를 바꾼 때에는 그 취지를 법원에 바로 신고하여야 하며, 그러한 신고를 하지 아니한 경우에는 민사소송법 제185조 제2항 및 제189조의 규정을 준용한다.

제63조 【재산명시명령에 대한 이의신청】
① 채무자는 재산명시명령을 송달받은 날부터 1주이내에 이의신청을 할 수 있다.
② 채무자가 제1항에 따라 이의신청을 한 때에는 법원은 이의신청사유를 조사할 기일을 정하고 채권자와 채무자에게 이를 통지하여야 한다.
③ 이의신청에 정당한 이유가 있는 때에는 법원은 결정으로 재산명시명령을 취소하여야 한다.
④ 이의신청에 정당한 이유가 없거나 채무자가 정당한 사유 없이 기일에 출석하지 아니한 때에는 법원은 결정으로 이의신청을 기각하여야 한다.
⑤ 제3항 및 제4항의 결정에 대하여는 즉시항고를 할 수 있다.

제64조 【재산명시기일의 실시】
① 재산명시명령에 대하여 채무자의 이의신청이 없거나 이를 기각한 때에는 법원은 재산명시를 위한 기일을 정하여 채무자에게 출석하도록 요구하여야 한다. 이 기일은 채권자에게도 통지하여야 한다.

② 채무자는 제1항의 기일에 강제집행의 대상이 되는 재산과 다음 각호의 사항을 명시한 재산목록을 제출하여야 한다.
1. 재산명시명령이 송달되기 전 1년 이내에 채무자가 한 부동산의 유상양도(有償讓渡)
2. 재산명시명령이 송달되기 전 1년 이내에 채무자가 배우자, 직계혈족 및 4촌 이내의 방계혈족과 그 배우자, 배우자의 직계혈족과 형제자매에게 한 부동산 외의 재산의 유상양도
3. 재산명시명령이 송달되기 전 2년 이내에 채무자가 한 재산상 무상처분(無償處分). 다만, 의례적(儀禮的)인 선물은 제외한다.

③ 재산목록에 적을 사항과 범위는 대법원규칙으로 정한다.
④ 제1항의 기일에 출석한 채무자가 3월이내에 변제할 수 있음을 소명한 때에는 법원은 그 기일을 3월의 범위내에서 연기할 수 있으며, 채무자가 새 기일에 채무액의 3분의 2 이상을 변제하였음을 증명하는 서류를 제출한 때에는 다시 1월의 범위내에서 연기할 수 있다.

제65조 【선 서】
① 채무자는 재산명시기일에 재산목록이 진실하다는 것을 선서하여야한다.
② 제1항의 선서에 관하여는 민사소송법 제320조 및 제321조의 규정을 준용한다. 이 경우 선서서(宣誓書)에는 다음과 같이 적어야 한다.
"양심에 따라 사실대로 재산목록을 작성하여 제출하였으며, 만일 숨긴 것이나 거짓 작성한 것이 있으면 처벌을 받기로 맹세합니다."

제66조 【재산목록의 정정】
① 채무자는 명시기일에 제출한 재산목록에 형식적인 흠이 있거나 불명확한 점이 있는 때에는 제65조의 규정에 의한 선서를 한 뒤라도 법원의 허가를 얻어 이미 제출한 재산목록을 정정할 수 있다.
② 제1항의 허가에 관한 결정에 대하여는 즉시항고를 할 수 있다.

제67조 【재산목록의 열람·복사】
채무자에 대하여 강제집행을 개시할 수 있는 채권자는 재산목록을 보거나 복사할 것을 신청할 수 있다.

제68조 【채무자의 감치(監置) 및 벌칙】
① 채무자가 정당한 사유 없이 다음 각호 가운데 어느 하나에 해당하는 행위를 한 경우에는 법원은 결정으로 20일이내의 감치에 처한다.
1. 명시기일 불출석
2. 재산목록의 제출 거부
3. 선서 거부

② 채무자가 법인 또는 민사소송법 제52조의 사단이나 재단인 때에는 그 대표자 또는 관리인을 감치에 처한다.
③ 법원은 감치재판기일에 채무자를 소환하여 제1항 각호의 위반행위에 대하여 정당한 사유가 있는지 여부를 심리하여야 한다.
④ 제1항의 결정에 대하여는 즉시항고를 할 수 있다.
⑤ 채무자가 감치의 집행중에 재산명시명령을 이행하겠다고 신청한 때에는 법원은 바로 명시기일을 열어야 한다.
⑥ 채무자가 제5항의 명시기일에 출석하여 재산목록을 내고 선서하거나 신청채권자에 대한 채무를 변제하고 이를 증명하는 서면을 낸 때에는 법원은 바로 감치결정을 취소하고 그 채무자를 석방하도록 명하여야 한다.
⑦ 제5항의 명시기일은 신청채권자에게 통지하지 아니하고도 실시할 수 있다. 이 경우 제6항의 사실을 채권자에게 통지하여야 한다.
⑧ 제1항 내지 제7항의 규정에 따른 재판절차 및 그 집행 그 밖에 필요한 사항은 대법원규칙으로 정한다.
⑨ 채무자가 거짓의 재산목록을 낸 때에는 3년

이하의 징역 또는 500만원 이하의 벌금에 처한다.

⑩ 채무자가 법인 또는 민사소송법 제52조의 사단이나 재단인 때에는 그 대표자 또는 관리인을 제9항의 규정에 따라 처벌하고, 채무자는 제9항의 벌금에 처한다.

제69조【명시신청의 재신청】

재산명시신청이 기각·각하된 경우에는 그 명시신청을 한 채권자는 기각·각하사유를 보완하지 아니하고서는 같은 집행권원으로 다시 재산명시신청을 할 수 없다.

제70조【채무불이행자명부(債務不履行者名簿) 등재신청(登載申請)】

① 채무자가 다음 각호 가운데 어느 하나에 해당하면 채권자는 그 채무자를 채무불이행자명부에 올리도록 신청할 수 있다.

1. 금전의 지급을 명한 집행권원이 확정된 후 또는 집행권원을 작성한 후 6월 이내에 채무를 이행하지 아니하는 때. 다만, 제61조 제1항 단서에 규정된 집행권원의 경우를 제외한다.
2. 제68조 제1항 각호의 사유 또는 같은 조 제9항의 사유 가운데 어느 하나에 해당하는 때

② 제1항의 신청을 할 때에는 그 사유를 소명하여야 한다.

③ 제1항의 신청에 대한 재판은 제1항 제1호의 경우에는 채무자의 보통재판적이 있는 곳의 법원이 관할하고, 제1항 제2호의 경우에는 재산명시절차를 실시한 법원이 관할한다.

제71조【등재신청에 대한 재판】

① 제70조의 신청에 정당한 이유가 있는 때에는 법원은 채무자를 채무불이행자명부에 올리는 결정을 하여야 한다.

② 등재신청에 정당한 이유가 없거나 쉽게 강제집행할 수 있다고 인정할 만한 명백한 사유가 있는 때에는 법원은 결정으로 이를 기각하여야 한다.

③ 제1항 및 제2항의 재판에 대하여는 즉시항고를 할 수 있다. 이 경우 민사소송법 제447조의 규정은 준용하지 아니한다.

제72조【명부의 비치】

① 채무불이행자명부는 등재결정을 한 법원에 비치한다.

② 법원은 채무불이행자명부의 부본을 채무자의 주소지(채무자가 법인인 경우에는 주된 사무소가 있는 곳) 시(구가 설치되지 아니한 시를 말한다. 이하 같다)·구·읍·면의 장(도농복합형태의 시의 경우 동지역은 시·구의 장, 읍·면지역은 읍·면의 장으로 한다. 이하 같다)에게 보내야 한다.

③ 법원은 채무불이행자명부의 부본을 대법원규칙이 정하는 바에 따라 일정한 금융기관의 장이나 금융기관 관련단체의 장에게 보내어 채무자에 대한 신용정보로 활용하게 할 수 있다.

④ 채무불이행자명부나 그 부본은 누구든지 보거나 복사할 것을 신청할 수 있다.

⑤ 채무불이행자명부는 인쇄물 등으로 공표되어서는 아니된다.

제73조【명부등재(名簿登載)의 말소(抹消)】

① 변제, 그 밖의 사유로 채무가 소멸되었다는 것이 증명된 때에는 법원은 채무자의 신청에 따라 채무불이행자명부에서 그 이름을 말소하는 결정을 하여야 한다.

② 채권자는 제1항의 결정에 대하여 즉시항고를 할 수 있다. 이 경우 민사소송법 제447조의 규정은 준용하지 아니한다.

③ 채무불이행자명부에 오른 다음 해부터 10년이 지난 때에는 법원은 직권으로 그 명부에 오른 이름을 말소하는 결정을 하여야 한다.

④ 제1항과 제3항의 결정을 한 때에는 그 취지를 채무자의 주소지(채무자가 법인인 경우에는

주된 사무소가 있는 곳) 시·구·읍·면의 장 및 제72조 제3항의 규정에 따라 채무불이행자명부의 부본을 보낸 금융기관 등의 장에게 통지하여야 한다.

⑤ 제4항의 통지를 받은 시·구·읍·면의 장 및 금융기관 등의 장은 그 명부의 부본에 오른 이름을 말소하여야 한다.

제74조【재산조회(財産照會)】

① 재산명시절차의 관할 법원은 다음 각호의 어느 하나에 해당하는 경우에는 그 재산명시를 신청한 채권자의 신청에 따라 개인의 재산 및 신용에 관한 전산망을 관리하는 공공기관·금융기관·단체 등에 채무자명의의 재산에 관하여 조회할 수 있다. 〈개정 2005.1.27〉

1. 재산명시절차에서 채권자가 제62조 제6항의 규정에 의한 주소보정명령을 받고도 민사소송법 제194조 제1항의 규정에 의한 사유로 인하여 채권자가 이를 이행할 수 없었던 것으로 인정되는 경우
2. 재산명시절차에서 채무자가 제출한 재산목록의 재산만으로는 집행채권의 만족을 얻기에 부족한 경우
3. 재산명시절차에서 제68조 제1항 각호의 사유 또는 동조 제9항의 사유가 있는 경우

② 채권자가 제1항의 신청을 할 경우에는 조회할 기관·단체를 특정하여야 하며 조회에 드는 비용을 미리 내야 한다.

③ 법원이 제1항의 규정에 따라 조회할 경우에는 채무자의 인적 사항을 적은 문서에 의하여 해당 기관·단체의 장에게 채무자의 재산 및 신용에 관하여 그 기관·단체가 보유하고 있는 자료를 한꺼번에 모아 제출하도록 요구할 수 있다.

④ 공공기관·금융기관·단체 등은 정당한 사유 없이 제1항 및 제3항의 조회를 거부하지 못한다.

제75조【재산조회의 결과 등】

① 법원은 제74조 제1항 및 제3항의 규정에 따라 조회한 결과를 채무자의 재산목록에 준하여 관리하여야 한다.

② 제74조 제1항 및 제3항의 조회를 받은 기관·단체의 장이 정당한 사유 없이 거짓 자료를 제출하거나 자료를 제출할 것을 거부한 때에는 결정으로 500만원 이하의 과태료에 처한다.

③ 제2항의 결정에 대하여는 즉시항고를 할 수 있다.

제76조【벌 칙】

① 누구든지 재산조회의 결과를 강제집행 외의 목적으로 사용하여서는 아니된다.

② 제1항의 규정에 위반한 사람은 2년 이하의 징역 또는 500만원 이하의 벌금에 처한다.

제77조【대법원규칙】

제74조 제1항 및 제3항의 규정에 따라 조회를 할 공공기관·금융기관·단체 등의 범위 및 조회절차, 제74조 제2항의 규정에 따라 채권자가 내야 할 비용, 제75조 제1항의 규정에 따른 조회결과의 관리에 관한 사항, 제75조 제2항의 규정에 의한 과태료의 부과절차 등은 대법원규칙으로 정한다.

제2절 부동산에 대한 강제집행

제1관 통 칙

제78조【집행방법】

① 부동산에 대한 강제집행은 채권자의 신청에 따라 법원이 한다.

② 강제집행은 다음 각호의 방법으로 한다.

1. 강제경매
2. 강제관리

③ 채권자는 자기의 선택에 의하여 제2항 각호 가운데 어느 한 가지 방법으로 집행하게 하

거나 두 가지 방법을 함께 사용하여 집행하게 할 수 있다.

④ 강제관리는 가압류를 집행할 때에도 할 수 있다.

제79조【집행법원】

① 부동산에 대한 강제집행은 그 부동산이 있는 곳의 지방법원이 관할한다.

② 부동산이 여러 지방법원의 관할구역에 있는 때에는 각 지방법원에 관할권이 있다. 이 경우 법원이 필요하다고 인정한 때에는 사건을 다른 관할 지방법원으로 이송할 수 있다.

제2관 강제경매

제80조【강제경매신청서】

강제경매신청서에는 다음 각호의 사항을 적어야 한다.

1. 채권자·채무자와 법원의 표시
2. 부동산의 표시
3. 경매의 이유가 된 일정한 채권과 집행할 수 있는 일정한 집행권원

제81조【첨부서류】

① 강제경매신청서에는 집행력 있는 정본 외에 다음 각호 가운데 어느 하나에 해당하는 서류를 붙여야 한다.

1. 채무자의 소유로 등기된 부동산에 대하여는 등기사항증명서 〈개정 2011.4.12〉
2. 채무자의 소유로 등기되지 아니한 부동산에 대하여는 즉시 채무자명의로 등기할 수 있다는 것을 증명할 서류. 다만, 그 부동산이 등기되지 아니한 건물인 경우에는 그 건물이 채무자의 소유임을 증명할 서류, 그 건물의 지번·구조·면적을 증명할 서류 및 그 건물에 관한 건축허가 또는 건축신고를 증명할 서류

② 채권자는 공적 장부를 주관하는 공공기관에 제1항 제2호 단서의 사항들을 증명하여 줄 것을 청구할 수 있다.

③ 제1항 제2호 단서의 경우에 건물의 지번·구조·면적을 증명하지 못한 때에는, 채권자는 경매신청과 동시에 그 조사를 집행법원에 신청할 수 있다.

④ 제3항의 경우에 법원은 집행관에게 그 조사를 하게 하여야 한다.

⑤ 강제관리를 하기 위하여 이미 부동산을 압류한 경우에 그 집행기록에 제1항 각호 가운데 어느 하나에 해당하는 서류가 붙어 있으면 다시 그 서류를 붙이지 아니할 수 있다.

제82조【집행관의 권한】

① 집행관은 제81조 제4항의 조사를 위하여 건물에 출입할 수 있고, 채무자 또는 건물을 점유하는 제3자에게 질문하거나 문서를 제시하도록 요구할 수 있다.

② 집행관은 제1항의 규정에 따라 건물에 출입하기 위하여 필요한 때에는 잠긴 문을 여는 등 적절한 처분을 할 수 있다.

제83조【경매개시결정 등】

① 경매절차를 개시하는 결정에는 동시에 그 부동산의 압류를 명하여야 한다.

② 압류는 부동산에 대한 채무자의 관리·이용에 영향을 미치지 아니한다.

③ 경매절차를 개시하는 결정을 한 뒤에는 법원은 직권으로 또는 이해관계인의 신청에 따라 부동산에 대한 침해행위를 방지하기 위하여 필요한 조치를 할 수 있다.

④ 압류는 채무자에게 그 결정이 송달된 때 또는 제94조의 규정에 따른 등기가 된 때에 효력이 생긴다.

⑤ 강제경매신청을 기각하거나 각하하는 재판에 대하여는 즉시항고를 할 수 있다.

제84조【배당요구의 종기(終期)결정 및 공고】
① 경매개시결정에 따른 압류의 효력이 생긴 때(그 경매개시결정전에 다른 경매개시결정이 있은 경우를 제외한다)에는 집행법원은 절차에 필요한 기간을 고려하여 배당요구를 할 수 있는 종기를 첫 매각기일 이전으로 정한다. 〈개정 2022.1.4〉
② 배당요구의 종기가 정하여진 때에는 법원은 경매개시결정을 한 취지 및 배당요구의 종기를 공고하고, 제91조 제4항 단서의 전세권자 및 법원에 알려진 제88조 제1항의 채권자에게 이를 고지하여야 한다.
③ 제1항의 배당요구의 종기결정 및 제2항의 공고는 경매개시결정에 따른 압류의 효력이 생긴 때부터 1주 이내에 하여야 한다.
④ 법원사무관 등은 제148조 제3호 및 제4호의 채권자 및 조세, 그 밖의 공과금을 주관하는 공공기관에 대하여 채권의 유무, 그 원인 및 액수〔원금·이자·비용, 그 밖의 부대채권(附帶債權)을 포함한다〕를 배당요구의 종기까지 법원에 신고하도록 최고하여야 한다.
⑤ 제148조 제3호 및 제4호의 채권자가 제4항의 최고에 대한 신고를 하지 아니한 때에는 그 채권자의 채권액은 등기사항증명서 등 집행기록에 있는 서류와 증빙(證憑)에 따라 계산한다. 이 경우 다시 채권액을 추가하지 못한다. 〈개정 2011.4.12〉
⑥ 법원은 특별히 필요하다고 인정하는 경우에는 배당요구의 종기를 연기할 수 있다.
⑦ 제6항의 경우에는 제2항 및 제4항의 규정을 준용한다. 다만, 이미 배당요구 또는 채권신고를 한 사람에 대하여는 같은 항의 고지 또는 최고를 하지 아니한다.

제85조【현황조사】
① 법원은 경매개시결정을 한 뒤에 바로 집행관에게 부동산의 현상, 점유관계, 차임(借賃) 또는 보증금의 액수, 그 밖의 현황에 관하여 조사하도록 명하여야 한다.
② 집행관이 제1항의 규정에 따라 부동산을 조사할 때에는 그 부동산에 대하여 제82조에 규정된 조치를 할 수 있다.

제86조【경매개시결정에 대한 이의신청】
① 이해관계인은 매각대금이 모두 지급될 때까지 법원에 경매개시결정에 대한 이의신청을 할 수 있다.
② 제1항의 신청을 받은 법원은 제16조 제2항에 준하는 결정을 할 수 있다.
③ 제1항의 신청에 관한 재판에 대하여 이해관계인은 즉시항고를 할 수 있다.

제87조【압류의 경합】
① 강제경매절차 또는 담보권 실행을 위한 경매절차를 개시하는 결정을 한 부동산에 대하여 다른 강제경매의 신청이 있는 때에는 법원은 다시 경매개시결정을 하고, 먼저 경매개시결정을 한 집행절차에 따라 경매한다.
② 먼저 경매개시결정을 한 경매신청이 취하되거나 그 절차가 취소된 때에는 법원은 제91조 제1항의 규정에 어긋나지 아니하는 한도 안에서 뒤의 경매개시결정에 따라 절차를 계속 진행하여야 한다.
③ 제2항의 경우에 뒤의 경매개시결정이 배당요구의 종기 이후의 신청에 의한 것인 때에는 집행법원은 새로이 배당요구를 할 수 있는 종기를 정하여야 한다. 이 경우 이미 제84조 제2항 또는 제4항의 규정에 따라 배당요구 또는 채권신고를 한 사람에 대하여는 같은 항의 고지 또는 최고를 하지 아니한다.
④ 먼저 경매개시결정을 한 경매절차가 정지된 때에는 법원은 신청에 따라 결정으로 뒤의 경매개시결정(배당요구의 종기까지 행하여진 신청에 의한 것에 한한다)에 기초하여 절차를 계속하여 진행할 수 있다. 다만, 먼저 경매개시결정을 한 경매절차가 취소되는 경우 제105조 제1항 제3호의 기재사항이 바뀔 때에는 그러하지 아니하다.

⑤ 제4항의 신청에 대한 재판에 대하여는 즉시 항고를 할 수 있다.

제88조 【배당요구】

① 집행력 있는 정본을 가진 채권자, 경매개시결정이 등기된 뒤에 가압류를 한 채권자, 민법·상법, 그 밖의 법률에 의하여 우선변제청구권이 있는 채권자는 배당요구를 할 수 있다.

② 배당요구에 따라 매수인이 인수하여야 할 부담이 바뀌는 경우 배당요구를 한 채권자는 배당요구의 종기가 지난 뒤에 이를 철회하지 못한다.

제89조 【이중경매신청 등의 통지】

법원은 제87조 제1항 및 제88조 제1항의 신청이 있는 때에는 그 사유를 이해관계인에게 통지하여야 한다.

제90조 【경매절차의 이해관계인】

경매절차의 이해관계인은 다음 각호의 사람으로 한다.

1. 압류채권자와 집행력 있는 정본에 의하여 배당을 요구한 채권자
2. 채무자 및 소유자
3. 등기부에 기입된 부동산 위의 권리자
4. 부동산 위의 권리자로서 그 권리를 증명한 사람

제91조 【인수주의(引受主義)와 잉여주의(剩餘主義)의 선택 등】

① 압류채권자의 채권에 우선하는 채권에 관한 부동산의 부담을 매수인에게 인수하게 하거나, 매각대금으로 그 부담을 변제하는 데 부족하지 아니하다는 것이 인정된 경우가 아니면 그 부동산을 매각하지 못한다.

② 매각부동산 위의 모든 저당권은 매각으로 소멸된다.

③ 지상권·지역권·전세권 및 등기된 임차권은 저당권·압류채권·가압류채권에 대항할 수 없는 경우에는 매각으로 소멸된다.

④ 제3항의 경우 외의 지상권·지역권·전세권 및 등기된 임차권은 매수인이 인수한다. 다만, 그중 전세권의 경우에는 전세권자가 제88조에 따라 배당요구를 하면 매각으로 소멸된다.

⑤ 매수인은 유치권자(留置權者)에게 그 유치권으로 담보하는 채권을 변제할 책임이 있다.

제92조 【제3자와 압류의 효력】

① 제3자는 권리를 취득할 때에 경매신청 또는 압류가 있다는 것을 알았을 경우에는 압류에 대항하지 못한다.

② 부동산이 압류채권을 위하여 의무를 진 경우에는 압류한 뒤 소유권을 취득한 제3자가 소유권을 취득할 때에 경매신청 또는 압류가 있다는 것을 알지 못하였더라도 경매절차를 계속하여 진행하여야 한다.

제93조 【경매신청의 취하】

① 경매신청이 취하되면 압류의 효력은 소멸된다.

② 매수신고가 있은 뒤 경매신청을 취하하는 경우에는 최고가매수신고인 또는 매수인과 제114조의 차순위매수신고인의 동의를 받아야 그 효력이 생긴다.

③ 제49조 제3호 또는 제6호의 서류를 제출하는 경우에는 제1항 및 제2항의 규정을, 제49조 제4호의 서류를 제출하는 경우에는 제2항의 규정을 준용한다.

제94조 【경매개시결정의 등기】

① 법원이 경매개시결정을 하면 법원사무관 등은 즉시 그 사유를 등기부에 기입하도록 등기관(登記官)에게 촉탁하여야 한다.

② 등기관은 제1항의 촉탁에 따라 경매개시결정사유를 기입하여야 한다.

제95조【등기사항증명서의 송부】

〈제목개정 2011.4.12〉

등기관은 제94조에 따라 경매개시결정사유를 등기부에 기입한 뒤 그 등기사항증명서를 법원에 보내야 한다. 〈개정 2011.4.12〉

제96조【부동산의 멸실 등으로 말미암은 경매취소】

① 부동산이 없어지거나 매각 등으로 말미암아 권리를 이전할 수 없는 사정이 명백하게 된 때에는 법원은 강제경매의 절차를 취소하여야 한다.

② 제1항의 취소결정에 대하여는 즉시항고를 할 수 있다.

제97조【부동산의 평가와 최저매각가격의 결정】

① 법원은 감정인(鑑定人)에게 부동산을 평가하게 하고 그 평가액을 참작하여 최저매각가격을 정하여야 한다.

② 감정인은 제1항의 평가를 위하여 필요하면 제82조 제1항에 규정된 조치를 할 수 있다.

③ 감정인은 제7조의 규정에 따라 집행관의 원조를 요구하는 때에는 법원의 허가를 얻어야 한다.

제98조【일괄매각(一括賣却) 결정】

① 법원은 여러 개의 부동산의 위치·형태·이용관계 등을 고려하여 이를 일괄매수하게 하는 것이 알맞다고 인정하는 경우에는 직권으로 또는 이해관계인의 신청에 따라 일괄매각하도록 결정할 수 있다.

② 법원은 부동산을 매각할 경우에 그 위치·형태·이용관계 등을 고려하여 다른 종류의 재산(금전채권을 제외한다)을 그 부동산과 함께 일괄매수하게 하는 것이 알맞다고 인정하는 때에는 직권으로 또는 이해관계인의 신청에 따라 일괄매각하도록 결정할 수 있다.

③ 제1항 및 제2항의 결정은 그 목적물에 대한 매각기일 이전까지 할 수 있다.

제99조【일괄매각사건의 병합】

① 법원은 각각 경매신청된 여러 개의 재산 또는 다른 법원이나 집행관에 계속된 경매사건의 목적물에 대하여 제98조 제1항 또는 제2항의 결정을 할 수 있다.

② 다른 법원이나 집행관에 계속된 경매사건의 목적물의 경우에 그 다른 법원 또는 집행관은 그 목적물에 대한 경매사건을 제1항의 결정을 한 법원에 이송한다.

③ 제1항 및 제2항의 경우에 법원은 그 경매사건들을 병합한다.

제100조【일괄매각사건의 관할】

제98조 및 제99조의 경우에는 민사소송법 제31조에 불구하고 같은 법 제25조의 규정을 준용한다. 다만, 등기할 수 있는 선박에 관한 경매사건에 대하여서는 그러하지 아니하다.

제101조【일괄매각절차】

① 제98조 및 제99조의 일괄매각결정에 따른 매각절차는 이 관의 규정에 따라 행한다. 다만, 부동산 외의 재산의 압류는 그 재산의 종류에 따라 해당되는 규정에서 정하는 방법으로 행하고, 그 중에서 집행관의 압류에 따르는 재산의 압류는 집행법원이 집행관에게 이를 압류하도록 명하는 방법으로 행한다.

② 제1항의 매각절차에서 각 재산의 대금액을 특정할 필요가 있는 경우에는 각 재산에 대한 최저매각가격의 비율을 정하여야 하며, 각 재산의 대금액은 총대금액을 각 재산의 최저매각가격비율에 따라 나눈 금액으로 한다. 각 재산이 부담할 집행비용액을 특정할 필요가 있는 경우에도 또한 같다.

③ 여러 개의 재산을 일괄매각하는 경우에 그 가운데 일부의 매각대금으로 모든 채권자의 채권액과 강제집행비용을 변제하기에 충분하면 다른 재산의 매각을 허가하지 아니한다. 다만, 토지와 그 위의 건물을 일괄매각하는

경우나 재산을 분리하여 매각하면 그 경제적 효용이 현저하게 떨어지는 경우 또는 채무자의 동의가 있는 경우에는 그러하지 아니하다.
④ 제3항 본문의 경우에 채무자는 그 재산 가운데 매각할 것을 지정할 수 있다.
⑤ 일괄매각절차에 관하여 이 법에서 정한 사항을 제외하고는 대법원규칙으로 정한다.

제102조【남을 가망이 없을 경우의 경매취소】
① 법원은 최저매각가격으로 압류채권자의 채권에 우선하는 부동산의 모든 부담과 절차비용을 변제하면 남을 것이 없겠다고 인정한 때에는 압류채권자에게 이를 통지하여야 한다.
② 압류채권자가 제1항의 통지를 받은 날부터 1주 이내에 제1항의 부담과 비용을 변제하고 남을 만한 가격을 정하여 그 가격에 맞는 매수신고가 없을 때에는 자기가 그 가격으로 매수하겠다고 신청하면서 충분한 보증을 제공하지 아니하면, 법원은 경매절차를 취소하여야 한다.
③ 제2항의 취소 결정에 대하여는 즉시항고를 할 수 있다.

제103조【강제경매의 매각방법】
① 부동산의 매각은 집행법원이 정한 매각방법에 따른다.
② 부동산의 매각은 매각기일에 하는 호가경매(呼價競賣), 매각기일에 입찰 및 개찰(開札)하게 하는 기일입찰(期日入札) 또는 입찰기간이내에 입찰하게 하여 매각기일에 개찰하는 기간입찰(期間入札)의 세가지 방법으로 한다.
③ 부동산의 매각절차에 관하여 필요한 사항은 대법원규칙으로 정한다.

제104조【매각기일과 매각결정기일 등의 지정】
① 법원은 최저매각가격으로 제102조 제1항의 부담과 비용을 변제하고도 남을 것이 있다고 인정하거나 압류채권자가 제102조 제2항의 신청을 하고 충분한 보증을 제공한 때에는 직권으로 매각기일과 매각결정기일을 정하여 대법원규칙이 정하는 방법으로 공고한다.
② 법원은 매각기일과 매각결정기일을 이해관계인에게 통지하여야 한다.
③ 제2항의 통지는 집행기록에 표시된 이해관계인의 주소에 대법원규칙이 정하는 방법으로 발송할 수 있다.
④ 기간입찰의 방법으로 매각할 경우에는 입찰기간에 관하여도 제1항 내지 제3항의 규정을 적용한다.

제105조【매각물건명세서 등】
① 법원은 다음 각호의 사항을 적은 매각물건명세서를 작성하여야 한다.
1. 부동산의 표시
2. 부동산의 점유자와 점유의 권원(權原), 점유할 수 있는 기간, 차임 또는 보증금에 관한 관계인의 진술
3. 등기된 부동산에 대한 권리 또는 가처분으로서 매각으로 효력을 잃지 아니하는 것
4. 매각에 따라 설정된 것으로 보게 되는 지상권의 개요

② 법원은 매각물건명세서·현황조사보고서 및 평가서의 사본을 법원에 비치하여 누구든지 볼 수 있도록 하여야 한다.

제106조【매각기일의 공고내용】
매각기일의 공고내용에는 다음 각호의 사항을 적어야 한다.
1. 부동산의 표시
2. 강제집행으로 매각한다는 취지와 그 매각방법
3. 부동산의 점유자, 점유의 권원, 점유하여 사용할 수 있는 기간, 차임 또는 보증금 약정 및 그 액수
4. 매각기일의 일시·장소, 매각기일을 진행할 집행관의 성명 및 기간입찰의 방법으로 매각할 경우에는 입찰기간·장소

5. 최저매각가격
6. 매각결정기일의 일시·장소
7. 매각물건명세서·현황조사보고서 및 평가서의 사본을 매각기일 전에 법원에 비치하여 누구든지 볼 수 있도록 제공한다는 취지
8. 등기부에 기입할 필요가 없는 부동산에 대한 권리를 가진 사람은 채권을 신고하여야 한다는 취지
9. 이해관계인은 매각기일에 출석할 수 있다는 취지

제107조【매각장소】
매각기일은 법원안에서 진행하여야 한다. 다만, 집행관은 법원의 허가를 얻어 다른 장소에서 매각기일을 진행할 수 있다.

제108조【매각장소의 질서유지】
집행관은 다음 각호 가운데 어느 하나에 해당한다고 인정되는 사람에 대하여 매각장소에 들어오지 못하도록 하거나 매각장소에서 내보내거나 매수의 신청을 하지 못하도록 할 수 있다.

1. 다른 사람의 매수신청을 방해한 사람
2. 부당하게 다른 사람과 담합하거나 그 밖에 매각의 적정한 실시를 방해한 사람
3. 제1호 또는 제2호의 행위를 교사(敎唆)한 사람
4. 민사집행절차에서의 매각에 관하여 형법 제136조·제137조·제140조·제140조의2·제142조·제315조 및 제323조 내지 제327조에 규정된 죄로 유죄판결을 받고 그 판결확정일부터 2년이 지나지 아니한 사람

제109조【매각결정기일】
① 매각결정기일은 매각기일부터 1주이내로 정하여야 한다.
② 매각결정절차는 법원안에서 진행하여야 한다.

제110조【합의에 의한 매각조건의 변경】
① 최저매각가격 외의 매각조건은 법원이 이해관계인의 합의에 따라 바꿀 수 있다.
② 이해관계인은 배당요구의 종기까지 제1항의 합의를 할 수 있다.

제111조【직권에 의한 매각조건의 변경】
① 거래의 실상을 반영하거나 경매절차를 효율적으로 진행하기 위하여 필요한 경우에 법원은 배당요구의 종기까지 매각조건을 바꾸거나 새로운 매각조건을 설정할 수 있다.
② 이해관계인은 제1항의 재판에 대하여 즉시항고를 할 수 있다.
③ 제1항의 경우에 법원은 집행관에게 부동산에 대하여 필요한 조사를 하게 할 수 있다.

제112조【매각기일의 진행】
집행관은 기일입찰 또는 호가경매의 방법에 의한 매각기일에는 매각물건명세서·현황조사보고서 및 평가서의 사본을 볼 수 있게 하고, 특별한 매각조건이 있는 때에는 이를 고지하며, 법원이 정한 매각방법에 따라 매수가격을 신고하도록 최고하여야 한다.

제113조【매수신청의 보증】
매수신청인은 대법원규칙이 정하는 바에 따라 집행법원이 정하는 금액과 방법에 맞는 보증을 집행관에게 제공하여야 한다.

제114조【차순위매수신고】
① 최고가매수신고인 외의 매수신고인은 매각기일을 마칠 때까지 집행관에게 최고가매수신고인이 대금지급기한까지 그 의무를 이행하지 아니하면 자기의 매수신고에 대하여 매각을 허가하여 달라는 취지의 신고(이하 "차순위매수신고"라 한다)를 할 수 있다.
② 차순위매수신고는 그 신고액이 최고가매수신고액에서 그 보증을 뺀 금액을 넘는 때에만 할 수 있다.

제115조【매각기일의 종결】
① 집행관은 최고가매수신고인의 성명과 그 가격을 부르고 차순위매수신고를 최고한 뒤, 적법한 차순위매수신고가 있으면 차순위매수신고인을 정하여 그 성명과 가격을 부른 다음 매각기일을 종결한다고 고지하여야 한다.
② 차순위매수신고를 한 사람이 둘 이상인 때에는 신고한 매수가격이 높은 사람을 차순위매수신고인으로 정한다. 신고한 매수가격이 같은 때에는 추첨으로 차순위매수신고인을 정한다.
③ 최고가매수신고인과 차순위매수신고인을 제외한 다른 매수신고인은 제1항의 고지에 따라 매수의 책임을 벗게 되고, 즉시 매수신청의 보증을 돌려 줄 것을 신청할 수 있다.
④ 기일입찰 또는 호가경매의 방법에 의한 매각기일에서 매각기일을 마감할 때까지 허가할 매수가격의 신고가 없는 때에는 집행관은 즉시 매각기일의 마감을 취소하고 같은 방법으로 매수가격을 신고하도록 최고할 수 있다.
⑤ 제4항의 최고에 대하여 매수가격의 신고가 없어 매각기일을 마감하는 때에는 매각기일의 마감을 다시 취소하지 못한다.

제116조【매각기일조서】
① 매각기일조서에는 다음 각호의 사항을 적어야 한다.
1. 부동산의 표시
2. 압류채권자의 표시
3. 매각물건명세서·현황조사보고서 및 평가서의 사본을 볼 수 있게 한 일
4. 특별한 매각조건이 있는 때에는 이를 고지한 일
5. 매수가격의 신고를 최고한 일
6. 모든 매수신고가격과 그 신고인의 성명·주소 또는 허가할 매수가격의 신고가 없는 일
7. 매각기일을 마감할 때까지 허가할 매수가격의 신고가 없어 매각기일의 마감을 취소하고 다시 매수가격의 신고를 최고한 일
8. 최종적으로 매각기일의 종결을 고지한 일시
9. 매수하기 위하여 보증을 제공한 일 또는 보증을 제공하지 아니하므로 그 매수를 허가하지 아니한 일
10. 최고가매수신고인과 차순위매수신고인의 성명과 그 가격을 부른 일

② 최고가매수신고인 및 차순위매수신고인과 출석한 이해관계인은 조서에 서명날인하여야 한다. 그들이 서명날인할 수 없을 때에는 집행관이 그 사유를 적어야 한다.
③ 집행관이 매수신청의 보증을 돌려 준 때에는 영수증을 받아 조서에 붙여야 한다.

제117조【조서와 금전의 인도】
집행관은 매각기일조서와 매수신청의 보증으로 받아 돌려주지 아니한 것을 매각기일부터 3일 이내에 법원사무관 등에게 인도하여야 한다.

제118조【최고가매수신고인 등의 송달영수인(送達領收人)신고】
① 최고가매수신고인과 차순위매수신고인은 대한민국안에 주소·거소와 사무소가 없는 때에는 대한민국안에 송달이나 통지를 받을 장소와 영수인을 정하여 법원에 신고하여야 한다.
② 최고가매수신고인이나 차순위매수신고인이 제1항의 신고를 하지 아니한 때에는 법원은 그에 대한 송달이나 통지를 하지 아니할 수 있다.
③ 제1항의 신고는 집행관에게 말로 할 수 있다. 이 경우 집행관은 조서에 이를 적어야 한다.

제119조【새 매각기일】
허가할 매수가격의 신고가 없이 매각기일이 최종적으로 마감된 때에는 제91조 제1항의 규정

에 어긋나지 아니하는 한도에서 법원은 최저매각가격을 상당히 낮추고 새 매각기일을 정하여야 한다. 그 기일에 허가할 매수가격의 신고가 없는 때에도 또한 같다.

제120조【매각결정기일에서의 진술】

① 법원은 매각결정기일에 출석한 이해관계인에게 매각허가에 관한 의견을 진술하게 하여야 한다.

② 매각허가에 관한 이의는 매각허가가 있을 때까지 신청하여야 한다. 이미 신청한 이의에 대한 진술도 또한 같다.

제121조【매각허가에 대한 이의신청사유】

매각허가에 관한 이의는 다음 각호 가운데 어느 하나에 해당하는 이유가 있어야 신청할 수 있다.

1. 강제집행을 허가할 수 없거나 집행을 계속 진행할 수 없을 때
2. 최고가매수신고인이 부동산을 매수할 능력이나 자격이 없는 때
3. 부동산을 매수할 자격이 없는 사람이 최고가매수신고인을 내세워 매수신고를 한 때
4. 최고가매수신고인, 그 대리인 또는 최고가매수신고인을 내세워 매수신고를 한 사람이 제108조 각호 가운데 어느 하나에 해당되는 때
5. 최저매각가격의 결정, 일괄매각의 결정 또는 매각물건명세서의 작성에 중대한 흠이 있는 때
6. 천재지변, 그 밖에 자기가 책임을 질 수 없는 사유로 부동산이 현저하게 훼손된 사실 또는 부동산에 관한 중대한 권리관계가 변동된 사실이 경매절차의 진행 중에 밝혀진 때
7. 경매절차에 그 밖의 중대한 잘못이 있는 때

제122조【이의신청의 제한】

이의는 다른 이해관계인의 권리에 관한 이유로 신청하지 못한다.

제123조【매각의 불허】

① 법원은 이의신청이 정당하다고 인정한 때에는 매각을 허가하지 아니한다.

② 제121조에 규정한 사유가 있는 때에는 직권으로 매각을 허가하지 아니한다. 다만, 같은 조 제2호 또는 제3호의 경우에는 능력 또는 자격의 흠이 제거되지 아니한 때에 한한다.

제124조【과잉매각되는 경우의 매각불허가】

① 여러 개의 부동산을 매각하는 경우에 한 개의 부동산의 매각대금으로 모든 채권자의 채권액과 강제집행비용을 변제하기에 충분하면 다른 부동산의 매각을 허가하지 아니한다. 다만, 제101조 제3항 단서에 따른 일괄매각의 경우에는 그러하지 아니하다.

② 제1항 본문의 경우에 채무자는 그 부동산 가운데 매각할 것을 지정할 수 있다.

제125조【매각을 허가하지 아니할 경우의 새 매각기일】

① 제121조와 제123조의 규정에 따라 매각을 허가하지 아니하고 다시 매각을 명하는 때에는 직권으로 새 매각기일을 정하여야 한다.

② 제121조 제6호의 사유로 제1항의 새 매각기일을 열게 된 때에는 제97조 내지 제105조의 규정을 준용한다.

제126조【매각허가여부의 결정선고】

① 매각을 허가하거나 허가하지 아니하는 결정은 선고하여야 한다.

② 매각결정기일조서에는 민사소송법 제152조 내지 제154조와 제156조 내지 제158조 및 제164조의 규정을 준용한다.

③ 제1항의 결정은 확정되어야 효력을 가진다.

제127조【매각허가결정의 취소신청】

① 제121조 제6호에서 규정한 사실이 매각허가결정의 확정 뒤에 밝혀진 경우에는 매수인은 대금을 낼 때까지 매각허가결정의 취소신청을 할 수 있다.

② 제1항의 신청에 관한 결정에 대하여는 즉시 항고를 할 수 있다.

제128조 【매각허가결정】

① 매각허가결정에는 매각한 부동산, 매수인과 매각가격을 적고 특별한 매각조건으로 매각한 때에는 그 조건을 적어야 한다.

② 제1항의 결정은 선고하는 외에 대법원규칙이 정하는 바에 따라 공고하여야 한다.

제129조 【이해관계인 등의 즉시항고】

① 이해관계인은 매각허가여부의 결정에 따라 손해를 볼 경우에만 그 결정에 대하여 즉시항고를 할 수 있다.

② 매각허가에 정당한 이유가 없거나 결정에 적은 것 외의 조건으로 허가하여야 한다고 주장하는 매수인 또는 매각허가를 주장하는 매수신고인도 즉시항고를 할 수 있다.

③ 제1항 및 제2항의 경우에 매각허가를 주장하는 매수신고인은 그 신청한 가격에 대하여 구속을 받는다.

제130조 【매각허가여부에 대한 항고】

① 매각허가결정에 대한 항고는 이 법에 규정한 매각허가에 대한 이의신청사유가 있다거나, 그 결정절차에 중대한 잘못이 있다는 것을 이유로 드는 때에만 할 수 있다.

② 민사소송법 제451조 제1항 각호의 사유는 제1항의 규정에 불구하고 매각허가 또는 불허가결정에 대한 항고의 이유로 삼을 수 있다.

③ 매각허가결정에 대하여 항고를 하고자 하는 사람은 보증으로 매각대금의 10분의 1에 해당하는 금전 또는 법원이 인정한 유가증권을 공탁하여야 한다.

④ 항고를 제기하면서 항고장에 제3항의 보증을 제공하였음을 증명하는 서류를 붙이지 아니한 때에는 원심법원은 항고장을 받은 날부터 1주 이내에 결정으로 이를 각하하여야 한다.

⑤ 제4항의 결정에 대하여는 즉시항고를 할 수 있다.

⑥ 채무자 및 소유자가 한 제3항의 항고가 기각된 때에는 항고인은 보증으로 제공한 금전이나 유가증권을 돌려 줄 것을 요구하지 못한다.

⑦ 채무자 및 소유자 외의 사람이 한 제3항의 항고가 기각된 때에는 항고인은 보증으로 제공한 금전이나, 유가증권을 현금화한 금액 가운데 항고를 한 날부터 항고기각결정이 확정된 날까지의 매각대금에 대한 대법원규칙이 정하는 이율에 의한 금액(보증으로 제공한 금전이나, 유가증권을 현금화한 금액을 한도로 한다)에 대하여는 돌려줄 것을 요구할 수 없다. 다만, 보증으로 제공한 유가증권을 현금화하기 전에 위의 금액을 항고인이 지급한 때에는 그 유가증권을 돌려 줄 것을 요구할 수 있다.

⑧ 항고인이 항고를 취하한 경우에는 제6항 또는 제7항의 규정을 준용한다.

제131조 【항고심의 절차】

① 항고법원은 필요한 경우에 반대진술을 하게 하기 위하여 항고인의 상대방을 정할 수 있다.

② 한 개의 결정에 대한 여러 개의 항고는 병합한다.

③ 항고심에는 제122조의 규정을 준용한다.

제132조 【항고법원의 재판과 매각허가여부결정】

항고법원이 집행법원의 결정을 취소하는 경우에 그 매각허가여부의 결정은 집행법원이 한다.

제133조 【매각을 허가하지 아니하는 결정의 효력】

매각을 허가하지 아니한 결정이 확정된 때에는 매수인과 매각허가를 주장한 매수신고인은 매수에 관한 책임이 면제된다.

제134조 【최저매각가격의 결정부터 새로할 경우】

제127조의 규정에 따라 매각허가결정을 취소한 경우에는 제97조 내지 제105조의 규정을 준용한다.

제135조 【소유권의 취득시기】

매수인은 매각대금을 다 낸 때에 매각의 목적인 권리를 취득한다.

제136조【부동산의 인도명령 등】

① 법원은 매수인이 대금을 낸 뒤 6월 이내에 신청하면 채무자·소유자 또는 부동산 점유자에 대하여 부동산을 매수인에게 인도하도록 명할 수 있다. 다만, 점유자가 매수인에게 대항할 수 있는 권원에 의하여 점유하고 있는 것으로 인정되는 경우에는 그러하지 아니하다.

② 법원은 매수인 또는 채권자가 신청하면 매각허가가 결정된 뒤 인도할 때까지 관리인에게 부동산을 관리하게 할 것을 명할 수 있다.

③ 제2항의 경우 부동산의 관리를 위하여 필요하면 법원은 매수인 또는 채권자의 신청에 따라 담보를 제공하게 하거나 제공하게 하지 아니하고 제1항의 규정에 준하는 명령을 할 수 있다.

④ 법원이 채무자 및 소유자 외의 점유자에 대하여 제1항 또는 제3항의 규정에 따른 인도명령을 하려면 그 점유자를 심문(審問)하여야 한다. 다만, 그 점유자가 매수인에게 대항할 수 있는 권원에 의하여 점유하고 있지 아니함이 명백한 때 또는 이미 그 점유자를 심문한 때에는 그러하지 아니하다.

⑤ 제1항 내지 제3항의 신청에 관한 결정에 대하여는 즉시항고를 할 수 있다.

⑥ 채무자·소유자 또는 점유자가 제1항과 제3항의 인도명령에 따르지 아니할 때에는 매수인 또는 채권자는 집행관에게 그 집행을 위임할 수 있다.

제137조【차순위매수신고인에 대한 매각허가 여부결정】

① 차순위매수신고인이 있는 경우에 매수인이 대금지급기한까지 그 의무를 이행하지 아니한 때에는 차순위매수신고인에게 매각을 허가할 것인지를 결정하여야 한다. 다만, 제142조 제4항의 경우에는 그러하지 아니하다.

② 차순위매수신고인에 대한 매각허가결정이 있는 때에는 매수인은 매수신청의 보증을 돌려줄 것을 요구하지 못한다.

제138조【재매각】

① 매수인이 대금지급기한 또는 제142조 제4항의 다시 정한 기한까지 그 의무를 완전히 이행하지 아니하였고, 차순위매수신고인이 없는 때에는 법원은 직권으로 부동산의 재매각을 명하여야 한다.

② 재매각절차에도 종전에 정한 최저매각가격, 그 밖의 매각조건을 적용한다.

③ 매수인이 재매각기일의 3일 이전까지 대금, 그 지급기한이 지난 뒤부터 지급일까지의 대금에 대한 대법원규칙이 정하는 이율에 따른 지연이자와 절차비용을 지급한 때에는 재매각절차를 취소하여야 한다. 이 경우 차순위매수신고인이 매각허가결정을 받았던 때에는 위 금액을 먼저 지급한 매수인이 매매목적물의 권리를 취득한다.

④ 재매각절차에서는 전의 매수인은 매수신청을 할 수 없으며 매수신청의 보증을 돌려 줄 것을 요구하지 못한다.

제139조【공유물지분(共有物持分)에 대한 경매】

① 공유물지분을 경매하는 경우에는 채권자의 채권을 위하여 채무자의 지분에 대한 경매개시결정이 있음을 등기부에 기입하고 다른 공유자에게 그 경매개시결정이 있다는 것을 통지하여야 한다. 다만, 상당한 이유가 있는 때에는 통지하지 아니할 수 있다.

② 최저매각가격은 공유물 전부의 평가액을 기본으로 채무자의 지분에 관하여 정하여야 한다. 다만, 그와 같은 방법으로 정확한 가치를 평가하기 어렵거나 그 평가에 부당하게 많은 비용이 드는 등 특별한 사정이 있는 경우에는 그러하지 아니한다.

제140조【공유자의 우선매수권】

① 공유자는 매각기일까지 제113조에 따른 보증을 제공하고 최고매수신고가격과 같은 가격으로 채무자의 지분을 우선매수하겠다는 신고를 할 수 있다.

② 제1항의 경우에 법원은 최고가매수신고가 있더라도 그 공유자에게 매각을 허가하여야 한다.

③ 여러 사람의 공유자가 우선매수하겠다는 신고를 하고 제2항의 절차를 마친 때에는 특별한 협의가 없으면 공유지분의 비율에 따라 채무자의 지분을 매수하게 한다.

④ 제1항의 규정에 따라 공유자가 우선매수신고를 한 경우에는 최고가매수신고인을 제114조의 차순위매수신고인으로 본다.

제141조【경매개시결정등기의 말소】

경매신청이 매각허가 없이 마쳐진 때에는 법원사무관 등은 제94조와 제139조 제1항의 규정에 따른 기입을 말소하도록 등기관에게 촉탁하여야 한다.

제142조【대금의 지급】

① 매각허가결정이 확정되면 법원은 대금의 지급기한을 정하고, 이를 매수인과 차순위매수신고인에게 통지하여야 한다.

② 매수인은 제1항의 대금지급기한까지 매각대금을 지급하여야 한다.

③ 매수신청의 보증으로 금전이 제공된 경우에 그 금전은 매각대금에 넣는다.

④ 매수신청의 보증으로 금전 외의 것이 제공된 경우로서 매수인이 매각대금중 보증액을 뺀 나머지 금액만을 낸 때에는, 법원은 보증을 현금화하여 그 비용을 뺀 금액을 보증액에 해당하는 매각대금 및 이에 대한 지연이자에 충당하고, 모자라는 금액이 있으면 다시 대금지급기한을 정하여 매수인으로 하여금 내게 한다.

⑤ 제4항의 지연이자에 대하여는 제138조 제3항의 규정을 준용한다.

⑥ 차순위매수신고인은 매수인이 대금을 모두 지급한 때 매수의 책임을 벗게 되고 즉시 매수신청의 보증을 돌려 줄 것을 요구할 수 있다.

제143조【특별한 지급방법】

① 매수인은 매각조건에 따라 부동산의 부담을 인수하는 외에 배당표(配當表)의 실시에 관하여 매각대금의 한도에서 관계채권자의 승낙이 있으면 대금의 지급에 갈음하여 채무를 인수할 수 있다.

② 채권자가 매수인인 경우에는 매각결정기일이 끝날 때까지 법원에 신고하고 배당받아야 할 금액을 제외한 대금을 배당기일에 낼 수 있다.

③ 제1항 및 제2항의 경우에 매수인이 인수한 채무나 배당받아야 할 금액에 대하여 이의가 제기된 때에는 매수인은 배당기일이 끝날 때까지 이에 해당하는 대금을 내야 한다.

제144조【매각대금 지급 뒤의 조치】

① 매각대금이 지급되면 법원사무관 등은 매각허가결정의 등본을 붙여 다음 각호의 등기를 촉탁하여야 한다.

1. 매수인 앞으로 소유권을 이전하는 등기
2. 매수인이 인수하지 아니한 부동산의 부담에 관한 기입을 말소하는 등기
3. 제94조 및 제139조 제1항의 규정에 따른 경매개시결정등기를 말소하는 등기

② 매각대금을 지급할 때까지 매수인과 부동산을 담보로 제공받으려고 하는 사람이 대법원규칙으로 정하는 바에 따라 공동으로 신청한 경우, 제1항의 촉탁은 등기신청의 대리를 업으로 할 수 있는 사람으로서 신청인이 지정하는 사람에게 촉탁서를 교부하여 등기소에 제출하도록 하는 방법으로 하여야 한다. 이 경우 신청인이 지정하는 사람은 지체 없이

민사집행법

그 촉탁서를 등기소에 제출하여야 한다. 〈신설 2010.7.23〉

③ 제1항의 등기에 드는 비용은 매수인이 부담한다. 〈제2항에서 이동 2010.7.23〉

제145조【매각대금의 배당】

① 매각대금이 지급되면 법원은 배당절차를 밟아야 한다.

② 매각대금으로 배당에 참가한 모든 채권자를 만족하게 할 수 없는 때에는 법원은 민법·상법, 그 밖의 법률에 의한 우선순위에 따라 배당하여야 한다.

제146조【배당기일】

매수인이 매각대금을 지급하면 법원은 배당에 관한 진술 및 배당을 실시할 기일을 정하고 이해관계인과 배당을 요구한 채권자에게 이를 통지하여야 한다. 다만, 채무자가 외국에 있거나 있는 곳이 분명하지 아니한 때에는 통지하지 아니한다.

제147조【배당할 금액 등】

① 배당할 금액은 다음 각호에 규정한 금액으로 한다.

1. 대 금
2. 제138조 제3항 및 제142조 제4항의 경우에는 대금지급기한이 지난 뒤부터 대금의 지급·충당까지의 지연이자
3. 제130조 제6항의 보증(제130조 제8항에 따라 준용되는 경우를 포함한다.)
4. 제130조 제7항 본문의 보증 가운데 항고인이 돌려 줄 것을 요구하지 못하는 금액 또는 제130조 제7항 단서의 규정에 따라 항고인이 낸 금액(각각 제130조 제8항에 따라 준용되는 경우를 포함한다.)
5. 제138조 제4항의 규정에 의하여 매수인이 돌려줄 것을 요구할 수 없는 보증(보증이 금전 외의 방법으로 제공되어 있는 때에는 보증을 현금화하여 그 대금에서 비용을 뺀 금액)

② 제1항의 금액 가운데 채권자에게 배당하고 남은 금액이 있으면, 제1항 제4호의 금액의 범위안에서 제1항 제4호의 보증 등을 제공한 사람에게 돌려준다.

③ 제1항의 금액 가운데 채권자에게 배당하고 남은 금액으로 제1항 제4호의 보증 등을 돌려주기 부족한 경우로서 그 보증 등을 제공한 사람이 여럿인 때에는 제1항 제4호의 보증 등의 비율에 따라 나누어 준다.

제148조【배당받을 채권자의 범위】

제147조 제1항에 규정한 금액을 배당받을 채권자는 다음 각호에 규정된 사람으로 한다.

1. 배당요구의 종기까지 경매신청을 한 압류채권자
2. 배당요구의 종기까지 배당요구를 한 채권자
3. 첫 경매개시결정등기전에 등기된 가압류채권자
4. 저당권·전세권, 그 밖의 우선변제청구권으로서 첫 경매개시결정등기전에 등기되었고 매각으로 소멸하는 것을 가진 채권자

제149조【배당표의 확정】

① 법원은 채권자와 채무자에게 보여 주기 위하여 배당기일의 3일전에 배당표원안(配當表原案)을 작성하여 법원에 비치하여야 한다.

② 법원은 출석한 이해관계인과 배당을 요구한 채권자를 심문하여 배당표를 확정하여야 한다.

제150조【배당표의 기재 등】

① 배당표에는 매각대금, 채권자의 채권의 원금, 이자, 비용, 배당의 순위와 배당의 비율을 적어야 한다.

② 출석한 이해관계인과 배당을 요구한 채권자가 합의한 때에는 이에 따라 배당표를 작성하여야 한다.

제151조【배당표에 대한 이의】

① 기일에 출석한 채무자는 채권자의 채권 또는 그 채권의 순위에 대하여 이의할 수 있다.

② 제1항의 규정에 불구하고 채무자는 제149조 제1항에 따라 법원에 배당표원안이 비치된 이후 배당기일이 끝날 때까지 채권자의 채권 또는 그 채권의 순위에 대하여 서면으로 이의할 수 있다.

③ 기일에 출석한 채권자는 자기의 이해에 관계되는 범위 안에서는 다른 채권자를 상대로 그의 채권 또는 그 채권의 순위에 대하여 이의할 수 있다.

제152조【이의의 완결】

① 제151조의 이의에 관계된 채권자는 이에 대하여 진술하여야 한다.

② 관계인이 제151조의 이의를 정당하다고 인정하거나 다른 방법으로 합의한 때에는 이에 따라 배당표를 경정(更正)하여 배당을 실시하여야 한다.

③ 제151조의 이의가 완결되지 아니한 때에는 이의가 없는 부분에 한하여 배당을 실시하여야 한다.

제153조【불출석한 채권자】

① 기일에 출석하지 아니한 채권자는 배당표와 같이 배당을 실시하는 데에 동의한 것으로 본다.

② 기일에 출석하지 아니한 채권자가 다른 채권자가 제기한 이의에 관계된 때에는 그 채권자는 이의를 정당하다고 인정하지 아니한 것으로 본다.

제154조【배당이의의 소 등】

① 집행력 있는 집행권원의 정본을 가지지 아니한 채권자(가압류채권자를 제외한다)에 대하여 이의한 채무자와 다른 채권자에 대하여 이의한 채권자는 배당이의의 소를 제기하여야 한다.

② 집행력 있는 집행권원의 정본을 가진 채권자에 대하여 이의한 채무자는 청구이의의 소를 제기하여야 한다.

③ 이의한 채권자나 채무자가 배당기일부터 1주 이내에 집행법원에 대하여 제1항의 소를 제기한 사실을 증명하는 서류를 제출하지 아니한 때 또는 제2항의 소를 제기한 사실을 증명하는 서류와 그 소에 관한 집행정지재판의 정본을 제출하지 아니한 때에는 이의가 취하된 것으로 본다.

제155조【이의한 사람 등의 우선권 주장】

이의한 채권자가 제154조 제3항의 기간을 지키지 아니한 경우에도 배당표에 따른 배당을 받은 채권자에 대하여 소로 우선권 및 그 밖의 권리를 행사하는 데 영향을 미치지 아니한다.

제156조【배당이의의 소의 관할】

① 제154조 제1항의 배당이의의 소는 배당을 실시한 집행법원이 속한 지방법원의 관할로 한다. 다만, 소송물이 단독판사의 관할에 속하지 아니할 경우에는 지방법원의 합의부가 이를 관할한다.

② 여러 개의 배당이의의 소가 제기된 경우에 한 개의 소를 합의부가 관할하는 때에는 그 밖의 소도 함께 관할한다.

③ 이의한 사람과 상대방이 이의에 관하여 단독판사의 재판을 받을 것을 합의한 경우에는 제1항 단서와 제2항의 규정을 적용하지 아니한다.

제157조【배당이의의 소의 판결】

배당이의의 소에 대한 판결에서는 배당액에 대한 다툼이 있는 부분에 관하여 배당을 받을 채권자와 그 액수를 정하여야 한다. 이를 정하는 것이 적당하지 아니하다고 인정한 때에는 판결에서 배당표를 다시 만들고 다른 배당절차를 밟도록 명하여야 한다.

제158조【배당이의의 소의 취하간주】

이의한 사람이 배당이의의 소의 첫 변론기일에 출석하지 아니한 때에는 소를 취하한 것으로 본다.

제159조【배당실시절차·배당조서】
① 법원은 배당표에 따라 제2항 및 제3항에 규정된 절차에 의하여 배당을 실시하여야 한다.
② 채권 전부의 배당을 받을 채권자에게는 배당액지급증을 교부하는 동시에 그가 가진 집행력 있는 정본 또는 채권증서를 받아 채무자에게 교부하여야 한다.
③ 채권 일부의 배당을 받을 채권자에게는 집행력 있는 정본 또는 채권증서를 제출하게 한 뒤 배당액을 적어서 돌려주고 배당액지급증을 교부하는 동시에 영수증을 받아 채무자에게 교부하여야 한다.
④ 제1항 내지 제3항의 배당실시절차는 조서에 명확히 적어야 한다.

제160조【배당금액의 공탁】
① 배당을 받아야 할 채권자의 채권에 대하여 다음 각호 가운데 어느 하나의 사유가 있으면 그에 대한 배당액을 공탁하여야 한다.
1. 채권에 정지조건 또는 불확정기한이 붙어 있는 때
2. 가압류채권자의 채권인 때
3. 제49조 제2호 및 제266조 제1항 제5호에 규정된 문서가 제출되어 있는 때
4. 저당권설정의 가등기가 마쳐져 있는 때
5. 제154조 제1항에 의한 배당이의의 소가 제기된 때
6. 민법 제340조 제2항 및 같은 법 제370조에 따른 배당금액의 공탁청구가 있는 때

② 채권자가 배당기일에 출석하지 아니한 때에는 그에 대한 배당액을 공탁하여야 한다.

제161조【공탁금에 대한 배당의 실시】
① 법원이 제160조 제1항의 규정에 따라 채권자에 대한 배당액을 공탁한 뒤 공탁의 사유가 소멸한 때에는 법원은 공탁금을 지급하거나 공탁금에 대한 배당을 실시하여야 한다.
② 제1항에 따라 배당을 실시함에 있어서 다음 각호 가운데 어느 하나에 해당하는 때에는 법원은 배당에 대하여 이의하지 아니한 채권자를 위하여서도 배당표를 바꾸어야 한다.
1. 제160조 제1항 제1호 내지 제4호의 사유에 따른 공탁에 관련된 채권자에 대하여 배당을 실시할 수 없게 된 때
2. 제160조 제1항 제5호의 공탁에 관련된 채권자가 채무자로부터 제기당한 배당이의의 소에서 진 때
3. 제160조 제1항 제6호의 공탁에 관련된 채권자가 저당물의 매각대가로부터 배당을 받은 때

③ 제160조 제2항의 채권자가 법원에 대하여 공탁금의 수령을 포기하는 의사를 표시한 때에는 그 채권자의 채권이 존재하지 아니하는 것으로 보고 배당표를 바꾸어야 한다.
④ 제2항 및 제3항의 배당표변경에 따른 추가 배당기일에 제151조의 규정에 따라 이의할 때에는 종전의 배당기일에서 주장할 수 없었던 사유만을 주장할 수 있다.

제162조【공동경매】
여러 압류채권자를 위하여 동시에 실시하는 부동산의 경매절차에는 제80조 내지 제161조의 규정을 준용한다.

제3관 강제관리

제163조【강제경매규정의 준용】
강제관리에는 제80조 내지 제82조, 제83조 제1항·제3항 내지 제5항, 제85조 내지 제89조 및 제94조 내지 제96조의 규정을 준용한다.

제164조【강제관리개시결정】
① 강제관리를 개시하는 결정에는 채무자에게는 관리사무에 간섭하여서는 아니되고 부동산의 수익을 처분하여서도 아니된다고 명하여야 하며, 수익을 채무자에게 지급할 제3자

에게는 관리인에게 이를 지급하도록 명하여야 한다.

② 수확(收穫)하였거나 수확할 과실(果實)과, 이행기(履行期)에 이르렀거나 이르게 될 과실은 제1항의 수익에 속한다.

③ 강제관리개시결정은 제3자에게는 결정서를 송달하여야 효력이 생긴다.

④ 강제관리신청을 기각하거나 각하하는 재판에 대하여는 즉시항고를 할 수 있다.

제165조【강제관리개시결정 등의 통지】

법원은 강제관리를 개시하는 결정을 한 부동산에 대하여 다시 강제관리의 개시결정을 하거나 배당요구의 신청이 있는 때에는 관리인에게 이를 통지하여야 한다.

제166조【관리인의 임명 등】

① 관리인은 법원이 임명한다. 다만, 채권자는 적당한 사람을 관리인으로 추천할 수 있다.

② 관리인은 관리와 수익을 하기 위하여 부동산을 점유할 수 있다. 이 경우 저항을 받으면 집행관에게 원조를 요구할 수 있다.

③ 관리인은 제3자가 채무자에게 지급할 수익을 추심(推尋)할 권한이 있다.

제167조【법원의 지휘·감독】

① 법원은 관리에 필요한 사항과 관리인의 보수를 정하고, 관리인을 지휘·감독한다.

② 법원은 관리인에게 보증을 제공하도록 명할 수 있다.

③ 관리인에게 관리를 계속할 수 없는 사유가 생긴 경우에는 법원은 직권으로 또는 이해관계인의 신청에 따라 관리인을 해임할 수 있다. 이 경우 관리인을 심문하여야 한다.

제168조【준용규정】

제3자가 부동산에 대한 강제관리를 막을 권리가 있다고 주장하는 경우에는 제48조의 규정을 준용한다.

제169조【수익의 처리】

① 관리인은 부동산수익에서 그 부동산이 부담하는 조세, 그 밖의 공과금을 뺀 뒤에 관리비용을 변제하고, 그 나머지 금액을 채권자에게 지급한다.

② 제1항의 경우 모든 채권자를 만족하게 할 수 없는 때에는 관리인은 채권자 사이의 배당협의에 따라 배당을 실시하여야 한다.

③ 채권자 사이에 배당협의가 이루어지지 못한 경우에 관리인은 그 사유를 법원에 신고하여야 한다.

④ 제3항의 신고가 있는 경우에는 제145조·제146조 및 제148조 내지 제161조의 규정을 준용하여 배당표를 작성하고 이에 따라 관리인으로 하여금 채권자에게 지급하게 하여야 한다.

제170조【관리인의 계산보고】

① 관리인은 매년 채권자·채무자와 법원에 계산서를 제출하여야 한다. 그 업무를 마친 뒤에도 또한 같다.

② 채권자와 채무자는 계산서를 송달받은 날부터 1주 이내에 집행법원에 이에 대한 이의신청을 할 수 있다.

③ 제2항의 기간이내에 이의신청이 없는 때에는 관리인의 책임이 면제된 것으로 본다.

④ 제2항의 기간이내에 이의신청이 있는 때에는 관리인을 심문한 뒤 결정으로 재판하여야 한다. 신청한 이의를 매듭 지은 때에는 법원은 관리인의 책임을 면제한다.

제171조【강제관리의 취소】

① 강제관리의 취소는 법원이 결정으로 한다.

② 채권자들이 부동산수익으로 전부 변제를 받았을 때에는 법원은 직권으로 제1항의 취소결정을 한다.

③ 제1항 및 제2항의 결정에 대하여는 즉시항고를 할 수 있다.

④ 강제관리의 취소결정이 확정된 때에는 법원 사무관 등은 강제관리에 관한 기입등기를 말소하도록 촉탁하여야 한다.

제3절 선박 등에 대한 강제집행

제172조【선박에 대한 강제집행】
등기할 수 있는 선박에 대한 강제집행은 부동산의 강제경매에 관한 규정에 따른다. 다만, 사물의 성질에 따른 차이가 있거나 특별한 규정이 있는 경우에는 그러하지 아니하다.

제173조【관할법원】
선박에 대한 강제집행의 집행법원은 압류 당시에 그 선박이 있는 곳을 관할하는 지방법원으로 한다.

제174조【선박국적증서(船舶國籍證書) 등의 제출】
① 법원은 경매개시결정을 한 때에는 집행관에게 선박국적증서 그 밖에 선박운행에 필요한 문서(이하 "선박국적증서 등"이라 한다)를 선장으로부터 받아 법원에 제출하도록 명하여야 한다.
② 경매개시결정이 송달 또는 등기되기 전에 집행관이 선박국적증서 등을 받은 경우에는 그 때에 압류의 효력이 생긴다.

제175조【선박집행신청전의 선박국적증서 등의 인도명령】
① 선박에 대한 집행의 신청전에 선박국적증서 등을 받지 아니하면 집행이 매우 곤란할 염려가 있을 경우에는 선적(船籍)이 있는 곳을 관할하는 지방법원(선적이 없는 때에는 대법원규칙이 정하는 법원)은 신청에 따라 채무자에게 선박국적증서 등을 집행관에게 인도하도록 명할 수 있다. 급박한 경우에는 선박이 있는 곳을 관할하는 지방법원도 이 명령을 할 수 있다.
② 집행관은 선박국적증서 등을 인도받은 날부터 5일 이내에 채권자로부터 선박집행을 신청하였음을 증명하는 문서를 제출받지 못한 때에는 그 선박국적증서 등을 돌려 주어야 한다.
③ 제1항의 규정에 따른 재판에 대하여는 즉시항고를 할 수 있다.
④ 제1항의 규정에 따른 재판에는 제292조 제2항 및 제3항의 규정을 준용한다.

제176조【압류선박의 정박(碇泊)】
① 법원은 집행절차를 행하는 동안 선박이 압류 당시의 장소에 계속 머무르도록 명하여야 한다.
② 법원은 영업상의 필요, 그 밖에 상당한 이유가 있다고 인정할 경우에는 채무자의 신청에 따라 선박의 운행을 허가할 수 있다. 이 경우 채권자·최고가매수신고인·차순위매수신고인 및 매수인의 동의가 있어야 한다.
③ 제2항의 선박운행허가결정에 대하여는 즉시항고를 할 수 있다.
④ 제2항의 선박운행허가결정은 확정되어야 효력이 생긴다.

제177조【경매신청의 첨부서류】
① 강제경매신청을 할 때에는 다음 각호의 서류를 내야 한다.
1. 채무자가 소유자인 경우에는 소유자로서 선박을 점유하고 있다는 것을, 선장인 경우에는 선장으로서 선박을 지휘하고 있다는 것을 소명할 수 있는 증서
2. 선박에 관한 등기사항을 포함한 등기부의 초본 또는 등본
② 채권자는 공적 장부를 주관하는 공공기관이 멀리 떨어진 곳에 있는 때에는 제1항 제2호의 초본 또는 등본을 보내주도록 법원에 신청할 수 있다.

제178조【감수(監守)·보존처분】
① 법원은 채권자의 신청에 따라 선박을 감수하고 보존하기 위하여 필요한 처분을 할 수 있다.

② 제1항의 처분을 한 때에는 경매개시결정이 송달되기 전에도 압류의 효력이 생긴다.

제179조【선장에 대한 판결의 집행】

① 선장에 대한 판결로 선박채권자를 위하여 선박을 압류하면 그 압류는 소유자에 대하여도 효력이 미친다. 이 경우 소유자도 이해관계인으로 본다.

② 압류한 뒤에 소유자나 선장이 바뀌더라도 집행절차에는 영향을 미치지 아니한다.

③ 압류한 뒤에 선장이 바뀐 때에는 바뀐 선장만이 이해관계인이 된다.

제180조【관할위반으로 말미암은 절차의 취소】

압류 당시 선박이 그 법원의 관할안에 없었음이 판명된 때에는 그 절차를 취소하여야 한다.

제181조【보증의 제공에 의한 강제경매절차의 취소】

① 채무자가 제49조 제2호 또는 제4호의 서류를 제출하고 압류채권자 및 배당을 요구한 채권자의 채권과 집행비용에 해당하는 보증을 매수신고전에 제공한 때에는 법원은 신청에 따라 배당절차 외의 절차를 취소하여야 한다.

② 제1항에 규정한 서류를 제출함에 따른 집행정지가 효력을 잃은 때에는 법원은 제1항의 보증금을 배당하여야 한다.

③ 제1항의 신청을 기각한 재판에 대하여는 즉시항고를 할 수 있다.

④ 제1항의 규정에 따른 집행취소결정에는 제17조 제2항의 규정을 적용하지 아니한다.

⑤ 제1항의 보증의 제공에 관하여 필요한 사항은 대법원규칙으로 정한다.

제182조【사건의 이송】

① 압류된 선박이 관할구역 밖으로 떠난 때에는 집행법원은 선박이 있는 곳을 관할하는 법원으로 사건을 이송할 수 있다.

② 제1항의 규정에 따른 결정에 대하여는 불복할 수 없다.

제183조【선박국적증서 등을 넘겨받지 못한 경우의 경매절차취소】

경매개시결정이 있은 날부터 2월이 지나기까지 집행관이 선박국적증서 등을 넘겨받지 못하고, 선박이 있는 곳이 분명하지 아니한 때에는 법원은 강제경매절차를 취소할 수 있다.

제184조【매각기일의 공고】

매각기일의 공고에는 선박의 표시와 그 정박한 장소를 적어야 한다.

제185조【선박지분의 압류명령】

① 선박의 지분에 대한 강제집행은 제251조에서 규정한 강제집행의 예에 따른다.

② 채권자가 선박의 지분에 대하여 강제집행신청을 하기 위하여서는 채무자가 선박의 지분을 소유하고 있다는 사실을 증명할 수 있는 선박등기부의 등본이나 그 밖의 증명서를 내야 한다.

③ 압류명령은 채무자 외에 「상법」 제764조에 의하여 선임된 선박관리인(이하 이 조에서 "선박관리인"이라 한다)에게도 송달하여야 한다.

〈개정 2007.8.3〉

④ 압류명령은 선박관리인에게 송달되면 채무자에게 송달된 것과 같은 효력을 가진다.

제186조【외국선박의 압류】

외국선박에 대한 강제집행에는 등기부에 기입할 절차에 관한 규정을 적용하지 아니한다.

제187조【자동차 등에 대한 강제집행】

자동차·건설기계·소형선박(「자동차 등 특정동산 저당법」 제3조 제2호에 따른 소형선박을 말한다) 및 항공기(「자동차 등 특정동산 저당법」 제3조 제4호에 따른 항공기 및 경량항공기를 말한다)에 대한 강제집행절차는 제2편 제2장 제2절부터 제4절까지의 규정에 준하여 대법원규칙으로 정한다.

〈개정 2007.8.3, 2009.3.25, 2015.5.18〉

제4절 동산에 대한 강제집행

제1관 통 칙

제188조【집행방법, 압류의 범위】
① 동산에 대한 강제집행은 압류에 의하여 개시한다.
② 압류는 집행력 있는 정본에 적은 청구금액의 변제와 집행비용의 변상(辨償)에 필요한 한도안에서 하여야 한다.
③ 압류물을 현금화하여도 집행비용 외에 남을 것이 없는 경우에는 집행하지 못한다.

제2관 유체동산에 대한 강제집행

제189조【채무자가 점유하고 있는 물건의 압류】
① 채무자가 점유하고 있는 유체동산의 압류는 집행관이 그 물건을 점유함으로써 한다. 다만, 채권자의 승낙이 있거나 운반이 곤란한 때에는 봉인(封印), 그 밖의 방법으로 압류물임을 명확히 하여 채무자에게 보관시킬 수 있다.
② 다음 각호 가운데 어느 하나에 해당하는 물건은 이 법에서 유체동산(有體動産)으로 본다.
1. 등기할 수 없는 토지의 정착물로서 독립하여 거래의 객체가 될 수 있는 것
2. 토지에서 분리하기 전의 과실(果實)로서 1월 이내에 수확할 수 있는 것
3. 유가증권으로서 배서가 금지되지 아니한 것
③ 집행관은 채무자에게 압류의 사유를 통지하여야 한다.

제190조【부부공유 유체동산의 압류】
채무자와 그 배우자의 공유로서 채무자가 점유하거나 그 배우자와 공동으로 점유하고 있는 유체동산은 제189조의 규정에 따라 압류할 수 있다.

제191조【채무자 외의 사람이 점유하고 있는 물건의 압류】
채권자 또는 물건의 제출을 거부하지 아니하는 제3자가 점유하고 있는 물건은 제189조의 규정을 준용하여 압류할 수 있다.

제192조【국고금(國庫金)의 압류】
국가에 대한 강제집행은 국고금을 압류함으로써 한다.

제193조【압류물의 인도】
① 압류물을 제3자가 점유하게 된 경우에는 법원은 채권자의 신청에 따라 그 제3자에 대하여 그 물건을 집행관에게 인도하도록 명할 수 있다.
② 제1항의 신청은 압류물을 제3자가 점유하고 있는 것을 안 날부터 1주 이내에 하여야 한다.
③ 제1항의 재판은 상대방에게 송달되기 전에도 집행할 수 있다.
④ 제1항의 재판은 신청인에게 고지된 날부터 2주가 지난 때에는 집행할 수 없다.
⑤ 제1항의 재판에 대하여는 즉시항고를 할 수 있다.

제194조【압류의 효력】
압류의 효력은 압류물에서 생기는 천연물(天然物)에도 미친다.

제195조【압류가 금지되는 물건】
다음 각호의 물건은 압류하지 못한다.
〈개정 2005.1.27〉
1. 채무자 및 그와 같이 사는 친족(사실상 관계에 따른 친족을 포함한다. 이하 이 조에서 "채무자 등"이라 한다)의 생활에 필요한 의복·침구·가구·부엌기구, 그 밖의 생활필수품
2. 채무자 등의 생활에 필요한 2월간의 식료품·연료 및 조명재료
3. 채무자등의 생활에 필요한 1월간의 생계비로서 대통령령이 정하는 액수의 금전

4. 주로 자기 노동력으로 농업을 하는 사람에게 없어서는 아니될 농기구·비료·가축·사료·종자, 그 밖에 이에 준하는 물건
5. 주로 자기의 노동력으로 어업을 하는 사람에게 없어서는 아니될 고기잡이 도구·어망·미끼·새끼고기, 그 밖에 이에 준하는 물건
6. 전문직 종사자·기술자·노무자, 그 밖에 주로 자기의 정신적 또는 육체적 노동으로 직업 또는 영업에 종사하는 사람에게 없어서는 아니 될 제복·도구, 그 밖에 이에 준하는 물건
7. 채무자 또는 그 친족이 받은 훈장·포장·기장, 그 밖에 이에 준하는 명예증표
8. 위패·영정·묘비, 그 밖에 상례·제사 또는 예배에 필요한 물건
9. 족보·집안의 역사적인 기록·사진첩, 그 밖에 선조숭배에 필요한 물건
10. 채무자의 생활 또는 직무에 없어서는 아니 될 도장·문패·간판, 그 밖에 이에 준하는 물건
11. 채무자의 생활 또는 직업에 없어서는 아니 될 일기장·상업장부, 그 밖에 이에 준하는 물건
12. 공표되지 아니한 저작 또는 발명에 관한 물건
13. 채무자 등이 학교·교회·사찰, 그 밖의 교육기관 또는 종교단체에서 사용하는 교과서·교리서·학습용구, 그 밖에 이에 준하는 물건
14. 채무자 등의 일상생활에 필요한 안경·보청기·의치·의수족·지팡이·장애보조용 바퀴의자, 그 밖에 이에 준하는 신체보조기구
15. 채무자 등의 일상생활에 필요한 자동차로서 자동차관리법이 정하는 바에 따른 장애인용 경형자동차
16. 재해의 방지 또는 보안을 위하여 법령의 규정에 따라 설비하여야 하는 소방설비·경보기구·피난시설, 그 밖에 이에 준하는 물건

제196조【압류금지 물건을 정하는 재판】

① 법원은 당사자가 신청하면 채권자와 채무자의 생활형편, 그 밖의 사정을 고려하여 유체동산의 전부 또는 일부에 대한 압류를 취소하도록 명하거나 제195조의 유체동산을 압류하도록 명할 수 있다.

② 제1항의 결정이 있은 뒤에 그 이유가 소멸되거나 사정이 바뀐 때에는 법원은 직권으로 또는 당사자의 신청에 따라 그 결정을 취소하거나 바꿀 수 있다.

③ 제1항 및 제2항의 경우에 법원은 제16조 제2항에 준하는 결정을 할 수 있다.

④ 제1항 및 제2항의 결정에 대하여는 즉시항고를 할 수 있다.

⑤ 제3항의 결정에 대하여는 불복할 수 없다.

제197조【일괄매각】

① 집행관은 여러 개의 유체동산의 형태, 이용관계 등을 고려하여 일괄매수하게 하는 것이 알맞다고 인정하는 때에는 직권으로 또는 이해관계인의 신청에 따라 일괄하여 매각할 수 있다.

② 제1항의 경우에는 제98조 제3항, 제99조, 제100조, 제101조 제2항 내지 제5항의 규정을 준용한다.

제198조【압류물의 보존】

① 압류물을 보존하기 위하여 필요한 때에는 집행관은 적당한 처분을 하여야 한다.

② 제1항의 경우에 비용이 필요한 때에는 채권자로 하여금 이를 미리 내게 하여야 한다. 채권자가 여럿인 때에는 요구하는 액수에 비례하여 미리 내게 한다.

③ 제49조 제2호 또는 제4호의 문서가 제출된

민사집행법

경우에 압류물을 즉시 매각하지 아니하면 값이 크게 내릴 염려가 있거나, 보관에 지나치게 많은 비용이 드는 때에는 집행관은 그 물건을 매각할 수 있다.

④ 집행관은 제3항의 규정에 따라 압류물을 매각하였을 때에는 그 대금을 공탁하여야 한다.

제199조【압류물의 매각】

집행관은 압류를 실시한 뒤 입찰 또는 호가경매의 방법으로 압류물을 매각하여야 한다.

제200조【값비싼 물건의 평가】

매각할 물건 가운데 값이 비싼 물건이 있는 때에는 집행관은 적당한 감정인에게 이를 평가하게 하여야 한다.

제201조【압류금전】

① 압류한 금전은 채권자에게 인도하여야 한다.

② 집행관이 금전을 추심한 때에는 채무자가 지급한 것으로 본다. 다만, 담보를 제공하거나 공탁을 하여 집행에서 벗어날 수 있도록 채무자에게 허가한 때에는 그러하지 아니하다.

제202조【매각일】

압류일과 매각일 사이에는 1주 이상 기간을 두어야 한다. 다만, 압류물을 보관하는 데 지나치게 많은 비용이 들거나, 시일이 지나면 그 물건의 값이 크게 내릴 염려가 있는 때에는 그러하지 아니하다.

제203조【매각장소】

① 매각은 압류한 유체동산이 있는 시·구·읍·면(도농복합형태의 시의 경우 동지역은 시·구, 읍·면지역은 읍·면)에서 진행한다. 다만, 압류채권자와 채무자가 합의하면 합의된 장소에서 진행한다.

② 매각일자와 장소는 대법원규칙이 정하는 방법으로 공고한다. 공고에는 매각할 물건을 표시하여야 한다.

제204조【준용규정】

매각장소의 질서유지에 관하여는 제108조의 규정을 준용한다.

제205조【매각·재매각】

① 집행관은 최고가매수신고인의 성명과 가격을 말한 뒤 매각을 허가한다.

② 매각물은 대금과 서로 맞바꾸어 인도하여야 한다.

③ 매수인이 매각조건에 정한 지급기일에 대금의 지급과 물건의 인도청구를 게을리 한 때에는 재매각을 하여야 한다. 지급기일을 정하지 아니한 경우로서 매각기일의 마감에 앞서 대금의 지급과 물건의 인도청구를 게을리 한 때에도 또한 같다.

④ 제3항의 경우에는 전의 매수인은 재매각절차에 참가하지 못하며, 뒤의 매각대금이 처음의 매각대금보다 적은 때에는 그 부족한 액수를 부담하여야 한다.

제206조【배우자의 우선매수권】

① 제190조의 규정에 따라 압류한 유체동산을 매각하는 경우에 배우자는 매각기일에 출석하여 우선매수할 것을 신고할 수 있다.

② 제1항의 우선매수신고에는 제140조 제1항 및 제2항의 규정을 준용한다.

제207조【매각의 한도】

매각은 매각대금으로 채권자에게 변제하고 강제집행비용을 지급하기에 충분하게 되면 즉시 중지하여야 한다. 다만, 제197조 제2항 및 제101조 제3항 단서에 따른 일괄매각의 경우에는 그러하지 아니하다.

제208조【집행관이 매각대금을 영수한 효과】

집행관이 매각대금을 영수한 때에는 채무자가 지급한 것으로 본다. 다만, 담보를 제공하거나 공탁을 하여 집행에서 벗어날 수 있도록 채무자에게 허가한 때에는 그러하지 아니하다.

제209조【금·은붙이의 현금화】

금·은붙이는 그 금·은의 시장가격 이상의 금액으로 일반 현금화의 규정에 따라 매각하여야 한다. 시장가격 이상의 금액으로 매수하는 사람이 없는 때에는 집행관은 그 시장가격에 따라 적당한 방법으로 매각할 수 있다.

제210조【유가증권의 현금화】

집행관이 유가증권을 압류한 때에는 시장가격이 있는 것은 매각하는 날의 시장가격에 따라 적당한 방법으로 매각하고 그 시장가격이 형성되지 아니한 것은 일반 현금화의 규정에 따라 매각하여야 한다.

제211조【기명유가증권의 명의개서(名義改書)】

유가증권이 기명식인 때에는 집행관은 매수인을 위하여 채무자에 갈음하여 배서 또는 명의개서에 필요한 행위를 할 수 있다.

제212조【어음 등의 제시의무】

① 집행관은 어음·수표 그 밖의 금전의 지급을 목적으로 하는 유가증권(이하 "어음 등"이라 한다)으로서 일정한 기간 안에 인수 또는 지급을 위한 제시 또는 지급의 청구를 필요로 하는 것을 압류하였을 경우에 그 기간이 개시되면 채무자에 갈음하여 필요한 행위를 하여야 한다.

② 집행관은 미완성 어음 등을 압류한 경우에 채무자에게 기한을 정하여 어음 등에 적을 사항을 보충하도록 최고하여야 한다.

제213조【미분리과실(未分離果實)의 매각】

① 토지에서 분리되기 전에 압류한 과실은 충분히 익은 다음에 매각하여야 한다.

② 집행관은 매각하기 위하여 수확을 하게 할 수 있다.

제214조【특별한 현금화 방법】

① 법원은 필요하다고 인정하면 직권으로 또는 압류채권자, 배당을 요구한 채권자 또는 채무자의 신청에 따라 일반 현금화의 규정에 의하지 아니하고 다른 방법이나 다른 장소에서 압류물을 매각하게 할 수 있다. 또한 집행관에게 위임하지 아니하고 다른 사람으로 하여금 매각하게 하도록 명할 수 있다.

② 제1항의 재판에 대하여는 불복할 수 없다.

제215조【압류의 경합】

① 유체동산을 압류하거나 가압류한 뒤 매각기일에 이르기 전에 다른 강제집행이 신청된 때에는 집행관은 집행신청서를 먼저 압류한 집행관에게 교부하여야 한다. 이 경우 더 압류할 물건이 있으면 이를 압류한 뒤에 추가 압류조서를 교부하여야 한다.

② 제1항의 경우에 집행에 관한 채권자의 위임은 먼저 압류한 집행관에게 이전된다.

③ 제1항의 경우에 각 압류한 물건은 강제집행을 신청한 모든 채권자를 위하여 압류한 것으로 본다.

④ 제1항의 경우에 먼저 압류한 집행관은 뒤에 강제집행을 신청한 채권자를 위하여 다시 압류한다는 취지를 덧붙여 그 압류조서에 적어야 한다.

제216조【채권자의 매각최고】

① 상당한 기간이 지나도 집행관이 매각하지 아니하는 때에는 압류채권자는 집행관에게 일정한 기간이내에 매각하도록 최고할 수 있다.

② 집행관이 제1항의 최고에 따르지 아니하는 때에는 압류채권자는 법원에 필요한 명령을 신청할 수 있다.

제217조【우선권자의 배당요구】

민법·상법, 그 밖의 법률에 따라 우선변제청구권이 있는 채권자는 매각대금의 배당을 요구할 수 있다.

제218조【배당요구의 절차】

제217조의 배당요구는 이유를 밝혀 집행관에게 하여야 한다.

제219조【배당요구 등의 통지】

제215조 제1항 및 제218조의 경우에는 집행관은 그 사유를 배당에 참가한 채권자와 채무자에게 통지하여야 한다.

제220조【배당요구의 시기】

① 배당요구는 다음 각호의 시기까지 할 수 있다.

1. 집행관이 금전을 압류한 때 또는 매각대금을 영수한 때
2. 집행관이 어음·수표 그 밖의 금전의 지급을 목적으로 한 유가증권에 대하여 그 금전을 지급받은 때

② 제198조 제4항에 따라 공탁된 매각대금에 대하여는 동산집행을 계속하여 진행할 수 있게 된 때까지, 제296조 제5항 단서에 따라 공탁된 매각대금에 대하여는 압류의 신청을 한 때까지 배당요구를 할 수 있다.

제221조【배우자의 지급요구】

① 제190조의 규정에 따라 압류한 유체동산에 대하여 공유지분을 주장하는 배우자는 매각대금을 지급하여 줄 것을 요구할 수 있다.
② 제1항의 지급요구에는 제218조 내지 제220조의 규정을 준용한다.
③ 제219조의 통지를 받은 채권자가 배우자의 공유주장에 대하여 이의가 있는 때에는 배우자를 상대로 소를 제기하여 공유가 아니라는 것을 확정하여야 한다.
④ 제3항의 소에는 제154조 제3항, 제155조 내지 제158조, 제160조 제1항 제5호 및 제161조 제1항·제2항·제4항의 규정을 준용한다.

제222조【매각대금의 공탁】

① 매각대금으로 배당에 참가한 모든 채권자를 만족하게 할 수 없고 매각허가된 날부터 2주 이내에 채권자 사이에 배당협의가 이루어지지 아니한 때에는 매각대금을 공탁하여야 한다.
② 여러 채권자를 위하여 동시에 금전을 압류한 경우에도 제1항과 같다.
③ 제1항 및 제2항의 경우에 집행관은 집행절차에 관한 서류를 붙여 그 사유를 법원에 신고하여야 한다.

제3관 채권과 그 밖의 재산권에 대한 강제집행

제223조【채권의 압류명령】

제3자에 대한 채무자의 금전채권 또는 유가증권, 그 밖의 유체물의 권리이전이나 인도를 목적으로 한 채권에 대한 강제집행은 집행법원의 압류명령에 의하여 개시한다.

제224조【집행법원】

① 제223조의 집행법원은 채무자의 보통재판적이 있는 곳의 지방법원으로 한다.
② 제1항의 지방법원이 없는 경우 집행법원은 압류한 채권의 채무자(이하 "제3채무자"라 한다)의 보통재판적이 있는 곳의 지방법원으로 한다. 다만, 이 경우에 물건의 인도를 목적으로 하는 채권과 물적 담보권 있는 채권에 대한 집행법원은 그 물건이 있는 곳의 지방법원으로 한다.
③ 가압류에서 이전되는 채권압류의 경우에 제223조의 집행법원은 가압류를 명한 법원이 있는 곳을 관할하는 지방법원으로 한다.

제225조【압류명령의 신청】

채권자는 압류명령신청에 압류할 채권의 종류와 액수를 밝혀야 한다.

제226조【심문의 생략】

압류명령은 제3채무자와 채무자를 심문하지 아니하고 한다.

제227조【금전채권의 압류】

① 금전채권을 압류할 때에는 법원은 제3채무자에게 채무자에 대한 지급을 금지하고 채무자에게 채권의 처분과 영수를 금지하여야 한다.
② 압류명령은 제3채무자와 채무자에게 송달하여야 한다.
③ 압류명령이 제3채무자에게 송달되면 압류의 효력이 생긴다.
④ 압류명령의 신청에 관한 재판에 대하여는 즉시항고를 할 수 있다.

제228조【저당권이 있는 채권의 압류】
① 저당권이 있는 채권을 압류할 경우 채권자는 채권압류사실을 등기부에 기입하여 줄 것을 법원사무관 등에게 신청할 수 있다. 이 신청은 채무자의 승낙 없이 법원에 대한 압류명령의 신청과 함께 할 수 있다.
② 법원사무관 등은 의무를 지는 부동산 소유자에게 압류명령이 송달된 뒤에 제1항의 신청에 따른 등기를 촉탁하여야 한다.

제229조【금전채권의 현금화방법】
① 압류한 금전채권에 대하여 압류채권자는 추심명령(推尋命令)이나 전부명령(轉付命令)을 신청할 수 있다.
② 추심명령이 있는 때에는 압류채권자는 대위절차(代位節次) 없이 압류채권을 추심할 수 있다.
③ 전부명령이 있는 때에는 압류된 채권은 지급에 갈음하여 압류채권자에게 이전된다.
④ 추심명령에 대하여는 제227조 제2항 및 제3항의 규정을, 전부명령에 대하여는 제227조 제2항의 규정을 각각 준용한다.
⑤ 전부명령이 제3채무자에게 송달될 때까지 그 금전채권에 관하여 다른 채권자가 압류·가압류 또는 배당요구를 한 경우에는 전부명령은 효력을 가지지 아니한다.
⑥ 제1항의 신청에 관한 재판에 대하여는 즉시항고를 할 수 있다.
⑦ 전부명령은 확정되어야 효력을 가진다.
⑧ 전부명령이 있은 뒤에 제49조 제2호 또는 제4호의 서류를 제출한 것을 이유로 전부명령에 대한 즉시항고가 제기된 경우에는 항고법원은 다른 이유로 전부명령을 취소하는 경우를 제외하고는 항고에 관한 재판을 정지하여야 한다.

제230조【저당권이 있는 채권의 이전】
저당권이 있는 채권에 관하여 전부명령이 있는 경우에는 제228조의 규정을 준용한다.

제231조【전부명령의 효과】
전부명령이 확정된 경우에는 전부명령이 제3채무자에게 송달된 때에 채무자가 채무를 변제한 것으로 본다. 다만, 이전된 채권이 존재하지 아니한 때에는 그러하지 아니하다.

제232조【추심명령의 효과】
① 추심명령은 그 채권전액에 미친다. 다만, 법원은 채무자의 신청에 따라 압류채권자를 심문하여 압류액수를 그 채권자의 요구액수로 제한하고 채무자에게 그 초과된 액수의 처분과 영수를 허가할 수 있다.
② 제1항 단서의 제한부분에 대하여 다른 채권자는 배당요구를 할 수 없다.
③ 제1항의 허가는 제3채무자와 채권자에게 통지하여야 한다.

제233조【지시채권의 압류】
어음·수표 그 밖에 배서로 이전할 수 있는 증권으로서 배서가 금지된 증권채권의 압류는 법원의 압류명령으로 집행관이 그 증권을 점유하여 한다.

제234조【채권증서(債權證書)】
① 채무자는 채권에 관한 증서가 있으면 압류채권자에게 인도하여야 한다.
② 채권자는 압류명령에 의하여 강제집행의 방법으로 그 증서를 인도받을 수 있다.

제235조【압류의 경합】
① 채권 일부가 압류된 뒤에 그 나머지 부분을 초과하여 다시 압류명령이 내려진 때에는 각 압류의 효력은 그 채권 전부에 미친다.
② 채권 전부가 압류된 뒤에 그 채권 일부에 대하여 다시 압류명령이 내려진 때 그 압류의 효력도 제1항과 같다.

제236조【추심의 신고】
① 채권자는 추심한 채권액을 법원에 신고하여야 한다.

② 제1항의 신고전에 다른 압류·가압류 또는 배당요구가 있었을 때에는 채권자는 추심한 금액을 바로 공탁하고 그 사유를 신고하여야 한다.

제237조 【제3채무자의 진술의무】

① 압류채권자는 제3채무자로 하여금 압류명령을 송달받은 날부터 1주 이내에 서면으로 다음 각호의 사항을 진술하게 하도록 법원에 신청할 수 있다.

1. 채권을 인정하는지의 여부 및 인정한다면 그 한도
2. 채권에 대하여 지급할 의사가 있는지의 여부 및 의사가 있다면 그 한도
3. 채권에 대하여 다른 사람으로부터 청구가 있는지의 여부 및 청구가 있다면 그 종류
4. 다른 채권자에게 채권을 압류당한 사실이 있는지의 여부 및 그 사실이 있다면 그 청구의 종류

② 법원은 제1항의 진술을 명하는 서면을 제3채무자에게 송달하여야 한다.

③ 제3채무자가 진술을 게을리 한 때에는 법원은 제3채무자에게 제1항의 사항을 심문할 수 있다.

제238조 【추심의 소제기】

채권자가 명령의 취지에 따라 제3채무자를 상대로 소를 제기할 때에는 일반규정에 의한 관할법원에 제기하고 채무자에게 그 소를 고지하여야 한다. 다만, 채무자가 외국에 있거나 있는 곳이 분명하지 아니한 때에는 고지할 필요가 없다.

제239조 【추심의 소홀】

채권자가 추심할 채권의 행사를 게을리 한 때에는 이로써 생긴 채무자의 손해를 부담한다.

제240조 【추심권의 포기】

① 채권자는 추심명령에 따라 얻은 권리를 포기할 수 있다. 다만, 기본채권에는 영향이 없다.

② 제1항의 포기는 법원에 서면으로 신고하여야 한다. 법원사무관 등은 그 등본을 제3채무자와 채무자에게 송달하여야 한다.

제241조 【특별한 현금화방법】

① 압류된 채권이 조건 또는 기한이 있거나, 반대의무의 이행과 관련되어 있거나 그 밖의 이유로 추심하기 곤란할 때에는 법원은 채권자의 신청에 따라 다음 각호의 명령을 할 수 있다.

1. 채권을 법원이 정한 값으로 지급함에 갈음하여 압류채권자에게 양도하는 양도명령
2. 추심에 갈음하여 법원이 정한 방법으로 그 채권을 매각하도록 집행관에게 명하는 매각명령
3. 관리인을 선임하여 그 채권의 관리를 명하는 관리명령
4. 그 밖에 적당한 방법으로 현금화하도록 하는 명령

② 법원은 제1항의 경우 그 신청을 허가하는 결정을 하기 전에 채무자를 심문하여야 한다. 다만, 채무자가 외국에 있거나 있는 곳이 분명하지 아니한 때에는 심문할 필요가 없다.

③ 제1항의 결정에 대하여는 즉시항고를 할 수 있다.

④ 제1항의 결정은 확정되어야 효력을 가진다.

⑤ 압류된 채권을 매각한 경우에는 집행관은 채무자를 대신하여 제3채무자에게 서면으로 양도의 통지를 하여야 한다.

⑥ 양도명령에는 제227조 제2항·제229조 제5항·제230조 및 제231조의 규정을, 매각명령에 의한 집행관의 매각에는 제108조의 규정을, 관리명령에는 제227조 제2항의 규정을, 관리명령에 의한 관리에는 제167조, 제169조 내지 제171조, 제222조 제2항·제3항의 규정을 각각 준용한다.

제242조【유체물인도청구권 등에 대한 집행】
부동산·유체동산·선박·자동차·건설기계·항공기·경량항공기 등 유체물의 인도나 권리이전의 청구권에 대한 강제집행에 대하여는 제243조부터 제245조까지의 규정을 우선적용하는 것을 제외하고는 제227조부터 제240조까지의 규정을 준용한다.
〈개정 2015.5.18〉

제243조【유체동산에 관한 청구권의 압류】
① 유체동산에 관한 청구권을 압류하는 경우에는 법원이 제3채무자에 대하여 그 동산을 채권자의 위임을 받은 집행관에게 인도하도록 명한다.
② 채권자는 제3채무자에 대하여 제1항의 명령의 이행을 구하기 위하여 법원에 추심명령을 신청할 수 있다.
③ 제1항의 동산의 현금화에 대하여는 압류한 유체동산의 현금화에 관한 규정을 적용한다.

제244조【부동산청구권에 대한 압류】
① 부동산에 관한 인도청구권의 압류에 대하여는 그 부동산소재지의 지방법원은 채권자 또는 제3채무자의 신청에 의하여 보관인을 정하고 제3채무자에 대하여 그 부동산을 보관인에게 인도할 것을 명하여야 한다.
② 부동산에 관한 권리이전청구권의 압류에 대하여는 그 부동산소재지의 지방법원은 채권자 또는 제3채무자의 신청에 의하여 보관인을 정하고 제3채무자에 대하여 그 부동산에 관한 채무자명의의 권리이전등기절차를 보관인에게 이행할 것을 명하여야 한다.
③ 제2항의 경우에 보관인은 채무자명의의 권리이전등기신청에 관하여 채무자의 대리인이 된다.
④ 채권자는 제3채무자에 대하여 제1항 또는 제2항의 명령의 이행을 구하기 위하여 법원에 추심명령을 신청할 수 있다

제245조【전부명령 제외】
유체물의 인도나 권리이전의 청구권에 대하여는 전부명령을 하지 못한다.

제246조【압류금지채권】
① 다음 각호의 채권은 압류하지 못한다.
〈개정 2005.1.27, 2010.7.23., 2011.4.5., 2022.1.4., 2025.1.31.〉
1. 법령에 규정된 부양료 및 유족부조료(遺族扶助料)
2. 채무자가 구호사업이나 제3자의 도움으로 계속 받는 수입
3. 병사의 급료
4. 급료·연금·봉급·상여금·퇴직연금, 그 밖에 이와 비슷한 성질을 가진 급여채권의 2분의 1에 해당하는 금액. 다만, 그 금액이 국민기초생활보장법에 의한 최저생계비를 고려하여 대통령령이 정하는 금액에 미치지 못하는 경우 또는 표준적인 가구의 생계비를 고려하여 대통령령이 정하는 금액을 초과하는 경우에는 각각 당해 대통령령이 정하는 금액으로 한다.
5. 퇴직금 그 밖에 이와 비슷한 성질을 가진 급여채권의 2분의 1에 해당하는 금액
6. 「주택임대차보호법」 제8조, 같은 법 시행령의 규정에 따라 우선변제를 받을 수 있는 금액 〈제6호 신설 2010.7.23〉
7. 생명, 상해, 질병, 사고 등을 원인으로 채무자가 지급받는 보장성보험의 보험금(해약환급 및 만기환급금을 포함한다). 다만, 압류금지의 범위는 생계유지, 치료 및 장애 회복에 소요될 것으로 예상되는 비용 등을 고려하여 대통령령으로 정한다.
〈제7호 신설 2011.4.5.〉

2025.1.31 개정 | 2026.2.1. 시행

8. 제246조의2에 따른 생계비계좌에 예치된 예금 〈제8호 개정 2025.1.31.〉
9. 제8호에 따른 예금 외에 채무자의 1월간 생계유지에 필요한 예금(적금·부금·예탁금과 우편대체를 포함한다). 다만, 그 금액은 「국민기

민사집행법

초생활 보장법」에 따른 최저생계비, 제195조 제3호에서 정한 금액 및 제8호에 따른 생계비계좌에 예치된 금액 등을 고려하여 대통령령으로 정한다. 〈제9호 신설 2025.1.31〉

개정 前

8. 채무자의 1월간 생계유지에 필요한 예금(적금·부금·예탁금과 우편대체를 포함한다). 다만, 그 금액은 「국민기초생활 보장법」에 따른 최저생계비, 제195조 제3호에서 정한 금액 등을 고려하여 대통령령으로 정한다. 〈제8호 신설 2011.4.5〉

② 법원은 제1항 제1호부터 제7호까지에 규정된 종류의 금원이 금융기관에 개설된 채무자의 계좌에 이체되는 경우 채무자의 신청에 따라 그에 해당하는 부분의 압류명령을 취소하여야 한다. 〈신설 2011.4.5〉

③ 법원은 당사자가 신청하면 채권자와 채무자의 생활형편, 그 밖의 사정을 고려하여 압류명령의 전부 또는 일부를 취소하거나 제1항의 압류금지채권에 대하여 압류명령을 할 수 있다. 〈제2항에서 이동 2011.4.5〉

④ 제3항의 경우에는 제196조 제2항 내지 제5항의 규정을 준용한다. 〈제3항에서 이동 2011.4.5.〉

2025.1.31. 신설 | 2026.2.1. 시행

제246조의2【생계비계좌】

① 대통령령으로 정하는 금융기관은 예금자(자연인에 한정한다. 이하 이 조에서 같다)의 요청에 따라 예금자에게 필요한 1월간의 생계비로서 대통령령으로 정하는 금액(이하 이 조에서 "압류금지생계비"라 한다)을 초과하여 예치할 수 없는 계좌(이하 이 조에서 "생계비계좌"라 한다)를 개설할 수 있다.

② 제1항에 따른 금융기관은 생계비계좌를 개설하기 전에 예금자의 동의를 얻어 대통령령으로 정하는 바에 따라 예금자가 다른 금융기관에 생계비계좌를 개설하였는지를 조회하여야 하며, 예금자가 다른 금융기관에 생계비계좌를 개설하지 아니한 경우에 한정하여 예금자를 위하여 하나의 생계비계좌를 개설할 수 있다.

③ 생계비계좌가 개설된 금융기관은 다음 각 호의 금액이 압류금지생계비를 초과하지 아니하도록 대통령령으로 정하는 바에 따라 관리하여야 한다.

1. 생계비계좌에 예치된 금액
2. 생계비계좌에 1월간 입금된 금액

[본조신설 2025.1.31.]

제247조【배당요구】

① 민법·상법, 그 밖의 법률에 의하여 우선변제청구권이 있는 채권자와 집행력 있는 정본을 가진 채권자는 다음 각호의 시기까지 법원에 배당요구를 할 수 있다.

1. 제3채무자가 제248조 제4항에 따른 공탁의 신고를 한 때
2. 채권자가 제236조에 따른 추심의 신고를 한 때
3. 집행관이 현금화한 금전을 법원에 제출한 때

② 전부명령이 제3채무자에게 송달된 뒤에는 배당요구를 하지 못한다.

③ 제1항의 배당요구에는 제218조 및 제219조의 규정을 준용한다.

④ 제1항의 배당요구는 제3채무자에게 통지하여야 한다.

제248조【제3채무자의 채무액의 공탁】

① 제3채무자는 압류에 관련된 금전채권의 전액을 공탁할 수 있다.

② 금전채권에 관하여 배당요구서를 송달받은 제3채무자는 배당에 참가한 채권자의 청구가 있으면 압류된 부분에 해당하는 금액을 공탁하여야 한다.

③ 금전채권중 압류되지 아니한 부분을 초과하여 거듭 압류명령 또는 가압류명령이 내려진

경우에 그 명령을 송달받은 제3채무자는 압류 또는 가압류채권자의 청구가 있으면 그 채권의 전액에 해당하는 금액을 공탁하여야 한다.

④ 제3채무자가 채무액을 공탁한 때에는 그 사유를 법원에 신고하여야 한다. 다만, 상당한 기간이내에 신고가 없는 때에는 압류채권자, 가압류채권자, 배당에 참가한 채권자, 채무자, 그 밖의 이해관계인이 그 사유를 법원에 신고할 수 있다.

제249조【추심의 소】

① 제3채무자가 추심절차에 대하여 의무를 이행하지 아니하는 때에는 압류채권자는 소로써 그 이행을 청구할 수 있다.

② 집행력 있는 정본을 가진 모든 채권자는 공동소송인으로 원고 쪽에 참가할 권리가 있다.

③ 소를 제기당한 제3채무자는 제2항의 채권자를 공동소송인으로 원고 쪽에 참가하도록 명할 것을 첫 변론기일까지 신청할 수 있다.

④ 소에 대한 재판은 제3항의 명령을 받은 채권자에 대하여 효력이 미친다.

제250조【채권자의 추심최고】

압류채권자가 추심절차를 게을리 한 때에는 집행력 있는 정본으로 배당을 요구한 채권자는 일정한 기간내에 추심하도록 최고하고, 최고에 따르지 아니한 때에는 법원의 허가를 얻어 직접 추심할 수 있다.

제251조【그 밖의 재산권에 대한 집행】

① 앞의 여러 조문에 규정된 재산권 외에 부동산을 목적으로 하지 아니한 재산권에 대한 강제집행은 이 관의 규정 및 제98조 내지 제101조의 규정을 준용한다.

② 제3채무자가 없는 경우에 압류는 채무자에게 권리처분을 금지하는 명령을 송달한 때에 효력이 생긴다.

제4관 배당절차

제252조【배당절차의 개시】

법원은 다음 각호 가운데 어느 하나에 해당하는 경우에는 배당절차를 개시한다.

1. 제222조의 규정에 따라 집행관이 공탁한 때
2. 제236조의 규정에 따라 추심채권자가 공탁하거나 제248조의 규정에 따라 제3채무자가 공탁한 때
3. 제241조의 규정에 따라 현금화된 금전을 법원에 제출한 때

제253조【계산서 제출의 최고】

법원은 채권자들에게 1주이내에 원금·이자·비용, 그 밖의 부대채권의 계산서를 제출하도록 최고하여야 한다.

제254조【배당표의 작성】

① 제253조의 기간이 끝난 뒤에 법원은 배당표를 작성하여야 한다.

② 제1항의 기간을 지키지 아니한 채권자의 채권은 배당요구서와 사유신고서의 취지 및 그 증빙서류에 따라 계산한다. 이 경우 다시 채권액을 추가하지 못한다.

제255조【배당기일의 준비】

법원은 배당을 실시할 기일을 지정하고 채권자와 채무자에게 이를 통지하여야 한다. 다만, 채무자가 외국에 있거나 있는 곳이 분명하지 아니한 때에는 통지하지 아니한다.

제256조【배당표의 작성과 실시】

배당표의 작성, 배당표에 대한 이의 및 그 완결과 배당표의 실시에 대하여는 제149조 내지 제161조의 규정을 준용한다.

제3장 금전채권 외의 채권에 기초한 강제집행

제257조【동산인도청구의 집행】
채무자가 특정한 동산이나 대체물의 일정한 수량을 인도하여야 할 때에는 집행관은 이를 채무자로부터 빼앗아 채권자에게 인도하여야 한다.

제258조【부동산 등의 인도청구의 집행】
① 채무자가 부동산이나 선박을 인도하여야 할 때에는 집행관은 채무자로부터 점유를 빼앗아 채권자에게 인도하여야 한다.
② 제1항의 강제집행은 채권자나 그 대리인이 인도받기 위하여 출석한 때에만 한다.
③ 강제집행의 목적물이 아닌 동산은 집행관이 제거하여 채무자에게 인도하여야 한다.
④ 제3항의 경우 채무자가 없는 때에는 집행관은 채무자와 같이 사는 사리를 분별할 지능이 있는 친족 또는 채무자의 대리인이나 고용인에게 그 동산을 인도하여야 한다.
⑤ 채무자와 제4항에 적은 사람이 없는 때에는 집행관은 그 동산을 채무자의 비용으로 보관하여야 한다.
⑥ 채무자가 그 동산의 수취를 게을리 한 때에는 집행관은 집행법원의 허가를 받아 동산에 대한 강제집행의 매각절차에 관한 규정에 따라 그 동산을 매각하고 비용을 뺀 뒤에 나머지 대금을 공탁하여야 한다.

제259조【목적물을 제3자가 점유하는 경우】
인도할 물건을 제3자가 점유하고 있는 때에는 채권자의 신청에 따라 금전채권의 압류에 관한 규정에 따라 채무자의 제3자에 대한 인도청구권을 채권자에게 넘겨야 한다.

제260조【대체집행(代替執行)】
① 민법 제389조 제2항 후단과 제3항의 경우에는 제1심 법원은 채권자의 신청에 따라 민법의 규정에 의한 결정을 하여야 한다.
② 채권자는 제1항의 행위에 필요한 비용을 미리 지급할 것을 채무자에게 명하는 결정을 신청할 수 있다. 다만, 뒷날 그 초과비용을 청구할 권리는 영향을 받지 아니한다.
③ 제1항과 제2항의 신청에 관한 재판에 대하여는 즉시항고를 할 수 있다.

제261조【간접강제(間接强制)】
① 채무의 성질이 간접강제를 할 수 있는 경우에 제1심 법원은 채권자의 신청에 따라 간접강제를 명하는 결정을 한다. 그 결정에는 채무의 이행의무 및 상당한 이행기간을 밝히고, 채무자가 그 기간이내에 이행을 하지 아니하는 때에는 늦어진 기간에 따라 일정한 배상을 하도록 명하거나 즉시 손해배상을 하도록 명할 수 있다.
② 제1항의 신청에 관한 재판에 대하여는 즉시항고를 할 수 있다.

제262조【채무자의 심문】
제260조 및 제261조의 결정은 변론 없이 할 수 있다. 다만, 결정하기 전에 채무자를 심문하여야 한다.

제263조【의사표시의무의 집행】
① 채무자가 권리관계의 성립을 인낙한 때에는 그 조서로, 의사의 진술을 명한 판결이 확정된 때에는 그 판결로 권리관계의 성립을 인낙하거나 의사를 진술한 것으로 본다.
② 반대의무가 이행된 뒤에 권리관계의 성립을 인낙하거나 의사를 진술할 것인 경우에는 제30조와 제32조의 규정에 따라 집행문을 내어 준 때에 그 효력이 생긴다.

제3편 담보권 실행 등을 위한 경매

제264조【부동산에 대한 경매신청】

① 부동산을 목적으로 하는 담보권을 실행하기 위한 경매신청을 함에는 담보권이 있다는 것을 증명하는 서류를 내야 한다.

② 담보권을 승계한 경우에는 승계를 증명하는 서류를 내야 한다.

③ 부동산 소유자에게 경매개시결정을 송달할 때에는 제2항의 규정에 따라 제출된 서류의 등본을 붙여야 한다.

제265조【경매개시결정에 대한 이의신청사유】

경매절차의 개시결정에 대한 이의신청사유로 담보권이 없다는 것 또는 소멸되었다는 것을 주장할 수 있다.

제266조【경매절차의 정지】

① 다음 각호 가운데 어느 하나에 해당하는 문서가 경매법원에 제출되면 경매절차를 정지하여야 한다.

1. 담보권의 등기가 말소된 등기사항증명서 〈개정 2011.4.12〉
2. 담보권 등기를 말소하도록 명한 확정판결의 정본
3. 담보권이 없거나 소멸되었다는 취지의 확정판결의 정본
4. 채권자가 담보권을 실행하지 아니하기로 하거나 경매신청을 취하하겠다는 취지 또는 피담보채권을 변제받았거나 그 변제를 미루도록 승낙한다는 취지를 적은 서류
5. 담보권 실행을 일시 정지하도록 명한 재판의 정본

② 제1항 제1호 내지 제3호의 경우와 제4호의 서류가 화해조서의 정본 또는 공정증서의 정본인 경우에는 경매법원은 이미 실시한 경매절차를 취소하여야 하며, 제5호의 경우에는 그 재판에 따라 경매절차를 취소하지 아니한 때에만 이미 실시한 경매절차를 일시적으로 유지하게 하여야 한다.

③ 제2항의 규정에 따라 경매절차를 취소하는 경우에는 제17조의 규정을 적용하지 아니한다.

제267조【대금완납에 따른 부동산취득의 효과】

매수인의 부동산 취득은 담보권 소멸로 영향을 받지 아니한다.

제268조【준용규정】

부동산을 목적으로 하는 담보권 실행을 위한 경매절차에는 제79조 내지 제162조의 규정을 준용한다.

제269조【선박에 대한 경매】

선박을 목적으로 하는 담보권 실행을 위한 경매절차에는 제172조 내지 제186조, 제264조 내지 제268조의 규정을 준용한다.

제270조【자동차 등에 대한 경매】

자동차·건설기계·소형선박(「자동차 등 특정동산 저당법」 제3조 제2호에 따른 소형선박을 말한다) 및 항공기(「자동차 등 특정동산 저당법」 제3조 제4호에 따른 항공기 및 경량항공기를 말한다)를 목적으로 하는 담보권 실행을 위한 경매절차는 제264조부터 제269조까지, 제271조 및 제272조의 규정에 준하여 대법원규칙으로 정한다. 〈개정 2007.8.3, 2009.3.25, 2015.5.18〉

제271조【유체동산에 대한 경매】

유체동산을 목적으로 하는 담보권 실행을 위한 경매는 채권자가 그 목적물을 제출하거나, 그 목적물의 점유자가 압류를 승낙한 때에 개시한다.

제272조【준용규정】

제271조의 경매절차에는 제2편 제2장 제4절 제2관의 규정과 제265조 및 제266조의 규정을 준용한다.

제273조【채권과 그 밖의 재산권에 대한 담보권의 실행】
① 채권, 그 밖의 재산권을 목적으로 하는 담보권의 실행은 담보권의 존재를 증명하는 서류(권리의 이전에 관하여 등기나 등록을 필요로 하는 경우에는 그 등기사항증명서 또는 등록원부의 등본)가 제출된 때에 개시한다. 〈개정 2011.4.12〉
② 민법 제342조에 따라 담보권설정자가 받을 금전, 그 밖의 물건에 대하여 권리를 행사하는 경우에도 제1항과 같다.
③ 제1항과 제2항의 권리실행절차에는 제2편 제2장 제4절 제3관의 규정을 준용한다.

제274조【유치권 등에 의한 경매】
① 유치권에 의한 경매와 민법·상법, 그 밖의 법률이 규정하는 바에 따른 경매(이하 "유치권 등에 의한 경매"라 한다)는 담보권실행을 위한 경매의 예에 따라 실시한다.
② 유치권 등에 의한 경매절차는 목적물에 대하여 강제경매 또는 담보권 실행을 위한 경매절차가 개시된 경우에는 이를 정지하고, 채권자 또는 담보권자를 위하여 그 절차를 계속하여 진행한다.
③ 제2항의 경우에 강제경매 또는 담보권 실행을 위한 경매가 취소되면 유치권 등에 의한 경매절차를 계속하여 진행하여야 한다.

제275조【준용규정】
이 편에 규정한 경매 등 절차에는 제42조 내지 제44조 및 제46조 내지 제53조의 규정을 준용한다.

제4편 보전처분

제276조【가압류의 목적】
① 가압류는 금전채권이나 금전으로 환산할 수 있는 채권에 대하여 동산 또는 부동산에 대한 강제집행을 보전(保全)하기 위하여 할 수 있다.
② 제1항의 채권이 조건이 붙어 있는 것이거나 기한이 차지 아니한 것인 경우에도 가압류를 할 수 있다.

제277조【보전의 필요】
가압류는 이를 하지 아니하면 판결을 집행할 수 없거나 판결을 집행하는 것이 매우 곤란할 염려가 있을 경우에 할 수 있다.

제278조【가압류법원】
가압류는 가압류할 물건이 있는 곳을 관할하는 지방법원이나 본안의 관할법원이 관할한다.

제279조【가압류신청】
① 가압류신청에는 다음 각호의 사항을 적어야 한다.
1. 청구채권의 표시, 그 청구채권이 일정한 금액이 아닌 때에는 금전으로 환산한 금액
2. 제277조의 규정에 따라 가압류의 이유가 될 사실의 표시

② 청구채권과 가압류의 이유는 소명하여야 한다.

제280조【가압류명령】
① 가압류신청에 대한 재판은 변론 없이 할 수 있다.
② 청구채권이나 가압류의 이유를 소명하지 아니한 때에도 가압류로 생길 수 있는 채무자의 손해에 대하여 법원이 정한 담보를 제공한 때에는 법원은 가압류를 명할 수 있다.

③ 청구채권과 가압류의 이유를 소명한 때에도 법원은 담보를 제공하게 하고 가압류를 명할 수 있다.
④ 담보를 제공한 때에는 그 담보의 제공과 담보제공의 방법을 가압류명령에 적어야 한다.

제281조【재판의 형식】
① 가압류신청에 대한 재판은 결정으로 한다. 〈개정 2005.1.27〉
② 채권자는 가압류신청을 기각하거나 각하하는 결정에 대하여 즉시항고를 할 수 있다.
③ 담보를 제공하게 하는 재판, 가압류신청을 기각하거나 각하하는 재판과 제2항의 즉시항고를 기각하거나 각하하는 재판은 채무자에게 고지할 필요가 없다.

제282조【가압류해방(假押留解放)금액】
가압류명령에는 가압류의 집행을 정지시키거나 집행한 가압류를 취소시키기 위하여 채무자가 공탁할 금액을 적어야 한다.

제283조【가압류결정에 대한 채무자의 이의신청】
① 채무자는 가압류결정에 대하여 이의를 신청할 수 있다.
② 제1항의 이의신청에는 가압류의 취소나 변경을 신청하는 이유를 밝혀야 한다.
③ 이의신청은 가압류의 집행을 정지하지 아니한다.

제284조【가압류이의신청사건의 이송】
법원은 가압류이의신청사건에 관하여 현저한 손해 또는 지연을 피하기 위한 필요가 있는 때에는 직권으로 또는 당사자의 신청에 따라 결정으로 그 가압류사건의 관할권이 있는 다른 법원에 사건을 이송할 수 있다. 다만, 그 법원이 심급을 달리하는 경우에는 그러하지 아니하다.

제285조【가압류이의신청의 취하】
① 채무자는 가압류이의신청에 대한 재판이 있기 전까지 가압류이의신청을 취하할 수 있다. 〈개정 2005.1.27〉
② 제1항의 취하에는 채권자의 동의를 필요로 하지 아니한다.
③ 가압류이의신청의 취하는 서면으로 하여야 한다. 다만, 변론기일 또는 심문기일에서는 말로 할 수 있다. 〈개정 2005.1.27〉
④ 가압류이의신청서를 송달한 뒤에는 취하의 서면을 채권자에게 송달하여야 한다.
⑤ 제3항 단서의 경우에 채권자가 변론기일 또는 심문기일에 출석하지 아니한 때에는 그 기일의 조서등본을 송달하여야 한다. 〈개정 2005.1.27〉

제286조【이의신청에 대한 심리와 재판】
① 이의신청이 있는 때에는 법원은 변론기일 또는 당사자 쌍방이 참여할 수 있는 심문기일을 정하고 당사자에게 이를 통지하여야 한다.
② 법원은 심리를 종결하고자 하는 경우에는 상당한 유예기간을 두고 심리를 종결할 기일을 정하여 이를 당사자에게 고지하여야 한다. 다만, 변론기일 또는 당사자 쌍방이 참여할 수 있는 심문기일에는 즉시 심리를 종결할 수 있다.
③ 이의신청에 대한 재판은 결정으로 한다.
④ 제3항의 규정에 의한 결정에는 이유를 적어야 한다. 다만, 변론을 거치지 아니한 경우에는 이유의 요지만을 적을 수 있다.
⑤ 법원은 제3항의 규정에 의한 결정으로 가압류의 전부나 일부를 인가·변경 또는 취소할 수 있다. 이 경우 법원은 적당한 담보를 제공하도록 명할 수 있다.
⑥ 법원은 제3항의 규정에 의하여 가압류를 취소하는 결정을 하는 경우에는 채권자가 그 고지를 받은 날부터 2주를 넘지 아니하는 범위 안에서 상당하다고 인정하는 기간이 경과하여야 그 결정의 효력이 생긴다는 뜻을 선언할 수 있다.

⑦ 제3항의 규정에 의한 결정에 대하여는 즉시 항고를 할 수 있다. 이 경우 민사소송법 제447조의 규정을 준용하지 아니한다.

[전문개정 2005.1.27]

제287조【본안의 제소명령】

① 가압류법원은 채무자의 신청에 따라 변론 없이 채권자에게 상당한 기간이내에 본안의 소를 제기하여 이를 증명하는 서류를 제출하거나 이미 소를 제기하였으면 소송계속사실을 증명하는 서류를 제출하도록 명하여야 한다.

② 제1항의 기간은 2주 이상으로 정하여야 한다.

③ 채권자가 제1항의 기간이내에 제1항의 서류를 제출하지 아니한 때에는 법원은 채무자의 신청에 따라 결정으로 가압류를 취소하여야 한다.

④ 제1항의 서류를 제출한 뒤에 본안의 소가 취하되거나 각하된 경우에는 그 서류를 제출하지 아니한 것으로 본다.

⑤ 제3항의 신청에 관한 결정에 대하여는 즉시항고를 할 수 있다. 이 경우 민사소송법 제447조의 규정은 준용하지 아니한다.

제288조【사정변경 등에 따른 가압류취소】

① 채무자는 다음 각호의 어느 하나에 해당하는 사유가 있는 경우에는 가압류가 인가된 뒤에도 그 취소를 신청할 수 있다. 제3호에 해당하는 경우에는 이해관계인도 신청할 수 있다.

1. 가압류이유가 소멸되거나 그 밖에 사정 이 바뀐 때
2. 법원이 정한 담보를 제공한 때
3. 가압류가 집행된 뒤에 3년간 본안(本案)의 소를 제기하지 아니한 때

② 제1항의 규정에 의한 신청에 대한 재판은 가압류를 명한 법원이 한다. 다만 본안이 이미 계속된 때에는 본안법원이 한다.

③ 제1항의 규정에 의한 신청에 대한 재판에는 제286조 제1항 내지 제4항·제6항 및 제7항을 준용한다.

[전문개정 2005.1.27]

제289조【가압류취소결정의 효력정지】

① 가압류를 취소하는 결정에 대하여 즉시항고가 있는 경우에, 불복의 이유로 주장한 사유가 법률상 정당한 이유가 있다고 인정되고 사실에 대한 소명이 있으며, 그 가압류를 취소함으로 인하여 회복할 수 없는 손해가 생길 위험이 있다는 사정에 대한 소명이 있는 때에는, 법원은 당사자의 신청에 따라 담보를 제공하게 하거나 담보를 제공하지 아니하게 하고 가압류취소결정의 효력을 정지시킬 수 있다.

② 제1항의 규정에 의한 소명은 보증금을 공탁하거나 주장이 진실함을 선서하는 방법으로 대신할 수 없다.

③ 재판기록이 원심법원에 있는 때에는 원심법원이 제1항의 규정에 의한 재판을 한다.

④ 항고법원은 항고에 대한 재판에서 제1항의 규정에 의한 재판을 인가·변경 또는 취소하여야 한다.

⑤ 제1항 및 제4항의 규정에 의한 재판에 대하여는 불복할 수 없다.

[전문개정 2005.1.27]

제290조【가압류 이의신청규정의 준용】

① 제287조 제3항, 제288조 제1항에 따른 재판의 경우에는 제284조의 규정을 준용한다.

〈개정 2005.1.27〉

② 제287조 제1항·제3항 및 제288조 제1항에 따른 신청의 취하에는 제285조의 규정을 준용한다. 〈개정 2005.1.27〉

제291조【가압류집행에 대한 본집행의 준용】

가압류의 집행에 대하여는 강제집행에 관한 규정을 준용한다. 다만, 아래의 여러 조문과 같이 차이가 나는 경우에는 그러하지 아니하다.

제292조【집행개시의 요건】
① 가압류에 대한 재판이 있은 뒤에 채권자나 채무자의 승계가 이루어진 경우에 가압류의 재판을 집행하려면 집행문을 덧붙여야 한다.
② 가압류에 대한 재판의 집행은 채권자에게 재판을 고지한 날부터 2주를 넘긴 때에는 하지 못한다. 〈개정 2005.1.27〉
③ 제2항의 집행은 채무자에게 재판을 송달하기 전에도 할 수 있다.

제293조【부동산가압류집행】
① 부동산에 대한 가압류의 집행은 가압류재판에 관한 사항을 등기부에 기입하여야 한다.
② 제1항의 집행법원은 가압류재판을 한 법원으로 한다.
③ 가압류등기는 법원사무관 등이 촉탁한다.

제294조【가압류를 위한 강제관리】
가압류의 집행으로 강제관리를 하는 경우에는 관리인이 청구채권액에 해당하는 금액을 지급받아 공탁하여야 한다.

제295조【선박가압류집행】
① 등기할 수 있는 선박에 대한 가압류를 집행하는 경우에는 가압류등기를 하는 방법이나 집행관에게 선박국적증서 등을 선장으로부터 받아 집행법원에 제출하도록 명하는 방법으로 한다. 이들 방법은 함께 사용할 수 있다.
② 가압류등기를 하는 방법에 의한 가압류집행은 가압류명령을 한 법원이, 선박국적증서 등을 받아 제출하도록 명하는 방법에 의한 가압류집행은 선박이 정박하여 있는 곳을 관할하는 지방법원이 집행법원으로서 관할한다.
③ 가압류등기를 하는 방법에 의한 가압류의 집행에는 제293조 제3항의 규정을 준용한다.

제296조【동산가압류집행】
① 동산에 대한 가압류의 집행은 압류와 같은 원칙에 따라야 한다.
② 채권가압류의 집행법원은 가압류명령을 한 법원으로 한다.
③ 채권의 가압류에는 제3채무자에 대하여 채무자에게 지급하여서는 아니 된다는 명령만을 하여야 한다.
④ 가압류한 금전은 공탁하여야 한다.
⑤ 가압류물은 현금화를 하지 못한다. 다만, 가압류물을 즉시 매각하지 아니하면 값이 크게 떨어질 염려가 있거나 그 보관에 지나치게 많은 비용이 드는 경우에는 집행관은 그 물건을 매각하여 매각대금을 공탁하여야 한다.

제297조【제3채무자의 공탁】
제3채무자가 가압류 집행된 금전채권액을 공탁한 경우에는 그 가압류의 효력은 그 청구채권액에 해당하는 공탁금액에 대한 채무자의 출급청구권에 대하여 존속한다.

제298조【가압류취소결정의 취소와 집행】
〈제목개정 2005.1.27.〉
① 가압류의 취소결정을 상소법원이 취소한 경우로서 법원이 그 가압류의 집행기관이 되는 때에는 그 취소의 재판을 한 상소법원이 직권으로 가압류를 집행한다. 〈개정 2005.1.27〉
② 제1항의 경우에 그 취소의 재판을 한 상소법원이 대법원인 때에는 채권자의 신청에 따라 제1심 법원이 가압류를 집행한다.

제299조【가압류집행의 취소】
① 가압류명령에 정한 금액을 공탁한 때에는 법원은 결정으로 집행한 가압류를 취소하여야 한다. 〈개정 2005.1.27〉
② 삭 제 〈개정 2005.1.27〉
③ 제1항의 취소결정에 대하여는 즉시항고를 할 수 있다.
④ 제1항의 취소결정에 대하여는 제17조 제2항의 규정을 준용하지 아니한다.

제300조【가처분의 목적】
① 다툼의 대상에 관한 가처분은 현상(現狀)이 바뀌면 당사자가 권리를 실행하지 못하거나 이를 실행하는 것이 매우 곤란할 염려가 있을 경우에 한다.
② 가처분은 다툼이 있는 권리관계에 대하여 임시의 지위를 정하기 위하여도 할 수 있다. 이 경우 가처분은 특히 계속하는 권리관계에 끼칠 현저한 손해를 피하거나 급박한 위험을 막기 위하여, 또는 그 밖의 필요한 이유가 있을 경우에 하여야 한다.

제301조【가압류절차의 준용】
가처분절차에는 가압류절차에 관한 규정을 준용한다. 다만, 아래의 여러 조문과 같이 차이가 나는 경우에는 그러하지 아니하다.

제302조 삭 제 〈개정 2005.1.27〉

제303조【관할법원】
가처분의 재판은 본안의 관할법원 또는 다툼의 대상이 있는 곳을 관할하는 지방법원이 관할한다.

제304조【임시의 지위를 정하기 위한 가처분】
제300조 제2항의 규정에 의한 가처분의 재판에는 변론기일 또는 채무자가 참석할 수 있는 심문기일을 열어야 한다. 다만, 그 기일을 열어 심리하면 가처분의 목적을 달성할 수 없는 사정이 있는 때에는 그러하지 아니하다.

제305조【가처분의 방법】
① 법원은 신청목적을 이루는 데 필요한 처분을 직권으로 정한다.
② 가처분으로 보관인을 정하거나, 상대방에게 어떠한 행위를 하거나 하지 말도록, 또는 급여를 지급하도록 명할 수 있다.
③ 가처분으로 부동산의 양도나 저당을 금지한 때에는 법원은 제293조의 규정을 준용하여 등기부에 그 금지한 사실을 기입하게 하여야 한다.

제306조【법인임원의 직무집행정지 등 가처분의 등기촉탁】
법원사무관등은 법원이 법인의 대표자 그 밖의 임원으로 등기된 사람에 대하여 직무의 집행을 정지하거나 그 직무를 대행할 사람을 선임하는 가처분을 하거나 그 가처분을 변경·취소한 때에는, 법인의 주사무소 또는 본점이 있는 곳의 등기소에 그 등기를 촉탁하여야 한다. 다만, 이 사항이 등기하여야 할 사항이 아닌 경우에는 그러하지 아니하다. 〈개정 2024.9.20.〉

제307조【가처분의 취소】
① 특별한 사정이 있는 때에는 담보를 제공하게 하고 가처분을 취소할 수 있다.
② 제1항의 경우에는 제284조, 제285조 및 제286조 제1항 내지 제4항·제6항·제7항의 규정을 준용한다. 〈개정 2005.1.27〉

제308조【원상회복재판】
가처분을 명한 재판에 기초하여 채권자가 물건을 인도받거나, 금전을 지급받거나 또는 물건을 사용·보관하고 있는 경우에는, 법원은 가처분을 취소하는 재판에서 채무자의 신청에 따라 채권자에 대하여 그 물건이나 금전을 반환하도록 명할 수 있다.

제309조【가처분의 집행정지】
① 소송물인 권리 또는 법률관계가 이행되는 것과 같은 내용의 가처분을 명한 재판에 대하여 이의신청이 있는 경우에, 이의신청으로 주장한 사유가 법률상 정당한 사유가 있다고 인정되고 주장사실에 대한 소명이 있으며, 그 집행에 의하여 회복할 수 없는 손해가 생길 위험이 있다는 사정에 대한 소명이 있는 때에는, 법원은 당사자의 신청에 따라 담보를 제공하게 하거나 담보를 제공하게 하지 아니하고 가처분의 집행을 정지하도록 명할 수 있고, 담보를 제공하게 하고 집행한 처분을 취소하도록 명할 수 있다.

② 제1항에서 규정한 소명은 보증금을 공탁하거나 주장이 진실함을 선서하는 방법으로 대신할 수 없다.
③ 재판기록이 원심법원에 있는 때에는 원심법원이 제1항의 규정에 의한 재판을 한다.
④ 법원은 이의신청에 대한 결정에서 제1항의 규정에 의한 명령을 인가·변경 또는 취소하여야 한다.
⑤ 제1항·제3항 또는 제4항의 규정에 의한 재판에 대하여는 불복할 수 없다.

[전문개정 2005.1.27]

제310조 【준용규정】

제301조에 따라 준용되는 제287조 제3항, 제288조 제1항 또는 제307조의 규정에 따른 가처분취소신청이 있는 경우에는 제309조의 규정을 준용한다. [전문개정 2005.1.27]

제311조 【본안의 관할법원】

이 편에 규정한 본안법원은 제1심 법원으로 한다. 다만, 본안이 제2심에 계속된 때에는 그 계속된 법원으로 한다.

제312조 【재판장의 권한】

급박한 경우에 재판장은 이 편의 신청에 대한 재판을 할 수 있다. 〈개정 2005.1.27〉

부 칙 〈제6627호, 2002.1.26〉

제1조 【시행일】

이 법은 2002년 7월 1일부터 시행한다.

제2조 【계속사건에 관한 경과조치】

① 이 법 시행전에 신청된 집행사건에 관하여는 종전의 규정에 따른다.
② 이 법 시행 당시 종전의 민사소송법의 규정에 따라 이 법 시행전에 행한 집행처분 그 밖의 행위는 이 법의 적용에 관하여는 이 법의 해당 규정에 따라 한 것으로 본다.
③ 제1항 및 제2항에 규정한 것 외에 이 법의 시행 당시 이미 법원에 계속되거나 집행관이 취급하고 있는 사건의 처리에 관하여 필요한 사항은 대법원규칙으로 정한다.

제3조 【관할에 관한 경과조치】

이 법 시행 당시 법원에 계속중인 사건은 이 법에 따라 관할권이 없는 경우에도 종전의 규정에 따라 관할권이 있으면 그에 따른다.

제4조 【법정기간에 대한 경과조치】

이 법 시행전부터 진행된 법정기간과 그 계산은 종전의 규정에 따른다.

제5조 【법 적용의 시간적 범위】

이 법은 이 법 시행전에 생긴 사항에도 적용한다. 다만, 종전의 규정에 따라 생긴 효력에는 영향을 미치지 아니한다.

제6조 【다른 법률의 개정】 〈해당 법률에 정리〉

제7조 【다른 법률과의 관계】

① 이 법 시행 당시 다른 법률에서 종전의 민사소송법의 규정을 인용한 경우에 이 법중 그에 해당하는 규정이 있는 때에는 이 법의 해당 규정을 인용한 것으로 본다.
② 이 법 시행 당시 다른 법률에서 규정한 "재산관계명시절차"와 "채무명의"는 각각 "재산명시절차"와 "집행권원"으로 본다.

부　칙〈중 략〉

부　칙〈제10539호, 2011.4.5〉

① **【시행일】**
이 법은 공포 후 3개월이 경과한 날부터 시행한다.
② **【적용례】**
제246조 제1항 제7호·제8호 및 같은 조 제2항의 개정규정은 이 법 시행 후 최초로 접수된 압류명령 신청 및 취소사건부터 적용한다.

부　칙 (부동산등기법) **〈제10580호, 2011.4.12〉**

제1조【시행일】
이 법은 공포 후 6개월이 경과한 날부터 시행한다. 다만, 제3조 제7호 및 제76조 제2항의 개정규정과 부칙 제4조 제17항은 2012년 6월 11일부터 시행한다.
제2조 및 **제3조** 생략
제4조【다른 법률의 개정】 ①부터 <18>까지 생략
<19> 민사집행법 일부를 다음과 같이 개정한다.
제81조 제1항 제1호 중 "등기부등본"을 "등기사항증명서"로 한다.
제84조 제5항 전단 중 "등기부등본"을 "등기사항증명서"로 한다.
제95조의 제목 "(등기부등본의 송부)"를 "(등기사항증명서의 송부)"로 하고, 같은 조 중 "등기부의 등본"을 "등기사항증명서"로 한다.
제266조 제1항 제1호 중"등기부의 등본"을 "등기사항증명서"로 한다.
제273조 제1항 중 "등기부"를 "등기사항증명서"로 한다.
<20>부터 <42>까지 생략
제5조 생략

부　칙〈제12588호, 2014.5.20〉

이 법은 공포한 날부터 시행한다.

부　칙〈제13286호, 2015.5.18〉

이 법은 공포 후 6개월이 경과한 날부터 시행한다.

부　칙 (민사소송법) **〈제13952호, 2016.2.3〉**

제1조(시행일)
이 법은 공포 후 1년이 경과한 날부터 시행한다.
제2조 및 **제3조** 생략
제4조(다른 법률의 개정)
① 생략
② 민사집행법 일부를 다음과 같이 개정한다.
제52조 제3항 중 "민사소송법 제62조 제3항 내지 제6항의 규정"을 "「민사소송법」 제62조 제2항부터 제5항까지의 규정"으로 한다.

부　칙〈법률 제18671호, 2022.1.4〉

이 법은 공포한 날부터 시행한다.

부　칙〈법률 제20434호, 2024.9.20.〉

제1조【시행일】
이 법은 2025년 1월 31일부터 시행한다.
제2조 및 **제3조** 생략
제4조【다른 법률의 개정】
①부터 ④까지 생략
⑤ 민사집행법 일부를 다음과 같이 개정한다.
제306조 본문 중 "법인의 주사무소 및 분사무소 또는 본점 및 지점"을 "법인의 주사무소 또는 본점"으로 한다.
⑥부터 ⑰까지 생략

부　칙 〈법률 제20733호, 2025.1.31〉

제1조【시행일】

이 법은 공포 후 1년이 경과한 날부터 시행한다.

제2조【압류금지채권에 관한 적용례】

제246조 제1항의 개정규정은 이 법 시행 이후 최초로 접수된 압류명령 신청 및 취소사건부터 적용한다.

한글 기본6법전

2002년	8월	12일	초판	발행
2008년	4월	1일	초판 10쇄	발행
2009년	2월	7일	2009년판	발행
2009년	7월	3일	2009년판 2쇄	발행
2010년	3월	10일	2010년판	발행
2010년	9월	24일	2010년판 2쇄	발행
2011년	4월	22일	2011년판	발행
2012년	3월	9일	2012년판	발행
2013년	3월	13일	2013년판	발행
2013년	9월	5일	2013년판 2쇄	발행
2014년	3월	6일	2014년판	발행
2015년	3월	3일	2015년판	발행
2016년	2월	23일	2016년판	발행
2017년	2월	21일	2017년판	발행
2018년	2월	23일	2018년판	발행
2019년	2월	20일	2019년판	발행
2020년	3월	20일	2020년판	발행
2021년	3월	6일	2021년판	발행
2022년	3월	3일	2022년판	발행
2023년	2월	17일	2023년판	발행
2024년	2월	19일	2024년판	발행
2025년	2월	20일	2025년판	발행
2026년	2월	13일	2026년판	발행

편저자 : 법조문연구회
발행인 : 이 재 철
신 고 : 2011.1.5. 제2001-27호

발행처 : 法學社
주 소 : 서울시 관악구 신림2동 116-2 201호
전 화 : (02) 876-9977
팩 스 : (02) 876-9960

ISBN 979-11-24264-25-6 93360

정 가 : 13,000 원